出土文獻《詩論》《五行》與先秦學術思想史的重構　上冊

The Reconstruction of Pre-Qin Intellectual History Based on Unearthed Documents *"Shi Lun"* and *"Wu Xing"*

常　森　著

圖書在版編目(CIP)數據

出土文獻《詩論》《五行》與先秦學術思想史的重構：上下册 / 常森著.—北京：北京大學出版社，2023.5
ISBN 978-7-301-31174-5

Ⅰ.①出… Ⅱ.①常… Ⅲ.①儒家教育思想–研究–中國–先秦時代 Ⅳ.①G40-092.2

中國版本圖書館CIP數據核字(2020)第019783號

書　　　名	出土文獻《詩論》《五行》與先秦學術思想史的重構（上下册） CHUTU WENXIAN《SHILUN》《WUXING》YU XIANQIN XUESHU SIXIANGSHI DE CHONGGOU (SHANGXIA CE)
著作責任者	常　森　著
責任編輯	張弘泓
標準書號	ISBN 978-7-301-31174-5
出版發行	北京大學出版社
地　　　址	北京市海淀區成府路205號　100871
網　　　址	http://www.pup.cn　新浪微博：@北京大學出版社
電子信箱	dj@pup.cn
電　　　話	郵購部 010-62752015　發行部 010-62750672　編輯部 010-62745466
印　刷　者	天津中印聯印務有限公司
經　銷　者	新華書店
	787毫米×1092毫米　16開本　62.75印張　1092千字
	2023年5月第1版　2023年5月第1次印刷
定　　　價	300.00元（上下册）

未經許可，不得以任何方式複製或抄襲本書之部分或全部内容。
版權所有，侵權必究
舉報電話：010-62752024　電子信箱：fd@pup.pku.edu.cn
圖書如有印裝質量問題，請與出版部聯繫，電話：010-62756370

國家社科基金後期資助項目
出版説明

　　後期資助項目是國家社科基金設立的一類重要項目，旨在鼓勵廣大社科研究者潛心治學，支持基礎研究多出優秀成果。它是經過嚴格評審，從接近完成的科研成果中遴選立項的。爲擴大後期資助項目的影響，更好地推動學術發展，促進成果轉化，全國哲學社會科學工作辦公室按照"統一設計、統一標識、統一版式、形成系列"的總體要求，組織出版國家社科基金後期資助項目成果。

全國哲學社會科學工作辦公室

上海博物館藏《詩論》(第二簡,引自馬承源主編《上海博物館藏戰國楚竹書》)

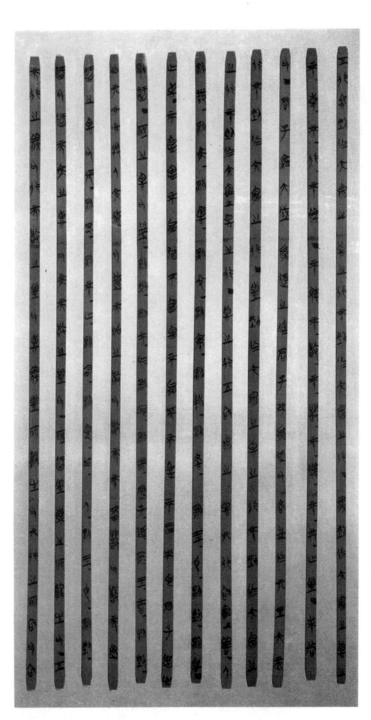

郭店楚墓所見《五行》(部分,引自荊門市博物館編《郭店楚墓竹簡》)

馬王堆漢墓帛書《五行》(部分，引自國家文物局古文獻研究室編《馬王堆漢墓帛書》)

總目錄

上　册

緒論：詮釋對象與詮釋原則 …………………………………… 1

第一章　由漢代《詩經》著述之内外傳體回觀新出先秦文獻的
　　　　《詩經》學價值 …………………………………………… 89
第二章　《詩經》學視野中的楚竹書《詩論》………………………… 120
第三章　論以禮解《詩》之限定
　　　　——從《詩論》評《關雎》説開去 ………………………… 163
第四章　先秦儒家心性學説的理念體系及歷史軌迹
　　　　——從新出文獻到《孟》《荀》………………………… 199
第五章　《尚書》學視野中的《五行》………………………………… 341
第六章　《詩經》學視野中的《五行》
　　　　——並論《五行》與《詩論》的關聯 …………………… 393
第七章　文本解讀與歷史語境：二重證據中的《大學》…………… 453

下　册

第八章　從《五行》到《孟子》………………………………………… 537
第九章　從《五行》到《荀子》………………………………………… 592
第十章　學術思想傳播授受的交光互影
　　　　——從傳世文獻到簡帛古書 ……………………………… 650

結語：中國傳統之古典學特質以及中國古典學的重新開始 ……… 889
索　引 ………………………………………………………………… 939
附　相關簡帛古書及其中書篇名目要覽 …………………………… 972
主要參考文獻 ………………………………………………………… 977
後　記 ………………………………………………………………… 982

目 錄

緒論：詮釋對象與詮釋原則 ……………………………………… 1
 一、《五行》與"經説體" ……………………………………… 4
 二、基於"出言談者"的經説一體性 ………………………… 26
 三、《五行》系譜化特質及其歷史語境 ……………………… 49
 四、"闡釋之循環" ……………………………………………… 60
 五、文字之學與義理思辨之學 ……………………………… 66
 餘　論 ………………………………………………………… 82

第一章　由漢代《詩經》著述之内外傳體回觀新出先秦文獻的
   《詩經》學價值 …………………………………………… 89
 一、内外傳體之辨 …………………………………………… 89
 二、外傳體著述之特質 ……………………………………… 93
 三、内外傳體的局部疊合 …………………………………… 99
 四、對内外傳體的迷失及《詩經》學的缺憾 ……………… 104
 五、簡帛文獻中的《詩經》著述及引《詩》之體 …………… 113
 餘　論 ………………………………………………………… 118

第二章　《詩經》學視野中的楚竹書《詩論》 …………………… 120
 一、《詩論》：《詩經》學創立初期的一種具體形態 ………… 122
 二、《詩論》對認知《毛詩序》作者及年代的意義 ………… 134
 三、《詩論》與《詩經》學基本發展脈絡之復原 …………… 144
  （一）關於闡釋者的《詩》學思維 …………………………… 144
  （二）關於《詩經》學的形態 ………………………………… 156
 餘　論 ………………………………………………………… 162

第三章　論以禮解《詩》之限定
   ——從《詩論》評《關雎》説開去 …………………… 163
 一、禮制的罅隙 ……………………………………………… 168

二、遒人采詩言與基層詠唱匯集於朝廷 ………………………… 174
三、"法制張設,未必奉行":再析理論與現實的疏離 …………… 181
四、《詩》文本與禮文的暌異 …………………………………… 186
五、可確證婚禮用樂及婚禮可賀的《詩》文本與相關史實 ……… 190
餘 論 …………………………………………………………… 194

第四章 先秦儒家心性學説的理念體系及歷史軌迹
——從新出文獻到《孟》《荀》 …………………… 199

一、《詩論》"眚""心""命"等範疇 ………………………………… 199
   (一) 眚 ……………………………………………………… 199
   (二) 心 ……………………………………………………… 214
   (三) 志·情·意 …………………………………………… 216
   (四) "天"與"命" …………………………………………… 221
   (五) 小 結 ………………………………………………… 230

二、郭店上博儒典"眚""情""心""命"諸範疇 …………………… 231
   (一) "眚"與"命" …………………………………………… 231
   (二) "或生於内,或生於外" ……………………………… 245
   (三) "青生於眚" …………………………………………… 256
   (四) 心 ……………………………………………………… 268
   (五) "仉甪於青"與"天夅大棠" …………………………… 273
   (六) 心的參與及性的塑造 ………………………………… 279

三、《五行》性二元化理論及其承繼者與變異者
——《孟子》與《荀子》 ……………………………………… 285
   (一)《五行》心性學說及其對性的二元價值判斷 ………… 285
   (二)《五行》心性學說的承繼者《孟子》及學界之誤讀 … 292
   (三)《荀子》及其性一元化學說 …………………………… 317

餘 論 …………………………………………………………… 324

第五章 《尚書》學視野中的《五行》 ………………………… 341
一、"聖"和"聖人" ……………………………………………… 341
二、"視曰明""聽曰聰" ……………………………………… 347
三、"思曰睿" …………………………………………………… 355
四、"玉色""玉音""金聲而玉振之" ………………………… 359
五、"五行"與"和" ……………………………………………… 367

餘　論 …………………………………………………… 389

第六章　《詩經》學視野中的《五行》
　　　　　——並論《五行》與《詩論》的關聯 ………………… 393
　　一、"聖"和"聖人" ……………………………………… 394
　　二、"君子" ……………………………………………… 396
　　三、"知""聖"以及"德"的生成圖式 …………………… 405
　　四、"慎獨" ……………………………………………… 413
　　五、"鶈色榆於禮" ……………………………………… 421
　　六、"興"與"賦" ………………………………………… 428
　　七、"文王" ……………………………………………… 432
　　餘　論 …………………………………………………… 452

第七章　文本解讀與歷史語境：二重證據中的《大學》 ……… 453
　　一、格致說之系譜化特質 ……………………………… 462
　　二、"格物""致知"之本義 ……………………………… 475
　　三、從"知止"到"得（止）" ……………………………… 492
　　四、"明明德" …………………………………………… 498
　　五、"誠意""正心" ……………………………………… 501
　　六、"親民" ……………………………………………… 515
　　餘　論 …………………………………………………… 526

緒論：詮釋對象與詮釋原則

在我國歷史上，先秦學術有其獨特的價值和地位。史家吕思勉(1884～1957)説："吾國學術，大略可分七期：先秦之世，諸子百家之學，一也。兩漢之儒學，二也。魏、晉以後之玄學，三也。南北朝、隋、唐之佛學，四也。宋、明之理學，五也。清代之漢學，六也。現今所謂新學，七也。七者之中，兩漢、魏、晉，不過承襲古人；佛學受諸印度；理學家雖辟佛，實於佛學入之甚深；清代漢學，考證之法甚精，而於主義無所創闢（梁任公謂清代學術，爲方法運動，非主義運動，其説是也。見所撰《清代學術概論》）；最近新説，則又受諸歐美者也。歷代學術，純爲我所自創者，實止先秦之學耳。"[1]先秦之學對於中國古代學術，一如種之於苗、根之於杪，後世學術思想雖或更爲繁茁，更臻密緻，其要本實皆在先秦之學。

然而由於年湮代遠，吾國早期典籍散逸嚴重。《左氏春秋》魯昭公十二年（前530）曾記載，楚靈王（前540～前529在位）謂左史倚相"能讀《三墳》《五典》《八索》《九丘》"。所涉諸書均無以考實稽驗，故前儒衹能"各以意言"，孔疏提挈舉列之如下：

> 孔安國《尚書序》云："伏犧、神農、黃帝之書，謂之《三墳》，言大道也。少昊、顓頊、高辛、唐、虞之書，謂之《五典》，言常道也。""八卦之説，謂之《八索》，求其義也。九州之志，謂之《九丘》。丘，聚也。言九州所有，土地所生，風氣所宜，皆聚此書也。""……楚左史倚相'能讀《三墳》《五典》《八索》《九丘》'，即謂上世帝王遺書也。"《周禮》外史"掌三皇五帝之書"，鄭玄云，"楚靈王所謂《三墳》《五典》"，是也。賈逵云："《三墳》，三王之書。《五典》，五帝之典。《八索》，八王之法。《九丘》，九州亡國之戒。"延篤言張平子説：《三墳》，三禮。禮爲大防。《爾雅》曰："墳，大防也。"《書》曰："誰能典朕三禮？"三禮，天、地、人之禮也。《五典》，五帝之常道也。《八索》，《周禮》八議之刑。索，空；空設之。《九丘》，《周禮》之九刑。丘，空也；亦空設之。馬融説：《三墳》，三氣，陰陽始生，天、地、人之氣也。

---

[1] 吕思勉：《先秦學術概論》，《吕思勉文集·中國文化思想史九種》，上海：上海古籍出版社，2009年，第1版，頁459。

《五典》，五行也。《八索》，八卦。《九丘》，九州之數也。此諸家者，各以意言，無正驗，杜所不信，故云"皆古書名"。

面對典籍散逸造成的巨大歷史黑洞，張衡(78～139)、馬融(79～166)、延篤(? ～167)、鄭玄(127～200)、賈逵(174～228)諸碩學大儒呶呶不休，莫可定讞，杜預(222～284)不採用諸家舊說，堪稱謹慎，可是籠統地解"《三墳》"等等爲"古書名"，與不注無太大差異。而古書如《三墳》《五典》《八索》《九丘》者夥矣，更有大批典籍甚至連名目都未留存。孔子(前551～前479)嘗感慨："夏禮吾能言之，杞不足徵也；殷禮吾能言之，宋不足徵也。文獻不足故也。足則吾能徵之矣。"(《論語·八佾》)大意是，杞宋雖爲夏殷之後，然其典籍與博聞之賢者不足，致使其禮不足以取證。逮至漢初，司馬遷(前145～?)在《史記·五帝本紀》傳贊中，亦慨歎"書缺有間"。惟其如此，後人對於古書、舊說有懵然無知者，有雖知而知之不確不備者，有單據存世隻言片語徒逞臆想者，有被前人偏見誤導百千年而不能發其覆者，鑒於這種情況，出土文獻的重要性就極爲凸顯了。其鑿破空蒙、正本清源、撥亂反正之功用，在史上已得到多次驗證。

本書的核心研究對象，是兩篇學理上密切相關的出土文獻：一是見於上海博物館所藏戰國楚竹書的《詩論》。上博戰國楚竹書乃1994年從香港古玩市場購得(有著論稱1995年，殆誤)，是"楚國遷郢都以前貴族墓中的隨葬品"。① 二是見於湖南長沙馬王堆漢墓帛書以及湖北荆門郭店楚墓竹書的《五行》(其具體情況，緒論第一、第二節將作介紹)。兩者備受海內外學人關注，自出土刊佈以來，各領域、各層面之研究均已獲得不少重要成果。然而在跟傳統思想學術史接軌以及深度整合上，尚存在可以進一步開拓、挖掘的巨大空間。

就這兩部文獻來說，《詩論》看起來比較單純。② 在文本構成中起引導作

---

① 參閱馬承源：《前言：戰國楚竹書的發現保護和整理》，馬承源主編：《上海博物館藏戰國楚竹書》(一)，上海：上海古籍出版社，2001年，第1版，頁1～2；並參陳燮君《仰視長天尋藝程——沉痛悼念馬承源先生》，陳燮君等編：《上海文博論叢》第九輯，上海：上海辭書出版社，2004年，頁8。

② 馬承源認爲《詩論》與《子羔》《魯邦大旱》編爲同卷，參見氏著《孔子詩論》釋文考釋之說明部分，《上海博物館藏戰國楚竹書》(一)，頁121。李零認爲《詩論》乃《子羔》篇一部分(參見氏著《上海楚簡校讀記》之一《〈子羔〉篇"孔子詩論"部分》，《上海楚簡三篇校讀記》，北京：中國人民大學出版社，2007年，第1版，頁5～8)。李學勤認爲《詩論》《子羔》《魯邦大旱》三篇並非編爲一卷，依據是："經過整理排比，容易看出《詩論》大多數簡是在簡上爲編繩刻出的契口處折斷的，《子羔》簡的折斷多在上端契口下面兩三字處，《魯邦大旱》簡的折斷都在中腰契口之下四字處，這說明它們不曾編連在一起，所承受的壓力並不一致。這三篇簡，祇有《子羔》在其一支簡背面寫着篇題。這支簡於重加排比之後，是(轉下頁)

用的"🔣曰"或"🔣曰"被確認爲指"孔子曰","卜子曰""子上曰"諸釋文均應被排除以後,①其基本學術性質已經十分清楚。首先,該文本現存有六處"孔子曰"(此外殆有若干處遺失),差不多引導着它的全部文字。其次,該文本之内容是從各個層面上研討《詩經》,比如論《詩》的本質及其《風》《雅》《頌》的區隔,評析《詩》中一系列具體詩篇或其中具體的章節、語句等。這兩個方面,決定了《詩論》雖然出自孔子後學之手,它所載録的内容却主要是孔子本人的《詩經》學建構;而從思想學術史方面説,在比較完整地把握了孔子後學的心性學説以後,再回望《詩論》,又可確知《詩論》之觀念體系當早於孔子後學,爲嗣後儒家心性學説的發源。學界常稱之爲《孔子詩論》,有相當的合理性。筆者認爲,《詩論》對認知孔子學説的價值,約略與《論語》相類,祇不過側重於載録孔子以《詩》教的材料而已。

《詩論》在《詩經》學史上的基本價值,可概括爲以下幾個方面:其一,它是迄今爲止最重要的《詩經》學出土文獻。其二,它是《詩經》學創立初期的核心成果,是後來一些傳承、影響久遠的重要《詩》學傳統的源頭;而且,它同時又呈現出與一些後代《詩經》學體系迥不相同的特性。而在《詩經》學範域外,《詩論》的價值同樣不容忽視。比方説,《詩論》的某些命題深刻影響了《五行》,《詩論》是儒家心性學説之淵藪等等。

《五行》的情況相對複雜一些。如果要簡單地給它一個定性,那麽可以説,它是中國史尤其是儒學史上極爲重要的學術思想建構,是已知出土文獻中最重要的思想史元典;作爲傳達子思(前 483～前 402)五行學説的核心典籍,它還承載着春秋戰國之交《尚書》學、《詩經》學(包括《孔子詩論》)的傳播

(接上頁)該篇倒數第三支,當把簡卷起時,正好露在外面。如果三篇簡編成一卷,《詩論》《魯邦大旱》在《子羔》後面,這支篇題簡就露不出來;如果《詩論》《魯邦大旱》在《子羔》前面,又不能以'子羔'作爲題目了。《子羔》之所以爲題,是由於《子羔》篇首句是'子羔問於孔子',並非因爲子羔是三篇的作者。"(參見李學勤序,黃懷信:《上海博物館藏戰國楚竹書〈詩論〉解義》,北京:社會科學文獻出版社,2004年,第1版,頁 2～3)

① 參閱李零:《參加"新出簡帛國際學術研討會"的幾點感想》、《上博楚簡三篇校讀記》,頁130～132。並參馬承源:《〈詩論〉講授者爲孔子之説不可移》,濮茅左:《關於上海戰國竹簡中"孔子"的認定:論〈孔子詩論〉中合文是"孔子"而非"卜子"、"子上"》,《中華文史論叢》2001年第3輯(總第67輯),上海:上海古籍出版社,2002年,第1版,頁 1～10、頁11～32。另外,美國學者夏含夷(Edward L. Shaughnessy)清楚地回顧了這一爭議的解决過程,參閱〔美〕夏含夷:《重寫中國古代文獻》,周博群等譯,上海:上海古籍出版社,2012年,第1版,頁 20～21。案:《詩論》之合文"🔣"或"🔣"當讀爲"孔子",此處僅舉一證。在上博竹書《魯邦大旱》中,該符號所指人物與子貢對話,而自稱"丘",這是它指"孔子"的鐵證。

與影響，推動了此後又一批儒家重要經典（比如《孟子》《荀子》）及以《詩序》爲核心的《詩經》學的成立，對儒家之外《墨子》、《莊子》、屈原辭的成立也發揮了巨大影響。《五行》隱身約兩千年而後復見於人世，註定要使固化已久的先秦學術思想史的敘述徹底改觀，而這一系列新的認知，甚至還會牽動思想學術史上某些亘古通今的主要傳統。其間很多問題，無法三言兩語交待清楚，筆者將在相關章節中慢慢道來。①

本緒論有些小節主要是針對《五行》開列的，比如討論《五行》結構體式及其論說與思維方式的部分；有的小節討論的主要是《五行》，但對《詩論》有同樣的意義，比如強調以"出言談者"爲重心辨析《五行》等故典；其餘小節，大抵是合論認知及詮釋《詩論》與《五行》的基本原則。當然其間道理不止適用於《詩論》和《五行》。

一、《五行》與"經説體"

1973 年 12 月，湖南長沙馬王堆三號漢墓出土了帛書《五行》等二十餘種典籍。馬王堆漢墓乃漢初列侯軑侯之家族墓地。1972 年初至 1974 年初，考古工作者對馬王堆三座漢墓進行發掘。其二號墓墓主，是死於吕后二年（前 186）的長沙相、第一代軑侯利蒼，出土有龜紐銅印"長沙丞相""軑侯之印"以及玉印"利蒼"。一號墓墓主乃利蒼之妻辛追，有出土印章，據地層關係、隨葬器物等分析，該墓略晚於三號墓，約在公元前二世紀六十年代。出土十多萬字帛書的三號墓墓主則是利蒼一個没有繼承侯位的兒子，即第二代軑侯利豨的一位兄弟，據一件同出的紀年木牘，其下葬時間爲漢文帝前元十二年（前

---

① 美國學者顧史考（Scott Cook）説："《郭店楚簡》及《上博楚簡》儒家竹書各篇……是代表某些儒者針對其當時的政治事實所給予的學術反應，或者説是應對當時孔門以外諸子所提出的難題而制定出來的回應答案。"（參見〔美〕顧史考：《郭店楚簡先秦儒書宏微觀》，上海：上海古籍出版社，2012 年，第 1 版，頁 43～44）這樣説大抵是可取的。實際上，《淮南子·要略》篇早就從"因於時事"的角度，論述了太公兵謀之學、儒者之學、墨者之學、管子之書、晏子之諫、縱橫家之説、申不害刑名之學、商鞅之法等學説體系產生之根由（關於該説具體內容與得失，略可參閱拙著《先秦諸子研究》，北京：人民教育出版社，2008 年，第 1 版，頁 14～17），《宏微觀》一書實仍循這一理路，有其合理性。但如果將視野拘囿於孔子之後，儒者對於"當時法律之彰顯化的傾向"的持續的極力反對（參閱《宏微觀》，頁 44），就太過簡單化了。顧史考《宏微觀》一書，特別是"宏觀篇"部分之第一篇"從禮教與刑罰之辨看先秦諸子的詮釋傳統"、第二篇"從楚國竹簡論戰國'民道'思想"等，都是以這種認知爲中心建立的。

168)。① 1993年冬,湖北荆門市郭店一號楚墓出土了竹書《五行》等十八篇文獻。有學者認爲,該墓墓主爲楚懷王(前328～前299在位)太子横的老師(横即後來的楚頃襄王,其在位時間爲前298～前263),墓中所葬當是太子所誦讀的教材。② 帛書《五行》在《老子》甲本卷後,起於從《老子》甲本第一行數起的第一百七十行,終於第三百五十一行。其中,第一百七十行至第二百一十四行爲全篇主旨,第二百一十五行至第三百五十一行,則申説第一百八十三行章節符以下至第二百一十四行之主旨;就是説,今帛本第一百七十行至第一百八十三行章節符以上的主旨部分,未見相關申説,應該是已經遺失。學界通常稱前面的主旨部分爲"經"(本書行文中或稱之爲"經文"),稱後面的申説部分爲"説"(本書行文中或稱之爲"説文")。經與説又往往被區隔爲二十八章,除經文第一章至第六章前半缺佚説文以外,經與説一一關聯和對應。③ 參照先秦諸子中的經説體文獻,比如《韓非子·內儲説上七術》等等,這種認知大抵是可取的,《五行》應該是採用了經説體。

帛書《五行》有經有説,竹書《五行》有經無説,何以如此,我們下文再作討論,這裏先申明《五行》之"經説體"。

顯然,《五行》並未明言哪一部分文字爲經、哪一部分文字爲説,對它來説,"經説體"這一指稱是回溯性的,即據後以議前。在後人敘述過往的歷史時,這種現象不可避免。但同樣是據後以議前,往往也有合理不合理之分。迄今爲止,關於《五行》的著論幾乎都傾向於以漢代經書傳授中的"經""傳"範

---

① 參閱何介鈞:《馬王堆漢墓》,北京:文物出版社,2004年,第1版,頁23～25、頁141～147;並參湖南省博物館編:《長沙馬王堆漢墓》,長沙:湖南人民出版社,1979年,第1版,頁1～8。案:學界對三號墓墓主存有爭議。何介鈞之外,認爲該墓墓主乃利豨之兄弟的還有湖南省博物館、中國科學院考古研究所:《長沙馬王堆二、三號漢墓發掘簡報》,《文物》1974年第7期,頁46;黎石生:《長沙馬王堆三號漢墓墓主再議》,《故宮博物院院刊》2005年第3期,頁150～155。而認爲該墓墓主乃利豨本人者,主要是傅舉有:《關於長沙馬王堆三號漢墓的墓主問題》,《考古》1983年第2期,頁165～172。

② 參閱李學勤:《荆門郭店楚簡中的〈子思子〉》,《中國哲學》編輯部、國際儒聯學術委員會編:《郭店楚簡研究》,《中國哲學》第二十輯,瀋陽:遼寧教育出版社,1999年,第1版,頁79;廖名春:《新出楚簡試論》,臺北:臺灣古籍出版有限公司,2001年,第1版,頁43。

③ 儘管帛書《五行》之經、説從書寫形式上看似乎是連貫而完整的,但可以肯定,其經文第一章至第六章前半原本亦有相應説文(經文其他部分均有説,是有力的證據),唯帛書抄錄時亡佚而已。郭沂提出:"對於這個問題,我有一種推測。戰國末期,有一個儒者,偶然接觸到《五行》一書。他本來是漫不經心的,更沒有解説的打算。但逐漸爲其所吸引,終於在讀到'聖之思也輕'一章的時候開始爲其解説,並將其解説附於經文之後,形成帛書所見的樣子。當然,也可能是某位弟子,聽經師講解《五行》,本來沒有打算記錄,後來當經師講到該章的時候纔開始記錄。"(參見氏著《郭店竹簡與先秦學術思想》,上海:上海教育出版社,2001年,第1版,頁463～464)這些猜測提示了極豐富、生動的歷史可能性,但有一些不可思議。

疇,來看待《五行》之經與説,筆者則不主張將《五行》之經説體拘囿在這一框架中。李零曾指出:

> 漢代的古書傳授有經、傳、記、説、章句、解故之分。大體上講,它們的區分主要是,"經"是原始文本,"傳"是原始文本的載體和對原始文本的解説(類似後世所説的"舊注")。"經"多附"傳"而行,"傳"多依"經"而解,兩者是相翼而行(所以也合稱爲"經傳")。它們是古書傳授中比較原始的東西。"記"(也叫"傳記")是學案性質的參考資料,"説"則可能是對"經傳"的申説(可能類似於"疏"),它們是對"傳"的補充(這些多偏重於義理)。"章句"是對既定文本(有固定篇數和固定面貌)所含各篇的解析,包括每篇所含章節的劃分和句讀的劃分(也關乎義理)。"解故"(也叫"故"),則關乎詞句的解釋。①

這是相當準確合理的辨析。不過,具體的歷史可能更爲複雜,比如漢代經學著述尚區分"内傳體"與"外傳體"。② 而更重要的是,這種成熟的系統化的配置,大抵是在漢代經學興起並定型的過程中產生的,祇有其中某些部分可以溯源到秦乃至秦以前。系統中作爲著述的"記"與"説"乃是"傳"的補充,其產生有待於作爲著述的"傳",而"傳"之產生又有待於作爲原始文本的"經",故無論"説"還是"傳",均與此處指稱《五行》爲"經説體"的"説"不在同一個歷史層面上,是兩套體系。與此相關,在這一成熟系統的配置中,分析和詮釋"經"的傳無論採用何種名號,都與"經"是二分的,經自經而傳自傳,一如《春秋》自是《春秋》,《公羊傳》自是《公羊傳》。因此,該系統中雖然有"經",有"説"或"傳",卻並不存在作爲文章體式的經説體。

作爲文章體式的經説體是就單篇文章之構成而言的,是指單篇文章包含經與説兩個互相勾連、互相依存的部分,易言之,它既非指涉兩個對象(如傳統經學範域之經與傳),又非指言某一單篇爲"經之説"。傳世《管子》有《牧民解》(業已亡佚)、《形勢解》《立政九敗解》《版法解》《明法解》等篇,就構成看,它們應是申釋經言《牧民》《形勢》《立政·九敗》《版法》《明法》諸篇的獨立文本。《韓非子·解老》《喻老》篇之"解""喻"亦與《老子》爲二物。張舜徽《漢書藝文志通釋》云:"古人解禮之文概稱爲記。《漢志》著録記百三十一篇,皆七十子後學者解禮之文也。戴德傳記八十五篇,今存三十九篇,即今《大戴禮

---

① 李零:《郭店楚簡校讀記》(增訂本),北京:北京大學出版社,2002年,第1版,頁73。
② 參閱拙文《論漢代〈詩經〉著述之內外傳體》,《國學研究》第三十卷,北京:北京大學出版社,2012年,第1版(該文起先發在2011年11月22日至28日臺灣"中央研究院"主辦的"秦漢經學國際研討會"上發表);並參本書第一章。

記》也。其兄子聖傳記四十九篇，即今通行本之《禮記》也。古人以《儀禮》爲經，記則所以解之。故《儀禮》有《士冠禮》，《禮記》則有《冠義》；《儀禮》有《士昏禮》，《禮記》則有《昏義》；《儀禮》有《鄉飲酒禮》，《禮記》則有《鄉飲酒義》；《儀禮》有《鄉射禮》，《禮記》則有《射義》；《儀禮》有《燕禮》，《禮記》則有《燕義》；《儀禮》有《聘禮》，《禮記》則有《聘義》；《儀禮》有《喪服》，《禮記》則有《喪服小記》。記之大用，在於解經，此其明徵矣。"①《冠義》之於《士冠禮》等等，亦皆爲二物。凡此之類的篇籍，儘管都有一定的旁證作用，卻均非論斷《五行》經説體的最佳參照物或者最佳類比對象；以這類作品證《五行》篇應當稱爲"經解體"，而不應稱爲"經説體"等，可以説是引據不當。

黎翔鳳(1901～1979)於《管子·牧民解》題下注云："'解'有三種：《牧民解》《形勢解》《立政九敗解》《版法解》，此以傳解經。《墨子》謂之'説'，如《經説》二篇是，此門弟子受學而記之。《宙合》非《經言》，自提自解，所解多古語，非解不明，爲一特例。《明法》在《區言》中，別有專篇以解之，《法令》多專名，亦非解不明，此則非經而近於經者也。《韓非》有《解老》，與此相類。其《儲説》自提自解，與《宙合》相類。"這是相當到位的辨析，特別是"自提自解"之説，堪稱道破了本書所論經説體的特質。然而也有一些不當之處。

其一，傳世《管子·宙合》篇看起來是典型的經説體的架子，細細分析，情況頗爲複雜，它原初當非"自提自解"的體式。《宙合》是一篇非常難讀的文獻，現有的整理尚存在諸多問題。爲便於分析，兹將其内容錄於表0-1：

表0-1 《管子·宙合》篇十三舉目與相關内容比照閱讀表

説明：(1)尹知章注將該篇前半即其核心内容分析爲十三舉目，頗爲可取。惟其區隔第三、第四舉目不甚精當，今以意正之。(2)各舉目之序今列於相關文字之後，加圓括號，表示並非原文所有。(3)表中文字有兩種讀法：先自上而下讀完左欄，接着再自上而下閱讀右欄，呈現的是原文。表中每行左右兩欄分列原文"經""解"部分，從左到右閱讀，便於把握其關聯呼應，便於比照分析。

宙合	
左操五音，右執五味。（第一舉目）	"左操五音，右執五味"：此言君臣之分也。君出令，佚，故立于左。臣任力，勞，故立於右（尹注：凡右爲用事，故左佚而右勞）。夫五音不同聲而能調，此言君之所出令無妄也而無所不順，順而令行政成。五味不同物而能和，此言臣之所任力無妄也而無所不得，得而力務財多。故君出令，正其國而無齊（濟）其欲，一其愛而

---

① 張舜徽：《廣校讎略　漢書藝文志通釋》，上海：華東師範大學出版社，2004年，第1版，頁211。

續表

宙合	
	無獨與是,王施而無私,則海内來賓矣。臣任力,同其忠而無争其利,不失其事而無有其名,分敬(互敬)而無妬,則夫婦(百姓)和勉矣。君失音則風律必流(蕩散),流則亂敗。臣離味則百姓不養(尹注:臣離味,百職曠,故百姓不養也),百姓不養則衆散亡。君臣各能其分,則國寧矣。故名之曰不(丕)德。
懷繩與准鉤,多備規軸,減溜大成,是唯時德之節。 (第二舉目)	"懷繩與准鉤,多備規軸,減溜大成,是唯時德之節":夫繩扶撥以爲正(案繩爲古代求直之墨綫),准壞險以爲平(案准爲古代測平之器),鉤入枉而出直(案鉤爲古代畫圓之工具);此言聖君賢佐之制舉也,博而不失,因以備能而無遺。國猶是國也,民猶是民也,桀、紂以亂亡,湯、武以治昌。章道以教,明法以期,民之興善也如化,湯、武之功是也。多備規軸者,成軸也(尹注:規者正圓器,軸者轉規)。夫成軸之多也,其處大也不究(窮),其入小也不塞,猶迹求履之憲也(尹注:擬迹而求履法,履法可得),夫焉有不適善?適善,備也,僎(尹注:輕順貌)也,是以無乏,故諭教者取辟焉。天清(育)陽,無計量;地化生,無法崖。所謂是而無非,非而無是,是非有,必交來。苟信是,以有不可先規之,必有不可識慮之,然將卒而不戒。故聖人博聞多見,畜道以待物。物至而對,形曲均存矣。減,盡也。溜,發也。言偏環畢,莫不備得,故曰"減溜大成"。成功之術,必有巨獲,必周於德,審於時。時德之遇,事之會也,若合符然。故曰"是唯時德之節"。
春采生,秋采蓏,夏處陰,冬處陽,大賢之德長。 (第三舉目)	"春采生,秋采蓏,夏處陰,冬處陽":此言聖人之動静、開闔、詘信、涅儒、取與之必因於時也。時則動,不時則静,是以古之士有意而未可陽(顯揚)也,故愁(揫)其治言,(含)〔合〕愁而藏之也。賢人之處亂世也,知道之不可行,則沈抑以辟罰,静默以俟(取)免。辟之也猶夏之就清,冬之就温焉,可以無反(犯)於寒暑之菑矣,非爲畏死而不忠也。夫强言以爲僇,而功澤不加,進傷爲人君嚴之義,退害爲人臣者之生,其爲不利彌甚。故退身不舍端(專),脩業不息版(尹注:版,牘也),以待清明。故微子不與於紂之難,而封於宋,以爲殷主,先祖不滅,後世不絶。故曰"大賢之德長"。
明乃哲,哲乃明,奮乃苓(零),明哲乃大行。 (第四舉目)	"明乃哲,哲乃明,奮乃苓,明哲乃大行":此言擅美主盛自奮也。以琅湯(浪蕩)凌轢人,人之敗也常自此。是故聖人著之簡筴,傳以告後進曰:奮盛,苓落也。盛而不落者,未之有也。故有道者不平其稱,不滿其量,不依(殷)其(樂)〔數〕,不致(極)

續表

	宙合
	其度。① 爵尊即肅士,禄豐則務施,功大而不伐,業明而不矜。夫名實之相怨(蘊)久矣,是故絶而無交(黎翔鳳:與外界斷絶往來,不取名,但取實)。惠者知其不可兩守,乃取一焉,故安而無憂。
毒而無怒,怨而無言,欲而無謀。(第五舉目)	"毒而無怒",此言止忿速濟(没)法也。"怨而無言",言不可不慎也。言不周密,反傷其身。(故曰)"欲而無謀",言謀不可以泄,謀泄菑極。夫行忿速遂,没法賊發,言輕謀泄,菑必及於身,故曰"毒而無怒,怨而無言,欲而無謀"。
大揆度儀,若覺卧,若晦明,若敖之在堯也。(第六舉目)	"大揆度儀,若覺卧,若晦明":言淵色(黎翔鳳:喜怒不見於色)以自詰也,靜默以審慮依(殷)賢可用也。仁良既明,通於可不(否)利害之理,(循)〔猶〕發蒙也。故曰"若覺卧,若晦明,若敖之在堯也"。
毋訪于佞,毋蓄于諂,毋育于凶,毋監于讒。不正,廣其荒。(第七舉目)	"毋訪于佞",言毋用佞人也。用佞人,則私多(黎翔鳳:自以爲賢)行。"毋蓄于諂",言毋聽諂。聽諂,則欺上。"毋育于凶",言毋使暴。使暴,則傷民。"毋監于讒",言毋聽讒。聽讒,則失士。夫行私、欺上、傷民、失士,此四者用,所以害君義失正也。夫爲君上者既失其義正,而倚以爲名譽,爲臣者不忠而邪,以趨爵禄,亂俗數(貴)世,以偷安懷樂,雖廣其(威)〔威〕可須也。故曰"不正,廣其荒"。是以古之人阻其路,塞其遂,守而物(肳)修,故著之簡筴,傳以告後世人曰:其爲怨也深,是以(威)〔威〕盡焉。

---

① "故有道者"一句,舊解問題甚多。"稱"爲測量輕重之器。《説文·禾部》:"稱,銓也,从禾爯聲。"《文選》卷一七陸士衡《文賦》"苟銓衡之所裁,固應繩其必當"、卷四六任彦昇《王文憲集序》"公銓品人倫,各盡其用"、卷四七陸士衡《漢高祖功臣頌》"指明周漢,銓時論道"、卷五八王仲寶《褚淵碑文並序》"執銓以平,御煩以簡"諸語,李善注均引《聲類》"銓,所以稱物也"。"量"爲測量多少之器。《漢書·律曆志》云:"量者,龠、合、升、斗、斛也,所以量多少也……""度"爲計量長短之器。《説文·又部》:"度,法制也,从又庶省聲。"段注:"古者五度,分、寸、尺、丈、引……"則"稱""量""度"均與計量有關,惟中間"樂"字不類,殆有譌誤。本篇下文解第十二舉目"人不一事",云:"鄉有俗,國有法,食飲不同味,衣服采,世用機械,規矩繩准,稱量數度,品有所成,故曰'人不一事'。"其間"規矩繩准"爲一類,除了"矩"之外,均見於第二舉目及其説解;"稱量數度"爲一類,殆約言本舉目之解説。則"不依其樂"之"樂"當爲"數"之譌。"依"讀爲"殷",取衆盛之意;"不依其數"即不衆其數,與"不平其稱""不滿其量""不致(極)其度"一致,喻指守之以謙而不使滿溢,與奮盛乃零落之主旨契合無間。舊説多解"不依(殷)其樂"爲不盛其樂,則與上下文及其主旨扞格齟齬。且斥言溺於聲色之意,原本集中於第十舉目及其説解,何須凌亂復贅於此。

續表

	宙合
不用其區(區),鳥飛准繩。 (第八舉目)	"不用其區":區者虛也;人而無良焉,故曰虛也。凡堅解(扞格)而不動,踞隁(踟躕)而不行,其於時必失,失則廢而不濟。失植(志)之正而不謬(穆),不可賢也。植而無能,不可善也。所賢美於聖人者,以其與變隨化也。淵泉而不盡,微約而流施,是以德之流潤澤均加于萬物。故曰聖人參于天地。"鳥飛准繩":此言大人之義也(尹注:鳥飛准繩,曲以爲直;大人之義,權而合道)。夫鳥之飛也,必還山集谷,不還山則困,不集谷則死。山與谷之處也不必正直,而還山集谷,曲則曲矣,而名繩焉,以爲鳥起於北,意南而至于南,起於南,意北而至于北,苟大意得,不以小缺爲傷。故聖人美而著之曰,千里之路不可扶以繩,萬家之都不可平以准。言大人之行,不必以先帝常義立之謂賢(尹注:守常違變,道必躓也)。故爲上者之論其下也,不可以失此術也(尹注:此術,權道)。
譖充末衡,易政利民。 (第九舉目)	"譖充",言心也;心欲忠。"末衡",言耳目也;耳目欲端。中正者,治之本也。耳司聽,聽必順(慎)聞,聞審謂之聰。目司視,視必順見,見察謂之明。心司慮,慮必順言,言得謂之知。聰明以知則博,博而不惛,所以易政也(尹注:聰也,明也,智也,三者既博,故事無過,舉乃得中,可制禮作樂,易先古政)。政易民利,利乃勸,勸則(告)〔吉〕。聽不慎不審,〔不審〕不聰,(不審)不聰則繆。視〔不慎〕不察,〔不察〕不明,(不察)不明則過。慮〔不慎〕不得,〔不得〕不知,(不得)不知則昏。繆過以惛則憂,憂則所以伎(忮)苟,伎苟所以險政。政險民害,害乃怨,怨則凶。故曰"譖充末衡,(言)易政利民"也。
毋犯其凶,毋邇其求,而遠其憂。高爲其居,危顛莫之救。 (第十舉目)	"毋犯其凶",言中正以蓄慎也。"毋邇其求",言上之敗,常貪於金玉馬女,而丟(吝)愛於粟米貨財也。厚藉斂于百姓,則萬民懟怨。"遠其憂",言上之亡其國也,常邇其樂(立)〔亡〕優(美)〔笑〕,而外淫于馳騁田獵,內縱于美色淫聲,下乃解(懈)怠惰失(佚),百吏皆失其端,則煩亂以亡其國家矣。"高爲其居,危顛莫之救":此言尊高滿大,而好矜人以麗,主盛處賢而自予(許)雄也。故盛必失,而雄必敗。夫上既主盛處賢以操士民,國家煩亂,萬民心怨,此其必亡也,猶自萬仞之山播而入深淵,其死而不振也必矣。故曰"毋邇其求,而遠其憂。高爲其居,危顛莫之救"也。

續表

宙合	
可淺可深,可浮可沈,可曲可直,可言可默。 (第十一舉目)	"可淺可深,可沈可浮,可曲可直,可言可默":此言指(稽)意要功之謂也。
天不一時,地不一利,人不一事,可正而視,定而履,深而迹。 (第十二舉目)	"天不一時,地不一利,人不一事",是以著業不得不多,人之名位不得不殊。方(博大周遍)明者察于事,故不官(主)于物而旁通于道。道也者,通乎無上,詳(翔)乎無窮,運乎諸生。是故辯于一言,察于一治,攻(工)于一事者,可以曲說,而不可以廣舉(尹注:如此者,唯可以示一曲之說,未足以廣苞也)。聖人由此知言之不可兼也,故博爲之治而計(稽)其意;知事之不可兼也,故(名)〔各〕爲之說而況其功。歲有春秋冬夏,月有上下中旬,日有朝暮,夜有昏晨,半星辰序各有其司(尹注:半星辰序,言其星辰晝隱夜出,常見半,至於次序,有司以爲法也),故曰"天不一時"。山陵岑巖,淵泉閎流,泉踊灒(雨後積水)而不盡,薄(洦)承瀷而不滿,高下肥墝,物有所宜,故曰"地不一利"。鄉有俗,國有法,食飲不同味,衣服異采,世用器械,規矩繩准,稱量數度,品(法式)有所成,故曰"人不一事"。此各事之儀(宜),其詳不可盡也。"可正而視",言察美惡,審別良苦(鹽,粗劣)。不可以不審。操分不雜,故政治不悔。"定而履",言處其位,行其路,爲其事,則民守其職而不亂,故葆統而好終。"深而迹",言明墨章(顯著)書(著於書帛),道德有常,則後世人人(修)〔循〕理而不迷,故名聲不息。
夫天地一險一易,若鼓之有(桴)〔枹〕,擿擋(猶鞭韃)則擊。天地,萬物之橐;《宙合》有(又)橐天地。 (第十三舉目)	"夫天地一險一易,若鼓之有(桴)〔枹〕,擿擋則擊":言苟有唱之,必有和之,和之不差,因以盡天地之道。景(影)不爲曲物直,響不爲惡聲美,是以聖人明乎物之性者必以其類來也,故君子繩繩(戒慎)乎慎其所先。"天地,萬物之橐(也);《宙合》有橐天地":天地苴(包裹)萬物,故曰"萬物之橐"。《宙合》之意,上通於天之上,下(泉)〔息〕於地之下,外出於四海之外,合絡天地以爲一裹,散之至於無間,不可名而(山)〔止〕,是大之無外,小之無內,故曰"有橐天地"。其義不傳一典,品之不極一薄,然而(典品)無治也。多內(納)則富,時出而當,而聖人之道貴富以當。奚謂當?本乎無妄之治,運乎無方之事,應變不失之謂當。變無不至,無有應當本錯,不敢忿(翔鳳案:變無不至而無有應者,當則本而錯置之,不敢忿也)。故言而名之曰"宙合"。

從表面上看，《宙合》採用了相當嚴格的經說體體式：上表左欄所示看起來是經言，其十三舉目相當於經言十三章，右欄所示看起來是説解，兩者勾連呼應，構成一個完整的篇章。然而細細剖釋，可知事情並非如此簡單。

爲了準確理解《宙合》篇之體式，需先考辨文末一個十分關鍵的句子。筆者將該句校讀爲："其義不傳一典，品之不極一薄，然而（典品）無治也。"這種讀法與舊説有巨大差異。舊説往往以"其義不傳"爲句；接下來十數字，郭沫若(1892～1978)《管子集校》、黎翔鳳《管子校注》均讀爲："一典品之，不極一薄，然而典品無治也。"郭氏解釋説："（其意）謂《宙合》之經言文字甚少，除去衍文，僅二百一十字，如整理之不能盡一薄。簿者，《説文》'專，六寸簿也'，又'籍，簿也'。故'簿'與'簡册'同意。其不爲册籍而單用者則爲方爲版，其大者爲業。此言'一薄'當爲一方，一版，或即是笏。笏，所謂手版，長二尺六寸。文字既少，整理亦易，即一方版亦不能書滿，然而整理之事無人爲也。此承上'其義不傳'而言，蓋作解者之感嘆。'一典品之'，'一'者，一旦也，猶'如'也。'典品'謂整理。'簿'、'薄'字古每混，六朝人書，艸、竹無別。"黎翔鳳稱其説"極是"，後學常常遵從。然而這裏可能存在嚴重誤讀。

此數語殆非感慨《宙合》篇經言文字無多卻無人整理，而是張揚、抬高其孤詣，正確讀法當是："其義不傳一典，品之不極一薄，然而（典品）無治也。""傳"字並非指作解或整理。尹注解"其義不傳"，云："苟非其人，道不虛行，故其義不可妄傳也。"其説近之而未確。"傳"當指言説。所謂"其義不傳一典"，是説《宙合》之議論或指意出於獨創，不見於其他故典。《莊子·雜篇·天下》論墨翟禽滑釐、宋鈃尹文、彭蒙田駢慎到、關尹老聃以及莊周之學等等，①均溯源至"古之道術"，此即謂其義傳承有自。《漢書·藝文志》謂儒家蓋出於司徒之官，陰陽家蓋出於羲和之官，縱橫家蓋出於行人之官，農家蓋出於農稷之官等等，亦是説其義本有所傳。《宙合》解説部分謂"其義不傳一典"，殆凸顯其創闢之功。接下來之"品"字當指陳列。《國語·周語中》"定王論不用勸烝之故"章，記周定王向隨會講宴饗之禮，嘗謂："擇其柔嘉，選其馨香，潔其酒醴，品其百籩，修其簠簋，奉其犧象，出其樽彝，陳其鼎俎，净其巾羃，敬其袯除，體解節折而共飲食之。"其中"品"字即擺開、陳列之意。再下來"薄"字當讀爲"簿"，然當非版方爲笏之類。屈子《招䰟》云："蒻蔽象棋，有六簙些。"王逸章句謂："蒻，玉也。蔽，簙箸。以玉飾之也。……投六箸，行六棋，故爲六簙也。言宴樂既畢，乃設六簙，以蒻蔽作箸，象牙爲棋，麗而且好也。"簙乃先

---

① 顧實云，"鈃""牼""榮"古字通，故"宋鈃"亦曰"宋牼""宋榮子"（參見氏著《漢書藝文志講疏》，上海：上海古籍出版社，1987年，第1版，頁162）。

秦局戲,六箸、十二棊。洪興祖《補注》引《古博經》云:"博法,二人相對,坐向局,局分爲十二道,兩頭當中名爲水,用棊十二枚,六白六黑,又用魚二枚,置於水中,其擲采以瓊爲之……二人互擲采行棊,棊行到處即豎之,名爲驍棊。即入水食魚,亦名牽魚。每牽一魚獲二籌,譒一魚獲二籌。"其法未必盡古,卻足資參考。再接下來"典品"二字,戴望《管子校正》謂涉上文而衍,其説是。而"無治"殆即"無治而無不治",類同於《老》《莊》常以"無爲"指稱"無爲而無不爲"。《文子・道原》篇云:"……聖人内修其本,而不外飾其末,屬其精神,偃其知見,故漠然无爲而无不爲也,无治而无不治也。所謂无爲者,不先物爲也。无治者,不易自然也。无不治者,因物之相然(宜)也。"總之,《宙合》"品之不極一薄,然而無治也"一語,大抵是説,《宙合》經言二百餘字書於竹簡,陳列擺放之,不到一簿局大,僅一小片兒而已,然其理可營治四方天地一切之事,足見聖人之道之"多内(納)"也。其下文"本乎無妄之治,運乎無方之事,應變不失"云云,亦爲此意。此語之意既明,返觀其上文贊《宙合》之意"有(又)橐天地",其下文贊聖人之道"貴富以當",可知其前後一意相承,貫通無礙。古人謂往來古今爲"宙",四方上下爲"合",《宙合》乃是講"上極於天,下察於地,稽之往古,驗之來今,推之四方,運之四時"的聖人之道。① 郭沫若、黎翔鳳等學者所主張之舊説,顯然有誤。

對本節討論來説,最值得注意的是,這段文字對於《宙合》經言,具有鮮明的"他者立場",就是説,它並非自述自評,而是以詮釋《宙合》爲基礎,作爲他者予以評判。這已經説明《宙合》經言十三章與其後之解説不具備"自提自解"的關係,兩者乃是出於不同的立言者。

除此之外,這一結論還有幾個强有力的内證。其一,説解部分解經文第四舉目之意,稱之爲"聖人著之簡筴,傳以告後進",則解説者視經言爲聖人所作,更無可疑。其中所舉聖人所著之"奮盛,苓落也",乃直解經文"奮乃苓",尤可確證解説者視經言出於聖人之手。其二,説解部分解經文第七舉目,演繹其中"不正,廣其荒"一語之意,卻歸結於"古之人……著之簡筴,傳以告後世人"。這又顯示解説者視經文爲"古之人"所著。其三,説解部分解經文第八舉目,演繹"鳥飛准繩"一語之意,肯定"鳥起於北,意南而至于南,起於南,意北而至于北,苟大意得,不以小缺爲傷",最終歸結爲"聖人美而著之"云云。這還是説經言不出於解説者之手,而是聖人所爲。

綜合上論,可知黎翔鳳説《宙合》是"自提自解"的一篇文獻,並不符合事實,《宙合》實乃兩個文獻即經與解的合成品。由此,説解部分之來源變得更

---

① 引語出自何如璋:《管子析疑》,上海圖書館藏稿本,不分卷。

加耐人尋味。其作者將經文推爲"古之人""聖人"所作,似已暗示出他並未親承師説。至於《管子·牧民解》《墨子·經説》等文是否確如黎氏所言,爲兩家"門弟子受學而記之",也需要進一步的論證。如果答案是肯定的,那麼它們在師徒授受過程中,原初與所解對象文本呈現爲何種歷史關係和樣態,也需要進一步落實。

接下來將聚焦於更典型,且足以發明和佐證《五行》經説體特質的文獻,即《韓非子·内儲説上七術》《内儲説下六微》《外儲説左上》《外儲説左下》《外儲説右上》《外儲説右下》等等。今將《内儲説上七術》列於表 0-2,作爲分析個案。

表 0-2 《韓非子·内儲説上七術》經與説比照閱讀表

説明:(1)表中文字,先自上而下先讀完左欄,接着再自上而下讀完右欄,是原文呈現的順序。(2)原文每説均以數事釋經,爲省篇幅,僅録各説第一事。(3)每行左右兩欄分列經、説,便於把握其關聯、呼應,便於比照閱讀。

内儲説上七術	
經	説
主之所用也七術,所察也六微。七術:一曰衆端參觀,二曰必罰明威,三曰信賞盡能,四曰一聽責下,五曰疑詔詭使,六曰挾知而問,七曰倒言反事。此七者,主之所用也。	
觀聽不參則誠不聞,聽有門户則臣壅塞。其説在侏儒之夢見竈,哀公之稱"莫衆而迷"。故齊人見河伯,與惠子之言"亡其半"也。其患在豎牛之餓叔孫,而江乙之説荆俗也。嗣公欲治不知(舊注:謂不知治之術也),故使有敵。是以明主推積鐵之類,而察一市之患。 參觀一	〔一〕衛靈公之時,彌子瑕有寵,專於衛國。侏儒有見公者曰:"臣之夢踐矣。"公曰:"何夢?"對曰:"夢見竈,爲見公也。"公怒曰:"吾聞見人主者夢見日,奚爲見寡人而夢見竈?"對曰:"夫日兼燭天下,一物不能當(蔽)也;人君兼燭一國,一人不能擁也。故將見人主者夢見日。夫竈一人煬焉,則後人無從見矣。今或者一人有煬君者乎?則臣雖夢見竈,不亦可乎!" ……

續表

內儲說上七術	
經	說
愛多者則法不立,威寡者則下侵上。是以刑罰不必,則禁令不行。其說在董子之行石邑,與子產之教游吉也。故仲尼說隕霜,而殷法刑棄灰;將行去樂池,而公孫鞅重輕罪。是以麗水之金不守,而積澤之火不救。成歡以太仁弱齊國,卜皮以慈惠亡魏王。管仲知之,故斷死人;嗣公知之,故買胥靡。 必罰二	〔二〕董閼于爲趙上地守,行石邑山中,見深澗峭如牆,深百仞,因問其旁鄉左右曰:"人嘗有入此者乎?"對曰:"無有。"曰:"嬰兒盲聾狂悖之人嘗有入此者乎?"對曰:"無有。""牛馬犬彘嘗有入此者乎?"對曰:"無有。"董閼于喟然太息曰:"吾能治矣。使吾法之無赦,猶入澗之必死也,則人莫之敢犯也,何爲不治!" ……
賞譽薄而謾者下不用,賞譽厚而信者下輕死。其說在文子稱"若獸鹿"。故越王焚宮室,而吳起倚車轅,李悝斷訟以射,宋崇門以毀死。句踐知之,故式怒蠅;昭侯知之,故藏弊袴。厚賞之使人爲賁、諸也,婦人之拾蠶,漁者之握鱣,是以效之。 賞譽三	〔三〕齊王問於文子曰:"治國何如?"對曰:"夫賞罰之爲道,利器也。君固握之,不可以示人。若臣者,猶獸鹿也,唯薦草而就。" ……
一聽則愚智(不)分,責下則人臣不參。其說在索鄭與吹竽。其患在申子之以趙紹、韓沓爲嘗試。故公子氾議割河東,而應侯謀弛上黨。 一聽四	〔四〕魏王謂鄭(韓)王曰:"始鄭、梁一國也,已而别,今願復得鄭而合之梁。"鄭君患之,召羣臣而與之謀所以對魏。鄭公子謂鄭君曰:"此甚易應也。君對魏曰:'以鄭爲故魏而可合也,則弊邑亦願得梁而合之鄭。'"魏王乃止。 ……
數見久待而不任,姦則鹿散(舊注:謂人數見於君,或復久待,雖不任用,外人則謂此得主之意,終不敢爲姦,如鹿之散);使人問他則不鬻私。是以龐敬還公大夫,而戴讙詔視輼車;周主亡玉簪,商太宰論牛矢。 詭使五	〔五〕龐敬,縣令也,遣市者行,而召公大夫而還之(舊注:公大夫亦遣爲市)。立有間,無以詔之,卒遣行。市者以爲令與公大夫有言,不相信,以至無姦。 ……

續表

內儲説上七術	
經	説
挾智(知)而問，則不智(知)者至；深智(知)一物，衆隱皆變。其説在昭侯之握一爪也。故必南門而三鄉得。周主索曲杖而羣臣懼，卜皮(事)〔使〕庶子，西門豹詳(佯)遺轄。 挾智六	〔六〕韓昭侯握爪而佯亡一爪，求之甚急。左右因割其爪而效之。昭侯以此察左右之不誠(舊注：割爪不誠)。 ……
倒言反事，以嘗所疑，則姦情得。故陽山謾樛豎，淖齒爲秦使，齊人欲爲亂，子之以白馬，子產離訟者，嗣公過關市。 倒言七　　右經	〔七〕(陽山)〔山陽〕君相(謂)〔韓〕，聞王之疑己也，乃僞謗樛豎以知之(舊注：樛豎，王之所愛，今僞謗之，必憤而言王之疑己也)。 ……

由上表所列《內儲説上》，可知先秦經説體文有以下特質：

其一，"經"條陳於前，"説"申釋於後，二者勾連而成一個整體。

在經説體文中，經言與説文的組織、勾連方式有常例，也有變例。所謂常例，以《內儲説》諸篇爲代表。它們是經説體結構最自覺的文例，主要以兩種形式來彰顯經和説的組織性關聯：第一種方式，是在經言中逐一提示各論點"其説在(某事)"或者"説在(某事)"，由此關聯經言意指與説文對它們的詮解；第二種方式，是在經言中以"其患在(某事)"或"患在(某事)"，提示説文對相關論點的證説。實際上，後者在文本構造上的功能與前者是完全一致的，唯側重於從反面提示不行經言觀點的禍害而已，其意指在邏輯上有一定的推進。

所謂變例是指此外的各種便宜之舉。第一種，是在經言中以"故""是以""則""明之以""何以明之？以"等套語，集中提示説文中申釋經言的案例。比如，《內儲説下六微》經三之"似類"云："似類之事，人主之所以失誅，而大臣之所以成私也。是以門(人)〔者〕捐水而夷射誅，濟陽自矯而二人罪，司馬喜殺爰騫而季辛誅，鄭袖言惡臭而新人劓，費無忌教郄宛而令尹誅，陳需殺張壽而犀首走。故燒芻廥而中山罪，殺老儒而濟陽賞也。"此處經言，用"是以"和"故"集中提示説文將一一陳述的詮解性案例(引文中劃綫的部分)。第二種，是不加任何提示，而直接在條陳經意後舉列説文中的詮解性案例。比如，《外儲説左上》之經三有云："請(情)許學者而行宛曼於先王，或者不宜今乎。如是不能更也，鄭縣人得車厄(軛)也，衛人佐弋也，卜子妻爲(象)弊袴也，而其少者〔侍長者飲〕也。"後面的説文部分——陳述引文中畫綫的四事,來詮解經言中的論斷。① 第三種,是將經意之條述與説文之提示直接混雜。比如,《外儲説右上》經三云:"術之不行,有故。不殺其狗則酒酸。夫國亦有狗,且左右皆社鼠也。人主無堯之再誅,與莊王之應太子,而皆有薄媪之決蔡嫗也。(知貴)〔欲知〕不能,以教歌之法先揆之。吳起之出愛妻,文公之斬顛頡,皆違其情者也。故能使人彈疽者,必其忍痛者也。"經文以數事(即下劃綫者)爲證,説文部分——給予申述。

這裏無須列舉所有的常例和變例,因爲它們在思維和組織上的内在機制大抵是相同的,它們都有力地凸顯了經與説内在的組織性關聯。吳汝綸(1840～1903)《點勘韓非子讀本》完全無視這些關聯,謂《韓子》之説出於後世爲《韓》學者,②可謂荒謬之極。特別是上揭"術之不行,有故"之類,經言直接含藴和提示各項説文,設若將其中指涉説文的部分摳出,經言幾乎就不存在了。我們必須強調,從邏輯層面上説,經説體文中的經或説對於對方是内在性的。這就是爲什麽《韓非子》經説體諸文之篇題往往衹提挈"説",而無須名之曰"經説"("經"加"説")。

其二,從功能上説,"經"呈現的是文本核心或根幹,"説"是對經的證説和詮解,"説"可以視爲立言者自爲、與經相倚爲一體的傳。陳啓天謂,"經與傳均聯繫甚緊,傳固所以解經,而經亦有言及傳者……經爲綱要,傳爲解説,不可分離",③甚是。

經説體之"説"是相對於"經"而言的。上揭《韓子》經説體諸文在經言陳述主旨時,往往提示"其説在(某事)"或者"説在(某事)",便是明證,這種語例,彰顯了與"經"相對之"説"指的是説解或者證説。儘管在《韓子》經説體文中,與"經"對稱的"説"往往是一系列故事或傳説,然而"説"之爲"説"立基於它與"經"的邏輯關聯,失卻這一層關聯,這些故事或傳説本身便不能成其爲"經説體"之"説"。換句話説,"經説體"中"説"之得名,與"故事"或"傳説"本身無關。④ 傳世《墨子》有《經》,有《經説》,後者説解前者,其題目與前者對稱(意爲"經之説"而非"經與説",其行文中重錄經言,則是牒經之體),儘管二者

---

① 今説文"卜子妻爲弊袴"一事,在"鄭縣人得車軛"之上;説文"衞人有佐弋者""少者侍長者飲"二事間,則有"鄭縣人卜子妻……亡其蝥"。殆經言稍有遺漏,而説文有所錯亂。
② 參閲陳啓天:《增訂韓非子校釋》卷五《内儲説上七術》題下考證,臺北:臺灣商務印書館股份有限公司,1969年,第1版,頁378。
③ 同上書,頁378。
④ 《韓非子》中有不與經對稱、偏重於指傳説故事的"説",即《説林》,但它與經説體文之"説"不可並論。經説體之"説"所指涉的行爲,與《韓非子》中《解老》篇之"解"、《喻老》篇之"喻"意指相同。

看起來是兩個文本，與本節所論"經說體"有異，但足以證明文本中詮解經言意指的傳可以稱爲"説"，而且"説"不必就是傳説故事。反過來講道理也是一樣的。經説體文章在説中運用了傳説故事，並不能改變"説"是在它與"經"的邏輯關係中被定義、與它是否爲故事傳説没有關係的事實。這裏舉一個有力的内證。兹將《韓非子・内儲説下六微》之經一與説一録於表 0-3（説一部分依相對獨立性分爲若干單元）：

表 0-3　《韓非子・内儲説下六微》經一與説一比照閲讀表

内儲説下六微	
權借一（經一）	説一
權勢不可以借人，上失其一，臣以爲百。故臣得借則力多，力多則內外爲用，內外爲用則人主壅。其説在老聃之言失魚也。是以〔故〕人（主）〔富〕久語，而左右鬻懷刷。其患在胥僮之諫厲公，與州侯之一言，而燕人浴矢也。	勢重者，人主之淵也；臣者，勢重之魚也。魚失於淵而不可復得也，人主失其勢重於臣而不可復收也。古之人難正言，故託之於魚。賞罰者，利器也，君操之以制臣，臣得之以擁主。故君先見所賞，則臣鬻之以爲德；君先見所罰，則臣鬻之以爲威。故曰："（國）〔邦〕之利器不可以示人。"
	靖郭君相齊，與故人久語，則故人富；懷左右刷（本作厰，巾帨之屬，可用以拭），則左右重。久語、懷刷，小資也，猶以成富〔取重〕，況於吏勢乎。
	晉厲公之時，六卿貴。胥僮、長魚矯諫曰："大臣貴重，敵主爭事，外市樹黨，下亂國法，上以劫主，而國不危者，未嘗有也。"公曰："善。"乃誅三卿。胥僮、長魚矯又諫曰："夫同罪之人偏誅而不盡，是懷怨而借之間也。"公曰："吾一朝而夷三卿，予不忍盡也。"長魚矯對曰："公不忍之，彼將忍公。"公不聽。居三月，諸卿作難，遂殺厲公而分其地。
	州侯相荆，貴而主斷。荆王疑之，因問左右，左右對曰"無有"，如出一口也。
	燕人（惑易）〔無惑〕，故（反而）浴狗矢。燕人其妻有私通於士，其夫早自外而來，士適出。夫曰："何客也？"其妻曰："無客。"問左右，左右言"無有"，如出一口。其妻曰："公惑易（瘍）也。"因浴之以狗矢。一曰：燕人李季好遠出，其妻私有通於士。季突至，士在內中，妻患之。其室婦曰："令公子裸而解髮，直出門，吾屬佯不見也。"於是公子從其計，疾走出門。季曰："是何人也？"家室皆曰："無有。"季曰："吾見鬼乎？"婦人曰："然。""爲之奈何？"曰："取五牲之矢浴之。"季曰："諾。"乃浴以矢。一曰浴以蘭湯。

說文列五事詮解經言（此五事經中均有提示），作爲"說"的第一事顯非傳說故事，而祇是發揮《老子》"魚不可脫於淵，國有利器，不可示人"之語意（參見傳世《老子》第三十六章）。此例凸顯了經說體之所謂"說"，立意根本就不在傳說故事，從邏輯上看絕不等同於"小說""故事傳說"之"說"。① 用傳說故事來證說事理祇是"說"的一種形式，大抵相當於莊子學派所謂"藉外論之"之"寓言"（《莊子·雜篇·寓言》）。這種論說形式盛行於戰國中、末期。從爲文學、出言談的立場上看，它興盛的主要原因是對受衆的如下認知，即"親父不爲其子媒。親父譽之，不若非其父者也"（《莊子·雜篇·寓言》）。② 《韓非子》經說體諸文中，說往往就是故事傳說，殆即經說體跟寓言體結合的結果。我們必須記起，韓非（約前 280～前 233）在這兩方面都是數一數二的大家。然而不可置疑的是，即便在這一時期，經說體之"說"也並非全用傳說故事。

《韓非子》趙用賢本於說文後有"右傳"二字，門無子《韓子迂評》本及凌瀛初本標示說文之序，則稱"傳一""傳二"等等，凡此均與經言下面之"右經"相對。袪除這些標示對後世經、傳觀念的比附，將其中分析《韓子》經傳體文的"經"與"傳"範疇嚴格規定在同一個文本對象中，那麼可以說，這些標示即便非《韓子》原有，也是合乎實際，頗爲可取的。而這些本子顯示，《韓子》經說體文中的"說"其實也就是"傳"。陳啓天（1893～1984）《韓非子校釋》解《內儲說上七術》之"傳一"，云："傳對經言，經在前，傳在後，經言其要旨，傳言其事例；傳亦稱爲說，即所以疏釋經文者。經爲綱要，傳爲說明，猶《春秋》之有經有傳，亦猶《墨辯》之有《經》有《說》也。"③陳氏解《韓子》經說體而律之以《春秋》經傳，顯然混淆了兩種處於不同歷史和邏輯層次的"經傳"關係，律之以《墨子》之《經》《說》恐怕也不很切當（除非先證明兩者原爲一體），但其他的論斷則是毋庸置疑的。在有嚴格限定的情況下，作爲文章體式的"經說體"亦不妨稱作"經傳體"。

---

① 值得注意的是，《韓子·喻老》篇有一段文字，與《內儲說下六微》說一之第一事大抵相同。其言曰："勢重者，人君之淵也。君人者，勢重於人臣之〔間〕〔上〕，失則不可復得也。簡公失之於田成，晉公失之於六卿，而邦亡身死。故曰：'魚不可脫於（深）淵。'賞罰者，邦之利器也，在君則制臣，在臣則勝君。君見賞，臣則損之以爲德；君見罰，臣則益之以爲威。人君見賞而人臣用其勢，人君見罰而人臣乘其威。故曰：'邦之利器不可以示人。'"此二例之區別，在於《喻老》篇這段文字並非呈現在完整、典型的經說體結構中。

② 參閱拙著《先秦文學專題講義》第三編第一節："寓言：爲'聽讀對象'而存在的藝術體式"，太原：山西教育出版社，2005 年，第 1 版；以及拙著《二十世紀先秦散文研究反思》下編第三章："被遺忘的'作者預期中的讀者'"，北京：北京大學出版社，2002 年，第 1 版。

③ 陳啓天：《增訂韓非子校釋》，頁 388。

总之，在经说体文本中，与"经"相对、相关的"说"，立名之本不在传说故事，运用传说故事"藉外论之"亦并非经说体之"说"的本质所在。下文将要说明，《五行》经说体与《韩非》经说体的一致性，不会因为韩非运用了大量传说故事而被削弱。

其三，经说体文给定的"经—说"关联是高度内在化的，换言之，除了体系的创造者以外，与其授受没有关联的局外人很难由经文完整、准确地推出说文，也不可能由说文所作超越经言字面意指的申说逆推出经文。经说体之说不是对经的普通语言文字学训释，它包含很多超出经文语言文字学意指的元素，无论是就其义理，还是就它与经的关联方式而言，均是如此。采用经说体建构的体系，其创造性越强，"经—说"关联超出社会共知的程度也就越高，衹有体系之创造者，或对其有直接接受的人，纔可以掌握这些超越性的元素。《韩子·内储说下六微》在经文部分论曰："君臣之利异，故人臣莫忠，故臣利立而主利灭。是以奸臣者，召敌兵以内除，举外事以眩主，苟成其私利，不顾国患。其说在<u>卫人之妻夫祷祝</u>也。"后面说文部分叙卫人夫妻祷祝一事，称："卫人有夫妻祷者而（妻）祝曰：'使我无故（无意外或不幸之事变），得百束布。'其夫曰：'何少也？'对曰：'益是，子将以买妾。'"这裏以卫国夫妻各打算盘之世情，类比君臣各自追逐其私利，经与说有一种相当独特、富于排外性的关联，对此懵然无知者据经无以推出说，据说也无以推出经。

概括言之，作为文章体式的经说体乃是就同一文本的整体构成而言的。它具备如下特徵：（一）经与说常被分成两大版块，经集中条陈于前，说一一申释于后。（二）说文一一对应于经言。（三）经或说有提示两者内在逻辑关联的鲜明语文特徵。依此标准来审视，帛书《五行》显然说是极为典型的经说体文献。检视其全文，情况是一目了然的。不过有一点也十分明显，即《五行》之经与说采取了另外一种勾连方式，或者说其勾连具备另外一种语文特徵：说文先牒经（先录写将要解释的经言），而后加以诠解。《五行》说文之牒经，与《墨子·经说》以及《管子·宙合》的说解部分类似，其差异在于《五行》经与说属于同一个文本。李学勤（1933～2019）曾意识到，以《墨子·经》与《经说》《管子》经言诸篇与各篇之解，来对比《五行》之经说体并不妥当。他这样说："……以《墨子》《管子》等书来对比《五行》，虽能说明当时有经与说、解的存在，尚有未达一闲之处。因为《墨子》等书的经和说、解，各各分立，自成起讫，而帛书《五行》则经、说前后联贯，体裁有所不同。"①这是很正确的观察。

---

① 参阅李学勤：《从简帛佚籍〈五行〉谈到〈大学〉》，《重写学术史》，石家莊：河北教育出版社，2002年，第1版，页109。

值得注意的是,李學勤又説:"如果要找與《五行》體例更爲近似的,其實近在眼前,就是小戴《禮記》中宋元以來幾乎家誦户習的《大學》。"朱熹(1130~1200)將《大學》區隔爲經、傳兩大部分,前面是經一章,後面跟着的是傳十章。李學勤予以高度肯定,稱:"……經過朱子的梳理,《大學》篇文的體例已經清楚,即篇首有經,隨後有傳。傳對經的解説,大體説來是逐段,甚至是逐句的。同時,在傳文之内,又有不少引申發揮。"①的確,《大學》文本具有經説體特質,其前後兩部分大抵呈現了《五行》《韓子・内儲説》等經説體文本的結構模式,但是較爲粗略。這主要表現在,其開篇部分之經猶如一般文本常見之主題句,其後部之傳則猶如一般文本對主題句的展開,而且,其經與説缺乏凸顯二者結構性關聯的嚴格的牒經語或者提示語。因此觀照《五行》,更值得參看的還是上揭《韓非子・内儲説》等篇。經説體文本中的説實際上有解或傳的性質,筆者更傾向於稱這一體式爲"經説體"而非"經解體",是因爲對這一體式最自覺的成熟文本——《韓子・内儲説》等文不僅明確區劃了"經"與"説"的文本構成,而且明確定義了兩者間的邏輯關聯,也就是説,經文常以"其説在(某事)"或者"説在(某事)"等語例以及其他變例,提示與經言相對應的説解部分,揭明文本賦予它的意義指向。②《五行》凸顯經、説邏輯關聯的語文特徵,就是説文的牒經之體。

至於經説體文本之經、説内部,恐怕就不能再分經、説了。這一點有必要加以強調,因爲國内外頗有學者曾提出《五行》"經中包含經解"或曰"經文自我解經"以及"説中有説"等等説法。他們確認這類説法的主要依據,是以下兩組材料:

第一組,是《五行》經文第十至十三章,與第十四至十九章,今表見之於下(表 0-4):③

---

① 參閲李學勤:《從簡帛佚籍〈五行〉談到〈大學〉》,《重寫學術史》,頁 109、頁 110。
② 龐樸云:"這篇佚書(《五行》)原由兩個部分組成:自第一七〇行至第二一四行,即原第一大段,爲第一部分。自第二一五行的提行另段開始,直至末尾第三五一行,爲第二部分。第一部分提出了若干命題和基本原理,第二部分則對這些命題和原理進行了解説。這是戰國時期的一種文章格局。《管子》《墨子》《吕氏春秋》《韓非子》等書中,都有這種篇章。照當時的習慣説法,這第一部分叫《經》,或有一個切合内容的題目'某某';第二部分叫《説》,或者叫《某某解》。"(參見氏著《馬王堆帛書解開了思孟五行説古謎(代序)》,《帛書五行篇研究》,濟南:齊魯書社,1988 年,第 2 版,頁 8)
③ 案:本書引《五行》經、説,加方框的文字表示補殘缺,加圓括號的文字爲簡單的解釋或應删除之衍文訛字,加方括號的文字表示補充脱文或更正,方框代表缺文。引文主要依據國家文物局古文獻研究室編:《馬王堆漢墓帛書》第一册《老子甲本卷後古佚書》之《五行》,北京:文物出版社,1980 年,第 1 版,圖版行 170~351,釋文頁 17~27;以及荆門市博物館編:《郭店楚墓竹簡》之《五行》,北京:文物出版社,1998 年,第 1 版,圖版頁(轉下頁)

表 0-4 《五行》經文第十至十三章、第十四至十九章表覽

章序	《五行》經文
10	不䜌(變)不説(悦),不説不戚,不戚不親,不親不愛,不愛 不仁 。
11	不直不迣 , 不迣 不果,不果不簡,不簡不行,不行不義。
12	不袁(遠)不敬,不敬不嚴,不嚴不尊,不尊不 共(恭) , 不共 不 禮 。
13	不恖(聰)不明 不聖不知(智),不聖不知不仁,不仁不安,不安不樂,不樂无德。
14	顏色容 貌溫 , 䜌(變) 也。以亓(其)中心與人交,説(悦)也。中心説焉,遷于兄弟,戚也。 戚而信(伸)之,親 也 。 親而築(篤)之 ,愛也。愛父,亓繼愛人,仁也。
15	中心辯焉而正行之,直也。直而 遂之 , 迣 也。 迣而 不畏強圉,果也。(而)〔不〕以小道害大道,簡也。有大罪而大誅之,行也。貴貴,亓等 尊 賢 ,義。
16	以亓外心與人交,袁(遠)也。袁而裝(莊)之,敬也。敬而不解(懈), 嚴〔也〕 。嚴而威之,尊也。 尊 而不驕(驕),共(恭)也。共而博交,禮也。
17	未嘗聞君子道,胃(謂)之不恖(聰)。未嘗見賢 人 ,胃之不明。聞君子道而不知亓(其)君子道也,胃之不聖。見賢人而不知亓有德也,胃之不知(智)。見而知之,知(智)也。聞而知之,聖也。明明,知也。𡐬𡐬(赫赫),聖〔也〕。"明明在下,𡐬𡐬在上",此之胃也。
18	聞君子道,恖(聰)也。聞而知之,聖也。聖人知(而)〔天〕道。知而行之,(聖)〔義〕也。行 之而時 , 德也 。 見賢人 , 明也 。見而知之,知(智)也。知而安之,仁也。安而敬之,禮也。 仁義 , 禮樂所䌛(由)生也 。 五行之所和 , 和 則樂,樂則有德。有德則國家(與)〔興〕。 文王之見也女(如)此 。《詩》曰"文王在尚(上) , 於昭 于天", 此之胃(謂)也 。
19	見而知之,知(智)也。知而〔安〕之, 仁 也 。 安而行 之,義也。行而敬之,禮。仁義〔知〕,禮(知)之所䌛(由)生也。四行之所和, 和 則同,同則善。

(接上頁)29~35,釋文頁 147~154。並參閲〔日〕池田知久:《馬王堆漢墓帛書五行研究》之帛本,王啓發譯,北京:綫裝書局、中國社會科學出版社,2005 年,第 1 版;龐樸:《帛書五行篇研究》之帛本;李零:《郭店楚簡校讀記》(增訂本)之簡本;魏啓鵬:《簡帛文獻〈五行〉箋證》之簡本與帛本,北京:中華書局,2004 年,第 1 版。筆者或有修正。爲節省篇幅,此下不一一出注。

頗有學者主張,《五行》經文第十至十三章是經中之經,第十四至十九章是經中之解(即解釋第十至十三章)。① 應該説,這是很有意思的觀察。第十章論德行仁生成的如下圖式:肸(變)→説(悦)→戚→親→愛→ 仁 ;第十四章對跟這一圖式相關的"肸(變)""説(悦)""戚""親""愛""仁"諸範疇作了解釋。第十一章論德行義生成的如下圖式: 直 → 迣 →果→簡→行→義;第十五章對跟這一圖式相關的"直"" 迣 ""果""簡""行""義"諸範疇作了解釋。第十二章論德行禮生成的如下圖式:袁(遠)→敬→嚴→尊→共(恭)→ 禮 ;第十六章對跟這一圖式相關的"袁""敬""嚴""尊""共(恭)""禮"諸範疇作了解釋。第十三章論"德"生成的如下圖式: 恩(聰) 、 明 →聖、知(智)→仁→安→樂→德(筆者對這一圖式的辨正,參見下文);第十七章主要是解釋"恩(聰)""明""聖""知(智)",以及由"恩(聰)"到"聖"、由"明"到"知(智)"的躍升,第十八章主要是解釋"恩(聰)""聖""明""知(智)",以及以"恩(聰)→聖""明→知(智)"爲根基的"德"的生成,第十九章主要是解釋"知(智)",基於"知(智)"的"仁""義""禮"諸德行,以及基於"知(智)""仁""義""禮"四種德行之和合而生成的"善"。如此看起來,《五行》經文自我解經"之類説法,似乎有充分的依據。

然而,經説體文本恐怕不能用這種方式和立場來分析。假如我們敏感到傾向於將一般文本中的主題句都視爲經,將其申説或邏輯展開視爲解,大概多數文本都堪稱經説體了。這樣一來,"經説體"與一般文章體式的歷史差異就會被遮蔽或抹殺,此體也就喪失了標爲一體的必要性。舉例言之,以這種方式和立場來分析,上博簡《詩論》第四章、第八章等都可歸於經説體。② 而上揭《韓子·内儲説上七術》一文,其經文開頭部分概説七術,可視爲經,之後"參觀一""必罰二""賞譽三""一聽四""詭使五""挾智六""倒言七",則可視爲傳。可史實是不容忽視的,這七個部分在文本中均與"説"相對而被列於"經",因此無所謂經中有經有解、經文自我解經等問題。類似例子還有,《韓子·内儲説下六微》一開篇就概言上之所察六微——六種幽隱微妙之事,之

---

① 浅野裕一對《五行》經文二十八章的關聯作過極複雜的分析。他就認爲,《五行》經文第十四至第十九章順次解釋經文第十至第十三章。參見〔日〕浅野裕一:《帛書〈五行篇〉の思想史的位置:儒家による天への接近》,《島根大學教育學部紀要》人文·社会科学第十九卷(1985年12月),頁40~41。
② 有學者大概依據這兩章論證道,"在《孔子詩論》中,孔子以一論、二論、三論的方法來解釋詩義"(劉冬穎:《出土文獻與先秦儒家〈詩〉學研究》,北京:知識產權出版社,2010年,第1版,頁28)。此説也並不準確。孔子這裏運用的乃是循環推進的論證方法,無所謂一論二論三論,這一點亦可參閱下文所引《管子·牧民》篇之《士經》。

後析言"權借一""利異二""似類三""有反四""參疑五""廢置六",這些在文本中也都被歸於"經",統領後文之"説",所以也不存在經中有經有解或者經自解經。從文本構成上看,《五行》經文第十至十三章與第十四至十九章的關係,跟《韓子·内儲説》上下篇經文部分之總説、分説約略相似。此外可以作爲參照的是,《管子·牧民》篇之《士經》云:

> 錯國於不傾之地,積於不涸之倉,藏於不竭之府,下令於流水之原,使民於不争之官,明必死之路,開必得之門。不爲不可成,不求不可得,不處不可久,不行不可復。/錯國於不傾之地者,授有德也。積於不涸之倉者,務五穀也。藏於不竭之府者,養桑麻、育六畜也。下令於流水之原者,令順民心也。使民於不争之官者,使各爲其所長也。明必死之路者,嚴刑罰也。開必得之門者,信慶賞也。不爲不可成者,量民力也。不求不可得者,不彊民以其所惡也。不處不可久者,不偷取一世也。不行不可復者,不欺其民也。/故授有德則國安,務五穀則食足,養桑麻、育六畜則民富,令順民心則威令行,使民各爲其所長則用備,嚴刑罰則民遠邪,信慶賞則民輕難,量民力則事無不成,不彊民以其所惡則詐僞不生,不偷取一世則民無怨心,不欺其民則下親其上。

這段文字分爲三層,三層之間,尤其是前兩層間的邏輯及結構關係,與《五行》經文第十至十三章跟第十四至十九章之關聯方式,亦明顯一致。因此,《五行》經文這些内容均屬於經,不可再進一步析分成經與説。

更重要的是,我們不能不高度重視帛書《五行》呈現的較爲完整的文本形態。其經文二十八章被依次抄録,緊接着説文又依次詮解經文第六章後半至第二十八章。基於這一結構方式,就《五行》經、説第十至十九章而言,文本凸顯的乃是第十至十九章經文與各自説文的關聯,而不是第十與第十四章、第十一與第十五章、第十二與第十六章、第十三與第十七、十八、十九章的關聯;全篇之經與説均係如此。結合前文所揭經説體文本的結構特徵,斷可知在《五行》經文内部再分經、説,並不恰當。

論者常引據的第二組材料,是經文第四、五、六章。今先録之於下表(表0-5):

表 0-5 《五行》經文第四、五、六章表覽

章序	《五行》經文
4	善弗爲无近,得(德)弗之(志)不成,知(智)弗思不得。思〔不〕睛(精)不察,思不長不得,思不輕不刑(形),不刑則不安,不安則不樂,不樂則无德。

續表

章序	《五行》經文
5	不仁,思不能睛(精);不知(智),思不能長。不仁不知,未見君子,憂心不能㥛㥛(惙惙),既見君子,心不能説(悦)。《詩》曰:"未見君子,憂心㥛㥛。亦既見之,亦既鈎(覯)之,我心則説。"此之胃(謂)也。不仁,思不能睛;不聖,思不能輕。不仁不聖,未見君子,憂心不能忡忡(忡忡),既見君子,心不能降。
6	仁之思也睛(精)。睛則察,察則安,安則温,温則説(悦),説則戚,戚則親,親則〔愛〕,(愛)〔愛〕則(王)〔玉〕色,(王)〔玉〕色則刑(形),刑則仁。知(智)之思也長。〔長〕則得,得則不忘,不忘則明,明則見賢人,見賢人則玉色,玉色則刑,刑則知。聖之思也巠(輕),巠則刑,刑則不忘,不忘則恖(聰),恖則聞君子道,聞君子道則(王言)〔玉音〕,(王言)〔玉音〕則刑,刑則聖。

有學者認爲,經文第四章"思〔不〕睛不察,思不長不得,思不輕不刑,不刑則不安,不安則不樂,不樂則无德",爲經,接下來第五、第六章則爲解。① 究其實際,第五、第六章並非順釋第四章,而是另有起訖,另有推進。其中,第五章基於主體對"仁""知(智)""聖"的趨向,來詮釋思睛(精)、思長、思巠(輕),落實到未見君子之憂與既見君子之悦。第六章基於趨向仁的思之精詮釋仁的生成;基於趨向知(智)的思之長詮釋知(智)的生成,其間經由見賢人;同時又基於趨向聖的思之巠(輕)詮釋聖的生成,其間經由聞君子道。這裏有很多東西都是第四章没有的。所以,視第四與第五、第六章之關係爲經與説,不惟背離了經説體本誼,而且失於表面化。

至於《五行》説文部分,有學者主張有"説中有説"的問題,即傾向於在説文内部再分經、説。嚴格説來,其所謂"説"與經説體之"説"仍然是兩碼事,其不合理性,與斷言《五行》"經自解經""經中有經有説"等等並無太多差異,故亦無須細論。

這一節最後應該強調,確認了《五行》具備經説體結構,也就確認了《五行》之説文具備跟經文一樣的權威性。有不少學者十分看輕《五行》之説文。或稱:"'説'文雖然逐句解説,並没有説出什麽新思想來,相反倒表現得十分拘謹,乏善可陳。"或謂:"貫讀《五行説》全文,雖然它保存了一些久已失

---

① 2014年2月至6月,筆者爲博士、碩士研究生開設《簡帛〈五行〉與學術思想史》選修課,課上研討中便有同學主張此説。

傳的古訓,如'輕者,尚矣'之屬,但就其思想性而言,缺乏創意,了無新見,不足觀。"①這種傾向忽視了《五行》經和説相與爲一的獨特體式,更未發現説文在體系中的巨大價值。筆者認爲,《五行》之説是《五行》經文最早、最權威的解釋和互證文獻,後世所有的再詮釋,都必須以它爲基礎展開。

二、基於"出言談者"的經説一體性

對於每一種傳世或者出土的文獻,人們都十分關注其"作者"問題,不斷地強調或追問它是誰的"作品",或者它是由誰"寫成"的。關於《詩論》與《五行》,情况也完全如此。

黄懷信綜述學界對《詩論》"作者"的認知,説:"文獻的作者及成書時代,直接關係文獻的價值及意義,《詩論》也不例外。……《詩論》發表之時整理者命名爲《孔子詩論》,説明他們認爲作者就是孔子。後來發現不對,於是就有新的討論。目前,主要有'子夏'説、'子羔'説和'孔子再傳弟子'説三種。以我個人之見,子夏(卜商)、子羔(高柴),都不可能是《詩論》的作者。……其作者不應當是子夏或子羔。而應當是孔子再傳弟子。至於具體是哪位再傳弟子,有待進一步的研究。關於其成書時代,我認爲應當是在戰國初期,孟子之前。"②這些判斷可能都無問題,但是在那一特定時代,"作者"問題真的就那麽重要嗎?

至於《五行》,李學勤曾依帛書推斷其産生時代云:"《五行》篇述及五行説,有蹈襲《孟子》處,當爲思、孟後學的作品,用荀子的貶辭説,正出於受五行説而傳之的世俗之儒。"③子思爲孔子之孫,孟子(約前372~前289)則受業於子思之門人。④《五行》篇既被斷爲思、孟後學所作,其時代已經是戰國中期

---

① 分别參閱龐樸:《竹帛〈五行〉篇校注及研究》,萬卷樓圖書有限公司2000年,第1版,頁93;龐樸:《竹帛〈五行〉篇比較》,《中國哲學》編輯部、國際儒聯學術委員會編:《郭店楚簡研究》,《中國哲學》第二十輯,頁224;郭沂:《郭店竹簡與先秦學術思想》,頁465。
② 黄懷信:《上海博物館藏戰國楚竹書〈詩論〉解義》,前言,頁5~6。
③ 李學勤:《帛書〈五行〉與〈尚書·洪範〉》,《簡帛佚籍與學術史》,南昌:江西教育出版社,2001年,第1版,頁279。
④ 孟子所師事者,向有子思之門人與子思兩説。劉向《列女傳》《漢書·藝文志》、趙岐《孟子題辭》、應劭《風俗通義·窮通》篇等,均説孟軻受業於孔子之孫子思。〔日〕瀧川資言(1865~1946)於《孟子荀卿列傳》"孟軻……受業子思之門人"下,云:"……考伯魚先夫子歿五載,子思當不甚幼。子思八十二卒,姑以夫子歿時十歲計之,則卒於威烈王十八年(案爲前408年)。而赧王元年(案爲前314年),齊伐燕,孟子猶及見之,其去子思之卒九十五年。孟子壽百餘歲,方與子思相接。恐孟子未必如是長年,則安得登子思之門,而親爲授受哉?……《史》似得其實。中井積德曰:自孔子卒至齊宣王百五十歲,子思壽百歲,亦不得遭孟子誕期。"(司馬遷撰、〔日〕瀧川資言考證、〔日〕水澤利忠校補:《史記會注考證(附校補)》,上海:上海古籍出版社,1986年,第1版,頁1430)《史記·孟子荀卿列傳》所記不謬。

偏晚了。日本學者池田知久曾推定《五行》是受荀子(約前313～前238)本人或荀子學派影響而產生的;"大概就是在距賈誼爲長沙王太傅的文帝四年至八年(前176～前172)上溯不太遠的時代,由南方的儒家系思想家寫成的"。① 如此則《五行》產生的時代更晚。斷定《五行》年代較早的學者,主要有魏啟鵬、廖名春、陳來、丁四新等先生。魏啟鵬"將帛書全體置於思孟一派儒學發展的軌迹上來考察",判斷《五行》是"戰國前期子思氏之儒的作品"。② 廖名春研究郭店《五行》,斷言"它作爲子思作品的可能性是相當大的"。③ 陳來推斷《五行》之經成書於孟子以前,爲子思所作,其說則爲孟子所作;他曾這樣説:"今天我們認爲《五行》篇是子思的作品……馬王堆帛書解的部分我們認爲是孟子寫的,荀子當時看到了,就批評子思和孟子兩個人。"④丁四新認爲,《五行》之經爲孔門七十二賢中世子即世碩(生卒年不詳)的作品,其説乃世子門人所作。⑤ 總之關於《五行》"作者"和時代,自馬王堆三號漢墓發掘以來就有很多討論,郭店楚簡《五行》發現後,很多學者又作了進一步的反思和修正,有價值的成果甚多,難以一一推介。

李學勤後來研究郭店楚墓及其中所出簡書,斷言,郭店一號楚墓最晚不會遲於公元前300年,而這決定了其中所出簡的時代下限,相關書籍之著作還應比簡的書寫早相當一段時間。他指出:"郭店一號墓的年代,與孟子活動的後期相當,墓中書籍都爲孟子所能見。《孟子》七篇是孟子晚年撰作的,故而郭店竹簡典籍均早於《孟子》的成書。"⑥由此看來,《五行》既出土於郭店一號楚墓,那麼思孟後學作《五行》、《五行》受荀子本人或荀子學派之影響而產生於漢初等等説法,便都被史實推翻了;——至少就復見於郭店楚墓的《五

---

① 參閱[日]池田知久:《郭店楚簡〈五行〉研究》,《池田知久簡帛研究論集》,曹峰譯,北京:中華書局2006年,第1版,頁51～53;以及[日]池田知久:《馬王堆漢墓帛書五行研究》,頁37。
② 分別參閱李學勤序,魏啟鵬:《〈德行〉校釋》,成都:巴蜀書社,1991年,第1版,頁2;魏啟鵬:《帛書〈德行〉研究劄記》,《〈德行〉校釋》,頁105。
③ 廖名春:《荆門郭店楚簡與先秦儒學》,《中國哲學》編輯部、國際儒聯學術委員會編:《郭店楚簡研究》,《中國哲學》第二十輯,頁47。
④ 分別參閱陳來:《竹帛〈五行〉篇爲子思、孟子所作論》,郭齊勇主編:《儒家文化研究》第一輯《新出楚簡研究專號》,北京:生活·讀書·新知三聯書店,2007年,第1版,頁37～48;以及陳來:《竹簡〈五行〉篇講稿》,北京:生活·讀書·新知三聯書店,2012年,第1版,頁14。
⑤ 參閱丁四新:《郭店楚墓竹簡思想研究》,北京:東方出版社2000年,第1版,頁165～167。案:《漢書·藝文志·諸子略》著錄"世子二十一篇",注云:"名碩,陳人也,七十子之弟子"。
⑥ 參閱李學勤:《孔孟之間與老莊之間》,《中國思想史研究通訊》總第六輯,2005(http://www.confucius2000.com/admin/list.asp?id=1879,訪問時間2014年2月9日);以及李學勤:《先秦儒家著作的重大發現》,《中國哲學》編輯部、國際儒聯學術委員會編:《郭店楚簡研究》,《中國哲學》第二十輯,頁13～15。

行》之經來說,是鐵定如此。衆所周知,《荀子·非十二子》篇數落子思孟軻之罪,云:"略法先王而不知其統,(猶)然而〔猶〕材劇志大,聞見雜博,案往舊造說,謂之'五行',甚僻違而無類,幽隱而無說,閉約而無解。案飾其辭而祗敬之曰:此真先君子之言也。子思唱之,孟軻和之……"忽視或者小覷荀子對儒學史的認知是極端不合理的。而上文荀子的評判包含一個意義重大的學術史信息,一如呂思勉所說:"《荀子·非十二子》篇子思孟軻'案往舊造說謂之五行'之說……頗足爲子思、孟軻傳五行說之左證。"①把這一學術史信息,與郭店楚墓竹書的時間標杆意義合起來看,我們至少可以斷定《五行》經文就是子思的五行學說。

完整的經說體《五行》見於帛書,竹書《五行》祇有與帛本經文對應的部分,這是很有意思的史實。上一節論《五行》爲經說體文本,固有助於說明其經、說都是子思的學說體系,卻仍需合理解釋何以帛本《五行》呈現爲完整的經說體(有部分殘佚),簡本《五行》則有經而無說。從技術層面上看,斷定"《五行》篇最開始的時候是没有解的,只是一個獨立的經",②進而將帛書之經和說歸於不同學者,是最簡單、最直截、最省事的處理辦法;簡本《五行》祇有經,帛本有經有說,《非十二子》批"五行"學說又將子思及其再傳弟子孟子捆綁在一起,所以把經歸於子思,把說歸於孟子,或者籠統地把經歸於思孟、把說歸於思孟後學,可能又最爲方便,事實上很多學者都這麽做。問題是,將《五行》經、說從體系上分開,會面臨很多問題。

第一個問題,是難以找到《五行》經文獨立傳世的有力證據。

龐樸(1928～2015)提出:"《五行》篇早先並没有'說'或'解',帛書所見的'說',是某個時候弟子們奉命綴上去的。《五行》篇早先没有'說'或'解',並非我的發明,荀子先我兩千多年已經說了:'(子思孟軻)案往舊造說,謂之五行。甚僻違而無類,幽隱而無說,閉約而無解。'無類是說不合邏輯;無說、無解,固然是指內容的幽隱和閉約,但也足以旁證,《五行》篇本來並没有'說'和'解'。因爲如果原書確如帛書所示,有經也有說,那麼荀子批評的話,就不便如此說;即使他要批評它幽隱閉約,也得換個'罪名',不能瞪着眼睛說瞎話,把有'說'說成無說,有'解'解成無解。"③龐樸又說:"帛書所見的'說',是後

---

① 呂思勉:《辨梁任公〈陰陽五行說之來歷〉》,顧頡剛編著:《古史辨》第五册,海南:海南出版社,2005年第1版,頁215。
② 陳來:《竹簡〈五行〉篇講稿》,頁7。
③ 參閱龐樸:《竹帛〈五行〉篇校注及研究》,頁93～94;並參龐樸:《竹帛〈五行〉篇比較》,《中國哲學》編輯部、國際儒聯學術委員會編:《郭店楚簡研究》,《中國哲學》第二十輯,頁224～227。

來弟子們奉命或主動綴上去的。……'說'文完成的時間,當在孟子以後乃至《孟子》成書以後,是由弟子們拾探老師遺說補做出來的。而弟子們之所以要出來續貂,一個很大可能的原因是,爲了回敬荀子的批評。……帛書的解說是忠於原典的。竹書的無說是正常的。荀子的'非十二子'批判介於兩者之間。三物具備,思孟五行之謎,於是大白於天下。"①這一論斷,核心依據是荀子對五行學說的批評,但它很可能被誤解和誤用了。

爲弄清荀子本意,這裏先完整引錄《荀子·非十二子》篇那段著名的文字:

> 略法先王而不知其統,(猶)然而〔猶〕材劇志大,聞見雜博,案往舊造說,謂之"五行",甚僻違而無類,幽隱而無說,閉約而無解。案飾其辭而祗敬之曰:此真先君子之言也。子思唱之,孟軻和之,世俗之溝猶瞀儒嚾嚾然不知其所非也,遂受而傳之,以爲仲尼、子游爲茲厚於後世:是則子思、孟軻之罪也。若夫總方略,齊言行,壹統類,而羣天下之英傑而告之以大古,教之以至順,奧窔之間,簟席之上,(斂)〔歛〕然聖王之文章具焉,佛(勃)然平世之俗起焉,六說者不能入也,十二子者不能親也(案:六說,指其前文所評它嚻魏牟、陳仲史鰌、墨翟宋鈃、慎到田駢、惠施鄧析、子思孟軻凡十二子之說),無置錐之地而王公不能與之爭名,在一大夫之位則一君不能獨畜,一國不能獨容,成名況乎諸侯,莫不願以爲臣,是聖人之不得埶者也,仲尼、子弓是也。②

這段文字,舊說罕有得其本旨者,需要仔細辨析。

荀子批評子思倡五行學說,首先斥其"略法先王而不知其統"。楊倞注云,"言其大略雖法先王,而不知體統。統,謂紀綱也"。荀子又將仲尼、子弓之說標舉爲跟六說對立的典範,贊揚其"壹統類"。楊注云,"統,謂綱紀;類,謂比類。大謂之統,分別謂之類"。這些註解可能均不確切。由簡帛《五行》可知,子思五行體系祇在幾個局部涉及文王和舜,先王之道對該體系的支撐作用並不凸顯,易言之,子思並未將該體系有力地歸結於先王之道。這與荀子屢屢將體系的根本主題諸如"禮""仁""義"等價值歸結於"先王",大異其趣。過去,學界多矚目於荀子法後王之說,忽視了他追模先王的取向。究其實際,荀子歸本於先王的論說不僅甚多,而且對他建構體系十分重要。比如《荀子·勸學》篇云:"……不登高山,不知天之高也;不臨深谿,不知地之厚

---

① 龐樸:《竹帛〈五行〉篇校注及研究》,頁103~104。
② 楊倞注《荀子·非相》篇之"子弓",謂《荀子》書中常與仲尼相配的"子弓"當即"仲弓",後儒往往從之,或可商榷,參閱本書第六章第四節:"慎獨"。

也;不聞先王之遺言,不知學問之大也。"又云:"將原先王,本仁義,則禮正其經緯蹊徑也。"《榮辱》篇云:"夫貴爲天子,富有天下,是人情之所同欲也。然則從人之欲則埶不能容,物不能贍也。故先王案爲之制禮義以分之,使有貴賤之等,長幼之差,知愚、能不能之分,皆使人載其事而各得其宜,然後使(慤)〔穀〕禄多少厚薄之稱,是夫羣居和一之道也。"《非相》篇云:"凡言不合先王,不順禮義,謂之姦言,雖辯,君子不聽。"《非十二子》篇批惠施、鄧析,説:"不法先王,不是禮義,而好治怪説,玩琦(奇)辭,甚察而不(惠)〔急〕,辯而無用,多事而寡功,不可以爲治綱紀;然而其持之有故,其言之成理,足以欺惑愚衆;是惠施、鄧析也。"馮友蘭(1895~1990)在論析荀子"法後王"與孟子"法先王"之一致性時,指出:"孔子擁護周制,故常言及文王、周公。墨子繼起,自以爲法夏而不法周,特抬出一較古之禹以壓文王、周公。孟子繼起,又抬出更古之堯舜以壓禹。老莊之徒繼起,則又抬出傳説中堯舜以前之人物,以壓堯舜。在孟子時,文王、周公尚可謂爲先王,'周道'尚可謂爲'先王之法'。至荀子時,則文王、周公只可謂爲後王,'周道'只可謂爲後王之法矣。"①此説論歷史發展之大方向,基本上可取,然細節未必完善。比如,孔子已有抬高堯舜的傾向了;荀子所張揚固亦在周道,其書各篇則或者推崇"先王",或者推崇"後王",稱謂有異而所指則同(在《荀子》體系中,與禮制密不可分的"先王"也祇能是文王周公之屬)。明白荀子體系以歸本於先王爲重要取向,就可以明白他何以批評子思之五行説"略法先王而不知其統"。的的確確,子思五行説對於先王政教倫理之紀綱缺乏有力的歸屬感,換言之,該體系並未有力地關聯先王的政教倫理紀綱。

其次,荀子批評子思五行説"甚僻違而無類"。"無類"之意,楊倞注爲"不知善類";王念孫解爲"無法"(《讀書雜志·荀子第二》);龐樸解爲"不合邏輯","犯有邏輯錯誤"。② 這些也都值得商榷。"無類"承續"僻違",意指不同而相關聯;"僻違"殆指五行學説乖僻反常,"無類"殆指該學説缺乏對"類"的清醒意識,未能確立"以類舉"的踐行原則。

"類"是《荀子》極重要、極富特色的範疇,是荀子不可或缺的思維和論證方式。在《荀子》體系中,它甚至形成了一個相對成熟的小系統,體現爲以下四種取向:(一)自覺區隔事物或事物之邏輯關聯的"類";(二)致力於挖掘"類"與"類"的互證關係;(三)以這種互證關係爲基礎,確立社會人生的政教

---

① 馮友蘭:《中國哲學史》,《三松堂全集》第二卷,鄭州:河南人民出版社,2000年,第2版,頁506~507。

② 參閲龐樸:《竹帛〈五行〉篇比較》,《中國哲學》編輯部、國際儒聯學術委員會編:《郭店楚簡研究》,《中國哲學》第二十輯,頁224;並參氏著《竹帛〈五行〉篇校注及研究》,頁104。

倫理價值;(四)張揚依據"類"的歸屬,在禮法未給出直接規定的具體社會人生範域,建立有效踐履政教倫理價值的方式。

我們來看一些具體的例子。《荀子·勸學》篇云:"物類之起,必有所始。榮辱之來,必象其德。肉腐出蟲,魚枯生蠹。怠慢忘身,禍災乃作。强自取柱,柔自取束。邪穢在身,怨之所構。施薪若一,火就燥也;平地若一,水就濕也。草木疇生,禽獸羣(焉)〔居〕,物各從其類也。是故質的張而弓矢至焉,林木茂而斧斤至焉,樹成陰而衆鳥息焉,醯酸而蜹聚焉。故言有召禍也,行有招辱也,君子慎其所立乎!"①依荀子之見,腐肉與蟲、枯魚與蠹、怠慢忘身與禍災、强與爲柱、柔與爲束、邪穢與怨、火與燥薪、水與濕地、草木之間、禽獸之際,以及箭靶與弓矢、茂林與斧斤、樹蔭與衆鳥、酸醯與蜹等等,均有類的關聯(凸顯上揭第一種取向)。他在論説中大量運用類與類的互證關係,比如以魚肉腐敗而生蠹蟲,證成"怠慢忘身,禍災乃作",以强自取柱柔自取束,證成邪穢構怨等等(凸顯上揭第二種取向)。他以林木茂而招斧斤、樹成蔭而來衆鳥等,證成言有召禍也、行有招辱也(亦凸顯上揭第二種取向),最終歸結於"君子慎其所立"(凸顯上揭第三種取向)。《荀子·禮論》篇云:"凡生乎天地之間者,有血氣之屬必有知,有知之屬莫不愛其類。今夫大鳥獸則(若)失亡其羣匹,越月踰時則必反鉛(沿);過故鄉,則必徘徊焉,鳴號焉,躑躅焉,踟躕焉(楊注:躑躅,以足擊地也。踟躕,不能去之貌),然後能去之也。小者是燕爵,猶有啁噍之頃焉,然後能去之。故有血氣之屬莫知於人,故人之於其親也,至死無窮。"荀子基於鳥獸與人的類的互證關係,確認"夫脩飾之君子"爲其親喪,不時除將至死無窮(凸顯上揭第二種取向);進而又説明,"三年之喪,二十五月而畢"乃先王聖人"立中制節","一使足以成文理,則舍之矣"(凸顯上揭第三種取向)。

從政教倫理層面上説,荀子對"類"的自覺,跟他强烈意識到法教以及人們對它的認知均不完備密切相關。在豐富多變、具體生動的現實面前,所有的法(即政教倫理價值或準則)都是後起、不周備和抽象的,而人對法的聞見亦常有不及。薩特(Jean-Paul Sartre,1905~1980)曾指出:"如果價值是没有把握的,如果價值太抽象了,没法用它來決定我們目前所考慮的特殊的、具體的事情,那就祇有倚仗本能一法了。"②作爲制度的設計者,堅信人性惡的荀

---

① 楊倞注"强自取柱,柔自取束"云:"凡物强則以爲柱而任勞,柔則見束而約急,皆其自取也。"其説大概祇對了一半。郭店簡文《告自命出》上篇云:"剛之梪(樹)也,剛取之也。柔之約,柔取之也。"荀子"强自取柱"句即由此而來,大意是説,物具剛强之質使自己樹立爲柱,物具柔韌之質使自己曲繞爲束。

② 〔法〕讓-保羅·薩特:《存在主義是一種人道主義》,周煦良、湯永寬譯,上海:上海譯文出版社,1988年,第1版,頁15。

子不會爲"本能"留下太大空間,他不僅常常將政教倫理規範直接或包含在各種具體生活事例中,呈現給世人,而且確立了"以類舉"的因應和踐履方式。其《勸學》篇明確將《禮》樹爲"法之大分、類之綱紀也";其《法行》篇則説,"禮,衆人法而不知(楊注:衆人皆知禮可以爲法,而不知其義者也),聖人法而知之"。總之,法的準則與類的要領均在於禮。《大略》篇闡發推類踐行之原則,云:"有法者以法行,無法者以類舉。以其本知其末,以其左知其右,凡百事異理而相守也。慶賞刑罰,通類而後應。政教習俗,相順而後行。"這裏揭明了推類原則的現實和邏輯依據——"凡百事異理而相守",也明確了推類踐行的具體方式(凸顯上揭第四種取向)。

類的思維對荀子建構體系的重要性不可忽視,類的能力甚至是荀子定義最高人格的依據。比如《荀子·儒效》篇嘗歷論俗人、俗儒、雅儒及大儒,其論雅儒大儒的文字説:

> 法後王,一制度,隆禮義而(殺)〔敦〕《詩》《書》,其言行已有大法矣,然而明不能齊法教之所不及,聞見之所未至,則知不能類也,知之曰知之,不知曰不知,内不自以誣,外不自以欺,以是尊賢畏法而不敢怠傲,是雅儒者也。法先王,統禮義,一制度,以淺持博,以古持今,以一(持)〔行〕萬,苟仁義之類也,雖在鳥獸之中,若别白黑,倚物怪變,所未嘗聞也,所未嘗見也,卒然起一方,則舉統類而應之,無所儗㦬(疑怍),張法而度之,則晻然若合符節,是大儒者也。①

一方面法教有不及,一方面聞見有未至,故類的思維和踐行方式極爲重要。雅儒過俗人和俗儒多多矣,然其智不能類。大儒至矣,其超越雅儒之處主要在於能類,類而無疑問愧怍,類而晻然合法。類當然是以法爲基礎和前提的,法未立談不上類,如俗人、俗儒;法已立亦未必能類,如雅儒。大儒"統禮義,一制度",是確立法的基礎;其"以淺持博,以古持今,以一(持)〔行〕萬"等等,則主要是類,具體言之即"舉統類而應之"——通過建構有法者與無法者之類,解決無法者的踐行問題。先是有法無法的問題,然後纔談得上能類不能類,其間差異,所關甚大。故《儒效》篇又云:"……人主用俗人則萬乘之國亡,用俗儒則萬乘之國存(楊注:僅存),用雅儒則千乘之國安,用大儒則百里之地久,而後三年,天下爲一,諸侯爲臣,用萬乘之國則舉錯而定,一朝而伯(霸)。"

荀子期望人們以類的思維方式,在各種不同情境間建立横向聯繫,最終使

---

① 案:楊倞注謂"法先王"當爲"法後王","以古持今"當爲"以今持古",誤,殆不知荀子時而推崇"先王",時而推崇"後王",稱謂似相反,而所指則無異,其詳參見上文所論。

政教倫理規範成爲一套籠罩社會人生的巨大網絡,發揮無所不在的巨大指令和約束力量(凸顯上揭第四種取向)。楊倞注《勸學》"類之綱紀"之"類",云:"謂禮法所無,觸類而長者,猶律條之比附。"所言近是。《荀子》諸"法""類"並言者,如《王制》篇所謂"其有法者以法行,無法者以類舉,聽之盡也"等,"類"字均取此意;它被提升到與"法"並立的高度。不過,類在《荀子》體系中發揮作用的空間殆遠遠超過律條之比附,而且其最終追求落實爲主體的高度自覺。

荀子批評子思五行説"甚僻違而無類",這必須從上述背景上來理解。荀子主要是説五行理論缺乏"類"的自覺意識、思維及建構,缺乏應對豐富、多變之具體現實的適應力或彈性。毫無疑問,無論從儒家内部來看,還是從戰國百家争鳴的整體背景上看,無論向前看,還是向後看,子思五行學説都十分特異,它被視爲非常奇怪之論是必然的。它也確實缺少"類"的自覺和建構,在荀子面前尤其是如此。荀子斥五行學説"甚僻違而無類",毫不意外。

荀子還批評子思五行學説甚"幽隱而無説"。所謂"無説",需要承接着"幽隱"來理解,"幽隱"當是指《五行》學説之隱晦難解,"無説"當是指《五行》體系對自己的幽隱之意缺乏證説,未能有力明示己意,與《勸學》所謂"《禮》《樂》法而不説",可以對觀。《荀子·非相》篇云:"夫妄人曰:'古今異情,其〔所〕以治亂者異道。'而衆人惑焉。彼衆人者,愚而無説、陋而無度者也(楊注:言其愚陋而不能辨説測度)。其所見焉猶可欺也,而況於千世之傳也!妄人者,門庭之間猶(可)(誣)〔挾〕欺也,而況於千世之上乎!"《正名》篇云:"形體、色理以目異,聲音清濁、調(竽)〔節〕奇聲以耳異,甘苦、鹹淡、辛酸、奇味以口異(楊注:奇味,衆味之異者也),香臭、芬鬱、腥臊、(酒酸)〔漏庮〕、奇臭以鼻異,疾養(癢)、滄(凔)熱、滑(鈹)〔鈒(澀)〕、輕重以形體異,説故(王先謙集解:説者,心誠悦之。故者,作而致其情也)、喜怒、哀樂、愛惡欲以心異。心有徵知(楊注:言心能召萬物而知之)。徵知則緣耳而知聲可也,緣目而知形可也,然而(然則)徵知必將待天官之當簿(遇到、接觸)其類然後可也(楊注:類,謂可聞之物,耳之類;可見之物,目之類)。五官簿之而不知,心徵之而無説,則人莫不然謂之不知(智)……"①這些語料中的"無説",頗可見"幽隱而無説"

---

① 案:這段文字訛誤甚多,具體辨正請參閲王念孫《讀書雜志·荀子第七》以及王先謙《荀子集解》等等。"漏"(通"螻")、"庮"均爲臭氣。《禮記·内則》"馬黑脊而般臂,漏",鄭玄注:"漏,當爲'螻',如螻蛄臭也。"《周禮·天官冢宰·内饔》"牛夜鳴則庮……馬黑脊而般臂,螻。"鄭玄引鄭司農云:"庮,朽木臭也。螻,螻蛄臭也。""然而徵知"一句之"然而",猶言"然則"。王引之《經傳釋詞》卷七:"'而'猶'則'也。"並可參閲裴學海:《古書虛字集釋》卷七"而、能",中華書局,1954年,第1版,頁522。又"則人莫不然謂之不知"之"然"字,王念孫《讀書雜志·荀子第七》謂爲衍文,郭嵩燾以爲語詞(郭説見王先謙《荀子集解》)。

一語中"無說"之本旨,楊倞解爲"不能辨說",大要得之;而"無說"不能解爲祇有經文、沒有說文,已顯然矣。相對於論述明暢充分的《荀子》,《五行》缺乏自明的力度,雖有我們說的說文在內,亦未能盡脫此弊。例如,其說文第十四章解經言"顔色容貌溫,變也"一語,嘗曰:"變者,窔(勉)也;窔,孫(遜)也;孫,能行變者也……"以"窔(勉)"解"變",以"孫(遜)"解"窔(勉)",以"能行變者"解"孫(遜)",俱不足以使人豁然明白其意。凡此之類,《五行》中不一而足。這些正可見出荀子批評它"幽隱而無說"的本意。

　　此外,荀子還斥責子思五行說甚"閉約而無解"。所謂"無解",亦需要承接"閉約"來剖釋。"閉約"當是斥言《五行》閉塞不順暢,"無解"當是指子思不能解除此弊,俾通達不澀滯。"解"字殆指解除或消除,《周易·繫辭下傳》有"惡積而不可揜,罪大而不可解"之語,"解"字用法、語意均與荀子此言相近。《五行》之論說,其邏輯上的推進確實不夠順暢。舉例言之,經文第十章以"不A不B"之格式,論說德行仁的下述生成系譜:由"臋(變)"晉升至"說(悅)",由"說"晉升至"戚",由"戚"晉升至"親",由"親"晉升至"愛",由"愛"晉升至"仁"。說文詮釋道:"'不變不說(悅)':變也者,窔(勉)也,仁氣也。變而笱(後)能說。'不說不戚':說而笱能戚所感。'不戚不親':戚而笱能親之。'不親不愛':親而笱能愛之。'不愛不仁':愛而笱仁。"這基本上祇是換用肯定句式,來陳述"臋(變)"→"說(悅)"→"戚"→"親"→"愛"→"仁"逐級晉升的圖式,經文所論各相鄰關節的閉塞不通暢並未由說文化解。

　　總而言之,荀子對子思五行學說的批評,無論是對《五行》之經,還是對《五行》之說,都有高度的針對性與合理性,斷言它祇是針對《五行》經文立意,實在太過簡單化了;將荀子所謂"無解""無說"作爲《五行》經文獨行、說文晚出的旁證,並未得其本旨,邏輯上、學理上也很難講通。荀子原本乃斥責《五行》整個立說、整個體系都存在問題,絕非指它有一個解釋性的部分(比如解或說)就萬事大吉了。因此,荀子對五行學說的批評根本就不能證明《五行》原本祇有經而無說,說是此後思孟後學針對其批評而綴加的。祇要我們弄清這一批評的真正意味,就可以明白,將它作爲《五行》經文曾獨立行世的證據,祇不過是皮傅和誤讀而已。

　　將《五行》經、說歸給不同"作者",往往有一個預設前提,即認定經文圓滿自足,無須申說。比如龐樸稱:"帛書《五行》篇的'經'和'說',看起來,不像是一個計劃下的兩個部分。這一來由於,'經'文說理清楚,自我圓滿,無須多加解說,也沒有爲'說'文有意留下什麼;二來也由於,'說'文……表現得十分拘謹,乏善可陳。"①可是,這一預設前提顯然背離了事實。在結構上,帛書《五行》之說跟經文有極强的體系性的關聯,兩者有極清晰的邏輯和學理的整一性。這一點,無論如何都應該給予高度關注。而稍微具體一點說,《五行》之經有很多内容並不具備充分的自明性,必依賴説文助成。當然所謂自明性是相對而言的,筆者説《五行》經文很多内容不具備充分的自明性,是指僅有經文,它的很多内容根本不能準確呈現和傳達給受衆。我們不能因爲自己看似讀懂了《五行》經文,便認定它在體系結構上圓滿自足了。

池田知久曾指出,《五行》經文第八章"君子之爲善也,有與始也,有與終也。君子之爲德也,有與始也,无(無)與終也",第二十三章"目而知之,胃(謂)之進之",第二十四章"辟而知之,胃(謂)之進之",第二十五章"諭而知之,胃(謂)之進之"等等,若"只是就這樣來看的話","就完全不明白是什麼意思"。② 這是一個不可忽視的事實。這裏姑且取《五行》經、説第二十三章爲例,列爲表0-6,之後再稍作分析:

表 0-6　《五行》經第二十三章與説第二十三章比照閲讀表

章序	經	説
23	目而知之,胃之進之。	"目而知之,胃(謂)之進之":弗目也,目則知之矣;知之則進耳。目之也者,比之也。"天監在下,有命既雜(集)"者也,天之監下也,雜命焉耳。遁(循)草木之生(性),則有生焉,而无(無)好惡焉。遁禽獸之生,則有好惡焉,而无禮義焉。遁人之生,則巍然知亓(其)好仁義也。不遁亓所以受命也,遁之則得之矣。是目之已。故目萬物之生而知人獨有仁義也,進耳。"文王在上,於昭于天",此之胃也。文王源耳目之生(性)而知亓好聲色也,源鼻口之生而知亓好犨(臭)味也,源手足之生而知亓好劮(佚)餘(豫)也,源心之生則巍然知亓好仁義也。故執之而弗失,親之而弗離,故卓然見於天,箸(著)於天下。无他焉,目也。故目人膛(體)而知亓莫貴於仁義也,進耳。

---

① 參閲龐樸:《竹帛〈五行〉篇校注及研究》,頁93、頁103;又可參閲龐樸:《竹帛〈五行〉篇比較》,《中國哲學》編輯部、國際儒聯學術委員會編:《郭店楚簡研究》,《中國哲學》第二十輯,頁224。

② 〔日〕池田知久:《馬王堆漢墓帛書五行研究》,頁41。

祇要明白"目"讀爲"侔"、其義爲比,就可以從訓詁學層面上把握經文第二十三章,這不算太難。但如果我們單純地認爲《五行》此章,宗旨就是泛泛地講"比較對象而取得某種認知就是進步",就嚴重偏離了《五行》體系的根本意圖。不能從經文字面浮現出來的更根本的內容其實被安排在說文中(即表中標示爲灰色背景的部分),它告訴我們,經文根本指意是說,比較人與萬物而知人性獨有仁義,比較心與耳目鼻口手足而知"心"之生(性)則巍然……好仁義",從而親近之執守之而不離不失,增益道德,這就是進步(最終可達到文王那種卓然見於天著於天下的境界)。這一層面的意指,纔真正凸顯了《五行》乃至整個儒家學說的特質。方纔提及《五行》經文第八章、第二十四章、第二十五章等典型例子,其意指差不多全都在說文部分。在傳道授業的實踐活動中,絕不會有人單說了這樣的經文就完事。

《五行》經文對說文的依賴是結構性的,除上揭數章以外,其他例證俯拾即是。上一節曾提及有學者把《五行》經文第十五章看作第十一章的說解,這裏不妨再看看這兩章;淺野裕一曾強調經文第二十章與第十五章之關聯,故也將經文第二十章拿來,一併考查。① 爲便於比照和分析,還是先將相關內容列爲表 0-7:

表 0-7 《五行》經第十一、十五、二十章與相關說文比照閱讀表

章序	經	說
11	不直不迣(泄),不迣不果,果不簡(柬),不簡不行,不行不義。	"不直不迣":直也者直亓(其)中心也,義氣也。直而笱(後)能迣。迣也者終之者也;弗受於衆人,受之孟賁,未迣也。"不迣不果":果也者言亓弗畏也。无介於心,果也。"不果不閒(柬)":閒也者不以小害大,不以輕害重。"不閒不行":行也者言亓所行之□□□。"不行不義":行而笱義也。

---

① 參見〔日〕淺野裕一:《帛書〈五行篇〉の思想史的位置:儒家による天への接近》,《島根大学教育学部紀要》(人文・社会科学)第十九卷,1985 年 12 月,頁 41。

續表

章序	經	説
15	中心辯焉而正行之,直也。直而遂之,迣也。迣而不畏强圉,果也。(而)〔不〕以小道害大道,簡也。有大罪而大誅之,行也。貴貴,亓等尊賢,義也。	"中心辯焉而正行之,直也":有天下美飲食於此,許(呼)赻(嗟)而予之,中心弗悆(怵)也。惡許赻而不受許赻,正行之,直也。"直而遂之,迣也":迣者,遂直者也;直者□貴□□□□□□□□□,迣。"迣而弗畏强禦,果也":强禦者,勇力者,胃(謂)□□□□□□之以□□□,无介於心,果也。"不以小道害大道,簡也":簡也者,不以小愛害大愛,不以小義害大義也。見亓生也,不食亓死也,祭親執株(誅),簡也。"有大罪而大誅之,行也":无罪而殺人,有死弗爲之矣,然而大誅之者,知所以誅人之道而行焉,故胃之行。"貴貴,亓等尊賢,義也":貴貴者,貴衆貴也。賢賢,長長,親親,爵爵,譔(選)貴者無私焉。"亓等尊賢,義也":尊賢者,言等賢者也,言譔賢者也,言足(措)諸上位。此非以亓貴也,此亓義也。貴貴而不尊賢,未可胃義也。
20	●不簡,不行。不匿,不辯於道。有大罪而大誅之,簡也。有小罪而赦之,匿也。有大罪弗大誅,不行。有小罪而弗赦,不辯於道。簡之爲言也猶賀(衡),大而罕者。匿之爲言也猶匿匿(曖曖),小而軫者。簡,義之方也。匿,仁之方也。剛,義之方殹(也)。柔,仁之方也。《詩》曰"不勴不救,不剛不柔",此之胃(謂)也。	●"不簡(簡),不行":簡者,言人行之大。者人行之□然者也。世子曰:"人有恒道,達□□□。□□□,簡也;簡則行矣。""不匿,不辯於道":匿者,言人行小而軫者也。小而實大,大之□□者也。世子曰:"知軫之爲軫也,斯公然得矣。"軫者多矣,公然者心道也。"有小罪而赦之,匿也。有大罪弗大誅,不行也。有小罪而弗赦,不辨於道也。簡爲言猶衡也,大而炭(罕)者":直之也。不周於匿者,不辨於道也。"有大罪而大誅之,簡"、"匿爲言也猶匿匿,小而軫者":直之也。"簡,義之方也。匿,仁之方也":言仁義之用心之所以異也。義之盡,簡也。仁之盡,匿。大義加大者,大仁加(仁)小者。故義取簡,而仁取匿。"《詩》員'不勴不誅,不剛不柔',此之胃也":勴者强也,誅者急也;非强之也,非急之也,非剛之也,非柔之也,言无所稱焉也。此之胃者,言仁義之和也。

事實極爲明顯,儘管經文第十五章對第十一章經文的關鍵範疇"直""迣""果""簡""行""義"及其邏輯關係,作了一定程度的申説,可還是不能實現體系的"自明",——説文中標爲灰色背景的部分,還是不能從對應經文乃至經文其他章節中,讀出來或者聽出來。① 例言之,經文第十五章固然將"直"解釋爲"中心辯焉而正行之",且似乎很明確,但究竟什麽是"中心辯焉而正行之",還是讓人不明所以。有了第十一章説文"直也者直亓中心也,義氣也",以及第十五章説文"有天下美飲食於此,許(吁)䣧(嗟)而予之,中心弗䔷(怵)也。惡許䣧而不受許䣧,正行之,直也",然後經文中"直"的意涵以及"直"與德行"義"的關係方得以彰顯。經文第十五章把"迣"解釋爲"直而 遂之 ",可什麽是"直而 遂之 ",仍然叫人不很明白。有説文第十一章"迣也者終之者也;弗受於衆人,受之孟賁,未迣也",然後經文中"迣"或"直而 遂之 "之意纔讓人豁然明了。② 經文第十五章把"簡"解説爲"〔不〕以小道害大道",基本上可以了,但有説文"見亓生也,不食亓死也,祭䰝執株"數語,其完整意義纔得以凸顯。説文第二十章記世子與五行學説之部分關涉,從經文絶難察知;其釋"軫"爲"多",記經言之"賀"爲"衡",意指與抉擇相關的權衡,亦均可爲經文之授受提供支持。

上舉《五行》經文第八章特別有意思,它衹是一個提示語,是典型的半截話,它所提挈的意指很明顯被有意留在如下説文中:"'君子之爲善也,有與始,有與終':言與亓(其)䁑(體)始,與亓䁑終也。'君子之爲德也,有與始,无 與終 ': 有與始者 , 言 與亓䁑始。无與終者,言舍亓䁑而獨亓心也。"離開説文給出的這些詮釋,要準確理解經文,幾乎是不可能的。與此相似,《五行》經文第二十一章有云:"能進之,爲君子;不能進,客(各)止於亓(其) 里 。"若有人説這樣的經文有足够的自明性,他完全能把握經文傳達的信息,那肯定是咄咄怪事。與這句經言相應的説文是:"能進端,能終(充)端,則爲君子耳矣。弗 能 進,各各止於亓里。不莊(藏)尤割(害)人,仁之理(里)也。不受許

---

① 案:説文第十一章"閒也者不以小害大,不以輕害重",約略等同於經文第十五章"(而)〔不〕以小道害大道,簡也"(釋語爲"閒也者,不以小 愛害大 愛,不以小義害大義也"),故此語不作爲典型例證。

② 《孟子·公孫丑上》記公孫丑曰:"若是,則夫子過孟賁遠矣。"孫奭疏引《帝王世(説)〔紀〕》云:"秦武王好多力之人,齊孟賁之徒並歸焉。孟賁生拔牛角,是爲之勇士也。"《史記·袁盎晁錯列傳》記袁盎對上曰:"雖賁、育之勇不及陛下。"司馬貞《索隱》引《尸子》:"孟賁水行不避蛟龍,陸行不避兕虎。"

(吁)跣(嗟)者,義之理(里)也。弗能進也,則各止於亓里耳矣。終亓不莊尤割人之心,而仁復(覆)四海;終亓不受訐跣之心,而義襄(囊)天下。仁復四海、義襄天下,而成(誠)繇示中心行之,亦君子已。"原來,經言中的"里"指涉的是"仁之理(里)""義之理(里)"之類,是基於地理空間"里"(狹小的聚落)跟"四海""天下"之對待,而設置的譬喻,指的是仁、義諸德行的原初端緒,而推進擴充此端緒最終達成的境界,便是"仁復(覆)四海""義襄(囊)天下"。撇開説文,誰自信能把握經文的這些意涵呢?《五行》經文第二十二章云:"耳目鼻口手足六者,心之役也。"這句話呈現了心與耳目鼻口手足之間支配與被支配的關係,主要是就其官能而言的。它固然是《五行》體系的核心之一,可是對該體系同樣重要的另一個核心,則是對耳目鼻口手足與心之"生(性)"的界定,它被有意被安排在説文中:"耳目也者,説(悦)聲色者也。鼻口者,説犨(臭)味者也。手足者,説勶(佚)餘(豫)者也。⃞心也者,説仁義者也。"類似表述,又見於説文第二十三章。這種界定,也必然是在學説授受時被挑明的,不太可能留給後學綴加。

　　《五行》説文一次次提醒我們,僅靠經文,受衆可以準確把握的信息恐怕也就十之二三,講授者應是有意把大量信息安排到説這一部分中。稱"'經'文説理清楚,自我圓滿,無須多加解説,也沒有爲'説'文有意留下什麼",與事實相距太遠。筆者認爲,衹有依靠説文,經文纔能精準地達成它所期求的意義界域。一個成熟和完整的體系,不太可能把太多空間留給受衆的臆想。

　　池田知久斷定,"(《五行》)經文從一開始就是以要通過説文詳加解説爲當然前提來寫的",易言之,"(《五行》)經文……不是從一開始僅僅作爲完整的獨立的文章來寫的,而一定是以通過説文限定其意義和內容而詳加解説這一點爲前提而寫成的"。他還進一步推斷,"經文和説文是同一時代的同一個人或同屬一個學派的人們一起寫成的"。① 池田先生對《五行》經説關係的認定頗有可取之處。《五行》經、説的一體性無可置疑,《五行》是通過這兩部分連接而成的整體來建構其自明性的。

　　不過,體系的整一性和自明性不一定要通過現代所謂的"寫作"來實現。與學界通常的研判一樣,池田先生可能忽視了,《五行》之產生,乃基於以"出言談者"爲核心進行學説授受的歷史事實。我們需要充分考慮到,先秦學術很多時候都是口耳授受的,最典型的例子是人們熟知的孔、墨之學,而子思之五行學説應該也不例外。毫無疑問的是,一個體系的建立者兼發布者即便衹以某種形式呈現主題或綱要,包括大量"超越性"內容、具備整一性和自明性

---

①　參閱〔日〕池田知久:《馬王堆漢墓帛書五行研究》,頁 40～41。

的體系，在他那裏也內在地呈現着，且實際的口耳授受將以後者而非前者爲目標。就現實存在形式而言，《五行》經、說可以獨立，郭店竹書《五行》便祇有經文部分，但這種獨立在學理邏輯上並不自足和圓滿，經文尤其如此。（説文有牒經之體，它首先包含了經文，其次纔致力於申説和呈現經意，因此，它在學理邏輯上的整一性和自明性反倒更強一些。）

《五行》經、説所載録的，就是子思講授的五行學説。經提挈了講授的核心意指，類似於一門課程的概説部分。帛本之經與簡本（祇有經）應該由不同弟子録記，而且很可能録記於不同時期，故這兩個文本内容大抵相同，而文句之多寡、段落之先後、個別文句以及用字存在一定歧異。① 比方說，帛書"荆"字簡書作"型"，帛書"仁"字而簡書作"㥕"等等。用字的整體性差異當源自録記者之不同，其他方面的差異，除衍脱讹誤所致者，很可能是由不同時期的師授所致，所授内容有一些調整。這種情況跟傳世《墨子》不少篇章（如《兼愛》《非攻》等）存在三種文本形態頗爲相似。

這幾乎是必然的。中國上古時期在口耳授受之間產生的很多文本，都不可避免地呈現出這種差異性。後世學者施之以整齊劃一、修飾整理之功，一方面固然規範了典籍的傳播，另一方面也導致大量同源異形文本的流失。

我們先看看《詩》《書》。《史記·孔子世家》記載："古者詩三千餘篇，及至孔子，去其重，取可施於禮義……三百五篇……"《尚書緯》稱："孔子求書，得黄帝玄孫帝魁之書，迄於秦穆公，凡三千二百四十篇，斷遠取近，定可以爲世法者百二十篇，以百二篇爲《尚書》，十八篇爲《中候》。"②這些説法不見得全爲事實，而所謂"去其重"，應當確有其事，漢代劉向（前77～前6）、劉歆（前50～公元23）父子領校羣書一事，可以爲證。值得注意的是，其間大量"重"的作品當非完全相同，又非完全相異，往往呈現着不同的傳播、接受和録記形態。古書原始形態以及後人的删訂之功，由其他典籍之引録尚可見其一斑。比如羅根澤（1900～1960）承朱希祖（1879～1944）之説，斷言今存《墨子》五十三篇，《備城門》以下十一篇爲漢人偽託；他又考察其餘四十二篇引《詩》《書》之情況，云，"餘四十二篇雖泰半不出墨翟之手，然礄可代表墨家之説"；"其中引《詩》者十一則，以校除重複一則，實十則。在此寥寥十則中，不見今本《詩經》者至有四則之多；其餘與今本順序不同者三則；字句不同者二則；大致從

---

① 參見《五行釋文注釋》説明，荆門市博物館編：《郭店楚墓竹簡》，頁149；以及陳偉等：《楚地出土戰國簡册[十四種]》所收郭店1號墓簡書之《五行》篇説明，北京：經濟科學出版社，2009年，第1版，頁180～181。

② 〔日〕安居香山、中村璋八輯：《緯書集成》，石家莊：河北人民出版社，1994年，第1版，頁390～391。

同者，止一則而已。引《書》者三十四則，以校重複五則，實二十九則。在此二十九則中，篇名文字俱不見《今》《古文尚書》者至有十四則之多；其餘篇名文字與《今文尚書》不同者一則；文字不見《今文尚書》者六則；引《泰誓》而不見今本者二則，與今本有出入者二則，《泰誓》雖在今文，但傳出於河內女子，不得與伏生所傳並論；引《詩》《書》不明而可附於《書》者一則，亦不見於《今》《古文尚書》。統上二十六則，非不見於《今》《古文尚書》，即與《今》《古文尚書》大異。與《今文尚書》雖字句有異同，而大體無殊者止有三則，而此三則又止在《呂刑》一篇，故概括言之，即謂《墨子》所引《書》，與《今》《古文尚書》全殊，亦無不可也。古人引書，不沾沾於舊文，故字句每有改竄，然懸殊至此，則不能一委於引者所改竄也。……今觀《墨子》所引《詩》《書》，率與今本不同，《尚書》阨於秦火，尚可委之殘燼，《詩經》則未受秦火影響者也，而亦大異。且《尚書》異者有什七八，固亦不可一委於殘燼。《孟》《荀》兩書，皆喜引《詩》《書》，固亦時有與今本異者，然同者多，異者極鮮，如謂火於秦，則《孟》《荀》所引，亦當如《墨子》所引之與今本大異也。今《孟》《荀》儒家書所引者，略同今本，墨家所引者，則懸殊太甚；今本舉世知爲儒家所傳，被有濃厚之儒家色彩，則孔子'刪《詩》《書》，定禮樂'之說，雖難遽信，而其經過儒家之修飾潤色，殊有極深之嫌疑"。① 其言甚是。

再看看《論語》。《論語》在西漢有今文本《魯論語》二十篇、《齊論語》二十二篇(其二十篇中，章句頗多於《魯論》，又多《問王》《知道》兩篇)及古文本《古論語》二十一篇(章句煩省與《魯論》不異，唯分《堯曰》下章"子張問"爲一篇，有兩《子張》)。② 西漢末，安昌侯張禹(？～前 5)據《魯論》，參考《齊論》，編成定本，號《張侯論》。後來鄭玄以《張侯論》爲底本，參考《齊論》與《古論》予以修訂，流傳至今。③ 惜乎其不同的文本形態亦流失殆盡。

除此之外，漢成帝(前 32～前 7 在位)以書頗散亡，使謁者陳農求遺書於天下，"詔光祿大夫劉向校經傳諸子詩賦，步兵校尉任宏校兵書，太史令尹咸校數術，侍醫李柱國校方技。每一書已，向輒條其篇目，撮其指意，錄而奏之。

---

① 參閱羅根澤編著：《古史辨》第四冊，頁 189～190。案：朱希祖之說見氏著《〈墨子·備城門〉以下二十篇係漢人僞書說》(其所謂二十篇，含已亡佚者九篇)，《清華週刊》第三十卷第九期(1929 年 1 月 5 日出版)，頁 13～19。

② 參閱何晏《論語集解·論語序》所引劉向言(見《儒藏》精華編第 104 冊，經部四書類，北京：北京大學出版社，2007 年，第 1 版，頁 107 上)，姚振宗以爲乃劉向《別錄》之佚文(見劉向、劉歆撰，姚振宗輯錄，鄧駿捷校補：《七略別錄佚文·七略佚文》，上海古籍出版社，2008 年，第 1 版，頁 16～17)。又可參閱《七略》《漢書·藝文志》以及《經典釋文序錄》。

③ 其詳請參閱何晏《論語集解·論語序》，《儒藏》精華編第 104 冊，經部四書類，頁 107 上、下；並參《經典釋文序錄》《隋書·經籍志一》。

會向卒，哀帝復使向子侍中奉車都尉歆卒父業"(《漢書·藝文志》)。今節取劉向《別錄》數篇，以見其校理舊文之情形(表0-8):①

表 0-8　劉向《別錄》部分内容表覽

篇題	節選内容
《戰國策書録》(《全漢文》卷三七)	護左都水使者光禄大夫臣向言：所校中《戰國策》書，中書餘卷，錯亂相糅莒；又有國別者八篇，少不足。臣向因國別者，略目時次之，分别不目序者目相補，除復重，得三十三篇。……中書本號，或曰《國策》，或曰《國事》，或曰《短長》，或曰《事語》，或曰《長書》，或曰《修書》。臣向目爲戰國時，游士輔所用之國，爲之筴謀，宜爲《戰國策》。其事繼《春秋》目後，訖楚、漢之起，二百四十五年間之事，皆定，目殺青，書可繕寫。
《晏子叙録》(《全漢文》卷三七)	護左都水使者光禄大夫臣向言：所校中書《晏子》十一篇，臣向謹與長社尉臣參(杜參)校讎，太史書五篇，臣向書一篇，參書十三篇，凡中外書三十篇，爲八百三十八章，除復重二十二篇六百三十八章，定著八篇二百一十五章。外書無有三十六章，中書無有七十一章，中外皆有目相定。中書目"夭"爲"芳"，"又"爲"備"，"先"爲"牛"，"章"爲"長"，如此類者多，謹頗略榆，皆已定，目殺青，書可繕寫。
《孫卿書録》(《全漢文》卷三七)	護左都水使者光禄大夫臣向言：所校讎中《孫卿書》凡三百二十二篇，目相校，除復重二百九十篇，定著三十二篇，皆目定，殺青簡，書可繕寫。
《管子書録》(《全漢文》卷三七)	護左都水使者光禄大夫臣向言：所校讎中《管子》書三百八十九篇，大中大夫卜圭書二十七篇，臣富參書四十一篇，②射聲校尉立書十一篇，太史書九十六篇，凡中外書五百六十四篇，目校，除復重四百八十四篇，定著八十六篇，殺青而書可繕寫也。
《鄧析書録》(《全漢文》卷三七)	中《鄧析》書四篇，臣敘(歆?)書一篇，凡中外書五篇，目相校，除復爲一篇，皆定殺，而書可繕寫也。

---

① 徐興無論定："現存的《別錄》完篇，比較可靠的當爲劉向《戰國策》《晏子》《孫卿子》《管子》《鄧析子》《説苑》《列子》及劉歆《上山海經表》八篇。"(見氏著《劉向評傳》，南京：南京大學出版社，2011年，第1版，頁204～207)

② "富參"或以爲一人(參閱王承略、楊錦先：《劉向校書同僚學行考論》，《文獻》1998年第3期，頁77)。然"臣參"在《別錄》中屢見，"是富參"是否爲"臣富""臣參"之合稱，值得研究。又，關於參與校書一事者，潘猛補《劉向父子校書助手述略》(《江蘇圖書館學報》1985年第2期)等已頗有考訂，亦可參閱。

續表

篇題	節選內容
《列子書録》(《全漢文》卷三七)	右新書定著八章。護左都水使者光禄大夫臣向言:所校中書《列子》五篇,臣向謹與長社尉臣參(杜參)校讎,太常書三篇,太史書四篇,臣向書六篇,臣參書二篇,内外書凡二十篇,以校,除復重十二篇,定著八篇。中書多,外書少。章亂布在諸篇中,或字誤,以"盡"爲"進",以"賢"爲"形",如此者衆。及在新書有棧,校讎從中書。已定,皆以殺青,書可繕寫。

劉向劉歆父子領校圖書,要務在去其復重。在上揭諸事以外,尚有很多例證。例如《初學記》卷二一記劉向《別録》云:"所校讎中《易傳淮南九師道訓》,除複重,定著十二篇。"又云:"所校讎中《易傳古五子書》,除複重,定著十八篇。"謝守灝編《混元聖紀》卷三記劉歆《七略》云:"劉向讎校中《老子》書二篇,太史書一篇,臣向書二篇,凡中外書五篇一百四十二章,除複重三篇六十二章,定著二篇八十一章。上經第一,三十七章;下經第二,四十四章。"劉氏父子典校經籍,諸所定著,爲後世所有版本之基礎。然而我們應該意識到,"在某些情況下,他們系統性地重組了全文,依據的只是自己對文獻內在連貫性的理解";"……他們的本子太明確了,以至於其他可能的讀法都被删得一乾二净。如果没有新寫本出土,就根本無法確定他們做了什麽"。① 大量同源異形文本由此消失,可能是最大的歷史缺憾。

在仰賴口耳相傳的時代,一個學説體系的講授往往不祇一次,因此就會產生一系列的同源異形文本,後期文本的形成,則往往會呈現不同程度的歷史層累;而即便是同一次講授,不同受衆的録記也不可能使用全然相同的文字,同源異形文本依然會產生。《五行》的某些文本特徵也許就體現了歷史的層累。比如,《五行》經文第十至十三章與第十四至十九章具有高度互文性甚或一致性,其間抑或有不同講授場次的疊加。帛書《五行》之經文與竹書《五行》(僅有相當於帛書經文的部分)章次有一定差異,可能也顯示了講授的歷時性區別。帛書《五行》經文與説文、帛書《五行》經文與竹書《五行》的用字差異,很大程度上是由不同的録寫者所致。《五行》説文是子思對經文的口頭詮釋,由其後學寫成文字。此録記者與經文書寫者很可能不同,故兩者在使用某些文字時呈現出體系性的差異。例言之,帛書《五行》,其第六、第十三、第十七、第十八章經文之"惡"字(案第十三章該字原殘,據文例補),説文均作"嚶";第十章經文之"臀",以及第十四章經文殘缺部分可補出的"臀"字,説文

---

① 〔美〕夏含夷:《重寫中國古代文獻》,頁2~3、頁5。

均作"變";第十一、第十五、第二十章經文之"簡"字,其說文均作"閒"等等,不一而足。① 第七章經文"慎亓獨"之"獨",說文作"蜀"(不過第八章說文亦作"獨",殆有一定隨意性,抑或是抄寫者誤寫)。帛書《五行》經文、帛書《五行》說文與簡本《五行》,兩兩之間都存在這類體系性的差異。這類異寫現象不僅僅是語言文字學或文獻學的問題,它包含更多甚至也重要的信息。因此,對《五行》篇各本及其各個組成部分,乃至對新出所有簡帛文獻(特別是存在異形文本者),都不應率意按傳世古書的閱讀習慣,直接依讀法轉寫古體、異體以及通假字。②

子思講授《五行》不可能單單講授經文部分;——設想任何一人在任何受衆面前講授這一體系,而僅僅講授經文,其效果都是可想而知的。耐人尋味的是,子思講授《五行》的方式與孔子傳《春秋》的方式差不多完全一致。《史記·十二諸侯年表》序記載:"……孔子明王道,干七十餘君,莫能用,故西觀周室,論史記舊聞,興於魯而次《春秋》,上記隱,下至哀之獲麟,約其辭文,去其煩重,以制義法,王道備,人事浹。七十子之徒口受其傳指,爲有所刺譏褒諱挹損之文辭不可以書見也。魯君子左丘明懼弟子人人異端,各安其意,失其真,故因孔子史記具論其語,成《左氏春秋》。"《春秋》作者以及《左氏春秋》與《春秋》的關係,是學術史上的兩大公案,但有不少問題其實是由疑古思潮激發的。孔子據舊史纂《春秋》,早期記載衆口一詞,應該無可置疑。而孔子傳《春秋》之學明顯包含兩個部分,一是寫成文字即"以書見"者(相當於傳世《春秋》),一則是口傳者。《表》序謂"七十子之徒口受其傳指",所謂"口受"即從口授中獲得。祇要熟悉《春秋》文本,就可以知道,孔子向弟子講授

---

① 參閱〔日〕池田知久:《馬王堆漢墓帛書五行研究》,頁66注13。
② 李零曾經指出:"我們讀的古書都是來源於漢代特別是東漢。東漢經本是糅合今古文的本子,但無論今古,寫定還是用今文,即來自秦系文字的漢代隸書。那時的古本(戰國文本)和整理者的習慣也有差距,但他們沒有我們這種'括注法',無論原本如何,也不論合併了幾種本子,傳留到今天,都是直接合併和直接改定。這是我們習慣的來源。我們的閱讀習慣現在已經定型,如果不用這種習慣讀已經辦不到,至少是目前還辦不到。"(參閱氏著《郭店楚簡研究中的兩個問題:美國達慕思學院郭店楚簡〈老子〉國際學術討論會感想》,武漢大學中國文化研究院編:《郭店楚簡國際學術研討會論文集》,武漢:湖北人民出版社,2000年,第1版,頁50)美國學者夏含夷卻說,"凡是發表過明確意見的西方學者大概都不同意李零的觀點,他們認爲所謂寬式的、經過破讀的釋文,不僅不能反映原文的具體面目,而且往往還摻雜了某些主觀成分。"(參閱〔美〕夏含夷:《西觀漢記:西方漢學出土文獻研究概要》,上海:上海古籍出版社,2018年,第1版,頁36)基於此,夏含夷主張"重新思考古代整理者們重寫寫本的各種方式"(參閱氏著《重寫中國古代文獻》,頁5)。西方漢學家的這一堅持並非全無道理,但限於各方面的條件,我們恐怕祇能適當考慮他們的這一關懷。

《春秋》不大可能僅僅限於這些寫出來的極小一部分文字，口傳的部分可能纔是重點。①《左氏春秋》是否確實"因孔子史記"完備纂輯了孔子口授的内容，

① 此處僅舉一例。魯隱公元年(前722)《春秋》《左氏春秋》《春秋公羊傳》《春秋穀梁傳》記載或詮釋鄭武公克段於鄢一事，分別見於下表：

《春秋》	夏，五月，鄭伯克段于鄢(杜注：鄢，今潁川鄢陵縣)。
《左氏春秋》	初，鄭武公娶于申(杜注：申國，今南陽宛縣)，曰武姜，生莊公及共叔段。莊公寤生，驚姜氏，故名曰"寤生"，遂惡之。愛共叔段，欲立之。亟請於武公，公弗許。及莊公即位，爲之請制。公曰："制，巖邑也，虢叔死焉。佗邑唯命。"請京，使居之，謂之京城大叔。祭仲(鄭大夫)曰："都城過百雉，國之害也。先王之制：大都，不過參國之一；中，五之一；小，九之一。今京不度，非制也。君將不堪。"公曰："姜氏欲之，焉辟害？"對曰："姜氏何厭之有？不如早爲之所(杜注：使得其所宜)，無使滋蔓！蔓，難圖也。蔓草猶不可除，況君之寵弟乎？"公曰："多行不義，必自斃，子姑待之。"既而大叔命西鄙、北鄙貳於己(杜注：鄙，鄭邊邑。貳，兩屬)。公子吕(鄭大夫)曰："國不堪貳，君將若之何？欲與大叔，臣請事之；若弗與，則請除之。無生民心。"公曰："無庸，將自及。"大叔又收貳以爲己邑，至于廩延(鄭邑)。子封曰："可矣。厚將得衆。"公曰："不義不暱，厚將崩。"大叔完聚，繕甲兵，具卒乘，將襲鄭。夫人將啓之。公聞其期，曰："可矣。"命子封帥車二百乘以伐京。京叛大叔段。段入于鄢，公伐諸鄢。五月辛丑，大叔出奔共(杜注：共國，今汲郡共縣)。書曰："鄭伯克段于鄢。"段不弟，故不言"弟"；如二君，故曰"克"；稱"鄭伯"，譏失教也，謂之鄭志。不言"出奔"，難之也。遂寘姜氏于城潁(鄭地)，而誓之曰："不及黄泉，無相見也！"既而悔之。潁考叔爲潁谷封人(杜注：典封疆者)，聞之，有獻於公。公賜之食。食舍肉。公問之。對曰："小人有母，皆嘗小人之食矣，未嘗君之羹，請以遺之。"公曰："爾有母遺，繄我獨無！"潁考叔曰："敢問何謂也？"公語之故，且告之悔。對曰："君何患焉？若闕地及泉，隧而相見，其誰曰不然？"公從之。公入而賦："大隧之中，其樂也融融！"姜出而賦："大隧之外，其樂也洩洩。"遂爲母子如初。君子曰："潁考叔，純孝也(杜注：純，猶篤也)，愛其母，施及莊公。《詩》曰：'孝子不匱，永錫爾類'，其是之謂乎！"
《公羊傳》	克之者何？殺之也。殺之，則曷爲謂之克？大鄭伯之惡也。曷爲大鄭伯之惡？母欲立之，己殺之，如(當)勿與而已矣。段者何？鄭伯之弟也。何以不稱弟？當國也。其地何？當國也。齊人殺無知，何以不地？在内也。在内，雖當國不地也。不當國，雖在外亦不地也。
《穀梁傳》	克者何？能也。何能也？能殺也。何以不言殺？見段之有徒衆也。段，鄭伯弟也。何以知其爲弟也？殺世子、母弟目君。以其目君，知其爲弟也。段，弟也，而弗謂弟；公子也，而弗謂公子：貶之也。段失子弟之道矣，賤段而甚鄭伯也。何甚乎鄭伯？甚鄭伯之處心積慮，成於殺也。于鄢，遠

(轉下頁)

由於《左氏》已非本真，且相關事實蕩然無存，幾乎無法去確考。① 不過《史記》所謂"因孔子史記具論其語"，當是《春秋》授受過程中的必然舉措。其發展歷程，與《五行》原本就有經有説、説後來寫録的情形差不多，惟緣由不必相同，而《五行》之"經説體"體式更典型而已。

學術思想仰賴口耳授受造成了"著作"形態的複雜性。馬王堆漢墓所出帛書《五行》篇當是先抄録寫成文本的經，接着抄録寫成文本的説（其時，説文前五章與第六章之開頭部分已經亡佚）；帛書《五行》經、説雖非同時寫定，且寫録於多人之手，卻均爲子思五行學説的組成部分（很可能，弟子在寫記過程中摻進了自己的個性化元素，可《五行》體系總體上屬於子思，應無疑問）。

先秦有很多文獻，其内容之產生和文本之寫定存在時間上的疏離，而依據現代理念，文本寫定者纔被視爲"作者"。有學者曾經指出，"作者的概念在早期中國文本的創作、流傳和接受中並不受到關注"。② 這樣説問題不大，可應該强調的是，對一大批早期中國文獻來説，最重要的顯然不是"作者"。

早期中國文本祇有一小部分附有"作者"的信息。比如，《詩經·小雅·巷伯》云："寺人孟子，作爲此詩。凡百君子，敬而聽之。"《節南山》云："家父作

（接上頁） 續表

| | 也，猶曰取之其母之懷中而殺之云爾，甚之也。然則爲鄭伯者宜奈何？緩追逸賊，親親之道也。 |

這一對比將事實呈現得十分清楚：其一，《公羊》《穀梁》二著即一般意義上的解經之傳，《左氏》與《春秋》之關係則不能用一般的傳與經來類比（關於《春秋》與《左氏春秋》的原初關係，參閱拙著《二十世紀先秦散文研究反思》，頁 123～124）。其二，孔子在向弟子講授《春秋》時，單講《春秋》文本的合理性幾乎不存在。《左氏》雖未必就是孔子講授《春秋》完整的原貌，但應該包含了孔子實際講授《春秋》的大量内容。

① 劉歆編改《左氏春秋》爲《左傳》，可以説是在編年體框架中採取經説體的結構。《漢書》劉歆本傳云："歆及向始皆治《易》，宣帝時，詔向受《穀梁春秋》，十餘年，大明習。及歆校祕書，見古文《春秋左氏傳》，歆大好之。時丞相史尹咸以能治《左氏》，與歆共校經傳。歆略從咸及丞相翟方進受，質問大義。初《左氏傳》多古字古言，學者傳訓故而已，及歆治《左氏》，引傳文以解經，轉相發明，由是章句義理備焉。"《左氏春秋》原初並非解釋《春秋經》之作，劉歆不可能在經説體架構中落實它與《春秋經》一一對應的關係。相反，在傳統"經""傳"觀念已成熟和定型的漢代，他的追求和努力開啓了將《春秋》與《左氏》當作一般經與傳來認知的主流觀念，促成了《左氏》之改制。改制而成的《左傳》流傳後世，對中國文化發生了莫大影響，《左氏春秋》之真相被埋滅，成爲史上一大憾事。
② 2014 年 4 月 17 日，美國普林斯頓大學柯馬丁（Martin Kern）教授受邀在北京大學中文系作學術報告，題爲《〈史記〉裏的"作者"概念》，其間嘗提及這一説法。

誦,以究王訩。式訛爾心,以畜萬邦。"《離騷》甫一開篇,作者屈原便自述身家。同時也祇有一小部分,其"作者"信息見載於其他文獻。比如《左氏春秋》閔公二年(前660)謂"許穆夫人賦《載馳》"(該篇今見於《毛詩·鄘風》)。在這些例子中,作者對作品的意義,無論是從"寫作"層面上說,還是就他人對作品的詮釋而言,都是確定而不可置疑的。然而對於絕大多數早期文本,"作者"並不重要,更應該得到關注的其一是歌者。《詩經·魏風·園有桃》云:"園有桃,其實之殽。心之憂矣,我歌且謠。"《詩三百》很多文本都有原初的歌者,他們很少"露面",卻至關重要。其二是"出言談者"。《論語》的"作者"是孔門後學,他們對於這一文本的重要性,跟以孔子爲核心的"出言談者"無法相提並論。見於傳世《禮記》以及上博簡、郭店簡中的《緇衣》,"作者"是子思,但他對於這一文本的重要性遠不及其中的"出言談者"孔子。有學者提出:"《緇衣》通篇是作者對統治者提出的道德倫理要求,主要體現了先秦儒家仁政愛民的思想。簡文每段均以'子曰'開頭,然後引《詩》《書》相關內容以佐證作者的觀點,集中體現了儒家的價值觀念……"①這種論斷顯然忽視了比"作者"更重要的"出言談者"。連子思本人都很清楚,自己對於這類文本的價值可能不是最主要的。《隋書》卷一三《音樂志上》記沈約對梁武帝,謂"《中庸》《表記》《防記》《緇衣》,皆取《子思子》"。而《孔叢子·公儀》篇記:"穆公謂子思曰:'子之書所記夫子之言,或者以謂子之辭也。'子思曰:'臣所記臣祖之言,或親聞之者,有聞之於人者,雖非正其辭,然猶不失其意焉,且君之所疑者何?'公曰:'於事無非。'子思曰:'無非,所以得臣祖之意也。就如君言,以爲臣之辭,臣之辭無非,則亦所宜貴矣。事既不然,又何疑焉?'"在春秋戰國時期,"出言談者"的重要性幾乎是空前絕後的。墨子屢及"出言談",以與"爲文學""由文學"並列。比如,《墨子·天志中》云:"故子墨子之有天之(意)也,上將以度天下之王公大人爲刑政也,下將以量天下之萬民爲文學、出言談也。"《非命中》載墨子曰:"凡出言談、由文學之爲道也,則不可而不先立義法。"《非命下》載墨子曰:"凡出言談,則(必)〔不〕可而不先立儀而言。"《墨子·尚賢》《尚同》《兼愛》《非攻》《節用》《節葬》《天志》《明鬼》《非樂》《非命》《非儒》諸題,大都分爲上、中、下三篇,絕大多數都以"子墨子言曰"開頭,殆爲墨子去後墨家三派各據記錄整理而成。就這類作品而言,"作者"的意義無法跟"出言談者"相比,因爲體系屬於"出言談者"。

　　《五行》的"出言談者"是子思,儘管沒有冠以"子思子言曰"之類顯性提示。《詩論》的"出言談者"是孔子,尚有六處"孔子曰"爲其顯性特徵。對於

---

① 劉冬穎:《出土文獻與先秦儒家〈詩〉學研究》,頁84。

《五行》《詩論》這種典籍，過於關注通常意義上的"作者"並不妥當。有學者説："今天我們看到的上博簡《孔子詩論》和郭店簡中與《詩經》有關的内容時間很清楚是戰國時代，即公元前三世紀左右的本子，其内容在一定程度上反映了當時孔子及其再傳、三傳弟子關於《詩》學的思想。"①這種論斷一方面看輕了"出言談者"的地位，一方面則看重了"作者"（即文本寫定者）甚至文本抄録者對體系的介入。又有學者説，"上博簡和郭店簡中的大量内容……是失傳的《論語》類文獻"。②《論語》確實有一個核心的"出言談者"——孔子（該書兼及孔子部分行爲以及孔子部分弟子的語録）。③ 但是，簡帛文獻所見《詩論》和《五行》更具有講學的性質，即大抵是講授一部經典或一個體系，而無意於凸顯講授人與受衆的互動，與此同時，《論語》中孔子及其部分弟子的言談雖不離道學，其言説方式卻是日常和隨機的。

　　《論語・衛靈公》篇記載："子張問行。子曰：'言忠信，行篤敬，雖蠻貊之邦，行矣；言不忠信，行不篤敬，雖州里，行乎哉？立則見其參於前也，在輿則見其倚於衡也（朱熹集注：言其於忠信篤敬念念不忘，隨其所在，常若有見，雖欲頃刻離之而不可得），夫然後行。'子張書諸紳。"《禮記・雜記》："恤由之喪，哀公使孺悲之孔子，學士喪禮。《士喪禮》於是乎書。"上揭子思對魯穆公，解釋自己記孔子言，爲《緇衣》等。這些都顯示了"出言談者"的言談轉化爲文本的現實途徑和邏輯。當一個文本的形成不再藉助於"出言談者"所關涉的人物，而是出於"出言談者"自身，那麽他就由"出言談者"躍升爲"爲文學者"，或者説他就實現了這兩個角色的合一，上文所舉韓非經説體諸篇就是如此。此時，對"作者"的講求也就是對"出言談者"的講求，對文本來説，講求"作者"纔具備其現實的合理性。

　　綜上所述，學界謂《五行》之經爲子思作，而其説爲孟子作，謂《五行》經、説爲世碩及其弟子作，謂《五行》爲思、孟後學作，謂《五行》乃受荀子或荀子學

---

① 劉冬穎：《出土文獻與先秦儒家〈詩〉學研究》，頁 176。
② 同上書，頁 68。
③ 需要注意，《論語》所記一部分孔門弟子之語或許爲弟子所述孔子語。《論語・子張》記子夏曰："雖小道，必有可觀者焉；致遠恐泥，是以君子不爲也。"《漢書・藝文志》記爲孔子之言。《論語・學而》記有子曰："君子務本，本立而道生。"《説苑・建本》亦記爲孔子之言。顧實謂，此處子夏、有子所言皆爲述孔子語（參見氏著《漢書藝文志講疏》，頁 166）。在師、弟口耳相傳的時代，發生這樣的事情其實十分正常。《論語》本身即可見類似情況。《季氏》篇記孔子曰："君子有九思：視思明，聽思聰，色思温，貌思恭，言思忠，事思敬，疑思問，忿思難，見得思義。"《子張》篇則記子張曰："士見危致命，見得思義，祭思敬，喪思哀，其可已矣。"就"見得思義"這一句來説，子張很可能襲用了孔子的原話。

派影響而作等等,具體判斷無須再説,其立論的取逕恐怕都值得商榷。①

三、《五行》系譜化特質及其歷史語境

《五行》在思維和表達上有一個顯著特點,即高度的圖式化或者説系譜化。

《五行》常使用句型"不甲不乙"來表示甲乙間的因果聯繫(此處所謂"因果"可以這樣理解:若甲與乙在存在上有相繼性,則甲乙兩者便呈現爲因果關係)。比如經文第十二章謂"不衷(遠)不敬""不敬不嚴""不嚴不尊""不尊不共(恭)""不共不禮"等等。這種句型古籍中並不少見,可往往會遭受誤解。《左氏春秋》魯隱公元年記載,鄭莊公使其弟共叔段居京,謂之京城大叔。既而大叔命西鄙北鄙兩屬於己,進一步又取以爲己邑。鄭大夫公子吕謂"厚(謂土地廣大)將得眾",以警示莊公。莊公則曰"不義不暱,厚將崩"。杜注云:"不義於君,不親於兄,非眾所附,雖厚必崩。"錢鍾書(1910~1998)嘗考辨道:

> 解"不暱"爲太叔"不親"莊公,非也。"不暱"謂眾不親附叔段,非謂叔段不親於兄。其語緊承"厚將得眾"而駁之,遥應"多行不義"而申之,言不義則不得眾也。此類句法雖格有定式,而意難一準。或爲因果句,如《論語·述而》之"不憤不啓,不悱不發",《墨子·尚賢》上之"不義不富,不義不貴";後半句之事乃由前半句之事而生,猶云"不憤則不啓""不義則不貴"耳。或爲兩端句,如《禮記·禮器》之"不豐不殺",《莊子·應帝王》之"不將不迎";……雙提兩事而並闢之,猶云"不豐亦不殺"……耳。杜註蓋誤以因果句爲兩端句矣。……祇據句型,末由辨察;所賴以區斷者,上下文以至全篇、全書之指歸也。②

錢鍾書將"不甲不乙"句型歸納爲因果句和兩端句,並聯繫"上下文以至全篇、全書之指歸",確定"不義不暱"爲因果句,而杜預將它誤解爲兩端句。這種融歸納和演繹爲一體的考辨方式本於乾嘉樸學,但又融入了現代學術的縝密分析,很有啓發意義。《五行》篇典型的"不甲不乙"句型便屬於因果句。

不過,僅僅認識到這一步,尚不能完整把握《五行》篇思維與表達的特質。因爲更重要的是,《五行》篇常連續使用這種句型,推出一條條逐層上升的因

---

① 本書第八、第九章詳細掘發《孟》《荀》對《五行》學説的承受,不僅可以彰明久被埋没的學術思想史的軌迹,而且可以助成筆者的判斷。

② 錢鍾書:《管錐編》第一册,北京:中華書局,1979年,第1版,頁169。

果鏈；如謂甲爲乙之因，乙復爲丙之因，丙復爲丁之因等，逐步推進。一系列因果句如此前後勾連的結果，是形成一個"生長的"系譜或圖式。《五行》經文第十二章是這種系譜或圖式的典型，所謂："不袁(遠)不敬，不敬不嚴，不嚴不尊，不尊不共(恭)，不共不禮。"很明顯，它表述的是基於"袁"逐步生成德之行"禮"的過程，可概括爲：袁→敬→嚴→尊→禮。構成系譜的這一類單句，因、果間又可以出現關聯詞"則"。比如《五行》經文第四章云："思不輕不荆(形)，不荆則不安，不安則不樂，不樂則无德。"它表述的是基於思之輕逐步生成德的過程，可概括爲：思之輕→荆→安→樂→德。從功能上說，"不甲不乙"或"不甲則不乙"句型，在系譜中可以轉換爲由"无(無)"引領的否定句。比如，《五行》經文第二章云："君子毋中心之憂則无中心之知，无中心之知則无中心之說……"其意猶言"中心不憂(則)中心不知，中心不知(則)中心不說……"毫無疑問，遊戲規則往往是簡單明晰的，實際遊戲則總是豐富多樣。在具體應用中，以上各種句式可以雜糅而形成一個系譜。比如，《五行》經文第二章云："君子无(無)中心之憂則无中心之聖，无中心之聖則无中心之說(悅)，无中心之說則不安，不安則不樂，不樂則无德。"它表述的是基於中心之憂生成德的過程，可概括爲：中心之憂→中心之聖→中心之說→安→樂→德。

所有這些尚祇是否定式的表述，它們在《五行》中有功能相同的肯定式。最典型的例子，如經文第六章云："仁之思也睛(精)。睛則察，察則安，安則溫，溫則說(悅)，說則戚，戚則親，親則(憂)〔愛〕，(憂)〔愛〕則(王)〔玉〕色，(王)〔玉〕色則荆(形)，荆則仁。"此例表述的是基於"仁之思也睛"，而逐步生成德之行"仁"的過程，可概括爲：仁之思也睛→察→安→溫→說→戚→親→愛→仁。系譜中各子句因、果兩項間使用了關聯詞"則"。不過類似系譜，也可以不使用這種關聯詞，尤其是在各子句較長且不齊整的情況下。比如經文第十四章云："顏色容貌溫，臀(變)也。以亓(其)中心與人交，說(悅)也。中心說焉，遷于兄弟，戚也。戚而信(伸)之，親也。親而築(篤)之，愛也。愛父，亓繼愛人，仁也。"聯繫說文第十四章所謂"能行變者□□心說；心說，然笱(後)顏色容貌溫以說"，則"臀(心貌之悅)""說(悅人)""戚""親""愛""仁"構成了一個互相勾連、不斷上升的圖式。經文第十章云："不臀不說，不說不戚，不戚不親，不親不愛，不愛不仁。"經文第十四章的肯定式系譜，與經文第十章的否定式系譜顯然是等值的。同樣的道理，經文第十一、十二章的否定式系譜,亦分別與經文第十五、十六章的肯定式系譜等值。

《五行》大多數系譜都採用單綫推進的模式,然而無論是其肯定式表達,還是其否定式表達,都有更繁複的雙綫交叉推進者。比如,經文第十三章謂:"不恖(聰)不明不聖不知(智),不聖不知不仁,不仁不安,不安不樂,不樂无德。"這一章論述的是基於"恖(聰)""明"而生成"仁",進而又生成"德"的過程,可提煉爲如下圖式(圖 0-1):①

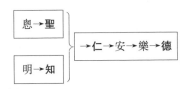

圖 0-1　《五行》經第十三章德生成之圖式

該圖式之前部,由"恖(聰)""明"至"聖""知(智)"交叉推進,之後又合併推進而至於"仁",顯然較一部系譜複雜。經文第十八章謂:"見而知之,知(智)也。知而安之,仁也。安而敬之,禮也。"這一部分交叉着兩個互相關聯、互相詮釋的肯定式系譜,一是"知→安→敬"之逐層上升,一是"知(智)→仁→禮"之遞進生成,前者始終對後者起着界定作用。這兩個交叉、重疊的圖式可合併爲如下系譜:"知(智)→安(仁)→敬(禮)"。

以上所論《五行》主要系譜模式可匯總爲表 0-9:

表 0-9　《五行》主要系譜表覽

		否定式	肯定式
單綫式		不甲不乙,不乙不丙,不丙不丁……	甲,乙,丙,丁……
		不甲則不乙,不乙則不丙,不丙則不丁……	甲則乙,乙則丙,丙則丁……
		無甲則無乙,無乙則無丙,無丙則無丁……	
		甲→乙→丙→丁……	
複綫式		不甲不乙(則)不丙不丁,不丙不丁(則)不戊……	甲—甲+,乙—乙+,丙—丙+……
		甲—丙→ 　　　　　戊→己…… 乙—丁→	甲(甲+)→乙(乙+)→丙(丙+)……

---

① 關於此章的解讀,舊説殆未得其意,筆者的詳細辨析見緒論第四節。

古人倡舉一反三,我們亦無須追求窮盡性的歸納。需要提醒的是,其一,在多數情況下,各種否定式系譜彼此之間,以及否定式系譜與肯定式系譜之間,在功能上可以互相替換,因此,不能偏執上表行與行或列與列之間的區隔。其二,幾乎所有的系譜都可以歸結爲"甲→乙→丙→丁……",複綫式系譜不過是這一圖式在整體或局部上發生自我重複而已。其三,《五行》系譜的語文特徵還是比較容易識別的,最重要的是它們都使用了頂針法。

形形色色的系譜在《五行》中可謂俯拾即是。其經文二十八章,第二、四、五、六、十、十一、十二、十三、十四、十五、十六、十八、十九諸章,均包含極典型的系譜化或圖式化的表達。有時候一章之内,若干有關聯或同類型的系譜並陳。系譜中,各構成元素的層層演進及其内在關聯和綰合,被定義得相當細膩。很多系譜具備强烈的可經驗性與可操作性,比如由"變"層層推進,最終生成"仁",由"直"層層推進,最終生成"義"等等。堪稱無與倫比的是,《五行》説文在釋經過程中極自然地内含了經文中的系譜,——經中各系譜在相應説文中充當着結構全部内容的骨架,因此,説文也往往是圖式化、系譜化的。説文對各個圖式及其中各關鍵元素,都作了比較充分的詮釋和申説。簡單瀏覽一下帛書《五行》篇就可以意識到,這種經與説相輔相成、自覺而精心的學術建構極富匠心,惜乎經文第一章至第六章前半的説文在帛書鈔錄時就已經亡佚了。

《五行》體系建構上的特質,在其他典籍中絶少出現,下文將列舉一部分文本來作比對。

《大一生水》(篇題爲整理者擬加)與簡本《五行》同出於郭店一號楚墓,乃道家類文獻。該文演繹《老子》"道生一,一生二,二生三,三生萬物"之説(案見傳世《老子》第四十二章),述萬物生成之序列,云:"大(太)一生水,水反補(輔)大一,是以城(成)天。天反補大一,是以城陞(地)。天陞復相補也,是以城神明。神明復相補也,是以城会(陰)易(陽)。会易復相補也,是以城四時。四時復相補也,是以城倉(滄)然(熱)。倉然復相補也,是以城溼澡(燥)。溼澡復相補也,城歲(歲)而坐(止)……"①這段文字顯示了圖式化、系譜化的傾向,但與《五行》有不同的特質。簡單地説,在《大一生水》全篇的思維中,這種圖式化的傾向不具備普遍性和全局性,方纔所論《五行》系譜的各種特質,比

---

① 本書引用郭店竹簡《大一生水》《茲衣》《穿達以時》《五行》《湯吴之道》《城之聞之》《眷惠義》《六惠》《語叢》等篇,主要依據荆門市博物館編《郭店楚墓竹簡》,並參陳偉等著《楚地出土戰國簡册[十四種]》,以及李零《郭店楚簡校讀記》(增訂本)、魏啓鵬《簡帛文獻〈五行〉箋證》之簡本等。

如細緻定義系譜各元素的層級性和關聯性等,它都並不具備。從義理層面上看,《五行》中的系譜有高度的内在性或説内向性,上揭《大一生水》的系譜至少在主觀上是向外的;《五行》中的系譜往往有内在經驗的基礎,上揭《大一生水》的系譜則完全是不可經驗的。當然,它們意圖解決的問題截然不同。

在圖式化表達方面,儒家文獻更值得注意,筆者首先就傳世文獻略舉數例於下,並加以扼要分析:

《禮記·檀弓下》載子游(前506～?)之言曰:"人喜則斯陶(鄭注:陶,鬱陶也。孔疏:鬱陶者,心初悦而未暢之意也),陶斯咏,咏斯猶(鄭注:猶當爲摇……謂身動摇也,秦人猶、摇聲相近),猶斯舞,舞斯愠,愠斯戚,戚斯嘆,嘆斯辟(鄭注:辟,拊心),辟斯踊矣。品節斯,斯之謂禮。"該系譜敘述的是人之情及其行爲的演化過程,可概括爲:喜→陶→咏→猶(摇)→舞→愠→戚→嘆→辟→踊。

《禮記·樂記》載:"君子曰:禮樂不可斯須去身。致樂以治心,則易直子諒之心油然生矣(孔疏:致,謂深致詳審。易,謂和易。直,謂正直。子,謂子愛。諒,謂誠信。言能深遠詳審此樂以治正其心,則和易、正直、子愛、誠信之心油油然從内而生矣。言樂能感人,使善心生也)。易直子諒之心生則樂,樂則安,安則久,久則天(孔疏:志明行成,久而不改,則人信之如天),天則神(孔疏:既爲人所信如天,故又爲人所畏如神也)。天則不言而信,神則不怒而威,致樂以治心者也。"《禮記·祭義》篇有同樣的記載。該系譜敘述的是基於致樂而養心的過程,可概括爲:致樂以治心→易直子諒之心生→樂→安→久→天→神。

《禮記·大學》云:"大學之道,在明明德,在親(新)民,在止於至善。知止而后有定,定而后能静,静而后能安,安而后能慮,慮而后能得。物有本末,事有終始,知所先後,則近道矣。古之欲明明德於天下者,先治其國。欲治其國者,先齊其家。欲齊其家者,先脩其身。欲脩其身者,先正其心。欲正其心者,先誠其意。欲誠其意者,先致其知。致知在格物。物格而后知至,知至而后意誠,意誠而后心正,心正而后身脩,身脩而后家齊,家齊而后國治,國治而后天下平。"其間包括幾個系譜,可概括如下:(1)知止→定→静→安→慮→得;(2)明明德於天下←治國←齊家←脩身←正心←誠意←致知←格物;(3)物格→知至→意誠→心正→身脩→家齊→國治→天下平。

毫無疑問,不管哪一種傳世儒家文獻,系譜化表達都很難説是具有根本性、普遍性或全局性,系譜各元素在互相關聯又層層推進兩方面,都定義得不够細緻精巧,——有時候偏重於描述,而缺乏建構意圖,更不具備《五行》説文那種充分詮釋各系譜及其構成要素的文本構成部分。①　因此，它們也無法和《五行》篇相比。荀子指斥子思五行説"僻違"，殆亦針對《五行》這種特性。

接下來再看看新出儒家文獻，特別是與《五行》同出於郭店楚墓的那一批珍貴遺存：

郭店簡文《尊德義》（篇題爲整理者擬加）云："🔣（察）者出所以智（知）呂（己），智呂所以智人，智人所以智命，智命而句（後）智道，智道而句智行。"其間圖式可概括爲：🔣（察）→智（知）呂（己）→智人→智命→智道→智行。這類圖式與《五行》系譜頗爲接近。但是首先，其中各關節分疏得還是不夠細密。例如採用《五行》模式，僅圖式中"智呂"一點就可析分爲若干層級。其次，圖式中的各元素也缺乏明晰的界定，其彼此間的關聯未得到充分表達。比如，何謂"🔣（察）"，"🔣"何以生發爲"智呂"，"智呂"、"智人"、"智命"、"智道"、"智行"何以一次次實現過渡和推進，特別是"智人"何以跟"智命"關聯，很難讓人明瞭。

郭店簡文《性自命出》上篇（篇題爲整理者擬加）云："䙴（喜）斯慆，慆斯奮，奮斯羕（詠），羕斯猷（猶/摇），猷斯迲（舞）。迲，喜之終也。慍（愠）斯憂，憂斯感，感斯難（歎），難斯菓（辟），菓斯通（踊）。通，慍之終也。"其間系譜可概括爲：（一）䙴→慆→奮→羕→猷→迲；（二）慍→憂→感→難→菓→通。這兩個圖式，與上引《禮記·檀弓下》的圖式高度一致。與《檀弓下》的圖式相比，簡文前一圖式多一個關節"奮"，後一圖式多一個關節"憂"。但這兩個文本最大的差別在於，《檀弓》可説是合二爲一，《性自命出》可説是一分爲二。②　而拿《性自命出》《檀弓》的這幾個圖式跟《五行》

---

① 先秦儒家類文獻，就系譜化特質以及經説體而言，最凸顯的是《五行》《語叢二》等篇，其次纔是《大學》，參閱本章前後所論及本書第七章。

② 案：《檀弓》由"舞"推進至"愠"的内在邏輯不易理解，在通常的經驗層面上似乎缺乏支持。所以有學者認爲，《檀弓》由"舞"轉到"愠"毫無邏輯可言，不當有"舞斯愠"一句（參見廖名春《新出楚簡試論》，頁35～36）。又有學者認爲，《檀弓》乃抄寫而誤混了兩個方面。如梁濤説："這種不合邏輯顯然不是子游表述的問題，而是在後來的傳抄中有所缺漏，漏掉了'舞，喜之終也'中的後幾字，且與下面的文字錯亂在一起，致使整句話不可解讀。"（見氏著《郭店竹簡與思孟學派》，北京：中國人民大學出版社，2008年，第1版，頁29～30）實際上，依據《性自命出》及其他郭店簡文，《檀弓》圖式可能未嘗有所乖離。簡文《語叢二》謂"䙴（喜）生於眚（性），樂生於䙴，悲生於樂"。《性自命出》上篇更詳細地説："凡至樂必悲，哭亦悲，皆丌情也。依（哀）、樂，丌眚（性）相近也，是古（故）丌心不遠。"上博簡《民之父母》（標題乃整理者據其主題擬加）載子夏問"五至"，孔子答曰："五至虖，勿（物）之所至者，《志》（詩）亦至安（焉）；《志》（詩）之 所 至者，《豊》（禮）亦至安，《豊》之所至者，《樂》亦至安，《樂》之所至者，悥（哀）亦至安（焉），㐬樂相生。"傳世《禮記·孔子閒居》也有差不多的内容（其間一個重要差別是，簡文"勿"字《孔子閒居》作"志"。整理者疑"勿"乃（轉下頁）

圖式對比,一個重要差異是,《五行》關注的往往是作爲德行基源的情感,《眚自命出》和《檀弓》的這幾個圖式整體上偏向於一般情感。

郭店簡文《語叢一》(篇題爲整理者擬加)有云:"智(知)忌(己)而句(後)智人,智人而句智豊(禮),智豊而句智行。"其所述系譜可概括爲:智忌→智人→智豊→智行。① 提取不同文本中的圖式加以比對,可使文本自身特質及文本間的異同一目瞭然,《語叢一》的這一圖式便可與前舉《眚惠義》的圖式比較。上舉《眚惠義》圖式在"智吕"前有一個基源性的元素"𧧂(察)",《語叢一》該圖式則並未明示。《語叢一》該圖式在"智人"、"智行"間的元素是"智豊",這意味着"行"的規範是禮;上舉《眚惠義》圖式在"智人"、"智行"間的元素是由"智命"升至"智道",這意味着"行"的規範是"命"與"道"。看起來這兩個系譜差異甚大,可在儒家體系中,"禮"與"道"、"命"是可以相通的。郭店簡文《城之聞之》(篇題爲整理者擬加)云:"天夅(降)大嘗(常),以里(理)人侖(倫)。折(制)爲君臣之義,悥(圖)爲父子之新(親),分爲夫婦之𢒈(辨)。是古(故)小人亂天嘗以逆大道,君子飼(治)人侖以川(順)天惠(德)。"② 很明顯,儒家所張揚的人際規範與天命或大道是一致而貫通的,而"禮"便是這種規範中的一個重要元素。故《語叢一》該圖式與上舉《眚惠義》圖式具有高度的同一性。

(接上頁)"志"之誤寫,又謂作"勿"亦通)。由"悥樂相生""悲生於樂"這一種理念看,《眚自命出》的兩個圖式雖未直接連爲一體,卻存在内在的關聯,與《檀弓》圖式實際上一致。

① 這段話極富理趣。在儒家體系中,對己心的體察是建構道德關懷的基石。孔子曰,"己所不欲,勿施於人"(《論語·顔淵》);又曰,"己欲立而立人,己欲達而達人。能近取譬,可謂仁之方也已"(《論語·雍也》)。朱熹《集注》解"近取譬"語,曰:"近取諸身,以己所欲譬之他人,知其所欲亦猶是也。然後推其所欲以及於人,則恕之事而仁之術也。"《禮記·大學》謂:"……君子有絜矩之道也。所惡於上,毋以使下;所惡於下,毋以事上。所惡於前,毋以先後;所惡於後,毋以從前。所惡於右,毋以交於左;所惡於左,毋以交於右:此之謂絜矩之道。"朱熹《章句》謂:"如不欲上之無禮於我,則必以此度下之心,而亦不敢以此無禮使之。不欲下之不忠於我,則必以此度上之心,而亦不敢以此不忠事之。至於前後左右,無不皆然……"不知己,則不足以知人,並建立對他人的關懷、決定對他人的合理行爲及方式。從根本上説,禮是"爲了他人"的設定,故孟子倡四端,以"辭讓之心""恭敬之心"爲禮之端(《孟子·公孫丑上》《告子上》)。人是具有羣體性的。孔子曾説:"鳥獸不可與同羣,吾非斯人之徒與而誰與?"(《論語·微子》)禮,則如荀子所言,爲"羣居和一"之道(見《荀子·禮論》《榮辱》)。故不知禮,何以知行?

② "夅"字釋讀不一。陳偉先釋爲"降",後又改釋爲"路",疑讀爲"格",意指至、匡正或法式(見陳偉等:《楚地出土戰國簡册[十四種]》,頁 207)。李零疑釋爲"𡴎",讀爲"登"(見氏著《郭店楚簡校讀記》增訂本,頁 122、頁 126)。劉釗認爲乃"夅"字之省,爲"降"之古文(見氏著《郭店楚簡校釋》,福州:福建人民出版社,2005 年,第 1 版,頁 143)。釋"降"爲是。

郭店簡文《語叢二》(篇題爲整理者擬加)彙集了大量的圖式化表達。比如：" 悉(愛)生於眚(性)，親生於悉，忠生於親"；"智生於眚，卯(謀)生於智，敓(悦)生於卯，肝(好)生於敓，從生於肝"；"子(子愛)生於眚，易生於子，帝(肆)生於易，容生於帝"；"惡生於眚，志(怒)生於惡，乘(勝)生於志，惎(忌恨)生於乘，惻(賊)生於惎"。不過從總體上看，《語叢二》關注的是基於"眚"和"慾(欲)"的各種世間情感和行爲，《五行》關注的則是作爲德行基源的情感、由此擴充生發而成的五種德之行，以及由德之行進一步昇華而成的善和德，兩者立足點並不完全一致。所以《語叢二》中的很多元素，如"忠"、"卯(謀)"等等，均未出現在《五行》中。其他文獻也往往有這種情況。

很明顯，這一方面材料更叫人興奮。

　　不過，除了見於《語叢二》的材料以外，郭店其他儒典所見系譜在普遍性上遠遜於《五行》，在體系化上距《五行》甚遠，它們孤立和散亂，幾乎不足以稱爲體系化的配置。當然下面一點毋庸置疑，也更具學術價值：郭店其他儒典與《五行》具有更豐富的歷史關聯性。這包括其間有諸多互相排斥、與《五行》篇反悖的材料。例如，《叁悳義》説"智(知)人所以智命，智命而句(後)智道"，即道高於命。《語叢一》説"智天所爲，智人所爲，歬(然)句智道，智道歬句智命"，即命高於道。《五行》説文第二十三章則云："遁(循)草木之生(性)，則有生焉，而无(無) 好惡焉 。 遁 禽獸之生，則有好惡焉，而无禮義焉。遁人之生，則巍然 知亓好 仁義也。不遁亓所以受命也，遁之則得之矣。"其間隱含着知"命"所以知"人"的理念，似乎跟《叁悳義》"智人所以智命"齟齬。在《五行》體系中，"愛"是對"親"的推進(見經、説第十四章)。《語叢二》則説"親生於悉(愛)"，即"親"是對"悉"的推進。《五行》又説，"不敬不嚴"(經文第十二章)，"嚴猶厰厰(嚴嚴)，敬之責(積)者也"(説文第十二章)，"敬而不解(懈)，嚴〔也〕"(經文第十六章)，"嚴者，敬之不解者， 敬 之責者也"(説文第十六章)，而《語叢二》則説"敬生於厰"，二者恰又相反(其詳參見下文)。郭店竹書儒典有很多範疇未出現在《五行》篇中，有很多主題《五行》篇未曾處理，可《五行》篇大多數範疇它們也都曾給予關注，甚至它們中的少數話語，如《語叢三》(篇題爲整理者擬加)"悉(愛)親則其殺(其次)悉人"，簡直就是《五行》的原話(其經文第十四章謂"愛父，亓繼愛人，仁也")。總體看來，郭店其他儒典更樸素、更多元而未形成共識，——這意味着某種社會普遍性；抑或它們所負載的體系未成熟、未定型，——這意味着思想學術較長的發展歷程。

　　從古到今，對先秦學術思想的認知充滿了不切實際的單綫關聯。説起道家,基本上就是從《老子》到《莊子》;說起儒家,基本上就是從《論語》到《孟子》再到《荀子》。所有這些都值得商榷。歷史的真相是,即便單看儒家範圍內,孔子後也是一派衆口紛紜。《荀子·非十二子》篇排擯諸子百家,於儒家內部曾從不同角度,批評子思、孟軻,以及"子張氏之賤儒""子夏氏之賤儒""子游氏之賤儒"。《韓非子·顯學》篇云:"世之顯學,儒、墨也。儒之所至,孔丘也。墨之所至,墨翟也。自孔子之死也,有子張之儒,有子思之儒,有顏氏之儒,有孟氏之儒,有漆雕氏之儒,有仲良氏之儒,有孫氏之儒,有樂正氏之儒。自墨子之死也,有相里氏之墨,有相夫氏之墨,有鄧陵氏之墨。故孔、墨之後,儒分爲八,墨離爲三,取舍相反不同,而皆自謂真孔、墨……"荀子、韓非的舉列未必完備,所標諸家在時間上也錯落參差,但足可見出儒家內部衆口喧嘩之史實。儒學發展的真實軌跡,乃以孔子爲發源,多向發展,交叉重疊,齊頭並進。與此同時,我們還應該意識到,即便是同一個人,其學説體系也不會一蹴而就,往往歷經多種變化。① 《莊子·雜篇·則陽》云:"蘧伯玉行年六十而六十化,未嘗不始於是之而卒詘之以非也,未知今之所謂是之非五十九非也。"《寓言》則説:"莊子謂惠子曰:'孔子行年六十而六十化,始時所是,卒而非之,未

---

① 案:郭店簡文《告自命出》上篇與上博館藏戰國楚竹書《告意論》的章次和內容基本一致,但後者無"凡心又(有)志也"一段約 60 字,又無"意(憙)斯悟"一段約 40 字;《告自命出》下篇與《告意論》內容亦大體一致,而章次大異,且未見"君子身以爲宔(主)心""句(苟)又(有)亓青(情),唯(雖)未之爲,斯人信之亯(矣)"等句。陳來未留意最後一處差異,而論析前三處差異之成因,認爲有三種可能:一是上博簡《告意論》殘損;二是上博簡《告意論》抄寫時脱漏;三是上博簡《告意論》本無這些文字,與郭店簡《告自命出》是不同版本(參閱氏著《郭店楚簡〈性自命出〉與上博藏簡〈性情論〉》,《孔子研究》2002 年第 2 期,頁 6)。事實上,《告意論》與《告自命出》的差異需要從整體上加以考慮,不宜僅據其中三兩點遽作論斷。除上揭不同以外,《告意論》與《告自命出》下篇中,"身谷(欲)害(靖)"一大段文字,《告自命出》所指涉之各方面爲:"身谷……慮谷……行谷……宙(貌)谷……意(喜)谷……樂谷……憂谷……惹(怒)谷……進谷……退谷……"《告意論》所指涉之各方面爲:"身谷……甬心谷……慮(慮)谷……遷(退)谷……□谷……言谷……居尻(處)谷……"兩者顯然有較大差異。而且,即便兩者共有的方面,其陳述語亦或有所不同。綜合所有這些要素,筆者認爲有兩點需要考慮:就學説授受層面言,《告意論》和《告自命出》殆同出一源,而產生於不同歷時性層面,兩者之間的差異凸顯了該文獻自身"層累"的過程,故它們的基本面高度一致,而繁省及講授次序等則頗有差異。《告意論》之形成應該更早。從學術傳播和接受層面看,郭店簡發現於戰國中期偏晚之郭店一號楚墓,上博藏簡爲"楚國遷郢以前貴族墓中的隨葬品"。《告意論》既非同出於郭店一號楚墓,則在接受方面,它與《告自命出》,便跟同見於郭店一號楚墓的三組《老子》不同。就是説,《告意論》和《告自命出》很可能並非在同一時間節點上傳入楚國,三組《老子》則很可能是在同一時間節點上傳到了郭店一號楚墓墓主那裏。易言之,《告意論》和《告自命出》很可能又凸顯了傳播和接受的不同歷史層次。這一信息具有重要意義。由於《告意論》和《告自命出》乃同一文獻的"不同版本",本書針對《告自命出》的論斷基本上適合於《告意論》。

知今之所謂是之非五十九非也。'"這些文字雖或誇大其詞,卻不違基本的事理。郭店新出儒典既有基本面上的一致性,又有各種細節上的差異性,應該就是上述史實的凸顯。

郭店楚墓所出儒家文獻,李零認爲包括《茲衣》、《五行》、《魯穆公昏子思》、《穿達以時》、《湯吴之道》、《忠信之衍》、《性》(原題《眚自命出》)、《教》(原題《城之餇之》)、《六立》(原題《六惪》)、《眷惪義》、《父無惡》(原題《語叢三》)、《物由望生》(原題《語叢一》)、《名數》(原題《語叢二》)。① 李學勤則認爲,《湯吴之道》與《忠信之衍》兩篇,"雖有近於儒學的語句,但過分強調禪讓……或許應劃歸縱橫家";又謂,"《語叢》四組,雜抄百家之説"。② 李學勤對這幾篇文獻的區隔似乎過於嚴苛。他評論郭店儒家文獻,云:"這些儒書都與子思有或多或少的關聯,可説是代表了由子思到孟子之間儒學發展的鏈環。"③這又忽視了孔子之後、子思之前的那一歷史階段。④ 郭店儒典整體上略顯紛亂無序,但具有清晰穩定的同一性和基本面,涉及其核心關注、關鍵範疇、思維方式、表達方法等。郭店其他儒典之産生先後殊難確認,可推斷其中包含着影響《五行》或作爲《五行》基礎的大量歷史信息,包含着《五行》早期傳播、影響思想學術界的綫索及反饋,應該是不成問題的;易言之,這些文獻很可能提供了《五行》産生並發揮影響的思想文化語境,藴藏着湮滅千百年之久的思想學術史發展的軌轍,因此彌足珍貴。

在這一節最後,需要強調,《五行》系譜或圖式從表面上看祇關涉語言的表達形式,就深層本質而言,它凸顯的乃是思維或邏輯的架構,表明《五行》之

---

① 其餘《老子》甲乙丙組、《大一生水》《説之道》(原題《語叢四》),李零歸之於"道家和道家陰謀派的文獻"(參見氏著《郭店楚簡校讀記》增訂本,頁44)。
② 李學勤:《先秦儒家著作的重大發現》,《中國哲學》編輯部、國際儒聯學術委員會編:《郭店楚簡研究》,《中國哲學》第二十輯,頁14。
③ 同上書,頁16。
④ 廖名春認爲,郭店簡文《穿達以時》《湯吴之道》《眷惪義》,是孔子之作;《忠信之衍》可能是子張之作;《眚自命出》可能是子游之作;《城之餇之》《六惪》可能是縣成之作;《茲衣》《五行》可能是子思之作;《魯穆公昏子思》當出於子思弟子之手(參閲氏著《新出楚簡試論》,頁42)。這裏有很多值得參考的判斷。例如,將《茲衣》《五行》《魯穆公昏子思》等篇,歸屬於子思及其弟子,幾乎是無可置疑的。不過從總體上説,如此論斷郭店儒典風險甚大,將《穿達以時》諸篇歸屬於孔子,差不多就是誤判。而且,我們可能需要換一個角度來思考,即暫且不去關注"作者"問題,而對諸文所關涉的"爲言談者"予以應有的重視。就其中較著者言,郭店儒典中顯然有孔子學説,主要見於《茲衣》,爲子思所録。郭店《眚自命出》"憙(喜)斯愠"一段,證以《禮記・檀弓下》所載子游之言,可斷定爲子游之説(參見上文)。有學者傾向於據此斷定《眚自命出》即出自子游氏之儒(參閲梁濤:《郭店竹簡與思孟學派》,頁28~31)。此外,馬王堆帛書《五行》篇在説文中,曾兩引世子(世碩)之説。凡此均爲子思五行説導夫先路。

核心關注在於道德或心性修養的漸進過程。解讀《五行》之關鍵在於準確把握其林林總總的系譜或圖式，這意味着，一方面要準確把握構成系譜的各個核心元素，一方面又要準確定位各核心元素的邏輯關聯。系譜化的思維和表達，使各元素領有的"位置"極爲重要。同一個範疇，若在不同邏輯系列中領有不同的位置，其意指和功能就會隨之改變。下文舉一二例來作分析。

　　上文曾經提到，《語叢二》的主旨是論析基於"眚（性）"和"慾（欲）"的各種世間情懷和行爲，跟《五行》頗不相同，——《五行》固然涉及"生（性）""命"問題，卻不以此爲核心。然而在郭店楚墓所出全部儒家文獻中，《五行》之外，《語叢二》之系譜化思維方式最爲凸顯，僅此已顯明它跟《五行》的微妙關係。然而審視這兩個文獻中的系譜，就會發現一些具體而微的差異。《五行》經文第十二章云："不袁不敬，不敬不嚴，不嚴不尊，不尊不 共 ，不共 不 禮 。"該章由核心元素構成的系譜是：袁→敬→嚴→尊→ 共 → 禮 。其意又可與《五行》第十六章對讀。《語叢二》有一段文字説："情生於眚（性），豊（禮）生於情，廠（嚴）生於豊，敬生於廠，𰀀生於敬，恥生於𰀀，㓝生於恥，𰀁生於㓝。"①這一材料與《五行》高度相關，它不僅包含作爲《五行》特質的系譜化思維和表達，而且其中三個元素即"豊""廠""敬"曾出現在《五行》第十二、十六章的圖式中。但是從義理上看，兩者的歧異是本質性的。《語叢二》此章的基本圖式爲：眚（性）→情→豊（禮）→廠（嚴）→敬→𰀀（𰀀）→恥→㓝→𰀁。其中不僅有《五行》圖式中不曾出現的若干元素，如"眚""情""𰀀（𰀀）""恥""㓝""𰀁"，而且各元素的位置或邏輯關係跟《五行》較然有異。首先，在《五行》第十二、十六章中，"敬"是低於"嚴"的邏輯關節（其説文明確地説"嚴猶廠廠，敬之責者也"，"嚴者，敬之不解者， 敬 之責者也"），在《語叢二》的圖式中，"敬""嚴"二者的位置關係恰恰相反。其次，在《五行》第十二、十六章中，"禮"是最高的邏輯關節，在上揭《語叢二》的圖式中，"豊（禮）"被界定在"嚴""敬"之下。這種情況並非偶然一見。《五行》經文第十章云："不膻（變）不説（悦），不説不戚，不戚不親，不親不愛，不愛 不仁 。"這一章的基本系譜爲：膻（變）→説（悦）→戚→親→愛→ 仁 。《語叢二》有一句話則説："慾（愛）生於眚（性），親生於慾，忠生於親。"該系譜中的核心元素不完全與《五行》相同，但更值得注意的還是"親"和"慾"兩者的位置。在《五行》中，"愛"高於"親"（説文第十章明謂"親而笃能愛之"），而在上

---

① 其中"𰀀"字，學界釋讀不一，有學者釋爲"兢"，並説下文"𰀀"字乃"𰀀"之繁文；"㓝"字或讀爲"烈"，或讀爲"利"；"𰀁"字或視爲"兼"之譌，讀爲"廉"（參閲陳偉等：《楚地出土戰國簡册〔十四種〕》，頁254）。因爲與此處的討論關係不大，暫不一一論析。

揭《語叢二》的圖式中,這兩個元素的位置與邏輯關係又恰恰相反。

以上事實表明,《五行》等儒典對各元素的系譜化安排,未必依循相關元素在一般訓詁學層面上的語義關聯,或者説,這種安排雖未完全脱離訓詁學層面的語義關係,卻有強烈的給定性。因此,對它們的解讀也並不祇是單純的訓詁學問題。在現有研究中,《五行》意指不能被準確把握的根本原因,在於不能把握其系譜化特性,誤置構成系譜的元素,或歪曲各元素之間的邏輯關係。有鑑於此,本書緒論先把這一問題交待清楚。在以後各專題論述以及對《五行》文本的校釋中,《五行》思維和表達上的系譜化特質都將是處理問題時的核心關注。

四、"闡釋之循環"

簡本《五行》第二十簡末、第二十一簡初有一段文字,説:"不聦(聰)不明,不聖不智,不智不㥏(仁),不㥏不安,不安不樂,不樂亡(無)悳(德)。"此數語對應於帛本《五行》經文之第十三章,在《五行》中是相當複雜的一個表述。看起來,其所敘系譜用一系列否定式因果句構成梯級上升,由"聰"發端,最終達成最高的境界"悳",故可概括爲"聰→明→聖→智→㥏→安→樂→悳"。但文本本意卻未必如此。該數語後半自"不㥏不安"開始,連續使用三個因果句,其基本圖式確應歸納爲"㥏→安→樂→悳"。其前半則需要仔細琢磨。起始"不聰不明"一句,似乎毫無解釋的必要,故學者往往不予關注。魏啓鵬箋證該章,就直接從"不聖不智不智不㥏"開始。① 重要的學術問題往往隱藏在看似没有問題的地方。"不聰不明"與"不聖不智"有何邏輯勾連,又如何進一步躍升到德之行"㥏",纔是這一章真正的關鍵。

學界往往將"不聰不明,不聖不智,不智不㥏",理解爲敘述"聰""明""聖""智""㥏"的逐級躍升(概括爲圖式即"聰→明→聖→智→㥏")。筆者將依據《五行》經、説之整體指歸,審視這種理解的合理性。

首先,由"聰"到"明"、由"明"到"聖"、由"聖"到"智"的因果鏈,在《五行》中完全找不到依據,也就是説,這種理解根本得不到《五行》體系的支持。依據《五行》體系,"聰""明""聖""智"四種元素的因果鏈接其實是"聰→聖""明→智",由"聰"躍升至"聖",由"明"躍升至"智"。因果鏈"聰→聖"屢見於帛書《五行》:(一)説文第十三章謂"嚶,聖之始也"。(二)經文第十七章云:"未嘗聞君子道,胃之不㥏(聰)。……聞君子道而不知元君子道也,胃之不

---

① 魏啓鵬:《簡帛文獻〈五行〉箋證》,頁17~19。

聖。……聞而知之,聖也。"其中"聞而知之,聖也"意謂,"聞君子道(聰)而知亓君子道,聖也"。(三)說文第十七章詮釋相關經言,亦有此意。(四)經文第十八章謂:"聞君子道,聰也。聞而知之,聖也。"(五)說文第十八章詮釋相關經言,亦有此意。這些材料,強有力地證明在《五行》體系中,"聖"是由"聰"躍升的結果,"聰"爲其基源。因果鏈"明→智"亦屢見於帛書《五行》,常常與因果鏈"聰→聖"並列:(一)說文第十三章謂"明,知之始也"。(二)經文第十七章云:"未嘗見賢|人|,胃之不明。……見賢人而不知亓有德也,胃之不知(智)。見而知之,知(智)也。"其中"見而知之,知(智)也"意謂,"見賢人(明)而知亓有德,知(智)也"。(三)說文第十七章詮釋相關經言,亦有此意。(四)經文第十八章云:"|見賢人|,|明也|。見而知之,知(智)也"。(五)說文第十八章詮釋相關經言,亦有此意。這些材料,強有力地證明在《五行》體系中,"智"是由"明"躍升的結果,"明"爲其基源。

不僅如此,在《五行》體系中,"聰"與"明"、"聖"與"智"平行而非相繼(也就是說,因果鏈"聰→聖"與因果鏈"明→智"是平行的)。這一點,第十七、十八章是最好的證據,而經文第二、第五、第六章等均可證明"智"與"聖"的平行性。比如,《五行》經文第十七章云:"未嘗聞君子道,胃之不聰(聰)。未嘗見賢|人|,胃之不明。聞君子道而不知亓君子道也,胃之不聖。見賢人而不知亓有德也,胃之不知。見而知之,知也。聞而知之,聖也。明明,知也。聖聖,聖〔也〕。'明明在下,聖聖在上',此之胃也。"這裏"聰(聰)"與"明"平行、"聖"與"智"平行,因果鏈"聰→聖"與"明→智"平行,一目瞭然,確鑿無疑,無須作太多的解釋。

所有這些,足以證明"聰→明→聖→智"的單綫遞進圖式錯解了相關元素的邏輯關係,與《五行》體系背道而馳。

其次,從"智"到"悳"的因果鏈也不很安穩。上文已經證明,《五行》經文此章所論系譜,乃是"聰""明"並列爲基源,由"聰"躍升至"聖"、由"明"躍升至"智"兩個因果鏈平行發展。若德之行"悳"祇關聯其中一個鏈接的結果"智",另一個因果鏈便是多餘的。

一言以蔽之,反觀《五行》整個體系,可知"聰→明→聖→智"的邏輯關聯根本就不成立,它是一個完全錯位的安排;而單由"智"躍升到"悳",亦似是而非。那麼,《五行》這一章究竟如何釋讀呢?或者說,它究竟包含什麼樣的因果圖式或系譜呢?簡帛《五行》都大量使用重文符號(本書統一用"="標示)。帛書《五行》中,相關内容作"|不悳不明|不=聖=不=知=不=仁=不=安=不=樂=无德"("不悳不明"四字殘缺,據說文牒經部分補),復原其完整文字則是:"|不悳不明|不聖不知(智),不聖不知(智)不仁,不仁不安,不安不樂,不

樂无德。"這樣斷句,各子句均爲因果句,但第一個子句中,"不悤"與"不明"、"不聖"與"不知"分別構成兩端句,即兩兩構成平行關係。爲更明確地顯示各元素的邏輯關聯,可依意補上關聯詞"則",於是全句變爲:"不悤不明(則)不聖不知,不聖不知(則)不仁,不仁(則)不安,不安(則)不樂,不樂(則)无德"。開頭"不悤不明不聖不知",可析分爲兩個平行的因果鏈接,即"不悤不聖""不明不知",就是說,此處乃並陳兩因兩果;接下來是基於這兩個平行的因果鏈躍升至"仁"。《五行》此章所包含的完整系譜可作如下圖示(圖 0-2):

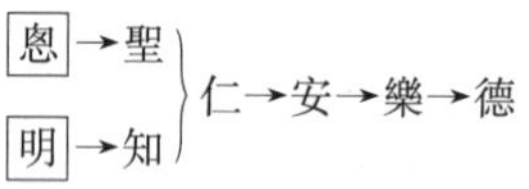

$$\left.\begin{array}{l}悤\to 聖\\ 明\to 知\end{array}\right\}仁\to 安\to 樂\to 德$$

圖 0-2 《五行》經第十三章德生成之圖式

確證這一釋文的合理性,還是要反觀《五行》整個體系。上文在辨正學界對此章的誤讀時,已經列舉了一些證據,此處稍作總結,並補充其他可作申說者。

其一,如前所述,"悤(聰)"與"明"、"聖"與"知(智)"的並列關係可得到《五行》體系的有力支持。《五行》經文第十七章作爲典型例證,已見引於上文,其相關說文亦可參酌。而經文第十八章云:"聞君子道,悤也。聞而知之,聖也。聖人知(而)〔天〕道〔也〕。知而行之,(聖)〔義〕也。行之而時(和),德也。見賢人,明也。見而知之,知(智)也。知而安之,仁也。安而敬之,禮也。"這也是十分確鑿的證據,而其說文同樣可資參考。

其二,由"悤"到"聖"、由"明"到"知"的因果鏈能得到《五行》體系的支持。在《五行》經、說第十七與第十八章中,從聞君子道到聞而知其君子道的遞進,界定的是從"悤"上升到"聖",從見賢人到見而知其有德的遞進,界定的是從"明"上升到"知",其間邏輯關係至爲明確。

其三,以上兩項所列由"悤"到"聖"、由"明"到"知"的因果鏈接及其平行關係,尚有更直接的證據。《五行》經文該章(即章十三)之說文有云:"嚶(聰),聖之始也;明,知之始也。故曰不嚶明則不聖知,聖知必繇(由)嚶明。"依帛書《五行》之經說體結構,這段話毫無疑問是解釋經言"不悤不明 不聖不知"一句,足證經文乃是將"嚶→聖""明→知"兩個平行的因果關係濃縮爲一個因果句,並列兩因兩果而關聯之,說文中"不嚶明則不聖知"是更濃縮簡省的表述。

其四,筆者上文提出的系譜還有兩個並行的重要關節,即由"聖"躍升到"仁"與由"知(智)"躍升到"仁","聖"、"知"與"仁"的因果聯繫亦可得到《五行》體系的支持。實際上,這段文字對應的說文解釋得十分清楚:"聖始天,知

(智)始人;聖爲崇,知(智)爲廣。不知不仁;不知所愛,則何愛？言仁之乘知而行之。"此說中"不知不仁"四字非媟經之語,由其下"不知所愛,則何愛"之申說可以確定。那麼依說文,由"聖""知(智)"達成"仁",實即經由動態之"知"而達成"仁",而此動態之"知"指言知君子所道、知賢人有德(這個層面上的"知"恰恰就是"智"的定義)。此意《五行》中並非一見。經文第十八、十九章均謂"見而知之,知(智)也。知而安之,仁也"(其意乃承"見賢人,明也"而言)。說文第十八章解釋道:"'知而安之,仁也';知君子所道而諛(煥)然安之者,仁氣也。"說文第十九章也有相同的解釋。由此可知,經文第十八、十九章"知而安之"之"知"乃是動詞性的。因此在《五行》中,由"知(智)"到"仁"與由"知"到"仁"具有一致性,由"智"經由動詞性的"知"而達成"仁",是絕無可疑的。相對而言,由"聖"到"仁"與由動態之"知"到"仁"的同一性,或者說由"聖"經由動態之"知"躍升到"仁",在《五行》中似無明確表述。然《五行》經文第十七章謂,"聞君子道而不知亓君子道也,胃之不聖",第二十八章謂,"聞君子道而說,好仁者也",說文第二十八章則說,"言好仁者之聞君子道而以之亓仁也,故能說也"。綜合觀照這些材料,可斷定《五行》實亦包含這樣的意思:聞君子道而知其君子道,聖也,"知而安之",仁也。總之依《五行》體系,"聖""知(智)"與德之行"仁",均是可通的。

以上論析,足證我們對帛書《五行》經文第十三章的釋文有很大可靠性。簡本《五行》當是在"不聖"兩字下各漏掉了一個重文號,其原文當作:"不聰不明不〔＝〕聖〔＝〕不＝智＝不＝悆＝不＝安＝不＝樂＝亡悳";將重文號改回原字則是:"不聰不明不聖不智,不聖不智不悆,不悆不安,不安不樂,不樂亡悳。"① 如此,則其内容與帛書之經完全一致,其意當是以"聰""明"爲基源生成"聖""智",由"聖""智"躍升至"仁""德"。②

---

① 案:《郭店楚墓竹簡》所收《五行》注釋中,有裘錫圭按語,疑簡文"不明""不聖"四字皆當脱去重文符號(參見荆門市博物館編:《郭店楚墓竹簡》,頁152)。裘先生雖不能定,但至少估對了一半。他傾向於將此章釋讀爲,"不聰不明,〔不明〕不聖,〔不聖〕不智,不智不悆,不悆不安,不安不樂,不樂亡悳",視所有環節爲因果句,呈梯級上升(同上注)。這與筆者的解讀仍有很大差異。李零基本上接受了裘說(見氏著《郭店楚簡校讀記》增訂本,頁79)。又,竹簡《五行》脱漏重文號者尚有他例。如第十六簡"能爲龗(一),肰(然)句(後)能爲君子,〔君子〕豟其蜀(獨)也","君子"二字之下各漏掉一個重文號,由帛書《五行》經、說之第七章可證。

② 案《中庸》第三十二章云:"唯天下至誠,爲能經綸天下之大經,立天下之大本,知天地之化育。夫焉有所倚？肫肫其仁！淵淵其淵！浩浩其天！苟不固聰明聖知達天德者,其孰能知之(朱熹章句:固,猶實也)?"其中"聰明聖知達天德"之說,深刻關聯着《五行》經、說第十三章基於"恖"(或"嘪",均通"聰")、"明"生成"聖"、"知",最終生成"德"的觀(轉下頁)

錢鍾書曾經強調,以把握字句之意爲基礎來把握全篇、全書之義,與依據全篇、全書之義來判定字句之意,是不可偏廢的兩翼。他把包含這兩種相反相成取向的完整詮釋路徑,稱爲"闡釋之循環"。這種闡釋路徑使"字"與"書"互爲始終,是有效詮釋文本所遵循的根本邏輯。其理路參見圖0-3所示:

圖0-3　"闡釋之循環"圖式

顯然,有強大傳統的小學常常忽視後一層面。《說文解字敘》云:"蓋文字者,經藝之本,王政之始,前人所以垂後,後人所以識古。故曰本立而道生,知天下之至嘖而不可亂也。"作爲小學之根基,文字的作用得以極大凸顯,本文字把握經藝的單一取向幾乎代表了文本詮釋的整體取向。錢鍾書力矯其弊,指出"'文同不害意異',不可以'一字一之',而觀'辭'(text)必究其'終始'(context)",凡區斷關乎字句的具體問題,均須依"上下文以至全篇、全書之指歸"。① 錢鍾書批評乾嘉樸學云:

> 乾嘉"樸學"教人必知字之詁,而後識句之意,識句之意,而後通全篇之義,進而窺全書之指。雖然,是特一邊耳,亦祇初桄耳。復須解全篇之義乃至全書之指("志"),庶得以定某句之意("詞"),解全句之意,庶得以定某字之詁("文");或並須曉會作者立言之宗尚、當時流行之文風以及修詞異宜之著述體裁,方概知全篇或全書之指歸。積小以明大,而又舉大以貫小;推末以至本,而又探本以窮末;交互往復,庶幾乎義解圓足而免於偏枯,所謂"闡釋之循環"(der hermeneutische Zirkel)者是矣。……鳥之兩翼、剪之雙刃,缺一孤行,未見其可。……《華嚴經·初發心菩薩功德品》第一七之一曰:"一切解即是一解,一解即是一切解故"。其語初非爲讀書誦詩而發,然解會賞析之道所謂"闡釋之循環"者,固亦不能外於是矣。②

(接上頁)念系譜。其生成之"德"與"天德"具有同一性。首先,《五行》亦有"天德"一稱。如其說文第二十六章云:"唯有天德者,然筍鐵而知之。"其次,在《五行》體系中,"德"與"天"或"天道"的關聯極爲密切。比如其經文第一章云,"善,人道也;德,天道也";其說文第七章則稱,"德猶天也,天乃ानि"。

① 參閱錢鍾書:《管錐編》第一冊,頁170、頁169。
② 同上書,頁171～172。案:初桄,猶言初階;桄,此處指梯上橫木。

錢氏倡"闡釋之循環"原則，變乾嘉學術由字而句、由句而篇、由篇而書的單向認知模式，爲雙向的辯正互動，祛除傳統樸學之偏蔽，提高了文本解讀的科學性。

必須時刻意識到，被詮釋對象的意義和功能祇有從其所處語境中纔能準確把握。請大家閱讀下面幾行簡單的材料。第一行是(圖 0-4)：

圖 0-4　對照符號第一組

第二行是(圖 0-5)：

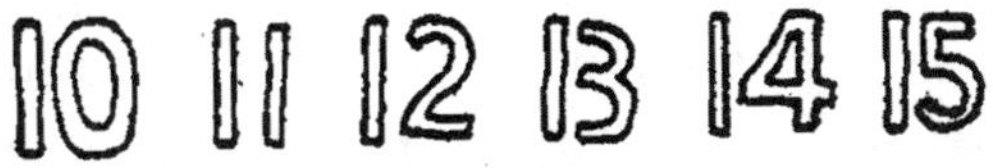

圖 0-5　對照符號第二組

第三行是(圖 0-6)：

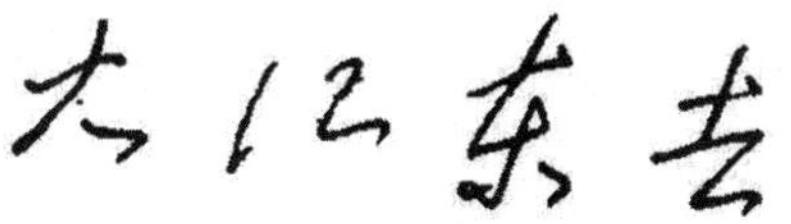

圖 0-6　對照符號第三組

第四行是(圖 0-7)：

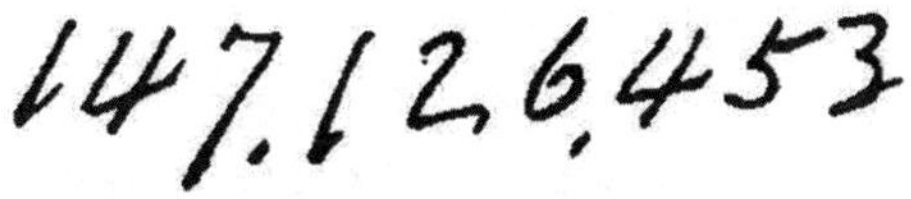

圖 0-7　對照符號第四組

通常情況下，第一行材料，我們傾向於讀爲"A、B、C、D、E、F"；第二行材料，我們傾向於讀爲"10、11、12、13、14、15"；第三行材料，我們傾向於讀爲"大江東去"；第四行材料，我們傾向於讀爲"147、126、453"。但是，第一、第二行材料中的符號"13"以及第三、第四行材料中的符號"12"其實是相同的。這就意味着在不同的上下文或者背景條件下，同一個認知對象會在人們的認知中呈現出完全不同的意義。① 這種認知現象，可以生動地顯示文本詮釋的道理。就

---

① 案：第一、第二行材料，引自俞文釗編著：《實驗心理學》，杭州：浙江教育出版社，1989 年，第 1 版，頁 298。第三、第四行材料，引自赫葆源、張厚粲、陳舒永等編：《實驗心理學》，北京：北京大學出版社，1983 年，第 1 版，頁 595。

一個小而具體的詮釋對象而言，其語境有不同層次，小者如其上下文，大者如其所屬篇章乃至全書。忽視被釋對象所在上下文、所屬全篇乃至全書之意指對達成有效詮釋的根本作用，是古籍闡釋與研究方面相沿已久的重大弊端，所以錢鍾書尖銳批評功績甚偉的乾嘉樸學。這種弊端，又往往因爲研究者堆積大量超越被釋對象所在文本乃至書籍的語料，而帶有某種欺騙性。究其實際，内在關聯性未被確證的語料的簡單相加並不能增加論證的分量，因爲跟被釋對象確有内在關聯性的語料，纔是有效的證據。從另一方面説，語言文字雖然有極強的社會性，卻也不乏個性化和創造性的運用，其所傳達的個性化、創造性的思維和邏輯不一定跟社會共知疊合。就是説，屬於同一有機體的文本、書籍，包括其具體的語言文字的遣用或構造等，都有一定程度的"内在性"。有機體之外的語料並非没有價值、無須關注，它們有時可以"捅破窗户紙"，令問題豁然開朗，然而由被釋字、句、篇、書構成的可以雙向支持的有機體纔是闡釋必須立足的根本。作爲考釋古籍乃至一切文本的重要原則，"闡釋之循環"的立足點恰恰就在此處。而本節開始部分辨析學界對《五行》經文第十三章的誤讀，並且考釋其本旨，所依循、所實踐的原則正是"闡釋之循環"。

五、文字之學與義理思辨之學

在先秦學術思想史研究領域，有一種追求幾乎隨處可見，即將思想學術史問題，簡化爲文字、音韻或訓詁學問題，將小學問題的解決之道，奉爲思想學術史問題的解決之道。而且很多時候，踐行這種追求的著作以大量内在關聯未獲證明的語料，強迫性地宣道己見。

其實早在春秋戰國時期，人們便喜歡依據文字構形闡發義理或發揮學説。《左氏春秋》魯宣公十二年(前 597)記楚莊王曰："夫文，止戈爲'武'。武王克商，作《頌》曰：'載戢干戈，載橐弓矢。我求懿德，肆于時夏，允王保之。'又作《武》，其卒章曰：'耆定爾功。'其三曰：'鋪時繹思，我徂維求定。'其六曰：'綏萬邦，屢豐年。'夫武，禁暴、戢兵、保大、定功、安民、和衆、豐財者也。故使子孫無忘其章。"《韓非子·五蠹》篇云："古者蒼頡之作書也，自環者謂之〔私〕〔厶〕，背〔私〕〔厶〕謂之公。公私之相背也，乃蒼頡固以知之矣。"許慎(30～124)《説文》釋"武""厶""公"三字，全部接受了這些説法，後人亦往往因之不改。① 這裏首先要警惕這些訓釋凸顯的功利主義傾向，因爲這種功利主義追

---

① 《説文解字·戈部》云："武，楚莊王曰，夫武，定功戢兵，故止戈爲武。"《厶部》云："厶，姦衺也。韓非曰蒼頡作字，自營爲厶。""自營"即"自環"之意。《八部》云："公，平分也，从八从厶，八猶背也。韓非曰背厶爲公。"段玉裁注無異議。

求,最終將犧牲小學的科學性。比如,楚莊王僅僅是利用"止戈"爲"武"之説,根本不考慮這一訓釋的合理性。古代學者亦多無異議。俞樾(1821～1907)辨正"武"字本義,云:"……在倉頡造字時,則但以爲'足止'字,而無此展轉相生之義也,乃謂'武'字从止爲取'止戈'之意,豈得其本義哉? 然則'武'字本義謂何? 曰'武'、'無'古同字,'武'即'舞'字也。"(《兒笘錄》第四)于省吾(1896～1984)進一步指出:"俞氏不從'止戈'之訓,至具卓識,惟謂'武'即'舞',以借字爲本字,誤矣。……古文从止之字,就狹義言之,限於足之止,就廣義言之,則表示人類行動之義。……'武'从止从戈,本義爲征伐示威。征伐者必有行,'止'即示行也;征伐者必以武器,'戈'即武器也。許氏以楚莊王説'武'之斷章取義爲'武'之本義,豈其然乎?"①楚莊王釋"武"字爲"止戈",與小學上的事實相反,卻蒙蔽了千百年大多數小學家,顯示了由字形尋求義理的危險。

然而自古迄今,人們常以此法界定或詮釋學説體系中的一些哲理範疇。比如,"仁"對於儒學極爲重要,古今很多學者喜歡拿該字原初被賦予的小學特徵來大做文章。《禮記·中庸》謂,"仁者人也,親親爲大";《説文解字·人部》云,"仁,親也,从人从二";鄭玄注《中庸》則説,"人也,讀如'相人偶'之'人'"(段注《説文》謂,"'人耦',猶言爾我,親密之詞。獨則無耦,耦則相親,故其字从人二")。許慎之解主要是求之於形,《中庸》之説主要是求之於音,鄭注則既求之於音,復兼顧"仁"字結構元素"二"的意義。許慎之本旨,是從發生學意義上把握"仁"字。《中庸》及鄭注則試圖將對"仁"的説解落實到儒學體系中。不過在許慎之後,學者們也往往從後一種取向上接受並使用他對"仁"的説解。在郭店竹書出土前,這類訓釋常被當作研討儒學的前提或依據。阮元(1764～1849)曾説:"元竊謂詮解'仁'字,不必煩稱遠引,但舉《曾子制言》篇'人之相與也,譬如舟車然,相濟達也。……人非人不濟,馬非馬不走,水非水不流',及《中庸》篇'仁者,人也'、鄭康成注'讀如相人偶之人'數語,足以明之矣。春秋時,孔門所謂仁也者,以此一人與彼一人相人偶而盡其敬禮忠恕等事之謂也。相人偶者,謂人之偶之也。凡仁,必於身所行者驗之而始見,亦必有二人而仁乃見,若一人閉户齊居,瞑目静坐,雖有德理在心,終不得指爲聖門所謂之仁矣。蓋士庶人之仁見於宗族鄉黨,天子諸侯卿大夫之仁見於國家臣民,同一相人偶之道,是必人與人相偶而仁乃見也。鄭君'相人偶'之注,即曾子'人非人不濟',《中庸》'仁者人也',《論語》己立立人、己達達

---

① 于省吾:《古文雜釋·釋武》,《雙劍誃殷契騈枝三編》所附,《雙劍誃殷契騈枝　雙劍誃殷契騈枝續編　雙劍誃殷契騈枝三編》,北京:中華書局,2009年,第1版,頁334。

人之旨。"①康有爲(1858～1927)《中庸注》稱:"'仁'從二人,人道相偶,有吸引之意,即愛力也,實電力也。人具此愛力,故仁即人也;苟無此愛力,即不得爲人矣。"②梁啓超(1873～1929)則說:"儒家是不承認人是單獨可以存在的,故'仁'的社會,爲儒家理想的大同社會。'仁'字从二人。鄭玄曰:仁,相人偶也(《禮記注》)。非人與人相偶,則'人'的概念不能成立,故孤行執異,絶非儒家所許。蓋人格專靠各個自己是不能完成,假如世界没有别人,我的人格,從何表現?譬如全社會都是罪惡,我的人格受了傳染和壓迫,如何能健全?由此可知人格是共同的,不是孤另的。"③

　　以上鄭玄、阮元、康有爲、梁啓超諸家之説,都是基於文字訓詁學之立場,來研判《論語》《中庸》等儒典中"仁"的意涵,發揮儒學之體系。降至現當代,這種取向可謂踵其事而增華,變其本而加厲,不少學者試圖以漢字構形或音讀爲基,解決思想學術史的重大問題,建構其歷史敘述的大局,所以更加值得關注。郭店簡文"仁"字寫作"㤚",又被很多學者援爲立説之依據。當中最有代表性者要推龐樸,不過他的工作遠遠不限於這一具體方面。龐樸基於剖析郭店簡文中一批从心即以"心"爲意符的字,比如"㤚(仁)""悘(義)""惠"(有別於"戠")、"㤚"(有別於"返")、"忘"(有別於"迬")、"㤚"(有別於"迿")、"悀"(有別於"遼")、"愚"(有別於"偽"),以及"㦏(難)""㥯(易)"等,來證成他對儒學發展的認知。的的確確,楚簡中"仁愛"之"仁"一律寫作"㤚""㣻"或"忈",是一個重要文化現象。④龐樸斷言:"我們似乎可以這樣設想:郭店楚簡之不用从尸从二的'夷'字來充當'仁愛'的'仁'字,而另用一個新字'㤚',也許表明他們對於仁的理解,已從求諸野的階段,進入到心性論的時期。這時候,仁義聖智等道德規範,已不再被認爲是君臨於常人的超人們的特殊天賦,或者是先

---

① 阮元:《〈論語〉論仁論》,《揅經室集》,北京:中華書局,1993年,第1版,頁176～177。
② 康有爲:《孟子微·禮運注·中庸注》,北京:中華書局,1987年,第1版,頁208。
③ 梁啓超:《治學的兩條大路》,《梁啓超自述》,北京:人民日報出版社,2011年,第1版,頁280～281。
④ 龐樸謂郭店楚簡之"仁"字一律寫作"㤚",無論上下文意如何,無論出自哪位抄手,均無一例外(見氏著《"仁"字臆斷》《尋根》2001年第1期,頁4)。其説並不準確。據劉寶俊統計,郭店楚簡"仁"字凡67見,寫爲"㤚"者有55處,寫爲"㣻"或"忈"者各有6處(見氏著《郭店楚簡"仁"字三形的構形理據》,《中南民族大學學報(人文社會科學版)》,2005年第5期,頁129)。又,上博簡"仁"字亦寫作"㤚"或"㣻"。《説文·人部》以"忈"爲"仁"之古文之一。郭店簡整理者注《老子》丙組簡文"故大道登(廢),安(焉)又(有)㤚義"句,云:"㤚,从心,身聲,即《説文》'仁'字古文。《説文》以'古文仁从千心',从'千'乃从'身'之誤。裘錫圭案:'千''身''人'古音皆相近,不必以'千'爲'身'之誤。"(參閲荆門市博物館編:《郭店楚墓竹簡》,頁121)審郭店、上博簡之"忈"字,"千"確非"身"之誤,而更像"身"之省寫。

進於禮樂的野人們的淳樸遺風,而被相信爲是每一個人的内心世界所具有的稟性,是受於天命、藏於身心、見於人情的德行,問題只在於你是如何用心而已。這是浮現在楚簡的十幾篇儒家文獻中,輕易可以抓取得到的新鮮意見。在這樣的理念中,'息'字之被儒家學者使用起來乃至發明出來,像任何新的學説都有自己新的術語一樣,用以强調仁愛是每個身體所必具和應具的基本心態,便是順理成章之舉了。這個'息'字,'心'是形符,'身'是意符也是聲符,大概是不成問題的。此外,與之相關的,還有一個尚未認識的从辵从身的'遉'字,收在《古璽文編》二·一二中。……這個字,如無特殊情況,便應該是表示行爲的'息'或'息'之見於行爲者。可惜此字他處少見,難以説得十分肯定耳。"① 龐樸又説:"新的領域孕育出新的理論,新的理論鍛造出新的術語,新的術語有時會需要新的文字。而新的文字中,最耀眼的,首推从心从身的'仁'字。它是當時子思學派將孔子的人道理論建基於人情、人心和人性,從而使儒家學説邁入新階段的集中表現。"②

龐樸的觀念和做法産生了較大影響。從國外看,它至少是部分地激發了夏含夷(Edward L. Shaughnessy)"重寫中國古代文獻"的宏偉願景。③ 從國内看,劉寶俊等學者循其先路,又似增加了小學的細密。劉寶俊考察郭店"仁"字三形即"息""忈""忎"(他認爲三形均以"心"爲意符,"身""人""千"均爲聲符),提出:"'仁'字最早出現在春秋初期,其字从'心'、'人'聲,其義當指出自於人類本性的親和、善良、温愛、同情、惻隱、不忍之心。到孔子時期,'仁'的含義由内涵式的、隱性的、自然生成的人類性情發展成爲外向式的、顯性

---

① 龐樸:《郢書燕説:郭店楚簡中山三器心旁文字試説》,武漢大學中國文化研究院編:《郭店楚簡國際學術研討會論文集》,頁40。
② 龐樸:《"仁"字臆斷》,《尋根》2001年第1期,頁7～8。
③ 參見〔美〕夏含夷《重寫中國古代文獻》一書,尤其是其第一章第一節:"考古復原後寫本的'整理'",頁19～29。案:以"心"爲意符的一大批漢字後來銷聲匿跡,使夏含夷將反思聚焦於劉向、劉歆等人重寫祕書文獻的問題,——這可能不是全部原因,卻是重要原因之一。夏含夷説:"在某些情況下,他們系統性地重寫了全文,依據的只是自己對文獻内在連貫性的理解。"(參閲氏著《重寫中國古代文獻》,頁2～3)他至少未充分估計問題的複雜性。據郭店簡《老子》丙組殘文,殆可斷定其中"仁"字寫作"息"。長沙馬王堆三號漢墓所出帛書《老子》甲本則均作"仁"字。傳世本大約八處"仁"字,除了一處據帛書甲乙本當爲"信"之外,其餘的帛書甲本均寫作"仁"。帛書甲本老子抄寫時期在漢高帝時期,亦即前206至前195之間。更值注意的是,郭店簡文《五行》篇"仁"字均从心,而長沙馬王堆三號漢墓所出帛書《五行》則均作"仁"。該墓墓主爲軑侯、長沙國丞相利蒼之子,據墓中紀年木牘,可確定其下葬年代爲漢文帝十二年(前168)。以上所舉簡帛《老子》與《五行》遠在劉向、劉歆等學者整理文籍之前,"仁"字書寫形態之變化已經發生。這應該僅僅是一大批例子中的一個。因此,不能簡單將類似事件的縁由歸結爲向、歆等學者對故籍的"重寫",而基於此張揚"重寫中國古代文獻"的做法,也值得深入反思。

的、社會所要求的道德原則,演變爲一種含義極廣的道德範疇,成爲儒家調和人際關係和階級矛盾的工具。……'仁'……包含……由内及外、推己及人以至於整個社會和自然的思想内容和道德意義。隨着'仁'字意義的改變,其字形也發生了變化,'心'符先簡省爲'='',後譌變爲'二'……。到戰國,儒學分裂,其子思一派反本歸源,又折回頭來向人心人性中尋找儒家仁學的根基,把仁愛歸結爲人心内部之事,以内省求仁,以性情心命論仁,建立起'形而上'的新仁學。戰國中期子思學派的新仁學流行於楚國,盛極一時。這一新的思潮反映在文字上,就出現了'息''忎''忈'等以'心'爲關鍵部件的新'仁'字。其中的'息'和'忈',也出現在郭簡之外的上海博物館藏戰國楚簡中。除'仁'字外,郭簡還新出現了一大批前不見古人、後不見來者的'心'符字。……足證郭簡中的'心'符'仁'字三形的出現並非偶然,而是在特定時代、特定地域之中一種特有的觀念、思想、理論在文字上的體現。……郭店楚簡三個形體的'仁'字都是戰國時期的楚國文字,是楚簡中衆多'心'符文字中最典型的個例,是子思學派的新仁學在文字上最突出的體現。"①

---

① 劉寶俊:《郭店楚簡"仁"字三形的構形理據》,《中南民族大學學報(人文社會科學版)》,2005年第5期,頁131～132。案:依"仁"爲从人从二、以"息"爲从身从心、以"忎"爲从人从心,倡言儒家仁學或者心性之學的重要著論尚有廖名春:《"仁"字探原》,見氏著《中國學術史新證》,成都:四川大學出版社,2005年,第1版;梁濤:《郭店竹簡與思孟學派》第二章第一節:"孔子的仁、禮思想與孔門後學的分化";王中江:《簡帛文明與古代思想世界》第八章:"'身心合一'之'仁'與儒家德性倫理——郭店竹簡'息'字及儒家"仁愛"思想的構成",北京:北京大學出版社,2011年,第1版;郭静雲:《試論先秦儒家"息"概念的來源和本意》,《孔子研究》2010年第1期。王覓泉提出了對這一取向的初步反思。他反對各家誇大"息"之構形中"心"作爲意符的作用,而盡力提升"身"作爲核心意符的價值;反對過度關注"仁"之構形中"二"作爲意符的作用,而强調"人(亻)"的核心地位。他認爲:"其實仁的觀念就是人的觀念,準確地説,就是人之所以爲人的觀念。人在生物學上天然屬於人這一種屬,但是人會反思自身存在的價值與目的,實現了這些價值與目的纔是真正的人。人既是現成的,更是努力做成的。只有人纔有人的觀念,去思考人之所以爲人。這種關於人之所以爲人的觀念,開始就通過人字來表達,後來通過給人(身)字加上一些别的形符所造成的新字來表達。在《禮記·表記》《中庸》和《孟子》等文獻中能屢屢見到'仁者人也'的説法,這可能就是反映仁字在觀念和文字上的起源。所以,人(身)並不僅僅因爲聲音的關係而被選來構造仁(息)字的聲符,它們和仁(息)的字義所包含的人之所以爲人的觀念有本質的關聯,仁(息)字正是脱胎於人(身)字,仁(息)字不僅是因人(身)得聲,同時也是因人(身)取義。"(參見王覓泉:《郭店楚簡"息"字與仁之諸體析論》,北京大學《儒藏》編纂與研究中心編:《儒家典籍與思想研究》第五輯,北京:北京大學出版社,2013年,第1版,頁57～68、頁65～66)王覓泉這樣做時,實際上是從另一個岔口,踏上了他所批評的那條路。王覓泉還批評郭静雲關注"身"字肚腹部位(謂人之生命源自母腹),並由此發展出一套解釋(參見王覓泉:《郭店楚簡"息"字與仁之諸體析論》,北京大學《儒藏》編纂與研究中心編:《儒家典籍與思想研究》第五輯,頁66)。究其實際,若"身"字確如王覓泉所説,爲意符,那麼,其所指腹部特徵進入"息"字的意涵就是十分正常的(轉下頁)

綜上所論，通過小學層面上把握某些範疇原初被賦予的特徵，來把握這些範疇所屬的觀念體系，作爲治學方法，由來已久，流播甚廣。這種方法固非全無意義，卻存在嚴重偏頗。下文僅從各家說法中提取幾個要點，加以辨正。

解常見"仁"字爲"从二人"，祇是一個誤會。章太炎（1869～1936）已經指出：

> 古之言"人""仁""夷"同旨。案，《說文》古文"仁"字作"尸"，而古"夷"字亦爲"尸"。（《漢書·樊噲傳》"與司馬尸戰於碭東"，注："尸，與'夷'同。"《孝經》"仲尼居"釋文："尸，古'夷'字。"）此段"仁"爲"夷"也。《海內西經》："百神之所在，八隅之巖，赤水之際，非仁羿莫能上岡之巖。""仁羿"者"夷羿"，《傳》云"夷羿收之"，是也。《說文》言"夷俗仁，仁者壽"。故"夷"與"仁"，聲訓本通，脂真之轉，字得互借。《表記》《中庸》皆云"仁者人也"。《表記》曰："以德報怨，則寬身之仁也。"《韓勑碑》："有四方士仁。"皆借"仁"爲"人"矣。乃知"人"與"仁"、"夷"，古祇一字。蓋種類之辨，"夷"字从大而爲人；自禹別九土，始以"夏"爲中國之稱，製字从頁、臼、夂以肖其形。自禹而上，"夷""夏"並曰人耳。夷俗仁，故就其種爲人而就"人"聲，而命德曰"仁"。"仁"即"人"字。自名家言之，"人"者爲實，"仁"則爲德，而簡樸之世未能理也。古彞器"人"有作"夂"者。重"人"則爲"夂"，以小畫"二"代重文則爲"仁"，明其非兩字矣。自夷夏既分，不容通言爲"人"，始就"人"之轉音而製"夷"字。然《說文》"儿"字下云："仁人也。古文奇字'人'也。"夫古文與小篆一字耳，何故別訓爲"仁人"？則知古史官之製"儿"字，蓋專以稱東夷，以別夏人，夷俗仁，故訓曰"仁人"。《白虎通》謂夷者蹲夷無禮義，故"儿"字下體詰屈，以象蹲夷。且《海內西經》"仁羿"，《說文繫傳》"儿"字下注引作"人羿"，是"儿"、"夷"一字異讀之明徵。通其源流正變言之，則"人""儿""夷""夂""仁""尸"六字，于古特一字一言，及文教日進，而音義分爲四五。夫語言文字之繁簡，

（接上頁）事情。徐中舒主編《甲骨文字典》釋"身"云："從人而隆其腹，以示其有孕之形。本意當爲妊娠。或作腹內有子形，則其義尤顯。孕婦之腹特大，故身亦可指腹。腹爲人體主要部份，引申之人之全體亦可稱身。"（參見徐中舒主編：《甲骨文字典》，成都：四川辭書出版社，2006年，第2版，頁931）所言極爲詳審。身（即體）與人係兩碼事，"軀"字從身而指人之體，古"體"字之常見構形或從"肉（冃）"或從"骨"，中山王壺之"體"字則從"身"，其意均至爲顯豁。要之，若"身"爲意符，則簡單地混同"身"與"人"並不可取。限於篇幅，不一一論列。

從於世道質文,顧不信哉!①

據章太炎之見,"仁"字所從之"二"不過是同一字體中重文符號的演化,"人""儿""夷""亽""仁""㠯"六字"于古特一字一言"。李家浩說:"'仁'可能是由'人'分化出來的一個字。古文字中的'仁'寫作從'人'從兩短橫,這兩短橫是表示區別於'人'字而仍因'人'字以爲聲的標記。後來這這兩短橫譌作'二',遂成爲現在的'仁'。"②其持論大抵與章說同。這樣說來,基於"從二人"之形或"相人偶"之意來發掘儒家"仁"範疇之內涵,根本就不存在可靠的基礎。

問題的關鍵不在於錯會了字形之意。在絕大多數情況下,即便人們準確把握了字形、字音等元素在哪些方面以及在何種程度上,參與了文字的意義構成,也無以把握該字在特定體系中作爲特定範疇的意圖。有特色的體系都具有強烈的建構性,其所有重要範疇都不大可能停留在它們作爲文字的原發意義上。比如,常見之"道"字從辵從𩠐,或从辵從百(後者如郭店簡文《老子》乙本"爲道者日員"之"道")。《說文·𩠐部》以"𩠐"爲"百"之古文,《說文·百部》謂"百"爲頭之形象,"𩠐"之構形惟多毛髮而已。《說文·辵部》釋"道"爲所行道。"道"字形、意,學界都無異議。當它經過高度抽象,成爲《莊》《老》學說的核心範疇,就大大超越了所有這些原初特徵。它被界定爲一種與眾不同的"有"或"在"。在先秦時期,通常所說的存在由墨子(約前468—前376)界定。墨子稱:"有聞之,有見之,謂之有;莫之聞,莫之見,謂之亡(無)。"(《墨子·非命中》)又稱:"天下之所以察知有與無之道者,必以眾之耳目之實知有與亡爲儀者也。"(《墨子·明鬼下》)依耳目之實判斷有無,是一般性的普遍的做法。《論衡·死僞》篇駁斥鯀被殛於羽山,其神爲黃熊,入於羽淵之說,云:"夫鯀殛於羽山,人知也。神爲黃熊,入於羽淵,人何以得知之?使若魯公牛哀病化爲虎,在,故可實也。今鯀遠殛於羽山,人不與之處,何能知之?"③王充(27~97)的觀點與墨子一致,認爲"在"必須由人的直接感知證明。先秦道家之"道"雖爲創生天地萬物的終極存在,卻是一種超越"耳目之實"(即經驗感知)的"在"。《莊子·內篇·大宗師》云:"夫道,有情有信,無爲無形;可傳而不可

---

① 章太炎:《正名雜義》,《檢論·訂文》附,《章太炎全集》第三冊,上海:上海人民出版社,1984年,第1版,頁492~493。案:據《說文》,"夏"字從夊從頁從臼,頁指人頭,臼指兩手,夊指兩足。

② 李家浩:《從戰國"忠信"印談古文字中的異讀現象》,《北京大學學報(哲學社會科學版)》1987年第2期,頁12。

③ 案《淮南子·俶真》篇記公牛哀化虎一事,云:"昔公牛哀轉病也,七日化爲虎。其兄掩户而入覘之,則虎搏而殺之。"王充運用這一例證,顯然存在問題,以爲此事有在場的耳聞目睹之實祇是誤信,這裏關注的是他以在場的驗證爲判斷"在"或"有"的依據。

受,可得而不可見;自本自根,未有天地,自古以固存;神鬼神帝,生天生地;在太極之先而不爲高,在六極之下而不爲深,先天地生而不爲久,長於上古而不爲老。"所謂"無形""不可見"等等,説得十分清楚。《老子》也用各種描述,界定"道"不可感知的特性。如傳世《老子》第十四章云:"視之而弗見,名之曰微。聽之而弗聞,名之曰希。捪之而弗得,名之曰夷。三者不可至(致)計(詰),故園(混)而爲一。一者,其上不攸(曒),其下不忽(昧)。尋尋呵不可名也,復歸於無物。是胃(謂)無狀之狀,無物之象,是胃沕(忽)望(恍)。隨而不見其後,迎而不見其首。"①陳鼓應評析云:"'道'是個超驗的存在體,老子用了一種特殊的方法去描述它。他將經驗世界的許多概念用上,然後一一否定他們的適當性,並將經驗世界的種種界限都加以突破,由此反顯出'道'的深微詭秘之存在。"②嚴格説來,《老子》此類描述,並非要凸顯道作爲存在的"深微詭秘",而是要凸顯它超越經驗感知的特性。總之,"道"字構形以及由此構形呈現的意義,儘管是其後來所有義項的基源,在進入《莊》《老》道家體系的過程中卻被徹底超越,以至於要想把握《莊》《老》"道"的本質,就必須從很大程度上將這些東西摒除。對於一個富有創造性的體系來説,要想通過分析其核心範疇的形意來把握它們在體系中被賦予的全新規定性,幾乎是不可能的。

"息"字从心是毫無疑問的;其中"身"字,或謂爲聲符,或謂爲聲符兼義符。③ 無論哪一種情況符合事實,依其構形所反映的原初意指來大談儒家心性之學,均不確當。龐樸謂郭店楚簡"仁愛"之"仁"一律寫作"息"(其實有少數並非這樣寫),斷言他們對"仁"的理解已進入"心性論的時期","仁義聖智等道德規範……被相信爲是每一個人的内心世界所具有的稟性"。然而劉寶

---

① 案:由於郭店簡本《老子》殘缺嚴重,本書引《老子》用傳世本,或據帛書甲本、乙本補正;帛書《老子》甲乙本,據國家文物局古文獻研究室編:《馬王堆漢墓帛書》(第一册),釋文及圖版。此章"捪"字,舊本或作"搏""搏",學者又或以爲"搏"之誤,今從帛書《老子》甲、乙本。《説文·手部》云:"捪,撫也,从手昏聲;一曰摹也。"《老子》正用"捪"字摩挲之意。
② 陳鼓應:《老子註譯及評介》,北京:中華書局,1984年,第1版,頁116。
③ 以"身"爲聲符者,如郭沫若《金文餘醳之餘·釋骨》(見氏著《金文叢考》,北京:人民出版社,1954年,第1版,葉二一六)、《郭店楚墓竹簡》之《老子》丙組釋文注釋之裘案(見該書,頁121),劉寶俊《郭店楚簡"仁"字三形的構形理據》(《中南民族大學學報(人文社會科學版)》,2005年第5期,頁130)等。以"身"爲聲符兼聲符者,如龐樸《郢書燕説:郭店楚簡中山三器心旁文字試説》(武漢大學中國文化研究院編:《郭店楚簡國際學術研討會論文集》,頁40)、郭静云《試論先秦儒家"息"概念之來源與本義》(《孔子研究》2010年第一期,頁17)、王覓泉《郭店楚簡"息"字與仁之諸體析論》(《儒家典籍與思想研究》第五輯,頁66)等。

俊判斷,春秋初期"仁"字產生,其構形爲从"心","人"聲。① 劉説尚需充分論證。果真如此,"仁"觀念與"心"之關係在春秋初期此字造成時即已明確,該字又如何會指示戰國時期的儒家心性學説呢? 劉寶俊又説,降至孔子之時,"仁"之含義變爲外向式的顯性的道德要求,字形中之"心"符先簡省爲"＝",後譌變爲"二"。② 其實,漢字構形發生變化或簡省,很可能跟該字意涵的改變無關。《説文·我部》於"義"字下收"羛"字,謂"墨翟書'義'从弗",龐樸曾援引來旁證郭店儒典中"義"字再被儒化改造爲从我从心。③ 事實上,許慎殆爲少見多怪。《戰國縱橫家書》"蘇秦獻書趙王章"有云:"然則齊羛,王以天下就之;齊逆,王以天下□之。"④該書爲高祖後期或惠帝時(前195年前後)的寫本,連司馬遷、劉向等人都未見過,遑論許慎。⑤ 然則"羛"字未必僅見於墨子書,更未必爲墨子所改,因此也無法證明郭店儒典"㥃"字乃儒者由"宜(義)"改造而來。同樣的道理,"仁"字即便確如劉寶俊所説,爲"忎"字"心"符逐步簡省而成,也未必與孔子時"仁"觀念的變化有關,而且簡省符號祇是使"心"符之構形更加形式化,其本意並非剥離"心"符與"仁"意涵之關係。

龐樸説,因爲仁義聖智等道德規範被視爲每一個人内心的稟性,所以發生了相關文字的儒化改造。這樣論證難免捉襟見肘。在郭店楚簡中,所謂"仁義聖智等道德規範",除了"㥃"字較多地使用以外,龐樸大概祇能找到少數从心从我之"義"字。這種構形的"義"字在上博簡中也十分罕見。無論是在郭店簡中,還是在上博簡中,此字寫作"宜""義""我""𢧵"者均佔絶對多數,"㥃"形則幾乎可以忽略不計。而从心之"聖""智"等道德規範,更絶無僅有。而且,龐樸僅僅注意到一批在郭店簡文中从心之字,卻未注意到有些字在其他文獻中从心,在郭店簡卻少有从心者。比如郭店簡"順"基本上都寫作"川",惟《茲衣》(篇題據傳世《緇衣》擬加)有一處引《詩》"四方忎之",而上博簡《紂衣》的對應文字作"四或川之",同樣不从心。包山楚簡有"叔(且)外又(有)不慜"(包2·217),"慜"讀如"順",可這種情況也並不多見。作於公元前314年至公元前301年的中山王䤿鼎銘文有"克忎克卑(比)""敬忎天德""忎

---

① 劉寶俊:《郭店楚簡"仁"字三形的構形理據》,《中南民族大學學報(人文社會科學版)》,2005年第5期,頁131。
② 同上。
③ 龐樸:《郢書燕説:郭店楚簡中山三器心旁文字試説》,武漢大學中國文化研究院編:《郭店楚簡國際學術研討會論文集》,頁41。
④ 本書引《戰國縱橫家書》,據《長沙馬王堆漢墓簡帛集成》圖版第一册及釋文第三册,北京:中華書局,2014年,第1版。
⑤ 參閲唐蘭:《司馬遷所没有見過的珍貴史料:長沙馬王堆漢墓帛書〈戰國縱橫家書〉》,《戰國縱橫家書》,北京:文物出版社,1976年,第1版,頁123、頁126。

道",中山王譽壺銘文有"下不忎於人""㦿不忎""逆忎""佳(惟)逆生禍,佳忎生福"。① 這些大抵是與郭店同時代的材料,其產生地域是在距楚國極遥遠的北方;郭店簡文除《老子》三組與《大一生水》以外,都是儒家文獻,中山王器銘文則非。大量"順"字中山王器都寫作"忎",郭店簡則寫作"川",這對龐樸的結論是一個巨大的挑戰。劉寶俊從楚國這一"特定地域",解釋郭店簡之所以有"一大批前不見古人、後不見來者的'心'符字",顯然更成問題。此外,上舉各家都是從儒家範圍内解釋郭店簡、上博簡的"心"符字現象。有意思的是,同出於郭店楚墓的道家文獻《老子》儘管祇殘餘 1750 字,不足今本之五分之二,卻出現了一處"息"字,即丙組"古(故)大道發(廢),安又(焉有)息義"。還數次出現了"戁(難)""恳(易)"字;後者似未見於郭店儒典,前者在郭店儒典中亦僅見四五例,殆唯《語叢四》(篇題爲整理者擬加)"唯(雖)戁之而弗亞(惡)","戁"讀爲"難",其餘均讀爲"嘆"(上博簡"戁"字亦多讀爲"嘆",疑該字即楚之"嘆"字)。② 凡此之類,似又透露使用"心"符字現象並不限於儒家。所有據郭店簡文"心"符字來論斷儒家心性之學及其發展、變化的論説,都不能有效解决以上所舉各方面的問題。

　　説到底,龐樸等學者是先對儒家心性之學及其發展有了一種認知,然後挑選一些以"心"爲意符的字來作論據。由於古人早就認定心對人的社會及道德行爲發揮根本作用,漢字具有表意的特性,找到這種"例證"並不困難。然而如果真從小學層面上準確把握了這些對象,歷史發展的軌迹反倒會湮滅,因爲歷史的發展早已超越了漢字構形及其所反映的原初意義。《莊子·外篇·至樂》云:"褚小者不可以懷大,綆短者不可以汲深。"東方朔《答客難》謂:"語曰'以筦闚天,以蠡測海,以莛撞鍾',豈能通其條貫,考其文理,發其音聲哉。"若嚴守小學之科學立場,欲以文字原初被賦予的特徵,來把握後世運用這些文字的思想學術體系,均不能免除此弊。論者每每祇是依據自己對體系的認知來加以附會,强行彌合相關文字之原初特徵與其被賦予的體系意圖的間隔。所以問題不在具體的言説,而在思考的路徑。文字具有一定的社會性和規範性,一般情况下,一種思想學説不能給先在的文字以發生學的影響,它也無須制定載録體系的特有的文字構形。甲骨文和西周金文中雖然未見"仁"字,但它在孔子、子思創發體系前已經存在,並且爲社會共知,當是毫無

---

① 参見于豪亮:《中山三器銘文考釋》,《于豪亮學術文存》,北京:中華書局,1985 年,第 1 版,頁 39、頁 39、頁 40、頁 48、頁 48、頁 49、頁 49。案:關於此二器之作成時間,参閲同文,見同書頁 54。
② 上博簡"戁"字釋讀,参閲李守奎等編著:《上海博物館藏戰國楚竹書(一—五)文字編》,北京:作家出版社,2007 年,第 1 版,頁 58、頁 484。

疑問的。即便是郭店簡文中顯得十分特別的"悳"字,也未必在發生學意義上祗屬於儒家、儒家某派甚至儒家少數一兩個人。

總而言之,從漢字構形的表意元素中尋找思想學説的特質甚至其歷史發展,其實走錯了路。用錢鍾書的話説,此種方法力圖用"文字之學"盡了"義理思辨之學",其弊端在"執分寸而忽億度,處把握而却寥廓"。俞正燮(1775～1840)《癸巳存稿》卷一二有"《老子》'名可名'義"一條,詮解傳世《老子》第一章之"道可道,非常道;名可名,非常名"。其言云:"此二語'道''名',與他語'道''名'異。此云'道'者,言詞也;'名'者,文字也。"俞氏列舉大量語料,以證成此説。錢鍾書駁之云:"俞説非也。清代以來,治子部者,優於通訓解詁,顧以爲義理思辨之學得用文字之學盡了之,又視玄言無異乎直説,蔽於所見,往往而有。俞氏操術,即其一例,特尤記醜而博者爾。"①這是極爲嚴厲的批評。錢鍾書認爲,如此仰賴"正字體、究字義",實不足以知哲人智士之要言妙道:"余尋繹《論語》鄭玄註,嘗笑其以《子路》章爲政先務之'正名'解爲'正書字';清之爲'漢學'者至以《述而》兩言'好古'之'古',解爲'訓詁'(參觀方東樹《漢學商兑》卷中之下)。信斯言也,孔子之道不過塾師訓蒙之莫寫破體、常翻字典而已,彼尸祝孔林者以及破孔户而據洙唾堂者,皆視蝨如輪、小題大做矣!蓋學究執分寸而忽億度,處把握而却寥廓,恢張懷抱,亦僅足以容學究;其心目中,治國平天下、博文約禮皆莫急乎而不外乎正字體、究字義。一經箋釋,哲人智士悉學究之化身,要言妙道皆字典之賸義。俞氏之解老,猶鄭君之註孔也。"②對於治學術思想史者來説,錢鍾書的意見是一個重要提醒。

傅斯年(1896～1950)曾標舉"'以語言學的觀點,解釋一個思想史的問題'之一法",且依"語學的觀點與歷史的觀點兩義",撰作《性命古訓辨證》,"用語學的觀點所以識'性'、'命'諸字之原,用歷史的觀點所以疏性論歷來之變"。③ 其實傅氏體系之根基,乃在"語學的觀點"。徐復觀(1903～1982)曾批評其方法云:

> 幾十年來,中國有些治思想史的人,主張採用"以語言學的觀點,解釋一個思想史的問題"的方法。其根據係來自西方少數人以爲"哲學乃語言之副產品"的一偏之論,以與我國乾嘉學派末流相結託。關於哲學與語言的關係,亦即是思想與語言的關係,乃是互相制約、互相影響的關係,這裏不進一步去涉入到此一問題。我現在所要指出的是,採用這種

---

① 錢鍾書:《管錐編》第二册,頁404。
② 同上書,頁405～406。
③ 分別參見傅斯年:《性命古訓辨證・引語》,《傅斯年全集》第二册,臺北:聯經出版事業公司,1980年,第1版,頁499、頁502、頁501。

方法的人,常常是把思想史中的重要詞彙,順着訓詁的途徑,找出它的原形原音,以得出它的原始意義;再由這種原始意義去解釋歷史中某一思想的内容。傅斯年的《性命古訓辨證》,因爲他當時在學術界中所占的權力性的地位(原注:傅氏當時是中央研究院歷史語言研究所的所長,更實際操北京大學文學院人事進退之權。他們又是當時現實政治中的一個勢力深厚的力量,因而影響到整個教育行政),正可以作爲這一派的典範著作。但夷考其實,這不僅忽略了由原義到某一思想成立時,其内容已有時間的發展演變;更忽略了同一個名詞,在同一個時代,也常由不同的思想而賦與以不同的内容。尤其重要的,此一方法,忽略了語言學本身的一項重大事實,即是語原的本身,也並不能表示它當時所應包含的全部意義,乃至重要意義。①

徐復觀又結合自己研討的主題,指出:"單説一個'性'字,祇訓詁'性'字的字義,這是語言學上的問題。我所要敘述的'人性論史',是敘述在中國文化史中,各家各派,對人的生命的根源、道德的根源的基本看法,這是思想史上的問題。若不先把語言學的觀點和思想史的觀點,稍加釐清,則在討論中便無法避免不需要的混亂。"②徐氏將區隔語言學觀點和思想史觀點視爲進入思想史研究的核心問題,他的相關批評同樣值得我們深思。

事實十分清楚,在很多情況下,僅僅從小學層面上解釋了對象,即便準確無誤,也幾乎不能解決思想學術史的問題。比如,竹書《詩論》中有"㫃門"("《㫃》,丌猷㫃門與")、"㫃悳"("《訟》,㫃悳也")、"盛悳"("《大䞈》,盛悳也")等語彙,訓釋這些語彙可能不算太難,儘管意見不完全統一。③ "㫃門"基本上可解爲廣大之門,"㫃悳"基本上可解爲大德廣德,與"盛悳"意近,"盛悳"一詞幾乎無須解釋。但是僅此而止,尚無法準確定位它們在體系中的具體意涵和位置。就是説,它們固然有基於傳統小學的層面,從這個層面上去組織語

---

① 徐復觀:《中國人性論史·先秦篇》,北京:九州出版社,2014年,第1版,頁1~2。案:徐復觀所引"哲學乃語言之副産品"一説,乃傅斯年《戰國子家敘論》所主觀點之一,其《性命古訓辨證》又張此説(分别參見《傅斯年全集》第二册,頁417、頁499)。

② 同上書,頁1。

③ 本書所引《詩論》,以馬承源主編《上海博物館藏戰國楚竹書》(一)所收《孔子詩論》圖版及釋文(簡稱整理本)爲底本,重文符號及合文改回本字。加粗之方框"□"表示留白簡之缺文;不加粗之方框"□"表示竹書下葬後殘損之文字;"…"表示不知缺字具體字數,而知缺字不多;"……"表示不知缺字具體字數,而知缺字可能較多。括號"()"中的文字是簡單的疏釋。筆者節引原文,亦以"……"表示,請讀者注意分辨。爲便於讀者檢閲原文,本書引《詩論》標明章節。其詳請參閲拙著《簡帛〈詩論〉〈五行〉疏證》(北京:北京大學出版社,2019年)。

料比較容易,然而它們又具備明顯超越性,在體系中,它們甚至主要指向這一超越通常小學意義的層面。"塝恚""盛恚"二詞在小學層面上並無多少差異,而在所屬的學術體系中,它們處於不同的層次。祇有清晰認識到,在《詩論》乃至整個傳統《詩經》學體系中,《少頾》凸顯"□恚",《大頾》凸顯"盛恚",《訟》凸顯"塝恚",境界逐級上升,纔可以明白界定《大頾》的"盛恚"次於界定《訟》的"塝恚",界定《少頾》的"□恚"又次於界定《大頾》的"盛恚"。這種基於政教倫理價值差異的分層,毫無疑問是超出小學意義的給定。學術體系的建構性在這裏表現得十分明顯。

　　有學者詮釋古籍中一字一詞,必仰賴各種各樣的數據庫,以爲答案全在裏面,不會超越,也不能背離。這一做法有兩個不合實際的預設:其一是設定這些數據庫已囊括無遺,且準確無誤;其二是設定每一個訓釋對象必取約定俗成之義,不會偏離,也不會超越。究其實際,在具有高度原創性的文本中,甚至一些極常見的字眼都可能被賦予強烈的個性化規定,先秦以立意爲宗的子書尤其如此。錢鍾書指出:"'書名'之'名',常語也;'正名'之'名',術語也。今世字書於專門術語之訓詁尚猶略諸,況自古在昔乎?專家著作取常語而損益其意義,俾成術語;術語流行,傅會失本而復成常語。梭穿輪轉,往返周旋。作者之盛、文人之雄,用字每守經而尤達權,則傳註之神、箋疏之哲,其解詁也,亦不可知常而不通變耳。"①而徐復觀早就説過:"幾十年來,中國有些治思想史的人,主張採用'以語言學'的觀點,解釋一個思想史的問題的方法'。其根據係來自西方少數人以爲'哲學乃語言之副產品'的一偏之論,以與我國乾嘉學派末流相結託。……採用這種方法的人,常常把思想史中的重要詞彙,順着訓詁的途徑,找出它的原形原音,以得出它的原始意義;再由這種原始意義去解釋歷史中某一思想的内容。……但夷考其實,這不僅忽略了由原義到某一思想成立時,其内容已有時間的發展演變;更忽略了同一個名詞,在同一個時代,也常由不同的思想而賦予以不同的内容。尤其重要的,此一方法,忽略了語言學本身的一項重大事實,即是語原的本身,也並不能表示它當時所應包含的全部意義,乃至重要意義。"徐復觀又説:"目前許多治國學的人……常常把一個在思想史中保有豐富内容的名詞,還原牽附爲語原的原始性質。因爲我國文字的特性,上述方法,便常得出更壞的結果。"②

---

① 錢鍾書:《管錐編》第二册,頁406。
② 徐復觀:《中國人性論史·先秦篇》,頁1～2、頁3。案:徐復觀直接針對的是以傅斯年《性命古訓辨證》爲代表的學者與著論。

對於出土文獻而言,這一偏蔽尤其需要注意。比如《五行》説文第十八章謂:"'行之而時,悳也':時者,和也。和也者(惠)〔悳〕也。"對"時"的這一界定,堪稱聞所未聞。這一界定重見天日,又彰顯了前人對於《孟子》和《莊子》的一些關鍵誤讀。① 《五行》篇中,諸如"五行""聖""聖人""嚴""蜀(獨)""慎蜀(獨)""和""善""德""君子""賢人"等,意涵亦均超出人們的既有知識。《五行》出土前,學者考慮儒家系統的"五行",往往不離"仁義禮智信",楊倞注《荀子·非十二子》篇之"五行",即持此説。《五行》出土後,我們纔豁然明白子思所謂五行是指"仁義禮智聖"。《五行》出土前,人們對於"慎獨"之"獨",最通常的理解就是獨處,朱熹《中庸章句》解"君子慎其獨",謂"獨者,人所不知而己所獨知之地也"。《五行》出土後,我們發現"獨"或"慎獨"還有另外一種更富超越性的界定:"獨"被界定爲仁義禮智聖五種德之行超越其個體存在而和合爲一,並且與心成爲一體,"慎獨"被界定爲隨順此心而超越耳目鼻口手足諸小體。"聖"指聽覺之敏鋭,"聖人"指德行事業至高之境界,殆爲世人之常識,子思五行體系將"聖"界定爲聽君子道而知其所以爲君子道,並基於此定義"聖人",使它們成爲體系中的核心範疇。這類範疇,離開其所屬體系給出的規定,根本就不能作出準確的闡釋。

基於此,我們不能不強調那些對義理思辨之學更具有效性的闡釋規則。

首先,文本闡釋更需要關注上下文以及整個文本中的邏輯勾連。這裏舉一個具體例子。郭店簡文《窮達以時》(篇題乃整理者據篇中語擬加)有"君子惇(惇)於反(反)吕(己)"一語。龐樸稱,"反"字於"反"下加"心"符,"是強調反躬自問的意思",而非強調"行爲之反"(返)。② 當"反躬自問"與"行爲之反"被區隔、並列之時,強調"反躬自問"之"反"顯然被局限於內在的省察。孤立審視"反"字,甚至孤立審視"惇於反吕"一語,龐樸的斷言可能不存在問題。然而正如徐復觀所説,"孤立地決定一個字的意義,是非常危險的",③祇要納入上下文乃至全文中互相規定互相制約的元素,便可知龐氏之説其實背離了文本意指。《窮達以時》原文是説:"窮達以時,學(幽)明不再,古(故)君子惇於反

---

① 此處不加詳説,具體辨正參見本書第八章"從《五行》到《孟子》"、第十章"學術思想傳播授受的交光互影"。
② 參閱龐樸:《郢書燕説:郭店楚簡中山三器心旁文字試説》,武漢大學中國文化研究院編:《郭店楚簡國際學術研討會論文集》,頁38。又,夏含夷也強調从心从反之字"表示心理活動的'反轉'(比如'回想'之類的意思)",同時指出,"一旦我們強行將戰國文字對應於漢代或其後的文字,就會失去原字的某些微妙含義"(參見氏著《重寫中國古代文獻》,頁26)。
③ 徐復觀:《中國人性論史·先秦篇》,頁4。

吕。"①顯然,"忕吕"是與追求通達相對而言的。《穷達以時》又云:"堣(遇)不堣,天也。童(動)非爲達也,古(故)穷而不困。學非爲名也,古莫之智(知)而不叕(閔/憂)。"這段文字雖有殘缺,其旨意卻很明晰,即君子所求不在通達,故處窮、不爲人知而無悔恨。在文本中,界定"達"的是"堣"。《穷達以時》把遇不遇歸結於"天",所謂"天"側重於指時世。故其文明云"穷達以時";又謂,"又(有)天又人,天人又分。豙(察)天人之分,而智(知)所行矣。又亓人,亡(無)亓殜(世),唯(雖)臤(賢)弗行矣。句(苟)又亓殜,可(何)㦬(慎)〔難〕之又才(哉)。"但落實到具體之"堣(遇)",《穷達以時》指的是遇合明天子、明君,故文中歷敘舜遇堯、傅説遇武丁、邵室(吕望)遇周文、完寺虖(管夷吾)遇齊逗(桓)、孫昌(叔)遇楚臧(莊)、白(百)里遇秦穆。事實至此已十分清楚,"達"或遇合明君明天子之觀念,歸根結底是求於人。那麽,與之相對立的"忕吕"必然是指求諸己,方向相反,故稱之爲"忕",其意很明顯不限於跟"行爲之反"相對的内在省察。至於"忕吕"意味着什麽,文中説得也相當清楚,所謂:"善伓(否),吕也。穷達以時,悳行弋(一)也。""忕吕"指的是回歸脩德致善。而鑒於"穷"或"不堣"論反己,顯然意味着因治國、平天下之追求不能實施而回歸脩身。儒家之脩身雖離不開心之反省,但絕不能理解爲與"行爲之反"對立的内在反省。② 要之,"忕"字之"心"符對《穷達以時》自身之體系來説,意義是相當有限的。祇要進入它所屬的體系,一切都一目瞭然。

其次,文本詮釋還要關注文本之際互相發明的要素,這涉及對象所屬的更大的系統。具體問題還是看看《穷達以時》的"忕吕"之説。孟子論"自反"云:

> 君子所以異於人者,以其存心也。君子以仁存心,以禮存心。仁者愛人,有禮者敬人。愛人者人恒愛之,敬人者人恒敬之。有人於此,其待我以横逆,則君子必自反也:"我必不仁也,必無禮也,此物奚宜至哉?"其自反而仁矣,自反而有禮矣。其横逆由(猶)是也,君子必自反也:"我必不忠。"自反而忠矣。其横逆由是也,君子曰:"此亦妄人也已矣。如此則與禽獸奚擇哉?於禽獸又何難焉!"是故君子有終身之憂,無一朝之患也。乃若所憂則有之:舜人也,我亦人也;舜爲法於天下,可傳於後世,我由未免爲鄉人也,是則可憂也。憂之如何?如舜而已矣。若夫君子所患則亡矣。非仁無爲也,非禮無行也。如有一朝之患,則君

---

① 劉釗解釋道:"簡文此句説窮困或通達都因爲時機,但窮困或通達都不會長久,所以對於君子來説重要的是要求諸自身。"(見氏著《郭店楚簡校釋》,頁176)録此以作參考。
② 對心的巨大作用的認知,參閱本書第四章:"先秦儒家心性學説的理念體系及歷史軌迹:從新出文獻到《孟》《荀》"。

子不患矣。(《孟子·離婁下》)

由於文本自身有充分的申説,"自反"之意十分明確,即反躬自問,對照仁、禮、忠諸規範自我反省與驗證。這種"自反"採取"問"的形式,落實則在對"仁""禮""忠"諸價值的持有,基本上就相當於《穿達以時》的"悘呂",祇是不夠凸顯而已。《孟子》中更能發明"悘呂"本意的是以下材料:

> 不仁不智、無禮無義,人役也。人役而恥爲役,由弓人而恥爲弓,矢人而恥爲矢也。如恥之,莫如爲仁(朱注:不言智、禮、義者,仁該全體。能爲仁,則三者在其中矣)。仁者如射。射者正己而後發,發而不中,不怨勝己者,反求諸己而已矣。(《孟子·公孫丑上》)

> 愛人不親反其仁,治人不治反其智,禮人不答反其敬。行有不得者皆反求諸己,其身正而天下歸之。《詩》云:"永言配命,自求多福。"(《孟子·離婁上》)

上一段"仁者如射",其實是説"爲仁者如射",承上文"莫如爲仁"而發,趙岐(108～201)注謂"以射喻人爲仁",朱注引孔子語"爲仁由己",均是。因此,"反求諸己"的根本是反求於己之爲仁,絶不僅僅是反躬自問。"反求諸己"是相較於"怨勝己者"而言的,其意十分顯豁。射箭是一個妙喻,若謂"正己而後發,發而不中,不怨勝己者,反求諸己"是指内在的反省,不僅有違於文本旨意,而且不合乎事理。落實到主體身上,"反求諸己"主要是指反求於己之爲仁、爲義、爲禮、爲智,總之是對價值的踐行。"愛人不親反其仁"一章實爲同樣的意思。鑒於"愛人不親""治人不治""禮人不答"的"反",迥非返歸内在的仁、智、禮。仁之實即"愛人",智貫通於"治人"中(《孟子·公孫丑上》記孟子曰"是非之心,智之端也",體現於"治人"層面的智主要是"是非"問題),禮體現爲待人之敬,故孟子所謂"反"是説返歸其"愛人""治人"和"禮人",是反求於己之道德踐履,而且這些道德踐履都關涉他人,豈可止於内在的省問?孟子又云:"仁之實,事親是也;義之實,從兄是也。智之實,知斯二者弗去是也;禮之實,節文斯二者是也;樂之實,樂斯二者,樂則生矣。生則惡可已也?惡可已,則不知足之蹈之、手之舞之。"(《孟子·離婁上》)此章論仁、智、禮,與"愛人不親反其仁"一章並不矛盾,惟將其要歸結於事親、從兄兩端而已,是從其本源上説。朱注謂:"此章言事親從兄,良心真切,天下之道,皆源於此。"又謂:"仁主於愛,而愛莫切於事親。"以事親爲仁之實,乃將仁歸結於愛之最真切者。以知曉事親從兄二者而守之爲智之實,乃將智歸結於是非之最大者。以事親從兄而有節度爲禮之實,乃將禮歸結於敬人之最真切者。基於這種界定,"反求諸己"最根本的意義是返歸事親從兄之實事,是踐行。① 因此即便是從仁義諸價值本源上説,自反的根本也並非主體内在的省問。以上所舉例證,均可發明《穿達以時》所謂"君子憚於飯呂"之意。龐樸曾説,"愛人不親反其仁"一章各個"反"字,都應該寫作帶形符"心"的"忟"。② 這種可能並非不存在,然而更關鍵的問題是,即便這些"反"字原本確實寫作"忟",它們也不會局限於指言返歸内在的反省。筆者以上的分析表明,將詮釋對象置於它所屬的更大的系統中,它的意涵便會更加明晰和確鑿。

總之,小學固然是研探古學之津梁,是研究古學各領域都不可缺少的根基,可"知常而不通變"、守經而不達權,"以爲義理思辨之學得用文字之學盡了之"者,恐怕難以真正進入義理思辨之學的殿堂。

餘 論

筆者將以上幾方面的想法匯集到緒論中,爲的是更集中、更明晰地確立

---

① 〔美〕江文思(James Behuniak Jr.)引《孟子》此章,而闡發其意云:"關於何謂人的修養,從其初始狀態到最終形式,自始至終是存在於家庭關係之中的一個過程。"這是極好的判斷。但嚴格一點,祇能説這一過程的基源是家庭生活之經驗,其最終發展顯然要超越家庭的或血緣的關係,否則亦不成其爲儒家。江文思説:"按照孟子的觀點,人是相似的,在於他們是最初出現於家庭之中,並且保留着本於修養其獨特的人生的創造物這一點上。舜就是這樣的一個人,他和我們是同類。通過保留着本於其自己的家庭環境,舜提供了一種人的道德的模式。舜的成長既不逐漸通過超越其家庭看到某種抽象的作用,也不是其歸因於關於某種理智之言的契約條文之情感。"這也是很好的觀察。但儒家道德修養雖然永不離棄其源,其向更高境界的提升卻需要超越單純的家庭情感與血緣倫理,而貫穿整個社會。爲道德修養確立切近的基源,無論在理論上還是在實踐上均有其必然性,是儒家學説的重要特質。孟子曰:"道在爾而求諸遠,事在易而求諸難。人人親其親、長其長而天下平。"(《孟子·離婁上》)朱熹集注云:"親、長在人爲甚邇,親之、長之在人爲甚易,而道初不外是也。舍此而他求,則遠且難。但人人各親其親、各長其長,則天下自平矣。"其實"親其親、長其長"僅僅是入手的工夫,不是説僅此而可止。江文思反復強調孟子學説中,道德發展以家庭情感和經驗爲基礎。他説:"被賦予的那種道德發展之根本在於直接的家庭情感,我們將假定能够使人成之爲人的情之四端也最終根植於家庭經驗之中。就孟子而言,假如一個人不能深深地維持一種家庭的相互關係,那麼人再也不成其爲人。關於這一點,他是毫不含糊的:'不得乎親,不可以爲人。'"又説:"使人之爲人的品質本於與父母之愛相聯繫的一種情感形式,特別是與早年孩童時期相聯繫的一種間接的情感形式。造成這樣的情感的性就是最初是人的那樣一種性。"凡此均需要修正。以上江文思之説,參見氏著《在〈孟子〉中人是如何相似的?》,〔美〕江文思、〔美〕安樂哲(Roger T. Ames)編:《孟子心性之學》,梁溪譯,北京:社會科學文獻出版社,2005年,第1版,頁293、頁290、頁291;其引孟子語,見《孟子·離婁上》。

② 龐樸:《郢書燕説:郭店楚簡中山三器心旁文字試説》,武漢大學中國文化研究院編:《郭店楚簡國際學術研討會論文集》,頁38。

《詩論》和《五行》的認知基礎以及闡釋規則。我相信朋友們讀了全書，會對這些想法有更具體、更深入的了解。當然，這些討論的意義並不限於《詩論》《五行》方面，也並不限於思想及學術史領域。

《詩論》和《五行》是被埋藏兩千多年而又重見天日的重要文獻。本書之撰著宗旨，是從學術思想史角度對它們加以觀照，打開那些原本以它們爲核心而成立，但千百年來卻人所未知、豐富多彩的視域。

比如，此前人們祇知道"孔子以《詩》《書》《禮》《樂》教"(《史記·孔子世家》)，卻並不知道其間的具體情形。《詩論》呈現了這一方面的一部分歷史實存，可以極大地彌補《詩》學發端的這一關鍵環節；與此同時，《詩論》以後，《五行》承它而建構體系，以《詩大序》爲核心的傳統《詩經》學既將它發揚光大，又跟它有一部分異趣等等，均可進一步得到彰顯。並且《詩論》弘揚或確立了一般詩學的一些重要觀念，諸如"詩言志"等。需要特別強調的是，《詩論》還確立了詩歌認知的最早的經典範式。其所謂"訾(詩)亡(無)㥯(隱)志"等等，就是從認知層面上確立的重要論斷。以上所有這些，都將成爲本書關注的要點。本書的論述還將揭明，《詩論》的重要性絕不限於《詩經》學或一般詩學的層面，它實際上是戰國儒家心性學説的淵藪；它初步定義了儒家心性學説的一系列核心範疇，而且隱含着該學説的某些基本架構。

又比如，此前人們祇知道子思有提倡五行學説一事(這一點實仰賴《荀子·非十二子》篇對子思的批評)，但子思之"五行"所指爲何，所有學者都祇能付諸猜測。梁啓超評《非十二子》之説云："此'五行'不知作何解，若謂即《洪範》之'五行'耶，子思、孟軻書中隻字未嘗道及。《中庸》以君臣、父子、兄弟、夫婦、朋友五者爲'天下之達道'，'道'有行義，'五行'或指此耶？然此爲儒家常言，非思、軻所創，且無所謂'僻違''幽隱''閉約'。楊倞注釋爲仁義禮智信之五常，或者近是；然子思説雖無可考(或《中庸》外尚有著述)，孟子則恒言'仁義禮智'，未嘗以'信'與之並列也。此文何指，姑勿深論。但決非如後世之五行説則可斷言耳。"①梁氏固然審慎，問題卻仍未解決。其實在《五行》出土以前，荀子批評思孟究爲何意，學界一直不能明了，子思所倡言之五行學説有何內容，則更是闇昧。曾經有學者懷疑，荀子批評思孟，乃因孟氏被鄒衍(前305～前240)輩連累。比如劉節(1901～1977)稱："今所傳子思、孟軻之書(如以《中庸》爲子思作)未有言及陰陽五行者。……戰國之時，齊魯之學以孟氏爲宗，而陰陽五行之説盛倡於鄒衍輩，亦在齊魯之間，或與孟氏之學有

---

① 梁啓超：《陰陽五行説之來歷》，顧頡剛編著：《古史辨》第五册，頁203。

關,故荀子譏之也。"①劉節將荀子所批評之"五行"誤解爲"陰陽五行",指言子思孟子未有此説,而鄒衍輩之陰陽五行學説或與孟氏有關。其後顧頡剛(1893~1980)循此路,斷言荀子罵子思、孟子,乃被誤傳所誤導的結果。他説:"《非十二子》中所罵的子思、孟軻即是騶衍的傳誤,五行説當即騶衍所造。戰國時,鄒與魯接壤,鄒與魯又並包於齊。鄒魯之間爲儒學中心……魯學風被於齊,齊遂成爲儒學大支……孟子是騶(鄒)人。騶衍以騶爲氏,當也是騶人(《史記》上寫他爲齊人,或他由騶遷齊,或他以騶人久居於齊,故有此説,均未可知)。《史記》言'騶衍後孟子',或騶衍聞孟子之風而悦之,刺取其説以立自己的主張,觀其言仁義、言六親可知。不過那時的齊國人説話是很浪漫的……騶衍是齊色彩的儒家,他把儒家的仁義加上齊國的怪誕,遂成了這一個新學派。給人傳訛,即以騶衍之説爲孟子之説,因以騶衍的五行説爲孟子的五行説。又因孟子受業子思之門人(《史記》説),遂又以孟子的五行説爲子思的五行説。於是荀子遂有'子思倡之,孟軻和之'的話。此等事情,在現在看來固然荀子太糊塗,或者可説荀子必不至這樣糊塗;但在當時,則口説之力甚強而筆札之用頗弱,孟子與騶衍因地方的接近和思想的一部分類同,因而在傳説中誤合爲一人,也是很可能的。"②《五行》之出土,幾乎使子思五行學説完整地復現於人世,上述巨大想象遂不攻自破。《五行》可彰明子思自有其五行説,可彰明荀子所批之五行究竟謂何,可彰明戰國時人們未必將鄒衍輩的陰陽五行誤附於孟子,荀子批思孟亦未被此類誤傳所誤導。

可以肯定地説,《五行》是先秦學術思想史的重大關節之一。孔子以《詩》《書》等典籍教育弟子,數十年孜孜不倦。但從春秋末到戰國中期以前,《尚書》學、《詩經》學傳播的歷史路徑卻幾乎蕩然無存。在戰國中期前的傳世文獻中,真正具有《詩經》學意義的文獻殆僅有子夏創闢的《毛詩序》部分内容。此外當有一批具有《詩經》學背景或質素的文獻被歷史無情地堙埋。③《尚

---

① 劉節:《〈洪範〉疏證》,顧頡剛編著:《古史辨》第五册,頁229。
② 顧頡剛:《五德終始説下的政治和歷史》,顧頡剛編著:《古史辨》第五册,頁240。
③ 案:筆者這樣説基於以下前提,即嚴格將"《尚書》學""《詩經》學"範疇同一般文獻之引用《尚書》和《詩經》區分開來。《詩經》學方面,皮錫瑞曾斷言,《韓詩外傳》爲"引詩之體",而"非作詩之義"(參見氏著《經學通論・詩經》"論《詩》有正義有旁義即古義亦未可盡信"條,北京:中華書局,1954年,第1版,《詩經》部分頁3)。其實,《韓詩外傳》僅僅是一個典型例子,《左氏春秋》《國語》《禮記》《孟子》《荀子》等古書引《詩經》,出土文獻比如郭店竹簡《緇衣》引《詩經》,大抵都是如此。皮氏此語堪稱道破了"《詩經》學"與一般"引用《詩經》"的區别。嚴格意義的"《詩經》學"的基礎,應該是對"作詩之義"或文本"正義"的追尋。即便古人起初並不這樣區分,基於現代學術立場,我們也應該給"《詩經》學"以更具本質意義的界定,而不能太偏向引《詩》與否這一淺顯的外部性徵。對"《詩經》學"的界定以及對《詩經》學著述之内外傳體的甄别,請參閱拙作《論漢代〈詩經〉著述之内(轉下頁)

書》學方面情況顯然更爲糟糕。幸運的是,當我們將目光轉向出土文獻時,一個個久被遮蔽的歷史視野豁然開朗。一如上文所說,見於上博竹書的《詩論》再現了早期儒家《詩》學的核心成果,再現了孔子以《詩》教弟子的第一手材料。除此之外,一批看起來不怎麽引用《尚書》《詩經》的文獻,如郭店楚墓竹書《五行》(早前已見於馬王堆漢墓帛書)、《眚自命出》《六惪》《語叢一》以及上博館藏之竹書《民之父母》等,無不藴含着《尚書》學、《詩經》學的真實軌迹。特别是其中的《五行》,它昭示了先秦思想學術發展的一系列關鍵脈絡,它所凸顯的歷史進步,承載了《尚書》學、《詩經》學(包括《詩論》)的巨大影響。需要強調的是,第一印象固然是深刻的,但往往也是膚淺的。《五行》跟《尚書》的關聯點並不在通常被關注的《洪範》"五行"説,而在《洪範》中的"五事"。在《洪範》之體系中,"五行"和"五事"並列,兩者之關係嚴格説來並未給定。所以不能依後世習説,簡單地將貌言視聽思"五事"統攝於水火木金土"五行"之下。《漢書·藝文志》謂:"五行者,五常之形氣也。《書》云'初一曰五行,次二曰羞用五事',言進用五事以順五行也。貌、言、視、聽、思心失,而五行之序亂,五星之變作,皆出於律曆之數而分爲一者也。"如此將五事直接排在五行之下是後起的觀念,《洪範》中並不存在。而在《五行》體系中,貌言視聽思五事及其關聯的一批核心範疇,則被定義爲通向仁智義禮聖五種"德之行"以及"善"和"德"的基源。故《洪範》與《五行》篇的"五行"不僅所指不同,在各自體系中的取向亦迥異。作爲早期《詩》學影響的結果之一,《五行》與《詩論》的關聯有着極爲特殊的意味。帛書《五行》之出土已是奇事,可人們又發現了竹書《五行》與《眚自命出》等一批儒典,又發現了竹書《詩論》等等,而且《五行》與《詩論》在體系上存有重要的縮合,豈非奇之又奇?

這還祇是由《五行》向上看,我們還必須基於它反觀它之後的歷史。早在戰國末期,學界便清醒地認識到孟子學説跟子思五行理論有極密切的關聯,可是,孟子如何承載子思學説的影響並將它發揚光大,簡直就如鴻荒矇昧。《五行》復現,孟子與子思在學説體系上的關聯由昏昏而變得昭昭。這一方面,學界業已推出一系列重要成果,可值得開拓的空間依然很大。而由於荀子尖鋭批評思孟五行學説,兩千年來,荀子總是被簡單地置於子思孟子的對立面。《五行》復現,使荀子在學理上與思孟五行學説的深刻關聯豁然明朗。

(接上頁)外傳體》,《國學研究》第三十卷,北京:北京大學出版社,2012年,第1版;又可參閱本書第一章"由漢代《詩經》著述之内外傳體回觀新出先秦文獻的《詩經》學價值"。關於《詩序》作者與時代,參閲拙作《衛宏作〈詩序〉説駁議:兼申鄭玄子夏作〈大序〉、子夏毛公作〈小序〉説》,《中國學術》第十四輯,北京:商務印書館,2003年,第1版。

《五行》不僅從不同程度上滋養了《孟》《荀》兩大體系，而且在《墨子》《莊子》中留下了鮮明的印痕，它流布傳播到楚國，又實實在在地影響了屈子的人生和創作。總之，《五行》在戰國時代的實際影響幾乎怎麼說都不爲過分，而它所影響的這一時代幾乎滋養了古代所有的思想傳統。

所有這些都有待我們去揭示。本書上編各章專論，將《詩論》和《五行》置於學術思想史的實證性背景上加以剖釋，便是致力於此。

本書下編，則對竹書《詩論》和帛書《五行》進行校勘與注釋。校對文本尤其是解讀其文義的艱巨性，往往超出人們的想象。黃懷信評價《詩論》文義解讀之現狀，云：

> 解讀文義，瞭解其精神實質，應該是所有文獻研究最基本和最重要的工作。如果沒有讀懂原文，不瞭解其精神實質，那麼你的研究就失去了基礎，要麼是隔靴搔癢，要麼會郢書燕說，最終沒有價值。研究《詩論》，當然也是這個道理。而遺憾的是，《詩論》研究在這方面的工作目前做得不是很好。尤其是結合《詩經》原文對《詩論》做系統解讀，幾乎屬於空白。這可能是因爲大家都急於求成（無可厚非）的緣故。因爲求解文義本身是很費力費時的事情，加之《詩經》並非好讀之書。縱觀目前這方面的工作，我覺得真正解對者祇能說占極少數。①

黃氏或許揭破了人們不願意接受和面對的事實，而且他的論斷不僅僅適合《詩論》這一個研究領域。我們必須承認，無論是《詩論》還是《五行》，校勘、解讀其文義，尤其是後者，都還是大有可爲的。研究出土文獻有較強的時效性，不少人一窩蜂般追逐着最新出土的東西。他們似乎忘記了這一方面的研究同樣需要經久的沈潛，匆忙跑過，往往祇能撿得到大路面上的普通東西，很多有價值的寶貝絕不是這樣輕鬆就能獲得的。

任何文本都不能孤立起來看，即便出土文獻，也是如此。如果從思想學術史層面上將《詩論》和《五行》孤立起來，無論有多麼深厚的語言文字學知識和技能，無論採摭多麼豐富的語料，都難以準確和深刻地把握它們。或許有人會說，《詩論》和《五行》埋藏地下兩千多年，這兩千多年間的學者並未從它們受益，真正從實質上影響了其間思想與學術的，還是傳世文獻。這似乎是說，《詩論》與《五行》跟傳世文獻及後來的思想學術史不存在關聯。事實並非如此。馬王堆三號漢墓出土帛書《五行》，足可確證子思五行學說至公元前 168 年仍有傳布，至此時，它對先秦秦漢學術的影響已有大

---

① 黃懷信：《上海博物館藏戰國楚竹書〈詩論〉解義・前言》，頁 13。

約兩百五十年；而且《五行》應該不會在公元前168年就突然消失，它存在並發揮影響的時間下限其實是可以下移的。《詩論》作爲隨葬品是在戰國中期偏晚，從產生到此次下葬，它作爲孔子的《詩經》學體系業已發揮了兩百年左右的影響。《詩論》跟傳世《詩序》及新出《五行》都有實證性的關聯。《詩序》主幹内容創辟於孔門弟子子夏（前507～前420），①大致完成於漢初學者毛亨（生卒年不詳），《五行》爲孔子之孫子思創辟的體系，它們都直接受到《詩論》的影響，故堪爲《詩論》發揮歷史影響的具體時間標杆。《詩論》在《五行》產生後還發揮影響，是毋庸置疑的，因爲它出土於跟郭店竹書《五行》差不多同時期（即戰國中期偏晚）的楚國貴族墓葬。並且，認定《詩論》就隨這一次下葬退出現世傳播，可能也不合理，它存在並發揮影響的時間下限同樣可以下移。説《詩論》影響了整個戰國時代，應該没有太大的問題。梁啓超曾指出："我國大思想家之出現，實在西紀前五三〇至二三〇之三百年間。吾命之曰全盛時代。"②《詩論》大部分内容自孔子在世時就發揮影響，它差不多極深刻地影響了整個的"全盛時代"，儒家内部建構心性學説、《詩經》學等等體系，諸子各家接受其影響或者對此作出種種因應，均可溯源於《詩論》。《詩經》學之發展，主要經歷了漢唐《詩經》學形態模式、以朱熹爲表徵的《詩經》學形態模式及現代《詩經》學形態模式，不管它們跟《詩論》符同還是趨異，都無法改變如下基本事實，即《詩論》標誌着儒家《詩》學走過的最早的一段途程，後來這條路發生了很多變化乃至曲折，但人們畢竟祇是接着走。而負載着早期《尚書》學、《詩經》學影響的子思五行學説也極深刻地影響了這一"全盛時代"的後兩百年。其間最值得一提的應該是，它很大程度上塑造了孟子與荀子的體系，在漢唐《詩經》學以前、孔子《詩經》學以後，它足以表徵《詩經》學的一個重要階段。此外需要清醒地認識到，創辟於孔子，爲孔門後學包括子思所張大，見於郭店、上博及馬王堆儒典的心性學説，在很多層面上都間接影響了此後兩千多年的歷史。本書無論是專題論述，還是原典校釋，都將致力於在它設定的論域内，挖掘這些歷史的關聯。

顯然，專論與校釋是不可分割的。祇有通過專論更好地實現簡帛古書與傳統學術的整合，纔能更好地把握簡帛古書本身的意涵和歷史價值。新出文獻當初"被迫"退出現世傳播，它們對傳統學術的影響日漸消釋，但在

---

① 子夏生卒年世約數，參見錢穆：《諸子生卒年世約數》，《先秦諸子繫年》，北京：商務印書館，2001年，第1版，頁693。
② 梁啓超：《先秦政治思想史》，《飲冰室合集》專集之五十，上海：中華書局，1936年，第1版，頁59。

此前，它們是學術思想界的構成元素，甚至是最活躍、最有影響力的元素，——那時的學術思想史由它們參與而構成，也由它們影響而生就，它們是後代很多重要思想可以追溯到的生長點和支撐點。它們由存在而被迫缺席，而今又由缺席走向復歸。因爲曾經缺席，它們最初有力的存在、它們在傳統學術思想中的深刻參與和介入被遮蔽了兩千多年。祇有揭明這種參與，其自身纔可以被準確和完整地把握。從這個意義上說，校釋固然是專論的起點，但未嘗不是專論的結果，文本校釋本身也要實現與傳統學術史的整合。

就讓我們一起走近歷史上那一系列的奇觀吧（敬請留意，本書使用簡帛文獻以及簡帛文獻之書、篇名，採取比較嚴格的釋文。爲節省篇幅，這些書、篇名以及簡帛文獻正文中涉及的書篇名一般不隨文括注，請直接檢看本書附錄《相關簡帛古書及其中書篇名目要覽》）。

第一章　由漢代《詩經》著述之內外傳體回觀新出先秦文獻的《詩經》學價值

漢代《詩經》著述有內、外傳體之分，這主要體現在三家《詩》學領域。然而三家《詩》學之內傳體著述相繼亡佚，僅存者唯有外傳體的《韓詩外傳》，致使學界長期昧於這一區別的存在，就不要説認識其特質與學術史意義了。由此造成了《詩經》學術史研究的一系列重大偏弊，迄今尚未改觀。

一、內外傳體之辨

馬瑞辰（1782～1853）將"詁訓傳"離析爲"詁""訓""傳"三體，謂前二者可連言爲"詁訓"，故三者可歸其大要爲"詁訓"與"傳"兩端，而"傳"復可以統"詁訓"，故"詁訓傳"可以單言"傳"。馬瑞辰申釋説：

> 蓋詁訓第就經文所言者而詮釋之，傳則並經文所未言者而引伸之，此詁訓與傳之別也……蓋詁訓本爲故言，由今通古皆曰詁訓，亦曰訓詁。而單詞則爲詁，重語則爲訓，詁第就其字之義旨而證明之，訓則兼其言之比興而訓導之，此詁與訓之辨也。毛公傳《詩》多古文，其釋《詩》實兼詁、訓、傳三體，故名其書爲《詁訓傳》。嘗即《關雎》一詩言之：如"窈窕，幽閒也"，"淑，善；逑，匹也"之類，詁之體也。"關關，和聲也"之類，訓之體也。若"夫婦有別則父子親，父子親則君臣敬，君臣敬則朝廷正，朝廷正則王化成"，則傳之體也……訓故不可以該傳，而傳可以統訓故，故標其總目爲"詁訓傳"，而分篇則但言"傳"而已。①

"故（詁）訓"之爲體，主要是關注文本字面意指，由今通古，訓釋故言，因此馬瑞辰又謂，"詁訓則博習古文，通其轉注、假借，不煩章解句釋，而奧義自

---

① 馬瑞辰：《毛詩傳箋通釋·雜考各説》"《毛詩詁訓傳》名義考"，《毛詩傳箋通釋》，北京：中華書局，1989年，第1版，頁4～5。案：《漢志》著録《詩經》學著述，"詁"字寫作"故"。顔師古於《魯故》下注云："故者，通其指義也。它皆類此。今流俗《毛詩》改'故訓傳'爲'詁'字，失真耳。"朱駿聲《説文通訓定聲·豫部》謂"故"假借爲"詁"，是。

闕";①"傳"之爲體,則不拘於文本字面意思而引申之。"故(詁)訓"與"傳"的差異殆常凸顯在"詁"和"傳"之間,——"詁""訓"較近,兩者距"傳"均較遠。因此《漢志》著錄《齊詩》,有《齊后氏故》,又有《齊后氏傳》,有《齊孫氏故》,又有《齊孫氏傳》,而今文諸家,並無"訓"體著述。

  漢儒所謂"傳"有廣狹多種含義。狹義之"傳"與"詁"、"訓"或"詁訓"相對,故毛公之作明標爲《毛詩詁訓傳》。而較廣義之"傳"則可包括"詁訓"。《漢志》云:"漢興,魯申公爲《詩》訓故,而齊轅固、燕韓生皆爲之傳。或取《春秋》,采雜説,咸非其本義。與不得已,魯最爲近之。"《漢書·楚元王傳》云:"元王好《詩》,諸子皆讀《詩》,申公始爲《詩》傳,號《魯詩》。元王亦次之《詩》傳,號曰《元王詩》,世或有之。"《楚元王傳》所載申公之"《詩》傳"即《漢志》申公所爲之"《詩》訓故",亦即《漢志》著錄的《魯故》和《魯説》。② 這是以"傳"囊括"訓故"的典型例子。頗有意思的是,《漢志》以申公"訓故"與燕齊之"傳"並列,《楚元王傳》則以申公之"傳"概指其"訓故",前者是用"傳"之狹義,後者則是用"傳"較廣之義。從邏輯上説,這種較爲廣義的"傳"實亦包括與"詁訓"(析言曰"詁""訓")並列的狹義的"傳",故而《毛詩詁訓傳》一書後世習稱爲《毛傳》,不僅是簡單的縮略,正義釋毛氏"故訓傳"亦僅稱爲"傳"。《漢志》著錄《韓詩》"內傳",毫無疑問是相對於其"外傳"而言的,從這一個邏輯層面上看,它相當於較廣義的"傳"(就注釋體式論,《韓詩》之"內傳"在邏輯上當與其"故"和"説"有一定疊合之處)。③ 而最廣義之"傳"包括"外傳"和"內傳",即指涉《詩經》方面的全部著述,是相對於本經而言的。《漢志》説燕韓生爲《詩》"傳",具體則著錄了其《韓內傳》《韓外傳》等(《史記·儒林列傳》謂"韓生推《詩》之意而爲內外傳數萬言,其語頗與齊魯間殊,然其歸一也",可知《韓詩》之內外傳均出自韓嬰),此"傳"字顯然是使用最寬泛的意指。

  漢代《詩經》著述各體式間的邏輯關係,殆如表1-1所示:

---

① 馬瑞辰:《毛詩傳箋通釋·雜考各説》"《毛詩詁訓傳》名義考",《毛詩傳箋通釋》,頁4。
② 王先謙《漢書補注》云:"《魯故》即申公作";又云:"《儒林傳》'《魯詩》有韋……張、唐、褚氏之學',此《魯説》,弟子所傳。"
③ 若《韓內傳》不僅跟《韓外傳》對稱,而且跟《韓故》對稱,那麼它應該屬於"狹義的傳"。但這種可能性較小,因爲"內""外"應是構成第一層的邏輯區分。又王先謙《漢書補注》解釋《韓故》云:"此韓嬰自爲本經訓故,以別於內、外傳者,故《志》首列之。"此説不當。從著述體例上看,"故"不能與"內傳""外傳"並列。

表 1-1　漢代《詩經》著述體式之邏輯關係表

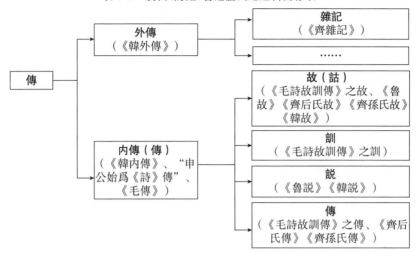

這些著述不是從同一個邏輯層面上命名的,也不是從同一個邏輯層面上使用各體,它們之間的邏輯關係相當複雜。作爲著述體式,"傳"可以在三種不同層面上存在;而作爲著述,《韓内傳》和《韓外傳》是從同一邏輯層面上命名的,同屬於《韓詩》的《韓説》和《韓故》則是從另一層面上命名的,而且它們還處於不同的位置;《毛詩故訓傳》一書所用"故""訓""傳"以及作爲"毛詩故訓傳"省稱的"毛傳",所涉著述體式竟分散在多個不同層面和位置上。

　　需要説明的是,筆者將《魯説》《韓説》歸爲内傳體著述,主要依據如下:《漢志》謂"魯申公爲《詩》訓故",又謂"齊轅固、燕韓生皆爲之傳。或取《春秋》,采雜説,咸非其本義。與不得已,魯最爲近之",其具體著録《魯詩》學著述則有《魯故》與《魯説》,而《漢書·儒林傳》則説"申公獨以《詩經》爲訓故以教,亡傳,疑者則闕弗傳",可知"説"與"故"均當爲"訓故"類著述。顔師古(581~645)解所謂"亡傳"爲"口説其指,不爲解説之傳",即依口説和文本之不同形態來區分"訓故"和"傳",恐怕不當。此處"傳"之爲體,當同《毛詩故訓傳》之"傳",與"故訓"並列(馬瑞辰將其界定爲"並經文所未言者而引申之",已見上揭)。對比前引《漢志》所謂"魯申公爲《詩》訓故,而齊轅固、燕韓生皆爲之傳",又可斷定《儒林傳》謂申公"亡傳",是指無《齊詩》傳、《韓詩》傳之類型的著述。總之,《魯説》必屬於内傳體。《韓説》有佚文八九條,①基本上是闡釋字詞及作品"本事",以《魯説》與傳世《毛傳》爲參照,可斷定它也是内傳

---

① 參見以下著作所輯録、整理之《韓詩説》,馬國翰輯:《玉函山房輯佚書》,上海:上海古籍出版社,1990年,第1版,頁530~531;董治安主編:《兩漢全書》第二册,濟南:山東大學出版社,1999年,第1版,頁40~42。

體著述。

這裏有必要強調，内外傳體是漢代經師自覺的分辨，絕非筆者據後以議前、強作區劃。《漢志》著録四家《詩》學著述云：

《魯故》二十五卷。
《魯説》二十八卷。
《齊后氏故》二十卷。
《齊孫氏故》二十七卷。
《齊后氏傳》三十九卷。
《齊孫氏傳》二十八卷。
《齊雜記》十八卷。
《韓故》三十六卷。
《韓内傳》四卷。
《韓外傳》六卷。
《韓説》四十一卷。
《毛詩》二十九卷。
《毛詩故訓傳》三十卷。

荀悦（148～209）《漢紀・孝成皇帝紀》云："《詩》始自魯申公作（古）〔詁〕訓；燕人韓嬰爲文帝博士，作《詩外傳》；齊人轅固生爲景帝博士，亦作《詩》外、内傳。由是有魯、韓、齊之學。"依文意及史實，韓嬰（約前200～前130）"作《詩外傳》"當爲"作《詩》外、内傳"之脱誤，否則下文"亦作《詩》外、内傳"之"亦"字便毫無著落。《韓詩》分立《内傳》和《外傳》一向爲世人熟知，《齊詩》同樣如此，知之者則甚爲寥落；而《齊詩》《韓詩》均分内、外傳，足見漢代經師運用這兩種體式的目的和追求大不相同。今《漢志》著録《齊詩》並無明標"内傳""外傳"者，但事實上，其"故"和"傳"殆屬於内傳體，與《魯故》之"故"、《毛傳》之"傳"同類，其《雜記》殆屬於外傳體。王先謙補注以爲《齊雜記》乃《漢志》下文所謂"采雜説"者（案見於下文"漢興，魯申公爲《詩》訓故，而齊轅固、燕韓生皆爲之傳。或取《春秋》，采雜説，咸非其本義"），其説頗可參酌。

事實上，漢以前經學著述之區分内外傳者，並不僅僅見於《詩經》學領域，《春秋》學著述也有類似情況。觀《漢志》既著録《公羊傳》，又著録《公羊外傳》，既著録《穀梁傳》，又著録《穀梁外傳》，便十分了然；而《漢志》所著録之《公羊雜記》，似正與《詩經》學之《齊雜記》爲同類，亦當爲外傳體著述。凡此都是極爲重要的旁證。

總而言之，漢代《詩經》學著述在自我定位上區劃内、外傳甚明，通常所説的今文《詩》學殆祇有《魯詩》無外傳之體，亦祇有《魯詩》較少旁衍之義，而古文《詩》學著述,則純然爲内傳之體。

二、外傳體著述之特質

毫無疑問,今存《毛詩故訓傳》及《韓詩外傳》二書,是證明漢代《詩經》學著述區分内外傳體的最有力材料。兩者本是内外傳體各自的經典製作,因此很自然地會成爲分辨内外傳體的理想標竿。清儒陳澧(1810~1882)曾感慨云:"西漢經學,惟《詩》有毛氏、韓氏兩家之書,傳至今日,讀者得知古人内傳、外傳之體,乃天之未喪斯文也!"(《東塾讀書記》卷六《詩》)惜乎,陳氏對内外傳體的把握並不具體,也並不到位。

下文將以《韓詩外傳》爲個案,考察《詩經》外傳體著述之特質。

《四庫總目》卷一六附錄《韓詩外傳》,評曰:

其書雜引古事古語,證以《詩》詞,與經義不相比附,故曰"外傳"。所采多與周秦諸子相出入。班固論三家之《詩》,稱其"或取《春秋》,采雜說,咸非其本義",殆即指此類歟……

案:《漢志》以《韓外傳》入《詩》類,蓋與《内傳》連類及之。王世貞稱"《外傳》引《詩》以證事,非引事以明《詩》",其說至確。今《内傳》解《詩》之說已亡,則《外傳》已無關於《詩》義,徒以時代在毛萇以前,遂列爲古來說《詩》之冠,使讀《詩》者開卷之初即不見本旨,於理殊爲未協。以其舍《詩》類以外無可附麗,今從《易緯》《尚書大傳》之例,亦別綴於末簡。

其謂《韓外傳》不當入《詩》類,陳義極爲痛快。陳澧亦稱《漢志》所謂"采雜說""非本義"者,"蓋專指'外傳'而言"(《東塾讀書記》卷六《詩》)。現在看來並非完全如此,但這種情形,確實於"外傳"爲尤甚。就傳世《韓詩外傳》而言,外傳體著述其實是以立意爲宗的子書;其內容雖主於宗經,有立足於儒典的觀念和價值體系,可是該體系以及支持該體系的材料多半不爲《詩》文本所"包含",——即便著者本人,也不認爲他所撰述的主體内容就是《詩》文本之意指。外傳體著述大量引《詩》,以暢衍、發揮著者之理念,弘揚儒學之價值(當然也不限於此,見下文所論),目的殊不在闡釋或研討《詩》,其暢衍和發揮太半不依詩義,其所涉事件往往出自詩外,——並非基於對詩歌本事的索求。

我們可以看看具體例子。《韓詩外傳》卷八第二十三章云:①

---

① 本書引《韓詩外傳》之文,據屈守元:《韓詩外傳箋疏》,成都:巴蜀書社,1996年,第1版。但屈著不標章次,本書所標章序據許維遹:《韓詩外傳集釋》,北京:中華書局,1980年,第1版。

孔子燕居，子貢攝齊（提起衣襴）而前曰："弟子事夫子有年矣。才竭而智罷，振於學問，不能復進。請一休焉。"孔子曰："賜也欲焉休乎？"曰："賜欲休於事君。"孔子曰："《詩》云：'夙夜匪懈，以事一人。'爲之若此其不易也，若之何其休也？"曰："賜欲休於事父。"孔子曰："《詩》云：'孝子不匱，永錫爾類。'爲之若此其不易也，如之何其休也？"曰："賜欲休於事兄弟。"孔子曰："《詩》云：'妻子好和，如鼓琴瑟。兄弟既翕，和樂且耽。'爲之若此其不易也，如之何其休也？"曰："賜欲休於耕田。"孔子曰："《詩》云：'晝爾于茅，宵爾索綯。亟其乘屋，其始播百穀。'爲之若此其不易也，若之何其休也？"子貢曰："君子亦有休乎？"孔子曰："闔棺兮乃止播耳。不知其時之易遷兮，此之謂君子所休也。故學而不已，闔棺乃止。"《詩》曰"日就月將"，言學者也。

這段文字，大抵是借《詩》的經典意義建構自己的論說，而且基本上承襲了《荀子・大略》篇的如下內容：

　　子貢問於孔子曰："賜倦於學矣，願息事君。"孔子曰："《詩》云：'溫恭朝夕，執事有恪。'事君難，事君焉可息哉！""然則賜願息事親。"孔子曰："《詩》云：'孝子不匱，永錫爾類。'事親難，事親焉可息哉！""然則賜願息於妻子。"孔子曰："《詩》云：'刑于寡妻，至于兄弟，以御于家邦。'妻子難，妻子焉可息哉！""然則賜願息於朋友。"孔子曰："《詩》云：'朋友攸攝，攝以威儀。'朋友難，朋友焉可息哉！""然則賜願息耕。"孔子曰："《詩》云：'晝爾于茅，宵爾索綯。亟其乘屋，其始播百穀。'耕難，耕焉可息哉！""然則賜無息者乎？"孔子曰："望其壙，皋如也，嵮（巔）如也，鬲如（若覆釜）也，此則知所息矣。"子貢曰："大哉死乎！君子息焉，小人休焉！"

以上兩段文字，其所採以《詩》證己的論說方式是完全相同的，其所發揮之政教倫理主題亦基本無異，——均闡揚自處處世、積極進德修業的道理。《大略》篇從"事君""事親""妻子""朋友"之道以及耕作方面立說（其中"親"指父母，而在古代，"事親"之要在於事父），《外傳》則着眼於"事君""事父""事兄弟"以及"耕田"。"妻子"之道固不同於"兄弟"之道，但兩文所舉《詩》證均含妻子與兄弟兩面，亦即均可朝另外一面發揮。個別《詩》證容有差別，如《大略》篇引《詩經・商頌・那》證"事君"，《韓詩外傳》則引《詩經・大雅・烝民》證"事君"，但也是所謂異曲而同工。故以上兩段之差別，主要是《大略》涉及朋友之道，《外傳》則未涉及。

　　解經式《詩》學著述最理想的境界是不羼入著家自我理念，唯凸顯《詩》之本位；即便不能達到這一境界，主觀上也要以追索《詩》本意爲歸宿。這就是筆者所謂《詩經》內傳體著述的基本特質。《詩經》外傳體著述的本位在著家之意而不在解《詩》，引《詩》祇是它佈置立説的手段，因此引《詩》不是必須的。《韓詩外傳》就有不少未引《詩經》的章節。比如卷九第五章云：

> 伯牙鼓琴，鍾子期聽之。方鼓琴志在山，鍾子期曰："善哉鼓琴！巍巍乎如太山。"志在流水，鍾子期曰："善哉鼓琴！洋洋乎若江河。"鍾子期死，伯牙擗琴絶絃，終身不復鼓琴，以爲世無足與鼓琴也。非獨琴如此，賢者亦有之。苟非其時，則賢者將奚由得遂其功哉？

這一章用伯牙之遇鍾子期類比賢者之遇時，所論道理，一如郭店簡文《穷達以時》所言，"又(有)亓人，亡(無)亓殜(世)，唯(雖)臤(賢)弗行矣。句(苟)又亓殜，可(何)(懂)〔慬(難)〕之又才(哉)"。其間並未引《詩》爲證。《韓詩外傳》不引《詩》的章節，此外尚有卷七"趙簡子有臣曰周舍"章；卷八"越王句踐使廉稽獻民於荆王"章，"齊景公使人於楚"章，"古者天子爲諸侯受封"章；卷九"孔子出遊少源之野"章，"孔子與子貢子路顔淵游於戎山之上"章，"賢士不以恥食，不以辱得"章，"孔子出衛之東門"章，"田子方之魏"章，"戴晉生弊衣冠而往見梁王"章，"傳曰昔戎將由余使秦"章，"晏子之妻布衣綀表"章，"齊王厚送女欲妻屠牛吐"章，"傳曰孔子過康子"章；卷一〇"齊景公游於牛山之上"章，"秦繆公將田而喪其馬"章，"吳延陵季子遊於齊"章，"顔淵問於孔子"章，"齊景公出田"章，"楚莊王將興師伐晉"章等等。《四庫全書總目》稱該書"未引《詩》者二十八條……均疑有闕文"。周廷寀校注《韓詩外傳》，亦往往懷疑文有脱漏。① 這種懷疑缺乏實據，其產生與前人昧於《詩經》外傳體著述之性質密切相關。《詩經》外傳體著述本不以解《詩》爲宗旨，雖往往引《詩》，卻亦不必章章如此，這原本是合情合理的事情，有什麼可以懷疑的呢？上揭不引《詩》的章節，從實質上凸顯了外傳體著述的定位。

更有啓發意義的是，《外傳》某些章節實以《老》《莊》思想爲立言之本位。譬如卷九第十六章云：

> 賢士不以恥食，不以辱得。《老子》曰："名與身孰親？身與貨孰多？得與亡孰病？是故甚愛必大費，多藏必厚亡。知足不辱，知止不殆。可以長久。""大成若缺，其用不敝。大盈若沖，其用不窮。大直若詘，大辯若訥，大巧若拙。其用不屈。""罪莫大於多欲，禍莫大於不知足，咎莫僭於欲得。故知足之足，常足矣。"

---

① 周廷寀之説，參見其校注《韓詩外傳》之各章下，《韓詩外傳 附補補逸 校注拾遺》，北京：中華書局，1985年，新1版。

此章就傳世《老子》而言,乃綜合第四十四、四十五、四十六三章而略有差異。這類兼采百家雜說以爲立言根基的文字,更能説明《外傳》之本殊不在解《詩》。更有甚者,《外傳》或同引《詩經》和《老子》,卻依《老子》立説。譬如卷三第二十一章云:

  公儀休相魯,而嗜魚。一國人獻魚而不受。其弟諫曰:"嗜魚,不受,何也?"曰:"夫欲嗜魚,故不受也。受魚而免於相,則不能自給魚。無受而不免於相,長自給於魚。"此明於爲己者也。故《老子》曰:"後其身而身先,外其身而身存。非以其無私乎,故能成其私。"《詩》曰:"思無邪。"此之謂也。

該章的核心觀念顯然是《老子》所謂"後其身而身先"云云(見傳世《老子》之第七章),其援引《詩經‧魯頌‧駉》篇"思無邪"來指言公儀休用心之純正,乃是從《老子》的立場上接受"思無邪"。其實從儒家立場説,意指"止僻防邪""歸於正"的"思無邪",與《老子》"後其身而身先"的"無私",可能並不相契。

  《韓詩外傳》引《詩》以闡發《老》《莊》思想者,並不一見。其他例子,如《外傳》卷一"傳曰喜名者必多怨"章,嘗引《詩經‧邶風‧雄雉》"不忮不求,何用不臧",來闡發"夫利爲害本,而福爲禍先。唯不求利者爲無害,不求福者爲無禍"。傳世《老子》第五十八章"福兮禍之所伏"等等,乃此章文字之所本。《外傳》卷一"傳曰水濁則魚喁"章,引《邶風‧旄丘》"何其處也?必有與也。何其久也?必有以也"二語,來發揮長生久視必因無爲之觀念,稱"惟其無爲,能長生久視,而無累於物矣"。眾所周知,"無爲"乃《老》《莊》核心範疇。"無爲"與長生久視關聯者,比如《莊子‧外篇‧天道》云:"夫虛靜恬淡寂漠无爲者,天地之平而道德之至,故帝王聖人休焉。休則虛,虛則實,實者倫矣。虛則靜,靜則動,動則得矣。靜則无爲,无爲也則任事者責矣。无爲則俞俞,俞俞者憂患不能處,年壽長矣。夫虛靜恬淡寂漠无爲者,萬物之本也。"長生久視之類觀念,見於傳世《老子》第七章:"天長地久。天地所以能長且久者,以其不自生,故能長生。"又見於傳世《老子》第五十九章:"治人事天,莫若嗇。夫爲嗇,是謂早服。早服謂之重積德。重積德則無不剋。無不剋則莫知其極。莫知其極,可以有國。有國之母,可以長久。是謂深根固柢、長生久視之道。"韓非子闡釋前兩句,云:"眾人之用神也躁,躁則多費,多費之謂侈。聖人之用神也靜,靜則少費,少費之謂嗇。嗇之謂(爲)術也,生於道理。夫能嗇也,是從於道而服於理者也。眾人離(罹)於患,陷於禍,猶未知退,而不服從道理。聖人雖未見禍患之形,虛無服從於道理,以稱早服。故曰:'夫謂嗇,是以早服。'"(《韓非子‧解老》)而"無累於物"之觀念見於《莊子》。如其《外篇‧天道》云,"知天樂者,无天怨,无人非,无物累,无鬼責";其《外篇‧刻意》云,"聖人之生也天行,其死也物化;静而與陰同德,動而與陽同波;不爲福先,不爲禍始;感而後應,迫而後動,不得已而後起。去知與故,循天之理。故无天災,无物累,无人非,无鬼責。其生若浮,其死若休"。當然,《外傳》此章警示求名求禄,主張無爲,以擺脱物累、延長性命,又與傳世《老子》第四十四章有關,所謂:"名與身熟(孰)親? 身與貨熟多? 得與亡熟病? 是故甚愛必大費,多藏必厚亡。故知足不辱,知止不殆,可以長久。"《外傳》卷五"福生於無爲"章,引《詩經·大雅·桑柔》之"大風有隧,貪人敗類",來闡發"知足""知止",亦本於傳世《老子》第四十四章。毛傳解《旄丘》"必有與也""必有以也"二語云,"言與仁義也","必以有功德也"。其説解方式與《外傳》差不多,卻真真凸顯了儒家《詩》學的立場。拿來與《外傳》比較,《外傳》之特質看得尤爲明顯。

上揭例子,更能説明《韓詩外傳》之立足點是傳達著者的理念而非解《詩》,《詩》不過是著者使用的語料而已(對於三百篇來説,《老》《莊》道家思想大抵祇是無關的外設)。

《韓詩外傳》引《詩》不求合乎《詩》義,往往祇需詩作某一點跟己意略相觸發。比如卷一第十八章云:"孔子曰:'君子有三憂:弗知,可無憂與? 知而不學,可無憂與? 學而不行,可無憂與?'《詩》曰:'未見君子,憂心惙惙。'"孔子言憂爲此章之本,《詩經·召南·草蟲》亦言憂,故連類而及。然孔子所言之憂爲"不知"之憂,爲"知而不學"之憂,爲"學而不行"之憂,《草蟲》所言之憂則爲"未見君子"之憂,其間之差别不可以道里計;——朱熹集傳謂"君子"乃妻指言其夫之詞,其實即便採用《五行》經文第五章所含對《草蟲》此語的理解,也不能契合孔子本意。《韓詩外傳》之引《詩》往往不是相關章節之根本,故承其統緒的《新序》《説苑》等在襲用《外傳》時,或逕省其"《詩》曰"云云。

《韓詩外傳》闡發之理念大要"是由融合儒門孟荀兩大派以上合於孔子的",①但明顯匯入了道、法諸家之思想。《外傳》徵引經典,以《詩》爲主,但不限於《詩》,而廣及《易》《書》《禮》《論語》等儒家文獻,復兼及道法家著述比如《老子》等等。《外傳》不引《詩》的章節並不少見,且即便引《詩》,亦不必爲《詩》而發。故許瀚(1797~1866)云:"……韓君説《詩》自有《内傳》,其《外傳》或引《易》(見二之七、八之四),或引《書》(見八之十六),或引《禮》(見四之八),或引《論語》(見五之三十三、六之六、十之十八),或引《傳》(見九之二十七),或竟不引《詩》,不必拘《詩》本義,並不必盡爲《詩》發也。"(《攀古小廬雜著》卷二《韓詩外傳校議》)

古人對《韓詩外傳》的性質早就有所認識。宋陳振孫(1181~1262)稱:

---

① 徐復觀:《兩漢思想史》第三卷,上海:華東師範大學出版社,2001年,第1版,頁15。

"《韓詩外傳》十卷……蓋多記雜説,不專解《詩》。"(《直齋書録解題》卷二)明王世貞(1526～1590)云:"《韓詩外傳》凡十篇……雜記夫子之緒言與諸春秋戰國之説家稍近於理者也,大抵引《詩》以證事,而非引事以明《詩》,故多浮泛不切、牽合可笑之語,蓋馳騁勝而説《詩》之旨微矣……"(《弇州山人四部稿》卷之一百十二《讀韓詩外傳》)清汪中(1744～1794)則云:"《韓詩》之存者,《外傳》而已,其引《荀卿子》以説《詩》者四十有四。由是言之,《韓詩》,《荀卿子》之别子也。"①若謂漢代《詩經》内傳體著述旨在發明詩作正義,那麽,外傳體著述則旨在傳布著者之意,——雖往往引《詩》,但所借者每每爲《詩》之旁義。所謂正義係《詩》之"本義",至少也是説《詩》者所追求的《詩》之"本義";所謂旁義係與正義隔一層或衹有某種字面瓜葛的意義。漢代《詩經》外傳體著述與先秦兩漢古籍之引《詩》性質相同,故清儒皮錫瑞(1850～1908)稱,《韓詩外傳》爲"引詩之體","非作詩之義"。② 徐復觀曾説:"……先秦諸子引用文獻上的材料時,全是爲了自己的思想作證。若用陸象山的話説,這是'六經注我';因此,他們對文獻的原義,常常是作一種轉移或引申的應用;若站在嚴格的注釋家的立場來看,可以説多是不合格的注釋。"③這一論斷基本上是可取的。

或許有人以《外傳》解釋字音字義的材料,來質疑筆者上述論斷。《一切經音義》引《韓詩》一百五十條,引《韓詩傳》十五條,引《韓詩外傳》二十四條。④ 比如,《音義》卷一七《大乘顯識經》卷下"捲縮"條云:"上渠圓反。《毛詩》云:捲,用力也。《韓詩外傳》云:縮,斂也。《説文》從手卷聲也。下,所六反,《説文》從糸宿聲也。"《音義》卷二二《新譯大方廣佛花嚴經》第三十五卷"生難遭想"條云:"《韓詩外傳》:遭,遇也。"《音義》卷二八《大方等頂王經》"凶禍"條云:"上朂邕反。《韓詩外傳》云:凶,危也。《尒疋》云:咎也。《説文》:凶,惡也,象地穿交陷其中也。經從歺作殎,非也。"《一切經音義》所録《外傳》這類材料,與其引録之《韓詩傳》並無本質差異。比如《音義》卷二一《新譯大方廣佛花嚴經》第十一卷"依怙"條云:"怙,胡古反。《爾雅》曰:怙,恃也。《韓詩傳》曰:怙,賴也。謂倚賴之也。"單看這些文字,外傳、内傳似無區分之必要。然而問題不能這樣考慮。其一,《詩經》内、外傳體著述的本質差異,本不

---

① 汪中:《荀卿子通論》,《述學·述學補遺》,李金松校箋:《述學校箋》,北京:中華書局,2014年,第1版,頁452。
② 皮錫瑞:《經學通論·詩經》"論《詩》有正義有旁義即古義亦未可盡信"條,《詩經》部分,頁3。
③ 徐復觀:《中國人性論史·先秦篇》,頁418～419。
④ 據國立北京大學研究院文史部編:《一切經音義引用書索引》,慧琳、希麟:《一切經音義》,臺北:大通書局,1985年,再版。

在是否訓釋文字，外傳體著述偶爾詮釋文字毫不奇怪。《藝文類聚》卷二、《初學記》卷二、《太平御覽》卷一二引《韓詩外傳》云："凡草木花多五出，雪花獨六出。雪花曰霙，雪雲曰同雲。"① 這就是訓釋文字的内容。馬國翰(1794～1857)《玉函山房輯佚書》輯《韓詩内傳》，録之於《小雅·頍弁》"先集維霰"句下，不過是逞其私意罷了。當然在外傳體著述中，文字訓釋所占比重明顯要低，比較《一切經音義》引録《韓詩》《韓詩傳》及《韓詩外傳》的不同頻次，便較然可知，——這一結果帶有必然性。其二，《韓詩外傳》今傳於世，佚失較少，論《外傳》不以此爲據，而憑《音義》區區幾條引文立説，殊爲失當。其三，據《音義》區區數條引文來論漢代《詩經》著述，不惟昧於漢代《詩經》著述之體類，且亦昧於音義之爲體。《一切經音義》祇會截取《外傳》中注釋字義的部分，而不會具引其上下文的人物、故事或論説，故據《音義》所引來論《外傳》，不又背離《音義》本旨乎？

三、内外傳體的局部疊合

漢代《詩經》之内、外傳體著述，自有極深刻的一致性。若不偏執於二者在處置《詩經》之定位、旨趣方面的差異，不偏執於它們關涉《詩經》時在字句篇章層面上的不同，以及在某些具體觀念上的齟齬或衝突，便可發現一個十分簡單的事實：它們努力張揚的根本思想植根於同一系統——以孔、孟、荀爲先導和基礎的儒學，其終極追求完全一致——脩身、齊家、治國、平天下，其作用於社會風俗或政教倫理亦可謂殊途同歸。對於這一事實，我們不必感到奇怪。先秦兩漢時期，有這種同一性的不同體式的著作絶非少見，尤其是在儒典内部。有鑒於此，本章所關注的，是漢代《詩經》内外傳體著述在其他方面的局部重疊。

作爲外傳體著述的經典之作，《韓詩外傳》有些章節在引《詩》用《詩》時表現了對詩作意藴的關注：或傾向於抉發其内涵，或傾向於揭明其本事。比如，《外傳》卷二第三十三章有云："《詩》曰：'親結其縭，九十其儀。'言多儀也。"案毛傳："縭，婦人之褘也。母戒女，施衿結帨。九十其儀，言多儀也。"《外傳》卷三第十章有云："《詩》曰：'有瞽有瞽，在周之庭。'紂之餘民也。"《外傳》卷三第十三章有云："《詩》曰：'勝殷遏劉，耆定爾功。'言伐紂而殷亡，武也。"案鄭箋："嗣子武王，受文王之業，舉兵伐殷而勝之，以止天下之暴虐而殺人者，年老乃定女(汝)之此功。"《外傳》卷三第十八章有云："《詩》曰：'先民有言，詢于芻

---

① 案《太平御覽》所録無"雪雲曰同雲"一語。

薨。'博謀也。"《外傳》卷三第三十三章有云:"《詩》曰:'不競不絿,不剛不柔。'言當之爲貴也。"《外傳》卷四第三十一章云:"僞詐不可長,空虛不可守,朽木不可雕,情亡不可久。《詩》曰:'鍾鼓于宮,聲聞于外。'言有中者,必能見外也。"案鄭箋:"王失禮於外,而下國聞知而化之,王弗能治,如鳴鼓鐘於宮中,而欲外人不聞,亦不可止。"《外傳》卷七第九章有云:"《詩》曰:'瞻彼中林,侯薪侯蒸。'言朝廷皆小人也。"案鄭箋:"侯,維也。林中大木之處,而維有薪蒸爾。喻朝廷宜有賢者,而但聚小人。"《外傳》卷一〇第十四章有云:"《詩》曰:'不明爾德,時無背無側。爾德不明,以無陪無卿。'言(大)〔文〕王諮嗟,痛殷商無輔弼諫諍之臣而亡天下矣。"這些片段基本上都是掘發詩作本意或本事,以所引毛傳、鄭箋爲參照,此旨甚明。

不過,在外傳體著述中,這類與內傳體疊合的部分相當少見,而且往往祇代表十分有限的局部。將其放回上下文語境中觀照,這種有限性可謂一目瞭然。比如,《韓詩外傳》卷二第三十三章云:

> 嫁女之家,三日不息燭,思相離也。取婦之家,三日不舉樂,思嗣親也。是故昏禮不賀,人之序也。三月而廟見,稱來婦也。厥明見舅姑,舅姑降于西階,婦升自阼階,授之室也。憂思三日,三月不殺,孝子之情也。故禮者因人情爲文。《詩》曰:"親結其縭,九十其儀。"言多儀也。

此章主旨是説女子嫁到夫家,在很長一個時期內婆家、娘家之禮儀甚多。其引《詩經·豳風·東山》"親結其縭,九十其儀"二語,僅僅是證成己説,僅僅是在一個跨度很大的時間維度上宣講普泛的禮儀,目的根本就不在解説此句之本旨。"親結其縭,九十其儀"二語原本限於指言女子出嫁時有諸多禮儀。故毛傳云:"縭,婦人之褘(佩巾)也。母戒女,施衿(衣小帶)結帨。九十其儀,言多儀也。"鄭箋云:"女嫁,父母既戒之,庶母又申之。九十其儀,喻丁寧之多。"毛傳就母戒女作解,切近字面意思,鄭箋則以意會,由母戒女擴大到父、母以及庶母戒女,二者之根本實無差異。《儀禮·士昏禮》記其事曰:"父送女,命之曰:'戒之敬之,夙夜毋違命!'母施衿結帨,曰:'勉之敬之,夙夜無違宮事!'庶母及門內,施鞶,申之以父母之命,命之曰:'敬恭聽,宗爾父母之言。夙夜無愆,視諸衿鞶!'"顯而易見,《外傳》引《東山》此句,並非用父、母、庶母送女戒女之本事(由文本把握這層信息並不難),它主要是借用"九十其儀"四字,來説明此後數月間娘家、婆家有諸多禮儀。《外傳》謂"九十其儀"句"言多儀",十分切當,但原詩的指涉對象明顯已被它"偷換"了。

《韓詩外傳》引《詩》用《詩》時明其本事者,僅有數例。比如《外傳》卷一第二章云:

> 傳曰：夫《行露》之人許嫁矣，然而未往也。見一物不具，一禮不備，守節貞理，守死不往。君子以爲得婦道之宜，故舉而傳之，揚而歌之，以絕無道之求，防汙道之行乎？《詩》曰："雖速我訟，亦不爾從。"

該章前半論《行露》篇本事，與鄭箋互相發明。傳世《召南·行露》之開篇云："厭浥行露，豈不夙夜？謂行多露！"鄭箋曰："言我豈不知當早夜成昏禮與？謂道中之露大多，故不行耳。今彊暴之男，以此多露之時，禮不足而彊來，不度時之可否，故云然。"鄭箋與《外傳》均着眼於女子守禮而不往。又如《外傳》卷一第二十八章云：

> 昔者周道之盛，召伯在朝。有司請營召以居。召伯曰："嗟！以吾一身，而勞百姓，此非吾先君文王之志也。"於是接而就蒸庶於阡陌隴畝之間，而聽斷焉。召伯暴處遠野，廬於樹下，百姓大悦，耕桑者倍力以勤。於是歲大稔，民給家足。爾後在位者驕奢不恤元元，稅賦繁數，百姓困乏，耕桑失時。於是詩人見召伯之所休息樹下，美而歌之。《詩》曰："蔽芾甘棠，勿剪勿伐，召伯所茇。"此之謂也。

此章所説與《召南·甘棠》文本意指契合。《甘棠》首章云："蔽芾甘棠，勿翦勿伐，召伯所茇。"鄭箋曰："茇，草舍也。召伯聽男女之訟，不重煩勞百姓，止舍小棠之下而聽斷焉。國人被其德，説其化，思其人，敬其樹。"《外傳》、鄭箋均據召伯不煩勞百姓，廬於樹下而聽治，來詮解此詩，兩者同樣可以互相發明（無疑，其源頭均在上博竹書所見之《孔子詩論》，可參閱《詩論》第四、第五章）。總而言之，《外傳》這些片段重視掘發詩歌本事及原指，有一定《詩經》學價值，顯示了外傳體著述與內傳體著述的疊合。

然而，這種疊合同樣是十分有限的。絕大多數情況下，《外傳》所及之事與《詩》文本無關。比如《外傳》卷一第三章敘孔子南遊適楚，至阿谷之隧，遇處子佩璜而浣云云，稱《周南·漢廣》之"南有喬木，不可休思。漢有遊女，不可求思"，"此之謂也"。孔子與阿谷婦人之事不可能就是《漢廣》之本事。《詩三百》很可能在魯襄公二十九年（前544）季札聘魯、觀周樂之前，就基本定型了，而當年孔子纔七歲。《外傳》作者對這些應該十分清楚，但是外傳之體允許他這樣寫、這樣説。

值得注意的是，漢代《詩經》內傳體著述也有局部通於外傳體者。陳澧曾說："《毛傳》有述古事，如《韓詩外傳》之體者，如《素冠》傳子夏、閔子騫三年喪畢見夫子一節，《小弁》傳'高子曰《小弁》小人之詩也'一節，《巷伯》傳'昔者顏叔子獨處于室'一節，《縣》傳古公處豳一節，'虞芮之君相與爭田'一節，《行葦》傳'孔子射於矍相之圃'一節，皆《外傳》之體；《定之方中》傳'建邦能命龜'

一節,雖非述古事,然因經文'卜云其吉'一語,而連及'九能',亦外傳之體也。"(《東塾讀書記》卷六《詩》)陳說尚不周備,且易於使人誤認爲"述古事"即是外傳之體。其實,內傳亦可述古事;從理論和實踐兩方面來說,真正要探求《詩》之正義、本義,述古事乃題中應有之義。不過內傳之述古事與外傳之述古事有本質上的差異:內傳所述古事是或被認爲是詩作本事,亦即被認爲與"作詩之義"聯爲一體,外傳所述古事則往往並非如此。陳澧並未意識到,問題之關鍵在於內外傳之述古事從根本上異趣。

舉例言之,《大雅·緜》首章有云:"古公亶父,陶復陶穴,未有家室。"毛傳曰:

> 古公,豳公也。古,言久也。亶父,字。或殷以名言,質也。古公處豳,狄人侵之。事之以皮幣,不得免焉。事之以犬馬,不得免焉。事之以珠玉,不得免焉。乃屬其耆老而告之曰:"狄人之所欲者,吾土地也。吾聞之,君子不以其所養人者害人。二三子何患乎無君?"去之,踰梁山,邑于岐山之下。豳人曰:"仁人之君,不可失也。"從之如歸市。陶其土而復之,陶其壤而穴之。室內曰家,未有寢廟,亦未敢有家室。

此傳固爲述古事(其事見於《孟子·梁惠王下》,又見於《莊子·雜篇·讓王》),卻是述詩作之本事,於詩本義大有關係。鄭箋謂:"傳自'古公處豳'而下,爲二章(案即《緜》詩下一章)而發。"《緜》詩下一章云:"古公亶父,來朝走馬。率西水滸,至于岐下。"鄭玄認爲此章所說,即古公"避惡",踰梁山,而至於岐山之下。要之,毛傳此處述古事歸根結底是解詩。《緜》詩下文又云:"虞芮質厥成,文王蹶厥生。予曰有疏附,予曰有先後,予曰有奔奏,予曰有禦侮。"毛傳曰:

> 質,成也。成,平也。蹶,動也。虞、芮之君,相與爭田,久而不平,乃相謂曰:"西伯,仁人也,盍往質焉?"乃相與朝周。入其竟,則耕者讓畔,行者讓路。入其邑,男女異路,班白不提挈。入其朝,士讓爲大夫,大夫讓爲卿。二國之君感而相謂曰:"我等小人,不可以履君子之庭。"乃相讓,以其所爭田爲閒田而退。天下聞之而歸者,四十餘國。

此傳述虞芮之君爭田、讓田之古事,意在解"虞芮質厥成,文王蹶厥生",亦與外傳體通常之述古事迥異。與此相似者,尚有《邶風·二子乘舟》云:"二子乘舟,汎汎其景。"毛傳曰:

> 二子,伋、壽也。宣公爲伋取於齊女而美,公奪之,生壽及朔。朔與其母愬伋於公。公令伋之齊,使賊先待於隘而殺之。壽知之,以告伋,使去之。伋曰:"君命也,不可以逃。"壽竊其節而先往,賊殺之。伋至,曰:

"君命殺我,壽有何罪?"賊又殺之。國人傷其涉危遂往,如乘舟而無所薄,汎汎然迅疾而不礙也。

此傳述古事,宗旨同樣是詮解詩句指涉的人物和事件,亦屬於內傳。

筆者認爲,《毛傳》中真正屬於外傳體的是以下例子:《鄘風·定之方中》謂"卜云其吉,終然允臧",毛傳序列九能;《檜風·素冠》謂"庶見素韠兮……聊與子如一兮",毛傳敘子夏、閔子騫三年喪畢之事;《小雅·魚麗》謂"魚麗于罶,鱨鯊",毛傳敘"古者不風不暴,不行火……鳥獸魚鱉皆得其所然";《小雅·小弁》謂"我躬不閱,遑恤我後",毛傳敘高子、孟子之辯;《小雅·巷伯》謂"哆兮侈兮,成是南箕",毛傳敘顏叔子與魯男子獨處之事;《大雅·行葦》謂"序賓以賢",毛傳敘孔子射於矍相圃;《大雅·瞻卬》謂"如賈三倍,君子是識。婦無公事,休其蠶織",毛傳敘"古者天子爲藉千畝……天子諸侯必有公桑蠶室"等等。

如《巷伯》"哆兮侈兮,成是南箕",毛傳云:

> 哆,大貌。南箕,箕星也。侈之言是必有因也,斯人自謂辟嫌之不審也。昔者,顏叔子獨處于室,鄰之釐婦又獨處于室。夜,暴風雨至而室壞。婦人趨而至,顏叔子納之而使之執燭。放乎旦而蒸盡,縮屋而繼之。自以爲辟嫌之不審矣。若其審者,宜若魯人然。魯人有男子獨處于室,鄰之釐婦又獨處于室。夜,暴風雨至而室壞。婦人趨而託之。男子閉戶而不納。……婦人曰:"子何不若柳下惠然?嫗不逮門之女,國人不稱其亂。"男子曰:"柳下惠固可,吾固不可。吾將以吾不可,學柳下惠之可。"孔子曰:"欲學柳下惠者,未有似於是也。"

《詩序》解其義云:"《巷伯》,刺幽王也。寺人傷於讒,故作是詩也。"鄭箋云:"巷伯,奄官。寺人,内小臣也。奄官上士四人,掌王后之命,於宫中爲近,故謂之巷伯,與寺人之官相近。讒人譖寺人,寺人又傷其將及巷伯,故以名篇。"《巷伯》不見得是"刺幽王",但序、箋其他説法,殆接近文本原旨。全詩前六章均斥責彼譖人者,末章則謂:"寺人孟子,作爲此詩。凡百君子,敬而聽之。"意思至爲顯豁。上揭毛傳所述古事,除"辟嫌"一意略可與原詩相觸發外,人物事件全非詩中所有,故屬於外傳之體。

這類例子凸顯了《毛傳》與漢代《詩經》外傳體著述的一致性,然而殆祇有六七事,不能代表《毛傳》的整體特質。楊樹達(1885~1956)嘗據《漢志》《韓詩外傳》及《毛傳》於《巷伯》敘顏叔子魯男子事、於《小弁》敘高子孟子事,斷定

"傳是取春秋,采雜説,非《詩經》本義的東西"。① 《韓詩外傳》自然可作證明,而《毛傳》可資取證者僅有上揭六七條,以此論斷《毛傳》之全體顯然不夠妥當,遑論此説尚昧於漢代《詩經》著述實有若干不同層次的傳。

一言以蔽之,漢代《詩經》外傳體著述與内傳體著述雖有上揭局部之疊合,但兩者整體特質迥異,其著述體式基本上不存在淆亂。

四、對内外傳體的迷失及《詩經》學的缺憾

把握漢代經師對内外傳體的自覺區分,對考辨漢代《詩經》學有極爲重要的意義。從嚴格的現代學術立場上看,内傳體著述纔真正是追索詩義、具有《詩經》學價值的文獻。今文三家《詩》學,本來《魯故》《魯説》《齊后氏故》《齊孫氏故》《齊后氏傳》《齊孫氏傳》《韓故》《韓内傳》《韓説》等,亦堪爲研究漢代《詩經》學的適當材料,但幾於完全湮滅,《韓詩外傳》猶存,卻不能彰顯今文《詩》學乃至《韓詩》學的特質。因此,欲研究漢代《詩經》之學,現存最值得信賴的著述,祇有毛亨《詩詁訓傳》、鄭玄《毛詩傳箋》《詩譜》,由此向上可溯源至《詩序》,由此向下可延伸至《毛詩正義》。《詩序》旨在追索《詩經》各篇之本事本義(順帶提一句,《詩序》雖創辟於子夏,其中小序則或爲子夏、毛公合作之結果,它是否真正能得詩作本事和本義,可另作討論),②爲毛傳繼承和發揮,鄭箋以弘揚《詩序》與毛傳爲主,正義則弘揚序、傳、箋。這一系列文獻以《詩序》爲核心,而《詩序》則與新出之《詩論》《五行》密切相關(參閱本書第二、第六章等)。陳奂(1786~1863)稱:"卜子子夏親受業於孔子之門,遂檃括詩人本志,爲三百十一篇作序。"(《詩毛氏傳疏》敘)《詩序》以"檃括詩人本志"爲追求,是典型的内傳體著述。毛傳爲《詩序》之落實,自然也是内傳體之經典。鄭玄於《六藝論》中,自謂注《詩》,"宗毛爲主,其義若隱略,則更表明,如有不同,即下己意,使可識别也"。③ 鄭箋亦以此成爲内傳體著述的抗鼎之作。其後正義依違於序、傳、箋之間,研究漢代《詩經》學亦頗可取資。總之,這一批經典著述建構了漢唐《詩經》學的"形態模式",影響至深至遠。

需要稍作説明的是,筆者論定《詩經》外傳體著述没有嚴格的《詩經》學意

---

① 楊樹達:《積微居小學述林》卷六"離騷傳與離騷賦"條,《積微居小學述林全編》,上海:上海古籍出版社,2007 年,第 1 版,頁 400~401。
② 參閲拙作《衛宏作〈詩序〉說駁議:兼申鄭玄子夏作〈大序〉、子夏毛公作〈小序〉説》,《中國學術》第十四輯,頁 163~187。
③ 此數語見《毛詩正義》開篇"鄭氏箋"下,陳澧以爲"字字精要"(參見《東塾讀書記》卷六《詩》)。

義，並非就其某一章、某一節、某一句立論，而是就其整體實質而言的。比如《韓詩外傳》，其部分章節或語句掘發詩作內涵，揭舉詩作本事，蘊含着漢代《韓詩》學的部分情實，因此有一定《詩經》學價值（這些部分從本質上說略同於內傳體著述，即與內傳疊合），但在《外傳》洋洋大篇中，此類例子總量上殊爲寥寥，而且在各個例子中也有高度的局限性，它們實在無法改變《外傳》的整體性質和基本定位，據此論斷《外傳》之全體，殊欠妥當。所以《韓詩外傳》固爲漢代《詩經》外傳體著述僅存的碩果，在《詩經》學意義上絕對不能與內傳體著述等量齊觀。同樣的道理，漢代《詩經》內傳體著述雖或有局部通於外傳，但同樣不影響其整體性質。有鑒於此，筆者纔說作爲漢以前《詩經》內傳體著述的僅存碩果，上揭《毛詩》系列的文獻最能凸顯漢儒注解詮釋《詩經》的實績。《詩序》《毛傳》等著述固有誤執前人引《詩》之義者，卻總是以抉發《詩》義爲旨歸，跟外傳旨在引用和發揮《詩》的旁衍義迥乎不同。——古今所有昧於內外傳體之別的《詩經》學研究都是不科學的。

當然，說《韓詩外傳》之類外傳體著述不具備嚴格的《詩經》學價值（或者說，它們並非注釋和研究《詩經》，祇是利用《詩經》來助成己論），並不意味着它們對研究《詩經》沒有意義。其他方面毋庸細論，單其所引詩作與《毛詩》之異文，即頗有助於考見《詩經》在漢代傳播的複雜樣態，探究《詩》義時或可參考。——但話說回來，外傳體著述對於研究三百篇的價值，與其是否具有《詩經》學價值終究還是兩碼事。

明確上揭事實，對迷失在今古文之間的漢代《詩經》學研究有一定反撥作用。更值得反思的是，這些事實，意味着後人所輯今文《詩》說絕非探討漢代《詩經》學的理想材料，因爲它們不僅未能反映漢代今文《詩》內傳體著述的原貌，而且根本無意於區分內外傳以及它們關聯的文本正義和旁義。較之漢儒自覺區分內外傳體著述，這無疑是一個巨大的退步。從《詩經》學領域看，輯佚之學隱含了有宋以降《詩經》研究領域的一系列流弊。

陳喬樅（1809～1869）《魯詩遺說考自叙》述其輯錄《魯詩》遺說之路徑，云：以"申公之學出自荀子"，斷定"凡《荀子》書中說《詩》者，大都爲魯訓所本"，而綴之列於《魯詩》；以"原其所自始"，孔安國（案其生卒年不詳，孔子第十一世孫，武帝時任博士）從申公（即申培，約前219～前135，文帝時任博士）受《詩》，見於《史記·儒林列傳》，太史公（案即司馬遷）嘗從孔安國問業，其所習當爲《魯詩》（"觀其傳儒林首列申公，敘申公弟子首數孔安國，此太史公尊其師傅，故特先之"），而列《史記》之《詩》說爲《魯詩》；依"漢人傳經最重家學"，知劉向劉歆父子世習《魯詩》，劉向《說苑》《新序》《列女傳》諸書"所稱述必出於《魯詩》無疑矣"，故列之於《魯詩》；依白虎觀會議諸儒，如魯恭（32～

112)、魏應(約7～80)皆習《魯詩》，承制掌問難又出於魏應，而列《白虎通》引《詩》於《魯詩》之說。復進一步據學說授受、同異、勾連諸關係，推而廣之。陳喬樅《齊詩遺說考自敘》述其輯錄《齊詩》佚文、佚義之路徑，云："於經徵之《儀禮》、大小戴《禮記》，於史徵之班固《漢書》、荀悅《漢紀》，於諸子百家徵之董仲舒《春秋繁露》、焦贛《易林》、桓寬《鹽鐵論》、荀悅《申鑒》。"①陳氏考論與依據之《詩》學承接授受關係，這裏暫且從略。關鍵是，即便類似考訂百分百正確，忽視漢代《詩經》著述之內外傳體之分與正義旁義之別，仍是一個重大問題。陳喬樅《韓詩遺說考自敘》述輯錄《韓詩》遺說之路徑，謂"《外傳》中引《詩》者皆散附各篇"，由此推求漢代《韓詩》之學。

陳喬樅的思考和做法在學界具有很大的普遍性，前此及後此治《詩》學者基本上都依循這種路徑，——容或有一些具體差別。比如，王應麟(1223～1296)《詩考》後序與前引陳喬樅《魯詩遺說考自敘》同，認爲劉向所述乃《魯詩》。而王引之(1766～1834)則以爲劉向所述爲《韓詩》，他曾提出以下論證：

《列女傳·貞順傳》蔡人妻傷夫有惡疾而作《芣苢》，與《文選·辯命論》注所引《韓詩》合。《賢明傳》"周南大夫妻言仕於亂世者，爲父母在故也，乃作詩曰'魴魚赬尾'"云云，與《後漢書·周磐傳》注所引《韓詩章句》合。《貞順傳》召南申女以夫家"一物不具，一禮不備，守節持義，必死不往，而作詩曰'雖速我獄'"云云，與《韓詩外傳》合。《母儀傳》衛姑定姜賦《燕燕》之詩，與《坊記》鄭注合；鄭爲記注時，多取《韓詩》也。又《上災異封事》引《詩》"密勿從事"，與《文選·爲宋公求加贈劉前軍表》注所引《韓詩》"密勿同心"，皆以"密勿"爲"黽勉"。然則向所述者乃《韓詩》也。(《經義述聞》卷七"劉向述《韓詩》")

又如，陳喬樅《齊詩遺說考自敘》以班固入《齊詩》，根據是依《漢書·敘傳上》，班固之從祖班伯"少受《詩》於師丹"，"叔皮父子世傳家學"，又據《漢書·儒林傳》，師丹受《詩》於匡衡，"《齊詩》有翼、匡、師、伏之學"。而阮元《三家詩補遺》則入班固於《魯詩》。該書《魯詩》部分輯錄了《漢書·敘傳下》"遷閱既多"，以及《白虎通·嫁娶》篇"論嫁娶以春"章所謂"嫁娶必以春何？……天地交通，萬物始生，陰陽交接之時也"，等等。葉德輝(1864～1927)《阮氏三家詩補遺敘》認爲阮說亦未據。其申說云，《詩·商頌·烈祖》正義引《五經異義》，有謂"《詩》魯說丞相匡衡以爲殷中宗"，則匡衡亦未嘗不兼通《魯詩》，且《漢

---

① 案陳氏該段所舉歷史人物之生卒年如下：董仲舒，前179～前104；焦贛，生卒年不詳，昭帝(前86～前74在位)時爲小黃令；桓寬，生卒年不詳，宣帝(前73～前49在位)時任爲郎；班固，32～92；荀悅，148～209。

志》論三家,又有"與不得已,魯最爲近之"之語等。雖然在這些具體問題上衆說紛紜,然古今學者考察三家《詩》的方向與實質並無太大的差異,就是說,其遊戲規則是相同的,祇不過具體遊戲有所不同而已。

對考察漢代《詩》學的起承流變來說,此類輯佚成果固非毫無價值,然而其撰著者在采輯典籍中與《詩經》相關的材料時,對内外傳體之分別缺乏清醒的認識,更無詳審的考辨,唯率意視之爲漢代《詩經》學之典要,動輒據以論三家《詩》之勝義、批《毛詩》之拙劣或者相反等等,這些做法都是不科學的。

陳壽祺(1771～1834)、陳橋樅父子因申公之學出於荀子,便斷定《荀子》之説《詩》者均爲《魯詩》所本。其實《荀子》言《詩》,太半屬於引《詩》之義(亦即旁義)。比如,《荀子·修身》篇云:"夫師,以身爲正儀而貴自安者也。《詩》云:'不識不知,順帝之則。'此之謂也。"這是用《大雅·皇矣》所說的"順帝之則",來證成師之安於"以身爲正儀"。"順帝之則"強烈凸顯了終極存在的指令,安於"以身爲正儀"則強烈指向内在的自律,荀子應該知道其間的差異,祇是利用二者安行準則這一局部共同點而已。《荀子·不苟》篇云:"君子行不貴苟難,説不貴苟察,名不貴苟傳,唯其當之爲貴。《詩》曰:'物其有矣,唯其時矣。'此之謂也。"鄭玄箋《小雅·魚麗》"物其有矣,維其時矣"一語,云:"魚既有,又得其時。"荀子祇是用魚"得其時"的適當性,來說明君子於行、説、名各方面惟求其"當",荀意距離詩本義簡直不可以道里計。說荀子不知道其間差別當是厚誣,要知他此時無須亦無意於求詩作之本義。——在這類例子中,引《詩》著文者與所引詩作明顯有不同的祈向,引《詩》者視而不見,祇是因爲引《詩》之體不等於説《詩》;即便引者所用之義與詩本義契合,也往往祇是出於偶然,不是他一定有此追求。

實際上,作爲《詩經》外傳體著述之代表,《韓詩外傳》恰恰就是從《荀子》引《詩》發展而來的。《外傳》思想上立足於《荀子》,引《荀子》凡五十四次,並直接繼承和發展了《荀子》事與《詩》結合、史與《詩》結合的表達方式。① 《荀子》與《外傳》這層關聯,不僅意味着陳氏父子將《荀子》之説《詩》綴列爲《魯詩》之説值得商榷,而且意味着,即便他們歸之於《韓詩》之説,也不見得更合理,因爲《荀子》之説《詩》,符同的僅僅是漢代《詩經》著述中的外傳之體。《荀子》引《詩》不以展示《詩》學成果爲出發點和歸宿,《外傳》之宗旨也不在於昭示著者在注解、研究《詩經》方面的成績。《荀子》引《詩》不具備嚴格《詩經》學意義,與《韓詩外傳》不具備嚴格《詩經》學意義,其道理正同,而可以互證。

---

① 參閲徐復觀:《兩漢思想史》第三卷,頁14～15、頁5。

陳壽祺陳橋樅等人又因爲劉向世修《魯詩》，斷定《説苑》《新序》《列女傳》等書所稱述之《詩》説皆出於《魯詩》。然而其一，劉向諸書所引不必就是《魯詩》之説，至少未必是《魯詩》一家之説。王引之論斷劉向所述者爲《韓詩》，已見於上文。清儒全祖望(1705～1755)也質疑劉向所述爲《魯詩》之説，嘗云："劉向是楚元王交之後，元王曾與申公同受業於浮邱伯之門，故以向守家學，必是《魯詩》。然愚以爲未可信。劉氏父子皆治《春秋》，而歆已難向之説矣，安在向必守交之説也。向之學極博，其説《詩》，考之《儒林傳》，不言所師，在三家中，未敢定其爲何《詩》也。"①徐復觀更詳細地論列和統計了《新序》《説苑》吸收《韓詩外傳》的情況，指出："一般認爲劉向是《魯詩》世家，所以劉向有關《詩》的説法，是代表《魯詩》的説法。此雖出於推測，但在學術傳授的實際情況中，並非不合理。不過……劉向實際引用了大量的《韓傳》及《韓傳》中所引用的'詩曰'；……《新序》《説苑》……對詩的採用與否，有較大的自由，並非出於傳承中門户的不同。"②這是值得思考的意見。其二，劉氏《新序》諸作之引《詩》雖或有可資以考知漢代今文《詩》學者，但就其著述體式而言，諸作"承《韓詩外傳》之風而興起"，③其"采傳記行事"(《漢書·楚元王傳》)的著述方式直接秉承了《韓詩外傳》的影響。依徐復觀之考察，《新序》與《韓詩外傳》故事內容及引《詩》均無不同、惟文字稍有出入者，卷一有二條，卷四有四條，卷五有六條，卷六有二條，卷七有六條，卷八有兩條；《説苑》故事內容及引《詩》均與《韓詩外傳》相同者，卷一有一條，卷三有三條，卷四、卷五、卷六各有一條，卷七有兩條，卷八有兩條，卷一七有五條，卷一八有兩條，卷一九有一條。④兩書故事內容跟《韓詩外傳》相同、唯不引《詩》者復有不少，徐著都有有詳細的羅列。經過仔細比對，徐復觀提出："《新序》較《説苑》，吸收《韓傳》者爲多。若《新序》之三十卷未殘，則《韓傳》幾全爲兩書所吸收。由此可以斷言《新序》《説苑》之作，蓋承《韓傳》之統緒而有所發展。"⑤至少有一點可以肯定：《説苑》《新序》等作之引《詩》者同樣屬於外傳體；《韓詩外傳》既非研治漢代《詩經》學的理想材料，踵繼《外傳》的《新序》《説苑》等作當然也不是。

陳氏等人於《齊詩》特標翼奉(生卒年不詳，元帝時以中郎爲博士、諫大

---

① 全祖望：《經史問答》卷三，朱鑄禹彙校集注：《全祖望集彙校集注》，上海：上海古籍出版社，2000年，第1版，頁1901。
② 徐復觀：《兩漢思想史》第三卷，頁43～48、頁47。
③ 同上書，頁4。
④ 參閲上書，頁43、頁44～47。
⑤ 同上書，頁47。

夫)"五際六情"之説。① 案翼奉云:"臣聞之於師,治道要務,在知下之邪正。人誠鄉正,雖愚爲用;若乃懷邪,知益爲害。知下之術,在於六情十二律而已。北方之情,好也;好行貪狼,申子主之。東方之情,怒也;怒行陰賊,亥卯主之。貪狼必待陰賊而後動,陰賊必待貪狼而後用,二陰並行,是以王者忌子卯也。《禮經》避之,《春秋》諱焉。南方之情,惡也;惡行廉貞,寅午主之。西方之情,喜也;喜行寬大,巳酉主之。二陽並行,是以王者吉午酉也。《詩》曰:'吉日庚午。'上方之情,樂也;樂行姦邪,辰未主之。下方之情,哀也;哀行公正,戌丑主之。辰未屬陰,戌丑屬陽,萬物各以其類應。"(《漢書·眭兩夏侯京翼李傳》)何耿鏞將其間六情説匯爲表1-2:②

表1-2 六情

方向	北	東	南	西	上	下
情	好	怒	惡	喜	樂	哀
行	貪狼	陰賊	廉貞	寬大	姦邪	公正
主	申子	亥卯	寅午	巳酉	辰未	戌丑
附注	貪狼必待陰賊而後動,陰賊必待貪狼而後用,二陰並行,是以王者忌子卯也。《禮經》避之,《春秋》諱焉。			二陽並行,是以王者吉午酉也。《詩》曰:"吉日庚午。"		辰未 屬陰 戌丑 屬陽

翼奉又云:"臣奉竊學《齊詩》,聞五際之要《十月之交》篇,知日蝕地震之效昭然可明……"(《漢書·眭兩夏侯京翼李傳》)《毛詩正義》疏解《詩序》"是謂四始,《詩》之至也",云:

案《詩緯汎歷樞》云:"《大明》在亥,水始也。《四牡》在寅,木始也。《嘉魚》在巳,火始也。《鴻鴈》在申,金始也。"與此不同者,緯文因金木水火有四始之義,以《詩》文託之。又鄭作《六藝論》,引《春秋緯·演孔圖》云"《詩》含五際、六情"者,鄭以《汎歷樞》云,"午亥之際爲革命,卯酉之際爲改正。(辰)〔亥〕在天門,出入候聽"。卯,《天保》也。酉,《祈父》也。午,《采芑》也。亥,《大明》也。然則亥爲革命,一際也;亥又爲天門,出入候聽,二際也;卯爲陰陽交際,三際也;午爲陽謝陰興,四際也;酉爲陰盛

---

① 後人進一步有所補苴,如張峰屹《翼奉〈詩〉學著述存留考》(南開大學文學院《文學與文化》編委會編:《文學與文化》第八輯,天津:南開大學出版社,2008年,第1版,頁247~255),或可參考。

② 何耿鏞:《經學簡史》,廈門:廈門大學出版社,1993年,第1版,頁135。

陽微,五際也。其六情者,則《春秋》云"喜、怒、哀、樂、好、惡"是也。《詩》既含此五際六情,故鄭於《六藝論》言之。①

何耿鏞將《齊詩》五際説匯總爲表格形式,②今調整和修補如表1-3:

表1-3 《齊詩》五際説

五際	申	《鴻鴈》		金始
	酉	《祈父》	酉爲陰盛陽微,五際也	
	巳	《南有嘉魚》		火始
四際	午	《采芑》	午爲陽謝陰興,四際也	
	寅	《四牡》		木始
三際	卯	《天保》	卯爲陰陽交際,三際也	
二際	亥	《大明》	亥又爲天門,出入候聽,二際也	水始
一際			亥爲革命,一際也	

翼奉所謂六情五際(相關者尚有五性説等等),從上揭材料中當可看出一些名堂。此説直接關聯於《詩經》,主要是翼奉提及的《小雅·吉日》以及《十月之交》,前者有謂"吉日庚午",後者有謂"十月之交,朔月辛卯。日有食之,亦孔之醜",然亦多臆設。事實十分明顯,六情五際云云整體上屬於詩作旁衍之義而非詩本義,而追逐旁衍之義恰恰就是外傳體著述的特質。皮錫瑞謂"《齊詩》多同緯説,五際六情,皆出於緯";又謂"《詩》之五際四始,亦別傳而非正傳矣"。③ 五際六情之説不惟是別傳,且相當後起。徐復觀指出:"乃陳喬樅《齊詩遺説考》特劃定《儀禮》、戴《記》、《漢書》、荀悦《漢紀》、《春秋繁露》、《易林》、《鹽鐵論》、《申鑒》諸書中有關《詩》的材料,作爲《齊詩》的範圍,采輯以成《齊詩遺説》,可謂荒謬絶倫。至《翼奉傳》所載翼奉'四始五際六情'之説,乃受夏侯始昌以

---

① 案"辰在天門,出入候聽","辰"字當爲"亥"之譌。下文云"亥又爲天門,出入候聽",是其堅證。郎顗引《詩氾歷樞》"卯酉爲革政,午亥爲革命,神在天門,出入候聽",宋均注謂"天門,戌亥之間,乾所據者",可爲旁證。《禮記·月令》"乃擇元辰",鄭注"元辰,蓋郊後吉亥也","亥"字閩本、監本、毛本、嘉靖本、衛氏《集説》作"辰",宋本作"亥",岳本等引古本同(參閱王太岳等纂輯:《四庫全書考證》,上海:商務印書館,1936年,第1版,頁397;以及清阮元校刻《十三經注疏》附校勘記,北京:中華書局,1980年,第1版,頁1360上)。此"亥"之譌爲"辰",亦可爲旁證。又,《嘉魚》當即《小雅·南有嘉魚》。
② 參閲何耿鏞:《經學簡史》,頁133—134。
③ 皮錫瑞:《經學通論·詩經》"論《關雎》爲刺康王詩,齊魯韓三家同"條,以及"論四始之説當從《史記》所引《魯詩》,《詩緯》引《齊詩》異義亦有可推得者"條,《詩經》部分,頁5、頁15。

陰陽五行傳會《洪範》言災異的影響,他把這一趨向拓展於《詩》的領域,而更向旁枝曲徑上推演,以成怪異不經之說,既無與於《詩》教,亦非轅固之所及料。《史記·孔子世家》中所稱'四始',與《毛詩》四始之義相合,史公不習《毛詩》,蓋此乃諸家的通義,可知翼奉以'水始、木始、火始、金始'爲四始,史公時尚未出現。乃有的清儒竟以此爲《齊詩》的特徵,可謂誣妄之甚。"①

尤有甚者,《韓詩遺説考》"雖以考《韓詩》遺説爲主,然全採《韓詩外傳》"。② 這一點,最可見輯佚者對漢代《詩》學著述之分內外傳體十分茫昧。

古籍指稱漢代《詩》説的方式加重了後人對內外傳體的迷失。比如舊典引文之標示"韓詩"者,既可能出自《韓內傳》《韓故》《韓説》,又可能出自《韓外傳》。《漢書·楚元王傳》稱"申公始爲《詩》傳,號《魯詩》",而《漢志》著録的則是《魯故》《魯説》,可見引《魯故》《魯説》者可以逕稱爲"魯詩"。由此推論,出自《韓詩》各著述者均可逕稱爲"韓詩"。《太平御覽》卷六三七引《韓詩》:"古者必有命民,民有能敬長憐孤、取舍好讓者,命於其君,然後得乘飾車駢馬……"馬國翰《玉函山房輯佚書》錄之於《韓詩故》卷上,繫於《唐風·蟋蟀》"役車其休"句下,甚謬。這段文字其實見於《韓詩外傳》卷六第五章。《太平御覽》卷八二二引《韓詩》:"齊人青將討公孫無知,辭其友。其友曰:'耕田刈草,農之力也。討君之賊,大夫職也。'"馬國翰錄之於《韓詩故》卷上,繫於《豳風·七月》"三之日于耜,四之日舉趾"句下,今人所編《兩漢全書》亦繫之於《韓詩故》,其實有待商榷。與此相類,舊典引文標示"韓詩傳"者,既可能出自《韓內傳》,又可能出自《韓外傳》,甚至還有其他可能。何休(129~182)注《公羊傳》桓公五年(前707)"大雩者何? 旱祭也",云:"君親之南郊,以六事謝過,自責曰:'政不一與? 民失職與? 宮室榮與? 婦謁盛與? 苞苴行與? 讒夫倡與?'"徐彥疏謂:"皆《韓詩傳》文。"馬國翰錄之於《韓詩內傳》,繫於《大雅·雲漢》"滌滌山川"句下,今人所編《兩漢全書》亦繫之於《韓詩內傳》,殆亦不妥。這兩段文字均屬於外傳體(如上文所説,《韓詩外傳》承襲《荀子》者甚多,"君親之南郊,以六事謝過"一事,極有可能爲《外傳》承襲《荀子》湯禱之文,可參《荀子·大略》篇)。引《詩》説者既未明示其內外傳體,輯佚者更變其本而加厲,若此如何讓人信從呢?

漢人遺説,在確證其出自內傳體著述前,不應率意視爲漢人之解《詩》。"鄭交甫將南適楚,遵彼漢皋臺下,乃遇二女,佩兩珠,大如荆雞之卵。"有些學者認定爲《韓詩》遺説,甚或被用來解釋《周南·漢廣》。這樣做其實值得商

---

① 徐復觀:《中國經學史的基礎》,《徐復觀論經學史二種》,上海:上海書店出版社,2002年,第1版,頁117。
② 參閱屈守元:《陳喬樅〈韓詩遺説考〉敍録》,《韓詩外傳箋疏》所附,頁963。

權。李善(約630～689)注《文選》卷四張衡《南都賦》"游女弄珠於漢皋之曲"一語,引此事,謂出《韓詩外傳》;注卷一二郭璞(276～324)《江賦》"感交甫之喪珮"一語,引此事,謂出於《韓詩內傳》;①注卷二三阮籍(210～263)《詠懷》"二妃游江濱,逍遙順風翔。交甫懷環珮,婉孌有芬芳"數語,引《列仙傳》"江妃二女出游江濱,交甫遇之",謂"餘與《韓詩內傳》同,已見《南都賦》",則似《南都賦》注所引當作《韓詩內傳》;然其注卷三五張景陽(？～307)《七命》"漢皋之榛"語,引"鄭交甫遵彼漢皋臺下",又謂出《韓詩外傳》。《太平御覽》卷六二引"鄭交甫過漢皋,遇二女,妖服珮兩珠"云云,謂出《韓詩》;卷八〇二引"漢女所弄珠如荆雞卵",謂出《韓詩內傳》。《初學記》卷七引"鄭交甫過漢皋,遇二女,妖服珮兩珠"云云,謂出《韓詩》。可見此說實不可遽然認定爲《韓詩》內傳之說,更不可貿然以此來認知漢代《詩經》之學;——從漢代《詩經》著述之體式看,"鄭交甫"云云亦顯然爲外傳體。

　　類似例子尚多。《太平御覽》卷七四二引"《芣苢》,傷夫有惡疾也",謂出《韓詩外傳》。李善注《文選》卷五四劉孝標(462～521)《辯命論》"冉耕歌其《芣苢》",引此語,謂出《韓詩》。就其體式而言則當屬於內傳體。《太平御覽》卷八八六引"溱與洧,說人也。鄭國之俗,二月上巳之日,於兩水上招魂續魄,祓除不祥,故詩人願與所說者俱往觀也",謂出《韓詩外傳》。李善注《文選》卷四六顏延年(384～456)《三月三日曲水詩序》,引"三月桃花水之時,鄭國之俗,三月上巳於溱、洧兩水之上,執蘭招魂,祓除不祥也",謂出《韓詩》;宋葉廷珪(生卒年不詳,宣和五年進士)《海錄碎事》卷二引此事,謂出《韓詩外傳》;宋祝穆(1210～？)撰《古今事文類聚後集》卷二〇,錄"鄭國之俗,三月上巳於溱、洧之上,招魂續魄,秉蘭草祓除不祥",亦作《韓詩外傳》。然《藝文類聚》卷四、《北堂書鈔》卷一五五、《太平御覽》卷三〇及卷九八三、《通典》卷五五、《宋書》卷一五《禮志》二引此事,俱謂出自《韓詩》。隋杜臺卿(生卒年不詳)《玉燭寶典》卷三兩引此事,皆謂出自《韓詩章句》。而梁宗懍(500？～563?)《荆楚歲時記》曰:"……《韓詩》云:'唯溱與洧,方洹洹兮。唯士與女,方秉简(蕑)兮。'注謂:'今三月桃花水下,以招魂續魄,祓除歲穢。'"據這種有詩有注之體式,諸書所引鄭國招魂祓除之俗當非出自《韓詩外傳》。要之,舊典所引三家《詩》說,在確證其出自內傳體著述前,實不能遽然肯定它們反映了漢代《詩經》學的實際。

　　必須意識到,歷代《詩經》輯佚著作之駁雜、紛亂、不完整以及牽强附會,

---

① 此注所引較詳,故錄於下以備參酌:"鄭交甫遵彼漢皋臺下,遇二女,與言曰:'願請子之珮。'二女與交甫,交甫受而懷之,超然而去,十步循探之,即亡矣。回顧二女,亦即亡矣。"

決定了它們不可能是考論漢代《詩經》學的理想材料。錢穆(1895~1990)批評清代經師之偏弊,云:"清代經師,盛尊漢學,高談師說家法,已失古人真態。又強別古文、今文,誤謂博士官學,皆同源一本,自成條貫,而古學起與立異。分門別户,橫增壁壘,掇拾叢碎,加以部勒,還視當時章句,曾不能千萬得一;而肆其穿鑿,強爲綴比,積非成是,言漢學者競引據焉。"①徐復觀也説:"《齊詩》亡於魏,《魯詩》不過江東,《韓詩》僅存《詩傳》十卷,其中亦有殘缺,僅《毛詩故訓傳》完整地傳了下來,真可謂魯殿靈光,實中國文化,也是人類文化的大幸。今日欲言四家《詩》優劣,乃向壁虚造之談,實無比較的基礎。清人爲三家《詩》所作的輯佚工作,存千百於一二,在學術上也極可貴。但從事此種工作的人多先存一賤毛而尊三家的成見,並於無可摭拾中出之以附會。"②這些説法都不無道理。然而更關鍵的問題,還是歷代學者尤其是輯佚者昧然無識漢代《詩經》著述之區隔内外傳體,導致相關的輯佚著作不具備可靠的《詩經》學價值,且猶治絲而益棼之。明乎漢儒自覺區分内外傳,便可知外傳體著述迥非研究漢代《詩經》學的理想材料;明乎外傳體著述非研究漢代《詩經》學的理想材料,便可知《荀子》《新序》《説苑》等典籍大量引《詩》,亦迥非《詩經》闡釋的反映。而祇有清醒認識漢代《詩經》著述對内傳外傳的區隔,纔能把握漢代《詩》學的實際,廓清有宋以來《詩經》學研究的根本流弊。

五、簡帛文獻中的《詩經》著述及引《詩》之體

基於漢代《詩經》著述強烈區隔内外傳體一事,反觀新出先秦文獻,自然可以知道,從《詩經》學層面上看,這些文獻的價值同樣需要分層處理,——簡單地分別處理不能算是妥當。所以我們必須冷靜下來,不能因爲見到有些新出文獻大量援引《詩經》,便興奮地睡不着覺,斷言"《詩經》學"又如何如何。有學者曾説:"先秦的儒家《詩》學文獻(包括傳世與出土文獻兩個方面),可以歸納爲以下兩個方面:其一是形式上的,即文獻本身對《詩經》的稱引和解釋,其對《詩》的稱引和解釋應該與其主題有内在的關聯,簡帛《緇衣》《五行》《孔子詩論》等顯然可以滿足這些要求。其二是内容上的,即該文獻討論的主題與《詩》的解釋之間有着内在的聯繫,如郭店簡《性自命出》、上博簡《性情論》等。除專門論《詩》的《孔子詩論》外,出土簡帛中還有一些篇章引《詩》爲説,屬於第二類《詩》學文獻,同樣是先秦儒家的重要解《詩》方式……"③又有學

---

① 錢穆:《兩漢經學今古文平議》,北京:商務印書館,2001年,第1版,頁258~259。
② 徐復觀:《中國經學史的基礎》,《徐復觀論經學史二種》,頁128。
③ 劉冬穎:《出土文獻與先秦儒家〈詩〉學研究》,頁76。

者提出,郭店楚簡"既有引《詩》證説,也有對《詩》義及其功能的論述","這些引《詩》、論《詩》對研究先秦《詩經》,研究先秦儒家的《詩》學和《詩》教,都具有不可忽視的意義"。① 這些論説頗有道理,但是對《詩經》著述之内外傳體之分,或説對作詩之義與引詩之義之區隔,還有待於加深認識。如果引一引《詩經》就算是《詩經》學著作,那《詩經》學的門檻也太低了。《詩經》學必以發明《詩經》及其所含文本的特質爲本位。

本文使用的"《詩經》著述"是一個含混的稱謂,它既包括從現代學術立場上説嚴格的"《詩經》學"著述,也包括從現代學術立場上説不屬於嚴格"《詩經》學",卻與《詩經》有强烈關聯的著述。筆者試以若干新出簡帛文獻爲例,依據其價值將其分列爲三層:其一是内傳體著述,其二是與内傳體密切關聯的著述,其三是外傳體著述(參見表 1-4);之後再略加申説。

表 1-4　新出簡帛文獻與内外傳體關聯示意

内傳體	上博戰國楚墓竹書《詩論》等。
與内傳體密切關聯	郭店戰國楚墓竹書《五行》《告自命出》《六惪》《語叢一》等;馬王堆漢墓帛書《五行》等;上博戰國楚墓竹書《告意論》《民之父母》等。
外傳體	郭店戰國楚墓竹書《茲衣》、上博戰國楚墓竹書《紂衣》等。

上博竹書《詩論》,即通常所説的《孔子詩論》,包含孔子以《詩》教的大量材料。它直接評析詩作五十餘篇,遍見於傳世《毛詩》之《國風》《小雅》《大雅》《頌》四大部分。其第四章評析《關雎》《樛木》《漢廣》《鵲巢》《甘棠》等詩,第五章評析《甘棠》《木瓜》等詩,第六章評析《墻有茨》《隰有萇楚》《蓼莪》等詩,第七章評析《小雅·黄鳥》等詩,有時僅以數字論斷,卻都顯示了帶有整體性的精準把握。其第八章評析《文王》等詩,雖然衹針對作品局部設言立論,往往亦甚精準。不僅如此,《詩論》第一章、第十章還有對"頌""大雅""小雅""國風"諸詩類的論析,還有對包括這幾大塊的《詩》的整體論析。不僅如此,《詩論》第三章還有對跟"樂"和"文"並列的一般性的"詩"的論析。謂《詩論》爲構思宏大而精密的《詩經》學建構,一點都不過分。從著述體式上説,它是漢代内傳體著述的源頭,應該納入《詩經》内傳體序列(當然,它在戰國時代的影響完全不限於《詩經》學範域)。

與内傳體著述相對待的是外傳體著述。在簡帛文獻中,這一方面的代表作是郭店簡《茲衣》或上博簡《紂衣》,與傳世《禮記·緇衣》篇對應。有本章前幾節論析在上,這一類著述已無須細論。要言之,這一類著述即便是就所引

---

① 廖名春:《新出楚簡試論》,頁 45。

詩句的本義發揮，也是將相關詩句納入一個超出甚至背離其所屬文本意指的宏大立言結構中使用，迥非以解《詩》爲本位。譬如《茲衣》第二章云：

> 子曰：又（有）郘（國）者章好章亞（惡），以視民厚，則民青（情）不紂（忒）。《寺（詩）》員（云）："情（靖）共（恭）尔立（位），好氏（是）貞植（正直）。"

該章所引詩句今見《小雅·小明》，唯"好氏貞植"一語略可與"章好章亞"相觸發，所謂"情共尔立"全然在言説者意思之外，而"視民厚，則民青不紂"之意亦全然在原詩意思之外。其實在很多情況下，這類著述的引《詩》者祇是就其附會給詩作的意指來倡衍發揮，而無須關心詩作本義。先秦史傳文獻如《左氏春秋》之引《詩》，諸子文如《荀子》之引《詩》，漢代經子史著作如《韓詩外傳》《説苑》《新序》《列女傳》之引《詩》等等，均應作如是觀。無論是從形式上，還是從意涵上，閲讀這種文獻都需要迅速從引文回歸引者的宏大論説，引用經典差不多祇是他們的言説策略。

介於内傳體著述與外傳體著述之間的，是一批與内傳體著述密切關聯，或者説局部具有内傳體特質的文獻。這些文獻的某些局部追索《詩》本義，或者基於《詩》本義展開論説，而且它們本身就是立言宗旨的一部分，而不祇是出於言説的策略。

《眚自命出》上篇云：

> 凡衍（道），心述（術）爲宝（主）。衍四述，唯人衍爲可衍也。亓（其）厽（三）述者，衍之而已。《時（詩）》《箸（書）》《豊（禮）》《樂》，亓匃（始）出皆生於人。《時》，又（有）爲爲之也。《箸》，又爲言之也。《豊》《樂》，又爲昰（舉）之也。聖人比亓（其）頪（類）而侖（論）會之，葷（觀）亓（之逡）〔先後〕而逆訓（順）之，體亓宜（義）而即（節）曼（文）之，里（理）亓青（情）而出内（入）之，肰（然）句（後）復以教。教，所以生惠於中者也。

這段文字也見於上博簡《眚意論》。它應該是對孔子經學建構最早的集中論説之一，其中"聖人"毋庸置疑是指孔子。這一論説，強調了孔子以《詩》《書》《禮》《樂》教的目的性，即"又爲"；強調了孔子從事的核心工作，即"侖會之""逆訓之""即曼之""出内之"，"肰句復以教"。《六惪》篇（篇題係整理者擬加）云："古（故）夫夫，婦婦，父父，子子，君君，臣臣，六者客（各）行亓敞（職），而峉（獄）夐（犴）亡（無）鯀（由）迮（作）也。葷（觀）者（諸）《時（詩）》《箸（書）》則亦才（在）壴（矣），葷者《豊（禮）》《樂》則亦才壴，葷者《易》《春秋》則亦才壴。新（親）此多也，會（密）此多〔也〕，頮（美）此多也。人衍（道）宔（無）止。"《語叢一》謂："《易》，所以會天衍（道）人衍也。《詩》，所以會古含（今）之恃（志）也者。

《春秋》，所以會古含(今)之事也。《豊(禮)》，交之行述(術)也。《樂》，或生(性)或教者也。《書》，▢者也。"①其論斷《書》的文字有所殘缺，卻仍可見出孔子將《詩》《書》《禮》《樂》《易》《春秋》納入體系的不同側重或立足點。《民之父母》載子夏問"五至"，孔子答曰："五至虖，勿(物)之所至者，《志(詩)》亦至安(焉)；《志(詩)》之所至者，《豊(禮)》亦至安；《豊(禮)》之所至者，《樂》亦至安；樂之所至者，悥(哀)亦至安(焉)，悥樂相生。"《禮記•孔子閒居》的對應部分作："志之所至，《詩》亦至焉。《詩》之所至，《禮》亦至焉。《禮》之所至，《樂》亦至焉。樂之所至，哀亦至焉，哀樂相生。"這一段互見的論説，也應當與孔子建構的《詩》《禮》《樂》密切相關。子曰："興於《詩》，立於《禮》，成於《樂》。"(《論語•泰伯》)《正義》云："此章記人立身成德之法也。興，起也。言人脩身，當先起於《詩》也。立身必須學《禮》，成性在於學《樂》。不學《詩》，無以言；不學《禮》，無以立；既學《詩》、《禮》，然後《樂》以成之也。"其中"不學《詩》，無以言""不學《禮》，無以立"二語，爲孔子教誨孔鯉的話(見《論語•季氏》)。從內部貫通一致的《詩》《禮》《樂》祇能是孔子及其後學建構的結果，而不可能是它們的原生態。

以上所有論述祇有置於孔子建構經學的基礎上，纔能準確認知。有了這些論述，孔子將《詩》《書》《禮》《樂》《易》《春秋》建構爲六經，建構爲"不同而一"的體系，便獲得了最早的事實性表達或確認。嗣後諸子言及六經之實際與名號者，如《莊子•雜篇•天下》《莊子•外篇•天運》等，便都不可置疑。《天下》篇謂"《詩》以道(導)志，《書》以道(導)事，《禮》以道(導)行，《樂》以道(導)和，《易》以道(導)陰陽，《春秋》以道(導)名分"，《天運》記孔子謂"丘治《詩》《書》《禮》《樂》《易》《春秋》六經，自以爲久矣，孰(熟)知其故矣"等等，均可與上舉發現於公元前300年以前之楚墓、其產生必更早的儒典互相證明。

子思《五行》與《詩經》學的關聯更爲複雜。廖名春曾將郭店簡文《五行》篇之引《詩》分爲兩類："引《詩》説《詩》"與"引《詩》證言"。② 但是不將説文納入考察視野，《五行》經文便很難準確理解，祇有將《五行》經、説關聯起來審視，很多問題纔可以看得更準確、更清楚、更到位。《五行》經文第二十章云：

(柬)〔柬(簡)〕之爲言猷(猶)䌛也，大而晏(罕)者也。匿之爲言也猷匿匿也，少(小)而訪(訬)〔診(軫)〕者也。(柬)〔柬〕，義之方也。匿，悥(仁)之方也。勥(剛)，義之方。矛(柔)，悥(仁)之方也。"不勥(強)不株(絿)，

---

① 案：《語叢一》原第四十四簡殘，僅餘"者也"二字，裘錫圭認爲當是關於《書》的殘簡(參見荊門市博物館編：《郭店楚墓竹簡》，頁200)，可從。

② 廖名春：《新出楚簡試論》，頁68～75。

第一章　由漢代《詩經》著述之內外傳體回觀新出先秦文獻的《詩經》學價值　117

不勥(剛)不矛(柔)",此之胃(謂)也。

相應之説文有云：

"聞(簡),義之方也。匿,仁之方也":言仁義之用心之所以異也。義之盡,聞也。仁之盡,匿。大 義 加大者,大仁加(仁)小者。故義取聞,而仁取匿。"《詩》員(云)'不勴(競)不 絿 (絿),不剛不柔',此之胃(謂)也":勴者强也,絿者急也;非强之也,非急之也,非剛之也,非柔 也 ,言无所稱焉也。此之胃者,言仁義之和也。

《五行》此章經説所引詩句,今《毛詩·商頌·長發》篇作"不競不絿,不剛不柔",説文"非强之也,非急之也,非剛之也,非柔之 也 ,言无所稱焉也",明顯是在解釋這兩句的意指,即强調超越"强""急",超越單純"剛"或"柔"的適當性,又進一步申釋爲"仁義之和",十分切當,符合《詩經》内傳體著述解《詩》的常用模式。《五行》説文第二十三章云：

……目(侔)萬物之生(性)而 知人 獨有仁義也,進耳。"文王在上,於昭于天",此之胃(謂)也。文王源耳目之生(性)而知亓 好 聲色也,源鼻口之生而知亓好臭(臭)味也,源手足之生而知亓好勞(佚)餘(豫)也,源 心 之生則巍然知亓好仁義也。故執之而弗失,親之而弗離,故卓然見於天,箸(著)於天下。无他焉,目也。故目人體(體)而知亓莫貴於仁義也,進耳。

該章引《詩經·大雅·文王》之"文王在上,於昭于天"二語,來申釋"目萬物之生而 知人 獨有仁義也,進耳",接下來便闡發這兩句詩的意指。"卓然見於天,箸(著)於天下"二語,釋"在上,於昭于天";"執之(好仁義之性)而弗失,親之而弗離"二語,説破文王所以如此之由;"文王源耳目之生而知亓好聲色"數語,補足文王"執之""親之"之入手工夫(有類《荀子·解蔽》所説的"守道以禁非道")。總體來說,這是子思對"文王在上,於昭于天"極完整的《詩》學詮釋。

更值得注意的是,《五行》説文第二十五章云：

"榆(喻)而 知 之,胃(謂)之進 之 ":弗榆也,榆則知之 矣 ;知之則進耳。榆之也者,自所小好榆虖(乎)所大好。"茭芍(窈窕) 淑女 , 唔 眛(寤寐)求之",思色也。"求之弗得,唔眛思伏(服)",言亓急也。"繇才(悠哉)繇才,㛫摶(輾轉)反廁(側)",言亓甚急也。 急 如此亓甚也,交諸父母之廟，爲諸？則有死弗爲之矣。交諸兄弟之廟，亦弗爲也。交諸邦人之廟，亦弗爲也。畏父兄，亓殺畏人，禮也。鷁（由）色榆於禮，進耳。

此章説文在申説經言時，引用了《周南·關雎》部分詩句，並且加以詮釋。論者從這些詩句中，發掘出主人公情思發展最關鍵的幾個層次，足見其入詩之深、説詩之妙。至少除最後的"拔高"以外，他完全是在解《詩》，——實際上，在漢唐《詩經》學的形態模式中，這種"拔高"也不算是出格。我們還應該考慮到，這一段文字，無論核心話語還是主旨，均承繼了上博《詩論》（唯稍有變化而已），就這一層關係而言，説它符同於《詩經》內傳體著述也是無可懷疑的。

以上，筆者僅列舉了一些典型例子來作説明（實際上，新出戰國儒典之心性學説差不多是基於以《詩論》爲代表的孔子《詩》學體系建構的，其詳請參閱本書第四章），而很多問題也衹是點到爲止，它們將在以後的具體論述中變得更加明晰。

餘 論

本章前面五節的內容可概括爲三個方面：一是論漢代《詩經》著述有內、外傳體之分；二是論歷代學者忽視這種分別給《詩經》學造成的弊端；三是基於漢代《詩經》著述有內、外傳體之分，來反觀新出文獻，剖析它們在《詩經》學價值上的不同。

筆者的目的，不是泛論漢代不同《詩經》著述的差別（比如毛傳、鄭箋與《韓詩外傳》之異），而是就漢人相關著錄及現存相關文獻，從更高的撰著或注釋"體式"上，把握其間的本質差別。筆者强調漢人《詩經》著述存在內傳體和外傳體之歧異，不止意味着《詩序》《毛傳》《鄭箋》跟《韓詩外傳》有所述種種不同，而且意味着，即便就在所謂今文《詩》學範圍內，《韓內傳》和《韓外傳》，以及轅固所作《詩》外傳和《詩》內傳，亦截然有異。外傳體著述有一定的《詩經》學價值，可從著述體式上看，外傳體著述並不就是《詩經》學的，研究《詩經》學更可靠的對象文本還是內傳體著述。

新出漢代以前的內傳體《詩經》著述，如《詩論》，具有極高的《詩經》學價值；與內傳體著述密切關聯者，如《㫌自命出》《五行》等，有特殊的《詩經》學背景，從嚴格的《詩經》學立場上説也必須給予關注；偏重引詩之義的外傳體著述，比如《茲衣》等等，儘管對研究《詩經》不無價值，於思想學術史其他方面的價值更不可質疑，但其《詩經》學意義實不能與前兩者並論。後世引録漢代

《詩經》著述的文獻,由於缺乏對內外傳體的自覺區隔,對於認知漢代《詩經》學的有效性大打折扣。歷代輯佚著作也因未辨內外傳體,喪失了嚴格的《詩經》學意義。

　　本章反思過往的學術史,也應該對當下相關的學術動態作出回應。首先,在相關古籍之整理方面,最值得關注的新動向是,劉小楓等學者主編《中國傳統·經典與解釋》叢書,其所含《十三經清人注疏叢編》部分業已整理出版了清儒馮登府(1780～1840)所撰《三家詩遺說》,陳氏父子的《三家詩遺說考》等著述也正在整理中。① 從廣義"解釋"尤其是西方解釋學的立場上看,這樣做毫無問題。可一旦將三家《詩》放回其原有的歷史語境中觀照,問題立刻就凸顯出來了。三家《詩》輯佚著作根本未意識到漢代《詩經》著述有內外傳體之分別,未意識到內外傳體原本領有大不相同的學術定位;而在面對這些輯佚著作時,學界至今還缺乏應有的反省。其次在著論方面,陳戍國《論三家詩勝義與四家詩盛衰:兼論解〈詩〉不當拘泥家法》是一篇功力甚深,很有分量,也很有代表性的論著,從初稿到定稿凡經十五個年頭,數易其稿,② 但在涉及《詩經》內外傳體的問題上,它還是應跳出窠臼。近年來,三家《詩》學及三家《詩》輯佚方面頗有新著,如俞豔庭《兩漢三家〈詩〉學史綱》、趙茂林《兩漢三家〈詩〉研究》等。③ 這些都是《詩經》研究方面的可喜成果,但漢代《詩經》著述內外傳體之分及其深刻的學術史意義,依舊未獲得清醒的認知。

　　從研究漢代文學及學術的大局上看,祇有給漢代《詩經》外傳體著述以準確的歷史定位,纔能準確定位漢代《詩經》之內傳體著述,並把握漢代《詩經》學的真相;同時,祇有給漢代《詩經》外傳體著述以準確的歷史定位,漢代文學、學術上的另外一個重要傳統,即由《韓詩外傳》到《說苑》《新序》《列女傳》的歷史進展,纔能得到真實彰顯。就這一大局而言,與其說本章壓低了漢代《詩經》外傳體著述的地位,毋寧說它抬升了這些著述的獨特價值。

---

① 案:前著已由華東師範大學出版社於 2010 年出版。
② 陳戍國:《詩經芻議》,長沙:嶽麓書社,1997 年,第 1 版,頁 1～76。
③ 俞豔庭:《兩漢三家〈詩〉學史綱》,濟南:齊魯書社,2009 年,第 1 版。趙茂林:《兩漢三家〈詩〉研究》,成都:巴蜀書社,2006 年,第 1 版。

第二章 《詩經》學視野中的楚竹書《詩論》

2001年11月,上海古籍出版社出版了《上海博物館藏戰國楚竹書》第一册,引發了巨大反響。其中有一篇包括二十九支完整或殘缺竹簡的文獻,被整理者定名爲《孔子詩論》(或許稱爲《詩論》更爲妥當,但"循名責實",問題也不算太大),[1]——它是本書關注的重點對象之一。很快就有一大批學者投入到《詩論》簡的排序、編聯工作中,抑或考釋注解其文字,探討其題名與作者,分析簡二至簡七上下端留白之緣由(今簡一上下兩端殘缺甚重,揆度現存部分,考慮它與整組留白簡的位置關係,似可以斷定它也是一枚留白簡),又或鉤稽其所論《詩經》作品之題名,剖判其學術史尤其是《詩》學史價值,等等等等。[2] 短短數年内產生的相關論文以及信息報導多至千餘篇。可以毫不誇張地說,《詩論》研究很快就成了當代學壇涵蓋文史哲多個領域的"顯學"。

上揭幾方面的較早成果,值得推介的甚多。李學勤有《〈詩論〉的體裁和作者》《〈詩論〉與〈詩〉》以及《〈詩論〉分章釋文》;[3]周鳳五有《〈孔子詩論〉新釋文及注解》,同時有《論上博〈孔子詩論〉竹簡的留白問題》;[4]俞志慧有《〈戰國楚竹書·孔子詩論〉校箋》,以及《竹書〈孔子詩論〉芻議》;[5]姜廣輝有《關於古

---

[1] 李學勤估計這組簡原爲二十三支(參閱氏著《談〈詩論〉"詩亡隱志"章》,《文藝研究》2002年第2期,頁31),可備參考。

[2] 劉信芳《孔子〈詩論〉與新世紀的學術走向:〈詩論〉研究述評》一文,介紹、評析了《詩論》發表後幾個月内各方面的研究成果(《安徽大學學報(哲學社會科學版)》2002年第4期,頁32~39),可資參考。

[3] 其第一篇論文收入上海大學古代文明研究中心、清華大學思想文化研究所:《上博館藏戰國楚竹書研究》,上海:上海書店出版社,2002年,第1版,頁51~61;第二篇論文刊載於《中國哲學》編輯部編,姜廣輝主編:《經學今詮三編》(《中國哲學》第二十四輯),瀋陽:遼寧教育出版社,2002年,第1版,頁121~138;第三篇亦即《〈詩論〉分章釋文》,作爲前兩文之附錄出現。

[4] 以上兩文均收入上海大學古代文明研究中心、清華大學思想文化研究所編:《上博館藏戰國楚竹書研究》,頁152~172、頁187~191。

[5] 案俞氏兩文均刊載於簡帛研究網,其鏈接分別爲 http://www.jianbo.org/Wssf/2002/yuzhihui01-1.htm,http://www.jianbo.org/Wssf/2002/yuzhihui02.htm(訪問時間2003年3月29日)。

〈詩序〉的編連、釋讀與定位諸問題研究》,又有《古〈詩序〉復原方案》及其修正本;①范毓周有《關於上海博物館所藏楚簡〈詩論〉文獻學的幾個問題》,又有《上海博物館藏楚簡〈詩論〉的釋文、簡序與分章》;②江林昌有《上博竹簡〈詩論〉的作者及其與今傳本〈毛詩序〉的關係》,又有《楚簡〈詩論〉與早期經學史的有關問題》;③濮茅左有《〈孔子詩論〉簡序解析》;④陳立有《〈孔子詩論〉的作者與時代》;⑤曹道衡(1928~2005)有《讀戰國楚竹書〈孔子詩論〉》;⑥廖名春有《上海博物館藏〈戰國楚竹書・孔子詩論〉研究淺見》,方銘有《〈孔子詩論〉與孔子文學目的論的再認識》,傅道彬有《〈孔子詩論〉與春秋時代的用詩風氣》,王小盾與馬銀琴有《從〈詩論〉與〈詩序〉的關係看〈詩論〉的性質與功能》等。⑦ 這些著論充滿了真知灼見,奠定了《詩論》文本解讀與學術史探討的堅實基礎,嗣後很多研究都是"接着"説。限於本書之宗旨,這裏不能一一舉列或細細評介。⑧ 此外近些年來,《詩論》研究方面無疑也有一批重要成果,比如晁福林的皇皇巨著《上博簡〈詩論〉研究》。⑨ 這裏也不能一一論列。

但是不管怎麽説,對《詩論》的研究遠遠還没有結束。李學勤指出:"從歷史上的經驗看,對這樣内涵豐富的出土文獻,肯定要經過長期探究琢磨,纔能有深入的體認理解。"⑩已發布數十年的《五行》篇至今仍在熱烈的研討中,《詩論》亦將如此。特別需要提起的是,《詩論》跟傳統《詩經》學的深度整合有

---

① 案《古〈詩序〉復原方案》一文,刊載於簡帛研究網,http://www.jianbo.org/Wssf/2002/jiangguanghui04.htm(訪問時間2003年3月29日);《諸問題研究》與《方案》修正本,均刊載於姜廣輝主編:《經學今詮三編》,《中國哲學》第二十四輯(後者作爲附録出現),頁143~181。

② 前者刊載於簡帛研究網,http://www.jianbo.org/Wssf/2002/fanyuzhou05.htm(訪問時間2003年3月29日);後者見上海大學古代文明研究中心、清華大學思想文化研究所編:《上博館藏戰國楚竹書研究》,頁173~186。

③ 兩文分别刊載於《文學遺産》2002年第2期,頁4~15;姜廣輝主編:《經學今詮三編》《中國哲學》第二十四輯),頁208~221。

④ 該文收入上海大學古代文明研究中心、清華大學思想文化研究所編:《上博館藏戰國楚竹書研究》,頁9~50。

⑤ 該文收入上海大學古代文明研究中心、清華大學思想文化研究所編:《上博館藏戰國楚竹書研究》,頁62~73。

⑥ 該文刊載於《北京大學學報(哲學社會科學版)》2002年第3期,頁45~52。

⑦ 以上四文,均刊載於《文藝研究》2002年第2期,頁42~45、頁33~36、頁39~42、頁45~48。

⑧ 案:上海大學古代文明研究中心、清華大學思想文化研究所編《上博館藏戰國楚竹書研究》收録了廖名春、朱淵清所編《上海博物館藏戰國楚竹書研究目録》(頁465~477),可瞭解相關論文以及重要的新聞報導。

⑨ 案該書由商務印書館於2013年出版。

⑩ 李學勤:《〈詩論〉説〈關雎〉等七篇釋義》,《齊魯學刊》2002年第2期,頁90。

推進的巨大必要性,其對反思《詩經》學史的重大價值還需要需大力挖掘。當然,《詩論》在語言文字學、文獻學方面的基礎探討仍如火如荼地進行着,一系列基本問題,比如竹簡編聯、文字隸定及詮釋、作者作年的研判等,並未達成共識。但這祇是提醒我們,在從學術史角度研討《詩論》時,應抱持耐心、審慎的態度。

一、《詩論》:《詩經》學創立初期的一種具體形態

《詩論》有六處以"孔子曰"起頭,引述孔子對《詩經》整體或其中具體篇什的看法,①今舉列之於下:

孔子曰:寺(詩)亡隱(隱)志,樂亡隱情,攴(文)亡隱音(意)。(第三章)
孔子曰:佳(惟)能夫□□□□□□□。(第十章)
孔子曰:此命也夫! 文王佳(雖)谷(欲)已,曼(得)唐(乎)? 此命也。(第九章)
孔子曰:虖(吾)㠯《葛覃》曼(得)氏(祇)初之寺(志),民眚(性)古(固)然,見丌(其)旡(美),必谷(欲)反(返)丌本……(第五章)
孔子曰:《宛丘》虖(吾)善之,《於差(嗟)》虖𢝫(喜)之,《尸(鳲)鳩》虖信之……(第八章)
孔子曰:《七(蟋)蟀》智(知)難。《中(螽)氏(斯)》君子。《北風》不絶人之怨……(第五章)

除此之外,有些殘簡亦可補出"孔子曰"三字。比如,李學勤把第一章補爲:"□□□□□孔子曰:寺(詩),丌猷(猶)塝門與……"②

這一表述反復出現,而且引領《詩論》大部分關鍵内容,是判斷其作者和時代的重要依據。李學勤由此斷定《詩論》作者是孔子弟子子夏,他説:"……

---

① "曰"字前的合文符號"㔷"或"㔷"究竟是"孔子"還是"卜子",學界曾有争論,經多方求證,可以確定它祇能被釋讀爲"孔子"。在上博館藏竹書《魯邦大旱》中,該符號所指人物自稱"丘",是一個十分有力的證據。這種現象可以跟傳世文獻互相發明。比如《論語·公冶長》篇記載:"子曰:'巧言、令色、足恭,左丘明恥之,丘亦恥之。匿怨而友其人,左丘明恥之,丘亦恥之'";"子曰"之"子"祇能指孔子,有其自稱"丘"爲證。這一方面的討論,還可以參閲馬承源主編:《上海博物館所藏戰國楚竹書》(一)《孔子詩論》第一簡之注釋(上海:上海古籍出版社,2001年,第1版,頁123~124),以及朱淵清:《讀簡偶識》,上海大學古代文明研究中心、清華大學思想文化研究所編:《上博館藏戰國楚竹書研究》,頁403~404,等。

② 參閲李學勤:《〈詩論〉分章釋文》,上海大學古代文明研究中心、清華大學思想文化研究所編:《上博館藏戰國楚竹書研究》,頁60。案:"塝門"李學勤釋作"平門",今正。

《詩論》非出孔子之手,也不像《論語》那樣直記孔子言行,而是孔門儒者所撰,內中多引孔子親説";《詩論》跟《中庸》等七十子及其弟子的著述有相同風格,其作者"能引述孔子論《詩》這麽多話","無疑和子思一般,有着與孔子相當接近的關係。符合這個條件,能傳《詩》學的人,我認爲只能是子夏"。① 不過,有學者不認同這一觀點,以爲《詩論》之作者應該是孔子的再傳弟子。比如,陳立在考察《論語》《左氏春秋》等傳世典籍的稱謂以後,指出:"稱'仲尼'者,其關係與孔子最爲疏遠;稱'夫子'或'子'者,多爲孔子與門人對答時的稱呼,就關係而言比較密切;作'孔子'者,雖無不敬之意,但是在關係上似乎又較稱'子''夫子'來得疏離……由此推知,倘若在孔子與門人的對話,或是孔子個人言論中稱'孔子曰'者,其鈔寫者可能非孔子的學生,而是屬於再傳的弟子。"他又進一步論斷:"從《論語》的記載現象,再推至上海博物館所藏的竹書,如《孔子詩論》《子羔》《魯邦大旱》《孔子閒居》《顏淵》《子路》《仲弓》等篇的作者,亦應屬於孔門再傳弟子之記載。至於究竟爲哪位再傳弟子所爲,則難以明確斷定。"陳立斷言,《詩論》"是當時孔門弟子向孔子請益時的記録","在鈔寫成書的時代上,應視爲戰國早期之作,即孔子再傳弟子的鈔本,或是上課時耳聞手鈔的筆記;而從竹簡上的文字觀察,應可將之定在戰國中、晚期之交"。② 這一説法看起來更精確一些。但不管寫定者究竟是孔子弟子,還是孔子再傳弟子,《詩論》凸顯的顯然都是以孔子學説爲核心的《詩經》學建構(與《論語》雖成書於孔子後學,但主體卻是孔子之思想、學術建構,是一樣的情形),——其中不以"孔子曰"三字引領的部分也未必不源自孔子。再加該文本之主體内容均爲論《詩》之整體、論《詩》之各大組塊、論《詩》之具體篇什或其部分詩句,整理者定其名爲"《孔子詩論》",還是有較爲充分的理據。若求嚴密,則應考慮到,這批竹簡無論是滿書簡還是留白簡,"都有非孔子《詩》

---

① 李學勤:《〈詩論〉的體裁和作者》,上海大學古代文明研究中心、清華大學思想文化研究所編:《上博館藏戰國楚竹書研究》,頁 54、頁 56。案:李學勤嘗多次重申此説。其〈談〈詩論〉"詩亡隱志"章〉云:"我推想《詩論》是子夏的作品,理由是能親聞孔子《詩》教而傳承的只有子夏"(《文藝研究》2002 年第 2 期,頁 32);其《〈詩論〉説〈關雎〉等七篇釋義》也説:"《詩論》爲親聞孔子《詩》學的弟子所作,對照文獻,最可能是子夏"(《齊魯學刊》2002 年第 2 期,頁 93)。

② 陳立:《〈孔子詩論〉的作者與時代》,上海大學古代文明研究中心、清華大學思想文化研究所編:《上博館藏戰國楚竹書研究》,頁 69、頁 70~71。案:陳説所舉列,一般情況下是完全成立的,但也有例外。《論語·子張》篇記載:"叔孫武叔毁仲尼。子貢曰:'無以爲也,仲尼不可毁也。他人之賢者,丘陵也,猶可踰也;仲尼,日月也,無得而踰焉。人雖欲自絶,其何傷於日月乎? 多見其不知量也!'"這裏子貢稱孔子爲"仲尼",據陳立之説視之爲關係最疏遠的標誌,顯然不合史實和情理。當然,也有可能子貢當時並未這樣稱呼孔子,而後學記録時想當然地使用了這一稱謂,尚可進一步研討。

論的存在,其人可能是孔子弟子,也可能是再傳弟子",①就是說,"簡文是作者在闡發《詩》義時引述孔子之語,並非整篇全是孔子的言論",②因此,逕直稱它爲"《詩論》"可能更爲切當。

《詩論》現存内容,除總論"詩"、"《詩》"以及《邦風》(即《國風》)、《少顕》(即《小雅》)、《大顕》(即《大雅》)和《訟》(即《頌》)以外,還直接論析了《詩經》中五六十篇作品的内涵或特質。這批作品,即《周南·關雎》《葛覃》《樛木》《螽斯》《兔罝》《漢廣》,《召南·鵲巢》《甘棠》,《邶風·柏舟》《緑衣》《燕燕》《谷風》,《鄘風·牆有茨》,《衛風·木瓜》,《王風·君子陽陽》《揚之水》《兔爰》《采葛》,《鄭風·將仲子》《褰裳》,《齊風·東方未明》《猗嗟》,《唐風·蟋蟀》《有杕之杜》,《陳風·宛丘》,《檜風·隰有萇楚》,《曹風·鳲鳩》,《小雅·鹿鳴》《伐木》《天保》《湛露》《菁菁者莪》《祈父》《黄鳥》《節南山》《十月之交》《雨無正》《小旻》《小宛》《小弁》《巧言》《蓼莪》《無將大車》《小明》《大田》《裳裳者華》《青蠅》,《大雅·文王》《大明》《皇矣》,以及《周頌·清廟》《烈文》《昊天有成命》等。③ 就《詩三百》之全體而言,《詩論》所及顯得極不完備,然而其價值是毋庸置疑的。作爲迄今爲止《詩經》學最早的具體成果,它首先一個極重要的價值,是有力地證明了孔子開創《詩經》學這一基本事實。也就是說,基於孔子《詩經》學建立的《詩論》不僅是《詩經》學史上的重要建構,而且是《詩經》學無

---

① 參閲廖名春:《上海博物館藏〈戰國楚竹書·孔子詩論〉研究淺見》,《文藝研究》2002年第2期,頁44。
② 參閲姜廣輝:《關於古〈詩序〉的編連、釋讀與定位諸問題研究》,姜廣輝主編:《經學今詮三編》(《中國哲學》第二十四輯),頁165。
③ 參閲《孔子詩論》所附《竹書本與今本詩篇名對照表》,馬承源主編:《上海博物館藏戰國楚竹書》(一),頁160~161,以及李學勤:《〈詩論〉與〈詩〉》,姜廣輝主編:《經學今詮三編》(《中國哲學》第二十四輯),頁129~133。筆者有所調整和補充。李學勤於《鄘風》部分嘗補《君子偕老》一篇,似未見强有力的依據。簡書中之《中氏》,李學勤讀爲《仲氏》(指爲《燕燕》末章),但三百篇單章有標題的可能較小,《中氏》殆相當於《毛詩·螽斯》。《詩論》中的《杕杜》,李學勤以爲乃今《小雅·杕杜》,實際上相當於今《唐風·有杕之杜》。今《毛詩·谷風》有兩篇,一見於《邶風》,一見於《小雅》,《詩論》所評殆爲前者。關於《詩論》所評《詩經》之具體篇目,此外又可參閲姜廣輝:《關於古〈詩序〉的編連、釋讀與定位諸問題研究》,姜廣輝主編:《經學今詮三編》(《中國哲學》第二十四輯),頁168~169;黄人二:《從上海博物館藏〈孔子詩論〉簡之〈詩經〉篇名論其性質》,上海大學古代文明研究中心、清華大學思想文化研究所編:《上博館藏戰國楚竹書研究》,頁74~75;周鳳五:《〈孔子詩論〉新釋文及注解》之附録一《〈孔子詩論〉主旨一覽表》、附録二《〈孔子詩論〉引〈詩經〉一覽表》,上海大學古代文明研究中心、清華大學思想文化研究所編:《上博館藏戰國楚竹書研究》,頁166~170、頁170~172;劉信芳:《〈孔子詩論〉與新世紀的學術走向:〈詩論〉研究述評》,《安徽大學學報(哲學社會科學版)》2002年第4期,頁34~35。

可爭議的源頭；①它彌補了傳世文獻的缺失，提供了《詩經》學在創立初期的具體形態，在儒家《詩經》學發生方面具無與倫比的價值。《詩論》關注詩的"作意"，通篇都是針對《詩經》各層面的學理探討，是名副其實的、嚴格意義上的《詩經》學經典，這在歷代出土文獻中是極爲罕見的。其他很多出土文獻，比如帛書、簡書之《五行》篇等，無疑也有重要的《詩經》學價值，但卻不能説它們就是《詩經》學的著作，跟《詩論》還是迥然不同的。曾經有研究《詩經》學史的專家説，"先秦的《詩經》研究，也即《詩經》的實用"，諸如用《詩》於禮儀或在外交場合賦《詩》言志等等。② 其實，《詩》的"實用"跟《詩經》學雖有某種關聯，可從現代學術立場上説，那還算不上是具有學科意義的專門研究；將《詩經》學的起源等同於早期人們對三百篇的"實用"，無論在學理邏輯上，還是在具體實踐上，都不如將其追溯到《詩論》更爲切當。

在寫成文本時，孔子有些觀點可能發生了一些微妙的變化，但從《詩》學著述範圍内看，《詩論》跟《論語》中的相關内容一樣，是真實而可靠的。《史記·孔子世家》記載："孔子以《詩》《書》《禮》《樂》教，弟子蓋三千焉，身通六藝者七十有二人。"書闕有間，自秦漢以下千百年來，人們對孔子興觀羣怨、事父事君、温柔敦厚等《詩》教觀念耳熟能詳，甚至奉爲圭臬，然而孔子以《詩》教的具體情形，諸如孔子對詩作内涵、特色、政教倫理價值的具體解讀和評論，以及他使用的教授方式等，後人在《詩論》出土前實不得而知之。《詩論》即便不完全是孔子以《詩》教的直接記録，也必定跟這一活動密切相關。從總體上説，孔子開展的教育活動，與他創立《詩經》學乃至六經之學有不可分割的聯繫。郭店簡《告自命出》上篇謂聖人建構《詩》《書》《禮》《樂》諸經典，"肰（然）句（後）復以教"，説得十分清楚。

此外我們還可以從《詩論》中瞭解很多信息：

《詩論》一共討論了四類或四大組塊的詩歌，即《邦風》《少顕》《大顕》以及《訟》，分別相當於《毛詩》之《國風》《小雅》《大雅》以及《頌》，可知孔子面對的《詩經》業已有這一傳承到今的分類。至於這幾個部分在《詩》之構成中的先

---

① 上博所出《詩論》之根底是孔子《詩經》學。《詩論》與上博及郭店簡中的《緇衣》《五行》等文獻，雖然都出自楚地，但祇是傳播所至，非楚地原產。有學者據這些文獻大談楚地《詩經》學，説："出土楚地《詩》學文獻中大量以'情性'言《詩》的解説方式，與傳世文獻中以倫理道德説《詩》的解説方式大不相同。傳世文獻中的孔孟《詩》學及漢儒《詩》學都未對'情性'與詩樂的關係作如此深邃的挖掘，這正是楚地《詩》學的特色，爲整個被傳統禮教束縛的《詩經》學注入了一縷清新。"(劉冬穎：《出土文獻與先秦儒家〈詩〉學研究》，頁173)如此立論顯然不夠妥當。應該意識到，若缺乏傳播觀念，就不能據新出簡帛文獻來討論思想學術史。

② 參閲戴維：《詩經研究史》，長沙：湖南教育出版社，2001年，第1版，頁10～18。

後順序，筆者以爲跟今本相同的可能性最大，①《詩論》第一章即依《邦風》《少顗》《大顗》《訟》之次展開論析，可爲一證。《詩論》第六章說到《北(邶)·白(柏)舟》(簡二十六)，強烈地暗示了《鄘風·柏舟》的存在，否則完全沒有必要特加"北(邶)"字以作區別。其下文緊接着論"《浴(谷)風》"(同章同簡)，當是共用"北(邶)"這一識別符號，即指《邶風·谷風》之篇，以區別於《小雅》之《谷風》。由此又可知，當時《邦風》部分的詩篇已經按國別區分了。②《詩論》第四章論《關雎》《樛木》《漢廣》《鵲巢》《甘棠》《綠衣》《燕燕》，循環闡釋，逐層推進。這一組作品見於今《周南》《召南》以及《邶風》，次序井然，殆與傳世本一致。《詩論》第五章前半依次論析《葛覃》《甘棠》《木瓜》《有杕之杜》，分別見於今《周南》《召南》《衛風》和《唐風》部分，殆當時已形成這種次序。《詩論》第七章先論《十月》(《十月之交》)、《雨無正》《節南山》《小旻》《小宛》《小弁》《巧言》，諸詩今均見《小雅》，而《節南山》處於最前面，其他次序無異；接下來論《伐木》《天保》《祈父》《黃鳥》《菁菁者莪》《皇皇者華》《將大車》(《無將大車》)、《湛露》，諸詩今亦見《小雅》，惟《菁菁者莪》《皇皇者華》《湛露》三詩位置不同。殆於孔子建構之《詩經》中，上揭各詩之序次已與傳世《毛詩》無大異。③ 不煩多舉，由此已可斷定孔子師徒所論説、研討的《詩經》本子，在作品排序方面同傳世本大抵相同。進一步再考察《詩論》所評詩作之篇題，更可確定，"《詩論》

---

① 學界或斷定《詩論》所論《詩經》以《訟》《大顗》《少顗》《邦風》爲文本構成順序，或斷定這四部分的排序與傳世本相同，兩説均能從《詩論》中找到一些依據，卻難以提出確證。邢文考説較詳。他認爲，《詩論》所論《詩經》，其各類詩歌的順序與傳世《詩經》相同，而且這種由《風》而《雅》而《頌》的順序乃是先秦《詩》學的主流。參閱氏著《風、雅、頌與先秦詩學》，姜廣輝主編：《經學今詮三編》(《中國哲學》第二十四輯)，頁197～205。相反的觀點可參閱濮茅左：《〈孔子詩論〉簡序解析》，上海大學古代文明研究中心、清華大學思想文化研究所編：《上博館藏戰國楚竹書研究》，頁20～25。

② 孔子師徒在論説詩歌時，並未處處强調對《風》《雅》《頌》中同名作品的區分。比如，根據傳世《詩經》，《邶風》有《谷風》，《小雅》也有《谷風》，《詩論》第二十六簡謂"《浴(谷)風》丞(悲)"，未標其類；《王風》《鄭風》《唐風》均有《揚之水》，《詩論》第十七簡謂"《湯(揚)之水》丌丞(愛)婦惡(烈)"，未標其類；《唐風》《小雅》均有《杕杜》，《唐風》又有《有杕之杜》，《詩論》第十八簡謂"《斨杜》則情憙丌至也"、第二十簡謂"虘(吾)目(以)《斨杜》旻(得)雀(爵)□之不可無也，民眚(性)古然"，未標其類；《秦風》《小雅》均有《黃鳥》，《詩論》第九簡謂"《黃䳐(鳥)》則困而谷(欲)反丌古(故)也，多恥者丌惥之唐(乎)"，亦未標其類。不過這毫不奇怪。在每一次講説中，假如具體研討對象彼此已心知肚明，便沒有必要一直把這種分別掛在嘴上。《詩論》所評《浴風》當是《邶風·谷風》；《湯之水》當是《王風·揚之水》，《杕杜》當是《唐風·有杕之杜》，《黃鳴》當是《小雅·黃鳥》。

③ 凡事不能求之太過。若謂孔子或《詩論》評詩必依序而不亂，顯然不合情理，特別是在孔子論詩帶有某種"組織性"的情況下。《詩論》第五章後半錄孔子論《蟋蟀》《孨斯》《鹿鳴》《兔罝》等，依次見於今《唐風》《周南》《小雅》《周南》等部分，即顯得比較隨意。

所反映的當時《詩》的本子,與今傳本有一定的差異,但可以説,後世所流傳的《詩》,在那時業已基本定型了"。① 這並不奇怪,作爲儒家經典,《詩經》編制、規模之定型,顯然就發生在孔子那裏。

《詩論》對具體作品的論析往往非常簡短,有時僅用一字爲一首詩下斷語。然而令人驚奇的是,它對詩篇情感内涵的把握往往異常精確。比如第六章云:"《又兔》不弄(逢)時。"(簡二十五)又云:"《北·白舟》悶。《浴風》悥(悲)。《翏栽》又(有)孝志。《陞又長楚》旻(得)而悔(悔)之也。"(簡二十六)《又兔》即傳世《王風》之《兔爰》,其主要内容是説"我"生之初"尚無爲""尚無造""尚無庸"(鄭箋云,"爲"指軍役之事,"造"指言僞,"庸"指言勞),而"我"生之後"逢此百罹""逢此百憂""逢此百凶",故願長寐不醒。《詩論》用"不弄時"三字來作概括,真切當極了。《邶風·柏舟》寫主人公"愠于羣小","覯閔既多,受侮不少",故而夜不成寐,痛感"我心匪鑒",——鑒可以不别是非,我心不可;②"我心匪石",——石可轉,我心則不可轉;"我心匪席",——席可卷,我心則不可卷;痛感自己雖有兄弟卻不可以依,欲奮飛又不能;總之是痛苦且看不到任何出路。《詩論》用"悶"字來作概括,真切當極了。《詩論》所説《浴風》當是指《邶風·谷風》,敘主人公與丈夫共患難之後,不爲苦盡甘來之夫家所容,被夫家休棄的悲怨。《詩論》用"悥"字來作概括,切當之極。③《小雅·

---

① 以上參閲李學勤:《〈詩論〉與〈詩〉》,姜廣輝主編:《經學今詮三編》(《中國哲學》第二十四輯),頁121～129。案:《詩論》所及各詩篇題與傳世《毛詩》之篇題屬於同音、音近而相通者,無足爲怪。三百篇既以口耳授受,不同聽者寫之於簡帛,自會有很多歧異。齊、魯、韓、毛四家《詩》篇名因此不同者,不一而足,新近出土文獻之引録三百篇,此類情形更比比皆是。而此類情況除外,《詩論》所及詩篇與傳世本異名者主要有:第八簡《十月》,今《毛詩·小雅·節南山之什》作《十月之交》,前一題目取篇首二字,後一題目取篇首四字。第十七簡《將仲》,今《毛詩·鄭風》作《將仲子》,前一題目取篇首二字,後一題目取篇首三字。第二十五簡《又兔》,今《毛詩·王風》作《兔爰》,前一題目取篇首二字,後一題目撮首句之要。第二十九簡《涉秦》,今《毛詩·鄭風》作《褰裳》。該詩首句謂"子惠思我,褰裳涉溱",《毛詩》《詩論》之篇題乃各取"褰裳涉溱"之一半。第二十一簡《賢大車》,今《毛詩·小雅·谷風之什》作《無將大車》,《毛詩》篇題同該詩首句。第二十九簡《角楠》(姜廣輝釋爲《角枕》,見氏著《關於古〈詩序〉的編連、釋讀與定位諸問題研究》《古〈詩序〉復原方案》修正本,姜廣輝主編:《經學今詮三編》,《中國哲學》第二十四輯,頁169、頁176),疑即《毛詩·唐風》之《葛生》,《詩論》中的篇題取詩中"角枕"二字,《毛詩》中的篇題仍是取篇首二字。看來,命名方式和具體篇題的差異並不太多。

② 案:鑒如大盆,盛水以察形。《荀子·解蔽》篇云:"人心譬如槃水,正錯而勿動,則湛(沈)濁在下而清明在上,則足以見鬚眉而察理(肌膚之文理)矣。微風過之,湛濁動乎下,清明亂於上,則不可以得(大)[本]形之正也。心亦如是矣。"

③ 案:《小雅·谷風》,舊説往往解爲朋友相怨,事實上頗與《邶風·谷風》一致。詩中主人公感慨,恐懼時,維予與汝同當,汝甚至置予於懷,而安樂後,汝棄我如遺,忘我大德,思我小怨。以"悥"字評《小雅·谷風》,也十分精當。

蓼莪》之主體内容,是痛慨"父兮生我,母兮鞠我。拊我畜我,長我育我。顧我復我,出入腹我。欲報之德,昊天罔極"。《詩論》用"又孝志"來作概括,切當之極。①《隰有萇楚》今見於《檜風》,詩中主人公反復感慨"樂子之無知"(鄭玄釋"知"爲匹)、"樂子之無家""樂子之無室",顯然是説自己有家室而寧願無家室。《詩論》用"昪(得)而惎(悔)之"來作概括,切當之極。從漢唐《詩經》學背景上看,《詩論》以這種方式把握詩歌的情感内涵,對我們的啓示意義是相當深遠的。

但是我們不能遽然做出如下結論,即跟戰國及漢代《詩經》學著述比,《詩論》更重視《詩》的世俗情感,或者説跟《詩序》重神比較,《詩論》更側重於形等等。原因在於,現在還不能確定孔子説《詩》就停留在這一層面上,而未進一步爲這基本、籠統的情感判斷加上某種具體事件,尤其是加上某種政教倫理的價值。先秦學術授受原本仰賴於口耳,常常有大量内容逸出書寫下來的文字。《史記·十二諸侯年表》序云:"……孔子明王道,干七十餘君,莫能用,故西觀周室,論史記舊聞,興於魯而次《春秋》,上記隱,下至哀之獲麟,約其辭文,去其煩重,以制義法,王道備,人事浹。七十之徒口受其傳指,爲有所刺譏褒諱挹損之文辭不可以書見也。"這是説孔子向弟子講《春秋》時,有大量内容並未寫成文本,僅僅以口耳相傳。子思講《五行》,其始殆亦以口傳,後來纔被寫成文字;或者記其核心意指,或者記其具體説解,前者今稱爲"經",後者今稱爲"説"。"經"與"説"作爲文本又嘗分行,故郭店竹書《五行》有"經"無"説",至馬王堆漢墓帛書《五行》,纔見到"經"與"説"之合體。從體系上看,《五行》之"説"是"經"的具體化,《五行》之"經"加上"説"纔具備清晰的體系上的自我完整性。在實際授受中,《詩論》很多内容殆有具體的申説,卻未見於載録,即本有口傳,而未見筆録。這意味着我們不能匆忙下結論。

另一方面,當我們把《詩序》《毛傳》的闡釋抽象到最基本的情感層面上時,結果往往跟《詩論》没有太多差異。比如,《詩序》云:"《兔爰》,閔周也。桓王失信,諸侯背叛,構怨連禍,王師傷敗,君子不樂其生焉。"抽象地講,這何嘗不是君子"不弄(逢)時"呢?《詩序》云:"《柏舟》,言仁而不遇也。衞頃公之時,

---

① 《蓼莪》主人公之痛在於父母生養自己極爲劬勞,自己卻不得終養以報其恩德。在倫理觀念上,孔子特別强調父母生養子嗣之事實,並將子嗣報答父母養育之恩作爲禮制的根據。《論語·陽貨》篇記宰我質疑三年喪,孔子在宰我出去後批評説:"予之不仁也!子生三年,然後免於父母之懷。夫三年之喪,天下之通喪也。予也有三年之愛於其父母乎?"《詩論》所録孔子評《蓼莪》,跟《論語》所記孔子張揚三年喪制,可以互相發明。

仁人不遇,小人在側。"抽象地講,這"仁人"何嘗不"悶"呢?《詩序》云:"《蓼莪》,刺幽王也。民人勞苦,孝子不得終養爾。"抽象地講,這何嘗不是"又孝志"呢?《詩序》云:"《隰有萇楚》,疾恣也。國人疾其君之淫恣,而思無情慾者也。"抽象地講,這又何嘗不是"戛(得)而悔(悔)之"呢?

鑒於上述事實,我們不能貿然說孔子對《邦風》的理解是詩學的,而班固等漢儒對《國風》的理解則是經學的。① 做出這類結論是危險的。除非有確鑿的依據,證明孔子師徒的闡釋到這一層面就戛然而止,而並未作政教倫理層面的引申。《論語·學而》篇記載:

> 子貢曰:"貧而無諂,富而無驕,何如?"子曰:"可也。未若貧而樂〔道〕,富而好禮者也。"子貢曰:"《詩》云:'如切如磋,如琢如磨。'其斯之謂與?"子曰:"賜也,始可與言《詩》已矣!告諸往而知來者。"

子貢(前520~?)引"如切如磋,如琢如磨"(案出《詩經·衛風·淇奧》),是接着"貧而樂〔道〕,富而好禮"來說的,是用骨頭、象牙、玉石之加工琢磨,來比方貧者富者以道或禮修治自己的本性。《荀子·大略》篇云:"人之於文學也,猶玉之於琢磨也。《詩》曰:'如切如磋,如琢如磨。'謂學問也。和〔氏〕之璧,井里之厥也,玉人琢之,爲天(子)〔下〕寶。子贛、季路,故鄙人也,被文學,服禮義,爲天下列士。"這段文字,簡直就是孔子、子貢論《詩》的注腳。《論語·八佾》篇記:

> 子夏問曰:"'巧笑倩兮,美目盼兮,素以爲絢兮。'何謂也?"子曰:"繪事後素。"曰:"禮後乎?"子曰:"起予者商也!始可與言《詩》已矣。"②

孔子認可"禮後"之說,即認可人之有禮後於其本性(此意與繪畫後於素地相類而貫通)。有學者解"禮後"之意爲"禮産生在仁義之後",③無端扯進"仁義",顯然背離了孔子、子夏的原意。顏淵(前521~前481)問"仁",孔子答以"克己復禮爲仁"(《論語·顏淵》)。孔子明顯是以本體性的"禮"來定義"仁",

---

① 傅道彬有類似說法(參見氏著〈孔子詩論〉與春秋時代的用詩風氣》,《文藝研究》2002年第2期,頁42)。

② 子夏所引出自《詩經》應該不成問題,由孔子的感慨即可斷定,舊說一般認爲是逸詩,恐非。今《衛風·碩人》有"巧笑倩兮,美目盼兮"二語,而無"素以爲絢兮",子夏所引與《碩人》當有一定關係。若即出自《碩人》,那麼何以傳世《碩人》沒有這一句呢?由此可進一步探討是,傳世《詩經》與孔子研究和傳授的《詩經》還有哪些文本差異?爲何以及如何發生了這些變化?凡此都值得研究。

③ 劉冬穎:《出土文獻與先秦儒家〈詩〉學研究》,頁48。

由此"禮"必在"仁"先,怎麼可能後於仁義呢?① 人之有禮、復禮既然需要"克己",則其後於本性,又何疑哉?對每一個社會成員來説,有禮之境界與人格需要經過歸復禮的過程,甚至對禮義的認知都後於自己的本性。這一點,荀子説得十分清楚:"今人之性固無禮義,故彊學而求有之也;性不知禮義,故思慮而求知之也。然則(生)〔性〕而已,則人無禮義,不知禮義。人無禮義則亂,不知禮義則悖。然則(生)〔性〕而已,則悖亂在己。"(《荀子・性惡》)②孔子"言《詩》"之方式及其所設"言《詩》"之基礎,説明他解讀三百篇,絶不反對超脱詩作所表達的基本情感和事件,來體悟某種政教倫理價值或取向,甚至以此爲"言《詩》"之要著,——孔子"言《詩》"的基本宗旨其實在這裏。從《論語》所載孔子"言《詩》"的方式和宗旨看,上揭《詩論》對相關作品的具體評析,似乎缺少由基本情感和事件,引申出政教倫理價值或取向的根本環節。

也許我們可以期待將來這一領域有更多的出土發現。但在新發現到來之前,我們還是可以從《詩論》中得到欣喜。《詩論》第四章評《關雎》曰:

《關疋》目(以)色俞(喻)於豊(禮),□□□□□□□□兩矣,丌四章則俞矣。目琴珡(瑟)之敓(悦),悉(擬)好色之忢(願),目鐘鼓之樂,合二姓之好,反内(納)於豊(禮),不亦能改虖?……《關疋》之改,則丌思貝(賻/益)矣……

今傳《關雎》云:

關關雎鳩,在河之洲。

---

① 孔子所謂"禮"有多義性。他説過"人而不仁,如禮何?人而不仁,如樂何"(《論語・八佾》),似謂"禮"在"仁"後,但此處所謂"禮"實側重於指"儀"。朱熹集注引游氏(酢,1053～1123)曰:"人而不仁,則人心亡矣,其如禮樂何哉?言雖欲用之,而禮樂不爲之用也。"又引李氏(郁,1085～1149)曰:"禮樂待人而後行,苟非其人,則雖玉帛交錯,鐘鼓鏗鏘,亦將如之何哉?"孔子此處所謂"禮""樂",是指"玉帛交錯,鐘鼓鏗鏘"之類外在的儀式。孔子之世,區分一般性"儀"與本體性"禮"的意識已經出現,且趨於成熟。《左氏春秋》魯昭公五年(前537)記:"公如晋,自郊勞至于贈賄,無失禮。晋侯謂女叔齊曰:'魯侯不亦善於禮乎?'對曰:'魯侯焉知禮!'公曰:'何爲?自郊勞至于贈賄,禮無違者,何故不知?'對曰:'是儀也,不可謂禮。禮,所以守其國、行其政令、無失其民者也。今政令在家,不能取也。有子家羈,弗能用也。奸大國之盟,陵虐小國。利人之難,不知其私。公室四分,民食於他(杜注:他,謂三家也)。思莫在公,不圖其終。爲國君,難將及身,不恤其所。禮之本末將於此乎在,而屑屑焉習儀以亟。言善於禮,不亦遠乎?'君子謂:'叔侯於是乎知禮。'"這是極爲典型的例子。不過在很多情況下,人們還是循慣性稱儀爲"禮",此處孔子所謂"禮"亦用此意,與其所謂本體性的"禮"並非一事。

② 盧文弨(1717～1795)校云:"'生而已',元刻作'性而已',下同。"參見荀況撰,楊倞注,盧文弨、謝墉校:《荀子(附校勘補遺)》,北京:中華書局1985年,新1版,頁516。

窈窕淑女,君子好逑。

參差荇菜,左右流之。
窈窕淑女,寤寐求之。
求之不得,寤寐思服。
悠哉悠哉,輾轉反側。

參差荇菜,左右采之。
窈窕淑女,琴瑟友之。

參差荇菜,左右芼之。
窈窕淑女,鍾鼓樂之。

《關雎》之分章史上歧說不少,《詩論》殆分爲以上四章。其基本觀點,以爲第二章敘主人公"好色""思色"之事,第三章要旨在於主人公以鼓奏琴瑟,傳達"好色"之願,第四章要旨在於主人公以鐘鼓之樂,玉成淑女與夫家"兩姓之好"。簡單地說,該詩最後達成的恰恰就是主人公的"克己復禮"。所以《詩論》肯定"丌思賹(賹/益)",譽之曰"不亦能改虖"。孔子嘗曰:"君子不重則不威,學則不固;主忠信,無友不如己者,過則勿憚改。"又曰:"主忠信,毋友不如己者,過則勿憚改。"(《論語·子罕》)《詩論》對《關雎》的解讀強化了儒學的價值。《史記·外戚世家》云:"……《易》基《乾》《坤》,《詩》始《關雎》,《書》美釐降,《春秋》譏不親迎。夫婦之際,人道之大倫也。禮之用,唯婚姻爲兢兢。夫樂調而四時和,陰陽之變,萬物之統也。可不慎與?"《史記》對《關雎》的解讀未必與《詩論》一致,但儒家確實重視婚姻之禮。《禮記·經解》云:"……朝覲之禮,所以明君臣之義也。聘問之禮,所以使諸侯相尊敬也。喪祭之禮,所以明臣子之恩也。鄉飲酒之禮,所以明長幼之序也。昏姻之禮,所以明男女之別也。夫禮禁亂之所由生,猶坊止水之所自來也。故以舊坊爲無所用而壞之者,必有水敗;以舊禮爲無所用而去之者,必有亂患。故昏姻之禮廢,則夫婦之道苦,而淫辟之罪多矣。鄉飲酒之禮廢,則長幼之序失,而爭鬭之獄繁矣。喪祭之禮廢,則臣子之恩薄,而倍死忘生者衆矣。聘覲之禮廢,則君臣之位失,諸侯之行惡,而倍畔侵陵之敗起矣。故禮之教化也微,其止邪也於未形,使人日徙善遠罪而不自知也,是以先王隆之也。《易》曰:'君子慎始,差若豪氂,繆以千里。'此之謂也。"總之,《詩論》說《詩》,確有一條由基本情感和事件,引申出政教倫理價值或取向的通道。《詩論》第五章記孔子由《甘棠》生發出宗廟之禮，由《木瓜》生發出幣帛之禮，也具有同樣的性質。①

而從對《詩》的整體定位來看，《詩論》這一取向也相當明晰。比如第十章總論《頌》《大雅》《小雅》以及《國風》，云：

　　《訟》，塝惪也，多言逡（後）。兀樂安而屖（遲），兀訶（歌）紳而荡（逖），兀思深而遠，至矣！《大顕》，盛惪也，多言□□□□□□□□□，□矣！《少顕》，□惪也，多言難而宣（怨）退（懟）者也，衰矣，少（小）矣！《邦風》，兀内（納）勿（物）也尃（溥、博），僃（觀）人谷（俗）安（焉），大僉（驗）材（在）安（焉）。兀言殳（文），兀聖（聲）善。

其第一章則説：

　　□□□□□孔子曰：《害》，兀獸塝門與？戔（殘）民而𥁕（逸）之，兀甬（用）心也酒（將）可（何）女（如）？曰：《邦風》氏（是）已。民之又（有）戚（感）卷（倦）也，上下之不和者，兀甬心也酒可女？曰：《少顕》氏已。□□□□□□可女？曰：《大顕》氏已。又（有）城（成）工（功）者可女？曰：《訟》氏已。

《邦風》所謂"大僉"，指的是政教倫理得則治興，失則治廢，殘民則民必逸之之類。所謂《邦風》"僃人谷安，大僉材安"，與"戔民而𥁕之，兀甬心也酒可女？曰：《邦風》氏已"，是可以互相發明的，大抵是説，居上位者殘民以逞，構怨於民，則從《邦風》諸詩可窺見民之用心（祇不過後者乃總論《詩》，而不限於《邦風》）。② 而《少顕》凸顯"□惪"（惜乎殘缺），《大顕》凸顯"盛惪"，《訟》凸顯"塝惪"、爲"又城工"之表徵，境界逐級提高。就是説，在《詩論》體系中，界定《大顕》的"盛惪"次於界定《訟》的"塝惪"，界定《少顕》的"□惪"又次於界定《大

---

① 參閱本書第四章"先秦儒家心性學説的理念體系及歷史軌迹：從新出文獻到《孟》《荀》"。
② 這種解釋參閲周鳳五《〈孔子詩論〉新釋文及注解》，上海大學古代文明研究中心、清華大學思想文化研究所編：《上博館藏戰國楚竹書研究》，頁158。又，民逸爲治國之失，對此儒家頗有關注。《荀子·哀公》篇記："定公問於顔淵曰：'東野（子）〔畢〕之（善）馭〔善〕乎？'顔淵對曰：'善則善矣。雖然，其馬將失（逸）。'定公不悦，入謂左右曰：'君子固讒人乎！'三日而校（校人，掌養馬之官）來謁，曰：'東野畢之馬失。兩驂列（裂），兩服入廏。'定公越席而起曰：'趨駕召顔淵！'顔淵至，定公曰：'前日寡人問吾子，吾子曰東野畢之馭善則善矣，雖然，其馬將失。不識吾子何以知之？'顔淵對曰：'臣以政知之。昔舜巧於使民，而造父巧於使馬。舜不窮其民，造父不窮其馬，是舜無失民，造父無失馬也。今東野畢之馭，上車執轡，銜體正矣；步驟馳騁，朝禮畢矣；歷險致遠，馬力盡矣。然猶求馬不已，是以知之也。'定公曰：'善！可得少進乎？'顔淵對曰：'臣聞之：鳥窮則啄，獸窮則攫，人窮則詐。自古及今，未有窮其下而能無危者也。'"《韓詩外傳》卷二第十二章所記基本相同。

頤》的"盛惪"。或疑"盛德"指的是"比《頌》高亢",①似乎背離了這一根本。整理本在注釋"衰矣,少矣"一語時,嘗引録了一支殘簡,其文字有謂"《少頤》亦惪之少者也",正可與《詩論》互證。總之,可以肯定地説,《詩論》解讀《訟》《大頤》《少頤》《邦風》的最終立足點在於德,在於政教倫理諸價值。

　　《詩論》開創了儒家《詩》學的根本傳統。如果將《詩序》《毛傳》《鄭箋》等著述納入視野,這一傳統可以看得更爲清晰,《詩論》之特質與學術史價值也可以看得更爲明白。在漢唐《詩經》學形態模式中,"頌""大雅""小雅"等被區分爲政教倫理方面由高到低的層次。"頌"被界定在最高層面。故《詩序》云:"頌者,美盛德之形容,以其成功告於神明者也。"而鄭玄《周頌譜》説:"'頌'之言容。天子之德,光被四表,格于上下,無不覆燾,無不持載,此之謂容。於是和樂興焉,頌聲乃作。""頌"被視爲政教倫理之極致,不必費辭。② 而《詩序》論"頌",與《詩論》一方面將"訟"歸結於"牓惪",一方面又將它歸結爲"又城工者",具有極鮮明的一致性。"大雅"在政教倫理上次於"頌","小雅"又次於"大雅"。故作爲漢唐《詩經》學形態模式之核心的《詩序》謂:"……《詩》有六義焉:一曰風,二曰賦,三曰比,四曰興,五曰雅,六曰頌。上以風化下,下以風刺上,主文而譎諫,言之者無罪,聞之者足以戒,故曰風。……變風發乎情,止乎禮義。……雅者,正也,言王政之所由廢興也。政有大小,故有小雅焉,有大雅焉。"其間,"大雅""小雅""國風"在政教倫理層面上的層級分別,還是十分明顯的。《詩序》這些觀念均承繼自《詩論》。

　　《詩論》論《邦風》而謂"僥人谷安,大會材安",顯然也被《詩序》等《詩經》學著論承繼。《詩序》謂:"至于王道衰,禮義廢,政教失,國異政,家殊俗,而變風、變雅作矣。國史明乎得失之迹,傷人倫之廢,哀刑政之苛,吟詠情性,以風其上,達於事變而懷其舊俗者也。"這些也正展示着所謂的"大會",——是就詩篇透顯政教倫理之得失而言的。鄭玄《詩譜序》歷述"正經"及"變風""變雅"產生的不同時世,並申明其旨,曰:"勤民恤功,昭事上帝,則受頌聲,弘福如彼;若違而弗用,則被劫殺,大禍如此。吉凶之所由,憂娛之萌漸,昭昭在斯,足作後王之鑒,於是止矣。夷、厲以上,歲數不明,太史《年表》自共和始,歷宣、幽、平王而得《春秋》次第,以立斯譜。欲知源流清濁之所處,則循其上下而省之;欲知風化芳臭氣澤之所及,則傍行而觀之。此《詩》之大綱也。舉一綱而萬目張,解一卷而衆篇明。於力則鮮,於思則寡,其諸君子亦有樂於是與。"《詩譜序》乃至整個漢唐《詩經》學形態模式的核心就在政教得失興亡之

---

① 參閲李零:《郭店楚簡校讀記》,頁33。
② 對於漢唐《詩經》學體系中"風雅頌"之"頌",古今學者誤解甚多,參閲拙作《〈詩經〉學誤讀二題》,《棗莊學院學報》2008年第1期,頁46～49。

大驗。當然,《詩序》《詩譜序》諸作所述興衰得失之大驗並非單就《國風》而言,但《國風》並不例外。換一個角度說是同樣的道理,《詩論》字面上僅就《邦風》論政教得失興亡之大驗,其實,其理亦貫通於其餘各大組塊。

《詩論》對《邦風》《少頌》《大頌》《訟》的整體定位,彰顯了孔子解讀《詩經》之宗旨,在於把《詩》建構爲可據以"自持其心""扶持邦家"的儒典,以規範世人之道德行爲、人際關係和社會秩序。《史記·司馬相如列傳》贊云:"《春秋》推見至隱,《易》本隱之以顯,《大雅》言王公大人而德逮黎庶,《小雅》譏小己之得失,其流及上。所以言雖外殊,其合德一也。"①武帝(前 140~前 87 在位)時,終軍(?~前 112)上書稱:"臣聞《詩》頌君德,《樂》舞后功,異經而同指,明盛德之所隆也。"(《漢書·嚴朱吾丘主父徐嚴終王賈傳下》)這些説法雖或僅就一面而言,但説到底都是從政教倫理方面論《詩》,光大了《詩論》建構的基礎觀念。

一言以蔽之,《詩論》解《詩》,以儒家政教倫理取向爲整體上最高的關懷和依歸,它凸顯了《詩》被經典化的根本原因和途徑,並且極深刻地影響了《詩經》學的後續發展。

二、《詩論》對認知《毛詩序》作者及年代的意義

《詩序》之作者、時代和淵源簡直是學界千古難題,《四庫全書總目》卷一五經部十五《詩》類一著録《詩序》二卷,且云,"《詩序》之説紛如聚訟。……豈非說經之家第一爭詬之端乎"。而《詩論》之重現,爲我們反思這一難題帶來新的機遇、佐證和思路。簡單地說,《詩論》足以證明,近代以來的主流觀點"東漢衛宏作《序》説"是相當荒謬的,把《詩序》上推到孔子時代甚至孔子以前,也同樣荒謬。

《詩論》發表後,它跟《詩序》的關係立刻被學界關注,很快形成了兩種截然相反的觀點:

---

① 黃焯(1902~1984)認爲,所謂"大雅""小雅",乃專就"正雅"言。其言曰:"雅分小大,仍當以《序》説爲主。《序》既言雅分小大之義與頌之義,其下即云'是謂四始,詩之至也'。四始皆就正詩而言,則序所云雅之小大,其專就正雅言可知。"黃焯進而論斷,相如傳贊論《大雅》《小雅》的文字,"兼及變雅,殆爲褚先生以後所補之義,未可信據"。(參閱氏著《詩説·總論上·小大雅解》,《詩説》,武漢:長江文藝出版社,1981 年,第 1 版,頁 16)黃説實不可信。在新出《詩論》中,"大雅"和"小雅"就是依據"德"之大小或層級來定義和區分的。而且《詩論》尚無"正風"與"變風"、"正雅"與"變雅"之類觀念。《詩序》與相如傳贊沿襲的都是《詩論》確立的遥遠傳統。所以,既不能説《詩序》言"大雅""小雅"專就正雅而言,又不能遽斥相如傳贊爲不可信據。

其中一種觀點偏重於強調《詩論》《詩序》之異。姜廣輝指出,拿《詩論》來跟《毛詩序》比較,"意旨雖有可通,文句幾無相同,因此很難説兩者有什麽傳承關係"。① 其説主要是基於《詩論》《詩序》"文句幾無相同",來否認二者有傳承。對姜廣輝來説,所謂《詩論》乃是更早的一種《詩序》。他發表了一系列重要文章,如《古〈詩序〉復原方案》《古〈詩序〉復原方案》修正本、《關於古〈詩序〉的編連、釋讀與定位諸問題研究》等,都將《詩論》稱爲"古《詩序》"。這裏首先就有一種很微妙的糾結或自相矛盾。如果《詩論》確爲《詩三百》之"序",則在儒學尤其是儒家《詩》學範圍内,《詩序》至少在爲《詩》作序方面必然與它有"傳承關係"。所以彭林強調《詩論》並非《詩》之"序":"《孔子詩論》的主旨是論述《詩》義,故不僅引章摘句,暢論《詩》志,而且不嫌文字重複,屬於議論性質的文字,而《詩》序是題解類的文字,因此,斷斷不能將《孔子詩論》名之爲'《詩》序'或者'古《詩》序'。《詩》序和《詩論》既是出於不同的需要而作,表述的内容也各有重點。前者爲介紹與《詩》的相關知識而作,是《詩》的輔助材料,文字的指向是在《詩》外。後者是就《詩》義而作,文字的指向是在《詩》的深層。整理者將兩個不同性質的作品放在一起作所謂的比較,其實是没有意義的,不能説明什麽問題。"②這就是從"體"上立論了。廖名春更批評説:"一些人風聞《詩論》簡的片言隻語,並没有經過詳細的考察,就匆忙地以《詩論》簡爲據,大作毛《序》的文章。而簡文論《詩》重神,而毛《序》説《詩》重形;簡文論《詩》重意,而毛《序》説《詩》重史:兩者顯然是兩種説《詩》的風格。……以此來解決毛《序》的作年,又有多少説服力呢?"③這樣説則是着眼於風格。總而言之,對上舉學者來説,《詩論》和《詩序》必須做徹底的區隔。

另外一種觀點,則特别强調《詩序》與《詩論》的一致性,甚至説《詩論》就是《詩序》的祖本。比如,王小盾、馬銀琴力證"《詩論》《詩序》乃代表了同一事物在不同時代的不同形態"。④ 江林昌分别比較《詩論》和《大序》《小序》,認爲其"語句的表達有明顯不同","而其内容觀點卻是基本一致"。他的結論是:"①竹簡《詩論》的基本觀點大多爲《毛詩序》所繼承,竹簡《詩論》很有可能是學術史上所傳説的子夏《詩序》,是目前所知的《毛詩序》的最早祖本;②《毛

---

① 姜廣輝:《關於古〈詩序〉的編連、釋讀與定位諸問題研究》,姜廣輝主編:《經學今詮三編》(《中國哲學》第二十四輯),頁166。
② 彭林:《"詩序"、"詩論"辨》,上海大學古代文明研究中心、清華大學思想文化研究所編:《上博館藏戰國楚竹書研究》,頁97。
③ 廖名春:《上海博物館藏〈戰國楚竹書·孔子詩論〉研究淺見》,《文藝研究》2002年第2期,頁44~45。
④ 參閲王小盾、馬銀琴:《從〈詩論〉與〈詩序〉的關係看〈詩論〉的性質與功能》,《文藝研究》2002年第2期,頁48。

詩序》很可能傳自子夏,漢魏學者如陸璣、徐整所說的《詩序》的承傳由子夏而李克而荀子而毛公的幾代人的師承世系是有根據的;《毛詩序》的初創權應歸於子夏,而荀子、毛亨、毛萇等人則作了潤色加工,甚至於編排調整的工作;③所謂'衛宏受學於謝曼卿作大小《詩序》''國史作《詩序》''村野妄人作《詩序》''詩人自作《詩序》'等等不同說法,均因竹簡子夏《詩論》的出現而失去其依據。鑒於以上認識,我們建議將竹簡《詩論》改稱爲:竹簡子夏(卜子)《詩論》。"①在這些學者的論述中,《詩論》《詩序》的關係被強調到另外一個極端。

在這個問題上,走"中間路綫"的意見自然有,但似乎被兩種截然不同的高音徹底淹没了。如何看待以上兩種觀點呢?大抵説來,筆者認爲,前一種觀點顯然没有意識到,《詩論》實藴含着《詩序》所由產生的根本學術追求,這一點筆者下文再論。後一種觀點認定《詩論》跟《詩序》爲"同一事物",或者前者爲後者之原始祖本,則是張皇過甚。譬如,王小盾、馬銀琴論證説:"第十七簡評論《齊風·東方未明》云:'《東方未明》有利詞。'所謂'利詞',指詩中直刺朝政無序的文句'倒之顛之,自公令之。折柳樊圃,狂夫瞿瞿。不能辰夜,不夙則莫'云云,此與《詩序》之'刺無節也'在意義上相互補足。"然而這種"互相補足",又如何能證明二者爲"同一事物"呢?他們還提出:"第七簡評論《大雅·大明》説:'有命自天,命此文王。'而《詩序》有云'文王有明德,故天復命武王也'云云,兩者亦一致。"②其實,"有命自天,命此文王"乃《詩論》引録原詩,並非《詩論》給《大明》的評語,即便該句與《詩序》一致,又如何能證明《詩論》《詩序》爲"同一事物"呢?如此這般論證、下結論,都顯得過於匆忙,因此誤執或皮傅就在所難免了。江林昌對《詩論》和《詩序》的文字做了更多的比較,看起來是審慎和求實的。他在證明傳世《小雅》之小序跟《詩論》一致時,曾列下表(表 2-1)爲證:

表 2-1　論者所列竹簡《詩論》與《毛詩序》小序關係表

竹簡	《毛詩》小序
《十月》,善諀言(諀言指批評誹謗)。	《十月之交》,大夫刺幽王也。

---

① 參閱江林昌:《上博竹簡〈詩論〉的作者及其與今傳本〈毛詩序〉的關係》,簡帛研究網,http://www.jianbo.org/Zzwk/2002/J/jianglinchang01.htm(訪問時間 2012 年 8 月 10 日);上海大學古代文明研究中心、清華大學思想文化研究所編:《上博館藏戰國楚竹書研究》,頁 107;《文學遺產》2002 年第 2 期,頁 14~15。案:三文衹是稍有差異,本文所引,主要是依據後者。

② 原引《詩序》"復命"誤倒,乙正。

續表

竹簡	《毛詩》小序
《雨無正》《節南山》,皆言上之衰也,王公恥之。	《雨無正》,大夫刺幽王也…… 《節南山》,家父刺幽王也。
《小旻》多疑,言不中志者也。	《小旻》,大夫刺幽王也。
《小宛》,其言不惡,少有仁焉。	《小宛》,大夫刺幽王也。
《小弁》《巧言》,則言讒人之害也。	《小弁》,刺幽王也,大子之傅作焉。 《巧言》,刺幽王也,大夫傷於讒,故作是詩也。

很明顯,依這種比對認定《詩論》是《詩序》的原始祖本,即便它們精神上確實相契,也十分叫人費解。正如另一位學者所説:"……文獻學上兩個本子之間'基本精神'一致或'精神實質'相同,並不能成爲判斷此本即是彼本'祖本'的證據。"① 相信這一看法能夠得到大多數學者的認同。此外,江林昌認定,子夏作竹簡《詩論》這一論斷,跟漢魏以來學界相傳的子夏作《詩序》説相合;"竹簡《詩論》的作者"既已考定,"一直未有定論"的《毛詩序》的作者問題就有了答案,"《毛詩序》從子夏《詩序》承傳而來的説法有相當可能的依據"。② 文章既用古來子夏作《詩序》一説,證成《詩論》的作者就是子夏,又用子夏作《詩論》一説,證成子夏作《詩序》之舊説不誣,叫人多少有一點暈眩。而且,古今學者所謂子夏《詩序》,歷來都是指現成的《毛詩序》,子夏作《詩序》之説如何能證明《詩論》就是子夏《詩序》或其"原始祖本"呢?更讓人費解的是,爲了證明《詩論》對《邦風》的論述跟傳世《國風》之小序一致,該文拿其中"《東方未明》有利詞"一句,對比《小序》所謂"刺衰也,君臣失道,男女淫奔,不能以禮化也",認爲兩者一致,而《小序》有所闡發,可證明竹書《詩論》就是《詩序》的祖本。實際上,所謂"刺衰也,君臣失道,男女淫奔"云云乃傳世《東方之日》之序;《東方未明》之序爲,"《東方未明》,刺無節也。朝廷興居無節,號令不時,挈壺氏不能掌其職焉"。如此對比都能"證明"《詩論》爲《詩序》的原始祖本,其實顯示了"證明"的無效。如何選擇比對的對象?如何建構對比?如何經過比對從對象中提取同或異、發現彌合或疏離?這些看來十分的基本問題讓我們產生了困惑。

---

① 楊春梅:《"上博竹書〈詩論〉研究"編校劄記》,簡帛研究網,http://www.jianbo.org/Wssf/2002/yangchunmei01.htm(訪問時間 2003 年 3 月 29 日)。
② 江林昌:《上博竹簡〈詩論〉的作者及其與今傳本〈毛詩序〉的關係》,《文學遺産》2002 年第 2 期,頁 6~7、頁 7~8。

以上兩種觀點均有偏蔽。其根源在於，在解決歷史遺留問題時，我們的心情太過急切了，我們總是太過簡單地看待《詩論》以及《詩論》與《詩序》的關係，或者有見於異而無視其同，或者有見於同而無視其異。實事求是地説，我們不能指望從具體觀點中找出《詩論》和《詩序》一一對應、相似甚或相同的對應關係。祇要平心靜氣閱讀這兩個文獻，便可知這種關係根本不存在。可是從另一方面説，我們雖不否認《詩論》跟《詩序》有疏離或矛盾，卻也不認爲《詩論》不具備證明《詩經》學史的價值，不能跟《詩序》比較，或者跟《詩序》完全無關。孔門後學、儒家八派又何嘗斤斤於依循前人呢？孟子何嘗斤斤於依循子思之門人呢？就更不要説孔子了。儘管《史記》孟子本傳説孟子與萬章之徒"序《詩》《書》，述仲尼之意，作《孟子》七篇"，儘管孟子老師是子思的弟子，但他與孔子和子思，既有極深刻的關聯，又有不可漠視的歧異。同樣的道理，荀子亦未嘗斤斤於依循前輩儒者。可是，檢循孔子、子思、孟子、荀子發展遞嬗之迹，較然而不可疑。若因荀、孟、子思、孔門弟子、孔子相互間有不同，甚至有根本歧異，就認定他們不能被放到一個歷史序列中檢視，或者就認定他們沒有承繼演變之源流關係，顯然背離了真實的歷史。《詩論》和《詩序》就屬於這種情況。它們固不可混爲一談，卻也凸顯了一個基本事實：從思考的問題上看，而兩者有極鮮明的對應性；且如上文所揭，其思考的取向也是一致的。

《詩論》第三章記孔子曰："䜌（詩）亡（無）隱（隱）志，樂亡隱情，㝅（文）亡隱音（意）。"而《詩序》稱："詩者，志之所之也，在心爲志，發言爲詩。情動於中而形於言……情發於聲，聲成文謂之音。"這兩段文字明顯對應，都包含對詩、樂本質的思索，都凸顯了志對於詩、情對於樂的根本意義（《詩論》又涉及文，強調文當無礙於意的傳達或者不能遮蔽意，可道理其實是一通百通的）。也就是説，"䜌亡隱志"與"詩者，志之所之也"、"樂亡隱情"與"情發於聲，聲成文謂之音"，所涉之問題及所提挈之觀點均相通無礙。當然，《詩論》從認知詩、樂、文的立場上提出論斷，《詩序》則從作詩立場上提出論斷，取向有異，但又相關，而且前一種觀念，必以認同後一種論斷爲前提。易言之，孔子必先有"詩言志"之觀念，纔能確立"詩亡隱志"的論説。有學者謂兩者"意義上約略類同"，[①]可能保守了一點，應該説兩者基本上相通乃至相同。

---

① 參閲黄人二：《"孔子曰詩無離志樂無離情文無離言"句跋》，上海大學古代文明研究中心、清華大學思想文化研究所編：《上博館藏戰國楚竹書研究》，頁331。

《詩論》第一章記孔子曰："《㫻》，亓猷(猶)塝門與？戔(殘)民而愈(逸)之，亓甬(用)心也㠯(將)可(何)女(如)？曰：《邦風》氏(是)已。民之又(有)慼(感)悓(惓)也，上下之不和者，亓甬心也㠯可女？曰：《少頙》氏已。□□□□□□可女？曰：《大頙》氏已。又(有)城(成)工(功)者可女？曰：《訟》氏已。"而《詩序》云："是以一國之事，繫一人之本，謂之《風》；言天下之事，形四方之風，謂之《雅》。雅者，正也，言王政之所由廢興也。政有大小，故有《小雅》焉，有《大雅》焉。《頌》者，美盛德之形容，以其成功告於神明者也。是謂四始，《詩》之至也。"這兩段文字明顯對應，即均是對《國風》《小雅》《大雅》和《頌》的整體性、根本性思考。《詩論》謂觀《邦風》可知"戔民而愈之，亓甬心也㠯可女"，觀《少頙》可知"民之又慼悓也，上下之不和者，亓甬心也㠯可女"，《詩序》謂"至于王道衰，禮義廢，政教失，國異政，家殊俗，而變風、變雅作矣。國史明乎得失之迹，傷人倫之廢，哀刑政之苛，吟詠情性，以風其上，達於事變而懷其舊俗也"，方向和內涵上復又相通。《詩論》謂觀《訟》可知"又城工者可女"，與《詩序》謂《頌》意味着"以其成功告於神明"，本質上更是一致。如上一節所論，《詩論》據"德"之層級定義《小雅》《大雅》以及《頌》，這一點《詩序》中表現得不很具體和明晰，但卻隱含在其系統內。將《頌》視為"德"之最高層級，是兩者最凸顯的相同點之一。

《詩論》第四章説：

《關疋》之改，《梂木》之旹(持)，《㯱坒》之智(智)，《鵲樔》之逗(歸)，《甘棠》之保(報)，《緑衣》之思，《鷍鷍》之情，害(曷)？曰：童(動)而皆肶(賢)於亓初者也。《關疋》㠯(以)色俞(喻)於豊(禮)，□□□□□□□兩矣，亓四章則俞矣。㠯瑟(琴)珜(瑟)之敓(悦)，夅(擬)好色之悓(願)，㠯鐘鼓之樂，合二姓之好，反內(納)於豊，不亦能改虖？《梂木》福鼾(斯)在君子，不□□□□□□□□□□□□□，不亦能旹虖？《㯱坒》□□□□□，不求不可旻(得)，不受(攻)不可能，不亦智(知)亙(恒)虖(乎)？《鵲樔》出㠯百兩(輛)，不亦又(有)鱫(御)乎？《甘棠》…思及亓人，敬蚉(愛)亓查(樹)，亓保厚矣。甘棠之蚉，㠯邵公…□□□□□□□□□□□□青(情)蚉也。《關疋》之改，則亓思賹(貽/益)矣。《梂木》之旹，則㠯亓录(禄)也。《㯱坒》之智，則智不可得也。《鵲樔》之逗，則鱫者百兩矣。《甘棠》之保，美邵公也。《緑衣》之憙(憂)，思古

（故）人也。《鳲鳩》之情,皀丌蜀（獨）也。①

不管人們對這段文字的考釋有多少歧見,也不管《詩論》《詩序》表達意旨的組織形式有何不同,都必須肯定這段文字跟傳世《小序》是對應的,均爲對《詩經》具體篇什之内涵或特色的探討。類似的例子《詩論》中還有不少,但毋庸多舉。

綜上所述,《詩論》具體觀點未必跟《詩序》完全相同或一致,就現存材料看,它的論域也没有涵蓋《詩經》全部作品,可是它凸顯了孔子師徒對《詩經》整體及部分具體篇章在内涵、特色方面的求索。這種求索正是《詩序》產生的根源。一個富有創造性的學説體系的誕生不需要有先在的東西供它拷貝（那樣豈能叫創造）,但往往有賴於光大前人開啓的求索之路。《詩論》有力證明,像《詩序》那樣就整體及具體篇什來追索三百篇意義與特色的做法,在春秋末孔子之世業已萌生,且獲得了初步而異常重要的成果；《詩序》的產生是水到渠成的。更進一步説,由於《詩論》以春秋戰國之際的實績凸顯了《詩序》所由產生的學術追求,所以,它彰顯了鄭玄"子夏作《大序》、子夏毛公作《小序》"一説的現實性,②表明近代以來的主流觀念——東漢衛宏作《序》説——根本就不合情理（衛宏的主要活動是在東漢光武帝時期）:《詩序》是《詩論》所含學術探求的合理有效、自然而然的延展,不大可能形成於這種探求產生後太遠的時間,——認定這種探求被擱置了戰國、秦、西漢共四五百年,到東漢初纔由衛宏突然推出《詩序》這一結果,無論怎麽説都不合情理。我們必須注意,在這個漫長的歷史時期内,除曇花一現的秦朝外,《詩經》一直被儒家奉爲神聖經典,吸引了一批又一批高才秀士從事傳授和研究,並且西漢文景二帝（前179～前157、前156～前141在位）已立三家《詩》於官學,爲置博士,武帝則獨尊儒術,盡置五經博士,置博士弟子員。

以此思路觀察,衛宏作《序》説立刻喪失了現實及歷史依據,子夏毛公作《序》説則凸顯出強烈的合理性。

那麽,傳世《詩序》有無可能產生於孔子或孔子以前的時代呢？我們不妨

---

① 這段文字的開頭,從"《䁑疋》之改"到"《鳲鳩》之情"七個小句,李學勤認爲是《詩論》作者引前人之語,很可能是孔子所説,接下來的論述則屬於《詩論》作者（參閱氏著《〈詩論〉説〈關雎〉等七篇釋義》,《齊魯學刊》2002年第2期,頁91）。此説值得商榷。在表述上,這段文字採用問答體,看似二人對話,但從思想内涵上説,問衹是提綱挈領,答則是對問的具體分疏,前後貫通,應出自同一人。這種問答體或爲孔子講授的一種獨特方式,期待有進一步的發現來作説明。但退一步講,即便這段論述不出自孔子,至少也應產生於孔子那一時代。

② 案《毛詩序》"《關雎》,后妃之德也"之下,《釋文》引沈重曰:"案鄭《詩譜》意,《大序》是子夏作,《小序》是子夏、毛公合作。卜商意有不盡,毛更足成之。"

先看看學界近年的一些思考。馬銀琴提出,《毛詩》首序即各序第一句話產生於作品被編輯的時代,而且它們的產生同周代禮樂制度存在着對應關係。比方説,《周頌·清廟》《維天之命》《維清》,《大雅·文王》《大明》《緜》,《小雅·四牡》《皇皇者華》《采薇》《杕杜》《出車》,《周南·關雎》《葛覃》《卷耳》,《召南·鵲巢》《采蘩》《采蘋》等詩,都被用於儀式,它們"一旦被編入用於儀式歌奏的詩文本,説明其儀式功用、倫理意義的《詩序》也就隨之産生了";而《鄘風·墙有茨》、《魏風·葛屨》、《陳風·墓門》、《小雅·節南山》《何人斯》《十月之交》《小旻》《賓之初筵》,《大雅·板》《民勞》《蕩》《桑柔》等詩,都是獻詩諷諫制度的産物,各詩序文"反映了樂官記錄這些詩歌時所面對的事實";此外大部分《國風》之詩以及部分《小雅》之詩乃是周代采詩制度的産物,其序文也是如此。① 這種觀點看起來很有道理,仔細推究恐怕難以成立。

首先,我們可以從傳世文獻中找到如下重要反證:

其一,由《儀禮》可知,《鹿鳴》《四牡》《皇皇者華》《魚麗》《南有嘉魚》《南山有臺》《關雎》《葛覃》《卷耳》《鵲巢》《采蘩》《采蘋》等十二首歌詩,既用於鄉飲酒禮,又用於燕禮;其中《關雎》《葛覃》《卷耳》《鵲巢》《采蘩》《采蘋》諸詩還用於鄉射禮。據鄭玄注,作爲禮儀,鄉飲酒禮是諸侯之鄉大夫宴請處士之賢者,鄉射禮是州長或鄉大夫會聚民衆射於序庠,燕禮是諸侯燕飲羣臣。可傳世《詩序》説:"《關雎》,后妃之德也。……《葛覃》,后妃之本也。……《卷耳》,后妃之志也。……《鵲巢》,夫人之德也。……《采蘩》,夫人不失職也。……《采蘋》,大夫妻能循法度也……"很明顯,序文這些內容跟各詩在鄉飲酒、鄉射或者燕禮中的"儀式功用"和"倫理意義"並不合拍,可以説是風馬牛不相及。馬銀琴認定這些詩篇的序文,是各詩被編入儀式時就産生的、説明其"儀式功用"和"倫理意義"的文字,誠如此,它們何以在兩三種截然不同的禮儀中祇有《詩序》所言一種"功用"或"意義"呢?如《詩序》謂,"《鹿鳴》,燕羣臣嘉賓也";"《四牡》,勞使臣之來也";"《皇皇者華》,君遣使臣也";"《魚麗》,美萬物衆多,能備禮也";"《南有嘉魚》,樂與賢也";"《南山有臺》,樂得賢也"。這些內容看起來比較符合燕禮,但是與鄉飲酒禮何干呢?

而且,可據以提出類似質疑的,還不止是這十二首歌詩。既用於鄉飲酒禮又用於燕禮的六篇"笙詩",即《南陔》《白華》《華黍》《由庚》《崇丘》《由儀》,及其序文,所謂"《南陔》,孝子相戒以養也。《白華》,孝子之絜白也。《華黍》,時和歲豐,宜黍稷也","《由庚》,萬物得由其道也。《崇丘》,萬物得極其高大也。《由儀》,萬物之生各得其宜也"等,也都能證明《詩序》説明詩篇被編入儀

---

① 參閱馬銀琴:《〈毛詩〉首序産生的時代》,《文學遺産》2002年第2期,頁16~22。

式歌奏時之"儀式功用"和"倫理意義"的説法,祇是想當然之辭。

還是清儒陳啟源(?～1683/1689)説得好:"詩篇皆樂章也,然《詩》與《樂》實分二教。《經解》云:《詩》之教,溫柔敦厚;《樂》之教,廣博易良。是教《詩》、教《樂》,其恉不同也。《王制》云:樂正立四教以造士,春秋教以《禮》《樂》,冬夏教以《詩》《書》。是教《詩》、教(學)〔《樂》〕,其時不同也。故敘《詩》者止言作詩之意,其用爲(用)〔何〕樂則弗及焉。即《鹿鳴》燕羣臣、《清廟》祀文王之類,亦指作詩之意而言,其奏之爲樂偶(作)〔與〕作詩之意同耳。敘自言詩,不言樂也。意歌《詩》之法,自載於《樂經》,元無煩敘《詩》者之贅。及《樂經》已不存,則亦無可攷矣。……古人用詩於樂,不必與作詩之本意相謀(馬端臨《文獻通攷》論之甚悉),如射鄉之奏二《南》,兩君相見之奏《文王》《清廟》,何嘗以其詞哉!"①

其二,從傳世三百篇之序文來看,揭示詩篇主名是《詩序》的重要功能和追求之一。比如《詩序》云:

《柏舟》,共姜自誓也。衛世子共伯蚤死,其妻守義,父母欲奪而嫁之,誓而弗許,故作是詩以絶之。(《鄘風·柏舟》序)

《七月》,陳王業也。周公遭變,故陳后稷先公風化之所由,致王業之艱難也。(《豳風·七月》序)

《賓之初筵》,衛武公刺時也。幽王荒廢,媟近小人,飲酒無度。天下化之,君臣上下沈湎淫液。武公既入,而作是詩也。(《小雅·賓之初筵》序)

《抑》,衛武公刺厲王,亦以自警也。(《大雅·抑》序)

可見,《詩序》之首序總是儘量交代詩篇之作者(儘管做得有限,而且多有誤會,但它有這種追求,是確鑿無疑的)。如果馬銀琴的論證合乎事實,那麼所謂反映"樂官記錄……詩歌時所面對的事實"的一系列獻詩之序文,亦必明確地標示主名;——既然《詩序》是記錄眼前面對的事實,對於獻詩,做到這一點並非難事。可是她在文中舉了偌多例子,卻祇有《何人斯》《民勞》《板》《蕩》《桑柔》《賓之初筵》的序文標示主名(其中《節南山》一序,主名實出自詩本身,不能算數)。除此之外,《詩序》認爲,《小雅·祈父》《白駒》《我行其野》等詩是刺宣王(或大夫刺宣王),《正月》《十月之交》《雨無正》《小旻》《小宛》《小弁》

---

① 陳啟源:《毛詩稽古編》,卷二五《總詁》之"詩樂",濟南:山東友誼書社,1991年,第1版,頁852～853。案:此説可資參考。

《巧言》《谷風》《蓼莪》《四月》《北山》《鼓鍾》《楚茨》《信南山》《甫田》《大田》《瞻彼洛矣》《裳裳者華》《桑扈》《鴛鴦》《頍弁》《車舝》《青蠅》《魚藻》《采菽》《角弓》《菀柳》《采綠》《黍苗》《隰桑》《白華》《瓠葉》《漸漸之石》《苕之華》《何草不黃》等詩是刺幽王(或大夫刺幽王)。① 依馬銀琴的標準,這些詩均爲獻詩諷諫制度的產物,如《詩序》確實"反映……樂官記錄這些詩歌時所面對的事實",那麽,這一批詩歌的序文都應當清楚標示具體的主名。可事實上它們均無這一内容。

所以,單就傳世文獻已經可以知道,稱《詩序》之首序跟周代禮樂制度有關則可,説《詩序》即基於周代禮樂制度的諸多實踐(包括用詩於儀式歌奏、獻詩諷諫、采詩觀風等),即產生於周朝以不同管道陸續把三百篇編輯在一起的時候,則明顯違背了事實。

現在有了《詩論》,我們可以留意它所透露的一些重要信息。在《詩論》中,《詩序》的觀念核心(即彰顯《詩序》政教倫理取向和功能,並傅會於史事的美刺主題)根本就不存在,像《詩序》那樣的成熟的序詩形式、表達結構乃至話語也尚未生成。因此跟《詩序》比較,《詩論》具有無可置疑的素樸性。這意味着,《詩序》之產生,不可能在孔子創發《詩論》的種種觀點以前,也不可能與孔子創發《詩論》處於同一時期,否則這段歷史就太不可思議了。——如果《毛詩》首序確實產生於作品被編輯的時代,具體説來即產生於周代樂官把詩歌編入儀式歌奏、記錄公卿列士獻詩或者瞽矇遒人采詩之時,那麽孔子作爲古文化至關重要的偉大傳承者,②竟跟弟子以《詩論》這種素樸初步的形式與内容來探討三百篇,就是咄咄怪事了。依據《詩論》這種素樸性,《詩序》同樣不可能如有人所説是孔子作的。

總而言之,《詩論》是非常重要的時間指標,足以證明《毛詩序》不可能產生於孔子之前或者孔子時代,不可能產生於孔子之後太久。鄭玄《詩譜》説《大序》是子夏作、《小序》是子夏毛公合作,從各個方面推究仍是最合理的,其他種種説法大都爲想象附會之辭。③《史記·仲尼弟子列傳》載:"卜商字子

---

① 對個別詩,鄭玄提出了不同意見,比如他認爲《十月之交》《雨無正》《小旻》《小宛》當是刺厲王。
② 錢穆曾説:"孔子集前古學術思想之大成,開創儒學,成爲中國文化傳統中一主要骨幹。"參見氏著《朱子新學案(代序)·朱子學提綱》,《錢賓四先生全集》(十一),臺北:聯經出版事業公司,1998年,第1版,頁1~2。
③ 拙作《衛宏作〈詩序〉説駁議:兼申鄭玄子夏作〈大序〉、子夏毛公作〈小序〉説》一文(《中國學術》第十四輯,頁163~187),專論《詩序》作者和時代問題。該文引用一批確鑿的文獻,證明《詩序》產生於齊、魯、韓、毛四家《詩》分流劃派以前而非此後,足以加強就《詩論》所得出的論斷,可資參考。

夏。少孔子四十四歲。……孔子既没,子夏居西河教授,爲魏文侯師。"錢穆判斷,卜商生卒年約爲公元前507年至公元前420年,享年八十八歲左右。①則孔子去世後,擅長"文學"尤其是《詩經》學的子夏還有五六十年時間,來光大孔門學術,特別是《詩經》之學。② 子夏以孔子的《詩》學追求和理念爲基礎,更上層樓,成就傳世《詩序》的基本內容,乃水到渠成之事。

三、《詩論》與《詩經》學基本發展脈絡之復原

《詩論》還有一個十分重要的價值,即凸顯了《詩》學發展史上一些原本模糊、具有根本意義的承繼和變異。這一點,可以從兩方面細細討論。

(一) 關於闡釋者的《詩》學思維

從《詩經》學史的角度看,《詩論》最引人注目的特質,是蘊含着一位具有充分自主能力的闡釋者,或者說蘊含着一位具有充分自主能力的特殊讀者。譬如《詩論》第八章載:

孔子曰:《宛丘》虗(吾)善之,《猗嗟》虗(喜)之,《鳲鳩》虗信之,《文王》虗兌(美)之,《清廟》虗敬之,《烈文》虗敓(悦)之,《昊天又城命》虗□之。《宛丘》曰:"洵(洵)又情","而亡望",虗善之。《猗嗟》曰:"四矢奌(弁、反)","以御亂(亂)",虗憙之。《鳲鳩》曰:"丌義一氏(兮),心女(如)結也",虗信之。《文王》曰:"文王才(在)上,於卲(昭)于天",虗兌之。《清廟》曰:"肅雝(雝)顯相,濟濟多士,秉文(文)之德",虗敬之。《烈文》曰:"乍(無)競佳(惟)人","不(丕)顯佳(唯)德","於唐(乎)前王不忘",虗敓之。

《詩論》第五章載:

孔子曰:虗以《萬》旻(得)氏(祇)初之者(志),民眚(性)古(固)然,見丌兌(美),必谷(欲)反(返)丌本。夫萬(葛)之見訶也,則以緒(綿)葯(紛)之古(故)也。后稷之見貴也,則以文、武之德也。虗以《甘棠》旻(得)宗廟(廟)之敬,民眚古然,甚貴丌人,必敬丌立(位),敓(悦)丌人,必好丌

---

① 錢穆:《諸子生卒年世約數》,《先秦諸子繫年》,頁693。
② 案《論語·先進》篇記:"德行:顏淵、閔子騫、冉伯牛、仲弓。言語:宰我、子貢。政事:冉有、季路。文學:子游、子夏。"

第二章 《詩經》學視野中的楚竹書《詩論》

所爲,亞(惡)丌人者亦然。

《詩論》第四章云：

《關疋》之改,《梂木》之旹(持),《樛枼》之嚁(智),《鵲樔》之遅(歸),《甘棠》之保(報),《綠衣》之思,《鷄鵙》之情,害(曷)？曰：童(動)而皆臤(賢)於丌初者也。《關疋》㠯(以)色俞(喻)於豊(禮),……《梂木》福斯(斯)在君子,不□□□□□□□□□□□□□□,不亦能旹虖？《樛枼》□□□□□,不求不可旻(得),不夋(攻)不可能,不亦智(知)互(恒)虐(乎)？《鵲樔》出㠯百兩(輛),不亦又(有)鸛(御)乎？《甘棠》…思及丌人,敬蛋(愛)丌查(樹),丌保厚矣。甘棠之蛋,㠯邵公…□□□□□□青(情)蛋也。《關疋》之改,則丌思賹(益)矣。《梂木》之旹,則㠯丌彔(禄)也。《樛枼》之嚁(智),則嚁(知)不可旻(得)也。《鵲樔》之遅,則鸛者百兩矣。《甘棠》之保,美邵公也。《綠衣》之息(憂),思古(故)人也。《鷄鵙》之情,㠯丌蜀(獨)也。

《詩論》第五章又載：

孔子曰：《七衒》嚁(知)難。《中氏》君子。《北風》不絕(絶)人之怨。《子立》不□□□□□□□□□□□□□□□□《鹿鳴》㠯樂囟(始)而會,㠯道交,見善而孝(傚),冬(終)虞不猒(厭)人。《兔蘆》丌甬(用)人,則虐(吾)取。□□□□□□□□□《白舟》又(有)衋(溺)志,既曰天也,猷(猶)又憝(怨)言。《木苽》又竊(藏)忎(願)而未旻(得)達也,交□□□□□□□□□□□因木苽之保(報),㠯(以)俞丌忎(願)者也。《斯杜》則情惠(喜)丌至也。

這樣的論說,簡直給我們一種前無古人後無來者的感覺。

筆者要強調的是,這裏很多内容雖祇是論詩中個別語句,卻不能簡單將它們與春秋賦詩之"斷章取義"相提並論,①當然也不應簡單視之爲一般的抒懷。孔子這種摘要式的論說,凸顯了他對作品的興奮點；當他面對弟子或其他受衆時,這樣做的根本意義,在於啓示了一種正確的政教倫理選擇。祇要看看《論語》便可明白,絕大多數情況下,孔子對弟子的言說都是啓示一種選

---

① 傅道彬《〈孔子詩論〉與春秋時代的用詩風氣》等文有這種傾向(《文藝研究》2002 年第 2 期,頁 41)。

擇。比如：

  子曰："禮云禮云，玉帛云乎哉？樂云樂云，鐘鼓云乎哉？"(《論語·陽貨》)

  子曰："人而不仁，如禮何？人而不仁，如樂何？"(《論語·八佾》)

  林放問禮之本。子曰："大哉問！禮，與其奢也，寧儉；喪，與其易也，寧戚。"(《論語·八佾》)

  季路問事鬼神。子曰："未能事人，焉能事鬼？"敢問死。曰："未知生，焉知死？"(《論語·先進》)

  顏淵問仁。子曰："克己復禮爲仁。一日克己復禮，天下歸仁焉。爲仁由己，而由人乎哉？"(《論語·顏淵》)

  子曰："君子喻於義，小人喻於利。"(《論語·里仁》)

孔子一直向弟子啓示社會人生各方面的正確抉擇，反詰、正反對比等陳述方式的運用，顯然都加強了啓示的意味。很多時候，孔子並不直接强烈地告謂弟子應當如何、不應當如何，而衹是開列正確或錯誤的做法，將省思和選擇留給弟子。《論語·陽貨》載："宰我問：'三年之喪，期已久矣！君子三年不爲禮，禮必壞；三年不爲樂，樂必崩。舊穀既没，新穀既升，鑽燧改火，期可已矣。'子曰：'食夫稻，衣夫錦，於女安乎？'曰：'安。''女安則爲之！夫君子之居喪，食旨不甘，聞樂不樂，居處不安，故不爲也。今女安，則爲之！'宰我出。子曰：'予之不仁也！子生三年，然後免於父母之懷。夫三年之喪，天下之通喪也。予也有三年之愛於其父母乎？'"孔子不同意宰我(前522～前458)之見，卻未嘗當面指斥他，衹向他啓示君子的取捨，由他自行決定。而當孔子拿自己的取捨來啓示弟子時，這種教育方式幾乎就跟《詩論》完全一致了。《論語·八佾》載："子貢欲去告朔之餼羊。子曰：'賜也，爾愛其羊，我愛其禮。'"孔子同樣未批評子貢的錯誤，衹是用自己的愛惡宣示正確的做法。《詩論》很多章節都運用了這種啓示弟子的方式。

  筆者反對將《詩論》評詩與春秋"賦詩斷章"相提並論，還有一個重要原因，即後儒解《詩》，也常常捕捉這種局部的興奮點來生發義理，宣揚儒家政教倫理觀念。這裏僅舉一例略作申明。《詩序》、毛傳、鄭箋對《曹風·鳲鳩》一詩之闡釋可見於下表(表 2-2，其中左欄爲《鳲鳩》本文，凡四章，右欄爲相關闡釋)：

表 2-2 《曹風·鳲鳩》以及《詩序》《毛傳》《鄭箋》之詮釋

曹風·鳲鳩	序:"《鳲鳩》,刺不壹也。在位無君子,用心之不壹也。"
鳲鳩在桑,其子七兮。	毛傳:"興也。鳲鳩,秸鞠也。鳲鳩之養其子,朝從上下,莫從下上,平均如一。" 鄭箋:"興者,喻人君之德,當均一於下也。以刺今在位之人不如鳲鳩。"
淑人君子,其儀一兮。	鄭箋:"淑,善。儀,義也。善人君子,其執義當如一也。"
其儀一兮,心如結兮。	毛傳:"言執義一則用心固。"
鳲鳩在桑,其子在梅。	毛傳:"飛在梅也。"
淑人君子,其帶伊絲。 其帶伊絲,其弁伊騏。	毛傳:"騏,騏文也。弁,皮弁也。" 鄭箋:"'其帶伊絲',謂大帶也。大帶用素絲,有雜色飾焉。騏當作'璂',以玉為之。言此帶、弁者,刺不稱其服。"
鳲鳩在桑,其子在棘。	
淑人君子,其儀不忒。	毛傳:"忒,疑也。"
其儀不忒,正是四國。	毛傳:"正,長也。" 鄭箋:"執義不疑,則可為四國之長。言任為侯伯。"
鳲鳩在桑,其子在榛。	
淑人君子,正是國人。	
正是國人,胡不萬年!	箋云:"正,長也。能長人,則人欲其壽考。"

序、傳、箋詮釋《鳲鳩》,主旨是用心壹、執義一或者執義不疑,而要點尤在於執義一,因為"執義一則用心固"。它們抓住的文本核心,是"其儀一"和"心如結"兩點,尤其是前者,因為"心如結"其實是"其儀一"的結果(詩中"其儀不忒",乃"其儀一"的同義表達)。這跟《詩論》圍繞"其儀一""心如結"來做文章是完全一致的。上文曾引用《詩論》第八章所記孔子曰:"尸鳩(虐)〔吾〕信之……《尸鳩》曰:'丌義一氏(兮),心女(如)結也',虐信之。"孔子之意是說,自己相信執義專固,則心不放佚。嗣後,跟《詩論》密切相關的《五行》和《詩序》都承繼了這一話題和觀念。《五行》經文第七章曰:"'尸咎(鳩)在桑,其子七氏(兮)。叔(淑)人君子,其宜(義)一氏(兮)。'能為一,然后能為君子;君子慎其獨也。"《五行》說文第七章解釋云:"'尸咎(鳩)在桑':直之。'亓子七也':尸咎二子耳,曰七也,(與)〔興〕言也。'叔(淑)人君子,其宜(義)一氏(兮)':

[叔(淑)]人者□,[宜]者義也。言亓所以行之義一心也。"《五行》是就"其宜一"這一個點發揮,但執義一、用心固的觀念均被繼承了下來。粗略地説,子思建構五行學説與子夏創辟《詩序》是在同一個時期。在闡釋《詩經》一系列作品時,子夏、子思往往是"接着説"。而《毛傳》和《鄭箋》則進一步光大了這幾代前輩學人奠基的傳統。不顧及這一層歷史關聯,率爾譏斥《詩論》"斷章取義",顯然並不合理。在漢唐《詩經》學形態模式中,文本的地位及其整一性相對而言並不凸顯,通過建立這種局部關聯,來推揚儒家政教倫理,乃隨處可見之事。①

在孔子《詩》學思維中,作爲讀者的闡釋者不乏深刻的理性思考,卻又是一個積極、活躍甚至十分感性的角色。他那自覺賞鑒、批判和抉擇的能力如此突出,以至於展讀《詩論》便可以強烈地感受到。"虘(吾)善之""虘憙(喜)之""虘信之""虘兑(美)之"[虘敬之]"[虘敓(悦)之]",以及"虘曰(以)《萬軸》曼(得)……""虘曰《甘棠》曼……""[虘曰《木芯》曼]……""虘曰《斳杜》曼……",一系列反復出現的特殊陳説方式,有力凸顯了主體在認知、闡釋、接受詩歌時極活潑的品性,比之於《序》《傳》《箋》等《詩》學經典名著,不啻有天壤之别。也許,這就是孔子所謂"《詩》可以興"的最佳的具體展示。孔子嘗曰:"小子何莫學夫《詩》?《詩》,可以興,可以觀,可以羣,可以怨。邇之事父,遠之事君。多識於鳥獸草木之名。"(《論語·陽貨》)朱熹集注釋"興"爲"感發志意"。則"《詩》可以興",指的是閲讀、學習三百篇可以感發自己的意志。《論語·先進》篇記:"南容三復'白圭',孔子以其兄之子妻之。"朱熹集注云:"《詩·大雅·抑》之篇曰:'白圭之玷,尚可磨也。斯言之玷,不可爲也。'南容一日三復此言……蓋深有意於謹言也。此邦有道所以不廢,邦無道所以免禍,故孔子以兄之子妻之。"又引范氏曰:"言者行之表,行者言之實,未有易其言而能謹於行者。南容欲謹其言如此,則必能謹其行矣。"南容三復"白圭",隱含的就是《詩》對讀者志意的感發。這跟《詩論》記孔子爲《宛丘》《猗嗟》《鳲鳩》《文王》《清廟》諸詩感發觸動,具有同一種精神,祇不過在孔子這裏表現得更加酣暢而已。從《詩論》這些極其難得的片斷可以看出,作爲闡釋者,孔子對作品做出肯定性的反應,往往是由於他對詩中某些内容有正面的政教倫理評價,這從他對《猗嗟》《文王》《清廟》《鹿鳴》《大田》諸詩的評判中看得尤其明顯;而做出否定性的反應,則往往是由於他對詩中某些内容有負面的政教倫理評價,

---

① 《詩經》文本的主體性和整一性在朱熹《詩經》學體系中得到了凸顯,其詳可參閲拙作《論〈詩經〉漢宋之學的異同》,《文史哲》1999年第4期,頁46~51。

這從《詩論》第六章"君子腸腸少人"這一斷語中可以清晰地看出來。而不管是肯定性的反應,還是否定性的反應,都凸顯了詩篇對讀者意志的激發和磨礪。

《詩論》第五章所記孔子評《葛覃》《甘棠》《木瓜》《有杕之杜》諸詩,證實了傳世文獻中一系列相關内容的可信性。《孔叢子·記義》篇載:

孔子讀《詩》及《小雅》,喟然而歎曰:"吾於《周南》《召南》,見周道之所以盛也。於《栢舟》,見匹夫執志之不可易也。於《淇澳(奥)》,見學之可以爲君子也。於《考槃》,見遁世之士而不悶也。於《木瓜》,見苞苴之禮行也。於《緇衣》,見好賢之心至也。於《雞鳴》,見古之君子不忘其敬也。於《伐檀》,見賢者之先事後食也。於《蟋蟀》,見陶唐儉德之大也。於《下泉》,見亂世之思明君也。於《七月》,見豳公之所造周也。於《東山》,見周公之先公而後私也。於《狼跋》,見周公之遠志所以爲聖也。於《鹿鳴》,見君臣之有禮也。於《彤弓》,見有功之必報也。於《(羔羊)〔無羊〕》,見善政之有應也。於《節南山》,見忠臣之憂世也。於《蓼莪》,見孝子之思養也。於《楚茨》,見孝子之思祭也。於《裳裳者華》,見古之賢者世保其禄也。於《采菽》,見古之明王所以敬諸侯也。"①

《孔叢子》一向被視爲偽書,但這段文字的核心表達句式和話語,即"吾於某篇見……",跟簡書《詩論》"吾以某篇得……",顯然完全一致;兩者所凸顯的《詩》學思維方式並無差别。《孔叢子》所載孔子評《木瓜》之語,跟《毛傳》解釋該詩末章"匪報也,永以爲好也"一句所引"孔子曰:'吾於《木瓜》,見苞苴之禮行'",可以互相證明;跟《詩論》中"虐(吾)目(以)木苽夏(得)帀(幣)帛之不可迲(去)也",意指亦深深相契。鄭箋《詩》云:"以果實相遺者,必苞苴之。"鄭注《禮記·少儀》之"苞苴",則説:"苞苴,謂編束萑葦以裹魚肉也。""苞苴"與"幣帛"殆均指贈勞賓客之禮物。此外,此處所記孔子論《鄘風·柏舟》,與《詩論》第五章孔子謂"《白舟》又〔溺〕志"通;論《緇衣》,與郭店《兹衣》記子曰"好妣(美)女好兹(緇)衣"通(案上博《材衣》作"孚頬女孚材衣",傳世《禮記·緇衣》作"好賢如《緇衣》");論《伐檀》,與《詩論》第六章謂"《河水》智先事遂(後)食"同;論《蟋蟀》,與《詩論》第五章記孔子曰"《七銜》智難"通;論

---

① 案:《淇澳》,傳世《毛詩·衛風》作《淇奥》。《羔羊》必爲《無羊》形近之譌。孔子這番評説,自《國風》而《小雅》,全同今本順序,不應在《小雅·彤弓》和《節南山》間忽出《羔羊》。或以爲所謂"善政之有應"是指興復牧人之職,故牛羊衆多。其實應是指該詩末章所説:"牧人乃夢,衆維魚矣,旐維旟矣。大人占之:'衆維魚矣,實維豐年;旐維旟矣,室家溱溱。'"

《節南山》，與《詩論》第七章"《雨亡政》《即南山》皆言上之衰也，王公恥之"，相通無礙；論《蓼莪》，與《詩論》第六章"《蓼莪》又(有)孝志"，相通無礙。如此説來，《孔叢子》這段文字必有相當古老的本源，而且確實跟《詩論》一樣出於孔子。此外，《鹽鐵論·執務》篇載賢良引孔子曰："吾於《河廣》，知德之至也。"此語跟《孔叢子》《詩論》相關內容亦具有同一種精神，有一定參考價值。《詩論》之重現，確認和彰顯了這一系列未受重視的《詩》學材料的巨大價值。

毫無疑問，《詩論》和相關傳世文獻是可以互證的。在《詩論》爲相關傳世文獻正名之時，相關傳世文獻也在爲《詩論》正名。比如，上揭傳世文獻就可以確證竹書《詩論》"曰"字前的合文符號確實爲"孔子"而非有"卜子"。《詩論》或相關傳世文獻把類似《詩》説繫於"孔子曰"或"子曰"之下，可以證明對方並非捕風捉影之論。

傳世文獻這一系列材料的有效性得到了確證，由此可更進一步斷定，它們跟《詩論》有關內容一起，構成了孔子所謂"《詩》可以觀"的注腳。劉寶楠(1791～1855)《論語正義》輯鄭氏注，把"觀"字解爲"觀風俗之盛衰"，朱熹《集注》釋之爲"考見得失"，看來基本是正確的。孔子由《葛覃》《甘棠》《木瓜》《有杕之杜》《關雎》《樛木》《漢廣》《鵲巢》《綠衣》《燕燕》等詩見出本然之"民眚(性)"，諸如"見丌兑(美)，必谷(欲)反(返)丌本""甚貴丌人，必敬丌立(位)"以及"童(動)而皆臤(賢)於丌初"等；①又謂於《柏舟》見匹夫執志不易，於《考槃》見士遁世不悶，於《木瓜》見苞苴之禮行等。凡此均可以歸結爲"觀風俗"。孔子於《周南》《召南》，見周道之所以盛；於《雞鳴》，見古之君子不忘其敬；於《蟋蟀》，見陶唐儉德之大；於《下泉》，見亂世之思明君；又評《君子陽陽》曰"少

---

① 儘管没有明顯證據，可以説明《詩論》論《關雎》等詩"童(動)而皆臤(賢)於丌(其)初"出於孔子之口，但將其納入孔子的《詩》學體系是不成問題的。這段文字，大意是説民性推重初始，具體表現在各詩就是：《關雎》歌詠以禮合二姓之好，此爲婚姻之初始。《史記·外戚世家》序有云："《易》基《乾》《坤》，《詩》始《關雎》，《書》美釐降，《春秋》譏不親迎。夫婦之際，人道之大倫也。禮之用，唯婚姻爲兢兢。"《樛木》堅信祇有善德君子纔能得到福禄，此即强調善德爲獲得福禄之初始。《漢廣》歌詠不求不可得、不攻不可能，此涉及個體行爲抉擇之初始。《鵲巢》歌詠親迎，此爲合二姓之好之初始。《甘棠》表達對召公的回報，此即不忘初始。《綠衣》表達思念古人，此亦不忘初始。《燕燕》深情如斯，乃敬心於初始也。凡此皆含推重初始之意。其中《鵲榛(巢)》出目百兩，不亦又(有)餘乎"，《鵲榛》之逯(歸)，則德者 百兩矣 ，二"德"字均當讀爲"御"(參閱姜廣輝：《關於古《詩序》的編連、釋讀與定位諸問題研究》，姜廣輝主編：《經學今詮三編》，《中國哲學》第二十四輯，頁154～156)。簡單地説，首先，釋"御"跟詩歌本身内容相合。其次，迎送爲婚配之始，重視迎送是"臤(賢)於丌初"的一種表現，故釋"御"又合乎竹書强調"童(動)而皆臤(賢)於丌(其)初"的意旨。

人",評《兔蘆》曰"丌甬(用)人,則虔(吾)取",評《又兔》曰"不弄(逢)時",評《大田》之卒章曰"晢(知)言而又(有)豊(禮)"等等。凡此均可以歸結爲"考見得失"(所謂"得失",應包括時世之得失以及個體社會成員之得失)。毫無疑問,"觀風俗"與"考得失"本質上是相通而不可分離的。故孔子論《葛覃》而及"后稷之見貴也,則曰(以)文、武之惪也",論《甘棠》而及"敬丌人,必好丌所爲,亞丌人者亦然",無疑都有"考見得失"的意味。換一個角度說,孔子論《周南》《召南》而謂"見周道之所以盛也",同樣也有"觀風俗"的含義。《詩論》第一章還明確記載:"孔子曰:《訾》,丌猷牓門與? 戔(殘)民而俛(逸)之,丌甬(用)心也㴱(將)可(何)女(如)? 曰:《邦風》氏(是)已。民之又(有)慼(慼)惓(倦)也,上下之不和者,丌甬心也㴱可女? 曰:《少頡》氏已。□□□□□可女? 曰:《大頡》氏已。又(有)城(成)工(功)者可女? 曰:《訟》氏已。"第十章又說:"《邦風》,丌內(納)勿(物)也専(溥、博),儯(觀)人谷(俗)安(焉),大僉(驗)材(在)安。"在這些論斷中,"觀風俗"和"考得失"非常緊密地融匯在一起;——"儯人谷安""大僉材安"二語,更分別凸顯了觀風俗、考得失的取向。

綜上所述,從以《詩論》爲核心的材料中,我們重新找回了孔子所謂"《詩》可以興,可以觀"的具體而確切的內涵。這裏還需要強調的是,在孔子《詩》學體系中,在闡釋者閱讀、接受、闡發三百篇的過程中,"興"與"觀"兩方面是互相滲透和影響的,二者一同表明闡釋者有主動而活躍的批評和取捨,跟詩有真正的交流,——在這一交流過程中,其整個品格特別是道德品格絲毫未顯被動依附的姿態。

後儒對孔子《詩》學的一個重大改變,便是遏抑了以闡釋者"吾"爲核心的詩學思維,或者說是遏抑了原本充滿活力的闡釋者。在《詩序》《毛傳》《鄭箋》等經典《詩》學著述中,我們已很難看到闡釋者的主動反應。陳澧曾說:

>《鄭箋》有感傷時事之語。《桑扈》"不戢不難,受福不那",箋云:"王者位至尊,天所子也,然而不自斂以先王之法,不自難以亡國之戒,則其受福祿亦不多也。"此蓋歎息痛恨於桓、靈也。《小宛》"螟蛉有子,蜾蠃負之",箋云:"喻有萬民不能治,則能治者將得之。"此蓋痛漢室將亡,而曹氏將得之也。又"戰戰兢兢,如履薄冰",箋云:"衰亂之世,賢人君子雖無罪,猶恐懼。"此蓋傷黨錮之禍也。《雨無正》"維曰于仕,孔棘且殆",箋云:"居今衰亂之世,云往仕乎,甚急迮且危。"此鄭君所以屢被徵而不仕乎? 鄭君居衰亂之世,其感傷之語有自然流露者,但箋注之體謹嚴,不溢出於經文之外耳。(《東塾讀書記》卷六《詩》)

漢以後箋注之體的定型,對於經學之發展有重大意義。鄭玄箋《詩》表現出些微個人色彩的例子,大概就這"不溢出於經文之外"的數端。在《詩序》及漢代《詩》學著作中,闡釋者整體上呈現爲被動接受、被規範、不自主的萎縮模糊的品格(一般讀者就更不用說了,他整個兒要服從於闡釋者)。《齊詩》說有云:"《詩》者,持也……","在於敦厚之教,自持其心,諷刺之道,可以扶持邦家者也"。① 寥寥二語,把闡釋者和讀者在精神品格上的被動姿態,表現得淋漓盡致。

從孔子至漢儒,《詩經》學究竟爲何發生這一巨變呢?它又是如何發生的?細細探究,問題極爲複雜,難以輕鬆解決。可簡單地講,以下幾點頗值得注意:其一,闡釋者日益喪失孔子那種自足完滿的道德取捨能力。孔子對於社會人生、對於經典具有一種超越性,他是一個高標,後來的《詩經》學家再也沒有達到那樣的高度。其二,《詩序》產生,且成爲《詩經》闡釋的核心,對這一變化起了奠基和決定性的作用。其三,在《詩序》之後,在其他相關的《詩》學著作產生以前,《詩三百》業已較爲徹底地轉變成了以禮爲核心的儒家政教倫理觀念的傳達,獲得了對於一切社會成員的崇高性。這毫無疑問是孔子以來《詩三百》經典化的必然結果。② 在這種情勢下,闡釋者祇需要虛心接受,以建構自我發揮的前提和基礎,他無需也不應自作主張。

孔子《詩經》學體系是一個多面向的複雜存在,或者說,它本來存在多種發展的可能性。孔子以後數代《詩經》學家繼承了其中某些內容,拋棄了另外一些東西,也幾乎是不可避免的。歷史不可假設,但要說明歷史,往往需借助於假設。如果孔子之後,數代傳授和研討《詩經》的學者做出相反的選擇,一切都可能會改變。具體一點說,如果有關學者充分發揚孔子《詩》學體系中富有自覺批判和抉擇能力的讀者—闡釋者角色,——這不僅意味着該角色依然活躍,而且意味着相關學者不被孔子的抉擇套牢,那麽,現有對《國風》絕大多數篇什以及《雅》《頌》部分詩篇的詮釋,可能根本無法建立,因爲這些詮釋經不起基於文本的質疑,經不起一個擁有自主能力的讀者—闡釋者的問難。

---

① 案:"詩,持也",乃孔穎達疏解《詩譜序》引《詩含神霧》文;"在於敦厚之教,自持其心,諷刺之道,可以扶持邦家者也",乃成伯璵《毛詩指說》所引《詩含神霧》文。〔日〕安居香山、中村璋八輯《緯書集成》有載(見該書,頁464);王先謙以爲《齊詩》說(見氏著《詩三家義集疏》上册,北京:中華書局,1987年,第1版,頁3)。
② 或謂,《詩》《書》在春秋時期已是諸侯各國的經典,又何須經典化呢?這裏顯然有一種混淆。社會上的一般經典和儒家經學的經典並非一回事,筆者所謂《詩》的經典化,乃指《詩》演化爲儒家核心經典的過程。

《詩經》學後來的發展證明了這一點,朱熹是足以說明問題的典型例子。① 總之,歷史之所以成爲這樣的歷史,就是因爲那一時期的《詩經》學著作一方面繼承了孔子開闢的將《詩三百》經典化的方向,繼承了它所負載或者被賦予的價值,一方面又對孔子的體系做了根本改變,——徹底改變了體系中讀者—闡釋者的特質。

在《詩》學體系中,讀者—闡釋者角色再度被激發出活力,是朱子《詩》學的重要特色之一。説到這一點,我們首先要提及朱子備受指責的"淫詩"説。朱子把《邶風·靜女》,《鄘風·桑中》,《王風·大車》,以及《鄭風·將仲子》《遵大路》《山有扶蘇》《蘀兮》《狡童》《褰裳》《東門之墠》《風雨》《子衿》《揚之水》《溱洧》等詩,看作淫亂之作,認爲這些詩絶非像漢儒説的那樣傳達正確的政教倫理取向;一個"淫"字,是他作爲讀者—闡釋者做出的激烈價值判斷。②

朱子《詩集傳》中,有大量凸現讀者—闡釋者自覺批判精神的例子。比如《衛風·氓》,朱子就所謂"淫婦"一事,云:"蓋一失其身,人所賤惡……是以無往而不困耳。士君子立身一敗,而萬事瓦裂者,何以異此!可不戒哉?"朱子注"士之耽兮,猶可説也。女之耽兮,不可説也"兩句,又説:"士猶可説而女不可説者,婦人被棄之後深自愧悔之辭,主言婦人無外事,唯以貞信爲節,一失其正,則餘無可觀爾,不可便謂士之耽惑實無所妨也!"由所謂"淫婦"失其身,一下子躍升到士君子立身之本,從闡釋者立場上予以警示,在就文本倡言婦人一失其正全無可觀的同時,念念不忘提醒士也不可耽惑,處處都可見出闡

---

① 有一個問題需要説明。在孔子《詩》學體系中,孔子作爲讀者—闡釋者做出自覺批判和抉擇,無疑是以他對三百篇的解讀爲基礎的。由諸多文獻可知,他的解讀業已將很多不屬於詩的東西塞到了詩篇中。郭店楚墓竹簡《肯自命出》上篇記"聖人"編排、詮釋《詩》《書》《禮》《樂》以教弟子,聖人的這番工夫深刻影響了《詩》的命運。大要説來,孔子解《詩》説《詩》,根本方向是把三百篇"武裝成"禮義等儒家理念和取向的淵藪。《孔子世家》謂孔子"取可施於禮義……三百零五篇",《禮記·孔子閒居》載孔子曰,"志之所至,《詩》亦至焉。《詩》之所至,《禮》亦至焉。《禮》之所至,《樂》亦至焉",説的都是這層意思。這一解讀方向,注定要爲《詩三百》帶來很多傅會。後儒作爲闡釋者,則因直接進入了一個被既定傳統給定的狀態,而製造了更多的附會,使《詩三百》至漢初定型爲儒家核心經典,成爲五經重要組成部分。活躍的、可做出自主批判與抉擇的讀者—闡釋者因素有可能製造附會,但也祇有仰賴這種因素纔能破除附會。毫無疑問,這種因素的活躍要受限於某些規則,而在强有力的傳統定勢中,也祇有仰賴於這種因素纔能認知或認同規則,包括認知或認同文本的價值。

② 對朱子"淫詩"説的評判應該分兩個層面。"淫"是朱子對相關作品的政教倫理批評,非指作品内容本身。"淫詩"説意味着朱子認爲這些詩的内容是張揚男女情愛,"淫"字則指言相關内容違背了他所持守的儒學價值和標準。因此現在看來,"淫詩"説主要問題在於政教倫理評判。然而其一,它凸顯了主體對相關詩篇真實的世俗化内容的把握,比漢儒把有關作品解釋爲刺淫、刺亂、惡無禮,要真切高明得多;其二,作爲政教倫理評判,"淫"字實凸顯了對《詩經》學傳統的超越。

釋者的活躍。

《唐風・無衣》云："豈曰無衣七兮？不如子之衣，安且吉兮。/豈曰無衣六兮？不如子之衣，安且燠兮。"朱子認爲該詩乃曲沃武公(前716～前677在位)賂周王請命一事，且評價云："《史記》:曲沃桓叔之子武公，伐晉滅之，盡以其寶器賂周釐王。王以武公爲晉君，列於諸侯。……蓋當是時，周室雖衰，典刑猶在。武公既負弑君篡國之罪，則人得討之，而無以自立於天地之間，故賂王請命，而爲說如此。然其倨慢無禮，亦已甚矣！釐王貪其寶玩，而不思天理民彝之不可廢，是以誅討不加，而爵命行焉，則王綱於是乎不振，而人紀或幾乎絕矣。嗚呼痛哉！"即便朱子對該詩本事的解釋十分準確，他對天子、諸侯、卿大夫、士之政教倫理秩序的關懷和強調，還是大大超出了賂王請命之本事。

《秦風・黃鳥》之首章云："交交黃鳥，止于棘。誰從穆公？子車奄息。維此奄息，百夫之特。臨其穴，惴惴其慄。彼蒼者天，殲我良人！如可贖兮，人百其身！"朱子就秦穆公以人殉葬一事，云："又按《史記》，秦武公卒，初以人從死，死者六十六人；至穆公遂用百七十七人，而三良與焉。蓋其初特出於戎翟之俗，而無明王賢伯以討其罪，於是習以爲常，則雖以穆公之賢而不免；論其事者，亦徒閔三良之不幸，而歎秦之衰，至於王政不綱，諸侯擅命，殺人不忌，至於如此，則莫知其爲非也。嗚呼，俗之弊也久矣！其後始皇之葬，後宮皆令從死，工匠生閉墓中，尚何怪哉！"朱子認爲，該詩乃是敘述秦康公(前620～前609在位)從其父穆公(前659～前621在位)之亂命，迫三良，納之於壙以從死。對他來說，該詩主要内容殆爲閔三良之不幸。上揭文字對"王政不綱，諸侯擅命，殺人不忌"的尖銳抨擊，以及對秦始皇(前246～前210在位，前221稱始皇)暴政的聯想，完全是他作爲闡釋者對詩歌所敘事件的主動反應。

《大雅・文王》首章云："文王在上，於昭于天。周雖舊邦，其命維新。有周不顯，帝命不時。文王陟降，在帝左右。"其下尚有六章。朱子總評之，云："其於天人之際，興亡之理，丁寧反覆，至深切矣！故立之樂官，而因以爲天子諸侯朝會之樂，蓋將以戒乎後世之君臣，而又以昭先王之德於天下也。……然此詩之首章言文王之昭于天，而不言其所以昭；次章言其令聞不已，而不言其所以聞。至於四章然後所以昭明而不已者，乃可得而見焉。然亦多詠歎之言，而語其所以爲德之實，則不越乎'敬'之一字而已。然則後章所謂修厥德而儀刑之者，豈可以他求哉？亦勉於此而已矣！"這種跳脫詩作本義，進入詩之用的宏大政教倫理關懷，也是朱子作爲闡釋者與詩作"交流"的結果。《文王》之後之《大明》有云："維此文王，小心翼翼。"朱子解釋說："小心翼翼，恭慎之貌，即前篇之所謂'敬'也。文王之德，於此爲盛！"朱子對文王德行的評騭，至少有一部分凸顯的是他自身的取捨。

上舉闡釋，很多元素並非詩歌本身所有，而是闡釋者對詩的批判性的回應或引申，是闡釋者跟詩對話交流的結果，是闡釋者的繼發性建構。主體一方面闡釋詩作，一方面彰顯自己對規範社會成員之行爲、人際關係和社會秩序的高度自覺。跟《詩論》相比，朱子《詩》學體系中的讀者—闡釋者角色也許不夠激越，可是跟漢代《詩經》學經典（甚至包括《詩序》）比較，這一角色簡直恣肆到了極點。如果説，孔子以後至漢代，《詩經》學者往往將正確的政教倫理指示"硬塞"給詩人和詩作，那麽朱子則常常把道德評判和抉擇的權利，交還給讀者—闡釋者；如果説，没有藉助詩人之口傳達的規範性主題，漢代《詩經》學將無由成立，那麽没有了可立足於儒學理念和價值來做政教倫理判斷的讀者和闡釋者，朱子的《詩》學體系也將無由構建。朱子《詩經》學在很多地方突破了漢唐《詩經》學的形態模式，一個根本原因，就在於它以一位可對文本做獨立認知和取捨的讀者角色爲根基。朱熹、孔子兩位文化巨人的《詩經》學體系雖然並不完全一致，可是從體系内讀者—闡釋者這一特定要素來看，朱子明顯有超越漢儒、直承孔子的特色。① 孔子以"虐（吾）善之""虐惪（喜）之""虐信之""虐兴（美）之"" 虐敬之 "" 虐敚（悦）之"等模式評詩，凸顯了闡釋者與詩的交流以及闡釋者的强烈抉擇，孔子由《葛覃》呈現的見其美必欲反其

---

① 朱熹整個思想都有這種特色。比如：他更看重《四書》而非五經。在漢代《詩》學體系中，《詩經》是正確取向的重要淵藪。在朱子《詩》學體系中，最根本的價值取向或觀念則來自《四書》，雖《詩經》亦必須接受基於《四書》的審視。朱子云："今人只爲不曾讀書，祇是讀得粗書。凡讀書，先讀《語》《孟》，然後觀史，則如明鑑在此，而妍醜不可逃。若未讀徹《語》《孟》《中庸》《大學》便去看史，胷中無一箇權衡，多爲所惑。"（黎靖德編：《朱子語類》卷第十一，《學》五《讀書法下》，北京：中華書局，1994年，第1版，頁195）又説："《大學》《中庸》《語》《孟》四書，道理粲然。人只是不去看。若理會得此四書，何書不可讀！何理不可究！何事不可處！"（《朱子語類》卷第十四，《大學》一〈綱領〉，頁249）從《詩》學角度看，朱子越過漢儒直承孔子的特色，尚不止表現在體系内部的讀者因素上。比方説，朱子解《國風》諸詩，對《詩序》及漢儒舊説反叛甚烈，但於其中二《南》，則以繼承《詩序》和漢儒舊説爲主。個中深層原因，不是《詩序》、漢儒對這兩部分詩歌的詮釋，較之對《國風》其他部分的詮釋更精當，而是因爲孔子曾對孔鯉（伯魚，前532～前482）説："女爲《周南》《召南》矣乎？人而不爲《周南》《召南》，其猶正牆面而立與？"（《論語・陽貨》）孔子這類論斷，使朱子不敢以異樣的眼光來打量二《南》。若非孔子有此斷語在先，像《召南・野有死麕》這樣的篇什，十有八九難逃被判定爲淫詩的厄運。《邶風・静女》云："静女其姝，俟我於城隅。愛而不見，搔首踟躕。／静女其孌，貽我彤管。彤管有煒，説懌女美。"《召南・野有死麕》云："野有死麕，白茅包之。有女懷春，吉士誘之。／……／舒而脱脱（娧娧）兮！無感（撼）我帨兮！無使尨也吠！"《静女》都被視爲淫詩了，《野有死麕》憑什麽不被視爲淫詩呢？就詩歌所寫男女情愛而言，後者於前者，實有過之而無不及。朱子把《野有死麕》最後一章解釋成女子凜然不可侵犯，牽强之極，未必不是因爲有孔子的話作先入之見。又，關於《詩集傳》在《詩經》學史上的整體意義，請參閲拙作《朱熹〈詩集傳〉》，費振剛、常森等：《中國古代文學要籍精解》，北京：北京大學出版社，2009年，第1版，頁22～38。

本的人性，生發出"后稷之見貴也，則吕（以）文、武之憝也"，由《甘棠》呈現的"甚貴丌人，必敬丌立（位）"的人性，生發出宗廟之敬（禮），由《木瓜》呈現的人有隱志必有以喻之，生發出幣帛之禮等等，所有這些特質都在朱子的《詩經》學體系中復現。

綜上所述，《詩論》補足和啓示了《詩經》學從孔子到子夏和漢儒，再到宋儒朱子的基本發展脈絡，使我們更確切、更深入也更完整地認知《詩經》學史，認知孔子《詩》學、子夏與漢儒《詩》學以及朱子《詩》學的特質。這一歷史發展側面涉及：孔子《詩經》學形態模式，其具體材料以《詩論》爲核心，包括散見於《論語》《孔叢子》等典籍中的孔子《詩》說；漢唐《詩經》學形態模式，其具體材料以《詩序》《毛傳》《鄭箋》《孔疏》爲核心；朱子《詩經》學形態模式，其具體材料以《詩集傳》爲核心，包括散見於《朱子語類》等典籍中的朱子《詩》說。① 當這一歷史發展的側面完整呈現時，上揭《詩經》學諸形態模式的異同，以及朱子《詩經》學形態模式對孔子《詩經》學形態模式的某種程度的復歸，彰顯得清晰而耐人尋味。從這一方面看，《詩論》再次顯示了極爲重要的學術價值。

（二）關於《詩經》學的形態

上一節所論《詩經》學形態模式，顯然是就《詩》文本及其闡釋而言的。本節討論《詩經》學的形態，則將超越文本以及文本闡釋，關注《詩經》學更複雜、更豐富的載體與呈現形式。簡單地說，《詩論》證實了自孔子以來，《詩經》學還經歷了一個巨大變異，即最終遺棄了《詩》的樂象與樂教。

《詩》原本是三層象的統一體，一見於《詩》之言，二見於《詩》之樂，三見於《詩》之舞（若用於徒歌，其象亦主要是見於詩之言）。《墨子·公孟》篇謂儒者"誦詩三百，弦詩三百，歌詩三百，舞詩三百"，《禮記·樂記》謂"詩，言其志也。歌，詠其聲也。舞，動其容也"等等，都透露了這一重要信息。② 然而孔子創立《詩經》學體系，則主要是發揚了兩層象，即《詩》言和《詩》樂。孔子最重要

---

① 案：僅就文本及其闡釋而言，《詩經》學史上尚有其他形態模式，本節僅僅是結合對象文本（即《詩論》）有限地展開，與此同時，本節所論朱子《詩經》學形態模式，也僅僅是掘發其與《詩論》關聯、相通的一面，而絕非全部。又，筆者結合朝代劃分，使用"《詩經》學形態模式"這一表述，考慮的是它相對更加"形而上"以及它可超越朝代存在的事實。"漢唐《詩經》學"的時代斷限就是漢代至唐，"漢唐《詩經》學形態模式"則可以超越以它爲主導的漢、唐，在其他朝代（比如宋代），與其他形態模式（如"朱子《詩經》學形態模式"），以某種形式共存。宋代《詩經》學的形態模式沒有漢唐時期單純，呈現出相對多元的態勢，所以我們以經典學者爲新生《詩經》學形態模式的表徵，而非冠以朝代。

② 張西堂：《詩經是中國古代的樂歌總集》一文，論三百篇全爲樂歌甚詳（見氏著《詩經六論》，北京：商務印書館，1957年，第1版，頁1～18），可以參看。

的《詩經》學建樹有二:一是正《詩》樂,二是述《詩》言(由於《詩論》出土,孔子述《詩》言的材料明顯增加)。因此,即便孔子未曾刪詩(如《史記·孔子世家》所記),前舉兩個方面也足以讓他在《詩經》學史上領有不朽地位。

樂之所以要正,其道理不難理解。孔子原初面對的與三百篇相配的樂,殆有本質上截然不同的兩種:第一種被認爲包含正確的規範性價值或主題,能實現儒家追求的政教倫理目的,譬如《韶》《武》《雅》《頌》之音,學者通常稱之爲"雅樂"或"古樂"。孔子及其後學認爲,這種樂有助於克己復禮,脩身養性,協和人際關係與社羣秩序。《禮記·樂記》載子夏曰:"君子於是語,於是道古。脩身及家,平均天下。此古樂之發也。"荀子也説:"……樂在宗廟之中,君臣上下同聽之,則莫不和敬;閨門之内,父子兄弟同聽之,則莫不和親;鄉里族長之中,長少同聽之,則莫不和順。"(《荀子·樂論》)《史記·樂書》則稱"《雅》《頌》之音理而民正"。第二種即通常所謂的"俗樂"或"今樂"。其具體種類甚多,而均被視爲缺乏正確的規範性價值或主題,有悖於儒家追求的政教倫理,使聽者放蕩無節,流於淫濫。① 以儒家爲代表的學者對這種樂的批評一直不絶於耳。譬如"鄭聲",孔子一言以蔽之曰"淫",強調爲邦必須"放鄭聲"(《論語·衛靈公》)。② 又譬如"鄭衛之音""鄭衛之曲"或"桑間濮上之音",《荀子·樂論》謂之"使人之心淫",《禮記·樂記》稱之爲"亂世之音""亡國之音",《吕氏春秋·本生》篇命之曰"伐性之斧",《史記·樂書》謂之"動而心淫"。《禮記·樂記》載子夏批評"鄭音""宋音""衛音""齊音",説:"鄭音好濫淫志,宋音燕女溺志,衛音趨數煩志,齊音敖辟喬志。此四者,皆淫於色而害於德,是以祭祀弗用也。"

儒家對俗樂的激烈批評,凸顯了兩種樂在價值上的對立。就《詩三百》而言,當初詩歌文本大概是跟很多俗樂連帶、合一的,俗樂被納入當是出於太師的模寫。《漢書·食貨志》記載:"孟春之月,羣居者將散,行人振木鐸徇于路,以采詩,獻之大師,比其音律,以聞於天子。"顏師古釋"比"爲"次";"比其音律"殆主要是指模寫詩樂的工作。

從傳世文獻來看,孔子對《詩》樂做過革命性的整理。他用合乎規範的雅

---

① 《詩》樂在孔子以前是否經歷有變亂,有待進一步研究。《左氏春秋》襄公二十九年(前544)記,季札觀周樂於魯,發了不少評論,主要是基於道德層面的感悟,而肯定者居多。唯工歌《鄭》,季札曰:"美哉!其細已甚,民弗堪也,是其先亡乎!"歌《陳》,季札曰:"國無主,其能久乎!"自《鄶》以下則無譏焉。彼時《詩》樂的具體情形已不可考,後來是否又經竄亂亦不得而知。

② 《白虎通·禮樂》篇"總論禮樂"章記:"孔子曰:'鄭聲淫何?鄭國土地民人,山居谷浴,男女錯雜,爲鄭聲以相誘悦懌,故邪僻,聲皆淫色之聲也。'"陳立《疏證》謂用《魯論語·衛靈公》篇文。

樂,取代了不合規範的俗樂。《孔子世家》記載,孔子取古詩之可施於禮義者三百零五篇,"皆弦歌之,以求合《韶》《武》《雅》《頌》之音。禮樂自此可得而述,以備王道,成六藝"。太史公主要是舉列樂的標準模式。孔子本人説:"行夏之時,乘殷之輅,服周之冕,樂則《韶》舞。放鄭聲,遠佞人。鄭聲淫,佞人殆。"(《論語·衛靈公》)又説:"惡紫之奪朱也,惡鄭聲之亂雅樂也,惡利口之覆邦家者。"(《論語·陽貨》)還説:"吾自衛反魯,然後樂正,《雅》《頌》各得其所。"(《論語·子罕》)孔子不僅舉列了樂的標準模式,而且提挈了他規正的對象。朱熹集注謂孔子自衛返魯之時,爲魯哀公十一年(前484)冬。"《雅》《頌》各得其所"被統領在"樂正"之下,則《雅》《頌》顯然是具有規範功能的雅樂,亦即《孔子世家》所謂"《雅》《頌》之音",而絕非現存的《雅》《頌》之詩。所謂"《雅》《頌》各得其所",大概是説,當配以《雅》樂的詩以《雅》樂配之,當配以《頌》樂的詩以《頌》樂配之。孔子説"《雅》《頌》各得其所",應該是窮盡性列舉,二者當是"《韶》《武》《雅》《頌》之音"的代表。

　　孔子正樂,針對的主要是俗樂侵入,而非三百篇殘缺失次,朱子據詩樂之殘缺失次作注,未爲允當。《荀子·樂論》篇稱:"……人不能不樂,樂則不能無形,形而不爲道,則不能無亂。先王惡其亂也,故制《雅》《頌》之聲以道之,使其聲足以樂而不流,使其文足以辨而不諰(息/塞),使其曲直、繁省、廉肉(激亢與圓潤)、節奏足以感動人之善心,使夫邪汙之氣無由得接焉;是先王立樂之方也。"《禮記·樂記》云:"樂也者,聖人之所樂也,而可以善民心。其感人深,其移風易俗〔易〕,故先王著其教焉。……君子曰:禮樂不可斯須去身。致樂以治心,則易直子諒之心油然生矣。"孔子正《詩》樂,采先王《韶》《武》《雅》《頌》之音,而廢以鄭聲爲代表的俗樂,説白了就是要"感動人之善心",治心興善,移風易俗。這與他述《詩》言以發揚興觀羣怨之教、事父事君之道、溫柔敦厚之理,實乃殊途而同歸,相得而益彰。

　　《詩論》有力地證明了傳世文獻所記載的事實:詩樂之教爲孔子《詩》學不可分割的組成部分。《詩論》第十章下面一段文字頗值得玩味:

　　　《訟》,塷惪也,多言逡(後)。兀樂安而屖(遲),兀訶(歌)紳而葛(逖),兀思深而遠,至矣!《大頭》,盛惪也,多言□□□□□□□□□,□矣!《少頭(夏)》,□惪也,多言難而宧(怨)退(懟)者也,衰矣,少矣!《邦風》,兀内(納)勿(物)也尃(溥、博),儥(觀)人谷(俗)安(焉),大會(會)(驗)材(在)安。兀言殳(文),兀聖(聲)善。

由簡文現存内容可以斷定,在孔子《詩》學體系中,至少《邦風》和《訟》都含有樂。《訟》樂"安而屖(遲)",跟屈子《九歌·東皇太一》所説"疏緩節兮安歌,陳竽瑟兮浩倡",正可互相發明,大抵是指《訟》這一部分詩篇歌美先人盛德、祭祀祖先神明,其樂寬緩莊重。《邦風》"其聖善"的"聖(聲)"無疑也是指音樂。孔子本人以"鄭聲"指言鄭國音樂,乃其確證。《説文·音部》云:"音,聲也,生於心有節於外謂之音。宫商角徵羽,聲;絲竹金石匏土革木,音也。"《禮記·樂記》云:"凡音之起,由人心生也。"鄭玄注:"宫、商、角、徵、羽雜比曰音,單出曰聲。"是析言則"音"可包"聲"。《邦風》之"聲善"尤其凸顯着孔子正樂的成果,——絶非指風詩所配音樂的"原生態"。遺憾的是《詩論》評《訟》樂、《風》樂之間的文字有一部分佚失,所缺字數僅能估測。然而如其編連不錯,據上下文,基本上可斷定殘損部分討論的是《大頌》和《少頌》,所存"大頌"二字很强烈地啓示了這一點,而且其中必有關涉兩部分詩樂的内容。也就是説,在孔子《詩》學體系中,《大頌》《少頌》跟《邦風》和《訟》一樣,都包含與"言教"相依而不可分的"樂教"。① 由此,傳世文獻盛言的孔子正《詩》樂問題便得到了印證。清儒顧炎武(1613～1682)説,二《南》《豳風·七月》《小雅》中的正詩十六篇、《大雅》中的正詩十八篇以及《頌》,都是三百篇之入樂者;《邶》以下十二國附於二《南》之後,《鴟鴞》以下六篇附於《豳》,《六月》以下五十八篇附於《小雅》,《民勞》以下十三篇附於《大雅》(後二者即通常所謂變雅),則是三百篇中之不入樂者。② 此説一度産生很大的影響,可是由簡書《詩論》及傳世文獻來看,它有違於孔子的《詩經》學體系。③

《詩論》再一次提醒學界,研究《詩經》學史,一定要區分孔子《詩》學體系中詩言與詩樂兩個緊密聯繫卻並不相同的層面。上文引孔子"樂則《韶》舞,放鄭聲"一語,以"樂"字兼括"《韶》舞"和"鄭聲"兩端,則"鄭聲"無疑是指音樂;孔子又説"惡鄭聲之亂雅樂也",以"鄭聲"指音樂的事實也相當顯白,否則它如何能亂"雅樂"呢? 孔子所謂鄭聲,殆指正樂前與鄭詩相配的原初音樂(爲俗樂之典型表徵),並非指傳世的《鄭風》諸詩。學界因不知孔子《詩》教有詩言、詩樂兩層,長期以來都存在一些重大誤解,連部分碩學大儒都不能倖免。比如,許慎在《五經異義》中説:"鄭國之爲俗,有溱洧之水,男女聚會,謳

---

① 傳世文獻,如《論語·泰伯》載子曰"師摯之始,《關雎》之亂,洋洋乎! 盈耳哉",亦可作爲孔子《詩》學含"言教""樂教"兩層的證明。
② 參閲顧炎武著,黄汝成集釋:《日知録集釋》卷三"詩有入樂不入樂之分",上海:上海古籍出版社,2006年,第1版,頁127。
③ 學界以前爭議《詩》樂問題常忽視一點,即《詩》樂當分兩層來談,一是孔子正樂前《詩》所配之樂,一是經孔子修正之《詩》樂,兩者有一定聯繫(主要是其中的雅樂有承繼關係),可總體説來應是兩個體系,不可混爲一談。孔子所建構的《詩》樂,根本在於治心。

歌相感,故云'鄭聲淫'。……謹案今鄭詩二十篇,說婦人者十九,故鄭聲淫也。"①此條鄭玄未加反駁,殆亦將"鄭詩"等同於"鄭聲"。朱熹則説,許多《鄭風》,"只是孔子一言斷了,曰:'鄭聲淫'"。②清儒劉寶楠在《論語正義》中解"鄭聲淫",也説:"鄭詩二十一篇,說婦人十九矣,故'鄭聲淫'也。"這種誤"鄭聲"爲"鄭詩"的説法,今天仍爲大多數學者沿襲,事實上背離了孔子《詩》學的實際。

　　從《詩》學史上尤應關注的是,據現在已知文獻,子夏及漢儒光大孔子《詩》學祇是在《詩》言層面上,雖然子夏曾大力張揚古樂(見載於《禮記·樂記》等篇)。孔子正《詩》樂,將鄭聲之類俗樂剔除,但俗樂對雅樂的包圍和衝擊卻日甚一日。《禮記·樂記》載魏文侯(前446～前397在位)問於子夏曰:"吾端冕而聽古樂,則唯恐卧。聽鄭衛之音,則不知倦。"《孟子·梁惠王下》記載:"他日,(孟子)見於王曰:'王嘗語莊子以好樂,有諸?'王變乎色,曰:'寡人非能好先王之樂也,直好世俗之樂耳。'"古樂被遺棄,意味着儒家託付給它的政教倫理追求落了空。《莊子·外篇·天地》云:"大聲不入於里耳,《折楊》《皇荂》,則嗑然而笑。是故高言不止於衆人之心,至言不出,俗言勝也。以(二缶鍾)〔一企踵〕惑,而所適不得矣。而今也以天下惑,予雖有祈嚮,其庸可得邪!"這種困境,意味着孔子所正之《詩》樂很快流失。在子夏的《詩經》學體系中,孔子在樂教層面的《詩》學建構祇留下些微抽象和片段的痕迹,比如傳世《大序》並言詩、樂。後來孟子談説《詩》之法,曰:"説詩者,不以文害辭,不以辭害志。以意逆志,是爲得之。"(《孟子·萬章上》)此説史上極負盛名,影響至深至遠。可這種接受《詩》的方式,正凸顯了《詩》學體系中樂象與樂教的流失。《荀子·勸學》篇謂"《詩》者,中聲之所止也",看起來祇是一個空洞的傳統理念。這是《詩》學發展歷程中又一個極爲重要的變化。它究竟有多少深遠意義,耐人尋味。

　　依《詩論》並結合傳世文獻,來窺探《詩經》學的發展,可知《詩三百》在轉化爲儒家經典的過程中,發生了如下幾次重大變化:其一,孔子遺棄了與三百篇相配之舞。憑孔子之地位,他也未必有條件全面接觸跟詩歌文本相配的舞蹈,更不可能將其發展爲《詩經》學的基本組成部分,——即便他確實做了這一方面的努力,也無法將它在社會上廣泛推行。就這一層面言,孔子圍繞《詩》言和《詩》樂來建構經典體系,是必然的選擇。其二,孔子正《詩》樂,即遺棄原初與詩歌文本合一的一部分俗樂(比如鄭聲之類),而光大了《韶》《武》

---

① 見鄭玄:《駁五經異義》"鄭聲淫"條,《景印文淵閣四庫全書》,臺北:臺灣商務印書館,1986年,第1版,第一八二册,經部第一七六册,孝經類、五經總義類,頁321上。
② 黎靖德編:《朱子語類》卷第八十一,《詩》二《狡童》,頁2108。

《雅》《頌》等先王之音。其三,孔子之後,從子夏到漢儒,數代學者進一步遺棄了孔子《詩》學體系中的樂象與樂教,衹揚厲了詩言這一層面。他們之所以如此,恐怕是爲了使《詩》教獲得最大程度地普及,以便規範世人之言行、思維、情感、人際關係和社會秩序。以樂象爲基礎的樂教同樣是難以保存和傳承的,同樣難以在廣大社會中實行。以故從子夏到漢儒,一代代學者圍繞《詩》言來發揚其經典體系,又是一個必然的選擇。此後,這成了完全不可逆轉的取向。以上轉變,部分顯示了學術民間化和大衆化的一段歷史,然而《詩》舞跟《詩》樂之湮滅(後者明顯又有兩層,一是原初之樂大量被剔除,一是孔子修正之樂整體性遺失。《詩》舞之情形殆亦類此,但可能更爲複雜),不管怎麼説都是無法彌補的巨大缺憾。這是《詩經》學難以洞察的歷史黑洞,是溯源《詩經》學時無法超越的極限。《詩論》重見天日是《詩經》學之大幸,但《詩》舞、《詩》樂大概永無復現、復原之可能了。①

尤其值得注意的是,《詩三百》中的里巷歌謠原本就是歌詩,它們在發生時就與樂合一。孔子統一整理《詩》樂,子夏以降,三百篇遂漸漸變爲單純的文本,這爲解讀三百篇中的歌詩造成了一定的困難。宋陳體仁(1118?~1184)嘗謂,"《詩》本爲樂而作,故今學者必以聲求之"。三百篇當然不必是爲樂而作的,但歌詩原爲詩樂之合體,與文本不可離分的歌的要素和特性給解讀和接受文本帶來了某種規定性,樂的遺失意味着這種規定性遺失,文本解讀的重要性及其困難均因此倍增。朱熹對陳體仁的回應值得深思:

> 蓋以《虞書》考之,則詩之作本爲言志而已。方其詩也,未有歌也,及其歌也,未有樂也。以聲依永,以律和聲,則樂乃爲詩而作,非詩爲樂而作也。三代之時,禮樂用於朝廷而下達於閭巷,學者諷誦其言以求其志,詠其聲,執其器,舞蹈其節,以涵養其心,則聲樂之所助於詩者爲多。然猶曰"興於詩,成於樂",其求之固有序矣。是以凡聖賢之言詩,主於聲者少,而發其義者多。仲尼所謂"思無邪",孟子所謂"以意逆志"者,誠以詩之所以作,本乎其志之所存,然後詩可得而言也。得其志而不得其聲者有矣,未有不得其志而能通其聲者也。就使得之,止其鍾鼓之鏗鏘而已,豈聖人"樂云樂云"之意哉?況今去孔孟之時千有餘年,古樂散亡,無復可考,而欲以聲求詩,則未知古樂之遺聲今皆以推而得之乎?三百五篇

---

① 《史記·孔子世家》將孔子正《詩》"樂"與六藝之《樂》關聯在一起,頗值得回味。而《詩》"樂"與六藝之《樂》均已遺失,某種程度上似亦確證了兩者間的關聯。郭店新見儒典,比如《語叢一》《昔自命出》等,曾多次論及《詩》《書》《禮》《樂》《易》《春秋》,似乎《樂》其時尚有實存。關於孔子建構經學(尤其是《詩經》學),參閱本書第四章"先秦儒家心性學説的理念體系及歷史軌迹:從新出文獻到《孟》《荀》",特別是其餘論部分。

皆可協之音律而被之絃歌已乎？誠既得之，則所助於詩多矣，然恐未得爲詩之本也。況未必可得，則今之所講，得無有畫餅之譏乎？故愚意竊以爲詩出乎志者也，樂出乎詩者也。然則志者詩之本，而樂者其末也。末雖亡，不害本之存，患學者不能平心和氣、從容諷詠以求之情性之中耳。有得乎此，然後可得而言，顧所得之淺深如何耳。①

朱熹謂"方其詩也，未有歌也"云云，未必盡然，原初的里巷歌謠便是唱的。但他論析古樂散亡前及散亡後，詩均以言志爲本，因此解讀之要在於涵泳文本以求其志，這一觀點，對現今研究歌詩者過於誇大樂之作用，堪稱一大反撥。以聲解詩從道理上説固然重要（古人早已提出了這種理念，上舉陳知柔即是），但在古樂淪爲歷史黑洞後還偏重於以聲解詩，恐無異於問窮責空、"以無内待問窮"，很難落實學術研究所當踐履的實證精神。

餘　論

概括言之，上博館藏竹書所見《詩論》，再現了孔子創立《詩經》學的部分具體形態，凸顯了鄭玄"子夏作《大序》、子夏與毛公作《小序》"一説的現實性，補足和凸顯了《詩經》學發展的一些根本脈絡，——亦就是説凸顯了《詩》學發展歷程中的一些重要變異或承繼關係。

就對於《詩經》學術史的價值而言，迄今其他出土文獻尚無一部堪與它相比，相信今後在這一方面會有更多新的體認。

---

① 朱熹：《晦庵先生朱文公文集》卷三七《答陳體仁》，朱傑人等主編：《朱子全書》第二十一册，上海：上海古籍出版社、合肥：安徽教育出版社，2002年，第1版，頁1653～1654。

第三章　論以禮解《詩》之限定
——從《詩論》評《關雎》說開去

《周南·關雎》爲《詩三百》之首篇，自孔子以來便一向爲學者關注。根據傳世《毛詩》，該詩凡二十句，毛公分爲三章，首章四句，次、末章各八句；鄭玄分爲五章，章四句。而新出《詩論》很可能分爲四章，其具體劃分如下（案引文依《毛詩》）：

關關雎鳩，在河之洲。
窈窕淑女，君子好逑。

參差荇菜，左右流之。
窈窕淑女，寤寐求之。
求之不得，寤寐思服。
悠哉悠哉，輾轉反側。

參差荇菜，左右采之。
窈窕淑女，琴瑟友之。

參差荇菜，左右芼之。
窈窕淑女，鍾鼓樂之。

該詩主旨，學界聚訟紛紜，莫衷一是。在《詩論》《五行》出土以前，佔主流地位的詮釋，或說是刺周道之缺（"詩人本之衽席"），或說是美后妃之德。比如《詩序》云："《關雎》，后妃之德也，《風》之始也，所以風天下而正夫婦也，故用之鄉人焉，用之邦國焉。……是以《關雎》樂得淑女以配君子，憂在進賢，不淫其色，哀窈窕，思賢才，而無傷善之心焉，是《關雎》之義也。"《史記·十二諸侯年表序》稱："周道缺，詩人本之衽席，《關雎》作。"此二說看起來截然相反，一主褒美有盛德之后妃天子，一主刺譏道缺而德衰之天子后妃。而主褒美者往往將"后妃"落實爲周文王之妻大姒，主刺譏者則往往將"后妃"落實爲周康王

（前1020～前996在位）之后。① 究其實際，兩説之差距絶不像表面上看來的那樣大，因爲在漢唐《詩經》學形態模式中本有以美爲刺之例，以《關雎》爲刺詩之説實現"姿態調整"變而爲通過美德盛之后妃、天子，來刺譏德衰之天子和后妃，那麼兩者便實現了融合。② 而且，從傳統經學範圍内看，所有解釋其實都矚目於君王與后妃夫人之政教倫理，——抽象言之便是夫婦之道，其衍則均貫通於天地、陰陽、萬物。《史記·外戚世家序》云：

    自古受命帝王及繼體守文之君，非獨内德茂也，蓋亦有外戚之助焉。夏之興也以塗山，而桀之放也以末喜。殷之興也以有娀，紂之殺也嬖妲己。周之興也以姜原（案爲后稷母）及大任（案爲文王母），而幽王之禽也淫於褒姒。故《易》基《乾》《坤》，《詩》始《關雎》，《書》美釐降，《春秋》譏不親迎。夫婦之際，人道之大倫也。禮之用，唯婚姻爲兢兢。夫樂調而四時和，陰陽之變，萬物之統也。可不慎與？

《史記索隱》解"夫樂調而四時和"數語，云："以言若樂聲調，能令四時和，而陰

---

① 案：周康王在位年限，參閱夏商周斷代工程專家組編著：《夏商周斷代工程1996～2000年階段成果報告》（簡本），北京：世界圖書出版公司北京公司，2000年，第1版，頁88。

② 兹就上揭幾種解釋各舉一例，並略作説明。朱子《詩集傳》於《關雎》第一章下注云："'女'者，未嫁之稱，蓋指文王之妃大姒爲處子時而言也。'君子'則指文王也。……周之文王，生有盛德，又得聖女姒氏以爲之配，宫中之人於其始至，見其有幽閒貞静之德，故作是詩。"朱子認爲，此詩次章以下，或述未得大姒之時憂思之深，或述幸得大姒以配君子，故其喜樂尊奉之意不能自已。要之，朱子將《關雎》褒美之后妃落實爲大姒。漢杜欽（生卒年不詳）謂："佩玉晏鳴，《關雎》歎之，知好色之伐性短年，離制度之生無厭，天下將蒙化，陵夷而成俗也。故詠淑女，幾以配上，忠孝之篤，仁厚之作也。"（《漢書·杜周傳》）顔師古注引李奇曰："后夫人雞鳴佩玉去君所，周康王后不然，故詩人歎而傷之。"又引臣瓚曰："此《魯詩》也。"殆《魯詩》之説將《關雎》刺譏之后妃落實爲周康王后。范處義（生卒年不詳，南宋紹興間進士）謂："《關雎》詠太姒之德，爲文王風化之始，而韓、齊、魯三家皆以爲康王政衰之詩，故司馬遷、劉向、揚雄、范曄並祖其説。近世説詩者以《關雎》爲畢公作，謂得之張超，或謂得之蔡邕。畢公爲康王大臣，册命尊爲父師，盡規固其職也。而張超、蔡邕皆漢儒，多見古書，必有所據。然則《關雎》雖作於康王之時，乃畢公之詠文王大姒之事以爲規諫，故孔子定爲一經之首，止取其事實，非問其所作之先後。毛氏從孔子所删之旨而釋之，亦未嘗究其所作之時。彼韓、齊、魯三家，乃直以爲刺康王，不知其事實繫於文王也。"（見氏著《詩補傳·詩篇目·關雎》，納蘭性德輯：《通志堂經解》第八册，南京：江蘇廣陵古籍刻印社，1996年，第2版，頁1中）是融合文王、康王事，以美爲刺者。案皮錫瑞指出："宋以後説《關雎》者，惟范氏此説極通，可謂千古特識。……以《關雎》爲畢公作，當屬張（超）而不屬蔡（邕）矣。"（《經學通論·詩經》"論畢公追詠文王大姒之事以爲規諫，范處義説得之，非本有是詩而陳古以諷"，《詩經》部分，頁10）又張超（約190年前後在世）《誚青衣賦》云："周漸將衰，康王晏起，畢公喟然，深思古道，感彼《關雎》，德不雙侣。願得周公，妃以窈窕，防微消漸，諷諭君父，孔氏大之，列冠篇首。"（見《古文苑》卷六）顯然，張超雖以刺康王説《關雎》，卻並不將該詩"君子""淑女"解釋爲文王與大姒。

陽變,則能生萬物,是陰陽即夫婦也。夫婦道和而能化生萬物,萬物人爲之本,故云'萬物之統'。"該序所陳觀點當非太史公獨造。《韓詩外傳》卷五第一章記:

> 子夏問曰:"《關雎》何以爲《國風》始也?"孔子曰:"《關雎》至矣乎!夫《關雎》之人,仰則天,俯則地,幽幽冥冥,德之所藏,紛紛沸沸,道之所行,雖(唯)神龍化,斐斐文章。大哉《關雎》之道也,萬物之所繫,羣生之所懸命也。河洛出《書》《圖》,麟鳳翔乎郊。不由《關雎》之道、則《關雎》之事,將奚由至矣哉!夫六經之策,皆歸論汲汲,蓋取之乎《關雎》。《關雎》之事大矣哉!馮馮翊翊,自東自西,自南自北,無思不服。子其勉強之,思服之。天地之間,生民之屬,王道之原,不外此矣。"子夏喟然嘆曰:"大哉《關雎》,乃天地之基也。"《詩》曰:"鐘鼓樂之。"

《外傳》之說往往不能執爲實事,但亦往往包含一些歷史的面影或碎片。此處孔子之答子夏至少亦可證明,太史公詮解《關雎》,由"夫婦之際"推至"陰陽之變""萬物之統",當是本源於孔門舊說。易言之,這種舊說認爲,《關雎》之道取則於天地,爲"萬物之所繫,羣生之所懸命","天地之間,生民之屬,王道之原,不外此矣",太史公說解《關雎》,謂夫婦之際爲"人道之大倫",復推至"陰陽之變,萬物之統",應該就是基於前者而生成的。不過《外傳》所記未必是孔子本人的觀點,根據新出《詩論》與《五行》,孔子、子思之闡釋《關雎》,要旨均不在夫婦之道,而在更爲寬泛的"禮"(其詳請參閱下文所論)。

總之在傳統經學範圍內,無論是基於"后妃之德"來作解釋,還是基於"周道缺"來作解釋,又或者將這兩種取向融爲一體,即基於美"后妃之德"以刺"周道缺"來作解釋,《關雎》之意指均被歸結爲夫婦之道,且諸家往往謂此道至大而爲天地基,爲萬物羣生所託命、王道所本源、生民所歸屬。① 《關雎》在儒家《詩經》學中的特出意涵和地位得到有力的凸顯。而說詩方法上,首先值得注意的是,在傳統詮釋中,以"淑女"指言后妃、后妃爲處子時(如毛傳、朱傳),或者以"淑女"指言三夫人、九嬪(如鄭箋基於后妃—天子這一核心關係,而主張此說),以"君子"指言天子,乃不可置疑之前提,其他解釋莫不由此生發(連這一前提都得不到文本的支持,就不要說圍繞它建立的其他解釋了,不過這不是此處討論的重點)。其次,在傳統詮釋中,"琴瑟友之""鐘鼓樂之"部分一般不被解釋爲婚禮或婚慶。比如,《詩序》解主人公求淑女爲后妃"樂得

---

① 毛傳釋"關關雎鳩,在河之洲",云:"夫婦有別則父子親,父子親則君臣敬,君臣敬則朝廷正,朝廷正則王化成。"由此可見夫婦之道何以被揄揚爲王道。

淑女以配君子,憂在進賢,不淫其色",①毛傳、鄭箋大旨相同,均立足於后妃、賢女兩個方面,來解釋"琴瑟友之""鍾鼓樂之"的施事者和受事者。

在傳統的經學舊說外,對《關雎》的解釋還有大家更熟知的套路,即現代的、"文學的"詮釋。簡單說來,由傳統的經學詮釋轉換爲現代的文學詮釋,整個過程凸顯了文本的勝利。《詩序》以降,歷代學者加給《關雎》等篇什的附會極多,可終究未能遮蔽文本的自明性。這種自明性在古代就有一定程度的彰顯(如同在以朱熹爲代表的《詩經》學形態模式中所見到的),——這是一個全局性的問題,不一定就體現於《關雎》的詮釋。而現代的文學詮釋就是基於文本自明性而達成的。其中主流觀點是拋棄前人圍繞后妃、三夫人九嬪以及天子建構的詮釋架構,將《關雎》解釋爲一般的男求女。比如,有學者說:

……《關雎》是一首真率純正的愛情頌歌,是一個青年男子初戀時向意中人的娓娓表白,二、三兩章的情境是懸擬之詞(案:其分章與毛公同,所謂二、三章指"參差荇菜,左右流之"以下)。全詩大意是:美麗而端莊的姑娘啊,你是我理想的伴侶。你要是不肯應允我的求愛,我將痛苦得難以安眠;你要是答應我的請求,我將體貼入微地親近你,使你終生快樂。②

這種解釋當可得到多數現代學者或讀者的認同。可即便把《關雎》解釋爲普通男女之事,深究下去仍然存在歧見。關鍵就在該詩後半"琴瑟友之""鍾鼓樂之"部分,或以爲指涉婚慶(個中又有設言、實言兩種不同說法),或以爲祇指求愛而與婚姻無關。

謂《關雎》"琴瑟友之""鍾鼓樂之"等指言婚慶,律以現代人的經驗,十分貼切和自然。可在現代詮釋中,否定《關雎》本文與婚禮有關之說雖然不佔主流,卻格外引人注目。特別耐人尋味的是,這種從現代學術範域看頗爲新進的解釋,其實常常引援異常古老、支撐整個傳統體系的經典依據——禮。《禮記·郊特牲》云:"昏禮不用樂,幽陰之義也。樂,陽氣也。昏禮不賀,人之序也。"鄭注稱:"幽,深也。欲使婦深思其義,不以陽散之也。"孔疏稱:"昏禮所以不用樂者,幽,深也,欲使其婦深思陰静之義,以脩婦道。'樂,陽氣也'者,陽是動散,若其用樂,則令婦人志意動散,故不用樂也。"《禮記·曾子問》記孔

---

① 孔疏解"不淫其色"爲"不自淫恣其色",殆是。毛傳解"關關雎鳩,在河之洲"云:"興也。關關,和聲也。雎鳩,王雎也,鳥摯而有別。水中可居者曰洲。后妃説樂君子之德,無不和諧,又不淫其色,慎固幽深,若關雎之有别焉,然後可以風化天下。"其所謂"不淫其色",殆亦指不自淫恣。

② 張永芳:《真率純正的愛情頌歌:〈詩經·關雎〉賞析》,初旭主編:《中國古典文學鑒賞》,瀋陽:遼寧教育出版社,1990年,第1版,頁7。

子曰:"嫁女之家,三夜不息燭,思相離也(鄭注:親骨肉也)。取婦之家,三日不舉樂,思嗣親也(鄭注:重世變也)。"①孔疏云:"所以不舉樂者,思念己之取妻嗣續其親,則是親之代謝,所以悲哀感傷,重世之改變也。"這些禮文,在漢代重要文獻《白虎通》中均得到重申(見《白虎通·嫁娶》篇"論昏禮不賀"章)。往古學者如明楊慎(1488～1559)、何楷(1594～1645)等人,曾依此駁斥朱熹把《小雅·車舝》解爲"燕樂新昏之詩"。② 而在越來越多現代學者以婚禮婚慶解《關雎》後半時,論者又據此論定《關雎》與婚慶無關(無論實言婚慶,還是懸擬)。比如,20世紀末,程迅(1937～)基於此,駁斥鄭振鐸(1898～1958)、張震澤(1911～1993)、余冠英(1906～1995)、林庚(1910～2006)、馮沅君(1900～1974)諸先生解《關雎》而提出的"結婚樂曲""設想在音樂抑揚的愉快空氣裏結了婚""設想和彼女結婚""祝賀新婚"等等説法(其所舉各家之説,依據都是該詩後半琴瑟鐘鼓的熱鬧);他認爲,"從《關雎》本詩來看,找不出婚禮的證據,它不過是一首情歌"。③ 陳戍國《説〈關雎〉》一文承其説而增列數證,再次駁斥後人棄漢代四家《詩》之舊説,以婚禮用樂、親迎鼓吹來解釋《關雎》。④ 近年來,此論仍有學者予以重申。的的確確,東晉升平元年(357)八月,廷臣議論"迎皇后大駕,應作樂不",太常王彪之(305～377)謂"婚禮不樂",又稱"婚禮三日不作樂,經典明文……迎皇后大駕,不應鼓吹"。⑤ 故依論者所言,隋前婚禮不用樂等,"經有明文,史有記載",可謂鐵案如山了,而《關雎》與婚事用樂無關,也就不容置疑了。⑥

那麼這一結論,以及達成這一結論的方法和依據,真的有效嗎?大量遠在《詩三百》之後形成的三《禮》禮文,從總體上説究竟是否可作詮釋三百篇的

---

① 此類記述極有可能是假託孔子之言,與《詩論》所見孔子評《關雎》之意相背,參閱下文所論。
② 參見楊慎《丹鉛續録》卷之一"間關車之舝兮",以及何楷《詩經世本古義》卷一八之上《車舝》題下。
③ 參閲程迅:《〈關雎〉不是結婚樂曲或賀婚歌》,社會科學戰綫編輯部編:《中國古典文學研究論叢》第一輯,長春:吉林人民出版社,1980年,第1版,頁17～26。案:程文羅列了主張類似觀點的十餘家學者,作爲商榷的對象。
④ 參閲陳戍國:《詩經芻議》,頁104～108。案:其所舉列實有重複。如引《韓詩外傳》卷二第三十三章:"嫁女之家,三夜不息燭,思相離也。取婦之家,三日不舉樂,思嗣親也。"《韓詩》此説即來自《禮記·曾子問》,不當與三《禮》並列爲二證。又,《韓詩外傳》該章另外還組合了《禮記·郊特牲》的"昏禮不賀,人之序也"等等。
⑤ 唐杜佑(735～812)《通典》卷五九、《禮》十九、《沿革》十九、《嘉禮》四"婚禮不舉樂議",北京:中華書局,1988年,第1版,頁1673～1674。
⑥ 江林:《〈詩經〉與宗周禮樂文明》,上海:上海古籍出版社,2010年,第1版,頁106～109。

依據呢?① 該問題之解決涉及古今解《關雎》之是非,亦涉及據《禮》書解《詩經》的偏失與局限,而且涉及對新出《詩論》的詮釋。作爲孔門早期《詩》説,《詩論》對《關雎》的論析,很可能是撬動《關雎》本文與婚慶無關説的又一個有力槓杆。②

一、禮制的罅隙

以《禮》解《詩》關涉的問題極爲複雜。限於《詩》産生時代以及三百篇之具體構成,我們基本上可以不考慮夏禮和殷禮,儘管周禮至少對殷禮有所因循。周禮之存在是毋庸置疑的,周公加以整理、制作使之定型,應該也不存在問題。自然,周禮中藴含着周先公、先王政教倫理修爲的積澱。文獻記載,穆王(前976～前922在位)將征犬戎,③祭公謀父諫之曰:"昔我先王世后稷,以服事虞、夏。及夏之衰也,棄稷不務,我先王不窋用失其官,而自竄于戎、狄之閒,不敢怠業,時序其德,纂修其緒,修其訓典,朝夕恪勤,守以敦篤,奉以忠信,奕世載德,不忝前人。至于武王,昭前之光明而加之以慈和,事神保民,莫弗欣喜。商王帝辛,大惡於民。庶民不忍,欣戴武王,以致戎于商牧。是先王

---

① 案錢玄考證:"大小戴《禮記》除少數爲秦漢作品,多數爲戰國時作品,其中較早者僅次於《論語》之後。墨子爲戰國初期人,其書撰作時代約與大小戴《禮記》中的一些篇目相近。孔子及其弟子撰作《儀禮》即在大小戴《禮記》中的一些篇目及《墨子》之前,約在戰國初期。至于孔子及其弟子所撰《儀禮》有多少篇,是否即《禮古經》五十六篇之數,則已不可考。當時仍是散篇,尚未輯成定本。今傳十七篇之簡本,成書亦當在戰國後期。"(見氏著《三禮通論》,南京:南京師範大學出版社,1996年,第1版,頁14～15)錢穆考察《周禮》所載祀典、刑法、田制等,證成《周禮》乃六國陰謀之書,成於戰國晚季(參見氏著《周官著作時代考》,《兩漢經學今古文平議》,頁322～493)。錢玄評價説,"錢氏從《周禮》總體考慮,依據時代思想、文化的特點,列舉具體例證,證明《周禮》成書于戰國晚期,其説有力可信","確不可易"(參見氏著《三禮通論》,頁32)。又,錢玄考證道:"大小戴《禮記》,除可以確定爲西周文字及秦漢人所作之外,多數篇目大致撰于戰國時期,約公元前四世紀中期至前三世紀前期之間。即後于《儀禮》十七篇及《論語》的著作時代,而早于《孟子》《荀子》的著作時代。"其所謂"確定爲西周文字",指的是《大戴禮記·夏小正》;所謂"秦漢人所作",指的是《小戴禮記》之《月令》《王制》、《大戴禮記》之《盛德》《明堂》《保傅》《禮察》等篇。(凡此請參閲前書,頁44～48)

② 案:《詩論》第四章以《閟宫》《樛木》《漢堂》《鵲巢》《甘棠》《緑衣》《鴟鴞》,論人性"童(動)而皆臤(賢)於亓初",與第五章前半孔子語之主旨,即"氏(祇)初""反……本",基本上相同,惟後者更向政教倫理層面引申和推衍而已;而且在這兩章中,對《甘棠》的論析大旨亦可貫通。由此始可斷定,《詩論》第四章雖未明確以"孔子曰"引領,但其所記仍當是孔子之論。本章將援引的《詩論》對《關雎》的論析便見於其第四章。

③ 案周穆王在位年限,參閲夏商周斷代工程專家組編著:《夏商周斷代工程1996—2000年階段成果報告》(簡本),頁88。

非務武也,勤恤民隱而除其害也……"(《國語·周語上》"祭仲諫穆王征犬戎"章)由祭公之言,略可見周先王、先公對文教的重視。《左氏春秋》哀公七年(前488)記子貢曰,"大伯(案爲周大王長子、周公伯祖)端委以治周禮"。周禮之成非一朝一夕之功,所從來漸矣。孔疏謂,"大伯之時,未有周禮,言'治周禮'者,謂治其本國岐周之禮,非周公所制禮也。"嚴格説來,應該是大伯之時未有周公所制之禮,但周公制禮實以此前周之政治文教爲基礎,因此與大伯所治周禮當亦不無關係。

有一點十分清楚,周禮始終屬於頂層設計,其推行亦爲自上而下。或謂"周禮達於天下是可以無可置疑的",①顯然值得商榷。

若楚。楚長期以蠻夷自居。《史記·楚世家》記載:"熊渠生子三人。當周夷王之時,王室微,諸侯或不朝,相伐。熊渠甚得江漢閒民和,乃興兵伐庸、楊粵,至于鄂。熊渠曰:'我蠻夷也,不與中國之號謚。'乃立其長子康爲句亶王,中子紅爲鄂王,少子執疵爲越章王,皆在江上楚蠻之地。及周厲王之時,暴虐,熊渠畏其伐楚,亦去其王。"依"斷代工程",夷王在位時間爲前885至前878年,厲王在位時間爲前877至前841年。②《春秋》莊公十年(前684)記:"秋,九月,荆敗蔡師于莘。以蔡侯獻舞(祭季)歸。"杜注云:"荆,楚本號,後改爲楚。楚辟陋在夷,於此始通上國,然告命之辭猶未合典禮,故不稱將帥。莘,蔡地。"《左氏春秋》襄公十三年(前560)記:"秋,楚共王卒。子囊謀謚。大夫曰:'君有命矣。'子囊曰:'君命以共,若之何毁之?赫赫楚國,而君臨之,撫有蠻夷,奄征南海,以屬諸夏,而知其過,可不謂共乎?請謚之'共'。'大夫從之。"殆至此期,楚方完成對諸夏之認同。梁啓超評論説:"可見現代之湖北(楚)人,向來自稱蠻夷,乃經過百六十五年後忽自稱爲'撫有蠻夷'之'諸夏',此等關節,實民族意識變遷之自白,讀史者不容輕輕放過也。"③

若吴。周大王(古公亶父)之長子大伯與其弟仲雍讓其弟季歷(文王父),而俱適荆蠻,有民衆,大伯"治周禮",仲雍則從其舊俗。故《左氏春秋》哀公七年記子貢曰,"大伯端委(禮衣)以治周禮,仲雍嗣之,斷髮文身,臝以爲飾"。杜氏集解云:"大伯,周大王之長子。仲雍,大伯弟也。大伯、仲雍讓其弟季歷,俱適荆蠻,遂有民衆。大伯卒,無子。仲雍嗣立,不能行禮致化,故效吴俗。"《左氏春秋》成公七年(前584)記:"巫臣(楚叛臣)請使於吴,晉侯許之。吴子壽夢(季札父)説之。乃通吴于晉,以兩之一卒適吴,舍偏兩之一焉(杜氏

---

① 陳戍國:《論以禮説〈詩〉——兼論以詩説〈詩〉》,《詩經芻議》,頁119。
② 參閲夏商周斷代工程專家組編著:《夏商周斷代工程1996—2000年階段成果報告》(簡本),頁88。
③ 梁啓超:《先秦政治思想史》,《飲冰室合集》專集之五十,頁42。

集解：《司馬法》：百人爲卒，二十五人爲兩。車九乘爲小偏，十五乘爲大偏。蓋留九乘車及一兩二十五人，令吳習之）。與其射御，教吳乘車，教之戰陳，教之叛楚。實其子狐庸焉，使爲行人於吳。吳始伐楚、伐巢、伐徐（杜氏集解：巢、徐，楚屬國），子重（楚令尹）奔命。馬陵之會，吳入州來，子重自鄭奔命。子重、子反（楚司馬）於是乎一歲七奔命。蠻夷屬於楚者，吳盡取之，是以始大。通吳於上國（杜注：上國，諸夏）。"《春秋》襄公十年（前563）記："十年，春，公會晋侯、宋公、衛侯、曹伯、莒子、邾子、滕子、薛伯、杞伯、小邾子、齊世子光會吳于柤。"杜氏集解云："吳子在柤，晋以諸侯往會之，故曰'會吳'。吳不稱子，從所稱也。柤，楚地。"孔疏曰："劉炫云：'從所稱者，諸侯盟會，會則必自言其爵，盟則自言其名。'故盟得以名告神，會得以爵書策。吳是東夷之君，未閑諸夏之禮。於此自稱爲吳，不知以爵告衆，故從所稱書'吳'也。故《釋例》云：'吳晚通上國，故其君臣朝會，不同於例，亦猶楚之初始。'是言吳未知稱爵也。"《春秋》襄公二十九年（前544）記："吳子使札來聘。"杜注："吳子，餘祭。既遣札聘上國而後死。札以六月到魯，未聞喪也。不稱'公子'，其禮未同於上國。"《左氏春秋》哀公七年（前488）記，"夏，公會吳于鄶。吳來徵百牢"，魯大夫子服景伯斥其"棄周禮"。嗣後"大宰嚭（吳大夫）召季康子，康子使子貢辭"。子貢"反自鄶，以吳爲無能爲也"。杜注云："棄禮，知其不能霸也。"是吳始終與諸夏之禮甚爲隔膜。

若諸戎。《左氏春秋》襄公十四年（前559）記，晋將執戎子駒支（案姜戎氏，其名駒支），大夫范宣子親數諸朝，戎子對之，有云："我諸戎飲食衣服不與華同，贄幣不通，言語不達，何惡之能爲？"

一般認爲，《詩三百》最晚之作爲《陳風·株林》，作於公元前599年前後。① 由於體制上原本互相拒斥，周夷王後王朝又走向衰微，楚、吳、諸戎等在《詩三百》產生前根本就未達成對周禮的認同。以上所揭爲其犖犖大者，其他例子無須一一舉列。而使問題變得更加複雜的是，諸夏內部各諸侯國對周禮的認同度也頗不相同，從總體上看，土俗保留着相當大的空間。

孔子嘗謂："齊一變，至於魯；魯一變，至於道。"（《論語·雍也》）魯最接近周禮。《左氏春秋》昭公二年（前540）記："春，晋侯使韓宣子來聘，且告爲政而來見，禮也（杜注：代趙武爲政。雖盟主，而脩好同盟，故曰禮）。觀書於大史氏，見《易·象》與魯《春秋》，曰：'周禮盡在魯矣，吾乃今知周公之德，與周之所以王也。'"魯作爲周公封地，在禮制上有其特殊性。如《史記·魯

---

① 參閱褚斌傑等：《儒家經典與中國文化》，武漢：湖北教育出版社，2000年，第1版，頁173。案：此事尚有他説，然不及此説近真。

周公世家》所説:"……成王乃命魯得郊祭文王。魯有天子禮樂者,以襃周公之德也。"

齊與魯則有很大差異。與魯公伯禽强力推行周禮不同,齊太公簡禮從俗。《史記·魯周公世家》記載:"周公卒,子伯禽固已前受封,是爲魯公。魯公伯禽之初受封之魯,三年而後報政周公。周公曰:'何遲也?'伯禽曰:'變其俗,革其禮,喪三年然後除之,故遲。'太公亦封於齊,五月而報政周公。周公曰:'何疾也?'曰:'吾簡其君臣禮,從其俗爲也。'及後聞伯禽報政遲,乃嘆曰:'嗚呼,魯後世其北面事齊矣!夫政不簡不易,民不有近;平易近民,民必歸之。'"《史記·齊太公世家》也説:"太公至國,脩政,因其俗,簡其禮,通商工之業,便魚鹽之利,而人民多歸齊,齊爲大國。"齊、魯在禮制方面的差異可想而知。耐人尋味的是,製禮作樂的周公竟高度肯定"簡其君臣禮,從其俗爲"的齊太公。

衛國的做法接近於齊。衛因爲居殷之舊墟,故多行殷禮。《詩經·小雅》有《賓之初筵》篇,古人以爲衛武公(前812~前758在位)所作。如《詩序》云:"《賓之初筵》,衛武公刺時也。幽王荒廢,媟近小人,飲酒無度,天下化之,君臣上下沈湎淫液。武公既入(案指入爲王之卿士),而作是詩也。"該詩有云:"籥舞笙鼓,樂既和奏。烝衎烈祖,以洽百禮。"毛傳曰:"秉籥而舞,與笙鼓相應。"鄭箋稱:"籥,管也。殷人先求諸陽,故祭祀先奏樂,滌蕩其聲也。烝,進。衎,樂。烈,美。洽,合也。奏樂和,必進樂其先祖,於是又合見天下諸侯所獻之禮。"正義解鄭箋,引《鄭志》答趙商云:"衛,殷之畿内。君子行禮,不求變俗,祭祀之禮,居喪之服,哭泣之位,皆如其國之法。故衛稱殷禮。"鄭玄之答乃據《禮記·曲禮下》所謂:"君子行禮,不求變俗。祭祀之禮,居喪之服,哭泣之位,皆如其國之故,謹脩其法而審行之。"《正義》又解鄭箋云:

"殷人先求諸陽",《郊特牲》文也。以人死體魄則降,智氣在上。《祭義》曰:"氣也者,神之盛也。魄也者,鬼之盛也。合鬼與神,教之至也。衆生必死,死必歸土,此之謂鬼。……其氣發揚於上,……神之著也。"又曰:"二端既立,報以二禮。"注云:"二端既立,謂氣也、魄也。"由人死有二者,故作樂揚其聲音之號,使詔告天地之間,令魂氣聞而以降。此求諸陽之義。陽謂魂氣分散者也。又臭鬱合鬯以灌,令體聞而以出,是求諸陰之義。陰謂體魄存在者也。祭者皆爲此二者,但行之有先後耳。故《郊特牲》曰:"殷人尚聲,臭味未成,滌蕩其聲,樂三閡,然後出迎牲。聲音之號,所以詔告於天地之間。周人尚臭,灌用鬯臭,鬱合鬯臭,陰達於淵泉。灌以圭璋,用玉氣也。既灌,然後迎牲,致陰氣也。……凡祭,慎諸此。魂氣歸於天,形魄歸于地,故祭求諸陰陽之義也。殷人先求諸陽,周人先求諸陰。"注云："此其所以先後異也。"由此言之,殷、周先後雖異,皆行二禮。殷人之"臭味未成,滌蕩其聲",則〔未〕成臭味而作樂,臭味成而行祼,其相去亦幾也。宗廟當九闔,殷於樂闔迎牲,周既灌迎牲,則殷之爲灌不可在迎牲之後,當亦三闔之前矣。以氣魄不甚相遠,求之亦先後耳,故知作樂與灌不得相懸也。昭七年《左傳》稱"人生始化曰魄,既生魄,陽曰魂",則魂魄小異耳。《禮記》注云："復,招魂復魄……"是魂魄相將之物也。然人死精氣有遺而留者,有發而升者,相對,故留者爲魄,發者爲魂。聖人制作二禮,以求之此詩說祭祀之禮,不言酒食,唯言樂,故解之由殷人先求諸陽,故祭祀之禮先奏樂,滌蕩其聲。以是之故,此詩主言鼓舞而已。

殷、周禮異,衛居殷墟故多用殷禮,而《曲禮》《鄭志》等莫不盛言行禮不求變俗之觀念,與上揭周公評伯禽和齊太公之政一脈相承,與上揭伯雍從句吳之舊俗也較然一致。所以,無論周禮的籠罩多大多廣,這種觀念都會爲土俗留下巨大空間。

此外還應該考慮到,周禮原本主要是針對士以上設置的,再加上它受制於從上向下推動的行政力,所以越到基層,受其約束和影響就越小。《禮記·曲禮上》有云："君子戒慎,不失色於人。國君撫式(案指據軾小俛以爲敬),大夫下之(下車示敬)。大夫撫式,士下之。禮不下庶人,刑不上大夫。刑人不在君側。"這段話極有意思,可後來所有解釋似乎都不及原文淺白(案:《荀子·富國》篇謂"由士以上則必以禮樂節之,衆庶百姓則必以法數制之",似乎最能透顯"禮不下庶人,刑不上大夫"的意指)。《白虎通·五刑》篇"論刑不上大夫"章,云："刑不上大夫何？尊大夫。禮不下庶人,欲勉民使至於士。故禮爲有知制,刑爲無知設也。庶人雖有千金之幣,不得服。刑不上大夫者,據禮無大夫刑。或曰:撻笞之刑也。禮不及庶人者,謂酬酢之禮也。"其中,"庶人雖有千金之幣,不得服"一句,劉師培(1884～1919)稱："此謂庶人不得衣幣帛。"(《白虎通義斠補》卷下)禮的規定固有所謂可、有所謂不可。《白虎通》之主旨是說禮不爲庶人設,即禮所謂可與不可不是針對庶人說的,所以如此,是勉勵庶民努力晉升爲士。而劉說其實意味著禮下庶人,與上下文實不能貫通一致(《白虎通》於下文録或説,謂"禮不下庶人"限於"酬酢之禮",亦與劉説異)。白虎觀會議的一個旨意是彌合解經的分歧,載録商討結果的《白虎通》雖然號稱"通義",可上揭引文卻載録了"刑不上大夫""禮不下庶人"兩種不同的詮釋:一是説,"刑不上大夫"是指刑不爲大夫設,"據禮無大夫刑";而禮則僅僅針對士以上。一是説,"大夫有罪得加刑,但不得撻笞以辱之"(陳立《白虎通疏證》),有如賈誼《新書·階級》篇所謂,"廉恥禮節以治君子,故有賜死而無僇辱。是以係、縛、榜、笞、髡、刖、黥、劓之罪,不及(士)大夫";而"禮不下庶人"則祇限於"酬酢之禮"。《白虎通》的記錄顯示了兩種觀點的爭拗。顯然,貫徹純粹或徹底的"禮不下庶人,刑不上大夫",必然會削弱朝廷對大夫及庶人的行政權力(包括對相關行爲的解釋權),而且終竟會損傷朝廷自身的"正當化"基礎,有鑒於此,説這兩句話有明確限定意義,可能更加合理。

就本章而言,需要格外關注"禮不下庶人"。鄭玄解釋這一規定之緣由云,"爲其遽於事,且不能備物"。這當是推揚《白虎通》所録或説,意思是指,不針對庶人設禮,是因爲他們忙碌於生産諸事,而且不能備辦行禮所需的各種器物。孔疏稱:"'禮不下庶人'者,謂庶人貧,無物爲禮,又分地是務,不(服)〔暇〕燕飲,故此禮不下與庶人行也。"孔疏所説基本上還是鄭注的意思,卻側重於"酬酢之禮",與《白虎通》所記或説更爲接近。此外正義又引張逸云:"非是都不行禮也。但以其遽務不能備之,故不著於經文三百、威儀三千耳。其有事,則假士禮行之。"①其大要謂庶人有事,則借士禮以行之。這樣説潛藏着在禮制上拉平庶人與士之地位的風險。就其本質而言,周禮是層級化的秩序。它對於所有社會成員既是約束,又是權利。這一點荀子説得相當明白:

> 夫貴爲天子,富有天下,是人情之所同欲也。然則從人之欲則埶不能容,物不能贍也。故先王案爲之制禮義以分之,使有貴賤之等,長幼之差,知愚、能不能之分,皆使人載其事而各得其宜,然後使(慤)〔穀〕祿多少厚薄之稱,是夫羣居和一之道也。故仁人在上,則農以力盡田,賈以察盡財,百工以巧盡械器,士大夫以上至於公侯,莫不以仁厚知能盡官職,夫是之謂至平。故或祿天下而不自以爲多,或監門、御(迊)旅、抱關、擊柝而不自以爲寡。故曰:"斬(儳)而齊,枉而順,不同而一。"夫是之謂人倫。(《荀子·榮辱》)

周禮之本質正在不齊而齊、不直而順、不同而一,強調層級性。清儒孫希旦(1736~1784)嘗作如下解釋,似有意消彌張説藴含的風險:"愚謂庶人非無禮也。以昏則緇幣五兩,以喪則四寸之棺、五寸之椁,以葬則懸棺而窆、不爲雨止,以祭則無廟而薦於寢,此亦庶人之禮也。而曰'禮不下庶人'者,不爲庶人制禮也。制禮自士以上,《士冠》《士昏》《士相見》是也。庶人有事,假士禮以行之,而有所降殺焉,蓋以其質野則於節文或有所不能習,卑賤則於儀物或有所不能備也。"(《禮記集解·曲禮上》第一之四)孫説承接張逸,但明指庶人假

---

① 這段文字孔疏祇冠以"張逸云",衛湜《禮記集説》亦祇説"張氏曰",陳立《白虎通疏證》則作"鄭答張逸云",殆誤,應該是張逸所説。

士禮以行之,"而有所降殺",亦即有所遞減。這再次確認了庶人與士的層級分別。不過,這類解釋顯然自相矛盾。庶人既然"假士禮以行之",不須習士禮乎,又怎能解決"於節文或有所不能習"的問題呢?庶人卑賤或不能備儀物,假士禮而有所遞減,就可以解決實際問題嗎?按周禮的層級性特質,庶人之禮本來比士禮有所降殺,何以這會成爲"不爲庶人制禮"的理由呢?士禮不也比大夫禮有所降殺、大夫禮不也比君禮有所降殺嗎,何以二者又均有製作呢?士禮既已製作、寫明,庶人之禮乃假士禮而有所降殺,這與實際制作和寫明庶人之禮又有什麽本質差異呢?

綜上所論,更圓滿的,恐怕還是鄭玄對"禮不下庶人"的理解以及他補出的理由——"爲其遽於事,且不能備物"。庶人匆遽於事,困乏於物,禮爲之設而不能行,實同廢禮。從行政角度看,制禮而廢之,又於行禮何?要之,"禮不下庶人"之本旨,當是説禮給庶人的規定基本上是空白,——從政教層面上控制庶人主要靠刑。郭店楚簡《眘惠義》篇謂,"坓(刑)不隶(逮)於君子,豊(禮)不隶於小人";《荀子·大略》篇云:"舜曰:'維予從欲而治。'故禮之生,爲賢人以下至庶民也,非爲成聖也,然而亦所以成聖也。"似皆可證明這種解讀。

以上所列各方面,都説明周禮在向諸侯各國尤其是其底層推行時,留下了很多"達之不及"的地方,整個基層密佈着周禮覆蓋網的罅隙,而且這些是周禮本身包容和認可的。有論者曰:"周的征服擴展了中心文化區域的影響,隨着日益擴大的版圖,將更多的地域納入到早期中國文化的核心地帶的輻射之下。"① 這是一種大而化之的簡單想象。確切言之,周文化的輻射性影響始終存在明確的限度。在《詩三百》的整個構成中,與周禮有較高對應性的是《大雅》《小雅》以及《周頌》,頂多再加上《魯頌》和《商頌》;其他部分,尤其是其大多數源自社會底層的詠唱,恰恰就來自周禮所不及的廣大地域和社會層面。就連精於禮學、大力推揚以禮説《詩》的陳戍國都承認,"十五《國風》言禮之詩最少","下層社會……畢竟不同於上層社會"。②

二、遒人采詩言與基層詠唱匯集於朝廷

很明顯,恰恰就在周禮不能覆蓋的社會基層產生了大量的詠唱。它們因爲遒人采詩制度之設置和實施,最終匯集到了朝廷。保守一點説,夏商周三代,至少周代嘗實施采詩之制。然而清代以降,頗有學者對此持懷疑態度。

---

① 〔美〕牟復禮(Frederick W. Mote):《中國思想之淵源》,王立剛譯,北京:北京大學出版社,2009年,第1版,頁11。
② 陳戍國:《論以禮説〈詩〉——兼論以詩説〈詩〉》,《詩經芻議》,頁129。

今舉列先秦兩漢從不同層面關聯該制度的代表性文獻，來確證遒人采詩言一說絕非鑿空向壁之談。

(1)《左氏春秋》襄公十四年(前559)記晉樂大師子野即師曠諫晉悼公(前572～前558在位)，云："天生民而立之君，使司牧之，勿使失性。有君而爲之貳(卿佐)，使師保之，勿使過度。是故天子有公，諸侯有卿，卿置側室(案爲支子之官)，大夫有貳宗(案爲宗子之副貳者)，士有朋友，庶人、工、商、皂、隸、牧、圉皆有親暱，以相輔佐也。善則賞(宣揚)之，過則匡之，患則救之，失則革(更)之。自王以下，各有父兄子弟以補察其政。史爲書(杜注：謂大史君舉則書)，瞽爲詩(杜注：瞽，盲者；爲詩以風刺)，工誦箴諫(杜注：工，樂人也；誦箴諫之辭)，大夫規誨(杜注：規正諫誨其君)，士傳言(杜注：士卑不得徑達，聞君過失，傳告大夫)，庶人謗(杜注：庶人不與政，聞君過則誹謗)，商旅(陳)于市，百工獻藝。故《夏書》曰：'遒人以木鐸徇于路，官師(大夫)相規，工執藝事以諫。'正月孟春，於是乎有之，諫失常也。"杜注曰："遒人，行人之官也。木鐸，木舌金鈴。徇於路，求歌謡之言。"師曠所引《夏書》原篇已佚，故杜注謂之"逸《書》"，幸有隻言片語見存於《左氏》，當係行人采詩言制度的最早記載。而晚《書》之《胤征》篇云，"每歲孟春，遒人以木鐸徇于路，官師相規，工執藝事以諫。其或不恭，邦有常刑"，亦有一定的參考價值。《春秋左傳正義》解杜注引《夏書》"遒人"云云，以爲師曠所引《夏書》之語即在《胤征》。其言曰："此在《胤征》之篇。……此傳引彼，略去'每歲孟春'，直引'遒人'以下，乃以'正月孟春'結之，殷勤以示歲首恒必然也。"杜注解"遒人"爲"行人之官"，僞孔傳解之爲"宣令之官"，孔疏以爲"其事不異"，是也。遒人一職及相關制度之設置與實行，表明采詩乃王朝政教倫理層面的制度性安排。

(2)《禮記·表記》有"子曰：'事君遠而諫，則謟也；近而不諫，則尸利也'"章，正義云："凡諫者，若常諫之時，天子諍臣七人，諸侯五人，大夫三人，唯大臣得諫；若歲初，則貴賤皆得諫也。故襄十四年《左傳》師曠對晉侯云：'自王以下，各有父兄子弟，以補察其政。史爲書，瞽爲詩，工誦箴諫，大夫規誨，士傳言，庶人謗，商旅于市，百工獻藝。'《國語》又云：'天子聽政，〔使〕公卿至於列士獻詩，瞽獻曲，史獻書，師箴，瞍賦，矇誦，百工諫，庶人傳語，近臣盡規……'此皆孟春之月，上下皆諫，故傳引《夏書》曰'每歲孟春，遒人以木鐸徇於路'，是也。"案：孔疏所引《國語》今見《周語上》"邵公諫厲王弭謗"章，可與上揭《夏書》及《左氏》所言互相發明，茲不具引。綜觀諸說，殆又可見采詩言以諷諫，乃整個諷諫制度的一個組成部分。

(3)子思(前483～前402)謂，"古者天子……巡守……命史採民詩謡，以觀其風"(《孔叢子·巡守》)。

(4)《毛詩序》云:"國史明乎得失之迹,傷人倫之廢,哀刑政之苛,吟詠情性,以風其上,達於事變而懷其舊俗者也。"正義引鄭玄答張逸云:"國史采衆詩時,明其好惡,令瞽矇歌之。其無作主,皆國史主之,令可歌。"是《詩序》亦涉及采詩諷諫制度。

(5)《周禮·秋官·大行人》記:"王之所以撫邦國諸侯者:歲徧存;三歲徧覜;五歲徧省(鄭注:存、覜、省者,王使臣於諸侯之禮,所謂間問也);七歲屬象胥(案即譯官),諭言語,協辭命;九歲屬瞽史,諭書名(書之字古曰名),聽聲音;十有一歲達瑞節,同度量,成牢禮,同數器(案即銓衡),脩灋則;十有二歲王巡守殷國(案即在侯國而行殷見之禮)。"其間"屬象胥,諭言語,協辭命;……屬瞽史,諭書名,聽聲音"云云,當亦涉及采詩觀風諸事,其詳請參閲下文第十一條所引段玉裁(1735～1815)《説文解字注》。

(6)《禮記·王制》云:"歲二月,東巡守,至于岱宗。柴而望,祀山川。覲諸侯,問百年者就見之。命大師陳詩,以觀民風。"鄭注曰:"陳詩,謂采其詩而視之。"正義曰:"此謂王巡守,見諸侯畢,乃命其方諸侯大師,是掌樂之官,各陳其國風之詩,以觀其政令之善惡。若政善,詩辭亦善;政惡,則詩辭亦惡。觀其詩,則知君政善惡。故《天保》詩云'民之質矣,日用飲食',是其政和。若其政惡,則《十月之交》'徹我墻屋,田卒汙萊'是也。"往古采詩制度有幾個關鍵職官,一是上文所及采詩言之官行人,亦稱遒人,一是掌詩言與詩樂的大師,兩者似均設於王朝與諸侯。大師陳各國之詩以觀其政令之善惡,再次説明采詩是王朝政教層面的制度性安排。

(7)《史記·樂書》云:"君子以謙退爲禮,以損減爲樂,樂其如此也。以爲州異國殊,情習不同,故博采風俗,協比聲律,以補短移化,助流政教。天子躬於明堂臨觀,而萬民咸蕩滌邪穢,斟酌飽滿,以飾厥性。故云《雅》《頌》之音理而民正,嘄噭之聲興而士奮,鄭、衛之曲動而心淫。及其調和諧合,鳥獸盡感,而況懷五常、含好惡,自然之勢也。"此處所説實亦爲制度性的采詩觀風,與下文第九條所録《漢志》"行人振木鐸徇于路,以采詩,獻之大師,比其音律,以聞於天子",可以參看。

(8)王褒(?～前61)《四子講德論》云:"夫青蠅不能穢垂棘,邪論不能惑孔、墨。今刺史質敏以流惠,舒化以揚名,采詩以顯至德,歌詠以董其文。受命如絲,明之如縞,《甘棠》之風,可倚而俟也。"(《全漢文》卷四二)其所謂刺史采詩之説,當是行人采詩説的演變,二者相關而且相通。

(9)劉歆(前50～公元23)《與揚雄書從取方言》云:"歆叩頭。昨受詔(宓)〔案〕五官郎中田儀與官婢陳徵、駱驛等私通,盜刷越巾事,即其夕竟。歸府,詔問三代周秦軒車使者、遒人使者以歲八月巡路,采(求)代語、僮謡、歌戲,欲得其最目。因從事郝隆宷之有日,篇中但有其目,無見文者。……今謹使密人奉手書,願頗與其最目……"(《全漢文》卷四〇)揚雄(前 53～公元 18)《荅劉歆書》則説:"嘗聞先代輶軒之使奏籍之書,皆藏于周秦之室。及其破也,遺棄無見之者,獨蜀人有嚴君平、臨邛林閭翁孺者,深好訓詁,猶見輶軒之使所奏言。"(《全漢文》卷五二)由此可知,遒人所采殆不限於詩,劉歆所謂"代語、僮謡、歌戲",下文第十條許慎所謂"詩言",當是更全面的概括,而"詩"自在其中。

(10) 班固(32～92)《漢書·食貨志上》記:"……孟春之月,羣居者將散,行人振木鐸徇于路,以采詩,獻之大師,比其音律,以聞於天子。故曰王者不窺牖户而知天下。此先王制土處民、富而教之之大略也。"《漢書·藝文志》亦云:"……古有采詩之官,王者所以觀風俗,知得失,自考正也。"《漢書·藝文志》之説,往往承繼自劉向(前 77～前 6)劉歆父子,《食貨志》之説或與之同源。

(11) 許慎(約 58～147)《説文解字·丌部》云:"𢍰,古之遒人,以木鐸記詩言,从辵从丌丌亦聲,讀與記同。"段注:"遒人,即班(固)之'行人',以木鐸巡於路,使民閒出男女歌詠,記之簡牘,遞薦於天子。故其字從辵丌,辵者行也,丌者薦也,記與丌疊韻也。偁《尚書》襲《左傳》,而不言振木鐸者何所事(案見前引《胤征》)。○按:劉歆《與揚雄書》云:'三代周秦軒車使者、𢍰人使者,以歲八月巡路,宷代語、僮謡、歌戲。'揚荅劉書云:'嘗聞先代輶軒之使奏籍之書,皆藏於周秦之室。'又云翁孺(案即林閭翁孺)'猶見輶軒之使所奏言'。二書皆即遒人之事也。'遒''輶''𢍰'三字同音,'𢍰人'即'遒人'。揚、劉皆謂使者采集絶代語釋別國方言,故許槩栝之曰'詩言'。班、何則但云'采詩'也;劉云'求代語、僮謡、歌戲',則'詩'在其中矣。《周禮·大行人》'屬象胥,諭言語,協辭命','屬瞽史,諭書名,聽聲音',豈非揚、劉所謂'使者',班所謂'行人'與? 説者雖殊,可略見古者考文之事,爲政之不外'正名'矣。"①

(12) 崔寔(約 120～170)《諫大夫箴》云:"於昭上帝,迪兹既哲。匪于水鑒,惟人是察。處有誦訓,出有旅賁。木鐸之求,爰納遒人。各有攸訊,政以不紛。"(《古文苑》卷一六)

(13) 鄭玄(127～200)《周南召南譜》云:"武王伐紂,定天下,巡守述職,陳誦諸國之詩,以觀民風俗。"

---

① 案:依光緒丁亥廣州廣雅書局刻本《全上古三代秦漢三國六朝文》,以及中華書局該書複製本,劉歆《與揚雄書》均作"遒"不作"𢍰";章樵注《古文苑》卷一〇揚雄答劉歆書"常聞先代輶軒之使奏籍之書,皆藏於周秦之室",引劉歆書則作"𢍰"(《四部叢刊》集部),段玉裁與此同。殆所據各異。

（14）《春秋公羊傳》宣公十五年（前594）云："什一者，天下之中正也。什一行而頌聲作矣。"何休（129～182）解詁曰："民春夏出田，秋冬入保城郭。田作之時，春，父老及里正旦開門坐塾上，晏出後時者不得出，莫不持樵者不得入。五穀畢入，民皆居宅，里正趨緝績，男女同巷，相從夜績，至於夜中，故女功一月得四十五日作，從十月盡正月止。男女有所怨恨，相從而歌，飢者歌其食，勞者歌其事。男年六十、女年五十無子者，官衣食之，使之民間求詩，鄉移於邑，邑移於國，國以聞於天子，故王者不出牖户盡知天下所苦，不下堂而知四方。"

以上所錄不求完備，而采詩制度一方面見載於《夏書》《左氏春秋》《國語》《毛詩序》《周禮》《禮記》《史記》《漢書》等重要經史文獻，一方面見載於揚雄、劉向、劉歆、許慎、鄭玄、何休諸漢代大儒之著述，其事非虛言，當無可疑。而基於此可作如下判斷：

其一，《左氏春秋》所引《夏書》與《國語·周語上》互證，足可表明遒人采詩制度在《夏書》撰作時代業已發生，儘管當時未必成熟。

其二，遒人所采不僅僅是詩歌，劉歆所説"代語、僮謠、歌戲"，許慎所説"詩言"，都是更準確的概括，當然我們也不妨稱此制爲"采詩制度"。

就是説，遒人所采集一爲詩類，如歌、謠、僮謠等。歌、謠包含通常所説的詩。《詩經·魏風·園有桃》云："園有桃，其實之殽。心之憂矣，我歌且謠。"毛傳云："曲合樂曰歌，徒歌曰謠。"正義曰："《釋樂》云：'徒歌謂之謠。'孫炎曰：'聲消搖也。'此文'歌'、'謠'相對，'謠'既徒歌，則'歌'不徒矣，故云'曲合樂曰歌'。'樂'即琴瑟。《行葦》傳曰：'歌者，合於琴瑟也。''歌'、'謠'對文如此，散則'歌'爲摠名。《論語》云'子與人歌'，《檀弓》稱'孔子歌曰泰山其頹乎'之類，未必合樂也。"其所論甚是。至於童謠，《左氏春秋》《國語》等典籍均有不少載錄。比如，《國語·鄭語》"史伯爲桓公論興衰"章記，周幽王八年（前774），鄭桓公（前806～前771在位）爲司徒，問於史伯（案爲周太史）曰"周其弊乎"，史伯對之，提及宣王（前827～前782在位）時有"檿弧箕服，實亡周國"之童謠；《左氏》僖公五年（前655）載有"龍尾伏辰"之童謠；昭公二十五年（前517）提及文公（前626～前609在位）、成公（前590～前573在位）之世有"鸜鵒"童謠等。此處謹錄其一例，以便讀者詳明。《春秋》昭公二十五年記："有鸜鵒來巢。"杜注曰："此鳥穴居，不在魯界，故曰'來巢'。非常，故書。"《左氏》詳記其事，云：

"有鸜鵒來巢"，書所無也。師己（魯大夫）曰："異哉！吾聞文、（武）〔成〕之世，童謠有之曰：'鸜之鵒之，公出辱之。鸜鵒之羽，公在外野，往饋之馬。鸜鵒跦跦（跳行貌），公在乾侯，徵褰（袴）與襦。鸜鵒之巢，遠哉遥遥，裯父（昭公）喪勞（杜注：死外，故喪勞），宋父（定公）以驕。鸜鵒鸜鸜，往歌來哭（杜注：昭公生出，歌；死還，哭）。'童謠有是。今鸜鵒來巢，其將及（及禍）乎！"

童謠大抵亦可歸於詩。總之，以上所舉各類殆均爲遒人采集之對象。

此外，民間之"誦"很可能也在遒人采集之範圍内。從體式上説，誦與詩也有一致性。可資爲證者，如《詩經·小雅·節南山》云，"家父作誦，以究王訩。式訛（化）爾心，以畜萬邦"；《大雅·崧高》云，"吉甫作誦，其詩孔碩，其風肆好，以贈申伯"；《大雅·烝民》云，"吉甫作誦，穆如清風。仲山甫永懷，以慰其心"。不過，這幾篇當是"公卿至於列士獻詩"的結果。民間之誦，如《國語·晉語三》記惠公（前650～前636在位）入而背外内之賂，輿人誦之（見"惠公入而背外内之賂"章），《左氏春秋》襄公三十年（前543）記輿人兩誦子産等等，皆是。而相關材料頗可見輿人誦受到的重視。如《晉語三》記云：

> 惠公入而背外内之賂（案：外指秦穆公，内指晉大夫里克、丕鄭；夷吾賂秦穆以河外列城五，又賂里克、丕鄭以田，故得入晉立爲惠公，已而背之）。輿人誦之曰："佞之見佞，果喪其田。詐之見詐，果喪其賂。得國而狃，終逢其咎。喪田不懲（懲艾），禍亂其興。"既里、丕死禍（惠公二年殺之），公隕於韓。郭偃（案即晉大夫卜偃）曰："善哉！夫衆口，禍福之門。是以君子省衆而動，監戒而謀，謀度而行，故無不濟。内謀外度，考省不倦，日考而習，戒備畢矣。"①

"夫衆口，禍福之門"一語，是郭偃關注輿人誦的重要原因。楚大夫白公子張諫楚靈王，曰："齊桓、晉文皆非嗣也（言非嫡嗣），還軫（出奔）諸侯，不敢淫逸，心類（善）德音，以德有國。近臣諫，遠臣謗，輿人誦，以自誥也。是以其入也，四封不備一同（韋注：地方百里曰同），而至於有幾田（韋注：方千里曰幾），以屬諸侯，至于今爲令君。"（《國語·楚語上》"白公子張諷靈王宜納諫"章）這一材料，更明確了"輿人誦"在傳統政教倫理體系中的位置。

遒人采集之第二類對象即言，比如"代語"——異代方言。揚雄覆劉歆書曾提及三代周秦軒車使者、遒人使者以歲八月巡路，求代語諸事。其《輶軒使者絕代語釋別國方言》之作，便光大了遒人采集代語的傳統。

---

① 案："既里丕死禍公隕於韓"一句，韋昭於"死"字之下斷句，以"禍"字屬下句，誤。王引之《經義述聞·國語》下曾考辨説："韋以'里丕死'絕句，注云：'惠公二年春，殺里克；秋，殺丕鄭'。下文'禍公隕於韓'，注云：'禍，貪伏（忮）之禍'。秦伐晉，戰於韓，獲惠公以歸，隕其師徒，在魯僖十五年。'家大人（案即王念孫）曰：'禍'字或自爲一句，或下屬爲句，皆文不成義，當以'里丕死禍'爲句；'死禍'謂死於禍（'里丕死禍'，猶《周語》言'郄至死難'），即上文所云'喪田不懲，禍亂其興'也。"王説是。

其三，行走於民間采集詩言的主體，古人稱爲"行人""行人之官""遒人"
"逌人""逌人使者""輶軒使者""軒車使者"等等。其所采集的篇什或資料最
終進獻給朝廷。詩類殆由大師掌管，太師協比音律，以聞於天子，其目的，以
古人的話説，便是"觀其政令之善惡""觀民風""觀風俗""觀民風俗""知天下
所苦""知四方"等等。言類殆亦由大師掌管。諸國方言既是土俗的構成部
分，又是傳達和瞭解土俗風謠的中介。郭璞《方言序》贊揚雄沉淡其志，歷載
構綴，以成《方言》，"是以三五之篇著，而獨鑒之功顯。故可不出户庭而坐照
四表，不勞疇咨而物來能名。考九服之逸言，標六代之絶語，類離詞之指韻，
明乖途而同致；辨章風謠而區分，曲通萬殊而不雜"。① 這基本上是從前述兩
個層面上肯定《方言》的巨大價值。

周代設置並實施遒人采詩言之制度，意味着《詩三百》有大量作品源自民
間，而那正是周禮不能盡達且又允許爲土俗留下大量空白的地方。《詩》，尤
其是《國風》絶大多數篇什，與夫飢者、勞者有不可分割的聯繫，一如漢代《韓
詩》説所謂"飢者歌食，勞者歌事"(《太平御覽》卷五七三引《古樂志》)。這種
關聯，確證了相關詩作由社會底層進入朝廷的歷史路徑。而大量篇什來自周
禮不達的社會底層，決定了依周禮解《詩》必須有高度的限定，——這是由當
時的體制及社會現實決定的。何況傳世儒家《禮》書所載未必如實傳達周禮，
它們主要是後代儒者的理論設定或頂層設計，其於詮釋《詩三百》的有效性因
此被進一步削弱。

對於這種由社會底層匯集到朝廷的篇什，最重要的絶不是周禮或儒家禮
文，而是當地的習俗，是最初歌者所在的歷史語境(遒人采詩言制度有力地凸
顯了對這一層面的關注和受容)。若取文化人類學(cultural anthropology)的
意義，我們也可以稱這些習俗爲"禮俗"，但這個"禮俗"與周禮或儒家禮文是
兩碼事，不可混爲一談。爲避免混淆，對這兩個層面應該有所區隔。具體方
法，是將文化人類學意義上的"禮俗"進一步提升爲"文化"。基於該層面闡釋
《詩三百》，就是"文化的闡釋"(不過，"文化"主要是指由廣大個體成員普遍承
載的具有羣體性特徵的行爲、思維和情感方式，與詩以相對更個體化的情性
爲根基並不完全一致，故不可案迹而論性情，且詩尚言外之意，故又不可鑿
求)。② 陳戍國曾説："以禮説《詩》，就是用禮儀禮制解釋《詩經》中相關的篇

---

① 華學誠匯證：《揚雄方言校釋匯證》，北京：中華書局，2006 年，第 1 版，頁 1。
② 在理解"文化"上的偏失以及"文化闡釋"的重要性，參閱拙作《文學的解讀與文化的解
讀——以〈詩經〉學幾個個案爲中心》，《北京大學學報(哲學社會科學版)》2013 年第 5 期，
頁 115～122(中國人民大學書報資料中心《中國古代、近代文學研究》2014 年第 1 期全文
轉載)。

什,用產生《詩經》的那個時代的禮儀禮制解釋《詩經》中言禮之詩……"①如果所謂"禮儀禮制"取文化學上的一般意義,而不限於周禮或儒家禮文,這樣説大抵是可取的。但在《詩經》學實踐中,"以禮解《詩》"的"禮"常被等同於周禮,甚至被等同於儒家三《禮》所記之禮文。故陳戍國緊接着就說,"主要是用周禮解釋《詩三百》中反映周禮的詩篇"。陳戍國還說,"《詩經》時代確有一整套禮制,那就是周禮。周禮是《詩經》時代的客觀存在";"周之所以爲周,就因爲其時實行周禮,其時政治即所謂禮治(周禮之治),這是《詩經》時代不容忽視的社會特點"。② 混淆文化學上的一般禮俗與周禮或儒家禮文,無視以周禮或三《禮》解《詩》的限定性,最終祇能會傷害這樣做的合理性。

三、"法制張設,未必奉行":再析理論與現實的疏離

古今學者熱衷於以禮解《詩》,説明他們在理解和使用周禮或三《禮》上存在重大問題。有學者在駁斥古代婚禮"不賀""不用樂"之説時,説:"用《禮記》的話作爲立論的根據,那是上了儒者的當。……《禮記》兩段話是儒者的一種'不應該如何如何'的宣傳與號召,而不是當時社會婚俗的實際記錄;婚禮的賀與不賀、用不用樂係相對待而言;當時社會上如果根本不存在祝賀、用樂的風俗,哪兒來'不賀'、'不用樂'的觀念,又何苦費此筆墨作一番禮儀上的規定?所以《禮記》的話不僅不能作爲古代婚禮不賀、不用樂的根據,反倒是古代婚禮祝賀和舉樂的絕好證明。"③三《禮》絕對不是周禮的原貌,這一點無須多論,需要強調的是後人讀三《禮》,又常執之爲已行之事實。究其實際,三《禮》敘論禮制有強烈的建構性,——其大量內容是對制度的理論設計,而非民人或社會實行中所執守的標準。之所以做這種設計,是因爲現實混亂無序、悖理、有虧缺,甚至醜惡(毫無疑問,這樣説是基於設計者的認知和判斷而言的)。先秦百家學説大抵都是這個道理。孔子曰:"天下有道,丘不與易也。"(《論語·微子》)老子稱:"大道廢,有仁義;慧智出,有大偽;六親不和,有孝慈;國家昏亂,有忠臣。"(傳世《老子》第十八章)《墨子·魯問》篇載:"子墨子游,魏越(案爲墨子弟子)曰:'既得見四方之君,子則將先語(子將奚先)?'子墨子曰:'凡入國,必擇務而從事焉。國家昏亂,則語之尚賢、尚同;國家貧,則語之節用、節葬;國家憙音湛湎,則語之非樂、非命;國家淫僻無禮,則語之尊天、事鬼;國家務奪侵凌,即語之兼愛、非攻。故曰擇務而從事焉。'"越是現

---

① 陳戍國:《論以禮説〈詩〉——兼論以詩説〈詩〉》,《詩經芻議》,頁116。
② 同上書,頁117、頁121。
③ 涂石:《"古代婚禮不賀、不用樂"辨》,《學術論壇》1986年第1期,頁85~86。

實中缺乏的,就越需要從理論上建構和推揚。① 將這種理論設計當成現實,便走到了現實的對立面。故當這種性質的禮文被據以敘述歷史或詮釋《詩三百》時,其有效性必須受到嚴格的質疑。

然而古今治《禮》、治《詩》的學者往往不顧及這樣做的有效性。

比如,三年喪制,或以爲堯舜時期已經實行。《史記·五帝本紀》云:"舜入于大麓,烈風雷雨不迷,堯乃知舜之足授天下。堯老,使舜攝行天子政,巡狩。舜得舉用事二十年,而堯使攝政。攝政八年而堯崩。三年喪畢,讓丹朱,天下歸舜。而禹、皋陶、契、后稷、伯夷、夔、龍、倕、益、彭祖自堯時而皆舉用,未有分職。於是舜乃至於文祖,謀于四嶽,辟四門,明通四方耳目,命十二牧論帝德,行厚德,遠佞人,則蠻夷率服。"儒家創始人孔子明確地説,"夫三年之喪,天下之通喪也",又批評主張"期可已矣"的弟子宰我,曰:"予之不仁也!子生三年,然後免於父母之懷。……予也有三年之愛於其父母乎?"(《論語·陽貨》)亞聖孟子也説三代上下各層共行三年喪。然而其制不行於滕、魯。《孟子·滕文公上》記:

> 滕定公薨。世子謂然友(案爲世子之傅)曰:"昔者孟子嘗與我言於宋,於心終不忘。今也不幸至於大故,吾欲使子問於孟子,然後行事。"然友之鄒,問於孟子。孟子曰:"不亦善乎! 親喪固所自盡也。曾子曰:'生,事之以禮;死,葬之以禮,祭之以禮:可謂孝矣。'諸侯之禮,吾未之學也。雖然,吾嘗聞之矣:三年之喪,齊疏之服,飦粥之食,自天子達於庶人,三代共之。"然友反命,定爲三年之喪。父兄(同姓羣臣)百官皆不欲,故曰:"吾宗國魯先君莫之行,吾先君亦莫之行也,至於子之身而反之,不可。且《志》曰:'喪祭從先祖。'曰:'吾有所受之也。'"謂然友曰:"吾他日未嘗學問,好馳馬試劍。今也父兄百官不我足也,恐其不能盡於大事,子爲我問孟子。"然友復之鄒,問孟子。孟子曰:"然,不可以他求者也。孔子曰:'君薨,聽於冢宰,歠粥,面深墨,即位而哭。百官有司莫敢不哀,先之也。''上有好者,下必有甚焉者矣。''君子之德風也,小人之德草也,草尚之風必偃。'是在世子。"然友反命。世子曰:"然,是誠在我。"五月居廬,未有命戒。百官族人可,謂曰知。及至葬,四方來觀之,顔色之戚,哭泣之哀,弔者大悦。

據滕國羣臣大夫之言,魯、滕殆從未實行過三年喪制。有兩點特別耐人尋味:

---

① 案上揭傳世《老子》第十八章之本旨爲,超越忠而求國家清明,超越孝慈而求六親和,超越智慧和仁義而求大道,但它指涉的現實未嘗不可理解爲國家昏亂凸顯了張揚忠的需要,六親不和凸顯了張揚孝慈的需要。

其一，滕國羣臣大夫高度重視古往實行之禮俗，且傾向於依此決定當下之相關行爲。其二，當然友再次奉太子之命向孟子請教時，孟子並未反駁滕國羣臣大夫謂魯、滕先君未行三年喪制一事。這些都意味着滕國羣臣大夫所言不誣。朱熹集注曰："……謂二國不行三年之喪者，乃其後世之失，非周公之法本然也。"即便如此，仍然可以説明法度之張設與實行乃是兩碼事。《詩經·檜風·素冠》云："庶見素冠兮，棘人欒欒兮，勞心慱慱兮！／庶見素衣兮，我心傷悲兮，聊與子同歸兮。／庶見素韠兮，我心藴結兮，聊與子如一兮。"《詩序》云："《素冠》，刺不能三年也。"鄭箋："喪禮：子爲父，父卒爲母，皆三年。時人恩薄禮廢，不能行也。"鑒於前文所引事實，以三年喪制詮釋《素冠》的合理性顯然並不充分，舊説則強行向這一方面靠。毛傳釋"聊與子同歸兮"，云："願見有禮之人，與之同歸。"鄭箋釋曰："聊，猶且也。且與子同歸，欲之其家，觀其居處。"毛傳釋"聊與子如一"云云，曰："夫三年之喪，賢者之所輕，不肖者之所勉。"鄭箋則釋云："'聊與子如一'，且欲與之居處，觀其行也。"其牽強荒謬，更是一目瞭然。

又如，《周禮·地官司徒·媒氏》云："媒氏，掌萬民之判。凡男女，自成名以上，皆書年月日名焉（鄭注引鄭司農曰：成名，謂子生三月，父名之）。令男三十而娶，女二十而嫁。凡娶判妻（案指娶人所出之妻）、入子者，皆書之。中春之月，令會男女。於是時也，奔者不禁。若無故而不用令者，罰之。司男女之無夫家者而會之。"此條禮文，治《詩》者每每奉爲圭臬。《召南·摽有梅》末章云："摽有梅，頃筐塈之。"毛傳曰："塈，取也。"鄭箋曰："頃筐取之，謂夏已晚，頃筐取之於地。"該詩接下來云："求我庶士，迨其謂之。"毛傳曰："不待備禮也。三十之男，二十之女，禮未備則不待禮會而行之者，所以蕃育民人也。"鄭箋曰："謂，勤也。女年二十而無嫁端，則有勤望之憂。不待禮會而行之者，謂明年仲春，不待以禮會之也，時禮雖不備，相奔不禁。"《鄭風·野有蔓草》開篇云："野有蔓草，零露溥兮。"鄭箋曰："零，落也。蔓草而有露，謂仲春之時，草始生，霜爲露也。《周禮》'仲春之月，令會男女之無夫家者'。"《陳風·東門之楊》謂"東門之楊，其葉牂牂"，其鄭箋及孔疏，《唐風·綢繆》序謂"國亂則婚姻不得其時焉"，其鄭箋以及孔疏等，亦均依這一禮文來作詮解。這種據禮釋《詩》之法，簡直就是膠柱鼓瑟。

漢章帝（76～88 在位）於建初四年（79），"下太常，將、大夫、博士、議郎、郎官及諸生，諸儒會白虎觀，講議五經同異，使五官中郎將魏應承制問，侍中淳于恭奏，帝親稱制臨決，……作《白虎議奏》"。班固據此原始材料，匯集當時議論所達成的統一看法以及天子之決斷等，撰爲《白虎通義》，簡稱《白虎通》。此次會議顯然重申了"男三十而娶，女二十而嫁"的禮制，見錄於《白虎通・嫁娶》篇"論嫁娶之期"章。王充《論衡》之作主要是在建初元年(76)至元和三年(86)間,①與白虎觀會議大約同時而稍晚。其《齊世》篇云:

> 一天一地,並生萬物。萬物之生,俱得一氣。氣之薄渥,萬世若一。帝王治世,百代同道。人民嫁娶,同時共禮。雖言"男三十而娶,女二十而嫁",法制張設,未必奉行。何以效(驗證)之?以今不奉行也。禮樂之制,存見於今,今之人民,肯行之乎?今人不肯行,古人亦不肯舉。以今之人民,知古之人民也。

這應該是王充對白虎觀會議所申禮文的回應,但是他的思考洞貫古今。王充揭露的事實是,所謂"男三十而娶,女二十而嫁"之類,具文而已,人民並未奉行,今古全然一律。在這一方面,王充顯示了超越"爲經而經"的理智和清醒,他直面的是現實。儒家經典中的禮文多與民人實行相乖違,孔子早就說過此意。《禮記・坊記》載其言曰:"君子之道,辟則坊與?坊民之所不足者也(鄭注:民所不足,謂仁義之道也。失道則放僻邪侈也)。大爲之坊,民猶踰之(鄭注:言嚴其禁尚不能止,況不禁乎)。故君子禮以坊德,刑以坊淫,命以坊欲(鄭注:命,謂教令)。"後人治《詩》、治《禮》,反往往泥於禮而不顧事實,此皆爲前人畫地而爲之牢,固陋亦甚矣。

有一個旁證非常重要。《左氏春秋》載錄了與《詩三百》有高度關聯性的史實,——不是說它關聯着大量詩作所指涉的、直接而具體的人物和事件,而是說它在相當程度上關聯着《詩》產生的時代。《春秋》記事上起魯隱公元年(即周平王四十九年,前722),下至魯哀公十四年(即周敬王三十九年,前481);今《左氏》經文下至魯哀公十六年"孔丘卒"(即周敬王四十一年,前479),傳文下至魯哀公二十七年(即周貞定王介元年,前468)。而《詩三百》最早的作品殆產生於西周初(案周武王於前1046~前1043在位),②最晚的作品則是作於公元前599年前後的《陳風・株林》。因此,《左氏春秋》前一百餘年,與《詩經》後一時段產生的作品在時間上疊合,它所載錄的史實,可從一定

---

① 劉汝霖(1875~1952)將王充作《論衡》志於章帝元和元年(84),且考證說:"《論衡》之作成,本非一時之事。然各篇中稱及章帝之事,輒曰'今上云',則是大部分成於章帝時也。《恢國》篇言及建初六年之事。《宣漢》篇又言'方今匈奴、鄯善、哀牢貢獻牛馬'。考《後漢書・南匈傳》:'建初八年,北匈奴三木樓訾大人稽留斯等三萬八千人,馬二萬匹、牛羊十餘萬,款五原塞降。'仲任以建初元年歸居,元和三年爲州從事,此當中十年,當爲功作最力之時,宜其多見及建初時事也。故志之於此。"(見氏著《漢晉學術編年》,上海:華東師範大學出版社,2010年,第1版,頁299)

② 案周武王在位年限,參閱夏商周斷代工程專家組編著:《夏商周斷代工程1996—2000年階段成果報告》(簡本),頁88。

程度上證明據儒家禮文解《詩》的荒謬性。鄭玄《六藝論》嘗謂"《左氏》善於禮"。① 傳世《左氏春秋》評騭人物言行,直接或間接以"禮也""有禮也"作斷語者,約有96例,以"非禮也"及其同義語(如"無禮甚矣""無禮也""棄禮也")作斷語者,約有54例。其間背禮越制的行爲有十之三四,絕不算少。具體例子,如《左氏》僖公三十一年(前629)云:"'夏,四月,四卜郊,不從,乃免牲',非禮也。'猶三望',亦非禮也。禮不卜常祀(杜注:必其時),而卜其牲、日(杜注:知吉凶)。牛卜日曰牲(杜注:既得吉日,則牛改名曰牲)。牲成而卜郊,上怠慢也。望,郊之細也。不郊,亦無望可也。"簡直是動輒違禮越制。《左氏春秋》記載此類行爲之不完備暫無須論,需提起注意者爲,它關注的主要是社會上層,對社會下層則頗多忽視,而這一階層對禮制的睽異應該更加嚴重。具體地説,《詩》中與《左氏春秋》匹配亦即具備相同取向的部分主要是《雅》《頌》,但它還有一大批發源於基層勞動者的篇什,這些作品對禮制的睽異肯定是相當嚴重的,遑論儒家本身都強調"禮不下庶人"。② 因此,對於"《詩經》中滲透着周人的禮教精神"這類表述,③需要嚴格加以辨正。

依據上舉事實,《禮》文雖然申言"昏禮不用樂""昏禮不賀""男三十而娶,女二十而嫁""中春之月,令會男女。於是時也,奔者不禁"等等,但即使諸篇作成時確有這些規定,又何以保證相關作者,尤其是那些草根百姓,就一定會遵而行之呢?何況這些禮文很可能晚於《詩三百》,且主要是一種政教倫理方面的企圖。據此詮釋各篇,合理性又何在呢?

---

① 案范甯《春秋穀梁傳序》之正義云:"三家之傳,是非無取,自漢以來,廢興由於好惡而已。故鄭玄《六藝論》云:'《左氏》善於禮,《公羊》善於讖,《穀梁》善於經。'是先儒同遵之義也。言'《左氏》善於禮'者,謂朝聘、會盟、祭祀、田獵之屬不違周典是也;'《公羊》善於讖'者,謂黜周、王魯及龍門之戰等是也;'《穀梁》善於經'者,謂'大夫日卒'、'諱莫如深'之類是也。"

② 當然《雅》《頌》自身也曾表明背禮者不乏其人。《小雅·賓之初筵》有云:"賓之初筵,溫溫其恭。其未醉止,威儀反反。曰既醉止,威儀幡幡(毛傳:反反,言重慎也。幡幡,失威儀也)。舍其坐遷,屢舞僊僊(輕舉貌)。其未醉止,威儀抑抑。曰既醉止,威儀怭怭。是曰既醉,不知其秩(毛傳:抑抑,慎密也。怭怭,媟嫚也。秩,常也)。/賓既醉止,載號載呶。亂我籩豆,屢舞僛僛。是曰既醉,不知其郵。側弁之俄,屢舞傞傞(毛傳:僛僛,舞不能自正也。傞傞,不止也。鄭箋:郵,過。側,傾也。俄,傾貌)。既醉而出,並受其福。醉而不出,是謂伐德。飲酒孔嘉,維其令儀。"鄭箋云:"此言賓初即筵之時,能自勑戒以禮。至於旅酬,而小人之態出。"又云:"賓醉則出,與主人俱有美譽。醉至若此,是誅伐其德也。"《詩序》詮釋説:"《賓之初筵》,衛武公刺時也。幽王荒廢,媟近小人,飲酒無度。天下化之,君臣上下沈湎淫液。武公既入(鄭箋:入爲王卿士),而作是詩也。鄭箋'飲酒孔嘉,維其令儀'句,也説:"飲酒而誠得嘉賓,則於禮有善威儀。武公見王之失禮,故以此言箴之。"總之,此詩亦表明,當時禮制之實際作用,無論在哪一個社會層面上都是有限定的,祇是其程度不同而已。

③ 引語見劉冬穎:《出土文獻與先秦儒家〈詩〉學研究》,頁120。

四、《詩》文本與禮文的睽異

詮釋《詩三百》乃至任何一篇詩作,都必須高度重視其本文。而歷代文學作品,特別是有深厚民間基礎的篇章,其所書寫的人物和事件,背禮越制者可能更占主流。① 《詩三百》之《國風》便提供了大量衝決禮制的事實。

比如,依當時之禮,父母之命、媒妁之言對男女結合有舉足輕重的意義。《齊風・南山》云,"取妻如之何？必告父母","取妻如之何？匪媒不得";《豳風・伐柯》也説,"取妻如何？匪媒不得"。戰國時代孟子説:"丈夫生而願爲之有室,女子生而願爲之有家,父母之心,人皆有之。不待父母之命、媒妁之言,鑽穴隙相窺,踰墻相從,則父母、國人皆賤之。"(《孟子・滕文公下》)《戰國策・齊策六》有"齊閔王(案前 301～前 284 在位)之遇殺"章,記載:"齊閔王之遇殺,其子法章變姓名,爲莒太史家庸夫。太史敫女奇法章之狀貌,以爲非常人,憐而常竊衣食之,與私焉。莒中及齊亡臣相聚,求閔王子,欲立之。法章乃自言於莒。共立法章爲襄王。襄王立,以太史氏女爲王后,生子建。太史敫曰:'女無(謀)〔媒〕而嫁者,非吾種也,汙吾世矣。'終身不覩。君王后賢,不以不覩之故,失人子之禮也。"《禮記・曲禮上》云:"男女非有行媒,不相知名;非受幣,不交,不親。"《禮記・坊記》記:"子云:'夫禮,坊民所淫,章民之別,使民無嫌,以爲民紀者也。故男女無媒不交,無幣不相見(鄭注:仲春之月會男女之時,不必待幣),恐男女之無別也。以此坊民,民猶有自獻其身。《詩》云:'伐柯如之何？匪斧不克。取妻如之何？匪媒不得。''蓺麻如之何？横從其畝。取妻如之何？必告父母。'"而白虎觀會議重申:"男不自專娶,女不自專嫁,必由父母、須媒妁,何？遠恥防淫泆也。《詩》云:'娶妻如之何？必告父母。'又曰:'娶妻如之何？匪媒不得。'"(《白虎通・嫁娶》篇"論嫁娶不得自專"章)

《齊風・南山》《豳風・伐柯》諸詩,均聲言父母媒妁對男女婚嫁之重要性,嗣後此制度不斷被强化。然而即便那些持守、伸張禮文者都很清醒地意識到,"以此坊民,民猶有自獻其身",即事實依然如王充所説,"法制張設,未必奉行"。在很多情況下,《國風》男女交接或婚姻之達成,根本就没有通過父母、媒妁,即便有所顧忌,往往也衹是在生米煮成熟飯後,找一位"良媒"來走過場。《衛風・氓》云:"氓之蚩蚩,抱布貿絲。匪來貿絲,來即我謀。送子涉

---

① 不能否認其中也有少數張揚禮制的作品。如《鄘風・相鼠》斥無禮者謂:"人而無禮,胡不遄死？"然而這些"禮"是否就指"周禮",還需要仔細研討。單從文字本身説,此處所謂"禮"針對的是"人而無禮",當是指做人的極爲普泛的規範。

淇,至於頓丘。匪我愆期,子無良媒。將子無怒,秋以爲期。"這是不經媒妁、私定婚姻大事的確鑿例證,儘管女方想找一位"良媒"走走過場,可整個事件元元本本就是鑽穴隙相窺之類。而《鄭風·將仲子》云:"將仲子兮,無踰我里,無折我樹杞。豈敢愛之?畏我父母。仲可懷也,父母之言,亦可畏也。/將仲子兮,無踰我墻,無折我樹桑。豈敢愛之?畏我諸兄。仲可懷也,諸兄之言,亦可畏也。/將仲子兮,無踰我園,無折我樹檀。豈敢愛之?畏人之多言。仲可懷也,人之多言,亦可畏也。"從表面上看,該詩通篇都是禁止之辭,然而不會有任何讀者質疑字面下那"踰牆相從"的事實。此外,《邶風·靜女》云:"靜女其姝,俟我於城隅。愛而不見,搔首踟躕。"《鄘風·桑中》云:"爰采唐矣?沫(衛邑)之鄉矣。云誰之思?美孟姜矣。期我乎桑中,要我乎上宮,送我乎淇之上矣。/爰采麥矣?沫之北矣。云誰之思?美孟弋矣。期我乎桑中,要我乎上宮,送我乎淇之上矣。/爰采葑矣?沫之東矣。云誰之思,美孟庸矣。期我乎桑中,要我乎上宮,送我乎淇之上矣。"《鄭風·風雨》云:"風雨如晦,雞鳴不已。既見君子,云胡不喜?"《鄭風·子衿》云:"挑兮達兮,在城闕兮。一日不見,如三月兮。"這些應該都是"鑽穴隙相窺,踰牆相從"之類,不大可能是媒氏"中春之月,令會男女。於是時也,奔者不禁"的景象。

《管子·八觀》篇有云:"食谷水,巷鑿井(尹注:谷水巷井,則出汲者生其婬放),場圃接(尹注:鄰家子女易得交通),樹木茂(尹注:婬非者易爲),宮牆毀壞,門户不閉,外内交通,則男女之別毋自正矣。"這類文字看起來令人驚訝。在制度層面上,爲政治民者及其理論建構人的設計竟達到如此周密細緻的地步。仔細思考,卻感覺並不奇怪:這些其實都是古代男女"背禮越制"的便利條件,而之所以一定要有相關的制度,是因爲存在着大量因此"背禮越制"的事實。自然,相對於《詩經》時代,這種制度層面的考量也還是相當後起的。但彼時情勢,實亦可想而知。錢穆論霸政時期(案即春秋始末)中國之地理形勢,云:

> ……當時的中國(其實大體只限於今豫、魯、晉、燕、陝、鄂、皖、吳諸省,而猶非其全部),可以有近二百國(《春秋大事表》並古國計,凡二百有九)。其時列國人口極少(閔公二年:衛爲狄滅,"……遺民七百有三十人,益之以共、滕之民爲五千人",諸侯爲立戴公以廬於曹。僖十八年:"梁伯益其國而不能實,……秦取之。"梁君以擴城而無民以實之,梁民以訛言而遽潰,梁竟以亡,則梁之户口可知),曠地極多(封疆郊關之外皆成棄地,此即戎、狄所由出没,華、夷所由雜處也。《左》襄四年,魏絳稱虞人之箴曰:"芒芒禹迹,畫爲九州,經啓九道,民有寢廟,獸有茂草,各有攸處,德用不擾。"此蓋於茂草之中,經啓九道以通往來。故《周語》單襄公

謂《周制》"列樹以表道",道路非列樹表明即茫茫不可辨,司空不視塗即"道茀不可行","膳宰不致饌,司里不授館"即行李有困乏之患),故各國亦常見遷徙。如衛、晉、楚(自丹陽遷郢〔江陵〕,遷鄀〔宜城〕)、蔡、許(自許遷葉,遷夷,遷白羽〔內鄉〕,遷容城〔葉縣〕)、鄭、齊、吳(自梅里遷姑蘇〔吳縣〕)、秦諸國,不勝舉。亦有以外力強遷者,如"齊師遷紀邢、鄑、郚"(莊元);宋人遷宿(莊十);齊人遷陽(閔二);晉遷陸渾之戎於伊川(僖二十二年)之類。①

《詩三百》時代之野曠、草茂、林密而人稀,恐怕有過之而無不及。《管子·八觀》作者所關注的"樹木茂",在《詩經》時代更是顯著而不可迴避的現實,更是男女幽期密約、尋歡作樂的理想所在。大自然的勃勃生機助長了先民豐沛的原始生命活力。故而《鄭風·野有蔓草》云:"野有蔓草,零露漙兮。有美一人,清揚婉兮。邂逅相遇,適我願兮。/野有蔓草,零露瀼瀼。有美一人,婉如清揚。邂逅相遇,與子皆臧。"該詩首章謂邂逅美人而"適我願",是單方面很滿足,次章謂邂逅美人而與之"皆臧(好、善)",即是說雙方均甚滿足,可想見那是一場野性的狂歡。跟他們講禮文,如所謂父母之命、媒妁之言等等,現實嗎?

與此相似,"男女授受不親"也是儒家極重要的禮文,孟子強有力地把它界定爲"禮":

> 淳于髡曰:"男女授受不親,禮與?"孟子曰:"禮也。"曰:"嫂溺則援之以手乎?"曰:"嫂溺不援,是豺狼也。男女授受不親,禮也。嫂溺援之以手者,權也。"(《孟子·離婁上》)

《禮記·曲禮上》也説:"男女不雜坐,不同椸枷(衣架),不同巾櫛,不親授。"所謂"男女授受不親",指的是男與女不親手給或受東西。《韓詩外傳》卷一第三章記:"孔子南遊適楚,至於阿谷之隧,有處子佩(瑱)〔璜〕而浣者。孔子曰:'彼婦人其可與言矣乎?'抽觴以授子貢,曰:'善爲之辭,以觀其語。'子貢曰:'吾北鄙之人也,將南之楚。逢天之暑,思心潭潭,願乞一飲,以表我心。'婦人對曰:'阿谷之隧,隱曲之汜,其水載清載濁,流而趨海。欲飲則飲,何問於婢子!'受子貢觴,迎流而挹之,奐然而棄之,(促)〔從〕流而挹之,奐然而溢之,坐置之沙上。曰:'禮固不親授。'子貢以告。孔子曰:'丘知之矣。'"其事未必信實,但阿谷處子坐置觴於沙上以與子貢,形象地顯示了"男女授受不親"的涵

---

① 錢穆:《國史大綱》(修訂本),北京:商務印書館,1994年,第1版,頁66。案:錢穆乃綜合《國語·周語中》"單襄公論陳必亡"一章之內容,據原文,"列樹以表道"出自《周制》,"司空視塗""膳宰致饔,廩人獻餼""司里授館"諸事,出自《周之《秩官》》。

義。然而《詩經·召南·野有死麕》云:"野有死麕,白茅包之。有女懷春,吉士誘之。/林有樸樕,野有死鹿,白茅純束。有女如玉。/舒而脫脫兮,無感我帨兮,無使尨也吠。"這裏何止是親授親受的問題呢?是女子思春,而男士挑逗。最有意思的是末章:"舒而脫脫兮",是要吉士動作舒緩,不是説不要做。"無感(撼)我帨兮",是説吉士在扯玉女的帨亦即蔽膝,①女子有點擔心纔説"不要"。然則擔心什麼呢?那長毛狗在叫,不惹人注意嗎?那長毛狗爲何叫呢?毛傳説:"非禮相陵則狗吠。"這一解釋大抵可從,祇不過對其中男女而言,無所謂"非禮",也無所謂"相陵";女子最後也並非拒止,祇要那狗不叫就行了。可見,《野有死麕》末章整個兒就好比説:"俏冤家扯奴在窗兒外。一口咬住奴粉香腮,雙手就解香羅帶。哥哥等一等,只怕有人來,再一會無人也,褲帶兒隨你解。"(馮夢龍編述《掛枝兒·私部一卷·調情》)儒家禮文對他們有意義嗎?

秦始皇泰山刻石云:"貴賤分明,男女禮順,慎遵職事。"(《史記·秦始皇本紀》)顧頡剛評這三項主張,説:"……在這三點中,尤其是注意第二點,因爲注意第二點,所以接着就説'昭隔内外',説'施于後嗣'。因爲這是始皇的主張,所以又有'遵奉遺詔'的話。大概始皇看清楚了本國的歷史,他見到本國好幾次内亂都是由男女之別不嚴而起。而且,他想保持他的萬世一系的傳統,也不能不提倡這種道德。在他的時候,不過是以政治的力量來提倡,以後便慢慢成爲一種天經地義的道德標準了。"顧氏又指出:"秦以前的男女之別不甚嚴,儒家所説的男女之禮,只可認爲是一種學説或一種理想。男女之別,事實上,應是從始皇起,才開始作一種普遍的提倡。在這一點説,他是實行儒家的説法的。他的大功臣李斯本也是一個學儒的,他是儒家大師荀子的學生。"②先秦儒家講男女之別,從很大程度上説祇是學術建構,不可將其作爲被普遍實行的規範來用。其他很多禮文,均當以此類推。

至於《左氏春秋》和《國語》所載引《詩》、賦《詩》、歌《詩》,以及《周禮》《儀

---

① 聞一多考證,帨爲婦女之蔽膝,乃"性器官之象征",又"擴大爲女性身體全部之象征";故《禮記·内則》記:"子生,男子設弧於門左,女子設帨於門右"。(參閲氏著《詩經通義甲》,孫黨伯、袁謇正主編:《聞一多全集》第三册,武漢:湖北人民出版社,1993年,第1版,頁339~340)

② 顧頡剛編著:《秦始皇帝》,上海:勝利出版社1946年,頁72、頁98注十五。案:秦始皇強化男女之別,又可參見會稽刻石下列文字:"飾省宣義,有子而嫁(正義:謂夫死有子,棄之而嫁),倍死不貞。防隔内外,禁止淫泆,男女絜誠。夫爲寄豭(索隱:言夫淫他室),殺之無罪,男秉義程。妻爲逃嫁(正義:謂棄夫而逃嫁於人),子不得母,咸化廉清。"(《史記·秦始皇本紀》)

禮》《禮記》所載歌《詩》、奏《詩》等，①體現的是《詩》後來被用於各種禮儀活動的新價值，其多數情況與詩作本意無關，根本不能作爲"《詩》言禮"的證據。②

五、可確證婚禮用樂及婚禮可賀的《詩》文本與相關史實

婚禮用樂與否，以及婚禮是否受賀，《詩三百》中自有明示，這顯然是無法掩蓋的。

《小雅·車舝》云：

間關車之舝兮，思孌季女逝兮。
匪飢匪渴，德音來括。
雖無好友，式燕且喜。

依彼平林，有集維鷮。
辰彼碩女，令德來教。
式燕且譽，好爾無射。

雖無旨酒，式飲庶幾。
雖無嘉殽，式食庶幾。
雖無德與女，式歌且舞。

陟彼高岡，析其柞薪。
析其柞薪，其葉湑兮。
鮮我覯爾，我心寫兮。

高山仰止，景行行止。
四牡騑騑，六轡如琴。
覯爾新昏，以慰我心。

---

① 其具體情況，請參閱董治安《從〈左傳〉、〈國語〉看"詩三百"在春秋時期的流傳》，特別是該文所附《〈左傳〉所載引詩、賦詩、歌詩、作詩綜表》與《〈國語〉所載引詩、賦詩、歌詩綜表》，及其《戰國文獻論〈詩〉、引〈詩〉綜錄》之《〈周禮〉、〈儀禮〉、〈禮記〉、〈大戴禮記〉歌〈詩〉、奏〈詩〉、論〈詩〉、引〈詩〉表》，收入氏著《先秦文獻與先秦文學》，濟南：齊魯書社，1994年，第1版。

② 陳戍國曾舉列這一方面的材料，來論證《詩》言禮、《詩經》不可能不反映周禮，而且確實反映了西周至春秋時期的禮制"（參見氏著《論以禮說〈詩〉——兼論以詩說〈詩〉》，《詩經芻議》，頁121～129）。

陳子展(1898～1990)指出:"《車舝》,如其不是思得賢女以配君子,便是詩人自道求女之詩。……詩人自是君子階級中人物。……詩'式燕且喜''式歌且舞',蓋言宴客受賀,婚禮舉樂。"①這種解釋符合實際,但需要給出證明。

《車舝》結尾"覯爾新昏,以慰我心",大意是,遇上你我的新婚妻子,安慰了我的心。"新昏"猶言新婦,下文引《邶風·谷風》之序以"新昏"與"舊室"相對(所謂"淫於新昏而棄其舊室"),"新昏"明顯是用此義。《白虎通·嫁娶》篇有"論嫁娶諸名義"章,云:"婚姻者,何謂也? 婚者,昏時行禮,故曰婚。姻者,婦人因夫而成,故曰姻。《詩》云'不惟舊因',謂夫也。又曰'燕爾新婚',謂婦也。"《車舝》結句是該詩聚焦於婚事的強有力的證明。

而此語之前"高山仰止,景行行止。四牡騑騑,六轡如琴"二句,乃是敘新婦"來括"的環境和場面(有高山、大路,有四牡、六轡)。女子出嫁有車馬,《詩三百》自有明證。《召南·鵲巢》云:"維鵲有巢,維鳩居之。之子于歸,百兩(輛)御之。/維鵲有巢,維鳩方之。之子于歸,百兩將之。/維鵲有巢,維鳩盈之。之子于歸,百兩成之。"如此多的車送,如此多的車迎,自非一般人嫁娶的場面,但出嫁有車馬已無可疑。《周南·漢廣》云:"翹翹錯薪,言刈其楚。之子于歸,言秣其馬。"又云:"翹翹錯薪,言刈其蔞。之子于歸,言秣其駒。"這是說女子行將出嫁,已經餵好了大馬小馬,——而在將來女子出嫁的隊伍中,小馬駒追隨着母馬,特別有生活氣息。②《豳風·東山》之主人公憶及妻子出嫁之場面,云:"之子于歸,皇駁其馬。親結其縭,九十其儀。"這是說出嫁隊伍中的馬兒或黃色白色交雜,或赤色白色交雜,色彩具體而鮮明。凡此均可證明《車舝》末章乃先敘新婦來嫁之場面。

除此之外,我們還要注意該詩首章"匪飢匪渴,德音來括"一語。《詩經》中"德音"一詞多見,可解釋爲善言、德言、好名聲之類,但是有一種十分微妙的情況,即它常常出現在夫妻對待的語境之中。《邶風·日月》云:"日居月諸,照臨下土。乃如之人兮,逝不古處(鄭箋:其所以接及我者,不以故處,謂甚違其初時)。胡能有定? 寧不我顧? /日居月諸,下土是冒。乃如之人兮,逝不相好(鄭箋:其所以接及我者,不以相好之恩情,甚於已薄也)。胡能有定? 寧不我報? /日居月諸,出自東方。乃如之人兮,德音無良。胡能有定? 俾也可忘? /日居月諸,東方自出。父兮母兮! 畜我不卒。胡能有定? 報我不述(報我不以道)。"舊說或解此詩爲衛莊姜遭州吁之難,傷己不見答於衛莊

---

① 陳子展:《詩經直解》,上海:復旦大學出版社,1983年,第1版,頁792～793。
② 《陌上桑》主人公羅敷誇夫說:"東方千餘騎,夫婿居上頭。何用識夫婿? 白馬從驪駒。"(《樂府詩集·相和歌辭·相和曲下》)白馬後面跟着黑馬駒,與《漢廣》女子往嫁,有母馬,有馬駒兒,呈現出相似的情味,然羅敷突出白黑對比,色彩更具體、更鮮明。

公,以至於窮困而作。其實,釋之爲棄婦傾訴怨憤,可能更加準確。"逝不古(故)處",斥彼待己與初時大異;"逝不相好",斥彼對己不加愛戀;"胡能有定",斥其二三其德;"寧不我顧""寧不我報""報我不述"等,期彼善待自己。而在棄婦的傾訴中出現了"德音"——"乃如之人兮,德音無良",它看起來與"無良"構成了一對耐人尋味的矛盾。《邶風·谷風》前三章云:"習習谷風,以陰以雨。黽勉同心,不宜有怒。采葑采菲,無以下體。德音莫違,及爾同死。/行道遲遲,中心有違。不遠伊邇,薄送我畿。誰謂荼苦?其甘如薺。宴爾新昏,如兄如弟。/涇以渭濁,湜湜其沚。宴爾新昏,不我屑以。毋逝我梁,毋發我笱。我躬不閱,遑恤我後?"《詩序》謂:"《谷風》,刺夫婦失道也。衛人化其上,淫於新昏而棄其舊室,夫婦離絶,國俗傷敗焉。"除掉所附會的政教倫理評判,《詩序》其他解釋還是可取的。而在棄婦的傾訴中,同樣出現了"德音"——"德音莫違,及爾同死"。《鄭風·有女同車》云:"有女同車,顔如舜華。將翱將翔,佩玉瓊琚。彼美孟姜,洵美且都!/有女同行,顔如舜英。將翱將翔,佩玉將將(鏘鏘)。彼美孟姜,德音不忘!"此詩所敘並非夫婦之事,但顯然還是男女之情。值得注意的是這裏也出現了"德音"——"彼美孟姜,德音不忘"。這幾個"德音",意思不完全相同,卻似乎都指涉男女之情或夫妻關係。由此又可知,《車舝》所謂"德音"凸顯的是夫妻關係這一特殊語境,它不能簡單地解釋爲跟君子人格密切相關的"道德品行""有美德之人"等等。"間關車之舝兮,思孌季女逝兮。匪飢匪渴,德音來括"兩大句,前一句是說美麗少女乘車出閣,後一句是說自己忘懷飢渴,因爲新娘子就要來到了。這是一個很有意思的現象:在《詩三百》之男女關係中,無論男、女,無論未婚者、已婚者(包括被棄而期盼對方回心轉意者),都以"德音"相期。聞一多指出,《詩經》凡十一首作品出現了"德音"字樣,屬於《國風》者五篇,其中《邶風·日月》《谷風》與《鄭風·有女同車》《秦風·小戎》四詩之"德音"專門用於"男女一夫婦之際","表明男女關係",《豳風·狼跋》之"德音"應該也是"表明夫妻間對待關係之詞";屬於《雅》詩者六篇,其中《小雅·車舝》《隰桑》之"德音",與《國風》的用法相同,《小雅·鹿鳴》《南山有臺》以及《大雅·假樂》《皇矣》之"德音",則是"普泛的用法"。① 其説基本上可以參考。

綜上所論,《車舝》以一位男子之口吻自道娶妻之樂,絶無可疑。故其首章"雖無好友,式燕且喜",次章"式燕且譽",以及第三章"雖無旨酒,式飲庶幾。雖無嘉肴,式食庶幾",當是敘述新婚宴客而受賀(俞正燮云,"若不賀者,何以赴召乎",參見下文所論)。而第三章"雖無德與女,式歌且舞",則是敘新

---

① 參閲聞一多:《匡齋尺牘》,孫黨伯、袁謇正主編:《聞一多全集》第三册,頁221~223。

婚舉樂；意思是，吾與汝交情雖淺，但在此新婚大喜之日，讓我們一起來歌一起來舞（"無德與女"一語，恰可用來解釋首章之"無好友"）。俞正燮（1775～1840）云："《郊特牲》云：'昏禮不用樂，幽陰之義也。樂，陽氣也。'《曾子問》云：'娶婦之家三日不舉樂，思嗣親也。'言三日不舉樂，則其家必能日舉樂者。且《關雎》之詩云'琴瑟友之'，'鍾鼓樂之'，《車舝》之詩云'式歌且舞'，則用樂，古有之也。"（《癸巳存稿》卷二"婚禮樂賀"條）在古今學者喜歡徵引的"昏禮不用樂""昏禮不賀"等禮文面前，《車舝》呈現的事實當然有重大意義。但我們不應認爲它挑戰的僅僅是這幾條禮文，作爲個案，它表徵的乃是一大批詩作與儒家型禮文在整體上的疏離（至於《關雎》的證明意義，我們後面將結合上博《詩論》來作分析）。

除文本可以仰賴外，還必須強調，嫁娶時具酒食相賀召、舉音樂，是歷史上大量存在的事實。俞正燮又說：

　　《郊特牲》云：……"婚禮不賀，人之序也。"而《曲禮》云："爲酒食，以召鄉党僚友，以厚其別也。"若不賀者，何以赴召乎？但王侯不以賀婚禮爲邦交，若晉之少姜耳。《曲禮》又云賀辭曰"聞子有客，使某羞"。《詩》云"式飲庶幾"。而《漢書·宣帝紀》五鳳二年詔云："今郡國二千石擅爲苛禁，禁民嫁娶不得具酒食相賀召。由是廢鄉黨之禮，使民無所樂。"《周書·崔猷傳》云："時昏姻禮廢，嫁娶之辰，多舉音樂"，"猷又請禁斷，事亦施行"。均之妄人也已矣。（《癸巳存稿》卷二"婚禮樂賀"條）

俞正燮首先徵引了《禮記·曲禮》的文獻證據。第一條的完整内容是："男女非有行媒，不相知名；非受幣，不交不親。故日月以告君，齊戒以告鬼神，爲酒食以召鄉黨僚友，以厚（重慎）其別也。"第二條的完整内容是："賀取妻者，曰：'某子使某，聞子有客，使某羞。'"之後，俞氏列舉了兩個重要史實。我們先看其中第一個。《漢書·宣帝本紀》記載，宣帝五鳳二年（前56）秋，詔曰："夫婚姻之禮，人倫之大者也；酒食之會，所以行禮樂也。今郡國二千石或擅爲苛禁，禁民嫁娶不得具酒食相賀召。由是廢鄉黨之禮，令民亡所樂，非所以導民也。《詩》不云乎：'民之失德，乾餱以愆（顔注：《小雅·伐木》之詩也。餱，食也。愆，過也。言人無恩德，不相飲食，則闕乾餱之事，爲過惡也）。'勿行苛政。"這裏透露了很多勝於雄辯的事實：其一，漢宣帝時，民間嫁娶具酒食相賀召以爲"樂"，乃習以爲常之舉，並不踐行"昏禮不賀"之類制度。可見社會所實行，與《禮》文之教條往往是兩碼事。其二，天子不僅不拘守《禮》文而禁止此舉，而且從禮制層面上爲它正名，將它定位爲不可廢棄的"鄉黨之禮"。其態度和立場與上揭仲雍、齊太公、周公、鄭玄等人之對待土俗，完全一致。其三，"禁民嫁娶不得具酒食相賀召"，不過是一幫拘守《禮》文、不諳世情的書呆子所爲,俞正燮斥之爲"妄人"。總之《禮》文"昏禮不賀"云云,根本就不能執爲實事,與之密切相關的"昏禮不用樂"之説也祇能視爲教條,它們的性質與效驗並無二致。接下來簡單看看俞氏舉列的第二個重要史實。《周書》卷三五《崔猷傳》記,西魏文帝大統年間(535～551),崔猷(? ～584)上疏請禁斷婚禮舉音樂,事得實行。① 俞正燮亦斥之爲"妄人"。這一史實同樣表明嫁娶舉音樂本是常事。

一言以蔽之,婚禮用樂、嫁娶相賀召古已有之,楊慎、何楷等學者偏守"昏禮不用樂""昏禮不賀"等禮文,反駁朱熹釋《車舝》爲"燕樂新昏之詩",程迅等學者偏守這些禮文,斷言《關雎》後半琴瑟鍾鼓之事與婚慶之禮無關,大抵都祇是以虛言鑿求實事,不可信從。

餘　論

有學者説:"……《詩經》的自然史('詩'的結集)與周禮相始終。詩的創作和規範應用與周禮的關係如下:一部分詩是應禮的需要而製作,成爲禮的組成部分;另一部分也是在禮的規範下創作,在禮的規範下應用的,換言之,即是禮的具體實踐。可以説,《詩》的形成即禮的成熟。所以隨着周禮由成熟而走向崩潰,《詩》的發展也就停止了。"② 又有學者説:"詩和詩的時代,都是古典的奇跡。精神的與物質的文明,在古老的土地上,創造了一片幾乎是一去不復返的燦爛與輝煌。於是它成爲後繼者們永遠的理想——理想的制度,理想的社會,不在未來,而永遠在迢遠的'郁郁乎文哉'的周代。這自然是一種偏頗,但這樣的偏頗並不是没有一點道理。周人開創的基業,畢竟奠定了一個深厚的文明的基礎,雖然輝煌與燦爛中依然免不掉血與火的殘酷。經歷了開闢之艱辛的周人,禮制初建,純樸未失,天真未泯,而新鮮的理想,蓬勃的創造力;充滿開拓之信心的精神與力量,卻又帶了明智與嚴肅的敬畏之心;弦歌爲諷激烈切直,而始終不失溫柔敦厚,這種種精神素質,鑄爲詩之内容與形式的完滿諧和,性情與禮義、情意與功用的圓融合一。它是'第一',也是'唯一',故雖經一年一年、一代一代從無間斷的翻曬,而略無褪色,而依然存了一份'滄海月明'式的古老與新鮮。"③ 當我們兩千多年後依然在强調《詩》與禮的同一性時,被確認的主要事實恐怕是孔子及其後學在這一方面的建構獲得

---

① 陳成國無視這一材料,謂,"我國漢族中上層社會婚禮,隋以前皆不用樂,經有明文,史亦有記載"(見氏著《詩經辨議》,頁107),可謂一大憾事。
② 姚小鷗:《詩經三頌與先秦禮樂文化》,北京:北京廣播學院出版社,2000年,第1版,頁5。
③ 揚之水:《詩經名物新證》,北京:北京古籍出版社,2000年,第1版,頁33～34。

了巨大成功;——這一延續兩千多年的傳統,幾乎無限放大了自身包含的有限合理性。究其實際,我們不僅不能確證周代社會切實奉行"三十而娶""二十而嫁""中春之月,令會男女""昏禮不用樂""昏禮不賀"等被論者奉爲圭臬的禮制,不僅可以確認周禮爲土俗留下了巨大空間,而且可以從《詩經》作品及歷史事實中,找到諸多衝破禮制或者與禮文睽異的鮮活例子。所以,自覺或不自覺、直接或間接地據禮解《詩》,尤其是據禮解釋那些源自底層勞動者的篇什,斷言它們是"應禮的需要而制作",是"禮的具體實踐",或體現了"性情與禮義……的圓融合一",謂《關雎》所説絶非婚禮舉樂或受賀之事等等,都顯得迂遠而闊於事情,至少是缺乏充分和有力的依據。——即便《詩三百》在産生時確有一套完備的禮制,我們也不應忘記,古今衝決制度的例子絶不鮮見,而有深厚民間意藴的篇章,甚至從骨子裏熱衷於對禮制的叛逆。

　　《詩》經歷了漫長的經典化過程。在很長時間、很大程度上,儒學形態的禮文就是學者們强加給《詩》的,它因此被長期奉爲經典。但文本的力量是不可能被永久壓抑的,它會適逢其時地焕發出生機,衝破人們强行加給自己的各種條條框框。因此,儘管自漢代,甚至自孔子後學以來,定型化的經學詮釋極大地束縛了"詩三百",可即便在傳統社會中,這種詮釋也不斷受到質疑和修正;當文本的生命力被重新唤醒後,經學對它的束縛自然會被突破。比如,朱熹基於文本質疑《詩序》或漢唐《詩經》學的諸多基本觀念與詮釋,認定《詩》中有一批作品爲"淫詩"。其三傳弟子王柏(1197～1274)更起而删詩。這些都是文本自覺的必然結果。筆者並不認同朱熹、王柏等人對詩作的價值評判;他們是基於自己對文本的解讀或理解作這種評判的,筆者看重的就是,他們的理解相對更加符合文本的原意,他們相對更加尊重文本,也更多地釋放了文本的力量。

　　有了以上論述,再回過頭去,細審上博簡文《詩論》對《關雎》的詮釋,感覺更有意思。一如本章開篇所説,《詩論》殆將《關雎》分爲四章,且認爲前三章,亦即"琴瑟友之"以上,乃詠唱主人公好色思色之事,其中所謂"琴瑟友之",説的是主人公以琴瑟親近淑女、傳達自己的好色之願;末章"鍾鼓樂之"云云,説的是女子與夫家成婚,主人公跳脱了個人的好色思色之願,以鍾鼓之樂祝賀他們的婚姻之好(依《詩論》之體系,將此句理解爲以鐘鼓之樂完成自己與女子的婚姻之好,似亦可通,但由《關雎》來看,取這種理解,上下文文意之轉折太過突兀。就是説,該詩上文核心乃在"求之不得",接下來是以琴瑟之悦傳達好色之願,若接下來便是旋即得與淑女成婚,文意頗爲扞格)。惟其如此,《詩論》稱之爲"反内(入/納)於豊(禮)",贊美其"能改"。且《詩論》又説:"《闗疋》之改,則丌思賹矣。""賹(賹/益)"當指進益或長進。主人公從好色思色之甚，轉而至於以禮合二姓之好，此所謂"改"，亦即是思想、境界之"益"。《詩論》謂"《關雎》曰色俞於豊"，是指該詩用好色思色之事來說明禮的重要性：主人公好色思色如此之甚，最終卻回到以禮"合二姓之好"的正道上來，禮之不可背離亦可知矣。

　　從《詩經》學史上看，《詩論》對《關雎》的解讀是相當獨特的，除了對末章的闡釋外，其他部分均較可取，其合理性遠超漢唐《詩》說，甚至在今天仍不可改易。而從文本功能上看，《關雎》末章"參差荇菜，左右芼之。窈窕淑女，鍾鼓樂之"，與第三章"參差荇菜，左右采之。窈窕淑女，琴瑟友之"，其意圖應該是一致的，即其本旨也應當是《詩論》評"琴瑟友之"所說的"忞（擬）好色之忞（願）"。若非《詩論》急於實現功利主義的追求，硬將"窈窕淑女，鍾鼓樂之"一事說成是對"窈窕淑女，琴瑟友之"的"改"，——所謂"反内（入/納）於豊（禮）"，那麼全詩就都是好色、求愛之意了，這跟現今最流行的觀點差不多完全一致。這裏舉胡適（1891～1962）之說，作爲《關雎》現代解釋之代表：

　　　　說來倒是我的同鄉朱子高明多了，他已認《鄭風》多是男女相悅淫奔的詩，但他亦多荒謬。《關雎》明明是男性思戀女性不得的詩，他卻胡說八道，在《詩集傳》裏說什麼"文王生有聖德，又得聖女姒氏以爲之配"，把這首情感真摯的詩解得僵直不成樣了。好多人說《關雎》是新婚詩，亦不對。《關雎》完全是一首求愛詩，他求之不得，便寤寐思服，輾轉反側，這是描寫他的相思苦情；他用了一種種勾引女子的手段，友以琴瑟，樂以鐘鼓，這完全是初民時代的社會風俗，並没有什麼希奇。①

若非《詩論》强行對"窈窕淑女，鍾鼓樂之"一事作出别解，其說與胡適對該詩的闡釋便較然一致，這真是令人驚訝。子思《五行》承《詩論》之說而有所變化，它並未闡釋"琴瑟友之""鍾鼓樂之"二事，逕直以邏輯演繹呈現對禮的界定。《五行》經文第二十五章云："諭（喻）而知之，胃（謂）之進之。"其說文第二十五章云：

　　　　"榆（喻）而知之，胃之進之"：弗榆也，榆則知之矣；知之則進耳。榆之也者，自所小好榆虖所大好。"茭芍（窈窕）淑女，唔眛（寤寐）求之"，思色也。"求之弗得，唔眛思伏（服）"，言亓急也。"繇才繇才（悠哉悠哉），婘槫反廁（輾轉反側）"，言亓甚急也。急如此亓甚也，交諸父母之廁，爲諸？則有死弗爲之矣。交諸兄弟之廁，亦弗爲也。交諸邦人之

---

① 胡適：《談談〈詩經〉》，顧頡剛編著：《古史辨》第三册，頁387。

廟,亦弗爲也。畏父兄,亓殺畏人,禮也。戁色楡於禮,進耳。

除了"戁色楡於禮"的尾巴以外,《五行》對《關雎》的解釋同樣遠超漢唐《詩》説,在今天看來亦幾乎不可改易。而《詩論》《五行》賦《關雎》以儒家政教倫理原則的方式不盡相同,宗旨卻並無二致。

《詩論》解《關雎》末章"窈窕淑女,鍾鼓樂之",謂"㠯(以)鐘鼓之樂,合二姓之好"。"合二姓之"四個關鍵字,簡文殘缺,筆者參照姜廣輝等學者之判斷,①依據上下文意及傳世文獻予以增補。此句所存末字爲"好",而孔子重婚姻之"合二姓之好",見載於《禮記・哀公問》,《禮記・昏義》亦謂婚禮"合二姓之好",故如此增補,與竹簡現存文字契合,與其上下文意貫通。"二姓"即締結婚姻之男女二家。周代以同姓不婚爲主流,同姓爲婚者極爲少見,且受社會非議,②故稱嫁娶雙方爲"二姓"。根據《詩論》,若非如此處理,幾乎不能理解它何以據此論斷主人公"反内(入/納)於豊(禮)",且又基於此贊其"能改",稱"丌思賹(贈/益)矣"。而"㠯(以)鐘鼓之樂,合二姓之好"一語,表明孔子及其弟子並無婚禮不舉樂之類觀念,與上文所揭諸多事實正合,與被偏執的"昏禮不用樂"等禮文則大異其趣。

楚簡所載早期儒典跟傳世禮書不一致者,還有一個典型例子。即郭店簡文《六惪》篇論喪服之制,稱"爲父㡭(絶)君,不爲君㡭父",顯示的取向是將父子關係置於君臣關係之上,與傳世禮書相反。李存山對此作了詳細的分疏。他説,"《六德》篇強調了父喪重於君喪,而《曾子問》則正相反。'服莫重於斬衰,時莫久於三年。'《六德》篇與《曾子問》恰恰在'斬衰''三年'這個喪服的最高等級上發生了矛盾。無論如何,《曾子問》的思想更適合了戰國中期以後君權的地位日益提升的趨勢,而入秦以後則更加變本加厲";他還説,"……《六德》篇的'爲父絶君,不爲君絶父'……反映了'孔孟之間'的儒學發展的特殊狀況,……就像《唐虞之道》篇的'禪而不傳'在孟子以後成爲'絶響'一樣,《六德》篇的'爲父絶君,不爲君絶父'在《禮記・曾子問》之後也成爲'絶響'"。③這類事實顯示了儒家型禮文不斷被建構和累積的過程,而越是後來的建構,

---

① 參閲姜廣輝:《古〈詩序〉復原方案》(修正本),姜廣輝主編:《經學今詮三編》(《中國哲學》第二十四輯),頁174。
② 參閲莊華峰:《中國社會生活史》,合肥:中國科學技術大學出版社,2014年,第2版,頁157。
③ 參閲李存山:《"爲父絶君"並非古代喪服之"通則"》,簡帛研究網,http://www.bamboosilk.org/Wssf/2002/lichunshan01.htm(訪問時間2012年10月);並參閲氏著《再説"爲父絶君"》,《江蘇社會科學》2005年第5期,頁93~98。案:該文所引"服莫重於斬衰,時莫久於三年"二語,見陳澔《禮記集説・三年問》。

可能就越是偏離早期的事實。古今堅持以禮解《詩》者，其實往往偏執於儒家型禮文在後來的成熟形態。

　　《詩論》等出土文獻面世，使拘守《禮》文來解釋《關雎》及其他詩作的後儒顯得更加迂遠而闊於事情，其意味不可謂不深長。王國維曾經指出："……晚周秦漢之際去古未遠，古之制度風俗存於實事者較存於方策者爲多，故制度之書或多附會……"①我們必須清醒地認識到，傳世先秦儒典中的禮文雖有一定歷史基礎，但總體上説有高度的建構性，不能簡單視之爲廣泛實行的準則，更不能率意根據這種建構來解讀其他文獻，比如《詩經》之《國風》等等。對於這類闡釋行爲，傳世禮文很多時候都不具備作爲歷史依據的可靠性。至於後來某些禮文經政體提倡和推行，塑造了人們的行爲乃至風俗，因而堪爲解釋其歷史的依據，則顯然是另一層面的問題，不可與此並論。

---

① 王國維：《明堂廟寢通考》(稿本)，羅振玉校補：《雪堂叢刻》第三册，北京：北京圖書館出版社，2000年，第1版，頁299；該文收入《觀堂集林》時有删改。

第四章　先秦儒家心性學説的理念體系及歷史軌迹
——從新出文獻到《孟》《荀》

先秦儒家心性學説乃先秦儒學之核心,這一點應該是毋庸置疑的,而且它還毫無疑問地關聯着後世儒學乃至整個中國傳統學術的本質。惟其如此,古今、中外一大批學者予以高度關注,迄今所刊布之成果極爲豐碩。但是在這一領域,傳統的研究往往祇矚目於《論》《孟》《荀》等傳世文獻,近數十年來之新研究,雖能將視野拓展至簡帛故籍,也往往祇是基於《五行》來作考察,或推進至郭店楚墓所出其他儒典,能聯繫上博館藏《詩論》等著述者堪稱稀少。然實際上,《詩論》《五行》及其他郭店、上博儒典均爲儒家心性學説的重要發源地或淵藪,運用它們來探究儒家心性學説的理念體系與歷史軌迹,可開掘之空間依然很大,——一方面固然在於新出文獻自身的價值,另一方面則在於傳世文獻因爲得到新出文獻的光照,而被重新加以認知。

一、《詩論》"眚""心""命"等範疇

《詩論》是一個具有多方面特質的文本,將它置於歷史的上下文中觀照,尤可發現它多方面的影響。至少,我們既可以把它放到純粹詩學尤其是《詩經》學的歷史脈絡中考察,又可以把它放到儒家心性學説的發展路徑上審視,而無論在哪個方面,它都有不可忽視的重大意義。本書第二章業已從《詩經》學視野中考察了《詩論》的價值,本章將置之於先秦儒家心性學説的歷史軌迹中來加以審視。

接下來的論析,將圍繞《詩論》一系列核心範疇展開。

(一) 眚

孔子弟子子貢嘗曰:"夫子之文章,可得而聞也;夫子之言性與天道,不可得而聞也。"(《論語·公冶長》)①嚴格説來,孔子言"天"或"天命",在《論語》

---

① 徐復觀指出,此語之"文章"指的是"一個人在人格上的光輝的成就",並引朱注"文章,德之見乎外者,威儀文辭皆是也",以及《論語·泰伯》所記子曰堯"焕乎,其有文章"爲證(參見氏著《中國人性論史·先秦篇》,頁73),可以參考。

中可以找到一批材料,其言"性"者,從《論語》中確實難覓蹤迹,大概僅有"性相近也,習相遠也"一條(見《論語·陽貨》)。① 但是有一點是毋庸置疑的,即與"習"和"天道"相對待、相並列的範疇"性",肯定是指人性;"天道"關涉其超越性的根源,"習"則關涉其後天的塑造。晁福林説:"孔子所云'性相近'之'性'……其範圍之廣……是我們應當特别注意的。他説的'性',是普遍意義上的人性(或民性),而没有貴族平民之别,也没有君子小人之分。"② 這一點是必須確認的。在儒家體系中,被溯源至天成内在特質的性超越了社會層級,具有最大的普遍性。朱彬(1753～1834)評"性相近"一語,云:"彬謂'性相近'指性之善者言,'相遠'當指性之惡者。"③ 其説並不準確。"性相近"當是就性之各種取向而下的斷語,既指涉其趨向善者,又指涉其趨向惡者。孔子此語之大意是説,據性言,人都是相近的,是後天不同之習使人的差距越來越大;易言之,據性,人是趨於同一性的,據習,人是趨於差異性的。④ 朱彬又云:"孔子未嘗明言性善,聖人之言無所不包而渾然無迹,後儒言性究不能出其範圍。"⑤ 在傳世《孟》《荀》之外,我們現在還可看到的儒典有上博《詩論》

---

① 案:"夫子之言性與天道"一語,並非指以"性"與"天道"之關係爲"言"的對象,"性"和"天道"乃並列的兩端,儘管它們在義理上確可綰合。徐復觀認爲子貢是指"孔子……曾經説過性與天道的關係"(見氏著《中國人性論史·先秦篇》,頁100),進而基於這種理解,詮釋了孔子及儒學發展的一系列重大問題。比如徐復觀説:"孔子實際是以仁爲人生而即有、先天所有的人性,而仁的特質又是不斷地突破生理的限制,作無限的超越,超越自己生理欲望的限制。從先天所有而又無限超越的地方來講,則以仁爲内容的人性,實同於傳統所説的天道、天命,孔子的'五十而知天命',實際是他到了五十歲,而仁體始完全呈露,使他證驗到了仁的先天性、無限的超越性,他是在傳統觀念影響之下,便説這是天命。子貢曾聽到孔子'言性與天道',是孔子在自己生命根源之地——性,證驗到性即是仁;而仁之先天性、無限的超越性,即是天道;因而使他感到性與天道,是上下通貫的。"又謂:"《論語》《中庸》《孟子》,只説天,説天命;初看好像是空洞無物;但正因爲是空洞無物,所以第一,人對於天,雖可以仰觀俯察,但仰觀俯察的結果並不是道德。真正要求道德的呈現,只有反而求之於自己'爲仁''慎獨''盡心'的工夫上;在這種工夫的過程中,由其不容自已的自我要求,與無我後的無限境界,而呈現出天或天命的境界。此時由人的精神的證驗所能達到的道德的實體,即是天命的實體。"(參見氏著《中國人性論史·先秦篇》,頁91,頁198)這是一個誤解誤導一系列認知過程及其結果的典型例子。由《五行》《性自命出》《性意論》等新出儒典可知,儒家心性學説中性與天道的關係,並非呈現爲徐復説的那種樣態;"命"對於"性"及"德"都是前提性的,是一種超越性的存在,而不是經由道德修爲而達到的實體,更不是主體對"仁"的"先天性"與無限"超越性"的"證驗"。
② 晁福林:《上博簡〈詩論〉研究》,北京:商務印書館2013年,第1版,頁280～281。
③ 朱彬:《經傳攷證》卷八,《四庫未收書輯刊》第四輯第九册,北京:北京出版社,2000年,第1版,頁515上。
④ 在思想史上影響深遠的程、朱等人偏向於將"性相近"的"性"理解爲氣質之性,徐復觀嘗指摘其謬,參見下文所論。
⑤ 朱彬:《經傳攷證》卷八,《四庫未收書輯刊》第四輯第九册,頁515上。

（孔子的體系）、郭店儒書（孔子後學的體系），尤其是郭店楚墓及馬王堆漢墓均有所發現的《五行》（子思的體系），綜合考察，益可知朱彬此言不虛。

傳世典籍所記孔子言性之材料委實不多，而恰恰是在這一方面，《詩論》顯示了極其重要的價值。《詩論》論《詩三百》雖然不全備，其現存文字也頗有殘缺，可是由該文本依然可見出孔子曾據《周南·葛覃》《召南·甘棠》《衛風·木瓜》《唐風·有杕之杜》諸詩，來體認和論說"民眚（性）"；實際上，其所論對象尚暗含《大雅·生民》等諸多篇章。

《詩論》第五章記孔子曰：

虗（吾）㠯《萬䌈》㝵（得）氏（祇）初之音（志），民眚古（固）然，見丌（其）㺸（美），必谷（欲）反（返）丌本。夫萬（葛）之見訶（歌）也，則㠯蔽（絺）䌈（綌）之古（故）也。后稷之見貴也，則㠯文、武之惠也。虗㠯《甘棠》㝵（得）宗宙（廟）之敬，民眚古然，甚貴丌人，必敬丌立（位），敓（悅）丌人，必好丌所爲，亞（惡）丌人者亦然。虗㠯《木苽》㝵（得）㡿（幣）帛之不可迲（去）也，民眚古然，丌隁（隱）志必又（有）㠯俞（喻）也，丌言又所載而后（後）內（納），或前之而后交，人不可犀（觸）也。虗㠯《斯杜》㝵（得）雀（爵）□之不可無也，民眚古然，□□□女（如）此可（何），斯雀之矣。飀（御）丌所愙（愛），必曰：虗吴舍之？賓（儐）贈氏（是）也。

這段文字，有兩點需要確認或辨析：

首先，孔子所謂"民眚"指的就是人性。先秦典籍當中，很多"民"字指與君、官相對的平民百姓，此處不煩舉列，需要強調的，是以"民"指人者亦早已有之。《詩經·大雅·烝民》云："天生烝民，有物有則。民之秉彝，好是懿德。"《生民》云："厥初生民，時維姜嫄。生民如何？克禋克祀，以弗無子……"《左氏春秋》成公十三年（前578）記劉康公曰："吾聞之：民受天地之中以生，所謂命也。是以有動作禮義威儀之則，以定命也。能者養以之福，不能者敗以取禍。是故君子勤禮，小人盡力。勤禮莫如致敬，盡力莫如敦篤。敬在養神，篤在守業。國之大事，在祀與戎。祀有執膰，戎有受脤，神之大節也。"《烝民》以"烝民"與"天"對言，推民生之本於上天，則"烝民"指人，當無疑也。《生民》一詩，"生民"之"民"字落實爲后稷，且係由周人推原至於后稷，"民"字當亦指人。劉子所述，先言"民"，而後析之爲"君子"與"小人"兩面，"民"字括囊一切人，意思更爲顯豁。而孔子本人以"民"字泛指人者，亦不乏其例。比如，樊遲（前515～?）問知（智），子曰："務民之義，敬鬼神而遠之，可謂知矣。"（《論語·雍也》）孔子是說，所謂智者，指的是致力於人之義，以此爲前提而事鬼神。《禮記·禮運》篇記子曰："何謂人義？父慈、子孝、兄良、弟弟、夫義、婦聽、長惠、幼順、君仁、臣忠十者,謂之人義。"此處所舉列之"人義",正是《論語》所記"民之義",故劉寶楠據此疏解《論語》。此外,季路問事鬼神,子曰:"未能事人,焉能事鬼?"(《論語·先進》)孔子之回答,實質在啓發季路"務民之義",而具體則以"事人"爲説。孔子又曰:"中庸之爲德也,其至矣乎!民鮮久矣。"(見《論語·雍也》;《禮記·中庸》有類似語)。此"民"字當亦泛言人,孔子絕非單以"中庸"之德要求平民百姓。《論語·堯曰》於開頭部分録堯曰"允執厥中"等等,楊時(1053~1135)謂,"《論語》之書,皆聖人微言,而其徒傳守之,以明斯道者也。故於終篇,具載堯、舜咨命之言,湯、武誓師之意,與夫施諸政事者,以明聖學之所傳者,一於是而已"(朱熹集注引);又或謂,《堯曰》"歷序堯、舜、禹、湯、武王相傳之道,而先之以執中,可謂得其要矣"。①"執中"既是聖王相傳之道,則孔子倡言"中庸之德"實不獨針對平民百姓,就更無可疑了。②從義理層面上看,儒家用"性"或"民性(人性)",指示超越一切社會等差的人的原初特質,他們並不認爲性有君臣庶民之異。故郭店簡文《城之聞之》云:"聖人之眚與中人之眚,亓生而未又(有)非之。"《荀子·榮辱》篇說:"材性知能,君子小人一也。好榮惡辱,好利惡害,是君子小人之所同也。"總之,由以上論述可知,將孔子所論"民眚"理解爲下民之性,不僅有望文生義之弊,而且在義理和邏輯上也不能成立。也就是説,從孔子、子思、孟子、荀子諸儒家大師論性之體系來看,所謂性根本不能被區隔爲諸如君上之性與臣民之性、你之性與我之性,凡此之類的説法事實上都是"僞範疇""僞觀念"。③

其次,龐樸認爲,《詩論》所謂"民性","不是性善、性惡那樣的人性,而

---

① 真德秀:《四書集編·論語集編》卷一〇,《景印攤藻堂四庫全書薈要》第 72 册,經部第 71 册,臺北:世界書局,1988 年,第 1 版,頁 400 下。

② 先秦諸子以"民"指人的語例甚多。比如《莊子·内篇·齊物論》云:"民溼寢則腰疾偏死,鰌然乎哉?木處則惴慄恂懼,猨猴然乎哉?三者孰知正處?民食芻豢,麋鹿食薦,蝍蛆甘帶,鴟鴉耆(嗜)鼠,四者孰知正味?"以"民"與"鰌""猨猴""麋鹿""蝍蛆""鴟鴉"相對,其泛言人亦甚較然。凡此不一一舉列。

③ 趙紀彬《釋人民》一文,在新中國學術史上有巨大影響。該文提出:"《論語》四百九十二章中,言及'人''民'者約一百七十餘章,内'人'字二百一十三見,'民'字三十九見,共二百五十二個'人''民'字。我們歸納全書,發現一件頗爲有趣而意義亦相當重大的事實,即'人'與'民'在春秋時期是不可混同的兩個階級;他們在生産關係中是剥削與被剥削的關係,在政治領域中有統治與被統治的區别,因而其物質生活及精神生活的内容與形式,亦復互不相同。"又稱:"《論語》所説的'人'與'民',相當於一般奴隸制社會的兩大階級:'民'是奴隸階級,'人'是奴隸主階級。"(見氏著《論語新探》,北京:人民出版社,1962 年,第 2 版,頁 7、頁 26)這種論斷嚴重背離了事實,孫欽善先生曾詳加反駁(參見氏著《論語本解》附論:《〈論語〉和孔子的思想内涵及其歷史影響、現實意義》,北京:生活·讀書·新知三聯書店,2009 年,第 1 版,頁 306~311)。

是剛柔、緩急,高明、沉潛之類的血氣心知之性"。① 這一觀點看起來頗有道理,可事實上,孔子並無指涉剛柔緩急、高明沉潛等等的"血氣心知之性"。徐復觀嘗批評朱子等人傾向於將"性相近"之"性"理解爲"氣質之性",云:

> 所謂氣質之性,落實下來説,即是血氣心知的性,也就是生理的性。但我們從《論語》一書來看,孔子沒有氣質之性的觀念;不過下面的話,實相當於宋儒所説的氣質之性。"子曰:'狂而不直,侗而不愿,悾悾而不信,吾不知之矣。'"(《泰伯》)"柴也愚,參也魯,師也辟,由也喭。"(《先進》)"子曰:'不得中行而與之,必也狂狷乎!狂者進取,狷者有所不爲也。'"(《子路》)"孔子曰:'生而知之者,上也;學而知之者,次也;困而學之,又其次也……'"(《季氏》)"子曰:'古者民有三疾,今也或是之亡也。古之狂也肆,今之狂也蕩;古之矜也廉,今之矜也忿戾;古之愚也直,今之愚也詐而已矣。'"(《陽貨》)上面所説的"狂"、"侗"、"悾悾"、"愚"、"魯"、"辟"、"喭"、"中行"、"狂"、"狷"、"生而知之"、"學而知之"、"困而學之"、"狂"、"矜"、"愚"等等,都相當於宋儒所説的氣質之性;在孔子這些話中,能得出氣質之性是"相近"的結論嗎?所以朱元晦的解釋,與《論語》一書中有關的材料相矛盾,恐怕很難成立。②

徐復觀上述分析頗有參考價值。③ 若將"性"理解爲"血氣心知之性",則孔子"性相近"之説根本無法理解,——因爲孔子從後人所謂血氣心知之性中看到的是"相遠",而不是"相近"。而且,《詩論》中孔子具體界定"民眚(性)"的,是"谷(欲)""敬""敔(悦)""好""惡(愛)"等一系列範疇。據郭店、上博其他儒典,這些範疇均屬於"情"而歸結於"人性"之"性",絕不是通常所説的"剛柔、緩急,高明、沉潛之類的血氣心知之性"。稍微調整一下角度來確認孔子所謂"民眚(性)"就是通常所謂人性,還有一個不可忽視的重要

---

① 參見龐樸:《上博藏簡零箋》(二),簡帛研究網,http://www.jianbo.org/Wssf/2002/pangpu02.htm(訪問時間2003年3月29日);又見氏著《上博藏簡零箋》,上海大學古代文明研究中心、清華大學思想文化研究所編:《上博館藏戰國楚竹書研究》,頁238~239。案:《尚書·洪範》有謂"平康正直,彊弗友(順)剛克,燮友柔克;沈潛剛克,高明柔克"。
② 徐復觀:《中國人性論史·先秦篇》,頁71~72。
③ 不過徐復觀又説:"性相近的'性',只能是善,而不能是惡的……"(參見氏著《中國人性論史·先秦篇》,頁82)此論值得商榷。由戰國儒家性命觀念逆推,孔子所謂"性相近"之"性"可以是善,可以是惡,可以是善惡混的,也可以是無善無惡的;其詳請參閲本章第二節及第三節。

路徑。即在在大約與上博《詩論》同時期的一批早期儒典(包括郭店簡《眚自命出》、上博簡《眚意論》、簡帛《五行》等著作)中,由"天"降"命"、由"命"出"性"的觀念已經十分成熟。比如,郭店簡《眚自命出》上篇云:"眚(性)自命出,命自天降。術(道)旳(始)於青(情),青生於眚。"其下篇説:"青出於眚(性)。"此二語亦見於上博簡《眚意論》。郭店簡《語叢二》也明確地説"情生於眚(性)"。這一"天→命→性"的觀念體系,曾具體化在子思的《五行》體系中。馬王堆帛書《五行》説文之第二十三章云:

"目(侔)而知之,胃(謂)之進之":弗目也,目則知之矣;知之則進耳。目之也者,比之也。"天監在下,有命既雜(集)"者也,天之監下也,雜命焉耳。遁(循)草木之生(性),則有生焉,而無(無)好惡焉。遁禽獸之生(性),則有好惡焉,而无禮義焉。遁人之生(性),則巍然知亓(其)好仁義也。不遁亓所以受命也,遁之則得之矣。是目之已。故目萬物之生(性)而知人獨有仁義也,進耳。

這些論説十分有力地證明,在早期儒家學説中,就人而言的"天→命→性"觀念體系中的性就是"人之生(性)",它與"草木之生(性)""禽獸之生(性)"是相對而言的。更進一步説,這一批早期儒典對"谷(欲)""敬""敓(悦)""好""惡(愛)"跟性的關係,又有十分清晰明確的論析。比如郭店簡《語叢二》云,"慾(欲)生於眚";又云,"情生於眚(性),豊(禮)生於情,厭(嚴)生於豊,敬生於厭,巠(競?)生於敬,恥生於巠(競?),悡(烈?)生於恥,籨(廉)生於悡";又云,"智生於眚,卯(謀)生於智,敓(悦)生於卯,肝(好)生於敓,從生於肝";又云,"懇(愛)生於眚,親生於懇,忠生於親"。根據這些跟《詩論》密切關聯的材料,又可知《詩論》中通過"谷(欲)""敬""敓(悦)""好""惡(愛)"等範疇來界定的"民眚(性)",必定是指人性(其詳可參閱下節所論)。一言以蔽之,《眚自命出》《眚意論》《五行》等早期儒典中的性命觀,是孔門七十子及其後學對孔子"民眚(性)"觀念的具體呈現和鋪衍,堪稱孔子所謂"民眚(性)"就是指人性的鐵證。

辨明了以上兩方面的事實,接下來,筆者將結合傳世《毛詩》,對《詩論》所揭人性四種面向加以詮釋和申説。

其一,《周南·葛覃》前兩章云:"葛之覃兮,施于中谷,維葉萋萋。黄鳥于飛,集于灌木,其鳴喈喈。/葛之覃兮,施于中谷,維葉莫莫。是刈是濩,爲絺爲綌,服之無斁。"孔子從《葛覃》中體認的是人性"氏(祇)初"亦即敬初的一面。該詩主人公割取和整治葛,以爲細葛布粗葛布,樂其所製服裝之美而服之不厭,由是而推原葛當初延生於谷中,葉既盛,飛鳥鳴等等,反復詠唱。孔子認爲這反映了人性之敬重初始、"見丌(其)㒸(美),必谷(欲)反(返)丌本"。無論他對詩的解讀,還是他對人性的認知,都相當獨到和深至。孔子進一步推衍人性這一面向曰,"后稷之見貴也,則曰(以)文、武之意(德)也";就是說,人們見文王武王德行美盛,回歸其本而崇重其始祖后稷,也是人性的彰顯。這一層雖是申說前面的意思,卻直接針對《大雅·生民》《周頌·思文》諸追詠后稷的作品(尤其是前者),是在詩學層面上的進一步敞開。

孔子論道授學,重啓發,講究觸類旁通,嘗謂:"不憤不啓,不悱不發,舉一隅不以三隅反,則不復也。"(《論語·述而》)則孔子對人性"氏(祗)初"的論斷,又不僅僅適合於他明確舉證的《葛覃》以及蘊含其中的《生民》和《思文》。這一基於《詩經》文本閱讀與現實思辨的認知,是孔子對《詩經》與人性的雙重重要判斷,無論對人性,還是對《詩經》,均有普遍意義(毫無疑問,我們這樣論說《詩經》或《詩經》中的具體作品,必然關聯着它們在一般詩學層面上表徵作用,這一點毋庸一一提示)。《大雅·文王》歌詠"文王受命作周"(《詩序》);《大明》歌詠王季與大任(案爲文王父母),特別是歌詠文王有明德以及天復命武王;《緜》言"文王之興,本由大王"(《詩序》),故由文王之興追詠其祖父大王(即古公亶父)與其祖母大姜;《思齊》言"文王所以聖"(《詩序》),由文王之政德追詠其母大任,兼及其祖母大姜與其妻大姒;《皇矣》歌詠"周世世脩德,莫若文王"(《詩序》);《下武》由武王有聖德,而詠其父文王之業以及周先人之功;《文王有聲》由武王得人君之道,而詠讚文王得人君之道;《公劉》"美公劉之厚於民"(《詩序》)。凡此之類,亦無不根源於人見其美而必欲返歸其本的敬初之性。至於《周頌》諸篇,如《清廟》《維天之命》《維清》《我將》之歌文王,《烈文》之歌"前王"(案毛傳釋之爲武王,鄭箋釋之爲文王武王),《天作》之歌大王文王,《武》之歌武王文王,《昊天有成命》之歌文、武、成王,《執競》之歌武、成、康王等,亦均跟人的敬初之性以及詩緣性而發的機制有關。《魯頌·閟宮》頌魯僖公(前 659~前 627 在位),而上及后稷、姜嫄,下及大王、文王、武王、周公;《商頌·玄鳥》頌商湯、武丁(前 1250~前 1192 在位);①《長發》頌玄王契與商湯等等。諸如之類,亦均可說明同樣的道理。其他就不必一一舉列了。孔子重舉一反三,他沒有也無須在同一論題下作窮盡性的舉列。總之對孔子來說,作爲"詩三百"一大批詩作基底的這種返本敬初的回望均出於

---

① 案武丁在位時間,據夏商周斷代工程專家組編著:《夏商周斷代工程 1996—2000 年階段成果報告》(簡本),頁 88。

人性。

不可忽視的是，返本敬初觀念在《詩論》中有更加形而上的表達。如其第四章云：

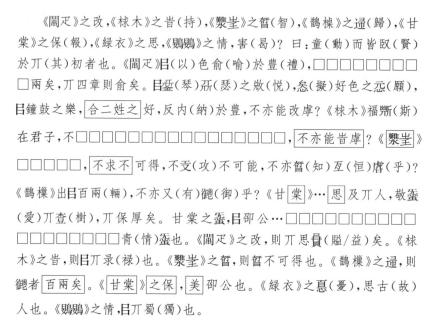

此章論析《周南·關雎》《樛木》《漢廣》，《召南·鵲巢》《甘棠》，以及《邶風·綠衣》《燕燕》諸詩，核心認知是"童（動）而皆臤（賢）於丌（其）初"，——大要是説世人動舉皆崇重其初始，跟第五章所論"氏（祇）初""反（返）本"之人性完全一致，祇不過所謂"初"由側重於時間進一步形上化，變爲側重於政教倫理。據《詩論》之意，《關雎》張揚合二姓之好的婚姻之禮，《樛木》張揚有德則受福禄的超越性關懷，《漢廣》張揚"不求不可得，不攻（攻）不可能"的恒常之道，①《甘棠》張揚誠美之愛之，則必厚報之，《綠衣》張揚思故人之憂（案該詩有云"我思古人，俾無訧兮""我思古人，實獲我心"），《燕燕》張揚超越外在形貌的

---

① 《詩論》以"不求不可得，不攻（攻）不可能"爲恒道有其普遍意義，其他諸子著作對此有所承襲和呈現。《莊子·外篇·天地》記子貢曰："吾聞之夫子，事求可，功求成，用力少，見功多者，聖人之道。"由《詩論》來看，《天地》篇這種説法應該有一定的事實依據。《管子·牧民》篇之《士經》云："不爲不可成，不求不可得，不處不可久，不行不可復。"這很可能也是受孔子學説的影響。

情,這些都從政教倫理層面上凸顯了更加形上化的重初觀念。① 從《詩論》整個體系中看,這種重初返本觀念必然是人性的證明(祇要承認該體系具有内在的互相規定性,就應該認可這一論斷)。清醒地認識這一點十分重要,既涉及詩學,又涉及人學——心性與政教倫理(《論語•學而》載有子曰"君子務本,本立而道生";《禮記•禮器》謂"禮也者,反本脩古,不忘其初者也";《穀梁傳》僖公十五年謂"貴始,德之本也")。

孔子及《詩論》的上述認知明顯影響了《詩序》。例如《詩序》云:"《生民》,尊祖也。后稷生於姜嫄,文、武之功起於后稷,故推以配天焉。"該序之要旨當源自《詩論》第五章"后稷之見貴也,則目文、武之惪(德)也"。《詩序》云:"《緜》,文王之興,本由大王也。"又云:"《思齊》,文王所以聖也。"正義申之曰:"作《思齊》詩者,言文王所以得聖,由其賢母所生。文王自天性當聖,聖亦由母大賢,故歌詠其母。言文王之聖有所以而然也。"這類表述所蕴含的基本理念,均符同於孔子論《葛覃》諸詩的返本敬初觀念,差別僅僅在於《詩序》並未直接、明確地將它歸結到人性上。

其二,傳世《召南•甘棠》云:"蔽芾甘棠,勿翦勿伐,召伯所茇(止舍)。/蔽芾甘棠,勿翦勿敗(勿敗猶言勿伐),召伯所憩。/蔽芾甘棠,勿翦勿拜(掰),召伯所説(舍)。"該詩美召公爲伯之功德,大意是説,召公不擾民,止息於甘棠樹下而聽訟,故詩人敬愛此樹。孔子從中體察的人性的一個面向是,"甚貴兀(其)人,必敬亓立(位),敀(悦)亓人,必好亓所爲,亞(惡)亓人者亦然"。换句話説,就《甘棠》而言,孔子認爲其歌者甚貴召伯,故敬召伯所止息之甘棠樹,悦召伯,故好召伯之所爲,這凸顯了普遍的人性。上文所引《詩論》第四章論《甘棠》云:"《甘 棠》…思及亓人,敬蛋(愛)亓查(樹),亓保(報)厚矣。甘棠之蛋,目邵公…□□□□□□□□□□□□□□青(情)蛋也。"②此數語雖有嚴重殘缺,仍然可作爲第五章以人性論《甘棠》的補充。

---

① 案:"《鳲鳩》之情,目(以)亓(其)蜀(獨)也"一語,孤立地看政教倫理意涵不很明晰。《五行》經、説第七章乃接着《詩論》的話頭説,其觀念有繼承,也有推進。《五行》就内在的哀與外在的哀經詮釋《燕燕》,謂"能駐(差)池亓(其)羽,然后(後)能至哀"(經文第七章),"駐駞者,言不在喠(衰)経也;不在喠経,然筍(苟)至哀。夫喪,正絰領而哀殺矣。言至内者之不在外也。是之胃蜀"(説第七章),凡此均可爲理解《詩論》之參考。

② 案:《詩論》第四章雖未以"孔子曰"引領,所記仍當是孔子之論,參閲本書第三章相關内容。又,《詩論》久佚,但孔子論《詩》之影響已從不同程度和側面上進入了人們長久持守的傳統。與《甘棠》直接相關的例子是,鄭玄箋《甘棠》,有云:"召伯聽男女之訟,不重煩勞百姓,止舍小棠之下而聽斷焉。國人被其德,説其化,思其人,敬其樹。"孔子論《甘棠》,則説"敀(悦)亓(其)人",必好亓所爲""思及亓人,敬蛋(愛)亓查(樹)"。此箋當源自孔説,甚至承襲了其具體話語。

孔子對《甘棠》及人性的雙重認知也並未就此止步。他進一步依據貴重其人則尊敬其位之人性，來詮釋宗廟之敬，所謂"虗(吾)㠯(以)《甘棠》昃(得)宗窑(廟)之敬"。宗廟供奉先人神主。孔子認爲，詩人崇重召公而敬召公所嘗止息的甘棠，其道理正可以詮釋人們崇重先人而敬宗廟以及宗廟中的先人牌位，二者均根源於人性。孔子這一認知，同樣由其他大量篇什充當潛在的支持。《詩經》中的《頌》差不多篇篇都關聯着宗廟之敬，尤其是《周頌》部分。《詩論》第一章記孔子曰："又(有)城(成)工(功)者可(何)女(如)？曰：《訟》氏(是)已。"《詩序》承其意説："頌者，美盛德之形容，以其成功告於神明者也。"① 究其實際，美盛德而告成功僅僅是《頌》詩的一面，其不可忽視的另一面乃是敬。故《詩論》第二章評論《清廟》，特意強調其宗廟之敬："《清窑》，王惪(德)也，至矣！敬宗窑(廟)之豊(禮)，㠯(以)爲亓(其)查(本)；'秉受(文)之惪'，㠯(以)爲亓𤈪(質)；'肅雖(雝)顯相□□□□□□□□□□□□□□。行此者，亓又(有)不王虖(乎)？"這再一次證明，孔子論《詩》的意義絕不限於他直接舉出的篇什，袛關注他直接論析的篇章及其數量，顯得太過簡單化，太過機械和偏執。要真正讀懂孔子，必須讀懂他的表達方式。

其三，很有意思的是，孔子認爲，傳達者以某種形式顯白隱志，乃人性之必然；其意有適當的載體而後被他人接受，也是人性之必然，——人是不可觸犯的，所以傳達志意必須以合乎禮的方式，這就是爲什麽以幣帛導言成爲人與人不可或缺的交通途徑。孔子將對《木瓜》的解讀提升爲對人性的認知，稱，"虗(吾)㠯(以)《木苽》昃(得)希(幣)帛之不可迲(去)也，民眚古(固)

---

① 正義云："……'頌者，美盛德之形容'，明訓'頌'爲'容'，解《頌》名也。'以其成功，告於神明'，解《頌》體也。……《易》稱'聖人擬諸形容，象其物宜'，則形容者，謂形狀容貌也。作《頌》者美盛德之形容，則天子政教有形容也。可美之形容，正謂道教周備也，故《頌譜》云：'天子之德，光被四表，格于上下，無不覆燾，無不持載。'此之謂容。"其意出於此也。成功者，營造之功畢也。天之所營在於命聖，聖之所營在於命賢，賢之所營在於養民。民安而財豐，衆和而事節，如是則司牧之功畢矣。干戈既戢，夷狄來賓，嘉瑞悉臻，遠邇咸服，羣生盡遂其性，萬物各得其所，即是成功之驗也。萬物本於天，人本於祖，天之所命者牧民也，祖之所命者成業也。民安業餘，須告神使知，雖社稷山川四嶽河海皆以民爲主，欲民安樂，故作詩歌其功，偏告神明，所以報恩也。王者政有興廢，未嘗不祭羣神，但政未太平，則神無恩力，故太平德洽，始報神功。《頌》詩直述祭祀之狀，不言得神之力，但美其祭祀，是報德可知。此解《頌》者，唯《周頌》耳，其商、魯之《頌》則異於是矣。《商頌》雖是祭祀之歌，祭其先王之廟，述其生時之功，正是死後頌德，非以成功告神，其體異於《周頌》也。《魯頌》主詠僖公功德，纔如變風之美者耳，又與《商頌》異也。"案：正義解"頌者，容也"有誤(參見拙作《〈詩經〉學誤讀二題》，《棗莊學院學報》2008年第1期，頁46～49)，其他基本上可作參考。

然"。今《衛風·木瓜》云:"投我以木瓜,報之以瓊琚。匪報也,永以爲好也。/投我以木桃,報之以瓊瑤。匪報也,永以爲好也。/投我以木李,報之以瓊玖。匪報也,永以爲好也。"孔子對該詩的理解是,彼投贈"我"以木瓜,"我"報之以瓊琚,或者瓊瑤,或者瓊玖(毛傳:"瓊,玉之美者;琚,佩玉名","瓊瑤,美玉","瓊玖,玉名"),目的在於傳達"陞(隱)志";由此孔子進一步引申和提升,確認了幣帛對於建構合理化表達的重要性,強調這是基於普泛的人性,——"人不可犅(觸)也"。①

毫無疑問,孔子對《木瓜》的認知同樣有普遍意義。《毛詩·王風·丘中有麻》之前兩章,敘"我"邀請彼留氏子國與子嗟舒行而來(毛傳云:"留,大夫氏"),冀設食以待之。其末章則説:"丘中有李,彼留之子。彼留之子,貽我佩玖。"這顯然是説彼留氏來會食飲,而饋"我"以佩玖(毛傳云:"玖,石次玉者"),與《木瓜》彼投"我"以木瓜,"我"報之以瓊琚等實際上没有差别,當亦可證成"幣帛之不可迲"。

其四,孔子又基於對《唐風·有杕之杜》的詮釋,來發揮對人性的認知。儘管相關表述頗有殘缺,可其要點還是相當清晰的。傳世《唐風·有杕之杜》云:"有杕之杜,生于道左。彼君子兮,噬肯適我?中心好之,曷飲食之?/有杕之杜,生于道周。彼君子兮,噬肯來遊?中心好之,曷飲食之?"其大意是説,"我"發自肺腑好彼君子,彼君子可肯適"我"來遊呢?若來,"我"又如何招待他呢?鄭玄解"中心好之,曷飲食之"二語,云:"曷,何也。言中心誠好之,何但飲食之,當盡禮極歡以待之。"孔子顯然不這樣理解,其謂:"䚿(御)亓(其)所忑(愛),必曰:虐(吾)奚舍之?"大抵是説,導引、迎接所愛,必念叨説,"我"安排他住何所呢?這應該是孔子就詩中"中心好之,曷飲食之"二語作出的對應性的發揮。故孔子對"中心好之,曷飲食之"的理解應該是,"我"由衷好之,又以何飲之食之呢?無疑,主人公是要飲之以美酒、食之以肴饌。故孔子又據此斷言"雀□之不可無也"("雀"通"爵",指飲酒之禮),且謂其根源在

---

① 《禮記·坊記》篇載子曰:"禮之先幣帛也,欲民之先事而後禄也(鄭注:此禮,謂所執之贄以見者也。既相見,乃奉幣帛以脩好也)。先財而後禮則民利(鄭注:財,幣帛也。利,猶貪也),無辭而行情則民爭(鄭注:辭,辭讓也。情主利欲也)。"據鄭注,孔子大意是説,幣帛晚於相見之贄(先後是就贄和幣帛而言的),目的是禁止民之貪心,使民以事爲先而以得爲後。其立意與《詩論》所記孔子論幣帛之不可去,明顯不同。上揭《詩論》第五章云:"亓(其)言又(有)所載而后(後)内(納),或前之而后(後)交",看起來與《坊記》相似,然其意實爲:其言被相關禮物如幣帛等負載着而後被接收到,有時先致禮而後發生言行交接。簡文所謂先後,是以行幣帛之禮爲先,以言語交接爲後。郭店《眚自命出》上篇云:"帛(幣)帛,所以爲信與諎(證)也,其䛐(詞)宜道(導)也。"亦見於上博《眚意論》。這也是論説以幣帛導詞的適當性,強調先行幣帛之禮,而後進行言語交接。

於普遍的人性。前文提及,《王風·丘中有麻》殆亦曾被孔子關注。依《毛詩》,該詩前二章云:"丘中有麻,彼留子嗟。彼留子嗟,將其來施施。/丘中有麥,彼留子國。彼留子國,將其來食。"首章之意爲請彼留氏子嗟舒行而來,次章之意爲請彼留氏子國來食來飲("將"字殆同《衛風·氓》"將子無怒"之"將",意指願或請),兩章互文見義,讀者不必泥於字面。因此,《丘中有麻》當亦可從人性層面上證成"雀(爵)□之不可無"。

在《詩論》中,孔子用來申説此意的是"賓(儐)贈",即導引、迎接賓客以及饋贈;其所謂"𨟭(御)丌(其)所𢟱(愛),必曰:虗(吾)奚舍之",言下之意是不欲所愛離去。《毛詩·小雅·白駒》之前二章云:"皎皎白駒,食我場苗。縶之維之,以永今朝。所謂伊人,於焉逍遙。/皎皎白駒,食我場藿。縶之維之,以永今夕。所謂伊人,於焉嘉客。"其大意是説,伊人乘少壯白馬前來做客,彼白馬正在食"我"場圃之苗與豆葉,"我"絆住它拴住它(不使其主人離去),以延長今日今夜的相聚。此詩"以永今朝""以永今夕"諸語,正可發明和補充孔子論《有杕之杜》之意旨。要之,孔子殆謂《有杕之杜》一詩,主人招待賓客,飲之食之而不欲其遽去,彼此有所贈遺,凡此亦均出自人之性。

綜觀上述論析,可以説《詩論》呈現了一個原本不爲人知的重要事實:關注"民眚"亦即人性乃孔子論《詩》的特質。孔子的論述方式決定了他舉證的篇章有限,但不管是他對"民眚(性)"的認知,還是他對相關作品的詮釋,都含有極強的普遍意義。對孔子來説,《詩》表現的就是人性的種種面向,這種理念或可概括爲"詩言性",——必須承認,這是《詩論》暗含的重要判斷。鑒於中國傳統詩學一直被"詩言志""詩緣情"的論説以及兩者間的糾結所籠罩,《詩論》在揭示"詩言性"這一理念上的意義,無論怎麼評價都不算過分。至少它可以使我們認識到,在儒家範圍内,衆所周知的"詩言情""詩言志"等觀念其實擁有更加深刻的思想基礎——"詩言性"。《詩論》第五章將"陞(隱)志必又(有)目(以)俞(喻)"視爲"民(人)眚(性)",這實際上已將"詩言志"落到了人性的根基上。而"青(情)生於眚"(見郭店簡《眚自命出》上,又見上博簡《眚意論》),所以"詩言性"也是"詩言情"的更深層的基礎。

與此同時,我們還應注意,孔子基於認知和闡發《詩》所表現的人性,論證了宗廟之禮、幣帛(餽贈)之禮、賓禮諸多禮制的必然性,其中藴含了以性釋禮、釋《詩》與以禮解《詩》的兩個重要取向。《論語·陽貨》篇記孔子斥宰我,且依"三年之愛於其父母"來解釋三年喪的合理性,也是依性釋禮的典型例子(郭店簡文《語叢二》嘗謂"懸生於眚")。《史記·孔子世家》謂,古者詩三千餘篇,孔子去其重,"取可施於禮義……三百零五篇",奠定了傳世《詩三百》之規模。上博簡《民之父母》載子夏問"五至",孔子答曰,"勿(物)之所至者,《志

(詩)》亦至安(焉);《志(詩)》之 所 至者,《豊(禮)》亦至安;《豊》之所至者,《樂》亦至安"。①《禮記·孔子閒居》載子曰:"志之所至,《詩》亦至焉。《詩》之所至,《禮》亦至焉。《禮》之所至,《樂》亦至焉。"這兩種記載看似不同,其實是完全相通的,因爲發而爲《詩》的"志"乃心之所向,《詩》所表現的"物"則是心的對象物,心對於對象物的指向即爲"志",《眚自命出》稱"心亡奠(定)志,㤳(待)勿(物)而句(後)复(作)"(亦見於《眚意論》),説得十分明確,故由"勿(物)"言《詩》與由"志"言《詩》,乃一體之兩面。總而言之,孔子"五至"説以及《孔子世家》所記,都是張揚《詩》與《禮》的一致性。上揭文獻,無論是據性釋禮,還是據禮釋《詩》,都可以從《詩論》中找到支持或互證。

有學者評價《詩論》之"民眚(性)"觀,云:"……與其説孔子是在評詩,通過詩來考察人性,不如説孔子是借人性來説明禮,從人所固有的本性上,談論禮不可或缺的重要性,爲禮找尋人性的基礎。"②鑒於《詩論》以性釋禮的取向,這種論斷有一定的合理性,但《詩論》無疑就是《詩經》學乃至詩學的,它的的確確是在評《詩經》或詩,以性釋禮與以性釋《詩》或者以禮釋《詩》,在《詩論》中是一體化的。《詩》與《禮》的一致性在孔子那裏被强有力地建構着,其後傳統《詩經》學一直以此爲基本立足點。遠的暫且不説,距孔子較近的《詩序》《毛傳》《鄭箋》等經典著述均大力發展以禮解《詩》之取向,以建構自身的體系。毋庸諱言,歷史在發展過程中產生某些變異是不可避免的;孔子常依他從詩作中認知的人性立説,方纔所舉的《詩經》學著作則更多地依賴於對詩作所述事象作類比性的引申。

孔子論人性,在《論語》等傳世典籍中相當罕見。《論語·陽貨》篇載子曰

---

① 案:《民之父母》一文,"志"字六見(含一處殘缺可補),除三處見於"燹(氣)志"一詞外,其餘三"志"字,包括此處引文中的兩個,均當讀爲"詩"。這有傳世《禮記·孔子閒居》爲證,而《民之父母》自身亦可以提供内證。該篇下文云:"子㡆(夏)曰:'亡(無)聖(聲)之縏(樂),亡豊(體)之豊(禮),亡備(服)之桑(喪),可(何)志(詩)是迡?'孔子曰:'善才(哉),商也!㧅(將)可㫳(教)《時(詩)》矣!㘳(城/成)王不敢(敢)康,迊(夙)夌(夜)晉(諆/基)命又(有)宥(宻)寎(蜜),亡聖(聲)之縏(樂)";"崇(煅/威)我(儀)叧(遲)叧(遲),不可選也","亡豊(體)之豊(禮)";"凡民又(有)桑(喪),匍匐救之","亡備(服)之桑(喪)也。'"子夏問何"志"近於無聲之樂、無體之禮、無服之喪,孔子分别引《周頌·昊天有成命》《邶風·柏舟》(今作"威儀棣棣",稍異)、《邶風·谷風》以回答之,且謂卜商將來可教《詩》矣,則子夏"可(何)志是迡"一語之"志"讀爲"詩",絶無可疑。由此可進一步證明,"勿(物)之所至者,《志》亦至安(焉)》《志》之所至者,《豊(禮)》亦至安"二語,"志"字亦當讀爲"詩"。

② 〔澳〕陳慧、廖名春、李鋭:《天、人、性:讀郭店楚簡與上博竹簡》,上海:上海古籍出版社,2014年,第1版,頁171;同樣的内容又可見該書頁214。

"性相近也,習相遠也"(就是說,論性則人無甚差距,後天之習使之相遠),①堪稱婦孺皆知,但這一記述也限定了人們認知孔子人性論的深度和廣度。至於孔子對後儒性命學說的影響,更衹能見到一鱗半爪。從這一層面上說,《詩論》的價值同樣值得高度肯定。② 作爲孔子《詩經》學乃至一般詩學的核心範疇,"眚"在戰國儒家心性學說中獲得了更爲重要的意義。《詩論》之再現,決定了對中國思想尤其是儒家心性學說的一系列認知都必須作出修正。

美國學者華靄仁(Irene Bloom)曾說:"'性'的問題在數個世紀的進程中是中國思想的一個明確的與持久的焦點。事實上,這是中國思想的胚胎與獨有的特徵之一——而且多半可以被理解爲孟子的遺產。中國思想的歷史有一個偉大的對話的特徵的某種東西,隨着最重要的貢獻者在其自己的自然生命之後的很長時間持續被捲入的討論之中,一代代地延續了下來。在這種偉大的對話過程中,幾乎不存在一個並不直接提出'性'的問題和並不認真對待預先反映這一主題的思想家。"③這是華靄仁對中國思想史的卓見之一,但如果她掌握了郭店、上博楚簡以及馬王堆漢帛所見出自孔子弟子及其再傳的儒家文獻,相信她會清醒地認識到,在孟子晚年著書以前,以"性"爲研討焦點的進程已經延續了兩個多世紀,其源頭則是在孔子那裏。

英國著名漢學家葛瑞漢(A. C. Graham, 1919~1991)說:"到了公元前四世紀,'性'不是一個哲學術語;它屬於每一個關心其健康和希望長生的人之普遍語言。它隨着'養生'的提倡者進入哲學領域。"所謂"養生"的提倡者,是"那些強烈反對公共生活、要求個人利益的利己主義者",他們"拒絕爲了權利、財產和別的外在利益,包括傷害健康和生命的危險,去犧牲自己的一根頭髮",其中最著名的是楊朱和子華子。楊朱認爲人應該"全性保真,不以物累形";"子華子也有一句名言,談到區別三種不同程度的生命價值:'全生爲上,

---

① 傅斯年云:"可以解作生來本相近,因習而日異。'生''習'皆無定主動詞,故下云'相'。如以'性'爲表質之名詞,則與'習'不相對矣。"(見氏著《性命古訓辨證》,《傅斯年全集》第二册,頁 570)此說牽强,實際上,與"習"相對的"生"所指涉的人之本然,依舊還是"性"。
② 陳慧等說:"與孟子和荀子不同,孔子並没有對性作出直接的論述,而只是說'性相近,習相遠'。"(參閱〔澳〕陳慧、廖名春、李鋭:《天、人、性:讀郭店楚簡與上博竹簡》,頁 44 頁注 1)顯然,這是無視上博《詩論》得出的結論。
③ 〔美〕華靄仁:《在〈孟子〉中人的本性與生物學的本性》,〔美〕江文思、〔美〕安樂哲編:《孟子心性之學》,頁 226。案:意大利學者 M. 斯卡帕里(Maurizio Scarpari)說:"在中國,對於人的本性(性)之思考總是扮演着一個重要的角色,而且已經導致了幾乎持續 25 個世紀的熱烈與大量的爭論。這種爭論開始於公元前 5~4 世紀之間……"(見氏著《在早期中國文獻中有關人的本性之爭》,〔美〕江文思、〔美〕安樂哲編:《孟子心性之學》,頁 243)斯卡帕里的看法與華靄仁大抵一致,看起來他將中國學者開始爭論人性問題的時間提前了一點兒,其實仍存在跟華靄仁一樣的缺失。

虧生次之,死次之,迫生爲下'"。葛瑞漢又說:"假如我們接受作爲流行於公元前四世紀的學說在《呂氏春秋》中記錄的正確描述,追求其自身的健康、歡樂和長生,而不是普遍的善,是人的本性,這樣的理論對我們來說是最古老的中國人性(human nature)哲學。"①他還提出:"在《淮南子》裏歸於楊朱的三條學說中,'全性'把人性概念引入中國哲學(孔子的'性相近也,習相遠也'是社會學而非哲學的觀察)。"②據錢穆考訂,楊朱生卒年約爲公元前395至公元前335,子華子生卒年約爲公元前380至公元前320,均略早於孟子(錢氏考訂孟子生卒年約爲公元前390至公元前305,實當爲公元前372至公元前289),而均在子思去世後(錢穆考訂子思生卒年約爲公元前483至公元前402)。③ 由於不具備《詩論》《五行》等儒典的視野,葛瑞漢作了一個嚴重誤判。實際上,在他認定的那個時間以前,張揚心性之學的儒家學者至少已過去了三代,即孔子一代、七十子一代、七十子弟子一代;儒家心性學說的源頭在孔子那裏,特別是新出《詩論》所記。這一點,原來傳世文獻祇有片言隻語的提挈,而今有一大批出土文獻作證,堪稱鐵案如山。葛瑞漢力圖屏蔽"性相近也,習相遠也"一語的"哲學"史意義,其方法很有意思,卻忽視了當時中國根本不存在"社會學""哲學"之類區隔,歷史發展更未被這種區隔拘囿。現在看來,即便沒有這句話,《詩論》中孔子論"民眚"的集中而豐富的內容,也足以說明一切。其實,孔子以前,關於人性的思考和論說已有不少,我們之所以從《詩論》開始探討,是因爲它具備——包括直接呈現和實際隱含著——關於人性的體系化思考,而且直接促生了子思《五行》、其他新出儒典以及《孟子》《荀子》的體系。

葛瑞漢堅定地認爲,儒家心性學說之核心範疇"性"是因應來自楊朱等其他學派的挑戰而確立的。這一判斷深刻影響了西方學者對儒家心性學說的觀照,很少存在例外。華靄仁坦承自己撰寫《孟子的人性論》,"吸收與擴展了

---

① 參閱〔英〕葛瑞漢:《孟子人性理論的背景》,〔美〕江文思、〔美〕安樂哲編《孟子心性之學》,頁19~20、頁23。

② 〔英〕葛瑞漢:《論道者:中國古代哲學論辯》,張海晏譯,北京:中國社會科學出版社,2003年,第1版,頁70。

③ 錢穆的觀點,參閱《諸子生卒年世約數》,《先秦諸子繫年》,頁694~696。案:關於孟子生卒年,張培瑜據天文曆法之考察得出如下結論:"孟子宗譜和家世相傳的誕辰、卒年、忌日(卒於冬至日)、享年(壽84歲)是一組嚴密、自洽的紀年體系,是唯一可能的一組年月日數據(其他卒年諸說皆不符合),可確認宗親歷年紀念的日辰是正確的和可靠可信的",即"生於周烈王四年己酉四月二日,卒於赧王二十六年、魯文(湣)公六年□□□五日('正月二十'五日),壽終於冬至之日,享年八十四歲",其生卒年對應爲公元前372年至公元前289年。(參見氏著《孟子的生辰卒日及其公曆日期》,《孔子研究》2011年第1期,頁63~71)

葛瑞漢在其《孟子人性理論的背景》一文中的分析","在那篇文章中,葛瑞漢堅持對於孟子正在起反響的挑戰是楊朱的享樂主義以及隨之而來的一種反道德本性的觀念"。① 江文思(James Behuniak Jr.)評論説:"葛瑞漢證明,祇有當它的使用被楊朱思想的擁護者們變成向儒家思想和實踐的合法性提出挑戰的工具時,'性'這一概念纔在儒家羣體中變成一個'哲學上的'論題。於是在面對同時代的論敵時,孟子的'性'的概念代表了他的這一方去重建早期儒學規範的合法性的努力。葛瑞漢的歷史方法使他能夠利用'性'這一詞語的最原始的含義,並把這些觀念放置到流行於孟子這一時期的哲學氛圍之中,並以此提出一種有説服力的讓人非信不可的解釋。"②在我們揭示了儒家心性學説的真正源頭,揭示了此後儒家心性學説經七十子及其後學,演變爲孟、荀學説的實際歷史之後,事實就很清楚了,葛瑞漢提出的這種所謂"有説服力的讓人非信不可的解釋",説到底祇不過是一種虛構。孔子論《詩》所見"民甬"基本上已蘊含了貫穿"道"(具體化爲"禮")與"情""性"的學説理路;他雖未明斷性爲善或爲惡,卻極重視性的可塑性,"性相近也,習相遠也"一語便是明證。③ 這意味着,"道"或"禮"與人的情性雖然是貫穿的,可他不能放棄後天的積極進取,否則,他跟"道"或"禮"就會形成激烈的緊張關係。在這些問題上,《詩論》包含一系列極爲重要的生長點,也包含極爲巨大的生長空間,其後郭店、上博儒典(包括子思《五行》篇)予以大力弘揚,接下來又衍生出孟、荀光彩各異的心性學説體系。

(二) 心

《詩論》所見孔子心性學説,内容相當豐富。不過有很多重要信息,必須從嗣後儒學發展回望,纔可以看準看透。

比如孔子指出,《詩》的底藴是民之"甬(用)心"。《詩論》第一章記其言曰:

《訾》,丌猷塝門與? 戔(殘)民而俴(逸)之,丌甬心也洒(將)可(何)女(如)? 曰:《邦風》氏(是)已。民之又(有)慼(感)惓(倦)也,上下之不和者,丌甬心也洒可女? 曰:《少顕》氏已。□□□□□可女? 曰:

---

① 〔美〕華靄仁:《在〈孟子〉中人的本性與生物學的本性》,〔美〕江文思、〔美〕安樂哲編:《孟子心性之學》,頁231。
② 江文思導論,〔美〕江文思、〔美〕安樂哲編:《孟子心性之學》,頁2。
③ 〔英〕葛瑞漢注意到:"有一次他曾言及人性問題,其强調的不是性善而是人性的可塑性。"(見氏著《論道者:中國古代哲學論辯》,頁19)

《大頭》氏已。又(有)城(成)工(功)者可女?曰:《訟》氏已。

這是對《詩經》及其三大部類《風》《雅》《頌》的具有普遍意義的論斷,《詩經》從整體上被詮解爲民對現實政治的內在反應(即"甬心")的外顯。具體一點說就是,爲上者殘民以逞,百姓被迫逃逸,其用心如何,由《邦風》可知;民有憂危鬱結,君臣、貴賤不和,民用心如何,由《小雅》可知;以此類推,以至於《大雅》和《頌》。"又城工者可女?曰:《訟》氏已"一句,殆指爲上有成功,則頌詩作,由《頌》詩可知。何謂"城工"呢?《詩序》嘗云:"頌者,美盛德之形容,以其成功,告於神明者也。"孔疏曰:"成功者,營造之功畢也。天之所營在於命聖,聖之所營在於任賢,賢之所營在於養民。民安而財豐,衆和而事節,如是則司牧之功畢矣。干戈既戢,夷狄來賓,嘉瑞悉臻,遠邇咸服,羣生盡遂其性,萬物各得其所,即是成功之驗也。"孔子論《頌》,與《詩序》看起來非常接近,其實則有不小的差異。首先,孔子解"訟"及"風""夏",均從治民者與民兩面立說,著重於民之用心;《詩序》解"頌"與"雅",則不甚凸顯治民者與民的區隔,其解"風"確乎區隔了治民者與民兩個方面,可所謂"上以風化下,下以風刺上",也僅僅是後半符同《詩論》之意。其次,孔子解《頌》,殆未明確將關注點放到"告於神明"一面,強調的是詩人對有成功者的內心反應;而《詩序》釋"頌",即便可理解爲詩人對有盛德、有成功者之反應,"告於神明"也是明確的要點。再次,依據孔說,所頌者當非己功,而在《詩序》中,告於神命的內容則似乎偏重於己功。更重要的是,儘管《詩論》與《詩序》解"風""夏""訟"均凸顯了強烈的政教倫理關懷,但前者更有力地彰顯了主體心的官能,這一點,對戰國儒家心性學說的體系建構有重大意義,不能單從《詩經》學立場上審視。——依《詩論》強調民之用心的立場,《詩序》如下文字,似乎可以與常識全然不同的句讀來閱讀,即:"治世之音安,以樂其政和;亂世之音怨,以怒其政乖;亡國之音哀,以思其民困。"這樣讀纔契合孔子強調詩作反映主體"甬心"的取向。①

孔子關注"心"及"甬心",傳世文獻中其實不乏其例。《論語·陽貨》記子

---

① 案《禮記·樂記》云:"是故治世之音,安以樂,其政和。亂世之音,怨以怒,其政乖。亡國之音,哀以思,其民困。聲音之道,與政通矣。"陸德明(約550~630)《釋文》云:"'治世之音',絶句。'安以樂',音洛,絶句。雷讀上至'安'絶句,'樂'音岳,'以樂'二字爲句。'其政和',崔讀上句依雷,下'以樂其政和'揔爲一句。下'亂世'、'亡國'各放此。"此處舉列了三種讀法。楊樹達斷曰:"陸氏讀是,雷、崔讀皆誤。"(見氏著《古書句讀釋例》,《馬氏文通刊誤 古書句讀釋例 古書疑義舉例釋補》,上海:上海古籍出版社,2007年,第1版,頁154)後人多持此說。然採用這種讀法,"安"與"樂"、"怨"與"怒"、"思(悲傷)"與"哀"均似重複;"治世"與"其政和"、"亂世"與"其政乖"、"亡國"與"其民困",亦皆似復贅。崔讀於義更優。

曰:"飽食終日,無所用心,難矣哉!不有博弈者乎,爲之,猶賢乎已。"《論語·爲政》記子曰:"吾十有五而志于學,三十而立,四十而不惑,五十而知天命,六十而耳順,七十而從心所欲,不踰矩。"《論語·雍也》記子曰:"回也,其心三月不違仁,其餘則日月至焉而已矣。"這些都是直截鮮明的例證。

有兩點值得重視:其一,"甬心"實際上凸顯了心的官能"思"。郭店簡文《眚自命出》上篇云:"凡思之甬(用)心爲甚。"①其下篇則説:"凡甬(用)心之喿(躁)者,思爲甚(甚)。"二句意思大抵相同,其中前一句又見於上博簡《昔意論》。這些文獻掘發"甬心"與"思"的一致性,十分明確。而《論語·季氏》記孔子曰:"君子有九思:視思明,聽思聰,色思温,貌思恭,言思忠,事思敬,疑思問,忿思難,見得思義。"方方面面的"思",正是方方面面的用心。其二,孔子以"心"與"體"或"身""容"相對,並强調前者對後者有決定作用。傳世《緇衣》載子曰:"心莊則體舒,心肅則容敬。心好之,身必安之……"郭店《茲衣》之對應部分是:"心好則體安之……"以上兩個方面奠定了儒家心性學説的重要基礎,且藴含着歷史發展極豐富的可能性。子思《五行》亦不言性善或性惡,孟子道性善,荀子倡性惡,其間頗有差異,但其心性學説均分大體小體,以大體指心,以小體指耳目鼻口手足音聲懇(貌)色,以大體爲貴、爲君,以小體爲賤、爲役,而且都大力揄揚心之官能"思",凡此均可上溯至《詩論》所見之孔子學説(其詳參見下文所論)。還是那句話,很多東西,祇有從歷史的回望中纔能够看清楚。

(三) 志·情·意

孔子論詩還涉及一些重要範疇。比如,《詩論》第三章記孔子曰:"丵(詩)亡(無)隱(隱)志,樂亡隱情,攴(文)亡隱音(意)。"從《詩論》整體内容來看,這主要是基於對詩尤其是《詩三百》(包括詩樂)的認知而做出的論斷。《詩論》主體内容便是對詩特别是《詩三百》的認知。《詩論》第一章云:"孔子曰:《丵》,丌(其)猷塝門與?戔(殘)民而裞(逸)之,丌甬(用)心也牀(將)可(何)女(如)?曰:《邦風》氏(是)已。民之又(有)慼(感)卷(倦)也,丌甬心也牀可女?曰:《少頨》氏(是)已。□□□□□可女?曰:《大頨》氏已。又城(成)工(功)者可女?曰:《訟》氏已。"這段話的意思是説,孔子通

---

① 案:此語學界多斷爲"凡思之甬,心爲甚"(指言心用思最甚),其意實爲"凡思之甬心,爲甚"(指言思用心最甚),《昔自命出》下篇論"思"而"甬心"連言(亦見《昔意論》),可爲一證。"思"爲"心"之官能,"思"用"心",與"視(容色)"用"目"、"聽(音聲)"用"耳"、"嗅(味)"用"鼻"是一樣的道理。

過讀《詩》,通過讀《邦風》《大雅》《小雅》以及《頌》,認知了政教倫理之得失以及由此導致的民心之向背。《詩論》第四章論述由《周南·關雎》《樛木》《召南·鵲巢》《甘棠》,以及《邶風·綠衣》《燕燕》,認知了人"童(動)而皆臤(賢)於亓(其)初"的本性,第五章論述由《周南·葛覃》《召南·甘棠》《衛風·木瓜》《唐風·有杕之杜》認知了人性的種種面相等等,前文已經引錄。這些都是極典型的例子。而其他論說也差不多全是對詩的認知。所以《詩論》不僅具有《詩經》學及一般詩學的重大意義,而且是中國文本闡釋學的奠基之作。毫無疑問,孔子"耑(詩)亡(無)嬜(隱)志"等論斷的背後還有對詩、樂、文的更廣泛的認知作支持。① 本章要強調的是,"志""情""音(意)"不僅是非常重要的詩學或《詩經》學範疇,而且與儒家心性學說有很深的關係。

孔子所謂"詩亡嬜志"是以"詩言志"爲前提而說的,指詩所言之志均可被認知。上博簡文《民之父母》與傳世《禮記·孔子閒居》記載了孔子的"五至"說,前者有謂"勿(物)之所至者,《志(詩)》亦至安(焉)",後者則謂"志之所至,《詩》亦至焉",基本上可視作孔子對"詩言志"觀念的具體說明。《左氏春秋》襄公二十五年(前548)記載:

> 冬,十月,子展相鄭伯如晉,拜陳之功(杜注:謝晉受其功)。子西復伐陳,陳及鄭平(杜注:前雖入陳,服之而已。故更伐以結成)。仲尼曰:"《志》有之:'言以足志,文以足言(杜注:足,猶成也)。'不言,誰知其志?言之無文,行而不遠。晉爲伯,鄭入陳,非文辭不爲功。慎辭哉!"

此前,鄭子產獻入陳之功於晉,善爲言辭,故晉受其功,孔子據此事論"言以足志""不言,誰知其志",與從"作詩"層面上言"詩言志"立場相同,可以互相發明。

"志"在很大程度上可以理解爲"願"。《論語·公冶長》記載:"顏淵、季路侍。子曰:'盍各言爾志?'子路曰:'願車、馬、衣、輕裘,與朋友共。敝之而無

---

① 有意思的是,孔子這些論斷所包含的對於詩、樂、文的認知立場,與季札觀、評周樂相同。《左氏春秋》魯襄公二十九年(前544)記:"吳公子札來聘,……請觀於周樂。使工爲之歌《周南》《召南》。曰:'美哉! 始基之矣,猶未也,然勤而不怨矣。'爲之歌《邶》《鄘》《衛》。曰:'美哉淵乎! 憂而不困者也。吾聞衛康叔、武公之德如是,是其衛風乎!'爲之歌《王》……爲之歌《鄭》……爲之歌《齊》……爲之歌《豳》……爲之歌《秦》……爲之歌《魏》……爲之歌《唐》……爲之歌《陳》。曰:'國無主,其能久乎!'自《鄶》以下,無譏焉。爲之歌《小雅》……爲之歌《大雅》……爲之歌《頌》……見舞《象箾》《南籥》者……見舞《大武》者……見舞《韶濩》者……見舞《大夏》者……見舞《韶箾》者,曰:'德至矣哉,大矣! 如天之無不幬也,如地之無不載也。雖甚盛德,其蔑以加於此矣。觀止矣! 若有他樂,吾不敢請已。'"季札的評議,顯然是基於他對周樂的認知,堪爲"樂亡嬜情"之直接例證,堪爲"耑(詩)亡(無)嬜(隱)志,……殳(文)亡嬜音(意)"之旁證。

憾。'顏淵曰:'願無伐善,無施勞。'子路曰:'願聞子之志。'子曰:'老者安之,朋友信之,少者懷之。'"孔子要顏淵季路(前542～前480)言"志",二子均答以"願如何如何"。《論語·先進》篇記載,子路、曾晳(曾參父,生卒年月不詳)、冉有(前522～前489)、公西華(前509～?)侍坐,公西華謂"宗廟之事,如會同,端章甫,願爲小相焉",子路、曾晳、冉有亦各有表白,孔子概括爲"各言其志"。要之,觀"志"之風盛行於孔門師徒授受之際,而大家言"志"又每每説"願如何如何",可見這兩個範疇有極高的同一性。《詩論》當中也明確出現了"願"這一範疇。其第五章謂:"《木苽》又(有)寂(藏)忎(願)而未旻(得)達也,交□□□□□□□□□□□□□□□□□□因木苽(瓜)之保(報),曰(以)俞(喻)丌意(願)者也。"此處之"忎(願)"或"意(願)"均非就詩歌本身或詩歌作者而言,而是指詩歌主人公之意願,其意大抵等同於"志"。《詩論》第四章論《關雎》,有謂,"曰(以)琹(琴)𢎥(瑟)之敓(悦),忎(擬)好色之忎(願),曰鐘鼓之樂,合二姓之好",其中"忎"字是同樣的用法。儘管這些例子中,"忎(忎)"或"意"指的是詩篇主人公之志,但《詩論》擬願、達願之説,與"詩言志"亦不過是相差一間耳;一個極爲簡單的事實是,論者顯然知道這些願都是被書寫、被表現的對象,而書寫詩作主人公之願,與書寫創作主體之願,有極高的同一性。

孔子師徒主張志於"道"、志於"仁"等政教倫理價值,且持志不移。比如孔子曰:"苟志於仁矣,無惡也。"(《論語·里仁》)又曰:"士志於道,而恥惡衣惡食者,未足與議也。"(《論語·里仁》)孔子還提倡"志於道,據於德,依於仁,游於藝"(《論語·述而》),並稱贊伯夷叔齊"不降其志,不辱其身"(《論語·微子》)。其弟子子夏則説:"博學而篤志,切問而近思,仁在其中矣。"(《論語·子張》)由此可見,儒家初一二代學者業已十分重視"志"對建構道德人格的重要作用。等到子思明言"得(德)弗之(志)不成"(見《五行》經文第四章),"志"在儒家心性學説中的價值和功能就更加顯豁了。

我們應該認識到,"峕(詩)亾(無)隱(隱)志,樂亾隱情,殳亾隱音(意)"一句,概言詩、樂、文三個方面,但三者其實有極高的互文關係,就是説,整句話的意思並非指詩不關情、意,樂不關志、意,文不關志、情,泥於字面將不得其實。

上文曾經論析,孔子實際上有"詩言性"的理念。《詩論》第五章謂:"虘(吾)目(以)《葛覃》旻(得)氏(祗)初之峕(志),民眚(性)古(固)然,……虘(吾)目《木苽》旻(得)希(幣)帛之不可迲(去)也,民眚(性)古(固)然,丌(其)陵(隱)志必又(有)目俞(喻)也",將"陵(隱)志必又(有)目(以)俞(喻)"視爲"民(人)眚(性)",實際上已將"詩言志"落到了人性的根基上;將詩表現的"氏

(祇)初之旹(志)"視爲人性,也凸顯了"詩言志"與"詩言性"的同一性。而從範疇之邏輯關係來說,"青(情)生於旹"(見郭店簡《旹自命出》上,又見上博簡《旹意論》),性、情具有根本的一致性(其詳參見下節所論),所以"詩言性"在很大程度上就意味着"詩言情"(説"詩言情"在很大程度上就意味着"詩言性",也同樣成立)。《詩論》第五章論《葛覃》《甘棠》《木瓜》《有杕之杜》諸詩,其用以申説"民旹"的"欲""敬""攸(悦)""好""亞(惡)""愻(愛)"都屬於"情",這一點已見於上文所論。此外,《詩論》還有不少直接觀照屬於"情"之元素或者"情"本身的例子。比如其第四章論《關雎》《漢廣》《甘棠》《緑衣》《燕燕》,云:

　　《關雎》㠯(以)色俞(喻)於豊(禮)……㠯琹(琴)𠫑(瑟)之攸(悦),㦰(擬)好色之忞(願),㠯鐘鼓之樂,合二姓之好,反内(納)於豊,不亦能改虘?……《樛木》□□□□,不求不可㝵(得),不夃(攻)不可能,不亦智(知)亙(恒)庬(乎)?……《甘棠》…思及亓人,敬蚉(愛)亓杢(樹),亓保(報)厚矣。甘棠之蚉,㠯邵公…《關雎》之改,則亓思賹(嗌/益)矣。……《樛木》之智,則智不可得也。……《甘棠》之保,美邵公也。《緑衣》之悥(憂),思古(故)人也。《鷰鷰》之情,㠯亓蜀(獨)也。

據郭店新出儒典,"攸(悦)""好""敬""蚉(愛)"均屬於"情",參見上文,這裏不再徵引語證。而"智(知)"與"悥(憂)"亦屬於"情",故《語叢二》謂"智生於旹(性),卯(謀)生於智",又謂"㤺(愠)生於旹(性),憂生於㤺,悕(哀)生於憂"。然則《詩論》論《關雎》《漢廣》《甘棠》《緑衣》等詩,均係據情立言。而"《鷰鷰》之情,㠯(以)亓蜀(獨)也",則是直接論"情"本身者。所以,倡言"旹(詩)亡(無)隱(隱)志,樂亡隱情,文亡隱音(意)"的《詩論》,其實同時承認和證成了"詩無隱情",這意味着其前提性認知既有"詩言志",又有"詩言情"。傳世《詩序》謂,"變風發乎情,止乎禮義。發乎情,民之性也;止乎禮義,先王之澤也",雖偏主於就"變風"立論,卻説破了"詩言情"與"詩言性"的同一性。

其中,《詩論》論《關雎》值得高度關注。其所謂"好色之忞(願)",指的是心對美色之所向,"好"屬於"情"。如果把"情"和"禮"看成互相對待的兩面,那麽,《詩論》論《關雎》探討的,就是兩方面都達成合理滿足的問題。這是儒家詩學尤其是《詩經》學的關懷,也是儒家對人倫道德的關懷。他們並不主張或追求祛除人情,但情的恣意發展卻是被禁止的,情的張揚不能違背道義的節度。後來荀子論"《國風》之好色",引傳曰"盈其欲而不愆其止"(《荀子·大略》),堪稱對這種觀念最精當而簡要的概括。有學者在詮釋郭店簡文時,說,

"道德修養是一個融合天賦人性與聖人創始的外在文化實踐的過程",①持論相當精確,不過這種取向在《詩論》中已基本上確立了,很可能源於孔子。《詩論》認爲,《關雎》主人公發乎其好色之情,此情發展到一定程度,又改之而入於禮,故贊之曰"能改",美其"思賹(賹/益)"。如何找到"情"與"禮"的合理配置、找到"情"與"禮"的契合點呢?這毫無疑問是子思、孟子、荀子等儒家學者的核心思考之一,而孔子的體系中已經顯露了端倪,即關鍵在於"甬(用)心"、關鍵在於心發揮根本性的作用。《詩論》關乎"情"與"禮"的思考不僅深刻影響了郭店、上博儒典(包括《五行》),影響了《孟子》《荀子》等傳世儒典,而且奠定了傳世《詩經》學著述如《詩序》《毛傳》《鄭箋》等作品的核心意指。單從詩學或《詩經》學層面上看,《詩論》討論詩情,還是側重於詩篇主人公之情,然其所有論析都基於一個前提,即認同情是詩歌表達的對象。

顯然,"詩言意"的觀念同樣包含在《詩論》的前提性認知中。其第五章論《木瓜》,云:"虗(吾)㠯(以)《木苽》旻(得)帀(幣)帛之不可迬(去)也,民眚古然,丌陞(隱)志必又(有)㠯(以)俞(喻)也,丌言又所載而后(後)内(納),或前之而后交,人不可坙(觸)也。"這是説,詩篇主人公之"言"通過報之以瓊琚、瓊瑶、瓊玖的形式負載和傳達;《莊子·雜篇·外物》云,"言者所以在意",載言説到底就是載意。《詩論》認爲,《木瓜》主人公之意及其表意行爲乃詩歌表現的對象,這與認定詩歌傳達創作主體之意有内在的同一性。而且,這段論析包含着對《木瓜》詩的一個同意解讀,即主人公之達"言—意"同時被視爲喻隱"志"。這又從實際上凸顯了言"意"、言"志"的同一性。從小學上看,"志""意"二字可以互釋,見《説文解字·心部》。

綜上所論,從詩學範域看,《詩論》乃"詩言性""詩言志"(或"詩言意")、"詩言情"諸觀念的統一體(當然,這主要是它的潛台詞,它直接關注的是對詩的認知)。"志""意"爲心之所向,"情"在郭店、上博儒典中被界定爲"性"之所生,然則《詩論》之根基,恰恰就是儒家心性學説的兩大核心範疇——"心"與"性",而且,由它們統轄的一系列基本範疇及其邏輯關係,在《詩論》中業已初步定義。因此很自然地,孔子經學尤其是《詩經》學方面的建構,在其後學那裏釀就了異常繁盛的心性學説。有學者泥於《詩論》"訾(詩)亡隱志"一語之意涵,謂即常言所謂"詩言志",見《毛詩大序》論"詩言志"而歸結到"情動於中而形於言",即是説"詩是内心情感的爆發",於是提出,"詩歌畢竟是抒情的作品,《毛詩大序》論詩在此方面比楚簡言《詩》有了進步",《毛詩大序》"得出

---

① 〔澳〕陳慧、廖名春、李鋭:《天、人、性:讀郭店楚簡與上博竹簡》,頁14。

了比《孔子詩論》更符合詩歌創作實踐的結論"。① 這一論斷既不得《詩論》之實,也有悖於歷史之真。究其實際,《詩序》所謂"詩者,志之所之也,在心爲志,發言爲詩","情動于中而形于言","(變風)發乎情,止乎禮義","發乎情,民之性也"等等,以及其聲音之道與政通諸核心理念,均未超脱《詩論》的籠罩。值得注意的倒是,《詩序》並未凸顯"詩言性"這一重要視域,或許已暗示了詩歌創作、認知的理論與實踐,將在某種程度上趨於單一和貧乏。②

(四) "天"與"命"

此外,《詩論》中還出現了孔子思想中兩個極爲重要的範疇——"天"與"命";前者通常也被稱爲"帝",後者即通常所説的"天命"。本章之所以要討論這兩個範疇,是基於如下考慮:祇有弄清楚孔子對天帝鬼神以及天命的信仰,纔能够明白儒家心性學説之主流體系爲何以天或天命爲根基。

《詩論》第九章云:"…'帝胃(謂)文王,予襄(懷)尓(爾)眔(明)惪',害(何)? 城(誠)胃之也。'又(有)命自天,命此文王',〔害〕? 城命之也,信矣。孔子曰:此命也夫! 文王隹(雖)谷(欲)已,旻(得)唇(乎)? 此命也。□□□□□□□□□□□□□寺(時)也,文王受命矣。"這一層面上的命非聖明天子不足以當之,它來自天或帝,③與明德有不可分割的關聯,就是説,它是基於對象之明德而授予的;它源於最高的存在,具有終極性,其施予和剥奪惟取決於德行是否達到標準,且不爲任何力量包括受命者本人所阻擋或者改變。《中庸》第十七章記孔子曰:"舜其大孝也與! 德爲聖人,尊爲天子,富有四海之内。宗廟饗之,子孫保之。故大德必得其位,必得其禄,必得其名,必得其壽。故天之生物,必因其材而篤焉。故栽者培之,傾者覆之。《詩》曰:'嘉樂君子,憲憲令德。宜民宜人,受禄於天。保佑命之,自天申之。'

---

① 參見劉冬穎:《出土文獻與先秦儒家〈詩〉學研究》,頁 177。
② 嚴可均(1762~1843)校輯《全漢文》卷四一據《初學記》二十一、《太平御覽》六百〇九,謂劉歆《七略》有"《詩》以言情。情者,性之符也"之語。其實《初學記》《太平御覽》所録原爲"信之符",而非"性之符"。嗣後姚振宗(1842~1906)《七略佚文》等誤從嚴輯。要之,漢以後能清醒地將"言情"歸結於"言性"者,較之戰國時期已然大減。
③ "天"和"帝"具有同一性,指最高之神。《詩經·大雅·皇矣》云:"帝謂文王:'無然畔援,無然歆羨,誕先登于岸。'……帝謂文王:'予懷明德,不大聲以色,不長夏以革。不識不知,順帝之則。'"鄭玄解前一個"帝謂文王"爲"天語文王曰",解後一個爲"天之言云"。《詩論》第九章先引《皇矣》"帝胃(謂)文王",繼引《大明》"又(有)命自天,命此文王","帝"與"天"的同一性亦較然。

故大德者必受命。"①一系列"必"字,凸顯了天命依德授受的必然性。

這種天命絕不等同於一般所説的命定論之"命"。一般的命定論至遲商代已經存在。《尚書·西伯戡黎》記載:

> 西伯(西方諸侯之長,文王)既戡黎(黎,古國名,在今山西長治),祖伊(紂臣)恐,奔告于王。曰:"天子,天既訖我殷命,格人元龜,罔敢知吉。非先王不相我後人,惟王淫戲用自絶。故天棄我,不有康食(不得安食)。不虞天性(不度天命之性),不迪率典(不由法常)。今我民罔弗欲喪,曰:'天曷不降威?大命不摯(至)。'今王其如台(奈何)?"王曰:"嗚呼!我生不有命在天?"祖伊反(返),曰:"嗚呼!乃罪多參(羅列)在上,乃能責命于天?殷之即喪,指乃功(即是紂事所致),不無戮于爾邦。"

殷紂殆持守原始天命觀,認爲此命一定便不會改變。而恰恰是在殷紂時期,天命觀顯示了强烈的世俗化、理性化的端倪。紂臣祖伊即認爲天命會依據現世德行去就,德不及則無以責命於天,由此天命隱然成了現實道德的終極保證。這是中國天命觀的第一次重要轉型,這次轉型,至周初大功告成。《尚書·康誥》篇載周公告誡康公,曰:"惟乃丕顯考文王,克明德慎罰,不敢侮鰥寡,庸庸(用當用),祗祗(敬當敬),威威(罰當罰),顯民(明示人民)。用肇造我區夏,越我一二邦,以修我西土。惟時怙冒(孫疏:言惟時大懋勉也),聞於上帝,帝休。天乃大命文王,殪戎殷,誕受天命,越厥邦厥民,惟時敘(孫疏:敘,亦爲豫)。"《尚書·文侯之命》記周平王(前770~前720在位)表彰晉文侯,曰:"丕顯文武,克慎明德,昭升于上,敷聞在下。惟時上帝,集厥命于文王……"這些都是天命眷顧道德的經典論説,其經典個案即文王受命。這一種皇天集命聖王的觀念此外還見於《尚書·顧命》篇所記周成王(前1042~

---

① 《中庸》分章暫依朱熹《四書章句集注·中庸章句》。徐復觀以朱子分三十三章爲基準,將傳世《中庸》重新劃分爲上下兩篇。上篇自"天命之謂性"的第一章起,至"哀公問政"的第二十章前段,止於"道前定,則不窮"。下篇自第二十章後段始,起於"在下位,不獲乎上,民不可得而治矣",直至第三十三章。徐復觀認爲,原第十七、十八章、十九章"與《中庸》本文無關","是由禮家所雜入到裏面去的",第二十八章則"分明係禮家編定時所雜湊進去的"。(參見氏著《中國人性論史·先秦篇》,頁96)徐復觀如此處理《中庸章句》第二十章,依據是孔穎達(574~648)六十三卷之《禮記正義》原分之爲兩大章,各屬卷五二與卷五三;他認爲,"孔穎達此一分法的最大意義,實際上是依然保持着《漢志》之所謂《中庸説》二篇的原有面貌",而《漢志》所著録《中庸説》二篇,"實即《禮記》四十九篇中之一的《中庸》的單行本"(同前書,頁97、頁95)。徐復觀進而提出,"從思想上來看,《中庸》上篇之所以出現,主要是解決孔子的實踐性的倫常之教,和性與天道的關係","《中庸》的下篇,是以誠的觀念爲中心而展開的"(同前書,頁99、頁126)。這種處置看起來相當合理,然而問題可能更爲複雜,需要審慎對待。又,傳世《中庸》"哀公問政"章有"在下位不獲乎上,民不可得而治矣"語,當係衍文。鄭玄注曰:"此句其屬在下,著脱誤重在此。"

前1021在位)命召公、畢公諸大臣之辭,以及晚《書》之《大禹謨》(記舜帝與禹、益、皋陶諸大臣討論政務)、《伊訓》(爲伊尹教導太甲之訓辭)、《太甲》(亦爲伊尹教導太甲之訓辭)、《武成》(記周武王〔前1046～前1043在位〕武功大成後之重要政事)、《微子之命》(爲周成王分封微子之命令)等,無須一一舉列。① 而《詩經·大雅·大明》篇敘天命文王,云,"天監在下,有命既集";又云,"有命自天,命此文王,于周于京"。《皇矣》篇則説:"帝謂文王:予懷〔尔〕明德……"②《文王有聲》篇也説:"文王受命,有此武功。既伐于崇,作邑于豐。文王烝哉!"

很明顯,一種世俗化、理性化的天命觀在周初已經成熟(所謂"世俗化"或"理性化",是指它強烈地向現世的道德傾斜)。徐復觀認爲:"周人雖然還保留着殷人許多雜亂的自然神,而加以祭祀;但他們政權的根源及行爲的最後依據,卻祇訴之於最高神的天命。並且因爲由憂患意識而來的'敬'的觀念之光,投射給人格神的天命以合理的活動範圍,使其對於人僅居於監察的地位。而監察的准據,乃是人們行爲的合理與不合理。於是天命(神意)不再是無條件地支持某一統治集團,而是根據人們的行爲來作選擇。這樣一來,天命漸漸從它的幽暗神秘的氣氛中擺脫出來,而成爲人們可以通過自己的行爲加以瞭解、把握,並作爲人類合理行爲的最後保障。並且人類的歷史,也由此而投予以新的光明,人們可以通過這種光明而能對歷史作合理的瞭解、合理的把握。因而人人漸漸在歷史中取得了某程度的自主的地位。這才真正是中國歷史黎明期的開始。"③需要説明的是,對周人來説,這種天命觀不止論證了統治的合法性,而且還意味着必須時刻聆聽因爲不敬德而失去天命的警戒。《尚書·召誥》篇記召公告誡周成王云:"我不可不監于有夏,亦不可不監于有殷。我不敢知曰,有夏服天命,惟有歷年,我不敢知曰,不其延;惟不敬厥德,乃早墜厥命。我不敢知曰,有殷受天命,惟有歷年,我不敢知曰,不其延;惟不敬厥德,乃早墜厥命。今王嗣受厥命,我亦惟(思)兹二國命,嗣若功。王乃初服。嗚呼!若生子,罔不在厥初生,自貽哲命(即親自給予賢明之教)。……知今我初服,宅新邑,肆惟王其疾敬德。王其德之,用祈天永命……"

---

① 案周成王、周武王在位時間,據夏商周斷代工程專家組編著:《夏商周斷代工程1996—2000年階段成果報告》(簡本),頁88。

② 案:《皇矣》此句,傳世本無"尔"("爾")字,當據上博《詩論》第七簡(第九章)補正。《墨子·天志下》:"非獨子墨子以天之(志)爲法也,於先王之書《大夏》之道之然:'帝謂文王,予懷明德,毋大聲以色,毋長夏以革,不識不知,順帝之則。'"《道藏》本、吳毓萇鈔本等"懷"下有"而"字,是。"予懷而明德",與簡文"予褱(懷)尔(爾)眔(明)悳"意同,可以互證。

③ 徐復觀:《中國人性論史·先秦篇》,頁24。

不過,天命觀之理性化與世俗化僅僅是歷史的一個面向,儘管它極爲重要,一般的命定論此後始終存在着,而且迄今都還有巨大影響。一般的命定論是先驗的宿命論,其所謂"命"是"盲目的超人而可以支配人的神秘力量",①與人的現世德行無關。孔子及其後學亦未能徹底超越這種觀念。冉伯牛(冉耕,前544～?)有疾,子問之,自牖執其手,曰:"亡之,命矣夫!斯人也而有斯疾也!斯人也而有斯疾也!"(《論語‧雍也》)子夏曰:"商聞之矣:死生有命,富貴在天。"(《論語‧顏淵》)這些材料人們耳熟能詳。孔門四科,"德行"優異者爲"顏淵、閔子騫、冉伯牛、仲弓"(《論語‧先進》)。孔子就冉伯牛生"惡疾"(麻風病)而發感慨,強烈凸顯了命與德的疏離。② 墨家創始人墨子(約前468～前376)排擯的就是這樣一種"命"。《墨子‧非命上》云:"子墨子言曰:執有命者以襍於民間者衆。執有命者之言曰:'命富則富,命貧則貧,命衆則衆,命寡則寡,命治則治,命亂則亂,命壽則壽,命夭則夭,命……(案此處有脱文),雖強勁,何益哉?'上以説王公大人,下以駔(阻)百姓之從事,故執有命者不仁。故當執有命者之言,不可不明辨。"

在孔子及其後學的思想體系中,一般的命定論並不占主導地位(故一般情況下,筆者所説孔子的"天命觀",均非就一般的命定論而言)。在《詩論》第九章中,孔子所言天命強烈地依賴於道德,承繼的是周初成熟的理性化天命觀(他就《詩經‧大雅‧皇矣》和《大明》立説,有其必然性),這纔是他思想體系中的主導觀念。③ 劉向《諫營昌陵疏》云:"孔子論《詩》,至於'殷士膚敏,祼

---

① 參閲徐復觀:《中國人性論史‧先秦篇》,頁293。
② 《史記‧仲尼弟子列傳》說"伯牛有惡疾",裴駰(生卒年不詳)《史記集解》引包氏説"牛有惡疾,不欲見人"。《淮南子‧精神》篇則提到"冉伯牛爲厲";"厲"通"癩",一般認爲就是麻風病。這是一種慢性傳染病,可使患者手足、面部、眼睛等發生殘畸。
③ 在郭店與上博儒典、《五行》以及《孟子》《荀子》中,這種意義上的天命並無很凸顯的位置,基於各自體系建構的需要,它們或者更關注跟人性與道術貫通的天命,或者以清醒的理智主義和主體精神將傳統天命觀進一步稀釋。但即便是以清醒理智著稱的《荀子》,亦殘留這種天命觀念的痕迹。如其《修身》篇云:"端慤順弟(悌),則可謂善少者矣;加好學遜敏焉,則有鈞無上(有與之齊等而無在其上者),可以爲君子者矣。偷儒憚事,無廉恥而嗜乎飲食,則可謂惡少者矣;加惕(蕩)悍而不順,險賊而不弟焉,則可謂不詳(祥)少者矣,雖陷刑戮可也。老老而壯者歸焉,不窮窮(寬容不迫蹙不通達者)而通者積焉,行乎冥冥而施乎無報,而賢不肖一焉(楊注:賢不肖同慕而歸之)。人有此三行,雖有大過(禍),天其不遂乎。"其《不苟》篇云:"君子,小人之反也。君子大心則〔敬〕天而道,小心則畏義而節;知則明通而類,愚則端愨而法;見由(用)則恭而止(楊注:止,謂不放縱也),見閉則敬而齊(楊注:敬而齊,謂自齊整而不怨也);喜則和而理,憂則靜而理;通則文而明,窮則約而詳。"其《非十二子》篇云:"古之所謂處士者,德盛者也,能静者也,修正者也,知命者也,著(是)〔定〕者也。今之所謂處士者,無能而云能者也,無知而云知者也,利心無足而佯無欲者也,行偽險穢而彊高言謹慤者也,以不俗爲俗,離縱而跂訾者也。"這些都是顯例。又,《孟子》體系有一個值得注意的進展,即弘揚《尚書》傳統而將天命觀與民本思(轉下頁)

將于京',喟然歎曰:'大哉天命! 善不可不傳于子孫,是曰富貴無常;不如是,則王公其何以戒慎,民萌何以勸勉?"(《全漢文》卷三六)孔子就《大雅·文王》"殷士膚敏,祼將于京"而發的感喟,堪稱理性化天命觀的集中體現。此種超越性的力量——天命兼具變與不變兩種特徵:就其依德行善惡而施與和轉移言,天命並非永恆,是變的;就其必依德行善惡而去就言,"天行"可謂"有常",是不變。所謂"富貴無常",是就天命變的一面而言的,所謂"善不可不傳于子孫",則是就天命不變的一面而言的。此種與世俗道德關聯在一起的天命,以其去就之變與不變,警示和規範着現實人生。①《詩論》第九章所記同時説明,孔子主導性天命觀的核心是作爲人格神的"天"或"帝",它可以告訴文王自己的道德祈向:"帝謂文王:'無然畔援(跋扈),無然歆羨(貪羨),誕先登于岸(鄭箋:登,成。岸,訟。……當先平獄訟,正曲直也。'……/……帝謂文王:'予懷(歸)〔尔(爾)〕明德,不大聲以色(鄭箋:不虛廣言語,以外作容貌),不長夏(掌管諸夏)以革(亟,急),不識不知,順帝之則。'……"(《詩經·大雅·皇矣》)而與這一核心相關的命具有超越性和終極性,因此不能簡單將它視爲主體"自己的心的道德性"。②

值得注意的是,孔子已經跳出聖王受命説的窠臼,將該説所含命與德之關聯泛化爲一般意義上的德生於天。《史記·孔子世家》記載:"孔子去曹適宋,與弟子習禮大樹下。宋司馬桓魋欲殺孔子,拔其樹。孔子去。弟子曰:'可以速矣。'孔子曰:'天生德於予,桓魋其如予何!'"孔子謂"天生德"云云,最

(接上頁)想貫通。孟子回答萬章,説"天子不能以天下與人",舜有天下乃是"天與之,人與之"。他具體解釋説:"使之主祭而百神享之,是天受之;使之主事而事治,百姓安之,是民受之也。天與之,人與之,故曰天子不能以天下與人。……堯崩,三年之喪畢,舜避堯之子於南河之南。天下諸侯朝覲者,不之堯之子而之舜,訟獄者,不之堯之子而之舜,謳歌者,不謳歌堯之子而謳歌舜,故曰天也。夫然後之中國,踐天子位焉。而居堯之宫,逼堯之子,是篡也,非天與也。《泰誓》曰:'天視自我民視,天聽自我民聽',此之謂也。"(《孟子·萬章上》)人民的選擇成了獲得天命的根本驗證,孟子觀念顯示了很强的"用脚投票"的意味。

① 參閲拙作《孔子天命意識綜論》,《孔子研究》1999年第3期,頁45。
② 徐復觀對孔子"天命"説的認知,即持此種觀念。他認爲:"孔子五十所知的天命,乃道德性之天命,非宗教性之天命……他的知天命,乃是對自己的性、自己的心的道德性,得到了徹底的自覺自證。孔子對於天、天命的敬畏,乃是由'極道德之量'所引發的道德感情;而最高的道德感情,常是與最高的宗教感情,成爲同質的精神狀態。在孔子心目中的天,只是對於'四時行焉,百物生焉'的現象而感覺到有一個宇宙生命、宇宙法則的存在。他既没有進一步對此作形而上學的推求,他也決不曾認爲那是人格神的存在。……他之畏天命,實即對自己内在的人格世界中無限的道德要求、責任,而來的敬畏。"(見氏著《中國人性論史·先秦篇》,頁81~82)上博簡文《詩論》揭破了這一認知的錯謬,徐復觀基於這一認知提出的全部論斷都應該修正。的的確確,孔子之天命與道德有極深刻的關聯,但它在邏輯上以及主體信仰中具備終極性,而不爲主體所限定。

早見於《論語·述而》。朱子注云：“桓魋，宋司馬向魋也。出於桓公，故又稱桓氏。魋欲害孔子，孔子言天既賦我以如是之德，則桓魋其奈我何？言必不能違天害己。”此注較爲平實，但所謂上天賦德，意指並不明朗。何晏《論語集解》録包咸（前7～公元65）解釋此語云，“（天）授我以聖性，合德天地，吉無不利”。① 劉寶楠《論語正義》申之曰：“聖性者，孟子以堯、舜爲性之言，性成自然也。夫子聖性，是天所授，雖遭困阨，無損聖德，故曰‘吉無不利’也。此夫子據天道福善之理，解弟子憂懼之意……”依先秦儒家觀念，天授予人的“性”都是相同的，孔子本人謂“性相近”便是明證，這一點本文暫且不論，更迫切的問題是，上揭所有解釋都忽略了個人修爲對德的重要性。若聖人之德必仰賴上天賦予的先天的“聖性”，那麽個人修爲似乎就是多此一舉了，而孔子所謂“德之不脩，學之不講，聞義不能徙，不善不能改，是吾憂也”（《論語·述而》），以及“克己復禮爲仁”“爲仁由己”（《論語·顔淵》），“仁遠乎哉？我欲仁，斯仁至矣”（《論語·述而》）等等，就很難理解。因此，傳統的解釋並未得到孔子天命觀之本旨。

必須强調，孔子十分重視對神的體驗。《論語·八佾》云：“祭如在，祭神如神在。子曰：‘吾不與祭，如不祭。’”中國古代思想家所謂的“在”有兩種類型。一種“在”不能給人以直接的經驗感知，譬如道家之核心範疇“道”。傳世《老子》第十四章云：“視之不見，名曰〔夷〕〔微〕；聽之不聞，名曰希；（搏）〔掯〕之不得，名曰〔微〕〔夷〕。此三者不可致詰（推究），故混而爲一。其上不皦，其下不昧。繩繩不可名，復歸於无物。是謂无狀之狀，无物之象。是謂惚恍。迎不見其首，隨不見其後。”這是從視覺、聽覺、膚覺等方面，來界定道不可以被感知的特性。② 《莊子·内篇·大宗師》云：“夫道，有情有信……自本自根，未有天地，自古以固存。”這是説，道是不依賴其他任何事物的終極性的真實存在。《大宗師》又説，道“無形”，“可傳而不可受，可得而不可見”。這是説道超越經驗感知，不像普通事物那樣具有形質。《莊子·外篇·天地》謂“霤（流）動而生物，物成生理，謂之形”，此處“理”字當指紋理。《荀子·正名》篇謂“形體、色、理以目異”，楊倞注云：“形體，形狀也。色，五色也。理，文理也。”故所謂“物成生理，謂之形”，就是説物有形質，《莊子·外篇·達生》所謂

---

① “合德天地”語，《論語正義》引作“德合天地”，三十郎盛政傳鈔清家點本、林泰輔舊藏本、青蓮院本《論語集解》均作“合德天地”（見《影印日本〈論語〉古鈔本三種》，北京：北京大學出版社，2013年，第1版），今從。
② 《韓非子·解老》篇云：“人希見生象也，而得死象之骨，案其圖以想其生也，故諸人之所以意想者皆謂之象也。今道雖不可得聞見，聖人執其見功以處其形，故曰：‘無狀之狀，無物之象’。”韓非所謂“處見其形”之“形”，恐不能理解爲可以經驗感知的形質，否則就背離了《老子》定義道的本意。

"凡有貌象聲色者,皆物也",也有同樣的意思。與此不同的另外一種"在"可以直接訴諸人的經驗感知。《墨子·明鬼下》云:"……天下之所以察知有與無之道者,必以衆之耳目之實知有與亡爲儀者也。請(誠)惑(或)聞之見之,則必以爲有,莫聞莫見,則必以爲無。"由聞見確認的"有"與老莊之"道"顯然不同。《論衡·死僞》篇云:"夫鯀殛於羽山,人知也;神爲黄熊,入于羽淵,人何以得知之?使若魯公牛哀病化爲虎,在,故可實也。今鯀遠殛於羽山,人不與之處,何能知之?"既然"人與之處"是確證這種"在"的前提,那它指向的,衹能是可由經驗感知的在。① 顯然,"祭如在,祭神如神在"的"在"屬於第二種類型。此句不是指主體在祭祀中感覺到先祖和神明好像在。對孔子來説,神的在是毋庸置疑的,衹不過它並非普通的、可由經驗感知的、有形質的在,它衹能呈現在信仰者的内心體驗中。因此,此語確切内涵爲,在祭祀過程中,主體就像體驗可由感官感知的有形質的普通事物那樣體驗到神在,或者説,主體體驗到,神就像可由經驗感知的有形質的普通事物那樣在。② 依孔子之見,祭祀的實質不在於鋪張儀式,而在於這種他者不可替代的體驗。——如果視祭儀爲"宗教語言",那麽,對神的實在性的體驗就是它指向的"象徵體系";二者之關聯不可能被"置身事外"的觀察者所理解,就是説,衹有進入它們特有的價值維度,纔能理解這種關聯的真正内涵。③ 而换一個角度説,祭儀雖然不是根本性的,卻可以促使主體進入宗教特有的價值維度,使他把肉體參與宗教活動,提升爲更深刻的心靈的參與。心靈的參與毫無疑問是不可替代的,參與了就是參與,未參與就是未參與,故孔子説"吾不與祭,如不祭"。孔子曾感慨:"鬼神之爲德,其盛矣乎! 視之而弗見,聽之而弗聞,體物而不可遺。使天下之人,齊明(齋戒明潔)盛服,以承祭祀。洋洋乎如在其上,如在其左右!《詩》曰:'神之格思,不可度思,矧可射思。'夫微之顯,誠之不可揜,如此夫。"(《中庸》第十六章)孔子這番話切切實實地凸顯了自己對鬼神之"在"的體驗;"視之而弗見,聽之而弗聞"二語,是説鬼神作爲"在"超越人的經驗感知,"洋洋乎如在其上,如在其左右"二語,則是説在體驗上,鬼神如同可以被經驗感知的有形質的"在",充滿其上方或左右。宗教最深層的實質就是這種體驗,它充滿難以言説的東西,所以"子不語怪,力,亂,神"(《論語·

---

① "公牛哀病化爲虎"一事儘管被敍述爲可由經驗感知的"在",其實則不可能如此。不過這是另一問題,此處不必細論。
② 有學者説:"兩個'如'字,説明孔子本來就不相信神真的存在。"(〔澳〕陳慧、廖名春、李鋭:《天、人、性:讀郭店楚簡與上博竹簡》,頁186)這種理解殆忽視了鬼神作爲一種"存在"的特殊性。
③ 參閲〔德〕恩斯特·卡西爾(Ernst Cassirer):《人論》,甘陽譯,上海:上海譯文出版社,1985年,第1版,頁92。

述而》)。孔子的確很少談論神——包括至上神天或帝；他雖然高度重視與道德密不可分的天命(需要留意,孔子所謂的"命"並非都與道德密不可分),但同樣較少談論。孔子的態度不是簡單回避,更不是漠視。實際上,像談論普通事物一樣談論天帝鬼神或者天命,很可能會被視爲貶低和矮化神。有宗教學家提出,衹要信仰使人"去創造生活或增進生命",它就無需"進一步的證明"。①這一道理正可以拿來解釋孔子。

信仰及體驗對宗教生活的重要性是無與倫比的。美國學者牟復禮(Frederick W. Mote)評論托馬斯·阿奎那時,説:"托馬斯·阿奎那將亞里士多德的理性推向極致,提出了上帝存在的五大證明,但他卻主張信徒們應該超越這些方法,要靠信仰來相信上帝。對他來說,最臻至的宗教生活是信仰之事而非關乎理性。……托馬斯·阿奎那在其臨終前的幾個月有過一次神秘的宗教體驗,打那之後,他説那次的直覺體驗所獲得的知識,是如此的確鑿明定,讓他此前畢生的著述和證明都顯得的一無是處。但他講的不是信仰的飛躍(leap of faith,他認爲這是一個虔誠基督徒不可或缺的),而是一種直截、頓透式的(direct and immediate)確知。"②個人道德修爲與天命一致是孔子特有的生存體驗,也是他的信仰。對孔子來説,主體之所以汲汲修德,是因爲他從生命自身意識到德乃上天的要求,因而對道德的持有説到底就是上天的給予。换言之,在孔子的生存體驗中,自身善良德行的生成實乃上天意願的完成,真正"知天命"者不是那些冷靜認知天命的人,而是那些真切感受到天命使自己必須修德行善、致力於生民之義的人。因此,孔子的天命觀並未取消人的後天努力,反倒凸顯了後天努力的必然性和必要性。③總而言之,孔子

---

① 參閱何光滬:《多元化的上帝觀:20世紀西方宗教哲學概覽》,貴陽:貴州人民出版社,1991年,第1版,頁56。
② 〔美〕牟復禮:《中國思想之淵源》,頁25。
③ 個人修爲與天命的一致性,是後世不少儒家學者的基本認知。如孟子曰:"盡其心者,知其性也。知其性,則知天矣。存其心,養其性,所以事天也。"(《孟子·盡心上》)知性與知天貫通,存心養性與事天貫通,其意較然。有學者評孔子"知命"説云:"'知命'一詞不應理解爲消極認命。相反,它表明了個人理解並積極履行其被賦予的職責,以成其仁者之名的態度。"(〔澳〕陳慧、廖名春、李鋭:《天、人、性:讀郭店楚簡與上博竹簡》,頁18)強調儒家知命説富有積極進取的性質,是十分恰當的。在中國傳統中,人們對"命"通常有完全不同的界定和態度。《墨子·非命上》曾批評"執有命者之言",所謂"命富則富,命貧則貧,命衆則衆,命寡則寡,命治則治,命亂則亂,命壽則壽,命夭則夭"等等,認爲持守這種理念將妨害主體作爲的積極性,導致國家貧、人民寡、刑政亂。古今中國,墨子批評的這種命定説可能更爲常見。孔子所論與道德密切關聯的"命"("天命"),與命定説之"命"大異。頗有意思的是,孔子執有命(非通常命定説之命)而建構了主體積極作爲的取向,墨子則因爲擔憂執有命(爲通常命定説之命)會使主體消極作爲,故而"非命"——即否棄命的存在,二者在職志上呈現了某種一致性。

進一步提升了周初成熟的理想化天命觀,更明確有力地將天命定義爲普遍的道德人格的保證,所以他說,"不知命,無以爲君子也"(《論語·堯曰》)。簡單說來,孔子所謂"天生德於予",張揚的是天之"明命"與人之"明德"的關係。《大學》云,"大學之道在明明德",又云,"《康誥》曰'克明德',《大甲》曰'顧(念)諟(正)天之明命',《帝典》曰'克明峻德',皆自明也",它不過是更明確地將天之"明命"與人之"明德"關聯在一起而已。鑒於這一事實,認定中國的道從頭開始便懸在空中,其尊嚴完全靠它的承擔者士本身來彰顯,認定以道自任的士祇有儘量守住個人的人格尊嚴,纔能抗禮王侯等等,①恐怕都有失偏頗。認爲"中國傳統從不借助至高無上的造物主上帝,故無需置信仰於理性之上",②可能也並不切當。就孔子天命觀來說,最有意思的是,其所藉助的上帝恰恰就被信仰爲現世理性的根源和保證,注重對天帝鬼神等超越性存在的體悟與注重現世的道德踐履構成了它的雙翼,缺一不可。

就是說,孔子對天帝鬼神的信仰指向"此岸",指向現世的人生。對他來說,不顧現世人生而耽溺於事鬼神顯然並不適當。樊遲問知(智),子曰:"務民之義,敬鬼神而遠之,可謂知矣。"(《論語·雍也》)《論語正義》解釋道:"'務'猶事也。'民之義'者,《禮運》曰,'何謂人義?父慈、子孝、兄良、弟弟、夫義、婦聽、長惠、幼順、君仁、臣忠,十者謂之人義',是也。"③《論語集注》則說,"務民之義"者,"專用力於人道之所宜"也。④ 孔子既强調敬鬼神,又排斥世俗宗教背離"民之義"的沉迷;"敬鬼神"最終落腳於"人道之所宜",落腳於俗世的道德實踐,這應該就是"敬鬼神而遠之"的奧秘。

孔子認爲,典章制度、禮樂教化之興喪取決於天。《論語·子罕》篇記:"子畏於匡。曰:'文王既没,文不在兹乎?天之將喪斯文也,後死者不得與於斯文也;天之未喪斯文也,匡人其如予何?'"⑤朱熹集注曰:"道之顯者謂之文,蓋禮樂制度之謂。不曰道而曰文,亦謙辭也。"孔子又説,道之行廢取決於

---

① 參閲〔美〕余英時:《士與中國文化》,上海:上海人民出版社,1987年,第1版,頁101～102。
② 〔美〕牟復禮:《中國思想之淵源》,頁25。
③ 案:《左氏春秋》昭公二十六年(前516)記晏子對齊景公曰:"禮之可以爲國也久矣,與天地並。君令、臣共、父慈、子孝、兄愛、弟敬、夫和、妻柔、姑慈、婦聽、禮也。"可與《禮運》"十者謂之人義"相參。
④ 朱子此語甚是,然其解"敬鬼神而遠之",以爲指"不惑於鬼神之不可知",殊非孔子本意。
⑤ 《史記·孔子世家》詳載其事曰:"將適陳,過匡,顏刻爲僕,以其策指之曰:'昔吾入此,由彼缺也。'匡人聞之,以爲魯之陽虎。陽虎嘗暴匡人,匡人於是遂止孔子。孔子狀類陽虎,拘焉五日。顏淵後,子曰:'吾以汝爲死矣。'顏淵曰:'子在,回何敢死!'匡人拘孔子益急,弟子懼。孔子曰:'文王既没,文不在兹乎?天之將喪斯文也,後死者不得與于斯文也。天之未喪斯文也,匡人其如予何!'孔子使從者爲甯武子臣於衛,然後得去。"

命。《論語·憲問》篇記:"公伯寮愬子路於季孫。子服景伯(案即魯大夫子服何忌)以告(告訴孔子),曰:'夫子固有惑志於公伯寮(案指季孫信讒而恚子路),吾力猶能肆諸市朝。'子曰:'道之將行也與,命也。道之將廢也與,命也。公伯寮其如命何!'"孔子還相信,天的宣判不可改易,"獲罪於天,無所禱也"(《論語·八佾》)。依孔子之見,天命不僅不可違逆或遏止,而且非一般人可知,自己"五十而知天命"(《論語·爲政》)。孔子提醒世人,真知天命則必畏之:"君子有三畏:畏天命,畏大人,畏聖人之言。小人不知天命而不畏也,狎大人,侮聖人之言。"(《論語·季氏》)①對他來說,知天命乃成就君子人格的前提:"不知命,無以爲君子也。不知禮,無以立也。不知言,無以知人也。"(《論語·堯曰》)要之,人必須基於認知天命,來展開自我修持,養育道德人格;道德人格雖有超越性的根基,但每個人都負有建構自我道德人格的根本責任。

(五) 小 結

除了在詩學層面上備受關注的範疇"志""情""音(意)"以外,《詩論》還有幾個十分重要的範疇,即"心""眚(性)"以及"天""命",從更寬泛的思想學術史角度看,這幾個範疇也許更值得重視,但它們實際上遭受了某種程度的冷落。由於材料限制(幾乎可以肯定地說,有些重要材料尚未發現),孔子學術思想的形成、範域、内涵、特質與影響,以及學界對於這些問題的認知,還遠遠未達到或接近"完成時",它們在很長時間内仍將處於不斷的劇烈的生成中。《詩論》是這一生成過程的重要節點,不過,一方面,其自身内容不具備完整性,另一方面,它並非基於範疇間的關聯來呈現自身邏輯嚴密的體系,而且原文鈔錄時存在闕文,竹簡出土時又有殘缺,所以這裏仍存在很多缺環。例如,從中看不出"情"和"眚"的具體界定以及它們有何種邏輯關係,看不出"命"和"眚"有何内在貫穿的本質屬性等等。因此有了《詩論》,孔子學術思想(包括其六藝之學與心性學說兩面)也仍未獲得完整和清晰的呈現。也許孔子思想確實有以上種種"邊界",也許祇是載錄失傳(載錄失傳是可以肯定的,不可知的是達到何種程度),或其弟子與再傳弟子的著述僅僅承載了部分師說,我們唯有期待以後的出土使這些問題更加明晰。

而在《五行》及郭店、上博所見其他儒典中,"命""眚""情"的邏輯關聯等,都得到了極清晰的呈現。從七十子及其弟子的心性學說回望,有一點是十分重要的:孔子基於聖王受命的傳統觀念發明了天命與一般性或普遍性道德的

---

① "大人"即"聖人"之意。《論語集解》云:"大人即聖人,與天地合其德者也。"

關聯,這幾乎註定了七十子及其後學的心性學説擁有超越性的終極存在作支撐,七十子及其後學進一步將這一關聯細化,輔之以創新性的詮釋和轉換,確立了"天—命—告(性)—人術(道)"相通一貫的心性學説的基本架構。這就是本節不能不高度重視孔子"命"或"天命"觀念的根本原因。

筆者相信,關於孔子,今後仍將有新的重要文獻出土,我們對其學術思想及歷史影響的認知,將會更清晰,更深刻,更完整。

二、郭店上博儒典"告""情""心""命"諸範疇

接下來,筆者將分析郭店儒典心性學説的一系列重要範疇,包括"告""情""心""命"等等(附以上博簡相關內容),以此剖析學術思想史發展的軌迹。①

(一)"告"與"命"

什麽是性呢?在孔子的體系中,它是一個十分關鍵的範疇,但並無清楚的定義;在孔子後學的著論中,它的定義一目瞭然。郭店簡文《告自命出》上篇有一個十分簡潔的概括:"告(性)自命出,命自天降"(上博簡《告意論》也有此語,但"告"字殘缺);也就是説,最上層的終極性的本源是"天","命"是天對萬物(包括草木、禽獸以及人)的付與,②"告(性)"則是出自命的原初特質,三者之關係可概括爲以下圖式:天→命→告(性)。在《論語》《詩論》等文獻中,孔子聚焦的"天命"是一種不可改變的終極力量,它眷顧並支持現世的道德。這種"天命"觀,一方面表明孔子承繼了上天降命於聖王的傳統敘述,一方面表明孔子將傳統觀念泛化,基於天命與普遍性道德的密切關聯,建構了"天生德於予"的現世自信。但是,這種"命"或"天命"與具備普遍意義的"性"究竟有何聯繫,答案在已知可靠文獻中似乎闕如。而在郭店、上博新出儒典中,這個環節也有了清晰的界定。

---

① 案:本節討論的對象包括《五行》。《五行》是一個特殊的文本。馬王堆漢墓帛書《五行》有"經"有"説",郭店楚墓所見竹書《五行》則衹有"經"。本書對於《五行》"經""説"並用,幾乎在所有情況下,即便將《五行》包括在"郭店儒典"中,也不排除其"説"。筆者這樣使用"郭店儒典",主要是爲了討論的方便。

② 或問朱子"命"字之義,朱子曰:"命,謂天之付與……"(見黎靖德編:《朱子語類》卷六一,《孟子》十一《盡心下》,頁 1463)這裏大抵可以理解爲生命。《禮記·祭法》云:"大凡生於天地之間者皆曰命。"亦或稱之爲"生"。《荀子·王制》云:"水火有氣而無生,草木有生而無知,禽獸有知而無義,人有氣、有生、有知,亦且有義,故最爲天下貴也。"

在上博《詩論》中，"命"主要是與聖王及明德關聯，《詩論》有限的文本並未表明該範疇普遍關聯着萬物衆生，可郭店儒典中的"命"則具備這種普遍意義。故《眚自命出》雖然聚焦於人性，但也談到了禽畜之性。如其上篇謂："牛生而倀（梗），𩿨（雁）生而𢁅（𠂹），亓（其）眚（性）肰（然）也。人而學或叓（使）之也。"①"倀"通"梗"，指抵觸；"𢁅"通"𠂹"，指成行而飛，如同陣列。② 牛生而抵觸，雁生而成陣列飛翔，這是它們的性規定的。《淮南子·兵略》篇云："凡有血氣之蟲，含牙帶角，前爪後距，有角者觸，有齒者噬，有毒者螫，有蹄者趹，喜而相戲，怒而相害，天之性也。"牛正是"有角者觸"之類，以角抵觸乃其天性。有學者準確地發揮"牛生而倀"諸例之意，云："動物的'性'是它與生俱來的生物性的或具有遺傳傾向的獨特性，還包括自然的發展過程。從更廣泛的意義上講，'性'一詞還表示一切事物通過其形式和功能所表現出的先天特質。"③《眚自命出》將人性與禽畜之性並論，傳達了如下重要信息：其一，"眚"具有指涉萬物的普遍意義；其二，所謂人性則是跟禽獸相對待的人類之性，它指涉所有人原初的同一性。這兩點，結合本書下一節對《五行》篇的剖釋，將看得更加完整和清楚。而孟子質疑告子（生卒年不詳）時，嘗曰"然則犬之性，猶牛之性，牛之性，猶人之性與"（《孟子·告子上》）；他雖强調犬、牛之性不同於人之性，但"性"這一範疇涵蓋人與物，他並不質疑。從這一背景上看，學界或堅認《詩論》"民眚"之"民"指的是與君、臣相對的平民，既有違於邏輯，又背離了史實，因爲人性乃是人與草木、禽獸的區别特徵。又有學者認爲，"對君子而言，教化的終極目標是理解並實現天賦予人的'性'與'命'，從而成就人之所以爲人的特徵"。④ 此説同樣值得商榷的。依新出儒典，性見於外雖然是"勿（物）取之"的結果，如《眚自命出》上篇明謂"及亓見於外，則勿取之也"（同語亦見於上博《眚意論》），但性實乃生之本然，《眚自命出》以牛生而如何、

---

① 審圖版，此處當殘缺三字。李零《郭店楚簡校讀記》增訂本（北京：北京大學出版社，2002年，第1版；北京：中國人民大學出版社，2007年，第1版）；劉釗《郭店楚簡校釋》（福州：福建人民出版社，2003年，第1版；2005年，第1版）等，或補爲"叓（使）肰（然），人"，或直接按讀法轉寫，基本可取。然而考慮到"眚（性）"乃物自身之性，性與物不當呈現爲施事與受事的關係，故以意改爲"肰（然）也，人"。"人而"當即"人則"之意，"人則如何如何"，與前文"禽畜如何如何"相對。就人而言，"學或叓（使）之也"一方面顯示了性的可塑性，一方面説明了學的重要性。

② 參閲白於藍：《簡牘帛書通假字字典》，福州：福建人民出版社，2008年，第1版，頁269、頁334。

③ 〔澳〕陳慧、廖名春、李鋭：《天、人、性：讀郭店楚簡與上博竹簡》，頁38。

④ 同上書，頁15。

雁生而如何來詮釋其"眚",便是鐵證。因此從戰國儒家心性學説的邏輯體系上説,性無須實現,也不足以充當"教化的終極目標"。還有的學者追問:"……'人性'是一種永恒的先驗的事實或者是一種歷史文化的産物嗎?"又問:"假如'性'是事實,即普遍内在於所有人之中的某種東西……'性'仍然可能是一個真正合乎規範的詞語、一種值得追求的成爲某種東西的描述嗎?"① 按照郭店、上博儒典的界定,上天給予人的原初的"眚"就是"一種永恒的先驗的事實",是"普遍内在於所有人之中的某種東西",其本身未必就意味着"真正合乎規範"或者"值得追求";實際上,傳世《孟子》《荀子》等重要儒典也都是這樣界定的。

《詩論》第九章引《詩經·大雅·大明》篇"又(有)命自天,命此文王"一語,暢論"命"和帝王"受命"的問題。值得注意的是,原詩於該句上文有"天監在下,有命既集",無論依照原詩本意,還是案之《詩論》的觀念體系,此句都跟"又命自天,命此文王"一樣,指聖王受命。《詩經·大雅·文王》有云:"文王在上,於昭于天。"這無疑也是説文王受命的問題。故該詩又云:"穆穆文王,於緝熙敬止。假(大)哉天命,有商孫子。商之孫子,其麗(數)不億。上帝既命,侯于周服。/侯服于周,天命靡常。殷士膚敏,祼將于京……"而《詩序》云:"《文王》,文王受命作周也。"鄭箋申之曰:"受命,受天命;而王天下,制立周邦。"然而《五行》對"天監在下""文王在上"兩句有全新的解釋。其説文第二十三章云:

"天監|在|下,有命既雜(集)"者也,天之監下也,雜(集)命焉耳。遁(循)草木之生(性),則有生焉,而无(無)|好惡焉|。遁(循)|禽獸之生(性),則有好惡焉,而无禮義焉。遁(循)人之生(性),則巍然|知亓(其)好|仁義也。不遁(循)亓所以受命也,遁(循)之則得之矣。是目(侔)之已。故目(侔)萬物之生(性)而|知人|獨有仁義也,進耳。"文王在上,於昭于天",此之胃(謂)也。文王源耳目之生(性)而知亓(其)|好|聲色也,源鼻口之生(性)而知亓(其)好轌(臭)味也,源手足之生(性)而知亓(其)好夬(佚)餘(豫)也,源|心|之生(性)則巍然知亓(其)好仁義也。故執之而弗失,親之而弗離,故卓然見於天,箸(著)於天下。

---

① 江文思導論,〔美〕江文思、〔美〕安樂哲編:《孟子心性之學》,頁3。

這大概是先秦儒家對人性最早且最清晰的論説。人性包括哪些基本内容,從這裏看得十分清楚:天之命集於草木、禽獸以及人類,草木之性是有生而無好惡,禽獸之性是有好惡而無禮義,萬物之中惟人之性獨有仁義;然而人性並非僅此一面,它包括小體(耳目鼻口手足)之性以及大體(心)之性,耳目之性爲好聲色,鼻口之性爲好臭味,手足之性爲好逸豫,心之性爲好仁義。① 人性的基本内涵呈現爲一個清楚而完整的體系。

此外值得注意的是,首先,《五行》這段文字完全是依"天→命→生(性)"的邏輯圖式,來界定"天監在下,有命既雜(集)"的意涵,其所謂"命"業已完全超脱帝王受命的觀念體系,由僅僅適用於明德之王變而爲適用於萬物羣生,它是天的給予,也是萬物之"生(性)"的基源。就是説,上天降萬物以命,循萬物所受之命即可得其性;②《中庸》第一章所謂"天命之謂性",當是濃縮此意。③

徐復觀曾提出,《中庸》"天命之謂性",意指"天……給人與物以與天平等的性";又認爲此性固有作爲天道和人道的"誠":

> 就人來説,此誠由何而來?下篇(案指《中庸》下篇)特別點明"性之德也"(二十五章),即誠是人性所固有的作用,所以又説"惟天下至誠,爲能盡其性"(二十二章);"至誠",乃性之德的全部實現,"至誠",即是"盡其性"。此性乃由天所命而來,一切人物之性,皆由天所命而來。至誠,盡性,即是性與命的合一。性與命合一,即是由天所賦與於一切人與物之性的合一。所以在理論上,便可以説,"能盡其性,則能盡人之性;能盡人之性,則能盡物之性;能盡物之性,則可以贊天地之化育"(二十二章)。因爲人與我,我與物,皆共此一性。正因共此一性,此性全體呈現時之誠,其自身即要求人物非同時並成不可。④

---

① 《五行》等儒典對人性的定義看起來包含着邏輯上的悖論。在新出儒典心性學説中,"好"屬於"情",而"情"生於"性"(參見下文所論),但該體系同時又用大體小體之"好"來定義大體小體之"性"。

② 顧史考在論析郭店簡《告自命出》之"告(性)自命出,命自天降"時,不能區隔帝王"受命"之"命"與"告自命出"之"命",將《尚書‧召誥》"惟不敬厥德,乃早墜厥命"、《詩經‧大雅‧文王》"天命靡常"等,與之混爲一談(參見氏著《郭店楚簡先秦儒書宏微觀》,頁70~71),值得商榷。

③ 徐復觀説:"天所明命於人者,若就戰國時代之意義言,亦可作人之性來解釋。"(見氏著《中國人性論史‧先秦篇》,頁257)案:"性"與"命"關聯甚密,是毋庸諱言的,然當知二者應屬於不同邏輯層次。徐復觀又説:"儒家所説的'性命'的命,是道德性的天命,而不是盲目性的運命。"(同前書,頁343)這一點確實需要強調。

④ 參見徐復觀:《中國人性論史‧先秦篇》,頁106、頁139。

徐復觀試圖進一步由人性、物性由天所命,昌言其平等觀。他說:

> "天命之謂性",決非僅祗於是把已經失墜了的古代宗教的天人關係,在道德基礎之上,與以重建;更重要的是:使人感覺到,自己的性,是由天所命,與天有內在的關連;因而人與天,乃至萬物與天,是同質的,因而也是平等的。①

依儒家之體系,說人乃至萬物與天有"內在的關連",是無可置疑的,然而"天"畢竟是超越性的終極存在,拿"經驗界"的人和物與這樣一種存在談"平等",實在是牽強。而用人、物"共此一性"來詮釋《中庸》心性學說,更是極嚴重的誤解。儘管《五行》認為人之性、草木之性、禽獸之性均由天所命,可它對草木之性、禽獸之性以及人之性的區隔是十分明確的。它其實是從物類的差別中來界定"性"的。比如,它將草木與禽獸以及人的差別,界定為草木之性("有生焉,而無好惡焉");將禽獸與草木以及人的差別,界定為禽獸之性("有好惡焉,而无禮義焉");將人與草木以及禽獸的差別,界定為人之性("好仁義""獨有仁義")。後來孟子繼承這一取向,把惻隱之心、羞惡之心、辭讓或恭敬之心、是非之心(亦即四端),看成人與"非人"的根本差異,把仁、義、禮、智視為這四種心的保持和擴充。② 這仍然是從人和草木禽獸尤其是人和禽獸不同的地方,來確立道德價值以及人性的尊嚴。《五行》《孟子》等儒典之心性學說,根本特質便在此。依此,持守與草木禽獸的差異性,纔是人之所以為人的根本。馮友蘭曾說:"人何以必須擴充此善端? 此亦一問題也。若依功利主義說,則人之擴充善端于社會有利,否則有害,此即墨子主張兼愛之理由也。惟依孟子之意,則人之必須擴充此善端者,因此乃人之所以為人也。"③在這一層面上,《中庸》《五行》《孟子》可以互證。徐復觀對《中庸》"天命之謂性"的

---

① 徐復觀:《中國人性論史·先秦篇》,頁106。
② 參見孟子論四端,主要見於《孟子·公孫丑上》"人皆有不忍人之心"章,以及《孟子·告子上》"告子曰性無善無不善也"章。案:孟子所謂"非人"當亦指草木與禽獸。三者之間,孟子同樣視禽獸為跟人相近的物類。故曰:"人之有道也,飽食、煖衣、逸居而無教,則近於禽獸。"《孟子·滕文公上》)又曰:"聖王不作,諸侯放恣,處士橫議。楊朱、墨翟之言盈天下。天下之言,不歸楊,則歸墨。楊氏為我,是無君也;墨氏兼愛,是無父也。無父無君,是禽獸也。"《孟子·滕文公下》)又曰:"人之所以異於禽獸者幾希……"《孟子·離婁下》)又曰:"此亦妄人也已矣。如此則與禽獸奚擇哉? 於禽獸又何難焉?"《孟子·離婁下》)又曰:"夜氣不足以存,則其違禽獸不遠矣。"《孟子·告子上》)一般人沒有淪為草木之患,卻有淪為禽獸之憂,故孟子常以禽獸警示人道之失,而極少從性的層面上論及草木。
③ 馮友蘭:《中國哲學史》,《三松堂全集》第二卷,頁359。

誤解，基本上等同於他對七十子及其後學的誤解。基於"天命之謂性"這一命題高談人與物"共此一性"、與天"同質"，高談"平等"，從儒家心性學説的實際體系上看，恰恰抹殺了人之爲人的"性"，實難以逃脱孟子發出的質疑："然則犬之性，猶牛之性，牛之性，猶人之性與？"①這是徐復觀論儒家心性學説的阿喀琉斯之踵。要之，草木、禽獸與人，僅僅在性出自天所命這一點上，尚算是"平等"的，具體落實到性，就有天壤之別了。②

徐復觀又依據《中庸》"天命之謂性"之觀念體系，斷言："……孔子以後，人性論漸成爲思想上之一重要課題……今日有典籍可據，在思想上言，則爲上承孔子，下啓孟子，可由此而得確實把握其發展之系統者，賴有《中庸》一篇之存。'天命之謂性'的性，自然是善的，所以可以直承上句而説'率性之謂道'。這兩句話，是人性論發展的里程碑。但'性善'兩字，直到孟子始能正式明白地説出。"③《五行》等儒典重見天日，孔、孟之間，人性論惟賴《中庸》承上啓下之説，業已被鐵一般的事實廓清，而所謂"人性論發展的里程碑"，更不能由《中庸》獨擅其美。與此同時，由《五行》《孟子》可知，天所命予之性雖可被定義爲善的（作爲子思再傳，孟子即打出了"性善"的招牌），可問題也不能簡單化爲"'天命之謂性'的性，自然是善的"。單就戰國儒家論人性而言，無論《五行》，還是《孟子》，其實都未囫圇一團地泛言性，或者泛言性善、性惡，他們都將人性區隔爲大體之性與小體之性，以"大體"指心，以"小體"指耳目鼻口手足等等。《五行》現存文字未見明確打出"性善"的旗號，《孟子》稱"性善"祇是據心即大體之性而言的，且其所謂"性善"，又祇是因爲據性之實性"可以爲善"，所謂"乃若其情則可以爲善矣，乃所謂善也"（《孟子·告子上》），而不是説性就是善的；至於小體之性，就更無所謂善了。後來的《荀子》也是這樣析分人性的，在這一問題上，它與《五行》《孟子》等導夫先路者的差異，唯在對大

---

① 儘管荀子與子思、孟子不同，不認爲人性含有道德價值的原發始端，可他認爲人可以憑藉心的官能，建構人之爲人的道德尊嚴。故《荀子·王制》篇説："水火有氣而無生，草木有生而無知，禽獸有知而無義，人有氣、有生、有知，亦且有義，故最爲天下貴也。"從這個意義上説，荀子與他的前輩其實是殊途同歸的（其詳請參閲下文所論）。

② 有些人類學家曾提醒説，"強調我們的獨特性並没有多大意義，反而會爲人類虐待其他動物提供辯護"，參閲〔美〕約翰·奧莫亨德羅（John Omohundro）：《像人類學家一樣思考》，張經緯等譯，北京：北京大學出版社，2017年，第1版，頁31）。對於儒家學者來説，這種擔心是多餘的。因爲他們很快就確立了一種"愛物"的思想，並且要求將它貫徹到諸多層面的實踐中。孟子"親親而仁民，仁民而愛物"（《孟子·盡心上》）是這種思想最簡潔、最明確的表達。而爲儒家亦容又不局限於儒家、基於氣候和物候設計的規範世人行爲的"月令"體系，在很多世務中都包含着強烈的愛物觀。

③ 徐復觀：《中國人性論史·先秦篇》，頁146。

體之性有完全不同的認知。

其次，《五行》這段文字中，"文王在上，於昭于天"一語，也超越了帝王受命説的觀念體系，文王受命被相應地轉換爲：文王體認天命給予性的積極價值——"好仁義""獨有仁義"，持守之而不離不失，最終生成"見於天，箸（著）於天下"的盛德；其間圖式，約略可概括爲"天→命→生（性）→德"。①

一言以蔽之，《五行》對性命關係的界定，蘊含了孔子以來一場意義深遠的觀念轉換。戰國儒家心性學説，尤其是子思、孟子諸大師的基本體系，便是這一轉換的表徵和結果。如果没有更新的出土材料來改變孔子對天命觀的敘述，那麽可以説，七十子及其弟子完成了由孔子開啓的天命觀轉型之旅。

先秦儒家論人性之善惡，殆有五説。孟子弟子公都子（生卒年不詳）請益説，告子曰"性無善無不善"，或曰"性可以爲善，可以爲不善"，或曰"有性善，有性不善"，孟子本人則曰"性善"（《孟子·告子上》）。除了孟子的"性善"説，告子所轉述的其實祇有兩説：一是"性無善無不善"，一是"有性善，有性不善"。所謂"性可以爲善，可以爲不善"，殆非論性之質，而是論性之用，即指性可以朝善與不善兩種方向塑造；任何一種關於性的論説，祇要承認性具有可塑性，都可與此説並立，故不應獨立。郭店簡文《尊惪義》云："桀（桀）不易壐（禹）民，而句（後）亂之；湯不易桀民，而句（治）之。"正是"性可以爲善，可以爲不善"的經驗事實。公都子援引此説之論述曰，"是故文、武興，則民好善；幽、厲興，則民好暴"（《孟子·告子上》），與《尊惪義》所論是相通的。孟子曰："富歲，子弟多賴（趙岐注：賴，善）；凶歲，子弟多暴。非天之降才爾殊也，其所以陷溺其心者然也。"（《孟子·告子上》）荀子稱："凡人有所一同：飢而欲食，寒而欲煖，勞而欲息，好利而惡害，是人之所生而有也，是無待而然者也，是禹、桀之所同也。目辨白黑美惡，耳辨音聲清濁，口辨酸鹹甘苦，鼻辨芬芳腥臊，骨體膚理辨寒暑疾養（癢），是又人之所常生而有也，是無待而然者也，是禹、桀之所同也。可以爲堯、禹，可以爲桀、跖……在埶（勢）注錯習俗之所積

---

① 郭店、上博儒典和《五行》中的"命"，也不能理解爲通常所説的"命"——個體不可違逆和改變的必然性。後者與人性基本上不存在關聯。郭店、上博儒典和《五行》篇中的"命"則是天對人的普遍而平等的給予，它關聯的是具有普遍性的初始的"眚（性）"。儒家所謂"天命"或即指"天道"。《周易·臨·象傳》云："臨，剛浸而長，説而順，剛中而應，大亨以正，天之道也。"《无妄·象傳》云："无妄，剛自外來而爲主于内，動而健，剛中而應，大亨以正，天之命也。"此"天之道"與"天之命"可以互稱。《詩經·周頌·維天之命》云："維天之命，於穆不已。"鄭箋："命，猶'道'也。天之道於乎美哉！動而不止，行而不已。"然而作爲"眚（性）"之基源的天之"命"卻不能直接就理解爲天之"道"。

耳……"(《荀子·榮辱》)①凡此之類皆是說"性可以爲善,可以爲不善",無論如孟子持性善之說,還是如荀子持性惡之說,均無差異。此外第三種說法是"性有善有惡",亦即"善惡混"。《論衡·本性》篇記:"周人世碩以爲:'人性有善有惡,舉人之善性,養而致之則善長;〔惡〕性(惡),養而致之則惡長。'如此,則〔情〕性各有陰陽,善惡在所養焉。故世子作《養〔性〕書》一篇。宓子賤、漆雕開、公孫尼子之徒,亦論情性,與世子相出入,皆言性有善有惡。"黃暉(1910~1974)校釋云:

《孟子·告子》篇:"或曰:'有性善,有性不善。'蓋即謂此輩(案指世碩、宓子賤、漆雕開、公孫尼子之徒)。近人陳鐘凡《諸子通誼》下《論性》篇以世碩之倫謂性善惡混,非也。揚雄主善惡混,世碩主有善有惡,兩者自異。故仲任(案爲王充字)以世碩頗得其正,而揚雄未盡性之理。"

黃說殆誤。"有性善,有性不善"與"人性有善有惡",兩者並非一事。"有性善,有性不善"一說,指人沒有統一的性,有的人性善,有的人性不善。公都子轉述此說之申釋,云:"是故以堯爲君而有象,以瞽瞍爲父而有舜,以紂爲兄之子且以爲君而有微子啓、王子比干。"(《孟子·告子上》)堯、舜、微子啓、王子比干被視爲性善者,象、瞽瞍、紂被視爲性惡者,有性善有性不善之旨,十分鮮明。而"人性有善有惡"則是說人性普遍包含善惡兩面,亦即善惡混,《論衡·本性》篇所記世碩之說自可爲證。故世碩主"人性有善有惡",亦當獨立爲一說。此外加上孟子主性善,荀子主性惡,共得五說。

陳鐘凡(1888~1982)概括先秦儒家言性各派,嘗云:"孔子言'性相近,習相遠',蓋謂性可善可惡,至習染遷移,乃或趨善而遠惡,或安於惡而忘善焉。

---

① 《荀子·榮辱》篇云:"可以爲堯、禹,可以爲桀、跖,……在埶注錯習俗之所積耳……"《荀子集解》王先謙案:"'埶'字無義。以上文言'注錯習俗'證之,則'埶'字爲衍文。"學界往往認同王說,但並非沒有其他可能。荀子該句很可能沿用了戰國儒家學者討論心性問題的常用範疇"埶(勢)"。郭店《告自命出》上篇云:"善 不善 ,告 也,所善所不善,埶也";"出告者,埶也。羕(養)告者,習也。";"凡見之之胃(謂)勿(物),快於己(己)者之胃兌(悅),勿之埶者之胃埶,又(有)爲也者之胃古(故)。"同樣的語句亦見於上博《告意論》。可見"埶"本是戰國心性學說中的重要範疇,《荀子·榮辱》篇殆承舊說而用之。其"注錯習俗之所積"可以理解爲自注。以破折號標明自注,則"在埶"句當讀爲:"在埶——注錯習俗之所積——耳。若非如此,似無由恰好衍一"埶"字。楊樹達嘗發明古人文中自注之例(參見氏著《古書疑義舉例續補》卷二《文中自注例》,《楊樹達文集》,《馬氏文通刊誤 古書句讀釋例 古書疑義舉例續補》,頁237~239)。張舜徽稱贊說:"這確是楊氏的一大發現!……這種義例的發現,極有價值,確能說明問題,解決問題。對閱讀歷史書籍的人們,啓示了一個新的方法。"(參閱氏著《中國古代史籍校讀法》,北京:中華書局,1962年,第1版,頁211~215)楊、張二先生所舉例句,基本上都出自《史記》《漢書》,可文中自注現象似不應到漢初方始出現。然則《榮辱》篇有此現象,似也不爲奇怪。

弟子各尊所聞而自爲説,大別性善、性惡及善惡混三派:主性善者孟軻,主性惡者荀卿,主善惡混者宓子賤、漆雕開、公孫尼子、世碩之倫也。"①此説基本成立,而欠完備,至少應補上前文所舉第一説"性無善無不善",以及第二説"有性善,有性不善"。今略分先後,並標明各説之主張者,將先秦儒家論性諸説臚列於下:

(1) 宓子賤(前521～?)、漆雕開(前510～前450)、世碩(生卒年不詳)、公孫尼子(生卒年不詳)等主張"性有善有惡",即謂人性統一,而每人之性皆善惡相混。② 值得注意的是,《申鑒·雜言下》云:"孟子稱性善,荀卿稱性惡,公孫子曰性無善惡,揚雄曰人之性善惡渾,劉向曰性情相應,性不獨善,情不獨惡。"關於公孫尼子之主張,《申鑒·雜言下》之載録與《論衡·本性》篇有異。而據《孟子》公都子之言,主張"性無善無不善"(即"性無善惡")者爲告子;依《論衡·本性》篇,公孫尼子主張的是"性有善有惡"。告子與孟子同時但生卒年不詳,《孟子》所記當無可疑,而王充對論性諸説關注度更高,《論衡·本性》篇相對更爲可信,故不應信從《申鑒·雜言》篇。揚雄《法言·修身》篇云:"人之性也,善惡混。修其善則爲善人,修其惡則爲惡人。氣也者,所以適善惡之馬也與?"《太玄·玄攡》篇云:"人之所好而不足者,善也;人之所醜而有餘者,惡也。君子日彊其所不足,而拂其所有餘,則玄之道幾矣。"揚氏殆承世碩諸人之説而稍加變化,對比前引《論衡·本性》篇所記世子之言,這一點絶無可疑。

(2) 或主張"有性善,有性不善",其意殆謂人性並不統一,有的人性善,有的人性不善。此説及其依據見於公都子之轉述(已見上揭),未及具體的主張者,但應該出自儒家内部。最值得注意的是,此説可能破壞了定義人性的邏輯規則。人性應該是人的同一性,而且應該是人作爲整一體相對於草木禽獸而言的,——即便它僅僅在理論上成立;僅僅從人類内部,僅僅着眼於人類内部的區隔,根本就無法定義人性。《五行》《孟子》等儒典,都明顯是從人區別於草木禽獸的角度,來認知和定義人性的。孟子强調,"富歲,子弟多賴(善);凶歲,子弟多暴。非天之降才爾殊也,其所以陷溺其心者然也。……故凡同類者,舉相似也,何獨至於人而疑之","口之於味,有同耆(嗜)也。……如使口之於味也,其性與人殊,若犬馬之與我不同類也,則天下何耆皆從易牙之於味也?……惟耳亦然。……惟目亦然。……故曰:口之於味也,有同耆焉;耳之於聲也,有

---

① 陳鐘凡:《諸子通誼·論性》,上海:商務印書館,1926年,第3版,頁88。
② 案漆雕開生卒年世約數,參閲錢穆《諸子生卒年世約數》,《先秦諸子繫年》,頁693。

同聽焉；目之於色也，有同美焉。至於心，獨無所同然乎"(《孟子·告子上》)；孟子在申言"性善"説之義時，強調惻隱之心、羞惡之心、恭敬之心、是非之心"人皆有之"(《孟子·告子上》)。凡此之類，均説明孟子是從人及其大體、小體的同一性，來定義人性及其大體、小體之性的。

（3）告子(生卒年不詳)主張"性無善無不善"，即"性無善惡"，①其意殆謂人性不當以善惡論。此外，告子説："生之謂性。"(《孟子·告子上》)②又説："食色，性也。"(《孟子·告子上》)又説："性猶湍水也，決諸東方則東流，決諸西方則西流。人性之無分於善不善也，猶水之無分於東西也。"(《孟子·告子上》)可見告子以性爲人的"原生態"，認爲它不應以善不善來討論。③ 這一主張，表明告子與所有以善惡論性者都有很大疏離。朱熹注"性猶湍水"句，謂其説"近於揚子善惡混之説"，未確。

---

① 學界一般將告子視爲儒家。如 M. 斯卡帕里説："一方面告子與荀子之間，另一方面告子與孟子之間的比較，本質上是源自於有關某些孔子之學説的一種不同的解釋，毋庸置疑，它發生於儒家學派之内。"(〔意〕M. 斯卡帕里：《在早期中國文獻中有關人的本性之爭》，〔美〕江文思、〔美〕安樂哲編：《孟子心性之學》，頁 264～265)亦可參閱陸建華：《告子哲學的儒家歸屬》，《朱子學刊》2003 年第一輯(總第十三輯)，合肥：黄山書社，2003 年，第 1 版，頁 382～390。不過學界也有不同看法。比如徐復觀認爲，"告子在當時學術中的地位，我們現在不很明了。但他的人性論，卻是自成體系，而且似乎與道家的楊朱一派相關連的"；"'生之謂性'，不是告子個人的觀念，實際恐怕是代表了老學支派的共同觀念"(參見氏著《中國人性論史·先秦篇》，頁 169、頁 379～380)。録此以備參考。
② 傅斯年云："尋上文之意，'生之謂性'之'性'字，原本必作'生'，否則孟子不得以'白之謂白'爲喻也。"(見氏著《性命古訓辨證》，《傅斯年全集》第二册，頁 573)此説殆誤。即便此字原本確實作"生"，告子之意還是説"生之謂性"。若他僅就一般意義上説"生之爲生"，没有任何意義，孟子亦不會跟他就此爭論。
③ 由於文字的多義性，"生之謂性"一語存在歧解。M. 斯卡帕里説："在先秦時期的文獻中，'生'與'性'之間並不存在形式上的區别，兩個詞被用相同的漢字寫成。語義學上的把戲是明顯的，由於這兩個詞所有的雙重意義，在不同的水平上被發展：事實上，'生'意味着'生活、生命'和'我們與生俱有的東西，這種東西是天生的'兩個方面；依此，'性'可能意味着'我們與生俱有的東西，這種東西是天生的、原始的本性'和'生長、自然趨向的自然進程'兩個方面。告子的斷言因此能够被用'静態的'價值(我們與生俱有的東西，而且這是我們原始的本性存在於其中的東西)和'動態的'價值(那是終其一生被要求的東西，而且這是生長的自然進程存在於其中的東西)兩個方面來解讀。在告子心中可能有這兩個方面的價值。"(〔意〕M. 斯卡帕里：《在早期中國文獻中有關人的本性之爭》，〔美〕江文思、〔美〕安樂哲編：《孟子心性之學》，頁 255～256)孤立地看，這種看法似乎成立。可是告子曾説："性，猶杞柳也，義，猶桮棬也。以人性爲仁義，猶以杞柳爲桮棬。"又説："性猶湍水也，決諸東方則東流，決諸西方則西流。人性之無分於善不善也，猶水之無分於東西也。"(《孟子·告子上》)把這些材料聯繫起來考慮，方能把握告子的本意：性乃是生所具有的本然質素。M. 斯卡帕里所説"動態的'價值"，其實是説性可以塑造。所有的儒家學者都未將性定義爲一成而不變的東西，"性"毋寧是一個歷時性的概念。但從總體上看，儒家論性之質與論性之可塑是有區隔的。

(4)孟子主張"性善"。孟子自己解釋說,"乃若其情則可以爲善矣,乃所謂善也"(《孟子・告子上》);其意殆謂,本諸其實,性可以爲善,即所謂"性善","性善"非謂性即善;即便性之用誠或爲不善,也不能否定性可以爲善,亦即不能否定"性善"之説,故孟子又謂,"若夫爲不善,非才之罪也"(《孟子・告子上》),"才"殆謂性之本然。孟子這種申說方式存在明顯的漏洞,因爲這一方式同樣可以證成相反的"性惡"說,即"乃若其情則可以爲惡矣,乃所謂惡也"。然而,這並非孟子"性善"說的全部論證。孟子心性學說的直接源頭在子思之《五行》體系,他繼承了子思對於心之性的認知,並基於此定義人性善,祇不過《五行》並未明言性屬善屬惡而已。此外值得注意的是,孟子與告子爭辯甚烈,然而他對告子之說並非完全排斥。美國學者華靄仁指出,告子"食色,性也"之說爲"狹隘的生物主義",但主張性善説的孟子祇證明了"它是狹隘的與不完全的",卻並未"用一種不同的選擇","簡單地否認它"。① 這是確當的觀察。

(5)荀子主張"性惡",其職志在於化性起僞。依孟子定義"性善"的一種方式,所謂"性惡"意味着本諸其實性可以爲惡。這也許契合荀子的體系。然荀子論定"性惡",主要是基於對心之性的認知。這與孟子界定"性善"主要是基於對心之性的認知,較然一致。這兩個體系的差異,來源於孟、荀二子對心之性的認知南轅北轍。總之,荀子性惡説跟子思性命說尤其是孟子性善說的實際距離,並不像人們通常強調或想象的那麼遙遠,它們有相當深刻的一致性。

以上五種説法處於同一個邏輯層面上,即均爲論性之本體。至於各説之主張者,宓子賤和漆雕開爲孔子弟子,見於《史記・仲尼弟子列傳》;②世碩、公孫尼子爲七十子弟子,見於《漢志》對《世子》及《公孫尼子》之自注;子思之師承,説法不一,但爲七十子之門人當無疑義,一般認爲他師事曾參(前505~前432);告子與孟子同時而略早,屢屢與孟子爭鳴;孟子受業於子思之門人,見於《史記・孟子荀卿列傳》;鄒衍後於孟子,而荀子與鄒衍同時而略後,亦見於《孟子荀卿列傳》。以上各家學説,再加上録記孔子大量觀點的上博《詩論》和傳世《論語》,足以證明,儒家心性學説在孔子及其弟子之世已經大盛,在孔子再傳弟子及七十子後學那裏則堪稱盛極。

不過在郭店儒典中,人性究竟屬善還是屬惡,表達不很明確,也不很統

---

① 參閱〔美〕華靄仁:《在〈孟子〉中人的本性與生物學的本性》,以及《孟子的人性論》,〔美〕江文思、〔美〕安樂哲編:《孟子心性之學》,頁168、頁234~235、頁166。

② 案:《漢書・藝文志》著録《漆雕子》十三篇,自注云"孔子弟子漆雕啓後。"顧實云:"班注漆雕啓後者,蓋家學也,啓之後人所記歟。"(見氏著《漢書藝文志講疏》,頁98)

一。《眚自命出》下篇云："管（篤），悥（仁）之方也。悥，眚（性）之方也。眚或生之。……怎（愛）頪（類）七，唯眚怎爲近悥。"此說亦見於上博《眚悥論》。既然性以仁爲方，仁以篤爲方，則仁似乎外在於性，但性或生仁——這裏雖然採用了或然性的表達，但畢竟在一定程度上把性和仁關聯了起來；仁外在於性，性又能够生成仁，這幾乎就意味着荀子化性起僞的理念。"眚或生之"的完整表達顯然是"眚或生之，或否"，這大抵是論性之用，類似於上揭"性可以爲善，可以爲不善"之説。《眚自命出》下篇又云："未教而民亙（恒），眚善者也。"① 該語亦見於《眚悥論》。它意味着如下表達的成立，即"未教而民不亙，眚不善者也"。故其完整意涵，接近上揭"有性善，有性不善"的主張。看起來有一點複雜的是，至少《五行》篇不贊同此意，它是將人性作爲區別於草木禽獸之性的同一體來定義的。

竹書《五行》與《眚自命出》等儒典同出於郭店村戰國楚墓。這一批儒典，《茲衣》大抵爲子思所記孔子之言論，其餘各篇應是孔子弟子及再傳弟子的學説，即正値孔子弟子子夏、子游、曾參、漆雕開、宓子賤，以及七十子弟子世碩、公孫尼子、子思之時（《五行》學説即出自子思），而均在楊朱出生以前，早於告子和孟子。② 《眚自命出》上篇謂"善 不善 ， 眚（性） 也"（該語上博《眚悥論》完

---

① 陳慧等學者主張，"未教而民亙，眚善者也"讀爲"未教而民亙（嫗），眚善者也"，"嫗"之意爲敬愛，"善"之意爲喜好，全句意爲，"（君子）還未教化而民就敬愛（他），是因爲有本性喜好（君子）的人在"（見〔澳〕陳慧、廖名春、李鋭：《天、人、性：讀郭店楚簡與上博竹簡》，頁75）。此説添字爲釋，頗爲迂曲。《眚自命出》下篇謂："未教而民亙（恒），眚（性）善者也。未賞而民懽（勸），含福（愊）者也。未型（刑）而民恨（畏），又（有）心恨者也。"（亦可參見上博《眚悥論》此數語並論性善者、含愊（即懷至誠）者、存敬畏之心者三類人物，謂性善者，雖未施與教化，而能持守其善；懷至誠者，雖未施與獎賞，而能自勸勉；存敬畏之心者，雖未施與懲罰，而不失其敬畏之心。孔子曰："南人有言曰：'人而無恒，不可以作巫醫。'善夫！"《論語・子路》）孟子曰："無恒産而有恒心者，唯士爲能。若民，則無恒産，因無恒心。苟無恒心，放辟邪侈，無不爲已。"（《孟子・梁惠王上》）赵岐注云："恒心，人〔所〕常有善心也。"凡此之類，持見未必全同，卻均可爲"未教而民亙（恒），眚（性）善者也"一說作旁證。《吕氏春秋・恃君覽・長利》篇有云："當堯之時，未賞而民勸，未罰而民畏……"《論語・季氏》篇載孔子曰："君子有三畏：畏天命，畏大人，畏聖人之言。小人不知天命而不畏也，狎大人，侮聖人之言。"凡此又可旁證"未賞而民懽（勸），含福（愊）者也。未型（刑）而民恨（畏），又（有）心恨者也"二説。

② 《史記・仲尼弟子列傳》記宓不齊字子賤，少孔子（前 551～前 479）三十歲，則當生於公元前 521 年。錢穆列卜商即子夏生卒年約數爲前 507～前 420，列言偃（子游）生卒年約數爲前 506～前 445，列曾參生卒年約數爲前 505～前 436，列漆雕開生卒年約數爲前 510～前 450，列子思生卒年約數爲前 483～前 402，列楊朱生卒年約數爲前 395～前 335，列孟子生卒年約數爲前 390～前 305（案當爲前 372～前 289）。凡此請參閱錢穆：《諸子生卒年世約數》，《先秦諸子繫年》，頁 693～695。

整),①明顯是概括"性善""性不善(性惡)"兩大主張,即謂"善"與"不善"說的是性;其實"性有善有惡""有性善,有性不善""性無善無不善"(即"性無善惡")等說法,均可由這一語概括。這是現今所知最早直接提及"性善""性不善"問題的材料,確證了傳世文獻所記孔子後學討論人性問題的盛況。本章第一節曾經提及,葛瑞漢有一個影響深遠的觀點,說:"正是楊朱學派的挑戰,引起了人性善的問題。當我們論及首先討論這個問題的思想家世碩、告子和孟子的時候,這一點將被證實。甚至孟子把人性都看成一種傾向趨勢,倘若對道德本性如同對肉體生命一樣呵護,它將長成道德的善,就像健康與長壽一樣。"②顯然,世碩、告子和孟子都不是最早提出"性善""性不善"之類命題的學者,更不是最先討論人性善惡問題的人;人性善問題根本就不是由楊朱學派引起的,在楊朱出生以前,人性善不善的問題,在孔門師徒數代人間已有很長時間的討論,世碩、告子和孟子等學者對人性問題發表意見,僅僅是承繼前儒之統緒,接着說。

迄今爲止,對於"性"的詮釋,美國學者安樂哲(Roger T. Ames,1947~)在研討《孟子》時提出的觀點可能最富有挑戰性。安樂哲認爲,流行解釋的偏見,在於"强調了一種非歷史的'賜予'(given)","在我們的傳統中,人性已逐漸被理解成我們通常所意味的、在遺傳學上被賜予的'人的本性'(human nature)"。他還提出,"就古代儒學而言,人的人性明顯地不是前文化的,而是傑出的、與衆不同的文化上的創造性產物";"'性'的可能性不是'性'自身,性是一種創造性行爲"。③ 安樂哲似乎並未意識到,《孟子》"性"的本意就包含在文本之中。華靄仁數次據文本反駁他的意見,她甚至慨歎,"我感到不知怎麼地我正在閱讀一種不同的《孟子》"。④ 不過,筆者要擱下《孟子》文本的解讀問題(那些事實是顯而易見、幾乎不用討論的),從另外一個層面上提出商榷,是這裏更重要的任務。

安樂哲說:"我將證明'人的本性'(human nature)是一種對在《孟子》中'性'的最不恰當的翻譯,儘管它至少是對在《論語》和《荀子》中被使用的'性'的一種更恰當的翻譯。"⑤這一提法相當有意思。他好像又忽視了,無論從語

---

① 該語前後完整文字爲:"好亞(惡),眚(性)也;所好所亞,勿(物)也。善 不善 ,眚 也;所善所不善,埶(勢)也。"
② 〔英〕葛瑞漢:《論道者:中國古代哲學論辯》,頁128。
③ 參閱安樂哲:《孟子的人性概念:它意味着人的本性嗎?》,〔美〕江文思、〔美〕安樂哲編:《孟子心性之學》,頁86、頁88、頁87、頁91。
④ 〔美〕華靄仁《孟子的人性論》《在〈孟子〉中人的本性與生物學的本性》兩文均與此有關,收入〔美〕江文思、〔美〕安樂哲編《孟子心性之學》一書;此處引文,見該書頁228。
⑤ 〔美〕安樂哲:《孟子的人性概念:它意味着人的本性嗎?》,〔美〕江文思、〔美〕安樂哲編:《孟子心性之學》,頁89。

言學上説,還是從思想學術史上説,《孟子》如何定義和使用"性"這一範疇,實非孟子個人的事情,——在孟子心性學説與孔、荀都有深刻關聯的情況下,尤其是這樣。而孔、荀之外,更值得注意的,是一批出自孔門弟子及其再傳弟子的儒典,它們是《孟子》心性學説最直接的源頭。

安樂哲的論斷,殆依據孟子傾向於將悦"理義"、有仁義禮智四端視爲人性之本然,而"理義"或"仁義禮智"都是歷史的和文化的,而不是"非歷史"或"前文化的"。其實,這種例子早已有之,比如子思《五行》即將人性定義爲"有仁義",將心之性定義爲"好仁義"。問題是,這些儒家學者恰恰將這些質素定義爲"非歷史"或"前文化"的性。他們的智慧,就在於從人的這類非歷史、前文化的質素中,發現了歷史及文化的一系列必然性。上文曾提到,《眚自命出》上篇云:"眚自命出,命自天降。"(同見於《眚意論》)如果説文化和歷史是人在後世所面對、所參與甚至所實踐的事實,則基於天之命的性祇能是"非歷史的'賜予'",亦即祇能是"前文化的"。華靄仁曾明確指出:"大多數關於人的本性概念決定於人的相似性與人的區别性兩個方面的概念,除非這兩者被清楚地理解,否則就存在着一種曲解的危險。"① 由人的相似性見出的人性,即是人的普遍同一性。《眚自命出》上篇云,"四洢(海)之内亓眚(性)弌(一)也"(該語《眚意論》殘缺"四洢之"三字,可據《眚自命出》補足),這正是説人性乃普天下人的普遍特質,不存在例外。《五行》篇從與"草木之生(性)""禽獸之生(性)"區别的層面,界定"人之生(性)"(見其説文第二十三章),也説明人性作爲一種普遍特質,乃是從人類同一性的意義上説的。而且,作爲範疇,"性"同時涵蓋草木禽獸之性。草木禽獸之"性"祇能是"非歷史的'賜予'",祇能是"前文化的",那麽人之"性"亦必然如此。郭店簡文《城之䎽之》云:"聖人之眚(性)與中人之眚,亓生而未又(有)非之。節於(而)〔天〕也,則猷(猶)是也。唯(雖)亓於善道也,亦非又(有)譯婁以多也。及亓専(博)長而厚大也,則聖人不可由與埋之。此以民皆又眚,而聖人不可莫(慕)也。"這大概是説,節於天的性對於人是普遍同一的,雖聖人之性與中人之性亦無甚差異,距離惟在後天的長養。② 而後天的長養總是"歷史的"和"文化的"。《眚自命出》

---

① 〔美〕華靄仁:《在〈孟子〉中人的本性與生物學的本性》,〔美〕江文思、〔美〕安樂哲編:《孟子心性之學》,頁230。

② 案:引文中"唯(雖)亓(其)於善道也,亦非又(有)譯婁以多也"一句,學界似未得其意。"譯婁"當讀作"蟻塿"。"婁""塿"爲古今字,無須贅言。"譯"喻昔開三入梗,上古音喻鐸;"蟻"疑紙開三上止,上古音疑歌。上博楚簡有疑喻、歌鐸通假例(分别參見李存智:《上博楚簡通假字音韻研究》,臺北:萬卷樓圖書股份有限公司,2010年,第1版,頁110~111、頁221)。故"譯婁"即"蟻塿"。蟻塿者,蟻穴外小土堆也。"唯(雖)亓(其)於善道也,亦非又(有)譯婁以多也"一句,殆指聖人之性之於善道,又不比中人之性之於善道多蟻丘那麽一丁點兒。筆者嘗就此意就教於浙江大學許建平教授,建平兄對"譯"通"蟻"之聲音依據多有開示,特兹致謝!

下篇以及《昔慧論》説"未教而民亙(恒),昔善者也",句中"未教"二字,從很大程度上凸顯了人性"前文化"的特質。《昔自命出》上篇又云:"善 不善 ,昔也;所善所不善,埶(勢)也。"同語亦見於《昔慧論》。其意是説,善、不善是性的問題,以何爲善、以何爲不善則是"埶(勢)"的問題。"埶(勢)"可以理解爲主體與主體互相關聯而成的社會態勢,包括他們共享的價值判斷、習俗、認知等等,殆亦包含個體成員的自主判斷及舉措,總之,其中有一系列塑造乃至重塑"性"的因素。後來荀子張揚化性起僞之説,而著力强調"注錯習俗之所積",當源乎此。"昔"與歷史的、文化的"埶(勢)"對立,也能表明它是從哪一個層面上被定義的。而荀子界定人性爲"人之所生而有也,是無待而然者也",説得十分清楚。

綜上所論,可知安樂哲對《孟子》"性"範疇之流行解釋的批評,一方面缺乏對孟子學説所承繼的歷史傳統的觀照,一方面太偏執"理義"、仁義禮智之端等詞句的字面指向,——至少他是被這些詞句的"歷史的""文化的"常見意涵誤導了。

(二)"或生於内,或生於外"

郭店簡文《六惪》《語叢一》《眘慧義》等篇又有仁内義外、人道或由中出或由外入之説(人們更熟悉的顯然是,《孟子·告子上》曾記告子主張仁内義外),其中《六惪》篇的表述最讓人困惑,可作爲典型個案予以辨析。

《六惪》篇云:"惪(仁),内也;宜(義),外也;豊(禮)、樂,共也。内立父、子、夫也,外立君、臣、婦也。"這段文字之後談喪服制度,曰:"絰(疏)斬䘔(布),實(經)、丈(杖),爲父也,爲君亦肰(然)。絰衰齊,戊(牡)杕(麻)實(經),爲昆弟也,爲妻亦肰。袀(袒)免,爲宗族也,爲倗(朋)友亦肰。爲父䋲(絶)君,不爲君䋲父。爲昆弟絶妻,不爲妻絶昆弟。爲宗族厎(瑟/殺)俚(朋)舀(友),不爲俚舀厎宗族。人又(有)六惪,厽(三)斳(親)不勶(斷)。"①再之後則説:"門内之䋱(治)剄(恩)弇宜(義),門外之䋱(治)宜斬剄。"②文章前面連用兩個"内"字、兩個"外"字,意思已經難以琢磨了,接下來論喪服制度後,緊跟着又出現了一個

---

① 案:整理本注釋之裘案謂"厎"與"殺"皆爲山母字,韻亦相近,此處"厎(瑟)"字當讀爲"殺(shài)",意指省減(參閲荆門市博物館編:《郭店楚墓竹簡》,頁190);陳偉等以爲,從讀音考慮,可能讀爲"失"(參閲陳偉等:《楚地出土戰國簡册[十四種]》,頁242)。前説似乎更優。又,"厽(三)斳(親)"指夫婦、父子、兄弟。《顔氏家訓·兄弟》篇云:"夫有人民而後有夫婦,有夫婦而後有父子,有父子而後有兄弟:一家之親,此三而已矣。自兹以往,至於九族,皆本於三親焉,故於人倫爲重者也,不可不篤。"

② 《禮記·喪服四制》有"門内之治恩掩義,門外之治義斷恩",與《六惪》此語意同,"斬"當即爲"斷"意。

"門内"、一個"門外",遂更加撲朔迷離,大量誤解因此產生。

頗有學者認爲,"仁内義外"一説,是就下文"門内之治"和"門外之治"而言的,並且有學者認爲,此意貫穿中間所説的喪服制度。如意大利學者 M. 斯卡帕里(Maurizio Scarpari)提出,"仁内義外"包含"與内相聯繫的仁和家庭方面",以及"與義相聯繫的外和社會方面"。① 美國學者顧史考(Scott Cook)也將"仁内義外"之"内""外",落實爲下文出現的"門内""門外",以二者分别指言"父、子、夫"與"君、臣、婦"。② 而陳慧等學者云:

> "仁内義外"是説仁和義是區分門内門外事宜的兩種原則。門内就是血緣家族(一般以五服爲限)之内,其處理事宜的原則是"仁"、"恩",本於血緣親情;而門外則是血緣家族之外,主要涉及君臣、姻親、朋友以及昆弟關係,其處理事宜的原則是"義",本於道義。在喪服中,門内爲恩服,門外爲義服,君擬於父,妻擬於昆弟,朋友擬於宗族。就喪服等級來説,爲君與爲父相同,爲昆弟與爲妻相同,爲宗族與爲朋友相同,是"禮樂,共也"的一層意思(主要是喪服之禮);就禮别嫌疑的精神來説,"爲父絶君,不爲君絶父。爲昆弟絶妻,不爲妻絶昆弟。爲宗族離朋友,不爲朋友離宗族",是"禮樂,共也"的又一層意思。這些是不管門内門外,人人都不能免的禮節規定。③

陳慧等學者還强調,"仁内義外","和仁由中出義自外作的'仁中義外'是不同的思路"。④ 凡此都值得商榷。

概括地説,筆者認爲,第一,將"仁内義外""仁中義外"區隔爲二,缺乏足夠的理據。第二,《六德》篇陳説喪服制度,衹是爲了明確仁、義在這一領域的使用原則,"仁内義外"説有更普遍的意義,不是僅僅指涉喪服。第三,"仁内義外"之"内"與"外",與下文"門内"與"門外"迥非一事。

"内"與"中"在郭店儒典中的意指往往相同。《城之䎱之》云:"古(故)君子之立(涖)民也,身備(服)善以先之,敬㥛(慎)以肘(守)之,丌(其)所才(在)者内㥛(矣),民𥛱(孰)弗從? 型(形)於中,㦻(發)於色,丌錫(信?)也固㥛(矣),民𥛱(孰)弗信?"前謂"内㥛",後謂"型於中",二者意思意貫。《語叢一》論"人之道也,或繇(由)中出,或繇外内(入)","中""外"相對,其論仁義"或生

---

① 〔意〕M. 斯卡帕里:《在早期中國文獻中有關人的本性之爭》,〔美〕江文思、〔美〕安樂哲編:《孟子心性之學》,頁 257 注 1。
② 參見顧史考:《郭店楚簡先秦儒書宏微觀》,頁 83。
③ 〔澳〕陳慧、廖名春、李鋭:《天、人、性:讀郭店楚簡與上博竹簡》,頁 95。
④ 參閲上書,頁 95~96。

第四章 先秦儒家心性學說的理念體系及歷史軌迹 247

於内,或生於外","内""外"相對,兩種對待關係並無差異,"中"即"内"也。所以,在"仁内義外""仁中義外"間强作區劃,可能背離了事實。

那麽,《六悳》篇説仁内義外,真地是指仁義分别爲處置門内、門外之治的兩種原則嗎?

首先,我們應當將《六悳》這一提法,與同出於郭店的《語叢》《耆悳義》諸篇的相關材料聯繫起來考慮,它們具有不可忽視的歷史性關聯,可以互相發明、互相證成。《語叢一》云:"悳(仁)生於人,我(義)生於道。或生於内,或生於外。"這幾乎就是"仁内義外"説更具體的表達,其意殆爲,仁生於人内在的天性,義則基於外設之道。《耆悳義》云:"古(故)爲正(政)者,或俞(論)之,或羔(養)之,或繇(由)忠(中)出,或執(設)之外,侖(倫)隶(列)元頪(類)。"這是説,古之爲政者之推行人道,或基於由中出,或基於設諸外。至於人道孰爲外設、孰爲中出,《語叢一》説得十分明白:"(夫)〔天〕生百勿(物),人爲貴。人之道也,或繇(由)中出,或繇外内(入)。繇中出者,悳(仁)、忠、信。繇 外内(入)者,宜(義)、□、□。"①惜乎末句幾於全部殘缺,且有兩個關鍵字難以補苴。從整體上看事實十分清楚,郭店儒典將人道區隔爲由中出與由外入或設之外(亦即生於内與生於外)兩類,二者分别以仁、義爲核心表徵。把握《六悳》篇仁内義外説,應該以整體把握這批儒典爲立足點。《六悳》所謂"悳(仁),内也",當是指仁生於内或由中出,即仁之基源在人之内部。《五行》經、説第十章謂仁之生成圖式,爲"臀(變)→説(悦)→戚→親→愛→仁",經、説第十四章論仁由親親之愛發展而來等等,均可爲仁内之具體證明。《六悳》所謂"宜

---

① 李零補爲"繇 外内(人)者 , 豊(禮) 、 樂 、 刑 "(見氏著《郭店楚簡校讀記》,頁158、頁163),似乎值得商榷。依郭店儒典,仁内義外,而禮樂則兼備内外。除上文所引《語叢一》"悳(仁)生於人"一段堪爲證據外,《六悳》謂"悳,内也;宜(義),外也;豊(禮)、樂,共也",也是明證。故依郭店儒典,"宜(義)"字當補,"豊(禮)""樂"二字恐不能補。傳世《禮記·樂記》篇謂:"樂由中出,禮自外作。樂由中出,故静;禮自外作,故文。"其對禮樂的看法與《六悳》篇不同,似乎不能據此爲《語叢》之闕文補一"豊(禮)"字。《語叢一》謂:"智(知)豊(禮)廬(然)句(後)智型(刑)。"此處補"刑"字有一定道理。又,《六悳》篇論人道之六德,包括"仁義""忠信""聖智"。廖名春據此補"智""義""聖"(見氏著《荆門郭店楚簡與先秦儒學》一文,《中國哲學》編輯部、國際儒聯學術委員會編:《郭店楚簡研究》,《中國哲學》第二十輯,頁65~66;又可參閲氏著《新出楚簡試論》,頁39~40)。王博亦據《六悳》篇補爲"義""聖""智",又謂"缺文中少了'義'這一項,無論如何是有問題的"(參見氏著《論"仁内義外"》,《中國哲學史》2004年第2期,頁30)。這兩種補法看來更好一些。不過,以"仁""忠""信"爲生於内或由内出者,以"義"爲生於外者,《語叢》篇確有明文,"聖""智"二者是否被界定爲由外入者,則無明文可證;所謂六德是否與此處闕文有關,有待進一步考察。暫且闕疑。

（義），外也”，當是指義生於外、設之外或由外入，亦即義之基源在於主體之外的道術。① 把《六悳》"仁内義外"説比附於門内、門外之治，將無從解釋《語叢》《眚悳義》諸篇的相關陳述。

仁内之説意味着仁與普遍的人性密切相關，從事實上提供了性善説的基底，與上文所揭郭店部分儒典暗示"有性善，有性不善"，有一定齟齬，跟馬王堆及郭店所見《五行》以及後來的《孟子》則頗爲一致。義外一説迥異於《五行》《孟子》，跟孟子嚴厲批評的告子則持論一致。比如，《五行》經、説第十一章謂義的生成圖式爲"直（直其中心）→迣→果→簡→行→義"，顯然是主張義内。凡此之類，再一次彰顯了孔子之後，儒家學者"行年六十而六十化"抑或"衆聲合唱"的複雜歷史。如果説郭店儒典之學説體系存在多元並進的歷史軌迹，乃至存在迂迴前進的歷史層累，那麽其心性學説是極典型的表徵。

其次，無論是依據傳世文獻，還是依據新出典籍，事實都顯然是，在儒學體系中，門内之治非簡單行仁，門外之治非祇要行義。

《禮記·喪服四制》論述"喪有四制，變而從宜"，其要有云："有恩有理，有節有權，取之人情也。恩者仁也，理者義也，節者禮也，權者知（智）也。仁義禮智，人道具矣。"文中又云，爲父斬衰三年，乃以恩制者，爲君斬衰三年，乃以義制者；"資於事父以事母，而愛同"，然父在，爲母齊衰期，此乃以節制者（正義云："言操持事父之道以事於母，而恩愛同。恩愛雖同，而服乃有異，以不敢二尊故也"）。可見爲父、母服喪雖然都屬於門内之治，卻不可簡單行仁。《六悳》論喪服制度，其意思更加宏大，卻與《喪服四制》有一定關聯，二者應該是可以互相發明的。此外，《詩經·大雅·思齊》謂"刑于寡妻，至于兄弟，以御于家邦"，妻與昆弟殆亦均屬於門内之治，然而《六悳》謂"爲昆弟䋣（絶）妻，不爲妻䋣昆弟"，迥非簡單地以仁治門内。

更重要的是，仁絶非被拘限於門内之治。《五行》經文第十四章云："愛父，亓（其）繼愛人，仁也。"其説文第十四章解釋道："言愛父而笱（後）及人也。愛父而殺亓鄰☐之子，未可冑（謂）仁也。"《五行》説文第二十一章云："不莊（藏）尤割（害）人，仁之理（里）也。不受訏（呼）毦（嗟）者，義之理（里）也。弗

---

① 葛瑞漢在論告子仁内義外説時，以爲此説出現於《管子·戒》篇所謂"仁從中出，義從外作"（學界一般認爲《戒》篇是具有較强儒家色彩的文獻）。而且葛瑞漢説："就我所知，在漢以前其餘任何地方的文獻中，它没有直接被提倡。"又説："義是外在的學説，以及區别於孟子的説法表明它（案指《戒》篇）晚於告子和孟子。"（參閲〔英〕葛瑞漢：《孟子人性理論的背景》，〔美〕江文思、〔美〕安樂哲編：《孟子心性之學》，頁32、頁36注1)實際上，《戒》篇及《孟子》所記均源自郭店楚墓所見儒典，連具體話語都基本上相同。

能進也,則各止於亓里耳矣。終(充)亓不莊尤割人之心,而仁復(覆)四海;終亓不受許䏁之心,而義襄(囊)天下。仁復四海、義襄天下,而成(誠)繇(由)亓中心行之,亦君子已。"仁意味着將親親之愛推進、施與他人,就是説,止於愛父而不能進至愛人,非仁也;其最高境界是"復(覆)四海",達此境界者《五行》謂之"君子",乃體系中的最高人格。那麽仁從一開始就超越了門内之治。《湯吴之道》(篇題係整理者據篇首文字擬加)云:"湯(唐)吴(虞)之道,廛(禪)而不傳(傳)。堯舜之王,利天下而弗利也。廛而不傳,聖之盛也。利天下而弗利也,忎(仁)之至也。古(故)昔臤(賢)忎聖者女(如)此。"仁之至境是"利天下而弗利",若拘之於治門内,何以及此?總而言之,仁不僅關係一己之安身立命,而且是經營國家天下之道,故《大學》稱"爲人君止於仁";它從一開始就必須超越門内或家庭之畛域。深刻繼承郭店儒典之精神的亞聖孟子以爲,"君仁莫不仁,君義莫不義,君正莫不正,一正君而國定矣"(《孟子·離婁上》);他竭力主張仁政,倡言:"民之歸仁也,猶水之就下、獸之走壙也。故爲淵敺魚者,獺也;爲叢敺爵者,鸇也;爲湯、武敺民者,桀與紂也。今天下之君有好仁者,則諸侯皆爲之敺矣。雖欲無王,不可得已。"(《孟子·離婁上》)若仁内義外就是以仁治内、以義治外的問題,孟子恐無由倡言仁政了。

關於義這種價值,道理完全相同,門内之治並非不需要義。《左氏春秋》文公十八年(前609)記大史克曰:"舜臣堯,舉八愷,使主后土,以揆百事,莫不時序,地平天成。舉八元,使布五教于四方,父義、母慈、兄友、弟共、子孝,内平外成。"可見義不僅爲君德,也是父德,何嘗拘限於門外之治?

仁不限於門内之治,義不限於門外之治,這一點,孟子説得極爲清楚:"爲人臣者懷仁義以事其君,爲人子者懷仁義以事其父,爲人弟者懷仁義以事其兄,是君臣、父子、兄弟去利,懷仁義以相接也。然而不王者,未之有也。"(《孟子·告子下》)仁義之爲道,莫不通乎内外。

綜上所論,從郭店儒典構成的小語境中看,仁内義外之説絶非指以仁義分治門内、門外或者家庭、社會,其意乃指仁由内出或者生於内、義由外入或者生於外。《六惪》篇提出這一命題後,緊接着就論"門内之綯(治)"和"門外之綯",對人們理解該命題產生了誤導作用。其實本節上文,還衹是檢討郭店儒典在這一話題上互相縮合、互相證成的部分元素。若跳出這一範圍,從更具一般性意義的論題上看,在七十子及其後學那裏,以"内""外"言德行及其生成是極爲常見的話題,可資爲證者尚多,這裏僅舉數例。《五行》經文第一章云,仁、智、義、禮、聖五種行"荆(形)於内",謂之德之行;基於仁智義禮四種德之行的超越性同一體是善,基於仁智義禮聖五種德之行的超越性同一體是德。① 《五行》經文第三章云："五行皆荆於闕内，時行之，胃之君子。"《五行》經文第七章説："'嬰嬰（燕燕）于蜚（飛），弡（差）池其羽。之子于歸，袁（遠）送于野。瞻望弗及，汲（泣）（沸）〔涕〕如雨。'能弡池其羽，然后（後）能至哀……"説文第七章闡釋道："言至也。弡（差）弛（池）者，言不在唯（衰）絰也；不在唯絰，然苟（後）能至哀。夫喪，正經脩領而哀殺矣。言至内者之不在外也。"我們必須將郭店儒典仁内義外説置於這一歷史語境中把握，從主觀或客觀上將它孤立，會違背事實，方法上也不恰當。

此外須清醒地意識到，仁内義外的話題並非曇花一現，它在後世仍有延續，孟子之時就有不少學者（包括孟子本人）參與討論，而荀子依然有這一方面的討論。他們的觀點不見得與郭店儒典一致（郭店儒典本身都有分歧），但由此復原當時大的歷史語境，可進一步確證我們對郭店簡文的理解。

《孟子·告子上》記載，告子宣揚"義，外也，非内也"，且舉證云："彼長而我長之，非有長於我也，猶彼白而我白之，從其白於外也，故謂之外也"。孟子質疑此説，曰："（異於）白馬之白也，無以異於白人之白也。不識長馬之長也，無以異於長人之長歟？且謂長者義乎？長之者義乎？"朱熹釋其意云："'白馬''白人'，所謂'彼白而我白之'也；'長馬''長人'，所謂'彼長而我長之'也。白馬、白人不異，而長馬、長人不同，是乃所謂義也。義不在彼之長，而在我長之之心，則義之非外明矣。"徐復觀更詳細地解釋説："孟子以爲'年長'之'長'，這是客觀的實然；馬之長，人之長，就'長'這一點來説，並没有兩樣。若判斷的標準係在外，則對馬之長、人之長，所作的應然的判斷，便應當是一樣。但實際，對'長馬之長'，並無敬意；而對'長人之長'，則有敬意；這是對同樣的客觀的實然，而經過判斷後，得出不同的標準，可見此標準是出自内而不在外。他又説：'且謂長者義乎，長之者義乎？'這意思是説'長者'固然是在外，但這只是一種實然，而不是一種應然的道德價值判斷，即無所謂義。'長之

---

① 從生成意義上説，仁、知、義、禮、聖五種德之行並非總處在一個邏輯層面上。比如，《五行》經文第十八章云："聞君子道，恖（聰）也。聞而知之，聖也。聖人知（而）〔天〕道。知而行之，（聖）〔義〕也。……見賢人，明也。見而知之，知也。知而安之，仁也。安而敬之，禮也。仁義，禮樂所繇生也。"説文第十八章之解釋有云："言禮樂之生於仁義也。"按照這一系譜，德之行禮要高於德之行仁和義。後來孟子曰："仁之實，事親是也。義之實，從兄是也。智之實，知斯二者弗去是也。禮之實，節文斯二者是也。樂之實，樂斯二者，樂則生矣，生則惡可已也，惡可已，則不知足之蹈之、手之舞之。"《孟子·離婁上》)其論禮與仁、義之生成關係，與前揭《五行》第十八章大抵相同。本書各章節内容，除非需要，一般不討論此種情況帶來的體系上的複雜性。

者',對於年長者而承認其年長,因之自然有一種敬意,這纔可稱之爲義;而這種義是由內發出的。"①告子仍然堅持,稱,"長楚人之長,亦長吾之長,是以長爲悅者也,故謂之外也"。孟子也進一步反駁道:"耆(嗜)秦人之炙,無以異於耆吾炙。夫物則亦有然者也,然則耆炙亦有外歟?"(《孟子·告子上》)徐復觀詮釋道:"孟子'耆炙'的答覆,意思是說,即使客觀的實然同,判斷同,但實然不是義,只有判斷的應然纔是義,然此判斷的'應然'是由內心而出的。有如秦人之炙,與吾炙是相同,'耆秦人之炙'與'耆吾炙',亦同;但'耆炙'的'耆',卻是出於身中之口的標準與要求。即是說,義的對象,雖有外在的客觀的標準,但承認此一標準而與以適當的道德判斷(敬),卻是主觀性的,卻是內發的。"②

又據《孟子·告子上》,告子同時宣揚"仁,內也,非外也",舉證云:"吾弟則愛之,秦人之弟則不愛也,是以我爲悅者也,故謂之內。"而(孟)季子問公都子"何以謂義內",③公都子答以"行吾敬"(朱注云:"所敬之人雖在外,然知其當敬而行吾心之敬以敬之,則不在外也")。(孟)季子接着問,鄉人長於伯兄一歲則誰敬,酌則誰先,公都子答曰"敬兄""先酌鄉人"。(孟)季子遂依此確認"義外",謂鄉人長於伯兄一歲則敬兄,酌則先酌鄉人,"所敬在此,所長在彼,果在外,非由內也"。孟子反駁(孟)季子,則謂在叔父與弟之間,平常敬叔父,弟爲尸則敬弟,在位故也,即"庸敬在兄,斯須之敬在鄉人"。此外,孟子還說:"孩提之童,無不知愛其親者;及其長也,無不知敬其兄也。親親,仁也;敬長,義也。無他,達之天下也。"(《孟子·盡心上》)

這些材料從一個局部,顯示了仁內義外說較完整的歷史語境,均可證此說絕非僅爲喪服制度而設,因此大多數討論根本未提喪服。而結合各方論說,又可知郭店儒典所謂仁內義外,根本就不是從"門內之紃(治)"和"門外之紃"而言的。孟子和公都子都主張仁義爲內而非外,其定義爲敬長、敬兄的"義"不可歸於門外;其所謂內外,主要是指仁義踐行主體之內外,——還是由內出和由外入的問題。(孟)季子以"非由內"說明義爲外,告子據"以我爲悅"說明仁之爲內,復據"以長爲悅"說明義之爲外(朱熹解告子之意曰:"言愛主於我,故仁在內;敬主於長,故義在外"),公都子以"行吾敬"證明義之爲內。

---

① 徐復觀:《中國人性論史·先秦篇》,頁 174。
② 同上書,頁 174。
③ 案趙岐注該語云:"季子亦以爲義外也。"疏謂"季子即下卷所謂季任,'爲任處守'者"。崔灝考之云:"趙注未有'孟'字,而疏直以'季任'當之,知當時所據經文實亦未有'孟'字。"(見氏著《四書考異》下編卷三三,《續修四庫全書》一六七,經部四書類,上海:上海古籍出版社,1995 年,第 1 版,頁 380 上)

總之這裏界定仁義之"內"或"外",意思十分清楚,根本就不涉及"門內"和"門外",否則雙方豈會如此申辯?

孟子對仁、義究竟屬内還是屬外的問題,尚有很多表述。比如,孟子向公孫丑(孟子弟子,生卒年不詳)闡述自己善養"浩然之氣",云:"其爲氣也,至大至剛,以直養而無害,則塞于天地之間。其爲氣也,配義與道;無是,餒也。是集義所生者,非義襲而取之也。行有不慊於心,則餒矣。我故曰告子未嘗知義,以其外之也。"(《孟子·公孫丑上》)用"行"在"心"産生的滿足感"慊"來界定義内之説,則"義内"指由主體之内在生成,是十分清楚的。孟子還説:"惻隱之心,人皆有之;羞惡之心,人皆有之;恭敬之心,人皆有之;是非之心,人皆有之。惻隱之心,仁也;羞惡之心,義也;恭敬之心,禮也;是非之心,智也。仁義禮智非由外鑠我也,我固有之也,弗思耳矣。"(《孟子·告子上》)這其實是説仁義禮智皆生於内,皆本於心之所有,或曰由中出,而非由外力强加於我。① 孟子的觀點,與《六惪》《語叢》等儒典之所持,並不完全一致,卻足以顯示孔門後學就仁義論内外,其意究竟爲何。

後來的荀子亦頗涉及這一論題。《荀子·性惡》篇云:"凡人之欲爲善者,爲性惡也。夫薄願厚,惡願美,狹願廣,貧願富,賤願貴,苟無之中者,必求於外;故富而不願財,貴而不願埶,苟有之中者,必不及於外。用此觀之,人之欲爲善者,爲性惡也。今人之性,固無禮義,故彊學而求有之也;性不知禮義,故思慮而求知之也。"這裏論證禮義"無之中",故"必求於外",依郭店《六惪》《語叢》諸篇的表述方式,其實就是討論禮義內外的問題,與告子、孟子及其前輩儒者爭仁義之内外是類同的(不過荀子主張,禮義之爲德乃由外入);其間反覆出現"中""外"之對稱,再次證明"仁内義外"完全可以表述爲"仁中義外",硬將兩者區隔爲二事,無論從訓詁學,還是從先秦儒家心性學説的體系中,都得不到支持。

從以上内容可知,無論從郭店簡文的小語境中看,還是從先秦儒學的大語境中看,將仁義分配給門内(或家庭)之治和門外(或社會)之治,是對郭店簡文與先秦儒學的雙重誤解。《六惪》篇歷論"六立(位)""六敩(職)""六惪"諸觀念,尤以論"六惪"爲重。其中論六位之文字雖有殘缺,然由下文,可知是

---

① 案朱熹集注云:"前篇(案指《公孫丑上》)言是四者爲仁義禮智之'端',而此(案指《告子上》)不言'端'者,彼欲其擴而充之,此直因用以著其本體,故言有不同耳。"又,明乎孟子如何界定義内,自然可確知他所駁斥的告子以義爲外之主張是説義由外入,即"由外鑠我"。徐復觀認爲"告子所説的内、外,乃是以他人爲外,以自我爲内"(見氏著《中國人性論史·先秦篇》,頁169),顯然並不準確。

指夫、婦、父、子、君、臣六種社會角色。① 六職是指六種兩兩相對的社會功能，即"又(有)率人者，又從人者；又史(使)人者，又事人者；又教者，又學者"。六德則是指夫婦父子君臣之德："宜(義)者，君惪也"；"忠者，臣惪也"；"智也者，夫惪也"；"信也者，婦惪也"；"聖也者，父惪也"；"惪(仁)者，子惪也"。該文接下來就說："惪(仁)，内也；宜(義)，外也；豊(禮)、樂，共也。"其中仁、義見於六德，禮、樂則在六德之外。這三個小句，應當是指仁由内出，宜(義)由外作，豊(禮)樂兼有内外兩面之基源。《語叢一》"《樂》，或生(性)或教者也"，是"豊(禮)、樂，共也"(即禮樂兼具内外之基源)的一個絶佳說明。

主張仁由内出的儒典較多。上揭《六惪》《語叢》諸篇即是，毋庸重複。簡帛《五行》篇則主張，仁既有内在之基源，如"臂(變)"或"仁氣"(見其經、説第十章，第十四章等)，又有外在之基源，如經聰─聖、明─智所把握之"君子道"(見其經、説第十八章，第十九章等)。孟子以及跟他持見不同的告子亦均主張仁自内出。荀子主張仁乃人道之設諸外者，故謂"先王之道，仁之隆也，比中而行之"(《荀子·儒效》)。

主張義由外入的儒典同樣不少。上揭《六惪》《語叢》諸篇即是，毋庸重複。簡帛《五行》篇主張義兼具内外之基源，在内者比如"直"("直亓中心")或者"義氣"(見其經、説第十一章，第十五章)，由外入者比如以聰─聖、明─智把握之"君子道"(見其經、説第十八章，第十九章)。孟子主張義非由外入，因此與告子辯論(見《孟子·告子上》)。荀子堅持義乃設之外者，反復強調先王

---

① "六立(位)"範疇罕見於舊籍，卻同見於郭店簡文《成之聞之》所謂"君子紉(慎)六立(位)以巳(嗣)天棠(常)"。《成之聞之》又云："天奎(降)大棠(常)，以里(理)人侖(倫)。折(制)爲君臣之義，悫(圖)爲父子之新(親)，分爲夫婦之支(辨)。是古(故)小人燮(亂)天棠以逆大道，君子釘(治)人侖以川(順)天棠(德)。"聯繫"君子紉(慎)六立(位)以巳(嗣)天棠(常)"一句，可斷定其"六立(位)"之所指，又全同《六惪》篇。由此可見《六惪》與《成之聞之》在體系上有極高的關聯性。以"六立(位)"明確指夫、婦、父、子、君、臣，兩作是較早的文獻。傳世《莊子·雜篇·盜跖》有子張對滿苟得曰："子不爲行，即將疏戚無倫，貴賤無義，長幼无序；五紀六位，將何以爲别乎？"而滿苟得駁之。成疏以爲此"子張"即孔子弟子顓孫師。《盜跖》篇所及"六位"之説，當即來自《六惪》等戰國儒典。《釋文》解"六位"爲"君、臣、父、子、夫、婦"，成疏解云，"六位，君臣父子夫婦也，亦言父母兄弟夫妻"，《釋文》之說尤確。陸德明未嘗見《六惪》《成之聞之》諸文，其依據殆在《禮記·哀公問》等傳世儒典常並言夫婦父子君臣。更重要的是，《吕氏春秋·似順論·處方》篇云："凡爲治必先定分：君、臣、父、子、夫、婦。君、臣、父、子、夫、婦六者當位，則下不踰節而上不苟爲矣，少不悍辟而長不簡慢矣。"此説當亦源自《六惪》《成之聞之》諸儒典，它應該是陸德明《釋文》更關鍵的依據。陳奇猷等學者以爲《處方》篇"凡爲治必先定分"之下，當是"君君、臣臣、父父、子子、夫夫、婦婦"之誤(參見陳奇猷：《吕氏春秋校釋》，上海：學林出版社，1984年，第1版，頁1671～1672)，想當然耳。

厭惡世人爲欲爭求之混亂，故"制禮義以分之"（見《荀子·榮辱》《王制》《禮論》等篇）。

至於禮，《孝經·廣要道章》記孔子曰："安上治民，莫善於禮。禮者，敬而已矣。"鄭玄注："敬者，禮之本也。"（袁鈞輯《鄭氏佚書·孝經注》）這是强調禮由内出。《六悳》認爲禮兼内出外入兩面，又謂樂亦如此。《五行》謂禮兼内外之基源，在内者如"袁（遠）心"或"禮氣"（見其經、説第十二章，第十六章），設於外者則如以明一智把握之"君子道"（見其經、説第十八章，第十九章）。孟子主張禮由内出。——對他來説，仁義禮智莫不如此，故謂，"仁義禮智，非由外鑠我也，我固有之也，弗思耳矣"（《孟子·告子上》）。荀子力主"今人之性，固無禮義"（《荀子·性惡》）。——對他來説，人倫道德全由外入。就人倫道德所有層面言，早於孟、荀之舊説總體上主張其兼備内外之基源，孟、荀二子則各自光大了其中的一面，或重於發揚從内出之取向，或側重於發揚從外入之取向。

《禮記·樂記》嘗論禮由外入、樂由内出，云："樂也者，動於内者也。禮也者，動於外者也。故禮主其減，樂主其盈。禮減而進，以進爲文。樂盈而反，以反爲文（鄭注：進，謂自勉强也。反，謂自抑止也。文，猶美也、善也）。禮減而不進則銷，樂盈而不反則放，故禮有報而樂有反（鄭注：報，讀曰褒，猶進也）。禮得其報則樂，樂得其反則安。禮之報，樂之反，其義一也（鄭注：俱趨立於中，不銷不放也）。"《樂記》又云："夫樂者，樂也，人情之所不能免也。樂必發於聲音，形於動静，人之道也。聲音動静，性術之變（鄭注：性術，言此出於性也），盡於此矣。故人不耐（能）無樂，樂不耐無形。形而不爲道，不耐無亂。先王恥其亂，故制《雅》《頌》之聲以道之，使其聲足樂而不流，使其文足論而不息，使其曲直、繁瘠、廉肉、節奏（鄭注：曲直，歌之曲折也。繁瘠、廉肉，聲之鴻殺也），足以感動人之善心而已矣，不使放心邪氣得接焉。是先王立樂之方也。"其間以人情之"樂"解"禮樂"之"樂"，是明"禮樂"之"樂"有内在之基源。而先王立樂導民之説，則凸顯樂由外入的一面。然則其所謂樂，亦正是兼内外。

《六悳》篇論仁義禮樂或由内出，或由外入，或内外兼的完整表述如下："息（仁），内也；宜（義），外也；豊（禮）、樂，共也。内立父、子、夫也，外立君、臣、婦也。"前半之意，上文已經明確，現在再談談後半。筆者認爲，"内立父、子、夫"之"内"並非承"息（仁），内也"之"内"而言，如上所論，該句不能理解爲仁是家庭内或門内的德行；"外立君、臣、婦"之"外"並非承"宜（義），外也"之"外"而言，如上所論，該句不能理解爲義是家庭外或門外的德行。"内立""外立"兩個自然句的主語當是仁義禮樂四者，其意殆謂仁義禮樂内爲父、子、夫立身之道,外爲君、臣、婦立身之道;"立"猶孔子所謂"立於禮"(《論語·泰伯》)之"立"。① 仁義禮樂對儒家來說具有普遍價值(當然儒家之樂非一般之樂,已經附加了他們張揚的價值),適用於所有社會角色和成員。《六德》篇說義爲君德、仁爲子德等等,祇是言其一端,絕非指各種社會角色有此一德即可。傳世《大學》嘗云:"爲人君止於仁,爲人臣止於敬,爲人子止於孝,爲人父止於慈,與國人交止於信。"朱子章句曰:"五者乃其目之大者也。學者於此,究其精微之蘊,而又推類以盡其餘,則於天下之事,皆有以知其所止而無疑矣。"《六德》也是使用這種言說方式,其說亦往往可與《大學》論人之所止互相補充。《左氏春秋》隱公三年(前720)記石碏(前740～前719在世)諫衛莊公(前757～前735在位)云:"君義,臣行,父慈,子孝,兄愛,弟敬,所謂六順也。"《左氏》昭公二十六年(前516)記晏子(?～前500)對齊景公(前547～前490在位)曰:"君令臣共,父慈子孝,兄愛弟敬,夫和妻柔,姑慈婦聽,禮也。君令而不違,臣共而不貳;父慈而教,子孝而箴;兄愛而友,弟敬而順;夫和而義,妻柔而正;姑慈而從,婦聽而婉:禮之善物也。"凡此亦祇是各舉大端。故在理解上實不能過於偏執。(今將上揭各項列爲表4-1,以供參酌)

表 4-1　儒典就一端論人之所止示要

		六位								
		君	臣	夫	婦	父	子	兄	弟	姑	婦	國人
				夫婦		父子		兄弟			
		三親									
《左氏》隱三	六順	君義	臣行			父慈	子孝	兄愛	弟敬		
	禮	君令	臣共	夫和	妻柔	父慈	子孝	兄愛	弟敬	姑慈	婦聽
《左氏》昭廿六	禮之善物	君令而不違	臣共而不貳	夫和而義	妻柔而正	父慈而教	子孝而箴	兄愛而友	弟敬而順	姑慈而從	婦聽而婉
《六德》	六德	君德義	臣德忠	夫德智	婦德信	父德聖	子德仁				
《大學》	五止	君止於仁	臣止於敬			父止於慈	子止於孝				與國人交止於信

---

① 廖名春、陳偉等均讀此"立"字爲"位",值得商榷。參見廖名春:《郭店楚簡〈六德〉篇校釋》,《清華簡帛研究》第1輯,清華大學思想文化研究所,2000年8月,頁78;陳偉等:《楚地出土戰國簡册[十四種]》,頁241。

此外，《六惪》"内立"之"内"就"父、子、夫"而言，"外立"之"外"就"君、臣、婦"而言，凸顯了對血緣倫理的重視，也凸顯了夫本位觀念。"内""外"是指親、疏。與郭店儒典有深刻關係之《大學》云："有德此有人，有人此有土，有土此有財，有財此有用。德者本也，財者末也。外本内末，爭民施奪。"孔疏云："'德者本也，財者末也'者，德能致財，財由德有，故德爲本，財爲末也。〇'外本内末，爭民施奪'者，外，疏也；内，親也；施奪，謂施其劫奪之情也。君若親財而疏德，則爭利之人皆施劫奪之情也。"《大學》這一段話所謂"外""内"爲意動用法，但與《六惪》篇"内立父、子、夫""外立君、臣、婦"之"内""外"可能密切相關。何況偏重血緣倫理以及夫本位的取向，在《六惪》中表現得相當清楚。比如其論喪制云，"爲父鑾（絶）君，不爲君鑾父。爲昆弟鑾妻，不爲妻鑾昆弟。爲宗族阩（瑟／殺）俚（朋）筶（友），不爲俚筶阩宗族"；相對於君而重父，相對於妻而重昆弟，相對於朋友而重宗族，都是以血親關係爲政教倫理之本位。至於《六惪》所謂"夫智，婦信""智率信"，則明顯突出了夫本位。

《六惪》《五行》及其他新出儒典與傳世《孟》《荀》等典籍表明，向内或向外尋求人倫道德之基源，涉及戰國儒家心性學説的基本架構，深刻關聯着各家對人性的不同理解以及彼此間的爭執，以前學界給予的關注似乎嚴重不足。

（三）"青生於眚"

《眚自命出》上篇云："惪（喜）蒁（怒）恢（哀）悲之燹（氣），眚（性）也。"這是一個很嚴格的表述，——不是説喜怒哀悲爲性，而是説喜怒哀悲諸情之基源"氣"纔是性。性既然被表述爲諸情之基源"氣"，則所謂"氣"顯然不是自然之氣。①

視氣爲情之基源，歷史上早有端倪。《大戴禮記·文王官人》篇云："……民有五性，喜怒欲懼憂也。喜氣内畜，雖欲隱之，陽喜必見；怒氣内畜，雖欲隱

---

① 顧史考認爲，"《性自命出》外，郭店楚簡儒書並没有講到'氣'者，包括《五行》篇在内"（參見氏著《郭店楚簡先秦儒書宏微觀》，頁 87）。此説需要修正。郭店儒典，《眚自命出》以外論及"氣"者尚多。如《湯吴之道》云："㩒（節？）虖（乎）脂膚血脈（氣）之青（情），玫（養）眚（性）命之正，安命而弗夭（夭），玫生而弗戩（傷），智☐之正者，能以天下瘳（禪）歟（矣）。"《六惪》篇云："非我血臀（氣）之新（親），畜我女（如）丌（其）子弟，古（故）曰：句（苟）湊（濟）夫人之善☐……"《語叢一》云："凡又（有）血燹（氣）者，虗（皆）又惪（意）又忲（怒），又吝（慎）又慫（莊）……"又云："燹（氣），容腿（司）也。"又云："㩒（察）天道以愿（化）民燹（氣）。"與郭店竹書《五行》關係密切的馬王堆帛書《五行》亦多言氣。這些"氣"字，或具備體質性，或指涉事物之初始形態。

之,陽怒必見;欲氣内畜,雖欲隱之,陽欲必見;懼氣内畜,雖欲隱之,陽懼必見;憂悲之氣内畜,雖欲隱之,陽憂必見。五氣誠於中,發形於外,民情不隱也。喜色由然以生,怒色拂然以侮,欲色嘔然以偷,懼色薄然以下,憂悲之色纍然(羸惫貌)而静。"這段文字,被記爲周文王對太師姜尚的講陳。其中諸情之氣乃諸情之基源,情氣跟情之區隔是相當明晰的;所謂"五性",實指下文所列"喜氣""怒氣""欲氣""懼氣"以及"憂悲之氣",起頭僅言"喜怒欲懼憂",當是約略言之;"喜怒欲懼憂"五者實爲五情,文中斷語稱"五氣誠於中,發形於外,民情不隱也",便是確證。祇有這樣理解,纔能準確把握《文王官人》篇的意指。《逸周書·官人解》有類似内容,被記爲周公對成王的陳述:"民有五氣,喜、怒、欲、懼、憂。喜氣内蓄,雖欲隱之,陽喜必見;怒氣内蓄,雖欲隱之,陽怒必見;欲氣、懼氣、憂悲之氣皆隱之,陽氣必見。五氣誠于中,發形于外,民情不可隱也。"其中也有大而化的籠統敘述,比如起頭既然說"民有五氣",接下來的具體界定應該説"喜氣、怒氣、欲氣、懼氣、憂悲之氣",不應止言"喜、怒、欲、懼、憂"。不過,以喜怒欲懼憂爲"民情",以諸情之"氣"指稱情之基源,諸情之"氣"與"情"被區隔在兩個層面上等等,也是確鑿無疑的,與《文王官人》篇完全一致。

　　劉師培以爲,上揭《文王官人》及《官人解》之思想當源自周文王。其《周書補正》辨《逸周書·官人解》云:"此篇之文,符于《大戴禮記·文王官人》篇。又,《治要》所引《六韜》,内言'八徵'、'六守',並與此篇多近,疑均上有所本。蓋此爲周家官人之法,始于文王,迄于武王。成王之時,作輔之臣,咸舉斯言相勗,惟所舉之詞,互有詳略異同。此則周公述文王言,以語成王也。自《大戴·曾子立事》篇以下,諸子多述其言,劉劭《人物志》亦本之。"①《文王官人》及《官人解》兩篇所載體系,也許不能上溯到文王時期,但有相當早的淵源則無可疑。從這兩篇文獻中,可把握如下重要信息:喜氣、怒氣、欲氣、懼氣、憂悲之氣已被定義爲"性",其發形於外之喜、怒、欲、懼、憂已被定義爲"情",其間邏輯關係業已被定義爲"性"生"情"、"(情)氣"乃"情"之基源。

　　《左氏春秋》昭公二十五年(前517)記載,鄭子大叔游吉(?～前506)引子產(約前580～前522)之言對趙簡子,曰:"民有好惡、喜怒、哀樂,生于六氣,是故審則宜類,以制六志。哀有哭泣,樂有歌舞,喜有施舍,怒有戰鬭,喜生於好,怒生於惡。是故審行信令,禍福賞罰,以制死生。生,好物也;死,惡物也。好物,樂也;惡物,哀也。哀樂不失,乃能協于天地之性,是以長

---

① 劉師培:《儀徵劉申叔遺書》第六册,揚州:廣陵書社,2014年,第1版,頁2269～2270。

久。"①舊注一般認爲此處所謂"六氣",即《左氏》昭公元年(前 541)秦醫和所説的天之六氣。在《左氏》兩個相關語境中,"六氣"均與"五行""五味""五色""五聲"之屬並陳,指的是陰陽風雨晦明。此"六氣"雖或被視爲好惡、喜怒、哀樂諸情之基源(子大叔引子産稱"好惡、喜怒、哀樂"爲"六志",依通常的認知,它們均屬於情),卻與《文王官人》《官人解》以及郭店儒典以氣指言情氣不完全相同。毫無疑問的是,《左氏》所記,"性"與"氣"的關係看起來不夠明確,卻依然藴含着氣生情的觀念(這似乎也可旁證上揭《文王官人》《官人解》之説不至於産生得太晚)。

　　先秦思想史上有一個值得高度重視的發展鏈環,即郭店儒典對性(情氣)與情的分疏,跟《文王官人》及《官人解》所載完全一致。《眚自命出》謂"悥(喜)惎(怒)㤅(哀)悲之熒(氣),眚(性)也",僅僅是略舉;其中"㤅(哀)悲之熒(氣)"相當於《文王官人》以及《官人解》中的"憂悲之氣",郭店簡文《語叢二》明謂"惊(哀)生於憂"。"欲"和"懼"在郭店儒典中被歸屬於生於"眚"的情(見《語叢二》),與《文王官人》及《官人解》的定位亦無差異。較爲獨特的是子思《五行》篇,它將仁、義、禮三種德之行的内在基源即"聲"或"䜌""直"或"直示

----

① 子大叔所引起首就説:"夫禮,天之經也,地之義也,民之行也。天地之經,而民實則之。則天之明,因地之性,生其六氣,用其五行。"之後尚有"氣爲五味……是以長久"一大段文字。趙簡子聽了感慨:"甚哉,禮之大也!"《孝經·三才章》謂:"曾子曰:'甚哉,孝之大也!'子曰:'夫孝,天之經也,地之義也,民之行也。天地之經,而民是則之。則天之明,因地之利,以順天下……'"朱熹《孝經刊誤》評《孝經》此章,云:"自其章首以至'因地之義',皆是《春秋左氏傳》所載子太叔爲趙簡子道子産之言,唯易'禮'字爲'孝'字。而文勢反不若彼之通貫,條目反不若彼之完備。明此襲彼,非彼取此,無疑也。"(見《晦庵先生朱文公文集》卷第六十六雜著,朱傑人等主編:《朱子全書》第二十三册,頁 3206)然李光地(1642~1718)《榕村全集》卷一八《孝經》部分評此書,謂:"中間與《左傳》文相出入,故先儒以爲疑,然《易·文言》釋四德處,亦《左氏》文也。《左氏傳》出最後,大抵采摭經史,雜以傳授聞見,烏知非《左氏》撮《易》《孝經》之意而爲之辭乎?"(《清代詩文集彙編》第 160册,上海:上海古籍出版社,2010 年,第 1 版,頁 277 下)梁履繩(1748~1793)更説:"《孝經》出於漢初《左氏》未盛行之時,以左氏習聞闕里緒言,故取之,皆爲孔子之語。如'聖治'及'事君'章,亦是也。"(《左通補釋》廿七,《續修四庫全書》一二三,經部春秋類,頁 576 上)諸説均不及朱子之説切當。上揭《孝經》一段文字,大抵襲用《左氏》子産與趙簡子之語,而套到孔子與曾子身上。然子大叔所引子産語止於何處,尚有異説。朱熹《孝經刊誤》説:"子産曰:'夫禮,天之經,地之義,民之行也。天地之經,而民實則之。則天之明,因地之性。'其下便陳天明地性之目,與其所以則之、因之之實。然後簡子贊之曰:'甚哉,禮之大也!'首尾通貫,節目詳備,與此不同。"(朱傑人等主編:《朱子全書》第二十三册,頁 3206)可見朱熹以爲,子大叔所引自起首至"是以長久",全爲子産之語。楊伯峻以爲子産語僅有"夫禮,天之經也,地之義也,民之行也"一句(見氏著《春秋左傳注》,北京:中華書局,1981 年,第 1 版,頁 1457);北京大學出版社 2000 年版《春秋左傳正義》整理本持論相同。就文本連貫性而言,朱子之説爲優。

中心""袁(遠)"或"袁(遠)心",分別稱爲仁氣、義氣和禮氣(見其說文第十章、第十一章、第十二章),從思維的邏輯上看,這顯示了思想學術史的推進;就是說,仁氣、義氣和禮氣被定義爲仁義禮之發端,以《文王官人》《官人解》《眚自命出》等儒典所含性(情氣)與情的關係爲背景來觀照,其承繼與進步都可以看得十分清楚。

新出儒典表明,原始儒家承舊說,將性描述爲充當情之基源的氣,戰國中期前殆已成爲共識。需要留意的是,另有一些材料看起來相關或相近,其實則大異其趣,需要仔細加以辨析。《春秋繁露·循天之道》記載:"公孫之《養氣》曰:'裹藏泰實則氣不通,泰虛則氣不足,熱勝則氣〔□〕,寒〔勝則氣□〕,泰勞則氣不入,泰佚則氣宛(鬱)至,怒則氣高,喜則氣散,憂則氣狂,懼則氣懾。凡此十者,氣之害也,而皆生於不中。故君子怒則反中而自說以和,喜則反中而收之以正,憂則反中而舒之以意,懼則反中而實之以精。'"《太平御覽》卷四百六十七錄有:"公孫尼子曰:君子怒則自說以和,喜則收之以正。"《繁露》所引出自公孫尼子之作。有學者由此斷言,公孫尼子之論情氣,與《大戴禮記·文王官人》《逸周書·官人解》及《語叢二》諸篇以氣說性比較接近,諸篇所涉情氣說當即公孫尼子之養氣說。① 揆度其實,公孫尼子所論之"氣"處在完全不同的邏輯層面上,絕非如《文王官人》等篇所說爲情之基源。作爲情之基源的"氣"即"性"發形於外,方成喜怒欲懼憂諸情,公孫尼子卻說"怒則氣高,喜則氣散,憂則氣狂,懼則氣懾"等等,其所論乃怒喜憂懼諸情已成之後的氣,故而兩者不可以並論。公孫養氣之說,要旨在於反中以制情,差可接近近郭店儒典中此類文字:"悥(喜)谷(欲)智而亡末,樂谷睪(釋)而又(有)志(持),憂谷僉(斂)而毋惛,苾(怒)谷涅(盈)而毋暴……"(《眚自命出》下)

《眚自命出》上篇又云:"好亞(惡),眚也。所好所亞,勿(物)也。"其中"好亞,眚也"僅是近似的說法,在儒家心性學說之體系中,這種表述在一定程度上被許可,然而更準確地說,好惡實基於性,而非就是性。依出土及傳世先秦儒典的細緻區隔,好惡屬於情,而情是性的下一個邏輯層次。《眚自命出》上篇云:"衍(道)㚇(始)於青(情),青生於眚。"《眚自命出》下篇說:"青出於眚。"二語均見於上博《眚悥論》。《語叢二》則云:"情生於眚……"這些論說極清楚地定義了性和情的邏輯關係。要之,性是情的上一級範疇,情是性的生成物,有其關聯的對象化的存在——"勿(物)"。曾經有學者提出,"情"是"'性'的一部分","當情成爲一種習慣的感覺或者情感的趨向時,情就構成了性"。②

---

① 參閱〔澳〕陳慧、廖名春、李銳:《天、人、性:讀郭店楚簡與上博竹簡》,頁 68~69。
② 同上書,頁 50。

這樣説毫無疑問是值得商榷的。性爲情之基源,性、情都有可塑性,就是説在後天的踐習中,人會内在地生成很多東西來節制甚或改造原初的性情,然而"性"與"情"在儒家心性學説中的邏輯層差卻不會消弭,更不會逆反。情在某種情況下構成性的説法恰恰就違背了二者在儒家心性學説中的邏輯關係。毋庸置疑的是,由於情與性具有極密切的關係,典籍中確有指情爲性的例子,然而循玩本原,其邏輯並不淆亂。①

上文曾經提到,孟子嘗謂"乃若其情則可以爲善矣,乃所謂善也"(《孟子·告子上》),其中"情"字,信廣來(Kwong-loi Shun)認爲至少有三種不同解釋。第一種是朱子集注所謂:"情者,性之動也。人之情,本但可以爲善而不可以爲惡,則性之本善可知矣。"信廣來演繹道:"朱熹把'情'理解成與'性'的活動(activation)有關,這種活動採用了情感的形式,從這種活動中'性'能够被認識。"又説,"在《孟子》中,由於缺乏'情'的用法與情感有關的任何明確的實例",朱熹這一解釋應該被排除。② 信廣來的判斷有一部分是正確的,在這一語例中,"情"字之意確非朱熹所言(其詳參見下節所論),但朱注所説"性"與"情"的關係,在孔門弟子或再傳弟子那裏就已經確定了。信廣來繞了很大的彎兒,試圖以傳世文獻如《商君書》《吕氏春秋》等著作中"性"與"情"雖聯繫在一起,但"'情'常常被用來涉及關於一種處境的事實",來證成《孟子》所謂"情","根本與情感無關"。③ 如果信廣來掌握了《性自命出》《五行》等早期儒典,明白它們是孟子心性學説的源頭,那他肯定可以發現,這些文獻中,"青(情)"的用法與情感有關的實例大量存在,朱注儘管非《孟子》原意,卻暗合了戰國儒家心性學説中"情"與"性"的邏輯關係,而他自己所做的可能衹是無用功。

《語叢二》非常詳細地分析了性生成的種種社會情感及行爲。結合情出於性、性自命出、命自天降的觀念,郭店儒典關於這些核心範疇以及相關情感、行爲的完整邏輯關係可用表 4-1 表示:

---

① 徐復觀云:"在先秦,情與性,是同質而常常可以互用的兩個名詞。在當時一般的説法,性與情,好像一株樹生長的部位。根的地方是性,由根伸長上去的枝幹是情;部位不同,而本質則一。所以先秦諸子談到性與情時,都是同質的東西。"(見氏著《中國人性論史·先秦篇》,頁 211)。這樣説大抵可取,但稍欠嚴密。至於徐氏又説"在事實上,性、情、欲,是一個東西的三個名稱"(《中國人性論史·先秦篇》,頁 211)),則持論太過了。
② 信廣來(Kwong-lio Shun):《孟子論人性》,〔美〕江文思、〔美〕安樂哲編:《孟子心性之學》,頁 208、頁 209。
③ 同上書,頁 205~211。

表 4-2　新見儒典所揭"天""命""性""情"及相關行爲之關聯示要

天	命	眚(性)			
			慁(愛)*	眚→慁→親→忠	慁(愛)生於眚,親生於慁,忠生於親。(《語叢二》)
			慾(欲)*	眚→慾→慮→㤅→静→尚	慾(欲)生於眚,慮生於慾,㤅(倍)生於慮,静(争)生於㤅,尚(黨)生於静。(《語叢二》)
				慾→念→怀→㺇	念(貪)生於慾(欲),怀(殆相當於"負"或"倍")生於念,㺇(?)生於怀。(《語叢二》)
				慾→㥯→吁→忘	㥯(諼)生於慾(欲),吁(訐)生於㥯,忘(妄)生於吁。(《語叢二》)
				慾→浸→悪→逃	浸(侵)生於慾(欲),悪(懟)生於浸,逃(盜)生於悪。(《語叢二》)
			迟(急)	慾→迟→𢝊	迟(急)生於慾(欲),𢝊(?)生於迟。(《語叢二》)
			情、厰(嚴)、敬	眚→情→豊→厰→敬→𤯏(兢)→𥬇	情生於眚,豊(禮)生於情,厰(嚴)生於豊,敬生於厰,𤯏(兢?)生於敬,恥生於𤯏(兢?),𥬇(烈?)生於恥,𥬇(廉?)生於𥬇。(《語叢二》)
			智*、攸(悦)、䀠(好)*	眚→智→卯→攸→䀠→從	智生於眚,卯(謀)生於智,攸(悦)生於卯,䀠(好)生於攸,從生於䀠。(《語叢二》)
			子(慈)、易	眚→子→易→㢟→容	子(慈)生於眚,易生於子,㢟(肆)生於易,容生於㢟。(《語叢二》)
			惡*、忞(怒)*	眚→惡→忞→乗→惎→惻	惡生於眚,忞(怒)生於惡,乗(勝)生於忞,惎(忌恨)生於乗,惻(賊)生於惎。(《語叢二》)①

---

① "忞(怒)生於惡"之説,亦見於《左氏春秋》昭公二十五年(前517)所記子大叔游吉對趙簡子所引子産之言,所謂:"民有好惡、喜怒、哀樂,生于六氣,……哀有哭泣,樂有歌舞,喜有施舍,怒有戰鬭,喜生有好,怒生於惡……"郭店《語叢二》這段文字中,"忞(怒)生於惡"一語與子産語同,"乗(勝)生於忞"一語與子産"怒有戰鬭"語亦有關聯。而更重要的是,《語叢》二這段話在思維方式上明顯有承襲子産之處。凡此均顯示了思想史發展的蛛絲馬跡。其實,儒學創始人孔子就已經高度關注子産了。《左氏春秋》昭公二十年(前522)記載:"及子産卒,仲尼聞之,出涕曰:'古之遺愛也。'"

續表

天	命	眚(性)			
			惪(意)＊、樂＊、悲	眚→惪→樂→悲	惪(意)生於眚,樂生於惪,悲生於樂。《語叢二》
			慍(慍)＊、憂、悵(哀)＊	眚→慍→憂→悵	慍(慍)生於眚,憂生於慍,悵(哀)生於憂。《語叢二》
			瞿(懼)＊、監(惛)、望	眚→瞿→監→望	瞿(懼)生於眚,監(惛)生於瞿,望生於監。《語叢二》
			彊(強)	眚→彊→立→剬	彊(強)生於眚,立生於彊,剬(斷)生於立。《語叢二》
			臥〔休(弱)〕	眚→休→悮→北	臥〔休(弱)〕生於眚,悮(疑)生於休,北生於悮。《語叢二》

上表前面三列,是邏輯層次上由本至末、具有生成關係的三個根本範疇,即"天""命""眚(性)"。第四列各項,從邏輯架構上説均屬於生於性的"青(情)",附之以部分進一步的繼生情感;其中帶星號(＊)者常以情的身分見於傳世文獻,比如《荀子·正名》篇謂"性之好、惡、喜、怒、哀、樂謂之情"。第五列是由"眚(性)"或"眚(性)"生成的情感一步步生成其他情感或行爲的完整系譜。① 事實一目瞭然,孔門七十子及其後學對由性而生的情的分析十分具體和豐富。

"情"與"性"密切相關。故《眚自命出》上篇云:"衍(道)勾(始)於青(情),青生於眚。"其下篇稱:"青出於眚。"兩語俱見於上博《眚意論》。而《眚自命出》上篇又説,"豊(禮)复(作)於青"(《眚意論》亦有,但有殘缺);《語叢二》説,"情生於眚,豊(禮)生於情"。作爲儒家心性學説體系之骨架,"性→情→道(或禮)"逐次生成的圖式,蘊含了緣情制禮、因性設道的理路。該理路上貫"命"和"天",標誌着儒家心性學説中"天→命→性→情→人道"的理論建構最終完成(這還不是儒家心性學説的完整架構),當然其具體化相當複雜,而且存在多種可能性。在上表中,屬於"情"的範疇不限於"性"的下一個邏輯層面,以它們爲基礎還可以生成其他的情。比如,由生於性的"惪(喜)"可以生成"樂",進一步則生成"悲",由生於性的"慍(慍)"可以生成"憂",進一步則生成"悵"等等。各種各樣的情導致各種各樣的行爲。上表第五欄所列,便是由

---

① 案:何者爲繼生感情,何者爲繼生行爲,有時頗難區分,這裏主要是考慮其側重點。

性至情或進一步至相關行為的續續相生的圖式。與情高度相關的行為均在它的下位,且往往偏向於各圖式靠近結尾的部分,諸如"慮""忎(倍)""静(争)""尚(黨)""浸(侵)""惡(饜)""逃(盜)""從""㐅(肆)""容""乘(勝)""慁(忌恨)""惻(賊)"等等,莫不如是。依戰國儒家之見,人類所有的社會行為都是被基於性的情發動和驅使的。旨在規範人類行為的政教倫理制度之所以要緣情因性,理由就在這裏。

　　先秦儒家心性學説分層建構,——其全部範疇均被安排在若干不同的層面上,顯示了中國思想史的重大進展。簡言之,雖然《詩論》重現,載録孔子言性與天道的資料卻仍不完備。從已知文獻來看,這種分層建構的特性在孔子體系中算不上清晰,也算不上完整,基本上秖能找到一些局部的表現,比如《詩論》常用具體的情來界定"告",説明情被孔子視爲性的下位範疇。而到了七十子及其後學,分層建構體系的特徵就十分突出了。上表所列便是力證。在子思《五行》體系中,這種特徵呈現爲一系列更加複雜的系譜化的圖式。再後來,孟、荀二子則是承舊説而加以損益和修正。①《荀子・正名》篇云:"……萬物雖衆,有時而欲徧舉之,故謂之'物'。'物'也者,大共名也。推而共之,共則有共,至於無共然後止。有時而欲(徧)〔偏〕舉之,故謂之'鳥獸'。'鳥獸'也者,大别名也。推而别之,别則有别,至於無别然後止。"由這種"推而共之……至於無共然後止""推而别之……至於無别然後止"的意識來看,戰國儒家分層建構其觀念體系是必然的,也是充分自覺的。所以在很多情況下,這一特質可以充當我們辨析概念、解決問題的依據。當然也非絶對不會出現層級的紊亂。先秦出言談爲文學者不是在每一種情況下都追求精密表達。比如,他們有時把嚴格説來屬於"情"這一層面上的元素直接稱爲"性"。②《大戴禮記・文王官人》篇謂"民有五性,喜怒欲懼憂也"、《告自命出》上篇謂"好亞(惡),告也"(《告意論》亦有此語而殘缺),都是典型例子。同時由於"情"與"性"密切關聯,儒家學者往往用各種情來定義性。孔子用"民告"論析《葛覃》《甘棠》《木瓜》《有杕之杜》諸詩,用來申説"民

---

①　徐復觀説,"性、心、情分疏的觀念,到孟子纔開始。從《論語》及子思的《中庸》來看,尚没有這種分疏的説法"(見氏著《中國人性論史・先秦篇》,頁116)。這顯然是一大誤會,出土文獻已完全推翻了這一判斷。"性、心、情分疏的觀念"在七十子及其後學那裏已經確立了,甚至在簡文《孔子詩論》中已露端倪。現在看來,僅僅由傳世文獻看儒家思想學説的發展,其視野是嚴重殘缺的。

②　蒙文通(1894～1968)嘗謂"古之所謂'性',猶後世之言'情'"(見氏著《儒家哲學思想之發展》,《儒學五論》,桂林:廣西師範大學出版社,2007年,第1版,頁4)。泛泛言之,這樣説未嘗不可,若求其嚴密的邏輯,則據郭店、上博儒典,"情"與"性"實屬於兩個不同的層次。

眚"的"欲""敬""敓(悦)""好""亞(惡)""怎(愛)"都屬於情(參見《詩論》第五章)。《五行》說文第二十三章用來界定大體小體之性的則是"好"。而《韓詩外傳》云:"人有六情:目欲視好色,耳欲聽宫商,鼻欲嗅芬香,口欲嗜甘旨,其身體四肢欲安而不作,衣欲被文繡而輕暖。此六者,民之六情也。失之則亂,從之則穆(睦)。故聖王之教其民也,必因其情而節之以禮,必從其欲而制之以義。義簡而備,禮易而法,去情不遠,故民之從命也速。"(卷五第十六章"天設其高")其所謂目、耳、鼻、口、身體四肢之"情",與《五行》所說諸小體之"眚(性)"完全一致。

很明顯,郭店儒典中的"青(情)"基本上可以理解爲通常所說的感情,即所謂"性之動"者。葛瑞漢曾說:"在漢以前的用法中,'情'並不意味着'感情',而是意味着'真正'……"又說:"在宋代新儒家中,情與性成了對比。儘管在漢以前的文獻中,'情'這一詞語是很普遍的,我很想去冒它決不意味着感情這種一般化的危險……作爲一個名詞,它意味着'實'(經常與'名''聞''聲'形成對比);作爲一個形容詞,它意味着'真正的'(與'僞'形成對比);作爲一個副詞,意味着'真正地'……"①這種判斷顯然背離了事實,戰國大量文獻尤其是新出簡帛足資爲證。至於"情"具體包括哪些元素,傳世文獻中有很多材料可跟上表所列互證。比如,《禮記・禮運》篇記孔子曰:"何謂人情?喜、怒、哀、懼、愛、惡、欲七者,弗學而能。"喜怒哀懼愛惡欲七種情感均見於上表,但據上表所列,"忎(怒)""悢(哀)"二情不與其他五情並列,而與五情同處於一個層面的"悤(慍)"則大致相當於七情中的"怒";《說文解字・心部》謂,"慍,怒也,從心昷聲"。又比如,《荀子・正名》篇云:"散名之在人者:生之所以然者謂之性;(性)〔生〕之和所生,精合感應,不事而自然謂之性。性之好、惡、喜、怒、哀、樂謂之情。情然而心爲之擇謂之慮。心慮而能爲之動謂之僞,慮積焉、能習焉而後成謂之僞。正利而爲謂之事(楊注:爲正道之事利則謂之事業,謂商農工賈者也),正義而爲謂之行(楊注:苟非正義則謂之姦邪)。所以知之在人者謂之知,知有所合謂之智。(智)所以能之在人者謂之能,能有所合謂之能。性傷謂之病(楊注:傷於天性,不得其所),節遇謂之命(王先謙集解:節,猶適也)。是散名之在人者也,是後王之成名也(楊注:……後王可因襲成就素定之名也)。故王者之制名,名定而實辨,道行而志通,則慎率民

---

① 〔英〕葛瑞漢:《"情"的意義》,《孟子人性理論的背景》所附,〔美〕江文思、〔美〕安樂哲編:《孟子心性之學》,頁33注3、頁76。

而一焉。"①《正名》所舉之好、惡、喜、怒、哀、樂六種情感亦均見於上表,不過表中所列之"丑(好)""忞(怒)""愫(哀)""樂"四情與另外二情"惡"和"悥(憙)"也不在同一個邏輯層面上,表中所列與二者同處一個邏輯層面的"慍(慍)"則相當於《正名》篇的"怒"。郭店儒典和《荀子》均有"慮"這種行爲,《荀子》的解釋可能更加準確,然而,該行爲在兩個系統中所處邏輯層次大致相同。

此外有兩點值得注意:其一,郭店儒典"青(情)"這一邏輯層面,有若干非常有特色的元素。比如"智""惡(强)"以及"(歟)〔怵(弱)〕",尤其是後兩者,它們很明顯不像通常理解的那樣指人的體質。傳世《老子》第五十五章所謂"心使氣曰强",似堪爲一注脚。其二,郭店儒典將情性區隔爲一系列具體側面,分別關聯起人的各種官能(筆者將《五行》納入"郭店儒典"時,其實也包括不見於郭店楚墓戰國竹書而見於馬王堆漢墓帛書的《五行》篇的説文)。比如《眚自命出》下篇稱:"目之好色,耳之樂聖(聲),臧(鬱)舀(陶)之㷻(氣)也,人不難爲之死。"《眚悥論》也有同樣的句子。《五行》説文第二十三章云:"文王源耳目之生(性)而知亓(其)[好]聲色也,源鼻口之生而知亓好蠁(臭)味也,源手足之生而知亓好勞(佚)餘(豫)也,源[心]之生則巍然知亓好仁義也。"這種區隔與目耳鼻口心諸器官的不同功能一致。《語叢一》嘗謂:"容絶(色),目叚(司)也。聖(聲),耳叚也。臭,㚔(鼻)叚也。未(味),口叚也。㷻(氣),容叚也。志,心叚。"②儘管把"情"界定爲"由'心'對'物'的感應而産生的一種真實和自然的反應",更符合現代人的認知,③但在郭店儒典的體系中,無論是性

---

① 《荀子集解》王先謙案:"二'僞',二'知',二'能',並有虛實動靜之分。"此段引文中,"心慮而能爲之動謂之僞,慮積焉、能習焉而後成謂之僞"兩句,龐樸認爲前一"僞"字本來大概从心从爲,至少也是理解如从心从爲,"即心中的有以爲","否則便無從與下一句的見諸行爲的'僞'字相區別",祇是由於後來"慐"字消失了,"鈔書者不識'慐'爲何物,遂以'僞'代之"(參見氏著《郢書燕説:郭店楚簡中山三器心旁文字試説》,武漢大學中國文化研究院編《郭店楚簡國際學術研討會論文集》,頁39)。夏含夷對此説大爲賞識,倡言,《荀子》文句的累贅和最後兩個定義(案指'……謂之僞……謂之僞')之間的矛盾毫無疑問是由'慐'字在漢隸中的消失所致"(參見氏著《重寫中國古代文獻》,頁26~27)。《荀子·正名》篇之"僞"字原寫作"慐"的可能性的確存在,然像龐樸那樣認定此段文字包含"性—情—慮—慐—僞"的"演化關係",則是錯誤的。這種解讀,歪曲了"心慮而能爲之動謂之僞"與"慮積焉、能習焉而後成謂之僞"兩語間的邏輯關聯。實際上,"慮積焉、能習焉而後成謂之僞"祇是對"心慮而能爲之動謂之僞"的申説("能爲之動"之"能"與下文"能習焉"之"能"同,與其前句"心慮"之"心"以及同句之"慮"對稱),二語之意是相通的。

② 傳世各家文獻中亦頗有相關、相通的材料。如《管子·宙合》篇云:"耳司聽,聽必順聞,聞審謂之聰。目司視,視必順見,見察謂之明。心司慮,慮必順言,言得謂之知。"蓋此類看法至戰國某時已成爲社會性的共同。

③ 這種界定參見〔澳〕陳慧、廖名春、李鋭:《天、人、性:讀郭店楚簡與上博竹簡》,頁50~51。

還是情均未被單一地歸結到心,儘管心對於人體具有最大的重要性,被視爲具有決定性和超越性的大體。郭店儒典對情性的區隔主要是理論的而非實際的,但具有重大思想史意義,聯繫後來的《孟子》和《荀子》,這一點可以看得十分清楚。

依先秦儒家之見,並非情的所有構成元素都符同或接近政教倫理價值,也並非情的所有構成元素都不符同或者違背政教倫理價值。《五行》説文第二十三章分析人之性,謂心之性爲好仁義,耳目鼻口手足之性爲好聲色、好臭味、好佚豫,這兩種"好",對於政教倫理價值有明顯的向或背。《眚自命出》下篇云:"惡(愛)頪(類)七,唯眚惡爲近悥(仁)。智頪五,唯宜(義)衎(道)爲忻(近)忠。亞(惡)頪厽(三),唯亞不悥爲近宜。"同樣的表述亦見於上博簡《眚悥論》。"惡頪"究竟有哪七種呢?從現存材料中尚難以找到確切的答案。"眚惡"是愛類七者之一,何謂"眚惡"呢?從現存材料中也不容易看得明白。筆者認爲,孟子四端説與"惡頪七""智頪五""亞頪厽"之説有極密切的關聯。我們先看看義之端。孟子謂,"無羞惡之心,非人也;……羞惡之心,義之端也"(《孟子·公孫丑上》)。朱熹集注云:"羞,恥己之不善也。惡,憎人之不善也。"然則孟子以羞惡之心爲義之端,與"唯亞不悥爲近宜"一説較然一致。接下來再看看智之端。《眚自命出》《眚悥論》謂"智頪(類)五,唯宜(義)衎(道)爲忻(近)忠",殆謂知義利之別而持守義道,方近乎安身立命之價值"忠"。忠作爲普遍性價值原本不限定在臣民對待君上,其要在無私和利人。《左氏春秋》成公九年(前582)記范文子燮對晉景公(前600~前581在位)曰:"無私,忠也。"桓公六年(前706)記隨賢臣季梁對隋侯,曰:"上思利民,忠也。"在早期儒家之體系中,無私與利人意味着仁或義。故郭店《湯吳之道》稱"利天下而弗利"爲仁之極致,《魯穆公昏子思》(篇題爲整理者擬加)稱事君不徼爵禄便是"爲義"。這裹我們重點看看"忠"與"義"的關聯。《魯穆公昏子思》一文謂臣民對君上之忠在於不顧私利而爲義,堪爲此種關聯之確證:

> 魯穆公昏(問)於子思曰:"可(何)女(如)而可胃(謂)忠臣?"子思曰:"恒(亟)再(稱)亓君之亞(惡)者,可胃忠臣矣。"公不敓(悦),旱(揖)而退之。城(成)孫弋見,公曰:"向(嚮)者虐(吾)昏忠臣於子思,子思曰:'亙再亓君之亞者可胃忠臣矣。'覍(寡)人惑安(焉),而未之得也。"城孫弋曰:"悇(噫),善才(哉)言膚(乎)!夫爲亓君之古(故)殺亓身者,嘗又(有)之矣。亙再亓君之亞者,未之又也。夫爲亓〔君〕之古殺亓身者,交(徼)彔(禄)舊(爵)者也。亙再亓君之亞者,遠彔舊者也。爲義而

遠录舊,非子思,虘亞(惡/烏)昏(聞)之矣?"①

《眚自命出》《眚意論》稱"唯宜(義)術(道)爲忻(近)忠",與《魯穆公昏子思》之主旨,關聯十分明顯,差別唯在後者從臣民對君上角度言,而前者則不限於此。孟子作爲子思之再傳弟子,嘗謂:"無是非之心非人也。……是非之心,智之端也。"(《孟子·公孫丑上》)朱熹集注云:"是,知其善而以爲是也。非,知其惡而以爲非也。"對儒家言,義利之間便有大是大非。因此孟子又説:"雞鳴而起,孳孳爲善者,舜之徒也。雞鳴而起,孳孳爲利者,蹠之徒也。欲知舜與蹠之分,無他,利與善之間也。"(《孟子·盡心上》)②與"利"對稱的"善"關鍵就在於"義",《眚自命出》上篇及《眚意論》均謂"義也者,羣善之蓝(蕰)也"。要之,孟子所謂"智"必有與"宜(義)術(道)"相貫通之處,即與"智穎(類)五,唯宜(義)術(道)爲忻(近)忠"相契。有以上論析爲基礎,再來看"眚怎"與孟子四端説的關聯,顯得更加清晰和確鑿。孟子謂:"所以謂人皆有不忍人之心者,今人乍見孺子將入於井,皆有怵惕惻隱之心。非所以内交於孺子之父母也,非所以要譽於鄉黨朋友也,非惡其聲而然也。由是觀之,無惻隱之心,非人也;……惻隱之心,仁之端也……"(《孟子·公孫丑上》)孟子將仁之端歸結

---

① 文中"夫爲亓〔君〕之古(故)殺亓身者,交录(禄)舊(爵)者也"一句,"交"字裘錫圭讀爲"效"(荊門市博物館編:《郭店楚墓竹簡》,頁141);黄人二從之而釋爲"要",指干求(參見氏著《郭店楚簡〈魯穆公問子思考釋〉》,張以仁先生七秩壽慶論文集編輯委員會編:《張以仁先生七秩壽慶論文集》,臺北:臺灣學生書局,1999年,第1版,頁399~400);劉釗讀爲"效",釋爲"盡忠"(參見氏著《郭店楚簡校釋》,頁177,頁178);孟蓬生讀爲"徼"或"要"(參見氏著《郭店楚簡字詞考釋》續文,張顯成主編:《簡帛語言文字研究》第一輯,成都:巴蜀書社,2002年,第1版,頁30)。案:"交"字當讀爲"徼"。《莊子·雜篇·庚桑楚》有"夫至人者,相與交食乎地而交樂乎天",俞樾云:"郭注曰'自〔無〕其(無)心,皆與物共',《釋文》引崔云'交,俱也',李云'共也',是皆未解'交'字之義。《徐无鬼》篇曰:'吾與之邀樂於天,吾與之邀食於地。'與此文異義同。'交'即'邀'也,古字止作'徼',文二年《左傳》'寡君願徼福於周公魯公'。此云邀食乎地、邀樂乎天,語意正相似。作'邀'者後出字,作'交'者叚借字。《詩·桑扈》篇'彼交匪傲',《漢書·五行志》作'匪傲匪傲',即其例矣。"(《諸子平議·莊子三》)俞説甚是。又,文中"<u>爲</u>義而遠录(禄)舊(爵),非子思,虘(吾)亞(惡/烏)昏(聞)之矣"一句,"亞"字黄人二讀爲"烏"(參見氏著《郭店楚簡〈魯穆公問子思考釋〉》,張以仁先生七秩壽慶論文集編輯委員會編:《張以仁先生七秩壽慶論文集》,頁400~401)。

② 孟子以"夜氣"指人起初於夜間超越物欲捆綁而回復指向仁義諸價值的初心,以"平旦之氣"指心在清晨陷溺於物欲之中,云:"雖存乎人者,豈無仁義之心哉?其所以放其良心者(朱熹集注:良心者,本然之善心,即所謂仁義之心也),亦猶斧斤之於木也,旦旦而伐之,可以爲美乎?其日夜之所息,平旦之氣,其好惡與人相近也者幾希,則其旦晝之所爲,有梏亡之(又束縛而使之喪失)矣。梏之反覆,則其夜氣不足以存;夜氣不足以存,則其違禽獸不遠矣。"這種描述雖然素樸,但它指向的道理卻頗有可取之處。世人此種"夜氣"往往被斲喪,故"雞鳴而起,孳孳爲利者"多多矣。

爲最原初和純粹的不忍人之心亦即惻隱之心。朱熹集注引謝良佐(1050～1103)云:"人須是識其真心。方乍見孺子入井之時,其心怵惕,乃真心也。非思而得,非勉而中,天理之自然也。内交、要譽、惡其聲而然,即人欲之私矣。"這種純粹的不忍人之心或者惻隱之心,應該就是郭店、上博儒典所説的"眚恚"——源自本真、純粹之性的愛。孟子基於此定義仁或仁之端,明顯也繼承了"唯眚恚爲近恳"的觀念。有一點是毋庸置疑的,人在教習修養過程中,要張大愛、智、惡諸情中有肯定性價值的元素,而節制或改易其中有否定性價值的方面。

從郭店儒典將性分疏爲種種情、種種社會行爲來看,孔子詩言性的觀念有極爲豐富的内涵,可以恢張的空間甚大。傳世《詩大序》緊緊圍繞心之"志"建構對詩的認知,雖然關聯到了"情",卻未能凸顯作爲其根柢的"性"。

(四) 心

"心"是儒家心性學説中極爲重要的範疇。與"性""情"相比,它似乎更能凸顯人的主體性。中國古代思想家所謂的"心"通常被英譯爲"heart-mind",關涉認知與情感兩方面的含義;①可是在郭店、上博儒典中,"心"的特質和功能看起來更加複雜。

其一,就如同目被界爲容色之司、耳被界定爲聲之司、鼻被界定爲臭(氣味)之司、口被界定爲味之司、氣被界定爲容之司一樣,心被界定爲志之司。其集中表述見於《語叢一》(見上文所引)。此外《語叢一》云:"凡又(有)血燹(氣)者,虘(皆)又悥(意)忞(怒),又脊(慎)又慗(莊);亓豊(體)又容又頯(色),又聖(聲)又臭又未(味),又燹(氣)又志。"這與心司志、目司容色等論説密切相關。《眚自命出》上篇也説,"凡心又(有)志也"。總之,郭店、上博儒典認爲人體當區隔爲目、耳、鼻、口、容、心等若干部,而各部分司其職。這是思想史上值得高度關注的事件。其意義從《五行》《孟子》《荀子》等體系中看得更爲突出,這裏暫不細論,而集中觀照其中的心。

在郭店儒典之體系中,心的位置看似與耳目鼻口等部分齊平,事實上則非如此。每一個社會成員都無法從起點上改變情性這一份給予,心之所向即"志"總是後天改變一切的火種,它決定着現世中人格發展的方向和水平。毫無疑問,儒家張揚的心之所向是道。這一點從儒家創立伊始就已經確定了(當然,"道"以及意指主體對"道"之獲得的"德"都是虚位,它們必須落實爲一系列的定名)。孔子曾説:"志於道,據於德,依於仁,游於藝。"(《論語•述

---

① 參閲〔澳〕陳慧、廖名春、李鋭:《天、人、性:讀郭店楚簡與上博竹簡》,頁45。

而》《語叢三》說:"志於術,虖(狎)於惪,厌(比)於悬,遊於埶(藝)。"①儒家高度重視對這一種志的持守。《茲衣》篇載孔子曰:"君子言又(有)勿(物),行又迬(格),此以生不可敓(奪)志,死不可敓名。"《語叢三》論主體品行之損益,云:"牙(與)爲惪(義)者遊,嗌(益)。牙牅(莊)者尻(處),嗌。逗(起)習曼(文)彰(章),嗌。牙䗩(蟄/褻)者尻,員(損)。牙不好教(學)者遊,員。尻而無歔(?)習也,員。自視(示)丌(其)所能,員。自示兀所不族(足),嗌。遊蒠(佚),嗌。嵩(崇)志,嗌。才(存)心,嗌。〔又(有)〕所不行,嗌。朲(必)行,員。從所少好,與所少樂,員。"②其中"存心""崇志"之益,自然是以志於道爲前提的。孟子也明確地說:"君子所以異於人者,以其存心也。君子以仁存心,以禮存心。"(《孟子·離婁下》)這說到底是強調,提升道德人格,必須堅持心對仁與禮之所向。

其二,人以心思。

《眚自命出》上篇云:"凡思之甬(用)心爲甚。"其下篇則說:"凡甬心之喿(躁)者,思爲戡(甚)。"二語亦見於上博簡《眚情論》。顯然,孟子張揚"心之官則思"(《孟子·告子上》),直接承繼着郭店、上博之新出儒典。③ 有學者在討論郭店儒典時,說:"當探討'情'的時候,'心'參與了'思'的活動。"④其實,"心"乃"思"之主體,"思"是該主體之行爲,如何能說心參與了思的活動呢?思對德行之生成發揮關鍵作用,《五行》《孟子》以及《荀子》的體系都強烈地凸顯了這一點。⑤

上博《詩論》基於詩言志(即詩言心之所之)的事實,彰明了心在接受和認知詩文方面的主體作用,郭店儒典則曾聚焦於聲之"出(表現)""入(接受)"以

---

① 案:"厌"字釋讀,從李零《郭店楚簡校讀記》增訂本,頁147、頁150。子曰:"君子之於天下也,無適也,無莫也,義之與比。"(《論語·里仁》)與《語叢三》"厌(比)於悬"相通。

② 案:"牙(與)䗩者尻(處)"之"䗩"字,李零謂原字从宀从韭从又,可能同"蟄",讀爲"褻","褻"是心母月部字,"蟄"是匣母月部字,讀音相近("褻者"是輕慢無禮之小人(參見氏著《郭店楚簡校讀記》增訂本,頁149)。"牙(與)不好教者遊"一句,"教"爲"學"意。劉釗云:"古'教'、'學'本爲一字之分化,此'教'應讀作'學'。"(參見氏著《郭店楚簡校釋》,頁212)

③ 《管子·宙合》篇"心司慮,慮必順言,言得謂之知",基本上也包含了"心之官則思"的意思(《說文解字·思部》:"慮,謀思也")。

④ 參閱〔澳〕陳慧、廖名春、李鋭:《天、人、性:讀郭店楚簡與上博竹簡》,頁46。

⑤ 分別參閱拙作《簡帛〈五行〉篇與〈尚書〉之學》,香港中文大學中國語言及文學系、中國文化研究所中國古籍研究中心主編:《先秦兩漢古籍國際學術研討會論文集》,北京:社會科學文獻出版社,2011年,第1版,頁116~120;《從簡帛〈五行〉篇到〈孟子〉:一段重要歷史的追蹤》,石立善主編:《古典學集刊》第一輯,上海:華東師範大學出版社,2015年,第1版,頁305~306;《從〈五行〉學說到〈荀子〉:一段被湮沒的重要學術思想史》,蔡先金、張兵主編:《出土文獻與中國文學研究:第三屆出土文獻與中國文學研究學術研討會(國際)論文集》,濟南:齊魯書社,2013年,第1版,頁64~68。

及舞踊,來凸顯心的主體性。《昔(性)自命出》上篇云:"凡憂思而句(後)悲,凡樂思而句忻。凡思之甬心爲甚。戀(歎),思之方也。丌聖(聲)弁(變)則心從之,丌心弁則丌聖亦肰(然)。"這段文字也見於上博《昔(性)慐(情)論》。"丌聖弁則心從之",當是論心在接受聲時的共鳴反應,"丌心弁則丌聖亦肰",當是論心對聲的決定作用,二者都是就"甬心"之思而言的。《昔(性)自命出》上篇又云:"悥(意)斯慆,慆斯奮,奮斯羕(詠),羕斯猷(猶/摇),猷斯迂(舞)。迂,悥之終也。愠(愠)斯憂,憂斯感,感斯戀(歎),戀斯衆(辟),衆斯通(踊)。通,愠之終也。"情生於性,"悥""愠"均爲情之屬,同時也都是心之反應,它們促生的最終表達形式是舞、踊。《昔(性)自命出》上篇還説:"凡至樂必悲,哭亦悲,皆至丌(其)情也。依(哀)、樂,丌昔相近也,是古(故)丌心不遠。哭之敷(動)心也,瀨(浸)濨(殺),丌剌(烈)繾(戀)繾(戀)女(如)也,慼(感)肰(然)以終。樂之敷心也,濬(濬)深臧(鬱)舀(陶),丌剌(烈)則流女(如)也以悲,條(悠)肰(然)以思。"此段亦見《昔(性)慐論》(頗有殘缺),其內容似是就哭者樂者言其"敷心",又似是就哭者樂者影響於他人而言其"敷心",前者是就主體用心而言的,後者是就接受者的共鳴反應而言的,在郭店儒典中,這兩方面都歸結到心的官能思。《昔(性)自命出》上篇還提出:"凡聖(聲),亓(其)出於情也信,肰(然)句(後)亓內(入)拔(撥)人之心也敏(厚)。聞芙(笑)聖,則羴(鮮)女(如)也斯憙(喜)。昏(聞)訶(歌)詠(謠),則舀(慆)女也斯奮。聖(聽)窑(琴)帀(瑟)之聖,則諱(悸)女也斯戀(歎)。董(觀)垄(賚)《舞(武)》,則齊(齋)女也斯乍(作)。董《卲(韶)》《夏》,則免(勉)女也斯僉(斂)。羕(詠)思而敷(動)心,菅(喟)女也。"①同樣的內容亦見於《昔(性)慐論》。情出於性,而聲——諸如笑聲、歌謠之聲、琴瑟之聲、《賚》(武王之《大武》樂)、《武》(武王之《大武》樂)、《韶》(舜樂)、《夏》(禹樂)等等,出於情又入於心,在接受層面上製造出種種情感反應。這些文字,都是從接受層面上探究用心之思。

其三,心取而出性。依郭店、上博儒典,人性之出有兩個關鍵,即物取之與心取之。《昔(性)自命出》上篇云:"凡昔爲宔(主),勿(物)取之也。金石之又(有)聖(聲)也,弗鉤(叩)不鳴。人唯(雖)又昔,心弗取不出。"②又云:"悥(喜)惹(怒)依(哀)悲之燹(氣),昔也。及其見於外,則勿(物)取之也。"這兩段文字亦見於《昔(性)慐論》,蓋有部分缺失。其意爲,心、物取性而現之於外,猶如

---

① 案:"舞"通"武",上博竹書《昔(性)慐論》正作"武"。《論語·衛靈公》記:"顏淵問爲邦。子曰:'行夏之時,乘殷之輅,服周之冕,樂則《韶》《舞》。放鄭聲,遠佞人。鄭聲淫,佞人殆。'"俞樾《羣經平議·論語二》謂"'舞'當讀爲'武'"。

② 最後一個缺字,學界一般不補,當爲"人"字,該篇首句即爲"凡人唯(雖)又(有)昔(性)"。

第四章　先秦儒家心性學説的理念體系及歷史軌迹　271

叩擊鐘磬等樂器裨之發聲一般，——外有物之刺激，内有心之發動，性發出於外而産生種種情。《禮記·樂記》也説："人生而静，天之性也。感於物而動，性之欲也。物至知(智)知，然後好惡形焉。"①這裏也有心、物取性，使之現於外之意。總之在對象物存在的情况下，心促使性成爲動態化的實存。

既然心對性的實際呈現有不可或缺的作用，而"青(情)生於眚(性)"，那麽心對情也必然有根本意義。舉凡"懇(愛)""慾(欲)""智""子""惡""意(憙)""息(愠)""瞿(懼)""彊(强)""臥(休弱)"等生於性而屬於情的元素，其實際呈現亦莫不有待於心，——離開心的作用，它們將不復存在。《眚自命出》上篇説："凡至樂必悲，哭亦悲，皆至丌(其)情也。依(哀)、樂，丌眚(性)相近也，是古(故)丌心不遠。"(此語亦見上博《眚悥論》)這裏論情、性而歸結於心，保守一點説是顯示了三者的高度統一性，激進一點説則是彰顯了心對於情性的關鍵作用。

其四，心術乃是人道之核心。《眚自命出》下篇云："所爲術(道)者四，唯人術爲可術也。"其上篇則説："凡術，心述(術)爲宔(主)。術四述，唯人術爲可術也。丌(其)厽(三)述者，術(導)之而已。"這兩段文字亦見於上博《眚悥論》。簡文之四術或四道，蓋指"民之道"(即"人術")、"水之道""馬之道""墜(地)之道"。②　其間"民之道"或"人術"不能與簡文中經常出現的導民之説混爲一談。如《城之聞之》云："上不以丌(其)道，民之從之也難。是以民可敬道(導)

---

①　案：《墨子·經説上》謂"知也者，所以知也"，意謂智是用來知的。《樂記》"物至知知"之前一個"知"字殆同"知也者"之"知"；此語意思是説，物至而人以所以知之智達成對物的知。

②　這一段論"四述(術)"，很可能與《眚悥義》如下文字有重大關涉："嚚(禹)以人道訋(治)丌(其)民，傑(桀)以人道亂汒民。傑不易嚚民而句(後)亂之，湯不易傑民而句訋之。聖人之訒民，民之道也。嚚之行水，水之道也。戚(造)父之馭(取)馬，馬(也)之道也。句襖(后稷)之埶(藝)墜(地)，墜之道也。莫不又(有)道安(焉)，人道爲近。是以君子人道之取先。"陳來將"術(道)四述(術)"理解爲"民之道""水之道""馬(也)之道""墜(地)之道"四者(參見氏著《郭店竹簡儒家説説續探》，《中國哲學》編輯部、國際儒聯學術委員會合编：《郭店簡與儒學研究》，《中國哲學》第二十一輯，瀋陽：遼寧教育出版社，2000年，第1版，頁74)。《眚自命出》上篇既謂"術(道)四述(術)，唯人術爲可術也。丌(其)厽(三)述者，術之而已"，則人道確當爲"術(道)四述(術)"之一，而"術四述"殆即相當於四種道。《眚悥義》中的"民之道"即爲"人道"，故其上下文均逕稱"人道"。除此此外，《眚自命出》下篇謂"所爲術(道)者四"，接着就列"人道"爲四道之一(《眚悥論》亦有此語，而部分殘缺)，亦可證成以上理解。又，徐復觀認爲，"當宋鈃、尹文時，'心術'一詞尚未形成；所以他們衹用造詞甚拙的'心之行'，而未用'心術'。'心術'一詞，乃流行於戰國末期"(參見氏著《中國人性論史·先秦篇》，頁411)。《眚自命出》《眚悥論》等新出儒典基本上可以將這一判斷推翻。錢穆謂宋鈃生卒年世約數爲公元前360～公元前290，尹文生卒年世約數爲公元前350～公元前285(參見氏著《諸子生卒年世約數》，《先秦諸子繫年》，頁697)。出土《眚自命出》等儒典的楚墓乃在戰國中期偏晚，不晚於公元前300年，墓中儒道典籍被鈔録且輾轉傳播至楚都當更加早，完全可以確證"心述(術)"一詞之産生當在宋鈃、尹文以前。

也,而不可穿(弇)也;可馭也,而不可掔(牽)也。"《眚悫義》云:"民可史(使)道之,而不可史智(知)之。民可道也,而不可勥(强)也。"文中幾個關鍵詞"道(導)""穿(弇)""掔(牽)""勥(强)",可參照傳世《禮記·學記》如下文字來理解,所謂:"君子既知教之所由興,又知教之所由廢,然後可以爲人師也。故君子之教喻也,道(導)而弗牽,强而弗抑,開而弗達。道而弗牽則和,强而弗抑則易,開而弗達則思;和、易以思,可謂善喻矣。"白於藍認"穿(弇)"字似當讀作"按",與《學記》"抑"字義同,①於意可取。相關簡文之大意是説,民可以恭敬地引導,卻不可按着他的頭强迫,可以駕馭,卻不可以牽着硬拖,總之不可施以强迫。這些文字論治民之道,與一般的人道雖然有關,卻絕不相同。《告自命出》《告悫論》謂四道或四術"唯人術爲可術",殆强調祇有人道可被心認可。《荀子·解蔽》篇云:"心不可以不知道。心不知道,則不可道而可非道。……心知道,然後可道;可道,然後能守道以禁非道。"其間"可道""可非道"云云,似與簡文之"可術"有關。簡文與《解蔽》均是就心立論,正是簡文"凡術,心述爲宝"之意。心認可道,而後人道之實踐便具備了主體自覺性,這是儒家人倫道德的本意和實質。其他如"水之道""馬之道""堅(地)之道",都是有外在主體引導之,故簡文謂之"術(導)之而已"。《眚悫義》以禹之行水詮釋"水之道",正是聚焦於"術(導)之"之功,《尚書·禹貢》篇歷敘大禹治水之事,謂"導弱水""導黑水""導河""導漾""導江"等,不一而足。《眚悫義》以造父之馭馬詮釋"馬之道",着眼的也是不强迫不苛求,《荀子·哀公》篇謂"舜不窮其民,造父不窮其馬"。《眚悫義》以后稷之稼穡樹藝詮釋"堅(地)之道",要點還是在相導。《詩經·大雅·生民》篇謂:"誕后稷之穡,有相之道。茀厥豐草,種之黃茂。"《史記·周本紀》謂后稷"相地之宜,宜穀者稼穡焉"。人道憑藉心之可道而提升爲人的自覺,"水之道""馬之道""堅(地)之道"則不能提升爲水、馬、地的主體行爲,踐行其道者實爲人類——大禹、造父、后稷等等,唯就踐行者言依然是"凡術,心述(術)爲宝(主)"。簡文所舉這些方面,舊説中固有"心不知道"而"不可道而可非道"者。如大禹導水,其父鯀則陻之;②造父不窮其馬,東野畢則恰恰相反,"馬力盡矣","然猶求馬不已"(見《荀子·哀公》《韓詩外傳》卷二"顔淵侍坐魯定公於台"、《新序·雜事五》"顔淵侍魯定公於台")。《荀子·非相》篇嘗就個人修爲中的心術,云:"相形不如論心,論心不如擇術(楊注:術,道術也)。形不勝心,心不勝術,術正而心順之。則形相雖惡而心術善,無害爲君子也;形相雖善而心術惡,無害爲小人

---

① 參閲白於藍:《簡牘帛書通假字字典》,頁 236。
② 屈原强烈質疑鯀堵水、禹導水的歷史敘述,參見拙著《屈原及楚辭學論考》,北京:北京大學出版社,2016 年,第 1 版,頁 256~260。

也。君子之謂吉,小人之謂凶。故長短小大、善惡形相,非吉凶也。古之人無有也,學者不道也。"心術爲人道之關鍵,其善惡決定着形成君子人格,還是小人人格。

跟《五行》《孟子》《荀子》不同的是,上揭郭店、上博儒典雖已意識到,根據本性,人對聲、色、利的追求十分强勁,它們對心的官能和重要性也有一定認知,且已隱約將心樹立爲提升品行的掌控力量,然而它們並未清晰完整地呈現心之性以及心之主體性。這些儒典認爲,作爲"物"作用於心而産生的心之所向,"志"原初具有强烈的不確定性,使之趨於穩定的是"教"和"習"。這一點筆者下文再論,現在祇需要明白,在上揭體系中,心對於儒學價值取向似乎呈現出某種不確定性。

(五)"衍訇於青"與"天夅大棠"

就戰國儒家心性學説而言,僅僅把握"天""命""眚(性)""青(情)""心"等範疇或者命題,顯然不夠完備,至少它還有兩個極爲重要的關節:在上端是人道與天或天命的縮合,在下端是人道與情性的聯繫(其間部分内容前文或已涉及,但尚有可言者)。這些問題,載録孔子觀點的《詩論》均有指涉,但不很凸顯,郭店、上博儒典中則有十分清晰的論述。

孔子嘗基於"民眚"論析宗廟、餽贈、賓主之禮(見《詩論》第五章),又嘗基於子女對父母的"愛"來解釋三年喪(見《論語·陽貨》),在戰國儒典中,"愛"明確被定義爲生於性的情。郭店、上博儒典更强有力地基於情來論説禮或道。郭店《眚自命出》上篇及上博《眚意論》云:"衍訇(始)於青(情),青生於眚(性)。"這裏的"道"顯然是指人道,因爲它不具備超越天地萬物的終極性特質。簡文主旨,當是説人道因情設制,而不是説情爲人道終極性的起點。作爲一個相當嚴密的表述,道始於情不等於道生於情,簡文看似有意强調"生於""訇於"的區隔。在郭店、上博儒典中,禮、情關係是道、情關係的一個具體落實。《眚自命出》上篇云:"豊(禮)复(作)於青(情),或興之也,堂(當)事因方而折(制)之。"此語亦見於《眚意論》,唯部分文字殘缺。其意是説禮緣情而作,有興起之者適事因則而製之。① 戰國末,荀子反復强調先王制禮義(見《荀子·榮辱》《王制》《禮論》《大略》等篇),顯然是循此理路。而《語叢一》也説:"豊,因人之情而爲之即(節)曼(文)者也。"很明顯,禮是針對情設制的一種規範,而不必是情的自然延續。有學者截取簡文"因人之情而爲之",斷言

---

① 《禮記·樂記》謂"是故先王本之情性,稽之度數(正義:考之使合度數),制之禮義";所謂"稽之度數",殆即"因方"之類。

禮、樂等文化模式"體現了人對感官滿足的自然需求的觀念"。① 實際上,"因人之情而爲之"一語並未完成,須與另一簡的文字拼合,即應該在後面接上"即(節)曼(文)者也"數字,如此其意思纔完整。這樣看來,禮因情是一個方面,強調的是禮針對人情而設;"爲之(指人之情)即(節)曼(文)"是對禮的進一步定位,是不可離棄甚至更爲重要的一面,它意味着使人情有度。因此,這裏根本不存在所謂滿足"感官"的"自然需求"的問題。這一層意思,後來的荀子説得十分清楚:

> 性者,天之就也;情者,性之質也;欲者,情之應也。以所欲爲可得而求之,情之所必不免也;以爲可而道之,知所必出也(楊注:心以欲爲可得而道達之,智慮必出於此也)。故雖爲守門,欲不可去,性之具也。雖爲天子,欲不可盡。欲雖不可盡,可以近盡也;欲雖不可去,求可節也。所欲雖不可盡,求者猶近盡;欲雖不可去,所求不得,慮者欲節求也。道者,進則近盡,退則節求,天下莫之若也。(《荀子·正名》)

依郭店、上博儒典,"慾(欲)生於眚(性)",而"青(情)生於眚",因此"欲"被定位在"情"這一層面上。荀子對這一範疇作了更細緻的安排,即以"欲"爲"情之應",組建了"性(天之就)→情(性之質)→欲(情之應)"的系譜,②進一步則關聯着"道"。荀子説,對天子之"欲",道給出的安排是"近盡"(天子"欲雖不可盡,可以近盡也","道者,進則近盡");對守門者之"欲",道給出的安排是"節求"(守門"欲雖不可去,所求不得,慮者欲節求也","道者……退則節求")。所謂"斬(儳)而齊……不同而一"(《荀子·榮辱》),無論哪一個層次,都不存在簡單的感官滿足的問題。《語叢二》謂"情生於眚,豊(禮)生於情",應該不是精確表述,而衹是論禮和情的邏輯關係(邏輯上有情則有禮之製作);禮或道其實不就是情的衍生物。

　　如上所説,孔子常由性或情自然引出禮制的諸多面向。其後學在論情與禮或情與道的關係時,至少呈現了出一種清醒的理智傾向,即禮或道總體上被定義爲對情的合理化限制。

　　人道的設制,宗旨在於"長眚"亦即提高性。郭店《眚自命出》上篇、上博《眚意論》云:"長眚者,衍(道)也。"後來荀子稱"禮義文理"爲"所以養情"者(見

---

① 〔澳〕陳慧、廖名春、李鋭:《天、人、性:讀郭店楚簡與上博竹簡》,頁23注1。
② 徐復觀説:"荀子在這裏把性、情、欲三者,分別加以界定;但首先要瞭解……先秦諸子談到性與情時,都是同質的東西。……荀子雖然在概念上把性、情、欲三者加以界定,但在事實上,性、情、欲,是一個東西的三個名稱。"(參見氏著《中國人性論史·先秦篇》,頁211)這顯然是見其同而未見其異,以新出戰國儒典作爲參照,其偏蔽尤爲突出。

《荀子·禮論》），又是承襲前儒的理路。① 《眚自命出》上篇曰："衍訇（始）於青（情），青生於眚。訇者近青，終者近義。"（《眚悥論》亦有此語）顯然，"義"與"情"具有某種對立性，道始於情，其終近乎義，即與原初之情對待。道爲情而制，個人修養之目標雖是與情相對待的道德適當性，但又絕對不是取消情，而是使情的實現與道達成契合，亦即使之符同節度，——大抵就是後來《荀子·禮論》所說的"性偽合"。從儒家立場上看，這樣做的宗旨毋寧是養情。《眚自命出》上篇云："君子娧（美）亓（其）青（情），貴亓宜（義），善亓即（節），好亓頌（容），樂亓衍，兌（悅）亓教，是以敬安（焉）。"同樣的說法也見於《眚悥論》。一方面是情好，一方面是義、節、道、教，修養的重點在於把握和持守能夠同時滿足兩方面要求的節點，儘量袪除偏蔽。《眚自命出》上篇及《眚悥論》又云："智（知）青（情）者能出之，智宜（義）者能内（入）之。"大意是指，知情者能夠發乎情，知義者能夠入乎義即持守義，情義兩相契合纔是主體所當追求的目標。閱讀這些文獻需要留意，郭店、上博儒典單獨標舉"義"時，實際意指未必局限於通常說的"義"，因爲它在這裏還被界定爲羣善之表徵，如《眚自命出》上篇所說，"義也者，羣善之蕰（蕰）也"（亦見於《眚悥論》）。這也意味着前面的論斷，應該有不局限於一般之"義"的普泛蘊涵。

有論者稱，"尊崇的'道'建立在普通人喜怒哀樂原始的情感上"。② 這樣說可能並不準確，因爲"原始的情感"恰恰是要被限制的。以禮養情說在《荀子》的體系中得到了明顯的發展，其《禮論》篇云：

> 禮起於何也？曰：人生而有欲，欲而不得，則不能無求；求而無度量分界，則不能不爭；爭則亂，亂則窮。先王惡其亂也，故制禮義以分之，以養人之欲，給人之求，使欲必不窮乎物，物必不屈（竭）於欲，兩者相持而長，是禮之所起也。故禮者，養也。芻豢稻粱，五味調（香）〔盉〕，所以養口也；椒蘭芬茝，所以養鼻也；雕琢、刻鏤、黼黻、文章，所以養目也；鍾鼓、管磬、琴瑟、竽笙，所以養耳也；疏房、檖貌（貌）、越席、床第、几筵，所以養體也。故禮者，養也。君子既得其養，又好其別。曷謂別？曰：貴賤有等，長幼有差，貧富輕重皆有稱者也。……孰知夫出死要節之所以養生

---

① 案《眚自命出》上篇云："凡眚（性）或敱（動）之，或违（逆）之，或（交）〔室（窒）〕之，或萬（厲）之，或出之，或兼（養）之，或長之。凡敱眚者，勿（物）也。违眚者，兌（悅）也。（交）〔室（窒）〕眚者，古（故）也。萬眚者，宜（義）也。出眚者，埶（勢）也。兼眚者，習也。長眚者，衍（道）也。"這一片段亦見於上博《眚悥論》，但頗有殘缺。荀子以禮義養情之說，似更接近於其中的"長眚"，而非字面上看起來更一致的"兼眚"，也可以說是以"長眚"爲主導，而包括"兼眚"。

② 劉冬穎：《出土文獻與先秦儒家〈詩〉學研究》，頁145。

也(楊注:出死,出身死寇難也。要節,自要約以節義,謂立節也)!孰知夫出費用之所以養財也(楊注:費用,財以養禮,謂問遺之屬)!孰知夫恭敬辭讓之所以養安也!孰知夫禮義文理之所以養情也!故人苟生之爲見,若者必死;苟利之爲見,若者必害;苟怠惰偷懦(儒)之爲安,若者必危;苟情説(悦)之爲樂,若者必滅。故人一之於禮義,則兩得之矣;一之於情性,則兩喪之矣。故儒者將使人兩得之者也,墨者將使人兩喪之者也,是儒、墨之分也。

儒家不主張任情性而滅制度,也不主張任制度而絕情性,而是要尋求制度和情性兩得之道,一方面制度因應情性,一方面情性爲制度而節制。

郭店簡文《六惪》篇云:"生民斯必又(有)夫婦、父子、君臣。"人爲社會性動物,其生必在不同層面上結成社會關係,形成社羣,因此人倫具有其必然性。所以《六惪》又説:"男女下(辨)生言(焉),父子新(親)生言,君臣宜(義)生言。"其間最根本的是男女之辨(在《六惪》中基本上對應於"夫婦");基於男女之辨而有父子之親,基於父子之親而有君臣之義。因此《六惪》云:"男女不下,父子不親;父子不親,君臣亡宜。"《六惪》篇論男女(或夫婦)之辨、父子之親、君臣之義的邏輯關係,與傳世儒典較然一致。《周易·序卦》云:"有天地然後有萬物,有萬物然後有男女,有男女然後有夫婦,有夫婦然後有父子,有父子然後有君臣,有君臣然後有上下,有上下然後禮義有所錯。"《詩經·周南·關雎》云:"關關雎鳩,在河之洲。"毛傳曰:"興也。關關,和聲也。雎鳩,王雎也,鳥摯而有别。水中可居者曰洲。后妃説(悦)樂君子之德,無不和諧,又不淫其色,慎固幽深,若關雎之有别焉,然後可以風化天下。夫婦有别則父子親,父子親則君臣敬,君臣敬則朝廷正,朝廷正則王化成。"人在社羣中居於不同位置,領有不同角色,亦必須遵循旨在維護社羣整體秩序的各種價值取向或行爲規範。《六惪》謂:"父聖,子惪(仁),夫智,婦信,君宜(義),臣(宜)〔忠〕。聖生惪,智率信,宜史(使)忠。古(故)夫夫,婦婦,父父,子子,君君,臣臣,此六者客(各)行其戠(職),而岦(獄)訾(犴)莈繇(亡)〔乍〕也。……其返(反),夫不夫,婦不婦,父不父,子不子,君不君,臣不臣,緍(昏)所繇佐(作)也。"以仁爲爲子之規範和價值,以義爲爲君之規範和價值,以智爲爲夫之規範和價值等等,僅僅是言其一面,而且是針對它們對待的社會角色而言的(比如子對待的是父,君對待的是臣,以此類推)。各種價值規範之適應性不能如此生硬、機械地區隔和限制,它們其實具備不拘於某種社會角色的普適性。故《六惪》篇又云:"惪(仁),内也;宜(義),外也;豊(禮)、樂,共也。内立父、子、夫也,外立君、臣、婦也。"《論語·顔淵》記載:"齊景公問政於孔子,孔子對曰:'君君,臣臣,父父,子子。'公曰:'善哉!信如君不君,臣不臣,父不父,子不子,雖有粟,吾得而食諸?'"孔子後學的論說當源於此,不過他們看起來更凸顯了夫婦之道。

以上內容,大要是分析孔子後學所張揚的因人之情性而製禮設道之説。這一方面,還有一點值得注意,即郭店《眚自命出》《六惪》《語叢一》以及上博《眚情論》等新見儒典,業已明確將《詩》《書》《禮》《樂》《易》《春秋》六經確立爲道之淵藪(此處暫不細論,其詳請參見本章餘論部分)。

而從孔子及其弟子與再傳弟子心性學説之上端看,人道終極性的根源在於天以及天命。《語叢一》云:"𩁹(察)天道以愿(化)民燹(氣)。"①《城之餂之》更具體地説:

天夅(降)大棠(常),以里(理)人侖(倫)。折(制)爲君臣之義,煮(圖)爲父子之新(親),分爲夫婦之攴(辨)。是古(故)小人變(亂)天棠以逆大道,君子訇(治)人侖以川(順)天惪。《大堥(禹)》曰"余才(兹)尼(宅)天心",害(蓋)此言也,言余之此而尼於天心也。

這裏凸顯了一個相當清晰的理論架構:"{天─天惪}→{大道─大棠(常)─天心}→人倫{君臣之義─父子之新(親)─夫婦之攴(辨)}";而結合上文所揭《六惪》之説,此架構又可以表示爲:"{天─天惪}→{大道─大棠(常)─天心}→人倫{夫婦之攴(辨)→父子之新(親)→君臣之義}"(這裏強調了"夫婦之攴"對"父子之新""君臣之義"的基源作用)。《城之餂之》又指出:

昔者君子有言曰"聖人天惪",害(蓋)言斳(慎)求之於呂(己),而可以至川(順)天棠(常)悇(矣)。《康𡩬(誥)》曰:"不還(率)大䪫(夏),文王复(作)罰,型(刑)兹(兹)亡懇(赦)。"害(蓋)此言也,言不霹(奉)大棠者,文王之型莫至(重)安(焉)。是古(故)君子斳(慎)六立(位)以巳(嗣)天棠。②

---

① 這句話的背景,當是前揭先秦儒家性説以情氣爲情之基源亦即性,其意實際上指的是察天道以化民性。

② "巳天棠(常)"之"巳",整理者讀爲"祀"(參見荆門市博物館編:《郭店楚墓竹簡》,頁168);陳偉讀作"已",釋爲成,又疑通"以",爲施行或依憑之義(參見陳偉等:《楚地出土戰國簡册[十四種]》,頁211);顔世鉉讀作"翼",釋爲敬(參見氏著《郭店簡散論》之一,武漢大學中國文化研究院編:《郭店楚簡國際學術研討會論文集》,頁104);李學勤讀作"似",釋爲象(參見氏著《試説郭店簡〈成之聞之〉兩章》,《煙台大學學報(哲學社會科學版)》2000年第4期,頁460)。案:作"巳"可通,其義爲"嗣"。《玉篇·巳部》:"巳,嗣也。"嗣者繼也,見《爾雅·釋詁》。《詩經·大雅·思齊》云:"思齊大任,文王之母。思媚周姜(大姜),京室之婦。大姒嗣徽音,則百斯男。"鄭箋云:"徽,美也。嗣大任之美音,謂續行其善教令。"天降大常,君子繼而行之,故《城之餂之》謂"君子……巳天棠(常)"。

如前所論,孔子弟子及其再傳弟子明確地説,人性根源於天之命。而"大棠(常)"或"天棠""大道""大頂(夏)""天悥""天心"等也都根源於天,它們充當着人倫規範的超越性依據(自然這需要由替天行道的聖人或聖王落實)。由此,人道之産生一方面因緣情性,一方面立足於天常,"天→命→性→情→人道",與"天→大常→人道",兩條邏輯主綫便實現了閉合,達成了統一(參見下圖所示)。人倫規範或曰人道既出乎長性養情之政教倫理關懷,又合乎大常、天常、大道、天心或天德,從天到人、從天道到人道的邏輯脈絡因此被豁然打通了。

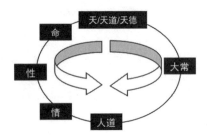

圖 4-1 新見儒典天、人諸範疇之關聯圖

毫無疑問,這兩條主綫並非僅止於交匯對接,實際上,經過主體的修爲,基於天常的人道將會塑造人的情、性,而以最高的人格境界"天德"爲鵠的。這一點,《城之餌之》説得十分清楚:"昔者君子有言曰'聖人天悥',害(蓋)言斳(慎)求之於呂(己),而可以至川(順)天棠(常)悇(矣)。"就是説,聖人求於己而脩身,通過隨順天常而生成天德。孔子所謂"天生德於予"(《論語·述而》),當從這一層面上理解(《城之餌之》"聖人天悥"云云,當與孔子此説有關)。而《五行》經文第一章云:"仁荆(形)於内胃(謂)之德之行,不荆於内胃之行。知(智)荆於内胃之德之行,不荆於内胃之行。義荆於内胃之德之行,不荆於内胃之行。禮荆於内謂之德之行,不荆於内胃之行。聖荆於内胃之德之行,不荆於内胃之行。德之行五,和胃之德;四行和,胃之善。善,人道也;德,天道也。"與其説《五行》將最高的境界"德"詮釋爲"天道",毋寧説它表達的是經由"天道",臻於最高境界"德"的頂層規劃;這樣的"德"就是"天德",簡言之即大常—人道在人的性命中的充分實現。的的確確,"在這種地方,可以看出最高的道德情感,與最高的宗教情感,有其會歸之點"。①

徐復觀曾評孔子云:"在孔子,……天是從自己的性中轉出來;天的要求,成爲主體之性的要求。"②"天""天棠""大道""大頂(夏)""天悥""天心"等等,

---

① 徐復觀:《中國人性論史·先秦篇》,頁 91。

② 同上。

说到底都是"聖人以神道設教"(《周易·觀·彖傳》)的人爲營構,但從這套體系所界定的邏輯關聯及其信仰基礎來看,天以及天之要求具有終極性和超越性,因此不能説"天"從人自己的"性"中轉出,——即便孔子,也畢竟衹是不具備終極性和超越性的有限。進一步説,以"天"從"性"中轉出爲前提,稱"天的要求,成爲主體之性的要求",可能也不妥當,也許可以説這衹是主體經現世修爲達成的極境。在孔子及其弟子與再傳弟子建構的體系中,"天的要求"自然是對主體之性的要求,主體可以憑藉信仰和修爲,將"天的要求"轉化爲自己的自覺,"天德"可以成爲性命基於"天的要求"或者説"大棠(常)"而修養達成的境界。

由此,原始儒家心性學説的完整理論架構就赫然成型了,孔子肇端的簡約、局部不甚明晰的天人體系,在其弟子與再傳弟子手中得到完滿凸顯。《周易·觀·彖傳》曰:"觀天之神道,而四時不忒。聖人以神道設教,而天下服矣。"儒家這一基於自身信仰的建構,最終從終極關懷層面上解決了踐行人道的必然性和必要性,使人道獲得了終極性的保證,使現世人倫道德問題獲得了終極性的解決;——人道因爲有超越性的本源,成爲照耀人世的最高權威。

毋庸置疑的是,人並不能自然而然地隨順大常、擁有天德。達到這一目的靠的是修爲,修爲的核心在宅兹天心,而宅兹天心的指向不在超世而在現世。"君子訇(治)人命(倫)以川(順)天棠""訢(慎)六立(位)以巳(嗣)天棠(常)""訢(慎)求之於昌(己),而可以至川(順)天棠"等等説法,意味着隨順和皈依天常的立足點,唯在求之於己、謹於六位人倫,而絶非離棄人道。這再一次清晰地顯示出,孔子雖然稱"天生德於予",但自我修爲纔是真正根基。這裏雖然可以説,"道德修養是一個融合天賦人性與聖人創始的外在文化實踐的過程",①但無論從理論體系而言,還是從信仰層面而言,聖人製作、道德修爲背後的終極關懷,都必須得到清醒的認知。——毋庸諱言,從徹底的唯物主義立場上説,所謂天命天常等,歸根結底是人自身的建構;儒家心性學説雖或仰仗天或天命,説到底還是"自負全責"。

(六) 心的參與及性的塑造

在《五行》之外的郭店、上博儒典中,心似乎並未顯示與儒學價值之同趣,換句話説,這些文獻似未明確肯定心原本趨同於儒學之價值,——顯然,它們同樣未明確認定心原本有違於儒學之價值,如更晚些時候的荀子那樣。可無論如何,心的作用至關重要;在踐行道義、培育人格時,心的參與和自覺是最

---

① 〔澳〕陳慧、廖名春、李鋭:《天、人、性:讀郭店楚簡與上博竹簡》,頁14。

爲可貴的。《吾自命出》下篇指出:"凡學者(隸)〔求〕丌(其)心爲難,從丌所爲,近得之壴(矣),不女(如)以樂之速也。唯(雖)能丌事,不能丌心,不貴。"《吾意論》亦有此語,而存在殘缺。傳世《大學》也説:"心不在焉,視而不見,聽而不聞,食而不知其味。"就儒家心性學説而言,這些判斷顯然極爲重要。

"求其心"的意思是求心之認同和參與。這首先意味着要使道成爲心之所向——志。志具有不確定性,惟有習能使之定。《吾自命出》上篇説,"凡心又(有)志也"。又説:"心亡奠志,怠(待)勿(物)而句(後)复(作),怠兑(悦)而句行,怠習而句奠。"這些話亦可參考《吾意論》。其所謂"勿(物)",泛指心的對象化存在。在物存在的前提下,心指向物便是志,心喜歡物,主體纔會付諸行動,而祇有經過習——反復不斷的踐行,志纔能臻於確定不移。情性需要長養,心也需要養。保持志對道之所向,纔能用道之價值來涵養心。《吾意義》云:"眷(尊)息(仁)、新(親)忠、敬壯(莊)、遝(歸)豊(禮),行矣而亡噁(惟)。羔(養)心於子伬(諒),忠信日嗌(益)而不自智(知)也。""子伬(諒)"即慈愛誠信。《禮記・樂記》云:"禮樂不可斯須去身。致樂以治心,則易、直、子、諒之心油然生矣。"養心之宗旨,在於使心持守儒家認定的政教倫理價值,使人格向儒家預期的目標邁升;其事多端,養心於子諒即爲其中之一。

"能丌心"是指心對踐行的認同和參與,而不單指"'心'的深切領悟"。① 孔子曾説:"知之者不如好之者,好之者不如樂之者。"(《論語・雍也》)由知之而好之,由好之而樂之,心的認同和參與程度逐步提高。孟子曰:"堯、舜之道,孝弟而已矣。子服堯之服、誦堯之言、行堯之行,是堯而已矣……"(《孟子・告子下》)此説有一點誇張,若僅僅"服堯之服、誦堯之言、行堯之行",那還祇是"從丌所爲",祇有達到"服堯之服、誦堯之言、行堯之行"而樂之,即心達成高度的認同和參與,方庶幾於堯。從道理上説,《吾自命出》張揚"能丌心",與《五行》篇强調誠由其中心行仁義,是密切相關的。《五行》説文第二十一章云:"不莊(藏)尤割(害)人,仁之理(里)也。不受許(吁)諆(嗟)者,義之理(里)也。弗能進也,則各止於亓(其)里耳矣。終亓不莊尤割人之心,而仁復(覆)四海;終亓不受許諆之心,而義襄(囊)天下。仁復四海、義襄天下,而成(誠)繇(由)亓中心行之,亦君子已。"作爲子思再傳弟子,孟子在"行仁義"之上高張"由仁義行",明顯承繼了誠由其中心行仁義這一觀念,堪爲其注脚。其言曰:"舜明於庶物,察於人倫,由仁義行,非行仁義也。"(《孟子・離婁下》)"行仁義",意味着仁義仍是主體的對象化存在;"由仁義行",則意味着仁義與

---

① 陳慧等的論析祇着眼於"'心'的深切領悟"這一認知層面的問題(參見〔澳〕陳慧、廖名春、李鋭:《天、人、性:讀郭店楚簡與上博竹簡》,頁48)。

主體高度合一,其要在於心的認同和參與。特別值得注意的是,《五行》對心的參與的論說,達到了高度形而上的高度。《五行》説文第七章强調"以夫 五 爲一",即强調仁義禮智聖五種形於内的德之行,超越其個體存在的狀態而合一;同時又强調"夫五(夫)爲 一 心",即强調五種形於内的德之行超越其個體存在的狀態,與心統合爲一體;此外,它還强調"舍體(案指超越小體)"(説文第七章)、"舍亓(其)體而獨亓心"(説文第八章),即强調超越耳目鼻口手足諸小體,而隨任與德之行達成超越性同一的心(心爲大體)。《五行》説文第八章更明確地説,達到最高境界的君子"舍亓體而獨亓心"。凡此,均意味着主體之心對其踐行之價值有最高程度的認同和參與。在這種人格境界中,與價值和一的心甚至成了踐行的主體。郭店《語叢一》云:"父子,至(識)上下也。兄弟,至先後也。爲孝,此非孝也;爲弟(悌),此非弟也。不可爲也,而不可不爲也。爲之,此非也。弗爲,此非也。"這段話大略是説,真正的孝悌並非主體以孝悌爲踐行的對象,而是孝悌與主體和一,如此主體之"爲"便是由孝悌行,而非行孝悌,達此境界,孝悌便"不可不爲"了;"爲孝""爲弟"即以孝悌爲對象而踐行之,心參與的程度低,故不足取。

要喚起心的認同和參與,達成心的自覺,毫無疑問離不開教,教是引導、規範和塑造心之所向的重要元素。大千世界,往古來今,人之情性普遍同一,然而教不同,其用心便各異。故《眚自命出》上篇説:"四海(海)之内亓眚弌(一)也,亓甬(用)心各異,善(教)貞(使)肰(然)也。"(同樣的表述亦見於《眚意論》,唯前部略殘)無論羣體還是個人,決定社會成員之差别性者,不是普遍的性或情,而是基於教化而形成的不同用心。教如果不能有效引導和規範心之所向,人就可能在"社會化"階段陷入迷失,其整個人生就可能成爲徹底的"歧途";孟子把這種境地稱爲"曠安宅而弗居,舍正路而不由"(《孟子·離婁上》)。① 儒家經典的建立與授受正是在這個環節上發揮不可或缺的作用。《眚自命出》上篇謂聖人建構經典,"肰(然)句(後)復以教",又謂"教,所以生

---

① "社會化"是社會學、文化學、心理學、教育學等多學科領域的核心問題之一。有學者概括説:"從狹義的角度來看,一般來説,'社會化'是指個體如何從一個'生物人'轉變爲一個'社會人'的過程,主要以少年兒童爲研究對象。從廣義的角度來看,社會化不僅是一個從'生物人'向'社會人'轉變的過程,而且是一個内化社會價值標準、學習角色技能、適應社會生活的過程。由於成年人生活中同樣存在這樣一些問題,因此,社會化不僅僅是兒童、青少年時期才會面臨的問題,而是貫穿人生始終的問題。"(徐祥運、劉傑編著:《社會學概論》,大連:東北財經大學出版社,2015 年,第 4 版,頁 75)儘管"社會化"之名頭及其理論體系由西方傳入,但中國先秦儒家學者實際上極爲深刻地論述了人的社會化問題,其間最值得注意的應該是荀子(參閲拙作《試論荀子的人文意識》,《孔子研究》1991 年第三期,頁 37~46;並可參閲本書第九章:"從《五行》到《荀子》")。

悳於中者也”(《眚悳論》也這麽説),就是這個道理。儒家心性學説基於孔子經學而蕃茁盛大,從這裏看得十分清楚(其詳請參見本章餘論)。

以上是從心的角度上説的。若從性的角度上看,人性具有可塑性;儒家論心性之各派,無論主性善、主性惡、主性無善無不善、主有性善有性不善、主性有善有惡,都以這一點爲邏輯和事實的前提。《眚自命出》上篇論列激發和影響性的種種要素,云:“凡眚,或𢾅(動)之,或逆(逆)之,或(交)〔室(窒)〕之,或萬(厲)之,或出之,或羕(養)之,或長之。凡𢾅眚者,勿(物)也。逆(逆)眚者,兑(悦)也。(交)〔室(窒)〕眚者,古(故)也。萬眚者,宜(義)也。出眚者,埶(勢)也。羕眚者,習也。長眚者,衍也。凡見者之胃(謂)勿,快於吕(己)者之胃兑,勿之埶者之胃埶,又(有)爲也者之胃古(故)。義也者,羣善之蕝(蕝)也。習也者,又以習亓(其)眚也。衍者,羣勿之衍。”同樣的内容亦見於上博《眚悳論》。其中列舉的所有方面,都藴含着心的作用。性之發固由物取之,但如上所論,也離不開心取之;心對物之悦——物給心的快適——迎接性;心之所爲——心欲達成的目標——徼取性;心對義的認同和持守砥礪性;圍繞主體的社會態勢引發性;習則是自覺有爲,亦即以反復持續的踐行來養性;[①]道——準確地説是心對道的認同和持守,宗旨則是提高性。

“羕(養)眚者,習也”,此語似未説明説透。毫無疑問,儒家主張以習養性,目的是使性在更大程度上符同於心所守的各種價值,簡括言之即爲道。以義“萬(厲)眚”,以道“長眚”,其實都凸顯了儒家養性之追求。“羕(養)”“萬(厲)”“長”是塑造性的三種主要方式,“長”側重於提高,“萬(厲)”側重於磨鍊,“羕(養)”側重於頤養。之所以稱習爲養性者,殆因習慣成自然,其

① 葛瑞漢據《孟子·盡心上》之“存其心,養其性,所以事天也”,論斷“孟子真正在事實上使用了‘養性’詞語”(見氏著《孟子人性理論的背景》,〔美〕江文思、〔美〕安樂哲編:《孟子心性之學》,頁31)。案:這樣的“事實”孟子之前早就有了,郭店簡《湯吴之道》《眚自命出》上篇以及上博簡《眚悳論》等儒典是最重要的證據,而世子作《養〔性〕書》一篇也是一證。又,《論衡·本性》篇記:“周人世碩以爲,‘人性有善有惡,舉人之善性,養而致之則善長;〔惡〕性(惡),養而致之則惡長’。如此,則〔情〕性各有陰陽,善惡在所養焉。故世子作《養〔性〕書》一篇……”《論衡》的演繹未必就是世碩的本旨。值得注意的是,世子作《養性書》,與郭店、上博簡新見儒典的心性學説顯然有極爲密切的關係。郭店《誋惪義》謂“羕(養)心於子俍(諒)”,又謂,“凡達(動)民必訓(順)民心,民心又(有)恒,求亓羕(養),童(踵)義集(集)釐(理),言此章也”;《眚自命出》上篇謂,“羕(養)眚者,習也”(又見於上博《眚悳論》);《湯吴之道》謂,“□(節?)虖(乎)脂膚血䊫(氣)之青(情),羧(養)眚命之正,安命而弗宎(夭),羧生而弗䁲(傷)”。相對於孔門七十子及其後學的論説,這些文獻僅僅是十分有限的一部分,但足以説明養性養心觀念乃其中的核心主題。世碩作爲七十子之弟子(參見《漢志》載録《世子》二十一篇之自注),作《養性書》毫不奇怪。子思同爲七十子之徒,其《五行》篇同樣也産生於儒家心性學説之大潮中,故《五行》篇引用世子之説,也完全可以理解。

道重在温和漸染。但無論從理論還是實踐上看,對塑造性至關重要的習都未必是在合乎道的方向上展開的。《尚書·太甲上》(今文無,古文有)曾記載:

> 惟嗣王(太甲)不惠于阿衡(伊尹)。伊尹作書曰:"先王顧諟天之明命,以承上下神祇。社稷宗廟,罔不祇肅。天監厥德,用集大命,撫綏萬方。惟尹躬克左右厥辟宅師(僞孔傳:伊尹言能助其君居業天下之衆),肆(故)嗣王丕承基緒。惟尹躬先見于西邑夏,自周(忠信)有終,相亦惟終。其後嗣王,罔克有終,相亦罔終。嗣王戒哉!祇爾厥辟,辟不辟,忝厥祖(僞孔傳:爲君不君,則辱其祖)。"
>
> 王惟庸,罔念聞(僞孔傳:言太甲守常不改,無念聞太甲之戒)。伊尹乃言曰:"先王昧爽丕顯(僞孔傳:言先王昧明思大明其德),坐以待旦。旁求俊彦,啓迪後人,無越(墜失)厥命以自覆。慎乃儉德,惟懷永圖。若虞機張,往省括于度,則釋(僞孔傳:言修德夙夜思之,明旦行之,如射先省矢括于度,釋則中)。欽厥止,率乃祖攸行,惟朕以懌,萬世有辭。"
>
> 王未克變。伊尹曰:"茲乃不義,習與性成(僞孔傳:言習行不義,將成其性)。予弗狎(近)于弗順,營于桐官,密邇先王其訓,無俾世迷。王徂桐宮居憂,克終允德(僞孔傳:言能思念其祖,終其信德)。"

所習或爲"不義",上揭太甲即是;故揚雄《法言·學行》辟"習非",而張"習是"。習作爲反復不斷的踐行,其價值取向將發揮決定性作用。儒家主張的當然是習天常或人道,這既離不開心對天常或人道的認知,也離不開心對天常或人道的持守。一如荀子所說:"心不知道,則不可道而可非道。……心知道,然後可道;可道,然後能守道以禁非道。"(《荀子·解蔽》)而揚雄云:"習乎習!以習非之勝是也,況習是之勝非乎?"(《法言·學行》)

總之,原初之性是不可改變的賜予,但決定其在後天所有實際存在或境地的是心。依儒家之說,"性"可以追溯到人的初始特質,卻不僅僅指涉這些特質;更重要的就是,"性"總是處在方向和程度不同的塑造力中,故確切地說,性的實存是一個基於原初特質的動態的過程。這個過程關涉到人的社會化。以下的論斷可能是相當深刻的:"事實上,在一種決定性的意義上,'性'與其是個人的特徵,不如說是人的社會特徵的特殊的集合點……"[①]人性具有普遍性,人性的現實存在卻有個體乃至羣體的差異。依《五行》《孟子》《荀

---

① 〔美〕安樂哲:《孟子的人性概念:它意味着人的本性嗎?》,〔美〕江文思、〔美〕安樂哲編:《孟子心性之學》,頁119。

子》等儒典之析分,性包括耳目好聲色,鼻口好臭味,手足或者四肢好逸豫,心好仁義或者好利、好佚。由於個體人格對性(包括其各個面向)的塑造程度不同,在每一具體人格中,性的各個面向及其組合實存在微妙或者顯著的差異;與此同時,各人格之性的各面向及其組合還會與時俱進,呈現出動態的變化。孔子説:"吾十有五而志于學,三十而立,四十而不惑,五十而知天命,六十而耳順,七十而從心所欲不踰矩。"(《論語·爲政》)這主要就是性的各個面向及其組合發生歷時性變化的過程。郭店簡文《城之聞之》云:"聖人之舎(性)與中人之舎,丌(其)生而未又(有)非之。節於(而)〔天〕也,則獣(猶)是也。唯(雖)丌於善道也,亦非又(有)譯婁(蟻塿)以多也。及丌専(博)長而厚大也,則聖人不可由與埤之。此以民皆又眚,而聖人不可莫(慕)也。"《五行》説文第二十四章云:"舜有仁,我亦有仁,而不如舜之仁,不貴(積)也。舜有義,而我亦有義,而不如舜之義,不貴也。"孟子則説:"人之所以異於禽獸者幾希,庶民去之,君子存之。"(《孟子·離婁下》)又説:"廣土衆民,君子欲之,所樂不存焉。中天下而立,定四海之民,君子樂之,所性不存焉。君子所性,雖大行不加焉(趙岐注:大行,行之於天下),雖窮居不損焉,分定故也。君子所性,仁義禮智根於心。其生色也,睟然見於面,盎於背,施於四體,四體不言而喻。"(《孟子·盡心上》)這是説,君子、小人對普遍無差別的性有不同選擇和持守,因不同取向之消長,形成性與德的實質性差異;君子作爲性的仁義禮智已非仁義禮智之端,而是其生長成熟的狀態。孟子還説:"堯、舜,性之也;湯、武,身之也;五霸,假之也。久假而不歸,惡知其非有也。"(《孟子·盡心上》)朱熹集注云:"堯、舜天性渾全,不假修習。湯、武修身體道,以復其性。五霸則假借仁義之名,以求濟其貪欲之私耳。"朱子稱仁義禮智爲堯舜與生俱有的特徵,這種觀念一方面抹殺了性的普遍同一性,一方面也抹殺了性的可塑性。洵如信廣來所説:"在《孟子》中不存在孟子把人當作在其倫理特徵上生來就不同的證據,這種解釋未必是可行的。"① 所謂"君子所性,雖大行不加焉,雖窮居不損焉,分定故也。君子所性,仁義禮智根於心"等,實際意味着在君子之性的各個面向或其組合中,心好仁義一面得到了巨大增長,達到了外力不能使之傾移摇蕩的境界,《荀子·勸學》篇所謂"權利不能傾也,羣衆不能移也,天下不能蕩也"之境界,差可彷彿。所謂"堯、舜,性之也",是説堯、舜之人格達到了這種境界,非謂堯、舜天生如此。所謂"湯、武,身之也",是説湯、武以仁義爲踐行對象,而身體力行之。所謂"五霸,假之也",則是説五霸徒假仁

---

① 信廣來:《孟子論人性》,〔美〕江文思、〔美〕安樂哲編:《孟子心性之學》,頁 203。

義之名而無其實。① 要之,現實人格之性因塑造程度不同,呈現出形形色色人際的差別。

徐復觀説:"'天命之謂性'的另一重大意義,是確定每個人都是來自最高價值實體——天——的共同根源;每個人都秉賦了同質的價值;因而人與人之間,徹底是平等的,可以共喻共信,因而可建立爲大家所共同要求的生活常軌,以走向共同的目標。"② 嚴格説來,《中庸》"天命之謂性"祇意味着人在初始狀態下是平等的,或者説祇意味着人在理論上是平等的。由於性具有可塑性,其實際存在總是凸顯出形形色色微妙甚至巨大的差異,故而就性的實際存在而言,"人與人之間"不可能"徹底是平等的",甚至不可能"平等"。

三、《五行》性二元化理論及其承繼者與變異者——《孟子》與《荀子》

上一節的討論主要是聚焦於郭店、上博其他儒典,並未太多地關注經文部分同見於郭店楚墓的《五行》,本節將聚焦於《五行》及其承繼者《孟子》與《荀子》。筆者這樣處理,並非暗示《五行》在體系建構上晚於其他郭店、上博儒典,其間源流、先後關係十分複雜,本書緒論部分已經有所討論,這裏不再重複。筆者摘出《五行》,而非將它放到郭店、上博儒典中討論,主要有兩個原因:其一,從儒家心性學説發展史上看,《五行》值得專門觀照;其二,本書所有關於《五行》的論説均不限於見於郭店的《五行》,——那祇是《五行》的經文部分,我們必須將《五行》經、説一起納入視野。

(一)《五行》心性學説及其對性的二元價值判斷

《五行》對儒家心性學説的重大貢獻,是在價值判斷層面上,確立了性的二元取向。

一如上文所論,在儒家心性學説發展史上,孔子開創性地區隔了"心"與"體",——"體"相當於"身"而包括"容"。在郭店其他儒典中,與"心"相對待的"體"被進一步析分爲"目""耳""㚇(鼻)""口""容"。《語叢一》云:

---

① 案:引文中"久假而不歸,惡知其非有也"一句,舊解似未得之。趙岐注云:"五霸而能久假仁義,譬如假物久而不歸,安知其不真有也。"孫奭疏云:"五霸强而行仁,則力假之而已。然而久假而行之,而不歸止,安知其非真有也。楊子曰:'儒假衣書服而讀之,三月不歸,孰曰非儒也。'亦同其旨。"孟子之意當非指五霸久假仁義便可真有仁義,而是説五霸久假仁義之名,則世人往往以爲他們真有仁義。《莊子·外篇·胠篋》謂,"爲之仁義以矯之,則並與仁義而竊之。……彼竊鉤者誅,竊國者爲諸侯,諸侯之門而仁義存焉",正近此意。

② 徐復觀:《中國人性論史·先秦篇》,頁107。

凡又(有)血燹(氣)者,膚(皆)又喜(憙)又怒(怒),又耷(慎)又懋(莊);亓(其)豊(體)又容又頯(色),又聖(聲)又臭(嗅)又未(味),又燹又志。……容貌(色),目般(司)也。聖(聲),耳般也。臭,𦣠(鼻)般也。未(味),口般也。燹(氣),容般也。志,心般。

這些不見得是完整的表述,但其基本取向已經十分清楚。《五行》篇之論説更加完整和明確。它將"人體(體)"區隔爲二,即大體("人體之大者")與小體("人體之小者");並以前者指"心",以後者指"耳目鼻口手足",或者"耳目鼻口手足音聲懇(貌)色"(見其經、説第二十二章)。無論是在孔子那裏,還是在郭店、上博其他儒典中,心的主體性都有一定彰顯,而《五行》的表述無疑又最明確。其説文第二十二章云:"耳目鼻口手足六者,人□□,人體之小者也。心,人□□,人體之大者也,故曰君也。"其經文第二十二章則説:"耳目鼻口手足六者,心之役也。"心被更明確有力地樹立爲個體的支配力量——爲"君"爲"出令"者,耳目鼻口手足則爲"役"爲"受令"者。很明顯,這是就諸體之官能而言。

從學術史立場上看,如此區分人體各部絶非無謂之舉,至少《五行》《孟子》《荀子》三部重要儒典的心性學説均以此爲建構之前提。就已知不很完整的資料而言,孔子論性或者人性、民性,很可能是籠統言之泛泛而論,郭店、上博其他儒典亦未明確將心與諸小體之區隔落實到性這一層面上,故《五行》在這一方面的創造性十分明顯。

《五行》論"人之生(性)",是以區隔小體之性和大體之性爲基礎的。《五行》説文第二十三章云,耳目之性是好聲色,鼻口之性是好臭味,手足之性是好佚豫,心之性是好仁義;而人之性是好仁義或者獨有仁義。此前,先秦儒家心性學説中的"性"常被學者們抽象爲"一個"單一的面向,致使認知上出現了不少混亂和偏差。《五行》證明了這樣做的錯誤(其後繼者《孟》《荀》也具有同樣的功用),它從價值上把人性區隔爲兩種不同取向:一是認同和趨向仁義或善的大體之性,一是無關乎仁義或善的小體之性;並且,它對小體之性作了進一步分解。從理論上説,人的初始之性完全同一,可一旦進入社會化過程,它就變成了差異性的存在,當然有些特質是不變而共通的。也就是説,性的兩大取向及其所含各個具體面向的差異,使每一位成員的實際的"性"各不相同,最大的差距是堯、舜與桀、紂那樣的天壤之别;作爲實際存在的性可以説這兩大取向及其各個不同面向的各色各樣的配比。

大體、小體之性在價值取向上既被認爲有上揭差異,很自然地,涵養大體之性,確立和保持大體之性的主導地位,就可以養成儒家理想人格,《五行》視

"君子""賢人"爲其最高境界;而假如小體之性獲得了主導地位,就祇能養成被儒家蔑棄的人格。由此言之,大體在德行修養中的決定作用,不惟在它從官能上對諸小體有支配性的地位,而且在它原初就符同儒家的價值取向。子思依此營造了《五行》體系的基本架構。——從心之性與心之活動中尋求道德的依據,這種鮮明的自覺奠定於子思。①

依據《五行》,人性之異於草木禽獸之性者,在於心之性好仁義,它是人性"獨有仁義"的根本。故其説文第二十三章曰:

"目(侔)而知之,胃(謂)之進之":弗目也,目則知之矣;知之則進耳。目之也者,比之也。"天監 在 下,有命既雜(集)"者也,天之監下也,雜命焉耳。遁(循)草木之生(性),則有生焉,而无(無) 好惡焉 。 遁 禽獸之生,則有好惡焉,而无禮義焉。遁人之生,則巍然 知亓(其) 好 仁義也。不遁亓所以受命也,遁之則得之矣。是目之已。故目萬物之生而 知人 獨有仁義也,進耳。"文王在上,於昭于天",此之胃也。文王源耳目之生而知亓 好 聲色也,源鼻口之生而知亓好蠻(臭)味也,源手足之生而知亓好勞(佚)餘(豫)也,源 心 之生則巍然知亓好仁義也。故執之而弗失,親之而弗離,故卓然見於天,箸(著)於天下。无他焉,目也。故目人體(體)而知亓莫貴於仁義也,進耳。

人性的決定因素在於心之性,心之性爲好仁義,所以人之性就是好仁義或獨有仁義。就是説,《五行》不把人性視爲人體各部之性的簡單相加,它實際上是用心之性來定義人之性的,它差不多就是説"在人的遺傳學特徵或者'性'之中包含了道德心的本能"。②《五行》這樣做的依據,應該是心決定性的超越諸小體的官能。徐復觀曾説:"儒家思想,至孟子而完成一大發展。先秦儒家的人性論,由他從心善以言性善而得到圓滿的解決。"又説,"……孟子性善之説,是人對於自身驚天動地的偉大發現";"在心上奠定人生道德的根基,儒家一直要到孟子纔有此發現"。③ 究其實際,孟子祇是踵事增華,在《五行》學説基礎上稍進一步,打出了"性善"的招牌而已,——也不見得是他最早使用

---

① 徐復觀稱,"在自己心的活動中找道德的根據,恐怕到了孟子纔明白有此自覺"(參見氏著《中國人性論史·先秦篇》,頁 156)。這顯然是一個誤判。
② 引語出自江文思對華靄仁孟子心性學説研究之詮釋,見江文思導論,〔美〕江文思、〔美〕安樂哲編《孟子心性之學》,頁 5。
③ 徐復觀:《中國人性論史·先秦篇》,頁 127、頁 164、頁 347。

這一名頭。又有學者評孟子人性論,云:"孟子的立場是仁義源出於'性',而不是'性'的人爲的扭曲……"①這種立場在孟子師祖子思那裏早就被確定了。此外,有學者論析《眚自命出》上篇"凡人唯(雖)又(有)眚(性),心亡(無)奠(定)志"諸語,稱:"在無定志的情況下,'心'被外部刺激驅動,通過'悦'或對願望的滿足而變得活躍起來(可能是積極活躍也可能是消極活躍)。通過反復的實踐,當心達到了不受干擾的狀態,並且生出一種可以自然而然地與主體的行爲相一致的情感傾向時,它便成爲性的一部分。"②根據《五行》的清晰界定,儒典所謂性原本就包括心之性,根本不存在心的情感傾向經反復實踐而成爲性的邏輯。這一點,《孟子》《荀子》也都可以提供有力的證明。

按子思《五行》學説之架構,人性朝儒家預期的價值成長看起來是自然、必然的事情,其實並非如此簡單,人格的提升和完善仍需積仁積義,執仁義而弗失、親仁義而弗離,必須付出切實的努力(參見其説文第二十四、第二十三章)。

從《五行》及郭店、上博其他儒典來回望孔子,會有一些重要而且有趣的發現。比如《論語‧顔淵》篇記載:"顔淵問仁。子曰:'克己復禮爲仁。一日克己復禮,天下歸仁焉。爲仁由己,而由人乎哉?'顔淵曰:'請問其目。'子曰:'非禮勿視,非禮勿聽,非禮勿言,非禮勿動。'顔淵曰:'回雖不敏,請事斯語矣!'"徐復觀嘗分析其主旨,説:

> "己"是人的生理性質的存在,即宋明儒所説的"形氣"。人必須是有形有氣的,即必須有五官百體的。但五官百體,皆有自己的欲望,皆要求達到它們的欲望,以滿足它們自己,這即是孔子在上面所説的"己"。五官百體爲了滿足自己的欲望,縱然由此而可發出智能上的努力,但亦會加深人我對立,以成就其"形氣之私",即成就所謂"人欲""私欲",這是障蔽仁的精神的總原因,也是最根本的原因。"克己"即是戰勝這種私欲,突破自己形氣的隔限,使自己的生活完全與禮相合,這是從根源上著手的全般提起的工夫、方法。在根源上全般提起的工夫、方法,超越了仁在實現中的層級的限制,仁體即會當下呈露,所以説"一日克己復禮,天下歸仁焉"。……但這種全般提起的克己工夫,必須有具體下手之處,所以顔淵便接着"請問其目"。孔子所説的"非禮勿視"四句,即是克己工夫之"目"。③

---

① 〔美〕華靄仁:《孟子的人性論》,〔美〕江文思、〔美〕安樂哲編:《孟子心性之學》,頁153。
② 〔澳〕陳慧、廖名春、李鋭:《天、人、性:讀郭店楚簡與上博竹簡》,頁41。
③ 徐復觀:《中國人性論史‧先秦篇》,頁87~88。

徐復觀不具備新出戰國文獻的背景,他能作出上述分析,實屬了不起。但如果納入以《五行》爲代表的新出儒典,孔說"克己復禮"之内涵以及它澤被後學、規模歷史之功績,就會得更加準確和清楚(其要參見表4-3所示):

表4-3　孔子"克己復禮爲仁"說與戰國儒家心性學說對比表

説明:(1)本表楷體字部分關聯孔子"克己復禮爲仁"之説,宋體字部分關聯《五行》心性學説,以其經、説第二十二及二十三章爲主。(2)表中所列比照對象僅舉《五行》爲例,其他新出及傳世儒典可依舉一反三之理,納入比照。

綱	目	所關聯之體	應趨向之價值	所對應之體性	
克己復禮（爲仁）	非禮勿視	目/目	小體	耳目之生(性)…好聲色	人之生 好 仁義；人 獨有仁義
	非禮勿聽	耳/耳			
	非禮勿言	口/鼻口		鼻口之生…好犖(臭)味	
	非禮勿動	手足/手足		手足之生…好箅(佚)餘(豫)	
		(心)/心	大體	禮—仁/仁義	心 之生…好仁義

孔子給顏回的細目,所規範的對象分別是"目""耳""口""手足(四肢)",即相當於《五行》所論諸小體;見於《五行》的小體"鼻"在孔子的答覆中未曾明示,但完全可以意會,《五行》明揭之則更加完整。"克己復禮"之細目僅僅關涉小體亦即徐復觀所謂"五官百體",它們纔是"克"的對象。該行爲之主體爲誰,孔子未曾明言,但可以肯定是心。《朱子語類》記道夫問:"張子云:'以心克己,即是復性,復性便是行仁義。'竊謂克己便是克去私心,却云'以心克己',莫剩却'以心'兩字否?"朱熹曰:"'克己'便是此心克之。公但看'爲仁由己,而由人乎哉',非心而何?'言忠信,行篤敬……立則見其參於前,在輿則見其倚於衡',這不是心,是甚麼? 凡此等皆心所爲,但不必更著'心'字。所以夫子不言"心",但只説在裏,教人做。如喫飯須是口,寫字須是手,更不用説口喫、手寫。"①朱子所論,堪爲"克己復禮"之註脚(其所援引分別見於《論語·顏淵》及《衛靈公》篇)。心與諸小體之區隔以及心對諸小體之主導性,在孔子那裏業已顯露。郭店簡文《緇衣》篇記子曰:"民以君爲心,君以民爲體。心好

---

① 黎靖德編:《朱子語類》卷九九,《張子書》二,頁2541。

則體安之,君好則民欲(欲)之。"傳世《緇衣》之對應部分爲:"民以君爲心,君以民爲體。心莊則體舒,心肅則容敬。心好之,身必安之;君好之,民必欲之。"其間"心—體(身、容)"關係雖是"君—民"關係之譬喻,可"心"對於"體"的主導性很明顯是孔子提出此説的前提。所以並不奇怪,孔子克己復禮之説實際上確立了在道德人格修養中,行爲主體是被其後學稱爲"大體(體)"的心,諸小體是被克被規範的對象。我們還應該意識到,孔子此説隱含着一個必不可少的前提,即心對禮的趨向性。缺乏這一前提,即便克己,亦未必臻於復禮、成仁之結果。這一潛在前提十分耐人尋味,從學理上説存在兩種可能:其一,孔子類似於子思、孟子,把心好禮、向禮視爲先驗的性;其二,孔子類似於荀子,認爲心憑藉自身官能,可實現對禮的認知和認同,進而"守道以禁非道"(《荀子·解蔽》)。

　　徐復觀認爲:"孔子是認定仁乃內在於每一個人的生命之內,所以他才能説'仁遠乎哉?我欲仁,斯仁至矣'(《述而》),及'爲仁由己'的話。凡是外在的東西,没有一樣是能隨要隨有的。孔子既認定仁乃内在於每一個人的生命之内,則孔子雖未明説仁即是人性……亦必實際上認定仁是對於人之所以爲人的最根本的規定,亦即認爲仁是作爲生命根源的人性。"①這些論證忽視了問題的複雜性,所以十分脆弱。孔子謂"克己復禮爲仁",具體釋之爲"非禮勿視"等等,仁的成立以"克己"——規範諸小體爲前提,那麽仁確有可能是"人生而即有、先天所有的人性"。②但即便如此,"克己復禮爲仁"之説要想成立,還必須對大體、小體之性作價值上的二元區分,並將趨向禮或仁視爲大體之性,如此孔子便與子思、孟子類同了。依思、孟之見,仁義等價值在人性中確有内在的基源,——不一定就是仁義等價值本身(故孟子謂人性中僅有仁義禮智四端),也不是人性的全部(故思、孟祇將仁義等價值與心之性關聯)。然而事實上,仁完全可以是一種外設,即與人原初之性無關,如此孔子便與荀子類同了。荀子明謂,"今人之性,固無禮義,故彊學而求有之也"(《荀子·性惡》)。這兩種情況下,克己復禮爲仁之説都能成立。徐復觀僅約略看到了其中一種可能。此外,孔子確曾説過:"仁遠乎哉?我欲仁,斯仁至矣!"(《論語·述而》)然其意當是説踐行和修養仁德,"其則不遠",可"近取譬"。《中庸》第十三章記孔子曰:"道不遠人。人之爲道而遠人,不可以爲道。《詩》云:'伐柯伐柯,其則不遠?'執柯以伐柯,睨而視之,猶以爲遠。故君子以人治人

---

① 徐復觀:《中國人性論史·先秦篇》,頁 90。
② 徐復觀嘗謂"孔子實際是以仁爲人生而即有、先天所有的人性"(參見氏著《中國人性論史·先秦篇》,頁 91)。

（朱熹集注云：即以其人之道，還治其人之身），改而止。"①這段話之後，孔子緊接着就張揚推己及人的忠恕之道，謂"忠恕違道不遠，施諸己而不願，亦勿施於人"云云。其意明顯跟他的另一段話相同："夫仁者，己欲立而立人，己欲達而達人。能近取譬，可謂仁之方也已。"（《論語·雍也》）執斧以砍伐作斧柄之木，其大小長短可取法於手中現成的斧柄，孔子説詩人以爲其則尚遠，而以"近取譬"之忠恕之道踐行仁，近於伐柯取則於斧柄，所以他説仁並不遥遠，與"道不遠人"相通。因此，這類説法並不意味着仁就是"内在於每一個人的生命之内"的"性"。尤其是孔子還説過"君子而不仁者有矣夫，未有小人而仁者也"（《論語·憲問》），這更意味着仁不可能就是普泛的"人性"。

徐復觀還進一步將"仁"—"人性"等同於"天道"或"天命"，稱，"仁的特質又是不斷地突破生理的限制，作無限的超越，超越自己生理欲望的限制。從先天所有而又無限超越的地方來講，則以仁爲内容的人性，實同於傳統所説的天道、天命"；又説，"子貢曾聽到孔子'言性與天道'，是孔子在自己生命根源之地——性，證驗到性即是仁；而仁之先天性、無限的超越性，即是天道；因而使他感到性與天道，是上下通貫的"。② 在早期儒家思想中，道德與天命確可會歸，但卻依靠信仰和實行的工夫。孔子及其弟子或再傳明確地意識到，現實修爲高度仰仗心的官能。孔子曰："回也，其心三月不違仁，其餘則日月至焉而已矣。"（《論語·雍也》）心是否持守仁總是關鍵。《五行》强調"舍體（體）"——超越諸小體（説文第七章），追求"舍亓（其）膿而獨亓心"——超越諸小體而獨任心與五種德之行的超越性同一體會同（説文第八章），則是更鮮明的證據。孟子説："仁義禮智，非由外鑠我也，我固有之也，弗思耳矣。"（《孟子·告子上》）又可見心發揮其"思"的官能至爲重要。徐復觀的論斷包含一系列風險：一方面是將被視爲人先天之性的仁，拔高爲具有無限超越性的天道或天命，一方面是將天道或天命，矮化爲凡人與生俱來的性；一方面是硬性賦予仁以無限超越性，使之面臨流於虚幻的危險，一方面是極大地忽視心在德行修爲中的決定性作用。凡此均背離了孔子天命人性觀念，背離了孔子弟子及再傳弟子的心性學説，顯示了對《中庸》"天命之謂性，率性之謂道"的簡單化認知。這也正是徐復觀詮釋先秦儒家心性學説的阿喀琉斯之踵。

孔子對"克己復禮爲仁"的論説並未明揭心的官能以及心與諸小體之性，也未明揭基於此綜合而成的人之性。其規範小體，主要是就小體之行爲而言

---

① 孔子對《詩經·豳風·伐柯》此二語之理解與常見之觀點不同。一般視之爲陳述句。如鄭箋解其意云："伐柯（斧柄）者必用柯，其大小長短，近取法於柯，所謂不遠求也。"孔子則將此二語理解爲反問句，故謂詩人"猶以爲遠"。

② 徐復觀：《中國人性論史·先秦篇》，頁91。

的,於口規範其言而非對味的追求,於手足規範其動而非對佚豫的追求,是最顯白的證據;不過從理論及實踐上說,諸體之行爲與其性是不可分割的,是性驅動着行爲,比如目之視往往有對色的追求,耳之聽往往有對聲的追求等等。故從總體上說,《五行》等儒典以"克己復禮爲仁"的理論框架爲基礎,明確心的主導地位,明確心之性、諸小體之性以及人之性等,乃歷史發展的必然。在這一點上,孔子與其後學再一次顯示了高度的歷史同一性。從一般的思維邏輯上說,人性應該兼備小體、大體之性,但《五行》《孟子》等儒典凸顯的則是依大體之性來定義人性的理路,修養道德人格的關鍵被定義爲持守和張揚大體之性。比如《五行》說文第二十三章云:"文王……源 心 之生則巍然知亓(其)好仁義也。故執之而弗失,親之而弗離,故卓然見於天,箸(著)於天下。"孟子強調說,"從其大體爲大人,從其小體爲小人"(《孟子·告子上》)。很明顯,子思、孟子都是要確立大體之性對於小體之性的超越性的地位,並非要徹底摒除小體之性。此前孔子的"克己復禮爲仁"之說,是從事實上持守大體之性、仰賴大體依其官能規範小體。孔子"克己復禮爲仁"之說,凸顯的價值是禮與仁;《五行》"人之生(性)…… 好 仁義"之說(說文第二十三章),凸顯的價值是仁義;孟子則着眼於恢張"我固有之"的仁義禮智四端(《孟子·告子上》)。所有這些都凸顯了學術思想史的深刻縮合。荀子強調小體、大體之性均無關乎仁義等價值,且有背離價值的趨向,然而心憑藉"虛壹而靜"可達成對道的認知、守道以禁非道,實現化性起僞的政教倫理目標。荀子張大心的官能,與孔子、子思、孟子等前輩儒家都有極爲深刻的一致性,其心性學說實際上通於孔子"克己復禮爲仁"之說(諸多關節,此處暫不深論)。

　　以上比照和分析又一次顯明,孔子體系是蘊蓄豐厚的淵藪,其間幾乎包含着歷史發展的無限可能性,戰國儒家心性學說(包括《五行》體系)的基本框架,在那裏已經隱隱成型了。

(二)《五行》心性學說的承繼者《孟子》及學界之誤讀

　　由《五行》說文第二十三章可知,就萬物而言,草木之性、禽獸之性、人之性均爲從天受命;就人而言,耳目之性、鼻口之性、手足之性以及心之性亦均爲從天受命。就實際言,人性包括所有這些面向;就理論建構言,《五行》則是就心之性來定義人之性的。人性較草木禽獸之性高貴之處,在於包含認同和趨向於仁義的心之性。在《五行》體系中,"性""命"有同一性,——儘管其邏輯層次不同,所指廣狹亦異("性"包括在"命"之中),而"好仁義"或"獨有仁義"既是"性",又是"命"。《五行》的界說十分具體地呈現了《中庸》"天命之謂性"的觀念。又因爲它將人性區隔於草木禽獸之性,而界定爲獨有仁義,大抵也蘊含了《中庸》"率性之謂道"的邏輯。《告自命出》上篇説:"告(性)自命出,命自天降。衍(道)勻(始)於青(情),青生於告。"(亦見於《告意論》)從中同樣可見上揭《中庸》二語的内在邏輯。①

可以肯定的是,《五行》體系被子思的再傳弟子孟子發揚光大。今將其所揭萬物之"性",以及所昭示"命""性"之關係,列爲表4-4,在其中"禽獸"類目下附以《告自命出》上篇提及的牛、雁之性,以資對照,裨便於觀察《孟子》心性學説之淵源:

表4-4 《五行》《告自命出》論草木、禽獸、人之性表覽

		生(性)≈所以受命
草木		有生焉,而无 好惡焉 (《五行》説第二十三章)
禽獸		有好惡焉,而无禮義焉(《五行》説第二十三章)
	牛	生而伓(根),……亓吿(性) 肰(然)也 (《告自命出》上)
	雁	生而戕(䐈),……亓吿 肰也 (《告自命出》上)
人		巍然…… 好 仁義也;獨有仁義(《五行》説第二十三章)
小體	耳目	好 聲色(《五行》説第二十三章)
	鼻口	好臠(臭)味(《五行》説第二十三章)
	手足	好剪(佚)餘(豫)(《五行》説第二十三章)
大體	心	好仁義(《五行》説第二十三章)

孟子心性學説(乃至其整個思想體系)均立足於《五行》,這是《五行》出土前絶難清晰認知甚至絶難想象的事實。要而言之,孟子心性學説之核心範疇,諸如"性""命""心"等等,孟子區隔大體與小體、論大體之決定作用、論大

---

① 廖名春提出:"'率性之謂道',鄭玄、朱熹都訓'率'爲'循'、'順',此乃本於孟子性善論而爲,大誤。《廣韻·質韻》:'率,領也。''率'當訓爲統率,率領。'率性之謂道'是説統率性的是道。簡文説:'長性者,道也。''長'就是'率'。由此可見,'率'當訓領、長,意爲統率,率領,不應訓循、順。簡文認爲性就是'喜怒哀悲之氣',就是'好惡',表現出來就是'情'。這種'性',要以'群善之絶'的'義'去磨礪,要以'心術爲主'的'人道'去統率,與《中庸》'率性之謂道'是一致的。"(參見氏著《荆門郭店楚簡與先秦儒學》,《中國哲學》編輯部、國際儒聯學術委員會編:《郭店楚簡研究》,《中國哲學》第二十輯,頁59~60;並參氏著《新出楚簡試論》,頁34)這是很有價值的觀察。不過,將《中庸》與《五行》聯繫起來考查顯然更合乎實際。若明了《五行》對"心性—人性"之界定,則循性之道的之意,就十分鮮明且無疑了。在這一問題上,《孟子》與《中庸》《五行》其實是一致的,鄭玄、朱熹之説確然本乎《孟子》,卻也暗合了《中庸》和《五行》。《論衡·本性》引陸賈曰:"天地生人也,以禮義之性。人能察己所以受命則順,順之謂道。"陸氏此説亦頗得《中庸》《五行》《孟子》之意。

體小體之性、論性和命的關係等等，都忠實承襲了《五行》的指意。①

具體説來，孟子仍將人體析分爲大體、小體兩部，以大體指心，以小體指耳目鼻口手足或曰四肢(參見《孟子·告子上》"公都子問曰"章)。並且，孟子仍將人之"性"區隔爲小體之性與大體之性兩個基本面向，以口好味、目好色、耳好聲、鼻好臭、四肢好安佚爲小體之性(參見《孟子·告子上》"富歲，子弟多賴"，以及《孟子·盡心下》"口之於味也"章)。孟子指出，小體之性是人性與禽獸之性一致或相同的部分(《五行》説文第二十三章界定禽獸之性爲"有好惡焉，而无禮義焉"，可以用來詮釋孟子之意)，心亦即大體之性是悦理義(參見《孟子·告子上》"富歲，子弟多賴"章)，乃人之爲人的根本所在。故他倡言，"無惻隱之心，非人也；無羞惡之心，非人也；無辭讓之心，非人也；無是非之心，非人也"(《孟子·公孫丑上》)，並宣稱"人之所以異於禽獸者幾希，庶民去之，君子存之"(《孟子·離婁下》)。② 孟子論證説：

> 口之於味，有同耆(嗜)也。易牙先得我口之所耆者也。如使口之於味也，其性與人殊，若犬馬之與我不同類也，則天下何耆皆從易牙之於味也？至於味，天下期於易牙，是天下之口相似也。惟耳亦然。至於聲，天下期於師曠，是天下之耳相似也。惟目亦然。至於子都，天下莫不知其姣也。不知子都之姣者，無目者也。故曰：口之於味也，有同耆焉；耳之於聲也，有同聽焉；目之於色也，有同美焉。至於心，獨無所同然乎？心之所同然者何也？謂理也，義也。聖人先得我心之所同然耳。故理義之悦我心，猶芻豢之悦我口。(《孟子·告子上》)

文中"如使口之於味也，其性與人殊"一句，據"口"而言"性"，是孟子不僅區隔大體小體，且分言大體、小體之性的一個鐵證。其下文言耳之於聲、目之於色、心之於理義，則都是基於據口言性之舉證而倡衍，實際上就是言耳之性、

---

① 徐復觀説："《中庸》上下篇，實際皆言性善，尤其是下篇言誠，到處皆扣就性上講，如'自誠明，謂之性'，'惟天下至誠，爲能盡其性。能盡其性，則能盡人之性。……能盡物之性，則可以贊天地之化育'，'性之德也'，'尊德性'等，與上篇僅'天命之謂性'一語以外，皆不直接言性者，實成一顯明之對照。因爲性的觀念，本是在孔子以後，才日益顯著的，但'性善'一詞，已經孟子鄭重提出，且將性善落實於心善之上，説得那樣的明白曉暢，而受其影響甚深的《中庸》下篇的作者，對内容上已説的是性善，卻對於孟子以心善言性善的思想中心，卻毫未受其影響，這幾乎是難於解釋的。因此，我認爲孟子之言性善，乃吸收了《中庸》下篇以誠言性的思想而更進一步透出的。"(見氏著《中國人性論史·先秦篇》，頁127~128)徐復觀不具備新出戰國儒典的視野，自然會有這種認知。孟子言性善固然與《中庸》有甚深之關聯，然其直接的體系性的源頭，還是子思的五行體系。

② 詳細的論述，可以參閲拙作《從簡帛〈五行〉篇到〈孟子〉：一段重要歷史的追蹤》，《古典學集刊》第一輯，頁283~320；又可參閲本書第八章："從《五行》到《孟子》"。

目之性以及心之性。"如使口之於味也,其性與人殊,若犬馬之與我不同類也"一句,意指頗難理解。徐復觀提出:"在這裏,須避免一種誤解:在……'人之所以異於禽獸'的一句話裏,實暗示人的耳目口鼻等生理的欲望,是與禽獸相同。而他在這裏,分明又說人的耳目之性,卻與犬馬不同類,然則這應作什麼解釋呢?他這裏所說的'犬馬之與我不同類',乃就人與犬馬對欲望的對象的不同類而言。不可因人與禽獸耳目嗜好對象之不同類,而把孟子只從道德意義上區別人禽的意思誤解了。"① 其實徐復觀對孟子本意也有誤解。孟子此語舉"犬馬之與我不同類",祗是説,假若我口之於味之性與天下人口之於味之性不同類,一如犬馬之與我不同類,則天下所嗜之味就不會"同期於易牙"了。孟子要證明的是世人口好味之性普遍大同,根本就不是談論人的耳目口鼻等生理欲望與犬馬的生理欲望。此外,徐復觀説"孟子不把由耳目所發生的欲望當作性"。② 這同樣是一大誤解。確定無疑的是,對孟子來説,"耳目所發生的欲望"體現的是耳目作爲小體的性,不是他定義人性的依據。

這一點很有意思。按一般的思維邏輯,大體之性與小體之性相加纔是完整的人性。然而,孟子與其師祖子思都祗基於心之性來定義人之性。這種認知凸顯了兩種邏輯依據,一是認定人性乃人與禽獸草木的區別性特質,一是認定心之官能對諸小體有超越性。《五行》説文第二十三章謂人之性 好 仁義""獨有仁義",一方面是着眼於人之性與草木禽獸之性的區隔(草木"有生焉,而无 好惡焉",禽獸"有好惡焉,而无禮義焉"),一方面則是立足於心之性"好仁義"。孟子謂無惻隱、羞惡、辭讓、是非之心即所謂四端,"非人也"(《孟子·公孫丑上》),明顯是持守"人"與"非人"的區隔,纔將四端定義爲人性;——基於這種強烈的人文意識,"孟子認爲人具有某種内在的可以充分實現的道德傾向,'性'就是由這些善端所構成的。"③ 總之,孟子依然是據心之性來定義人之性。孟子嘗曰:"仁也者,人也。合而言之,道也。"(《孟子·盡心下》)徐復觀説,"仁也者,人也","等於説'仁也者,性也'"。④ 我們無疑需

---

① 徐復觀:《中國人性論史·先秦篇》,頁149。
② 同上書,頁216。
③ 〔澳〕陳慧、廖名春、李鋭:《天、人、性:讀郭店楚簡與上博竹簡》,頁37。
④ 參見徐復觀:《中國人性論史·先秦篇》,頁166。案:徐復觀又提出,"仁,人心也"(《孟子·告子上》),等於説"仁,人性也"(同前書,頁166)。此説其實未契孟子本意。孟子曰:"仁,人心也;義,人路也。舍其路而弗由,放其心而不知求,哀哉!人有雞犬放,則知求之;有放心,而不知求。學問之道無他,求其放心而已矣。"(《孟子·告子上》)綜合此章意思,"仁,人心也"是説仁乃人心所當持守,不可偏失;與義爲世人所當遵行,對應互明。孟子又曰:"夫仁,天之尊爵也,人之安宅也。"(《孟子·公孫丑上》)又曰:"仁,人之安宅也;義,人之正路也。曠安宅而弗居,舍正路而不由,哀哉!"(《孟子·離婁上》)這些例子更明確地以仁爲人(心)所當居處之安宅,以義爲人所當遵從之正路,均可説明"仁,人心也;義,人路也"之本意。

要更加仔細一點,《孟子》很多話説得籠統,嚴格言之,此語當理解爲具備仁之始端者爲人,其意猶云"無惻隱之心,非人也"。孟子從人之所以爲人——而非"非人"——的角度定義人性,考慮的是人性與草木禽獸之性的區隔,因此,他對"人之性"的界定,是濾掉了與禽獸相同的小體之性,由大體之性升華而來的性,這些都是無可置疑的。① 可單單將這一層面上的人性等同於人全部的大體、小體之性,則有違於具體且複雜的實際,迥非孟子之本意,無疑也疏離了導夫先路的子思。孟子曾説:"人之所以異於禽獸者幾希,庶民去之,君子存之。"(《孟子·離婁下》)馮友蘭在評論"性可以爲善,可以爲不善"一説時,指出:"此……説,事實上與孟子之説似無異,但就邏輯上言則不同。因孟子可不以普通所謂人性中之與禽獸同之部分,即所謂小體者,亦即可以爲惡者,爲人性也。"② 張岱年(1909〜2004)也指出:"性之第二意謂,是人之所以爲人者。孟子所謂性即此意謂。所謂人之所以爲人者,即人之所以異於禽獸者,也可説是人之共相。所謂人之所以異於禽獸者,在表面上是説人與禽獸

---

① 徐復觀説:"孟子所強調的人禽之辨,也是爲了凸現人類道德理性自覺的一過程。在此過程的終點,也必同樣呈現出人物的平等。否則'親親而仁民,仁民而愛物'(《盡心上》)的話,便無根據。'親親而仁民,仁民而愛物'的根據是'萬物皆備於我',即我與萬物,同展現於無限的價值平等的世界。這是孟子性論的真正内容,也即是孟子性論的起點與終點。"(參見氏著《中國人性論史·先秦篇》,頁168)案孟子曰:"君子之於物也,愛之而弗仁;於民也,仁之而弗親。親親而仁民,仁民而愛物。"(《孟子·盡心上》)其意是説,君子施於親人、他人及禽獸草木者不能無等差:"親"施于親人,於他人則不可,否則即爲墨氏之"兼愛",孟子斥之爲"無父"(《孟子·滕文公下》);推己及人之"仁"施予他人,於禽獸草木則不可;"愛"(朱子集注解爲"取之有時,用之有節")則施予禽獸草木。其間何曾有所謂"無限的價值平等的世界"呢? 又,孟子曰:"萬物皆備於我矣。反身而誠,樂莫大焉。強恕而行,求仁莫近焉。"(《孟子·盡心上》)朱子嘗云:"'萬物皆備於我',横渠一段將來説得甚實。所謂萬物皆在我者,便只是君臣本來有義,父子本來有親,夫婦本來有别之類,皆是本來在我者。若事君有不足於敬,事親有不足於孝,以至夫婦無别,兄弟不友,朋友不信,便是我不能盡之,反身則是不誠,其苦有不可言者,安得所謂樂!"(黎靖德編:《朱子語類》卷六〇,《孟子》十《盡心上》,頁1438)所以,孟子"萬物皆備於我"之説,亦完全與"無限的價值平等的世界"無涉。儒家心性學説之起點與終點,均在人與草木禽獸之性之區隔。《五行》《孟子》均以此定義人之性,以爲若有偏失便近於禽獸(前文已論,不贅)。荀子則將這種人性的尊貴樹立爲現世的目標。他一方面謂人之性"固無禮義"(《荀子·性惡》),一方面倡言,"水火有氣而無生,草木有生而無知,禽獸有知而無義,人有氣、有生、有知,亦且有義,故最爲天下貴也"(《荀子·王制》)。荀子又曰:"學惡乎始? 惡乎終? 曰:其數則始乎誦經,終乎讀《禮》;其義則始乎爲士,終乎爲聖人。真積力久則入,學至乎没而後止也。故學數有終,若其義則不可須臾舍也。爲之,人也;舍之,禽獸也。"(《荀子·性惡》)依儒家之見,人需要不斷地建構自己與禽獸的價值差别性,人與物何有"價值平等"可言呢? 若孟子那裏有這種平等,他就不會感慨"庖有肥肉,廄有肥馬,民有飢色,野有餓莩",且斥統治者"率獸而食人"了(《孟子·梁惠王上》)。

② 馮友蘭:《中國哲學史》,《三松堂全集》第二卷,頁382注。

不同之點；在實際上則含有一特殊意謂，即專指人之所以貴於禽獸或優於禽獸者，而較禽獸爲尤卑劣者，則不含於一般所謂人之所以異於禽獸者之内。故確切言之，所謂人之所以爲人者，乃指人之所以貴於禽獸者。"①徐復觀説，"人之所以異於禽獸者幾希"這幾句話，"意思是説人與一般禽獸，在渴飲飢食等一般的生理刺激反應上，都是相同的；祇在一點點（'幾希'）的地方與禽獸不同。這是意味着要了解人之所以爲人的本性，祇能從這一點點上去把握。"②劉述先提出："他（孟子）的用心在於，要找到人與禽獸不同的殊性，始可稱之爲人之性。"③對孟子"性"範疇的上述所有論析，均包含着現代思想者的深刻認知。的的確確，孟子在定義人性時僅據大體之性——人之所以異於禽獸者——爲言，但若非由孟子向其先輩作歷史的回望，學術思想史的脈絡不可能得到清晰的呈現。如上文所論，孟子乃承繼《五行》舊説，將人體區隔爲大體小體兩部，認爲大體有大體之性，小體有小體之性，大體之性爲人與草木禽獸的區別性特質，亦即人比草木禽獸高貴者，因此被他定義爲人之性。如此瞻前顧後，學術史的軌轍纔能完整而清楚。與此同時，——也許是更重要的，我們必須明白，孟子極清醒地意識到，對每一個人來説，小體之性毋寧是更廣大的現實。

安樂哲曾經强調："就孟子而言，'性'涉及那些使人區別於禽獸的特殊的特徵。换句話説，我們與禽獸共同擁有的東西不是'性'。"④這樣説，顯然没有意識到孟子乃至子思體系的特質及其悖論：他們知道人性有大體之性有小體之性，卻祇依據大體之性來定義人性，可是小體之性——"我們與禽獸共同擁有的東西"——也是"性"，子思、孟子等儒學大師均未忽視這一層面。安樂哲又提出，人與禽獸在文化上的差別纔是"性"：

> 對孟子來説，一個未充分發展的人——完全没有受教育和没有被培養的某個人——在任何重要的意義上，都不是"人"。在有文化有知識的社會中，"性"是提供參與的機會和應做出貢獻的成員的標識。没有文化，就談不上是人，因爲像禽獸一樣行爲的一個"人"，不是象征意義上的，而確實是一禽獸。⑤

基於"文化""教育"或"培養"來論斷孟子及其他早期儒家學者所説的性，顯然

---

① 張岱年：《中國哲學大綱》，中國社會科學出版社，1982年，第1版，頁251～252。
② 徐復觀：《中國人性論史·先秦篇》，頁147～148。
③ 劉述先：《孟子心性論的再反思》，〔美〕江文思、〔美〕安樂哲編：《孟子心性之學》，頁185。
④ 〔美〕安樂哲：《孟子的人性概念：它意味着人的本性嗎？》，〔美〕江文思、〔美〕安樂哲編：《孟子心性之學》，頁116。
⑤ 同上書，頁118。

是不合適的。性祇有在其可塑性上密切關聯着"文化""教育"或"培養",可從諸先哲之立論上説,性本初並不是這些要素的給予,他們多數都抱持着"眚(性)自命出,命自天降"的理念(參見《眚自命出》上以及《眚意論》),——"眚(性)"是原發性的,而且有超越性的基源。①

對孟子心性學説的所有討論,都應該明白一個前提,即孟子首先肯定人性有大體之性,有小體之性,小體之性乃更大更廣的實在,其次他纔用大體之性來定義人性。缺乏這一前提,所有討論都會給我們帶來一種擔憂:掩蓋孟子指認的人性實有另外一個與獸性同一的面向——小體之性,或者不能給這一面向以足夠的重視,更進而極大地扭曲對孟子性善説的認知。

在孟子心性學説及其主要源頭《五行》體系中,人區別於禽獸的東西僅僅是心之性;——好仁義、有仁義或者悦理義被確認爲人性與於草木禽獸之性的區別性特質,它被落實爲心之性。《五行》説文第二十三章一方面説,"遁(循)人之生(性),則巍然 知亓(其)好 仁義也。……目(侔)萬物之生(性)而 知人 獨有仁義……",一方面則説,"源 心 之生則巍然知亓好仁義也";而耳目之好聲色、鼻口之好臭味、手足之好佚豫等諸小體之性,並不被視爲人性跟禽獸之性的區別,換言之,它們被認爲跟禽獸之性類同。《五行》説文第二十三章所説"遁(循) 禽獸之生(性),則有好惡焉,而无禮義焉",值得仔細玩味。小體之性不正是"有好惡,而無禮義"嗎,故與禽獸之性無以異。孟子學説承《五行》而發展,他説"人之所以異於禽獸者幾希"時,人與禽獸極少的那一點差別祇能是大體(心)之性。其實這一點孟子本人説得很清楚。他説:"口之於味也,目之於色也,耳之於聲也,鼻之於臭也,四肢之於安佚也,性也;有命焉,君子不謂性也。"(《孟子·盡心下》)這是指耳目好聲色、鼻口好臭味、四肢好佚豫,既是性又是命,即強調諸小體之性是上天賦予而不可棄置者。同時他又説:"人之有道也,飽食、煖衣、逸居而無教,則近於禽獸。聖人有憂之,使契爲司徒,教以人倫:父子有親,君臣有義,夫婦有別,長幼有序,朋友有信。"(《孟子·滕文公上》)這是指耳目鼻口四肢諸小體之性——體現於行爲即"飽食、煖衣、逸居而無教"——近同於禽獸,使人高於禽獸的,是心悦理義之

---

① 徐復觀説:"'天命之謂性',決非僅只於是把已經失墜了的古代宗教的天人關係,在道德基礎之上,與以重建;更重要的是:使人感覺到,自己的性,是由天所命,與天有内在的關連;因而人與天,乃至萬物與天,是同質的,因而也是平等的。"(見氏著《中國人性論史·先秦篇》,頁106)這種理解值得商榷。由《五行》篇的論説看得極爲清楚,人與萬物在其性均由天所命這一點上確無異義,可以説是平等的,但人與萬物,或者"人與天"與"萬物與天",絕非"同質",因爲天之命予人者與天之命予萬物者根本不同,就這一核心言,不存在所謂平等。

性——落實於行爲即有"教",亦即"君臣有義,夫婦有別,長幼有序,朋友有信"。

然而孟子對於小體之性十分重視。《孟子·盡心下》"口之於味也"章,先陳列口、目、耳、鼻、四肢之好欲,一言以蔽之曰"性也",繼而斷言"有命焉,君子不謂性也"。郭店簡文《眚自命出》上篇謂"眚自命出,命自天降"(亦見於上博簡《眚意論》);孟子强調小體好欲之"性""有命焉",從理論上説是一種肯定,因爲"命"來自終極存在"天",或者説"命"是一種終極關懷。更值得注意的是,依孟子之見,人的德行向着善發展,也並不意味着摒棄性中那些更具有物類普遍性的基本面——那類同於禽獸之性的小體之性。齊宣王(前319~前301在位)稱:"寡人有疾,寡人好色。"孟子對曰:"昔者大王好色,愛厥妃。《詩》云:'古公亶甫,來朝走馬,率西水滸,至于岐下。爰及姜女,聿來胥宇。'當是時也,内無怨女,外無曠夫。王如好色,與百姓同之,於王何有?"(《孟子·梁惠王下》)古今學者往往認爲,孟子這樣説是出於言説的策略,其實他是真誠的。人在道德上的提升不意味着摒除小體之性。徐復觀説:"孟子並不輕視生理的欲望,而只是要求由心作主,合理地滿足這種欲望。"①這是十分正確的觀察。"飽食、煖衣、逸居而無教"是令人擔憂的人性的淪落,"飽食、煖衣、逸居"而有"教",不就合理了嗎?

孟子"道性善"(《孟子·滕文公上》),據他自己的解釋,他祇是説"乃若其情則可以爲善"(《孟子·告子上》),而不是説人性就是善的,易言之,他祇是説人性有向善的取向,有爲善的基底,現世的修爲和塑造可使之爲善。孟子張揚的是節制與禽獸無異的特質——小體之性,使之合理化,而對大體之性則要持守、擴充,使心君實現對人性的合理管控。由於心具有超越性的支配作用,且其性爲悦理義,所以雖然"人之所以異於禽獸者幾希",卻動搖不了孟子對人成善的信心,故謂"先立乎其大者,則其小者弗能奪也"(《孟子·告子上》)。② 以任何形式屏蔽孟子"性"範疇在價值層面上的二元化趨向,都背離了基本事實,是對他的嚴重誤解。而斷定就孟子而言,"我們與禽獸共同擁有的東西不是'性'"等等,則顯然忽視了孟子"性"範疇的複雜性,人的小體之"性"不就被他定義爲人與禽獸共同擁有的東西嗎?而且其師祖子思就已經這樣做了。《五行》業已確認,德行修養發展擴充的主要是心之性,在這一過程中,文化的作用纔成爲真正的現實。其説文第二十三章云:"文王……源⬚心⬚之生(性)則巍然知亓(其)好仁義也。故執之而弗失,親之而弗離,故卓然

---

① 徐復觀:《中國人性論史·先秦篇》,頁157。
② 《管子·内業》謂"我心治,官乃治。我心安,官乃安"等等,與孟子之意頗有相通處。

見於天，箸（著）於天下。"這是它樹立的足以垂範百世的歷史和文化楷模。孟子基於"飽食、煖衣、逸居而無教"的現實，推揚"教以人倫"，正是對性施以文化的塑造作用。總之無論對《五行》，還是對《孟子》，在文化發揮作用之前，天所以降於人的性就是一個理論和現實上的存在了，因此也不能說人與禽獸"文化"的差別纔是性。

孟子將性歸結爲普遍一律的天降資質，認爲後天差異是由於所以陷溺其心者異，所以説：

> 富歲子弟多賴（善），凶歲子弟多暴，非天之降才爾殊也，其所以陷溺其心者然也。今夫麰麥，播種而耰之，其地同，樹之時又同，浡然而生，至於日至之時，皆熟矣。雖有不同，則地有肥磽，雨露之養、人事之不齊也。故凡同類者，舉相似也，何獨至於人而疑之？聖人與我同類者。（《孟子·告子上》）

"天之降才"即天所賜予的資質，普遍同一無差別，"性"即包含其中與耳目、鼻口、手足、心諸體相關的某種傾向或趨勢。孟子和告子曾就"性"的問題反復爭辯，其中一場爭辯是：告子曰："食色，性也。仁，内也，非外也；義，外也，非内也。"孟子曰："何以謂仁内義外也？"之後予以反駁。（《孟子·告子上》）這場爭辯，分歧集中在二人對"仁内義外"説的不同立場上，孟子提出的質疑和反駁祇與此説有關，且主要是針對"義外"一端。孟子認爲仁義禮智均不可言"外"："仁義禮智，非由外鑠我也，我固有之也，弗思耳矣。"（《孟子·告子上》）有意思的是，孟子對"食色，性也"一説並未反駁，因爲此説與他對小體之性的界定並無差異，祇不過簡略而已。另一場爭辯是：

> 告子曰："生之謂性。"孟子曰："生之謂性也，猶白之謂白與？"曰："然。""白羽之白也，猶白雪之白；白雪之白，猶白玉之白與？"曰："然。""然則犬之性猶牛之性，牛之性猶人之性與？"（《孟子·告子上》）

學界多認爲這場爭辯聚焦於"生之謂性"。比如劉述先稱："告子'生之謂性'可能極爲接近於過去傳統的立場。在上古，'生'、'性'兩字互訓，生下來就有的就是性的内容。告子所謂'食色性也'，正是這種觀點的具體説明。但孟子卻提出新的看法，並不把生下來就有的當作性的内容，因爲那樣根本就沒法子講人禽之別。……故'生之謂性'的公式對他來説一點也沒有用……"① 孟子的確擔憂在性的層面上泯滅人獸之分，但就像他認同"食色，性也"一樣，他

---

① 劉述先：《孟子心性論的再反思》，〔美〕江文思、〔美〕安樂哲編：《孟子心性之學》，頁185～186。

也並不反對"生之謂性"這一説法，他屢次以"天之降才"或者"才"來界説"性"，就包含"生之謂性"的意思。比如他向公都子申説"性善"之論，稱："乃若其情則可以爲善矣，乃所謂善也。若夫爲不善，非才之罪也。"（《孟子·告子上》）是十分確鑿的例子之一（此句之"才"即"天之降才"）。實際上，前人對孟子何以質疑告子，早有確解。朱熹集注云："'白羽'以下，孟子再問而告子曰'然'，則是謂凡有生者同是一性矣。"此解十分確當。孟子反對的不是"生之謂性"一説，而是"凡有生者同是一性"之見，他連發質問，意在彰顯此論之漏洞。對孟子來説，認定犬之性、牛之性、人之性相同，乃不能區隔人性獸性、建構人性的關鍵。如前所論，子思《五行》體系已將人性界定爲與草木禽獸之性相異的質素，以它爲淵源的孟子學説也是如此，承認"凡有生者同是一性"，無異於瓦解自身體系的根基。① 告子"生之謂性"之論本身，與孟子的體系事實上是符同的。不過，"説'性'是天所賦予（孟子用'與'這個詞語）的並不提供在我們之中存在着某種不變的'本質'的含義。'性'寧願是一種更複雜的發展模式"。②

性是人天生的資質，包括大體、小體之性，前者趨向理義，後者則與理義無關，那麽，孟子何以"道性善"呢？孟子性善説戰國末期就備受誤解，誤解最甚者當推荀子。上文業已提到，孟子道性善不是説人性原初純然爲善，而是説它可以爲善。公都子轉述對人性的種種説法，問道："今曰'性善'，然則彼皆非歟？"孟子回答説："乃若其情則可以爲善矣，乃所謂善也。若夫爲不善，非才之罪也。"（《孟子·告子上》）徐復觀指出，"可以爲善"即"有爲善的可能性，但並無爲善的必然性"。③ 孟子的回答有兩個關鍵詞："才"與"情"。"才"字趙岐注爲"天才"，即天然資質，朱熹注爲"材質，人之能也"，均不算錯，但應該意識到它在這一語境中主要是指"性"，因爲孟子要確認的是"性善"。朱熹集注謂"人有是性，則有是才，性既善則才亦善"，可謂似是而非之論。既然孟子以即便"爲不善"，"才"亦無罪，來堅持"性善"之説，那麽"才"應該指"性"，不説"性善"是"才善"的前提。趙注又釋"若"爲順，稱："性與情相爲表裏，性善勝情，情則從之。……能順此情使之善者，真所謂善也。"朱注則説："情者，性之動也。人之情本但可以爲善而不可以爲惡，則性之本善可知矣。"據前揭戰國儒家心性學説，"情"本乎"性"，孟子方要確認"性善"，如何先抱定了"情善"呢？俞樾曾經提出："蓋'性'、'情'二字，在後人言之，則區以別矣，而在古

---

① 其他新出儒典也曾在討論人性的大背景上論及禽獸之性。比如《性自命出》上篇云："牛生而長（根），雁（雁）生而伸（歟），亓（其）眚（性）肰（然）也。人而學或貞（使）之也。"這些也都構成了孟子與時人討論心性問題的背景。
② 〔美〕華靄仁：《孟子的人性論》，〔美〕江文思、〔美〕安樂哲編：《孟子心性之學》，頁171。
③ 徐復觀：《中國人性論史·先秦篇》，頁172。

人言之,則'情'即'性'也。"(《羣經平議·孟子二》)這一情況確實存在,但"義理思辨之學"實難"用文字之學盡了之"。且以俞説理解孟子此語,語法上明顯存在問題(參見下文)。不過,俞樾對趙岐的質疑卻是有道理的:"'性'與'情'若果有表裏之分,則公都子所舉三説皆自論'性',孟子何獨與之言'情'乎?"(《羣經平議·孟子二》)就語法關係言,孟子所説"其情"緊承公都子"今曰'性善',然則彼皆非歟"之問,"其"字明顯是承接"性"字,表示領屬關係,意爲"它(性)的",然則"情"不能就理解爲"性"。此處"情"字當指實情。《周易·咸·彖傳》云:"咸,感也。……觀其所感,而天地萬物之情可見矣。"《恒卦·彖傳》云:"恒,久也。……日月得天而能久照,四時變化而能久成,聖人久于其道而天下化成。觀其所恒,而天地萬物之情可見矣!"《萃卦·彖傳》云:"萃,聚也。……觀其所聚,而天地萬物之情可見矣。"《大壯·彖傳》云:"'大壯,利貞',大者正也,正大而天地之情可見矣。"諸"情"字並指實情或情況。孟子語録中也有這種用法。徐子(孟子弟子徐辟)曰:"仲尼亟稱於水曰:'水哉,水哉!'何取於水也?"孟子曰:"源泉混混,不舍晝夜,盈科(坎)而後進,放(至)乎四海,有本者如是,是之取爾。苟爲無本,七、八月之閒雨集,溝澮皆盈,其涸也可立而待也。故聲聞過情,君子恥之。"(《孟子·離婁下》)此處"情"字與"聲聞"即名聲相對,明顯是指實情。要之,孟子回答公都子之意殆爲,據性之實情,性確可以爲善就是我説的性善,至於人之爲不善,並非性之罪也。① 如此解釋,孟子"道性善"的立意就十分清楚了。

孟子對《五行》體系有所推進。

首先,孟子進一步將心與儒學價值取向的原初性關聯,落實爲備受矚目的四端説。②

---

① 徐復觀認爲,"乃若其情則可以爲善"之"情","即指惻隱、羞惡、是非、辭讓等而言","孟子所説的'惻隱之心'、'羞惡之心',實際亦即是惻隱之情、羞惡之情"(參見氏著《中國人性論史·先秦篇》,頁157)。録此以作參考。

② 歷史上,"四端"説外常見"五常"之説。比如董仲舒對策云:"夫仁誼禮知信五常之道,王者所當脩飭也;五者脩飭,故受天之祐,而享鬼神之靈,德施于方外,延及羣生也。"(《漢書·董仲舒傳》)孟子"四端"説配合"五常"理論,又衍生出"五端"觀念。如劉宗周(1578~1645)《大學古記約義》"止善"條云:"天命之性而善具焉。性者,萬物之一原;善者,物理之一致。惟人之生,體備萬物而成我,得所性之最全,而善爲天下之至善。故其具於心也,未發謂之中,已發謂之和。自中和之理分,見之爲惻隱之仁,爲羞惡之義,爲辭讓之禮,爲是非之智,爲以實之信。仁、義、禮、智、信,即喜怒哀樂之形而上者,從渾然至善中時,見此端緒而外,而知其所性之善有如此,非實有此五者名目也。其爲惻隱之端也,則仁之於父子是也;其爲羞惡之端也,則義之於君臣是也;其爲辭讓之端也,則禮之於長幼是也;其爲是非之端也,則智之於夫婦是也;其爲以實之端也,則信之於朋友是也。是五者,天下之達道也,得之於心,即明德之謂,而推之於人,即明明德於天下之謂也。"(《劉宗周全集》第一册經術六,杭州:浙江古籍出版社,2007年,第1版,頁645~646)

第四章　先秦儒家心性學説的理念體系及歷史軌迹　303

孟子曰：

　　人皆有不忍人之心。……所以謂人皆有不忍人之心者，今人乍見孺子將入於井，皆有怵惕惻隱之心。非所以內（納）交於孺子之父母也，非所以要譽於鄉黨朋友也，非惡其聲而然也。由是觀之，無惻隱之心，非人也；無羞惡之心，非人也；無辭讓之心，非人也；無是非之心，非人也。惻隱之心，仁之端也；羞惡之心，義之端也；辭讓之心，禮之端也；是非之心，智之端也。人之有是四端也，猶其有四體也。（《孟子·公孫丑上》）

"今人乍見孺子將入於井"，是孟子設置的一個突發事件（"乍見"既是説没有任何預期或預備），此時人心不受任何攪擾而直接、純粹、真實地呈現。耳目之性好聲色，耳目在存在目標對象的情況下，加以心的作用，其性便會呈現。故《性自命出》上篇云："凡眚（性）爲宔（主），勿（物）取之也。金石之又（有）聖（聲）也，弗鈎（扣）不鳴。人唯（雖）又眚，心弗取不出。"（此意亦可參《眚悥論》）鼻口手足之性均在物（目標對象）取之、心取之的情況下呈現。這些都不純粹是心的參與，故子思、孟子等早期儒者歸之於小體之性。人在"乍見孺子將入於井"之際，心之本真必然地純粹地顯露，故孟子以此時產生之"惻隱之心"爲心之性，並由此推廣，而至於心本然含藏的"羞惡之心""辭讓之心"以及"是非之心"，視四者爲仁義禮智之端。孟子多方强調，此時"惻隱之心"之呈露，"非所以內交於孺子之父母"等等，就是凸顯此時之心不爲任何欲望、雜念障蔽，是最真實的本真狀態。《韓非子·解老》篇云："仁者，謂其中欣然愛人也。其喜人之有福而惡人之有禍也，生心之所不能已也，非求其報也。故曰：'上仁爲之而無以爲也。'"與孟子此意頗近。徐復觀强調，人"乍見孺子將入於井"之例，"真正是心自己的活動"，表明"孟子在生活體驗中發現了心獨立而自主的活動，乃是人的道德主體之所在"，①堪稱卓識。或問朱子曰："如何是'發之人心而不可已'？"朱子答云："見孺子將入井，惻隱之心便發出來，如何已得！此樣説話，孟子説得極分明。世間事若出於人力安排底，便已

---

①　參閱徐復觀《中國人性論史·先秦篇》，頁156。徐復觀又説："在孟子以前，乃至在孟子以外，都是把耳目口鼻之欲連在一起來看心的活動。孟子卻把心的活動，從以耳目口鼻的欲望爲主的活動中擺脱開，如乍見孺子將入於井之例，而發現心的直接而獨立的活動，卻含有四端之善。'乍見'是心在特殊環境之下，無意地擺脱了生理欲望的裹脅。而反省性質的'思'（案指《孟子·告子上》所謂'仁義禮智，非由外鑠我也，我固有之也，弗思耳矣'之'思'），實際乃是心自己發現自己，亦即是意識地擺脱了生理欲望的裹脅。"（參見氏著《中國人性論史·先秦篇》，頁156）這再次顯示了徐氏學術史視野缺乏《五行》體系的弊端。心的活動跟耳目口鼻手足之欲的區隔，以及心對自身的自我省思和發現，在子思五行體系中已經十分凸顯了。

得;若已不得底,便是自然底。"朱子又云:"方其乍見孺子入井時,也著腳手不得。縱有許多私意,要譽鄉黨之類,也未暇思量到。但更遲霎時,則了不得也。是非、辭遜、羞惡,雖是與'惻隱'並説,但此三者皆自惻隱中發出來。因有惻隱後,方有此三者。惻隱比三者又較大得些子。"①朱子之要旨,是説四端乃必然、純粹、不受攖擾之心。在孟子體系中,四端説乃性善説的落實或證明。所以孟子解釋自己倡言"性善"之本旨,云:"乃若其情則可以爲善矣,乃所謂善也。若夫爲不善,非才之罪也。惻隱之心,人皆有之;羞惡之心,人皆有之;恭敬之心,人皆有之;是非之心,人皆有之。惻隱之心,仁也;羞惡之心,義也;恭敬之心,禮也;是非之心,智也。仁義禮智,非由外鑠我也,我固有之也,弗思耳矣。"(《孟子·告子上》)人原初具備"惻隱之心""羞惡之心""恭敬之心"(相當於"辭讓之心")、"是非之心",由這些發端可生成仁、義、禮、智諸德行,這就是性善説成立的依據。——此處孟子逕稱"惻隱之心""羞惡之心""恭敬之心""是非之心"爲仁義禮智,誠如朱熹集注所説,乃"因用以著其本體",其意同樣是説仁義禮智諸德行由"惻隱之心""羞惡之心""恭敬之心""是非之心"諸端生成。在孟子體系中,四端説又是每一個社會成員安身立命、脩齊治平之根基。所以他又説,"有是四端而自謂不能者,自賊者也;謂其君不能者,賊其君者也。凡有四端於我者,知皆擴而充之矣,若火之始然(燃)、泉之始達。苟能充之,足以保四海;苟不充之,不足以事父母"(《孟子·公孫丑上》)。在孟子體系中,四端説還是仁政觀念之本。因此他指出,"先王有不忍人之心,斯有不忍人之政矣。以不忍人之心,行不忍人之政,治天下可運之掌上"(《孟子·公孫丑上》)。總之,四端説對孟子體系的重要性幾乎怎麼評價都不過分,它其實是把握這一體系的密鑰。

孟子又曰:"君子所性,仁義禮智根於心。其生色也,睟然(潤澤貌)見於面,盎(洋溢)於背,施於四體,四體不言而喻。"(《孟子·盡心上》)跟《五行》以"心之生(性)……好仁義",來定位"人之生(性)……好仁義"或者"獨有仁義"一樣,《孟子》是用心有四端來界定人之性的。所謂心有仁義禮智四端,正是"仁義禮智根於心"的註腳。而"君子所性,仁義禮智根於心",大意是説,君子作爲性者有仁義禮智植根於心,這是極明確地説人性即仁義禮智四端。——人性均係如此,不獨君子爲然。孟子固曰:"凡同類者,舉相似也,何獨至於人而疑之?聖人與我同類者(朱熹集注:聖人亦人耳;其性之善,無不同也)。"(《孟子·告子上》)有若則説:"麒麟之於走獸,鳳凰之於飛鳥,太山之於丘垤,河海之於行潦,類也。聖人之於民,亦類也。出於其類,拔乎其萃,自生民以

---

① 黎靖德編:《朱子語類》卷五三,《孟子》三《公孫丑上之下》,頁1281。

來，未有盛於孔子也。"(《孟子·公孫丑上》)這層意思其實就是郭店簡文《城之聞之》所說的："聖人之眚(性)與中人之眚，兀(其)生而未又(有)非之。節於(而)〔天〕也，則猷(猶)是也。唯(雖)兀於善道也，亦非又譯㚄(蟻螻)以多也。及兀尃(博)長而厚大也，則聖人不可由與埵之。此以民皆又眚，而聖人不可莫(慕)也。"有學者評析"堯、舜，性之也"(《孟子·盡心上》)一語時，曾強調，"'性'的用法是不普遍的動詞用法是重要的——'性'不是一種天賦，而是一種已被完成的'方案'(project)"。① 就《孟子》及其所承傳的《五行》體系而言，"性"既關聯着天賦，又關聯着完成。從某種意義上說，儒家所謂"性"毋寧是一個動態的過程。

顯然，孟子四端說，爲"乃若其情則可以爲善"提供了支撐。所謂"有是四端而自謂不能者，自賊者也"，正包含據性之實情可以爲善之意。趙岐釋其意云："自謂不能爲善，自賊害其性，使不爲善也。"孟子向公都子證明"性善"，具體舉列的正是人有仁義禮智四端(參見《孟子·告子上》)。有學者提出，四端是心的"預設的立場"，"在說到心的這種預設的立場爲人人所有時，孟子因此正在說的是，這樣一種預設立場爲這一個類的所有的人所擁有"，"孟子相信對人的類而言，存在着一種本質"。② 這種提法值得商榷。無論在子思《五行》體系中，還是在《孟子》中，心好仁義、心悅理義或有四端之類特質，被與耳目好聲色、鼻口好美味、手足好佚豫同等看待，就這些先哲的本意來說，除非小體這些質素也都是預設，否則心這一質素就不會是預設。這裏有一個具有規定性的語境。

其次，孟子對《五行》相關內容進行提煉，在一個關鍵點上表達得更加明晰，即心作爲大體，是基於"思"這種官能確立其主導性的。

《孟子·告子上》記載：

> 公都子問曰："鈞是人也，或爲大人，或爲小人，何也？"孟子曰："從其大體爲大人，從其小體爲小人。"曰："鈞是人也，或從其大體，或從其小體，何也？"曰："耳目之官不思，而蔽於物，物交物，則引之而已矣。心之官則思，思則得之，不思則不得也。此天之所與我者，先立乎其大者，則其小者弗能奪也。此爲大人而已矣。"

耳目鼻口手足均爲小體，不具備思的官能，其與物交接，則物引之而去，任此一往，便是"從其小體"，必爲"小人"矣。心爲大體，有思之官能，不惟可以思

---

① 〔美〕安樂哲：《孟子的人性概念：它意味着人的本性嗎？》，〔美〕江文思、〔美〕安樂哲編：《孟子心性之學》，頁113。
② 信廣來：《孟子論人性》，〔美〕江文思、〔美〕安樂哲編：《孟子心性之學》，頁217。

考小體之性，而且可以自我反思，以此確認心之性在悅理義、心有仁義禮智四端，①從而持守之不離不失，此即"從其大體"，乃成就德行高尚之"大人"人格的根本。

孟子還說："惻隱之心，人皆有之；羞惡之心，人皆有之；恭敬之心，人皆有之；是非之心，人皆有之。惻隱之心，仁也；羞惡之心，義也；恭敬之心，禮也；是非之心，智也。仁義禮智，非由外鑠我也，我固有之也，弗思耳矣。故曰：求則得之，舍則失之。或相倍蓰而無算者，不能盡其才者也。"（《孟子·告子上》）朱子集注說，此章乃"因用以著其本體"；其中仁義禮智，當分別理解爲仁之端、義之端、禮之端、智之端，即爲人之性及心之性原初所含蘊者。這裏我們要關注的是，孟子強調人雖有此可以爲善之性，卻必須由心發揮思的官能來確認，並由心主導主體持守、擴充此性的行爲；思與不思，求與不求，將使德行產生天上地下的差距，其下者事實上未能盡其本然之性——即"不能盡其才"。有意思的是，此章結尾再一次回應了《城之餌之》所說的："及丌専長而厚大也，則聖人不可由與埵之。此以民皆又耆，而聖人不可莫也。"

孟子又說："欲貴者，人之同心也。人人有貴於己者，弗思耳。人之所貴者，非良貴也（朱子集注：人之所貴，謂人以爵位加己而後貴也）。趙孟之所貴，趙孟能賤之。《詩》云：'既醉以酒，既飽以德。'言飽乎仁義也，所以不願人之膏粱之味也；令聞廣譽施於身，所以不願人之文繡也。"（《孟子·告子上》）朱注有云："貴於己者，謂天爵也。"這涉及孟子說的："有天爵者，有人爵者。仁義忠信，樂善不倦，此天爵也。公卿大夫，此人爵也。古之人修其天爵，而人爵從之。今之人修其天爵，以要人爵；既得人爵，而棄其天爵，則惑之甚者也，終亦必亡而已矣。"（《孟子·告子上》）孟子強調，人心莫不求貴，心祇有發揮思之官能，纔能確認"天爵"——"仁義忠信，樂善不倦"——的更高價值；有此確認，纔能以"修其天爵"爲目的，"公卿大夫"之類"人爵"亦自然隨之；缺乏這一確認者，最多祇是以"修其天爵"爲手段徼取"人爵"，既得"人爵"，又往往便棄"天爵"，最終自取滅亡而已。

其他例子無須一一舉列了。要之對孟子來說，心發揮思的官能極爲重要。放眼過去，至少是到孔子弟子及再傳弟子時代，"心"的價值已被從性與官能兩個層面上清晰地確認。在先秦儒家心性學說的整個體系及其演變中，相關認知極爲複雜，也極爲重要。然而有一點早已確認，單單是"性"或"心之性"實不能自立，從理論與實踐兩個層面上說，心性學說的全部設計均以"心"

---

① 徐復觀詮釋"心之官則思，思則得之"，有云，"'得之'的'之'，在孟子指的是仁義禮智的四端"；又謂，"仁義爲人心所固有，一念的反省、自覺，便當下呈現出來，所以說'思則得之'"（見氏著《中國人性論史·先秦篇》，頁117、頁154），可資參考。

亦即"大體"的官能爲另一個根本支撐點。孟子曰："體有貴賤,有小大。無以小害大,無以賤害貴。養其小者爲小人,養其大者爲大人。"此時他舉證的養小體者是"飲食之人"："飲食之人,則人賤之矣,爲其養小以失大也。飲食之人無有失也,則口腹豈適爲尺寸之膚哉?"(《孟子・告子上》)以"飲食之人"界定養小體者,明顯是就小體之性而言的,則相對成立的養大體者,必是就心之性而言的,這凸顯了孟子心性學說的第一個支撐點。公都子問:"鈞是人也,或從其大體,或從其小體,何也?"孟子馬上就聚焦到心獨有的官能"思",強調"思則得之,不思則不得也"(《孟子・告子上》)。這凸顯了孟子心性學說的又一個支撐點——大體或心的官能,與小體之官能相對待。這兩個層面互相關聯,把心在體系中的功能和位置交待得十分清楚。孟子師祖子思的《五行》體系也含有同樣的架構。甚至這種雙軌制理路隱隱可溯源至儒家創始人孔子。總而言之,在早期儒家心性學說體系之中,心之性雖然原發地指向仁義諸價值,但若離開心獨有的官能"思",該體系從理論和實際上都會落空。所以,拉平大體心與小體在該體系中的位置,是完全沒有道理的。①

---

① 徐復觀詮釋孟子"惟聖人,然後可以踐形"(《孟子・盡心上》)之說,云:"踐形,可以從兩方面來說:從充實道德的主體性來說,這即是以孟子集義養氣的工夫,使生理之氣,變爲理性的浩然之氣。從道德的實踐上說,踐形,即是道德之心,通過官能的天性,官能的能力,以向客觀世界中實現。這是意義無窮的一句話。孟子說到這裏,纔把心與一切官能皆置於價值平等的地位,纔使人自覺到應對自己的每一官能負責,因而通過官能的活動,可以把心的道德主體與客觀結合在一起,使心德實現於客觀世界之中,而不是停留在'觀想'、'觀念'的世界。孟子的人性論,至此而纔算完成。"(參見氏著《中國人性論史・先秦篇》,頁167)揆度孟子原意,"踐形"之說當非言修養臻於至境,則心與一切官能皆擁有價值平等之地位。朱子認爲"踐形"即"盡性",他說:"'踐形',是有這箇物事,脚踏著,不闕了他箇。有是形便有是理,盡得這箇理,便是踐得這箇形。耳目本有這箇聰明,若不盡其聰明時,便是闕了這箇形,不曾踐得。"又說:"盡性,性有仁,須盡得仁,有義,須盡得義,無一些欠闕方是盡。踐形,人有形,形必有性。耳,形也,必盡其聰,然後能踐耳之形;目,形也,必盡其明,然後能踐目之形。踐形,如'踐言'之'踐'。……盡性、踐形,只是一事。"又說:"天之生人,人之得於天,其具耳目口鼻者,莫不皆有此理。耳便必當無有不聰,目便必當無有不明,口便必能盡別天下之味,鼻便必能盡別天下之臭,聖人與常人都一般。惟衆人有氣稟之雜,物欲之累,雖同是耳也而不足於聰,雖同是目也而不足於明,雖同是口也而不足以別味,雖同是鼻也而不足以別臭。是雖有是形,惟其不足,故不能充踐此形。惟聖人耳則十分聰,而無一毫之不聰;目則十分明,而無一毫之不明;以至於口鼻,莫不皆然。惟聖人如此,方可以踐此形;惟衆人如彼,自不可以踐此形。"(黎靖德編:《朱子語類》卷六〇,《孟子》十《盡心上》,頁1451、頁1452)朱子謂"踐形"即"盡性",實際側重於就小體之官能而言,旱及諸小體之性。儒家心性學說之"性",處置的主要是大體小體之性,大小體之官能雖被視爲"性",卻與一般的好欲之性區別對待。孟子"踐形"之說,似指言惟聖人可循順小體之性,以其先立乎其大者——先確立了心悅理義之性,孟子嘗云,"先立乎其大者,則其小者弗能奪也"(《孟子・告子上》)。小人汩没心悅理義之性,如循順小體之性,豈非"近於禽獸"?(《孟子・滕文公上》)

孟子有一個重要表述備受後人誤解，不能不予以辨正。即孟子曰："盡其心者，知其性也。知其性，則知天矣。存其心，養其性，所以事天也。殀壽不貳，修身以俟之，所以立命也。"（《孟子·盡心上》）此章前兩個自然句，傳統解釋有時相當含混。比如趙岐注云："性有仁、義、禮、智之端，心以制之，惟心爲正。人能盡極其心以思行善，則可謂知其性矣。"孫奭（962～1033）疏云："孟子言人能盡極其心以思之者，是能知其性也。……盡惻隱、羞惡、恭敬、是非之心，則是知仁、義、禮、智之性。"這類解釋約略可理解爲，盡其心就是知其性。近代以來，越來越多的學者將"盡其心"與"知其性"理解爲因與果。比如胡毓寰（1898～1981）解釋此二語曰："盡者……謂極其力爲之，使毫無遺失也。性根於心，故心無遺失，則知其性矣。"又曰："性者，生之質，而實根於心；蓋心爲本體，心其現象也。故曰能盡極以知其心，則知性之爲道矣。"①而錢穆釋之云："心者，身之主也。非極吾心之善端，則不知性之善也；故曰盡其心者，知其性也。"②今將此外數家現代學者及其譯説臚列於下：

（1）楊伯峻（1909～1990）譯爲："充分擴張善良的本心，這就是懂得了人的本性。"

（2）劉俊田等譯爲："〔人〕能够盡到心力〔去行善〕，就懂得人的本性。"

（3）金良年譯爲："竭盡了人的本心就知曉了人的本性。"

（4）魯國堯等譯爲："盡自己的善心，就是覺悟到了自己的本性。"

（5）鄭訓佐等譯爲："能够充分發揮自己的良知，就能了解人的本性。"

（6）王剛譯爲："能够充分發揮自己的本心的，就可以明白人的本性了。"③

這自然不是窮盡性的列舉，也没有這個必要。就"盡其心者，知其性也"兩個

---

① 胡毓寰編著：《孟學大旨》，上海：正中書局，1947年，滬4版，頁32；《孟子本義》，臺北：正中書局，1971年，臺3版，頁467。
② 錢穆：《孟子研究》，上海：開明書店，1948年，第1版，頁107。
③ 以上材料分別出自(1)楊伯峻編著：《孟子譯注》，北京：中華書局，1960年，第1版，頁301；(2)劉俊田、林松、禹克坤譯注：《四書全譯》，貴陽：貴州人民出版社，1988年，第1版，頁604；(3)金良年：《孟子譯注》，上海：上海古籍出版社，1995年，第1版，頁271；(4)魯國堯、馬智強譯注：《孟子全譯》，南京：江蘇古籍出版社，1998年，第1版，頁216；(5)鄭訓佐、靳永譯注：《孟子譯注》，濟南：齊魯書社，2009年，第1版，頁220；(6)王剛譯注：《孟子譯注》，上海：上海三聯書店，2013年，第1版，頁346。

自然句的意義關係而言,趙岐注、孫奭疏與楊伯峻、魯國堯之說比較一致,均傾向於等同"盡其心""知其性"的意義指向;其餘各家,如胡毓寰、錢穆、劉俊田等、金良年、鄭訓佐等,以及王剛,基本上以"盡其心"爲因,以"知其性"爲果,儘管各家對"盡其心""知其性"的理解並不完全相同(其實,前一種解讀基本上也隱含着"盡其心"與"知其性"的因果性)。就具體解釋而言,趙注、孫疏、劉俊田等學者之說側重於從心之官能(比如"思"或"心力"等),來詮釋"盡其心";錢穆、楊伯峻、金良年、魯國堯等、鄭訓佐等,以及王剛,則側重於從心之性(比如"心之善端""善良的本心""本心""善心""良知"等),來解釋"盡其心"。胡毓寰基本上將"盡其心者,知其性也"理解爲知其心則知其性,看似特異,但所謂知其心仍然要落腳在心的官能上。

趙岐、孫奭、楊伯峻、魯國堯諸家銳敏地把握了"……者,……也"句式的表達功能,認爲它表示肯定判斷。其他所有解釋,實際上將"盡其心者,知其性也"理解成了"盡其心,知其性",從句法上看,明顯與原文暌異。若孟子本意如此,不必使用"……者,……也"句式,"盡其心,知其性。知其性,則知天矣"連讀,句法上不十分順暢麽?然而上揭所有解釋都未得孟子本旨。依語法及上下文意之關聯,"盡其心者,知其性也"一句當理解爲:盡其心的原因,是知曉心之性(子思、孟子等均以心之性定義人之性,所以心之性實即人之性),與孟子所謂"桀、紂之……失其民者,失其心也"(《孟子·離婁上》),句法上較然一致。若不以"……者……也"句式表達,這兩個自然句在語意上的順序當爲"知其性,盡其心",與大多數學者的詮釋正好相反。《五行》和《孟子》均將人體區隔爲大體和小體,大體指心,小體指耳目鼻口手足,細言之亦包括音聲貌色;它們基於這種區隔來討論心之性,或謂心之性好仁義,或謂心之性悅理義、有仁義禮智四端(至於小體,它們都認爲耳目之性好聲色,鼻口之性好臭味,手足之性好佚豫);與此同時,它們都基於心之性來定義人之性,或謂人之性好仁義、獨有仁義,或謂人之性善。確認了心之性具備仁義諸價值或者趨向諸價值之始端——所謂"知其性",自然纔有"盡其心"之論。孟子之意便是,盡其心,是因爲確認了心之性有仁義或者悅理義。明乎此,則《孟子》"盡其心"章的完整意思是,盡其心之原因,是知曉心之性(心之性悅理義或者好仁義),知曉心之性,則可知曉賦予人此性命的天,操其心不舍而養其性,乃奉事此天之法;個人殀壽之期無異,存心養性以俟生命之終了,就是成全天給予之命的辦法。① 如此解釋"盡其心者,知其性也",語法上纔算合理,邏輯上纔算順暢;如此解釋"盡其心"全章,該章所謂"性""命""天"之關係,纔符合《耆自命出》《耆意論》所謂"耆自命出,命自天降",也纔符合《五行》説文第二十三章關於這三個範疇的論説,而所涉對"心"的認知,也纔跟《五行》等早期儒典一致。更爲重要的是,如此解釋,纔符合孟子本人的學説體系。②

在這一問題上,格外値得注意的是朱熹的詮釋。他指出:"'盡其心者,知其性也。''者'字不可不子細看。人能盡其心者,只爲知其性,知性卻在先。"又説:"此句文勢與'得其民者,得其心也'相似。"③朱熹相當準確地把握了"者"字的語法功能。另外,朱子解釋説:"'盡其心者,知其性也。'所以能盡其

---

① 案:"盡其心"章所謂"殀壽不貳,修身以俟之,所以立命也",趙岐以下,幾乎所有學者均理解爲:無論短命還是長壽,都不三心二意,改易其道,修正其身以待天命,即所以立命之本或曰立命之方。這種解讀似乎也値得商榷。此章所謂"命"當非一般的"天命",而是子思等早期儒家所謂與"性"相通的"命",草木、禽獸、人之"命"均爲皇天所集,而"性"即在此"命"中,或者説,此"性"與"命"具有某種同一性(參閲《五行》説文第二十三章以及《孟子‧盡心下》"口之於味也"章等等)。對現世的所有個體生命而言,此種"命"無須"俟"。此外,將"俟之"之"之"理解爲命或天命,句法上看亦不妥,它應該是承前文出現的"殀壽"而言的,指的是生命之終盡。《莊子‧内篇‧大宗師》云:"孟孫氏不知所以生,不知所以死;不知就先(生),不知就後(死);若(順)化爲物,以待其所不知之化已乎!"此處"化爲物"即指死亡,所以《莊子‧外篇‧刻意》謂"聖人之生也天行,其死也物化"。然則"待其所不知之化"即等待生命之終盡,相當於《孟子》此章所謂"俟之"。

② 《孟子》"盡其心"章下面,記孟子曰:"莫非命也,順受其正。是故知命者,不立乎巖墻之下。盡其道而死者,正命也。桎梏死者,非正命也。"(《孟子‧盡心上》)朱熹集注認爲,此章與"盡其心"章蓋一時之言,目的是發其末句"殀壽不貳,修身以俟之,所以立命也"之意。筆者以爲,這兩章内容確實是貫通的,可此章當是專承"殀壽"之意言,其所謂"命"與上章"修身以俟之,所以立命"之"命"有所不同。早期儒家所謂"命"已具備多義性。孔子所謂"君子……畏天命"之"(天)命"(《論語‧季氏》),與"亡之,命矣夫"之"命"(《論語‧雍也》),便迥然不同。孟子所謂與"天""性"相貫的"命"接近於前者,所謂"正命""非正命"之"命"殆接近於後者。"莫非命也"章大意是,人之殀壽都是命,當隨順接受命之正者,知命者不立於危地以取覆壓之禍,不爲非作歹受懲罰而死,凡此取禍、受罰而死均非命之正者,盡其道而死,方爲得其本然之天年,所謂"正命"是也。"盡其道而死"既是"正命",反之便是"非正命"。此説在修身養性方面並未高自標持,與"盡其心"章頗異。王充、趙岐等學者顯然已誤解了孟子"正命""非正命"之説。《論衡‧刺孟》篇云:"夫孟子之言,是謂人無觸值之命(案即無所謂遭命也)。順操行者得正命,妄行苟爲者得非正〔命〕,是天命〔隨〕於操行也。夫子不王,顏淵早夭,子夏失明,伯牛有癩,四者行不順與?何以不受正命?"趙岐《孟子章句》云:"人之終,無非命也。命有三名:行善得善曰受命,行善得惡曰遭命,行惡得惡曰隨命。惟順受命爲受其正也已。"實際上孟子此章之"非正命",主要是指個人妄行而不得享命之本然,並無強烈的善惡道德意味。依孟子之見,孔子、顏淵等人均當爲"盡其道而死者",即均當爲"正命",其壽長短則非不在考量範圍之内,所謂"殀壽不貳"云云。

③ 黎靖德編:《朱子語類》卷六〇,《孟子》十《盡心上》,頁1422。

心者，由先能知其性。知性則知天矣，知性知天，則能盡其心矣。不知性，不能以盡其心。"又説："盡其心者，由知其性也。先知得性之理，然後明得此心。"又説："知性，然後能盡心。先知，然後能盡；未有先盡而後方能知者。蓋先知得，然後見得盡。"①朱子曾將"盡心"對應於《大學》八目之"知至"或"意誠"，這一點值得商榷，②可毫無疑問，他極好地把握了孟子所謂"知其性"與"盡其心"的邏輯關聯。

不過，儘管孟子主要是針對心之性，來講"知其性""盡其心""事天""立命"，有一點十分清楚，即這一過程始終不可能脱離心思考、認知、自我管理、持守價值、決定主體行為的官能。"知其性"即是心發揮思之官能而達成的結果。《五行》説文第二十三章確認心之性好仁義，孟子藉世人乍見孺子將入於井，確認人皆有惻隱之心（《孟子·公孫丑上》），是最為典型的例子。與此同時，確認人之性以及性與命、與天之關係，同樣仰仗心之思。而確認了心之性、人之性以後，接下來就是存心養性，這主要是指持守心之性而不離不失。孟子養性説的主旨，當然是養大體之性，但這同時意味着節制小體之性，大小體之性此消則彼長。故孟子曰："養心莫善於寡欲。其為人也寡欲，雖有不存焉者，寡矣；其為人也多欲，雖有存焉者，寡矣。"（《孟子·盡心下》）朱熹集注云："欲，如口鼻耳目四支（肢）之欲，雖人之所不能無，然多而不節，未有不失其本心者，學者所當深戒也。"口欲味，目欲色，耳欲聲，鼻欲臭，四肢欲安逸，這些不加以節制，心悦理義之性就會被淹没。《五行》説文第二十三章謂，"文王……源 心 之生（性）則巍然知亓（其）好仁義也。故執之而弗失，親之而弗離"；執之弗失、親之弗離，便是存心之性、養心之性的工夫。孟子説："君子所以異於人者，以其存心也。君子以仁存心，以禮存心。"（《孟子·離婁下》）朱熹集注云："以仁、禮存心，言以是存於心而不忘也。"存仁禮於心而"不忘"，亦正是執之弗失、親之弗離之意。事實極為明顯，這裏的一切都強烈依賴心的參與和主導（係就其官能而言的）。傳世《大學》謂"心不在焉，視而不見，聽而

---

① 黎靖德編：《朱子語類》卷六〇，《孟子》十《盡心上》，頁1422、1423。
② 案朱子有云："知性者，物格也；盡心者，知至也。'物'字對'性'字，'知'字對'心'字。"（黎靖德編：《朱子語類》卷六〇，《孟子》十《盡心上》，頁1422）"知性"已經意味着"物格而后知至"了，"盡心"不能再詮釋為"知至"。後來朱子想法改變，認為"盡心"即《大學》所謂"意誠"。其言曰："某前以《孟子》'盡心'為如《大學》'知至'，今思之，恐當作'意誠'説。蓋孟子當時特地説箇'盡心'，煞須用功。所謂盡心者，言心之所存，更無一毫不盡，好善便'如好好色'，惡惡便'如惡惡臭'，徹底如此，没些虛偽不實。"（黎靖德編：《朱子語類》卷六〇，《孟子》十《盡心上》，頁1424）以"好善""惡惡"解"盡心"，是據心之性作解，可以參考，然以《大學》八目律之，《孟子》此處所謂盡心並非就是意誠，而當在"誠意""正心"之後，對應於"脩身"，故其下文即謂"殀壽不貳，修身以俟之"。

不聞,食而不知其味",説的就是這一道理。孟子引孔子曰"操則存,舍則亡;出入無時,莫知其鄉",且做示説:"惟心之謂與?"(《孟子·告子上》)。① 心之官能具有極高的活躍性,然而也祇有心可以管控它自身,故後來的荀子説,"心者,……自禁也,自使也;自奪也,自取也;自行也,自止也"(《荀子·解蔽》)。

一言以蔽之,心以思的官能發揮主導作用,是孟子心性學説的根本點。不僅孟子體系如此,先於孟子的《五行》、郭店及上博其他儒典以及傳世《大學》亦均如此,祇是不夠集中和凸顯而已;後於孟子的荀子學説更是如此。② 傅斯年、葛瑞漢、安樂哲等東西方著名學者研究儒家心性學説,在"性"這一範疇上花費了大量工夫,卻極大地忽略了在體系中真正具有決定作用的"心",簡直有點不可思議。

其三,孟子又光大了《五行》以仁義爲"命"與"性"的觀念。

孟子説:"口之於味也,目之於色也,耳之於聲也,鼻之於臭也,四肢之於安佚也,性也;有命焉,君子不謂性也。仁之於父子也,義之於君臣也,禮之於賓主也,智之於賢者也,聖人之於天道也,命也;有性焉,君子不謂命也。"(《孟子·盡心下》)在孟子心性學説體系中,這是極重要的文字。華靄仁準確地評價説:"在《孟子》的所有篇章中,這一段資料一定是其中最重要的之一。而且對於理解他關於本性的觀念是最具決定性的之一。"③ 遺憾的是,其意從古到今都被誤解。

安樂哲曾説:

> 此處,孟子至少提出了三個重要的觀點。首先,作爲一種文化上的產物,"性"總是善的——某種被達到的東西——而人的基本條件("命")並非一定如此。其次,在重要性上存在着一種基本的差別——"性"屬於"大體",而人的基本條件"命"則屬於"小體"。這意味着人的相似是不重要的,重要的是明顯地取得的文化上的成就。最後,人所獲得的,而禽獸無此要求的東西是"性";人與禽獸共同擁有的東西是一些基

---

① 尹焞(1071~1142,號和靖)弟子王時敏(字德修)解"四端",謂和靖曰:"此只言心,不言性。如'操則存,舍則亡,出入無時,莫知其鄉',亦只是言心。"(黎靖德編:《朱子語類》卷五三,《孟子》三《公孫丑上之下》,頁1286)殊不知早期儒家言心,往往區隔心之性與心之官能,四端乃就心之性言;——"操則存,舍則亡",則確實是就心之官能言。
② 荀子在認定人性惡(關鍵在於心之性好利欲佚)的前提下,如何發揮心的官能,達成化性起僞的目標,請參閲拙文《從〈五行〉學説到〈荀子〉:一段被湮没的重要學術思想史》,《出土文獻與中國文學研究:第三屆出土文獻與中國文學研究學術研討會(國際)論文集》,頁49~73;亦可參閲本書第九章:"從《五行》到《荀子》"。
③ 〔美〕華靄仁:《孟子的人性論》,〔美〕江文思、〔美〕安樂哲編:《孟子心性之學》,頁168。

本的條件("命")。"四端"之被修養的是人；僅僅有意識和欲望的是禽獸。

這是有趣的,肉體上的感覺——作爲"味覺"再次被培養的——也擴展進了"性"的概念之中。因此孟子把它們理解成了"性"與"命"的一種混合物。即便如此,當再次衡量人的更高的成就——道德、倫理、宗教等等時,君子並不傾向于把它們安置於最重要的地位中間,所以,甚至把被訓練的肉體感覺作爲最初的"命"。作爲一種範疇,"性"被保留着用來稱呼人之修養的最高產物。①

這裏有很多提法值得商榷,——華靄仁已經發表了多篇睿智的反駁文章,可是仍有一系列問題需要澄清。

安樂哲肯定不會弄錯"大體""小體"的指涉對象,——僅僅依據傳世《孟子》和《荀子》,便足以解決這一問題,若了解《五行》經、説第二十二章對此有異常清晰的界定,就更好了。② 然而孟子從未將"命"分配給"小體"、將"性"分配給"大體",《盡心下》"口之於味也"章本身就是鐵證。作爲《孟子》體系的先導者,《五行》在説文第二十三章中明確地表露了如下觀念：天降"命"於草木、禽獸和人,循草木、禽獸、人所以受命,可得其"生(性)"；人之"大體""小體"各有其"生(性)"。因此,安樂哲説"性"屬於"大體"、"命"屬於"小體",無論從《孟子》來説,還是從它所承繼的子思五行體系來説,都不能成立。

安樂哲將"性"分派給大體,跟他對"性"的理解有關。他把儒家心性學説中的"性"理解爲"一種文化上的產物"。毫無疑問,"性"的現實存在總發生於某種文化中,也總要自覺不自覺地接受文化的影響和塑造,可是在簡帛《五行》、郭店及上博其他儒典以及《孟》《荀》等文獻中,"性"均被追溯到天給予人的原初特質,而且其基本面,比如耳目好聲色、鼻口好臭味、四肢好佚豫等,最終也不會被完全摒除。將這種天給予人的原初特質理解爲"文化上的產物",又説孟子將"性"這一範疇"保留着用來稱呼人之修養的最高產物",顯然嚴重脱離了實際,不僅不符合孟子自身的學説體系,而且至少是背離了《五行》及其他郭店、上博儒典直至《荀子》的真實歷史(安樂哲大概主要是被孟子常將仁義禮智等"文化符號"與人的原初特質關聯所誤導)。孟子"道性善"有兩個

---

① 〔美〕安樂哲：《孟子的人性概念：它意味着人的本性嗎？》,〔美〕江文思、〔美〕安樂哲編：《孟子心性之學》,頁109～110。
② 華靄仁曾説："'大體'是人人皆有的那部分東西,在人之中它是尊貴的存在。"(〔美〕華靄仁：《孟子的人性論》,〔美〕江文思、〔美〕安樂哲編：《孟子心性之學》,頁165)此語後半不存在問題,但從其前半看,華靄仁對"大體""小體"的把握似乎不很到位。"小體"何嘗不是"人人皆有"呢？

前提條件：（一）所謂"性善"不是說性原本就是善的，而是說"乃若其情則可以爲善"。（二）儘管他跟子思等前儒一樣，依心之性來定義人之性（後來的荀子也是如此），但他們終究承認人普遍、大量擁有小體之性。戰國儒學諸大家均區隔大體之性與小體之性。孟子說"口之於味也，目之於色也，耳之於聲也，鼻之於臭也，四肢之於安佚也，性也"，便是臚列小體之性。告子謂"食色，性也"，部分地道出了小體之性，——直接對應於思、孟、荀諸子所說的口之性、鼻之性、目之性。《五行》說文第二十三章將小體之性概括爲耳目好聲色，鼻口好臭味，手足好佚傢，爲孟說最直接之上源。在子思孟子這裏，小體之性即便不能說是惡的，也絕對不能說是善的（荀子恰恰就依據對小體之性的相同認定來論證人性惡，當然，他對大體之性有完全不同的認知）。① 安樂哲說"'性'屬於'大體'"，與第二個事實不符；說"'性'總是善的"，則乖離這兩個事實。孟子也並未將"肉體上的感覺"，"擴展進了'性'的概念之中"，孟子表達的其實是，這些所謂的"肉體上的感覺"原本就是"性"。而且《五行》早就這樣說了，《孟子》接着這樣說，《荀子》還這樣說，對各家言均無所謂"擴展"。正如華靄仁所指出的，孟子是說，"感覺經驗和肉體欲望是我們本性中的一部分，儘管不是唯一的部分"；——相比而言，"告子留下了一種有缺陷的關於人的綜合的觀念"。②

孟子"性"中"有命"、"命"中"有性"之說確實令人困惑。《中庸》稱"天命之謂性"，從字面上可以理解爲天之"命"就是"性"（從實際意涵上說，"命"與"性"不必完全重疊）。《五行》說文第二十三章說，循草木、禽獸、人所受之"命"，可得其"生（性）"，這是說"生（性）"包含在天之"命"之中，粗略言之，天之"命"即爲"生（性）"。《眚自命出》上篇以及《眚意論》稱"眚自命出，命自天降"，與《五行》是同樣的意思。在儒家心性學說的發展歷程中，以上各例大致處於同一個階段，其間"命"比"性"高一個邏輯層次，然二者貫穿，可理解爲"性"全然爲"命"，而"命"不祇是"性"。孟子之說毫無疑問承繼了先儒，然其所謂"性""命"範疇似乎發生了極微妙的變化："性"中"有命"、"命"中"有性"之說，與郭店及上博儒典稱"眚自命出"、《中庸》稱"天命之謂性"、《五行》稱循草木禽獸人所受之"命"可得其"生（性）"等等，邏輯上存在一定的歧異，"命"

---

① 徐復觀稱："食色的本身，既不可稱之善，亦不可稱之爲惡，所以公都子引他（告子）的話說'性無善無不善也'。"（參閱氏著《中國人性論史·先秦篇》，頁169）這樣說的合理性相當有限。依據這一邏輯，則小體（耳目鼻口手足）之性均不可稱善或惡，而大體（心）之性即便誠如荀子所說，爲好利欲恨，也不能充當其性惡說的根本依據。

② 參閱〔美〕華靄仁：《孟子的人性論》，〔美〕江文思、〔美〕安樂哲編：《孟子心性之學》，頁168～169。

作爲"性"原初基源的意義呈現出被淡化的趨勢，"命"仍然跟"性"關聯在一起，卻更偏重於"仁""義""禮""智"和"天道"。也就是說，孟子在體系中明確了"命"與"性"部分疊合的關係（其所謂"性"不再全然是"命"）；與安樂哲的判斷相反，孟子對"命"的界定傾向於超越"人與禽獸共同擁有的東西"，可它對於人來說不存在個體上的差異。①

綜上所論，《孟子》"口之於味也"章的準確意思是，口好味、目好色、耳好聲、鼻好臭、四肢好安逸均爲"性"，但有"命"在焉；仁對於父子、義對於君臣、禮對於賓主、智對於賢者、天道對於聖人均爲"命"，但有"性"在焉，即它們既基於終極關懷，又爲人性所含蘊，其持有和擴充不是戕害人性而是依順人性，因此不存在"戕賊杞柳而後以爲桮棬"之類擔憂，不會使世人視仁義諸價值爲畏途（這兩方面之關係，參見下圖所示）。② 性中有命之說，單從小體之性似難說明，將心悅理義之性納入考量，便極爲清楚了，不過它應該是強調大體、小體之性均有降自天而必須肯定的價值；命中有性之說，由孟子以仁之端、義之端、禮之端、智之端爲性，可以很清楚地彰顯。如果不考慮孟子在表述上的偏重，則其所謂"性"與"命"的關係，與前輩學者之說較然一致；比如，以仁義禮智或天道爲命，又斷言其中有性（有源自性的根基），其實就是承襲《五行》

---

① 徐復觀將這種意義上的"命"解釋爲孟子所說的"莫之致而至者"，解釋爲"命運之命"。他說，"《孟子》書中的'命'字，實際是命運之命，而含義稍爲寬泛"；"在此種意味上（不涉及其實質內容），命與性本無不同"。其差別在於："性是內在於人的生命之內的作用；而命則是在人之外，卻能給人以影響的力量"，"性自內出，人當其實現時可居於主動地位；命由外至，人對於其實現時，完全是被動而無權的"。（參閱氏著《中國人性論史·先秦篇》，頁150）從孔子至孟子，儒家確實都有宿命觀念，且有時顯得游移，然而這並非主流。即如此處與"性"相關聯的"命"，便不能理解爲"命運之命"。孟子嘗曰："舜、禹、益相去久遠，其子之賢不肖，皆天也，非人之所能爲也。莫之爲而爲者，天也；莫之致而至者，命也。"（《孟子·萬章上》）這確實是命定論之"命"。但孟子這裡說得很清楚，"舜之子……不肖""（禹之子）啟賢，能敬承繼禹之道"，則此種"命"給予人的是有差別的。存在內在關聯的"性"和"命"，對於每一個人來說都是同一的，兩者是相對於草木、禽獸之"命"和"性"而言的。在孟子的觀念體系中，這個層面上"性"與"命"的關聯不是"性自內出""命由外至"，而是"眚（性）自命出，命自天降"（郭店簡文《眚自命出》上篇，亦可參上博簡《眚意論》）。《五行》說文第二十三章云："天之監下也，雜（集）命焉耳。……遁（循）人之生（性），則巍然知亓（其）好仁義也。不遁亓所以受命也，遁之則得之矣。"簡言之即循人之所受"命"，則得人好仁義之眚（性），仁義既根於眚（性），又根於"命"。孟子"口之於味也"云云，謂仁、義、禮、知、天道既爲"命"，又"有性"，實承此而來。換一個角度說，孟子不太可能把仁、義、禮、知、天道視爲"莫之致而至"的"命運"之"命"。

② 《孟子》此章"聖人之於天道也"，實當理解爲"天道之於聖人也"，具體考證參閱本書第八章"從《五行》到《孟子》"之餘論部分。

之意而有所推進。① 要之這裏有兩個方面必須清楚：其一，孟子"命"觀念並不排除人的"肉體的本性"，——"這些不僅僅是作爲一種較低級的本性被慎重考慮，而在事實上是由天作爲命的部分給予我們的，是我們的命"；其二，"道德力量由天而定，但它們也是我們本性中的部分"。②

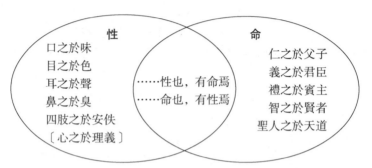

圖 4-2 《孟子·盡心下》"口之於味也"章"性""命"關聯示意圖

説明：左右兩個橢圓分別表示"性"與"命"，兩者交叉重疊部分表示"性"之"有命"與"命"之"有性"。"性"的條目中增設"心之於理義"，乃是從《孟子·告子上》篇提取的，所謂"理義之悦我心，猶芻豢之悦我口"，由此可以凸顯孟説的完整内容。

安樂哲對《盡心下》"口之於味也"章存在嚴重誤解。不過，他説"人的

---

① 徐復觀詮釋"盡其心者"云云，説道："實則心之外無性，性之外無天，因此纔能説'存其心，養其性，所以事天也'。若心之外有性，心與性之外有天，則盡心並不一定能知性；而存心養性，亦不能直接稱之爲'事天'。"（參見氏著《中國人性論史·先秦篇》，頁163）其將"心""性""天"同一化、平面化的傾向，值得商榷。孟子之論説基本上秉承了《五行》《性自命出》等儒典建構的"天→命→性"的理論框架，惟有局部微調。所謂"心之外無性"，令人莫名所以。若言心之性，則依《孟子》《五行》體系，其外尚有耳目鼻口手足之性；大而言之，則人性之外，更有禽獸之性和草木之性。謂"性之外無天"，則不惟降低了"天"在《孟子》《五行》等儒典理論架構中的層級，而且也極大地縮小了它的意義界域。

② 參閲〔美〕華靄仁：《孟子的人性論》，〔美〕江文思、〔美〕安樂哲編：《孟子心性之學》，頁168～169。案：華靄仁的把握是相當準確的，遺憾的是，她跟很多漢學家一樣，對"性命"之"命"與"命運"或"時命"之"命"缺乏區隔。在孔子、孟子時代，後一種觀念顯然也存在於儒學範域，而且它可以稱得上是源遠流長。徐復觀考察《詩經》中的"命"字（"在政治人事中所用的'命令'的'命'字，不在考查之列"），稱："《詩經》上的'命'字，大概有八十多個。其中天命或與天命同義者約有四十個左右，其中絶大多數是西周初年，或詠西周初年，尤其是與文王有關的詩。……《詩經》中有三處則很顯明地以'命'爲'命運'之'命'。如《國風·召南·小星》'寔命不同'、'寔命不猶'；《邶風·螮蝀》的'不知命也'。……天命與命運不同之點，在於天命有意志，有目的性；而命運的後面，並無明顯的意志，更無什麽目的，而只是一股爲人自身所無可奈何的盲目性的力量。……命運在其不能爲人所知，並爲人所無可奈何的這一點上，固然與宗教性的天命有其關連；但在其盲目性的這一點上，則與宗教性的神之關連甚少。"（參見氏著《中國人性論史·先秦篇》，頁34～35）此説頗可參考。

相似是不重要的,重要的是明顯地取得的文化上的成就",若不考慮他對"性""命"諸範疇的誤讀,而以"人的相似"指人原初本性的一致,並着眼於性在後天被塑造的現實,那麽,可以説這是對儒家心性學説合理而深刻的認知。

在這一小節最後,筆者還想强調,由於《五行》及其他郭店、上博儒典的發現,孟子在歷史上的地位需要重新確定。劉述先曾説:"孟子是一位有原創性的思想家。"又説:"孟子在儒家思想上最大的貢獻,無疑在他提出了一整套心性論的看法。"①類似觀點在學術界堪稱常識。的的確確,孟子有一套心性論的看法。可這套看法的基本框架早就被奠定了,從很大程度上説,孟子是"接受了"而非"提出了"這一體系,他祇是"接着説"。劉述先還説:"孟子心學雖然直承孔子,他的性論在文獻上卻找不到繼承自孔子的根據。"又提出:"孟子是自覺地繼承了孔子的睿識,發展出他的心性論。"②確切言之,儒家心性學説之遠源都在孔子那裏,可孟子的心性學説卻不是直承孔子,《五行》以及郭店、上博其他儒典是孔孟間不可忽略的中介。從見於傳世文獻《論語》以及新出文獻《詩論》的孔子學説,到簡帛《五行》及其他郭店、上博儒典,再到《孟子》,儒家心性學説呈現出極清晰、極具體的歷史軌迹。——毫無疑問,此軌迹還將向下延伸,《荀子》體系是又一個水到渠成的結果。

(三)《荀子》及其性一元化學説

《荀子·非十二子》《性惡》等篇曾尖鋭批評前輩儒家學者,比如子思和孟子,但是他的學説不僅未能擺脱孔子的巨大影響,而且跟郭店及上博其他儒典、《五行》以及《孟子》有極深刻的聯繫,③其心性學説更直接承繼着思、孟等學者的建構,雖有一系列推進和微調,可較大的變異僅僅發生於個别關節。事實跟我們的常識性認知迥異,荀子根本不是學術思想史上的獨行客。

荀子心性學説有幾個值得注意的觀察點:

首先,《荀子》對"性""情"兩個核心範疇的邏輯關係有所調整,對"欲"的

---

① 劉述先:《孟子心性論的再反思》,〔美〕江文思、〔美〕安樂哲編:《孟子心性之學》,頁 194、頁 174。
② 同上書,頁 177、頁 178。
③ 其他重要内容,請參閲拙文《從〈五行〉學説到〈荀子〉:一段被湮没的重要學術思想史》,收入《出土文獻與中國文學研究:第三届出土文獻與中國文學研究學術研討會(國際)論文集》,頁 49~73;並可參閲本書第九章"從《五行》到《荀子》"。

詮釋和安排也跟更早的儒典有所不同。

郭店《眚自命出》上篇云:"眚自命出,命自天降。衍(道)舀(始)於青(情),青生於眚。"同樣的表述又見於上博《眚意論》。這是十分清晰的界定。而《荀子·正名》篇將"情"定義爲"性之質"亦即性之質體,則有性即有情,與情待性生之説略異。易言之,在荀子心性學説中,"性"與"情"的同一性更凸顯,亦更直接。因此他常用"情"來指涉《五行》等儒典定義爲"生(性)"的東西。如《荀子·王霸》篇云,"人之情,口好味……耳好聲……目好色……形體好佚"。在郭店、上博儒典以及《禮記》等傳世儒家典籍中,"欲"被定義爲與"惡"相反的取向,二者均被歸於"情"這一範疇。《禮記·禮運》篇云:"飲食男女,人之大欲存焉。死亡貧苦,人之大惡存焉。故欲惡者,心之大端也。人藏其心,不可測度也。美惡皆在其心,不見其色也。欲一以窮之,舍禮何以哉!"郭店簡《語叢二》謂"慾(欲)生於眚(性)",又謂"情生於眚";"慾(欲)"屬於情十分明顯。《荀子》將"欲"界定爲"情"之"好""欲"的具體呈現。故《荀子·正名》篇云:"性者,天之就也;情者,性之質也;欲者,情之應也(楊倞注:欲又情之所應)。"而《王霸》篇云:"人之情,口好味而臭味莫美焉,耳好聲而聲樂莫大焉,目好色而文章致繁、婦女莫衆焉,形體好佚而安重閒静莫愉焉,心好利而穀禄莫厚焉。"又云:"夫人之情,目欲綦(極)色,耳欲綦聲,口欲綦味,鼻欲綦臭,心欲綦佚。此五綦者,人情之所必不免也。"《榮辱》篇則説:"人之情,食欲有芻豢,衣欲有文繡,行欲有輿馬,又欲夫餘財蓄積之富也,然而窮年累世不知(不)足,是人之情也。"對"情""性""欲"等核心範疇的一系列微調,使體系各部件在邏輯上磨合得更加緊密和諧。

在"情"這一層面上,《荀子》保留的標誌性元素爲好惡、喜怒、哀樂。故《荀子·天論》篇云:"天職既立,天功既成,形具而神生,好惡、喜怒、哀樂臧焉,夫是之謂天情。""欲"雖然仍被歸於"情",卻被賦予某種特殊性,被定義爲人情中需要規範的核心元素,禮義道術均緣此而生。《荀子·富國》篇謂"天下害生縱欲"。而《榮辱》篇云:"夫貴爲天子,富有天下,是人情之所同欲也。然則從人之欲則埶不能容,物不能贍也。故先王案爲之制禮義以分之,使有貴賤之等,長幼之差,知愚、能不能之分,皆使人載其事而各得其宜,然後使(慤)〔穀〕禄多少厚薄之稱,是夫羣居和一之道也。"《禮論》開篇即云:"禮起於何也?曰:人生而有欲,欲而不得,則不能無求;求而無度量分界,則不能不爭;爭則亂,亂則窮。先王惡其亂也,故制禮義以分之,以養人之欲,給人之求,使欲必不窮乎物,物必不屈於欲,兩者相持而長,是禮之所起也。"《樂論》篇則説:"君子樂得其道,小人樂得其欲。以道制欲,則樂而不亂;以欲忘道,則惑而不樂。"郭店《眚自命出》上篇謂"衍(道)舀(始)於青(情)",亦見上博《眚意論》,《語叢二》謂"豊(禮)生於情"等,在這一體系架構中,荀子明確了核心規範對象"欲",遂更臻具體和細密。荀子認爲,欲可以追溯到人的原初特性——即"人生而有欲",卻也可以規範和塑造。經由必需的修爲,欲與禮義矩矱達成高度不可移易的同一,從心所欲的"聖人"人格便生成了。故《荀子·解蔽》篇云:"聖人(縱)〔從〕其欲,兼(盡)其情,而制焉者理矣。夫何彊,何忍,何危? 故仁者之行道也,無爲也;聖人之行道也,無彊也(楊注:謂全無違理彊制之萌也)。"《大略》篇云:"舜曰:'維予從欲而治。'故禮之生,爲賢人以下至庶民也,非爲成聖也,然而亦所以成聖也。"

　　其次,荀子從"耳""目""鼻""口""形體"以及"心"方面析論人性(形體亦或被稱爲"形""骨體膚理""形能"等),直接繼承了子思分言"耳目""鼻口""手足"和"心"之性,以及孟子分言"耳""目""口""鼻""四肢"與"心"之性的傳統;若單論其分析人體,則又與郭店《語叢一》分言"目""耳""自(鼻)""口""容"與"心"之司,有明顯的淵源關係。

　　尤其值得注意的是,荀子對耳目鼻口形體之性的認知,與子思、孟子對小體之性的認知完全一致,它對心之性的認知,則與思、孟異趣。思、孟將大體小體之性區隔爲兩種價值取向,謂大體好仁義或理義(孟子更具體化爲心有四端),而小體則否。荀子將耳目鼻口形體以及心之性的價值取向歸爲一元,即均無禮義,均不知禮義。更進一步說,《五行》依心之性"好仁義",論定人之性"好仁義"或"獨有仁義"(《五行》説文第二十三章)。孟子踵事增華,基於對心之性的相同認知,確立了性善學説。孟子昌言,作爲人根本表徵的"仁之端""義之端""禮之端""智之端"全在於心,分別爲"惻隱之心""羞惡之心""辭讓之心"或"恭敬之心",以及"是非之心"(《孟子·公孫丑上》《告子上》);心悦"理義"(《孟子·告子上》),仁之於父子、義之於君臣、禮之於賓主、智之於賢者、天道之於聖人,莫不"有性焉"(《孟子·盡心下》),——結合四端説而析言之,"有性焉"之"性"明顯是指心之性。總之,子思、孟子均基於心之性論定人之性,而且孟子打出了"性善"的招牌。荀子的思路完全一致,——同樣是基於心之性來論定人之性,且認準了"人之性惡"。不過與子思、孟子對心之性的認知完全相反,荀子認爲"心好利"(《荀子·性惡》《荀子·王霸》),"心欲綦佚"(《荀子·王霸》)。對他來説,無論小體,連大體之性都無禮義,故謂人性惡不可置疑。① 荀子云:"人之生(性)固小人,無師無法則唯利之見耳。"(《荀

---

① 徐復觀説,荀子性惡的主張,"只是從官能欲望這一方面立論,並未涉及官能的能力那一面"(參見氏著《中國人性論史·先秦篇》,頁215)。如果他是説荀子僅僅就五官之官能欲望而言性惡,就完全錯了。無論是《五行》《孟子》的心性學説,還是《荀子》的心性學説,單就性而言,決定整個體系的均爲心之性,它們大抵是以心之性來定義人之性的。

子・榮辱》)又云:"今人之性,固無禮義,故彊學而求有之也;性不知禮義,故思慮而求知之也。然則〔生〕〔性〕而已,則人無禮義,不知禮義。人無禮義則亂,不知禮義則悖。然則〔生〕〔性〕而已,則悖亂在己。用此觀之,人之性惡明矣,其善者偽也。"(《荀子・性惡》)有學者提出:"荀子性惡的主張,並非出於嚴密的論證,而是來自他重禮、重師、重君上之治的要求。"①這似乎並非平心之論。

關於心之性的認知,對子思心性學說,對孟子心性學說,對荀子心性學說,均堪稱眼目;由此眼目決定了全局,亦由此眼目之異使荀子與思、孟呈現出體系性的差別。顯然,是《五行》等儒典出土,使這段學術思想史的進路變得歷歷在目。祇有把握了原始儒家分析地看待大體、小體,分析地看待大體之性與小體之性,子思、孟子、荀子心性學說(包括其知識架構和思維方式)的異同,纔能夠得到更準確地理解(參閱表4-5)。

表4-5 子思、孟子、荀子心性學說異同一覽表

	《五行》(附《售自命出》)	《孟子》	《荀子》
	生(性)≈所以受命	性有命,命有性	
草木	有生焉,而無好惡焉(《五行》説第二十三章)		草木有生而無知(《王制》)
禽獸	有好惡焉,而無禮義焉(《五行》説第二十三章)	人之有道也,飽食、煖衣、逸居而無教,則近於禽獸。(《滕文公上》) 無父無君,是禽獸也。(《滕文公下》)	禽獸有知而無義(《王制》)
牛	生而伥(根),……亓眚(性)肰(然)也(《售自命出》上)		
雁	生而戟(瞰),……亓眚肰也(《售自命出》上)		
人	巍然……好仁義也;獨有仁義(《五行》説第二十三章)	性善(《滕文公上》《告子上》)	性惡(《性惡》等)

① 參見徐復觀:《中國人性論史・先秦篇》,頁216。

續表

		《五行》(附《性自命出》)	《孟子》	《荀子》
小體	耳目	耳目之生……□好□聲色也(《五行》說第二十三章)	耳好聲(《盡心下》)	耳好聲(《性惡》《王霸》);耳欲綦聲(《王霸》《正論》)
			目好色(《盡心下》)	目好色(《性惡》《王霸》);目欲綦色(《王霸》《正論》)
	鼻口	鼻口之生……好犖味(臭味)也(《五行》說第二十三章)	口好味(《盡心下》)	口好味(《性惡》《王霸》);口欲綦味(《王霸》《正論》)
			鼻好臭(《盡心下》)	鼻欲綦臭(《王霸》《正論》)
	手足	手足之生……好劈(佚)餘(豫)也(《五行》說第二十三章)	四肢好安佚(《盡心下》)	形體好佚(《王霸》);骨體膚理好愉佚(《性惡》);形欲綦佚(《正論》)
大體	心	□心□之生……好仁義也(《五行》說第二十三章)	心悅理義(《告子上》);有四端(《公孫丑上》《告子上》)	心好利(《性惡》《王霸》);心欲綦佚(《王霸》)

再次,既然荀子認定人之性"不知禮義""固無禮義",既然荀子認定"人之性惡",那麼,他所張揚的政教倫理價值(如禮義、道等等)如何纔能得到保證、得以實現呢? 這是荀子構建心性學說不可迴避的挑戰。有意思的是,荀子在回應這一挑戰時,同樣也汲取了子思、孟子等前輩儒者的思想資源。

在《五行》《孟子》《荀子》的心性學說中,心之性決定着體系的價值方向,但對體系發揮根本作用的則是心之官能。心之官能蘊含的巨大作用,在《尚書·洪範》的五事學說之中已經凸顯,①孔子及其弟子對此頗有繼承。比如孔子說:"君子有九思:視思明,聽思聰,色思溫,貌思恭,言思忠,事思敬,疑思問,忿思難,見得思義。"(《論語·季氏》)其中"視思明""聽思聰"以及"貌思恭",直接就來自《洪範》五事。孔子弟子子張(前503~?)說:"士見危致命,見得思義,祭思敬,喪思哀,其可已矣。"(《論語·子張》)在郭店、上博儒典中,心的官能被進一步明確。《語叢一》謂"志,心躗(司)"。《性自命出》上篇謂"凡

---

① 參閱拙作《簡帛〈五行〉篇與〈尚書〉之學》一文,收入香港中文大學中國語言及文學系、中國文化研究所中國古籍研究中心主編:《先秦兩漢古籍國際學術研討會論文集》,頁105~129;又可參閱本書第五章"《尚書》學視野中的《五行》"第三節。

思之甬(用)心爲甚",下篇謂"凡甬(用)心之喿(躁)者,思爲哉(甚)",同樣的意思亦見於《耆意論》。這些基本上已奠定了孟子"心之官則思"的理念(見《孟子·告子上》)。在《五行》體系中,心的官能得到高度肯定。如其經文第二十二章云:"耳目鼻口手足六者,心之役也。心曰唯,莫敢不唯。心曰若(諾),莫敢不若。心曰進,莫敢不進。〔心曰退,莫敢不退。心曰深,莫敢不深〕。心曰淺,莫敢不淺。"其說文第二十三章則說心爲體之大者,爲貴、爲君,耳目鼻口手足爲體之小者,爲賤、爲役。這些文字都是張揚心的官能而非心之性。因此一點都不意外,心的官能在《五行》體系裏發揮着極重要的作用。其說文第二十三章稱,"遁(循)人之生(性),則巍然知亓(其)好仁義也","目(侔)萬物之生而知人獨有仁義也,進耳",又說文王源耳目、鼻口、手足之性而知其好聲色、好臭味、好逸豫,源心之性而知其好仁義等。凡此格物而致知,離開心的官能絕對不可想象。孟子承繼了《五行》等儒典的遺產,謂"心之官則思",謂心以此官能而不蔽於物,確立其對於小體的支配性地位,可成就大人人格,——從其大體則爲大人,從其小體則爲小人(《孟子·告子上》)。要之"心"基於其"思"的官能而確立自己的主導性。

在荀子對人性(包括心之性)不抱指望的時候,心的官能在其體系中發揮了支柱作用,——心使他重新拾起對人乃至對人性的自信,使他並未淪落爲徹頭徹尾的悲觀主義者。①《荀子·解蔽》篇謂心爲"形之君""神明之主",一方面,它向耳目鼻口形體發令"而無所受令",一方面,它"自禁""自使"、"自奪""自取","自行""自止",實現超越性的自我管理;同時,"(人)〔心〕生而有知"即有認識能力,由其"虛壹而靜"而達成對道的認知即"知道",進而達成對道的認同即"可道",進而能"守道以禁非道",如此可以化易人性,如《性惡》篇所說,"今人之性,固無禮義,故彊學而求有之也;性不知禮義,故思慮而求知

---

① 荀子有混同心之性與心之官能的傾向,有時候稱心之官能爲性。《荀子·性惡》篇云:"凡性者,天之就也,不可學,不可事;禮義者,聖人之所生也,人之所學而能,所事而成者也。不可學、不可事而在人者謂之性,可學而能、可事而成之在人者謂之僞,是性、僞之分也。今人之性,目可以見,耳可以聽。夫可以見之明不離目,可以聽之聰不離耳,目明而耳聰,不可學明矣。"這裏,耳目作爲小體的官能顯然被納入了性的範疇。心之官也並不例外,故《荀子·解蔽》篇謂"心生而有知",又謂"凡以知,人之性也;可以知,物之理也。"但是從荀子體系之大局來看,其析分大小體之官能與大小體之性是很清晰的基本面,對心之官能與心之性的區隔尤爲突出;以性指大體小體之欲乃荀子體系之主流。徐復觀說:"荀子對性的内容的規定,……有官能的欲望,與官能的能力兩方面;而他的性惡的主張,只是從官能欲望這一方面立論,並未涉及官能的能力那一方面。"(參見氏著《中國人性論史·先秦篇》,頁215)這是正確的判斷。本書很多論述,都是基於荀子體系這種實際存在的區隔作出的,敬請留意。

之也"。荀子定義的這個層面的"心",就其"可道""守道以禁非道"而言,實際上與子思《五行》所謂"源 心 之生(性)則巍然知亓(其)好仁義也",孟子所謂"理義之悦我心,猶芻豢之悦我口"(《孟子·告子上》),達成了某種深刻的同一;就其發令"而無所受令"而言,則是承襲《五行》所謂"耳目鼻口手足六者,心之役也",以及孟子"心之官則思,思則得之""先立乎其大者,則其小者弗能奪也"(《孟子·告子上》)之類觀念;就其自予自奪、自我管理而言,則一方面是思、孟觀念的自然演進或凸顯,一方面隱隱有莊子所謂道"自本自根"(《莊子·内篇·大宗師》)的影子。當然,其主體架構和觀念還是在子思、孟子那裏。① 無論是個體化性起僞(成善),還是羣體和一致治,心的官能均發揮舉足輕重的作用。事實很清楚,對心之性有相反認知的荀子繼承並光大了思孟學説以及郭店、上博其他儒典對心之官能的推重,他仍然是接着説。②

最後需要強調的是,到《荀子》心性學説,"性"與"命"的超越性關聯已大爲淡化,與道德價值有終極性關聯的"命"差不多消失於無形之中。上文曾説,《荀子》體系中的"性"在其原初意義上失去了趨向道德價值的必然性,天命趨於隕落,又使政教倫理諸價值失去了終極性的保證和支持,在這裏,作爲保證和支持的似乎衹是思辨層面的歷史必然性,如《荀子·議兵》篇謂,"隆禮貴義者其國治,簡禮賤義者其國亂","禮者,治辨之極也,強(國)〔固〕之本也,威行之道也,功名之總也。王公由之,所以得天下也;不由,所以隕社稷也"。《荀子》的體系更凸顯了行爲主體尤其是心的力量。

---

① 當然,道可知、可以實行,是前提性的。《荀子·性惡》篇云:"'塗之人可以爲禹',曷謂也?曰:凡禹之所以爲禹者,以其爲仁義法正也。然則仁義法正有可知可能之理。然而塗之人也,皆有可以知仁義法正之質,皆有可以能仁義法正之具,然則其可以爲禹明矣。"所謂仁義法正"可知",指言其可被認知;"可能",指言其可被實現。徐復觀認爲,塗之人"可以知仁義法正之質","指的是心",塗之人"可以能仁義法正之具","指的是耳目等官能的能力、作用"(參見氏著《中國人性論史·先秦篇》,頁 217)。以心達成對仁義法正的認知,是毋庸置疑的;然而實行仁義法正,絕非僅靠耳目諸小體之能力和作用,其間心"可道""守道"纔是根本性的,總之,我們任何時候都不應該忘記,"心居中虛以治五官,夫是之謂天君"(《荀子·天論》)。如前所云,荀子有時將心認知、思考的官能也視爲性。從這一層面説,他確實是"以人性另一方面的知與能作橋梁,去化人性另一方面的惡"(參見徐復觀《中國人性論史·先秦篇》,頁 232),這樣説,他對人性並不是絕望的。衹是他高舉的"性惡"的旗幟太過招眼,對"性善"説的駁詰太過強烈,且常常以性指言大體小體之欲,使他這一層面上對人性的信心隱而不彰。

② 其詳請參閱本書第九章"從《五行》到《荀子》"第四節。案:荀子對心的特質和功能的認知部分地消化了莊子學派的影響。《莊子·内篇·大宗師》謂道"自本自根";《莊子·外篇·知北遊》云,"謂盈虛衰殺,彼(物物者,亦即道)爲盈虛非盈虛,彼爲衰殺非衰殺,彼爲本末非本末,彼爲積散非積散也"。其中顯然有荀子"出令而無所受令"的"心"的影子。

餘　論

　　清儒阮元有《性命古訓》一作（今見《揅經室集》），欲以訓詁之法，復原"性命"的原有字義，以批難宋儒，徐復觀謂"其固陋可笑，固不待言"。① 傅斯年則說："阮氏聚積《詩》《書》《論語》《孟子》中之論'性''命'字，以訓詁學的方法定其字義，而後就其字義疏爲理論，以張漢學家哲學之立場，以搖程朱之權威。夫阮氏之結論固多不能成立，然其方法則足爲後人治思想史者所儀型。其方法惟何？即以語言學的觀點解決思想史中之問題，是也。"② 傅斯年效《性命古訓》而撰《性命古訓辨證》，於 1940 年正式出版。該著認爲："'生'之本義爲表示出生之動詞，而所生之本、所賦之質亦謂之'生'。（後來以'姓'字書前者，以'性'字書後者。）物各有所生，故人有生，犬有生，牛有生，其生則一，其所以爲生者則異。古初以爲萬物之生皆由于天，凡人與物生來之所賦，皆天生之也。故後人所謂'性'之一詞，在昔僅表示一種具體動作所產之結果，孟、荀、呂子之言'性'，皆不脫'生'之本義。必確認此點，然後可論晚周之性說矣。"③ 徐復觀提挈該著之要義，云：

　　　　傅斯年氏作《性命古訓辨證》……沿阮氏之方法，而更推進一步，以爲"性"字出於"生"字，遂以"生"字之本義爲古代"性"字之本義；更倡言"獨立之'性'字，爲先秦遺文所無；先秦遺文中，皆用'生'字爲之"；"《孟子》書之'性'字，在原本當作'生'字"；"《呂氏春秋》乃戰國時最晚之書，《呂》書中無'生''性'二字之分，則戰國時無此二字之分，明矣。其分之者漢儒所作爲也"。④

徐復觀指出：

　　　　傅氏所用的方法，不僅是在追尋當下某字的原音原形，以得其原義；並進而追尋某字之所自出的母字，以母字的原義爲孳乳字的原義。文字之所以由簡而繁，乃出於因事物、觀念之由簡而繁。由傅氏的方法，則在中國思想史中，只能有許氏《說文解字》敘中所說的"蒼頡之初作書，依類象形，故謂之文"的"文"，才有實際的意義；至於"形聲相益，即謂之字"的

---

① 徐復觀：《中國人性論史・先秦篇》，頁 4。
② 傅斯年：《性命古訓辨證・引語》，《傅斯年全集》第二冊，頁 498。
③ 傅斯年：《性命古訓辨證》，《傅斯年全集》第二冊，頁 595～596。
④ 徐復觀：《中國人性論史・先秦篇》，頁 4～5。案：徐著所引傅斯年說，可參閱傅氏《性命古訓辯證》，《傅斯年全集》第二冊，頁 505、頁 571、頁 584 等。

"字"字,皆没有意義。這在語言學上,也未免太缺乏"史"的意識了。

"性"字乃由"生"字孳乳而來,因之,"性"字較"生"字為後出,與"姓"字皆由"生"字孳乳而來的情形無異。"性"字之含義,若與"生"字無密切之關連,則"性"字不會以"生"字為母字。但"性"字之含義,若與"生"字之本義没有區別,則"生"字亦不會孳乳出"性"字。並且必先有"生"字用作"性"字,然後乃漸漸孳乳出"性"字……①

儘管傅氏之弊如此,《性命古訓辨證》卻一直被大多數學者尊為研討儒家心性學説的巨製,在國內外均發生極大的影響,而且締造了一批經典著述。例言之,英國漢學家葛瑞漢所撰《孟子人性理論的背景》(The Background to the Mencian Theory of Human Nature)一作,同樣為該領域不可忽視的成果,但對它來説,傅斯年的《辨證》可以説是前提性的(葛瑞漢在引用書目中列舉了該書,是原典之外罕有的論著)。美國學者江文思在《孟子心性之學》(Mencius' Learning of Mental-Nature)一書導論中指出:"這本文集以已故的漢學家 A.C.葛瑞漢的一篇富有創建性的論文置於卷首。他做的一個卓越性的工作是考察了在古代文獻中'性'的概念,以及解釋了孟子所面對的'人性'問題。"②此論顯示了西方部分學者對傅著的忽視。基於某些歷史原因,至少是新中國成立以來,在研究中國學方面,中國內地與西洋(歐美)、東洋(日本)的互相忽視是根深蒂固的,迄今尚無本質上的改變。傅斯年研究先秦性命之説實有導夫先路的作用,葛瑞漢衹是接着説。他甚至不加辨析地把傅斯年值得檢討反思的結論拿來,作為立論的基點。而在西方,"由葛瑞漢的研究過程所引發的問題成為隨之而來的交流中所爭論的課題"。③

影響越大,辨正然否的必要性就越大。傅斯年、葛瑞漢所代表的東西方學者存在如下問題:其知識結構和歷史視野中,缺乏孟子之前的一批重要學者如孔子、子思等人的一批重要建構,包括《詩論》《五行》及其他郭店與上博儒典,由此他們也未能準確把握納入視野那些的對象。傅斯年對孔子以前史料的爬梳值得肯定,可是他關於孔、孟、荀等重要學者的一系列論斷都背離了事實。他的研究,意在"用語學的觀點所以識'性''命'諸字之原,用歷史的觀

---

① 徐復觀《中國人性論史·先秦篇》,頁5。案:徐復觀從小學層面分析"性"字,認為"性"乃"生而即有,且備於人的生命之中"的"欲望等等作用"(同前書,頁6),"性是生命中所藴藏的欲望等作用"(同前書,頁7);"周初已有'性'字","春秋時代中的許多'性'字,以及告子、荀子對性的解釋,皆順此本義而來"(同前書,頁7)。凡此均可參考。
② 江文思導論,〔美〕江文思、〔美〕安樂哲編:《孟子心性之學》,頁2。
③ 同上書,頁3。

點所以疏'性'論歷史之變"。① 然而他在這兩方面都陷入了足以遮蔽事實的想象。又因爲他刻意要把《論》《孟》《荀》《吕氏春秋》等典籍中的"性"字解爲"生命""出生"之"生",他的論證方法也存在極嚴重的偏差。

我們先看看《荀子》方面。

《荀子·正名》篇云:"散名之在人者:生之所以然者謂之性;(性)〔生〕之和所生,精合感應,不事而自然謂之性。性之好、惡、喜、怒、哀、樂謂之情。"楊倞注"(性)〔生〕之和"句,云:"和,陰陽沖和氣也。事,任使也。言人之(性)〔生〕,和氣所生,精合感應,不使而自然。言其天性如此也。精合,謂若耳目之精靈與見聞之物合也。感應,謂外物感心而來應也。"傅斯年力證荀子《性惡》《正名》諸篇之"性"字原本當作"生",②則這一段文字被改爲:"散名之在人者:生之所以然者謂之生;生之和所生,精合感應,不事而自然謂之生。生之好、惡、喜、怒、哀、樂謂之情。"這顯然是相當怪異的讀法,筆者僅僅揭舉其中最不可通者。"不事而自然謂之生"一語,即使語法上成立,又有何意義呢?"生命""生產"之"生"又何以"不事而自然"呢?荀子所謂"不事而自然",簡言之即"天生""天成"之意。《性惡》篇謂"凡性者,天之就也,不可學,不可事",正是從"不事而自然"這一層面上來定義"性"(《性惡》篇此處之"性",絕對不能理解爲"生",因爲"生"固然可謂天之就,但無論在邏輯上,還是在事實上,都無所謂"不可學,不可事")。《荀子·禮論》篇謂"性者,本始材朴(樸)也",其意顯然是説性乃人原初之特質,一如木材尚未加斫削雕飾一般。這與說性乃"天之就"性爲"不事而自然"者完全同意,若將此處之"性"改爲"生",語法、句意上都不能算是通達。傅斯年還完全忽視了,在《荀子》體系中,"性""偽"是對立的,分别關聯著價值判斷的"惡"與"善"。所以《性惡》篇開門見山,謂"人之性惡,其善者偽也"。簡單地説,"偽"就是人爲。《正名》篇云:"情然而心爲之擇謂之慮。心慮而能爲之動謂之偽,慮積焉、能習焉而後成謂之偽。"而《性惡》篇則説:"不可學、不可事而在人者,謂之性;可學而能、可事而成之在人者,謂之偽。是性、偽之分也。"《禮論》又強調性偽之和,説:"性者,本始材朴(樸)也;偽者,文理隆盛也。無性則偽之無所加,無偽則性不能自美。性偽合,然後聖人之名一(楊倞注:一,謂不分散。言性、偽合,然後成聖人之名也),天下之功於是就也。""性""偽"之分,是就概念内涵而言的;"性""偽"之合,是就性之修爲與塑造而言的。既然"偽"指人爲,與之對立的"性"怎麽可能是"生命""生產"之"生"呢?

---

① 傅斯年:《性命古訓辯證·引語》,《傅斯年全集》第二册,頁501。
② 傅斯年:《性命古訓辨證》,《傅斯年全集》第二册,頁577~581。

偏執會加重人們對文本的怠慢和輕忽。《性惡》篇開頭一部分有云:"今人之性,生而有好利焉,順是,故爭奪生而辭讓亡焉;生而有疾惡焉,順是,故殘賊生而忠信亡焉;生而有耳目之欲(有)好聲色焉,順是,故淫亂生而禮義文理亡焉。"這段文字幾乎包含着對"性"的完整定義:"性"意味着人"生而有"的一系列特質,體現爲大體與小體的好、惡、欲等。這是文本自身的重要規定。硬將"性"字改爲"生"或理解爲"生",接下來三個"生而有"豈不成了冗贅。

總之,"性"是荀子體系的核心範疇之一。作爲魁儒碩學的傅斯年先生力圖遮蔽這一事實,令人不勝驚訝。

接下來再看看《孟子》方面。

傅斯年等學者論析《孟子》,並不比他們論析《荀子》來得精確。孟子嘗謂:"口之於味也,目之於色也,耳之於聲也,鼻之於臭也,四肢之於安佚也,性也;有命焉,君子不謂性也。仁之於父子也,義之於君臣也,禮之於賓主也,智之於賢者也,聖人之於天道也,命也;有性焉,君子不謂命也。"(《孟子·盡心下》)傅斯年論證説:"《孟子》一書中雖有性之一義,在原文卻只有'生'之一字,其作'性'字者,漢儒傳寫所改也。"然而傅斯年實際上還是將很多"生"字,理解爲"生産""生命"之"生"。比如他申釋《盡心下》"口之於味也"章,云:"孟子蓋謂口之于味,目之于色,耳之于聲,鼻之于臭,四肢之于安佚,皆生而然也;然而人之生也有所受于天之正命焉,即義理也,故君子不以此等五官爲人生之全也。仁之于父子,義之于君臣,禮之于賓主,智之于賢者,聖人之于天道,皆天所命之義理也;然而人之能行此者,其端亦與生而俱焉,故君子不以此等事徒歸之于天所命也。"①我們可以基於《孟子》自身來證明傅斯年的誤讀。然而換一個角度,從《孟子》性命説與《五行》的淵源關係方面來加以申説,也許更有意思。假如傅斯年知道孟子心性學説之源頭在子思《五行》體系中,就會明白《孟子》大量"性"字,即便原本確寫爲"生",亦必須理解爲"性"。

這裏僅舉二事以明之。其一,《五行》説文第二十三章云:"'天監在下,有命既雜(集)'者也,天之監下也,雜命焉耳。遒(循)草木之生,則有生焉,而无(無)好惡焉。遒禽獸之生,則有好惡焉,而无禮義焉。遒人之生,則巍然知亓(其)好仁義也。不遒亓所以受命也,遒之則得之矣。是目(侔)之已。故目萬物之生而知人獨有仁義也,進耳。"文中有下畫綫的"生"字均當理解爲"性",否則"遒(循)草木之生"如何如何、"遒(循)禽獸之生"如何如何、"遒(循)人之生"如何如何,便全然不可理喻。《五行》這段文字傳達的基本判斷,

---

① 參閱傅斯年:《性命古訓辨證》,《傅斯年全集》第二册,頁575～576。

用《眚自命出》上篇及《眚意論》的説法來概括，就是"眚(性)自命出，命自天降"。其謂天監下而集命於草木、禽獸以及人類，是"命自天降"之意；其謂循草木、禽獸、人之"所以受命"而得其"生(性)"，即是"眚自命出"之意。要之，孟子之師祖子思已經如此集中地討論人之性命了，何以孟子就不能談説性命呢？且《五行》這段文字謂人性有"禮義""獨有禮義"或者"好仁義"，同時又説人性含藏於"亓所以受命"之中，循之而可得。這不正是説"禮義""仁義"等對於人來説既是"性"，又是"命"嗎？與《孟子·盡心下》"口之於味也"章謂仁義禮智以及天道爲"命"，而"有性焉"，較然一致，孟説本來就源於《五行》體系。因此，《五行》這段文字之論"生(性)"，足以證明《盡心下》"口之於味也"章所謂的"性"不應該理解爲"生命"之"生"。

其二，《五行》説文第二十三章又云："文王源耳目之生而知亓(其)好聲色也，源鼻口之生而知亓好攣(臭)味也，源手足之生而知亓好夢(佚)餘(豫)也，源心之生則巍然知亓好仁義也。"這段文字中，諸"生"字亦必讀爲"性"。——若謂此數語説的是推原耳目、鼻口、手足、心之"生成"或"出生"，豈不荒謬？更進一步説，《孟子·盡心下》"口之於味也"章論口、目、耳、鼻、四肢之性，正好與《五行》此數語論耳目、鼻口、手足之性對應。這再一次證明《五行》體系即《孟子》學説的本源。《孟子·盡心下》"口之於味也"章所謂之"性"不當解作"生"，又被《五行》篇證明。

一種嚴重背離歷史真相的論説在海内外產生巨大影響，而且至今被推爲學術經典，這種現象倒也不算少見。假如我們進一步上溯，則"人性"之"性"這一範疇，早在孔子《詩》學體系中就是一個極爲重要的元素了，這是傅斯年、葛瑞漢所代表的中西方先輩學者所不能想象的。上博楚簡《詩論》第五章云："虐(吾)吕(以)《萬舳》旻(得)氏(祇)初之眚(志)，民眚(性)古(固)然，見亓(其)兑(美)，必谷(欲)反(返)亓本。夫萬(葛)之見訶(歌)也，則曰蔯(絺)菝(綌)之古(故)也。后稷之見貴也，則曰文、武之息(德)也。虐曰《甘棠》旻(得)宗宙(廟)之敬，民眚古然……虐曰《木芯》旻(得)希(幣)帛之不可迲(去)也，民眚古然……虐曰《斳杜》旻(得)雀(爵)□之不可無也，民眚古然……"此章諸"眚(性)"字絕不能理解爲"生"，因爲見其美必欲反其本云云，不可能是人"生"而固然的。子貢曾經説過："夫子之言性與天道，不可得而聞也。"（《論語·公冶長》）以前學界對此語普遍存在誤讀。子貢之意，首先是説孔子是談性與天道的，其次則是説他本人未能親聞。孔子嘗謂"賜也，始可與言《詩》已矣"（《論語·學而》），又嘗謂"起予者商也！始可與言《詩》已矣"（《論語·八佾》），又嘗謂"善才(哉)，商也！洒(將)可孝(教)《時(詩)》矣"（上博簡《民之父母》）。顯然他教育弟子,不會對每一位弟子都講授或探討相同的内容,而且常常從接受者的基礎考慮言説的可行性。有些東西,不是你想聽就能夠聽到的。

可見,論者謂儒家心性學説的核心範疇"性"是公元前四世紀末,儒家因應其他學派之挑戰而確立的,完全背離了史實,然而一大批中國學著作被這一誤判籠罩。筆者無意於全面剖析舊説之謬妄,與其這樣,遠不如傾力揭示儒家心性學説的真實發展歷程:從孔子到七十子及其後學(以子思爲主),再到子思再傳弟子(以孟子爲主),再到荀子。葛瑞漢曾説:"臨近公元前 4 世紀末葉,我們開始發現我們自己正面對一個十分不同的理智氛圍。似乎無力討論任何比'管仲知禮乎'更爲重大問題的儒家,現在也糾纏於人性是道德的善、善惡混、中性還是有善有惡的問題……"①葛瑞漢指定的這個時間點,比事件實際發生的時間至少晚了一百多年。儒家熱衷於討論人性,自孔子就開始了,在孔門弟子與再傳弟子那裏討論得尤爲熱烈,其盛況延及嗣後的孟子和荀子。其間,子思建構了一個重要體系,孟子承繼這一體系,又有所發展,荀子則對這個體系作了局部卻很重要的修正。葛瑞漢又引《中庸》"天命之謂性,率性之謂道,脩道之謂教"數語,演繹説"'天'是站在人類道德一邊的",並且感慨:"究竟是什麼造成公元前 4 世紀'天'與人的分裂,並因此延遲了這個對儒家如此有吸引力的信條的普遍接受長達 1500 年,直至公元 12 世紀孟子性善論的最終勝利? 我們至此所見的人性只是一個楊朱學派的概念。楊朱學派'全性保真'、養生和逃避所有危及生命之事以盡享天年的學説,就儒家看來是極端自私的宣揚。然而,毫無問題,'天'給人安排了自然壽命,短於龜鼇而長於蜉蝣,我們努力使生命完滿,以此來順'天'"。② 葛瑞漢似乎忽視了他援引的《中庸》。將《中庸》這幾句話置於郭店、上博儒典構成的歷史語境中,"性"之所指及其與"命"和"道"的關聯,是十分確鑿的。易言之,這幾句話凸顯的理念,可與《五行》《眚自命出》《眚悥論》等郭店與上博儒典互證,這一批文獻出自孔子弟子或再傳弟子之手,產生時間不晚於公元前 5 世紀,它們論斷的觀念系譜是:"天→命→性→道→教"。——早在楊朱學派以前,這幾代儒家學者就已經在昭示天道與人性的貫通了。

在現有研究成果中,傅斯年、葛瑞漢等重要學者的整體性誤判具有指標意義。《性命古訓辨證》堪爲經典的時代已經過去了。從世界範圍内看,儒家心性學説乃至整個早期中國思想必須以新的起點和根據,重新予以書寫,那將是全新的認知。不過巧婦難爲無米之炊,傅斯年、葛瑞漢所代表的東西方

---

① 〔英〕葛瑞漢:《論道者:中國古代哲學論辯》,頁 126。
② 同上書,頁 127。

學者的缺失,恰好凸顯了新出文獻的巨大價值。這些令人敬仰的先輩學人曾大力採摭甲骨金文語料,卻未能寓目對論題更重要的一批藏於地下的文獻,即負載着孔子本人、孔門七十子及其後學學說的《詩論》《五行》以及其他郭店與上博儒典;——缺憾不僅在這一批儒典,事實上,它們與《孟》《荀》等傳世重要典籍的內在關聯,也未能向傅斯年等先輩學人展開。① 一旦弄清《荀》《孟》心性學說對先儒的深刻承襲,傅斯年等學者對儒學及早期中國思想史的誤判,便會更加彰著。

這裏還應該強調,戰國儒家心性學說的源頭,實在孔子經營的經學體系特別是《詩經》學體系中。

郭店、上博儒典跟孔子學說(尤其是承載孔子《詩經》學及一般詩學觀點的《詩論》)有很多細緻深刻的聯繫,以下略舉數端以明之。

(一)《詩論》第五章云:"虐(吾)㠯(以)《木苡》夏(得)㪅(幣)帛之不可㢟(去)也,民眚(性)古然,丌(其)陧(隱)志必又(有)㠯俞(喻)也,丌言又所載而后(後)内(納),或前之而后交,人不可犨(觸)也。"其大意是説,基於人性的規定,如"人不可犨(觸)""丌陧(隱)志必又(有)㠯(以)俞(喻)""丌言又所載而后(後)内(納)"等等,與人交往須以幣帛導其詞。《告自命出》上篇説:"㪅(幣)帛,所以為信與講(證)也,亓(其)訋(詞)宜道(導)也。"同樣的意思又見於《告意論》。② 這句話以導詞之需解釋幣帛之禮不可去,幾乎就是概括和提煉《詩論》論《衛風·木瓜》之意。

(二)《詩論》第六章謂"《東方未明》又利訋(詞)",表達了對捷敏巧辯之辭的警戒和排斥。《告自命出》下篇則説:"人之攷(巧)言利訋(詞)者,不又(有)夫詘詘(形容質樸)之心則流(淫放)。"同樣的意思亦見於《告意論》。傳世文獻中也頗有一些主旨相關的論説。比如《論語·學而》篇、《陽貨》篇均記孔子曰:"巧言令色,鮮矣仁!"《論語·公冶長》篇記孔子曰:"巧言、令色、足(過)恭,左丘明恥之,丘亦恥之。匿怨而友其人,左丘明恥之,丘亦恥之。"《論語·衛靈公》篇記孔子曰:"巧言亂德,小不忍則亂大謀。"《告自命出》《告意論》的相關文字,應該是承襲孔子及《詩論》的指意。

---

① 〔美〕夏含夷曾經評論説:"葛瑞漢是西方學術界第二次世界大戰以後最優秀的中國古代思想史家,特別對《墨子》和《孟子》做了現在仍然是必讀的研究成果。不幸的是,他去世以前只見到馬王堆的文獻,也未能完全消化,更不用説没有見到中國近二十年以來的衆多出土文獻。他在這一學術領域唯一的貢獻是利用所謂'黄帝四經'來探討《鶡冠子》的真僞問題和思想背景。他的研究承襲了中國國内某些學者的看法,也只能算是開了一個頭……"(參見氏著《西觀漢記:西方漢學出土文獻研究概要》,頁362)

② 《告意論》整理者之釋文"訋",注云讀為"治",又稱或讀為"辭";參見馬承源主編:《上海博物館藏戰國楚竹書》(一),頁238、頁239。或説近之。

（三）郭店簡《城之聞之》論大常、人倫，從先秦儒家心性學説的背景上看十分重要，其中也明顯有承襲孔子思想的痕迹。比如《城之聞之》有云："唯君子道可近求而可遠迪（錯/措）也。昔者君子有言曰'聖人天惪'，害（蓋）言訢（慎）求之於吕（己），而可以至川（順）天棠（常）悈（矣）。"①這幾乎就是對孔子天命觀的概括，其求於己而順天常之意，更直接來自孔子。《左氏春秋》哀公六年（前489）記：

是歲也，有雲如衆赤鳥，夾日以飛三日。楚子使問諸周大史。周大史曰："其當王身乎！若榮（禳祭）之，可移於令尹、司馬。"王曰："除腹心之疾，而寘諸股肱，何益？不穀不有大過，天其夭諸？有罪受罰，又焉移之？"遂弗榮。初，昭王有疾。卜曰："河爲祟。"王弗祭。大夫請祭諸郊。王曰："三代命祀，祭不越望（杜預注：諸侯望祀竟内山川星辰）。江、漢、雎、章（四水），楚之望也。禍福之至，不是過也。不穀雖不德，河非所獲罪也。"遂弗祭。孔子曰："楚昭王知大道矣。其不失國也，宜哉！《夏書》曰：惟彼陶唐，帥彼天常，有此冀方。今失其行，亂其紀綱，乃滅而亡。又曰：允出兹在兹。由己率常，可矣。"

文本中有幾處需要辨析。

首先，"由己率常，可矣"一語，杜注以爲跟"允出兹在兹"語一起出自逸《書》，可能並不確當。"在兹""出兹"之類乃《尚書》常語，均爲強調其上文的核心語句。比如《皋陶謨》云："曰若稽古皋陶曰：'允迪厥德，謨明弼諧。'禹曰：'俞，如何？'皋陶曰：'都，慎厥身，修思永，惇敘九族，庶明勵翼，邇可遠（孫星衍疏：皋陶爲禹言謹身睦族，貴近附助，則道德可以自近及遠也），在兹。'禹拜昌言，曰：'俞。'"此處"在兹"，強調的就是上文"慎厥身"諸語。《大禹謨》（今文無，古文有）云："帝（舜）曰：'格，汝禹！朕宅帝位三十有三載，耄期倦于勤。汝惟不怠，揔朕師（衆）。'禹曰：'朕德罔克，民不依。皋陶邁種德（行布其德），德乃降，黎民懷之。帝念哉！念兹在兹，釋兹在兹，名言兹在兹，允出兹在兹。惟帝念功。'"禹意殆謂民依懷是不可偏離的根本，據此念愛此人，亦據此釋廢此人，稱説此事必據此道，一切洵持守此道。《左氏》記孔子引《夏書》，

---

① "唯君子道可近求而可遠迪"一語，句意似不爲學界確知。筆者以爲"迪"當讀爲"錯"或"措"，指施行。《禮記·仲尼燕居》記孔子曰："君子明於禮樂，舉而錯之而已。"鄭玄注："錯，猶施行也。"《易·序卦》："有上下然後禮義有所錯。"李鼎祚《集解》引干寶注："錯，施也。"《城之聞之》謂"唯君子道可近求而可遠迪也"，乃言衹有君子之道方可既行於切近，又行乎遠大。其下文舉列"訢（慎）求之於吕（己）"，正指言"近求"；"至川（順）天棠（常）"，殆即所謂"遠迪"。《中庸》第十五章云："君子之道，辟如行遠必自邇，辟如登高必自卑。"其句意相近，唯偏重於強調君子之道起始之切近而已。

"又曰"之後"允出茲在茲"一語,乃強調前句所說循天常之意,其意已經完足。因此,接下來"由己率常,可矣",當是孔子演繹和概括所引經典,非經典原文。

　　其次,至於孔子所引,杜注認爲均出自逸《書》。正義注前一段引文,曰:"此《夏書·五子之歌》第三章也。彼云'惟彼陶唐,有此冀方。今失厥道,亂其紀綱,乃底滅亡',此多'帥彼天常'一句。又字小異者,文經篆隸,師讀不同,故兩存之。賈、服、孫、杜皆不見古文,故以爲逸《書》,解爲夏桀之時。唯王肅云'太康時也'。案王肅注《尚書》,其言多是孔傳,疑肅見古文,匿之而不言也。堯治平陽,舜治蒲坂,禹治安邑,三都相去各二百餘里,俱在冀州,統天下四方,故云'有此冀方'也。"《五子之歌》篇今文無、古文有,一般不予採信,然其中與孔子所引《夏書》有關的內容殆別有淵源,非據《左氏春秋》所記,否則不必刪除"帥彼天常"這一關鍵句,且似應將第二處引文"允出茲在茲"一併納入。所以,《五子之歌》所採撮有重要的參證意義,以此比對《左氏》所記,似可斷定"帥彼天常"一語,也是孔子引《書》時的發揮,跟他接下來說"由己率常,可矣",意指正相貫通。

　　孔子基於《書》而發揮,同樣是他經學建構的一部分。《城之酾之》的天命觀殆即來源於孔子,所謂"斬(慎)求之於呂(己),而……至川(順)天棠(常)",直接襲用了孔子"由己率常""帥彼天常"之說。這種歷史關聯,也可以從一定程度上證明,郭店、上博儒典(包括《五行》)之心性學說源於孔子的經學體系。

　　(四) 經文見於郭店楚墓、經與說見於馬王堆漢墓的《五行》,與孔子經學尤其是《詩論》有極深刻的關聯,值得高度關注。《五行》經、說第七章基於《鳲鳩》和《燕燕》論述"蜀(獨)""慎亓(其)蜀(獨)"等重要理念,明顯承繼了《詩論》第八章、第四章對這兩首詩的論析,特別是光大了《詩論》第四章以"蜀(獨)"論《燕燕》的極具創造性的看法。《詩論》第四章論析"闈疋(胥)目(以)色俞(喻)於豊(禮)",無論其話題還是主旨,均爲《五行》篇繼承,見於《五行》說文第二十五章。《五行》整個體系都深刻關聯着《尚書·洪範》"五事"之說,孔子對《洪範》"五事"的關注是不可或缺的中介。這些本書將作專門論析,毋庸贅述。①

　　郭店、上博儒典(包括《五行》篇)跟《詩論》或孔子經學的關聯,當然不限於這些具體而微的方面,毫不誇張地說,《詩論》或孔子經學實際上是它們建構學說的根基。這些儒典較早地評論和總結了孔子的經學事業。比如郭店《眚自命出》上篇云:"凡衍(道),心述(術)爲宝(主)。衍四述,唯人衍爲可衍也。亓(其)厽(三)述者,衍之而已。《時(詩)》《箸(書)》《豊(禮)》《樂》,亓幻

---

① 其詳請參閱本書第六章"《詩經》學視野中的《五行》——並論《五行》與《詩論》的關聯",以及第五章:"《尚書》學視野中的《五行》"。

(始)出皆生於人。《時》,又爲爲之也。《箸》,又爲言之也。《豊》《樂》,又爲㫺(舉)之也。聖人比亓頪(類)而侖(論)會之,蓳(觀)亓(之迹)〔先後〕而逆訓(順)之,體亓宜(義)而即(節)曼(文)之,里(理)亓青(情)而出内(入)之,肰(然)句(後)復以教。教,所以生悳(德)於中者也。"同樣的内容又見於上博簡《眚惪論》。《史記·孔子世家》謂"孔子以《詩》《書》《禮》《樂》教",郭店、上博簡文提供了對孔子這一事業更早、更完整、更富學理的表述和證明。遺憾的是,由於欠缺太多關聯性材料,這段文字不容易理解。例如,既謂"凡術",則非祇有一道,可接下來僅僅論及"人術",此外有何道,則無明文。有學者以爲另外有天道、地道和鬼神之道,有學者以爲另外有天道、地道和羣物之道,① 恐怕均不確當。至少在戰國中期以前,儒家學説中的天道往往是人道的超越性、終極性本源,《眚自命出》《眚惪論》不會壓低天道而抬升人道,因此"唯人術(道)爲可術也"云云根本就不能基於這種解釋來理解。有鑒於此,筆者贊同依郭店簡文《眷惪義》,將另外三道認定爲"水之道""馬(也)之道""堅(地)之道"。可是有些問題仍然不能解決。即該文既謂"凡術(道),心述(術)爲宔(主)",則心術似爲一道,又謂"術(道)四述(術),唯人術爲可術也",則"人術(道)"又爲一術,②那麽,道與術究是何種種關係呢?其餘三術又是什麽呢?有學者以道解"述",則"術(道)四述"就成了"道四道"。這基本上是可取的,因爲在文本表達上,道與術的確有極高的同一性。可是如果二者在邏輯層面上並無區分,何以析言爲二事呢?而如果有區分,區分究竟何在?並且,心術屬於人道當無疑問,何以又謂"凡術(道),心述爲宔(主)"呢?或者"凡術(道)"祇是從踐行主體(即人)這一方面説?這些問題,從簡文本身難以得到清晰完整的答案。不過,《眚自命出》《眚惪論》這段文字綜論孔子的經學事業,大抵還是清楚的。郭店、上博簡文涉及儒家核心經典六經的完全成立,本書第一章第五節已經作過梳理,這裏不再重複,有一點十分清楚,最早經營儒家六經之學的關鍵學者確實是"聖人"孔子。

所謂"比亓(其)頪(類)而侖(論)會之",殆指論纂匯集,從核心價值和功能上建構經典的同一性。《史記·孔子世家》謂:"古者詩三千餘篇,及至孔子,去其重,取可施於禮義……三百五篇……"《論語·子罕》篇記孔子曰:"吾

---

① 參閲陳偉等:《楚地出土戰國簡册[十四種]》,頁225。
② 就這一表述而言,簡文"四述(術)"並非《禮記·王制》篇所説的"四術"。《王制》云:"樂正崇四術,立四教。順先王《詩》《書》《禮》《樂》以造士。春、秋教以《禮》《樂》,冬、夏教以《詩》《書》。"其"四術"明指《詩》《書》《禮》《樂》。故鄭注云:"順此四術而教,以成是士也。"又云:"春夏,陽也。《詩》《樂》者聲,聲亦陽也。秋冬,陰也。《書》《禮》者事,事亦陰也。互言之者,皆以其術相成。"不過可以肯定的是,《王制》所説與《眚自命出》所記當有很深的聯繫。

自衛反魯,然後樂正,《雅》《頌》各得其所。"前一條材料主要是説詩篇的去取,後一條材料主要是説詩樂的修訂。類似的工作應該不限於《詩》。《漢書·敘傳下》云:"虙羲畫卦,書契後作,虞夏商周,孔纂其業,纂《書》删《詩》,綴《禮》正《樂》,彖系大《易》,因史立法。"而《書大序》云:"先君孔子,生於周末,覩史籍之煩文,懼覽之者不一,遂乃定《禮》《樂》,明舊章,删《詩》爲三百篇,約史記而修《春秋》,讚《易》道以黜《八索》,述《職方》以除《九丘》。討論《墳》《典》,斷自唐、虞以下,訖于周。芟夷煩亂,翦截浮辭,舉其宏綱,撮其機要,足以垂世立教,典、謨、訓、誥、誓、命之文凡百篇。"①正義曰:"鄭作《書論》,依《尚書緯》云:'孔子求書,得黄帝玄孫帝魁之書,迄於秦穆公,凡三千二百四十篇。斷遠取近,定可以爲世法者百二十篇,以百二篇爲《尚書》,十八篇爲《中候》。'"諸如此類,具體細節比如篇數等未必真實準確,大端則殆非無風起浪。《眚自命出》《眚意論》説孔子按類排比論纂《詩》《書》等典籍,是證明孔子與傳世儒典有密切關係的更早的資料,它也可以證明後世相關説法並非全爲妄言。

上揭《眚自命出》《眚意論》,於《詩》《書》之外提到了《禮》《樂》。《禮》《樂》與孔子《詩》學殆有十分特殊的關係。《孔子世家》云:"古者詩三千餘篇,及至孔子,去其重,取可施於禮義,上采契、后稷,中述殷、周之盛,至幽、厲之缺,始於衽席,故曰,'《關雎》之亂以爲《風》始,《鹿鳴》爲《小雅》始,《文王》爲《大雅》始,《清廟》爲《頌》始'。三百五篇孔子皆弦歌之,以求合《韶》《武》《雅》《頌》之音。《禮》《樂》自此可得而述,以備王道,成六藝。"依據這一記載,孔子編選《詩經》,技術層面上做的是"去其重",在價值理念上貫徹的是"可施於禮義";與此同時,孔子以《韶》《武》《雅》《頌》之音爲標準,是正其樂。太史公認爲,因爲孔子這兩方面的工作,《禮》《樂》纔可得而述,王道纔備,六藝纔成。《禮》《樂》可得而述被歸結於孔子之《詩經》學,是極有特色、極耐尋味的記載,它究竟指涉哪些具體史實,包括其所謂《禮》與傳世禮文有何種具體關涉,尚待進一步研究。② 但上博簡中發現的《詩論》,以實物證明了《詩》

---

① 宗静航據該篇有"科斗""隸古定""開設""訓傳"等晚出詞語,斷定其成書時代應在西漢以後(參閲氏著《從語言角度看孔傳本〈書大序〉的成書時代》,《揚州大學學報》2015年第2期,頁59~64)。程元敏謂:"《書大序》《連叢子》(及引孔衍辭章),皆王肅之徒僞作,並與肅《家語後序》應合……"(參閲氏著《尚書學史》,上海:華東師範大學出版社,2013年,第1版,頁660頁)然《書大序》亦當有一定參考價值。

② 清儒邵懿辰(1810~1861)《禮經通論·論樂本無經》云:"《樂》本無經也。……《樂》之原在《詩》三百篇之中,樂之用在《禮》十七篇之中。……欲知《樂》之大原,觀三百篇而可,欲知《樂》之大用,觀十七篇而可,而初非別有《樂經》也。"(見《清經解續編》卷千二百七十七,阮元、王先謙編:《清經解 清經解續編》合刊《清經解續編》第五册,上海:上海書店,1988年,第1版,頁586中、下)其説可參。關於《詩》樂之遺失,參閲本書第二章:"《詩經》學視野中的楚竹書《詩論》"。

學是孔子經學事業的重心之一,太史公説孔子《詩》學關聯着六經中的三經,值得高度關注。

所謂"蓳(觀)亓(其)(之迻)〔先後〕而逆訓(順)之",殆指排列篇章,或建構用經典教育弟子的先後次序;所謂"體亓(其)宜(義)而即(節)叟(文)之",殆指剖析經典之義理或核心價值,制定義法,用以規範受教者的性情。後一方面是孔子經學事業的重中之重,卻與經書纂集、編排諸事密切相關。孔子這一方面的工作,決定了《詩》《書》《禮》《樂》乃至全部六藝都成了儒學價值的淵藪。郭店簡《六悳》篇云:"古(故)夫夫,婦婦,父父,子子,君君,臣臣,六者客(各)行其戠(職),而岙(獄)夎(犴)亡(無)繇迮(作)也。蓳(觀)者《諸》《時(詩)》《箸(書)》則亦才(在)壴(矣),蓳者《豊(禮)》《樂》則亦才壴,蓳者《易》《春秋》則亦才壴。新(親)此多也,會(密)此多〔也〕,頮(美)此多也,人衏(道)枀(無)止。"製作或編纂排列一系列經典,以不同方式,從不同角度和層面,來展示人道之要旨、君臣父子夫婦之大義,爲人們提供現世行爲、人際關係、社會秩序之規範,這是孔子及儒家經學事業的根本宗旨。經由孔子的建構,六經業已齊備。郭店《語叢一》也説:"《易》,所以會天衏人衏也。《詩》,所以會古含(今)之恃(志)也者。《春秋》,所以會古含之事也。《豊》,交之行述(術)也。《樂》,或生(性)或教者也。《書》☐,者也。"其論《易》《詩》《春秋》,簡易明白;其論《書》則殘缺,無須強解。需要稍加詮釋的是,《語叢一》論《禮》,將其定義爲關涉人際的通行辦法。《荀子·仲尼》篇云:"天下之行術:以事君則必通,以爲仁(人)則必聖,立隆而勿貳也。然後恭敬以先之,忠信以統之,慎謹以行之,端愨以守之,頓窮則從之疾力以申重之(楊注:困厄之時,則尤加勤力而不敢怠惰。申重,猶再三也)。君雖不知,無怨疾之心;功雖甚大,無伐德之色;省(少)求多功,愛敬不勌(倦);如是,則常無不順矣。以事君則必通,以爲仁則必聖,夫是之謂天下之行術。少事長,賤事貴,不肖事賢,是天下之通義也。"天下之行術包括安身立命、自處處人各方面的規範,禮則主要是"爲人"的設定,主要是基於處人而決定自處。《語叢一》論《樂》,將其定義爲兼備性與教者,即兼具內外之基源。樂基於性爲儒家常言。《禮記·樂記》有云:"夫樂者,樂也(疏云:言樂之爲體,是人情所歡樂也),人情之所不能免也(疏云:言喜樂動心,是人情之所不能自抑退也)。"依郭店、上博儒典之體系,情生於性,樂爲人情之所不能免,歸根結底則是本於人性,故《語叢一》謂之"或生(性)"。至於樂之爲教(主要涉及道之外入者),郭店、上博儒典中論述頗多。《湯吴之道》云:"悢(夔)守樂,孫(遜)民教也。"《眚自命出》上篇云:"凡古樂龍

(和)心,嗌(益)樂龍指(意),皆教亓(其)人者也。"①此語亦見上博《眚䜩論》,頗多殘缺。《眚䜩義》則説:"爲正(政)者眚(教)道(導)之取先。眚以豊(禮),則民果以翌(輕)。眚以樂,則民以(淑)悳(德)清酒(將)。眚以攴(辯)兑(説),則民執(褻)陵㥮(長)貴以忘(妄)。眚以埶(藝),則民埜(野)以静(爭)。眚以只(技),則民少(小,指狹隘)以䌢(吝)。眚以言,則民話(訐)以募(寡)信。眚以事,則民力㐜(嗇)以面(湎)利。教以懽(權)恳(謀),則民淫愳遠豊(禮)、亡新(親)息(仁)。先之以惪,則民進善安(焉)。"這是關乎教民的相當完整的論述,其中有些意思不容易理解,但教的重要性顯得十分凸顯。《語叢一》"《易》,所以會天術人術"等論説,表明由孔子創始和奠基的儒學,是一個囊括天人之道的宏大體系。

"里(理)亓(其)青(情)而出内(人)之",大抵是指治《詩》《書》《禮》《樂》之情,貫通之,以推揚其價值,或者賦予它某種價值。《禮記·樂記》論"禮樂之情同",云:"大樂與天地同和,大禮與天地同節。和,故百物不失;節,故祀天祭地。明則有禮樂,幽則有鬼神。如此,則四海之内,合敬同愛矣。禮者,殊事合敬者也;樂者,異文合愛者也。禮樂之情同,故明王以相沿(沿,猶因述)也。"正義詮釋道:

  此一節明禮樂與天地合德,明王用之,相因不改,功名顯著。○"大樂與天地同和"者,天地氣和而生萬物,大樂之體順陰陽律吕,生養萬物,是"大樂與天地同和"也。 ○"大禮與天地同節"者,天地之形各有高下大小爲限節,大禮辨尊卑貴賤,與天地相似,是"大禮與天地同節"也。 ○"和,故百物不失"者,以大樂與天地同和,能生成百物,故不失其性也。 ○"節,故祀天祭地"者,以大禮與天地同節,有尊卑上下,報生成之功,故"祀天祭地"。 ○"明則有禮樂"者,聖王既能使禮樂與天地同和、節,又於顯明之處尊崇禮樂以教人。 ○"幽則有鬼神"者,幽冥之處尊敬鬼神以成物也。 ○"如此,則四海之内,合敬同愛矣"者,聖人若能如此上事行禮樂得所,以治天下,故四海之内合其敬愛:以行禮得所,故四海會合其敬;行樂得所,故四海之内齊同其愛矣。 ○"禮者,殊事合敬者也"者,尊卑有别,是殊事;俱行於禮,是合敬也。 ○"樂者,異文合愛者也"者,宮商别調,是異文;無不歡愛,是合愛也。 ○"禮樂之

---

① 廖名春認爲,"嗌樂"即"益樂",意近乎新樂,但與《樂記》從價值層面否定的"新樂"不同;廖名春又疑"指"讀爲"旨",意也(參見氏著《新出楚簡試論》,頁150)。其説於義可取。有學者讀此二字爲"益樂",釋其意爲淫樂(參見趙建偉:《郭店竹簡〈忠信之道〉、〈性自命出〉校釋》,《中國哲學》1999年第2期,頁37),與郭店、上博儒典予以肯定的立場顯然不合。陳慧等學者指出:"下一句'皆教其人者也'所指很清楚,它指的是好的音樂。"(〔澳〕陳慧、廖名春、李鋭:《天、人、性:讀郭店楚簡與上博竹簡》,頁55注2)這一觀察是十分正確的。

情同,故明王以相沿也"者,禮樂之狀,質文雖異,樂情主和,禮情主敬,致治是同。以其致治情同,故明王所以相因述也。言前代後代,同禮樂之情,因時質文,或有損益,故云"以相沿也"。沿,謂因而增改也。

這一材料,顯然有助於理解《性自命出》上篇"里(理)亓(其)青(情)而出內(人)之"一說。"情"往往與外在的"器""文"等等相對。故《樂記》又云:"鐘鼓管磬,羽籥干戚,樂之器也。屈伸俯仰,綴兆舒疾(正義:綴,謂舞者行位相連綴也。兆,謂位外之營兆也),樂之文也。簠簋俎豆,制度文章,禮之器也。升降上下,周還裼襲(正義:周〔還〕,謂行禮周曲迴旋也。裼,謂袒上衣而露裼也。襲,謂掩上衣也。禮盛者尚質,故襲。不盛者尚文,故裼),禮之文也。故知禮樂之情者能作,識禮樂之文者能述(鄭注:述,謂訓其義也)。作者之謂聖,述者之謂明;明、聖者,述作之謂也。"儒家六經之學重在其情而非其文。若謂"體亓宜而即叜之"主要是就一經而言的,那麼"里亓青而出內之"則擴展至羣經之間,諸經因此被建構爲各有側重而相輔相成的體系。《史記·滑稽列傳》記孔子曾曰:"六蓺於治一也。《禮》以節人,《樂》以發和,《書》以道事,《詩》以達意,《易》以神化,《春秋》以義。"①《史記·太史公自序》就孔子此論

---

① 一般認爲以"六蓺"指六經乃漢人觀念。但在漢初,這一用法已有相當的普遍性。陸賈(前240~前170)《新語·道基》篇云:"禮義不行,綱紀不立,後世衰廢,於是後聖乃定五經,明六蓺,承天統地,窮事察微,原情立本,以緒人倫,宗諸天地,纂脩篇章,垂諸來世,被諸鳥獸,以匡衰亂,天人合策,原道悉備,智者達其心,百工窮其巧,乃調之以管弦絲竹之音,設鐘鼓歌舞之樂,以節奢侈,正風俗,通文雅。"賈誼(前200~前168)《新書·六術》篇云:"人雖有六行,細微難識,唯先王能審之,凡人弗能自志(知)。是故必待先王之教,乃知所從事。是以先王爲天下設教,因人所有,以之爲訓;道人之情,以之爲真。是故内法六法,外體六行,以與《書》《詩》《易》《春秋》《禮》《樂》六者之術,以爲大義,謂之六蓺。令人緣之以自修,修成則得六行矣(案六行指仁義禮智信樂)。"司馬談(?~前110)《論六家要指》稱:"夫儒者以六蓺爲法。六蓺經傳以千萬數,累世不能通其學,當年不能究其禮,故曰'博而寡要,勞而少功'。若夫列君臣父子之禮,序夫婦長幼之別,雖百家弗能易也。"其後《史記·封禪書》謂"其後百有餘年,而孔子論述六蓺"。《孔子世家》云:"古者詩三千餘篇,及至孔子,去其重,取可施於禮義,……三百五篇孔子皆弦歌之,以求合《韶》《武》《雅》《頌》之音。禮樂自此可得而述,以備王道,成六蓺。……孔子以《詩》《書》《禮》《樂》教,弟子蓋三千焉,身通六蓺者七十有二人。"且贊曰:"天下君王至於賢人衆矣,當時則榮,没則已焉。孔子布衣,傳十餘世,學者宗之。自天子王侯,中國言六蓺者折中於夫子,可謂至聖矣!"《自序》又謂:"周室既衰,諸侯恣行。仲尼悼禮廢樂崩,追脩經術,以達王道,匡亂世反之於正,見其文辭,爲天下制儀法,垂六蓺之統紀於後世。作《孔子世家》第十七。"《伯夷列傳》云:"夫學者載籍極博,猶考信於六蓺。《詩》《書》雖缺,然虞夏之文可知也。"《李斯列傳》云:"斯知六蓺之歸,不務明政以補主上之缺,持爵禄之重,阿順苟合,嚴威酷刑,聽高邪説,廢適立庶。諸侯已畔,斯乃欲諫争,不亦末乎!"《儒林列傳》云:"及至秦之季世,焚詩書,阬術士,六蓺從此缺焉。"學界對《滑稽列傳》所記孔子曰"六蓺於治一也"云云,往往加以否棄。但事實應該是,史公在叙述所知孔子論六經時,採用了熟知、習用的"六蓺"一名(此或亦可稱爲"歷史的輝格解釋")。後人有理由否棄的僅僅是孔子用"六蓺"指稱六經一事,對於史公所及孔子論六經,還不能遽然否棄。

發揮道:"夫《春秋》,上明三王之道,下辨人事之紀,別嫌疑,明是非,定猶豫,善善惡惡,賢賢賤不肖,存亡國,繼絕世,補敝起廢,王道之大者也。《易》著天地陰陽四時五行,故長於變;《禮》經紀人倫,故長於行;《書》記先王之事,故長於政;《詩》記山川谿谷禽獸草木牝牡雌雄,故長於風;《樂》樂所以立,故長於和;《春秋》辯是非,故長於治人。是故《禮》以節人,《樂》以發和,《書》以道事,《詩》以達意,《易》以道化,《春秋》以道義。撥亂世反之正,莫近於《春秋》。"基於自我表達的需要,此説特偏重於《春秋》,但其基底尚可看出孔子的本意。

通過以上各方面工作,孔子將《詩》《書》《禮》《樂》等六藝打造成儒家經典文本,用以教育弟子,故簡文接下來就説,"肰(然)句(後)復以教。教,所以生息於中者也"。傳世文獻也頗記載此事。比如《史記·孔子世家》云:"孔子以《詩》《書》《禮》《樂》教,弟子蓋三千焉,身通六藝者七十有二人。如顏濁鄒之徒,頗受業者甚衆(正義:濁音卓,鄒音聚。顏濁鄒,非七十二人數也)。"《史記·十二諸侯年表》序稱:"孔子明王道,干七十餘君,莫能用,故西觀周室,論史記舊聞,興於魯而次《春秋》,上記隱,下至哀之獲麟,約其辭文,去其煩重,以制義法,王道備,人事浹。七十子之徒口受其傳指,爲有所刺譏褒諱挹損之文辭不可以書見也。魯君子左丘明懼弟子人人異端,各安其意,失其真,故因孔子史記具論其語,成《左氏春秋》。"《史記·仲尼弟子列傳》謂,"孔子傳《易》於瞿(案指魯人商瞿,字子木)"。以上是孔子以六藝教弟子一事。馮友蘭曾評論道:

> 孔子是中國第一個使學術民衆化的、以教育爲職業的"教授老儒";他開戰國講學遊説之風;他創立,至少亦發揚光大,中國之非農非工非商非官僚之士之階級。……孔子……抱定"有教無類"(《論語·衛靈公》)之宗旨,"自行束脩以上,吾未嘗無誨焉"(《論語·述而》)。如此大招學生,不問身家,凡繳學費者即收,一律教以各種功課,教讀各種名貴典籍,此實一大解放也。故以六藝教人,或不始於孔子;但以六藝教一般人,使六藝民衆化,實始於孔子。説孔子是第一個以六藝教一般人者,因在孔子以前,在較可靠的書内,吾人未聞有人曾經大規模地號召許多學生而教育之;更未聞有人有"有教無類"之説。……大規模招學生而教育之者,孔子是第一人。以後則各家蜂起,競聚生徒,然此風氣實孔子開之。①

---

① 馮友蘭:《中國哲學史》,《三松堂全集》第二卷,頁294~295。

孔子的經學事業未止步於單純的學術建構,而直接關係着他對三千弟子的教育,他的個人創造迅速轉化成了天下之公器。對本書而言,最值得注意的是,郭店與上博儒典較早、較完備且較深入地總結了孔子的經學事業,表明它們跟孔子經學體系之關聯甚深,它們實由該體系孕育和滋養;進一步説,表明其心性學説正胎孕於該體系。再結合上博《詩論》——其核心範疇及觀念體系都跟郭店、上博儒典有極深刻的關聯,斷可知孔子《詩》學所發揮的影響尤爲卓著。總而言之,郭店、上博儒典之歷史基礎在孔子的經學事業,孔子《詩》學建構尤可稱戰國儒家心性學説的淵藪。①

郭店儒典、子思《五行》《孟子》以及《荀子》,特別是後三個經典著述,均未泛泛地囫圇個兒地論"人性",其間雖然有"性善""性惡"之説,可落到實處,人性總是被區隔爲耳目鼻口手足之性與心之性,亦即小體之性與大體之性。《五行》以外,郭店、上博其他儒典似未強烈凸顯心好仁義的取向,大小體之性在價值層面上的差異並未見到凸顯。《五行》和《孟子》則力主大小體之性在價值取向上異趣,體現爲趨向仁義與無關乎仁義兩種不同的取向,這兩部經典以此爲核心建構了自己的體系。《荀子》力主大小體之性均傾向於背離道德或者均趨向於惡,兩者在價值層面上呈現爲一元取向。跟人們的想象或常識大不相同的是,孟子體系並非石破天驚、前無古人,其一系列核心範疇與基本理論框架,都承襲自以子思爲代表的前哲;荀子曾痛批子思、孟子等先儒,可他認知人性的理論框架、思維方式以及相關範疇,大抵也都承襲了他罵過的前輩,特別是思、孟,——儒家心性學説在荀子身上發生的歷史變異,主要在於他對心之性有全然不同的認知。先秦儒家心性學説的所有建構都高度依賴心的官能,而荀子這一方面的認知具備了高度的思辨性。他光大前儒的觀念,認爲心通過虛壹而靜,確定和持守積極的價值取向,建立道德善,而且,心一方面可以超越諸小體,一方面又可以自我管理、自我超越。總之在儒家心性學説中,對體系起決定作用的是心,但不祇是心之性,還有心之官能;無論以性善説(所謂性善祇意味着據其情實,性可以生成善),還是以性惡説,心的官能都對個體道德修爲發揮根本作用。先秦儒家心性學説不追求摒除人性中更具普遍意義的層面——諸小體之性,儘管它們在價值上往往被視爲

---

① 惟其如此,西方學者不重視上博《詩論》,就讓人很難理解。夏含夷説,"在西方學術界,《孔子詩論》引起的注意遠不如在中國國内那樣多,只有兩三篇專論"(參見〔美〕夏含夷:《西觀漢記:西方漢學出土文獻研究概要》,頁419)。這可能跟他們不能或者無意於在宏大的思想史脈絡中定位相關文獻的價值有關。

"非善"。各家祇追求節制這種與禽獸無異或原本屬於惡的特質,①使心君實現合理有效地管控,以生成道德善。儘管人性原初與禽獸没有多少差别,儒家還是建立了成善的信心。

---

① 這種特質,在子思孟子那裏是小體之性,在荀子那裏是小體之性加大體之性。當子思、孟子將大體之性界定爲好仁義、有仁義或者悦理義時,主體依賴心的官能持守和擴充大體之性,便成爲題中應有之意;當荀子將大體之性界定爲好利欲佚、與禮義諸價值無關時,主體首先依賴心認知道,其次依賴心認同道,並且守道以禁非道,達到化性起僞的目標。

第五章 《尚書》學視野中的《五行》

過去幾十年中，海內外學者高度重視《五行》，在校讀整理或思想學術史研討方面投入了大量時間、精力，取得了可喜成績，《五行》在中國學術思想史上的地位獲得了部分的確認。可也毋庸諱言，現有研究無論是方法還是具體論證都存在不少偏失和錯謬，《五行》某些基本面甚至被嚴重誤讀，它跟傳統學術思想史的深層關聯依然有待發掘。這些內容本書前幾章頗有涉獵，本章則專門從《尚書》學視野來進行討論。

有一點極爲明顯，此前學界在這一研究範域，主要是關注《五行》篇之"五行"範疇與《尚書·洪範》"五行"說的聯繫，很少能真正將這部典籍放到《尚書》學背景上予以深入研探；——筆者所謂"《尚書》學"有兩層含義：一是《尚書》文本建構的學術思想體系，一是《尚書》在後世闡釋、傳授及研究中形成的學術思想的層累，這兩方面雖然關係密切，在邏輯和事實上卻並非一事。筆者認爲，不從《尚書》學背景上深入挖掘，《五行》一批重要範疇以及《五行》體系上的特性就不可能得到合理清晰的解釋，《五行》體系與《尚書》學的深刻縮合，以及早期《尚書》學傳播並發揮影響的一些重要軌迹，也就不可能得到彰顯。本章爲此而發，具體內容，則將圍繞這兩部典籍互相關聯的一系列核心範疇或命題展開。

一、"聖"和"聖人"

《五行》最大特色之一，是對"聖"和"聖人"的界定。《五行》經文第一章云："仁荊(形)於內胃(謂)之德之行，不荊於內胃之行。知(智)荊於內胃之德之行，不荊於內胃之行。義荊於內胃之德之行，不荊於內胃之行。禮荊於內謂之德之行，不荊於內胃之行。聖荊於內胃之德之行；不荊於內胃之行。""聖"和"仁""義""禮""知(智)"並列爲五"行"或五種"德之行"，決定了與之相關的"聖人"並非指通常所說品德智慧最卓越者或德才達到至境的帝王。《五行》經文第十八章明確地說："聞君子道，恩(聰)也。聞而知之，聖也。聖人知(而)〔天〕道〔也〕。知而行之，(聖)〔義〕也。行之而時，德也。

見賢人，明也。見而知之，知(智)也。知而安之，仁也。安而敬之，禮也。"
"天道"指的是"君子道"，由上下文之關聯較然可知，又可證於他章。比如《五行》說文第二十八章云："'聞道而樂，有悳(德)者也'；道也者，天道也；言好德者之聞君子道而以夫五也爲一也，故能樂。樂也者和，和者悳也。"《五行》說文第十七章云："'聞君子道而不知亓君子道也，(胃人)胃(謂)之不聖'：聞君子道而不色然，而不知亓(其)天之道也，胃之不聖。"前一例以"天道"釋"道"，又將"君子道"等同於"天道"，後一例以"天之道"釋"君子道"，"天道"和"君子道"的同一性至爲顯白。然則《五行》中的"聖人"祇是聞君子道(天道)而知其爲君子道(天道)者，亦因此人可以在具備"義""德"之前成爲"聖人"。很多研究《五行》的著論，在使用"聖人"這一稱謂時，都忽視了它在《五行》體系中的獨特性。比如丁四新云："《五行》篇雖主張一個社會性的人應該是一個爲善之人，卻不必是一個爲德的聖人、天人；而從個體生命的最高存在理念來講，卻不止于做一個善人，而應該不斷地自我提升，由德性的修養而皈依天命，做一個德人、天人、聖人。"①對簡帛《五行》篇來說，這樣使用"聖人"一詞(即視之爲最高境界)是不恰當的。

《五行》將"聖"和"聖人"建構在這樣一種體系位置上，在儒家典籍中甚爲特異。儒家早期典籍喜歡談論聖人者，如《論語》《易傳》《禮記》《孟子》《荀子》等，其所謂"聖人"或"聖"大都意味着道德智慧的極致，有的還指兼具王位者。今列舉其典型例證如下：

　　《易·乾·文言》云："'亢'之爲言也，知進而不知退，知存而不知亡，知得而不知喪。其唯聖人乎，知進退存亡而不失其正者！其唯聖人乎！"
　　《易·頤·象傳》云："頤'貞吉'，養正則吉也。'觀頤'，觀其所養也；'自求口實'，觀其自養也。天地養萬物，聖人養賢以及萬民，頤之時大矣哉！"
　　《周禮·考工記》云："知者創物。巧者述之，守之世謂之工。百工之事，皆聖人之作也。爍金以爲刃，凝土以爲器，作車以行陸，作舟以行水，此皆聖人之所作也。"
　　《論語·雍也》記："子貢曰：'如有博施於民而能濟衆，何如？可謂仁乎？'子曰：'何事於仁，必也聖乎！堯舜其猶病諸！……'"
　　《論語·述而》記："子曰：'聖人，吾不得而見之矣；得見君子者，斯可矣。'子曰：'善人，吾不得而見之矣；得見有恒者，斯可矣。亡而爲有，虚

---

① 丁四新：《郭店楚墓竹簡思想研究》，頁145。

而爲盈,約而爲泰,難乎有恒矣。"朱熹集注云:"聖人,神明不測之號。君子,才德出衆之名。"

《論語·述而》記:"子曰:'若聖與仁,則吾豈敢?抑爲之不厭,誨人不倦,則可謂云爾已矣!'"朱熹集注云:"聖者大而化之,仁則心德之全而人道之備也。"

《論語·季氏》記:"孔子曰:'君子有三畏:畏天命,畏大人,畏聖人之言。小人不知天命而不畏也,狎大人,侮聖人之言。'"

《孟子·公孫丑上》記:"昔者子貢問於孔子曰:'夫子聖矣乎?'孔子曰:'聖則吾不能。我學不厭而教不倦也。'子貢曰:'學不厭,智也,教不倦,仁也。仁且智,夫子既聖矣。'"

《孟子·離婁上》云:"規矩,方員之至也;聖人,人倫之至也。"

《孟子·盡心上》云:"形色,天性也。惟聖人,然後可以踐形。"

《孟子·盡心下》云:"可欲之謂善,有諸己之謂信。充實之謂美,充實而有光輝之謂大,大而化之之謂聖,聖而不可知之之謂神。"

《荀子·勸學》篇云:"積善成德,而神明自得,聖心備焉。"

《荀子·修身》篇云:"禮然而然,則是情安禮也;師云而云,則是知若師也。情安禮,知若師,則是聖人也。"

《荀子·榮辱》篇云:"短綆不可以汲深井之泉,知不幾者不可與及聖人之言。"

《荀子·解蔽》篇云:"學也者,固學止之也。惡乎止之?曰:止諸至足。曷謂至足?曰:聖(也)〔王〕。聖也者,盡倫者也;王也者,盡制者也。兩盡者,足以爲天下極矣。"

《禮記·曲禮上》云:"夫唯禽獸無禮,故父子聚麀。是故聖人作,爲禮以教人。使人以有禮,知自別於禽獸。"

《禮記·禮器》云:"天道至教,聖人至德。"

《禮記·大傳》云:"聖人南面而治天下,必自人道始矣。"

《禮記·樂記》云:"樂極則憂,禮粗則偏矣。及夫敦樂而無憂,禮備而不偏者,其唯大聖乎?"

《中庸》第二十七章云:"大哉聖人之道!洋洋乎,發育萬物,峻極于天。"

在這些例子中,"聖"和"聖人"高於一切的政教倫理規範和境界。

當然,以上典籍中偶爾可見把"聖"和"仁""義""禮""智""聰""明"等範疇並視的材料,比如:

《周禮·地官司徒·大司徒》云:"以鄉三物教萬民而賓興之(案指以

爲賓而舉之):一曰六德,知(智)、仁、聖、義、忠、和(鄭注:和,不剛不柔);二曰六行,孝、友、睦、姻、任、恤(鄭注:善於父母爲孝,善於兄弟爲友。睦,親於九族。姻,親於外親。任,信於友道。恤,振憂貧者);三曰六藝,禮、樂、射、御、書、數。"

《禮記·經解》云:"天子者,與天地參。故德配天地,兼利萬物,與日月並明,明照四海而不遺微小。其在朝廷則道仁聖禮義之序,燕處則聽《雅》《頌》之音,行步則有環佩之聲,升車則有鸞和之音。居處有禮,進退有度,百官得其宜,萬事得其序。"

《中庸》第三十二章云:"唯天下至誠,爲能經綸天下之大經,立天下之大本,知天地之化育。夫焉有所倚?肫肫(懇誠貌)其仁!淵淵其淵!浩浩其天!苟不固聰明聖知達天德者,其孰能知之?"

《荀子·非十二子》篇云:"兼服天下之心:高上尊貴不以驕人,聰明聖知不以窮人,齊給(敏捷)速通不爭先人,剛毅勇敢不以傷人;不知則問,不能則學,雖能必讓,然後爲德。"

《史記·孔子世家》記載:"伯魚生伋,字子思,年六十二。嘗困於宋。子思作《中庸》。"《五行》出於子思,與《中庸》關係甚密。但在上舉包括《中庸》在内的典籍中,把"聖"和"仁""義""禮""智""聰""明"等並視的思想,實際從屬於以"聖"爲最高道德與智慧的核心觀念,從整體架構上,還不能説"聖"具有跟"仁""義""禮""智""聰""明"等範疇並列的位置。這跟《五行》篇截然不同。《五行》體系中不存在邏輯層次高於"仁""義""禮""知(智)"的"聖"或"聖人"。① 池田知久注意到"聖"在《五行》中的獨特定義,強調《五行》"'聖'的方面和當時儒家普遍主張的'聖'是完全不一樣的",② 這是十分正確的判斷。不過必須意識到,這不是一個字或一個詞的差異,而是全局性和體系化的差異。

有一點需要特別注意,《中庸》第三十一章云:"唯天下至聖,爲能聰明睿知,足以有臨也;寬裕溫柔,足以有容也;發強剛毅,足以有執也;齊莊中正,足以有敬也;文理密察,足以有別也。溥博淵泉,而時出之。溥博如天,淵泉如淵。見而民莫不敬,言而民莫不信,行而民莫不説。是以聲名洋溢乎中國,施及蠻貊;舟車所至,人力所通,天之所覆,地之所載,日月所照,霜露所隊(墜),

---

① 與《五行》頗近的是郭店簡文《六悳》篇(題目爲整理者擬加),其文有云:"可(何)胃(謂)六悳?聖、智也,悳(仁)、宜(義)也,忠、信也";又云:"男女卞(辨)生言(焉),父子新(親)生言,君臣宜(義)生言。父聖,子悳(仁),夫智,婦信,君宜,臣(宜)〔忠〕"。這裏"聖"與"智""悳""宜""忠""信"並列,與《五行》篇相似而異趣,不過這種情況似乎也不多見。

② 參閲〔日〕池田知久:《馬王堆漢墓帛書五行研究》,頁 91~92。

凡有血氣者,莫不尊親,故曰配天。"不少學者認爲這段文字蘊含着《五行》篇的"五行"説。比如,龐樸、學勤都認爲二者存在如下對應關係:①

表 5-1　論者所主《中庸》第三十一章與《五行》對應關係表覽

《中庸》	《五行》
聰明睿知	聖
寬裕温柔	仁
發强剛毅	義
齊莊中正	禮
文理密察	智

這種觀點顯然值得商榷。《中庸》此章明確指陳的核心範疇是"聖",它包括"聰明睿知""寬裕温柔"等所有德行或境界,爲整體道德智慧的極致;换言之,它雖然含蕴着"聰明睿知"之性,卻遠過之而不與之並。以上配置,實際上是將"聖"這一確定無疑的核心元素屏蔽,而且硬將"聰明睿知"等同於强行楔入、意涵完全不同的另一個"聖"字。即便撇開這一層不說,將《中庸》"聰明睿知"與《五行》之"聖"對等,也不合理。《五行》中的"聖"祇跟"聰"關聯:"聰→聖";《五行》中與"明"關聯的範疇爲"知(智)":"明→智"。

《五行》"聖"及"聖人"範疇的特殊性,表明該體系有非常古老的學術淵源——由《書》《詩》文本所建立的傳統。本章僅就前一方面展開論析。

《尚書·洪範》篇載箕子"洪範九疇","初一曰五行;次二曰敬用五事;次三曰農用八政;次四曰協用五紀;次五曰建用皇極;次六曰乂用三德;次七曰明用稽疑;次八曰念用庶徵;次九曰嚮用五福,威用六極"。人們更多地關注其一之"五行"是完全可以理解的。但《洪範》"五行"的具體界定是:"一曰水,二曰火,三曰木,四曰金,五曰土。水曰潤下,火曰炎上,木曰曲直,金曰從革,土爰稼穡。潤下作鹹,炎上作苦,曲直作酸,從革作辛,稼穡作甘。"顯而易見,洪範九疇之"五行",具體內容跟《五行》篇並無直接聯繫。更應關注的其實是洪範九疇中的"五事",其界定爲:"一曰貌,二曰言,三曰視,四曰聽,五曰思。貌曰恭,言曰從,視曰明,聽曰聰,思曰睿。恭作肅,從作乂,明作哲,聰作謀,睿作聖。"其間"聖"祇是跟"貌""言""視""聽"並列的"思"的一種境界(其詳參閱下圖所示)。

---

① 參閱龐樸:《思孟五行説新考》,《帛書五行篇研究》,頁 141;以及李學勤:《帛書〈五行〉與〈尚書·洪範〉》,《簡帛佚籍與學術史》,頁 283。

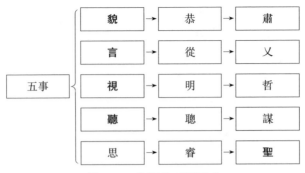

圖 5-1　《洪範》"五事"圖式

《尚書·多方》篇記周公謂，王若曰"惟聖罔念作狂，惟狂克念作聖"，僞孔傳解釋爲："惟聖人無念於善，則爲狂人。惟狂人能念於善，則爲聖人。言桀紂非實狂愚，以不念善，故滅亡。"此解可能並不妥當。"狂"能够念善即爲"聖"，則此"聖"字不能理解爲通常所説表徵最高道德智慧的"聖人"。《漢書·五行志中之上》引《洪範五行傳》云："貌之不恭，是謂不肅，厥咎狂，厥罰恒雨，厥極惡。"則"狂"字之義當在失其威儀。《尚書·酒誥》篇謂殷紂"誕惟厥縱淫泆于非彝，用燕喪威儀，民罔不盡傷心"。所謂"燕喪威儀"正指殷紂"貌之不恭"之"狂"。《尚書》重威儀，而《洪範》五事以貌之恭肅爲首。《多方》篇"狂"字之義既是失其威儀，則與之相對的"聖"字亦當與威儀相類，絕非指道德智慧的極致。

《禮記·大學》引《尚書·秦誓》曰："若有一個臣，斷斷兮無他技，其心休休焉，其如有容焉。人之有技，若己有之，人之彦聖，其心好之，不啻若自其口出，寔能容之，以能保我子孫黎民，尚亦有利哉。人之有技，媢嫉以惡之，人之彦聖，而違之俾不通，寔不能容，以不能保我子孫黎民，亦曰殆哉！"此處之"聖"爲明達之義。

今天已不能見到《尚書》原初的完整文本，可上述例子仍然可以説明問題。《尚書》中的"聖"字均非指道德智慧的最高境界。這一取向與《五行》篇是較然一致的，與上舉其他儒典則大異其趣。據此幾乎可以認定《五行》"聖"以及"聖人"兩個範疇的本源。不過文字具有社會性，"聖"或"聖人"具有或保留比較古樸、初始的意涵，未必祇是《尚書》和《五行》的問題。更重要、更值得我們看重的還是體系性的安排。而本章接下來的論述將表明，《洪範》《五行》兩部經典的這種局部關聯，可以被二者的體系性綰合確證。在《洪範》五事中，"聖"與"視"之明哲、"聽"之聰謀、"貌"之恭肅、"言"之從乂並列，《五行》篇幾乎完全繼承和發展了五事的内容，五事之"聰""明""聖""思"等範疇在《五行》體系裏得到了差不多完全一致的安置，祇不過"聖"被移植到"聽"的序列上來,重新加以界定而已(其詳參見本章下文)。《五行》學說與《洪範》五事的整體性關聯極爲深刻,不容置疑,故"聖"在《洪範》五事中的意義和功能關聯其較爲初始的義項,與"聖"在《五行》體系中的意義和功能關聯其較爲初始的義項,其間源流關係也是不容置疑的。近年來,有學者主張《大學》亦爲子思所作。① 果真如此,《大學》引用《秦誓》,正可説明《尚書》是子思學術視野的一部分,並且影響了他的思想建構。——即便按通常觀點以《大學》爲曾參所作,而子思學於曾子,《大學》仍可暗示《尚書》參與了子思學術思想的構成。

二、"視曰明""聽曰聰"

現在看來,《尚書》没有明確提出"仁""義""禮""智"等範疇,並將它們跟"聖"並列,這是它與《五行》不同的地方,但以下幾點值得高度重視:

其一,《五行》篇之"聰""明"是就視聽能力而言的,且分别爲視覺、聽覺應當追求的境界。比如《五行》經文第十八章云:"聞君子道,恖(聰)也。……見賢人,明也。"《五行》説文第十三章云:"'不嚁(聰)不明':嚁也者,聖之臧(藏)於耳者也。明也者,知之臧於目者也。"②這種界定,跟《洪範》五事"視曰明,聽曰聰"完全一致("視"與"見"、"聽"與"聞"均爲一事之貫通)。③

其二,《五行》政教倫理體系的核心範疇有"聖""智""仁""義""禮""善""德"等等,它們都以"聰""明"爲基源。

《五行》經文第十三章云:"不恖(聰)不明不聖不知(智),不聖不知不仁,不仁不安,不安不樂,不樂无(無)德。"説文第十三章云:"嚁(聰),聖之始也。明,知(智)之始也。故曰不嚁明則不聖知,聖知必繇(由)嚁明。""聖""智"始於"恖(聰)""明","仁""德"生於"聖""智",故"仁""德"作爲主體追求之價值,實仰賴於"恖(聰)"與"明"。其間關係可表示爲以下系譜或圖式(黑體字加粗者,或屬於五種德之行,或爲其超越性境界):

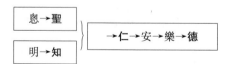

圖 5-2 基於"恖(聰)""明"的"德"的生成圖式

---

① 參閲郭沂:《子思書再探討:兼論〈大學〉作於子思》,《中國哲學史》第 4 期(2003 年 11 月),頁 30～31。
② 《五行》中的"聰""明"不純粹指耳目的感知,而聯繫着思維的活動(參見下文所論)。
③ 《説文·耳部》謂"聞,知(聞)〔聲〕也",段注云:"往曰聽,來曰聞。"

且不惟"聖""知""仁""德",《五行》篇所謂"義""禮""善"等,亦均仰賴聽覺之聰或者視覺之明。《五行》經文第十八章云:"聞君子道,恖(聰)也。聞而知之,聖也。聖人知(而)〔天〕道〔也〕。知而行之,(聖)〔義〕也。行之而時,德也。見賢人,明也。見而知之,知也。知而安之,仁也。安而敬之,禮也。仁義,禮樂所繇(由)生也。五行之所和,和則樂,樂則有德。有德則國家(與)〔興〕。"①經文第十九章云:"見而知之,知(智)也。知而〔安〕之,仁也。安而行之,義也。行而敬之,禮。仁義〔知〕,禮(知)之所繇(由)生也。四行之所和,和則同,同則善。"②"聖"由聽聞之"恖(聰)"而來,之後一步步生成"義""德"等等,"知(智)"由視見之"明"而來,之後一步步生成"仁""義""禮""善"等等,視明、聽聰發揮關鍵作用,決然可知。據上揭《五行》經文第十八、十九章,可以提煉出如下三個圖式(圖式1和2出於第十八章,圖式3出於第十九章):

---

① 馬王堆帛書《悳聖》篇有一系列範疇都見於《五行》,但兩者之界定每每大異。比如,《悳聖》篇謂:"知人道曰知(智),知天道曰聖。"而據《五行》經文第十八章,見賢人而知其爲賢人即爲"知(智)",聞君子道而知其爲君子道即爲"聖"。其所謂"君子"與"賢人"並無差異,《五行》經文第二十一章稱"索纑纑達於君子道,胃(謂)之賢",堪爲確證。故《五行》中的"君子道"儘管可以理解爲天道,但"知(智)"與"聖"卻無"知人道""知天道"之懸隔。又比如,《悳聖》篇謂:"四行刑(形),聖氣生。五行刑,悳(德)心起。"其將"聖"置於"四行刑"之後,顯然也與《五行》大異。據《五行》經文第十八章,"聞君子道,恖(聰)也。聞而知之,聖也。聖人知(而)〔天〕道〔也〕。知而行之,(聖)〔義〕也",則"聖"實在"義"之先。凡此之類,不一一舉列。要之,《悳聖》篇儘管與《五行》篇有很深的關聯,卻不可將兩者混爲一談。

② 此章經文"仁義〔知(智)〕,禮(知)之所繇(由)生也"一句,帛本原作"仁義禮知(智)之所繇(由)生也"。文物局古文獻研究室本未加斷句(參見國家文物局古文獻研究室編:《馬王堆漢墓帛書》第一册,頁 18),意指不明。池田本作"仁義,禮知之所繇生也"(參見池田知久:《馬王堆漢墓帛書五行研究》,頁 345),然此句以上之圖式爲"知(智)"→"仁"→"義"→"禮",並非指言"禮""知(智)"生於"仁""義"。李著簡本作"仁,義,禮所由生也"(參見李零:《郭店楚簡校讀記》增訂本,頁 79),魏著簡本作"悳(仁)義,豊(禮)所毁(由)生也"(參見魏啓鵬:《簡帛文獻〈五行〉箋證》,頁 27),如此接下來"四行之所和"之"四行"毫無著落,簡書當有脱文。帛本經文該句對應之説文爲:"'仁(知),禮之所繇(由)生也':言禮之生於仁義也"。首先,牒經部有"知",經文及説文解釋部分當據此補足。經文及説文對其解説部分有"義"字,説文之牒經部分當據此補足。總之相應説文當爲"'仁〔義〕知(智),禮之所繇(由)生也':言禮之生於仁義知(智)〔也〕";經文之"禮""知(智)"誤倒,今乙正。如此處置,該章經、説之意纔能貫通。

圖式 1：聞→恖（聰）→聖→義……五行（仁義禮知聖）和（→樂）→德
圖式 2：見→明→知（智）→仁→禮……五行（仁義禮知聖）和→樂→德
圖式 3：見→知（智）→仁→義→禮……四行（禮義仁知）和→同→善

圖 5-3　基於"聞""見"的"善"與"德"的生成圖式

綜上所述，《五行》宗旨雖在仁、知（智）、義、禮、聖，以及由仁知（智）義禮四種"德之行"和合而生的善、由仁知（智）義禮聖五種"德之行"和合而生的德，但所有這些德行的生成，都有一個根於視聽之聰明的途徑，跟《洪範》五事張揚視明、聽聰完全一致。尤其值得注意的是，《五行》經文第十八章謂"見賢人，明也。見而知之，知（智）也。"其中"見→明→知（智）"圖式尚見於《五行》其他章節，該圖式幾乎就是《洪範》五事中"視→明→哲"的翻版。其間"見"與"視"渾言不別。《説文解字·見部》云："見，視也，从儿从目。"段玉裁注曰："析言之，有視而不見者、聽而不聞者。渾言之，則視與見、聞於聽一也。"而"哲""知（智）"義同。《説文解字·口部》："哲，知也，从口折聲。"段玉裁注："《釋言》曰'哲，智也'，《方言》曰'哲，知也'，古'智'、'知'通用。"《尚書·皋陶謨上》篇有"知人則哲"，僞孔傳曰："哲，智也。"《洪範》《五行》兩個文本間的這種高度一致性，令人驚訝。

上文引《五行》經文第十八章，有一處文字需要考辨。帛書《五行》該章原殘，筆者嘗補入"仁義，禮樂所繇（由）生也"一語，池田知久本所補相同。① 然而郭店《五行》該句作"聖智豊（禮）藥（樂）之所穀（由）生也"，整理本讀爲"聖，智（知）豊（禮）藥（樂）之所穀（由）生也"，魏啓鵬讀爲"聖智，豊（禮）藥（樂）之所穀生也"，李零讀爲"聖，知禮樂之所由生也"，與整理本實同；② 要之與筆者所補不同。那麼這樣補究竟是否合理呢？答案我認爲是肯定的。一個不可忽視的事實是，《五行》説文第十八章的相應解説爲："'仁義，禮樂所繇（由）生也'：言禮樂之生於仁義也。"根據説文之體例，被釋項乃援引經文——亦即牒經，其所缺首字據釋語可以補足爲"仁"。此牒經部分是第一個證據。説文牒經之後的釋語十分明確，堪爲第二個證據。所以對應的説文實含有雙重依據，證明帛書經文這一處殘缺應當補爲"仁義，禮樂所繇（由）生也"。而且，帛書《五行》此章經、説謂"仁義，禮樂所繇（由）生也"，簡言之即"禮樂"

---

① 〔日〕池田知久：《馬王堆漢墓帛書五行研究》，頁 314。
② 參閲荊門市博物館編：《郭店楚墓竹簡》，頁 150；魏啓鵬：《簡帛文獻〈五行〉箋證》，頁 24～25；李零：《郭店楚簡校讀記》增訂本，頁 79。

生於"仁義"。其經文第十九章謂"仁義〔知〕,禮(知)之所繇(由)生也",其說文第十九章謂"'仁〔義〕知,禮之所繇(由)生也';言禮 之 生於仁義〔知〕 也",簡言之即"禮"生於"仁義〔知〕",與經、說第十八章頗爲一致(兩者所含系譜之生成項一作"仁義",一作"仁義〔知〕",廣狹稍有差異,被生成項則都是"禮")。所以,《五行》經、說第十九章亦可證明帛書經文第十八章這一殘缺處當如此補綴。帛書《五行》儘管也有殘缺,從體系上說它是一個完整的自洽的體系,現存竹書《五行》篇在這一方面完全不能與它相比。簡本《五行》"仁義"二字作"聖智",當非原篇之舊。有學者斷定帛本將簡本"聖智"二字改成了"仁義",①有學者斷定帛書之說在引錄經文時出現了錯譌,②都是值得商榷的。順帶補充一句,《五行》篇中,"禮樂"之"樂"衹見於第十八章經與說,其他很多"樂"字均爲安樂、和樂、喜樂之"樂",儘管二者有密切關係,③但斷言《五行》中人道之本是仁義禮樂,④依然不夠妥當,因爲缺乏充分的理據。

方纔提到,李存山、陳來等學者認爲,帛書《五行》將簡本"聖智,豊(禮)樂(樂)之所毄(由)生也"一語,改成了"仁 義,禮樂所繇(由)生也",目的是強調仁義,因此它在立場上接近了孟子。這一認知可能未必合理。首先,現在缺乏足夠有力的材料確證這一改動的發生,相反倒有不少材料可以證明帛本顯示的可能是《五行》之舊(至少它可以從體系內部得到足夠支持)。其次,也是更重要的,即便帛本真地做了這一改動,也毫無凸顯"仁"或"仁義"的意思,因爲它們總是被規定在以下續續相生的系譜或圖式中:"聞→恖(聰)→聖→義……→德""見→明→知(智)→仁→禮……→德",諸如此類。由這些圖式,完全看不出"仁""義"比"聖""知"更被強調,——"仁""義"對"聖""知"的依賴性反倒是更被凸顯;也就是說,在這些圖式或序列中,"聖""知"更爲根本,"仁""義"衹是以它們爲基源生成的結果。當然,我們還應該意識到,孟子

---

① 李存山、陳來等學者持此說。參見李存山:《從簡本〈五行〉到帛書〈五行〉》,武漢大學中國文化研究院編:《郭店楚簡國際學術研討會論文集》,頁243～244;李存山:《"郭店竹簡與思孟學派"復議》,郭齊勇主編:《儒家文化研究》第一輯,《新出楚簡研究專號》,頁59;陳來:《竹帛〈五行〉篇爲子思、孟子所作論》,郭齊勇主編:《儒家文化研究》第一輯,《新出楚簡研究專號》,頁42。
② 丁四新持此說,見氏著《郭店楚墓竹簡思想研究》,頁132。
③ 在儒家體系中,"樂"字與"禮樂"之"樂"有同一性。《禮記·樂記》謂"夫樂者,樂也,人情之所不能免也",前一"樂"字爲"禮樂"之"樂",後一"樂"字爲"歡樂"之"樂"。
④ 參閱丁四新:《郭店楚墓竹簡思想研究》,頁139。

那裏差不多完全沒有這種遞進生成的序列。所以由這樣一句話，根本就不能斷定帛書《五行》比簡書《五行》更重"仁義"，因此更接近孟子。從研究方法上說，脱離《五行》各個生成序列乃至其整個體系，截取所謂改寫而成的"仁義禮之所繇(由)生也"一句，認爲它抬高了"仁"或"仁義"在整個學説中的地位和價值，也是不妥當的。屬於一個整體的各個部分，祇有以這一整體爲基礎，纔能準確解釋。《五行》的一個個系譜不能被肢解，否則就會偏離文本原意。而祇要把握了《五行》的系譜化特徵，就可以明白，上舉帛本、簡本的兩種不同表述，其實都凸顯了《五行》在學説構建上推重視明、聽聰。《五行》承繼《洪範》五事傳統，張揚視明聽聰的事實，依然是不容置疑的。

不過在這一方面，《五行》相對於《尚書》有一個明顯的發展。其經文第十七章明確提出："未嘗聞君子道，胃(謂)之不悤(聰)。未嘗見賢人，胃之不明。聞君子道而不知亓(其)君子道也，胃之不聖。見賢人而不知亓有德也，胃之不知(智)。見而知之，知(智)也。聞而知之，聖也。"其經文第十八章則謂："聞君子道，悤(聰)也。聞而知之，聖也。"也就是説，《五行》雖以"悤(聰)""明"爲視聽之能力，卻明確將"悤(聰)—聖""明—知(智)"這兩種能力定位在特定政教倫理層面上，即指向對君子道和賢人德的關注、發現和認知。① 這種定位是建立五行學説的根基之一。其道理十分簡單：跟政教倫理無關的視聽能力，不管發展到何種高度，都不可能走向德之行、善及德的生成。

《五行》説文第十七章謂："'聞而知之，聖也'：聞之而遂知亓(其)天之道也，聖也。" 有學者據此解釋《五行》之"聖"，提出，"'聖'是五行中極爲重要的一環，被認爲正是透達真原、上聽天道之所以者"，"聖之所聽所知原來是遥契高高在上的超越存在者，這一超越存在者即天命即天道"。② 這一判斷有一定程度的合理性，然而需要加以嚴格限定，以免誤導。

孔子等戰國中期以前有濃重天命意識的儒家學者，基本上都相信鬼神與天命，強調對鬼神作爲一種存在的真切生命體驗。孔子認爲這種體驗是不可或缺的。他還感慨説："鬼神之爲德，其盛矣乎！視之而弗見，聽之而弗聞，體物而不可遺。使天下之人齊明(齋戒明潔)盛服，以承祭祀。洋洋乎，如在其上，如在其左右！《詩》曰：'神之格思，不可度思！矧可射思！'夫微之顯，誠之

---

① 這應該也是延續儒家《尚書》學的脈絡，因爲純粹的視明、聽聰對儒家《尚書》學來説也無甚意義。不過，這種脈絡在《洪範》文本的五事説中，表達得不夠明確。

② 丁四新：《郭店楚墓竹簡思想研究》，頁135、頁138。

不可揜如此夫。"(《禮記・中庸》)由這段話，可以看出孔子對鬼神這種獨特存在的體驗是多麽强烈。孔子自信"天生德於予"(《論語・述而》)，因爲懷有對天(或上帝)的信仰，現世的道德獲得了超越性性、終極性的支撐。但是《五行》學說乃至儒家所有的政教倫理體系，從骨子裏看都非向着"高高在上的超越存在者"。這是儒家天命觀的特性。當孔子倡言"朝聞道，夕死可矣"(《論語・里仁》)時，他的耳朵並非向着渺遠的彼岸。故弟子樊遲問知(智)，孔子回答："務民之義，敬鬼神而遠之，可謂知(智)矣。"(《論語・雍也》)劉寶楠《論語正義》解釋説："務，猶事也；民之義者，《禮運》曰'何謂人義？父慈、子孝、兄良、弟弟、夫義、婦聽、長惠、幼順、君仁、臣忠十者，謂之人義'，是也"(《禮運》將此説記爲孔子之言)；朱熹集注將"務民之義"，解爲"專用力於人道之所宜"。上博簡《魯邦大旱》記載："魯邽(邦)大旱，哀公胃(謂)孔子：'子不爲我圖(圖)之？'孔子含(答)曰：'邽(邦)大旱，毋乃遊(失)者(諸)型(刑)與悳(德)虐(乎)？唯 正型(刑)與悳(德) 。'"孔子對"毋忞(愛)圭瑯(璧)希(肵)帛於山川"的世俗傳統有一定讓步，但他始終没有放棄正刑德的根本點。馬王堆漢墓帛書《周易經傳・要》篇記孔子對子貢曰："君子德行焉求福，故祭祀而寡少；仁義焉求吉，故卜筮而希(稀)也。"凡此都可以説明，即便儒家崇仰天命，他們真正下工夫的地方也還是"人義"。

這種歷史悠久的傳統天命觀實際上是指向此岸的；在這個體系中，天命的功能和價值主要在於它向着現世的道德，——作爲現世道德的最終保證，以落實道德的必然性與必要性。《詩經・大雅・文王》云："無念爾祖，聿脩厥德。永言配命，自求多福。"《尚書・召誥》記召公反思夏商滅亡之因由，曰："惟不敬厥德，乃早墜厥命。"天命向着現世的道德，上帝鬼神歸依的不是凡俗祭神的黍稷、椒糈和牲醴，而是人的美德善行。《左氏春秋》僖公五年(前655)記虞國大夫宫之奇謂，"鬼神非人實親，惟德是依"、"神所馮依，將在德矣"；他又引《周書》説，"皇天無親，惟德是輔"、"黍稷非馨，明德惟馨"、"民不易物，惟德緊物"。正因爲上天鬼神向着道德，孔子纔向弟子暗示，通常的祈禱不能改變命運，改變命運的唯一途徑是修德。《論語・述而》篇記載："子疾病，子路請禱。子曰：'有諸？'子路對曰：'有之。《誄》曰："禱爾于上下神祇。"'子曰：'丘之禱久矣。'"按前儒之見，此事透露的深層含意是，"聖人修身正行，素禱之日久，天地鬼神知其無罪"(見《論衡・感虚》篇所記)；朱熹集注也説，聖人"素行固已合於神明"，故曰"丘之禱久矣"。"素禱"不是指凡俗的祈禱，而是指合乎天地鬼神之期求的道德修爲。孔子告訴子路，祈禱的本質不在世俗的形式,修德行善纔是最好的祈禱。① 《論語·先進》篇記載:"季路問事鬼神。子曰:'未能事人,焉能事鬼?'曰:'敢問死。'曰:'未知生,焉知死?'"孔子啓發子路,祇有立足於生,纔能參悟死的真諦,祇有明白如何"事人",纔能明白如何"事鬼神"。② 程頤(1033～1107)指出:"晝夜者,死生之道也。知生之道,則知死矣。盡人之道,則能事鬼矣。死生、人鬼,一而二、二而一者也。或言夫子不告子路,不知此乃所以深告之也。"③要之,彼岸的奥秘就在人間世,人道的本源在於人爲,表面上看似"高高在上的超越存在者"歸根結底維護現世的價值和關懷。荀子後來更加清醒地説:"古者聖王以人之性惡,以爲偏險而不正,悖亂而不治,是以爲之起禮義,制法度,以矯飾人之情性而正之,以擾化人之情性而導之也。"(《荀子·性惡》)將道德準則完全歸結於聖王,固然有可商之處,但這終究是歸結於人爲,從這一點説大抵是無可置疑的。——當然,孔子等早幾輩的儒家不具備荀子這種清醒的理智主義。

《五行》中的"天之道",可以歸結爲郭店儒典《城之聞之》的"天棠(常)",從理論建構上説,它來自具有超越性特質的終極存在。但是《五行》整體内容是德行的現世修養,"聖"是基於廣大社會成員的聞知能力而言的,通常情況下它還不能"遥契高高在上的超越存在者"。《五行》"聖"所指涉的聽聞對象"天之道"反復被界定爲"君子道"。如其説文第十七章牒經並且解釋云:"'聞

---

① 有學者爲説明孔子"是不相信鬼神的",曾舉《魯畊大旱》爲證,謂,"從'唯正刑與德'之'唯'字看,孔子祇主張以'正刑與德'去止旱救災,並没有想到要求救於祭祀鬼神。在孔子心目中,止旱救災要靠人事,鬼神是没有此能力的";又謂"這一分析,從……帛書《易》傳《要》篇的記載也能得到印證"(參閲〔澳〕陳慧、廖名春、李鋭:《天、人、性:讀郭店楚簡與上博竹簡》,頁 190～191)。其實,孔子救旱着眼於人事,態度和立場應該是基於"鬼神非人實親,惟德是依"的傳統觀念;其論弭災之所以不看重用圭璧幣帛等奉事山川鬼神,亦應當依據該傳統觀念中"黍稷非馨,明德惟馨"等説法來解釋。《要》篇記孔子説君子寡祭祀、稀卜筮等,均當作如是觀。

② "鬼"在先秦可以包括神。故子路問事鬼神,孔子以"未能事人,焉能事鬼"答之(《論語·先進》)。而墨子説:"今執無鬼者曰:'鬼神者,固無有。'"又説:"今執無鬼者言曰:夫天下之爲聞見鬼神之物者,不可勝計也,亦孰爲聞見鬼神有無之物哉?"又説:"古(之)今之爲鬼,非他也,有天鬼,亦有山水鬼神者,亦有人死而爲鬼者。"(《墨子·明鬼下》)凡此均可見"鬼"字可概指鬼神。孔子嘗謂"非其鬼而祭之,諂也"(《論語·爲政》),徐復觀發揮説:"孔子……反對'非其鬼而祭之',祭祀的對象,以祖先爲主,這實際是孝道的擴大,亦即是仁心的擴大。"(參見氏著《中國人性論史·先秦篇》,頁 75)祇將"鬼"字理解爲祖先,其實背離了孔子原意。

③ 案見朱熹集注所引。其中"或言夫子"以上,可參閲楊時訂定、張栻編次:《河南程氏粹言》卷第一《論道篇》,程頤、程顥:《二程集》,北京:中華書局,2004 年,第 2 版,頁 1178。徐復觀演繹孔子"未知生,焉知死"之意云,"實際他是對於認爲無法確實知道的東西,便置之於不論不議之列"(參見氏著《中國人性論史·先秦篇》,頁 79);此正是程頤所謂"不知此乃所以深告之也"。

君子道而不知元(其)君子道也,(胃人)胃(謂)之不聖';聞君子道而不色然,而不知元天之道也,胃之不聖。""天之道"與"君子道"的同一性是確然不可懷疑的。就《五行》言,"聖之所聽"的"君子道"或者"天之道",根本不能簡單地理解爲"高高在上的超越存在者",它應該被理解爲現世君子對天常的認知和轉達。一如儀封人所曰:"天下之無道也久矣,天將以夫子爲木鐸。"(《論語·八佾》)從這個意義上説,《五行》界定爲聞君子道而知其君子道的"聖"並無神秘可言。子思再傳弟子孟軻倡言:"頌其詩,讀其書,不知其人,可乎?是以論其世也。"(《孟子·萬章下》)子思立足於聞君子道而知其君子道之"聖",建構了德行生成的若干系譜,殆與春秋末、戰國前期的大量經驗事實有關:那個獨特的歷史時期,中國湧現了以孔子爲代表的一大批傳道者。顏淵嘗謂"夫子循循然善誘人,博我以文,約我以禮",且感慨,"仰之彌高,鑽之彌堅;瞻之在前,忽焉在後。……欲罷不能,既竭吾才,如有所立卓爾。雖欲從之,末由也已"(《論語·子罕》)。儀封人更説"天將以夫子爲木鐸"(《論語·八佾》)。孔子作爲傳道者的身分在當時已經確認。春秋末期以降,學術思想之傳播渠道鮮少,尤賴於口耳授受,故"聞"格外外重要。單就孔子言,子路、冉有均請教"聞斯行諸"(《論語·先進》),孔子因其材而施以不同的教誨。樊遲問知(智)問仁,見於《論語·雍也》,其問仁,又見於《論語·顏淵》及《子路》;顏淵、仲弓、司馬牛問仁,見於《論語·顏淵》;子張問仁,見於《論語·陽貨》;子貢、齊景公、子張、季康子問政,見於《論語·顏淵》;子路、仲弓、葉公、子夏問政,見於《論語·子路》。孔子一一予以回答。凡此之類,記不勝記。一如傳世《老子》第四十一章所云:"上士聞道,勤而行之;中士聞道,若存若亡;下士聞道,大笑之。不笑不足以爲道。"其間固有聞君子道知其爲君子道者,又固有聞君子道而不知其爲君子道者,前者即《五行》之所謂"聖"。後來荀子建構體系,亦特別看重師。嘗謂,"凡治氣養心之術,莫徑由禮,莫要得師,莫神一好。"又謂:"禮者,所以正身也;師者,所以正禮也。無禮何以正身?無師吾安知禮之爲是也?禮然而然,則是情安禮也;師云而云,則是知若師也。情安禮,知若師,則是聖人也。故非禮,是無法也;非師,是無師也。不是師法而好自用,譬之是猶以盲辨色,以聾辨聲也,舍亂妄無爲也。"(《荀子·修身》)子思基於聞知君子道建構五行體系,背後顯然有孔子以來這種綿延已久、廣泛存在的傳統。——這種口耳授受的經驗事實一方面不局限於孔門,孔子之後"儒分爲八"(《韓非子·顯學》);一方面亦不限於儒家,之外尚有墨家等百家爭鳴,且如墨家,墨子之後,"墨離爲三"(《韓非子·顯學》)。

美國學者郝樂爲(Kenneth W. Holloway)提出,《五行》經文第十七章對"恩(聰)""明""聖""知(智)"的這種表述,闡明"培養智和聖離不開社羣,必須在社羣裏纔能觀察君子賢人的道德經過互動相互培養","修行在《五行》篇是著重於個人與社羣之間的互動"。① 這樣説大致成立,可應該強調:其一,由"悤(聞君子道)""明(見賢人)""聖(聞君子道而知其君子道)""知(見賢人而知其有德)"所關聯的雙方,並非一般的個人與社羣,而主要是傳道者和受教者。其二,《五行》"悤(聰)""明""聖""知(智)"強調受教者的自覺行爲和發現,而非側重於被告訴或被指示,也可以説,它們側重的是受教者自覺地"格物致知"。傳世《大學》有云:"物格而后知至,知至而后意誠,意誠而后心正,心正而后身脩,身脩而后家齊,家齊而后國治,國治而后天下平。自天子以至於庶人,壹是皆以脩身爲本。"在傳世儒典中,這是最接近《五行》篇德行生成系譜的序列之一。結合前引《五行》經文第十七、十八、十九章,可知《大學》這種觀念與《五行》有明顯的互文關係:"悤(聞君子道)""明(見賢人)"相當於格物階段,——格物之核心途徑在於視與聽。"聖(聞君子道而知其君子道)""知(見賢人而知其有德)"隱含着由格物而致知之功。"知而〔安〕之"(所謂"仁")、"安而行之"(所謂"義")、"行而敬之"(所謂"禮"),隱含着誠意、正心、脩身之功。五種德之行臻於内在的超越性的和合謂之德,"有德則國家興",又隱含着齊家、治國、平天下之道術和修爲。顯然,《大學》這一續續相生的圖式也可以上溯到《洪範》對視明聽聰的推重。可以説,《洪範》五事推重視、聽之傳統,經《大學》《五行》之大力弘揚,沉澱在儒家脩齊治平的人格模式中。

三、"思曰睿"

《洪範》五事中的"聖"是指"思"經過"必通於微"即"睿"的階段,而升至"於事無不通"的境界,②《五行》中的"聖"則是聽覺之"悤(聰)"進一步發展提升而至的更高境界,且與"悤(聰)""明"等範疇一起被界定在特定的政教倫理層面上,看起來,兩者有較大差異。可《洪範》五事本來推重"思",《五行》極大地發展了"思"的功能,其間淵源關係則是不可質疑的。

《五行》經文第四章云:"善弗爲无近,得(德)弗之(志)不成,知(智)弗思不得。思〔不〕睛(精)不察,思不長不得,思不輕不刑(形),不刑則不安,不安則不樂,不樂則无(無)德。"這裏"思"被詮釋爲得到"知(智)"與生成"德"的

---

① 參閲〔美〕郝樂爲:《〈五行〉篇的宗教觀》,郭齊勇主編:《儒家文化研究》第一輯,《新出楚簡研究專號》,頁52、頁53。
② 引語參閲《尚書正義》舊題孔安國傳釋"睿""聖"。

關鍵;其中,"德"生成的圖式是:思→荆(形)→安→樂→德。《五行》經文第六章云:"仁之思也睛(精)。睛則察,察則安,安則溫,溫則 説(悦) , 説則戚 , 戚則親 , 親則 〔憂〕〔愛〕,〔憂〕〔愛〕則〔王〕〔玉〕色,〔王〕〔玉〕色則荆(形),荆則仁。知(智)之思也長。〔長〕則得,得則不忘,不忘則明,明則 見賢人 , 見賢人則玉色 , 玉色 則荆,荆則知。聖之思也至(輕),巠則荆,荆則不忘,不忘則恩(聰),恩則聞君子道,聞君子道則〔王言〕〔玉音〕,〔王言〕〔玉音〕則 荆 , 荆則 聖。"在這一章,"思"又被闡釋爲"仁""知(智)""聖"生成的關鍵。由於"知(智)"和"聖"在《五行》中是生成其他德行以及"善""德"的根基,所以生成"知(智)""聖"的"思"對《五行》整個體系都發揮着根基性的作用。

還應注意的是,"思"很早就被人們視爲心的官能,其字形从"心"即爲明證。郭店簡文《眚自命出》上、下篇明確地説:"凡思之甬(用)心爲甚","凡甬心之㷊(躁)者,思爲戡(甚)";亦見於上博《眚悥論》。傳世文獻《管子·宙合》篇謂"耳司聽""目司視""心司慮"(《説文解字·思部》謂"慮"即"謀思")。孟子説:"心之官則思,思則得之,不思則不得也。"(《孟子·告子上》)所以,《五行》張揚"心"對於耳目鼻口手足諸小體的決定性作用,實即推揚"思"的根本價值,"思"與"心"乃二而一一而二者也。《五行》經文第二十二章云:"耳目鼻口手足六者,心之役也。心曰唯,莫敢不 唯 。心曰若(諾), 莫 敢不 若 。 心 曰進,莫敢不進。〔心曰退,莫敢不退。心曰深,莫敢不深〕。心曰淺,莫敢不淺。和則 同 , 同則善 。"①其説云:

"耳目鼻口手足六者,心之役也":耳目也者,説(悦)聲色者也。鼻口者,説犨(臭)味者也。手足者,説勞(佚)餘(豫)者也。 心 也者,説仁義者也。之數體(體)者皆有説也,而六者爲心役,何 居 (何故)?曰:心貴也。有天下之美聲色於此,不義則不聽弗視也。有天下之美犨味於 此 ,不義則弗求弗食也。居而不閒(干犯)尊長者,不義則弗爲之矣。何居?曰:幾(豈)不囗 不勝 囗、 小 不勝大、賤不勝貴也才?故曰心之役也。耳目鼻口手足六者,人囗囗, 人 體之小者也。心,人囗囗,人體之大者也,故曰君也。"心曰雖(唯),莫敢不雖":心曰雖, 耳目 鼻口手足音聲憨色

---

① 方括號中的文字,據郭店簡文《五行》以及馬王堆帛書《五行》説文之牒經部分補正。

皆雖,是莫敢不雖也。若(諾)亦然,進亦然,退亦然。"心曰深,莫敢不深。心曰淺,莫敢不淺":深者甚也,淺者不甚也。深淺有道矣。……"和則同":和也者,小體變變(便便)然不囿(患)於心也,和於仁義。仁義心同者,與心若一也,□約也,同於仁義,仁〔義〕心也。同則善耳。①

而《五行》説文第二十三章云:

"目(侔)而知之,胃(謂)之進之":弗目也,目則知之矣;知之則進耳。目之也者,比之也。"天監在下,有命既雜(集)"者也,天之監下也,雜命焉耳。遁(循)草木之生(性),則有生焉,而无(無)好惡焉。遁禽獸之生,則有好惡焉,而无禮義焉。遁人之生,則巍然知亓(其)好仁義也。不遁亓所以受命也,遁之則得之矣。是目之已。故目萬物之生而知人獨有仁義也,進耳。"文王在上,於昭于天",此之胃也。文王源耳目之生而知亓好聲色也,源鼻口之生而知亓好譔(臭)味也,源手足之生而知亓好媭(佚)餘(豫)也,源心之生則巍然知亓好仁義也。故執之而弗失,親之而弗離,故卓然見於天,箸(著)於天下。无他焉,目也。故目人體而知亓莫貴於仁義也,進耳。

這裏有兩個要點,一是心對於耳目鼻口手足諸小體的支配性,一是心對於仁義等價值的趨同性;前者是心的官能,後者是心之性(也必然是人性的根本取向)。對於仁智義禮聖等"德之行"以及由此和合而生的更高層面的"善"和"德"來說,弘揚心的主體性和支配性,確立心對於儒學價值的趨同性,是十分必要的一環,因爲就其本性而言,耳目鼻口手足有衝破政教倫理價值的傾向,唯有心可以改變這種傾向,並建立善德。上揭《五行》説文就是從心選擇和持守仁義,來證明它比小體尊貴、小體必須爲之役的。而對"心"的推揚,歸根結

---

① 國家文物局古文獻研究室本根據《孟子》的互證材料,解此章之"媭餘"爲"佚豫"(參見國家文物局古文獻研究室編:《馬王堆漢墓帛書》第一册,《老子甲本卷後古佚書·五行》,頁27),可取。又"囿"字,國家文物局古文獻研究室本疑讀爲"貫"或"患",龐樸、魏啓鵬等從之,釋爲"患"(參閱國家文物局古文獻研究室編:《馬王堆漢墓帛書》第一册,頁27;龐樸:《帛書五行篇研究》,頁83;魏啓鵬:《簡帛文獻〈五行〉箋證》,頁42)。整理小組本釋爲"因",魏啓鵬從之(參閱《馬王堆漢墓帛書》整理小組編:《老子甲本及卷後古佚書》,北京:文物出版社,1974年,第1版,釋文葉14A;魏啓鵬:《簡帛文獻〈五行〉箋證》,頁113~114)。姑從前説。

底就是對"思"的推揚。"心曰唯""心曰若(諾)""心曰進""心曰淺""心曰深"等語句中的"心曰",實際上就基於"思"。

除此之外,《五行》經、說常提到動詞性的"知"。比如《五行》經文第二十三章云:"目(侔)而知之,胃(謂)之進之。"第二十四章云:"辟(譬)而知之,胃之進之。"第二十五章云:"諭而知之,胃之進之。"第二十六章云:"幾(幾)而知之,天也。"所有這些"知"都毫無疑問凸顯着"思"的活動和結果。而《五行》中聖智仁義禮五種德之行,及其更高層次之善和德,其生成莫不有賴於作爲思的活動及結果的"知"。比如其經文第十九章論"知(智)→仁→義→禮……→善"續續相生的系譜,根基在智,所謂智則意味着"見而知之"。其說文第十九章解釋云:

"見而知之,知(智)也":……知(智)者,言繇(由)所見知所不見也。"知而安之,仁也":知君子所道而諓(煖)然安之者,仁氣也。"安而行之,義也":既安之矣,而儳(愻)然行之,義氣也。"行而敬之,禮也":既行之矣,有(又)秋秋(愀愀)然敬之者,禮氣也。所安,所行,所敬,人道也。

仁、義、禮諸人道之建立,根源均在於見君子道而知其爲君子道。與此相似,《五行》經文第十七章論述由"聞"而"聖"、由"見"而"知(智)"的昇華,關鍵在於聞君子道而知其爲君子道、見賢人而知其有德;其說文第十七章明確地以"知"解"知(智)",云:"'明明,知(智)也':知(智)也者,繇(由)所見知所不見也。"《五行》經文第十八章所論諸圖式,由"恩(聰)"上升到"聖"的關鍵,是聞君子道而知其爲君子道,由"聖"上升到"義"的關鍵,是知天道(亦即君子道)而行之;由"明"上升到"知(智)"的關鍵是,見賢人而知其有德,由"知(智)"上升到"仁"的關鍵,是知賢人之德而安之。《五行》經文第十三章把聰明聖智依賴動態之知,上升到仁,最終又上升到德的過程概括爲:不聰不明則不聖不智,不聖不智則不知君子道、賢人德,不知君子道、賢人德則不仁,不仁則不安不樂而無德。其說文第十三章強調:"不知(智)不仁;不知所愛,則何愛?言仁之乘知而行之。"《五行》體系高度仰賴動態之知,實即高度仰賴"思",——古人以心爲思之官,知的行爲要達成結果,必須依賴心發揮思這種官能。

在《五行》中,"聖""知(智)"是德行生成的兩大根本,而它們之所以能發揮這種作用,是因爲心主導並行使自己的官能;心之性——趨同於仁義等價值——無疑也依賴心發揮思的官能來確認和持守。總而言之,心的活動"思"

在《五行》體系中異常重要,這一點,由它在承繼《洪範》五事推重"思"的基礎上,賦之以特定的政教倫理取向而實現,後來進一步被孟子、荀卿等大儒鋪張摘布,對其他學派也產生了巨大影響。單從後來儒學的發展看,《五行》心好仁義之説光大於孟子,其心爲大體、耳目鼻口手足爲小體、大體爲君、小體爲役諸説,則被孟、荀兩派所承繼。由此可見《尚書》學對戰國學術思想的澤被。而《尚書》之後,一個重要關節就是子思的《五行》。

四、"玉色""玉音""金聲而玉振之"

由前兩節的論析,可知《五行》大大發揚了《洪範》推重視、聽、思三事的傳統,聰聖、明智和思被提升爲五種德之行乃至善、德生成的重要根基。對於認識《五行》之特質、探究《尚書》學在戰國時期的流傳和影響而言,這是令人驚異的發現。而《五行》跟《尚書》學還有其他重要聯繫。

《五行》經文第六章提到,"玉色"是"仁""知(智)"生成過程中的一個結果,"玉音"則是"聖"生成過程中的一個結果。《五行》經文第九章云:"金聲而玉振之,有德者也。金聲,善也;(王言)〔玉音〕,聖也。善,人道也;德,天道也。唯有德者然笱(後)能金聲而玉振之(之)。"① 揆度其上下文,"玉振"和"玉音"的同一性十分明確,或者説"玉振"就是"玉音"的一種形式。綜合這些材料,可推知《五行》"仁""義""禮""知(智)"形于内時,均可形成"玉色"。這一判斷似可由孟子證成之。孟子曰:"廣土衆民,君子欲之,所樂不存焉。中天下而立,定四海之民,君子樂之,所性不存焉。君子所性,雖大行不加焉,雖窮居不損焉,分定故也。君子所性,仁義禮智根於心。其生色也,睟然(趙岐注:潤澤之貌也)見於面,盎於背,施於四體;四體不言而喻(趙注:四體有匡國之綱,雖口不言,人自曉喻而知也)。"(《孟子·盡心上》)孟子之意,正是説仁義禮智形於内而見於容貌。又據《五行》,"聖"形于内時可以形成"玉音","金聲"和"善"相應(善乃仁知義禮四種德之行超越其個體存在,而與心達成和一),"金聲而玉振之"和"德"相應(德乃仁知義禮聖五種德之行超越其個體存在,而與心達成和一),也就是説,衹有達到最高境界的有德者方能兼備"金聲"和"玉音"。郝樂爲指出:"初步的修行能改變思想,當達到某種程度會顯現玉音和玉色的外在現象。外在的表現很重要,因爲他人能看到或聽到修行

---

① "玉音"二字帛書本作"王言",據簡書本改。龐樸據上下文意改爲"玉振"(參見氏著《帛書五行篇研究》,頁55),没有更強的依據。由於帛書本説文部分的相應文字殘缺,現在最好的依據是簡書本。

的結果。"①很明顯,這個"某種程度"可不是一般的程度。

儒家看重金聲、玉音、玉色,殆跟孔子"君子比德於玉"的思想有關。《荀子·法行》篇記載:

> 子貢問於孔子曰:"君子之所以貴玉而賤珉者,何也?爲夫玉之少而珉之多邪?"孔子曰:"惡!賜,是何言也?夫君子豈多而賤之,少而貴之哉!夫玉者,君子比德焉。溫潤而澤,仁也;栗而理,知(智)也;堅剛而不屈,義也;廉而不劌,行也;折而不橈,勇也;瑕適竝見,情也;扣之,其聲清揚而遠聞,其止輟然,辭也。故雖有珉之雕雕,不若玉之章章(楊倞注:雕雕,謂雕飾文采也。章章,素質明著也)。《詩》曰:'言念君子,溫其如玉。'此之謂也。"

而《禮記·聘義》篇記載:

> 子貢問於孔子曰:"敢問君子貴玉而賤碈(似玉之石)者何也?爲玉之寡而碈之多與?"孔子曰:"非爲碈之多故賤之也,玉之寡故貴之也。夫昔者,君子比德於玉焉:溫潤而澤,仁也。縝密以栗,知(智)也。廉而不劌,義也。垂之如隊(墜),禮也。叩之,其聲清越以長,其終詘然(鄭注:詘,絕止貌也),樂也。瑕不揜瑜,瑜不揜瑕,忠也。孚尹旁達(鄭注:孚,讀爲浮;尹,讀如竹箭之筠。浮筠,謂玉采色也),信也。氣如白虹,天也。精神見于山川(鄭注:精神,亦謂精氣也),地也。圭璋特達(鄭注:特達,謂以朝聘也),德也。天下莫不貴者,道也。《詩》云:'言念君子,溫其如玉。'故君子貴之也。"

從"君子比德於玉"的意義上説,《五行》所謂玉色乃指仁者智者有如玉之色(且應可推及義者和禮者;當然玉色不限於指臉色,當可泛指容貌、姿態、風度等),玉音乃指聖者有如玉之音。孔子回答子貢之問,每一句均是稱説君子和玉兩個對象。所謂"溫潤而澤,仁也",可理解爲仁者有玉色。孔穎達《禮記》疏云:"'溫潤而澤,仁也'者,言玉色溫和柔潤而光澤,仁者亦溫和潤澤,故云'仁也'"。所謂"栗而理,知(智)也"或"縝密以栗,知(智)也",可理解爲智者有玉色。孔穎達《禮記》疏云:"縝,緻也;栗,謂堅剛。言玉體密緻而堅剛。人有知(智)者,性亦密緻堅剛,故云'知(智)也'"(此注稍有偏誤,原文當是就智者之面色神情言)。而所謂"扣之,其聲清揚而遠聞,其止輟然",可理解爲君子有玉音。楊倞《法行》注云:"似有辭辨,言發言則人樂聽之,言畢更無繁辭

---

① 〔美〕郝樂爲:《〈五行篇〉的宗教觀》,郭齊勇主編:《儒家文化研究》第一輯,《新出楚簡研究專號》,頁51。

也。"又引《聘義》"叩之,其聲清越以長"爲證。依此類推,"廉而不劌"或"堅剛而不屈"可理解爲義者之玉色,"垂之如隊(墜)"可理解爲禮者之玉色。楊倞注《法行》"堅剛而不屈,義也",云:"似義者剛直不回也。"孔穎達《禮記》疏則説:"'廉而不劌,義也',廉,稜也;劌,傷也。言玉體雖有廉稜,而不傷割於物,人有義者,亦能斷割而不傷物,故云'義也'。'垂之如隊,禮也',言玉體垂之而下墜,人有禮者亦謙恭而卑下,故言'禮也'。"

以上主要是分析"玉色"和"玉音",接下來再看看"金聲"。就内中所含類比思維而言,"金聲"和"玉音"無疑是一致的,祇是比方角度和層次不同而已。《五行》將行分爲兩類,即不形於内的"行"與形於内的"德之行",具體說來,仁知義禮聖五行各有内外之分,以"刑(形)於内"者爲更高境界;仁知義禮四者"刑於内"且達和合之境謂之"善","善"被視爲"人道",仁知義禮聖五者均"刑於内"且達和合之境謂之"德","德"被視爲"天道"。"金聲"意味着"善","金聲""玉音"兼備意味着"德";"惟有德者然笱(後)能金聲而玉振之"一語,大意是説,如音樂之金聲匯合玉音,"善"與"聖"復相和合,可達到最高、對周圍社會深具影響力的境界"德"。《五行》經文第二十一章云:"君子雜(集)泰(大)成。"其説文以"金聲玉辰(振)之"釋"大成",曰:"'君子雜(集)大成':雜也者,猶造之也,猶具之也。大成也者,金聲玉辰(振)之也。唯金聲而玉辰之者,然笱(後)忌(己)仁而以人仁,忌義而以人義。大成至矣,神耳矣,人以爲弗可爲也,(林)[無]絲(由)至焉耳,而不然。"《五行》"金聲""玉音"或"玉振""金聲而玉振"以及"雜泰成""君子"等範疇之間的複雜關係,可列爲如下圖式:

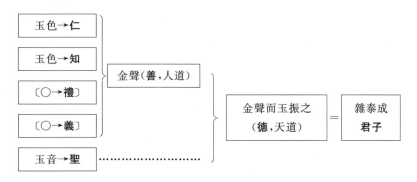

圖5-4 《五行》"君子雜(集)泰(大)成"圖式

孟子贊孔子爲集大成者,爲世人所熟知。其言曰:"伯夷,聖之清者也;伊尹,聖之任者也;柳下惠,聖之和者也;孔子,聖之時者也。孔子之謂集大成。

集大成也者,金聲而玉振之也。金聲也者,始條理也;玉振之也者,終條理也。始條理者,智之事也;終條理者,聖之事也。"(《孟子·萬章下》)趙岐注云:"伯夷清,伊尹任,柳下惠和,皆得聖人之道也。孔子時行則行,時止則止,孔子集先聖之大道,以成己之聖德者也,故能金聲而玉振之。"朱熹集注則説:"蓋樂有八音:金、石、絲、竹、匏、土、革、木。若獨奏一音,則其一音自爲始終,而爲一小成。猶三子之所知偏於一,而其所就亦偏於一也。八音之中,金石爲重,故特爲衆音之綱紀。又金始震而玉終詘然也,故並奏八音,則於其未作,而先擊鎛鐘以宣其聲;俟其既闋,而後擊特磬以收其韻。宣以始之,收以終之。二者之間,脈絡通貫,無所不備,則合衆小成而爲一大成,猶孔子之知無不盡而德無不全也。"此注解"金聲而玉振之"的類比意,殊爲明暢。有意思的是,朱熹集注曾判斷:"金聲玉振,始終條理,疑古《樂經》之言。故兒寬云'惟天子建中和之極,兼總條貫,金聲而玉振之',亦此意也。"① 今《五行》篇復見天日,可知《孟子》此説當源於子思,而進一步上推,可至孔子"君子比德於玉"之説,再上推則可至《尚書》之學。

筆者先説説孟子"金聲而玉振之""集大成"之説源自《五行》。大要有以下證據:

其一,《孟子》"金聲而玉振之""集大成"諸核心話語,均見於《五行》。

其二,在《五行》和《孟子》中,"金聲而玉振之"都是從"集大成"意義上説的,即這兩種表述均可以互相詮釋。

其三,在《五行》和《孟子》中,"金聲而玉振之""集大成"均指涉最高的德行,即兩者有一致的實際内涵和功能。同時,《孟子》把"金聲"跟"智之事"聯繫在一起,跟《五行》有部分一致性(《五行》將"仁""智""義""禮"四者之超越性的合一與"金聲"等值);《孟子》將"玉振"跟"聖之事"聯繫在一起,則與《五行》完全一致。

其四,古今説者昧於"時"字的獨特意義,完全不知道《孟子》在這一點上同樣直追《五行》。

我們不妨先看看伯夷之"清"、伊尹之"任"、柳下惠之"和"。"清"指高潔脱俗、不容邪汙。孟子述伯夷之事云:"伯夷,目不視惡色,耳不聽惡聲。非其君不事,非其民不使。治則進,亂則退。橫政之所出,橫民之所止,不忍居也。思與鄉人處,如以朝衣朝冠坐於塗炭也。當紂之時,居北海之濱,以待天下之清也。故聞伯夷之風者,頑夫廉,懦夫有立志。"(《孟子·萬章下》)這些都可

---

① 朱熹所引兒寬語,見《漢書》卷第五十八《公孫弘卜式兒寬傳》。

爲"清"之注脚。① "任"指擔當。孟子述伊尹之事云:"伊尹曰:'何事非君(朱熹集注:言所事即君)？何使非民(朱熹集注:言所使即民)？'治亦進,亂亦進。曰:'天之生斯民也,使先知覺後知,使先覺覺後覺。予,天民之先覺者也;予將以此道覺此民也。'思天下之民匹夫匹婦有不與被堯舜之澤者,如己推而内(納)之溝中。其自任以天下之重也。"(《孟子·萬章下》)這些都可爲"任"之注脚。特别值得關注的是柳下惠之"和",其意舊説也不明晰。孟子以伯夷和柳下惠爲兩種相反的人格,曰:"伯夷,非其君不事,非其友不友。不立於惡人之朝,不與惡人言。立於惡人之朝,與惡人言,如以朝衣朝冠坐於塗炭。推惡惡之心,思與鄉人立,其冠不正,望望然去之,若將浼焉。是故諸侯雖有善其辭命而至者,不受也。不受也者,是亦不屑就已。柳下惠,不羞汙君,不卑小官。進不隱賢,必以其道。遺佚而不怨,阨窮而不憫。故曰:'爾爲爾,我爲我,雖袒裼裸裎於我側,爾焉能浼我哉？'故由由然與之偕而不自失焉(朱子集注:由由,自得之貌),援而止之而止。援而止之而止者,是亦不屑去已。"故孟子斷言:"伯夷隘,柳下惠不恭。隘與不恭,君子不由也。"(《孟子·公孫丑上》)孟子又曾對比伯夷、伊尹、柳下惠、孔子四聖,其中述柳下惠之事基本相同,且謂"聞柳下惠之風者,鄙夫寬,薄夫敦"(《孟子·萬章下》)。非常明顯,所謂"聖之和者"之"和"實乃"和而不同""和而不流"之意,指的是於人和諧而不苟同。

現在再看看孔子之"時"。舊説視之爲"時間"之"時"(如趙注所謂"時行則行,時止則止"),未爲允當,與其下文之"集大成"亦殊不相貫。《五行》經文第十八章云:"聞君子道,恖(聰)也。聞而知之,聖也。聖人知(而)〔天〕道〔也〕。知而行之,(聖)〔義〕也。行之而時,德也。"其説文第十八章云:"'行之而時,恖(德)也'。時者,和也。和也者(恖)〔恖〕也。"《五行》中,意味着達成"德"這種境界的"和",指的是仁知義禮聖五種德之行超越其個體存在狀態而和合爲一,"時"就是"和"。孟子贊孔子爲"聖之時者","時"字殆取"和"義,指的是集衆多以爲一,故接下來便謂之"集大成"。具體説來,"聖之時"意味着集諸聖之優長,即有伯夷之"清"而無其"隘",有伊尹之"任"而無其知進而不知止,有柳下惠之"和"而無其"不恭";此孔子所以超越其他古聖之因由。故孟子表示,伯夷、伊尹雖亦爲古聖,卻不可與孔子等齊,"自有生民以來,未有

---

① "鄉人"當指俗人,有學者逕直解爲"鄉下人",恐誤。孟子嘗謂:"舜,人也;我,亦人也。舜爲法於天下,可傳於後世,我由未免爲鄉人也,是則可憂也。"(《孟子·離婁下》)朱熹集注:"鄉人,鄉里之常人也。"近之。

孔子也","吾未能有行焉,乃所願,則學孔子也"(《孟子·公孫丑上》)。"時"用這一義項,典籍中絶無僅有,即便有前人亦往往未能正確讀出,其明確的釋義僅僅見於《五行》,孟子之說必是承襲了《五行》。①

其五,據《史記·孟子荀卿列傳》,孟子"受業子思之門人"。此事實所包含的學術思想史意義是毋庸贅言的:它爲子思、孟子上述所有關聯提供了一種歷史的解釋。

當兩個歷史文本聯繫較少,而不肯定時,認定它們具有必然的聯繫,這往往是需要自我質疑的。具體一點説,兩個歷史文本之間若僅有一處關聯,那很可能是偶然的;若有兩處關聯,其偶然性就降低了一半;如果兩者間存在着有組織性的關聯,即諸關聯項在各自文本中都具有組織性,那麼它們的內在聯繫就是鐵定的了(在這種情況下,每一組聯繫都具有確證和加強其他聯繫的價值)。《孟子》與《五行》兩個文本包含的是多點、多面、多維的有組織性的關聯,它們的歷史關係毋庸置疑。以上五個方面,已可證明孟子"金聲而玉振之""集大成"之說,源頭乃在於《五行》。② 更何況《孟子》與《五行》還有其他極深刻的聯繫(其詳請參見本書第八章)。孟說的基本範疇、核心話語與其內部理論架構均承襲自《五行》,不過有所簡省而已(參見下頁的圖式)。

---

① 案《中庸》第三十一章云:"唯天下至聖,爲能聰明睿知,足以有臨也;寬裕溫柔,足以有容也;發强剛毅,足以有執也;齊莊中正,足以有敬也;文理密察,足以有別也。溥博淵泉,而時出之。溥博如天,淵泉如淵。見而民莫不敬,言而民莫不信,行而民莫不說。是以聲名洋溢乎中國,施及蠻貊;舟車所至,人力所通,天之所覆,地之所載,日月所照,霜露所隊,凡有血氣者,莫不尊親,故曰配天。"其中"溥博淵泉,而時出之"之"時",前人亦每每釋爲"以時""按時"之類,顯然是同樣的錯誤。此"時"字亦當爲和意。"時出之"殆即《五行》經文第三章之"時行之"(所謂"五行皆荆於闕内,時行之,胃之君子"),以及經、説第十八章之"行之而時"(經云"行之而時,悳也",説謂"時者,和也。和也者悳也")。《中庸》此章之"時出之"乃承上文,謂"聰明睿知""寬裕溫柔""發强剛毅""齊莊中正""文理密察"五方面和出之,如此方可臻"配天"之至境,僅靠其中任何一個方面,都不足以"配天"、稱"至聖"。顧史考云:《中庸》《五行》與《孟子》三部著作,"皆非常注重此'集大成'之'樂'的觀念","即君子之能够培養出許多用處各異之德行,而以'時出之',時而隆仁殺義,時而隆義殺仁,見仁謂仁,見智謂智,禮勝則以樂合之,樂勝則以禮別之,然而復將此'時出'之諸德合而爲一,而始終保持着一種相輔相成、和諧而統一之狀態"(參見氏著《郭店楚簡先秦儒書宏微觀》,頁97)。顧氏最後落到了"諸德合而爲一"之上,是其卓見,但對於《五行》《中庸》《孟子》意指"和"的獨特範疇"時",他始終都是蒙昧,故釋之爲"時而"。

② 李學勤曾認爲《五行》"金聲而玉振"之説"襲自《孟子·萬章下》贊孔子之辭"(見氏著《帛書〈五行〉與〈尚書·洪範〉》,《簡帛佚籍與學術史》,頁282),這顯然是顛倒了本末。郭店楚墓出土了《五行》,證明《五行》必是早於《孟子》的學術建構。

圖 5-5 《孟子》孔子"集大成"圖式

同時我們還應該意識到,孟子"集大成"之説明顯關涉孔子"君子比德於玉"的觀念。孔子雖然衹涉及玉色、玉音而未及金聲,然而,金聲和玉音具有内在的一致性,孔子所謂玉音跟孟子所謂"玉振"又有鮮明的一致之處,即均關注終止之時,——唯孔子同時關注玉音之清越遠聞,是同中之異,其思維方式也較然一致("玉音"和"玉振"在《五行》中便有同一性,見於《五行》經文第九章,可拿來作爲旁證)。而孟説與孔子"君子比德於玉"之説存在關聯,這一點既,有助於證成它與《五行》之説的縮合,又有助於證成《五行》與孔子此説的歷史縮合。作爲德行的類比性詮釋體系,金聲玉音(或玉振)説的發展綫索顯然是:孔子→子思→孟子;在子思那裏呈現的體系性最强。

弄清了以上歷史脈絡,我們還應進一步向上推求。《五行》之發展孔子"君子比德於玉"説,而高度重視玉色、玉音、金聲等,跟《洪範》五事推重"貌"之恭肅、"言"之從又當有密切關係,玉色、玉音、金聲等等説到底是對貌和言的講求。①——事實上,孔子"君子比德於玉"之説本身就有《洪範》五事説的背景。孔子嘗謂君子有九思(見於《論語・季氏》),其中"視思明""聽思聰""貌思恭",直接就是從《洪範》五事來的,在《洪範》五事中原作"視曰明""聽曰聰""貌曰恭";而"色思温"直是"貌思恭"的衍生物。在《尚書》學與子思五行學説之間,孔子從多個層面上發揮着類似"擺渡"的作用。此外,本章第二、第三節已經證明,《五行》從"仁知(智)義禮聖""善""德"生成的意義上,弘揚了《洪範》推重"視""聽""思"三事的傳統,這也有助於理解《五行》承繼《洪

---

① 儒典中,類似的講求顯然不衹見於《洪範》五事。其他如,《尚書・顧命》篇記成王曰"思夫人自亂於威儀"。僞孔傳云:"有威可畏,有儀可象,然後足以率人。"《詩經・大雅・烝民》曰:"仲山甫之德,柔嘉維則。令儀令色,小心翼翼。古訓是式,威儀是力。天子是若,明命使賦。"鄭箋"令儀令色"句,云:"善威儀,善顔色,容貌翼翼然恭敬。"凡此不一一具列。當然,《洪範》五事的提挈最有理論的自覺。

範》五事中"貌"之恭肅與"言"之從乂的觀念。這樣說來，《五行》整個體系的建構都跟《洪範》五事有極深刻的聯繫。對理解《五行》的特質以及《尚書》學的早期傳播與影響來說，這是又一個令人驚異的發現。

《五行》金聲、玉音、玉色之說跟《尚書》文本所建構的傳統有關，還可以從後人對《尚書》的解讀和傳授來證明。《漢書·儒林傳》載：

> 伏生，濟南人也，故爲秦博士。孝文時，求能治《尚書》者，天下亡有，聞伏生治之，欲召。時伏生年九十餘，老不能行，於是詔太常，使掌故朝錯往受之。秦時禁《書》，伏生壁藏之，其後大兵起，流亡。漢定，伏生求其《書》，亡數十篇，獨得二十九篇，即以教於齊、魯之間。齊學者由此頗能言《尚書》，山東大師亡不涉《尚書》以教。伏生教濟南張生及歐陽生。……歐陽生字和伯，千乘人也。事伏生，授倪寬。寬又受業孔安國，至御史大夫，自有傳。寬有俊材，初見武帝，語經學。上曰："吾始以《尚書》爲樸學，弗好，及聞寬說，可觀。"乃從寬問一篇。歐陽、大小夏侯氏學皆出於寬。

《漢書》倪寬本傳也說："兒寬，千乘人也。治《尚書》，事歐陽生。"倪寬（？～103）深於《尚書》之學，以至於使武帝改變了對《尚書》學的看法。朱熹《孟子集注》嘗引倪寬金聲玉振之說，所謂"惟天子建中和之極，兼總條貫，金聲而玉振之"，即見於倪寬本傳；從倪寬的學術背景來看，該說當即源於伏生（約前260～前161）所傳之《尚書》學。伏生即伏勝（世稱伏生），其《尚書大傳》於卷二《咎繇（皋陶）謨》篇云："六律者何？黃鐘、蕤賓、無射、大蔟、夷則、姑洗是也。故天子左五鐘，右五鐘。天子將出，則撞黃鐘之鐘，右五鐘皆應，馬鳴中律，步者皆有容，駕者皆有文，御者皆有數，步者中規，折還中矩，立則磬折，拱則抱鼓，然後太師奏樂，登車，告出也。入則撞蕤賓，左五鐘皆應。以治容兒（貌），容兒得則氣得，氣得則肌膚安，肌膚安則色齊矣。蕤賓聲，狗吠虺鳴，及偕介之蟲，皆莫不延頸以聽蕤賓。在内者皆玉色，在外者皆金聲，然後少師奏，登堂就席，告入也。"於卷五《雒誥》篇則云："天下諸侯之悉來，進受命于周，而退見文、武之尸者，千七百七十三諸侯，皆莫不磬折玉音，金聲玉色。"① 其間屢見"金聲""玉音""玉色"之說。據《史記·孔子世家》："孔子以《詩》《書》《禮》《樂》教，弟子蓋三千焉，身通六藝者七十有二人。如顏濁鄒之徒，頗受業者甚衆。"金聲、玉音、金聲玉振之說，殆見於孔門師徒相授受傳播的《尚

---

① 《尚書大傳》，萬有文庫本，上海：商務印書館，1937年，第1版，頁15、頁42～43。

書》學,其後一方面由子思《五行》承繼而影響了孟子,一方面則由伏生承繼而傳給倪寬等人。所以,在上揭由孔子到子思再到孟子的發展序列中,在子思建構的《五行》體系中,自然有《尚書》授受的元素。①

五、"五行"與"和"

簡本《五行》以"五行"兩字開篇,統攝全局,"五行"一詞恰好也見於《尚書·洪範》篇,——它與"五事"等項目一起躋身於九疇之中。基於以上各節所論《洪範》與子思五行學說的深刻聯繫,可以肯定,子思之"五行"範疇一定是來自《洪範》。那麽,子思"五行"與《洪範》"五行",究竟在哪些具體層面上存在關聯呢?

《洪範》記載,箕子謂周武王天錫大禹洪範九疇。其二爲"五事",已見於上文所引。其一則是"五行"。其言曰:"我聞在昔,鯀陻洪水,汩陳其五行,帝乃震怒,不畀洪範九疇,彝倫攸斁。鯀則殛死,禹乃嗣興。天乃錫禹洪範九疇,彝倫攸敘。初一曰五行;次二曰敬用五事……一,五行:一曰水,二曰火,三曰木,四曰金,五曰土。水曰潤下,火曰炎上,木曰曲直,金曰從革,土爰稼穡。潤下作鹹,炎上作苦,曲直作酸,從革作辛,稼穡作甘。"這是今存最早明確界定"五行"的重要文獻。除此之外,《尚書·甘誓》記載夏啓(或説夏禹)同有扈氏戰於甘之野,戰前誓師云:"有扈氏威侮五行,怠棄三正,天用勦絶其命。今予惟恭行天之罰。"這是"五行"最早見於經典者,不過其本意學界一向存在争論。我們就從這裏説起。

《甘誓》篇中的"五行"與"三正"相關。僞孔傳釋"三正"爲"天地人之正道",陸德明釋文則引馬融云:"建子、建丑、建寅,三正也。"而孔疏解釋"五行",則説:"五行,水、火、金、木、土也。分行四時,各有其德。《月令》孟春三日(案:當指先立春三日;以下各項分別在先立夏三日、先立秋三日以及先立冬三日),太史謁於天子,曰'某日立春,盛德在木',夏云'盛德在火',秋云'盛

---

① 《五行》金聲玉音(玉振)之説,又跟《詩經》學有一部分的聯繫:其一,孔子闡發君子比德於玉時,引《詩經·秦風·小戎》之"言念君子,溫其如玉"爲證,有解《詩》的味道。其二,《韓詩外傳》卷一云:"古者天子左五鐘,〔右五鐘〕。將出,則撞黄鐘,而右五鐘皆應之。馬鳴中律,駕者有文,御者有敬。立則磬折,拱則抱鼓,行步中規,折旋中矩。然後太師奏升車之樂,告出也。入則撞蕤賓,〔而左五鐘皆應之〕,以治容貌。容貌得則顔色齊,顔色齊則肌膚安。蕤賓有聲,鵠震馬鳴,及保介之蟲,無不延頸以聽。在内者皆玉色,在外者皆金聲。然後少師奏升堂之樂,即席告人也。此言音樂有和,物類相感,同聲相應之義也。《詩》云:'鐘鼓樂之。'此之謂也。"若此説非承襲伏生《尚書》説,則當爲相承久遠的《詩》説,或亦可影響《五行》。

德在金',冬云'盛德在水'。此五行之德,王者雖易姓,相承其所取法同也。言王者共所取法,而有扈氏獨侮慢之,所以爲大罪也。且五行在人爲仁、義、禮、智、信,'威侮五行'亦爲侮慢此五常而不行也。有扈與夏同姓,恃親而不恭天子,廢君臣之義,失相親之恩,五常之道盡矣,是'威侮五行'也。"梁啓超嘗質疑此類舊注,提出:"後世注家多指'五行'爲金木水火土,'三正'爲建子、建丑、建寅。然據彼輩所信,子丑寅三建分配周、商、夏。《甘誓》爲《夏書》,則時未有子丑二建,何得云'三正'?且金木水火土之'五行',何得云'威侮',又何從而'威侮'者?竊疑此文應解爲威侮五種應行之道,怠棄三種正義。其何者爲五、何者爲三,固無可考,然與後世五行説絶不相蒙蓋無疑。"① 范文瀾(1893~1969)則指出:"《左傳》文七年郤缺引《夏書》有所謂九歌,其解釋是,'九功之德,皆可歌也,謂之九歌。六府、三事,謂之九功。水、火、金、木、土、穀,謂之六府;正德,利用,厚生,謂之三事'。《九歌》《九辨》見於屈原賦及《山海經》,先秦有此傳説。《左傳》的真僞此可不辨,不過《左傳》裏面一定有古史包含着,不能全部抹殺,郤缺的話可以説是有根源的;六府是五行加一穀,因爲民以食爲天,穀又是五行所化生的,所以總稱爲六府;三事是做國君的大道理。六府三事大概是夏代的政治大綱領,好像《洪範》爲殷代政治的大綱一般。做《甘誓》的那一位,去征伐有扈氏,當然要拿大帽子去壓他。所謂'威侮五行',等於説你不重六府,就是説你不能養活百姓;所謂'怠棄三正',等於説你不好好做三事,也就是説你不配做國君。本没有什麽奧義精旨。自從給陰陽五行先生一説,弄得支離破碎,站不住脚。總之,《甘誓》是否夏書,要是有旁的方法證明其非是,我們再來商量,如以'三正'爲三建而疑其非夏書,則我似乎有些期期以爲未可。"②

梁啓超對《甘誓》"三正"的看法有一點是可取的,即它不可能是指建子、建丑、建寅。但他既解"五行"爲"五種應行之道",又解"三正"爲"三種正義",則二者在邏輯上的區分度不够,有交叉重疊之嫌疑。范文瀾以"九功"之"三事"即"正德,利用,厚生"來解"三正",也許是更好的思路。至於《甘誓》"五行",梁啓超對舊注的質疑卻不見得合理,"五行"應該就是指水、火、金、木、土。《洪範》與《甘誓》這種"將物質區爲五類"的"五行"説,③ 起源甚早,殆確與大禹治水的歷史經驗以及對這一經驗的記憶和反思有關。《甘誓》之内容

---

① 梁啓超:《陰陽五行之來歷》,顧頡剛編著:《古史辨》第五册,頁202。
② 范文瀾:《與顧頡剛論五行説的起原》,顧頡剛編著:《古史辨》第五册,頁375。
③ 梁啓超:《陰陽五行之來歷》,顧頡剛編著:《古史辨》第五册,頁203。

傳自禹、啓之時，①《洪範》篇所記相傳是天賜大禹的洪範九疇，則兩篇所謂"五行"當具有一定的歷史關聯性和內在一致性，就是説，它們是可以互相證成和互相發明的。范文瀾以《左氏》所記郤缺解釋《夏書》"九歌"的"六府"來詮解"五行"，可能更接近其本旨和淵源。

《洪範》《甘誓》所記"五行"説應該是代表了五行學説的原始階段。上揭《甘誓》正義之解釋"五行"，依據的是《禮記·月令》篇與水、火、金、木、土相配的明堂盛德之説，顯然並不可取，因爲這種高度精密化的五行學説之"組織"的成立，要遠遠晚於《甘誓》；至於其後半將"五行"詮釋爲仁、義、禮、智、信，則有某種程度的合理性。就儒學發展的整體取向看，儒家談水、火、木、金、土不可能停留在字面上，即一定會向政教倫理層面引申，正義據儒家政教倫理來作解釋，在取向上應該是正確的。有一點非常有意思：梁啓超反對釋"五行"爲水火金木土，而釋之爲"五種應行之道"，説到底還是從政教倫理層面上來定義"五行"，契合了五行舊説隱含的價值取向。然而更嚴格地説，《尚書正義》説五行"在人爲仁、義、禮、智、信"，即將仁義禮智信與水火金木土的關係坐實，則又未必然。人的五種德行被成龍配套關聯上原始五行，且被稱爲"五行"，可能是相當後起的事情，殆至漢代纔有。根據現有材料，明確將"五行"界定爲人五種德行的最早文獻就是子思的《五行》篇，可該篇之"五行"與水、

---

① 《墨子·明鬼下》曾引錄今見於《甘誓》的"有扈氏威侮五行，怠棄三正"云云，而名其篇爲《夏書·禹誓》。畢沅（1730～1797）注："《書序》云'啓與有扈戰于甘之野，作《甘誓》'，與此不同。而《莊子·人間世》云'禹攻有扈'，《吕氏春秋·召類》云'禹攻曹魏、屈驁、有扈，以行其教'，皆與此合。"孫詒讓《閒詁》申論之云："《吕氏春秋·先己》篇'夏后柏啓與有扈戰於甘澤而不勝'，是《吕覽》有兩説。或禹、啓皆有伐扈之事，故古書或以《甘誓》爲《禹誓》與？《説苑·政理》篇云：'昔禹與有扈氏戰，三陳而不服。禹於是修教三年，而有扈氏請服。'説亦與此合。"畢、孫傾向於並存兩説。孫星衍（1753～1818）則傾向於以《甘事》爲禹事。其《尚書今古文注疏》云："《書序》云啓作《甘誓》。《史記·夏本紀》云：'有扈氏不服，啓伐之，大戰於甘。將戰，作《甘誓》……'俱以爲啓伐有扈。《墨子·明鬼》篇作《禹誓》，引此文。《莊子·内篇·人間世》云：'……禹攻有扈，國爲虚厲……'《吕氏春秋·先己》篇云：'夏后相與有扈戰於甘澤而不勝，六卿請復之。'案：'相'當爲'柏'字。又《召類》篇云：'禹攻曹魏、屈驁、有扈，以行其教。'則所云'柏'者，謂伯禹也。《楚辭·天問》云'伯禹腹鯀'。《説苑·正（政）理》篇云：'昔禹與有扈氏戰，三陳而不服。禹於是修教一年，而有扈氏請服。'凡此諸書，或與孔子同時，皆未見《書序》，而以《甘誓》爲禹事，當必本古文《書》説也。《莊子》既云'國爲虚厲'，則有扈滅于禹時，不應啓復伐之。惟《淮南·齊俗訓》云：'昔有扈氏爲義而亡……'注云：'有扈，夏啓之庶兄也，以堯、舜舉賢，禹獨與子，故伐啓。啓亡之。'不知高誘何據何書，又與禹伐有扈違異。至《書序》以爲啓作者，因此篇序在《禹貢》後，故定爲啓事耳，亦不必以《書序》廢古説也。"無論如何，《甘誓》的内容當可上溯到禹、啓之時。龐樸據《墨子·明鬼下》之引錄，斷定《甘誓》即便不是夏朝實錄，也不會比《墨子》晚（見氏著《思孟五行新考》一文，《帛書五行篇研究》，頁125）。這個判斷太過保守。《甘誓》的内容或觀念應比《墨子》早很多，即便其寫定可能有所滯後。

火、金、木、土完全無關。

不管是《五行》篇出土以前，還是它出土以後，都有不少學者想當然地認定子思"五行"跟意指水火金木土的"五行"有内在聯繫。鄭玄注《中庸》"天命之謂性，率性之謂道，脩道之謂教"一語，云："天命，謂天所命生人者也；是謂性命。木神則仁，金神則義，火神則禮，水神則信，土神則知。"章太炎認爲鄭注所引乃"子思之遺説"。章氏又引《禮記·表記》以下文字爲證："今父之親子也，親賢而下無能。母之親子也，賢則親之，無能則憐之。母親而不尊，父尊而不親。水之於民也，親而不尊；火尊而不親。土之於民也，親而不尊；天尊而不親。命之於民也，親而不尊；鬼尊而不親。"太炎認爲："此以水火土比父母之於子，即董生《五行對》《五行之義》等篇以五行比臣子之事君父所昉也。"① 李學勤評價章氏之説，云："考慮到鄭玄時《子思子》尚存，這個説法是可信的。注中仁、義、禮、智、信雖和帛書略有不同，但援引五行是一致的。"② 總之他們都認爲子思"五行"不僅指五種德行，而且也指水火金木土。

這一判斷顯然缺乏充分的論證。就學術研究的本旨而言，提出一些"新見"可能並不難，真功夫主要在於證明。要正本清源，必須對這一判斷進行反思。筆者認爲，從《五行》篇來看，事實可能恰恰相反：子思"五行"範疇與指涉水火金木土的"五行"並不存在關聯。而章氏所引《表記》也根本不能證成他的論説。傳世《禮記》之《中庸》《表記》《坊記》《緇衣》四篇，通常被認爲取自《子思子》。可章氏所引《表記》實以"父—母""火—水""天—土""鬼—命"等兩兩相並，以四個帶有同構性質的組合，建構了如表 5-2 所示的序列：

表 5-2 《表記》"父—母""火—水""天—土""鬼—命"對立取向表覽

對比項	關係雙方（黑體字表示施事者，宋體字表示受事者）				取向
	父—子	火—民	天—民	鬼—民	尊而不親
	母—子	水—民	土—民	命—民	親而不尊

我們可以藉助舊注，來了解這一序列的具體内容。鄭注云："或見尊，或見親，以其嚴與恩所尚異也。命，謂四時政令，所以教民勤事也。鬼，謂四時祭祀，所以訓民事君也。"孔疏申之云：

此明尊親之異，父母不同。"今父之親子也，親賢而下無能"者，言父

---

① 參閱章太炎：《膏蘭室劄記》卷二"案往舊造説謂之五行"條，《章太炎全集》第一册，上海：上海人民出版社，1982 年，第 1 版，頁 169～170；又可參閲《太炎文錄初編》文錄卷一"子思孟軻五行説"條，《章太炎全集》第四册，上海：上海人民出版社，1985 年，第 1 版，頁 19。
② 李學勤：《帛書〈五行〉與〈尚書·洪範〉》，《簡帛佚籍與學術史》，頁 280～281。

之於子,若見賢者則親愛之,若見無能者則下賤之,以父立於義,分別善惡也。 ○"母之親子也,賢則親之,無能則憐之"者,言母之於子,見賢則親愛之,見其子無能則憐愛之,母以恩愛,不能分別善惡故也。○"水之於民也,親而不尊"者,水沐浴,人多用,故"親而不尊"。 ○"火尊而不親"者,火須離之,近則傷害人,不須輕近,故"尊而不親"。○"土之於民也,親而不尊"者,土能生物,載養於人,是"親"也,於人爲近,人所居處,遂"不尊"也。 ○"天尊而不親"者,天有雷霆日月,震耀殺戮,是"尊"也,而體高遠,是"不親"也。 ○"命之於民也,親而不尊"者,謂人君教命隨四時以教於人,欲人生厚,是"親"也,附近於民,使民勤事,是"不尊"。 ○"鬼尊而不親"者,"鬼"謂鬼神,神道嚴敬,降人禍福,是"尊"也,人神道隔,無形可見,是"不親"也。

從整體上看,《表記》建構的這一序列,實迥異於鄭注《中庸》所引指涉木—仁、金—義、火—禮、水—信、土—知的五行學說,其中五行方面僅僅出現了"水""火""土",五常方面則一項都沒有出現,這進一步意味着《表記》根本不存在五行與五常的關聯。

章太炎以《表記》比附董子《五行對》《五行之義》等等,其實也不恰當。《春秋繁露‧五行對》云:

> 天有五行,木火土金水是也。木生火,火生土,土生金、金生水。水爲冬,金爲秋,土爲季夏,火爲夏,木爲春。春主生,夏主長,季夏主養,秋主收,冬主藏。藏,冬之所成也。是故父之所生,其子長之;父之所長,其子養之;父之所養,其子成之。諸(凡)父所爲,其子皆奉承而續行之,不敢不致如父之意,盡爲人之道也。故五行者,五行也。由此觀之,父授之,子受之,乃天之道也。故曰:夫孝者,天之經也。此之謂也。

又云:

> 土者,火之子也。五行莫貴於土。土之於四時無所命者,不與火分功名。木名春,火名夏,金名秋,水名冬。忠臣之義,孝子之行,取之土。土者,五行最貴者也,其義不可以加矣。

前一段文字論爲人之道,完全是基於五行相生觀念;後一段文字謂"忠臣之義,孝子之行,取之土",則主要是就"土之於四時無所命者,不與火分功名"而言的。就其五行諸元素來看,《表記》之要旨在論"火""水""土"之於"民";其中"火—民"與"水—民"兩組關係是對待的,"土—民"與"天—民"兩組關係也是對待的,而"火—民"與"天—民"、"水—民"與"土—民"則是類同。凡此均與《五行對》截然不同。《春秋繁露‧五行之義》云:

> 天有五行:一曰木,二曰火,三曰土,四曰金,五曰水。木,五行之始也;水,五行之終也;土,五行之中也。此其天次之序也。木生火,火生土,土生金,金生水,水生木,此其父子也。木居左,金居右,火居前,水居後,土居中央,此其父子之序,相受而布。是故木受水,而火受木,土受火,金受土,水受金也。諸授之者,皆其父也;受之者,皆其子也。常因其父以使其子,天之道也。

這同樣是就五行相生論父子之道,與《表記》絕異。

總之,章太炎所引《表記》文字,根本無法證明鄭注《中庸》所引之五行說就出於子思。認定子思曾將五行與五常組合在一起,缺乏實據。

更要仔細審視的,是侯外廬(1903〜1987)、李學勤等學者組建和完成的另外一個關聯《五行》篇的序列。侯外廬、趙紀彬(1905〜1982)、杜國庠(1889〜1961)等所著《中國思想通史》第一卷,曾將《洪範》"五行""五事"以及《中庸》"五事"一一搭配,認爲"《中庸》的'五事'和《洪範》的'五事'文句雖不相同,而義旨實無差異"。① 李學勤進而指出,"《洪範》有五行五事,然而並未明言二者的聯繫。子思的五行說則將作爲元素的五行與道德範疇的五行結合爲一",遂在侯外廬等學者提出的組合上關聯子思的"五行"說。這樣一來,《洪範》"五行"(水火木金土)、"五事"(貌言視聽思)、《中庸》"五事"(聰明睿知等等),以及子思"五行"(仁知義禮聖),便形成如下完整的搭配:②

表 5-3　論者所主《洪範》五行、五事與《中庸》《五行》之關聯表覽

《洪範》	《中庸》	《五行》
土:思曰睿,睿作聖	聰明睿知,足以有臨也	聖
金:聽曰聰,聰作謀	寬裕温柔,足以有容也	仁
火:言曰從,從作乂	發强剛毅,足以有執也	義
水:貌曰恭,恭作肅	齊莊中正,足以有敬也	禮
木:視曰明,明作哲	文理密察,足以有別也	知(智)

這一搭配值得商榷的地方更多。

在《洪範》中,"五行"和"五事"的關係嚴格地說不是"並未明言",而是並未給定,將兩者所含元素一一關聯起來是相當後起的事情,較早的經典應該

---

① 侯外廬等:《中國思想通史》第一卷,北京:人民出版社,1957年,第1版,頁375。
② 參見李學勤:《帛書〈五行〉與〈尚書·洪範〉》,《簡帛佚籍與學術史》,頁283。

是伏生（約前260～前161）的《洪範五行傳》。《洪範》五事疏嘗云："《五行傳》曰：'貌屬木，言屬金，視屬火，聽屬水，思屬土。'《五行傳》，伏生之書也。"伏說明顯是後起的，且可能大乖《洪範》本意（其詳參見下文）。《漢書·藝文志》術數略五行類小序說："五行者，五常之形氣也。《書》云'初一曰五行，次二曰羞用五事'，言進用五事以順五行也。貌、言、視、聽、思心失，而五行之序亂，五星之變作，皆出於律曆之數而分爲一者也。其法亦起五德終始，推其極則無不至。而小數家因此以爲吉凶，而行於世，寖以相亂。"此說更爲後起，而且是愈走愈遠了。近今學者，比如章太炎也曾在闡發《洪範》本旨時傅會"五行"和"五事"，認爲"古者鴻範九疇，舉五行，傅人事，義未彰著"。① 侯外廬等及李學勤逕直將《洪範》"五行""五事"所含元素一一配搭。凡此均未見其據。而對比伏說與侯、李諸先生之見，竟僅有以"思"配"土"一項相契，足見此類配當有很大的隨意性。

　　就《洪範》和《中庸》的配搭而言，上表也存在一系列問題。比如，將《中庸》"聰明睿知，足以有臨也"，跟配搭了《洪範》五事之"思"的五行之"土"相配，似乎祇是着眼於所謂"思曰睿，睿作聖"與"聰明睿知"字面上有所縮合。然而，《中庸》另有"聖"這一範疇，其所舉五事均屬天下"至聖"所達之境界，易言之，"聰明睿知，足以有臨也"祇是天下"至聖"的境界之一（其他"寬裕溫柔，足以有容也""發強剛毅，足以有執也""齊莊中正，足以有敬也""文理密察，足以有別也"，亦包括在"至聖"的境界中）。《洪範》五事之"思"進而爲"睿"，復進而爲"聖"，與《中庸》之"聖"不惟意義不同，層次亦迥然有異。又比如，《洪範》五事中"聰""明"並列爲二，已然被各家分派給"金"和"木"，《中庸》之"聰明"與"睿知"則並爲一事，整個兒被各家搭配以"土"，其間頗有乖剌。除此之外，《中庸》"寬裕溫柔"當非就"聽"而言，"發強剛毅"當非就"言"而言，……"文理密察"當非就"視"而言，如上表將諸事一一配搭，似乎亦乏深意。

　　就《洪範》《中庸》《五行》三者的搭配來說，上表的主要問題在於：首先，《五行》之中，"仁、知、義、禮、聖"五者未見與"金、木、火、水、土"的關涉。鄭玄《中庸》注以"木"與"仁"、"金"與"義"、"火"與"禮"、"水"與"信"、"土"與"知"配合，跟子思《五行》不存在關係；拿鄭說來比較侯、李諸先生說，更無一點對應。其次，《五行》之"聖"乃"聞"的一種境界，與《中庸》天下"至聖"之"聖"意義不同，層次迥異，泛泛而論，它祇與《中庸》"聰明睿知"中的"聰"相通，而《洪範》五事之"聖"則爲"思"的一種境界。將《洪範》五事之"思—睿—聖"與《中庸》"聰明睿知"和《五行》之"聖"搭配在一起，亦殊爲膠戾。

---

① 章太炎：《太炎文錄初編》文錄卷一"子思孟軻五行說"條，《章太炎全集》第四册，頁19。

綜上所論,上表所示《洪範》五行與五事之間、《洪範》五行五事與《中庸》及《五行》之間的關聯基本上是不可取的;謂《中庸》五事和《洪範》五事"義旨實無差異",真不知從何説起。池田知久指出:"在《五行》中,包含木、火、土、金、水的所謂'五行説'一次也没有出現過,而且也没有看到將'仁、知、義、禮、聖'與木、火、土、金、水相互搭配地考慮之類的迹象。……'五行'……具有可以從實現'和'的視角來把握的特徵,這一點不是與當時的'五行説'講相勝和相生的情況是不能相容的嗎?"①這一判斷相當正確,不過,指涉木火土金水的原始五行説的基本義理並不在相生相克(參見下文所論)。

這樣説來,子思"五行"與《洪範》"五行"的關係就十分清楚了:《五行》篇並未採用《洪範》以"五行"指水、火、木、金、土的界定,而祇是襲用了《洪範》"五行"的名號,——儘管其歷史語境中可能已經存在將"水、火、木、金、土"政教倫理化的趨勢了。在歷史素材的取捨上,子思做出的修正、重新界定和發展顯然是更主要的。《五行》整個體系都具有這種特性,要想把握它,就要深入其内質,而不能偏重名頭,肆意皮傅。就與《五行》篇沿用《洪範》"五行"之名號,卻未承繼或照搬它包含的具體元素一樣,"仁""知(智)""義""禮""聖""善""德""君子""賢人"等等,也都是儒典中早已存在的範疇和材料,子思予以重新界定和整合,建構了嶄新的"五行"學説的體系;而在從理論上闡釋自身體系時,子思主要是弘揚了《洪範》的"五事"觀念。從這一層面上看,《五行》從《尚書》學汲取的學理上的滋養主要是《洪範》"五事"説,而非其"五行"説。學界在義理層面上過度關注子思"五行"與《洪範》"五行"的聯繫,依歷史事實而論實包含着巨大的錯位。不過出現這種情況並不奇怪。如果不仔細爬梳,我們甚至都想象不到自己面對着如此複雜的學術思想史的問題。固然,在子思創設五行體系以前,"五行"這一名號尚見於其他載録。比如,《左氏春秋》魯昭公二十五年(前517)記鄭子大叔(游吉)對趙簡子,曰:"吉也聞諸先大夫子産曰:'夫禮,天之經也,地之義也,民之行也。'天地之經,而民實則之。則天之明,因地之性,生其六氣(杜注:謂陰、陽、風、雨、晦、明),用其五行。氣爲五味,發爲五色,章爲五聲……"魯昭公三十二年(前510)記史墨(晉史)對趙簡子曰:"物生有兩、有三、有五、有陪貳。故天有三辰,地有五行,體有左右,各有妃耦,王有公,諸侯有卿,皆有貳也。"《國語·魯語上》記展禽(前720～前621)曰:"凡禘、郊、祖、宗、報,此五者國之典祀也。加之以社稷山川之神,皆有功烈於民者也;及前哲令德之人,所以爲明質也;及天之三辰,民所以瞻仰也;及地之五行,所以生殖也;及九州名山川澤,所以出財用也。非是不在祀

---

① 〔日〕池田知久:《馬王堆漢墓帛書五行研究》,頁73。

典。"("展禽論祭爰居非政之宜"章)凡此之類甚多,這裏無須一一舉列。但子思"五行"名號必襲自《尚書·洪範》,由前數節所論《五行》與《洪範》的深刻關聯,斷然可知。

不過,如果認爲子思《五行》跟《洪範》五行說的關係就止於取用其"五行"名頭,那就太過簡單了。究其實際,子思繼承了《洪範》五行說衍生的一個重要結構模式與範疇,這對他建構《五行》整個體系具有重大意義。

《五行》首章云:

仁荊(形)於內胃(謂)之德之行,不荊於內胃之行。知(智)荊於內胃之德之行,不荊於內胃之行。義荊於內胃之德之行,不荊於內胃之行。禮荊於內謂之德之行,不荊於內胃之行。聖荊於內胃之德之行,不荊於內胃之行。德之行五,和胃之德;四行和,胃之善。善,人道也;德,天道也。

十分明顯,由"德之行"躍升到"善"或"德",須經一個重要環節——"和"。《五行》體系中還有一個跟"和"意思相同的範疇。其經文第三章云:"五行皆荊(形)於闕(厥)内,時行之,胃(謂)之君子。"其經文第十八章云:"聞君子道,恖(聰)也。聞而知之,聖也。聖人知(而)〔天〕道〔也〕。知而行之,(聖)〔義〕也。行之而時,德也。"這兩個"時"也是"和"的意思。其説文第十八章明確解釋道:"'行之而時,恖(德)也':時者,和也。和也者(惠)〔恖〕也。"

"和"在《五行》體系中的重要性一目瞭然,它直接關聯着體系中最高及次高的道德境界"德"和"善",以及踐行德之行的方式。可是絕大多數學者對它不加解釋,更未有人悉心追索其學術思想史的本源,這意味着它的獨特性以及它在《五行》體系中的本意尚未被真正把握和認知。陳來認爲:"'和'是説德之行能夠和諧、協調,如此就是德。"①"和諧、協調"是"和"字的常用義。相關學者所以不解《五行》之"和",原因就是他們認定該字採用這種常用義,因此無須詮説。陳來的觀點代表了學界的共知,但是此説也許有待辨正。

在《五行》體系中,表徵最高道德境界"德"的"和"被界定爲"以多爲一""以夫五爲一"(見《五行》説文第七章)。"多"是"五"的含混、不具體的表達,"五"是指"仁""知(智)""義""禮""聖"五種德之行,而"一"是指由這五種德之

---

① 陳來:《竹簡〈五行〉篇講稿》,頁16。

行彙集而成的超越性的同一體。這種"和"同時意味着與"心"爲一。故《五行》説文第七章申釋道:"一者,夫五(夫)爲⃞一⃞心也,然笱(後)德。""一"無所對待,故《五行》又謂之"蜀(獨)"。其經文第七章謂"君子慎亓(其)蜀(獨)也",而説文第七章詮釋道:"慎亓蜀者,言舍夫五而慎亓心之胃⃞殹⃞;⃞蜀⃞然笱一"。"舍夫五而慎亓心"其實就是"舍夫五而慎亓一",具體説來,就是舍棄或超越五種德之行的個別存在,隨順由五者彙集而生的超越性的同一體。① 五種德之行若祇是"和諧、協調",則仍爲五種個體存在,並無"爲一"、舍五慎一可言。換言之,所謂"和諧、協調"仍指多元的存在,五行之"和"卻是超越多元而合一。與此相似,在《五行》體系中,表徵次高道德境界"善"的"和",被界定爲超越"仁""知(智)""義""禮"四種德之行之個別存在的超越性的同一體,它同樣意味着與"心"爲一。《五行》經文第十九章云:"四行之所和,⃞和⃞則同,同則善。"而説文第十九章詮釋道:"'和則同':和者有猶⃞五⃞聲之和也。同者□約也,與心若一也。言舍夫四也,而四者同於善心也。同,善之至也。同則善矣。"因此,"四行和"也根本不是説四種德之行"和諧、協調",所謂"和諧、協調"指涉多元的存在,四行之"和"卻是超越多元而合一。

既然解《五行》之"和"爲"和諧、協調"違背了《五行》體系給出的獨特界定,該範疇究竟應該如何解釋呢?筆者認爲,《五行》之"和"實爲"和五味""和羹""和五聲"之"和"。在"和"所指涉的德之行晉升的過程中,各種"德之行"既不是簡單相加,又不是"和諧、協調",而是達成超越性的合一(包括與心合一,而且耳目鼻口手足諸小體對此"一"或此"心"絲毫不背離)。

這裏先説説"和五味""和羹"之"和"。

古代有大羹,有和羹,大羹、和羹之異在是否備五味。《左氏春秋》魯昭公二十年(前 522)記晏子(? ~前 500)對齊侯,嘗援引《詩經・商頌・烈祖》"亦有和羹"語。杜注云:"和羹備五味,異於大羹。"《禮記・樂記》稱:"大饗之禮

---

① 《五行》經文第一章稱"德"爲"天道",則"德"被視爲"一"與"蜀(獨)",大致可被理解爲"天道"被視爲"一"與"蜀(獨)"。有意思的是,道家之"道"也被表述爲"一"和"獨"。傳世《老子》第四十二章云:"道生一,一生二,二生三,三生萬物。"這裏"一"是道生成萬物過程中距道最近的一種存在。道甚至被直接稱爲"一"。故傳世《老子》第三十九章云:"昔之得一者,天得一以清,地得一以寧,神得一以靈,谷得一以盈,萬物得一以生,侯王得一以爲天下貞。"作爲道的"一"是真正的無待,是名副其實的"獨"。故傳世《老子》第二十五章謂之"獨立不改,周行而不殆"。《説文・一部》亦云:"一,惟初太始,道立於一,造分天地,化成萬物。"在道家體系中,由道生成萬物的過程,是由一到多的順序生成過程。在《五行》體系中,由德之行至德(天道)的生成過程,則是由多到一的逆序生成過程。其間思維方式的微妙關聯耐人尋味。

（即合祀先王之祭禮），尚玄酒（玄酒即祭祀中當酒用的清水）而俎腥（生）魚。大羹不和，有遺味者矣。"鄭注云："大饗，祫祭先王，以腥魚爲俎實，不臑（腍）熟之。大羹，肉湆，不調以鹽菜。遺，猶餘也。"正義曰："云'大羹，肉湆'者，《特牲》云'大羹湆'，此云'不和'，故知不調以鹽菜。鉶羹則和之。""玄酒""腥魚""大羹"，並見其質。大羹就是肉汁，又稱"大羹湆"。《儀禮》特牲饋食禮（賈疏引鄭玄《目録》云，"諸侯之士祭祖禰"）、士虞禮（賈疏引鄭玄《目録》云："虞，安也。士既葬父母，迎精而反，日中祭之於殯宫以安之"）、士昏禮（賈疏引鄭玄《目録》釋之爲"士娶妻之禮"）、公食大夫禮（賈疏引鄭玄《目録》釋之爲"主國君以禮食小聘大夫之禮"）等，均設大羹湆。如《特牲饋食禮》云："設大羹湆于醢北。鄭注："大羹湆，煑肉汁也，不和，貴其質。設之所以敬尸也，不祭不嚌。大羹不爲神，非盛者也。"《士虞禮》云："泰羹湆自門入，設于鉶南，菹四豆，設于左。"《士昏禮》云："大羹湆在爨。"鄭注曰："大羹湆，煑肉汁也，大古之羹，無鹽菜。爨，火上。"賈疏曰："知'大古之羹，無鹽菜'者，《左傳》桓二年臧哀伯云'大羹不致'，《禮記·郊特牲》云'大羹不和'，謂不致五味，故知不和鹽菜。唐虞以上曰大古，有此羹。三王以來更有鉶羹，則致以五味。雖有鉶羹，猶存大羹，不忘古也。"《公食大夫禮》云："大羹湆不和，實于鐙。"諸禮皆設大羹湆，該禮制之意義，在以其"質"凸顯"敬而不忘本"。《左氏春秋》魯桓公二年（前710）記臧哀伯諫納鼎，謂"大羹不致"。杜注云："大羹，肉汁。不致五味。"正義曰："祭祀之禮有大羹也。大羹者，大古初，食肉者煮之而已，未有五味之齊，祭神設之，所以敬而不忘本也。《記》言'大羹不和'，故知'不致'者，不致五味。五味，即《洪範》所云酸、苦、辛、鹹、甘也。"《禮記·郊特牲》也說："大羹不和，貴其質也。"

與大羹不同的是和羹。古籍中常見之"鉶羹"即和羹之一，祭祀、賓客之禮並用之。《周禮·天官冢宰·亨人》云："祭祀，共大羹、鉶羹。賓客亦如之。"賈疏曰："云'鉶羹'者，皆是陪鼎臐（牛肉羹）、臐（羊肉羹）、膮（豬肉羹），牛用藿，羊用苦，豕用薇，調以五味，盛之於鉶器，即謂之鉶羹，若盛之於豆，即謂之庶羞……"大羹古質，和羹則越來越明晰、自覺地依循着和五味的理念。《詩經·商頌·烈祖》云："嗟嗟烈祖！有秩斯祜，申錫無疆，及爾斯所。既載清酤，賚我思成。亦有和羹，既戒既平。鬷假无言，時靡有争。"鄭箋云："和羹者，五味調，腥熟得節，食之於人性安和……"以"食之於人性安和"解"和羹"之"和"，殆爲牽附之說，"和"原本主要是就五味而言的。《說文解字·鬻部》："鬻，五味盉羹也，从弼从羔。《詩》曰'亦有和鬻'。……羹，小篆从羔从美。"古籍所謂"和羹"大抵即五味和之羹，這一點鄭玄自己也明白。《禮記·內則》（正義引鄭《目録》謂"記男女居室事父母姑舅之法"）云："食：蝸醢而苽食、雉羹、麥食、脯羹、雞羹、析稌、犬羹、兔羹,和糝不蓼。"鄭注云:"凡羹齊宜五味之和……"總之和羹之要在於和五味。

五味通過各種食材或佐料來實現,比如鹹取自鹽,酸取自醯、梅,甘取自百穀(《洪範》云"稼穡作甘",偽孔傳謂"甘味生於百穀")以及棗栗飴蜜等等。無疑,和羹之成還需要另外一些元素,比如水、火。在作和羹的過程中,各元素所起作用不同,有主有次。單以五味言,甘乃根本。《禮記·禮器》篇(正義引鄭《目錄》云,"名爲《禮器》者,以其記禮,使人成器之義也")載君子曰:"甘受和,白受采,忠信之人可以學禮。苟無忠信之人,則禮不虚道。是以得其人之爲貴也。"疏云:"'甘受和,白受采'者,記者舉此二物,喻忠信之人可得學禮。甘爲衆味之本,不偏主一味,故得五味之和。白是五色之本,不偏主一色,故得受五色之采。以其質素,故能包受衆味及衆采也。"

所和之味雖祇五種,所和之元素則或更多,故古代又有"六和"之説。《禮記·禮運》(正義引鄭《目錄》云,"名曰《禮運》者,以其記五帝三王相變易、陰陽轉旋之道")稱:"故人者,其天地之德,陰陽之交,鬼神之會,五行之秀氣也。故天秉陽,垂日星;地秉陰,竅於山川。播五行於四時,和而后月生也。是以三五而盈,三五而闕。五行之動,迭相竭也。五行四時十二月,還相爲本也。五聲六律十二管,還相爲宫也。五味六和十二食,還相爲質也。五色六章十二衣,還相爲質也。"鄭玄注解"五行""五味"語,云:"竭,猶負載也。言五行運轉,更相爲始也。……五味,酸、苦、辛、鹹、甘也。和之者,春多酸,夏多苦,秋多辛,冬多鹹,皆有滑甘,是謂六和。"綜合起來看,《禮運》的五行學説儼然是一個宏大精緻的組織了,作爲戰國晚期整理的文獻,其陰陽家言當是戰國晚期摻入的。① 暫且祇關注其中的和味之説。中國這一方面有極古老的傳統,至少可上溯至西周時期。鄭注"五味六和十二食"乃據《周禮·天官冢宰下·食醫》如下文字:"食醫:掌和王之六食、六飲、六膳、百羞、百醬、八珍之齊(鄭注:和,調也)。凡食齊眡春時(鄭注:飯宜温),羹齊眡夏時(鄭注:羹宜熱),醬齊眡秋時(鄭注:醬宜涼),飲齊眡冬時(鄭注:飲宜寒)。凡和,春多酸,夏多苦,秋多辛,冬多鹹,調以滑甘。凡會膳食之宜(鄭注:會,成也,謂其味相成),牛宜稌,羊宜黍,豕宜稷,犬宜粱,鴈宜麥,魚宜苽。凡君子之食恒放焉。"其中"滑甘",可以參閲《禮記·內則》所記:"以適父母舅姑之所。及所,下氣怡聲,問衣燠寒、疾痛苛癢,而敬抑搔之(鄭注:抑,按。搔,摩也)。出入則或先或

---

① 王鍔考證,"《禮運》是經多人多次記録整理而成。全篇是孔子與子游(前506～前445)討論禮制的文字,主體部分應該是子游記録的,大概寫成於戰國初期。在流傳過程中,大約於戰國晚期摻入了陰陽五行家之言,又經後人整理而成爲目前我們看到的樣子"(參見氏著《〈禮記〉成書考》,北京:中華書局,2007年,第1版,頁240～246)。

後,而敬扶持之。進盥,少者奉槃,長者奉水,請沃盥,盥卒,授巾。問所欲而敬進之,柔色以温之。饘、酏、酒、醴、芼、羹、菽、麥、蕡、稻、黍、粱、秫唯所欲(鄭注:酏,粥也。芼,菜也。蕡,熬枲實)。棗、栗、飴、蜜以甘之,堇荁、枌榆、免薧、滫瀡以滑之,脂膏以膏之(鄭注:謂用調和飲食也。荁,堇類也。冬用堇,夏用荁。榆白曰枌。免,新生者。薧,乾也。秦人溲曰滫,齊人滑曰瀡也)。父母、舅姑必嘗之,而後退。"這裏祇從以上材料中提取幾個要點,即"和""調以滑甘"及"六和"。鄭注《周禮》"凡和,春多酸,夏多苦,秋多辛,冬多鹹,調以滑甘",有云:"各尚其時味,而甘以成之,猶水火金木之載於土。"這揭明了五行、五味説的内在聯繫。孫詒讓(1848～1908)《周禮正義》解此語,云:"'凡和'者,論調和五味多少之齊也。……云'調以滑甘'者,《説文·水部》云:'滑,利也'。此五味益以滑,謂之六和。……滫者,《説文·水部》云'久泔也'。《内則》説爲酏云'爲稻粉糔溲之(以爲酏)',注云'糔,讀與滫瀡之滫同'。則'滫瀡'與'糔溲'義同,並謂以米粉和菜爲滑也。"

往古與原始五行説關聯的和羹、和味之説,大要如是。從這一背景上看《五行》之"和",其意指十分清楚。簡言之,在《五行》體系中,"仁""知(智)""義""禮"四種德之行"和"而成"善",以及"仁""知(智)""義""禮""聖"五種德之行"和"而成"德",殆猶宰夫和水火、醯醢、鹽梅、魚肉等衆多元素而成一羹,和酸、苦、辛、鹹、甘五味而成一味,各種材料或味道的個别存在最終被取消、被超越了,根本無所謂"和諧、協調"可言。比如,當和羹已成,"火"和"鹽"、"水"和"肉"、"酸"和"甘"等元素又怎麽"和諧、協調"呢?

弄清了《五行》"和"之本意,接下來要探討的,是《五行》"和"範疇以及"四行和""五行和"諸模式所藴含的《尚書》學基礎。

《洪範》記洪範九疇,"初一曰五行";"五行:一曰水,二曰火,三曰木,四曰金,五曰土。水曰潤下,火曰炎上,木曰曲直,金曰從革,土爰稼穡。潤下作鹹,炎上作苦,曲直作酸,從革作辛,稼穡作甘。"

毫無疑問,我們首先面臨的是《洪範》著作時代問題。近今學者多將它斷在東周以後。例如劉節以爲"當在秦統一中國以前,戰國之末";①郭沫若斷言此文乃戰國時思、孟之儒所依託;②范毓周以爲"在孔子之後,子思、孟子之前","可能是戰國前期孔子弟子根據傳説與已漸流行的'五行'觀念和'尚五'

---

① 劉節:《〈洪範〉疏證》,顧頡剛編著:《古史辨》第五册,頁235。
② 郭沫若:《十批判書·儒家八派的批判》,《郭沫若全集》歷史編第二卷,北京:人民出版社,1982年,第1版,頁137。

的習俗編撰而成的"。① 這些説法並不可靠。《左氏春秋》曾三引《洪範》:其一,魯文公五年(前622)記晉甯邑逆旅大夫嬴引《商書》"沈漸剛克,高明柔克"。今《周書・洪範》云:"六、三德:一曰正直,二曰剛克,三曰柔克。平康正直,彊弗友(順)剛克,燮友柔克;沈潛剛克,高明柔克……"關於"剛克""柔克",《史記・宋微子世家》集解引鄭玄《古文尚書注》云:"克,能也。剛而能柔,柔而能剛,寬猛相濟,以成治立功。""平康正直"一語,《尚書正義》引鄭玄《古文尚書注》云:"安平之國,使中平守一之人治之,使不失舊職而已。國有不順孝敬之行者,則使剛能之人誅治之。其有中和之行者,則使柔能之人治之,差正也。""沈潛剛克"句,《史記集解》引馬融注云:"沈,陰也。潛,伏也。陰伏之謀,謂賊臣亂子,非一朝一夕之漸,君親無將,將而誅。"其二,魯成公六年(前585)記或謂欒武子(即欒書),引《商書》"三人占,從二人"。今《周書・洪範》有:"七、稽疑:擇建立卜筮人,乃命卜筮,曰雨,曰霽,曰蒙(僞孔傳:陰闇),曰驛(僞孔傳:氣落驛不連屬),曰克,曰貞,曰悔。凡七,卜五,占用二,衍忒。立時人作卜筮,三人占,則從二人之言……"其三,魯襄公三年(前570)記君子評價晉大夫祁奚,引《商書》"無偏無黨,王道蕩蕩"。今《周書・洪範》有:"五、皇極:皇建其有極,斂時五福,用敷錫厥庶民。……無偏無陂,遵王之義。無有作好,遵王之道。無有作惡,遵王之路。無偏無黨,王道蕩蕩。無黨無偏,王道平平。無反無側,王道正直……"要之,《洪範》記洪範九疇,"初一曰五行;次二曰敬用五事;次三曰農用八政;次四曰協用五紀;次五曰建用皇極;次六曰乂用三德;次七曰明用稽疑;次八曰念用庶徵;次九曰嚮用五福,威用六極。"而《左氏春秋》引了其中第五、第六、第七疇,足可證明近今學者所斷《洪範》著作時代嚴重偏晚,《洪範》至少在魯文公(前626～前609在位)以前就已經在傳播了,惟當時收在《商書》而已。前人疑古過甚,率意將這些重要證據奮筆抹摋,算不上真正的實事求是。

不過,若止於斷言《洪範》就産生在魯文公以前,還太過保守,因爲早在西周末年周厲王(前877～前841在位)、周幽王(前781～前771在位)時期,② 它已經産生了重大影響。這一點之證明,我們先提示一下《詩經・小雅・小旻》曾使用《洪範》五事(傳世《詩序》謂此詩刺幽王,鄭玄以爲刺厲王),③ 下文

---

① 范毓周:《"五行説"起源考論》,艾蘭、汪濤、范毓周主編:《中國古代思維模式與陰陽五行説探源》,南京:江蘇古籍出版社,1998年,第1版,頁129。

② 案:周厲王、周幽王在位年限,參閲《夏商周斷代工程1996－2000年階段成果報告》(簡本),頁88。

③ 具體論析,請參閲本書第六章"《詩經》學視野中的《五行》"第一節。

還將順帶提供另外一個重要材料。現在還是將注意力集中於發源於《洪範》的五行說。范文瀾曾依歷史發展,分五行說爲"原始五行說"與"神化五行說"兩大階段。原始五行說包括二期:夏爲創始期。其時智者造出一種"五行"說,以概指水火木金土五物。這五種物爲民生所行用,所以《左氏春秋》魯襄公二十七年(前546)記宋司城子罕曰,"天生五材(杜注:金木水火土也),民並用之,廢一不可"。五行"本來就是極平常的話頭,並不含神秘性質"。殷爲擴充期。其時五行說發展而爲《洪範》九疇之五行說。接下來是神化五行說,以孟子爲闡發期,以鄒衍爲光大期。① 在探究五行學說時,將孟子和鄒衍扯到一起,且無視該學說在戰國時期的重大分化,是舊說常見的弊端,然而范文瀾倡言五行說經歷了一個原始發展階段,是合乎實際的;人們所矚目和熟知的乃是神化五行說。筆者認爲,原始五行說的核心經典是《洪範》。該學說發展的基本歷程是:禹、啓時期產生"六府"之說;"六府"或演化爲"五材",在商周之際定型爲《洪範》"五行"被納入"九疇"之中,於是或言"六府",或言"五材",或言"五行",在神化五行說定型前形成了奇妙的歷史疊加。與人們熟知的神化五行學說相比,《洪範》五行說有以下特質:

其一,"五行"概指水、火、木、金、土五種成物養民之材,高度的形而下,即尚未完成其形而上的抽象。

"五行"觀念殆源自"六府","六府"出現的原初語境是大禹治水。《尚書・禹貢》云:"九州攸同,四隩既宅,九山刊旅(即斫木通道而旅祭),九川滌源(即疏達其水原),九澤既陂,四海會同。六府孔修,庶土交正(壤、墳、壚衆土俱得其正),厎慎財賦,咸則三壤成賦。中邦錫土姓:'祗台(怡)德先,不距朕行。'"《左氏春秋》魯文公七年(前620)記晉郤缺言於趙宣子,曰:"《夏書》曰:'戒之用休,董之用威。勸之以九歌,勿使壞。'九功之德皆可歌也,謂之九歌。六府、三事,謂之九功。水、火、金、木、土、穀,謂之六府。正德、利用、厚生,謂之三事……"《大戴禮記・四代》篇載子曰:"水火金木土穀,此謂六府,廢一不可,進(益)一不可,民竝用之。"而晚《書・大禹謨》則記載:"禹曰:'於!帝念哉!德惟善政,政在養民。水火金木土穀惟修,正德、利用、厚生惟和;九功惟敘,九敘惟歌。戒之用休,董之用威,勸之以九歌,俾勿壞。'帝曰:'俞!地平天成,六府三事允治,萬世永賴,時乃功。'"孔疏云:"府者,藏財之處;六

---

① 參閱范文瀾:《與顧頡剛論五行說的起原》,顧頡剛編著:《古史辨》第五册,頁 373~374、頁 376~377。

者貨財所聚,故稱六府。"①修"六府"被視爲養民之本。"六府"與大禹治水密切相關,其所指大抵是就字面本事而言的。《禹貢》記禹治九州之水,定山川次秩,條説其所治之山與所治之水,而總言水土既平、貢賦得常,天子布行德教。其敘九州、山、川,必注目其河流之平治,是即六府之"水";必注目"厥土""厥田",是即六府之"土";必注目"厥賦(税穀)",是即六府之"穀";而或注目"厥草""厥木",是即六府之"木"。除冀州外,八州所貢,"惟金三品(金銀銅)"以及鈆等等,是即六府之"金";漆、絲、枲、松、桐、橘、柚、杶、榦、栝、柏等等,是又爲六府之"木";大龜、魚、鹽等,則指涉六府之"水"。此外六府之"火"於養民之用,不必費辭。至孟子仍曰:"易其田疇,薄其税斂,民可使富也。食之以時,用之以禮,財不可勝用也。民非水火不生活,昏暮叩人之門户求水火,無弗與者,至足矣。聖人治天下,使有菽粟如水火。菽粟如水火,而民焉有不仁者乎?"(《孟子·盡心上》)其説依然可見六府於民生日用之重要。《禹貢》所記實即圍繞六府展開。

《洪範》九疇中的"五行"與"六府"説大同小異。就其間歷史發展脈絡而言,與其説"六府是五行加一穀",不如説五行是六府減一穀。由"六府"變爲"五行"是一次較爲初步的抽象。雖然民以食爲天,但由於"土爰稼穡","穀"這一元素完全可以歸結到"土"中。箕子言"天錫"大禹以洪範九疇,這當然是假託,其言五行在"禹洪範九疇"之中,則可見五行説之本源。《洪範》論五行,要歸仍在成物及民生日用。"水曰潤下,火曰炎上,木曰曲直,金曰從革,土爰稼穡"一語,原本是最好的注脚,而舊注以爲指言五行之"體性",不惟據後以議前,而且過於抽象,迂遠而闊於事情。筆者以爲,《洪範》本意是在説明水以潤下、土以稼穡而行其成物之功,爲衆生存活所賴,火以炎上、木以曲直、金以

---

① "六府"之説出自《禹貢》,當無可疑。晚《書》之《大禹謨》篇提及指"火水金木土穀"的"六府",以及指"正德、利用、厚生"的"三事",孔安國所獻孔壁古文《尚書》有《大禹謨》篇(參見顧實:《漢書藝文志講疏》,頁22~24),綜合看來,"三事"指"正德、利用、厚生"之説確當出自《夏書》,甚至就出自《大禹謨》。周穆王將征犬戎,祭公謀父諫之,有曰:"先王之於民也,懋正其德而厚其性,阜其財求而利其器用,明利害之鄉,以文修之,使務利而避害,懷德而畏威,故能保世以滋大。"(《國語·周語上》)"祭仲諫穆王征犬戎"章所謂"懋正其德而厚其性,阜其財求而利其器用"云云,明顯有"三事"即"正德、利用、厚生"一説的影子,而其時間甚早。《左氏春秋》之材料,也不止上揭文公七年之記載可證成此説之影響。其文公六年(前621)有云:"閏月不告朔,非禮也。閏以正時,時以作事,事以厚生,生民之道,於是乎在矣。不告閏朔,棄時政也,何以爲民?"成公十六年(前575)記申叔時對子反(楚司馬),曰:"民生厚而德正,用利而事節,時順而物成,上下和睦,周旋不逆,求無不具,各知其極。……是以神降之福,時無災害,民生敦厖,和同以聽,莫不盡力以從上命,致死以補其闕,此戰之所由克也。"襄公二十八年(前545)記晏子對子尾,曰:"夫民生厚而用利,於是乎正德以幅之,使無黜嫚,謂之幅利。利過則爲敗。"凡此之類,均可見"三事"("正德、利用、厚生")説的影響。

從革而成其日用之功，爲百姓生命所依。《荀子·勸學》篇謂："木直中繩，輮以爲輪，其曲中規，雖有槁暴，不復挺者，輮使之然也。"此即木以曲直成其用之一端。《莊子·內篇·大宗師》云："今(之)大冶鑄金，金踊躍曰'我且必爲鏌鋣'……"此即金以從革成其用之一端。其他無須細論。

其二，在體系上，"五行"尚未與"陰陽"關聯在一起。范文瀾强調："陰陽與五行不是一件事，陰陽發生在前。……從原始陰陽説到原始五行説，其間經過的歲月一定……不少。"[1]他基本上是把"陰陽"説作爲"五行"説的前提來敘述的。觀念之產生往往有先有後，在歷史敘述上予以釐清固然大有必要，但不見得某個後起的觀念就一定在體系上基於某個先在的觀念，它們完全可以分別產生，後來纔被建構到一個體系之中，"陰陽"和"五行"殆即如此。就是説，"五行"學説經歷了一個逐漸被建構的過程，在《洪範》中，它並未同"陰陽"發生體系內的糾葛。

其三，"五行"各元素之間尚未凸顯相生相克之意。筆者認爲，原始五行説的核心義理毋寧説是"和"。宋司城子罕謂"天生五材，民並用之，廢一不可"，曾被梁啓超、范文瀾等學者拿來證明原始五行説重在民生日用。[2] 實際上，此語也暗示了原始五行説重在和的特質。孔子謂"水火金木土穀，此謂六府，廢一不可，進一不可，民竝用之"，有同樣的價值。與五行高度關聯的"和羹"之説見於晚《書·説命下》(參見下文)，亦有一定的參考價值。

其四，在體系中，"五行"祇關聯了五味，尚未成爲"宇宙間無量無數之物象事理"的統攝和組織核心。[3] 甚至連作爲九疇第一、第二疇的"五行"和"五事"，都未凸顯明確有力的貫穿。所以梁啓超説："《洪範》本爲政治書；其九疇先列五行者，因其爲物質的要素，人類經濟所攸託命耳；《左傳》所謂'天生五材，民並用之'，即此義也。然則《洪範》本意，並非以此一疇統貫生八疇甚明。後世愚儒欲取凡百事物皆納入'五行'中，於是首將第二疇之'五事'——貌、言、聽、視、思，分配水、火、木、金、土。試問第四疇之'五紀'，第九疇之'五福'，數固同爲五，然有法分配否？第三疇之'八政'，第六疇之'三德'，數不止五或不及五者，又有法分配否？第五疇之'皇極'，第七疇之'稽疑'，第八疇之'庶徵'，並無數目者，又有法分配否？以一貫八，而所貫者亦僅一而止，愚儒之心勞日拙，大可憐也。"[4]梁啓超稱《吕氏春秋》十二紀、《禮記·月令》《淮南

---

[1] 范文瀾：《與顧頡剛論五行説的起原》，顧頡剛編著：《古史辨》第五册，頁373~374。
[2] 分別參見梁啓超：《陰陽五行説之來歷》，以及范文瀾：《與顧頡剛論五行説的起原》，顧頡剛編著：《古史辨》第五册，頁203、頁374。
[3] 引語見梁啓超《陰陽五行説之來歷》，顧頡剛編著《古史辨》第五册，頁204。
[4] 同上書，頁203。

子·時則》篇的五行説,爲"極怪誕而有組織者"。① 然而五行學説的這些經典文獻仍未編入"五事"。"五事"被編入"五行"體系、儼然成爲體系的重要元素,代表性的文獻應當是《洪範五行傳》。

還有一點耐人尋味,《洪範》中,第二疇"五事"和第八疇"庶徵"倒有明顯的縮合。《洪範》云:"二、五事:一曰貌,二曰言,三曰視,四曰聽,五曰思。貌曰恭,言曰從,視曰明,聽曰聰,思曰睿。恭作肅,從作乂,明作哲,聰作謀,睿作聖。"又云:"八、庶徵:曰雨,曰暘,曰燠,曰寒,曰風。曰時五者來備,各以其敘,庶草蕃廡。一極備,凶;一極無,凶。曰休徵:曰肅,時雨若;曰乂,時暘若;曰哲,時燠若;曰謀,時寒若;曰聖,時風若。曰咎徵:曰狂,恒雨若;曰僭,恒暘若;曰豫,恒燠若;曰急,恒寒若;曰蒙,恒風若……"庶徵中的"休徵"和"咎徵"一正一反,直接關聯着"五事"(參見圖 5-6 所示)。這更凸顯了《洪範》"五行"與"五事"之間缺乏組織性。

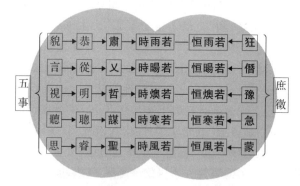

圖 5-6 《洪範》"五事""庶徵"關聯圖式

根據以上四個方面的特質,很容易區隔《洪範》五行説與人們熟知的春秋戰國及秦漢時期的五行説。

《洪範》五行説之"五行"與五味具有體系内的關聯,它很可能就藴含着和五味的觀念。晚《書·説命下》記高宗曰:"爾惟訓於朕志,若作酒醴,爾惟麴

---

① 梁啟超:《陰陽五行説之來歷》,顧頡剛編著:《古史辨》第五册,頁 204。案:"十二紀"原誤爲"十二覽"。又陳澧云:"《管子·幼官》篇、《四時》篇、《輕重己》篇,皆有與《月令》相似者。《四時》篇云,'春行冬政則雕,行秋政則霜,行夏政則欲','夏行春政則風,行秋政則水,行冬政則落','秋行春政則榮,行夏政則水,行冬政則耗','冬行春政則泄,行夏政則雹,行秋政則旱,尤與《月令》無異。故《通典》云《月令》本出於《管子》(卷四三)。其書雖云不韋之客所作,其説則出於《管子》也(漢儒以《月令》爲周公所作,鄭君不從其説,以《月令》之文明見於《吕氏春秋》,不能舍此實據,而以空言歸之周公也。惠定宇《明堂大道録》必以爲周公作,且云:'康成之徒,猶復蔽冒,爲首鼠兩端之説……不能無罪。'其詆鄭君至此。鄭君果有罪乎?"《東塾讀書記》卷九《禮記》)録此備參考。

櫱;若作和羹,爾惟鹽梅。"僞孔傳云:"酒醴須麴櫱以成,亦言我須汝以成。"又説:"鹽,鹹;梅,醋。羹須鹹醋以和之。"高宗此語的主旨在於和。作爲喻體的和涉及兩組元素,一是釀酒的主料和麴櫱即酒麴,一是作羹的食材和鹽梅即鹹酸;作爲本體的和則指涉"爾(傅説)"與"我(高宗)"。因此這裏"作和羹"之喻,明顯涉及和五味的問題。傳世《説命》篇未必盡爲本相,但其和味和羹之説,實完全契合《洪範》五行説的體系。儘管《洪範》中"五行"所關聯的五味觀念一旦向日常生活層面落實,就必然有"和"的問題,但不見得一定達到自覺,而《洪範》五行理念則包含了該學説最早成熟的解釋體系:"和羹"與"和五味"。

《洪範》五行説在後世的一些發展似未受到學界應有的重視,——我們雖然不能把握這一過程的所有細節,卻可以捕捉到一些重要的節點。周幽王八年(前774),鄭桓公爲司徒,問於史伯(周太史)曰:"周其弊乎?"史伯對曰:

> 殆於必弊者也。《泰誓》曰:"民之所欲,天必從之。"今王棄高明昭顯,而好讒慝暗昧;惡角犀豐盈(韋注:角犀謂顏角有伏犀,豐盈謂頰輔豐滿,皆賢明之相),而近頑童窮固(韋注:頑童,童昏。固,陋也。謂皆昧暗窮陋,不識德義)。去和而取同(韋注:和,謂可否相濟。同,謂同欲)。夫和實生物,同則不繼。以他平他謂之和,故能豐長而物歸之;若以同裨同,盡乃棄矣。故先王以土與金木水火雜,以成百物。是以和五味以調口,剛四支(肢)以衛體,和六律以聰耳,正七體以役心,平八索以成人,建九紀以立純德,合十數以訓百體。出千品,具萬方,計億事,材兆物,收經入,行姟極。故王者居九畡之田,收經入以食兆民,周訓而能用之,和樂如一。夫如是,和之至也。於是乎先王聘后於異姓,求財於有方,擇臣取諫工而講以多物,務和同也。聲一無聽(韋注:五聲雜,然後可聽),物一無文(韋注:五色雜,然後成文),味一無果(韋注:五味合,然後可食。果,美),物一不講(韋注:講,論校也)。王將棄是類也而與剸同。天奪之明,欲無弊,得乎?……"(《國語·鄭語》"史伯爲桓公論興衰"章)

這裏呈現了《洪範》五行説的發展。史伯所引《泰誓》,今文《尚書》無,晚《書》有而未必盡得其舊。《左氏春秋》魯成公二年(前589)"君子曰"、魯襄公三十一年(前542)"穆叔曰"、魯昭公元年(前541)"子羽謂子皮曰"、魯昭公二十四年(前518)萇弘"對曰",均引用《大誓》,且均與傳世《泰誓》篇內容一致;穆叔、子羽所引更與史伯所引相同。故史伯上述言論有《尚書》某些重要篇章作學術背景,是確乎不拔的事實。從這一層面上説,《洪範》五行體系潛藏在史伯的話語中也並不奇怪。此外,史伯之説與《洪範》五行體系還有更直接、更鮮明的縮合,即出現了土金木水火五行以及"五味",且五行和"五味"亦有確鑿無疑的關聯。史伯還承襲了《洪範》對五行說的基本定位,即將它作爲治道的一部分。其所謂"先王以土與金木水火雜,以成百物。是以和五味以調口"云云,幾乎可作《洪範》五行說的注脚。其括囊五行、"百物""五味""四支(肢)""六律""七體""八索""九紀""十數""百體""千品""萬方""億事""兆物"等物象事理的思考與論說方式,保持了《洪範》九疇的高古樸質,且同樣不具備後代五行說的高度組織性。韋昭注"聲一無聽,物一無文,味一無果"等,據"五聲""五色""五味"爲說,除"五味"確有與五行一一配搭的關係外,其他基本上是"據後以議前";換句話說,史伯原本並未凸顯"五聲""五色"與"五行"的類似關聯,它們與五行之間尚未被賦予"神化五行說"的精緻一體性。總之,史伯之說仍是立足於《洪範》五行說的原始五行體系。而《詩經·小雅·小旻》一作,或謂與史伯論周將弊同時(《詩序》解該詩之旨意爲刺幽王),或謂還要早大約六十至一百年(鄭箋解該詩之旨意爲刺厲王)。《小旻》使用了《洪範》五事,這是《洪範》影響史伯的重要旁證。《洪範》之撰作和傳布不可能晚於這一時期,自然不必費辭。

史伯對《洪範》五行說的重要推進,是張揚了其核心理念——"和"。什麼叫"和"呢?史伯稱"以他平他謂之和"。此語舊注多不明晰。筆者以爲,"平"者成也,"以他平他"即以此物成彼物,取其不同而相濟,猶晚《書·說命》所說以麴蘗成穀物而爲酒醴,以鹽梅成食材而爲和羹,又如史伯下文所說以土、金、木、水、火雜而成百物,以及聲雜而成樂、色雜而成文、味雜而成美食等等。"和"有不同層面,其大者如"和實生物"之"和",以及兆民"和樂如一""和之至"之"和",表徵着化成萬物、經營天下的終極價值,其小者如"和五味""和六律"之"和",關聯着口之於味、耳之於聲的日常體驗;而"和五味"具有相當突出的位置,與五行雜而成百物並駕齊驅。上文在詮釋《五行》之"和"時嘗引述諸典籍中和羹、和味之"和",它們或與史伯之說有相同相近的語境,或承繼了史伯論和味的影響。當然,在史伯的論說中,五行說另外一重要詮釋體系即"和五聲"已經是呼之欲出了;——作爲五行說的詮釋體系,"和六律"與"和五聲"幾乎是等值的,因爲它們有極高的關聯性,而史伯所謂"聲一無聽"則在事實上指向了五聲之和。要之,史伯之論不僅出現了原始五行說最核心的詮釋體系——"和五味",而且包含了另外一個重要詮釋體系——"和五聲"。這兩者我們要高度關注,特別是"和五味",它是五行說各種詮釋體系中成熟最早、最有再生力的基本模式。

而在孔子時代,恰恰是"和五味""和五聲"兩個詮釋體系又取得了明顯的進展。《左氏春秋》魯昭公二十年(前522)記載:

齊侯(案爲景公)至自田,晏子侍于遄臺,子猶(梁丘據)馳而造焉。

公曰："唯據與我和夫！"晏子對曰："據亦同也，焉得爲和？"公曰："和與同異乎？"對曰："異。和如羹焉，水、火、醯（酢）、醢（肉醬）、鹽、梅，以烹魚肉，燀（炊）之以薪，宰夫和之，齊之以味，濟其不及，以洩其過（正義：齊之者，使酸鹹適中，濟益其味不足者，泄減其味大過者）。……故《詩》曰：'亦有和羹，既戒既平。鬷嘏無言，時靡有争。'先王之濟五味、和五聲也，以平其心，成其政也。聲亦如味，一氣，二體，三類，四物，五聲，六律，七音，八風，九歌，以相成也；清濁、小大、短長、疾徐、哀樂、剛柔、遲速、高下，出入、周疏，以相濟也。君子聽之，以平其心。心平，德和。故《詩》曰：'德音不瑕'。……若以水濟水，誰能食之？若琴瑟之專壹，誰能聽之？同之不可也如是。"

晏子承繼了史伯之論，其核心理念"和"與"同"已經説明了一切，而"濟五味""和五聲"等説法亦均與史伯之論有内在的一致性。晏子進一步突出了五行説的核心闡釋體系——"和羹""濟五味"；其所論列固不限於五味，但源於《尚書·洪範》的"五行—五味"觀念無疑爲他提供了論説的基本框架。晏子明確地説"聲亦如味"，味是原始五行説最核心的詮釋體系，聲則是基於這一詮釋體系的進一步推展；——晏子所論列固亦不限於五聲，但"和五聲"是相關文字無可置疑的核心。

《洪範》"五行—五味"理念原本從屬於極爲宏大的"天—人"之道，由它包含的和味、和羹説，以及由此衍生出的和聲説，作爲原始五行説的重要詮釋系統，又構成了子思創立五行體系的重要語境。《五行》經文第十八章云："五行之所和，和則樂，樂則有德。"其説文第十八章闡釋道："'五行之所和'：言言和仁義也。'和則樂'：和者有猷（猶）五聲之和也。樂者言亓（其）流體（體）也，機然忘（寒）〔塞〕也。忘（寒）〔塞〕，悳（德）之至也。樂而笱（後）有悳。"《五行》經文第十九章云："四行之所和，和則同，同則善。"其説文第十九章闡釋道："'和則同'：和者有猶五聲之和也。"這兩章明確以和五聲之"和"，來解釋"仁""知（智）""義""禮""聖"五種德之行之"和"，以及"仁""知（智）""義""禮"四種德之行之"和"，有力凸顯了《五行》所謂"和"的《尚書》學本源。儘管這一文本中並没有出現和五味之説，但作爲原始五行説的詮釋體系，和五聲幾乎必然地關聯着和五味。

酸苦甘辛鹹也好，水火潚瀰也好，角徵宮商羽也好，其和産生的是一個實際的超越性的結果，各元素不是"和諧、協調"的問題，它們取消了各自的獨立存在，生成了一個超越性的同一體。子思沿用了《洪範》"五行"範疇，卻剔除了它原有的所指——水、火、木、金、土，將它包含的元素重新界定爲仁、知（智）、義、禮、聖；①《洪範》五行體系自然含蘊的"和五味"模式，包括由它進一步衍生的"和五聲"等，則被他相應地置換爲"五行（德之行）和"的模式，同時基於體系需要，他又析分出一個"四行（德之行）和"的中間層次，就邏輯上位置言，這一層次在五種"德之行"之上，在"五行和"之下。依《五行》體系，"仁""知（智）""義""禮"四種德之行舍棄其個體存在而和合爲一，並且與心合一，是爲"善"爲"金聲"。而"仁""知（智）""義""禮""聖"五種德之行舍棄其個體存在而和合爲一，並且與心合一，是爲"德"爲"金聲玉振之"。故其經文第十九章云："四行之所和，和則同，同則善。"其說文第十九章云："'和則同'：和者有猶五聲之和也。同者□約也，與心若一也。言舍夫四也，而四者同於善心也。同，善之至也。同則善矣。"《五行》經文第七章云："能爲一，然后（後）能爲君子；君子慎其獨也。"其說文第七章詮釋道："'能爲一，然笱（後）能爲君子'：'能爲一'者，言能以多爲一。以多爲一也者，言能以夫五爲一也。'君子慎亓（其）蜀（獨）也'：慎亓蜀者，言舍夫五而慎亓心之胃（謂）殹；蜀然笱一也。一者，夫五（夫）爲一心也，然笱德。之一也，乃德已。"四行和意味着"舍夫四"，五行和意味着"舍夫五"，此時已根本就無所謂德之行的"和諧、協調"了。②

　　結合此前數節所論，可知《五行》建構"仁""知（智）""義""禮""聖"五種"德之行"以及"善""德"生成的諸多圖式，主要是發揮了《洪範》五事系列，這兩個文本在這一層面上的關聯，無疑可以佐證本節的結論。《五行》論"仁""知（智）""義""禮"四種德之行和而爲善，"仁""知（智）""義""禮""聖"五種德之行和而爲德，則移植了《洪範》五行學説含蘊或衍生出的和五味模式。換句話説，《五行》之"和"承襲了《洪範》五行學説的結構框架。對照以下兩圖，這一點可謂一目瞭然。

---

① 案：郭店《語叢一》嘗謂"又（有）息（仁）又智，又義又豊（禮），又聖又善"，此語可能包括了《五行》篇仁、智、義、禮、聖五種德之行，以及由仁智義禮四種德之行達成超越性和一而生成的善。

② 池田知久解"德之行五行和胃之德"，云："'和'，是調和、統一的意思，即不讓'仁、知、義、禮、聖'的五行分散，而調和、統一歸結爲一個"（參見氏著《馬王堆漢墓帛書五行研究》，頁145）。這是比較準確的詮釋，遺憾的是他没有基於《五行》體系給出有力的證明，亦未揭明"和"這一範疇的歷史本源。

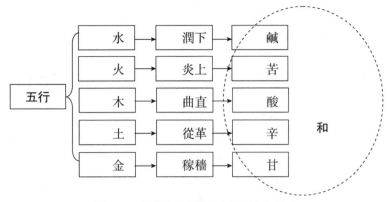

圖 5-7　《洪範》五行體系中的五味和模式

説明：本表用虛綫標示《洪範》五行體系中的五味和模式，是因爲它在文本中是隱含的。

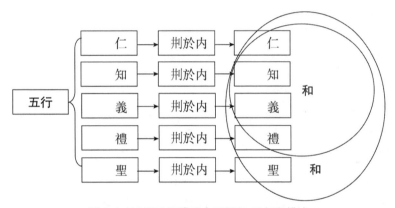

圖 5-8　子思五行體系中四行和、五行和模式

説明：表中"五味和模式"，意味着它指涉的内容並不限於五味和（它祇是原始五行學説最早成熟而富有再生性的解説體系），還包括由它滋生的其他詮釋系統，比如和五聲等。

餘　論

《五行》跟《尚書》學的關聯，還有不少問題值得討論。

《五行》説文第二十三章引《詩經·大雅·大明》"天監在下，有命既雜（集）"，謂天集命於草木、禽獸以及人類，草木之性有生而無好惡，禽獸之性有好惡而無禮義，人之性則巍然好仁義或説獨有仁義；文王推究耳目、鼻口、手足以及心之性，得知心巍然好仁義，"執之而弗失，親之而弗離，故卓然見於天，箸（著）於天下"，故《詩經·大雅·文王》謂"文王在上，於昭于天"。上天集命於文王是周文化的一個重要觀念,除見於《詩經·大雅·文王》《大明》《皇矣》《文王有聲》諸篇外,《尚書·康誥》載周公誡康公、《文侯之命》載周平王語、《君奭》記周公謂召公等,亦均有此説。① 《五行》沿襲這一論題,並從"天命之謂性"(《中庸》)的立場上重新加以解釋,實現了創造性的轉換,爲先秦思想史上一大推進。②

《洪範》五行、五事説包含一系列由基源擴展進升的系譜化思維和表達,各系譜相同功能位置上的元素又存在橫向的邏輯關聯,由此構成了對對象的完整解釋體系和詮釋模式。《五行》之思維與表達承繼了這種模式。當"視→明→……""聽→聰→……"圖式反復再現於《五行》當中,充當德行諸境界生成的基源時,《洪範》這種思維、表達模式與《五行》的關聯,凸顯了強烈的實證性,這是歷史書寫的奇事。毫無疑問,在反思學術思想史的時候,模式的再生功能無論如何都不可忽視。《五行》體系就是用大量系譜建構的,它們秉承了《洪範》五行、五事學説的圖式化思維與表達,秉承了《洪範》五行、五事學説對各系譜元素之功能位置的關注。這裏筆者僅舉一例。《五行》經文第十七章云:

> 未嘗聞君子道,胃(謂)之不恩(聰)。未嘗見賢 人 ,胃之不明。聞君子道而不知亓(其)君子道也,胃之不聖。見賢人而不知亓有德也,胃之不知(智)。見而知之,知(智)也。聞而知之,聖也。明明,知(智)也。赫赫(赫赫),聖〔也〕。"明明在下,赫赫在上",此之胃也。

此章包含基於"聞""見"的兩個並行的系譜化表達,以及一個將"知(智)""聖"並列的圖式,可以改寫爲如下便於比對的歷時性安排(表5-4):

表5-4 《五行》經文第十七章所含歷時性(縱向)及共時性(橫向)圖式

説明:表中各欄自上而下閱讀。左欄爲原文,右欄實綫以上是原文各部分包含的系譜,實綫以下臚列的是各系譜相同位置的元素。其中符號"—"表示元素的共時性關係,由它關聯的元素在邏輯上是並列的;符號"→"表示元素的歷時性關係,由它關聯在一起的前後兩個元素是因果性的;仿宋體字所指範疇具有基源性。

《五行》經文第十七章	相關系譜
未嘗聞君子道,胃之不恩。聞君子道而不知亓君子道也,胃之不聖。聞而知之,聖也。	聞→恩→聖

---

① 其詳請參閱本書第十章"學術思想傳播授受的交光互影"第四節,探討屈原與儒學關係之部分。
② 參閱本書第四章"先秦儒家心性學説的理念體系及歷史軌跡"之第二節。

續表

《五行》經文第十七章	相關系譜
未嘗見賢人，胃之不明。見賢人而不知亓有德也，胃之不知。見而知之，知也。	見→明→知
明明，知也。𢛳𢛳，聖〔也〕。"明明在下，𢛳𢛳在上"，此之胃也。	知—聖
	聞—見
	恩—明
	聖—知

《洪範》"五行""五事"所含系譜，可歸併於下表（表5-5）：

表 5-5　《洪範》"五行""五事"所含歷時性（縱向）及共時性（橫向）圖式

《洪範》五行	《洪範》五事
水→潤下→鹹	貌→恭→肅
火→炎上→苦	言→從→乂
木→曲直→酸	視→明→哲
金→從革→辛	聽→聰→謀
土→稼穡→甘	思→睿→聖
水—火—木—金—土	貌—言—視—聽—思
潤下—炎上—曲直—從革—稼穡	恭—從—明—聰—睿
鹹—苦—酸—辛—甘	肅—乂—哲—謀—聖

很明顯，《五行》的系譜化思維和表達，與《洪範》"五行""五事"的系譜化思維和表達，具有相同的性質；《五行》關注系譜各元素的位置，與《洪範》"五行""五事"關注系譜各元素的位置，也高度一致。系譜說到底就是隊列，位置（縱向的和橫向的）則是隊列的根本特質。在這一層面，我們又一次從《洪範》和《五行》中聽到了超越歷史時空的合奏。

如果《五行》跟《尚書》學祇存在某種關聯，比如說祇是襲用了《洪範》中的"五行"一詞，那我們還可以掉以輕心。當兩者存在如此之多的深刻關聯時，不予以高度重視，實際上就是漠視歷史；——如此之多的關聯，它們互相確認和加強，一起勾畫出學術思想史的真實時空，而這一切都是人們前所未知的。從本章所論可知：其一，在孔子至七十子後學時代，《尚書》學具有極大的影響,《洪範》在學術思想建構上發揮的作用尤爲特出。其二,從《尚書》學背景上詮釋《五行》,可凸顯《五行》一系列重要觀念及其特性在《尚書》學方面的源頭,復現先秦思想學術史埋埋千百年的若干重要脈絡。而《荀子·非十二子》篇謂子思"案往舊造説,謂之五行",可以得到確切的説明;荀子批評子思五行學説的學術史價值,亦可以得到凸顯。前人曾説,"《書經》之學,雖有孔子授漆雕開,然師説無傳,惟孔氏世傳其書,九傳而至孔鮒"。① 上揭《五行》與《尚書》學的深刻關聯,證實了子思是孔氏世傳《書經》的一個不可懷疑的重要環節。而毫無疑問,孔子是《尚書》學到子思《五行》學説的重要中介。《論語·季氏》篇載孔子曰:"君子有九思:視思明,聽思聰,色思溫,貌思恭,言思忠,事思敬,疑思問,忿思難,見得思義。"向前看,"視思明""聽思聰""貌思恭"之説直接來自《洪範》五事,其餘六思則當是在此基礎上進一步推廣的結果,"色思溫"尤其明顯。向後看,不僅"視思明""聽思聰""貌思恭"三個方面均爲《五行》光大,"九思"之"思"作爲當下行爲趨向於適當性甚至崇高性的心志和期求,在《五行》中也得到了根本性的弘揚。《五行》承繼和推進《詩》《書》的上天集命説,予以創造性的轉換,同樣以孔子爲歷史的過渡。孔子不僅張揚天命觀念,而且在《詩論》中對上天集命文王之説有過充分關注,爲子思導夫先路。②

---

① 劉師培:《經學教科書》,上海:上海古籍出版社,2006年,第1版,頁21。案:劉師培列出的孔氏九世傳《書經》者,爲孔子—孔鯉—孔伋—孔白—孔求—孔箕—孔穿—孔順—孔鮒(見氏著《經學教科書》,頁22)。
② 參閲拙作《孔子天命意識綜論》,《孔子研究》1999年第3期,頁35~45;中國人民大學書報資料中心《中國哲學》1999年12期全文轉載。並請參閲本書第四章"先秦儒家心性學説的理念體系及歷史軌迹"第一節相關文字。

第六章 《詩經》學視野中的《五行》
——並論《五行》與《詩論》的關聯

不少學者頗關注《五行》之引《詩》論《詩》,推出了一批有價值的成果,然而《五行》和《詩經》學的具體聯繫,或者説《五行》在《詩經》學上的具體價值,仍然有待於深入探究。① 否則,《五行》的某些重要觀念和特質得不到合理、清楚的解釋,早期《詩經》學的某些重要軌迹亦將會湮滅不彰。從《詩經》學視域中研究《五行》的現狀,與從《尚書》視域中研究《五行》頗爲相類。有鑑於此,本章將以揭示《五行》與《詩經》學的具體關聯爲根基,發明《五行》的一些重要觀念和特質,並考察早期《詩經》學的一系列重要發展脈絡,——這些脈絡的不少面向,呈現了《五行》對《詩論》的深刻承繼與巨大推進。《詩論》《五行》這兩部出土文獻,在學術思想體系上具有富有實證性的縮合,讓人充滿興趣和遐想。本章具體内容仍將圍繞《五行》與《詩經》學密切關聯的一系列範疇或命題來展開。

子思的著作經常援引《詩經》。比如,與簡本《五行》同出於郭店的楚簡《緇衣》,幾乎章章都引《詩》,②雖是録記孔子之言,卻也能説明一定的問題,——至少《詩經》學作爲子思的知識視野、作爲他建構思想學術體系的重要背景,已無須再做任何論證。《五行》所引《詩》作,很多學者認爲有《召南·草蟲》《曹風·鳲鳩》《邶風·燕燕》《大雅·大明》《大雅·文王》以及《商頌·長發》。③ 這類列舉不很全面。比如,《五行》經文第十五章云:"中心辯焉而正行之,直也。直而⃞遂之⃞,迣也。⃞迣而⃞不畏强圉,果也。"其説文云:"'迣而⃞弗畏⃞强禦,果也':强禦者,勇力者,胃□□□□□□□□之以□□□,旡介於心,果也。"這些文字實化用了《詩經·大雅·烝民》以及《蕩》。《烝民》有云:"人亦有言:'柔則茹之,剛則吐之。'維仲山甫,柔亦不茹,剛亦不吐,不

---

① 與本書第五章所説"《尚書》學"相類,"《詩經》學"也有兩層緊密關聯的含義:其一是《詩經》文本建構的學術思想體系,其二是《詩經》在後世闡釋、傳授和研究中形成的學術思想的層累。
② 可參閲李零:《郭店楚簡校讀記》增訂本,頁61~63。
③ 參閲李零:《郭店楚簡校讀記》增訂本,頁83;以及劉冬穎:《出土文獻與先秦儒家〈詩〉學研究》,頁85~86。

侮矜寡,不畏强禦。"《蕩》篇云:"文王曰咨,咨汝殷商! 曾是彊禦,曾是掊克,曾是在位,曾是在服。天降慆德,女興是力。/文王曰咨,咨女殷商! 而秉義類,彊禦多懟……"毛傳曰:"彊禦,彊梁禦善也。掊克,自伐而好勝人也。服,服政事也。"毛傳對"彊禦"的解釋不太明確,從原詩上下文來看,"彊禦"明顯是指背德而逞勇力,《五行》的解釋就是由此而來的。所以《五行》"不畏强圄"或"弗畏强禦",直接就是從《詩經》來的,且其與《詩經》有多層次的關聯。毋庸諱言,從總體上看,加上這一兩首作品後,《五行》之引《詩》用《詩》仍不算太多。① 但《五行》《詩經》學二者對於對方的重要性,實不能以《五行》引《詩》用《詩》之多少來計量,這種觀察往往是表面化的,其道理毋庸多言。如果把握了《五行》和《詩經》學的重大相關性,那你肯定會感到驚詫。

一、"聖"和"聖人"

與《尚書》方面相同,在《詩經》文本所建構的傳統中,"聖"和"聖人"不意味着道德智慧的最高境界。《詩經》"聖"範疇的内涵跟《五行》中的"聖"不完全一致,可其基本取向,特别是它在《詩經》政教倫理體系中的位置,與《五行》之"聖"並無差異,跟孔子以後其他常見儒典則截然不同。就此而言,《詩經》也是《五行》篇將"聖"建構爲五行之一的重要遠源。

主要例證如下:

(1)《大雅·板》云:"上帝板板,下民卒癉。出話不然,爲猶不遠(鄭箋:猶,謀也)。靡聖管管(毛傳:管管,無所依也),不實於亶。猶之未遠,是用大諫。"鄭箋解"靡聖管管"句,云:"王無聖人之法度,管管然以心自恣,不能用實於誠信之言,言行相違也。"釋"聖"爲"聖人之法度",祇是拘於習説,並不確切。此處"聖"字之義可據上下文斷定:既然"靡聖"是導致"出話不然""爲猶不遠""猶之未遠"的原因,則"聖"字顯然是指聰明智慧,距"聖人之法度"甚遠。《詩序》云:"《板》,凡伯刺厲王也(鄭箋:凡伯,周同姓,周公之胤也,入爲王卿士)。"該詩斷無以通常所謂"聖人之法度",來要求厲王或其羣臣之意。

---

① 有學者視《五行》爲獨立成篇的《詩經》學文獻,並不妥當。《五行》經、説常被分爲二十八章(説文佚失了前面的五章半),看來經文引《詩》的是第五、第七、第十五、第十七、第十八、第二十、第二十六章,説文除相應章節引《詩》外(主要是其牒經部分),第二十三、第二十五章亦曾引用,所引均爲斷片而非整體。説《五行》篇是與《詩經》學有關的重要文獻固可,説《五行》就是《詩經》學文獻則違背了事實。綜合地看本書所揭《五行》與《尚書》學、《詩經》學、《大學》《孟子》之學、《荀子》之學等方面的深刻關聯,可知將《五行》視爲獨立成篇的《詩經》學文獻偏差太大。

(2)《小雅·正月》云:"謂山蓋卑,爲岡爲陵。民之訛言,寧莫之懲。召彼故老,訊之占夢。具曰予聖,誰知烏之雌雄?"因下文緊跟着用辨別烏之雌雄來界定"聖"字,則"聖"字之義無疑也是指聰明智慧。

(3)《邶風·凱風》云:"凱風自南,吹彼棘薪。母氏聖善,我無令人。"毛傳云:"聖,叡也。鄭箋曰:"叡作聖。令,善也。母乃有叡知之善德,我七子無善人能報之者,故母不安我室,欲去嫁也。"毛傳、鄭箋之解"聖"字是十分切當的。有趣的是,鄭玄直接引用了《洪範》五事之"五曰思,……思曰睿,……睿作聖";毛公沒有明引,卻也是據此來作解釋的。

(4)《商頌·長發》云:"帝命不違,至于湯齊。湯降不遲,聖敬日躋。"既然謂"聖敬"日躋,則"聖"字非指最高道德智慧,斷然可知。

(5)《大雅·桑柔》云:"維此聖人,瞻言百里。維彼愚人,覆狂以喜。匪言不能,胡斯畏忌?"此處"聖人"跟"愚人"並提而相反,無疑是指聰明智慧之人。

《五行》經文第十八章云:"聞君子道,恖(聰)也。聞而知之,聖也。聖人知(而)〔天〕道〔也〕。知而行之,(聖)〔義〕也。行 之而時, 德也 。"《五行》體系中的"聖"在"義""德"生成前便可具備,不可能是道德智慧的極致;"聖"被定義爲"聞而知之",即聞"君子道"而知其爲"君子道",固然是從政教倫理層面上說的,卻依然是就聰明智慧言,而"聖人"即具備聞"君子道"而知其爲"君子道"這一能力的人。上揭《詩經》諸"聖"字,與《五行》中跟"智"相並、跟聽覺之"聰"相關的"聖"極爲接近。其中《桑柔》之"聖人"跟《五行》之"聖人"意指相通,在儒典中尤爲罕見。由此已可初步斷定,《五行》中"聖"和"聖人"的用法,跟《詩經》文本所建構的傳統是銜接的。

《詩經》學、《尚書》學影響《五行》體系中的"聖",顯然完全一致,甚至有時候會交叉重疊。《小雅·小旻》云:"國雖靡止,或聖或否。民雖靡膴,或哲或謀,或肅或艾。如彼泉流,無淪胥以敗!"毛傳云:"靡止,言小也。人有通聖者,有不能者,亦有明哲者,有聰謀者。艾,治也。有恭肅者,有治理者。"鄭箋曰:"靡,無。止,禮。膴,法也。言天下諸侯,今雖無禮,其心性猶有通聖者,有賢者。民雖無法,其心性猶有知者,有謀者,有肅者,有艾者。王何不擇焉,置之於位,而任之爲治乎?《書》曰:'睿作聖,明作哲,聰作謀,恭作肅,從作义。'詩人之意,欲王敬用五事,以明天道,故云然。"毛傳、鄭箋對"聖"的解釋不很明確,所謂"通聖"之"聖"仍可被理解爲通常所說的最高道德和智慧。《詩序》謂《小旻》乃大夫刺幽王之作,鄭箋則以爲刺厲王。無論幽、厲,其臣民均無臻於道德智慧極致的"聖人",故《小旻》所謂"聖"非關此意,跟《五行》篇的"聖"倒是符同。

尤其值得注意的是，鄭玄引《洪範》五事解《小旻》顯然是正確的，因爲《詩》和《書》在這個地方顯示了高度的一致性；在《洪範》《小旻》這兩個文本中，"聖""哲""謀""肅""乂（艾）"作爲一個譜系整體地互見，是最有力的證明。而稍微具體一點説：首先，這五個元素在各自體系中密切關聯，又同時互見於這兩個文本，這種綰合帶有極強的組織性。其次，在《洪範》五事中，各元素是分層的："貌""言""視""聽""思"爲一層，"恭""從""明""聰""睿"爲一層，"肅""乂""哲""謀""聖"爲一層，層層關聯而向上推進。《小旻》的互見元素也處於同一層，未見凌亂。所有這些都强烈地意味着，其他元素，如《洪範》五事第一層的"貌""言""視""聽""思"，第二層的"恭""從""明""聰""睿"等，也應該是《洪範》和《小旻》的共知。劉節論《洪範》五事，嘗云："肅，乂，哲，謀，聖，五義亦有所本，蓋出於《詩·小雅·小旻》。其詩曰……此所言，並無時雨休徵之義。且《詩》義有六，此節其五，其爲襲《詩》，顯然有據。王應麟謂《小旻》爲《洪範》之學，不言襲《詩》，乃信經之蔽也。"①劉節的算法有一大錯誤。《小旻》"或聖或否"一語，"否"祇是"聖"的對立面，並非第六義。《詩經·周南·葛覃》云："言告師氏，言告言歸。薄汙我私，薄澣（浣）我衣。害（何）澣害否，歸寧父母。"其"害澣害否"與《小旻》"或聖或否"句法上是相似的。在《洪範》中，"聖"的對立面明確地表述爲"蒙"；而"肅，乂，哲，謀"四者亦均有其對立面，即"狂、僭、豫、急"。這一點，對比《洪範》第八疇庶徵中的"休徵"和"咎徵"，斷然可知。王應麟謂《小旻》此數語"爲《洪範》之學"，②確乎不可疑。朱子《詩集傳》曰："聖、哲、謀、肅、乂，即《洪範》五事之德。豈作此詩者，亦傳箕子之學也與？"很明顯，至少在這一點上，王應麟之信經無過，劉節則疑古太甚。以上揭數端爲前提可以斷定，《五行》與《小旻》的關聯與其説在在一個"聖"字上，不如説是在"聖"字所隸屬的兩個體系上。這一點與《洪範》五事與《五行》的關聯相似。《書經》《詩經》影響於《五行》體系的建構，應該是相輔相成的。

二、"君子"

在《五行》篇的政教倫理體系中，"君子"是具備"善"乃至"德"的最高人

---

① 劉節：《〈洪範〉疏證》，顧頡剛編著：《古史辨》第五册，頁230。
② 參見王應麟著，翁元圻等注：《困學紀聞》，上海：上海古籍出版社，2008年，第1版，頁222。

格,"賢"或"賢人"則含有類似意蘊。① 所謂"善",意味着仁智義禮四者形於內且達成和合;所謂"德",意味着仁智義禮聖五者形於內且達成和合。"德"的境界最高,"善"次之,五種德之行即形於內的"仁""知(智)""義""禮""聖"又次之。

"君子"人格是《五行》人格模式的核心。《五行》經文第三章云:

> 五行皆荊(形)於闕(厥)內,時行之,胃(謂)之君子。

《五行》經文第七章云:

> "尸(鳲)叴(鳩)在桑,其子七氏(兮)。叔(淑)人君子,其宜(儀)一氏。"能爲一,然后(後)能爲君子;君子慎其獨也。

《五行》說文第七章云:

> "能爲一,然苟(後)能爲君子":"能爲一"者,言能以多爲一。以多爲一也者,言能以夫五爲一也。"君子慎亓(其)蜀(獨)":慎亓蜀者,言舍夫五而慎亓心之胃毆;蜀然苟一也。一者,夫五(夫)爲一心也,然苟德。之一也,乃德已。德猶天也,天乃德已。

《五行》說文第十七章云:

> "聞君子道而不知亓(其)君子道也,(胃人)胃(謂)之不聖":聞君子道而不色然,而不知亓天之道也,胃之不聖。②

---

① 《五行》經文第二章"君子毋(無)中心之憂則無中心之知(智)""君子无(無)中心之憂則无(無)中心之聖"等語,"君子"乃據最後的結果稱之,非謂一開始即爲君子。類似說法,《五行》中有好幾處。比如經文第六章云:"仁之思也睛(精)。睛則察,察則安,安則溫,溫則說(悅),說則戚,戚則親,親則(憂)〔愛〕,(憂)〔愛〕則(王)〔玉〕色,(王)〔玉〕色則荊(形),荊則仁。""仁之思"之"仁"亦是據結果而言的。同見於此章的"知(智)之思"之"知"以及"聖之思"之"聖",也都是這種用法。凡此之類,其譜系本身即是明證。

② 龐樸注"色然"云:"《說文》:'色,顏氣也。'又,《公羊哀公六年》'諸大夫見之,皆色然而駭',陸德明《釋文》曰:'色然,本又作垝,居委反,驚駭貌,又或作危。'本佚書諸'色然',疑皆'危然'之誤。《吕氏春秋·謹聽》有:'見賢者而不聳,則不愓於心,則知之不深。'聳者,危然也。"(見氏著《帛書五行篇研究》,頁 71)此說殆誤。《五行》所謂"色然"意爲變色之貌,由文本自身可證。如其說文第十八章云:"'見賢人,明也';同之見也,獨色然辯於賢人,明也。明也者,知(智)之臧(藏)於目者。明則見賢人。〔見〕賢人而知之,曰:何居?孰休炁此,而遂得之? 是知(智)也。"此處描述見賢人而知之曰如何如何。"何居"數句值得注意。"何居"即何故,"休""炁"俱爲美義;句意殆爲:什麼緣故?誰能比這賢人德更美呢(即這賢人之德如此之美),而竟然得到它! 這裏未嘗直接說臉色如何,但由此驚歎完全可知其"色然辯於賢人"之狀,十分生動。

《五行》經文第二十一章云:"君子雜(集)泰(大)成。"其説文第二十一章云:

> "君子雜(集)大成":雜也者,猶造之也,猶具之也。大成也者,金聲玉辰(振)之也。唯金聲而玉辰之者,然笱(後)忌(己)仁而以人仁,忌義而以人義。大成至矣,神耳矣,人以爲弗可爲也,(林)〔無〕鯀(由)至焉耳,而不然。

以上文字都將"君子"定義爲最高的道德人格。《五行》經文第十七章云:

> 見賢人而不知亓(其)有德也,胃(謂)之不知(智)。

《五行》經文第二十一章云:

> 大而罕者,能有取焉,小而軫者,能有取焉,索纑纑達於君子道,胃(謂)之賢。

以上文字都將"賢人"定義爲最高的道德人格,而且明確將這一層面上的"君子""賢人"等同。《五行》經文第八章云:

> 君子之爲善也,有與始也,有與終也。君子之爲德也,有與始也,无(無)與終也。

此章將"君子"與"善"與"德"兩種不同的道德境界關聯,——具備"善"或"德"者均被稱爲"君子"。總之,《五行》對"君子""賢人"等核心範疇的定位十分確鑿,没有任何疑義。

《五行》中諸德行境界,明顯有高低之別。龐樸曾説:"得仁、得智、得聖,以及……得義、得禮,總之這一切,都是同一個得道或成德,不能支離破碎地去理解,視它們爲五個互不相干的行爲。此五行,就其存在來説,是'和'的,所謂'德之行五,和謂之德'(經一);因而人之得到它們,祇能是'爲一'的,整體的,'一也,乃德已'(經説七)。在講解上和敘述上,勢必一一道來,將本來的一分説爲多;而在體驗和領悟時,則必須以多爲一,'能爲一然後能爲君子',否則,祇不過得到些片斷的知識而已。"①這種論斷,與其説是對《五行》實際論説的把握,不如説是"一分爲三"觀念的强力介入。依《五行》體系,仁智義禮聖五種德之行固有極密切的聯繫,但各種道德境界卻有鮮明的層次性:

最高的境界是"德"以及具備德的"君子""賢"或"賢人",它意味着仁、智、義、禮、聖五種德之行超越個體存在而和合,並與心爲一。上揭材料中,用來

---

① 龐樸:《帛書五行篇研究》,頁106。

界定"君子"的"時行""爲一""以多爲一""夫五爲一心""雜(集)泰(大)成""金聲而玉辰(振)之"等,都是這層意思。而"君子""賢"或"賢人"的同一性,經文第二十一章"索纑纑達於君子道,胃(謂)之賢"一語,足以盡之,無須多論。"德"被推爲"天",説文第七章有"德猶天也,天乃德已"。與"德"相關的道被稱爲"君子道""天道"或"天之道"。故經文第三章謂,"五行皆刑(形)於闕(厥)内,時行之,胃(謂)之君子。士有志於君子道,胃之之(志)士";而經文第一、第九章均謂"德,天道也";説文第十七章則説,"聞君子道而不色然,而不知亓(其)天之道也,胃(謂)之不聖";説文第十八章亦以"天之道"詮釋"君子道"。凡此毋庸窮舉。

其次一種境界是"善"以及具備善的"君子"(應該也關聯着"賢"或"賢人"),它意味着仁、智、義、禮四者形於内且達到超越性的和合。與"善"相關的道被稱爲"人道"。《五行》經文第一章明確地説:"德之行五,和胃(謂)之德;四行和,胃之善。善,人道也;德,天道也。"《五行》經文第八章云:"君子之爲善也,有與始也,有與終也。君子之爲德也,有與始也,无(無)與終也。"不過從總體上看,以"君子"人格對應"善"的境界在《五行》體系中不占主流。而且兩種不同情況,在該體系内部有比較清晰的區隔。

再次一級的境界纔是諸種"德之行"。《五行》經文第一章云:"仁刑(形)於内胃(謂)之德之行,不刑於内胃之行。知(智)刑於内胃之德之行,不刑於内胃之行。義刑於内胃之德之行,不刑於内胃之行。禮刑於内謂之德之行,不刑於内胃之行。聖刑於内胃之德之行,不刑於内胃之行。德之行五,和胃之德;四行和,胃之善。善,人道也;德,天道也。"《五行》主要範疇被分層界定,由此章看得十分清楚。

儒家之道德意味着不同層級的内在性,不獨《五行》爲然。而按龐樸的觀點,有一"德之行"者,必然就是"能以夫五爲一"的有"德"者、"雜(集)泰(大)成"者或"金聲而玉辰(振)之者"。"雜(集)泰(大)成"及"金聲而玉辰(振)之"之説,已見於上文所引《五行》經、説第二十一章。此外《五行》經文第九章云:"金聲而玉振之,有德者也。金聲,善也;(王言)〔玉音〕,聖也。善,人道也;德,天道也。惟有德者然笱(後)能金聲而玉振之(之)。"這種極致境界,子思再傳弟子孟軻認爲衹有孔子達到。果如龐樸所言,"五行,就其存在來説,是'和'的","人之得到它們,衹能是'爲一'的,整體的",則人世間到處都是孔子那樣的集大成者了,這無論從理論上,還是從實際上,都是不可能的。龐樸對《五行》中"德""君子""爲一"等核心範疇的解讀均不合原著之意,其説不僅偏離了《五行》的完整體系，而且使諸範疇在這一體系中的具體層次和位子出現了紊亂。龐樸説："人得道，道成德，五行皆形於人心，事情至此並未結束，因爲人尚未能以此成爲具有高尚道德的人。得道成德，祗是領悟了天道，雖然這是十分緊要的，但欲具備爲人之道，成爲君子，還有待於將所得之道付諸實踐，有待於由德而善。……'五行皆形於其內'，是德，……'時行之'，是善……"①這樣説同樣存在很多問題。在《五行》體系中，"成德"已至最高境界和人格"君子"，怎麽會是"尚未能以此成爲具有高尚道德的人"呢？又怎麽會是"欲具備爲人之道，成爲君子，還有待於將所得之道付諸實踐"呢？依《五行》體系，"德之行五，和胃（謂）之德"（見經文第一章），換言之，"五行皆荆（形）於闕（厥）内，時行之"（見經文第三章），或曰"行之而時"（見經文第十八章），便意味着"德"之生成，——"時"之意就是"和"（見説文第十八章），又怎麽會是"'五行皆形於其內'，是德，……'時行之'，是善"呢？《五行》的觀念不是"由德而善"，而是"由善而德"，"善"並非指成德而"時行之"。據上揭《五行》經文第一章，"德"爲仁智義禮聖五種德之行和合，"善"爲仁智義禮四種德之行和合；"德"爲"天道"，"善"爲"人道"。據《五行》經文第九章，"金聲"相當於"善"，"玉振之"相當於"聖"，"德"則超越了"善"和"聖"："惟有德者然苟（後）能金聲而玉振之（之）"。説"成德"祗是"領悟"而非"實踐"，從《五行》本意及現實經驗來説頗難理解。《五行》經文第十八章云："聞君子道，悤（聰）也。聞而知之，聖也。聖人知（而）〔天〕道〔也〕。知而行之，（聖）〔義〕也。行之而時，德也。"其説文第十八章云："'知而行之，義也'：知君子之所道而挨（愨）然行之，義氣也。'行之而時，悳也'：時者，和也。和也者（惠）〔悳〕也。"《五行》之"德"又何嘗脱離過實踐"行"呢？所謂"五行皆形於人心"，當五行仍停留在個體階段時，還祗是五種"德之行"，根本不能與超越了五者個體性而與心合一的"德"相提並論。我們必須注意，《五行》很多範疇和圖式都迥異於人們熟知的傳統，不能讀懂《五行》自身體系及其表達方式，不依《五行》自身體系來解讀各個範疇和圖式，必然會出差錯。②

《五行》篇的核心範疇至少有下圖所示由低到高四個層次：

---

① 龐樸：《帛書五行篇研究》，頁108。
② 龐樸對《五行》"和""爲一""爲一心"等關鍵表達均有嚴重誤解。對"和"的本旨及其學術思想史淵源的考論，請參閲本書第五章"《尚書》學視野中的《五行》"第五節。

```
┌─────────────────────────────────────────────────────┐
│ 德(仁、知、義、禮、聖五種德之行和);能爲一(以      │
│ 多爲一,以夫五爲一);慎獨;舍體;雜泰成;金聲而        │
│ 玉振之;君子;賢(賢人);天;君子道(天道,天之道)      │
└─────────────────────────────────────────────────────┘
                          ↑
┌─────────────────────────────────────────────────────┐
│ 善(仁、智、義、禮四種德之行和);人道;君子           │
└─────────────────────────────────────────────────────┘
                          ↑
┌─────────────────────────────────────────────────────┐
│ 五種德之行(形於内的仁、知、義、禮、聖)             │
└─────────────────────────────────────────────────────┘
                          ↑
┌─────────────────────────────────────────────────────┐
│ 五種行(不形於内的仁、知、義、禮、聖)               │
└─────────────────────────────────────────────────────┘
```

圖 6-1　《五行》核心範疇分層圖示

這種層次顯示的不止是概念與概念的邏輯關聯,更重要的是,它們合起來,敘述了一個基於對道的認知和實踐的道德人格逐層生成和升高的過程。這就是《五行》的基本政教倫理體系,其頂點和核心是"君子"與"君子之道"。

孔子以來,幾乎所有儒典的政教倫理體系都是以"聖人"爲頂點與核心構建的。即便這些典籍有時提及與"聰""明""仁""智"等範疇並列的"聖",它也從屬於以"聖人"爲頂點與核心的整體架構。《五行》篇以"君子"和"君子道"爲核心建構體系,再一次顯露了它作爲儒典的根本特性。那麼,它是否還是繼承了某些久遠的歷史傳統呢?

產生於孔子之前並且流傳至今的重要儒典,有《周易》卦爻辭、《尚書》部分篇章以及《詩三百》。《周易》卦爻辭中未見"聖"或"聖人","君子"一詞多見,但主要是"指占者而言",①有時與"小人"對舉,則是以位言。要之,這裏沒有以"君子"爲道德人格並以它爲核心建構的政教倫理體系。實際上,《周易》卦爻辭甚至缺乏建構任何政教倫理體系的意圖,因爲這是跟原始占卜相反的取向。在傳世《尚書》中,"君子"數見,然無論見於今文還是"僞古文"者,都是以位言,所以也沒有明顯道德意味。其中較可靠的材料,如《酒誥》載周公曰:"庶士有正,越庶伯君子,其爾典聽朕教。"《召誥》載召公曰:"予小臣,敢以王之讎民、百君子,越友民,保受王威命明德,王末有成命,王亦顯。"《無逸》載周公曰:"嗚呼!君子所其無逸。先知稼穡之艱難,乃逸,則知小人之依(哀痛)。"這一些"君子"均指統治者或貴族。《尚書正義》嘗引鄭注《無逸》"君子所其無逸"一語,云:"君子止謂在官長者。所,猶處也。君子處位爲政,其無自逸豫也。"就這一層面言,《周易》卦爻辭以及《尚書》對《五行》的影響並不

---

① 引語出自朱熹《周易本義》注釋《乾·九三》"君子終日乾乾,夕惕若厲,無咎"一語。

明顯。

最值得注意的就是《詩經》了。自然,《詩經》中的"君子"或指統治者。《大雅·抑》云:"視爾友君子,輯柔爾顏,不遐有愆。相在爾室,尚不愧于屋漏?"《詩序》稱:《抑》,衛武公刺厲王,亦以自警也。鄭玄箋"視爾友君子"句,曰:"今視女之諸侯及卿大夫,皆脇肩諂笑以和安女顏色……"《小雅·大東》云:"有饛簋飧,有捄棘匕。周道如砥,其直如矢。君子所履,小人所視。睠言顧之,潸焉出涕。"朱熹集傳:"君子,在位。……小人,下民也。"《小雅·采菽》云:"采菽采菽,筐之筥之。君子來朝,何錫予之?雖無予之,路車乘馬。又何予之?玄衮及黼。"毛傳云:"君子,謂諸侯也。"《小雅·庭燎》云:"夜如何其?夜未央,庭燎之光。君子至止,鸞聲將將。"毛傳云:"君子,謂諸侯也。"凡此均爲以位言"君子"的顯例。《詩經》時代,婦人目其夫或所期之男子亦爲"君子"。《王風·君子于役》云:"君子于役,不知其期,曷至哉?雞棲于塒,日之夕矣,羊牛下來。君子于役,如之何勿思!"朱熹集傳曰:"君子,婦人目其夫之辭。"《鄭風·風雨》云:"風雨淒淒,雞鳴喈喈。既見君子。云胡不夷?"朱熹集傳曰:"君子,指所期之男子也。""君子"以上兩種用法出現在《詩經》中,不足爲怪。而大多數情況下,"君子"指向的是政教倫理方面的楷模。比如:

(1)《周南·關雎》云:"關關雎鳩,在河之洲。窈窕淑女,君子好逑。"《詩序》云:"《關雎》樂得淑女以配君子,憂在進賢,不淫其色。哀窈窕,思賢才,而無傷善之心焉。是《關雎》之義也。"此說未必符合《關雎》本意,但"淑女"、"君子"對稱,的確有很強的道德意味。

(2)《衛風·淇奧》云:"瞻彼淇奧,綠竹猗猗。有匪君子,如切如磋,如琢如磨。瑟兮僩兮,赫兮咺兮。有匪君子,終不可諼兮。"正義云:"視彼淇水隈曲之內,則有王芻與萹竹猗猗然美盛,以興視彼衛朝之上,則有武公質美德盛。然則王芻、萹竹所以美盛者,由得淇水浸潤之故,武公所以德盛者,由得康叔之餘烈故。又言此有斐然文章之君子謂武公,能學問聽諫,以禮自修,而成其德美,如骨之見切,如象之見磋,如玉之見琢,如石之見磨,以成其寶器,而又能瑟兮顏色矜莊,僩兮容裕寬大,赫兮明德外見,咺兮威儀宣著。有斐然文章之君子,盛德之至如此,故民稱之,終不可以忘兮。"《詩序》云:"《淇奧》,美武公之德也。有文章,又能聽其規諫,以禮自防,故能入相于周,美而作是詩也。"《淇奧》詠讚"君子",主要是就道德人品而言的。

(3)《唐風·揚之水》云:"揚之水,白石鑿鑿。素衣朱襮,從子于沃。既見君子,云何不樂。"鄭箋曰:"君子謂桓叔。"《詩序》曰:"《揚之水》,刺晉昭公也。昭公分國以封沃,沃盛强,昭公微弱,國人將叛而歸沃焉。"正義云:"作《揚之水》詩者,刺晉昭公也。昭公分其國地以封沃國,謂封叔父桓叔於曲沃之邑也。桓叔有德,沃是大都,沃國日以盛強。昭公國既削小,身又無德,其國日以微弱,故晉國之人皆將叛而歸於沃國焉。昭公分國封沃,已爲不可,國人將叛,又不能撫之也,故刺之。此刺昭公,經皆陳桓叔之德者,由昭公無德而微弱,桓叔有德而盛強,國人叛從桓叔,昭公之國危矣。而昭公不知,故陳桓叔有德,民樂從之,所以刺昭公也。"則此詩所謂"君子"側重於德而非位,也可以確定。

(4)《曹風·鳲鳩》云:"鳲鳩在桑,其子七兮。淑人君子,其儀一兮。其儀一兮,心如結兮。"鄭箋曰:"淑,善。儀,義也。善人君子,其執義當如一也。"毛傳云:"言執義一則用心固。"該詩就"儀(義)"和"心"來讚頌"君子",則"君子"的政教倫理内涵也十分明確。《詩論》中孔子特別看重此詩,嘗謂"《尸鳩》曰:'丌(其)義一氏(兮),心女(如)結也',虗(吾)信之"(第八章);其後《五行》更深入地掘發了該詩的政教倫理内涵(參見下文所論)。

(5)《小雅·鹿鳴》云:"呦呦鹿鳴,食野之蒿。我有嘉賓,德音孔昭。視民不恌,君子是則是傚。我有旨酒,嘉賓式燕以敖。"鄭箋曰:"德音,先王道德之教也。……視,古'示'字也。飲酒之礼(禮),於旅也語。嘉賓之語先王德教甚明,可以示天下之民,使之不愉(偷)於礼義。是乃君子所法傚,言其賢也。"

(6)《大雅·旱麓》云:"瞻彼旱麓,榛楛濟濟。豈弟君子,干禄豈弟。"鄭箋曰:"君子,謂大王、王季。以有樂易之德施於民,故其求禄亦得樂易。"

(7)《魯頌·有駜》云:"君子有穀,詒孫子。于胥樂兮!"鄭箋曰:"穀,善。詒,遺也。君臣安樂,則陰陽和而有豐年,其善道則可以遺子孫也。"

所有這些例子,均説明《詩經》蘊含着一個以"君子"爲核心的政教倫理或道德人格的體系。《詩經》學在這一層面上影響《五行》的最突出的例子,就是《曹風·鳲鳩》直接參與了《五行》重要理念慎獨説的建構。

《詩三百》以道德化"君子"爲核心建構體系的取向,在《詩序》《毛傳》《鄭箋》《孔疏》等早期《詩經》學著述中得到了光大,一大批原本並不包含政教倫理義涵的"君子",於是被作出了道德化的詮釋(開風氣之先的應該是孔子,他將《召南·草蟲》詮釋爲"好善道",便是典型例證,參見下文所論)。以下是"君子"被這些早期《詩經》學著述道德化的幾個例子:

(1)《邶風·雄雉》云:"雄雉于飛,下上其音。展矣君子,實勞我心!"鄭箋曰:"'下上其音',興宣公小大其聲,怡悦婦人。"正義曰:"言雄雄飛之時，下上其音聲，以怡悦雌雄，以興宣公小大其言語，心怡悦婦人。宣公既志在婦人，不恤政事，大夫憂之，故以君行訴於君子，言君之誠如是，志在婦人矣。君子聞君行如此，實所以病勞我心也。此大夫身既從役，乃追傷君行者，以君若不然，則無今日之役故也。"《詩序》則説："《雄雉》，刺衛宣公也。淫亂不恤國事，軍旅數起，大夫久役，男女怨曠，國人患之而作是詩。"《雄雉》一詩的"君子"原本指主人公情感投注的對象。朱子解此詩之首章云："婦人以其君子從役于外，故言雄雉之飛，舒緩自得如此，而我之所思者乃從役於外，而自遺阻隔也。"其説明顯比舊説合理。舊説之支離這裏不必細論，總之，當"君子"被解釋爲大夫傾訴君惡的對象時，它已經被道德化了，——道德訴求的評判者自然是道德楷模，就如同《離騷》主人公南征蒼梧，就重華（舜）陳詞一樣。

（2）《鄭風·風雨》云："風雨淒淒，雞鳴喈喈。既見君子，云胡不夷？"毛傳曰："興也。風且雨淒淒然，雞猶守時而鳴喈喈然。"鄭箋云："興者，喻君子雖居亂世，不變改其節度。……思而見之，云何而心不説？"正義云："言風（雨）〔而〕且雨，寒涼淒淒然。雞以守時而鳴，音聲喈喈然。此雞雖逢風雨，不變其鳴，喻君子雖居亂世，不改其節。今日時世無復有此人。若既得見此不改其度之君子，云何而得不悦？言其必大悦也。"《詩序》曰："《風雨》，思君子也。亂世則思君子不改其度焉。"實際上，《風雨》詩所謂"君子"乃指女主人公所期之男子（參閲上揭《詩集傳》），而不是指亂世不變其節、道德人品出衆之人。需要注意的是，很可能子夏序《詩》時"君子"已經被賦予道德化的意涵。

（3）《魏風·伐檀》云："坎坎伐檀兮，寘之河之干兮，河水清且漣猗。不稼不穡，胡取禾三百廛兮？不狩不獵，胡瞻爾庭有縣貆兮？彼君子兮，不素餐兮！"毛傳曰："伐檀以俟世用，若俟河水清且漣。"鄭箋云："是謂君子之人不得進仕也。……是謂在位貪鄙，無功而受祿也。……彼君子者，斥伐檀之人；仕有功乃肯受祿。"《詩序》概括説："《伐檀》，刺貪也。在位貪鄙，無功而受祿，君子不得進仕爾。"究其實際，《伐檀》"彼君子兮，不素餐兮"一語，乃承上文而質問在位者不勞而獲，以疑問的形式表達肯定的思想，"君子"本是以位言的。《序》、傳、箋都將它解釋爲跟貪鄙在位者形成鮮明對照的崇高人格，賦之以濃厚的道德内涵。

以政教倫理性"君子"爲核心建構體系本來是《詩經》學的傳統，後儒進一步作上述"擴張"，有其巨大的必然性。傳世《詩序》之基本内容（主序）出於子夏，即形成於《詩論》以後、子思《五行》以前，或約略與《五行》同時，其續申、補充部分（即副序）以及《毛傳》《鄭箋》《正義》則均晚於《五行》。子思如何理解《雄雉》諸詩中的"君子",已不得而知。不過,上舉例子彰明了《五行》前後儒家學者解釋三百篇的傳統,而《五行》經文第五章直接將《召南·草蟲》中的"君子"理解爲政教倫理之楷模,第二章化用《草蟲》建構"德"生成的圖式,大抵也包含了將"君子"道德化的取向(該章直接將原詩思念"君子"的情感表達爲"君子"的思念),這些都承繼和光大了孔子説《草蟲》的取向,跟上揭《詩經》學的傳統契合。故《五行》與《詩經》學在這一點上有毋庸置疑的關聯。

綜上所論,《詩經》文本原具有一個以"君子"爲核心的政教倫理體系,該體系在後世儒家《詩》學詮釋中進一步被擴張和加強(這一點從《詩論》看不太明顯,可傳世文獻所載孔子對《草蟲》的詮釋凸顯了這一取向,參見下文所論),它們應是《五行》以"君子"爲核心建構學説體系的重要歷史淵源之一。《五行》對"君子"的具體界定可能發生了某些變化,但也不過是在原有方向上發生了元素的位移和消長而已。如上所述,《五行》經文第二章、第五章化用或直接引用《草蟲》歌詠"君子"的章節,《五行》經、説第七章直接引用《曹風·鳲鳩》歌詠"君子"的章節,來界定作爲體系最高境界的"君子""德"以及德之行"仁"等等,都强有力地證明了《詩經》學在這一層面上乃是《五行》體系的源頭。而《五行》經、説第七章據《邶風·燕燕》之"燕燕于飛,差池其羽"等語,倡言唯君子纔能做到"慎獨""舍體(體)",《五行》經、説第十七章據《大雅·大明》之"明明在下,赫赫在上"語,來闡發"聖""智",《五行》經、説第二十章據《商頌·長發》之"不競不絿,不剛不柔"語,倡言"仁""義"之方,《五行》説文第二十三章據《大雅·大明》之"天監在下,有命既集"語,倡言草木、禽獸、人所以受命之"生(性)",據《大雅·文王》之"文王在上,於昭于天"語,倡言心"好仁義"以及"目(侔)而知之,胃(謂)之進之",第二十五章據《周南·關雎》,來説明"榆(喻)而知之,胃(謂)之進之""爨(由)色榆(喻)於禮,進耳",第二十六章據《大明》"上帝臨女(汝),無貳爾心",來説明"唯有天德者,然笱(後)鐖而知之"等等,也都是有力的旁證。

至此,《五行》在《詩經》學基礎上建構體系的事實,得到了更進一步的證明。——本節著重論析的是《五行》受惠於《詩經》學的一面,但不應忽視《五行》學説後來匯入《詩經》學前進的洪流,發揮了巨大的影響。

三、"知""聖"以及"德"的生成圖式

近數十年之出土文獻,其潛在或顯在地引用、説解《詩經》者,大要有三種形式:第一種形式以《詩論》爲代表,基於詩言志的宏大觀念,來剖析《詩》各大部類及其中一批具體篇什,闡發《詩經》學乃至一般詩學的基本範疇。《詩論》

直接就是《詩經》學的重要經典，——是迄今所知《詩經》學史上的第一部重要著述。第二種形式以《五行》爲代表，在體系建構上直接汲取《詩經》學之影響，往往以説《詩》爲本來發揮哲理，它對《詩經》學的承繼往往潛在而深入。《五行》大抵也可以視爲《詩經》學重要文獻。第三種形式以郭店簡文《緇衣》爲代表（該篇也見於上博簡以及傳世《禮記》），通篇記孔子説理並引《詩》爲證，惟少數章節同時也引用了《尚書》。比如其第八章云：

> 子曰："下之事上也，不從丌（其）所以命，而從丌所行。上好此勿（物）也，下必有甚安（焉）者矣。古（故）上之所好亞（惡）不可不斳（慎）也，民之䆠（表）也。《寺（詩）》云：'虩虩（赫赫）帀（師）尹，民具尔贍（瞻）。'"

顯而易見，這一種引《詩》不以解《詩》爲本位，而側重於以《詩》證成自己的哲理思考——重在爲我所用，即便它發揮的哲理與詩意相契，也僅僅是關注詩的零散的局部，從體式上説屬於"引詩之體"。由漢代《詩經》學著述來看，《詩經》學著述有内傳體、外傳體之區隔，基於嚴格的現代學科的立場，真正有"《詩經》學"意義的是内傳體著述；先秦"引詩之體"，類同於外傳體。① 所以，第三種形式的著述與《詩》學關涉較淺，前兩種形式的著述説《詩》用《詩》，與《詩》學關涉甚深。

《詩經》學作用於《五行》，在它建構體系核心"君子"範疇時發揮了影響，此外還有很多方面值得關注。比如，《五行》部分價值或道德境界，如"知（智）""聖""仁""德"等，其某些生成圖式就是建立在《詩經》學基礎上的，或者説，就是以解讀《詩經》作品爲前提的。

《五行》經文第二章云：

> 君子毋（無）中心之憂則无（無）中心之知（智），无中心之知則无中心之説（悦），无中心之説則不安，不安則不樂，不樂則无德。君子无中心之憂則无中心之聖，无中心之聖則无中心之説，无中心之説則不安，不安則不樂，不樂則无德。②

---

① 其詳請參閱本書第一章："由漢代《詩經》著述之内外傳體回觀新出先秦文獻的《詩經》學價值"。
② 此章郭店簡文祇有前半，當爲脱漏。又，其中兩處"君子"均是就後來生成結果而言的，——即不是説主體在踐行上述圖式之初已具備了君子的德行，而祇是用踐行上述圖式的結果來稱謂主體。此類表達方式《五行》中多見。第六章把"仁"生成的過程奠基於"仁之思"，把"知（智）"生成的過程奠基於"知（智）之思"，把"聖"生成的過程奠基於"聖之思"，也是很典型的例子。

結合《五行》經文第十七章所説，"聞君子道而不知亓（其）君子道也，胃（謂）之不聖。見賢人而不知亓有德也，胃之不知（智）"，可知經文第二章包含了如下兩種"德"生成的圖式（其生成過程中又包含"知""聖"兩種德之行的生成）：

憂→知（見賢人而知其有德）→説→安→樂→德

憂→聖（聞君子道而知其君子道）→説→安→樂→德

圖 6-2　《五行》經文第二章所含"德"生成的圖式

從《詩經》學層面最值得注意的是，這兩個圖式的前半，即"説"這一環節之前，化用了《召南·草蟲》主人公的情感模式。傳世《草蟲》云：

喓喓草蟲，趯趯阜螽。未見君子，憂心忡忡。亦既見止，亦既覯止，我心則降。

陟彼南山，言采其蕨。未見君子，憂心惙惙。亦既見止，亦既覯止，我心則説。

陟彼南山，言采其薇。未見君子，我心傷悲。亦既見止，亦既覯止，我心則夷。

《草蟲》三章所含情感圖式完全相同，即均爲未見君子而憂，既見既覯君子而心悦、心降或心夷（心悦、心降、心夷三者之意指基本上一致）。其中第二章跟《五行》經文第二章之德行生成圖式最爲密合。實際上，《五行》直接將詩中主人公愛慕的"君子"轉成了體系中的最高人格，且將其換位，作爲道德修爲的主體，並吸納詩篇抒情主體的情感狀態與行爲；將主人公"未見君子"之"憂"，轉成了"德"生成圖式中的"中心之憂"，——亦即未見君子、未聞君子道之憂；將主人公"亦既見止，亦既覯止"，轉成了"德"生成過程中產生"中心之知"與"中心之聖"的階段，——二者分別意味着見賢人君子而知其有德、聞君子道而知其爲君子道；將主人公見君子而"我心則説"，轉成了"德"生成過程中見而知賢人德、聞而知君子道而產生"中心之説"。之後《五行》又由"説"進爲"安"，由"安"進爲"德"。也就是説，《草蟲》的基本情感模式，都被《五行》納入了"德"生成的系譜中（參見表 6-1 所示）。《五行》化用的主要是《草蟲》第二章，但毫無疑問，該詩首末兩章實亦輔成之。

表 6-1　《五行》經文第二章"德"生成圖式與《詩經·召南·草蟲》關聯一覽

説明：《五行》中的"知（智）"意味着見君子賢人而知其有君子賢人之德，或者見君子賢人而知其所以爲君子賢人，"聖"意味着聞君子道而知其爲君子道，所以與《草蟲》"亦既見止，亦既覯止"對應。

續表

《詩經·召南·草蟲》	《五行》經文第二章	
陟彼南山,言采其蕨。		
未見君子,憂心惙惙。	君子毋 中心 之憂	君子 无中心之憂
亦既見止,亦既覯止,	則无中心之知,	則无中心之聖,
我心則說。	无中心之知則无中心之說,	无中心之聖則无中心之說,
	无中心之說則不安,不安則不樂,不樂則无德。	无中心之說則不安,不安則樂,不樂則 无 德。

這兩個圖式的基源是特定的"憂"。有學者提出:"憂和樂本來不一樣,好像是矛盾的,但在這裏是一致的,有憂纔能有樂,無憂就沒有樂了,這是一個很特別的看法。……作者把'憂'作爲聖智德行內在的意向性基礎是很特別的。當然它本身可以有很重要的哲學意義,可以發展出一個哲學體系,但作者並沒有那麽強調,而是要重點推出'悅、安、樂'。大家知道李澤厚認爲中國文化是樂感文化,我們講'悅、安、樂'就屬於樂感文化的範疇,應該說已經有了李澤厚講的樂感文化價值取向的追求。……作者雖然把憂放在前面,但重點是後面的'悅、安、樂';……德也要以安樂爲基礎。……聖智的發展以憂爲前提,以'悅、安、樂'爲展開,直至達德……"①這是一種非常有意思的認知,但是在《五行》體系中,"憂""樂"本身其實並不重要,兩者間也並不具備有泛意義的邏輯關聯。對這一體系來說,最重要的是何以"憂"何以"樂",——即其憂是"未見君子"之憂,其樂是"既見君子"之樂,這種有特定指涉的憂樂顯然並不存在矛盾,而是有高度的一致性。《五行》經文第二章之"憂"與"樂",其實是化用《召南·草蟲》主人公對"君子"的情感框架,傳達了對認知君子道、賢人德或者賢人之所道的欲求,這纔是養成"德"或成爲"君子""賢人"人格的真正基源。

看起來,《詩經》中支持《五行》這兩個圖式的還有幾篇。《小雅·頍弁》之首章云:"未見君子,憂心弈弈。既見君子,庶幾說懌。"《小雅·出車》之第五章云:"喓喓草蟲,趯趯阜螽。未見君子,憂心忡忡。既見君子,我心則降。"這兩章所含情感模式,與《五行》經文第二章"德"生成譜系的前半同樣一致。而《秦風·晨風》云:"鴥彼晨風,鬱彼北林。未見君子,憂心欽欽。如何如何?忘我實多……"雖然與《五行》相通的要素相對少一些,但也可以提供部分的支持。但是《五行》跟《草蟲》的關聯具有更強的整體"組織性",《五行》作者顯

---

① 陳來:《竹簡〈五行〉篇講稿》,頁 18~19。

第六章 《詩經》學視野中的《五行》 409

然是精心選擇了《草蟲》。拿該篇經文第五章作比照,這一點斷然可知:

不仁,思不能睛(精);不知(智),思不能長。不仁不知,未見君子,憂心不能茲(惙)茲(惙),既見君子,心不能説(悦)。《詩》曰:"未見君子,憂心茲茲。亦既見之,亦既鈎(覯)之,我心則説。"此之胃(謂)也。不仁,思不能睛;不聖,思不能輕。不仁不聖,未見君子,憂心不能佟(忡)佟(忡),既見君子,心不能降。①

此章前半所引詩句很明顯是出自《草蟲》第二章;其中"不仁不知,……心不能説"云云,是將《草蟲》第二章中主人公情感圖式的核心要素,建構在德行生成的譜系中。此章後半"不仁不聖,……心不能降"部分,實則化用了《草蟲》第一章"未見君子,憂心忡忡。亦既見止,亦既覯止,我心則降"。這種整體組織性極强的關聯(參閲表6-2所示),進一步證明了上文所論《五行》化用《草蟲》的論斷。陳偉解簡書《五行》"君子亡中心之惪(憂)則亡中心之智,亡中心之智則亡中心之説,亡中心之説則不安"數語,認爲"説"當如字讀,意指"説明""釐清"。② 此説一方面未明曉《五行》這一圖式的《詩經》學本源,一方面偏離了《五行》圖式化表達和思維的特質,——把握了這種特質,便可知道"説"與"安""樂"是貫通的。

表6-2 《五行》經文第五章與《詩經·召南·草蟲》關聯一覽

《詩經·召南·草蟲》	《五行》經文第五章(依詩篇章序調整)
	不仁,思不能睛;不聖,思不能輕。
喓喓草蟲,趯趯阜螽。	
未見君子,憂心忡忡。	不仁不聖,未見君子,憂心不能佟(忡)佟(忡),
亦既見止,亦既覯止,我心則降。	既見君子,心不能降。
	不仁,思不能睛(精);不知(智),思不能長。
陟彼南山,言采其蕨。	
未見君子,憂心惙惙。	不仁不知,未見君子,憂心不能茲(惙)茲(惙),
亦既見止,亦既覯止,我心則説。	既見君子,心不能説(悦)。

---

① 此章帛書本殘缺較多,池田本、龐樸本於最後二字未補(參見池田知久:《馬王堆漢墓帛書五行研究》,頁164;龐樸:《帛書五行篇研究》,頁47),另外幾種補法則不可信據。今依郭店簡本、帛書上下文及《草蟲》第二章和第一章的内容予以補正。
② 陳偉等:郭店楚簡《五行》篇之注釋10,《楚地出土戰國簡册[十四種]》,頁184。

跟《五行》經文第二章的圖式相比，經文第五章的圖式重新安排了"知"和"聖"的位置（有所提前），並在各自的位置上增加了一個並行的元素"仁"：

仁、知（見賢人而知其有德）→憂→説→安→樂→德
仁、聖（聞君子道而知其君子道）→憂→説→安→樂→德
圖6-3　《五行》經文第五章"德"生成之圖式

第二章的圖式凸顯了特定的"憂"和"聖""知（智）"的作用，第五章的圖式則凸顯了"仁"和"聖""知（智）"的作用，可見《五行》之圖式相當豐富，可能也暗示了其現存體系藴含着一個不斷層累的過程。《五行》的背後始終存在强有力的《詩經》學的背景。孔子固曰："小子何莫學夫《詩》？《詩》，可以興，可以觀，可以羣，可以怨。"（《論語·陽貨》）《詩》能夠興發讀者的情志，對子思而言，它也許就是傳説中牛頓的那隻神奇的蘋果。

《五行》化用《草蟲》與一般文獻之引經據典迥異，它賦詩歌主人公所愛慕的對象"君子"以强烈的政教倫理内涵，將主人公對於"君子"的情感的結構提煉成了"德"生成的一系列圖式，甚至把仰慕"君子"的主人公也界定爲"君子"。總之，《五行》上述德行生成的圖式，藴含着子思對《草蟲》的閲讀經驗和認知。接下來需要考慮的是，《五行》何以如此解讀《草蟲》一詩呢？它是否前有所承？其持見與漢以前其他《詩經》學著述又有何同異？

《五行》將《草蟲》主人公"未見君子"而產生的"中心之憂"，界定爲未"見—知"賢人德、未"聞—知"君子道的具有特定政教倫理指向的"憂"，又以它爲"知（智）""聖""德"生成的基源，頗值得注意。從這一點入手，可以開啓學術思想史的一個重要綫索。龐樸曾説：

> 在談論得道成德時，無視憂的功用，是不夠完整的。憂之爲物，在《論語》中還祇僅僅是愁苦的意思，所以孔子一再强調"仁者不憂"（《子罕》《憲問》）、"君子不憂"（《顔淵》），主張樂觀的人生態度。到了《孟子》，憂的主要含義變成慮，變成一種帶感情的思考，或者叫耽心。所以孟子説：……"舜、人也，我、亦人也；舜爲法於天下，可傳於後世，我猶未免爲鄉人也：是則可憂也。憂之如何？如舜而已矣！"（《孟子·離婁下》）這樣的憂，實際上已經是一種"志"了，是志於聖的憂。這大概便是《五行》篇所謂中心之憂與中心之聖之智的思想來源。①

這一判斷强調《五行》之"憂"與"聖""智"諸德行境界的關係，於《五行》第二章之圖式尤其契合，但涉及學術史則是本末倒置，模糊了歷史發展的真實軌迹。

---

① 龐樸：《帛書五行篇研究·評述》，頁103～104。

《五行》將"憂"納入"知(智)""聖"乃至"德"生成的圖式並非因襲《孟子》,而是承繼由孔子開闢、後來又獲得長足進展的《詩經》之學。《說苑·君道》篇載孔子對魯哀公(前494~前467在位),曰:"惡惡道不能甚,則其好善道亦不能甚;好善道不能甚,則百姓之親之也亦不能甚。《詩》云:'未見君子,憂心惙惙。亦既見止,亦既覯止,我心則悦。'《詩》之好善道之甚也如此。"孔子將《草蟲》之好"君子"視爲"好善道",爲《五行》的取向提供了歷史性的解釋,《五行》正是沿着孔子的解讀方向,將《草蟲》納入體系的。它不僅使用了《草蟲》的核心情感模式,而且吸納了該詩的部分內容。它把詩中"君子"這一要素視爲"道"與"德"的統一體,並把主人公"未見君子"與"既見君子"的不同情感,建構在體認"道"—"德"、進而培養和生成"德"的不同階段上,由此發展出若干個完整的譜系。孟子重視"憂"在啟發道德人格修養中的作用,實際上是承繼其師祖子思的《五行》學說。

《草蟲》之"君子"原本是朱子解釋《君子于役》所說的"婦人目其夫之辭",《詩序》《毛傳》和《鄭箋》都如此詮釋,即認爲主人公與"君子"是妻與夫;甚至此"君子"就是指女子所期之男子,而非其夫。總而言之,《草蟲》原本是以女子口吻發出的男女歡悦之詞。聞一多(1899~1946)認爲,該詩之"覯"字非指通常的遇見,否則"亦即見之,亦即覯之"便繁複冗贅,此"覯"字當讀爲"構",同《周易·繫辭下傳》"男女構精,萬物化生"之"構",指相與爲配偶行夫婦之事。① 這種看法,至少是沿襲了鄭玄的基本主張。鄭箋謂:"既見,謂已同牢而食也。既覯,謂已昏也。始者憂於不當,今君子待己以禮,庶自此可以寧父母,故心下也。《易》曰:'男女覯精,萬物化生。'"不過,鄭玄更強調相關行爲的合理性。鄭玄將"喓喓草蟲,趯趯阜螽",解爲"草蟲鳴,阜螽躍而從之,異種同類,猶男女嘉時以禮相求呼";將"未見君子,憂心忡忡",解爲女子於出嫁途中,憂"不當君子,無以寧父母";將"既見"爲"已同牢而食",即強調二人已行婚禮而共食一牲;將"既覯"解爲"已婚",復引《易》"男女覯精"之說;將"我心則降",解爲"今君子待己以禮,庶自此可以寧父母,故心下也"。《草蟲》原詩中,女主人由心憂轉爲心降、心悦、心夷,就是因爲與君子既見、既覯。《詩序》《毛傳》和《鄭箋》的解釋,則主要是使"見""覯"合理化,尤其是《鄭箋》刻意凸顯"覯"(即"男女構精")的合理性。聞一多淡化了這一指向,但仍然保留了爲配偶夫婦的基本前提,其實就文本自身來看,這一點恐怕都未必。《草蟲》主人公與"君子"所爲,很可能是孟子所謂"不待父母之命、媒妁之言,鑽穴隙相

---

① 參閱聞一多:《詩經通義》(乙),孫党伯、袁謇正主編:《聞一多全集》第四册,武漢:湖北人民出版社,1993年,第1版,頁31~32、頁216。

窥,踰墙相從"之類(《孟子・滕文公下》),它對儒家本旨的背離是極爲嚴重的。①

孔子、子思以來數代儒家學者的詮釋均疏離了《草蟲》原意,全新的界定使它化身爲儒家經典的合理構成部分。不過,孔子及子思《五行》篇所持詮釋方向,與《詩序》《毛傳》和《鄭箋》有明顯的差異。二者把詩中"君子"界定爲道和德的載體與楷模,把主人公界定爲認知和踐行道、德者,兩者之間不再是通常的男女關係。這種説法彰顯了《詩》學詮釋的另外一種可能。當然,孔子認爲《草蟲》的旨意是張揚"好善道",《五行》認爲《草蟲》的旨意是張揚好君子道、好賢人德,《序》《傳》《箋》認爲《草蟲》的核心是大夫妻以禮自防,又或並謂詩中之"君子"踐行禮制,這些詮釋説到底還是一致的,即均以弘揚儒家政教倫理價值爲基本取向(其間《五行》對《草蟲》的認知尤其接近於孔子),可見,它們於歧互中彰顯了《草蟲》被經典化的清晰路徑。

《五行》中,德之行"聖"的另一種生成圖式也跟《詩經》學密切相關。《五行》經文第六章云:"聖之思也坙(輕),坙則荆(形),荆則不忘,不忘則恩(聰),恩則聞君子道,聞君子道則(王言)〔玉音〕,(王言)〔玉音〕則 荆 ,荆則聖。"② 其大意是説,指向聖的思精熟便宜,精熟便宜則所思會見於目前,所思見於目前則不忘,不忘則聰敏,聰敏則能聽見君子之道,能聽見君子之道且知其爲君子之道,則言語就會像玉音一樣美妙,言語像玉音一樣美妙則意味着形於内,形於内就形成了德之行"聖"。《五行》説文第六章云:"'荆(形)則不忘':不忘者不忘亓(其)所 思 也,聖之結於心者也。"作爲五種德之行之一,聖跟其他德之行一樣有一個形於内的過程,需要使所思成爲心的牢固持守,即"結於心"。此"結於心"之説乃是化用《詩經・曹風・鳲鳩》之首章:"鳲鳩在桑,其子七兮。淑人君子,其儀一兮。其儀一兮,心如結兮。"這兩個文本的關聯不衹體現於"結於心"與"心如結"的縮合,在本章下一節揭明《五行》基於解讀《鳲鳩》

---

① 當然,古詩文未必完全不用複語。明汪瑗(生卒年未詳)以爲,古人文章多重複語乃正常之事,"古人文章非如後世之拘拘,不可以爲病也。《詩》曰'亦既見止',又曰'亦既覯止';既曰'何辜於天',又曰'我罪伊何';既曰'昊天已威,予慎無罪',又曰'昊天泰憮,予慎無辜'。使今人作之,豈不爲重複可笑。古人未嘗以重複爲嫌,而亦自有淺深輕重之不同。"(見氏著《楚辭集解》,《九章・悲回風》"遼漫漫之不可量"章下,北京:北京古籍出版社,1994年,第1版,頁247)毛傳釋"覯"爲"遇",當是把"亦既見之,亦既覯之"視爲複語,而非如聞氏所解(聞氏稱,"'遇'之言'偶'也,相與爲配偶行夫婦之事也";參見聞一多:《詩經通義》乙,孫黨伯、袁謇正主編:《聞一多全集》第四册,頁32)。然毋庸諱言,除了人們熟知的反覆出現的形式化套語或者作爲文本結構框架的套語,複語在詩文中出現的頻率不算太高。

② "玉音"原作"王言",據説文牒經部分以及郭店簡本改正。

而建構慎獨學說以後,它們的關係將變得更加確鑿無疑。《詩論》第八章載孔子曰:"《尸鳩》虔(吾)信之,……《尸鳩》曰:'丌(其)義一氏(兮),心女(如)結也',虔信之。"《五行》襲用《鳲鳩》之義,與《詩論》評《鳲鳩》有明顯的關聯,這再一次説明《五行》體系部分地基於《詩》學的湧動。《荀子·勸學》篇云:"行衢道者不至,事兩君者不容。目不能兩視而明,耳不能兩聽而聰。螣蛇無足而飛,(梧)〔鼫〕鼠五技而窮。《詩》曰:'尸鳩在桑,其子七兮。淑人君子,其儀一兮。其儀一兮,心如結兮。'故君子結於一也。"《荀子·成相》篇云:"治復一,脩之吉,君子執之心如結。衆人貳之,讒夫棄之,形(刑)是詰。"《韓詩外傳》卷二第三十一章云:"凡治氣養心之術,莫徑由禮,莫優得師,莫慎一好。好一則(博)〔摶〕,(博)〔摶〕則精,精則神,神則化,是以君子務結心乎一也。《詩》曰:'淑人君子,其儀一兮。其儀一兮,心如結兮。'"這些文字,都包含着早期《詩經》學的遺存。《五行》篇所謂"聖之結於心",實即結心乎聖。

綜上所論,《五行》依《草蟲》《鳲鳩》等抒發主人公對"君子"之情感,或贊美"君子"人格的篇章,建構了認知君子道賢人德爲基礎的"知(智)""聖""德"生成的一系列圖式,凸顯了《詩經》學對子思建構五行體系的强大支持。就其大者言,子思對《詩經》的取向,跟孔子於《詩》"取可施於禮義"(《史記·孔子世家》)有相同的本質;就其小者言,子思以好君子道、賢人德詮釋《草蟲》,跟孔子釋之爲好善道也基本上一致,子思對《鳲鳩》的關注則有《詩論》導夫先路。原先不爲人知的早期《詩經》學的歷史軌迹,在這裏表現得既宏大,又具體。

四、"慎獨"

進一步探究可以發現,《五行》基於詮釋《鳲鳩》《燕燕》等詩,建構了極具特色的慎獨理念。

《五行》經文第七章云:

"尸(鳲)叴(鳩)在桑,其子七氏(兮)。叔(淑)人君子,其宜(義)一氏(兮)。"能爲一,然后(後)能爲君子;君子慎其獨也。"嬰(燕)嬰(燕)于蜚(飛),䢓(差)池其羽。之子于歸,袁(遠)送于野。瞻望弗及,汲(泣)(沸)〔涕〕如雨。"能䢓池其羽,然后(後)能至哀;君子慎亓(其)獨也。

《五行》説文第七章詮釋道:

"尸(鳲)叴(鳩)在桑":直之。"亓(其)子七也":尸叴二子耳,曰七也,(與)〔興〕言也。"叔(淑)人君子,其宜(義)一也":叔人者□,宜者義也。言亓(其)所以行之義一心也。"能爲一,然笱(後)能爲君子":"能爲一"者,言能以多爲一。以多爲一也者,言能以夫五爲一也。"君子慎亓(其)蜀(獨)也":慎亓(其)蜀(獨)者,言舍夫五而慎亓(其)心之胃(謂)殹;蜀然笱(後)一也。一者,夫五(夫)爲一心也,然笱(後)德之一也,乃德已。德猶天也,天乃德已。"嬰(燕)嬰(燕)于罪(飛),虐(差)蚍(池)亓(其)羽":嬰(燕)嬰(燕),(與)〔興〕也,言亓(其)相送海也;方亓(其)化,不在亓(其)羽矣。"'之子于歸,袁(遠)送于野。詹(瞻)忘(望)弗及,汲(泣)涕如雨。'能虐(差)蚍(池)亓(其)羽然笱(後)能至哀":言至也。虐(差)蚍(池)者,言不在唯(衰)絰也;不在唯(衰)絰,然笱(後)能至哀。夫喪,正経脩領而哀殺矣。① 言至内者之不在外也。是之胃(謂)蜀(獨)也。蜀(獨)者,舍體(體)也。

《五行》這些文字,承繼了《孔子詩論》對《鳲鳩》和《燕燕》的關注,對這兩首詩篇作了高度哲理化的解讀和發揮。

《五行》將《鳲鳩》"其宜(義)一氏(兮)",解釋爲"亓(其)所以行之義之一心也";此"一心"意味着"以多爲一""以夫五爲一",就是說,仁、智、義、禮、聖五者先形於内而成五種"德之行",繼而超越各自個體存在而實現"和"(且與心和合),因此生成"德"或"天"。實際上,《五行》經文第一章對這一過程簡潔、明快地概括爲:"仁荊(形)於内胃(謂)之德之行,不荊於内胃(謂)之行。……德之行五,和胃(謂)之德;四行和,胃(謂)之善。善,人道也。德,天道也。"在《五行》體系中,五行形於内而達成和是最高的境界,惟"君子"纔能達成,故經文第七章稱"能爲一,然后(後)能爲君子"。這種超越諸小體而任由心行的境界,一言以蔽之就是"蜀(獨)"。

《五行》又基於解讀《燕燕》界定了"蜀(獨)"的内涵:"言至内者之不在外也。是之胃(謂)蜀(獨)也。""蜀(獨)"意味着五種德之行和合並且與心爲"一"、成爲超越性的本體,——相對於"五"和"多","一"自然就是獨了;就是說,"蜀(獨)"是形於内的極致境界,完全超越了人的外相。既然"蜀(獨)"被如此界定,那麽"慎蜀(獨)"就不可能取習見之義,即不可能是指人們通常理解的謹慎戒懼閒居獨處之所爲。實際上,《五行》論述得相當清楚,"慎"與

---

① "殺"讀 shài,指衰減;《五行》説文第十四章"亓(其)殺",猶言其次。

"舍"爲反義動詞,名詞"蜀(獨)"和"膿(體)"分別爲其受事者,"舍"指遺棄,"慎"則當指持守和隨順,所以"慎獨"就是持守、隨順由五種分散的德之行和合爲一且與心合一而生的德。① 《五行》經文第八章云:"君子之爲善也,有與始也,有與終也。君子之爲德也,有與始也,无與終也。"其說文第八章解釋道:"'君子之爲善也,有與始,有與終':言與亓(其)膿(體)始,與亓膿終也。'君子之爲德也,有與始,无(無)與終':有與始者,言與亓膿始。无與終者,言舍亓膿而獨亓心也。""慎獨"的同義表述便是"舍亓膿而獨亓心"(不過"慎獨"之"獨"爲名詞,"獨亓心"之"獨"爲動詞)。在這些表述中,"膿"與"心"相對,顯然是指"小體",而非兼備"大膿""小膿"的普泛的"膿",即指耳目鼻口手足等等,而不包括心。此時之心業已超越了其本然狀態,五種德之行已和合而且與心合一(這在體系内意味着"德"的生成),所謂的"獨亓心"就是完全由心行。此時,心對人的主體性便是德的主體性,——心或德不再是主體踐行的對象,它就是踐行的主體。②

在《五行》出土前,人們對思想史上的"慎獨"說不算陌生,已經形成定見。可《五行》體系中的"慎獨"與人們耳熟能詳的"慎獨"完全不是一回事。學界囿於習說和常識,或把《五行》"慎獨"之"慎"詮釋爲"謹慎",把"慎獨"詮釋爲"謹慎運用心官",以期最終以多爲一。比如龐樸說:"這個慎獨是說謹慎運用心官去透過雜多而悟其爲一,是'能爲一'的保證。"③ 這種理解可能背離了《五行》體系的本意。在《五行》中,"慎獨"之"慎"根本不是謹慎之意,而且,君子在"慎獨"前就實現了"以夫五爲一"的道德提升,而絕非通過"慎獨"來求得"以夫五爲一"。《五行》經文第七章謂"能爲一,然后能爲君子;君子慎其獨也";其說文第七章詮釋道:"'能爲一'者,言能以多爲一。以多爲一也者,言能以夫五爲一也。……慎亓(其)蜀(獨)者,言舍夫五而慎亓(其)心之胃(謂)殹。""爲一"和"慎獨"的關係十分清楚,"爲一"之後方有"慎獨"可言。總而言之,"慎獨"是最高的境界和要求,"慎獨"就是持守和隨順此"一"。

獨的境界高度的内在化,慎獨意味着遺落外在的諸小體,包括形貌。《五

---

① "慎"通"順",古籍中常見。《墨子·天志中》:"是故子墨子曰:'今天下之君子,中實將欲遵道利民,本察仁義之本,天之意不可不慎也。'"孫詒讓《閒詁》:"'慎'與'順'同,上下文屢云'順天意'。"其他不煩舉列。

② 顧史考以爲,"君子之爲德也,有與始也,无與終也",是說君子因此"與天道同樣永恒無盡"(見氏著《郭店楚簡先秦儒書宏微觀》,頁96)。這是遷就字面、無視《五行》說文而得出的誤解。

③ 龐樸:《帛書五行篇研究·評述》,頁107。

行》當中,這一層意思主要是通過解讀《燕燕》來闡發的。傳世《毛詩·邶風·燕燕》有云:"燕燕于飛,差池其羽。之子于歸,遠送于野。瞻望弗及,泣涕如雨!"《詩序》曰:"《燕燕》,衛莊姜送歸妾也。"鄭箋謂:"莊姜無子,陳女戴嬀生子名完,莊姜以爲己子。莊公薨,完立,而州吁殺之。戴嬀於是大歸,莊姜遠送之于野,作詩見己志。"這一傳統説法認爲《燕燕》乃衛莊公(前757～前735在位)夫人莊姜所作,主旨是抒發送別陳女戴嬀之情。而依上揭《五行》説文第七章,《燕燕》之情當與喪禮有關。我們不妨做一個大膽的假設。《五行》殆以爲《燕燕》非敍生別之送,而是敍死別之送,詩中"之子"當指被州吁所殺之衛桓公完(前734～前719在位),"歸"字乃指入葬。意思相近的"歸"字,《詩經》即有其例。比如《唐風·葛生》云:"葛生蒙楚,蘝蔓于野。予美亡此,誰與?獨處!/葛生蒙棘,蘝蔓于域。予美亡此,誰與?獨息!/……/夏之日,冬之夜,百歲之後,歸于其居!/冬之夜,夏之日,百歲之後,歸于其室!"《詩經》之外,其他文獻亦頗有可資參考者。如《禮記·檀弓下》記:"延陵季子適齊,於其反也,其長子死,葬於嬴、博之間。……既葬而封,廣輪揜坎,其高可隱也。既封,左袒,右還其封且號者三。曰:'骨肉歸復于土,命也。若魂氣則無不之也,無不之也。'而遂行。"這些"歸"字的用法均相似。就《燕燕》文本來看,《五行》如此解讀《燕燕》的可能性極大。《左氏春秋》魯隱公三年(前720)記:"衛莊公娶于齊東宮得臣之妹,曰莊姜。美而無子,衛人所爲賦《碩人》也。又娶于陳,曰厲嬀,生孝伯,早死。其娣戴嬀,生桓公,莊姜以爲己子。公子州吁,嬖人之子也。有寵而好兵,公弗禁。莊姜惡之。"下文述石碏勸諫莊公,認爲"賤妨貴,少陵長,遠間親,新間舊,小加大,淫破義"爲六逆,足以速禍,則州吁不惟爲嬖妾所生,殆亦少於衛桓公完。古以"伯氏""仲氏"爲兄弟之排行。《詩經·小雅·何人斯》云:"伯氏吹壎,仲氏吹篪。"鄭箋謂:"伯、仲,喻兄弟也。我與女恩如兄弟,其相應和如壎篪。以言俱爲王臣,宜相親愛。"孔疏云:"言有伯氏之兄吹壎,又仲氏之弟吹篪以和之,其情相親,其聲相應和矣。言我與汝何人,其恩亦當如伯仲之爲兄弟,其情志亦當如壎篪之相應和,不當有怨惡也。"厲嬀所生孝伯爲"伯氏",戴嬀所生、"莊姜以爲己子"的完爲"仲氏"。《燕燕》末章云:"仲氏任只,其心塞淵。終溫且惠,淑慎其身。先君之思,以勗寡人。"《五行》殆謂此章仍是以送葬者之口吻,贊被州吁所殺之桓公完心地品行之佳;"仲氏"指衛桓公完(傳、箋、疏諸習見舊說以"仲"爲戴嬀之字),"先君"指被州吁所殺之桓公(傳、箋、疏諸習見舊說以爲衛莊公)。《五行》對《燕燕》的這種理解相當完整。"喠絰"即"衰絰","衰"指的是胸前當心處綴有麻布之衣,"絰"分首絰、腰絰,前者指的是圍在頭上的散麻繩,後者則繫在腰間;"衰絰"可泛指喪服。《五行》認爲,《燕燕》主人公因哀淒達到極致而不在意所服之喪服,——"不在唯経,然笱(後)能至哀"。依早期儒家之見,盡哀是喪禮的本旨。《論語·八佾》篇載林放問禮之本,子曰:"大哉問! 禮,與其奢也,寧儉;喪,與其易也,寧戚。"朱熹集注謂"易"指"節文習熟,而無哀痛惨怛之實","戚"與之相反。《禮記·檀弓上》載子路曰:"吾聞諸夫子:'喪禮,與其哀不足而禮有餘也,不若禮不足而哀有餘也。祭禮,與其敬不足而禮有餘也,不若禮不足而敬有餘也。'"《論語·八佾》與《禮記·檀弓上》所記夫子上二語,意指其實相同。朱子《論語集注》又引范祖禹(1041～1098)曰:"禮失之奢,喪失之易,皆不能反本,而隨其末故也。禮奢而備,不若儉而不備之愈也;喪易而文,不若戚而不文之愈也。儉者物之質,戚者心之誠,故爲禮之本。"喪禮盡哀是個體情感和政教倫理要求的合一;悲哀達到極致而遺落形貌,正與《五行》體系之"慎獨""舍體"同。總之《五行》是以燕燕送別行將入海者"憂在不飾,差池其羽"(其詳請參閱下一節相關内容),類比服喪者内心至哀而不在意唯経,並用主人公這種情感狀態,說明心與由五種德之行和合而成的同一體合一、且超超諸體而臻於"獨"的境界,同時也界定了"舍體""慎獨"的關鍵理念,它們在《五行》體系中都意味着至高無上的道德境界。《五行》學說包含了對《燕燕》的一些合理解讀,如認爲該詩以燕燕"憂在不飾,差池其羽"爲起興,認爲人的内在感情臻於極致,則無暇修飾外在的容貌等等。①

《五行》對"慎獨"理念的表述獨特而又清晰,有很强的思辨性。《五行》以解讀《鳲鳩》《燕燕》來建構和闡發"慎獨"學說,有力地證明了這種埋埋地下千百年、不爲後人熟知的思想實發源於早期的《詩經》學。此外足以證明這一點的是:

其一,《五行》以《鳲鳩》闡發成德、成君子和慎獨的思想,延續了《詩論》的話題。《詩論》第八章云:

孔子曰:《备丘》虗(吾)善之,《於差》虗惪(喜)之,《鳲鳩》虗信之,《文王》虗光(美)之,《清㢼》虗敬之,《䎽殳》虗敓(悦)之,《昊天又城命》虗□之。……《鳲鳩》曰:"丌(其)義一氏(兮),心女(如)結也",虗信之……

《詩論》中赫然出現了《五行》建構慎獨學說的一個學理依據——《鳲鳩》"丌

---

① 強調禮儀的内在情志基礎是儒家秉承的古老傳統。孟子嘗引《書》曰:"享多儀,儀不及物曰不享,惟不役志于享。"(《孟子·告子下》)朱熹集注云:"儀,禮也。物,幣也。役,用也。言雖享而禮意不及其幣,則是不享矣,以其不用志於享故也。"

(其)義一氏(兮)"云云,子思踵事增華、發揚光大之,將它納入以慎獨、舍體、成德、成君子爲核心的五行體系中。《五行》以後,對《鳲鳩》這一類型的解讀成了儒學特別是《詩經》學的傳統。《荀子·勸學》篇引《鳲鳩》此章以證成"君子結於一",《韓詩外傳》卷二第三十一章引《鳲鳩》此章以證成"君子務結心乎一",均已見引於前文。現存具有嚴格《詩經》學意義的漢代文獻也往往發揮這一層意思。比如鄭箋云:"善人君子,其執義當如一也。"毛傳云:"執義一則用心固。"從《詩論》經《五行》至戰國末之《荀子》,再至漢代一系列《詩經》著述,這一方面的內容互相關聯,其背後明顯存在一個《詩》學發展的序列。惟《荀子》《韓詩外傳》等著作引申得相對較遠,偏於引《詩》之體;《五行》謂"宜者義也。言亓(其)所以行之義一心也",類同於《毛傳》《鄭箋》的闡釋,可與《詩經》著述之内傳體等視。①

其二,《詩論》中出現了《五行》慎獨説的核心範疇"蜀(獨)",而且它的《詩》學基礎同樣是《燕燕》。《詩論》第四章云:"《關雎》之改,《梂木》之旹(時),《漢堂》之晢(智),《鵲巢》之逯(歸),《甘棠》之保(報),《綠衣》之思,《燕燕》之情,害(曷)?曰:童(動)而皆臤(賢)於亓(其)初者也。……《燕燕》之情,目(以)亓(其)蜀(獨)也。""《燕燕》之情,目(以)亓(其)蜀(獨)也"一語孤立地看極難理解,而《五行》説文第七章所謂"言至内者之不在外也。是之胃(謂)蜀(獨)也",堪爲其注脚。《詩論》殆謂《燕燕》主人公深情如斯,乃因其情超越了外在形貌而成爲決定性的獨存(一如《五行》中,仁、智、義、禮、聖五種德之行和合且與心爲一所生成之德具備了對小體的超越性)。

《五行》與《詩論》的縐合,在後世其他文獻中也有蛛絲馬跡。《説苑·反質》篇謂:"《詩》云:'尸鳩在桑,其子七兮。淑人君子,其儀一兮。'傳曰:尸鳩之所以養七子者,一心也;君子所以理萬物者,一儀也。以一儀理物,天心也;五者不離,合而爲一,謂之天心。在我能因自深結其意於一,故一心可以事百君,百心不可以事一君,是故誠不遠也。夫誠者一也,一者質也;君子雖有外文,必不離内質矣。""傳曰"云云緊承所錄《鳲鳩》文本,應當就是對該詩的一種詮釋(不過,由於著述體式的差異,《説苑》未必是照本宣科,有一部分内容

---

① 漢代《詩經》著述分内外傳體,從今天的學術立場上説,具有嚴格《詩經》學意義的是内傳體著述。而在通常所謂今文《詩》範圍内,内傳體著述已全部亡佚,僅存外傳體之《韓詩外傳》,而通常歸於古文《詩》學的《詩序》《毛傳》《鄭箋》等流傳至今,全爲內傳之體。從體式上説,先秦諸子之引《詩》爲《韓詩外傳》所本,《説苑》《新序》之類引《詩》之作則承襲《韓詩外傳》,凡此均不具備嚴格的《詩經》學意義。其詳説參閲拙作《論漢代〈詩經〉著述之内外傳體》,《國學研究》第三十卷,北京:北京大學出版社 2012 年,第 1 版,頁 145~170;並可參閲本書第一章"由漢代《詩經》著述之内外傳體回觀新出先秦文獻的《詩經》學價值"。

可能被以意發揮)。此傳與《五行》學説密切相關。首先,其中"五者不離,合而爲一,謂之天心",跟《五行》經、説第七章依《鳲鳩》"叔(淑)人君子,其宜(義)一氏(兮)"等語倡言,"能爲一,然后(後)能爲君子","'能爲一'者,言能以多爲一。以多爲一也者,言能以夫五爲一也。……一者,夫五(夫)爲一心也,然笱(後)德""德猶天也,天乃德已"等,較然一致。兩者之關聯是多方位的:其一,均就《鳲鳩》而言;其二,均談論五合一的問題;其三,均歸結於"心";其四,均尊之爲"天"。這種關聯,就是筆者所説的"有組織性的關聯"。其次,所謂"夫誠者一也,一者質也;君子雖有外文,必不離内質矣",當是突出合五者爲一的内在的"天心",跟《五行》説文第七章"至内者之不在外也。是之胃(謂)蜀(獨)也。蜀(獨)者,舍體(體)也""君子慎亓(其)蜀(獨)也':慎亓蜀者,言舍夫五而慎亓心之胃殹"等,强調超越性的心——它已實現與捨弃五種德之行個體存在所生的和合之境的同一,基本取向顯然也是一致的。

這裏存在兩種可能:第一種可能是《反質》篇所載《詩》傳早於《五行》,《五行》對《鳲鳩》的詮釋,以及它基於此建構的仁、知(智)、義、禮、聖五種德行和合爲一,並且由心合一而生成德的理念,即發端於這種《詩》説。第二種可能是,《反質》篇所載《詩》傳是受《五行》影響而產生的。看起來後一種可能性較大,但前一種可能性也並非不存在。從孔子《詩》學到《反質》篇所載《詩》傳,中間的空檔實在太大了,藴含着很多的可能性。而無論如何,《反質》篇所載,都可以證成《五行》學説跟《詩經》學的瓜葛。

《五行》與《詩經》學的縮合從多個層面上得到了强化。很明顯,從《詩論》到《五行》,對《鳲鳩》《燕燕》等詩的詮釋呈現了明顯的發展。《詩論》的説法非常簡括,點點滴滴,如江河之源,——其對《五行》篇的重要性,亦正如泉源之於江河。荀子批評子思、孟子云:"略法先王而不知其統,(猶)然而〔猶〕材劇志大,聞見雜博,案往舊造説,謂之五行,……案飾其辭而祗敬之曰:此真先君子之言也。子思唱之,孟軻和之,世俗之溝猶瞀儒嚾嚾然不知其所非也,遂受而傳之,以爲仲尼、子游爲兹厚於後世:是則子思、孟軻之罪也。"(《荀子·非十二子》)荀子的批評藴含着子思五行説形成的學術史綫索。陳澧曾經提出:"觀其非子思孟子云,世俗'以爲仲尼、子游爲兹厚於後世',或子思孟子之學出於子游歟。"(《東塾讀書記》卷一二《諸子》)郭沫若也説:"既言思、孟之學乃'仲尼、子游爲兹厚於後世',這便是他們出於子游氏之儒的證據了。"[①]兩位

---

① 郭沫若:《十批判書·儒家八派的批判》,《郭沫若全集》歷史編第二卷,頁132。

學者基於荀子對子思、孟子的批評，做出了相同的判斷。而綜合《詩論》《五行》、傳世《孟子》以及荀子之批評，可以肯定地說，"五行""慎獨"諸說醞釀於孔子和子游的學術體系(尤其是其《詩經》學當中)，確立於子思，而轉型於子思之再傳弟子孟軻。孔門四科，各科著名弟子見載於《論語·先進》篇，所謂："德行：顏淵，閔子騫，冉伯牛，仲弓。言語：宰我，子貢。政事：冉有，季路。文學：子游，子夏。"《史記·仲尼弟子列傳》云："言偃，吳人，字子游。少孔子四十五歲。……孔子以爲子游習於文學。"孔子門下，子游於文學(即文章博學或六藝之學)之造就殆在子夏之上，孔子本人殆已有此意。游、夏之學有互相排擠的傾向。《論語·子張》記載："子游曰：'子夏之門人小子，當洒掃、應對、進退，則可矣。抑末也，本之則無。如之何？'子夏聞之，曰：'噫！言游過矣！君子之道，孰先傳焉？孰後倦焉？譬諸草木，區以別矣。君子之道，焉可誣也？有始有卒者，其惟聖人乎！'"朱熹集注解釋云："子游譏子夏弟子，于威儀容節之間則可矣。然此小學之末耳，推其本，如大學正心誠意之事，則無有。"子夏之學後世聲名卓著，主要是因爲《詩序》之傳世，子游之學則幾於埋沒無聞。不過，明乎子思五行說乃承子游之學而光大之，則可知《五行》篇之重見天日，實亦子游之幸也(《五行》體系亦恰恰立基於格、致、誠、正、脩、齊、治、平之事)。由《五行》篇，當可斷定子游在《詩經》學上也有相當的建樹，惟因書闕有間，其說大量失傳，故與子夏《詩經》學比較起來似乎有些寥落(基於《五行》體系與《尚書》學的深刻關係，又可斷言子游在《尚書》學方面造詣甚深，太史公謂"孔子以爲子游習於文學"，當非虛言也)。孟子近師子思之門人，遠承子思、子游之緒業，荀子之學則出於子夏、子弓，①則由孔子而來的子游、子思、

---

① 荀子推重子弓，於其書顯然。如《荀子·非相》篇云："長短、小大、善惡形相，非吉凶也。古之人無有也，學者不道也。蓋帝堯長，帝舜短；文王長，周公短；仲尼長，子弓短。"《荀子·非十二子》云："若夫總方略，齊言行，壹統類，而羣天下之英傑而告之以大古，教之以至順，奧窔之間，簟席之上，(斂)〔歛〕然聖王之文章具焉，佛(勃)然平世之俗起焉，六說者不能入也，十二子者不能親也(案：六說，指其前文所評它囂魏牟、陳仲史鰌、墨翟宋鈃、慎到田駢、惠施鄧析、子思孟軻凡十二子之說)，無置錐之地而王公不能與之爭名，在一大夫之位則一君不能獨畜，一國不能獨容，成名況乎諸侯，莫不願以爲臣，是聖人之不得埶者也，仲尼、子弓是也。……今夫仁人也，將何務哉？上則法舜、禹之制，下則法仲尼、子弓之義，以務息十二子之說，如是則天下之害除，仁人之事畢，聖王之跡著矣。"《荀子·儒效》篇云："通則一天下，窮則獨立貴名，天不能死，地不能埋，桀、跖之世不能汙，非大儒莫之能立，仲尼、子弓是也。"或謂子弓即仲弓。如楊倞注《荀子·非相》"子弓短"一語，云："子弓，蓋仲弓也，言子者，著其爲師也。《漢書·儒林傳》馯臂字子弓，江東人，受《易》者也。然馯臂傳《易》之外，更無所聞，荀卿論說，常與仲尼相配，必非馯臂也。"俞樾云："楊注曰'子弓，蓋仲弓也'，此說是也。又曰'言子者，著其爲師也'，則恐不然。仲弓稱子弓，猶季路稱子路耳。子路也、子弓也，其字也，曰季、曰仲，至五十而加以伯仲也。"(《諸子平議·荀子一》)汪中《述學·補遺·荀卿子通論》謂《荀子·非相》《非十二子》(轉下頁)

孟子一系，與子夏、子弓、荀子一系，足以頡頏。荀子排擯子子游、子思、孟子而極力推尊子弓，當是根於這種學業承傳上的分歧。

五、"繇色榆於禮"

因爲《五行》與《詩論》有多重極密切的締合，兩者之互相闡釋有不容置疑的合理性。由《五行》向上鉤聯《詩論》，向下鉤聯《詩序》《毛傳》等傳世《詩經》學著述，赫然可見《詩經》學術史中的一系列重要脈絡，爲考究漢以前《詩經》學發展的幸事。《五行》以《鳲鳩》界定成德、慎獨諸重要觀念，以《燕燕》闡發慎獨、舍體諸重要觀念，莫不與《詩論》密切相關，上文已經論析，不再重複。此節需要討論的是，《五行》說文第二十五章謂《關雎》"繇(由)色榆(喻)於禮"，更明顯地延續了《詩論》的話題和指意。

《詩論》第四章云：

《關疋》之改，《樛木》之呰(持)，《樂芏》之䎽(智)，《鵲樔》之迌(歸)，《甘棠》之保(報)，《綠衣》之思，《鷎鷎》之情，害(曷)？曰：童(動)而皆臤(賢)於丌(其)初者也。《關疋》㠯(以)色俞(喻)於豊(禮)，□□□□□□□□兩矣，丌四章則俞(喻)矣。㠯琴瑟之敚(悦)，惌(擬)好色之愿(願)，㠯鐘鼓之樂，合二姓之好，反内(納)於豊(禮)，不亦能改虗(乎)？……《關疋》之改，則丌思賹(賹/益)矣……

(接上頁)《儒效》三篇，每以仲尼、子弓並稱，"子弓之爲仲弓，猶子路之爲季路"；且斷言"荀卿之學實出於子夏、仲弓也"(李金松校箋：《述學校箋》，頁 453)。近年持此說者，如李福建：《〈荀子〉之"子弓"爲"仲弓"而非"馯臂子弓"新證：兼談儒學之弓荀學派與思孟學派的分歧》(《孔子研究》2013 年第三期，頁 85～97)。這是古今學界的主流看法，不再一一羅列。徐復觀斥此說非是："……子路之爲季路，有典籍可徵；而子弓之爲仲弓，則缺乏文獻上的依據。……日人武内義雄博士在其《諸子概論》中認爲《荀子》中與仲尼並稱之子弓即子游。然以荀子之尊師，而在《非十二子》中，一則曰'是子夏氏之賤儒也'，再則曰'是子游氏之賤儒也'，則荀子出於子夏或子游之說，皆不可信。……儒分爲八(《韓非子·顯學》篇中的重要儒者，今日有的已難詳考。則荀子所稱之子弓，亦祇有付之於無從詳考之列。"(見氏著《中國人性論史·先秦篇》，頁 201～202)或謂子弓即馯臂子弓。如蔡元培(1868～1940)云："漢儒述《毛詩》傳授系統，自子夏至荀子，而《荀子》書中嘗並稱仲尼、子弓。子弓者，馯臂子弓也，嘗受《易》於商瞿，而實爲子夏之門人。荀子爲子夏學派，殆無疑義。子夏治文學，發明章句。故荀子著書，多根據經訓，粹然存學者之態度焉。"(見氏著《中國倫理學史》，北京：商務印書館，2010 年，第 1 版，頁 22)近年持此說者如林桂榛《大儒子弓身份與學説考：兼議儒家弓荀學派天道論之真相》(《齊魯學刊》2011 年第 6 期，頁 16～21)。或謂子弓即朱張。《論語·微子》篇記"逸民"有朱張，邢昺(932～1010)正義引王弼(226～249)云："朱張字子弓，荀子以比孔子。"各説似均乏確證，今存疑。子夏與荀子之學術淵源關係，姑從舊説。

傳世《關雎》毛公分爲三章，一章章四句，二章章八句，朱熹《集傳》同；鄭玄分爲五章，章四句。孔子及其弟子所見之《關雎》殆與傳世本無大異，《詩論》殆分之爲以下四章(文本依《毛詩》，括號内之文字則是《詩論》之評語)：

　　關關雎鳩，在河之洲。窈窕淑女，君子好逑。

　　參差荇菜，左右流之。窈窕淑女，寤寐求之。求之不得，寤寐思服。悠哉悠哉，輾轉反側。

　　參差荇菜，左右采之。窈窕淑女，琴瑟友之。("昌㛮妏之攺，念好色之愆")

　　參差荇菜，左右芼之。窈窕淑女，鍾鼓樂之。("昌鐘鼓之樂，合二姓之好，反内於豊"；"《闗疋》昌色俞於豊"，"丌四章則俞矣")

《詩論》評《關雎》，有一部分文字殘缺，頗有難解之處，但要點還是比較明晰的：其一，《詩論》認爲《關雎》自"琴瑟友之"以上亦即前三章，乃敘主人公好色、思色之事，"琴瑟友之"句指主人公以琴瑟親近淑女，傳達其好色之願；末章"鍾鼓樂之"云云，敘女子與夫家成婚，主人公以"鍾鼓之樂"祝賀他們的婚姻之好(依《詩論》之體系，將此句理解爲以鐘鼓之樂完成主人公自己與淑女的婚姻之好，也可以說通，但取這種理解，詩歌上下文文意之轉折太過突兀，甚至有一點不合邏輯)。① 其二，《詩論》認爲，《關雎》前三章主人公好色、思色頗有過當越禮之處，最後一章則回歸禮的規範——"反内(納)於豊(禮)"，此即所謂"《闗疋》之攺"，亦即主人公之"思賹(賹/益)"，孔子對此格外看重，贊之曰"不亦能改虖"。② 其三，《詩論》所謂"《闗疋》昌(以)色俞(喻)於豊(禮)"，

---

① 關於《詩三百》中婚姻"舉樂""可賀"諸事，參閱本書第三章"論以禮解《詩》之限定：從《詩論》評《關雎》說開去"。
② 此章"攺"字，整理本隸定爲"攺"，馬承源釋爲"怡"(參見馬承源主編《上海博物館藏戰國楚竹書》一，頁139、頁141、頁142)。李守奎等指出，上博館藏簡文《周易》之革卦卦辭及其六二爻辭等有幾處"攺日"，今本作"巳日"，除此之外，楚文字中"攺"皆讀爲"改"，疑爲同形字(參閱李守奎等編著：《上海博物館藏戰國楚竹書(一——五)文字編》，頁174、頁168)。饒宗頤主編《字匯》隸定爲"改"(參閱饒宗頤主編：《上博藏戰國楚竹書字匯》，合肥：安徽大學出版社，2012年，第1版，頁423)。案：該字當即"改"字。《詩論》該章云："反内(納)於豊(禮)，不亦能改虖(乎)"，"改"字之意由"反内(納)於豊(禮)"界定，當指更易，解爲"怡"意思上完全不通。又，《詩論》該章云："《闗疋》之改，則丌(其)思賹(賹/益)矣。"其論《關雎》，義理上與《易傳》頗可通。《周易·益卦·象傳》云："《象》曰：益，損上益下，民說无疆；自上下下，其道大光。'利有攸往'，中正有慶。'利涉大川'，木道乃行。益動而巽，日進无疆。天施地生，其益无方。凡益之道，與時偕行。"《益卦·象傳》云："風雷，益。君子以見善則遷，有過則改。"《繫辭下傳》曰："《易》之興也，其于中古乎？作《易》者，其有憂患乎？是故履，德之基也；謙，德之柄也；復，德之本也；恒，德之固也；損，德之脩也；益，德之裕也；困，德之辨也；井，德之地也；巽，德之制也。履，和而至；謙，(轉下頁)

是指該詩用好色、思色之事,來說明禮的重要性;主人公好色思色如此之甚,最終還是回到以禮"合二姓之好"的正道上來,禮之不可背離亦可知矣。

《五行》在這一命題上同樣承接了《詩論》,且同樣有明顯的推進。《五行》經文第二十五章云:"諭(喻)而知之,胃(謂)之進之。"其說文第二十五章解釋道:

"榆(喻)而知之,胃(謂)之進之":弗榆(喻)也,榆(喻)則知之矣;知之則進耳。榆(喻)之也者,自所小好榆(喻)虖(乎)所大好。"茭(窈)芍(窕)淑女,唔(寤)眛(寐)求之",思色也。"求之弗得,唔(寤)眛(寐)思伏(服)",言亓(其)急也。"繇(悠)才(哉)繇才,婘(輾)槫(轉)反廁(側)",言亓(其)甚急也。急如此亓(其)甚也,交諸父母之廁(側),爲諸?則有死弗爲之矣。交諸兄弟之廁(側),亦弗爲也。交諸邦人之廁(側),亦弗爲也。畏父兄,亓(其)殺畏人,禮也。繇(由)色榆(喻)於禮,進耳。

先不論其發揮,單看《五行》篇分析《關雎》主人公"思色",且至於"急",且至於"甚急",從兩千多年前相關學術背景上看,簡直妙不可言。而細揆《詩論》與《五行》,可知兩者對《關雎》的詮釋整體上合若符契。具體説來,《詩論》《五行》解讀《關雎》之相同點有以下幾個方面:

首先,二者之解釋方向完全一致,即《史記·孔子世家》所謂"施於禮義",①——其主旨都是對禮的歸依。經學詮釋的要義即在於掘發或注入價值,並予以弘揚。

其次,二者之思維方法、核心話語和理念高度一致,即都是用好色思色之事說明禮的重要性,論析主人公思想的進益。《詩論》謂《關雎》"目(以)色俞(喻)於豊(禮)";《五行》謂《關雎》"繇(由)色榆(喻)於禮"。《詩論》評《關雎》

(接上頁)尊而光;復,小而辨於物;恒,雜而不厭;損,先難而後易;益,長裕而不設;困,窮而通;井,居其所而遷;巽,稱而隱。履,以和行;謙,以制禮;復,以自知;恒,以一德;損,以遠害;益,以興利;困,以寡怨;井,以辯義;巽,以行權。"《雜卦傳》:"損、益、衰、盛之始也。"其間"見善則遷,有過則改"之"益",尤與《詩論》評《關雎》相契。

① 《史記·孔子世家》云:"古者《詩》三千餘篇,及至孔子,去其重,取可施於禮義,上采契、后稷,中述殷、周之盛,至幽、厲之缺,始於衽席,故曰'《關雎》之亂以爲《風》始,《鹿鳴》爲《小雅》始,《文王》爲《大雅》始,《清廟》爲《頌》始'。三百五篇孔子皆弦歌之,以求合《韶》《武》《雅》《頌》之音。禮樂自此可得而述,以備王道,成六藝。"據《詩論》,《關雎》即爲"可施於禮義",且曾被孔子"施於禮義"者。

主人公最後"反内(納)於豊(禮)",稱"閵疋"之改,則兀(其)思賮(賹/益)矣";《五行》評《關雎》謂"繇(由)色榆(喻)於禮,進耳"。這些評判的思維方式和具體話語基本上一致。

需要順帶説明的是,《詩論》"目(以)色俞(喻)於豊(禮)"之"俞(喻)"與《五行》"繇(由)色榆(喻)於禮"之"榆(喻)",均通"喻",但迥非"比喻"之義。《五行》一併討論了"目(伴)""辟(譬)""諭(喻)""鑯(幾)"等四種認知核心價值的方式(毫無疑問,認知核心價值是德行修持的前提),即《五行》經文第二十三章"目(伴)而知之,胃(謂)之進之",第二十四章"辟(譬)而知之,胃(謂)之進之",第二十五章"諭(喻)而知之,胃(謂)之進之",第二十六章"鑯(幾)而知之,天也",各種方式均有相應的説文。其中指涉比喻者乃是經、説第二十四章的"辟"。説文第二十四章云:"'辟(譬)而知之,胃(謂)之進之':弗辟(譬)也,辟(譬)則知之矣,知之則進耳。辟(譬)丘之與山也,丘之所以不如名山者,不責(積)也。舜有仁,我亦有仁,而不如舜之仁,不責(積)也。舜有義,而我亦有義,而不如舜之義,不責(積)也。辟(譬)比之而知吾所以不如舜,進耳。"這裏的"辟(譬)"顯然通"譬","辟""比"連稱尤可見其指意。"目(伴)"乃對比之意,在相關説文中有明確的界定(所謂"目之也者,比之也"),且説文所用兩組具體的"目(伴)"足以證明一切(其一是伴草木之性、禽獸之性與人之性,其二是伴耳目之性、鼻口之性、手足之性與心之性)。"鑯(幾)"指把握隱微的幾兆而知曉之,依《五行》之意,《詩經·大雅·大明》謂"上帝臨女(汝),無貳爾心",便是"鑯而知之"(上帝之臨與心之貳,均須用這種方式認知)。故《五行》説文第二十六章云:"'鑯而知之,天也':鑯也者,齎數也。唯有天德者,然笱鑯而知之。'上帝臨女(汝),毋澧(貳)璽(爾)心':'上帝臨女',言鑯之也。'毋澧璽心',俱鑯之也。"①《五行》中,"目(伴)""辟(譬)""諭(喻)"或"榆(喻)"與"鑯(幾)"並列,四者顯然是有邏輯區隔的,"辟"既指譬喻,其餘任何一項就不會再指譬喻了。其實,"諭(喻)"或"榆(喻)"乃是説明或辨明之意,這一點由説文使用的具體的"榆"即可證明。這一具體的"榆(喻)"是:雖則思窈窕淑女之美色至於"唔(寤)眛

---

① "鑯(幾)"是帶有某種神秘性的認知方式。"上帝臨女(汝)"的感覺由這種認知方式得來。孔子嘗云:"鬼神之爲德,其盛矣乎! 視之而弗見,聽之而弗聞,體物而不可遺。使天下之人,齊明(齋戒明潔)盛服,以承祭祀。洋洋乎如在其上,如在其左右!《詩》曰:'神之格思,不可度思,矧可射思。'夫微之顯,誠之不可揜,如此夫。"(《中庸》第十六章)孔子正是用"鑯(幾)"這種認知方式體察到鬼神的到來。

（寐）思伏（服）"，至於"媆（輾）槫（轉）反廁（側）"，急如此之甚，然而交諸父母之側，寧死不爲也，交諸兄弟之側，亦不爲也，交諸邦人之側，亦不爲也，這裏顯示的"畏父兄，亓（其）殺畏人"就是禮（其認知機理，類同於《五行》經、說第十四章闡發的"愛父，亓繼愛人，仁也"）。這就用好色之事說明或申說了禮，顯然，其中絕無修辭學上的比喻之意。饒宗頤（1917～2018）引證《五行》"繇色榆（喻）於禮"之說，把《詩論》"目（以）色俞（喻）於豊（禮）"之"喻"解釋爲譬喻，且發揮道："孔子重視譬喻之方。《論語·雍也》：'能近取譬，可謂仁之方也。'又《子張》：'譬諸草木，區以別矣。''君子喻於義，小人喻於利。'凡此足見用喻之重要。'喻'或寫作'俞'或'榆'，皆當讀爲'喻'。"①其所謂"譬喻"當是取其廣義，但這樣說至少容易引起誤會。丁四新說《五行》之"喻"，"猶今語比喻一詞"，②明顯就是誤會了。

再次，《詩論》《五行》對《關雎》內容的理解也基本上一致，至少都認爲該詩前三章是說"好色"或"思色"，較傳世《毛傳》《鄭箋》之說更加貼近文本。

《詩論》《五行》解讀《關雎》，也有不同之處：

其一，《詩論》把"琴瑟友之"以上三章解釋爲"好色"之事，把末章"鍾鼓樂之"解釋爲"合二姓之好，反內（納）於豊（禮）"，認爲詩意及主人公之"思"在末章發生轉折，——此時主人公復歸於禮，依禮祝賀女子之婚事。《五行》祇是解釋了前二章（這樣說是按《詩論》之劃分，即指"輾轉反側"以前的文字），認爲其意是敘主人公"好色""思色"至於急、至於甚急，它不甚關注後面的文字，包括《詩論》據以發揮儒家價值的部分。

其二，《詩論》"《關疋》之改，則亓（其）思賹（賹／益）矣"，把思想的進益定位在對禮的回歸上，《五行》以《關雎》說明何謂"諭（喻）而知之，胃（謂）之進之"，乃是把主體的進步定位在對禮的認知和持守上，其大意是說，好色爲"小好"，好禮爲"大好"，用小好之事辨明大好之理進而認同大好，便進步了。自然，兩者在這一方面的差別比較細微，或者說是非本質的。

其三，《五行》明顯地把《詩論》對《關雎》的解說，——包括其主旨、取向和解說方式，納入了整個學說體系的建構中。《詩論》所謂"《關疋》之改，則亓（其）思賹（賹）矣"，"賹"通"益"。李零認爲，"'益'是形容思之過甚，蓋指詩文

---

① 饒宗頤：《竹書〈詩序〉小箋》，上海大學古代文明研究中心、清華大學思想文化研究所編：《上博館藏戰國楚竹書研究》，頁 229～230。案：饒宗頤所引"君子喻於義，小人喻於利"一語實見於《論語·里仁》，其中"喻"字尤非指譬喻。

② 丁四新：《郭店楚墓竹簡思想研究》，頁 142。

'瘧瘵思服'云"。① 這樣説可能不符合《詩論》本意。"益"應該是指進益或長進,從好色思色之甚轉而至於以禮合二姓之好,這就是所謂"改",亦正是思想之"賏(賏/益)"。《五行》説文第二十五章以《關雎》申釋經文"諭(喻)而知之,胃(謂)之進 之 ",歸結於"繇(由)色榆(喻)於禮,進耳",明顯是發揮《詩論》的主旨,其"進"字與《詩論》之"賏(賏/益)"字可以互相發明。《五行》更將《詩論》從《關雎》中發掘的價值認知和修持方式進一步光大,除第二十五章"諭(喻)而知之,胃(謂)之進 之 "以外,其經文第二十三章謂" 目(侔)而 知之,胃(謂)之進之",第二十四章謂"辟(譬)而知之,胃(謂)之進之",第二十六章謂" 鑯(幾)而知之 , 天 也",全是在《詩論》基礎上發展出來的重要學術建構,諸"進"字亦均與《詩論》此簡之"賏(賏/益)"字相通,直可爲其注脚(在《詩論》中,思之"賏"是爲"反内於豊"之"改"定性,在《五行》中,"進"是爲"繇色榆於禮"定性,其核心理念的同一性一目瞭然)。總之,作爲《詩論》《五行》各自體系中的重要觀念,"㠯(以)色俞(喻)於豊(禮)"或"繇(由)色榆(喻)於禮"的理論設定以及認知、言説實踐,都不局限於讀《詩》説《詩》。尤其是在《五行》篇中,《關雎》"繇(由)色榆(喻)於禮"祇是"榆(喻)而 知 之,胃(謂)之進 之 "的一個經典個案,而"榆(喻)而 知 之"又祇是與" 目(侔)而 知之""辟(譬)而知之"" 鑯(幾)而知之 "三者並列的一項,即是心性修爲方面,引導認知提升、思想進益,確立應踐行之價值的途徑之一。《五行》説文第二十二章云:" 心 也者,説(悦)仁義者也。……心貴也。有天下之美聲色於此,不義則不聽弗視也。有天下之美矍(臭)味於 此 ,不義則弗求弗食也。居而不聞尊長者,不義則弗爲之矣。何居?曰:幾(豈)不□ 不勝 □、 小 不勝大、賤不勝貴也才(哉)?"這段文字説明"義"和"心"的重要性(兩者之間有同一性,因爲心"説仁義"),從本質上説,這是"繇(由)色榆(喻)於義",與"繇(由)色榆(喻)於禮"相通一貫。孟子曰:"丈夫生而願爲之有室,女子生而願爲之有家。父母之心,人皆有之。不待父母之命、媒妁之言,鑽穴隙相窺,逾牆相從,則父母國人皆賤之。古之人未嘗不欲仕也,又惡不由其道。不由其道而往者,與鑽穴隙之類也。"(《孟子·滕文公下》)就認知和言説方式而言,這段文字,亦堪稱"繇(由)色榆(喻)於禮"的最佳注脚。

《五行》對《關雎》的解釋看起來有一個重要問題,即"交諸父母之廁

---

① 李零:《上博楚簡三篇校讀記》,頁17。

（側）,……交諸兄弟之廎（側）,……交[諸]邦人之廎（側）"等,①全爲假設推斷之辭,並非原詩實際所寫。《詩經》中跟這種解說更切合的應該是《鄭風·將仲子》。此詩反復詠歎"仲可懷也",正是《五行》所謂"思色"之事,復依次詠歎"畏我父母""畏我諸兄""畏人之多言",正是《五行》所謂"[畏]父兄,亓（其）殺畏人,禮也";《詩論》業已明確指出:"《牆中》之言,不可不韋（畏）也"。《五行》說文在倡發義理時未選擇《將仲子》,而選擇了《關雎》,顯然是有意承繼和申說《詩論》中"[曷匝]目（以）色俞（喻）於豊（禮）"的話題,並非不熟知《將仲子》。這也凸顯了《詩論》《五行》在這一關鍵話題上的聯接,從中可窺見歷史前行的清晰的脚步。

更抽象一點說,《詩論》對《關雎》的解釋,初步確立了"發乎情"而"止乎禮"的《詩經》學觀念,《五行》將它發揚光大（差異衹在其"止乎禮"部分由推理而得,非直接落實在原詩文本中）,②再加上有《詩序》的經典製作,最終使它成爲詮釋《詩經》特別是《國風》的基本準則。

《荀子·大略》篇有云:"《國風》之好色也,傳曰:盈其欲而不愆其止。"楊倞注云:"好色,謂《關雎》樂得淑女也。盈其欲,謂'好仇（逑）''寤寐思服'也。止,禮也。欲雖盈滿,而不敢過禮求之。此言好色人所不免,美其不過禮也。"《大略》篇所錄之"傳",當是發揚《詩論》和《五行》的早期《詩》說,而且確當是就《關雎》而言的;謂《關雎》"言好色人所不免,美其不過禮",與《詩論》《五行》之論《關雎》較然一致,與後者尤爲相契。荀子據以論《國風》,是將其泛化,擴大其適應對象及《詩經》學價值。

與《五行》大約同時,《詩大序》也光大了這種《詩》學觀念。作爲《詩論》後第一部重要的專論《詩經》的典籍,《大序》將"發乎情,止乎禮義"樹爲評判變風的標準。不過看起來它主要是直接承繼了《五行》。《詩論》主旨是說《關雎》主人公最終"反内（納）於豊（禮）",故譽之曰"能改",美其思[賹]（賹/益）"。這一評判雖不違於"止乎禮義",卻不很契合。而《五行》篇云:"[急]如此亓（其）甚也,交諸父母之廎（側）,爲諸? 則有死弗爲之矣。交諸兄弟之廎（側）,

---

① "交"字,文物局古文獻研究室本解爲"交合"（國家文物局古文獻研究室編:《馬王堆漢墓帛書》第一册,頁27）,魏啓鵬解爲"性交"（氏著《簡帛文獻〈五行〉箋證》,頁119）,值得商榷。儒家政教倫理之標準豈會如此之低? 該字當釋爲此與彼受、交接交往。郭店楚簡《語叢一》云:"豊,交之行述（術）也。"《五行》此處"交"字正是"交之行述（術）"之"交",唯具體在男女之間而已。

② 很可能子思意識到,《關雎》一詩,"琴瑟友之""鍾鼓樂之"二章並行同構,解前者爲"怸（擬）好色之忎（願）",解後者爲"[合二姓之]好",文理不順,所以改變了孔子的論説。

亦弗爲也。交諸邦人之廁(側)，亦弗爲也。畏父兄，亓(其)殺畏人，禮也。"這幾乎就是在説"發乎情，止乎禮"，距《詩大序》僅僅是未達一間。《詩大序》以及《小序》之首序出於孔門弟子卜商(字子夏)，《小序》之中，首序的續申之語大抵出於漢初的毛亨，①《五行》則出自孔子之孫子思。整個《詩序》的成立晚於《五行》，是毫無疑問的，但《詩大序》《小序》之首序和《五行》產生的具體年代殊難確定，不好辨其早晚。據錢穆研判，子夏之生卒年爲公元前507至公元前420年，子思之生卒年爲公元前483至公元前402年，②有六十餘年的重疊，則《詩大序》與《五行》差不多同時產生的可能性極大。不過，《詩論》和《五行》就《關雎》提出"㠯(以)色俞(喻)於豊(禮)"或"繇(由)色榆(喻)於禮"的觀念，其間承接相當緊密，《詩大序》之"發乎情，止乎禮義"的取向與二者均能貫通，但距二者均較遠；而且，《大序》提煉出這一取向，將其泛化而施於"變風"(《大序》應該還有一層潛在的意藴：變風尚且如此，何況正風呢？所以此標準不止適用於變風)。從理論形態上看，《大序》應該更晚。

一言以蔽之，《詩論》《五行》先後解説《關雎》等詩，促生了"盈其欲而不愆其止""發乎情，止乎禮義"的重要《詩經》學理念。遺憾的是到了《詩序》，再到《毛傳》和《鄭箋》，"止乎禮義"與"不愆其止"的取向被大力推揚，"發乎情""盈其欲"的實際空間則受到了嚴重擠壓。這就是《詩三百》的經典化之路，自《詩論》《五行》以下，走得越來越硬實。

六、"興"與"賦"

漢儒説《詩》獨標興體，在《詩》學史上是一大特色(孔疏解《詩序》時，嘗謂"毛傳特言興也，爲其理隱故也")。可興體究竟起源於何處，過去卻不甚了然。《毛傳》以前，《詩序》嘗提及"詩有六義焉：一曰風，二曰賦，三曰比，四曰興，五曰雅，六曰頌"；雖然《詩序》僅僅解釋了風、雅、頌，但它以興爲作詩法式，大概是毋庸置疑的。孔疏解釋道："風、雅、頌者，詩篇之異體；賦、比、興者，詩文之異辭耳。大小不同，而得並爲六義者，賦、比、興是詩之所用，風、雅、頌是詩之成形，用彼三事，成此三事，是故同稱爲義，非別有篇卷也。"而《詩序》以前，孔子嘗謂"興於《詩》"(《論語·泰伯》)、"《詩》可以興"(《論語·陽貨》)等等，與漢儒所標興體明顯是兩碼事：漢儒所標興體是《詩》的一種寫

---

① 這種表述也不很準確。"首序"是相對於"續序"或"續申之語"而言的，但一部分序文其實並無"續序"。或可稱之爲"主序"，但"主序"是相對於"副序"而言的，一部分序文不存在"副序"。所以，這兩種情況沒有太大差異。

② 錢穆：《諸子生卒年世約數》，《先秦諸子繫年》，頁693、頁694。

作法式,孔子所謂興主要是對讀者而言的——關涉的是用《詩》。《周禮·春官宗伯·大師》謂,"大師……教六詩:曰風,曰賦,曰比,曰興,曰雅,曰頌"等等,"六詩"亦與《詩》學六義密切相關,然其本旨也是就《詩》的閱讀者而言的。要之,所謂賦比興其實均包含歷史形態上差異:一者被界定在用《詩》層面上,一者被界定在作詩層面上;前者是《詩經》學之外的,後者是《詩經》學的,其間有本質上差異,——當然,前者應該是後者的歷史基源。舊說往往混淆這兩種形態的賦比興,似是而非,殊欠妥當。傳世文獻中,值得注意的是,《淮南子·泰族》篇嘗云:"《關雎》興於鳥,而君子美之,爲其雌雄之不(乖)〔乘〕居也;《鹿鳴》興於獸,君子大之,取其見食而相呼也。"這裏較早涉及詩歌寫作方法之興,但大概已經接受了漢初《詩經》說的影響,爲流衍而非源頭。① 所以長期以來,興作爲詩歌寫作方法,其學術史淵源一直處於蒙昧之中。

令人欣喜的是,《五行》篇提供了這一方面最早的思考。

《五行》說文第七章云:"'尸(鳲)𠁥(鳩)在桑':直之。'𠀇(其)子七也':尸(鳲)𠁥(鳩)二子耳,曰七也,(與)〔興〕言也。"此處"興言"之"興",很明顯是指詩的寫作方法。"興言""直言"相對,"直言"當即說什麼就是什麼,而"興言"則非如此。依據說文,鳲鳩本衹有二子,詩歌卻說"𠀇(其)子七也",②故謂之"興言",可見"興言"改變了所述的事實。《五行》所謂"興言",殆指爲引起下文所作的語言方面的一種措置。池田知久認爲:"'七'是和'其宜一氏'的'一'相反,以說文的文句來說,是指引出'多'、'五'的,亦即'七'是'多'、'五'的象徵。"③依據此說,《五行》之意是指鳲鳩本有二子,該詩說是七子,以象徵和引出下文的"多"與"五"。這種理解文理上似乎不通。而且"直之"和"興言"當是就《鳲鳩》這首詩相對而言的兩種語言特質,跟《五行》接下來發揮的"以多爲一""以夫 五 爲一"等等,恐怕扯不上關係,——在《鳲鳩》這首詩的文本構成中,與"𠀇(其)子七也"相關的衹是"叔(淑)人君子,其宜(義)一氏

---

① 《漢書·藝文志》云:"漢興,魯申公爲《詩》訓故,而齊轅固、燕韓生皆爲之傳。或取《春秋》,采雜說,咸非其本義。與不得已,魯最爲近之。三家皆列於學官。又有毛公之學,自謂子夏所傳,而河間獻王好之,未得立。"河間獻王劉德卒於元光五年(前130),淮南王劉安自殺於元狩元年(前122),曾於建元二年(前139)上《淮南子內篇》。三家《詩》之內傳體著述久佚,其是否標舉興體難以確知,但在《淮南子》撰著之時,至少標舉興體的《毛詩》之學已有所傳佈。

② 《禽經》謂"鶻生三子,一爲鶚。鳩生三子,一爲鶚"(見明周嬰纂:《卮林》卷之三,福州:福建人民出版社,2006年,第1版,頁60),則古代殆有鳩生二子之傳說。

③ 〔日〕池田知久:《馬王堆漢墓帛書五行研究》,頁202。案:所謂"多""五",見此章下文"'能爲一,然笱(後)能爲君子':'能爲一'者,言能以多 爲一 。以多爲一也者,言能以夫 五 爲一也",等等。

(兮)"。

《五行》該章經文所引詩語爲:"尸(鳲)叴(鳩)在桑,其子七氏(兮)。叔(淑)人君子,其宜(儀)一氏(兮)。""氏"爲語詞,與"兮"通,兩句之韻脚爲"七"和"一"。《五行》殆謂鳲鳩二子耳,《鳲鳩》詩曰"七氏(兮)",乃是變言協韻,引出下文;至於何以謂之"興言",當非僅就改變所敍事實而言,祇有爲了詩歌構成而做出的改變纔有可能構成興。朱熹認爲有一種興主要是爲了押韻。如《召南•嘒彼小星》云:"嘒彼小星,三五在東。肅肅宵征,夙夜在公。寔命不同。"朱傳曰:"興也。……蓋衆妾進御於君,不敢當夕,見星而往,見星而還,故因所見以起興。其於義無所取,特取'在東'、'在公'兩字之相應耳。"依朱子之見,歌詠"嘒彼小星"必着眼於"在東",而不及"在西""在南""在北"者,原因是祇有"在東"可以合乎詩歌構成地引出下文的"在公"。依《五行》之見,《鳲鳩》一詩大概也是如此。若前面照實説"尸(鳲)叴(鳩)在桑,其子二氏(兮)",接下來説"叔(淑)人君子,其宜(儀)一氏(兮)",顯然不是理想的表達方式,不利於脣吻。《五行》篇殆謂,《鳲鳩》此處之興,所取在於"七""一"二字之相應。由於漢唐《詩經》學有強烈的儒家功利主義傾向,這種不取義的興當然不會獲得什麽位置。

若《五行》祇偶爾一次提及興體,還不足以讓人詫異,恰好其説文同一章中還有一次關涉興體的討論。爲了閱讀方便,復録之於下:

"嬰(燕)嬰(燕)于罪(飛),鈦(差)阤(池)亓(其)羽":嬰(燕)嬰(燕),(與)〔興〕也,言亓(其)相送海也;方亓(其)化,不在亓(其)羽矣。"'之子于歸,袁(遠)送于野。詹(瞻)忘(望)弗及,汲(泣)涕如雨。'能鈦(差)阤(池)亓(其)羽然笱(後)能至哀":言至也。鈦(差)阤(池)者,言不在唯(衰)絰也;不在唯(衰)絰,然笱(後)能至哀。夫喪,正經脩領而哀殺矣。言至内者之不在外也。是之胃(謂)蜀(獨)也。蜀(獨)者,舍體(體)也。

這是説《燕燕》第一章使用興體,敍一隻燕子送另一隻老燕子入海。《易林•恒之坤》謂:"燕雀衰老,悲鳴入海。憂在不飾,差池其羽。頡頏上下,在位獨處。"當是解釋並化用《燕燕》前三章之首句,即"燕燕于飛,差池其羽""燕燕于飛,頡之頏之""燕燕于飛,下上其音"。① 然則《五行》的解釋當有其據。《孔子家語》卷六《執轡》篇載,子夏向孔子請教,提及"立冬則燕雀入海

---

① 〔日〕池田知久已注意到這一點,參閲氏著《馬王堆漢墓帛書五行研究》,頁200。

化爲蛤"。① 這也表明,燕子入海化蛤之説在孔子時代已頗有流傳。《五行》經文謂"能趾(差)池其羽,然后(後)能至哀",説文解釋道:"趾(差)弛(池)者,言不在唯(衰)絰也;不在唯(衰)絰,然笱(後)能至哀"。這顯然是把燕燕"憂在不飾,差池其羽",類比性地解釋爲居喪者盡哀而不在意喪服。就這一例子而言,《五行》殆謂興不惟有發端、引起下文之用,而且有類比之意,——具體到《燕燕》,即以悲鳴入海之燕的送别者類比居喪者,以送别之燕羽毛凌亂類比,引導出居喪者縗絰之不脩正。在詩章引導部分用類比釋興,在後來的《毛傳》《鄭箋》那裏蔚成大觀,《毛傳》常標興體,《鄭箋》則常用"興者喻"這樣的句式來作詮釋。

在反思思想史學術史時,千萬不能漠視那星星點點具有生命力的發端。傳世《老子》第六十四章云:"合抱之木,生于毫末;九層之台,起于累土;千里之行,始于足下。"《五行》篇關於興的内容可以過渡到漢唐《詩經》學中作爲寫作法度的興體。這彌補了此前《詩經》學術史上那段四顧茫然的空白,彌足珍貴。——不必諱言,漢儒對前代《詩》説的繼承有一定的選擇性。

作爲詩歌寫作法度的賦,此前也難以索求其學術史上的淵源。《周禮·春官宗伯下·大師》謂大師"教六詩:曰風,曰賦,曰比,曰興,曰雅,曰頌",鄭玄注稱:"賦之言鋪,直陳今之政教善惡。"直言、鋪陳一向被視爲賦體的特質。《五行》雖無這種意義的"賦"觀念,但有一種不限於詩歌範域的表意方式與此相近、相通,值得高度關注。《五行》説文第七章云:"'尸(鳲)叴(鳩)在桑':直之。"其説文第二十章云:"'有小罪而赦之,匿也。有大罪而弗大誅,不行也。有小罪而弗赦,不辨於道也。閒(簡)爲言猶衡也,大而炭(罕)者':直之也。不周於匿者,不辨於道也。'有大罪而大誅之,閒(簡)'、'匿爲言也猶匿匿,小而軫者':直之也。"其説文第二十一章云:"'前,王公之尊賢者也。後,士之尊賢者也':直之也。"《五行》篇所謂"直之",學術界的理解並不一致。池田知久認爲:"'直之'……是在説文引經文做解説時,當經文的文意是自明的,而不需要加以任何説明的場合所用的術語。"②這是很值得參考的意見。不過,

---

① "燕雀入海化爲蛤"之類説法,雖然荒誕,在晚周秦漢時期似乎是一種較爲普遍的信仰。《吕氏春秋·仲春紀·仲春》云:"仲春之月……始雨水,桃李華,蒼庚鳴,鷹化爲鳩。"《季春紀·季春》云:"季春之月……桐始華,田鼠化爲鴽,虹始見,萍始生。"《禮記·王制》篇云:"獺祭魚,然後虞人入澤梁。豺祭獸,然後田獵。鳩化爲鷹,然後設罻羅。"《月令》篇云:"仲春之月,……始雨水,桃始華,倉庚鳴,鷹化爲鳩。……季春之月,……桐始華,田鼠化爲鴽,虹始見,萍始生。"《淮南子·齊俗》篇云:"夫蝦蟇爲鶉,水蠆爲蟌蟌(蜻蛉),皆生非其類,唯聖人知其化。"

② 〔日〕池田知久:《馬王堆漢墓帛書五行研究》,頁196。

"直之"至少不僅僅指經文不須解釋。照一般情理,不需解釋的經文不加解釋即可,而不必説明它不須解釋。更重要的是,"直"跟"興"是對比而言的:"'尸(鳲)㫇(鳩)在桑':直之。'亓(其)子七也':尸(鳲)㫇(鳩)二子耳,曰七也,(與)〔興〕言也。""直之"與"興言"的這種關聯性,尤其説明池田先生的論斷還有可以商榷的餘地。

在《五行》的體系中,"直"必須跟"興"聯繫起來考慮。筆者傾向於將它理解爲一種不局限於詩歌方面的表意方式,且跟直陳有關,——它指涉的是對象本身的特點,而非對象對讀者或文章内容之體系來説是否需要詮釋。《五行》未標示"直"的未必就不是"直",標示了"直"的亦未必是由於無須解釋。《五行》不僅在詩歌表意層面上數度關注"興",而且從一般文辭表意的角度關注了"直"。當後一種關注具體化、落實到詩歌方面,與傳統的"賦"範疇綰合(承用這一傳統名號),作爲詩歌寫作方式的"賦"便水到渠成地產生了。

七、"文王"

本節並非從一般史學意義上關注"文王"或者"文王化天下"這一話題,我們觀照和討論的依然是早期《詩經》學;——這一視域的"文王"或者"文王化天下"同樣值得探究,且富有魅力。

概括言之,上博《詩論》關注文王,主要集中在兩個緊密聯繫的方面,即文王之德和"文王受命"。其第八章云:

孔子曰:《宛丘》虐(吾)善之,《猗嗟》虐惪(喜)之,《尸鳩》虐信之,《文王》虐兇(美)之,《清廟》虐敬之,《朝叟》虐敓(悦)之,《昊天又城命》虐□之。……《文王》曰:"文王才(在)上,於卲(昭)于天",虐兇之。《清廟》曰:"肅眚(雝)㬎(顯)相,濟濟多士,秉叟(文)之惪(德)",虐敬之……

其第二章云:

《清廟》,王惪(德)也,至矣!敬宗廟(廟)之豊(禮),㠯(以)爲亓(其)杳(本);"秉叟(文)之惪",㠯(以)爲亓又(質);"肅眚(雝)㬎(顯)相□□□□□□□□□□□□□□□□。行此者,亓又(有)不王虐(乎)?

其第九章云:

……"帝胃(謂)文王,予褱(懷)尔(爾)㬎(明)惪(德)",害(曷)?

城(誠)胃(謂)之也。"又(有)命自天,命此文王",〔害(曷)〕?城(誠)命之也,信矣。孔子曰:此命也夫!文王佳(雖)谷(欲)已,叚(得)虐(乎)?此命也。□□□□□□□□□□□□寺(時?)也,文王受命矣。

《毛詩·周頌·清廟》首章謂:"於穆清廟,肅雝顯相,濟濟多士,秉文之德,對越在天。"毛傳釋其中後數語,云:"執文德之人也。"鄭箋則説:"對,配。越,於也。濟濟之衆士,皆執行文王之德。文王精神已在天矣,猶配順其素,如生存。"毛傳看起來不以"文之德"爲"文王之德",與鄭箋異。正義試圖彌合二家之説,故稱:"經云'秉文之德',謂多士執文王之德,故傳申其意,言此多士皆是執文德之人也。亦與鄭同。"上揭《詩論》之第八章,殆正將"秉殳(文)之惠(德)"理解爲秉持文王之德行;——則依孔子之見,"肅雐(雝)㬎(顯)相,濟濟多士,秉殳(文)之惠(德)",凸顯的不止是文王的崇高德行,還有他行爲世範的政教倫理的影響力。而上揭《詩論》第二章謂《清廟》一詩,"敬宗宙(廟)之豊(禮),㠯(以)爲(其)杏(本);'秉殳(文)之惠(德)',㠯(以)爲丌(其)𢆶(質)",且推之爲"王惠(德)",認爲行此者必王。上揭《詩論》第九章主旨是説文王受命的必然性以及此命之超越性,雖文王不欲受而不可得。根本早期儒家之天命觀,有盛德與受天命往往呈現出這種因果關係。

總之,《詩論》業已基於《詩》學闡釋,凸顯了文王在政教倫理層面的核心意義,對早期《詩經》學之文王化天下理念實有奠基作用。而毫不意外的是,見於馬王堆漢墓帛書及郭店戰國楚墓竹書的《五行》繼承了《詩論》的這一核心關注,並且予以光大。

《五行》説文第二十三章云:"目(俾)萬物之生(性)而知人獨有仁義也,進耳。'文王在上,於昭于天',此之胃(謂)也。文王源耳目之生(性)而知亓(其)好聲色也,源鼻口之生(性)而知亓(其)好臭(臭)味也,源手足之生(性)而知亓(其)好勶(佚)餘(豫)也,源心之生(性)則巍然知亓(其)好仁義也。故執之而弗失,親之而弗離,故卓然見於天,箸(著)於天下。"這是贊頌文王認知仁義諸價值,執守之而不離、不失,最終成就格於天地之大德(這無疑是一種具有强烈建構性的認知;跟《詩論》相同,《五行》這種認知關聯的是《詩經·大雅·文王》的"文王在上,於昭于天")。《五行》經文第十八章云:"五行之所和,和則樂,樂則有德。有德則國家(與)〔興〕。文王之見也女(如)此。《詩》曰'文王在尚,於昭于天',此之胃(謂)也。"其説文第十八章闡釋道:

"五行之所和"：言和仁義也。"和則樂"：和者有獸（猶）五聲之和也。樂者言亓（其）流膻（體）也，機然忘（寒）〔塞〕也。忘（寒）〔塞〕，恵（德）之至也。樂而笱（後）有恵（德）。"有恵（德）而國家（與）〔興〕"：國家（與）〔興〕者，言天下之（與）〔興〕仁義也。言亓□樂也。"'文王在尚（上），於昭于天'，此之胃（謂）也"：言大恵（德）備成矣。

這是贊頌文王大德備成，贊頌他使天下興起仁義的巨大影響力。其所據"文王在尚，於昭于天"出自《詩經·大雅·文王》，《詩論》記載孔子曾爲它發出感歎和贊美，《五行》説文第二十三章曾據它申言文王對仁義之性的認知和修持。

此外值得注意的是，在《五行》體系中，具備最高境界"德"的"君子"實際上就是以文王爲人格範式的。《五行》經文第二十一章謂："君子雜（集）泰（大）成。能進之，爲君子；不能進，客（各）止於亓（其）里。"其説文第二十一章詮釋道：

"君子雜（集）大成"：雜也者，猶造之也，猶具之也。大成也者，金聲玉辰（振）之也。唯金聲而玉辰之者，然笱（後）忌（己）仁而以人仁，忌義而以人義。大成至矣，神耳矣，人以爲弗可爲也，（林）〔無〕繇（由）至焉耳，而不然。"能誰（進）之，爲君子，弗能進，各止於亓（其）里"：能進端，能終端，則爲君子耳矣。弗能進，各各止於亓（其）里。不莊（藏）尤割（害）人，仁之理（里）也。不受許（呼）䚈（嗟）者，義之理（里）也。弗能進也，則各止於亓（其）里耳矣。終亓（其）不莊（藏）尤割（害）人之心，而仁復（覆）四海；終亓（其）不受許（呼）䚈（嗟）之心，而義襄（囊）天下。仁復（覆）四海、義襄（囊）天下，而成（誠）繇（由）亓（其）中心行之，亦君子已。

《五行》一方面稱道文王執守仁義，而"卓然見於天，箸（著）於天下"（説文第二十三章），一方面又説君子仁覆四海、義囊天下（説文第二十一章），一方面稱道文王"大恵（德）備成"，使"天下……（與）〔興〕仁義"（經、説第十八章），一方面又説集大成之君子"忌（己）仁而以人仁，忌義而以人義"（説文第二十一章），"文王"人格與"君子"人格的同一性十分鮮明。更具體地説，在《五行》體系中，最高道德境界爲"德"。故其經文首章云："德之行五，和胃（謂）之德；四行和，胃之善。善，人道也；德，天道也。"而具備這種道德境界的人格爲"君子"或"賢人"。故其經文第三章云："五行皆荊（形）於闕（厥）内，時（和）行之，胃（謂）之君子。"其經文第二十一章謂"索繻繻達於君子道，胃（謂）之賢"，足可證明君子與賢人的同一性。此境界或人格又被贊譽爲"雜(集)泰(大)成",如其經、説第二十一章有謂"君子雜(集)泰(大)成"云云。"文王"則被推尊爲"大惪(德)備成"者(見其説文第十八章)。所以,《五行》體系中的"文王"就是"君子""賢人"的現實表徵或範式。《五行》體系中還有一個重要人格範式即舜(見其説文第二十四章),然而它很明顯更偏重於文王。除上揭諸證外,《五行》經、説第十七章引《詩經·大雅·大明》之"明明在下,赫赫在上"(毛傳釋之爲:"文王之德明明於下,故赫赫然著見於天"),來界定對整個體系具有重要基源作用的"知(智)"和"聖",也是一個力證。

  作爲價值理念的化身以及理想人格的表徵,文王在《五行》中的重要性,甚至超過了他在《詩論》中的重要性。《五行》高度關注文王有其必然性。它雖然不是純粹的《詩經》學著述,卻有強大而深厚的《詩經》學根基和背景。一方面,《詩論》爲其先導;①另一方面,文王在《詩經》文本中擁有極爲凸顯的位置。這些都會促成《五行》對文王的關注。根據傳世《毛詩》,《大雅·文王》《大明》《緜》《思齊》《皇矣》《下武》《文王有聲》《蕩》,以及《周頌·清廟》《維天之命》《維清》《天作》《昊天有成命》《武》《賚》等,一大批篇章都高度稱揚文王之德、文王受命以及文王化成天下的範式作用。《大雅·文王》云:"濟濟多士,文王以寧。"又云:"穆穆文王,於緝熙敬止。"《周頌·維天之命》云:"維天之命,於穆不已。於乎不(丕)顯,文王之德之純!"這些是稱頌文王之德政。《大雅·大明》云:"有命自天,命此文王,于周于京。"《大雅·皇矣》云:"帝謂文王:'予懷〔尒(爾)〕明德……'"《大雅·文王有聲》云:"文王受命,有此武功。"這些是説文王膺受了上天的終極支持。《大雅·文王》云:"上天之載,無聲無臭。儀刑文王,萬邦作孚。"《周頌·我將》云:"我將我享,維羊維牛,維天其右之。儀式刑文王之典,日靖四方。"這些是説文王在經營天下方面發揮着範式作用。文王之化天下,堪稱神奇。《大雅·緜》云:"虞芮質厥成,文王蹶厥生。"毛傳曰:"虞芮之君,相與爭田,久而不平,乃相謂曰:'西伯,仁人也,盍往質焉?'乃相與朝周。入其竟(境),則耕者讓畔,行者讓路。入其邑,男女異路,班白不提絜(挈)。入其朝,士讓爲大夫,大夫讓爲卿。二國之君感而相謂曰:'我等小人,不可以履君子之庭。'乃相讓,以其所爭田爲閒田而退。天下聞之而歸者,四十餘國。"總之,子思將文王建構爲《五行》體系中顯在或潛在的核心元素,綰合着他對《詩經》的認知以及對

---

① 《五行》很多時候是就《詩論》的話題和理念接着説。其間最典型的例子是,《詩論》第四章論《詩經·周南·關雎》,核心意思是"《關雎》㠯(以)色俞(喻)於豊(禮),……《關雎》之改,則丌(其)思賹(瞻/益)矣",而《五行》説文第二十五章論《關雎》的核心意思,則是《關雎》"繇(由)色榆於禮,進耳",二者完全一致。

《詩經》學的承繼。

在《五行》體系中,"文王—君子"人格的特質,是"忌(己)仁而以人仁,忌(己)義而以人義",是使"天下……(與)〔興〕仁義",換用通俗的説法也就是化成天下。從《詩經》學領域看,這一人格模式,以及它所關聯的化成天下的政教倫理理念,極爲深刻地影響了以《詩序》爲核心的漢唐《詩經》學形態模式,特別是其中的二《南》部分。爲便於論析,兹先將二《南》各詩之序文表見於下。

表 6-3 《周南》《召南》序一覽

	《詩序》
《周南》	《關雎》,后妃之德也,《風》之始也,所以風天下而正夫婦也,故用之鄉人焉,用之邦國焉。……《關雎》樂得淑女以配君子,憂在進賢,不淫其色(正義:不自淫恣其色)。哀窈窕,思賢才,而無傷善之心焉。是《關雎》之義也。
	《葛覃》,后妃之本也。后妃在父母家,則志在於女功之事,躬儉節用,服澣濯之衣,尊敬師傅,則可以歸安父母,化天下以婦道也。
	《卷耳》,后妃之志也,又當輔佐君子,求賢審官,知臣下之勤勞。内有進賢之志,而無險詖私謁之心,朝夕思念,至於憂勤也。
	《樛木》,后妃逮下也(正義:言后妃能以恩義接及其下衆妾,使俱以進御於王也)。言能逮下,而無嫉妬之心焉。
	《螽斯》,后妃子孫衆多也。言若螽斯不妬忌,則子孫衆多也。
	《桃夭》,后妃之所致也。不妬忌,則男女以正,婚姻以時,國無鰥民也。
	《兔罝》,后妃之化也。《關雎》之化行,則莫不好德,賢人衆多也。
	《芣苢》,后妃之美也。和平則婦人樂有子矣。
	《漢廣》,德廣所及也。文王之道被于南國,美化行乎江、漢之域,無思犯禮,求而不可得也。
	《汝墳》,道化行也。文王之化行乎汝墳之國,婦人能閔其君子,猶勉之以正也。
	《麟之趾》,《關雎》之應也。《關雎》之化行,則天下無犯非禮,雖衰世之公子,皆信厚如麟趾之時也。
《召南》	《鵲巢》,夫人之德也。國君積行累功以致爵位,夫人起家而居有之,德如鳲鳩,乃可以配焉。
	《采蘩》,夫人不失職也。夫人可以奉祭祀,則不失職矣。

續表

《詩序》
《草蟲》,大夫妻能以禮自防也。
《采蘋》,大夫妻能循法度也。能循法度,則可以承先祖,共(供)祭祀矣。
《甘棠》,美召伯也。召伯之教,明於南國。
《行露》,召伯聽訟也。衰亂之俗微,貞信之教興,彊暴之男不能侵陵貞女也。
《羔羊》,《鵲巢》之功致也。召南之國,化文王之政,在位皆節儉正直,德如羔羊也。
《殷其靁》,勸以義也。召南之大夫遠行從政,不遑寧處。其室家能閔其勤勞,勸以義也。
《摽有梅》,男女及時也。召南之國,被文王之化,男女得以及時也。
《小星》,惠及下也。夫人無妬忌之行,惠及賤妾,進御於君,知其命有貴賤,能盡其心矣。
《江有汜》,美媵也。勤而無怨,嫡能悔過也。文王之時,江沱之間,有嫡不以其媵備數,媵遇勞而無怨,嫡亦自悔也。
《野有死麕》,惡無禮也。天下大亂,彊暴相陵,遂成淫風。被文王之化,雖當亂世,猶惡無禮也。
《何彼襛矣》,美王姬也。雖則王姬,亦下嫁於諸侯,車服不繫其夫,下王后一等,猶執婦道,以成肅雝之德也。
《騶虞》,《鵲巢》之應也。《鵲巢》之化行,人倫既正,朝廷既治,天下純被文王之化,則庶類蕃殖,蒐田以時,仁如騶虞,則王道成也。

毋庸置疑,《詩論》《五行》對《詩經》諸篇的具體解釋跟以《詩序》爲核心的漢唐《詩》説存在不少差異。本書不少章節對此已隨手作過一些剖釋,此處毋庸贅言。需要強調的是,觀照古代《詩》説,應區分兩個互相關聯卻並不相同的層面:一是具體闡釋,一是價值取向;相對來説,具體闡釋更具有多元性,變動不居甚或截然相反,價值取向則往往比較穩定,傾向於依循某種內在的一致延續,所謂萬變不離其宗。從學術思想史方面看,決定體系根本性質的往往是後者而非前者。惟其如此,二《南》部分作品,比如《關雎》《漢廣》等等,《詩論》和《五行》給出的具體詮釋明顯有別於傳世《詩》説,可這並不意味着

《詩論》《五行》的價值取向和詮釋模式不會成爲傳統《詩》學的底蘊。① 事實上,《詩論》和《五行》的觀點,尤其是其取向和模式,往往就是後代學術思想的重要生長點。觀念、取向及模式的再生能力是不可低估的,一種觀念或者一種具體解釋所包含的取向和模式,往往可以再生出一種甚至數種分支觀念,或者一種甚至數種具體解釋,而"母源"和"新的生命體"有時候是大不相同的。

《周南》之詩十又一篇,《詩序》明確將《漢廣》和《汝墳》解釋爲歌詠文王之道化,又説其餘九篇是歸美后妃之德。《召南》之詩十又四篇,《詩序》明確將《羔羊》《行露》《摽有梅》《江有汜》《野有死麕》《騶虞》解釋爲歌詠文王之化(《詩序》謂《羔羊》贊召南之國"在位皆節儉正直,德如羔羊",但歸結點卻是"化文王之政"),又説《鵲巢》《采蘩》《小星》乃歸美夫人,《草蟲》《采蘋》《殷其

---

① 《詩序》云:"《漢廣》,德廣所及也。文王之道被于南國,美化行乎江、漢之域,無思犯禮,求而不可得也。"正義解釋説:"作《漢廣》詩者,言德廣所及也。言文王之道,初致《桃夭》《芣苢》之化,今被於南國,美化行於江、漢之域,故男無思犯禮,女求而不可得,此由'德廣所及'然也。"將《詩序》之"無思犯禮,求而不可得",分别歸屬於"男""女"兩方,從語法上講並不妥當,正義很可能誤解了《詩序》本意。朱熹《詩集傳》云:"文王之化,自近而遠,先及于江、漢之間,而有以變其淫亂之俗。故其出游之女,人望見之,而知其端莊静一,非復前日之可求矣。因以喬木起興,江漢爲比,而反復詠歎之也。"又謂:"以江、漢爲比,而歎其終不可求,則敬之深。"謂游女"端莊静一""終不可求",乃是詮釋"無思犯禮"之意。則朱熹殆自認爲《詩序》之"無思犯禮""求而不可得",均是就漢之游女而言,故基於這一端發揮。然而游女之"求而不可得"並非《漢廣》之主旨。《漢廣》主旨是從核心主人公的立場上説游女之"不可求";其以"漢有游女,不可求思"一句爲主題句,以"南有喬木"句爲起興,以江、漢廣永而不可渡越爲寄託疊映。毫無疑問,游女之"不可求"與游女之"求而不可得"有相當大的差距。上博《詩論》第四章嘗論及《漢廣》之"智(智)",並且高度稱贊其"智(知)亙(恒)",立足點是詩歌主人公"不求不可昃(得),不攻(攻)不可能"。就是説,《詩論》乃以漢之游女之"不可昃(得)""不可能",詮釋詩歌文本所謂"不可求",認爲主人公意識到漢之游女不可得或不可能得,故而不求之或不從事於此求,予以高度肯定,並從"智(知)亙(恒)"這一政教倫理層面上加以推揚。《詩論》對《漢廣》的解讀顯然更爲合理。首先,從主人公曉知游女之"不可昃(得)""不可能"到其"不求""不攻(攻)",是很自然的邏輯推延。其次,《詩論》所有判斷都是圍繞詩作主體人物作出的。一般説解常就"游女"立説,顯得偏頗而生硬。不過傳世《漢廣》之序與《詩論》的關聯還是十分明顯的。也許《詩序》作者有意將焦點轉換到"游女"身上(在這種情況下,所謂"無思犯禮""求而不可得"都指言漢之"游女",朱熹的説解與此一致),也許是他誤解了《詩論》本意,亦或者傳世序文存在譌誤,即原文當作"《漢廣》,德廣所及也。文王之道被于南國,美化行乎江、漢之域,無思犯禮,〔不〕求(而)不可得也"(在這種情況下,所謂"無思犯禮""〔不〕求不可得"都指言詩作主體,焦點與《詩論》一致,而"無思犯禮"乃解釋主體"不求不可昃(得),不攻(攻)不可能"的原因)。前、後兩種情況的可能性相對較大。

霤》乃歸美大夫妻(《殷其霤》序所謂"室家"指妻子),①《甘棠》歸美召公,《何彼襛矣》歸美王姬,——具體言之是美其下嫁於諸侯而猶執婦道、成其肅雝之德。

在以《詩序》爲核心的漢唐《詩經》學形態模式中,《行露》和《野有死麕》在表達主旨方面看起來相當複雜。我們先看看《行露》。該詩序文似乎是自相矛盾的:如果真正是"衰亂之俗微,貞信之教興",便不應有"彊暴之男……侵陵貞女";反言之道理是一樣的,即祇要有後者,前者就難以成立。漢人已經發現了這一問題。故鄭箋稱,《詩序》説的情況之所以存在,是因爲《行露》關涉一個特殊的世代:"此殷之末世、周之盛德,當文王與紂之時。"正義解釋《行露》序則説得更加具體:

> 作《行露》詩者,言召伯聽斷男女室家之訟也。由文王之時,被化日久,衰亂之俗已微,貞信之教乃興,是故彊暴之男不能侵陵貞女也。男雖侵陵,貞女不從,是以貞女被訟,而召伯聽斷之。《鄭志》張逸問:"'《行露》,召伯聽訟',察民之意,化耳,何訟乎?"答曰:"實訟之辭也。"民被化久矣,故能有訟。問者見貞信之教興,怪不當有訟,故云察民之意而化之,何使至於訟乎? 答曰,此篇實是訟之辭也。由時民被化日久,貞女不從,男女故相與訟。如是民被化日久,所以得有彊暴者,紂俗難革故也。言彊暴者,謂彊行無禮而陵暴於人。

正義又解釋鄭箋之意,云:"殷之末世,故有衰亂之俗;周之盛德,故有貞信之教。指其人當文王與紂之時也。"根據鄭箋以及孔疏,《行露》產生在文王與紂交叉發揮政教影響的特定歷史語境中,所謂彊暴之男侵陵貞女乃紂俗之遺留,所謂貞女不從彊暴之男則是文王之德化。由是《詩序》看似矛盾的説法便具有了合理性,至少也算得上自洽。我們再看看《野有死麕》。該詩序文與《行露》之序類似。依照一般邏輯,既然有文王之化,便不應有"無禮""天下大亂,彊暴相陵"或者"淫風"。② 鄭箋解《野有死麕》之序文,同樣強調該詩指涉時代的獨特性:"無礼(禮)者,爲不由媒妁,贄幣不至,劫脅以成昏。謂紂之世。"而正義解之則説:"作《野有死麕》詩者,言'惡無礼(禮)',謂當紂之世,天

---

① "室"與"家"均可指妻子。屈子《離騷》云:"羿淫遊以佚畋兮,又好射夫封(狐)〔豬〕。固亂流其鮮終兮,浞又貪夫厥家。"王逸章句曰:"婦謂之家。"《禮記‧曲禮上》云:"人生十年曰'幼',學;二十曰'弱',冠;三十曰'壯',有室。"鄭玄注:"有室,有妻也。妻稱室。"孔穎達疏:"壯有妻,妻居室中,故呼妻爲室。"

② 劉冬穎即稱:"這種解説是自相矛盾的。既然'被文王之化',又怎會'天下大亂'呢?"(見氏著《出土文獻與先秦儒家〈詩〉學研究》,頁60)其實古人早就意識到這一問題,而且給出了看起來很合理的解釋。

下大亂,彊暴相陵,遂成淫風之俗。被文王之化,雖當亂世,其貞女猶惡其無禮。經三章皆惡無禮之辭也。"一言以蔽之,文王之化發生於一個特定的時代(當時紂爲天子而無道),並且呈現爲一個動態的過程,故一時之間有已化,有未化。

從字面上看,《周南》之序包含兩大主旨,即歌詠文王之道化與歸美后妃之德行;《召南》之序則包含四大主旨,即歌詠文王之化、歸美夫人、歸美大夫妻,以及歸美召伯。可論及序文深意,所有這些內容其實都可以歸結爲歸美文王之德化。這一點,《詩序》內部自有證據。今將其要者臚列於下。

其一,《周南》之歌詠后妃德行者其實可歸結於贊美文王之化。《詩序》謂《汝墳》一詩美文王之"道化行"(或者"文王之化行"),但該詩本文之意明顯是《詩序》所說的"婦人能閔其君子",這一點《詩序》十分明白,則將該詩歸結於美后妃之德是最直截、最省事的選擇,可《詩序》逕言"道化行""文王之化行乎汝墳之國"。其中原因就在於,依《詩序》之體系,即便歸美的是后妃之德,其根基仍然是文王之化。故鄭箋釋此序曰:"言此婦人被文王之化,厚事其君子。"《詩序》詮釋《芣苢》云:"《芣苢》,后妃之美也。和平則婦人樂有子矣。"它起首歸美后妃,緊接着就歸其本於"和平"。所謂"和平"即斥言文王之政教或道化,因此鄭箋釋"和平"二字,曰:"天下和,政教平也。"正義申之,則云:"文王三分天下有其二,言'天下'者,以其稱'王',王必以'天下'之辭,故《騶虞》序曰'天下純被文王之化',是也。"此外《詩序》云:"《關雎》,后妃之德也……"正義釋之曰:"二《南》之風,實文王之化,而美后妃之德者,以夫婦之性,人倫之重,故夫婦正則父子親,父子親則君臣敬,是以《詩》者歌其性情,陰陽爲重,所以《詩》之爲體,多序男女之事。"其大意是説,二《南》均爲歌詠文王之化,之所以美后妃之德,乃因夫婦爲人倫之重,而《詩》之爲體則多敘男女性情,故也。這個問題,我們還可以從另外一個角度思考。儒家承繼了《詩經·大雅·思齊》"刑于寡妻,至于兄弟,以御于家邦"的傳統理念,基於此,所謂后妃之德亦必然要歸本於文王之化。在《詩序》之體系中,其他歌詠后妃德行者,如《葛覃》《卷耳》《樛木》《螽斯》《桃夭》《兔罝》《芣苢》等,均應作如是觀。

其二,《召南》歸美夫人者其實可歸結於美文王之化。《詩序》將《鵲巢》定位爲歌詠"夫人之德",謂"國君積行累功以致爵位,夫人起家而居有之,德如鳲鳩,乃可以配焉"(顯然,該序顯然符合《周南·關雎》"窈窕淑女,君子好逑"的理念)。但與此同時,《詩序》謂,"《羔羊》,《鵲巢》之功致也。召南之國,化文王之政,在位皆節儉正直,德如羔羊也";又謂,"《騶虞》,《鵲巢》之應也。《鵲巢》之化行,人倫既正,朝廷既治,天下純被文王之化,則庶類蕃殖,蒐田以時,仁如騶虞,則王道成也。"依序意,《鵲巢》《羔羊》《騶虞》的政教倫理價值是一致的,其所謂"《鵲巢》之功",與"化文王之政"同趨,所謂"《鵲巢》之化行",與"天下純被文王之化"同效,則《詩序》雖然說《鵲巢》美"夫人之德",其要本則仍在美"文王之政"和"文王之化"。在《詩序》的體系中,其他歌詠夫人之德行者,如《采蘩》《小星》《何彼禯矣》等,亦均應作如是觀(《何彼禯矣》所歌美者其實也是夫人,祇不過她兼有"王姬"這一獨特身分而已)。

其三,《召南》歸美大夫妻者其實可歸結於美文王之化。《詩序》謂《殷其靁》美大夫妻,所謂:"《殷其靁》,勸以義也。召南之大夫遠行從政,不遑寧處。其室家能閔其勤勞,勸以義也。"而《周南·汝墳》之序云:"《汝墳》,道化行也。文王之化行乎汝墳之國,婦人能閔其君子,猶勉之以正也。"《殷其靁》序文,與《汝墳》序文所謂"婦人能閔其君子,猶勉之以正",差不多完全相同,而後者進一步歸結到"文王之化行乎汝墳之國"。故《殷其靁》序雖未明言這層意思,它在根子上跟《汝墳》序一致,是無可置疑的。《詩序》云:"《草蟲》,大夫妻能以禮自防也。"又云:"《采蘋》,大夫妻能循法度也。能循法度,則可以承先祖,共(供)祭祀矣。"此二序可與《殷其靁》序並觀。

其四,《詩序》謂《召南·甘棠》美召公,①其實也可以歸結於美文王之化。這樣說首先一個根據是,《召南·羔羊》序贊美召國在位之卿大夫"節儉正直,德如羔羊",卻歸其功於"化文王之政",例之以《羔羊》,召伯豈能專擅《甘棠》之美哉? 正義申說鄭箋《甘棠》序,曾說:"若文王時,與周公共行王化,有美即歸之於王。"也就是說它主張,《甘棠》作於周武王之世召公爲伯之時,故而歸美召公。可實際上,文王之化豈因文王沒而遽衰? 謝枋得(1226～1289)評《秦風·無衣》,嘗云:"吾知岐豐之地,被文王、周公之化最深。雖世降俗末,人心天理不可泯沒者,尚異于列國也。"(《叢書集成初編》本《詩傳注疏》卷上)謝氏所說足以顯明這一道理。其次一個依據是,《詩序》有強烈的體系化意圖,這一點二《南》之序表現得尤爲鮮明。例言之,《詩序》謂《周南》末篇《麟之趾》爲其首篇《關雎》之應、爲"《關雎》之化行",《兔罝》亦爲"《關雎》之化行"。

---

① 正義解《甘棠》序,云:"謂武王之時,召公爲西伯,行政於南土,決訟於小棠之下,其教著明於南國,愛結於民心,故作是詩以美之。經三章,皆言國人愛召伯而敬其樹,是爲美之也。諸《風》《雅》正經皆不言'美',此云'美召伯'者,二《南》文王之風,唯不得言'美文王'耳。召伯臣子,故可言'美'也。《苤苢》言'后妃之美',謂說后妃之實行,非美后妃也。《皇矣》言'美周',不斥文王也。至於變詩,美、刺各於其時,故善者言美,惡者言刺。《豳》亦變風,故有'美周公'。"案:此說大謬。漢唐《詩經》學之言"美""刺",本不限於所謂"變經",如《召南·甘棠》《大雅·皇矣》俱言"美",孔疏以斥言不斥言深文周納,予以障蔽。且此說偏重於《詩序》中所見"美""刺"之名,罔顧其美刺之實。《大序》云:"頌者,美盛德之形容,以其成功告於神明者也。"則《詩經》之《頌》即爲"美"詩,《風》《雅》之所謂"正經"何獨偏偏就"不言'美'"呢?

《詩序》又謂《召南·羔羊》爲《召南》首篇《鵲巢》之功致,而《召南》末篇《騶虞》則爲《鵲巢》之應,等等。凡此足證《詩序》有體系化的通盤考慮和安排。在這種情況下,將任何一首詩歌的序文孤立起來都不甚妥當。而《詩序》云:"《騶虞》,《鵲巢》之應也。《鵲巢》之化行,人倫既正,朝廷既治,天下純被文王之化,則庶類蕃殖,蒐田以時,仁如騶虞,則王道成也。"這實際上意味着《召南》十四篇自始篇至末篇,全被《詩序》歸結於文王之化。《大序》也明確指出:"《周南》《召南》,正始之道,王化之基。"正義釋之曰:"《周南》《召南》二十五篇之詩,皆正其初始之大道,王業風化之基本也。高以下爲基,遠以近爲始;文王正其家而後及其國,是正其始也,化南土以成王業,是王化之基也。"這也說明在《詩序》的體系建構中,《周南》《召南》諸詩全都立足於文王化行南土,《甘棠》並不例外。

綜上所論,《周南》《召南》諸詩序文之核心,乃在於"文王"以及"文王之化"。

還應該更深刻地認識到,如表6-4所示,《周南》《召南》之序文呈現了結構性的重疊。

表6-4 《周南》《召南》序文結構性重疊一覽

說明:(1)各序文前面的數字序號表示它原來出現的次序。(2)序文橫向並列表示兩者在結構上有重疊關係。(3)豎向並列的序文若以實綫區隔,表示它們呈現的是不同主題;若以虛綫區隔,表示它們在主旨上具有强烈的關聯性。

	《周南》序	《召南》序
脩身明德	(1)《關雎》,后妃之德也,《風》之始也,所以風天下而正夫婦也,故用之鄉人焉,用之邦國焉。……《關雎》樂得淑女以配君子,憂在進賢,不淫其色。哀窈窕,思賢才,而無傷善之心焉。是《關雎》之義也。	(1)《鵲巢》,夫人之德也。國君積行累功以致爵位,夫人起家而居有之,德如鳲鳩,乃可以配焉。
	(2)《葛覃》,后妃之本也。后妃在父母家,則志在於女功之事,躬儉節用,服澣濯之衣,尊敬師傅,則可以歸安父母,化天下以婦道也。	(13)《何彼襛矣》,美王姬也。雖則王姬,亦下嫁於諸侯,車服不繫其夫,下王后一等,猶執婦道,以成肅雝之德也。
	(3)《卷耳》,后妃之志也,又當輔佐君子,求賢審官,知臣下之勤勞。內有進賢之志,而無險詖私謁之心,朝夕思念,至於憂勤也。	(2)《采蘩》,夫人不失職也。夫人可以奉祭祀,則不失職矣。

續表

	《周南》序	《召南》序
新民	(4)《樛木》,后妃逮下也(正義:言后妃能以恩義接及其下衆妾,使俱以進御於王也)。言能逮下,而無嫉妒之心焉。	(10)《小星》,惠及下也。夫人無妒忌之行,惠及賤妾,進御於君,知其命有貴賤,能盡其心矣。
	(5)《螽斯》,后妃子孫衆多也。言若螽斯不妒忌,則子孫衆多也。	
	(6)《桃夭》,后妃之所致也。不妒忌,則男女以正,婚姻以時,國無鰥民也。	(9)《摽有梅》,男女及時也。召南之國,被文王之化,男女得以及時也。
		(6)《行露》,召伯聽訟也。衰亂之俗微,貞信之教興,彊暴之男不能侵陵貞女也。
	(9)《漢廣》,德廣所及也。文王之道被于南國,美化行乎江、漢之域,無思犯禮,求而不可得也。	(12)《野有死麕》,惡無禮也。天下大亂,彊暴相陵,遂成淫風。被文王之化,雖當亂世,猶惡無禮也。
		(7)《羔羊》,《鵲巢》之功致也。召南之國,化文王之政,在位皆節儉正直,德如羔羊也。
		(5)《甘棠》,美召伯也。召伯之教,明於南國。
	(7)《兔罝》,后妃之化也。《關雎》之化行,則莫不好德,賢人衆多也。	
	(8)《芣苢》,后妃之美也。和平則婦人樂有子矣。	
	(10)《汝墳》,道化行也。文王之化行乎汝墳之國,婦人能閔其君子,猶勉之以正也。	(8)《殷其靁》,勸以義也。召南之大夫遠行從政,不遑寧處。其室家能閔其勤勞,勸以義也。
		(3)《草蟲》,大夫妻能以禮自防也。【正義:喓喓然鳴而相呼者,草蟲也;趯趯然躍而從之者,阜螽也。以興以礼(禮)求女者,大夫;隨從君子者,其妻也。此阜螽乃待草蟲鳴,而後從之而與相隨也,以興大夫之妻必待大夫呼己而後從之與俱去也。既已隨從君子,行嫁在塗,未見君子之時,

續表

	《周南》序	《召南》序
新民		父母憂己,恐其見棄,己亦恐不當君子,無以寧父母之意,故憂心衝衝然。亦既見君子,與之同牢而食,亦既遇君子,與之卧息於寢,知其待己以礼(禮),庶可以安父母,故我心之憂即降下也。】 (4)《采蘋》,大夫妻能循法度也。能循法度,則可以承先祖,共(供)祭祀矣。 (11)《江有汜》,美媵也。勤而無怨,嫡能悔過也。文王之時,江沱之間,有嫡不以其媵備數,媵遇勞而無怨,嫡亦自悔也。【正義:當文王之時,江、沱之間,有嫡不以其媵備妾御之數,媵遇憂思之勞而無所怨,而嫡有所思,亦能自悔過也。此本爲美媵之不怨,因言嫡之能自悔,故美媵而後兼嫡也。嫡謂妻也,媵謂妾也。謂之媵者,以其從嫡,以送爲名。故《士昏禮》注云:"媵,送也。"古者女嫁必姪娣從,謂之媵也。《士昏禮》云:"雖無娣,媵先。"言若或無娣,猶先姪媵,是士有娣,娣但不必備耳。《喪大記》"大夫撫姪娣",是大夫有姪娣矣。《公羊傳》曰:"諸侯一取九女,二國媵之。"所從皆名媵,獨言二國者,異國主爲媵,故特名之。其實,雖夫人姪娣亦爲媵也。此言嫡媵,不指其諸侯、大夫及士庶,雖文得兼施,若夫人,宜與《小星》同言"夫人"。此直云"有嫡",似大夫以下,但無文以明之。】
	(11)《麟之趾》,《關雎》之應也。《關雎》之化行,則天下無犯非禮,雖衰世之公子,皆信厚如麟趾之時也。	(14)《騶虞》,《鵲巢》之應也。《鵲巢》之化行,人倫既正,朝廷既治,天下純被文王之化,則庶類蕃殖,蒐田以時,仁如騶虞,則王道成也。

接下來,筆者將簡要分析二《南》序文在結構上的重疊關係。

《周南》序1"《關雎》,后妃之德也",與《召南》序1"《鵲巢》,夫人之德也",十分明顯地重疊。《周南》序11"《麟之趾》,《關雎》之應也。《關雎》之化行,則(如何如何)",《召南》序14"《騶虞》,《鵲巢》之應也。《鵲巢》之化行,人倫既正,朝廷既治,天下純被文王之化,則(如何如何)",兩者亦明顯重疊,祇不過前者側重於"衰世之公子,皆信厚",而後者側重於"庶類蕃殖,蒐田以時"。《周南》序2詮釋《葛覃》,主旨是后妃"化天下以婦道";《召南》序13詮釋《何彼襛矣》,主旨是贊美王姬下嫁於諸侯,"猶執婦道,以成肅雝之德"。兩者在結構上又明顯重疊。《周南》序3"《卷耳》,后妃之志也",《召南》序2"《采蘩》,夫人不失職也",看起來差異較大,然前者續申語所謂"又當輔佐君子,求賢審官"云云,實際上主要是説職守,故兩序也有重疊關係。除此之外,《周南》序4、序5詮釋《樛木》和《螽斯》,均立足於后妃不妬忌來作發揮引申,《召南》序10詮釋《小星》,核心則是"夫人無妬忌之行"。《周南》序6詮釋《桃夭》,據后妃之德言男女"婚姻以時",其實最終仍須歸結於文王之化,而《召南》序9詮釋《摽有梅》,據"文王之化"言"男女得以及時"。凡此,亦均有結構上的重疊關係。《周南》序9詮釋《漢廣》,主旨是基於文王之化談貞女"無思犯禮,求而不可得",《召南》序6、序12詮釋《行露》和《野有死麕》,主旨是基於文王之化談貞女之不可侵凌以及厭惡無禮,這些顯然也是重疊的。《召南》序7詮釋《羔羊》,主旨是基於文王之化談召南之國"在位皆節儉正直,德如羔羊",跟《詩序》詮釋《行露》和《野有死麕》相比,這不過是换了一個面向,故可將此三詩之序歸爲一類。《召南》序5詮釋《甘棠》,聚焦於"召伯之教",但其核心事件則是召伯聽訟。比如該詩首章云:"蔽芾甘棠,勿翦勿伐,召伯所茇。"鄭箋曰:"茇,草舍也。召伯聽男女之訟,不重煩勞百姓,止舍小棠之下而聽斷焉。國人被其德,説(悦)其化,思其人,敬其樹。"孔疏申之,曰:"知聽男女訟者,以此舍於棠下,明有決斷,若餘國政,不必於棠下斷之,故《大車》刺周大夫,言古者大夫出聽男女之訟,明王朝之官有出聽男女獄訟之理也。且下《行露》亦召伯聽男女之訟。以此類之,亦男女之訟可知。"然則《甘棠》序與《行露》序"召伯聽訟"實有直接關聯,二者可以並觀。《甘棠》《羔羊》二詩之序在化文王之德者拒斥持守舊俗者方面,跟《漢廣》之序也有明顯的重疊關係。《周南》序10詮釋《汝墳》,核心是"婦人能閔其君子,猶勉之以正";《召南》序8詮釋《殷其靁》,核心是婦人閔其君子之勤勞,猶"勸以義"。兩者在結構上的重疊關係,是毋庸置疑的。《召南》序3詮釋《草蟲》,主旨是"大夫妻能以禮自防也";序4詮釋《采蘋》,主旨是"大夫妻能循法度也";序11詮釋《江有汜》,主旨是美媵"勤而無怨",兼美"嫡能悔過"。它們均可爲《殷其靁》序的附庸,就是説,它們與《汝墳》序也在某種程度上重疊。呈現於各篇序文間的這種結構上的重疊（顯示的是觀念、價值以及政教倫理功能的同一性），對審視《詩序》體系的建構具有重要意義。

儘管看起來有些參錯複雜，但從本質上說，《周南》十一篇之序全是由后妃之德行，上推至文王之化；《召南》十四篇之序，除《甘棠》序外，亦均爲由夫人之德行，上推至文王之化。——或許有人會問，《召南·羔羊》之序所謂"召南之國，……在位皆節儉正直，德如羔羊也"，可以跟夫人之德關聯嗎？筆者的答案是肯定的。稽考《周南》序7對《兔罝》的詮釋，問題就十分清楚了。該序云："《兔罝》，后妃之化也。《關雎》之化行，則莫不好德，賢人衆多也。"這明顯是將"莫不好德，賢人衆多"推源於"后妃之化"（一如上文所說，其最終根源是"文王之化"）。《羔羊》序文不過直揭其本（即"化文王之政"）而省言"夫人之化"這一環節而已。至於《召南》序3詮釋《殷其靁》、序4詮釋《采蘋》、序8詮釋《殷其靁》、序11詮釋《江有汜》，雖然均以大夫妻爲言，實際均可進一步上推至婦人之德行。這裏舉一個"負面"例子來作說明。《詩經·鄘風·桑中》序云："《桑中》，刺奔也。衛之公室淫亂，男女相奔，至於世族在位，相竊妻妾，期於幽遠，政散民流而不可止。"正義申之，曰："作《桑中》詩者，刺男女淫亂而相奔也。由衛之公室淫亂之所化，是故又使國中男女相奔，不待礼（禮）會而行之，雖至於世族在位爲官者，相竊其妻妾，而期於幽遠之處，而與之行淫。時既如此，即政教荒散，世俗流移，淫亂成風而不可止，故刺之也。"該序將世族在位者之淫風，歸咎於公室淫亂之所化，與將大夫妻遵禮法、循婦道、守節義，歸本於夫人德行之化易，依據的是同一種邏輯規則。這種規則在儒學中具有相當大的普遍性。明乎上揭事實便可以確認，《周南》序的基底是后妃脩身明德推進而至於新民，而《召南》序的基底是夫人脩身明德推進而至於新民（其共同底色則是文王之化），這是二《南》序文在結構上的又一個重要疊合。朱熹《騶虞》集傳云："文王之化始於《關雎》，而至於《麟趾》，則其化之入人者深矣；形於《鵲巢》，而及於《騶虞》，則其澤之及物者廣矣。蓋意誠心正之功不息而久，則其熏烝透徹，融液周徧，自有不能已者，非智力之私所能及也。故序以《騶虞》爲'《鵲巢》之應'，而見'王道之成'，其必有所傳矣。"當然，上表所列，有時僅僅是一種可能的方式，而不是唯一的方式。比如，我們也可以說《周南》序7詮釋《兔罝》，與《召南》序7詮釋《羔羊》有重疊關係。但無論怎麼組合，都無以從根本上改變其學理上的骨架。

在漢唐《詩經》學形態模式中，《周南》《召南》之詩，唯《召南·甘棠》與《何彼襛矣》作於周武王(前1046～前1043在位)時。① 這一判斷,看起來有一定的合理性。《甘棠》三章,分別有"召伯所茇""召伯所憩""召伯所説(舍)"之語。鄭箋解釋該詩之序,云:"召伯,姬姓,名奭,食采於召,作上公,爲二伯,後封于燕。此美其爲伯之功,故言'伯'云。"正義申之,曰:

> 《燕世家》云"召(伯)〔公〕奭與周同姓",是姬姓、名奭也。……食采文王時,爲伯武王時。故《樂記》曰武王伐紂,五成而分陝,"周公左,召公右",是也。食采、爲伯異時連言者,以經"召"與"伯"並言,故連解之。言"後封於燕"者,《世家》云武王滅紂,"封召公於北燕",是也。必歷言其官者,解經唯言"召伯"之意。不舉餘言,獨稱"召伯"者,美其爲伯之功,故言"伯"云。故《鄭志》張逸以《行露》箋云"當文王與紂之時",謂此《甘棠》之詩亦文王時事。故問之云:"《詩》傳及《樂記》武王即位,乃分周公左、召公右爲二伯。文王之時,不審召公何得爲伯?"答曰:"《甘棠》之詩,'召伯'自明,誰云文王與紂之時乎?"是鄭以此篇所陳巡民決訟,皆是武王伐紂之後,爲伯時事。鄭知然者,以經云"召伯",即此詩召公爲伯時作也。序言"召伯",文與經同,明所美亦是爲伯時也。若文王時,與周公共行王化,有美即歸之於王。《行露》直言"召伯聽訟",不言"美"也。詩人何得感文王之化,而曲美召公哉!武王之時,召公爲王官之伯,故得美之,不得繫之於王。因詩繫召公,故録之在《召南》。論卷則總歸文王,指篇即專美召伯也。爲伯分陝,當云西國,言南者,以篇在《召南》爲正耳。

正義申言《甘棠》當作於召公爲伯於武王之時,可以參考,然所謂"論卷則總歸文王,指篇即專美召伯"之説,顯然是硬加給《詩序》的意思,並不妥當。鄭玄《周南召南譜》論《周南》《召南》"二國之詩",有云:"二國之詩以后妃夫人之德爲首,終以《麟趾》《騶虞》,言后妃夫人有斯德,興助其君子,皆可以成功,至于獲嘉瑞。"正義釋之云:

> 《周》《召》二十五篇,唯《甘棠》與《何彼襛矣》二篇乃是武王時作。武王伐紂,乃封太公爲齊侯,令周、召爲二伯。而《何彼襛矣》經云"齊侯之子",太公已封於齊,《甘棠》經云"召伯",召公爲伯之後,故知二篇皆武王時作。非徒作在武王之時,其所美之事亦武王時也。《行露》雖述召伯事,與《甘棠》異時。趙商謂其同時,疑而發問。故《志》趙商問:"《甘棠》《行露》之詩,美召伯之功,箋以爲當文王與紂之時,不審召公何得爲伯?"

---

① 案周武王在位年限,參閲夏商周斷代工程專家組編著:《夏商周斷代工程1996－2000年階段成果報告》(簡本),頁88。

荅曰:"《甘棠》之詩,'召伯'自明,誰云文王與紂之時乎?"至《行露》篇,箋義云"衰亂之俗微,貞信之教興",若當武王時,被《召南》之化久矣,衰亂之俗已銷,安得云"微"?云此文王時也。序義云"召伯聽訟"者,從後錄其意,是以云然。而鄭此荅,明《甘棠》箋之所云"美其爲伯之功",謂武王時也。此二篇武王時事,得入《召南》風者,以詩繫於"召","召"爲詩主,以其主美召伯,因即錄於《召南》。王姬以天子之女,降尊適卑,不失婦道,《召南》多陳人倫,事與相類。又王姬賢女,《召南》"賢化",又作在武王之世,不可入文王聖化之風,故錄之於《召南》也。

要之,《甘棠》《何彼襛矣》二篇確可能作於武王之時,彼時召公爲西伯。但文王之化並非一個簡單的歷史問題,而是後人在歷史回憶和反思中建構政教倫理根基的問題;文王之化不會因爲文王的逝去而消失,相反倒可能因爲文王逝去而被凸顯、強化和定型。《史記·周本紀》云,文王"蓋即位五十年","積善累德,諸侯皆嚮之",當世顯然已有化"天下""諸侯"之事。文王死,武王即位,"師脩文王緒業"。故文王之化勢必要延續到文王之後。《詩三百篇》,特別是其《大雅》《周頌》部分,有大量篇什,比如《大雅·文王》《大明》《緜》《思齊》《皇矣》《下武》《文王有聲》,以及《周頌·清廟》《維天之命》《維清》《我將》《烈文》《天作》《武》《昊天有成命》《執競》等,均詠唱文王之德政。這些詩篇基本上是作於武王及武王以後。其中《下武》由武王有聖德而詠文王之業以及周先人之功,《文王有聲》由武王得人君之道而詠文王得人君之道,《昊天有成命》歌詠文、武、成王等,都是典型例證。對文王德政的高度認可,是將文王之化確立爲政教根基的基礎。子思《五行》在一般政教倫理和道德修爲層面上,搭起了文王之化的基本架構,跟《詩》學是密切相關的;而差不多同時或稍後,《詩序》則完全在《詩》學層面上完成了這一理念體系。在這種學理建構中,詩人雖然不會"感文王之化,而曲美召公",但召公政教之美,實可歸結於文王之化。《何彼襛矣》美王姬執婦道以"成肅雝之德",亦應當作如是觀。

在漢唐《詩經》學形態模式中,《周南》之"文王—后妃"與《召南》之"國君—夫人"常常被解釋爲異形同構,也就是說,二者往往都被歸結到文王和大姒身上。鄭玄《周南召南譜》云:"初,古公亶父'聿來胥宇','爰及姜女'。其後,大任'思媚周姜','大姒嗣徽音',歷世有賢妃之助,以致其治。文王'刑于寡妻,至于兄弟,以御于家邦'。是故二國之詩以后妃夫人之德爲首,終以《麟趾》《騶虞》,言后妃夫人有斯德,興助其君子,皆可以成功,至于獲嘉瑞。"正義釋之曰:

此"后妃""夫人"皆大姒也,一人而二名,各隨其事立稱。礼(禮),天子之妃曰"后",諸侯之妃曰"夫人"。以《周南》,王者之化,故稱"后妃";

《召南》,諸侯之化,故云"夫人"。直以化感爲名,非爲先後之別。有陳聖化,雖受命前事,猶稱"后妃";有說賢化,雖受命後事,尚稱"夫人"。二國別稱,而"文王"不異文者,《召南》夫人爲首,"后妃"變稱"夫人",足知賢、聖異化,於"文王"不假復異其辭,故《鵲巢》之序言"國君"以著義於後,皆以常稱言之。……《周南》上八篇言后妃,《漢廣》《汝墳》言文王。① 《召南》上二篇言夫人,《羔羊》《摽有梅》《江有氾》《騶虞》四篇言文王。② 所以論后妃夫人詳於《周南》,而略於《召南》者,以《召南》"夫人"則《周南》"后妃",既於"后妃"事詳,所以《召南》於"夫人"遂略。……序者以此二風皆是文王之化,太姒所贊。《周南》以《桃夭》至《芣苢》三篇爲后妃所致,《漢廣》以下,其事差遠,爲文王之致。《召南》以《草蟲》至《行露》四篇爲夫人所致,《羔羊》以下差遠,爲文王之致。各舉其事,互相發明。

歐陽修(1007～1072)《時世論》云:"二《南》皆是文王、太姒之事,……所謂文王、太姒之事,其德教自家刑國,皆其夫婦身自行之,以化其下,久而變紂之惡俗,成周之王道,而著於歌頌爾。"又云,"《關雎》《鵲巢》所述,一太姒爾","二《南》之事,一文王爾"。③ 歐陽修《詩解八篇·周召分聖賢解》指出:"二《南》之作,當紂之中世而文王之初,是文王受命之前也。世人多謂受命之前,則太姒不得有'后妃'之號。夫'后妃'之號非詩人之言,先儒序之云爾。"④《詩序》是以闡釋詩作爲基礎的政教倫理建構,它並不罔顧詩作的年代學事實,但它在這一方面的很多判斷都不準確(似乎也未極力追求這種精確),其牽強附會的解詩方法更加劇了文本與詩說間的齟齬和錯亂。然而從政教倫理的抽象層面,尤其是其宗旨、取向上看,說二《南》是文王太姒化天下之事,且歸本於"文王之化",合乎傳世《詩序》《毛傳》《鄭箋》和《孔疏》的基本意圖。

總之,在以《詩序》爲核心的漢唐《詩經》學形態模式中,《周南》《召南》的政教倫理核心是"文王"或"文王之化"。《詩大序》云:"《關雎》《麟趾》之化,王

---

① 案:《周南》最後一篇《麟之趾》,《詩序》解爲"《關雎》之應",當與《關雎》一起歸於言后妃一類。故《周南》言后妃者實有九篇。
② 案:正義謂《召南》言夫人者有《鵲巢》《采蘩》,所謂"夫人"指文王夫人大姒。《詩序》謂《小星》"夫人無妬忌之行"云云,亦當歸於此類。歐陽修《時世論》明揭此意(參見傅雲龍、吳可主編:《唐宋明清文集》第一輯,《宋人文集》卷一,天津:天津古籍出版社,2000年,第1版,頁281)。又,正義計言文王者,殆漏掉了《野有死麕》一詩。《行露》序謂"召伯聽訟",《甘棠》序謂"美召伯",正義亦未計入,實均當歸於言文王者,其詳見上文所論。
③ 傅雲龍、吳可主編:《唐宋明清文集》第一輯,《宋人文集》卷一,頁281～282。
④ 歐陽修著,洪本健校箋:《歐陽修詩文集校箋》,上海:上海古籍出版社,2009年,第1版,頁1601。

者之風,故繫之周公。南,言化自北而南也。《鵲巢》《騶虞》之德,諸侯之風也,先王之所以教,故繫之召公。"鄭箋云:"從北而南,謂其化從岐周被江漢之域也。先王,斥大王、王季(正義:太王始有王迹,周之追諡上至太王而已,故知'先王'斥太王、王季)。"正義解釋這段序文,則説:

> 《關雎》《麟趾》之化,是王者之風,文王之所以教民也。王者必聖,周公聖人,故繫之周公。不直名爲"周"而連言"南"者,言此文王之化自北土而行於南方故也。《鵲巢》《騶虞》之德,是諸侯之風,先王大王、王季所以教化民也。諸侯必賢,召公賢人,故繫之召公。不復言"南",意與"周南"同也。《周南》言"化",《召南》言"德"者,變文耳。上亦云"《關雎》,后妃之德",是其通也。諸侯之風言"先王之所以教",王者之風不言"文王之所以教"者,二《南》皆文王之化,不嫌非文王也;但文王所行,兼行先王之道,感文王之化爲《周南》,感先王之化爲《召南》,不言"先王之教"無以知其然,故特著之也。此實文王之詩,而繫之二公者,《志》張逸問:"'王者之風',王者當在《雅》,在《風》何?"答曰:"文王以諸侯而有王者之化,述其本,宜爲《風》。"逸以文王稱"王",則詩當在《雅》,故問之。鄭以此詩所述,述文王爲諸侯時事,以有王者之化,故云"王者之風",於時實是諸侯,詩人不爲作雅。文王三分有二之化,故稱"王者之風",是其風者,王業基本。此述服事殷時王業基本之事,故云"述其本,宜爲《風》"也。化霑一國謂之爲《風》,道被四方乃名爲《雅》,文王纔得六州,未能天下統一,雖則大於諸侯,正是諸侯之大者耳。此二《南》之人猶以諸侯待之,爲作風詩,不作雅體。體實是風,不得謂之爲雅。文王末年,身實稱王,又不可以《國風》之詩繫之王身。名無所繫,詩不可棄,因二公爲王行化,是故繫之二公。

"文王"或"文王之化"是《詩序》所表徵的《詩經》學二《南》體系的核心,它對應的是《大學》八目中的"平天下",亦即"明明德於天下"。而爲文王所化的其他成員,比如后妃或者侯伯,則可以充當化民的次一級核心。《葛覃》序謂后妃"化天下以婦道",《兔罝》序謂"后妃之化也。《關雎》之化行,則莫不好德,賢人衆多也",《甘棠》序謂"召伯之教,明於南國",俱爲典型例子。化民的次一級的核心發揮其政教倫理作用,依賴於接受化民之上一級核心的影響,比方説,后妃大姒化天下的前提是文王"刑于寡妻"。文王先自明其德(對應於《大學》八目中的"脩身"),進而明明德於其家(對應於《大學》八目中的"齊家"),其后妃或夫人受其德化,故好善、好德、好賢,不淫不亂,志在於女功之事,躬儉節用，尊敬師傅，而不妬忌（參閱《周南·關雎》至《芣苢》八詩之序），①故"有均壹之德如鳲鳩然"（《召南·鵲巢》鄭箋），奉事祭祀而不失職（《召南·采蘩》序），至此后妃夫人纔可以化他人，即"化天下以婦道"或使人"好德"（參閱《葛覃》與《兔罝》之序）。有一點是毫無疑問的，化民的次一級核心，其政教功能不能實現於跟其上一級核心同樣大的範域。即唯文王之化可以廣佈於天下，其行乎江漢之域，"故男無思犯禮，女求而不可得"（《周南·漢廣》序之正義）；②其行乎汝墳之國，故婦人閔其君子之勞，卻能勸之以義（《周南·汝墳》序）；其行乎"天下"，故天下無犯非禮，雖衰世之公子皆歸於信厚（《周南·麟之趾》序），"庶類蕃殖，蒐田以時，仁如騶虞"（《召南·騶虞》序）。如此等等。要之，"化"的實現有一個分層的交叉重疊的複雜社會網絡。

綜上所論，爲什麼以《詩序》爲表徵的《詩經》學二《南》體系的核心一定是"文王"或"文王之化"，而且一定是這樣的"文王"或"文王之化"呢？這顯然具有某種歷史的規定性。在這一《詩》學建構背後，我們可以看到最遙遠的《雅》《頌》文本所凸顯的文王具備以下"親（新）民"（爲《大學》三綱之二）之特徵："刑于寡妻，至于兄弟，以御于家邦"（《詩經·大雅·思齊》）；其前提，當然是文王之"明明德"（爲《大學》三綱之一）。接下來值得注意的是，載錄孔子《詩》說的《詩論》對文王之德與文王受命有極高的關注。再接下來值得注意的是，《五行》建構了以文王爲"君子"人格範式的學說體系（"君子"在《五行》體系中乃最高道德境界或人格）。該體系與《大雅·大明》《文王》等歌詠文王德行的詩作關聯甚深。它很可能是子夏創發《詩序》的現實語境，而且，它肯定是毛公最終完成《詩序》和《毛傳》的"前期成果"。河間獻王劉德好毛公之學。劉德生於公元前 173 年至公元前 170 年之間，③景帝前元二年（前 155）封河間王，武帝元光五年（前 130）離世。而發現帛書《五行》篇的長沙馬王堆漢墓，其墓主是第二代軑侯利豨的一位兄弟，下葬時間爲漢文帝前元十二年（前 168）；《五行》篇不可能僅有這一個鈔本，而且自此便從人世間消失。以《詩序》爲表徵的《詩經》學二《南》體系，基本上是《五行》篇"文王"範式的《詩》學繁衍。《五行》篇"文王"範式之"忌（己）仁而以人仁，忌（己）義而以人義""大悳（德）備成""仁复（覆）四海、義襄（襄）天下"，使天下"（與）〔興〕仁義"等等特

---

① 后妃當亦有女功之事。春秋時候公父文伯之母論古者聖王之事，云："王后親織玄紞，公侯之夫人加之以紘、綖，卿之内子爲大帶，命婦成祭服，列士之妻加之以朝服，自庶士以下，皆衣其夫。"（《國語·魯語下》"公父文伯之母論勞逸"章）
② 案：正義將《詩序》"無思犯禮，求而不可得"分給"男""女"兩方，並不妥當，參見上文之論析。
③ 參閱成祖明：《河間獻王與景武之世的儒學》，《史學集刊》2007 年第四期，頁 69。

質，正是二《南》序、傳、箋的潛臺詞。除本節所論，本章所揭《五行》與《詩經》學的其他所有關聯，也都可以證成這一結論；換言之，《五行》文王化天下觀念對漢唐《詩經》學的影響不限於此，本節不過是圍繞這一觀念來作個案分析而已。

餘　論

出土文獻可以打開被塵封的歷史。幾十年前，人們幾乎完全不知道《五行》，更不知道《五行》與《詩經》學有如此深刻的關係。《五行》一系列重要範疇都有《詩經》學的基礎，物換星移，它們又極深刻地影響了《詩經》學的發展。思想學術史上一些關鍵脈絡，如戰國時期《詩經》學傳播發展的重要軌迹、《詩經》學在思想學術界的巨大影響等，因爲《五行》復現而漸爲人知。《荀子》謂子思"案往舊造説，謂之五行"，從《詩經》學層面也得到了確證。

在學術思想史領域作影響研究，應避免製造簡單的關聯。在論述文王化天下的《詩》學理念時，筆者並非僅僅依據"化天下"這一觀念，將《五行》與《詩序》《毛傳》等《詩經》學著述聯繫在一起。這種觀念其實相當常見。《周易·賁·彖傳》云："觀乎天文，以察時變；觀乎人文，以化成天下。"《離卦·彖傳》云："離，麗也；日月麗乎天，百穀草木麗乎土，重明以麗乎正，乃化成天下。"《恒卦·彖傳》："天地之道，恒久而不已也。'利有攸往'，終則有始也。日月得天而能久照，四時變化而能久成，聖人久于其道而天下化成。觀其所恒，而天地萬物之情可見矣。"《禮記·學記》篇曰："君子如欲化民成俗，其必由學乎！……古之教者，家有塾，黨有庠，術有序，國有學。……九年知類通達，强立而不反，謂之大成；夫然後足以化民易俗，近者説服，而遠者懷之。此大學之道也。"很明顯，《五行》與《詩序》等《詩經》學著作的關聯不僅僅在化成天下的觀念，而至少是在"文王"與"化天下"兩方面的有組織性的關聯上，本章所揭《五行》與《詩經》學的其他所有關聯均可作爲旁證。這就是爲什麽在考察文王化成天下這一《詩經》學觀念之由來時，筆者提出了由《大雅》和《周頌》到《詩論》、再到《五行》、再到《詩序》《毛傳》《鄭箋》《孔疏》等著述的發展序列，對漢唐《詩經》學中文王化天下的政教倫理觀念，作出"歷史的"解釋。筆者對其他事項的論述，都有類似考慮。不過在任何時候，簡單化的都衹是人們的想象，而不是學術思想發展的事實。《大雅》和《周頌》《詩論》《五行》百千年學術思想的累積，孕育了以《詩序》爲表徵的《詩》學二《南》體系的核心觀念——文王化天下，但這一觀念，無論就二《南》文本而言，還是就《詩論》《五行》而言，都尚未作爲詮釋落實到這二十五篇作品之中，悄然移動的歷史腳步還是走出了滄海桑田般的巨變。

第七章　文本解讀與歷史語境：
　　　二重證據中的《大學》

　　《大學》以極省净的語言與極高的概括力，提挈了原始儒學的核心理念。在傳統的儒家經典中，它具有極鮮明的思維和表達個性，它在儒學理論建構及政教倫理實踐中的範式價值也無可替代。① 劉宗周（1578～1645）云："……《大學》直提人道全局，了無欠缺，理一而分殊，守約而施博，其階級次第實出於天道之自然而不假造作，蓋自繼天立極之聖，堯、舜以來，相傳至於今日，皆此學、此道，而惟孔子集其成，其門弟子遂譜之以教萬世。後之入道，舍是篇無由入。或安而學之，或勉而學之，或困而學之，及其學以至乎道，一也；或學焉而聖，或學焉而賢，或學焉而士，雖學之所至不同，而其望道而趨，亦一也。舍是則異端曲學而已。縱言之，盈天地間無一人可廢此學，無一時可廢此學，無一事可廢此學。自有天地，便有此道場，自有人生，當有此學問，而是篇特中天下而立，永爲學問鵠，雖六經可以盡廢。嗚呼！人而甘爲小人與異端曲學則已，如欲爲大人，請從事《大學》而可。"（《大學古記約義》"大學"條）② 劉氏之說有些偏執，可能夠得其大要，基本上爲前儒之共識。

　　然而頗奇特的是，最早見於《小戴禮記》的《大學》篇，③無論文本構成，還是義理詮釋，迄今仍衆説紛紜，未有定讞。漢儒鄭玄釋《大學》諸核心範疇，如

---

① 馬泰·多甘（Mattei Dogan）指出："在政治科學和社會學中，範式（paradigm）經常代替理論（theory）或重大理論（grand theory）而成爲使用或濫用頻率極高的一個詞彙。編造這一詞彙的托馬斯·庫恩（Thomas Kuhn）已公開承認，把這個詞彙運用到社會科學中是不恰當的。"他還説："在一個形式學科中，可能同時存在幾個主要的理論，但只有當能被證明的理論單獨支配着所有其他理論，並得到整個科學群體的認可時，纔能稱之爲範式。"參見〔美〕羅伯特·古丁（Robert E. Goodin）、漢斯-迪特爾·克林格曼（Hans-Dieter Klingemann）主編：《政治科學新手册》，北京：生活·讀書·新知三聯書店，2006年，第1版，頁151。在中國，"範式"這一範疇的濫用可能尤其嚴重。但是，從中國傳統政教倫理學論域或儒家學術思想史論域來説，稱《大學》提挈的格、致、誠、正、脩、齊、治、平理論爲"範式"，可能是相當準確的。
② 吳光主編：《劉宗周全集》第一册經術六，頁641。
③ 毛奇齡《大學證文》卷一列數證，斷定"《大》《中》《論語》《孟子》在漢唐早已單行，不始宋儒作四子書也"（《景印文淵閣四庫全書》第二一○册，經部第二○四册，四書類，頁280下～281上），殆是。

"格物"等等，已落強作解人之譏。而有宋以降，學者紛紛重新排列組合《大學》之文本，更或率意增删之，以求符同一己之學説體系。明道(1032～1085)、伊川(1033～1107)二程子率先垂範，朱熹(晦庵)踵其事而增華，變其本而加厲。清毛奇齡(西河，1623～1716)評曰，二程之改本猶屬私藏，"僅存於《二程全書》之中，不必强世之皆爲遵之"，"而元明兩代則直主朱子改本而用以取士，且復勒之令甲，敕使共遵，一如漢代今學之所爲設科射策、勸以利禄者，而於是朱子有《大學》而《五經》無《大學》矣。……科目士子竝不知朱本之外別有舊本"；"而一二學古者則又更起而施易之，或以彼易此，或以此易彼，爾非我是，競相牴牾，而沿習既久，忽有僞造爲古本獻之朝廷，以爲石經舊文、所當頒學宫而定科目者"。① 程朱流風所及，元明時期《大學》先後出現了王柏(魯齋)改本、蔡清(虚齋，1453～1508)改本、季本(彭山，1485～1563)改本、李材(見羅，嘉靖四十一年〔1562〕進士)改本、崔銑(後渠，1478～1541)高攀龍(景逸，1562～1626)改本、葛寅亮(屺瞻，萬曆二十九年〔1601〕進士)改本、王世貞(弇州)改本、豐坊(嘉靖二年〔1523〕進士)僞石經本、劉宗周(蕺山，1578～1645)改本，無慮十餘種；而王守仁(陽明，1472～1528)等人則頗張揚《大學》古本，與程朱異趣。② 諸改本之差異往往就是文本詮釋和學説體系的差異，於是在這兩個層面上，宗晦庵與宗陽明者，乃形成對壘之勢。李塨(恕谷，1659～1733)嘗謂其當世講學諸儒，"宗晦庵、陽明者，論格物各堅壁壘，賢達如湯潛庵、張武承斷斷弗相下，其他遂搆訟甚至操戈矛不解"。③

錢穆曾指出，"學者首當分別《學》《庸》之本義，與夫宋明儒者所表章之新義"。④ 絶大多數近現代學者都不會質疑以下事實：《大學》本義雖與後儒借《大學》表彰之新義有一定關聯，可從本質上説，它們屬於不同的體系。上揭錢穆的意識學界並不缺乏。而具體研究，則往往不能凸顯對這兩種學説體系及研究取向的區隔。跟清代學者相似，在詮釋《大學》文本時，近現代學者深受宋明儒學之影響，根本亦未尋得《大學》所由産生、所曾參與的真實歷史語

---

① 毛奇齡：《大學證文》卷一，《景印文淵閣四庫全書》第二一〇册，經部第二〇四册，四書類，頁 278 下～279 上。
② 參閲毛奇齡《大學證文》卷一～卷四，《景印文淵閣四庫全書》第二一〇册，經部第二〇四册，四書類，頁 278 下～313 下；以及永瑢等《四庫全書總目》卷三六經部，四書類二，《大學證文》條，北京：中華書局，1965 年，第 1 版，頁 305 中、下，並參馬曉英《文本、宗旨與格物之争：明代〈大學〉詮釋的幾個問題》，《哲學動態》2013 年第 11 期，頁 49。案：《總目提要》謂高攀龍改本即崔銑改本，馬曉英文將二者分列，殆欠精密。
③ 參閲李塨《大學辨業·序》，《續修四庫全書》一五九，經部四書類，頁 121 上。案：湯斌(1627～1687)字孔伯，一字荆峴，號潛庵。《清史稿》本傳謂"斌篤守程、朱，亦不薄王守仁"。張烈(1622～1685)字武承，號孜堂，著有《王學質疑》等。
④ 錢穆：《大學中庸釋義·例言》，《四書釋義》，北京：九州出版社，2013 年，第 1 版，頁 277。

境,甚至缺乏這一方面的清醒意識。本章之職志是探究《大學》本義,而非追索後儒假《大學》表彰之新義,並從學術思想史層面上予以評判和分析。毫無疑問,祇有以《大學》所由產生、所曾參與的真實歷史語境爲基礎,纔能給出切當有效的詮釋。

爲了展開討論,首先要看一看《大學》產生的時代。這個問題與現代學界高度關注的《大學》之"作者"是密不可分的。"作者"一詞慣常指文本的寫定者,然而對先秦一部分典籍來說,最重要的與其說是文本的寫定者,毋寧說是其"言說者",他纔是體系的創立人。當然,這是就特定歷史情境——"言說者"與"作者"並非同一主體——而言的,若兩者爲同一主體,其重要性便是等同的,所以具體情況需要作具體分析。林慶彰指出:"二程之前,絕無學者論及《大學》的作者。至程顥(明道)始説:'《大學》,乃孔氏遺書,須從此學則不差。'(《二程集》)'《大學》,孔子之遺言也。學者由是而學,則不迷於入德之門也。'(《二程集》)程氏以《大學》爲孔氏遺書,並未明言孔門中何人所作,但已啓導後人探討《大學》作者的興趣。朱子是第一個探討《大學》作者的學者……"①朱熹撰《大學章句》,分其本文爲經一章、傳十章,謂經一章"蓋孔子之言,而曾子述之",傳十章"則曾子之意而門人記之也"。② 這種觀察最注重的是言說者:於經一章突出孔子之價值,於傳十章突出曾子之價值。其後汪晫(1162～1237)輯《曾子全書》,亦收錄《大學》。鑒於《四書章句集注》對宋以後科考與政教有巨大影響,《大學章句》對《大學》的這種認知可能是古代影響最大的一種。現代學者對朱説或信或否。比如錢穆即不予采信,謂"《學》

---

① 林慶彰:《清初的羣經辨僞學》,上海:華東師範大學出版社,2011年,第1版,頁360。案所引程氏説,見《河南程氏遺書》卷二上,及楊時訂定、張栻編次《河南程氏粹言》卷一《論書篇》,程顥、程頤:《二程集》,頁18、頁1204。

② 案:朱熹對《大學》作者的各種表述不完全一致。其《癸未垂拱殿奏劄一》謂大學之道,孔子"筆之於書,以示後世之爲天下國家者","其門人弟子又相與傳述而推明之"(見《晦庵先生朱文公文集》卷一三,朱傑人等主編:《朱子全書》第二十册,頁632)《大學章句》乃將孔子"筆之於書"者具體爲經一章,將傳述推明經意者具體爲曾子(又謂由曾子門人記之)。《大學或問》上記朱子申釋"正經蓋夫子之言,而曾子述之,其傳則曾子之意,而門人記之",云:"正經辭約而理備,言近而指遠,非聖人不能及也,然以其無他左驗,且意其或出於古昔先民之言也,故疑之而不敢質。至於傳文,或引曾子之言,而又多與《中庸》《孟子》者合,則知其成於曾氏門人之手,而子思以授孟子無疑也。"(朱熹:《四書或問》,朱傑人等主編:《朱子全書》第六册,頁514)此説與《章句》的主要差別在於主張《大學》經一章出自孔子,卻又承認其無左驗。不過總體看來,朱子對《大學》作者的基本看法是一致而明確的。陳耀文《經典稽疑》卷上錄《大學或問》之説,評曰:"夫無所承受、無他左驗,而據其想似者輒謂某之所作,所謂自信之篤而能自得師者與?"(《景印文淵閣四庫全書》第一八四册,經部第一七八册,五經總義類,頁803上)

《庸》兩篇,其作者與成書年代,……在不可考知之列"。① 馮友蘭將《大學》歸於秦漢之際儒家著作。②

徐復觀基於"古代學校觀念的發展",斷定《大學》"是秦統一天下以後,西漢政權成立以前的作品","有某一個今日無從知道姓名的偉大儒者,爲了反抗法家,乃將儒家的思想,有計劃地整理綜合而成的教本"。③ 這一方面恐怕要多做些辨正。徐復觀爲確定《大學》成篇時代,嘗從"大學"一詞之本身進行考察。他的考察結果是,直至孟子時代,"大學"或"太學"之名稱尚未出現,呂不韋(？〜235)門客集體撰著《呂氏春秋》時,"大學之觀念,……尚未形成";"正式提出'大學'名稱的,在《禮記》中除《大學》外,計有《祭義》《王制》《學記》,及《大戴禮記》之《保傅》篇。……由此,我們可以得出一個結論:'大學'或'太學'的觀念,乃西漢初年纔流行的觀念。因有大學的觀念,纔有小學的觀念";"大學、小學對舉的説法,當係《呂氏春秋》成篇以後,由儒者繼續發展而成,再以之上附合於古代"。④ 這樣的考證方式顯然存在問題。對《大學》來説,根本觀念是"學"而非"大學",現代人覺得"大學"重要,乃是被習見"太學"及現代教育之"大學"所影響的結果。孟子云:"設爲庠序學校以教之:庠者,養也;校者,教也;序者,射也。夏曰'校',殷曰'序',周曰'庠','學'則三代共之,皆所以明人倫也。"(《孟子·滕文公上》)三代學校雖各有專名,而"學"則爲其通用之稱謂。有"學"之觀念,滋生出"大學""小學"之區隔,是自然而然、輕而易舉的事情,一如有了"庠"之觀念,很容易就有"上庠""下庠"之區隔,有了"序"之觀念,很容易就有"東序""西序"之區隔。夏代既有學校之"學"(最起碼孟子時代已有),謂西漢初年纔有"大學""小學"之流行,或許合理,但"大學""小學"之分列並立當遠在此前,不必晚至秦世。甲骨卜辭已有"大學"一詞,"應是一種建築或場所,是舉行祭祀之地","商代的大學可能與周代之辟雍相當"。⑤《禮記·王制》云:"天子命之教,然後爲學,小學在公宫南之左,大學在郊。"鄭注曰:"學,所以學士之宫。……此'小學''大學',殷之制。"由甲骨卜辭可知,鄭玄謂殷有大學一法,應該是正確的。因此,徐氏之論斷實不足取。又,《禮記·王制》篇云:"樂正崇四術,立四教。順先王《詩》《書》《禮》《樂》以造士。春、秋教以《禮》《樂》,冬、夏教以《詩》《書》。"徐復觀提

---

① 錢穆:《大學中庸釋義·例言》,《四書釋義》,頁280。
② 參見馮友蘭:《中國哲學史》,《三松堂全集》第二卷,頁549、頁571〜578。
③ 徐復觀:《中國人性論史·先秦篇》,頁246〜247。
④ 參閱上書,頁241〜247。
⑤ 參閱中國社會科學院考古研究所編著:《小屯南地甲骨》上册第一分册,圖版60,北京:中華書局,1980年,第1版,頁11;以及《小屯南地甲骨》下册第一分册釋文,北京:中華書局,1983年,第1版,頁840。

出:"此乃將由孔子所開始的後起的教學內容,與古代由大司樂所代表的傳統內容,加以調和綜合的說法。"①這樣說可能也有問題。在孔子生前約半個世紀,楚莊王(前613~前591在位)使士亹傅太子箴,士亹就教學事宜,向賢大夫申叔時請教。申叔時列舉了《春秋》《世》《詩》《禮》《樂》等科目,並闡發各科宗旨,云:

> 教之《春秋》(韋注:以天時紀人事,謂之《春秋》),而爲之聳善而抑惡焉,以戒勸其心;教之《世》(韋注:《世》,謂先王之世繫也),而爲之昭明德而廢幽昏焉,以休懼其動(韋注:休,嘉也);教之《詩》,而爲之導廣顯德(韋注:顯德,謂若成湯、文、武、周、邵、僖公之屬,諸詩所美者也),以耀明其志;教之《禮》,使知上下之則;教之《樂》,以疏其穢而鎮其浮(韋注:疏,滌也。樂者,所以移風易俗,蕩滌人之邪穢也。鎮,重也。浮,輕也);教之《令》,使訪物官(韋注:《令》,謂先王之官法、時令也。訪,議也。物,事也。使議知百官之事業);教之《語》(韋注:《語》,治國之善語),使明其德,而知先王之務用明德於民也;教之《故志》(韋注:《故志》,謂所記前世成敗之書),使知廢興者而戒懼焉;教之《訓典》,使知族類,行比義焉(韋注:《訓典》,五帝之書。族類,謂若惇序九族。比義,義之與比也)。(《國語・楚語上》"申叔時論傅太子之道"章)

這些科目未必等同於後世的儒典,卻可以證明《王制》篇"順先王《詩》《書》《禮》《樂》以造士"之說,應該有歷史依據(申叔時所列《訓典》殆即今《書》類文獻)。又,徐復觀謂《大學》的觀點,"與《學記》上僅由教育之本身,以言'化民成俗'之效果者不同"。②嚴格說來,《禮記・學記》篇並非"僅由教育之本身",言化民成俗。《學記》曰:"君子如欲化民成俗,其必由學乎!……古之教者,家有塾,黨有庠,術有序,國有學。比年入學,中年考校。一年視離經辨志,三年視敬業樂羣,五年視博習親師,七年視論學取友,謂之小成。九年知類通達,强立而不反,謂之大成;夫然後足以化民易俗,近者説服,而遠者懷之。此大學之道也。"學而"大成"纔可化民易俗,而"大成"是就道德學問而言的,則《學記》大旨是説脩身乃化民易俗之根基,與《大學》所言正同。而且《學記》所記恰恰是古者"大學之道",更不可隨便抹殺它證成和發明《大學》的價值。至於古代小學大學之制度,包括具體職司、學員入學年歲、教學科目與內容以及教育宗旨等,應該並不一律,也無須過於糾纏。要之,徐復觀説《大學》"是秦統一天下以後,西漢政權成立以前的作品",不足取。

---

① 徐復觀:《中國人性論史・先秦篇》,頁243。
② 同上書,頁246。

值得特別注意的是,當下一批學者依據新出土的文獻,傾向於回復宋儒朱熹等人的立場。比如李學勤認爲,郭店楚墓竹書所見儒家著作,有《緇衣》《五行》《城之聞之》《眷㥦義》《眚自命出》《六德》《魯穆公問子思》《窮達以時》等等;這些儒書屬於儒家八派中子思一派,"與子思有或多或少的關連,可説是代表了由子思到孟子之間儒學發展的鏈環";"這些儒書的發現,不僅證實了《中庸》出於子思,而且可以推論《大學》確可能與曾子有關"。①

不過至少從宋代開始,便有學者認爲《大學》乃子思所作。王柏據朱子"傳十章,則曾子之意而門人記之""傳文……成於曾氏門人之手,而子思以授孟子無疑"諸説,斷言:"……曾子之門人,孰有出於子思之右? 其爲子思之書乎?"②黃以周(1828～1899)輯《子思子》,以《中庸》篇爲首。他解釋説:"案賈逵云:'孔伋窮居於宋,懼先聖之學不明而帝王之道墜,作《大學》以經之,《中庸》以緯之。'此語出於豐坊,本不足據。而自坊以前如《學齋佔畢纂》《古小學講義》《三經見聖編》《樗齋漫録》等書,皆以《大學》爲子思作,則其説固不自坊始也。然漢、唐諸儒家竝無此言,終不敢從,謹以《中庸》篇爲首。"③黃氏不從子思作《大學》之説,蓋其慎也。他揭示豐坊以前已有人主張子思作《大學》,所舉例證不乏差繆,但亦有可資參考者。《學齋佔畢纂》(案即《學齋佔畢》)確爲豐坊以前有學者認爲子思作《大學》的重要證據。該書撰者史繩祖(1192～1274)受業於魏了翁(1178～1237),晚年入元。他在論孔子、子思、孟子之義利觀前後相承時云:"子思子於《大學》末章,乃合仁義而言之曰,'未有上好仁而下不好義者也',又明義利之辯曰,故治國者'不以利爲利,而以義爲利也'。"④其所引均出自《大學》。顯然,黃以周所説不錯,史繩祖確實認爲《大學》出自子思、爲子思創立的體系。但黃氏所舉其他材料有些明顯晚於豐坊甚或受豐坊之影響,並非在豐坊張揚子思作《大學》一説以前。豐坊稱家藏魏三字《石經大學》榻本,内有虞松《校刻石經表》,引漢儒賈逵説云云。鄭曉(1499～1566)張揚豐氏之説,稱:"又有《石經大學》,與古本《大學》不同。魏政和中詔諸儒虞松等考正五經,衛覬、邯鄲淳、鍾會等以古文小篆八分刻之於石,始行《禮記》,而《大學》《中庸》傳焉。松表述賈逵之言曰:'孔伋窮居於宋,懼先聖之學不明而帝王之道墜,故作《大學》以經之,《中庸》以緯之。'則《學》

---

① 李學勤:《先秦儒家著作的重大發現》,《中國哲學》編輯部、國際儒聯學術委員會編:《郭店楚簡研究》,《中國哲學》第二十輯,頁14、頁16。
② 王柏:《大學沿革論》,《魯齋集》卷二,北京:中華書局,1985年,新1版,頁15。
③ 黃以周:《中庸》題解,《子思子輯解·子思内篇》卷之一,《黃以周全集》第九册,上海:上海古籍出版社,2014年,第1版,頁51。
④ 史繩祖:《學齋佔畢》卷一"義利兼言"條,北京:中華書局,1985年,新1版,頁14。

《庸》皆子思所作……"①鄭曉同爲嘉靖二年(1523)進士,與豐坊熟知,是豐坊《石經大學》的主要支持者,上揭鄭氏說當即豐說之要略。但此說其實大成問題。陳耀文(1524~1605,嘉靖二十九年〔1550〕進士)曾批評云:

> 魏止有"太和""正始",無"政和"年號;"政和",宋徽宗也。……衛瓘,覬子也,十歲喪父,年七十二爲賈后所殺(《晉書》)。……據《瓘傳》遡《魏志》,則覬之死,太和三年(案爲229)也,時松年十五歲,會方五歲耳。松信才矣,豈十五即受考正五經之詔耶?會夙成矣,五歲即能與覬等書石耶?正始中立石經,已云"轉失淳法",則覬死已十五六年,而淳之卒久矣,可云與會等書石耶?且《石經禮記》碑上有馬、蔡名,會十三已誦《周禮》《禮記》,可云《禮記》始行而《學》《庸》傳耶?《逵傳》止云四經,不及《禮記》,則逵之言出何典記耶?何、鄭在逵後而註不言之,穎達爲疏而亦略不及耶?文昔官諫垣時,曾與鄭公曉同事,恨未早見公書,得以面稽其疑云。②

《四庫總目提要》又批評豐說"合兩賈逵爲一人",等等等等。③ 總之豐氏《石經大學》乃僞本絕無可疑,其所引賈逵之説根本就不可信。黃以周誤從之,此其失察一也。而黃氏所舉許自昌(1578~1623)《樗齋漫錄》於卷二云:"《大學》決是子思所作,賈逵之言可信也。不然,'誠意'傳中不合有'曾子曰'三字。"④這大抵衹是重複豐坊之言,缺乏作爲證據的價值,黃以周引之以證豐坊前學者以《大學》爲子思所作,是又一次失察。其三,黃氏所舉有些材料不惟受豐坊影響,而且有明顯的杜撰之痕,比如《三經見聖篇》。《四庫全書總目》著錄譚貞默(1590~1665)《三經見聖篇》一百八十卷(江蘇巡撫采進本),云:

> 貞默字梁生,別號埽菴,嘉興人。崇禎戊辰(案爲1628)進士,官至

---

① 參見鄭曉:《古言》卷上,《四庫全書存目叢書》子部第八六冊,子部雜家類,濟南:齊魯書社,1997年,第1版,頁501上;以及《大學説》,《端簡鄭文公集》卷一,《北京圖書館古籍珍本叢刊》一〇九,集部明別集類,書目文獻出版社,1989年,第1版,頁359下。

② 陳耀文:《經典稽疑》卷上,《景印文淵閣四庫全書》第一八四冊,經部第一七八冊,五經總義類,頁803上~804上。案:關於陳耀文生卒年,從錢茂偉《明代學人陳耀文生卒年考》,http://blog.sina.com.cn/s/blog_4dade78b01016upi.html(訪問時間2018年4月27日)。

③ 永瑢等:《四庫全書總目》卷一二九子部三十九,雜家類存目《尚論持平》二卷、《析疑待正》二卷、《事文標異》一卷(浙江吳玉墀家藏本),頁1110上。案張調元(1784~1853)《佩渠隨筆》卷五人物一有"兩賈逵"條,云:"後漢賈逵,字景伯,扶風平陵人,長沙太傅誼之九世孫。善《左氏春秋》。魏賈逵,字梁道,河東襄陵人,晉魯公充之父。"(《張調元文集》下冊,鄭州:中州古籍出版社,2004年,第1版,頁82)

④ 《北京圖書館古籍珍本叢刊》六十五,子部雜家類,頁264上。

國子監祭酒。是編前有《自序》,結銜稱"敕掌國子監整理祭器書籍等務",而不言"祭酒",《明史·職官志》亦無此稱,蓋明人杜撰之文也。其序稱"六經無非孔經,而《論語》爲著,子思子之書今名《中庸》《大學》者,實一《中庸》,統稱'孔經編'。《孟子》七篇則曰'孟經編'",又言"《論語》,子夏述也;《中庸》,子思繼《論語》而作也,《大學》即《中庸》之後小半也;《孟子》,繼《中庸》而作也。《中庸》'天命之謂性'三句接《論語》'知命'章,明是釋詁《論語》。讀'予懷明德',而'大學之道在明明德'不膠自連;讀'國不以利爲利,以義爲利',而《孟子》'何必曰利,亦有仁義'不呼自應。今之所謂《四書》,實三書也"云云,説殊穿鑿。至其詮釋支離,類皆因言求事。如以《論語》"孝弟"章爲有子譏刺三家,"巧言"章爲孔子評論老耼,皆率其胸臆,務與程、朱牴牾,可謂敢爲異説者矣。卷中或稱"默案",或自稱"譚子",體例亦叢雜不一云。①

這種文獻充當證據的價值,無疑也要大打折扣。不過黃以周的基本觀點還是對的,豐坊以前確有學者主張《大學》爲子思所作。

豐坊作僞之舉,使至少在宋代就存在的子思作《大學》一説受到了損傷(就此説言,"作者"與"言説者"應當是一致的)。筆者無意於論定創立《大學》體系的"言説者"或"作者"是誰,祇想明確以下事實:《大學》是儒家重要文獻,它應該產生於曾子(前 505~前 436)、子思時代,——下文所引《大學》與《五行》及郭店、上博其他儒典的密切關聯,可以加强這一論斷。以《大學》與《五行》(子思學説體系)、《孟子》(孟子學説體系)、《荀子》(荀子學説體系)構成一個歷史序列,上溯至載録孔子學説的《論語》和《詩論》,旁衍至郭店、上博其他儒典,以把握《大學》本意,是最可靠最有效的途徑。這些典籍構成了超出對象文本的歷史語境,可稱爲"大語境"。而與此同時,我們千萬不能忽視文本自身的價值;對《大學》中每一個特定的解讀對象來説,篇中與之關聯的其他元素,實構成一個具體而微、極爲重要的"小語境",它呈現的是名副其實的第一義。

大、小語境當然是相對而言的。比如,由對象文本自身構成的小語境,其實還可析分爲一個個更小、更具體的語境。這裏舉郭店《茲衣》第一章爲例,稍作申説。該章記夫子曰:"好娩(美)女(如)好兹(緇)衣,亞(惡)亞(惡)女亞(惡)遬(巷)白(伯),則民(臧)〔咸〕放(力)而垩不屯。《寺(詩)》員(云):'惡

---

① 永瑢等:《四庫全書總目》卷三七,經部三十七,《四書》類存目,頁 313 中下。案:"予懷明德"乃《中庸》第三十三章引《詩經》語,"大學之道在明明德"乃《大學》起首語;"國不以利爲利,以義爲利"兩見於《大學》結尾部分,"何必曰利,亦有仁義"語則見於《孟子·梁惠王上》。

第七章　文本解讀與歷史語境：二重證據中的《大學》

(儀)垈文王,萬邦乍(作)孚.'"①這裏"垈不屯"有兩種典型釋讀:一種是以"屯"爲"弋"之譌誤,"垈不弋"三字或以爲即"刑不忒",或以爲即"刑不式(試)";②另一種則是讀"垈不屯"爲"型不頓"。③ 顧史考認爲,第一種説法中讀爲"刑不式(試)"的理由更加充分,因爲,"《緇衣》篇的作者本來就是把君上之彰好彰惡、風行草偃的道理與刑罰之可錯而不用視作一體的兩面"。夏含夷則傾向於第二種讀法,其依據之一是:"在《詩經》的引文'儀型文王,萬邦作孚'裏,'型'字明顯是'模型'的意思。既然這個字把孔子的話和《詩經》的引文聯繫在一起,那麼它在兩段話裏似乎更應該是相同的意思。"④就此處所引而言,顧史考之依據是《緇衣》文本呈現的整體語境,夏含夷之依據則是"垈不屯"所關聯的下文,亦即文本中一個更小更具體的語境。在正常情況下,閱讀"垈不屯"而無視它與下文"愍(儀)垈文王,萬邦乍(作)孚"的關聯,毫無疑問是不合理的。除此之外,夏含夷在釋讀"屯"字時,還考慮了從"屯"聲之字的整體意義指向:"我們發現'屯'是一系列字的母字,諸如'沌'('混沌')、'鈍'('愚鈍')和'頓'('衰敗'),含義都相當消極。我們不需要將'型'視爲假借字就可以將此句理解爲'模型不會衰敗'";他還考慮了上博館藏的同一篇簡文,此三字作"型不刓"。⑤ 這就涉及超出對象文本的宏大歷史語境了。就一般情況而言,構成觀照對象之語境的元素,十分豐富而複雜。從基本原則上我們可以這樣考慮:其一,一種解讀,置於對象所屬文本中最小的具體語境中能夠成立,這是首要的基礎;其二,這種解讀若置於對象所屬文本構成的整體語境中也成立,那它幾乎就是不容置疑的了;其三,這種解讀若置於超出對象所屬文本但與該文本確有歷史關聯的大語境中同樣成立,那它就得到了最終的確認。如果一種解讀僅具備第二或第三一個條件,或者僅僅具備第二第三兩個條件,那麼它的合理性還需要存疑。讀郭店《緇衣》之"垈不屯"爲"刑不式(試)",就是一個典型例子。

　　準以上原則,詮釋《大學》需要注意三方面的典籍:一是與《大學》前後相鄰的傳世文獻,包括《論語》《孟子》《荀子》等;二是《大學》文本自身;三是新出簡帛儒典。基於《大學》自身來建構詮釋對象的歷史語境,在以往實際上是備

---

① 上博簡《紂衣》大致相同,"垈不屯"作"型不刓";傳世《禮記·緇衣》之"垈不屯"作"刑不試",並有若干其他差異。
② 分別參閲周鳳五:《郭店楚簡識字札記》,《張以仁先生七秩壽慶論文集》,頁351;白於藍:《郭店楚簡拾遺》,《華南師範大學學報(社會科學版)》2000年第3期,頁89。
③ 參閲李零:《郭店楚簡校讀記》(增訂本),頁61。
④ 分別參閲〔美〕顧史考:《郭店楚簡先秦儒書宏微觀》,頁135;〔美〕夏含夷:《重寫中國古代文獻》,頁66。
⑤ 〔美〕夏含夷:《重寫中國古代文獻》,頁66,以及該頁注2。

受忽視的。古代學者(特別是理學家們)往往以我注六經之姿態,行六經注我之事實,張揚文本諸元素互證互明之價值,勢必會束縛他們的手腳。而與第一類傳世文獻相比,《大學》歷史語境更多地蘊含在新出戰國至漢代的簡帛儒典中,其中馬王堆漢墓帛書《五行》、郭店楚墓竹書《五行》,以及郭店、上博其他儒典等,特別值得重視。基於所有這些方面的文獻,來復原《大學》格致學說的歷史語境,可以説是全新的開拓,①這一事實令人感到奇怪。——換句話説,就這種學術探求而言,所有這些文獻的價值可能都未得到充分開發。大概是因爲,落實這項工作,需要對文本中以及文本間一系列歷史關聯保持高度的敏感,需要對這些具有歷史關聯的要素,做深度整合以及富有開拓性的詮解。

本章將以一系列事實證明,不把構成《大學》體系的各個元素置於其所屬的一層層語境中,該體系的基本思維與表達特徵、其入道成德之工夫,以及"格物致知""明明德""正心""親民"等核心範疇之本義等等,就得不到有效的詮釋。

一、格致説之系譜化特質

朱子《大學章句》謂"明明德""親民""止於至善"三者爲"《大學》之綱領",又謂平天下、治國、齊家、修身、正心、誠意、致知、格物八者爲"《大學》之條目"。"綱領"與"條目"可以簡稱"綱""目"。以"綱""目"分析《大學》核心內容有其歷史合理性。《論語·顔淵》篇記顔淵問仁,子曰"克己復禮爲仁";顔淵曰"請問其目",子曰"非禮勿視,非禮勿聽,非禮勿言,非禮勿動"。四個"非禮勿"既爲"目",則"克己復禮"便當爲綱。《詩經·大雅·卷阿》云:"豈弟君子,四方爲綱。"鄭箋云:"綱者能張衆目。"不過,孔子答顔回僅涉及一綱、四目,而且四目之關聯是共時性的,《大學》則有三綱、八目,且綱、目內部各元素的關聯是歷時性的(其詳參見下論)。

徐復觀説:"《大學》的三綱領、八條目,把道德與知識,組成一個系統。這便完成了孟、荀兩人的綜合。"②其實,三綱、八目綜合了儒學全部思想資源,且可能不限於儒家。郭店《老子》乙組簡文有云:"攸(修)之身,其惪(德)乃貞(真)。攸(修)之豕(家),其惪(德)又(有)舍(餘)。攸(修)之向(鄉),其惪(德)乃

---

① 本文"格致説"或"格致學説",有時候指代的是《大學》整個體系,這也許不必作繁瑣的解釋。
② 徐復觀:《中國人性論史·先秦篇》,頁239。

長。攸(修)之邦,其悳(德)乃奉(豐)。攸(修)之天下,其悳(德)乃博(溥)。"①這段文字,儘管未明確提出"齊家""治國""平天下"等範疇,可基本上具備了脩身→齊家→治國→平天下的歷時性框架。它出現在道家典籍《老子》中,耐人尋味。當然,很難說《老子》此說就是《大學》八目觀念的源頭。從被儒家追尊的更遙遠的《尚書》中,就能看到脩齊治平的歷時性框架。比如《堯典》云:"曰若稽古帝堯,曰放勳。欽明文思安安,允恭克讓,光被四表,格于上下。克明俊德,以親九族,九族既睦。平章百姓,百姓昭明。協和萬邦,黎民於變時雍。"顯然,"克明俊德"相當於"脩身";"以親九族,九族既睦",指揚己德而使家族親睦,相當於"齊家"(案據古文說,九族皆同姓,從高祖至玄孫);"平章百姓,百姓昭明",指辨治百官及其父子兄弟,使其德顯明,相當於"治國";"協和萬邦,黎民於變時雍",指協和諸侯各國,化民衆而致和熙,相當於"平天下"。《堯典》記四岳薦舉虞舜、帝堯考察虞舜之事,則云:

> 帝曰:"咨!四岳:朕在位七十載,汝能庸命,巽(履)朕位?"岳曰:"否德(鄙陋之德)忝帝位。"曰:"明明揚側陋(案即明察貴戚、推舉隱匿疏遠者,亦即不限地位,廣求有明德之人)。"師錫(衆賜言)帝曰:"有鰥在下,曰虞舜。"帝曰:"俞(應詞),予聞。如何?"岳曰:"瞽子。父頑,母嚚,象(其弟)傲。克諧以孝烝烝(烝烝,孝德厚美貌),乂不格姦(案指自治而不流於邪惡)。"帝曰:"我其試哉。女于時(指嫁女於是人),觀厥刑于二女。"釐降二女于媯汭,嬪(嫁)于虞。帝曰:"欽哉!"慎徽五典,五典克從(案指使舜敬重宣美父義、母慈、兄友、弟恭、子孝五常之教,人民從而無違)。納于百揆,百揆時敘(案指讓舜總理百事,百事承順而不廢)。賓于四門,四門穆穆(案指讓舜於明堂四方之門接待來朝之諸侯,諸侯遠方賓客容儀無不謹敬)。納于大麓,烈風雷雨弗迷(案指使舜領錄天子之事,而陰陽和、風雨時;孫星衍疏:"漢魏諸儒,多以大麓爲禪位之處")。

此處所記整個事件的邏輯結構,是基於脩身,進至齊家,進至治國,進至平天下。舜父母"心不則德義之經""口不道忠信之言",②弟象傲慢不友善,而舜以孝德和諧之,自治而不流於邪惡,見其脩身之功。堯以二女妻舜,觀其能否爲妻子示範,是試其齊家之效。"五典克從""百揆時敘",見舜治國之德業。

---

① 此段引文,今見傳世《老子》第五十四章;殘缺部分,參照其上文以及馬王堆帛書《老子》乙本補。

② 《左氏春秋》傳僖公二十四年(前636)記富辰諫周襄王曰:"耳不聽五聲之和爲聾,目不別五色之章爲昧,心不則德義之經爲頑,口不道忠信之言爲嚚……"

"賓于四門""納于大麓",初步見舜平治天下之成就。脩齊治平的歷時性邏輯框架,在這裏十分清楚。《詩經·大雅·思齊》歌詠文王"刑于寡妻,至于兄弟,以御于家邦",約略可見脩身齊家治國之脈絡。《中庸》第二十章載子曰:"好學近乎知,力行近乎仁,知恥近乎勇。知斯三者,則知所以脩身;知所以脩身,則知所以治人;知所以治人,則知所以治天下國家矣。"《禮記·樂記》載子夏曰:"今夫古樂,進旅退旅(鄭注:旅,猶俱也。俱進俱退,言其齊一也),和正以廣(鄭注:無姦聲也),弦匏笙簧,會守拊鼓(鄭注:會,猶合也,皆也;言衆皆待擊鼓乃作)。始奏以文,復亂以武(鄭注:文,謂鼓也。武,謂金也)。治亂以相,訊疾以雅(鄭注:相,即拊也,亦以節樂。拊者,以韋爲表,裝之以穅。穅一名相,因以名焉,今齊人或謂穅爲相。雅亦樂器名也,狀如漆筒,中有椎。孔疏:訊疾以雅者,……舞者訊疾,奏此雅器以節之)。君子於是語(孔疏:謂君子於此之時,語説樂之義理也),於是道古(孔疏:言君子作樂之時,亦謂説古樂之道理也)。脩身及家,平均天下(孔疏:言君子既聞古樂,近脩其身,次及其家,然後平均天下也)。此古樂之發也。"凡此之類記載亦均包含脩齊治平的歷時性觀念框架。它們都應該産生於《大學》之前。

要之,由脩身推及平天下的理念,在儒、道諸學派創立之前就已經存在了,儒、道兩家最初的典籍於此均有承襲,儒家的繼承與光大尤爲明顯。《大學》之特出性在於,首先,它將這一傳統觀念,明確而完整地提煉爲"脩身→齊家→治國→平天下"的理論譜系。其次,它又利用和提煉傳統資源,在譜系始端明確了"格物→致知→誠意→正心"諸環節,以解決價值來源問題,落實主體對價值的心之所向,並保證心在整個修爲過程中的充分參與。再次,它進一步在該體系的"頂層"增加了三綱,以"明明德"提挈價值在主體自身的實現過程——格、致、誠、正、脩,以"親(新)民"提挈主體將價值向自身以外社會空間的不斷推廣——齊、治、平,以"止於至善"指涉價值在主體及社會兩方面的完美落實。《大學》因此完成了儒學體系架構的"頂層設計"。

三綱八目是《大學》也是儒學體系的核心。《大學》開篇云:"大學之道,在明明德,在親民,在止於至善。""明明德"(甲)、"親民"(乙)、"止於至善"(丙)即爲三綱。八目則是《大學》接下來所説的格物、致知、誠意、正心、脩身、齊家、治國、平天下,所謂:"古之欲明明德於天下者,先治其國。欲治其國者,先齊其家。欲齊其家者,先脩其身。欲脩其身者,先正其心。欲正其心者,先誠其意。欲誠其意者,先致其知。致知在格物。物格而后知至,知至而后意誠,意誠而后心正,心正而后身脩,身脩而后家齊,家齊而后國治,國治而后天下平。"

我們先看看八目。《大學》之表達十分清楚,在一個完整的修爲過程中,

第七章 文本解讀與歷史語境：二重證據中的《大學》

格(A)、致(B)、誠(C)、正(D)、脩(E)、齊(F)、治(G)、平(H)諸元素，無論是在理論建構(即邏輯)上，還是在實際修爲(即工夫)中，均前後相繼，雖然後者均包含而非遺棄或擱置前者之工夫，但其間先後次第不紊亂，形成極清晰的系譜，一如人倫之祖、父、子、孫者然。相鄰兩個元素之關係，在頂針式綰合的框架中以"欲H先G"與"A而後B"的格式傳達，前者爲逆向推進，後者爲順序展開，其所指序列則相同，絕無疑義。也就是說，這八個元素，無論是在理論邏輯上，還是在現世踐行的時序上，都是分層的，並非處於同一個平面。

再看看三綱。八目乃三綱之具體落實："明明德"(甲)落實爲"格物(A)→致知(B)→誠意(C)→正心(D)→脩身(E)"，"親(新)民"(乙)落實爲"齊家(F)→治國(G)→平天下(H)"；① 易言之，格、致、誠、正、脩乃"自明其明德"，齊、治、平乃"推以及人"，整個方向明顯是由內而外的(引語見朱子《大學章句》)。劉宗周《大學古記》"大學三綱之圖"(見下)完全弄反了方向。② 三綱中之"止於至善"綰合了自爲與及人兩面，如朱熹章句所說，"言明明德、新民，皆當至於至善之地而不遷"。總之，"明明德""親民""止於至善"三者同樣是先後相繼，具備系譜化之特質。將這些層層推進的過程擠壓到一個平面上，便背離了《大學》的實際。

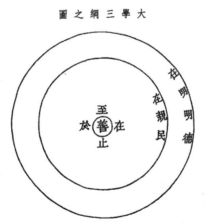

圖 7-1　劉宗周《大學古記》"大學三綱之圖"

《大學》謂"物有本末，事有終始，知所先後，則近道矣"，明顯是強調體系內部諸元素有層級性和時間性，不能使之平面化，也不能使之躐等。也就是

---

① 案："親民"當如朱熹章句解爲"新民"，參見本章第六節所論。
② 案該圖見吳光主編：《劉宗周全集》第一册經術五，頁638。

説,體系内部諸元素不能互相替代,其位置不能凌亂(參閲下圖所示)。①

圖 7-2 《大學》三綱八目系譜特徵示意圖

　　《大學》原文本已明確界定了體系的系譜化特質(除上揭各項,《大學》中具有系譜性質的體系架構其實還有,比如本章第三節所論析入道成德之工夫),然而前人在解讀時經常抹殺之,如此鮮明的語文特徵("欲 H 先 G""A 而后 B")遭受普遍的漠視,簡直令人驚訝。

　　較早的例子是《禮記·大學》之鄭注和孔疏。鄭注實際上將"致知在格物"解成了"格物在致知"(其詳請參閲本章第二節)。而孔疏解"壹是皆以脩身爲本",云:"'壹是皆以脩身爲本'者,言上從天子,下至庶人,貴賤雖異,所行此者專一以脩身爲本。上言誠意、正心、齊家、治國,今此獨云'脩身爲本'者,細(則)〔別〕雖異,其大略皆是脩身也。"究其實際,《大學》稱"自天子以至於庶人,壹是皆以脩身爲本",並不意味着八目可以壓縮爲"脩身"一個面相。確切言之,此語之意爲天子經營天下,必立足於脩身,庶民不治國事,亦必致力於格致誠正而歸結於脩身。朱熹章句云:"正心以上,皆所以脩身也。齊家以下,則舉此而措之耳。"也就是説,格物→致知→誠意→正心落脚於脩身。而齊家→治國→平天下並無離棄脩身之事,舉凡家之齊、國之治、天下之平,皆爲脩身之效,唯其功效則日益盛大,而不可並論。孟子嘗曰:"愛人不親反其仁,治人不治反其智,禮人不答反其敬。行有不得者,皆反求諸己。其身正而天下歸之。"(《孟子·離婁上》)所謂"愛人""治人""禮人"等,皆齊家、治國、平天下之事,致其效之要本端在於身之脩。故朱子集注稱:"不得,謂不得其所欲,如'不親''不治''不答'是也。反求諸己,謂'反其仁''反其智''反其敬'也。如此,則其自治益詳,而身無不正矣。天下歸之,極言其效也。"孟子

---

① 案:從理論及實踐方面説,一個過程中的某個環節,比如"脩身",完全可以跟另一個過程的某個不同環節,比如"致知",發生在同一時期或者同一邏輯或事實層面上,因此整個系統呈現爲錯雜疊加的極豐富的動態,但如果就此論定"脩身"和"致知"乃至八目中其他各元素不存在系譜性質,則是不合理的;——這是"串行"比較,祇要回歸各自的過程,就可以確認各環節、各元素仍然不可並。又,徐復觀認爲,《大學》從"古之欲明明德於天下者"至"格物",再從"物格"至"天下平","這種陳述,已經説得清清楚楚,祇在表明其'本末'、'先後'。並且此處所謂'本末',祇表示先後,而非表示輕重"(見氏著《中國人性論史·先秦篇》,頁 254)。其説良是。故《大學》原文三綱、八目之間的承接部分先言"物有本末,事有終始",而結之以"知所先後,則近道矣"。

又曰:"人有恒言,皆曰'天下國家'。天下之本在國,國之本在家,家之本在身。"(《孟子·離婁上》)朱子集注云:"此亦承上章而言之,《大學》所謂'自天子至於庶人,壹是皆以脩身爲本',爲是故也。"《荀子·君道》篇説得也很明白:"請問爲國? 曰:聞修身,未嘗聞爲國也。君者儀也,〔民者景(影)也〕,儀正而景正。君者槃也,〔民者水也〕,槃圓而水圓。"可以説,依《大學》之意,家齊即脩身之效見於家,國治即脩身之效見於國,天下平即脩身之效見於天下,其境界日進日大。故將齊、治、平等同脩身,未得《大學》本意。

王陽明《大學古本序》云:"《大學》之要,誠意而已矣。誠意之功,格物而已矣。誠意之極,止至善而已矣。止至善之則,致知而已矣……"①將《大學》之要歸結爲八目中的誠意(C),便有將八目之八個層級平面化的趨向;將誠意(C)之功歸爲格物(A),既抹殺了二者在體系中的不可替代性,又使格物(A)陵越致知(B),與誠意(C)平面化;將止至善視爲誠意(C)之極,則使誠意(C)陵越了正(D)、脩(E)、齊(F)、治(G)、平(H)諸元素構成的理論和實踐層級,幾乎使《大學》整個體系平面化,而該體系中各元素的特性也都被取消了。劉宗周業已揭破王説之不當,其《大學古記約義》"章句"條云:"《大學》本出於《小戴禮》。蓋《大學》爲訓學校之經義,故《禮》家收之。自是一篇文字,其分經分傳始於宋儒,且特表章之,以配《四書》,嘉惠後學,其功偉!而後之人猶以不覩古全經爲恨,至朱子格致之傳,理本經旨,事同射覆,不善讀者,又以爲支離,而王文成之古本出矣,自'誠意'以下,合'瞻彼'數節,至'此謂知本',通爲一章,云'釋誠意而格致在其中',故《古本序》首言'《大學》之要,誠意而已矣',然獨不曰'欲誠其意者,先致其知,致知在格物'乎? 又曰'修身爲本',而不及'誠意',則'誠意'章不可以提宗明矣。且以後雜引《詩》《書》,凡曲暢'明''親''止……至善'之義,而於'誠意'了無當也。"②

然劉宗周本人亦未免此弊。其《大學雜言》云:"只是一箇良知,正須從意根查考,心源體認,身上檢點,家庭印證,國與天下推廣。這便是格物工夫,恰便是致知工夫。"③這樣説,其實是以格(A)、致(B)取代誠(C)、正(D)、脩(E)、齊(F)、治(G)、平(H)諸元素,於《大學》八目之本旨均無所當。

又,劉宗周《學言上》云:"《大學》之教,只要人知本,天下國家之本在身,身之本在心,心之本在意,意者至善之所止也,而工夫則從格致始。正致其'知止'之'知',而格其'物有本末'之'物',歸於'止……至善'云耳。格致者,

---

① 吳光等編校:《王陽明全集》第一册文録四,上海:上海古籍出版社,2014年,第1版,頁270。
② 吳光主編:《劉宗周全集》第一册經術六,頁641~642。
③ 同上書,經術七,頁658。

誠意之功；功夫結在主意中，方爲真功夫，如離卻意根一步，亦更無格致可言。故格致與誠意二而一、一而二者也。"①劉宗周又主張格致與誠、正爲二而一者。其《大學雜言》云："問：格物之説，朱、王異同何如？曰：朱子格物之説，置身於此而窮物於彼，其知馳於外，故格致之後又有誠、正工夫。陽明格物之説，置身於此而窮物於此，其知返於内，故格致之時即是誠、正工夫。要之，格致工夫原爲誠、正而設，誠、正工夫即從格致而入，'先後'二字皆就一時看出，非有節候。是一是二，自可體會。"②王陽明、劉宗周諸學者高張知行合一觀念。比如王陽明云："某嘗説知是行的主意，行是知的功夫；知是行之始，行是知之成。若會得時，只説一個知，已自有行在；只説一個行，已自有知在。"③劉宗周也説："知行只是一事。知者行之始，行者知之終；知者行之審，行者知之實。"④無論這種理念在思想史上多有道理和價值，都不可忽視《大學》"知止"（所謂"知止而后有定"，"於止，知其所止"）、"知本"（所謂"此謂知本"）之"知"，乃落實於八目中的"致知"（B）層面上，因此無以囊括八目之全體。謂"《大學》之教，只要人知本"，是將有歷時性關聯的八目簡化爲"致知"一目，是假六經以注我的典型路數。至於刻意抹殺《大學》所強調之"先後"，稱"格致與誠意二而一、一而二者也"，或稱格致與誠、正乃二而一一而二者，也同樣是取消相鄰各目的歷時性關係，其背離文本、師心解經之弊，已無須多言。⑤

又，劉宗周《大學古記約義》"慎獨"條云："獨者物之本，而慎獨者格之始事也。……慎獨也者，人以爲誠意之功，而不知即格致之功也，人以爲格致之功，而不知即明明德於天下遞先之功也。《大學》之道，一言以蔽之，曰慎獨而已矣。《大學》言慎獨，《中庸》亦言慎獨。慎獨之外，别無學也。"⑥劉氏《大學雜言》又云："慎獨，是格物第一義。"⑦然而衹要回歸文本，即可知曉此説迥非《大學》本旨。《大學》云："所謂誠其意者，毋自欺也，如惡惡臭，如好好色，此之謂自謙。故君子必慎其獨也。小人閒居爲不善，無所不至，見君子而后厭然揜其不善，而著其善。人之視己，如見其肺肝然，則何益矣？此謂誠於中形於外，故君子必慎其獨也。曾子曰：'十目所視，十手所指，其嚴乎！'富潤屋，

---

① 吳光主編：《劉宗周全集》第二册語類十二，頁390。
② 同上書，第一册經術七，頁656。
③ 《傳習錄上》，吳光等編校：《王陽明全集》第一册語錄一，頁5。
④ 劉宗周：《人譜續篇・改過説三》，吳光主編：《劉宗周全集》第二册語類一，頁19。
⑤ 自孔子始，假解經以立説便是中國的一個重要傳統，因此相關著述往往呈現出價值上的兩面性，一是解經，一是立説。解經不切當不意味着立説没有價值，立説之思想學術史價值也不意味着解經具備有效性。本文立足於從解經層面加以審視。
⑥ 吳光主編：《劉宗周全集》第一册經術六，頁649～650。
⑦ 同上書，經術七，頁661。

德潤身,心廣體胖,故君子必誠其意。"①《大學》八目是八個進學或入道成德之層級,慎獨被明確界定在誠意(C)環節上,是誠意(C)之工夫,所以慎獨與誠意(C)在《大學》文本中往往互釋,——由上揭文字足可見"誠其意"與"慎其獨"的互文性。這就意味着,"慎獨"同樣不能涵蓋八目中的其餘環節。劉宗周批評王陽明以"誠意"章提宗立旨,他本人屢屢以八目中的一兩個環節指言八目關涉的整個過程,弊端與王陽明正同,祇不過存在一些具體差異而已。比如王陽明將《大學》之道歸結爲誠意,而以格物爲誠意之功,劉宗周也將《大學》之道歸結爲誠意,而以慎獨爲誠意之功。劉氏《讀〈大學〉》云:"《大學》之道,誠意而已矣;誠意之功,慎獨而已矣。意也者,至善歸宿之地,其爲物不貳,故曰'獨'。其爲物不貳,而生物也不測,所謂'物有本末'也。格此之謂'格物',致此之謂'知本',知此之謂'知至',故格物、致知,總爲誠意而設,〔亦總爲慎獨而設也〕。非誠意之先又有所謂致知之功。必言誠意先致知,正示人以知止之法,欲其止於至善也。意外無善,獨外無善也。故誠意者《大學》之專義也,前此不必在致知,後此不必在於正心也;亦《大學》之完(一作了)義也,後此無正心之功,并無修齊治平之功也。"②從表面上看,劉宗周以慎獨爲誠意之功頗合《大學》本旨,——《大學》確實是在誠意層面上界定慎獨的,問題在於,劉宗周用"誠意"和"慎獨"拉平了《大學》分層建構的體系,因此也偏離了《大學》對"誠意""慎獨"本身的界定。

以上主要是從詮釋八目方面作考察,而在詮釋三綱時,前儒也常犯這種錯誤。劉宗周《大學古記約義》"經旨"條云:"……止善即明明德,非明德之後,方有善可止也;……明明德即親民,非明德之外,復有民可親也。三物一物,三事一事,《大學》之要,止至善而已矣。"③這是將"明明德""親民""止於至善"三者壓成一個平面,或者説是用"明明德"取代了"親民"以及"止於至善"。《大學古記約義》"格致"條云:"夫《大學》之所謂主腦者,'止……至善'而已矣。止至善之功,'知止'而已矣。'致知'之功,'格物'而已矣。'格物'之要,'誠''正'以'修身'而已矣。"④這是將"止於至善",與"明明德"落實在八目中的格(A)→致(B)→誠(C)→正(D)→脩(E),壓成一個平面。——依《大學》原意,"知止"屬於"致知"層面,"明明德"被落實爲格、致、誠、正、脩這

---

① 案:引文中"自謙"之"謙",鄭注讀爲"慊",又"就字之本音本義而轉之",讀爲"厭",復讀"厭"爲"黶",解爲閉藏貌,其説似不當。"謙"確當讀爲"慊",意指滿足;"自慊"殆指感到不背己心的自足。
② 吴光主編:《劉宗周全集》第四册文編下雜著二,頁 417。
③ 同上書,第一册經術六,頁 644。
④ 同上書,頁 647。

一層層推進的過程,"親(新)民"被落實爲齊、治、平這一層層推進的過程,"止於至善"其實是說"明明德"與"親民"兩方面均臻於至善之地而不移。因此,將"止至善之功"歸結爲"知止",事實上混同了"明明德"與"止於至善",抹殺了誠、正、脩、齊、治、平諸目之獨特價值。

又,劉宗周《大學雜言》云:"'絜矩',是'致知'真作用。良知中原有天然權度,不爽些子,但依此權度,四面稱量,更無欠缺不齊之處。自几席之近,漸推之東西南北之遠,不假餘力,而分量圓滿。此'平天下'要道也。"①劉氏以"絜矩"爲"'平天下'要道",可謂得其要本。可他以絜矩爲"'致知'真作用",則還是將"明明德"與"親(新)民"兩綱擠壓到同一個平面上。依《大學》本文,絜矩之道明顯是從治國平天下層面上界定的。其言明曰,"所謂平天下在治其國者,上老老而民興孝,上長長而民興弟,上恤孤而民不倍,是以君子有絜矩之道也。所惡於上,毋以使下;所惡於下,毋以事上;所惡於前,毋以先後;所惡於後,毋以從前;所惡於右,毋以交於左;所惡於左,毋以交於右:此之謂絜矩之道";絜矩之道與治國平天下之關聯極爲清晰和確鑿。"治國""平天下"二目乃落實三綱中的"親(新)民",而"致知"原本爲三綱中"明明德"之一目。

而今人徐復觀稱:"心呈現出來以後,要使其貫徹於所發之意,這便如後所述,須要誠意的工夫。所以從正心到誠意,依然是一種發展。"②這樣說,《大學》原文中的"誠意→正心",被解釋成了"正心→誠意",連系譜的方向都被弄反了。徐復觀又說:"'誠意'在孔子爲'主忠信',在《中庸》爲'慎獨',在孟子則爲'持志'。'主忠信'是徹內徹外的工夫,也是比較廣泛的工夫;'慎獨'則用工夫於心與事物相接之際,這便向內深透了一步。'志'與'意',是慎獨之'獨'的具體指陳;'心之所向'謂之'志',這與'心之所發'的'意',可以說是同一物。但仔細分析,則'心之所發',必須繼續加強,始能成爲'志';所以'志'必出於'意',但'意'不必皆繼續加強而成爲'志'。由此可以了解,'持志'與'誠意',本是同一層次的工夫;而'誠意'較'持志'的工夫,更爲細密。因此,'誠意'是先秦儒家修養工夫發展的頂點。"③《大學》本身就有慎獨觀念,爲"誠意"之工夫,而不必爲"誠意"之全部;因此《大學》之"誠意"也不能等同於《中庸》之"慎獨"。徐說區隔"意"與"志",似亦求之過深。上博《詩論》第五章云:"虗(吾)㠯(以)《木㼌》旻(得)希(幣)帛之不可迲(去)也,民眚(性)

---

① 吳光主編:《劉宗周全集》第一册經術六,頁663。
② 徐復觀:《中國人性論史・先秦篇》,頁255。
③ 同上書,頁258。

古(固)然,丌(其)陞(隱)志必又(有)目俞(喻)也,丌言又所載而后(後)内(納),或前之而后交,人不可隼(觸)也。"前面以"志"說《木瓜》,後面以承載"意"的"言"作申釋,可見"志""意"二字同義;古文率多同此。更重要的是,說"誠意"爲"先秦儒家修養工夫發展的頂點",至少從"三綱""八目"的譜系看完全不靠譜,因爲"誠意"之上還有"脩身""齊家""治國""平天下"以及"止於至善"。

系譜化是《大學》格致學說最重要的特質之一。大的方面暫且不說,該特質在文本小語境中呈現出極鮮明的語文徵象,可前儒卻差不多全然懵懂或者視而不見,就根本談不上給出準確把握和認知了。因此,《大學》系譜化特質被形形色色的闡釋掩蓋,甚或被肆意竄亂、扭曲和破壞。從詮釋方法上說,這是對《大學》小語境的嚴重背離。舊說當中,像劉宗周那樣對《大學》小語境有所知覺,將"格物"與"物有本末"關聯,將"致知"與"知本""知至"關聯等等,可說是吉光片羽、鳳毛麟角。

毫無疑問,有一個客觀原因造成了這種認知局限:《大學》本文之外的大的歷史語境從漢代開始就嚴重缺失。客觀條件之拘囿,加上觀念、方法之局限,使前儒未能清醒意識這一語境的存在,更未能復原這一語境。祇要將《五行》所代表的新出簡帛文獻納入考量,《大學》的系譜化特質便可得到確切的"歷史的解釋"。《大學》與《五行》大抵是同一時期的文獻。如前文所述,朱熹嘗分《大學》爲經一章、傳十章,謂經一章"蓋孔子之言,而曾子述之",其傳十章"則曾子之意而門人記之也"。近今學者對這一觀點的認同越來越淡薄。錢穆即堅持說:"《大學》固爲曾子與其門人之言與否,今實無可考定。"①不過,綜合各方面的信息,我們至少可以確認《大學》乃戰國時期的儒家文獻,成於曾子、子思時代。見於馬王堆漢墓帛書及郭店楚墓竹書的《五行》是子思的五行體系,其產生時代與《五行》疊合或銜接。《大學》與《五行》,無論學說體系,還是建構體系的方法,均有高度一致性(筆者在這裏暫且採取保守一點兒的說法:不認定《大學》即爲子思所作)。

《五行》在思維和表達上有一個顯著的體系性特質,即系譜化。這裏舉數例來加以說明。

《五行》經文第十章云:"不臀(變)不說(悅),不說不戚,不戚不親,不親不愛,不愛 不仁 。"《五行》經文第十四章云:"顏色容 貌溫 , 臀(變) 也。以亓(其)中心與人交,說(悅)也。中心說焉,遷于兄弟,戚也。 戚 而信(伸)之,親 也 。 親而篤(篤)之 ,愛也。愛父,亓繼愛人,仁也。"這兩種表達可以互相詮

---

① 錢穆:《大學中庸釋義·例言》,《四書釋義》,頁277。

釋,論述的是《五行》中德行"仁"生成的系譜之一,可簡單地概括爲如下圖式：
臒(變)→説(悦)→戚→親→愛→仁。此兩章相關之説文詮釋了這一圖式的系譜化特質。比如説文第十章云："'不變不説(悦)'：變也者,宪(勉)也,仁氣也。變而笱(後)能説。'不説不戚'：説而笱能感所感。'不感不親'：感而笱能親之。'不親不愛'：親而笱能愛之。'不愛不仁'：愛而笱仁。□變者而笱能説仁(人),感仁(人),親仁(人),愛仁(人),以於親感亦可。"而説文第十四章云：

"顏色容貌溫,變也"：變者,宪(勉)也；宪,孫(遜)也；孫,能行變者也。能行變者□□心説(悦)；心説,然笱(後)顏色容貌溫以説；〔顏色容貌溫以説〕,變也。"以亓(其)中心與人交,説也"：毂毂(謹慇貌)然不莊(藏)尤割(害)人者,是乃説已。人無説心也者,弗遷於兄弟也。"遷於兄弟,感(戚)也"：言遷亓説心於兄弟而能相感也。兄弟不相耐者,非无(無)所用説心也,弗遷於兄弟也。"感而信(伸)之,親也"：言信亓感也。搹(捌)而(你的)四體(體),予女(汝)天下,弗爲也。搹如(汝)兄弟,予女(汝)天下,弗悆(怵)也。是信之已。信亓感而笱能相親也。"親而築(篤)之,愛也"：築之者,厚；厚親而笱能相愛也。"愛父,亓殺愛人,仁也"：言愛父而笱及人也。愛父而殺亓鄰之子,未可胃(謂)仁也。

《五行》經文第十一章云："不直不迣,不迣不果,不果不簡,簡不行,不行不義。"《五行》經文第十五章云："中心辯焉而正行之,直也。直而遂之,迣也。迣而不畏強圉,果也。(而)〔不〕以小道害大道,簡也。有大罪而大誅之,行也。貴貴,亓等尊賢,義。"這兩種表達可以互相詮釋,論述的是《五行》中德行"義"生成的系譜之一,可簡單概括爲如下圖式：直→迣→果→簡→行→義。《五行》説文第十一章釋"不直不迣",云："直也者直亓(其)中心也,義氣也。直而笱能迣。"釋"不行不義"云："行而笱義也。"而《五行》經文第十二章云："不袁(遠)不敬,不敬不嚴,不嚴不尊,不尊不共(恭),不共不禮。"《五行》經文第十六章云："以亓(其)外心與人交,袁(遠)也。袁而裝(莊)之,敬也。敬而不解(懈),嚴〔也〕。嚴而威之,尊也。尊而不驕(驕),共(恭)也。共而博交,禮也。"這兩種表達也可以互相詮釋,論述的是《五行》中德行"禮"生成的系譜之一,可簡單概括爲如下圖式：袁(遠)→敬→嚴→尊→共(恭)→

禮。《五行》説文第十二章釋"不嚴不尊",云:"嚴而笱(後)忌(己)尊。"釋"不共(恭)不禮"云:"共而笱禮也,有以(體)〔禮〕氣也。"説文第十六章釋"共(恭)而伯(博)交,禮也",云:"伯(博)者辯(徧)也,言亓能柏(伯/博),然笱禮也。"

在《五行》體系中,德行由各種"端"進益、擴充而成,其間的過程往往就是一個個系譜。這種思維與表達特徵如此集中和凸顯,無論在傳世文獻中,還是在出土文獻中,都極爲罕見(其他典籍偶或有若干系譜化表達,卻未能上升到思維層面,亦未具備支撐理論建構的體系性)。上面引文中加著重號的詞語,都是《五行》系譜化性質的顯在語文特徵。三個或三個以上的關聯項以"甲而笱(後)能乙""甲而笱(後)乙""甲然笱(後)乙"之格式表達,便建構成一個個系譜(僅有兩個關聯項者勉強也算系譜,祇是不夠嚴格和典型而已)。《大學》八目的經典表達方式之一,就是以"而后(後)"關聯前後兩項,形成"甲而后(後)乙"之系譜,與《五行》經、説這類思維與表達模式完全一致。不過,認定所有系譜都必須由這種顯在的語文特徵來呈現,未免太簡單、太機械了。就《五行》而言,經與説的内在體系性關聯,表明"甲而笱(後)能乙""甲而笱(後)乙""甲然笱(後)乙"等系譜化表達,與"不甲不乙"的常見論説每每是等值的。而作爲系譜的《大學》八目,其相鄰兩項的關聯也不止有上揭一種語文特徵,至少它可以自然而然地轉化爲"欲乙先甲"之類等值的表述,距離"乙在甲"之格式也僅僅是一步之遙。

在與《五行》同見於郭店楚墓的其他儒典中,系譜化思維和表達也隨處可見。比如《䰦惠義》云:"䝨(察)者出所以智(知)㠯(己),智㠯所以智人,智人所以智命,智命而句(後)智道,智道而句智行。"其圖式爲:䝨(察)→智(知)㠯→智人→智命→智道→智行。這是一個以"䝨(察)"爲基源,梯次認知己、人、命、道與行之規範的系譜。它表明"甲而句(後)乙"之表述形式,與"甲所以乙"是等值的。《語叢一》云:"智(知)忌(己)而句(後)智人,智人而句智豊(禮),智豊而句智行。"其圖式爲:智(知)忌(己)→智人→智豊(禮)→智行;這是一個基於知己,梯次認知人、禮以及行之規範的系譜,與上揭《䰦惠義》之系譜有一致性。在這些典籍中,"道"與"豊"很大程度上都是"爲(了)人"的設定。此外《語叢二》有云:"愿(愛)生於眚(性),親生於愿,忠生於親";"智生於眚,卯(謀)生於智,敓(悦)生於卯,肝(好)生於敓,從生於肝";"子(子愛)生於眚,易生於子,䊮(肆)生於易,容生於䊮";"惡生於眚,忿(怒)生於惡,乘(勝)生於忿,悲(忌恨)生於乘,惻(賊)生於悲"。這些系譜論述的是以性爲基源,梯次生成智、卯(謀)、敓(悦)、肝(好)、從,或者梯次生成子、易、䊮(肆)、容,或者梯次生成惡、忞(怒)、乘(勝)、惎、惻(賊)。① 凡此均可從儒典情生於性的理路中來把握。"乙生於甲"句式衍化爲一個句組，是先秦儒典系譜化思維與表達的又一種語文特徵。

一言以蔽之，郭店楚墓所出以及上海博物館所藏新見儒典，彙集了大量系譜化的思維與表達，並已結形成一系列鮮明的語文表徵，凸顯了戰國儒家建構體系、營造文本的特質，這一點，原本僅靠傳世文獻是難以深刻把握的（傳世儒典，如《禮記·檀弓下》《樂記》等篇章，固然也可見到一些系譜化思維和表達，但總體上說較爲少見，遠遠未具備體系性）。當然，在郭店、上博儒典中，並非所有系譜都一致而無齟齬。比如《語叢二》云："情生於眚(性)，豊(禮)生於情，厰(嚴)生於豊，敬生於厰，⿱(兢?)生於敬，恥生於⿱(兢?)，愸(烈?)生於恥，⿱(廉)生於愸。"其所述系譜可概括爲如下圖式：眚(性)→情→豊(禮)→厰(嚴)→敬→⿱(⿱/兢?)→恥→愸(烈?)→⿱(廉?)。該系譜前半，與上揭《五行》篇德之行"禮"生成的系譜相比，均包含禮、嚴、敬三個元素，但三者的位置卻全然相反。而《語叢二》云："悒(慍)生於憂。"又云："悒生於眚(性)，憂生於悒，悽(哀)生於憂。"這裏有兩個系譜：一是"憂→悒(慍)→……"，一是"眚(性)→悒(慍)→憂→悽(哀)"；其間"悒"和"憂"的位置關係也恰好相反。這類現象說明，要麼並非所有圖式都是一種共識，它們載錄了衆聲喧嘩的史實；要麼並非所有圖式都是成熟定型的形態，它們呈現了體系的歷史發展和層累。

不管怎麼說，任何一個由多元素構成的具體系譜，都有以下特徵：其一，它表述的是一個歷時性的"生長過程"，具有發生學意義。其二，各元素在這一過程上的位置不可改變，也就是說，整個過程立足於"先後"次序。其三，各元素在生成意義上互相關聯，即後者由前者生成、包含了前者，卻不能互相替代，因爲相對於前面的元素而言，後面的元素總包含新增的意涵和功能。易言之，從前者到後者，"還有一個距離，它們是兩個階段，二者之間，不能等量齊觀"；後者與前者之間，"是一種發展的關係，而不是相等的關係，即是二者中間必須增加新的因素"。② 其四，系譜中的任何一個元素都不能代替整個系譜所指涉的過程。其五，每一個系譜都可以逆序表達，但關聯項之間的"先後"次序並不改變。比如，《五行》經文第十六章謂"尊而不驕(驕)，共(恭)也"，可以簡單表示爲"尊→共(恭)"。這當然祇是整個圖式的一個環節。《五行》説文第十六章詮釋這一環節，云："共(恭)生於尊者"，可以簡單地表示爲

---

① 案《眚自命出》上篇云："衔(道)台(始)於青(情)，青生於眚(性)。"又見於上博簡《眚意論》。《語叢二》云："情生於眚，豊(禮)生於情……"

② 徐復觀：《中國人性論史·先秦篇》，頁253、頁255。

"共(恭)←尊"。這兩種表述顯然是等值的。——這一個案也意味着,系譜中的語文特徵"甲而筍(後)乙",往往就意味着"乙生於甲"。

《大學》"格→致→誠→正→脩→齊→治→平",以及"明明德→親(新)民→止於至善",大抵就是這種性質的系譜(篇内其他核心要素往往關聯着系譜上的某個元素或環節,比如"知止"關聯着"致知","慎其獨"關聯着"誠其意"等等)。系譜化實乃《大學》體系的基本特質,它一方面凸顯爲小語境中一系列鮮明的語文特徵,一方面可以爲大語境中的新出戰國儒典所確證。可以説,新出戰國儒典爲《大學》系譜化特質提供了較完備的歷史説明,①祇有拿新出戰國儒典參與構成的歷史語境作參照,纔能把握《大學》本旨,更徹底地認知和廓清舊説對《大學》基本特質的偏離以及對《大學》本意的誤讀。②

二、"格物""致知"之本義

上一節曾論及《大學》八目指涉由先而後的入道成德的過程,強調其中每一目之本意和功能都是基於其特定位置而成立的。本節將考察八目初始二目——"格物""致知"——的本義。

《大學》云:"古之……欲誠其意者,先致其知。致知在格物。"又謂:"物格而后知至,知至而后意誠……""格物""致知"究爲何意,是前儒頗爲懵懂且爭拗甚多的重要問題。我們先檢視一下前人的代表性觀點。

鄭玄釋"致知在格物"云:"格,來也。物,猶事也。其知於善深則來善物,其知於惡深則來惡物,言事緣人所好來也。此'致'或爲'至'。"鄭玄的解讀有一個嚴重問題,即顛倒了"致知"和"格物"的邏輯關係。錢穆批評道:"此則説成'格物在致知'矣。可證'格物'一解,漢儒已失其義。"③——漢儒失卻"格物""致知"本義的關鍵原因,在於他們失卻了這一學説的歷史語境,這一點下文再作細論。

---

① 案:上揭《五行》論仁、義、禮諸德行生成的圖式,當歸於《大學》"明明德"範域,而大致對應着八目中的"格→致→誠→正→脩"。而《五行》説文第二十一章謂:"唯金聲而玉辰(振)之者,然筍(後)忌(己)仁而以人仁,忌義而以人義。"《五行》經文第十八章云:"五行之所和,和則樂,樂則有德。有德則國家(與)〔興〕。"《五行》説文第十八章解釋説:"'有德而國家(與)〔興〕'、國家(與)〔興〕者,言天下之(與)〔興〕仁義也。"這些表述,則顯然關聯着《大學》三綱中的"親(新)民"與"止於至善",大致對應着八目中的"齊→治→平"。
② 案:本書緒論第三節"《五行》系譜化特質及其歷史語境",對《五行》等戰國儒典之系譜化特質有更爲詳細的論析,可以參看。
③ 錢穆:《大學中庸釋義·大學古本》,《四書釋義》,頁300。

鄭注之後，影響深遠也備受爭議的，是朱子章句及補傳。朱子注"欲誠其意者，先致其知。致知在格物"，云："致，推極也。知，猶識也。推極吾之知識，欲其所知無不盡也。格，至也。物，猶事也。窮至事物之理，欲其極處無不到也。"注"物格而后知至，知至而后意誠，意誠而后心正"，云："物格者，物理之極處無不到也。知至者，吾心之所知無不盡也。知既盡，則意可得而實矣，意既實，則心可得而正矣。"朱子補傳則説："所謂致知在格物者，言欲致吾之知，在即物而窮其理也。蓋人心之靈莫不有知，而天下之物莫不有理，惟於理有未窮，故其知有不盡也。是以《大學》始教，必使學者即凡天下之物，莫不因其已知之理而益窮之，以求至乎其極。至於用力之久，而一旦豁然貫通焉，則衆物之表裏精粗無不到，而吾心之全體大用無不明矣。此謂物格，此謂知之至也。"錢穆曾評價説："……朱子格物補傳，實爲尊信程朱學者之圭臬。今縱謂朱子補傳無當於《大學》原本之真相，然自朱子以來七百年，此格物補傳固已與舊本《大學》凝成一體，已爲一盡人必讀之經典矣，固不應忽昧而不知。"①從思想史角度看，錢氏此説堪稱的評，可是對《大學》本旨而言，至少其立場有一點曖昧。本書更關注的是朱子補傳在多大程度上掘發了《大學》本義。從現有材料來看，説《大學》原有這一部分文字固然缺乏實證，可朱子釋"致知在格物"爲"欲致吾之知，在即物而窮其理也"，大旨當不謬，惟不夠具體明晰而已。劉宗周《大學雜言》云："朱子之補傳，善會之即古本之意也，以爲支離而斥之者，亦過也。"②殆是。

朱子格物補傳之大旨是循物求知，反其意者則往往傾向於遺物而求心。王陽明釋云："物者，事也；凡意之所發必有其事，意所在之事謂之物。格者，正也，正其不正以歸於正之謂也。正其不正者，去惡之謂也。歸於正者，爲善之謂也。夫是之謂格。"③又云："'格物'如《孟子》'大人格君心'之'格'，是去其心之不正，以全其本體之正。但意念所在，即要去其不正以全其正，即無時無處不是存天理，即是窮理。天理即是'明德'，窮理即是'明明德'。"④簡言之，王氏以爲格物即格意念所在之事，正其不正以歸於正。王陽明還強調，"天下之物本無可格者。其格物之功，只在身心上做"；"聖人之道，吾性自足，向之求理於事物者誤也"。⑤劉宗周認爲朱熹、王陽明所代表的兩條路子，均

---

① 錢穆：《大學中庸釋義·例言》，《四書釋義》，頁 278。
② 吳光主編：《劉宗周全集》第一册經術七，頁 659。
③ 王陽明：《大學問》，吳光等編校：《王陽明全集》第三册續編一，頁 1071。
④ 《傳習錄上》，吳光等編校：《王陽明全集》第一册語錄一，頁 7。
⑤ 分別參見《傳習錄下》，吳光等編校：《王陽明全集》第一册語錄三，頁 136；《年譜一》，吳光等編校：《王陽明全集》第四册，頁 1354。

第七章 文本解讀與歷史語境：二重證據中的《大學》 477

有缺失。他説："自格致之旨晦，而聖學淪於多歧：滯耳目而言知者，狥物者也；離耳目而言知者，遺物者也。狥物者，弊至於一草一木亦用工夫，而遺物求心，又逃之無善無惡，均過也。故陽明以朱子爲支離，後人又以陽明之徒爲佛、老，兩者交譏而相矯之，不相爲病。入《大學》之道者，宜折衷於斯。"①劉氏之批評頗有可取之處，但仍未回歸《大學》文本所確立之系譜。實際上，王説最根本的問題是，就《大學》所立系譜而言，"格物"一節尚未及"知止""知至"階段，何以論正與不正、善與不善呢？

而湛若水（1466～1560）《答陽明》書稱："鄙見以爲，'格'者至也，'格于文祖''有苗格'之'格'。'物'者天理也，即'言有物''舜明於庶物'之'物'，即道也。'格'即造詣之義，'格物'者即造道也。知行並造，博學、審問、慎思、明辨、篤行，皆所以造道也。讀書，親師友，酬應，隨時隨處，皆隨體認天理而涵養之，無非造道之功……"②此論之弊，與上揭陽明之説頗類。就《大學》所立系譜而言，"格物"一節尚未及"知止""知至"，道爲何物尚且未知，何有"造道"可言呢？

劉宗周《大學雜言》綜評，云："格物之説，古今聚訟有七十二家，約之亦不過數説。'格'之爲義，有訓'至'者，程子、朱子也；有訓'改革'者，楊慈湖也；有訓'正'者，王文成也；有訓'格式'者，王心齋也；有訓'感通'者，羅念菴也。其義皆有所本，而其説各有可通，然從'至'爲近。"復云："諸生講《大學》。一夕，偶思而得之，因謂諸生曰：《大學》一篇是人生全譜。試思吾輩坐下只此一身，漸推開去，得家、國、天下，漸約入來，得心、意、知。然此知不是懸空起照，必寄之於物，纔言物，而身與家、國、天下一齊都到面前，更無欠剩。即爾諸生身上，此時知在起居，便有起居之物理可格；知在飲食，便有飲食之物理可格。推此以往，莫不皆然。物無不格，則知無不至，至於意得誠，至於心得正，至於身得修，至於家得齊，至於國得治，至於天下得平，而先後之序，自不容紊，真是天造地設規模，一了百當道理，非人道全譜而何？"③《大學》"格物"之"格"確當爲至之義，然劉氏似將"格物"解爲"物格（至）"，將"物格而后知至"解爲"知至而后物格"，而基於"格物"之"知至"，則與夫"誠意""正心""脩身""齊家""治國""平天下"混同爲一了。

---

① 劉宗周：《大學古記約義》"格致"條，吳光主編：《劉宗周全集》第一册經術六，頁648～649。
② 湛若水：《湛甘泉先生文集》卷七書，《四庫全書存目叢書》集部第五六册，頁568下。
③ 吳光主編：《劉宗周全集》第一册經術七，頁657、頁654。案：楊簡（1141～1225），世稱慈湖先生。王守仁（1472～1528），世稱陽明先生，卒謚文成。王艮（1483～1541），號心齋。羅洪先（1504～1564），號念菴。

宋翔鳳(1779～1860)在鄭玄釋"致知在格物"的基礎上,引祥瑞之説,解"格物"之意,云:"鄭君釋此文云,'格,來也';言'知於善深則來善物''知於惡深則來惡物'。是格物者,誠、正、脩、齊、治、平之效驗也。故言'在'而不言'先',言其效驗無往不在。'天降膏露,地出醴泉,山出器車,河出馬圖,鳳皇麒麟皆在郊椒,龜龍在宮沼,其餘鳥獸之卵胎皆可俯闚',此格物之謂也。"①這是完全不顧《大學》本旨的想象,儘管號稱"古義",在舊説中可能是最爲怪異的。就《大學》所立系譜而言,"格物"尚未及"知止""知至"階段,更無論誠、正、脩、齊、治、平,何有"誠、正、脩、齊、治、平之效驗"可言呢？宋氏一如鄭玄等學者,直把入道成德過程之始端當成了終了。

要之自漢迄清,論"格致"之意者甚多,然猶治絲而棼之也。現代學者依違於舊説之間,左支右絀,往往不能免捉衿而肘見、納屨而踵決之窘境。饒宗頤先生 1950 年作《格物論》,云:

　　"格物"者,謂成于物,而動不失其正也。《樂記》云:"人生而靜,天之性也;感于物而動,性之欲也;物至知知,然後好惡形焉;好惡無節于内,知誘於外,不能反躬,天理滅矣。夫物之感人無窮,而人之好惡無節,則是物至而人化物也。人化物也者,滅天理而窮人欲者也。……是故先王之制禮樂,人爲之節。樂者天地之和也,禮者天地之序也。和,故百物皆化;序,故群物皆别。"千古闡"格物"之義無如此段之深切。"格物"者,物來而應之以正。必以能化物而别物。化物者,樂之事;别物者,禮之事。是言"格物"而禮、樂賅其中矣。夫化物斯能和,别物斯能序。和,故百物不失節而合愛;序,故百物皆納軌(《左傳》所謂納民軌物)而合敬。愛自中出,敬由外作,如是則物罔不格矣。《樂記》云:"禮樂皆得,謂之〔有〕德。"德者,得也,斯即"明明德"矣。故曰教之以德,齊之以禮,則民有格心。以是立己,則物來無礙("格物"之"格"之訓來,猶"庶民來子"之"來",謂不期而至,不期而會,不期而得。格物亦猶不期而有得于物,以本乎天道,循乎德性,故能如此。仁民愛物,物我之間,固一致也。益知鄭注陳義之精)。以是化民,則民誠悦而有格心;是"格物"者,其事必先乎禮。《仲尼燕居》云:"禮者何也？即事之治也。君子有其事,必有其治。治國而無禮,譬猶瞽之無相與？倀倀乎其何之？"禮所以治事,物猶事也;事治則物格,物格固莫尚于禮矣。故曰"格物"必先齊之以禮。以

---

① 宋翔鳳:《大學古義説》上篇,《續修四庫全書》一五九,經部四書類,頁 220 下。案:其所引瑞應,見載於《禮記·禮運》篇。

《禮記》證《禮記》,則《大學》"格物"一義,可了然無滯碍矣。①

饒先生之論究竟是否得《大學》"格物"本義,恐怕還需要商榷。《大學》所陳系譜始言"格物",至"致知"一節方及知所止,亦即於格物階段,禮樂爲何物尚且未定,何者爲正且亦未明,更無論持之守之了,故認爲"言'格物'而禮、樂賅其中"或"'格物'必先齊之以禮",認爲"'格物'者,謂成于物,而動不失其正也"或"'格物'者,物來而應之以正"等等,終究與《大學》原意有隔。

錢穆1953年撰《大學中庸釋義》,其論有曰:"'格物'一義,自明儒以下,紛紛無定論。孟子曰:'萬物皆備於我。'古書如此'物'字甚多,如曰'言有物而行有則',又曰'孝子不過乎物'。不過於物,即'格物'也。'格物',即'止於至善'也。'爲人君止於仁,爲人臣止於敬',此即君與臣之至善。在未能致知以前,尚未能真知其爲至善之義,則變其辭曰'格物'。"②案孟子云:"萬物皆備於我矣。反身而誠,樂莫大焉。強恕而行,求仁莫近焉。"(《孟子·盡心上》)孔子曰:"言有物而行有格也,是以生則不可奪志,死則不可奪名。"(《禮記·緇衣》)③孔子又說:"仁人不過乎物,孝子不過乎物。是故仁人之事親也如事天,事天如事親,是故孝子成身。"(《禮記·哀公問》)鄭玄注云:"物,猶事也。事親、事天,孝、敬,同也。《孝經》曰:'事父孝,故事天明。'舉無過事,以孝事親,是所以成身。"疏云:

"仁人不過乎物"者,物,事也;言仁德之人不過失於其事,言在事無過失也。 ○"孝子不過乎物"者,言孝子事親,亦於事無過也。 ○"是故仁人之事親也如事天"者,言仁人事親以敬,如與事天相似,言敬親與敬天同。 ○"事天如事親"者,言仁人事天以孝愛,如人事親孝愛相似,言愛親與愛天同。 ○"是故孝子成身"者,上稱"仁人",則"孝子"也,據其泛愛,則稱"仁人",據其事親,則稱"孝子"。内則孝敬於父母,外則孝敬於天地。其間無所不行孝敬,故云"孝子成身"也。

---

① 饒宗頤:《選堂文集·格物論》,《饒宗頤二十世紀學術文集》卷一四文錄、詩詞,臺北:新文豐出版股份有限公司,2003年,第1版,頁52~53。案饒文上揭《禮·緇衣》篇記子曰:"夫民,教之以德,齊之以禮,則民有格心;教之以政,齊之以刑,則民有遯心。"鄭注:"格,來也;遯,逃也。"又謂:"《學記》論爲學程序,而殿以語云:'夫然後足以化民易俗,近者說服而遠者懷之,此大學之道也。'注:'懷,來也'。是大學之道,其效不離齊之以德,使人心悦誠服而來歸已耳,而其道莫重於格物。"(饒宗頤:《選堂文集·格物論》,《饒宗頤二十世紀學術文集》卷一四文錄、詩詞,頁51)所謂"鄭注陳義之精"即對此而言。"庶民來子"當作"庶民子來",見《詩經·大雅·靈臺》。
② 錢穆《大學中庸釋義·大學古本》,《四書釋義》,頁300。
③ 郭店簡文《緇衣》所載爲:"君子言又(有)勿(物),行又迲(格),此以生不可敚(奪)志,死不可敚名。"

錢穆基於傳世儒典所載"孝子不過乎物"等說法，將《大學》"格物"解釋成"止於至善"，認爲衹是因爲"在未能致知以前，尚未能真知其爲至善之義"，變其辭而曰"格物"。然而據《大學》本文，"止於至善"當指"明明德"（具體落實爲格→致→誠→正→修）與"親（新）民"（具體落實爲齊→治→平）兩面均達至善之地而不移，"格物"僅僅爲"明明德"一面遙遠微細之始端，將"格物"等同於未被真知的"止於至善"，還是抹殺了《大學》強調"先後"之意，有本末倒置之弊。

那麼，《大學》"格物""致知"兩個具有生成性關聯的環節究竟爲何義呢？要準確回答這一問題，必須堅持以下兩點：

一是回歸《大學》文本所含的小語境。既然要闡釋文本，那麼文本就是第一義的，要善於把握其中互相關聯、互相發明、互相證成的元素。毛奇齡《大學證文》卷一有云："予讀《大學》，以爲'格物''致知'安有如後儒之紛紛者乎？既而讀'此謂知本，此謂知〔之〕至'之文，亦恍然曰，格致之義前聖自解之矣……"①毛奇齡的認知方法無疑是正確的，不過具體說解仍有待完善。

依《大學》本文，格物致知，簡單地說就是通過格物使知至（原文申說部分尚存留着結語"此謂知之至也"，惜乎前面的申說亡佚）。《說文解字·木部》云："格，木長兒，從木各聲。"段注稱："木長兒者，'格'之本義。引伸之，長必有所至，故《釋詁》曰'格……，至也'，《抑》詩傳亦曰'格，至也'。凡《尚書》'格于上下'、'格于藝祖'、'格于皇天'、'格于上帝'，是也。此接於彼曰'至'，彼接于此則曰'來'。鄭注《大學》曰：'格，來也。'凡《尚書》'格爾衆庶'、'格汝衆'，是也。"究其實際，"格"雖有"來"義，鄭解《大學》"格物"之"格"爲"來"，卻並不確當。《大學》"格物"之"格"當爲"至"義，強調的是主體接物（即段注所謂的"此接於彼"），而非物來接於主體。朱熹補傳釋"格物"爲"即物而窮其理"，以"即"釋"格"，同樣強調主體之接物，堪稱得之。戰國學者對認知之機理有所認識。《墨子·經上》篇謂"知，接也"，就是說知意味着人以其智與物（即認知對象）交接；——《墨子·經上》又謂"知（智），材也"，是說智是人所以知的資質。在傳世《大學》文本中，"格物"的具體申說雖然缺失，但其本旨還是有迹可尋。要之，"格物"即主體主動接物以考察、探究之，爲"致知"之門徑（揆之以理，"格物"未必能"致知"，但欲"致知"，則必須"格物"，故曰"致知在格物"）。論及這種意義上的"格"以及"格物致知"，需要高度關注《尚書·大誥》篇所謂"格知"。其文曰："洪惟我幼沖人，嗣無疆大歷服。弗造哲迪民

---

① 《景印文淵閣四庫全書》第二一〇冊，經部第二〇四冊，四書類，頁280上。

康,矧曰其有能格知天命!"一般認爲《大誥》爲周公作,①其所謂"格知"常被理解爲度知。實際上,"格知天命"可以理解爲交接天命,探究而知之。《大學》"格物""致知",與《大誥》之"格知"當不無聯繫。其所格之物,既包括主體之身心以及主體之外的天地萬物,也包括典籍、聖言師教等等。② 以前者爲對象之格物致知,可稱作"直接格物致知";以後者爲對象之格物致知,可稱作"間接格物致知"(乃是通過探究典籍或他人言語中呈現之物,達成對價值的認知;或説是藉助典籍與他人之言談,獲取他人格物所得之價值)。"致知"一詞原本不難理解,這裏僅僅强調,《大學》所欲致之知爲何,在文本中落實於"知止"與"知本"(所謂"知止而后有定","於止,知其所止",以及"此謂知本")。前者之要删爲:"爲人君止於仁,爲人臣止於敬,爲人子止於孝,爲人父止於慈,與國人交止於信";後者之要删爲:"子曰:'聽訟,吾猶人也,必也使無訟乎!'無情者不得盡其辭。大畏民志。此謂知本"。③ "致知"在過去同樣遭受濫解,但它在文本中的界定和立意是相當明確的,即不是指追求一般、普泛的知,而是指追求安身立命、脩齊治平之知。這種取向,在孔子那裏已經顯露了端倪。《論語·子路》篇記載:"樊遲請學稼。子曰:'吾不如老農。'請學爲圃。曰:'吾不如老圃。'樊遲出。子曰:'小人哉,樊須也!上好禮,則民莫敢不敬;上好義,則民莫敢不服;上好信,則民莫敢不用情。夫如是,則四方之民襁負其子而至矣,焉用稼?'"《荀子·儒效》篇云:"匹夫問學不及爲士,則不教也。"先秦儒家所謂"致知"之要本,由此亦

---

① 杜勇列三條内證,證明《史記·周本紀》《書序》説周公作《大誥》之可信,並判斷《大誥》爲"周公東征前發布的政治宣言書"(見氏著《〈尚書〉周初八誥研究》,北京:中國社會科學出版社,2017年,第1版,頁28~34),可以參考。

② 許慎《説文解字·牛部》:"物,萬物也。牛爲大物,天地之數起於牽牛,故从牛勿聲。"裘錫圭《説"格物":以先秦認識論的發展過程爲背景》一文(見《裘錫圭學術文集》第五卷:《古代歷史、思想、民俗卷》,上海:復旦大學出版社,2012年,第1版,頁313~315),採摭相關文獻甚富,頗可見"物"字無所不包之義。

③ 案:傳世《大學》"自天子以至於庶人,壹是皆以脩身爲本,其本亂而末治者,否矣;其所厚者薄,而其所薄者厚,未之有也",之後有"此謂知本",《伊川先生改正大學》謂"四字衍",是(見《河南程氏經説》卷第五,程顥、程頤:《二程集》,頁1130)。又:"子曰聽訟"以下一段文字,舊説往往就聽訟一事作解,鄭玄《禮記》注、朱熹《大學章句》等,莫不如此。筆者以爲當係三事,其意爲:"聽訟"固然重要,使民不起争訟纔是根本。"情"之於"辭"爲根本,故"無情者不得盡其辭";《周易·繫辭傳下》"爻象動乎内,吉凶見乎外,功業見乎變,聖人之情見乎辭",可證成"情"與"辭"之關係。《尚書·泰誓》云"民之所欲,天必從之";"天視自我民視,天聽自我民聽";"天聰明自我民聰明"(分别見《左氏春秋》襄公三十一年〔前542〕所記穆叔引《大誓》、《孟子·萬章上》所記孟子引《太誓》,以及《詩經·大雅·烝民》鄭箋引《書》,——正義以爲《泰誓》文)。凡此足見"民志"之爲根本。故《大學》謂"必也使無訟""無情者不得盡其辭""大畏民志"三者爲"知本"。

可知矣。

《大學》云:"富潤屋,德潤身,心廣體胖,故君子必誠其意。"前三語意謂,富有則其屋脩飭,有德則其身脩飭,心寬宏則體舒泰。此三事皆可證成"有實於內,顯見於外"(鄭玄注),一如其上文所説"誠於中形於外",故結之以"君子必誠其意"。這是《大學》中直接格物致知的顯例,觀照的是世間富者之事象、有德者之事象、心寬者之事象,證成的是内心與外形的必然性關聯以及"誠其意"的重要性。《大學》又説:"《詩》云:'邦畿千里,惟民所止。'《詩》云:'緡蠻黄鳥,止于丘隅。'子曰:'於止,知其所止,可以人而不如鳥乎?'《詩》云:'穆穆文王,於緝熙敬止。'爲人君止於仁,爲人臣止於敬,爲人子止於孝,爲人父止於慈,與國人交止於信。"這段文字,主要是通過探究經典及聖人言教,來達成人不可不知所止的認知,爲《大學》中間接格物致知的顯例。①

二是將《大學》格致觀念放到它形成的大的歷史語境中來審視,——該語境部分地見於傳世文獻,而主要見於出土簡帛。如此,其意指纔更加確切和顯白。宋明儒者將其過度形上化,玄而又玄,葛藤膠戾,不過是師心立説罷了。

毫無疑問,直接格物致知在學説創立時期十分重要,故儒家創始人孔子致力於此。古人曾評論道:"求諸孔聖之言,惟子曰'歲寒,然後知松栢之後凋也',此一句最於致知格物極其淵妙。蓋松栢,物也;察其因何而歲寒之際獨後凋,是欲格其物理也;苟能格之,則'然後知'之三字爲真致其知矣。何以見其格之正?如《禮器》所謂如松栢之有心,居天下之大端,故貫四時而不改柯易葉,則知其爲得氣之本而歲寒後凋矣,是也。"②事實上,認定孔子"歲寒"一句"最於致知格物極其淵妙",至少有一點偏狹、不全面。孔子屢屢論析"君子""小人"德行之異,如謂"君子成人之美,不成人之惡。小人反是"(《論語·顔淵》),"君子固窮,小人窮斯濫矣"(《論語·衛靈公》)等等,彰顯了他對芸芸衆生的深刻認知;——千百年來,以及千百年後,世人之基本人格絶不外乎"君子""小人"兩種。其他如孔子謂子夏曰,"無欲速,無見小利。欲速則不達,見小利則大事不成"(《論語·子路》),又曰,"人無遠慮,必有近憂"(《論語·衛靈公》),彰顯了他對社會人生的洞察。

---

① 徐復觀説:"由《大學》所反映的學問内容,未曾受到西漢以經典爲學問中心的影響。"(見氏著《中國人性論史·先秦篇》,頁245)《大學》未受西漢學術思想之影響是毋庸置疑的,但儒家以經典爲中心建構學問體系,自孔子創立儒家之時便開始了,至戰國中晚期,六經業已被確立爲學問之核心,《大學》之"格物→致知"實亦包含自經典獲取價值的一面,甚至是更爲重要的一面。

② 史繩祖:《學齋佔畢》卷一"致知格物"條,頁20。

凡此之類，均可見孔子直接格物致知之功，而在《論語》諸儒典中俯拾皆是，毋庸一一舉列。

需要説明的是，直接格物致知應當包括主體對己身以及他者的省察。孔子論仁與恕，均謂"己所不欲，勿施於人"（見《論語・顏淵》《衛靈公》）；又謂，"夫仁者，己欲立而立人，己欲達而達人。能近取譬，可謂仁之方也已"（《論語・雍也》）。仁意味着以己之所欲、所不欲，爲對待他者的準則，把他者當成另外一個自我來體貼，其前提自然是針對己身的格致。① 對早期儒家學者來説，祇有以確立政教倫理價值爲目的來探究己身，纔有格致的意義。子曰："見賢思齊焉，見不賢而内自省也。"（《論語・里仁》）曾子曰："吾日三省吾身：爲人謀而不忠乎？與朋友交而不信乎？傳不習乎？"（《論語・學而》）這種自省，主要是根據原已確認的價值，省察己身是否與之契合，大致當歸結於《大學》八目中的脩身。而孔子所謂"見賢思齊"，包含從他者發現價值的意義，此即以他者爲對象的格物致知。子曰："臧文仲其竊位者與？知柳下惠之賢，而不與立也。"（《論語・衛靈公》）"知柳下惠之賢"便屬於這一類格致。

孔子自創立儒學時，便高度重視間接格物致知。他自稱"述而不作，信而好古"（《論語・述而》），以傳舊好古爲職志，實即以往古典籍或聖賢爲知之源。他光大了《詩》《書》《禮》《樂》《易》等經典的一部分價值，輔之以儒學價值轉換，且又屬辭比事撰作了《春秋》，將這六部經典建構爲儒學價值之淵藪，用以教育三千弟子，並開化世間衆生。郭店、上博儒典對孔子這番事業有極明確的總結。比如《眚自命出》上篇云："凡朮（道），心述（術）爲宝（主）。朮四述，唯人朮爲可朮也。亓（其）厽（三）述者，朮之而已。《時（詩）》《箸（書）》《豊（禮）》《樂》，亓刣（始）出皆生於人。《時》，又（有）爲爲之也。《箸》，又爲言之也。《豊》《樂》，又爲𢍰（舉）之也。聖人比亓類（類）而侖（論）會之，菫（觀）亓（之迯）〔先後〕而逆訓（順）之，體亓宜（義）而即（節）曼（文）之，里（理）亓青（情）

---

① 孔子對仁的如下詮釋，"夫仁者，己欲立而立人，己欲達而達人。能近取譬，可謂仁之方也已"，回答的是子貢所問："如有博施於民而能濟衆，何如？可謂仁乎？"孔子所謂"近取譬"，是就相對於"人"之遠的"己"之近而言的，指本"己欲"而事人。徐復觀提出："'能近取譬'的'近'，是指可以具體實行的工夫、方法而言。仁的自覺的精神，必須落實於工夫、方法之上；而工夫、方法，必定是在當下生活中可以實踐的，所以便説是'近'。'近'是針對博施濟衆之'遠'而言。"（見氏著《中國人性論史・先秦篇》，頁85）其解"近取譬"顯然是一大誤會。《中庸》第十三章載子曰"道不遠人。人之爲道而遠人，不可以爲道"，之後即倡言"違道不遠"之"忠恕"，謂"施諸己而不願，亦勿施於人"云云。孟子則曰："萬物皆備於我矣。反身而誠，樂莫大焉。強恕而行，求仁莫近焉。"（《孟子・盡心上》）凡此均是將踐行推己及人之恕道作爲求仁德最近之途徑，均可爲孔子"近取譬"一説之注脚。簡單地説，對於孔、孟而言，踐行仁取則在自身，故或謂其"方"爲"近取譬"，或謂"強恕而行"爲求仁最近之途，其所謂"近"，與"博施濟衆之'遠'"無涉。

而出内（入）之，肰（然）句（後）復以教。教，所以生悳（德）於中者也。"（同樣的文字也見於上博《昔者論》）而《語叢一》謂："《易》，所以會天術（道）人術也。《詩》，所以會古含（今）之恃（志）也者。《春秋》，所以會古含之事也。《豊（禮）》，交之行述（術）也。《樂》，或生（性）或教者也。《書》，□者也。"凡此皆可與傳世文獻互相印證。《史記・孔子世家》云，"孔子以《詩》《書》《禮》《樂》教，弟子蓋三千焉，身通六藝者七十有二人"；上博《詩論》當即孔子以《詩》教的記錄。① 總而言之，孔子視六藝爲真知之淵藪，六藝被他確立爲間接格物致知的核心對象。孔子嘗曰："（加）〔假〕我數年，（五十）〔卒〕以學《易》，可以無大過矣。"（《論語・述而》）又曰："小子何莫學夫《詩》？《詩》可以興，可以觀，可以羣，可以怨。邇之事父，遠之事君。多識於鳥獸草木之名。"（《論語・陽貨》）孔子還對伯魚（孔鯉，前532～前482）說："女爲《周南》《召南》矣乎？人而不爲《周南》《召南》，其猶正墻面而立也與？"（《論語・陽貨》）作爲致知之門徑，閱讀經典的重要性從孔子創派之初就被確認了，儒家經典建設和授受的基礎也由孔子奠定。上博《詩論》第五章云：

> 孔子曰：虗（吾）㠯（以）《萬䌷》㝕（得）氏（祇）初之㫳（志），民眚（性）古（固）然，見丌（其）㱙（美），必谷（欲）反（返）丌本。夫萬（葛）之見訶（歌）也，則㠯蔟（絺）莢（綌）之古（故）也。后稷之見貴也，則㠯文、武之悳（德）也。虗㠯《甘棠》㝕（得）宗宙（廟）之敬，民眚古然，甚貴丌人，必敬丌立（位），敓（悦）丌人，必好丌所爲，亞（惡）丌人者亦然。虗㠯《木苽》㝕（得）希（幣）帛之不可造（去）也，民眚古然，丌陞（隱）志必又（有）㠯俞（喻）也，丌言又（有）所載而后（後）内（納），或前之而后交，人不可觕（觸）也。虗㠯《斳杜》㝕雀（爵）□之不可無也，民眚古然，□□□女此可，斯雀之矣。䘅（御）丌所㤅（愛），必曰：虗奚舍之？賓贈氏（是）也。

這是孔子間接格物致知的顯例。他基於人性省察《周南・葛覃》《召南・甘棠》《衛風・木瓜》以及《唐風・有杕之杜》，確認了德之重要性以及宗廟、幣帛

---

① 《史記・十二諸侯年表》序謂，孔子次《春秋》，"七十子之徒口受其傳指"，可知孔子又曾以《春秋》教弟子。《史記・仲尼弟子列傳》謂："孔子傳《易》於瞿（魯人商瞿），瞿傳楚人馯臂子弘（前儒疑爲子弓之誤），弘傳江東人矯子庸疵，疵傳燕人周子家豎，豎傳淳于人光子乘羽，羽傳齊人田子莊何，何傳東武人王子中同，同傳菑川人楊何。何元朔中以治《易》爲漢中大夫。"《漢書・儒林傳》則說："自魯商瞿子木受《易》孔子，以授魯橋庇子庸。子庸授江東馯臂子弓。子弓授燕周醜子家。子家授東武孫虞子乘。子乘授齊田何子裝。……漢興，田何……授東武王同子中、雒陽周王孫、丁寬、齊服生……。同授淄川楊何，……元光中徵爲太中大夫。"二説之差別主要是第三世第四世互易，而孔子以《易》授徒一事則確鑿無疑。要之，六經均在孔門授受之列。

諸禮之根源。

在閱讀經典以外，春秋戰國時期學術思想之傳播特賴口耳授受，故通過"聞"而知"道"分外重要。僅就《論語》所記，樊遲、顏淵、仲弓、司馬牛、子張問仁（見《論語·雍也》《顏淵》《子路》《陽貨》），宰我問三年之喪（見《論語·陽貨》），魯大夫孟懿子、其子孟武伯以及子游、子夏問孝（見《論語·爲政》），林放問禮之本（見《論語·八佾》），子貢問"貧而無諂，富而無驕，何如"（見《論語·學而》），樊遲問知（見《論語·雍也》），原憲問恥（見《論語·憲問》），子張問行（見《論語·衛靈公》），子貢問友（見《論語·顏淵》），子路問成人（見《論語·憲問》），子貢、司馬牛問君子（見《論語·爲政》《顏淵》），子貢、子路問"何如斯可謂之士矣"（見《論語·子路》），子貢問爲仁（見《論語·衛靈公》），季路"問事鬼神""問死"（見《論語·先進》），子路、冉有問"聞斯行諸"（見《論語·先進》），子張問"崇德、辨惑"（見《論語·顏淵》），子路問事君（見《論語·憲問》），顏淵問爲邦（見《論語·衛靈公》），子張問"何如斯可以從政矣"（見《論語·堯曰》），子貢、子張、子路、仲弓、子夏、葉公、季康子、齊景公問政（見《論語·顏淵》《子路》），魯哀公問"何爲則民服"（見《論語·爲政》），魯定公問"君使臣，臣事君，如之何"（見《論語·八佾》），季康子問"使民敬、忠以勸，如之何"（見《論語·爲政》），定公問"一言而可以興邦，有諸"（見《論語·子路》），子貢問"有一言而可以終身行之者乎"（見《論語·衛靈公》），凡此之類，不一而足，孔子每每因其材、就其事而施以不同的教誨。

作爲認知道術的途徑，聽—聞異常重要，嘗以高度理論化的形態出現在儒、道諸家之體系中。《五行》經文第十八章云："聞君子道，悤（聰）也。聞而知之，聖也。聖人知（而）〔天〕道〔也〕。知而行之，（聖）〔義〕也。行之而時，德也。"《五行》說文第十八章釋之曰："'聞君子道，嗖（聰）也'：同之聞也，獨色然辯於君子道，（道）〔嗖也〕。〔嗖也〕者，聖之臧（藏）於耳者也。'聞而知之，聖也'：聞之而遂知亓（其）天之道也，是聖矣。聖人知天之道。道者，所道也。'知而行之，義也'：知君子之所道而㦸（儆/敊）然行之，義氣也。'行之而時，悳（德）也'：時者，和也。和也者，（惠）〔悳〕也。"這是説以聽聞獲取對道的認知，而後付諸道德之修爲。莊子云："若一志，無聽之以耳而聽之以心，無聽之以心而聽之以氣！（聽）〔耳〕止於（耳）〔聽〕，心止於符。氣也者，虛而待物者也。唯道集虛。虛者，心齋也。"（《莊子·内篇·人間世》）①"聽之以氣"實即秉持心之虛來聽，看似玄奧，但説到底還是以聽爲獲取道的途徑。顯然，在儒學授受的歷史交接中，聽師教或聖言以獲取安身立命、脩齊治平的道術，也

---

① "聽止於耳"原當爲"耳止於聽"，參閲俞樾《諸子平議·莊子一》。

是間接的格物致知。

在學派成熟以後,因爲其觀念、價值體系臻於成熟和完備,負載該體系的經典臻於定型,直接格物致知的重要性自然會有所下降,而以經典授受爲核心的間接格物致知則愈發佔據主導地位。儒家以六經爲教材始於孔子創派之時,至孔門七十子,六經的位置已牢固確立(新見郭店、上博儒典可以爲證)。其後,孟子進一步突出《春秋》,曾説:"世衰道微,邪説暴行有作,臣弑其君者有之,子弑其父者有之。孔子懼,作《春秋》。《春秋》,天子之事也。是故孔子曰:'知我者其惟《春秋》乎!罪我者其惟《春秋》乎!'……昔者禹抑洪水而天下平,周公兼夷狄驅猛獸而百姓寧,孔子成《春秋》而亂臣賊子懼。"(《孟子·滕文公下》)《春秋》對孔子本人及天下之意義,被推到了無以復加的地步。至荀子之時,六經地位已經堅確無疑。故《荀子·勸學》篇云:"學惡乎始?惡乎終?曰:其數則始乎誦經,終乎讀《禮》;其義則始乎爲士,終乎爲聖人。真積力久則入,學至乎没而後止也。故學數有終,若其義則不可須臾舍也。爲之,人也;舍之,禽獸也。故《書》者,政事之紀也;《詩》者,中聲之所止也;《禮》者,法之大分,類之綱紀也,故學至乎《禮》而止矣。夫是之謂道德之極。《禮》之敬文也,《樂》之中和也,《詩》《書》之博也,《春秋》之微也,在天地之閒者畢矣。"荀子明顯以讀經爲第二義,以爲士、爲君子、爲聖人爲第一義,然而他並不脱離第二義來空談第一義,因爲不讀經,第一義便無著手處。荀子又將"經"與《禮》相對,置《禮》於羣經之上,推《禮》爲學之終竟、"道德之極",稱《書》《詩》《樂》《春秋》諸書爲"經",但這樣説祇是爲了凸顯《禮》的特殊性和重要性,《禮》説到底也是"經"。故《荀子·大略》篇云:"禮以順人心爲本,故亡於《禮經》而順人心者,皆禮也。"《詩》《書》《禮》《樂》《春秋》諸經均爲"道"之淵藪。因此《荀子·儒效》篇更明確地説:"聖人也者,道之管也。天下之道管是矣,百王之道一是矣,故《詩》《書》《禮》《樂》之〔道〕歸是矣。《詩》言是,其志也;《書》言是,其事也;《禮》言是,其行也;《樂》言是,其和也;《春秋》言是,其微也。故《風》之所以爲不逐者,取是以節之也;《小雅》之所以爲《小雅》者,取是而文之也;《大雅》之所以爲《大雅》者,取是而光之也;《頌》之所以爲至者,取是而通之也:天下之道畢是矣。鄉(向)是者臧,倍是者亡。鄉是如不臧,倍是如不亡者,自古及今,未嘗有也。"讀經以知"道",與《大學》所説格物以致知同趣。《荀子》並不漠視《易》。其《大略》篇云:"善爲《詩》者不説,善爲《易》者不占,善爲《禮》者不相(楊注云:相,謂爲人贊相焉),其心同也。"拿《易》來與《詩》《禮》兩經並列,當非偶然。總之自孔子至荀子,六經逐漸成爲儒家核心典籍,讀經以致知越發成爲格物以致知的根本方式。正如徐復觀所説,"在先秦時代,由孔子所開創出來的一個偉大的教化集團,是以《詩》《書》

《禮》《樂》《春秋》《易》爲中心而展開的"。①

朱熹云:"讀書是格物一事。今且須逐段子細玩味,反來覆去,或一日,或兩日,只看一段,則這一段便是我底。脚踏這一段了,又看第二段。如此逐旋捱去,捱得多後,却見頭頭道理都到。這工夫須用行思坐想,或將已曉得者再三思省,却自有一箇曉悟處出,不容安排也。書之句法義理,雖只是如此解説,但一次看,有一次見識。所以某書,一番看,有一番改。亦有已説定,一番看,一番見得穩當,愈加分曉。故某説讀書不貴多,只貴熟爾。然用工亦須是勇做進前去,莫思退轉,始得。"又説:"讀書乃學者第二事。"還説:"讀書已是第二義。蓋人生道理合下完具,所以要讀書者,蓋是未曾經歷見許多。聖人是經歷見得許多,所以寫在册上與人看。而今讀書,只是要見得許多道理。及理會得了,又皆是自家合下元有底,不是外面旋添得來。"②朱子把讀書以致知的道理説得十分明白和透徹。

師教作爲間接格物致知的重要一途,至荀子時也已確立。《荀子·修身》篇云:"禮者,所以正身也;師者,所以正禮也。無禮,何以正身?無師,吾安知禮之爲是也?禮然而然,則是情安禮也;師云而云,則是知(智)若師也。情安禮,知若師,則是聖人也。故非禮,是無法也;非師,是無師也。不是師法而好自用,譬之是猶以盲辨色,以聾辨聲也,舍亂妄無爲也。"其《性惡》篇也説:"夫人雖有性質美而心辯知,必將求賢師而事之,擇良友而友之。得賢師而事之,則所聞者堯、舜、禹、湯之道也;得良友而友之,則所見者忠信敬讓之行也。身日進於仁義而不自知也者,靡(順服)使然也。"毫無疑問,以師教爲致知之途,與以讀書爲致知之途有很高的同一性,因爲師教的核心也是經典。

以上史實,從一定程度上證成了《大學》"格物""致知"的本意。而確認這些論斷,需要特別關注見於新出簡帛、與《大學》差不多同時代的儒典。

在以載録孔子《詩》説爲核心的上博《詩論》中,有不少材料堪爲間接格物

---

① 徐復觀:《中國人性論史·先秦篇》,頁 70。案徐復觀認爲:"六經的成立,是先有《詩》《書》《禮》《樂》;到了孟子,才加上了《春秋》。而《周易》之加入,恐在荀子以後。《荀子·儒效》篇'《詩》言其志也'一段,總言五經而未及《易》。但這是《易》的重要性尚未被荀子這一派人所承認,並非《易》尚未成爲傳習的教材。"(《中國人性論史·先秦篇》,頁 70 注 2)徐復觀又説:"六經的成立,可能是在秦博士之手,或其並世的儒者。"(《中國人性論史·先秦篇》,頁 326)徐復觀顯然缺乏新出戰國儒典的知識背景,也忽視了《荀子·大略》篇將《易》與《詩》《禮》並列的重要性,因此嚴重偏離了事實。

② 黎靖德編:《朱子語類》卷第十,《學》四《讀書法上》,1986,頁 167、頁 161。案劉宗周《大學雜言》云:"朱子格物之説,其大端從《詩》《書》六藝窮討物理,原是學問正項工夫,士舍此無以入道者。但其工夫已做在小學時,至十五而入大學,則自小學之所得者,由身而達之天下國家,其第一義在格物,即就此身坐下言。通《大學》一書,何嘗有學文遊藝之説?"(吴光主編:《劉宗周全集》第一册經術七,頁 656)

致知的注腳。比如，《詩論》第五章記載，孔子透過《周南·葛覃》《召南·甘棠》《衛風·木瓜》《唐風·有杕之杜》，而認知人性的各種面相，並以此爲基礎解釋宗廟、幣帛諸禮之所以然。這是間接格物致知的顯例。而《詩論》第一章云：

□□□□□□孔子曰：《訾》，兀（其）猷謗門與？戔（殘）民而鐱（逸）之，兀甬（用）心也牆（將）可（何）女（如）？曰：《邦風》氏（是）已。民之又（有）慼（感）卷（倦）也，上下之不和者，兀甬心也牆可女？曰：《少顗》氏（是）已。□□□□□□可女？曰：《大顗》氏已。又城（成）工（功）者可女？曰：《訟》氏已。

孔子通過讀《詩》，讀《邦風》《大雅》《小雅》以及《頌》，認知政教倫理之得失與民心之向背，也是間接格物致知的典型個案。

尤其值得注意的是，載錄子思體系的《五行》直接凸顯了《大學》"格物→致知"的本旨，或說基於《五行》，可以發前人千百年未發之覆。《五行》經文第二十三章云："目（侔）而知之，胃（謂）之進之。"其說文第二十三章曰：

"目（侔）而知之，胃（謂）之進之"：弗目也，目則知之矣；知之則進耳。目之也者，比之也。"天監在下，有命既雜（集）"者也，天之監下也，雜命焉耳。遁（循）草木之生（性），則有生焉，而无（無）好惡焉。遁禽獸之生，則有好惡焉，而无禮義焉。遁人之生，則巍然知亓（其）好仁義也。不遁亓所以受命也，遁之則得之矣。是目之已。故目萬物之生而知人獨有仁義也，進耳。"文王在上，於昭于天"，此之胃也。文王源耳目之生（性）而知亓好聲色也，源鼻口之生而知亓好犨（臭）味也，源手足之生而知亓好劮（佚）餘（豫）也，源心之生則巍然知亓好仁義也。故執之而弗失，親之而弗離，故卓然見於天，箸（著）於天下。无他焉，目也。故目人體（體）而知亓莫貴於仁義也，進耳。

《五行》經文第二十三章文字極爲簡括，然而很明顯，所謂"目（侔）而知之，胃（謂）之進之"即落實爲說文第二十三章中的"目（侔）萬物之生（性）而知人獨有仁義""目人體（體）而知亓（其）莫貴於仁義"，此二說堪稱《大學》"致知在格物""物格而后（後）知至"的具體呈現。具體說來，《五行》說文第二十三章一系列申釋和論證，如"循……（某某對象）則知……（某某道理）""源……（某某對象)而知……(某某道理)"等等,均亦呈現出"格物→致知"的理念和模式。《五行》經、說第二十三章中的"目"通"侔";"目……(某某對象)而知……(某種道理或價值)",意指主體接物,比較之而達成某種認知,如"目(侔)萬物之生(性)"即主體交接草木、禽獸以及人之性而比較之,"目人體(之性)"即主體交接耳目、鼻口、手足以及心之性而比較之。《五行》說文該章中,"遁(循)"和"源"意指探究;"遁……(某某對象)"和"源……(某某對象)"意指主體接物而探究之,比如探究草木之性、禽獸之性、人之性(概言之即萬物之性),探究耳目之性、鼻口之性、手足之性、心之性(概言之即人體之性)等等。"目(侔)""遁(循)""源"三字之義均可包括在《大學》"格物"之"格"中,——均可呈現"格物"之"格"的實際意涵。而此處所格之"物"包括草木、禽獸、人類以及人體,後者又具體化爲作爲大體的心與作爲小體的耳目、鼻口、手足等等。

《五行》經文第二十四章云:"辟(譬)而知之,胃(謂)之進之。"說文第二十四章解釋道:

> "辟(譬)而知之,胃(謂)之進之":弗辟也,辟則知之矣,知之則進耳。辟丘之與山也,丘之所以不 如 名山者,不責(積)也。舜有仁,我亦有仁,而不如舜之仁,不責也。舜有義,而我 亦有義 ,而不如舜之義,不責也。辟比之而知吾所以不如舜,進耳。

這是以丘因不積而不如名山,類比而得知"我"之仁義因不積而不如舜之仁義,以此確認積仁義之爲要務,簡單言之"辟比……(某某對象)而知……(某某道理)",這是《五行》"格物→致知"的又一種具體形式。

與此相似,《五行》經文第二十五章"諭而知之"以及說文第二十五章給出的說解、《五行》經文第二十六章" 鐵(幾)而知之 "以及說文第二十六章給出的說解,也都與《大學》格致觀念密切相關。

以上所舉是直接的格物致知。在《五行》體系中,以言教爲認知對象的間接格物致知也有所表現。比如其經文第十七章云:"未嘗聞君子道,胃(謂)之不息(聰)。未嘗見賢 人 ,胃之不明。聞君子道而不知亓(其)君子道也,胃之不聖。見賢人而不知亓有德也,胃之不知(智)。見而知之,知(智)也。聞而知之,聖也。明明,知(智)也。𥐻𥐻,聖〔也〕。'明明在下,𥐻𥐻在上',此之胃也。"該章有一個論斷是見賢人而知其有德謂之智,即"見……(某某對象)而知……(某某道理或價值)",這是直接的格物致知;另有一個論斷則是聞君子道而知其君子道謂之聖,即"聞……(某某對象)而知……(某某道理或價值)",這是間接的格物致知。《五行》在這兩個層面上均承襲了孔子及其弟子認知道術的模式,其德行生成的系譜往往基於此建構。戰國末期,《荀子》偏重於張揚基於"見—知"而踐履價值、提升人格的一面。故其《儒效》篇云:"不聞不若聞之,聞之不若見之,見之不若知之,知之不若行之,學至於行之而止矣。行之,明也(楊注:行之則通明於事也)。明之爲聖人。聖人也者,本仁義,當是非,齊言行,不失豪釐,無它道焉,已乎行之矣。故聞之而不見,雖博必謬;見之而不知,雖識必妄(楊注:見而不知,雖能記識,必昧於指意);知之而不行,雖敦必困(楊注:苟不能行,雖所知多厚,必至困躓也)。不聞不見,則雖當非仁也(楊注:雖偶有所當,非仁人君子之通明者也),其道百舉而百陷也(楊注:言偶中之道,百舉而百陷,無一可免也)。"

除《五行》之外,上一節所舉《耆愚義》之系譜"夢(察)→智(知)吕(己)→智人→智命→智道→智行"、《語叢一》之系譜"智忌(己)→智人→智豊(禮)→智行"等,亦莫不蕴含格物致知之意。

所有的歷史都有其土壤;找不到歷史的土壤,就找不到真正的歷史。將《大學》格致觀念孤立於其前後的傳世文獻之外,尤其是孤立於大致與它同時的新出儒典之外,顯然是不科學的。《大學》文本與上博《詩論》、郭店及馬王堆《五行》等新見儒典的互證關係,爲上文對《大學》格致觀念的詮釋提供了力證。

道德修爲無法摸着石頭過河,必須先達成認知,纔能進一步將它落實到修爲或踐履中。由格物而致知未必輕鬆簡易,《中庸》第二十章所謂"博學之,審問之,慎思之,明辨之",便是"致知"的一系列工夫。而知之不當,則行之必妄。《論語·陽貨》篇記:

子曰:"由(仲由,子路)也,女(汝)聞六言六蔽矣乎?"對曰:"未也。""居!吾語女。好仁不好學,其蔽也愚;好知(智)不好學,其蔽也蕩;好信不好學,其蔽也賊;好直不好學,其蔽也絞;好勇不好學,其蔽也亂;好剛不好學,其蔽也狂。"

又記:

子路曰:"君子尚勇乎?"子曰:"君子義以爲上。君子有勇而無義爲亂,小人有勇而無義爲盜。"

凡此均夫子矯正弟子之知也。故前人或評價説:"搔著子路癢處,亦搔著子路痛處,亦搔著天下萬世痛癢處。"①而朱子云:"子路之勇,夫子屢箴誨之,是其

---

① 李贄:《四書評》,《論語》卷之九,上海:上海人民出版社,1975年,第1版,頁148。案:此書頗有學者懷疑爲葉書所作,反駁的意見可參考劉建國編:《中國哲學史史料學概要》,長春:吉林人民出版社,1983年,第1版,頁509~511。

勇多有未是處。若知勇於義,知大勇,則不如此矣。"①一言以蔽之,知有偏差,則踐行愈篤實賣力,問題便愈大。"格物→致知"作爲《大學》八目及儒家道德修爲之始基,良有以也。

朱熹解"格物"爲"即物而窮其理"(見其補傳),或者"窮至事物之理"(見其章句),解"致知"爲"推極吾之知識,欲其所知無不盡也"(見其章句),其説在思想史上自有極重要之價值。徐復觀云:

> 朱元晦對致知格物的補義,……實含有兩大意義;儘管未必爲《大學》原義所有,但亦可謂爲《大學》原義的引申推拓;最低限度,這是儒家重知識一面的重大發展,所以並不必爲《大學》原義所拒絶。……第一,他把求知識的知性,及求知識的對象,很清楚地表達出來。並且在"即物而窮理"的這句話裏,把道德的主觀性所加於求知的制約,與以取消或壓小;因之,使知性從道德主體的主觀性中完全解放出來,直接面對客觀之物而活動,這便爲求知識開出一條大路。第二,因爲上述知性的解放,於是把求知的對象,從"倫理"、"事理",擴充到"物理";"倫理"不待説,即是"事理"的"事",是由人的主觀意志向客觀對象的活動而成立;若此種客觀對象,祇限於身、家、國、天下,則此時的事理,是在倫理與物理之間所成立的理。這若完全站在知識的立場説,此時的事理,便算是不純不净,對於知識自身的發展,即形成一限制。中國傳統所説的理,多半是屬於此種性格。程朱説"天下之物,莫不有理",説"即物而窮其理";這裏所説的物,已突破了《大學》原有的範圍,而伸向"凡天下之物",連一草一木,都包括在内的自然方面;理之客觀性,始徹底明了,求知的限制亦隨之打破;這是中國文化,由道德通向科學的大關鍵。必如此,而學問的性格乃全,且亦爲孔子思想所藴蓄而未能完全展出的。②

這些論述相當正確。可凡事往往都存在另外一面。從先秦儒家立場上説,朱子章句及補傳祇能説是得其大略,其嚴重缺陷,在於未意識到先秦儒家講格物致知,絶非泛言致一般之知識,而是聚焦於致爲人君、爲人臣、爲人父、爲人子、事君、敬長、使衆、與國人交等脩齊治平之知。徐復觀説,"朱元晦因未能把握性理而偏重事理、物理,故其釋《大學》,使'正心''誠意'二辭落空",③準確地提挈了朱子詮釋《大學》"格物""致知"的弊端。以朱説爲代表的對《大學》"格物""致知"的新認知、新觀念,暗含了格致學説蜕變爲科學性求知而偏

---

① 黎靖德編:《朱子語類》卷四七,《論語》二十九《陽貨篇》,頁1191。
② 徐復觀:《中國人性論史·先秦篇》,頁272～273。
③ 同上書,頁282。

離安身立命之本的可能性,當然這本非朱子之本意。胡適曾説:"即使宋學探求事事物物之理,也祇是研究'誠意'以'正心'。他們對自然客體的研究提不出科學的方法,也把自己局限於倫理與政治哲學的問題之中。因此,在近代中國哲學的這兩個偉大時期中,都没有對科學的發展作出任何貢獻。可能還有許多其他原因足以説明中國之所以缺乏科學研究,但可以毫不誇張地説,哲學方法的性質是其中最重要的原因之一。"①基於尋求安身立命之道的傳統格致學説向科學性求知蜕變,在後來更成爲大勢所趨。1876年2月,英國傳教士傅蘭雅(John Fryer,1839~1928)在上海創辦《格致彙編》,作爲"近代中國第一份完全以科技知識爲内容的報刊",②它被命名爲"格致",可以説就是這一取向的自然發展;這是一個極具表徵意義的個案。毫無疑問,前進的代價是巨大的。在科學日益進步的同時,安身立命也越來越成爲中國人面臨的重大問題。

三、從"知止"到"得(止)"

《大學》有一句不很起眼的話:"知止而后有定,定而后能静,静而后能安,安而后能慮,慮而后能得。"③與三綱、八目諸範疇相比,此語爲學界忽視的事實是一目瞭然的。劉宗周《大學古記約義》"經旨"條云:"《大學》之要,

---

① 胡適:《先秦名學史》,姜義華主編:《胡適學術文集·中國哲學史》,北京:中華書局,1991年,第1版,頁771。案胡適指出:"'近代中國',就哲學和文學來説,要回溯到唐代(公元618~906)。"(同前,頁773注釋3)其所謂近代中國哲學的"兩個偉大時期",指的是宋、明。
② 趙曉蘭、吴潮:《傳教士中文報刊史》,上海:復旦大學出版社,2011年,第1版,頁216。
③ 《莊子·外篇·知北遊》云:"知謂無爲謂曰:'予欲有問乎若:何思何慮則知道?何處何服則安道?何從何道則得道?'三問而無爲謂不答也。非不答,不知答也。知不得問,反於白水之南,登狐闋之上,而睹狂屈焉。知以之言也問乎狂屈。狂屈曰:'唉!予知之,將語若。'中欲言而忘其所欲言。知不得問,反於帝宫,見黄帝而問焉。黄帝曰:'无思无慮始知道,无處无服始安道,无從无道始得道。'……"這一寓言,很可能暗含了莊子後學對《大學》"知止……安……得(止)"系譜的回應,其中幾次出現了"知道→安道→得道"的系譜。又,《大學》講"知止",謂"爲人君止於仁,爲人臣止於敬,爲人子止於孝,爲人父止於慈,與國人交止於信"等。《莊子·雜篇·庚桑楚》云:"學者,學其所不能學也;行者,行其所不能行也;辯者,辯其所不能辯也。知止乎其所不能知,至矣。"這大概是從道家立場上定義"知止",表明其現實語境中已有《大學》之存在。同時,《庚桑楚》云:"不見其誠己而發(釋文:謂不自照其内而外馳也),每發而不當;業入而不舍(成疏:業,事也。世事攖擾,每入心中,不達違從,故不能會止),每更爲失。爲不善乎顯明之中者,人得而誅之;爲不善乎幽閒之中者,鬼得而誅之。明乎人,明乎鬼者,然後能獨行。"這些論説,與《大學》《中庸》之慎獨、誠己之説,亦頗有一致處。其中謂鬼誅"爲不善乎幽閒之中者",與《中庸》載孔子論"鬼神之爲德,其盛矣乎",殆亦有密切關聯。

第七章　文本解讀與歷史語境：二重證據中的《大學》　493

'止……至善'而已矣。繼云'知止',何也？學以止爲究竟法,必以知止爲入門法。知止而定、静、安、慮相因生焉,所以得止也。得其所止之謂德……"①這原本是很好的解釋,然而劉宗周强調："定、静、安、慮者,止善之消息也,似有漸次,實無漸次也。故一知止而學問之能事畢矣。"②劉宗周再一次背離了《大學》體系的系譜化特質。謂定、静、安、慮"實無漸次",顯然不得其實,徒見得他不知《大學》本意而已；且"知止"僅落實在八條目之"致知"(B)層面上,無以囊括八目之全體,"知止"之後的實脩工夫纔更爲重要,豈能説一知止學問之事便一了百了呢？

南懷瑾特別關注從"知止"到"得(止)"的過程。他認爲,《大學》"知""止""定""静""安""慮""得",乃是"七個求證大道與明德的學問程序","也可説它是求證大道的學養步驟。如果你高興要説它是七步學養的功夫,也未嘗不可"。③ 徐復觀曾界定"工夫",云："以自身爲對象,尤其是以自身内在的精神爲對象,爲了達到某種目的,在人性論,則是爲了達到潛伏着的生命根源、道德根源的呈現——而加内在的精神以處理、操運的,這纔可謂之工夫。"④南懷瑾的認知得益於他的宗教視野和修禪體驗。他高度重視這一"程序",稱之爲"七證",與"四綱"(見下)、"八目"並列爲三。必須承認,南懷瑾的論斷獨具慧眼。然而其一,基於佛道背景來闡釋《大學》入道成德之工夫並不適當。其二,將"道"提出來作爲"首綱",與"明明德""親民""止於至善"三者並爲"四綱",至少是弄亂了"道"與這三者的邏輯關係。⑤ 其三,將"知止"離爲二事,湊成"知""止""定""静""安""慮""得"七證,顯然背離了《大學》本意。《大學》下文謂"知其所止",堪稱"知止"之注脚；具體言之,所當知之"所止"包括爲人君之所止"仁"、爲人臣之所止"敬"、爲人子之所止"孝"、爲人父之所止"慈"、與國人交之所止"信"。人之所止絶不限於此數端,爲人君、爲人臣、爲人父、爲人子、與國人交之所止亦均不限於一端。故朱熹章句云："五者乃其目之大者也。學者於此,究其精微之藴,而又推類以盡其餘,則於天下之事,皆有以知其所止而無疑矣。""知止"既不能切分,則所謂七證其實祇有六證。

"知止→定→静→安→慮→得(止)"是一個完整的修養過程,是《大學》又

---

① 吳光主編：《劉宗周全集》第一册經術六,頁644。
② 同上。
③ 南懷瑾：《原本大學微言》,上海：復旦大學出版社,2003年,第1版,頁46。
④ 徐復觀：《中國人性論史·先秦篇》,頁420。
⑤ 案南懷瑾説："四綱是什麽呢？就是在'明明德'、'親民','止於至善'之上,一個最重要的前提'道'字,也可説是大學之道的'大道'。"(參見氏著《原本大學微言》,頁45)

一個重要系譜。"知止"即明曉安身立命之所持,或者脩齊治平之立腳之地。明曉此且居心於此即爲"定"。子夏嘗云,"出見紛華盛麗而説,入聞夫子之道而樂,二者心戰,未能自決"(《史記·禮書》),此爲知止(即知"夫子之道")而不能定者。由知止而臻於定,靠的是修爲。"静"字,《説文解字·青部》釋爲"審"(段注本作"寀")。段玉裁注云:"采色詳寀得其宜謂之静。……人心寀度得宜,一言一事必求理義之必然,則雖緐勞之極而無紛亂,亦曰静,引伸假借之義也。"是"静"比"定"在境界上又高出一層。"安"意味着心與所知之"所止"契合而相得,比"静"的境界又高一層。《荀子·榮辱》篇云:"越人安越,楚人安楚,君子安雅(楊注:雅,正也;正studying而有美德者謂之雅)……""慮"承"安"而來,意味着思索不悖於"所止"。鄭玄未注此字,是以尋常用法和義項視之,孔疏解"能慮"爲"能思慮"或者"能思慮於事",與鄭意同;朱熹章句釋之爲"處事精詳",與舊説大同小異。後人之説解不外乎此,其實並不切當。《荀子·禮論》篇云:"禮之中焉能思索,謂之能慮;禮之中焉能勿易,謂之能固。能慮、能固,加好〔之〕者焉,斯聖人矣。"《大略》篇云:"文貌情用,相爲内外表裏。禮之中焉能思索,謂之能慮。"筆者以爲荀説得《大學》"慮"之本意,但《大學》"慮"之所契又不限於禮。"得"承系譜開端之"知止"言,實指"得止"。鄭注解爲"得事之宜",孔疏解爲"於事得宜",均不甚切;朱子解爲"得其所止",甚是。"得止"意味着主體將所知安身立命之政教倫理價值轉化爲内在的自覺要求,使與主體合一。這其實就是"德"之生成。《禮記·樂記》云:"禮樂皆得,謂之有德。德者得也。"孔子曰:"志於道,據於德,依於仁,游於藝。"(《論語·述而》)朱熹集注云:"德者,得也,得其道於心而不失之謂也。"《管子·心術上》也説:"德者,道之舍,物得以生。……故德者,得也。"總之,由"知止"到"得(止)",即所謂的"明明德";——"知止"之達成,則仰賴"格物→致知"。

前儒之所以忽視《大學》這一層層進升、入道成德的過程,原因之一是,在傳世文獻所構成的傳統視野中,其思維、表述方式乃至意涵都顯得相當孤特。現在不必感到意外了,對於這個系譜,《五行》等新出儒典可以提供強有力的歷史性説明。

《五行》經文第一章云:

> 仁荆(形)於内胃(謂)之德之行,不荆於内胃之行。知(智)荆於内胃之德之行,不荆於内胃之行。義荆於内胃之德之行,不荆於内胃之行。禮荆於内謂之德之行,不荆於内胃之行。聖荆於内胃之德之行;不荆於内胃之行。德之行五,和胃之德;四行和,胃之善。善,人道也;德,天道也。

"仁""知(智)""義""禮""聖"五者不形於内叫作"行",此時,它們僅僅是被主體認知或覺知的對象性價值,用《大學》的範疇表述即主體所知曉之"止"。這五種行各形於内成爲相應的"德之行",這一過程相當於《大學》所謂"得(止)",它意味着對象性價值轉化爲主體自身之價值、成爲主體自身一部分。嗣後《五行》之"得(止)"還有更高的層次:"仁""知(智)""義""禮"四種德之行超越其個體存在而合一,且與心契合無間,叫作"善"(《五行》説文第十九章云:"和者有猶 五 聲之和也。同者□約也,與心若一也。言舍夫四也,而四者同於善心也。同,善之至也。同則善矣");"仁""知(智)""義""禮""聖"五種德之行超越其個體存在而合一,且與心契合無間,叫作"德"(《五行》説文第七章云:"一者,夫五爲 一 心也,然笴德"),"德"是《五行》體系中最高的價值。作爲道德境界,"善"與"德"可以説是更高層次的"得(止)"。《大學》從"知止"到"得(止)"的系譜幾乎就濃縮了《五行》首章這種入道成德的過程。

《五行》首章的系譜是高度概括性的,所以在其他章節中衍化出很多德行生成的具體圖式。值得注意的是,這些圖式的基本思維與表達模式與《大學》從"知止"到"得(止)"的入道成德模式相契,而且其一系列關節也往往與該圖式較然一致。《五行》經文第二章云:

> 君子毋(無)中 心之 憂則无(無)中心之知(智),无中心之知則无中心之説(悦),无中心之説則不安,不安則不樂,不樂則无德。 君子 无中心之憂則无中心之聖,无中心之聖則无中心之説,无中心之説則不安,不安則不樂,不樂則 无 德。

《五行》經文第十七章云:"聞君子道而不知亓(其)君子道也,胃(謂)之不聖。見賢人而不知亓有德也,胃之不知(智)。"有這些界定,《五行》經文第二章所謂"中心之知(智)"與"中心之聖",意思較然明白。該章所論兩個平行的德生成系譜可概括爲:其一,"中心之憂→中心之知(智,見賢人而知其有德)→中心之説(悦)→安→樂→德";其二,"中心之憂→中心之聖(聖,聞君子道而知其君子道)→中心之説(悦)→安→樂→德"。這兩個系譜,與《大學》"知止→定→静→安→慮→得(止)"之圖式幾乎完全一致。《五行》之"知(智)""聖"環節相當於《大學》之"知止"或"知其所止",指主體確認或覺知對象性價值。《五行》圖式接下來是由"説(悦)"至"安",《大學》圖式接下來是由"定""静"至"安",本質並無差異,都是對象行價值轉化爲主體價值的核心關節。"説(悦)"者好也,孔子曰"知之者不如好之者"(《論語·雍也》),知其所當止而且好之則必能定,能定方能靜。故《五行》該圖式之"說(悅)→安",與《大學》該圖式之"定→靜→安",就工夫言了無差別。《五行》圖式再接下來是由"樂"至"德"。孔子曰"好之者不如樂之者"(《論語·雍也》),在《五行》該圖式中,"樂"不僅比"說(悅)"更進一層,而且在"安"之上,意味着對象性價值更深程度地轉化爲主體存在的一部分。《大學》圖式再接下來是由"慮"至"得(止)",所謂"慮"意味着基於對象性價值更深度地轉化爲主體價值,主體之思與價值不存在睽異。可見《五行》該圖式之"樂→德",與《大學》該圖式之"慮→得(德)",就工夫言亦了無差別。

《五行》經文第四章云:"善弗爲无(無)近,得(德)弗之(志)不成,知(智)弗思不得。思〔不〕睛(精)不察,思不長不得,思不輕不刑(形),不刑則不安,不安則不樂,不樂則无德。"此章主旨是說,思對於建構"知(智)"是須臾不可離的;由思至德的生成圖式是:〔思睛(精)→察〕→〔思長→得〕→〔思輕→刑(形)〕→安→樂→德。《五行》該章經文的相應說解已經亡佚,然其大意可以尋得。《五行》說文第六章釋"聖之思也輕",嘗謂"思也者思天也"。在《五行》體系中,"天"與"德"或"君子"密切相關,故其說文第七章嘗謂"德猶天也,天乃德已",其經文第一章、第九章均稱"善"爲"人道"、"德"爲"天道",其說文第十七章直接用"天之道"指涉"君子道",其說文第二十三章又謂人之性獨好仁義,乃是受"命"於"天"。總括言之,《五行》說文第六章所謂"思天",即思考德或者天道、君子道。《五行》經文第四章之"思"當然不會例外,它也是指對價值的省思。"察"意味着主體對對象性價值的發現與確認,"得"意味着主體將對象性價值轉化爲自身的價值,思之"輕"意味着指向價值之思精熟而不費力(祇有與價值深度融合纔能如此),與《大學》"安而后能慮"之"慮"相通無礙,"刑(形)"意味着價值內在地生成於主體,由此而"安",由此而"樂",最終生成"德"。

《五行》經文第六章有云:"仁之思也睛(精)。睛則察,察則安,安則溫,溫則說(悅),說則戚,戚則親,親則(憂)〔愛〕,(憂)〔愛〕則(王)〔玉〕色,(王)〔玉〕色則刑(形),刑則仁。知(智)之思也長。〔長〕則得,得則不忘,不忘則明,明則見賢人,見賢人則玉色,玉色則刑,刑則知。"其間有兩個平行的德行生成圖式:仁生成的圖式爲:"仁之思睛(精)→察→安→溫→說(悅)→戚→親→愛→玉色→刑(形)→仁";知(智)生成的圖式爲:"知(智)之思長→得→不忘→明→見賢人→玉色→刑(形)→知(智)"。

《五行》經文第十章云:"不辯(變)不說(悅),不說不戚,不戚不親,不親不愛,不愛不仁。"說文第十章予以詳細的詮釋。其間德行仁生成的圖式爲:"辯(變)→說(悅)→戚→親→愛→仁。"該圖式又見於《五行》經、說第十四章。

第七章　文本解讀與歷史語境:二重證據中的《大學》　497

　　《五行》經文第十一章云:"不直不迣,不迣不果,不果不簡,不簡不行,不行不義。"説文第十一章予以詳細的詮釋。其間德行義的生成圖式爲:"直→迣→果→簡→行→義"。該圖式又見於《五行》經、説第十五章。

　　《五行》經文第十二章云:"不袁(遠)不敬,不敬不嚴,不嚴不尊,不尊不共(恭),不共不禮。"説文第十二章予以詳細的詮釋。其間德行禮的生成圖式爲:"袁(遠)→敬→嚴→尊→共(恭)→禮。"該圖式又見於《説文》經、説第十六章。

　　《五行》經文第十三章云:"不恖(聰)不明則不聖不知(智),不聖不知不仁,不仁不安,不安不樂,不樂无(無)德。"説文第十三章予以詳細的詮釋。其間"德"生成之圖式爲:"恖(聰)明→聖知(智)→仁→安→樂→德"。該圖式是上截略可見於《五行》經、説第十七章。

　　《五行》經文第十八章云:"見賢人,明也。見而知之,知(智)也。知而安之,仁也。安而敬之,禮也。"這裏有兩個高度關聯或疊合的圖式:其一是"明→知(智)→安→仁";其二是"明→知(智)→安→敬→禮"。兩者綰合,似是申説孔子所謂"人而不仁,如禮何"(見《論語·八佾》),十分有趣。

　　《五行》經文第十九章云:"見而知之,知(智)也。知而〔安〕之,仁也。安而行之,義也。行而敬之,禮。"其間德行生成之圖式爲:"見而知之(知)→知而安之(仁)→安而行之(義)→行而敬之(禮)。"在生成層面上,仁、義、禮、知(智)四種德行的關聯再次表現出某種複雜性,它們並非總是各自發展的並列關係。

　　《五行》以上系譜,或細緻嚴密,或著其犖犖大端,但不管哪一種情況,它們都包含從"知止"到"得(止)"的基本過程,——特別是當落實到實修層面上時。《五行》之"得止"明顯分爲三個層次:基本層次是仁、知(智)、義、禮、聖五種"行"——亦即五種"所止"——"荊(形)於内",而生成仁、知(智)、義、禮、聖五種"德之行";中間層是仁、知(智)、義、禮四種德之行實現超越性的同一,且與心和同,而生成"善";頂層是仁、知(智)、義、禮、聖五種德之行實現超越性的同一,且與心和同,而生成"德"。所有這些系譜,其整體理念及中間諸多關節,其思維特徵及語言表達方式等,均與《大學》入道成德之圖式較然一致。它們作爲《五行》體系的核心建構,深刻、有力地凸顯了《大學》這一圖式的歷史語境。藉助出土文獻復原的這一歷史語境使我們意識到,《大學》"知止而后有定,定而后能静,静而后能安,安而后能慮,慮而后能得",原本看起來孤零零的一句話,實際凸顯着一個時代的思想與學術"性徵"。

　　在傳世文獻中,《大學》該圖式的歷史語境也還有一些蛛絲馬跡。比如《荀子·儒效》篇云:

以從俗爲善,以貨財爲寶,以養生爲己至道,是民德也。行法至堅,不以私欲亂所聞,如是則可謂勁士矣。行法至堅,好修正其所聞以橋(矯)飾其情性,其言多當矣而未諭也,其行多當矣而未安也,其知慮多當矣而未周密也,上則能大其所隆,下則能開道不已若者,如是則可謂篤厚君子矣。修百王之法若辨白黑,應當時之變若數一二,行禮要節而安之若生(殆讀爲申、伸)四枝(肢),要時立功之巧若詔(告)四時,平正和民之善,億萬之衆而(博)〔搏〕若一人,如是則可謂聖人矣。

這一論説,完整而有層次地呈現了德生成並臻於極致的過程。此處"民"不是相對於君上的平民百姓,它與"士""君子""聖人"分層並陳(參閲王念孫《讀書雜志‧荀子二》),是依據入道成德之程度劃分的。民所善者爲從俗、所寶者爲貨財、所執爲至道者爲養生,是其不知"所止"矣。士力行法度,"不以私欲亂所聞",是其"知止",且務求實行之。君子力行法度,好遵行其所聞之正道以矯飾其性情,惟其言行知慮或有未安穩、周備處,是其所知之價值漸化其情性,其"得止"益深矣。聖人修法至明,應變至易,"行禮要節而安之若生(殆讀爲申、伸)四枝(肢)",明顯已臻於"由仁義行,非行仁義"之境界,則其所知之價值完全由對象性存在,化而爲自身之構成部分,可謂全然"得止"矣。由此可見,這段文字也藴含着《大學》從"知止"到"得止"的入道成德模式。傳世文獻中類似材料其實還有,但毋庸具列。

總而言之,單就《大學》入道成德之模式言,《五行》代表的新出簡帛與部分傳世文獻承載着它所由產生、所曾影響的歷史語境,祗有將它置於這一語境中,纔能把握其本旨,弄清其所以然。也祗有從該語境中,纔能看出《大學》這一模式的重要性。

四、"明明德"

《大學》稱"德"爲"明德",主要是因爲它是基於天之"明命",其下文援引《大甲》"顧諟天之明命",是十分確鑿的内證。而《大學》於《大甲》此語之前録《康誥》"克明德",之後録《帝典》"克明峻德",嗣後總其意曰"皆自明也";這種語境,顯示了"天之明命"與人之"德"或"明德"有極强的關聯,或者有高度的一致性。徐復觀謂《大學》本身"不言天道、天命","不涉及天道、天命",[①]顯然疏於考察。同時不應忘記的是,戰國儒家有"眚(性)自命出,命自天降"的觀念(見郭店簡《眚自命出》上篇,亦見於上博簡《眚意論》)。《五行》説文第二十三章其實也包含這種觀念。從這種觀念背景來考慮,《大學》基於天之"明

---

① 參見徐復觀:《中國人性論史‧先秦篇》,頁238、頁239。

命"來論"德""明德"以及"明明德",大抵意味着出於天命之性含有"德"或"明德"之基源與始端,"明明德"即確認這些基源或始端而持之守之、發而明之,使之生成德;——若天降之命中的原初資質性不包含德或明德的基源或始端,則亦無所謂自明明德。因此,這些論說背後隱含着對性的認知。徐復觀認爲《大學》本身"也不言性,而只言心",①亦不確當。

劉宗周《大學古記約義》"經旨"條云:"必云'明德'者,天有'明命',人有'明德'也。"②意識到"明德"與"明命"密不可分,是頗爲可取的,但"人有'明德'"之說卻並不嚴密,因爲人之"明德"乃修爲之結果,——惟其如此,《大學》纔倡言"明明德";換句話說,《大學》是用主體修爲之結果,來指示該過程之始端。類似用例頗見於新見儒典。比如《五行》經文第二章兩次言及"君子":"君子毋中 心之 憂則无(無)中心之知(智),……君子 无中心之憂則无中心之聖……""君子"是《五行》體系中最高層次的道德人格,經文此章兩言"君子"衹是就最後生成之結果而言的,——它們雖然出現在圖式開端,卻不是說主體在踐行圖式之初就已經具備了君子之德,它們衹是用行爲的最終結果來追稱行爲的主體。《五行》經文第六章把德行"仁"的生成歸結於"仁之思",把德行"知(智)"的生成歸結於"知(智)之思",把德行"聖"的生成歸結於"聖之思",也是極典型的例子,——"仁""知(智)""聖"三種德行也都是到圖式末端纔生成的。因此,《大學》三綱之"明明德"實際是說使明德之原初始端明。

《中庸》、子思《五行》篇、郭店與上博其他儒典以及傳世《孟子》等,均明言天降命於人,而性自命出;《中庸》《五行》與《孟子》又都主張性中含有發展成仁義諸德行的始端。"天""命""眚(性)"的關聯被定義得十分明確。《五行》說文第二十三章云:"'天監 在 下,有命既雜(集)'者也,天之監下也,雜命焉耳。遁(循)草木之生(性),則有生焉,而无(無) 好惡焉 。遁 禽獸之生,則有好惡焉,而无禮義焉。遁人之生,則巍然 知亓(其)好 仁義也。不遁亓所以受命也,遁之則得之矣。"前面的文字說"遁(循)草木之生(性)""遁禽獸之生""遁人之生",後面的結語說"遁亓(其)所以受命",這顯然是說萬物之性均出於天所降命;其稱人之性巍然"好仁義",是說對人而言,仁義諸價值有"命"與"性"的基源(當然,基於天所降"命"的"性"不止有這一種面向)。《中庸》謂"天命之謂性",又謂"率性之謂道",道理就在這裏。這些觀念,應該也是《大學》隱含的。子思再傳弟子孟子說:"口之於味也,目之於色也,耳之於聲也,

---

① 徐復觀:《中國人性論史・先秦篇》,頁238。
② 吳光主編:《劉宗周全集》第一册經術六,頁644。

鼻之於臭也,四肢之於安佚也,性也,有命焉,君子不謂性也。仁之於父子也,義之於君臣也,禮之於賓主也,知之於賢者也,聖人之於天道也,命也,有性焉,君子不謂命也。"(《孟子·盡心下》)這段文字,大旨仍是説性出自命,且蘊有仁義禮智或天道之基源。

也許更值得注意的是,《五行》援引了《詩·大雅·大明》篇之"天監在下,有命既集",卻將原本有強大傳統支持的"聖王受命"之"命"(廣泛見於《詩》《書》等故典),解釋成草木、禽獸以及人從天所受的普泛的"命",作爲草木、禽獸以及人之"性"的載體。這是戰國思想史上最深刻的轉捩之一。① 而《大學》云:"《康誥》曰'克明德',《大甲》曰'顧諟天之明命',《帝典》曰'克明峻德',皆自明也。"《大甲》所謂"天之明命"原本同樣是指"聖王受命"之"命"。故孔疏云:"'《大甲》曰:顧諟天之明命'者,顧,念也。諟,正也。伊尹戒大甲云:爾爲君,當顧念奉正天之顯明之命,不邪僻也。"其説殆是。《尚書·君奭》篇記周公曰:"君奭!我聞在昔成湯既受命,時則有若伊尹,格于皇天。在太甲,時則有若保衡。"晚《書》之《太甲上》(舊説謂伊尹作)云:"先王顧諟天之明命,以承上下神祇。社稷宗廟,罔不祇肅。天監厥德,用集大命,撫綏萬方。"晚《書》之《咸有一德》(舊説謂伊尹作)云:"惟尹躬暨湯,咸有一德,克享天心,受天明命,以有九有之師,爰革夏正。非天私我有商,惟天佑于一德。非商求于下民,惟民歸于一德。德惟一,動罔不吉。德二三,動罔不凶。惟吉凶不僭,在人;惟天降災祥,在德。""顧諟天之明命"一語,原本祇能從這樣的傳統中理解。當《大學》將天之"明命"視爲天降於世間衆生的普泛的命,並將它與指涉世間衆生的普泛的德聯繫在一起時,天命的内涵就被重塑了。這種重塑,與《五行》置換原始天命觀的内涵完全一致。

基於天降之命的人性具備生成仁義諸價值的始端,《大學》張揚"明明德",就是要主體培育這些始端,使之成爲現世的德行。這種理路,從《五行》中看得十分具體和清楚。《五行》説文第二十三章云:"文王源耳目之生(性)而知亓(其)好聲色也,源鼻口之生而知亓好臭(臭)味也,源手足之生而知亓好佚(佚)餘(豫)也,源心之生則巍然知亓好仁義也。故執之而弗失,親之而弗離,故卓然見於天,箸(著)於天下。"持守心好仁義之性而弗失之,親近心好仁義之性而弗離之,使之最終生成卓然粲然彰顯於天上地下的德行,這正是"明明德"的經典範式。《中庸》固謂"率性之謂道",但"率性"不等於"任性"。"率性"之"道"終須要"脩",人之"明德"終須要"明",故《大學》倡言"明明德",

---

① 其詳請參閱本書第四章第二節:"郭店上博儒典'眚''情''心''命'諸範疇"。

而《中庸》高張"脩道之謂教"。

五、"誠意""正心"

詳細討論《大學》"誠意"之本旨,不是本書的主要任務,故筆者在探討"正心"時,捎帶着對"誠意"作一點説明。

《大學》八目,自宋明以降,儒者最關注、最樂於發揮的,是"格物致知""誠意"以及"正心",誤讀、曲解最重者也正是這些範疇。然"誠意"之所指究竟何在,《大學》小語境其實有所交待。其間最值得注意的是,作者在申説"誠意"時,曾舉"小人"爲例,從反面界定"誠意"之意涵,——明確了"誠意"之反面爲何,"誠意"本身爲何也就不難理解了。道理正是傳世《老子》第二章所説的:"天下皆知美之爲美,斯惡已;皆知善之爲善,斯不善已。"《大學》那段文字是這麽説的:"小人閒居爲不善,無所不至,見君子而后厭(厴,閉藏貌)然揜其不善,而著其善。"此爲"誠意"之反面,説的是小人在君子面前張揚其"善"祇不過是表演,内心並無向善之實。《大學》原文在此例之上嘗云:"所謂誠其意者,毋自欺也,如惡惡臭,如好好色……"人對於惡臭發自真心地厭惡,對於美色發自真心地喜好,人之於道德諸價值,亦須發自真心地嚮往和持守,方可謂"誠意"。朱子集注云:"誠,實也。意者,心之所發也。實其心之所發,欲其一於善而無自欺也。"大抵得之。

就是説,《大學》八目,"格物""致知"要解決的問題,是明確脩齊治平、安身立命所應持守之價值;"誠意"所要解決的問題,是保證對這些價值的嚮往和踐履發自真心,它承接"致知"而更進一層。道理很簡單,無此"誠意"之功,再好的價值也祇是停留在認知層面上,甚至會淪落爲掩蓋邪惡的幌子。《朱子語類》嘗記:"問意誠。曰:'表裏如一便是……'"又曾記:"誠意,只是表裏如一。若外面白,裏面黑,便非誠意。今人須於静坐時見得表裏有不如一,方是有工夫。如小人見君子則掩其不善,已是第二番過失。"①此説完全符合《大學》"誠意"之字面意思,卻未能凸顯其職志。設若一人從内心到言行均惡善、好不善,雖表裏如一,亦迥非《大學》所表彰之"誠意";而常人對於惡臭或美色,表裏俱惡之或者表裏俱好之,此雖可稱爲"意誠",但對《大學》建構的道德生成系譜來説,没有任何意義。須知《大學》之"誠意",主要是從對價值的嚮往和持守上,關注主體表裏是否如一。有學者將"誠意"拔高爲"先秦儒家

---

① 黎靖德編:《朱子語類》卷第十六,《大學》三,頁334。

修養工夫發展的頂點",其實是一大誤會。①

本節重點,是討論《大學》八目中"誠意"後的"正心"。通常以爲,"正心"就是端正心思、使心歸向於善、持心端正無偏邪等等。漢初大儒董仲舒(前179～前104)撰《士不遇賦》云,"雖矯情而獲百利兮,復不如正心而歸一善",似可引爲注脚。孔疏解"欲正其心"之"正其心",謂"正其心使無傾邪"。總之,舊説大同小異,看起來十分合理,因此愈發掩蓋了需要討論的重要問題。

將《大學》置於郭店、上博儒典(比如《五行》)與傳世儒典(比如《孟》《荀》)等構成的歷史語境中加以觀照,有一個十分奇特,卻罕爲學界關注的現象:它没有説明人性之根本——心之性,没有説明誰是"正心"的主體。《大學》無疑有自己的任務和體系,不一定非得交待這些問題,可研究者卻不能不予以關注。從情理上説,《大學》越不交待這些問題,就越説明它關聯乃至依賴語境中的另外一個體系。

《五行》《孟子》《荀子》均非籠統地討論人性。它們把人性切分爲大體之性和小體之性,而且小體之性被進一步區隔爲若干不同的面向。

《五行》説,"耳目鼻口手足"或者"耳目鼻口手足音聲慇(貌)色"是小體,"心"是大體,心爲"君",耳目鼻口手足爲"役",心對諸小體有絶對的超越性(參見其經、説第二十二章)。《孟子·告子上》於"公都子問"章、"人之於身也"章記載,孟子説"心"是大體,"耳目""口腹"爲小體;《孟子·盡心下》於"口之於味也"章記載孟子論"命""性"之關係,嘗論及"口""目""耳""鼻"與"四肢",舉列小體各方面更加完備。顯而易見,孟子對大、小體之區隔與《五行》完全一致,——對孟子及其弟子來説,這種區隔可以説是源自先儒的共同知識。《荀子》以"耳目鼻口形能(態)"爲天官,以"心"爲天君(參見《荀子·天論》),②與《五行》《孟子》完全一致。就現有材料來看,關於大小體完整、體系

---

① 参見徐復觀:《中國人性論史·先秦篇》,頁258。
② 《荀子·正名》篇云:"然則何緣而以同異? 曰:緣天官。"楊倞注云:"天官,耳目鼻口心體也。謂之官,言各有所司主也。緣天官,言天官謂之同則同,謂之異則異也。"此解殆誤。該句之下文有云:"形體、色理以目異,聲音清濁、調竽奇聲以耳異,甘苦、鹹淡、辛酸、奇味以口異,香臭芬鬱、腥臊(洒酸)〔漏庮〕奇臭以鼻異,疾養(癢)、凔(滄)熱、滑(鈹)〔𨱵〕、輕重以形體異,説、故、喜、怒、哀、樂、愛、惡、欲以心異(王先謙案:説者,心誠悦之。故者,作而致其情也,與《性惡》篇'習偽故'之'故'同義。二字對文)。心有徵知。徵知則緣耳而知聲可也,緣目而知形可也。然而徵知必將待天官之當簿其類然後可也。五官簿(薄/接觸)之而不知,心徵之而無説,則人莫不然謂之不知(智),此所緣而以同異也。"其間"徵知"乃"心"之官能,與"天官"之接觸感受所司物類並列,則"天官"不包括心("徵知"當是指心因緣天官接物之所得而達成認知,(楊注解爲"言心能召萬物而知之",不甚切當)。且據上下文關係,可知"天官"實即下文之"五官",所含各項即文中所羅列"目""耳""口""鼻""形體"。《荀子·天論》謂,"耳目鼻口形能(態)各有接而不相能也,(轉下頁)

化的表達很可能創辟於《五行》,而籠絡了後世。

《五行》歷述小體之性,謂耳目之性爲"好聲色",鼻口之性爲"好雙(臭)味"、手足之性爲"好劵(佚)餘(豫)";述大體之性,謂心之性是"好仁義"(見其説文第二十三章)。孟子歷述小體之性,謂口好味、目好色、耳好聲、鼻好臭、四肢好安佚;述大體之性,則謂心悅理義,心有仁義禮智四端。① 荀子歷述小體之性云,"夫人之情,目欲綦色,耳欲綦聲,口欲綦味,鼻欲綦臭","人之情,口好味而臭味莫美焉,耳好聲而聲樂莫大焉,目好色而文章致繁婦女莫衆焉,形體好佚而安重閒静莫愉焉……"(《荀子·王霸》)又稱:"目好色,耳好聲,口好味,……骨體膚理好愉佚"(《荀子·性惡》)。荀子述大體之性,則謂"心欲綦佚","心好利而穀禄莫厚焉"(《荀子·王霸》)。總之,孟子對大體小體之性的認知,與《五行》完全一致。《荀子·非十二子》篇批判"五行"學説,將孟子和子思捆綁在一起,顯然有充足的學術思想史的依據(當然,孟子對子思的趨同還有很多方面)。荀子對小體之性的認知,與思、孟完全一致,可見批評歸批評,而師承歸師承(同樣,荀子之承繼思、孟,也不衹是這一方面)。就心性學説而言,《荀子》與《五行》《孟子》的主要差異,在於對心之性的認知。

從根本意義上説,子思、孟子和荀子主要是基於心之性來論斷人性的,對他們來説,人性並不等於大體之性與小體之性的簡單相加。《五行》説文第二十三章説,"遁(循)人之生(性),則巍然 知亓(其)好 仁義也";又説,"目(侔)萬物之生(性)而 知人 獨有仁義"。它確認這一判斷的依據,是其下文所説"源 心 之生(性)則巍然知亓(其)好仁義也"。嚴格説來,《五行》所謂人性獨有仁義,是指人性獨有仁之端——"不莊(藏)尤割(害)人之心",以及義之端——"不受訏(吁)甚(嗟)之心"。《五行》説文第二十一章云:

(接上頁)夫是之謂天官。心居中虚以治五官,夫是之謂天君";有此參證,更可知楊注之誤。又,《天論》中"五官"之一"形能(態)",與《正名》篇所列之"體"或"形體"意指相同。

① 具體可見:《孟子·盡心下》記孟子曰:"口之於味也,目之於色也,耳之於聲也,鼻之於臭也,四肢之於安佚也,性也……"《孟子·告子上》記孟子曰:"口之於味也,有同耆焉;耳之於聲也,有同聽焉;目之於色也,有同美焉。至於心,獨無所同然乎?心之所同然者何也?謂理也,義也。聖人先得我心之所同然耳。故理義之悅我心,猶芻豢之悅我口。"《孟子·公孫丑上》記孟子曰:"無惻隱之心,非人也;無羞惡之心,非人也;無辭讓之心,非人也;無是非之心,非人也。惻隱之心,仁之端也;羞惡之心,義之端也;辭讓之心,禮之端也;是非之心,智之端。人之有是四端,猶其有四體也。"《孟子·告子上》記孟子曰:"惻隱之心,人皆有之;羞惡之心,人皆有之;恭敬之心,人皆有之;是非之心,人皆有之。惻隱之心,仁也;羞惡之心,義也;恭敬之心,禮也;是非之心,智也。"

"能誰(進)之,爲君子,弗能進,各止於亓(其)里":能進端,能終(充)端,則爲君子耳矣。弗 能 進,各各止於亓里。不莊(藏)尤割(害)人,仁之理(里)也。不受許(吁)䛣(嗟)者,義之理(里)也。弗能進也,則各止於亓里耳矣。終亓不莊(藏)尤割(害)人之心,而仁復(覆)四海;終亓不受許(吁)䛣(嗟)之心,而義裏(囊)天下。仁復四海、義裏天下,而成(誠)繇(由)亓中心行之,亦君子已。

值得注意的是,其一,《五行》以"不莊(藏)尤割(害)人之心"爲仁之"端",與《孟子》以"惻隱之心"或"不忍人之心"爲"仁之端"是高度一致的。其二,《五行》說文第十五章云:"'中心辯焉而正行之,直也':有天下美飲食於此,許(吁)䛣(嗟)而予之,中心弗悆(悚)也。惡許䛣而不受許䛣,正行之,直也。"飲食雖美,厭惡"許(吁)䛣(嗟)而予之"之不敬,心中不爲迷惑,《五行》說文第二十一章即以惡此類不敬爲義之"端",與《孟子》以"羞惡之心"爲"義之端"亦高度一致。孟子"端"之觀念以及他對"仁之端""義之端"的界定均源出自《五行》,均爲《五行》所引導,對此我們應該不感到意外。此外,《五行》以"仁氣"——即"變""窋(勉)""孫(遜)"——爲德行仁之基源(見其說文第十章、第十四章),以"義氣"——即"直""直亓中心"——爲德行義之基源(見其說文第十一章),以"禮氣"——即"動敬心、作敬心"之"袁(遠)"或者"袁(遠)心"——爲德行禮之基源(見其說文第十二章),這實際上是以"仁氣"爲仁之端,以"義氣"爲義之端,以"禮氣"爲禮之端。而以"動敬心、作敬心"之"袁(遠)"爲禮之端,與《孟子》以恭敬辭讓之心爲"禮之端",關係尤其密邇(孟子四端說參見下文)。這些也都是孟子四端說之先導。總而言之,《五行》認爲心之性原初即蘊含諸價值的發端,所以人之性亦必如此。

孟子完整地演繹了《五行》口之性好味、耳之性好聲、目之性好色、鼻之性好臭、四肢之性好安逸、心之性好仁義之說。其承《五行》心好仁義之說云:"口之於味也,有同耆焉;耳之於聲也,有同聽焉;目之於色也,有同美焉。至於心,獨無所同然乎?心之所同然者何也?謂理也,義也。聖人先得我心之所同然耳。故理義之悅我心,猶芻豢之悅我口。"(《孟子·告子上》)《孟子·滕文公上》謂"孟子道性善,言必稱堯舜",孟子在確認心之性好仁義、悅理義的基礎上,提挈出"性善"作爲其心性學說的總綱。《孟子·告子上》記載:

公都子曰:"告子曰:'性無善無不善也。'或曰:'性可以爲善,可以爲不善。是故文、武興,則民好善;幽、厲興,則民好暴。'或曰:'有性善,有性不善。是故以堯爲君而有象;以瞽瞍爲父而有舜;以紂爲兄之子且以爲君,而有微子啓、王子比干。'今日'性善',然則彼皆非歟?"孟子曰:"乃若其情則可以爲善矣,乃所謂善也。若夫爲不善,非才之罪也。惻隱之心,人皆有之;羞惡之心,人皆有之;恭敬之心,人皆有之;是非之心,人皆有之。惻隱之心,仁也;羞惡之心,義也;恭敬之心,禮也;是非之心,智也。仁義禮智,非由外鑠我也,我固有之也,弗思耳矣。故曰:求則得之,舍則失之……"

《孟子・公孫丑上》記孟子又説:

> 人皆有不忍人之心。……所以謂人皆有不忍人之心者,今人乍見孺子將入於井,皆有怵惕惻隱之心。非所以内(納)交於孺子之父母也,非所以要譽於鄉黨朋友也,非惡其聲而然也。由是觀之,無惻隱之心,非人也;無羞惡之心,非人也;無辭讓之心,非人也;無是非之心,非人也。惻隱之心,仁之端也;羞惡之心,義之端也;辭讓之心,禮之端也;是非之心,智之端也。人之有是四端也,猶其有四體也。

這兩章之核心其實都是論人有四端。故朱熹集注云:"前篇(案指《公孫丑上》)言是四者爲仁義禮智之'端',而此(案指《告子上》)不言'端'者,彼欲其擴而充之,此直因用以著其本體,故言有不同耳。"由《公孫丑》篇所記明顯可見,人有四端,乃孟子主張"性善"説的依據。公都子在引述關於人性的種種説法之後,謂"今曰'性善'",毫無疑問是回到孟子的觀點。孟子在回復時,甫一開口便説,所謂性善是指人性實可以爲善,接下來便以心之性有四端來落實之;——其四端説直接就是從《五行》落實人性的仁之端、義之端和禮之端發展而來的。①

在《五行》《孟子》體系中,心之性與諸小體之性從價值層面上説是異趣的,具有完全不同的方向或特質,心之性的張揚就意味着對小體之性的規範或抑制。而在的人性觀念中,心之性與諸小體之性同趣,均不具備對仁義諸價值的傾向性。其《性惡》篇簡括地説:"今人之性,固無禮義,故彊學而求有

---

① 孟子四端説之承自《五行》者尚多,其詳請參閱拙作:《從簡帛〈五行〉篇到〈孟子〉:一段重要學術思想史的追蹤》,《古典學集刊》第一輯,頁 283~320;亦可參閱本書第八章"從《五行》到《孟子》"。又,《五行》説文第二十三章是子思論人性的關鍵文字。該章雖然祇説"人之生,……巍然……好仁義","人獨有仁義",但它思考的人性實際上也包括禮。《五行》界定人之性的參照對象是草木、禽獸之性,即以草木、禽獸無而人獨有者爲人之性。故其説文第二十三章言"遁(循)禽獸之生(性),則有好惡焉,而无(無)禮義焉",其實就是説人之性有"禮義"。舉一反三,對《五行》"知(智)""聖"兩種價值,亦可作同樣的理解。

之也;性不知禮義,故思慮而求知之也。"一如《五行》《孟子》基於心之性來論證人之性,《孟子》又基於心之性主張"性善"説一樣,《荀子》同樣基於心之性來論證人之性,但因此主張"性惡"。總之從子思到孟子再到荀子,人性均被析分爲大體之性與小體之性,荀子與子思、孟子的差異主要是基於對大體之性的不同認知;戰國儒家心性學説有前後相承的基本理論框架和歷史軌迹,即便荀子與思、孟看起來尖鋭對立(實際上,新出儒典可以證明,荀子與孟子、子思的對立被人爲擴大了),他們都不能置身於這一框架和軌迹之外。①

那麼《大學》能够"置身事外"嗎? 無論就歷史事實而言,還是從邏輯體系來説,它都必須擁有一個提供支持的潛在體系。《大學》對心之性的潛在認知究竟與《五行》《孟子》一路呢,還是與《荀子》一路? 筆者認爲,支持《大學》的先在體系以及《大學》對心之性的潛在認知,與以《五行》爲核心的戰國儒典應該是一路的。這樣説,根據就在於《大學》本文與它們存在大量有本質意義的内在同一性,本章各節正以揭示這種同一性爲旨趣。② 單説心性,本章第四節已經論析,《大學》將主體"格物→致知→誠意→正心→脩身"之過程概括爲"明明德",又以爲"明德"與"天之明命"密切相關,所以此概括一方面符同《五行》《吾命自出》《吾意論》等儒典所謂命自天降、性自命出的理念,一方面符同這些儒典所包含的性生成德的認知。就是説,它們都張揚《中庸》所説的"天命之謂性,率性之謂道"(案:《中庸》本義也必須從上揭歷史語境中把握,"率性"並非泛言循人性,而應該是指循大體即心好仁義之性)。總之,心之性好

---

① 其詳請參閲拙作《〈五行〉學説與〈荀子〉》,《北京大學學報(哲學社會科學版)》2013年第1期,頁75～87;以及《從〈五行〉學説到〈荀子〉:一段被湮没的重要學術思想史》,《出土文獻與中國文學研究:第三届出土文獻與中國文學研究學術研討會(國際)論文集》,頁49～73。並可參閲本書第九章"從《五行》至《荀子》"。
② 馮友蘭謂,"荀子爲戰國末年之儒家大師。後來儒者,多出其門。……《大學》中所説'大學之道',當亦用荀子之觀點以解釋之",並舉數例以作對比説明(見氏著《中國哲學史》,《三松堂全集》第二卷,頁572～578)。馮氏之言多有不當,徐復觀一一駁其疏失(參見氏著《中國人性論史·先秦篇》,頁248～250)。不過徐氏自己舉數例,以證成《大學》之作者,其受有荀學的影響,固無可疑,又舉《孟子》與《大學》之若干關聯,以明《孟子》影響於《大學》(《中國人性論史·先秦篇》,頁250、頁252)。凡此亦多未得要領。徐復觀强調《大學》"主要的立足點,當在孟學而不在荀學","所以對《大學》的解釋,主要也應當以孟學爲背景。孟學出於孔子、曾子、子思,亦即是應當以先秦整個儒家思想,爲瞭解《大學》的背景"(《中國人性論史·先秦篇》,頁251)。《大學》與孔子、曾子、子思、孟子這一系列的關聯相對較强,是毋庸置疑的,至於誰影響了誰,則另當别論,而《大學》與新出《五行》等儒典的關聯,尤不可漠視。

仁義就是《大學》的潛在認知。①

既然如此,《大學》八目之"正心"究竟意味着什麽呢?"心"何以要"正"呢?"正心"之主體又是誰?

筆者認爲,《大學》八目之"正心"並非指使心歸向於正、善或者無邪(依《大學》之見,心之性本來就傾向於仁義諸價值),"正心"乃是就心之官能而言的。先秦儒家心性學説有兩大核心,一是心之性,一是心之官能。其論心之性上文業已提挈,接下來看看這些儒典如何論説心之官能。與竹書《五行》同見於郭店楚墓的《語叢一》有云:"容絶(色),目敀(司)也。聖(聲),耳敀也。臭,𦤶(鼻)敀也。未(味),口敀也。燹(氣),容敀也。志,心敀。"目耳鼻口四種感官,今人常常言及,此外則有容和心。《荀子·天論》篇謂"耳目鼻口形能(態)"爲"五官"或"天官",且謂五官"各有接而不相能"(即各有作用之對象而不能互相替代),"形能(態)"所司當是今所謂膚覺。然則五官各有所司不能替代之説,戰國儒典中已經完備。格外值得注意的是心的官能。《語叢》將心之官能歸結爲志。而同出於郭店楚墓的《眚自命出》上篇説:"凡思之甬(用)心爲甚。"下篇則説:"凡甬(用)心之喿(躁)者,思爲戡(甚)。"此二語又見於上

---

① 需要注意的是,《大學》固謂"未有上好仁而下不好義者也",但僅僅就字面而言,這類説法未必意味着人之性(或者心之性)好仁或好義,所以筆者不依此確定《大學》對人之性(或者心之性)的認知。根據《荀子》的體系,人之性(或者心之性)雖然不存在生成仁義等價值的發端,可是人能以後天的學習和修爲,使外在價值内在化,此時仁義美善便成爲大體和小體的自覺要求。《荀子·勸學》篇云:"倫類不通,仁義不一(楊注:通倫類,謂雖禮法所未該,以其等倫比類而通之。謂一以貫之,觸類而長也。一仁義,謂造次不離,他術不能亂也),不足謂善學。學也者,固學一之也。……全之盡之,然後學者也。君子知夫不全不粹之不足以爲美也,故誦數以貫之,思索以通之,爲其人以處之,除其害者以持養之,使目非是無欲見也,使耳非是無欲聞也,使口非是無欲言也,使心非是無欲慮也。及至其致好之也,目好之五色,耳好之五聲,口好之五味,心利之有天下。是故權利不能傾也,羣衆不能移也,天下不能蕩也。生乎由是,死乎由是,夫是之謂德操。德操然後能定,能定然後能應。能定能應,夫是之謂成人。"荀子謂,善學者通倫類,一仁義。全善盡善方可謂學者,完全純粹方可謂美。故反復誦讀、思索以貫通之(相當於《大學》"知止""知其所止""物格而后知至"),在做人層面上踐行之,摒除有害於仁義美善者以持守養護之,使目非仁義美善不欲見,使耳非仁義美善不欲聞,使口非仁義美善不欲言,使心非仁義美善不欲慮,等到對仁義美善之好臻於極致,目好之逾於好五色,耳好之逾於好五聲,口好之逾於好五味,心利之逾於有天下,如此則權利、羣衆、天下皆不能使之動摇變易,生死由之,方可謂有道德操守(相當於《大學》得其所止);有德操然後能止於仁義美善之地而不遷,然後能合理因應各種情況,如此便可謂"成人"。總之經學習和修爲,無論小體之性還是大體之性均爲善所化,此時大體小體之好,就不能作爲依據來定義大體小體之性了。對荀子來説,性惡並不可怕,可怕的是不學不爲。以上請參考拙著《從〈五行〉學説到〈荀子〉:一段被湮没的重要學術思想史》,《出土文獻與中國文學研究:第三届出土文獻與中國文學研究學術研討會(國際)論文集》,頁49~73。此外,徐復觀説《大學》"不言性"(見氏著《中國人性論史·先秦篇》,頁238),祇是據其表面下的判斷。

博簡《眚薏論》。所謂思用心最甚,幾乎就是説思爲心之官能或者心爲思之器官。後來孟子直截了當地説:"心之官則思……"(《孟子·告子上》)

子思、孟子等學者認定心之性好仁義或者悦理義。不過,有了這樣的心之性並不能高枕無憂,仁義諸價值並不能必然、自然地在主體内部生成,心發揮其官能,對認知、持守和踐修價值來説具有至關重要的意義。

首先心是一切認知活動的主體。《五行》經文第二十三章謂"目(侔)而知之,胃(謂)之進之",第二十四章謂"辟(譬)而知之,胃之進之",第二十五章謂"諭而知之,胃之進之",第二十六章謂"幾(幾)而知之,天也",相關説文作了進一步的詮釋。而《五行》經文第十七章云:"聞君子道而不知亓(其)君子道也,胃(謂)之不聖。見賢人而不知亓有德也,胃之不知(智)。見而知之,知(智)也。聞而知之,聖也。"凡此格物致知之行爲過程都離不開心的官能,心對建構知的作用是決定性的。而且心發揮其官能對確認心之性也十分重要。《五行》説文第二十三章云:"文王源耳目之生(性)而知亓(其)好聲色也,源鼻口之生而知亓好蠁(臭)味也,源手足之生而知亓好勢(佚)餘(豫)也,源心之生則巍然知亓好仁義也。故執之而弗失,親之而弗離,故卓然見於天,箸(著)於天下。"文王毫無疑問是靠發揮心之官能來確認心之性的。在《五行》等戰國儒典之體系中,離開心之官能,想探求而知耳目、鼻口、手足以及心之性是不可想象的,所有的人都必須依靠心發揮其官能,不斷追問和反思,最終確認心之性以及人之性。知心之性是盡心之性的前提。孟子曰:"盡其心者,知其性也。"(《孟子·盡心上》)就是説知曉心之性,方能盡心之性。心之性尚且不知,無以談盡其心。

其次,人性之出,有賴於外在之"勿(物)"與内在之"心"取之。《眚自命出》上篇云:"凡眚(性)爲宝(主),勿(物)取之也。金石之又(有)聖(聲)也,弗鉤(叩)不鳴。人唯(雖)又眚,心弗取不出。"①同樣的文字又見於上博簡《眚薏論》。心好仁義之性顯然也需要心取而出之。《五行》説文第二十三章稱文王確認了心好仁義之性,"執之而弗失,親之而弗離,故卓然見於天,箸(著)於天下";——心認同含蘊於其性的原初價值傾向,不間斷持守涵養之,使價值形於内,這就是心取而出心之性的工夫。没有這種工夫,德行將無由生成。

再次,作爲人之大體,心對諸小體具有決定性的作用。《五行》經文第二十

---

① 最後一個缺字學界一般不補,當爲"人"字,該篇首句即爲"凡人唯(雖)又(有)眚(性)"。

第七章　文本解讀與歷史語境：二重證據中的《大學》　509

二章云："耳目鼻口手足六者，心之役也。心曰唯，莫敢不 唯 。心曰若(諾)，莫 敢不 若 。心 曰進，莫敢不進。〔心曰退，莫敢不退。心曰深，莫敢不深〕。心曰淺，莫敢不淺。和則 同 ， 同則善 。"就人之諸體言，心的決定性無與倫比，這種認知不惟見於《五行》，在《孟子》《荀子》等儒典中也十分清晰(何況心還決定着小體自身官能的發揮，故《大學》明確地説："心不在焉，視而不見，聽而不聞，食而不知其味")。主體在行爲的所有環節上都需要心給出指令，如何保證心的指令合乎道呢？《荀子》一書對此有清晰、集中和極具思辨性的回答。①

綜上所論，在戰國儒家心性學説體系中，心之性乃是人性的核心，心的官能則始終發揮着根本作用，——無論認知心之性或人之性原初的價值傾向、確認價值，還是建立價值認同、維持價值踐履，心的官能都不能缺席，而且必須發揮正確的主導作用。這使得儒家心性學説在一開始成熟時就顯得相當複雜和豐富。

在《五行》體系中，大體之性與小體之性雖然異趣，但後者無以挑戰前者(如其説文第二十二章所謂，"□ 不勝 □、 小 不勝大、賤不勝貴")，整體上看起來合理而有序。至孟子，心之性與衆小體之性的衝突變得明顯突出。心之性悦理義、擁有仁義禮智四種價值的原初發端，但卻置身於衆小體之包圍中。孟子警示世人，心之性可能被小體之性陷溺："富歲，子弟多賴；凶歲，子弟多暴。非天之降才爾殊也，其所以陷溺其心者然也。"(《孟子·告子上》)耳目鼻口手足之性陵越心之性，會使心之性喪失主導地位而陷入沉迷。那麼，主體當如何對待心以及衆小體之性呢？一方面，要存養心之性。孟子説："盡其心者，知其性也。知其性，則知天矣。存其心，養其性，所以事天也。"(《孟子·盡心上》)因爲心之性悦理義、有仁義禮智四端，所以盡心在價值上是合理且必須的；因爲性自命出、命自天降，所以知曉心之性即意味着知天，存養心之性即意味着事天。有學者曾説："孟子以爲存心養性即所以事天，這便將古來宗教之所祈嚮，完全轉換消納，使其成爲一身一心的德性的擴充。"②其間的邏輯頗令人不解。孟子依然持守着孔子承襲自周文化的傳統天命觀，事實毋寧是他將"一身一心的德性的擴充"，再次確認爲帶有濃厚傳統色彩的宗教祈嚮，故其所謂盡心養性的終極必然性即來於關注世人德行的超越性的天。孟子打比方説，人性之於仁義諸價值，一如牛山之性之於茂美之林木；——臨淄

---

① 其詳請參閲本書第九章"從《五行》到《荀子》"。
② 徐復觀：《中國人性論史·先秦篇》，頁163。

東南之牛山,其性得養時林木茂美,然因郊於大都,伐之者眾,屢遭斤斧,林木之餘蘗又總是被牛羊啃噬,終至於光禿禿的。故而孟子說:"苟得其養,無物不長;苟失其養,無物不消。孔子曰:'操則存,舍則亡。出入無時,莫知其鄉。'惟心之謂與?"(《孟子·告子上》)孟子強調,人格的現實差異取決於人性(即心之性)的存養:"人之所以異於禽獸者幾希,庶民去之,君子存之。"(《孟子·離婁下》)①一方面要涵養擴充心之性,一方面則要節制抑損耳目鼻口手足諸小體之性。故孟子說:"養心莫善於寡欲。其爲人也寡欲,雖有不存焉者,寡矣;其爲人也多欲,雖有存焉者,寡矣。"(《孟子·盡心下》)存養心之性、節制耳目鼻口手足之性,豈能離開心的官能呢?《五行》說文第二十三章稱文王確認心之性好仁義之後,"執之而弗失,親之而弗離"。持守價值之工夫,離開心的官能簡直不可想象。而《孟子·告子上》記載:

> 公都子問曰:"鈞是人也,或爲大人,或爲小人,何也?"孟子曰:"從其大體爲大人,從其小體爲小人。"曰:"鈞是人也,或從其大體,或從其小體,何也?"曰:"耳目之官不思,而蔽於物,物交物,則引之而已矣。心之官則思,思則得之,不思則不得也。此天之所與我者,先立乎其大者,則其小者弗能奪也。此爲大人而已矣。"

在主體行爲過程中,爲道德生成提供根本保障的,是心發揮其官能。所以用心須專。上博《詩論》第八章記孔子云:"《尸鳩》曰:'丌(其)義一氏(兮),心女(如)結也',虐(吾)信之。"孔子所引詩句,今《毛詩·曹風·鳲鳩》作"其儀一兮,心如結兮",毛傳曰:"言執義一則用心固。"孟子打比方曰:"今夫弈之爲數,小數也;不專心致志,則不得也。弈秋,通國之善弈者也。使弈秋誨二人弈,其一人專心致志,惟弈秋之爲聽;一人雖聽之,一心以爲有鴻鵠將至,思援弓繳而射之,雖與之俱學,弗若之矣。爲是其智弗若與?曰:非然也。"(《孟子·告子上》)"專心致志"意味着心高強度地持續不斷地參與,雖弈之小數都需如此,何況存心養性乎?

總之心的官能至關重要。即便心之性或者人之性好仁義、悦理義,如《五

---

① 子思、孟子界定人性,立足點在人異於禽獸的特質。《五行》說文第二十三章云:"'目(侔)而知之,胃(謂)之進之';弗目也,目則知之矣;知之則進耳。目之也者,比之也。'天監在下,有命既雜(集)'也,天之監下也,雜命焉耳。逌(循)草木之生(性),則有生焉,而无(無)好惡焉。逌禽獸之生,則有好惡焉,而无禮義焉。逌人之生,則巍然知亓(其)好仁義也。不逌所以受命也,逌之則得之矣。是目之已。故目萬物之生而知人獨有仁義也,進耳。"這一論述是極爲典型的證據。

行》《孟子》等儒典張揚的那樣,心如何有效發揮作用,也是理論和實際上不能不面對的問題。其道理顯而易見,整個格物→致知→誠意→正心→脩身→齊家→治國→平天下的過程,都不可能離開心之官能,都不可能不用心。到了《荀子》,心之性被界定爲好佚好利,其間不存在趨向仁義禮智諸價值的原初始端,要化性起僞,養成士、君子、聖人人格,充分發揮心的官能就變得更爲重要。也正是到了《荀子》,儒家心性學說的很多潛在意指纔得到明確的表述。

其一,荀子指出,人"知道"(認知道),有賴於心。《荀子·解蔽》篇云:"人何以知道?曰:心。心何以知?曰:虛壹而靜。心未嘗不臧(藏)也,然而有所謂虛;心未嘗不(滿)〔兩〕也,然而有所謂(一)〔壹〕;心未嘗不動也,然而有所謂靜。(人)〔心〕生而有知,知而有志(識/記),志也者臧也,然而有所謂虛,不以所已臧害所將受謂之虛。心生而有知,知而有異,異也者,同時兼知之。同時兼知之,兩也,然而有所謂(一)〔壹〕,不以夫一害此一謂之壹。心,臥則夢,偷則自行,使之則謀,故心未嘗不動也,然而有所謂靜,不以夢劇(囂煩)亂知謂之靜。未得道而求道者,謂之虛壹而靜。作之,則將須道者之虛則(人)〔入〕,將事道者之壹則盡,(盡)將思道者〔之〕靜則察。知道察,知道行,體道(楊注:謂不離道)者也。虛壹而靜,謂之大清明(楊注:言無有壅蔽者)。"①

其二,荀子指出,心"知道",然後纔能以道爲衡而袪除心之蔽,然後纔能"可道",且"守道以禁非道"。《解蔽》篇又云:

聖人知心術之患,見蔽塞之禍,故無欲無惡,無始無終,無近無遠,無博無淺,無古無今,兼陳萬物而中縣衡焉,是故衆異不得相蔽以亂其倫也。何謂衡?曰:道。故心不可以不知道。心不知道,則不可道而可非道。人孰欲得恣,而守其所不可,以禁其所可(楊注:人心誰欲得縱恣,而守其不合意之事,以自禁其合意者)?以其不可道之心取人,則必合於不道人,而不(知)合於道人。以其不可道之心,與不道人論道人,亂之本

---

① 案:"人生而有知,知而有志"一句,"人"字當爲"心"字之誤。一者,該句乃申說前文"心未嘗不臧(藏)也,然而有所謂虛",故其主詞當爲"心"。二者,下文兩個承接上文的並列申說,一作"心生而有知,知而有異,異也者,同時兼知之。同時兼知之,兩也……",一作"心,臥則夢,偷則自行,使之則謀,故心未嘗不動也……"亦可證該句之主詞必爲"心"字。該句之"志",楊倞引"在心爲志"(案原見《詩大序》),未確,當與"識(誌)"通,指心所記識,故接下來謂"志也者臧(藏)也"。另外,徐復觀對這段文字的核心意指存在誤解。他說:"荀子固然以心爲虛壹而靜,故能知道;但他卻以心必先憑藉道而始能虛壹而靜。所以他說:'未得道而求道者,謂之虛壹而靜。'荀子所說的道是客觀的;'求道'時之心,即是順着道而轉動的心;順着道而轉動的心,乃能虛壹而靜。"(參見氏著《中國人性論史·先秦篇》,頁221)這是相當令人困惑的解釋。"未得道而求道者,謂之虛壹而靜",明確指言"虛壹而靜"乃在"未得道而求道"時,則所謂"心必先憑藉道而始能虛壹而靜",豈非本末倒置?其時既"未得道",又何以謂心"順着道而轉動","乃能虛壹而靜"呢?

也。……心知道,然後可道;可道,然後能守道以禁非道。以其可道之心取人,則合於道人,而不合於不道之人矣。以其可道之心,與道人論非道,治之要也。何患不知? 故治之要在於知道。

"知道"不僅是治之要,準確地說,它至少是脩身、齊家、治國、平天下之要。《大學》八目所敘道德修爲的完整過程,自始至終都離不開心"知道""可道"的官能。正因爲心有"知道""可道""守道以禁非道"的官能,所以《荀子·正名》篇稱之爲"道之工宰(官宰、主宰)"。

其三,荀子說得十分清楚,心之所以要正,就是要袪除欲惡、始終、近遠、博淺、古今等因素對心術造成的閉塞。《解蔽》明云:"故(胡/何)爲蔽? 欲爲蔽,惡爲蔽;始爲蔽,終爲蔽;遠爲蔽,近爲蔽;博爲蔽,淺爲蔽;古爲蔽,今爲蔽。凡萬物異則莫不相爲蔽,此心術之公患也。"惟袪除這些蔽害,心纔可以在"可道"這一根本環節上有效發揮作用,在脩、齊、治、平過程中發揮其"守道以禁非道"之官能。《荀子·非相》篇云:"形不勝心,心不勝術,術正而心順之。"所謂"術正而心順之",當是指心"知道"後之"可道""守道以禁非道"而言的。孟子曾說,"耳目之官不思,而蔽於物,……心之官則思,思則得之,不思則不得也",荀子竭力彰顯心之蔽,並致力於袪除此蔽,其理論建構顯得更加周密和完備。

其四,十分有意思的是,荀子十分清晰地表明:正心的主體恰恰就是心。《解蔽》篇云:"心者,形之君也,而神明之主也,出令而無所受令。自禁也,自使也;自奪也,自取也;自行也,自止也。故口可劫而使墨(默)云(言),形可劫而使詘申,心不可劫而使易意,是之則受,非之則辭。"心不惟管控耳目、鼻口、手足諸小體,而且可以實現自我管理。這一重要觀念一直隱含在《五行》《孟子》等儒典之中,《荀子》則將其挑明。實際上,心之性或人之性是否存在對於仁義諸價值的原初傾向性可能並不重要,重要的是心具有"知道""可道""守道以禁非道"、使令諸小體而且自我管理的官能。

概括言之,子思、孟子不是用小體之性加大體之性來定義人之性,而是基於大體超越和支配小體的官能,單以大體之性來定義人之性;荀子將大體、小體之官能也納入人性範疇,①但他同樣未用小體之性加大體之性來定義人性,而是將大小體之官能從大小體之性中排除,僅依據大小體尤其是大體之好欲,來倡言人性惡,與此同時,荀子承繼先儒了對大體官能的重視,踵其事而增華,將化性起僞、認知並持守價值、實現道德善的大業,寄託在大體亦即

---

① 參閱本書第四章第三節:"《五行》性二元化理論及其承繼者與變異者——《孟子》與《荀子》"。

第七章 文本解讀與歷史語境:二重證據中的《大學》 513

心的超越性的官能上,從某種意義上説是"以人性另一面的知與能作橋梁,去化人性另一面的惡"。① 荀子再次強調,心發揮作用非常重要,"心不使焉,則白黑在前而目不見,雷鼓在側而耳不聞,況於(使)〔蔽〕者乎!"(《荀子·解蔽》)學術思想發展的這種歷史邏輯十分有趣。

《大學》體系又必須從上述歷史語境中來認知。徐復觀認爲:"《大學》最大的特色,是思想的系統性,此即荀子之所謂'統類'。然荀子之所謂統類,係以客觀之禮爲中心。而《大學》之統類,則以心爲主。心主宰乎一身,以通於家、國、天下。孟、荀同言禮義;但孟子多就心上言,而荀子則多就法數上言。《大學》乃屬於孟子以心爲主宰的系統,而非屬於荀子以法數爲主的系統。知乎此,則《大學》雖亦受有荀子的影響,但這是副次的、枝節的。其主要的立足點,當在孟學而不在荀學。所以對《大學》的解釋,主要也應當以孟學爲背景。孟學出於孔子、曾子、子思,亦即是應當以先秦整個儒家思想,爲瞭解《大學》的背景。"②如此討論《大學》與《孟子》《荀子》之關係,存在代際誤差。《大學》非立足於孟學,也未受荀學影響,其成立殆不晚於子思。《大學》言心,與郭店、上博、馬王堆儒典尤其是《五行》關聯更大,孟子、荀子之學應該是承此傳統而進一步發展的結果。視荀學爲"以法數爲主的系統",與"以心爲主宰的系統"(即孟學)對列,亦顯然流於表面,不僅未能把握荀子所謂法數根基仍在於禮,而且未能意識到,基於荀子人性惡的認知,對他來説,要實現道德善、生成士君子聖人之人格,心發揮其官能以"知道""可道""守道以禁非道",實現對諸小體及其自身的管理,反倒更具重大意義,就是説,心在其體系中的主宰性反而更強。《大學》八目之"正心"主要是就心的官能而言的,祇有復原該範疇所在的宏大歷史語境,纔能準確、完整地把握它的本義;或者説,祇有準確、完整地把握該範疇的潛在支持體系,纔能準確、完整地把握它自身。

就其小語境而言,《大學》"正心"之本義在文本中本有如下申説:"所謂脩身在正其心者,(身)〔心〕有所忿懥,則不得其正;有所恐懼,則不得其正;有所好樂,則不得其正;有所憂患,則不得其正。心不在焉,視而不見,聽而不聞,食而不知其味。此謂脩身在正其心。"③《大學》使心超脱忿懥、恐懼、好樂、憂患等因素的攪擾而得其正之説,流而變爲後來荀子的"解蔽"觀念。《荀子·解蔽》篇云:"心不使焉,則白黑在前而目不見,雷鼓在側而耳不聞,況於(使)〔蔽〕者乎!"其"心不使焉,則白黑在前而目不見,雷鼓在側而耳不聞",從句意

---

① 引語見徐復觀《中國人性論史·先秦篇》,頁232。
② 徐復觀:《中國人性論史·先秦篇》,頁251。
③ 《伊川先生改正大學》謂"身"當作"心"(參見《河南程氏經説》卷第五,程顥、程頤:《二程集》,頁1130),其説更契合上下文,可信從。

到表達方式,均襲自《大學》"心不在焉,視而不見,聽而不聞,食而不知其味";其所謂"況於(使)〔蔽〕者乎",則襲自《大學》"〔心〕有所忿懥,則不得其正;有所恐懼,則不得其正;有所好樂,則不得其正;有所憂患,則不得其正"。《大學》主要是就"忿懥""恐懼""好樂""憂患"種種情感論心之蔽,《荀子·解蔽》則是就欲惡(屬於情)、始終、近遠、博淺、古今論心之蔽,其視野更爲宏大,然要本殆歸於《大學》。唯正心或解除心之蔽,纔能使心滿量投入"格物→致知→誠意"所確認和歸向的價值,滿量地參與到"脩身→齊家→治國→平天下"的政教倫理實踐之中(從修養工夫上説,惟有誠心向着業已認知的價值,纔能進一步提升到使心滿量地踐行這種價值,所以《大學》説"欲正其心者,先誠其意")。墨子曰:"必去六辟,必去喜、去怒、去樂、去悲、去愛、〔去惡〕,而用仁義。手足口鼻耳〔目〕從事於義,必爲聖人。"(《墨子·貴義》)《管子·内業》云:"凡心之刑,自充自盈,自生自成;其所以失之,必以憂樂喜怒欲利。能去憂樂喜怒欲利,心乃反濟。彼心之情,利安以寧,勿煩勿亂,和乃自成。"《管子·心術上》:"人迫於惡則失其所好,怵於好則忘其所惡,非道也。故曰不怵乎好,不迫乎惡,惡不失其理,欲不過其情;故曰君子恬愉無爲,去智與故:言虚素也。"凡此所論,與《大學》正心説亦頗有一致處。荀子謂"心知道,然後可道;可道,然後能守道以禁非道"(《荀子·解蔽》),《大學》八目將"知道"安排在起始的"格物→致知"階段,其"誠意→正心→脩身"階段正以"可道""守道以禁非道"爲要務,且將以此貫徹"齊家→治國→平天下"。這裏關注的是心的官能而非心之性。至於《大學》之"脩身",關鍵在於從"知止"晉升到"得(止)",其内容之豐博殆亦可旁觀《荀子·修身》篇。

毫不意外的是,《大學》申説"脩身→齊家"仍然是聚焦於"正心"。其論曰:"所謂齊其家在脩其身者,人之其所親愛而辟焉,之其所賤惡而辟焉,之其所畏敬而辟焉,之其所哀矜而辟焉,之其所敖惰而辟焉。故好而知其惡,惡而知其美者,天下鮮矣。故諺有之曰:'人莫知其子之惡,莫知其苗之碩。'此謂身不脩,不可以齊其家。"鄭玄注前幾句云:"之,適也。譬,猶喻也。言適彼而以心度之,曰:吾何以親愛此人,非以其有德美與?吾何以敖惰此人,非以其志行薄與?反以喻己,則身脩與否可自知也。"這幾乎衹是胡亂猜測。朱子章句釋"之"爲"於",釋"辟"爲"偏",得其旨矣。《大學》八目之"脩身",意指不限於上揭文本所示,可由"脩身"進而至於"齊家→治國→平天下",必須持身正而無偏向,其要則在於心不爲"親愛""賤惡""畏敬""哀矜""敖惰"所閉塞。《荀子·解蔽》云:"昔人君之蔽者,夏桀、殷紂是也。桀蔽於末喜、斯觀,而不知關龍逢,以惑其心而亂其行。紂蔽於妲己、飛廉,而不知微子啓,以惑其心而亂其行。"此正是《大學》所謂"人之其所親愛而辟焉"。由此又可見《解蔽》

與《大學》之關聯。這應該是《大學》側重於從這一方面申説的原因。凡人對於家人最難公平持正。《大學》舉諺語"人莫知其子之惡",來坐實"人之其所親愛而辟焉",道破常情,十分婉妙。《韓非子·説林下》有云:"鄭人有一子,將宦,謂其家曰:'必築壞牆,是不善(繕),人將竊。'其巷人亦云。不時築,而人果竊之。〔其家〕以其子爲智,以巷人告者爲盜。"《韓非子·説難》篇敘"宋有富人,天雨牆壞"一事,與此類同。凡此頗可見人於其子,心往往有偏蔽而不能正。《莊子·雜篇·寓言》謂"親父不爲其子媒。親父譽之,不若非其父者也",所以如此,正因人於其子心身不能正平。其他種種偏蔽可以此類推。"齊家"意味着明明德於家,若有所好而不知其惡,有所惡而不知其美,則家何由齊？故"齊家"之要在持心正平。《大學》這些文字,還是説心須以其超越性的官能祛除心之所蔽,而不是究詰心之性。

在《大學》八目的設計中,"正心"——消除心之偏蔽以保持公正狀態,保證心滿量參與和主導價值認知以及踐履,對"治國""平天下"也同樣重要。心不正則身不脩而家不齊,又於治國、平天下何？《大學》固云:"所謂治國必先齊其家者,其家不可教而能教人者無之,故君子不出家而成教於國。……一家仁,一國興仁；一家讓,一國興讓；一人貪戾,一國作亂。其機如此。此謂一言僨事,一人定國。"《荀子·解蔽》一文的主旨之一,是心被閉塞導致家、國、天下之患,該理路其實也已經蘊含在《大學》的觀念體系當中。

六、"親民"

《大學》三綱中的第二綱"親民",古今有兩種不同詮釋。鄭玄未注"親"字,殆即讀如字。故孔疏云:"'在親民'者,言大學之道,在於親愛於民,是其二也。"程頤認爲"親"當作"新",①朱子章句從之。時人或質疑朱子曰:"程子之改'親'爲'新'也,何所據？子之從之,又何所考而必其然耶？且以己意輕改經文,恐非傳疑之義,奈何？"朱子答曰:"若無所考而輒改之,則誠若吾子之譏矣。今'親民'云者,以文義推之則無理,'新民'云者,以傳文考之則有據,程子於此,其所以處之者亦已審矣。矧未嘗去其本文,而但曰'某當作某',是乃漢儒釋經不得已之變例,而亦何害於傳疑也？若必以不改爲是,則世蓋有承誤踵訛,心知非是,而故爲穿鑿附會,以求其説之必通者矣,其侮聖言而誤後學也益甚,亦何足取以爲法耶？"②王陽明竭力反對程朱之説,認爲"説'親

---

① 參見《伊川先生改正大學》,《河南程氏經説》卷第五,程顥、程頤:《二程集》,頁1129。
② 朱熹:《四書或問·大學或問上》,朱傑人等主編:《朱子全書》第六冊,頁509~510。

民'便是兼教養意,說'新民'便覺偏了"。① 此後學者議論紛紜,各執一是,卻均無充分論證,茲不一一舉列。筆者以爲,《大學》"親民"不必改作"新民",其意則爲新民。"親""新"二字本通。比如《韓非子·亡徵》篇云:"親臣進而故人退,不肖用事而賢良伏,無功貴而勞苦賤,如是則下怨;下怨者,可亡也。"王先慎《集解》謂:"親,讀爲'新'。"該篇原文以"親臣"與"故人"相對,而並列以"不肖"對"賢良"、"無功"對"勞苦",則"親"字意思爲新,較然無疑。

最重要的是,"親民"意指"新民",《大學》原文表述得相當清楚。欲把握此旨,當注意以下先後相承的幾段文字(爲便於分析,筆者特地加上序號):

(1)《詩》云:"瞻彼淇澳,菉竹猗猗。有斐君子,如切如磋,如琢如磨。瑟兮僩兮,赫兮喧兮。有斐君子,終不可諠兮。""如切如磋"者,道學也。"如琢如磨"者,自脩也。"瑟兮僩兮"者,恂慄也。"赫兮喧兮"者,威儀也。"有斐君子,終不可諠兮"者,道盛德至善,民之不能忘也。《詩》云:"於戲前王不忘。"君子賢其賢而親其親,小人樂其樂而利其利,此以沒世不忘也。

(2)《康誥》曰"克明德",《大甲》曰"顧諟天之明命",《帝典》曰"克明峻德",皆自明也。湯之《盤銘》曰:"苟日新,日日新,又日新。"

(3)《康誥》曰:"作新民。"《詩》曰:"周雖舊邦,其命惟新。"是故君子無所不用其極。

(4)《詩》云:"邦畿千里,惟民所止。"《詩》云:"緡蠻黃鳥,止于丘隅。"子曰:"於止,知其所止,可以人而不如鳥乎?"《詩》云:"穆穆文王,於緝熙敬止。"爲人君止於仁,爲人臣止於敬,爲人子止於孝,爲人父止於慈,與國人交止於信。

第一段申說三綱中的"止於至善",其中"'有斐君子,終不可諠兮'者,道盛德至善,民之不能忘也"一語,說得十分清楚。第二段,朱子章句以爲釋三綱之"明明德",也不成問題。其意可用孔子一語概括:"天生德於予"(《論語·述而》);《大學》三綱之所以稱"德"爲"明德",就是因爲德與天之"明命"的關係。而德由天生與自"明明德"兩面看似對立,實則相輔相成,並不排斥。值得注意的是,舊說總是將"湯之《盤銘》曰"一事置於下一個意義單元,大誤。此《盤銘》乃是承接上文之"自明"而言的,意在勉勵學者"日新其德"(鄭注);它跟上文的邏輯關係,與"《詩》云:'於戲前王不忘。'君子賢其賢而親其親,小人樂其樂而利其利,此以沒世不忘也"數語,緊承上文"民之不能忘也"展開,是相同的。第四段當是申說"知止"(《大學》開篇述三綱,緊跟著便說"知止而後有

---

① 王陽明:《傳習錄上》,吳光等編校:《王陽明全集》第一册語錄一,頁2。

第七章 文本解讀與歷史語境：二重證據中的《大學》

定,定而后能静,静而后能安,安而后能慮,慮而后能得"),該段核心語句"於止,知其所止"、關鍵句式"爲……(某某倫理身分)止於……(某某倫理價值)",均明顯扣合"知止"二字,堪爲鐵證；郭店簡文《語叢三》謂,"膳(善)日過我,我日過膳,臤(賢)者隹(唯)亓(其)止也以異",與此意頗近。朱子章句將上揭第一段移於此段之後,合爲傳之第三章,謂其意乃解"止於至善",其說未確。上揭第一段確實是說"止於至善"之意,然"知止"乃"明明德"開始之工夫,關聯的是八目中的"物格而后知至"(或者"格物→致知"),尚未及"脩身"階段,距"止於至善"更遠。如此便祇剩下第三段。瞻前顧後,可斷定置身這一語境的第三段當是解三綱中的"親民",這是《大學》文本結構自身呈現的邏輯關聯(而該段自身內容也是確證,其詳請參閱下文所論)。① 然則"親民"意指"新民",斷可知矣,朱子《章句》持此說並無問題。② 鄭玄注"君子無所不用其極",云："極,猶盡也。君子日新其德,常盡心力不有餘也。"殆以爲此段仍

---

① 案孔疏云："'《康誥》曰：克明德'者,此一經廣明意誠則能明己之德。周公封康叔而作《康誥》,戒康叔能明用有德。此《記》之意,言周公戒康叔以自明其德,與《尚書》異也……○'《帝典》曰：克明峻德'者,《帝典》,謂《堯典》之篇。峻,大也。《尚書》之意,言堯能明用賢峻之德,此《記》之意,言堯能自明大德也。'皆自明也',此經所云《康誥》《大甲》《帝典》等之文,皆是人君自明其德,故云'皆自明也'…… ○'湯之《盤銘》',此一經廣明誠意之事。'湯之《盤銘》'者,湯沐浴之盤而刻銘爲戒。必於沐浴之盤者,戒之甚也。 ○'苟日新'者,此《盤銘》辭也。非唯洗沐自新。苟,誠也；誠使道德日益新也。 ○'日日新'者,言非唯一日之新,當使日日益新。 ○'又日新'者,言非唯日日益新,又須恒常日新。皆是丁寧之辭也。此謂精誠其意,脩德無已也。"孔疏並未把握《大學》文本結構的内部關聯。其解《康誥》"克明德"爲"能明用有德"、解《堯典》"克明峻德"爲"能明用賢峻之德",謂與《大學》解之爲"自明其德"異,其實均不準確。《康誥》原文曰："惟乃丕顯考文王,克明德慎罰,不敢侮鰥寡,庸庸,祇祇,威威,顯民。"《左氏春秋》魯宣公十五年(前 594)記叔向父羊舌職引《周書》"庸庸、祇祇",杜注謂"用可用,敬可敬"。孫星衍《尚書今古文注疏》謂"杜義本古《書》說",又據以推斷"威威"意爲"畏可畏"。《康誥》任用明德者一義,包含在"庸庸、祇祇、威威"之中,"克明德"則是就文王自身之道德修爲而言的。《堯典》曰："曰若稽古帝堯,曰放勳。欽明文思安安,允恭克讓,光被四表,格于上下。克明俊德,以親九族,九族既睦。平章百姓,百姓昭明。協和萬邦,黎民於變時雍。""克明俊德"以下,自脩身說到齊家、平天下,"克明俊德"是就堯自身的道德修爲而言的。《大學》將這些文字歸結爲自明其德,其實是合理的。

② 王陽明謂,"作新民"之"新"與"在新民"之"新"不同,故不能據前者證成後者,朱子"在新民"之說並無依據(《傳習錄上》,吳光等編校：《王陽明全集》第一冊語錄一,頁2)。王說實有未備之處。《大學》有兩種"明"："明明德"中第一個"明",以及"克明德""克明峻德""自明"之"明",以現代學術範疇言均爲動詞,往往爲使動用法；"明明德"中第二個"明"以及"顧諟天之明命"之"明",以現代學術範疇言均爲形容詞。兩個"明"字雖有動態靜態之異,《大學》本文卻利用了它們的內在關聯。與此相似,《大學》確有兩種"親(新)"："在親民"之"親(新)""苟日新,日日新,又日新"之"新",均爲動詞；"其命惟新""作新民"之"新"則爲形容詞。兩者動、靜有異,但《大學》也利用了它們的內在關聯。明乎此,則更可知這種現象不足以推翻"親民"爲"新民"之說。

是承上文言"明明德"之意，顯亦未把握《大學》文本的內在結構性關聯。要之，《大學》"親民"之意必爲"新民"。

從整體上分析《大學》文本的邏輯構成，可以進一步證明上述論斷。爲此首先要找出《大學》全篇的核心內容，它是其餘文字申説和詮釋的對象。《大學》文本因此被區分爲兩大塊。依戰國文章體式之"經説體"，前一塊可稱爲經，後一塊可稱爲説。朱熹稱前者爲經、後者爲傳，從比較寬泛的意義上説也是可以接受的。需要強調的是，此處所謂"經説體"是就單篇文章之體式而論的，是指一篇文章包含經（核心內容）與説（核心內容之説解）兩個構成部分，而不是指該文章相對於另外一個獨立存在的經而言是説解，故"經説體"不可混同於傳統經學範域的經與傳（傳統經學範域的經與傳是兩個獨立的文本）。接下來，我們依據説與經的每一組關聯項，分別將經與説區隔爲一個個意義單元。經部等值的文字可視爲一個意義單元。經部最後"此謂知本"四字爲衍文（於説部重見），加圓括號表示應該删除。最後，將經作爲一個整體，與説所分各個單元先後排列，加以編序，得《禮記·大學》即《大學》古本之序；將經作爲一個整體，將説所分各個單元依經文順序先後排列，加以編序，使經與説依邏輯順序展開，則《大學》全文一如表 7-1 所示：

表 7-1　《大學》文本邏輯體系一覽表

經	大學之道，(1)在明明德，(2)在親民，(3)在止於至善。 (4)知止而后有定，定而后能靜，靜而后能安，安而后能慮，慮而后能得。物有本末，事有終始，知所先後，則近道矣。 (10)古之欲明明德於天下者，先治其國。(9)欲治其國者，先齊其家。(8)欲齊其家者，先脩其身。(7)欲脩其身者，先正其心。(6)欲正其心者，先誠其意。欲誠其意者，先致其知。(5)致知在格物。(5)物格而后知至，(6)知至而后意誠，意誠而后心正，(7)心正而后身脩，(8)身脩而后家齊，(9)家齊而后國治，(10)國治而后天下平。 (11)自天子以至於庶人，壹是皆以脩身爲本。其本亂而末治者，否矣；其所厚者薄而其所薄者厚，未之有也。 (此謂知本) 　　　　　　　　　　　　　　　　　　　　　　　　　一(古本一)
説	【釋(1)"明明德"】 《康誥》曰"克明德"，《大甲》曰"顧諟天之明命"，《帝典》曰"克明峻德"，皆自明也。湯之《盤銘》曰："苟日新，日日新，又日新。" 　　　　　　　　　　　　　　　　　　　　　　　　　二(古本五)

續表

【釋(2)"親民"】 《康誥》曰:"作新民。"《詩》曰:"周雖舊邦,其命維新。"是故君子無所不用其極。 　　　　　　　　　　　　　　　　　　　　　　　　　　三(古本六)
【釋(3)"止於至善"】 《詩》云:"瞻彼淇澳,菉竹猗猗。有斐君子,如切如磋,如琢如磨。瑟兮僴兮,赫兮喧兮。有斐君子,終不可諠兮。""如切如磋"者,道學也。"如琢如磨"者,自脩也。"瑟兮僴兮"者,恂慄也。"赫兮喧兮"者,威儀也。"有斐君子,終不可諠兮"者,道盛德至善,民之不能忘也。《詩》云:"於戲前王不忘。"君子賢其賢而親其親,小人樂其樂而利其利,此以没世不忘也。 　　　　　　　　　　　　　　　　　　　　　　　　　　四(古本四)
【釋(4)"知止"】 《詩》云:"邦畿千里,惟民所止。"《詩》云:"緡蠻黄鳥,止于丘隅。"子曰:"於止,知其所止,可以人而不如鳥乎?"《詩》云:"穆穆文王,於緝熙敬止。"爲人君止於仁,爲人臣止於敬,爲人子止於孝,爲人父止於慈,與國人交止於信。 　　　　　　　　　　　　　　　　　　　　　　　　　　五(古本七)
【釋(5)"物格而后知至"】//(5)"致知在格物"】 ……此謂知之至也。 　　　　　　　　　　　　　　　　　　　　　　　　　　六(古本二)
【釋(6)"欲正其心者,先誠其意。欲誠其意者,先致其知"】//(6)"知至而后意誠,意誠而后心正"】 所謂誠其意者,毋自欺也,如惡惡臭,如好好色,此之謂自謙。故君子必慎其獨也。小人閒居爲不善,無所不至,見君子而后厭然揜其不善,而著其善。人之視己,如見其肺肝然,則何益矣? 此謂誠於中形於外,故君子必慎其獨也。曾子曰:"十目所視,十手所指,其嚴乎!"富潤屋,德潤身,心寬體胖,故君子必誠其意。 　　　　　　　　　　　　　　　　　　　　　　　　　　七(古本三)
【釋(7)"欲脩其身者,先正其心"】//(7)"心正而后身脩"】 所謂脩身在正其心者,(身)〔心〕有所忿懥,則不得其正;有所恐懼,則不得其正;有所好樂,則不得其正;有所憂患,則不得其正。心不在焉,視而不見,聽而不聞,食而不知其味。此謂脩身在正其心。 　　　　　　　　　　　　　　　　　　　　　　　　　　八(古本九)
【釋(8)"欲齊其家者,先脩其身"】//(8)"身脩而后家齊"】 所謂齊其家在脩其身者,人之其所親愛而辟焉,之其所賤惡而辟焉,之其所畏敬而辟焉,之其所哀矜而辟焉,之其所敖惰而辟焉。故好而知其惡,惡而知其美者,天下鮮矣。故諺有之曰:"人莫知其子之惡,莫知其苗之碩。"此謂身不脩,不可以齊其家。 　　　　　　　　　　　　　　　　　　　　　　　　　　九(古本十)

續表

【釋(9)"欲治其國者,先齊其家"//(9)"家齊而后國治"】 　　所謂治國必先齊其家者,其家不可教而能教人者無之,故君子不出家而成教於國。孝者,所以事君也;弟者,所以事長也;慈者,所以使衆也。《康誥》曰:"如保赤子。"心誠求之,雖不中不遠矣。未有學養子而後嫁者也。一家仁,一國興仁;一家讓,一國興讓;一人貪戾,一國作亂。其機如此。此謂一言僨事,一人定國。堯、舜帥天下以仁,而民從之。桀、紂帥天下以暴,而民從之。其所令反其所好,而民不從。是故君子有諸己而后求諸人,無諸己而后非諸人。所藏乎身不恕而能喻諸人者,未之有也。故治國在齊其家。《詩》云:"桃之夭夭,其葉蓁蓁。之子于歸,宜其家人。"宜其家人,而后可以教國人。《詩》云:"宜兄宜弟。"宜兄宜弟,而后可以教國人。《詩》云:"其儀不忒,正是四國。"其爲父子兄弟足法,而后民法之也。此謂治國在齊其家。 十(古本十一)
【釋(10)"欲明明德於天下者,先治其國"//(10)"國治而后天下平"】 　　所謂平天下在治其國者,上老老而民興孝,上長長而民興弟,上恤孤而民不倍,是以君子有絜矩之道也。所惡於上,毋以使下;所惡於下,毋以事上;所惡於前,毋以先後;所惡於後,毋以從前;所惡於右,毋以交於左;所惡於左,毋以交於右;此之謂絜矩之道。 　　《詩》云:"樂只君子,民之父母。"民之所好好之,民之所惡惡之,此之謂民之父母。 　　《詩》云:"節彼南山,維石巖巖。赫赫師尹,民具爾瞻。"有國者不可以不慎,辟則爲天下僇矣。 　　《詩》云:"殷之未喪師,克配上帝。儀監于殷,峻命不易。"道得衆則得國,失衆則失國。是故君子先慎乎德。有德此有人,有人此有土,有土此有財,有財此有用。德者本也,財者末也。外本內末,爭民施奪(鄭注:施奪,施其劫奪之情也)。是故財聚則民散,財散則民聚。是故言悖而出者,亦悖而入,貨悖而入者,亦悖而出。《康誥》曰:"惟命不于常。"道善則得之,不善則失之矣。《楚書》曰,楚國無以爲寶,惟善以爲寶。舅犯曰:"亡人無以爲寶,仁親以爲寶。" 　　《秦誓》曰:"若有一介臣,斷斷兮,無他技,其心休休焉,其如有容焉。人之有技,若己有之。人之彥聖,其心好之,不啻若自其口出。寔能容之,以能保我子孫黎民,尚亦有利哉!人之有技,媢疾以惡之。人之彥聖,而違之俾不通。寔不能容,以不能保我子孫黎民,亦曰殆哉!"唯仁人放流之,迸諸四夷,不與同中國。此謂唯仁人爲能愛人,能惡人。見賢而不能舉,舉而不能先,(命)〔慢〕也。見不善而不能退,退而不能遠,過也。好人之所惡,惡人之所好,是謂拂人之性,菑必逮夫身。是故君子有大道,必忠信以得之,驕泰以失之。 　　生財有大道,生之者衆,食之者寡,爲之者疾,用之者舒,則財恒足矣。仁者以財發身,不仁者以身發財。未有上好仁而下不好義者也,未有好義其事不終者

續表

也,未有府庫財非其財者也。孟獻子曰:"畜馬乘,不察於雞豚。伐冰之家,不畜牛羊。百乘之家,不畜聚斂之臣。與其有聚斂之臣,寧有盜臣。"此謂國不以利爲利,以義爲利也。長國家而務財用者,必自小人矣。彼爲善之,小人之使爲國家,菑害並至,雖有善者,亦無如之何矣。此謂國不以利爲利,以義爲利也。 十一(古本十二)
【釋(11)"……脩身爲本。其本亂而末治者,否矣"】 子曰:"聽訟,吾猶人也。必也使無訟乎!"無情者不得盡其辭。大畏民志。此謂知本。 十二(古本八)

　　由上表分析可知,《大學》經部凡有十一個要點,説文全都作了申釋(至少是申釋其核心部分)。① 就是説,《大學》經文之要點後面必有著落,説文則絶無逸出經文者。就文本這種整體邏輯構成而言,經文"親民"亦當理解爲"新民",落實爲説文"《康誥》曰:'作新民'"一段。若"親"讀如字,那麼一方面,"親民"這一核心意指在下文毫無著落,另一方面,説文"《康誥》曰:'作新民'"一段則逸出經文之意,這明顯背離了《大學》文本的邏輯構成。

　　鑒於《大學》上述邏輯構成,"《康誥》曰:'作新民'"一段引《康誥》"作新民"一語,本身就可證明三綱之"親民"實即"新民"。《漢書·地理志下》云:"河内本殷之舊都,周既滅殷,分其畿内爲三國,《詩·風》邶、庸、衛國是也。邶,以封紂子武庚;庸,管叔尹之;衛,蔡叔尹之:以監殷民,謂之三監。故《書序》曰'武王崩,三監畔',周公誅之,盡以其地封弟康叔,號曰孟侯,以夾輔周室;遷邶、庸之民于雒邑……"《史記·衛康叔世家》則説:"衛康叔名封,周武王同母少弟也。……武王既崩,成王少。周公旦代成王治,當國。管叔、蔡叔疑周公,乃與武庚禄父作亂,欲攻成周。周公旦以成王命興師伐殷,殺武庚禄父、管叔,放蔡叔,以武庚殷餘民封康叔爲衛君,居河、淇閒故商墟。周公旦懼康叔齒少,乃申告康叔曰:'必求殷之賢人君子長者,問其先殷所以興,所以亡,而務愛民。'告以紂所以亡者以淫於酒,酒之失,婦人是用。故紂之亂自此始。爲《梓材》,示君子可法則。故謂之《康誥》《酒誥》《梓材》以命之。康叔之

---

① 《大學》説文部分引孔子曰"聽訟"一段,從字面上看似乎是申釋經文第四個要點之"物有本末",其實"物有本末"數句之要旨在"知所先後",而所謂"先後"緊承上文五個自然句(其格式爲"A而后有B"或"A而后能B"),經文這一部分其實並未集中於指言事物根基或主體的"本"。説文引孔子曰"聽訟"云云,乃言知"使無訟"爲根本,"聽訟"是其次的,故求"必也使無訟",知情實爲根本,言辭是其次的,故不使無情實者盡其言辭,知民心所向爲根本,故高度敬畏之,最後很自然地歸結到"知本";其意正與經文第十一個要點相承。

國,既以此命,能和集其民,民大説。"而《尚書·康誥》有曰:"已,汝惟小子,乃服惟弘王,應保殷民;亦惟助王宅天命,作新民。"孫星衍疏解後二語云:"汝亦當思助王圖度天命,與殷民更始也。衛民被紂化日久,故戒以作新之。"從這一歷史背景上可以確認,所謂"作新民"大抵是指化民成俗。由是三綱"親民"之意豁然,它就相當於"作新民"。朱子注"新民"曰:"新者,革其舊之謂也。言既自明其明德,又當推以及人,使之亦有以去其舊染之污也。"這一解釋符合原文之義。

三綱之邏輯勾連其實也可以呈現"親民"之本意。《大學》説文引《康誥》曰"克明德"等文,來詮釋三綱之首綱"明明德",歸結其意曰"自明"(即使己德明);"明明德"之後是第二綱"親民",其意當與"明明德"相對且又相承,亦即當是指使民德明(也正是所謂"新民")。《大學》綜敘八目,需要仔細琢磨,今將其内容列爲表7-2(按數字序號閲讀即可得原文):

表7-2 《大學》論八目之橫向關聯一覽

(1) 古之欲明明德於天下者,先治其國。	(14) 國治而后天下平。
(2) 欲治其國者,先齊其家。	(13) 家齊而后國治,
(3) 欲齊其家者,先修其身。	(12) 身修而后家齊,
(4) 欲修其身者,先正其心。	(11) 心正而后身修,
(5) 欲正其心者,先誠其意。	(10) 意誠而后心正,
(6) 欲誠其意者,先致其知。	(9) 知至而后意誠,
(7) 致知在格物。	(8) 物格而后知至,

《大學》强調,"知所先後,則近道矣"。八目之中,格物爲最先工夫,平天下則爲最後工夫。原文乃從後至先講一遍(見上表左欄),旋即從先至後講一遍(見上表右欄)。① 左欄之敘述模式爲"欲B先A",其中第7句爲變體,敘述

---

① 有意思的是,這種表述方式也見於郭店簡文《大一生水》:"大(太)一生水,水反補(輔)大一,是以城(成)天。天反補大一,是以城陞(地)。天陞復相補也,是以城神明。神明復相補也,是以城会(陰)易(陽)。会易復相補也,是以城四時。四時復相相補也,是以城倉(滄)然(熱)。倉然復相補也,是以城溼澡(燥)。溼澡相補也,成歲而止。古(故)歲者,溼澡之所生也。溼澡者,倉然之所生也。倉然者,四時之所生也。四時者,会易之所生。会易者,神明之所生也。神明者,天陞之所生也。天陞者,大一之所生也。"其中兩個系譜是:"大一→水→天→陞(地)→神明→会(陰)易(陽)→四時→倉(滄)然(熱)→溼澡(燥)→歲(歲)";"歲(歲)←溼澡(燥)←倉(滄)然(熱)←四時←会(陰)易(陽)←神明←天陞(地)←水(大一)"。後者與前者稍有差異,一是將"天陞(地)"並列爲一個環節,一是略過了"水",但由於緊跟着就説"是古大一賢(藏)於水,行於時",所以祗是表達的角度有所不同。

模式爲"B在A"，與"欲B先A"是等值的；右欄的敘述模式爲"A⁺而後B⁺"，或者"A達成之結果而後B達成之結果"。左右兩欄的整體意思，以及左右兩欄中各對應部分的局部意思，都是一致而貫通的。既然《大學》謂"古之欲明明德於天下(B)者，先治其國(A)"，其功能相同的表達是"國治(A達成之結果)而后天下平(B達成之結果)"，那麼"平天下"(B)指的顯然就是"明明德於天下"；其下文對應之申説，起句爲"所謂平天下在治其國者"(見前表十一，古本十二)，亦爲力證。依此類推，則治國其實是指明明德於國，齊家其實是指明明德於家。三綱之"親民"落實爲八目之"齊家(明明德於家)→治國(明明德於國)→平天下(明明德於天下)"，一如三綱之"明明德"落實爲八目之"格物→致知→誠意→正心→脩身"，其"親民"指"新民"是絶無可疑的。

何況"親民"指以美善之德化民成俗，在《大學》中多有表現，所謂"一家仁，一國興仁；一家讓，一國興讓；一人貪戾，一國作亂。……一言僨事，一人定國"，"堯、舜率天下以仁，而民從之"，"宜其家人，而后可以教國人"，"宜兄宜弟，而后可以教國人"，"其爲父子兄弟足法，而后民法之也"，"上老老而民興孝，上長長而民興弟，上恤孤而民不倍"，以及上好仁而下好義(所謂"未有上好仁而下不好義者也")等等，均可見"親(新)民"之旨。

説《大學》三綱之"親民"非指親民，並非否認儒典有親民愛民之觀念。《禮記・表記》記孔子之言曰："後世雖有作者，虞帝弗可及也已矣。君天下，生無私，死不厚其子，子民如父母，有憯怛之愛，有忠利之教……"孔疏云："'子民如父母'者，'子'謂子愛；於民，如父母愛子也。 ○'有憯怛之愛'者，言愛民之志，有悽憯惻怛，言舜天性自仁，故憐愛於人。 ○'有忠利之教'者，言有忠恕利益之教也。"《中庸》第二十章云："凡爲天下國家有九經，曰：脩身也，尊賢也，親親也，敬大臣也，體羣臣也，子庶民也，來百工也，柔遠人也，懷諸侯也。脩身則道立，尊賢則不惑，親親則諸父昆弟不怨，敬大臣則不眩，體羣臣則士之報禮重，子庶民則百姓勸，來百工則財用足，柔遠人則四方歸之，懷諸侯則天下畏之。"鄭注云："體，猶接納也。子，猶愛也。遠人，蕃國之諸侯也。"郭店簡文《眷惠義》云："民，惡(愛)則子也，弗惡則戠(讎)也。"凡此均可見原始儒家親民愛民之意。然而儒典(包括《大學》)有親民思想，並不能證明《大學》三綱之"親民"就是親民之意。

《大學》謂"爲人君止於仁"，戰國儒家愛民親民思想其實就包含在"仁"之中。郭店簡文《湯吳之道》云："堯舜之行，惡(愛)罕(親)陞(尊)臤(賢)。惡罕古(故)孝，算臤古廛(禪)。孝之殺，惡(愛)天下之民。廛之祿(流?)，世亡忘(隱)直(德)。孝，忩(仁)之免(冕)也。廛，義之至也。"所謂"惡(愛)罕(親)古(故)孝"，即孝始於愛親，其進則是"惡(愛)天下之民"，斯爲仁之冠冕；則愛民對於仁來說，本是題中應有之意。《五行》經文第十四章云："顏色容󰀀貌溫󰀀，󰀀聲（變）󰀀也。以亓（其）中心與人交，說（悅）也。中心說焉，遷于兄弟，戚也。󰀀戚󰀀而信（伸）之，親󰀀也󰀀。󰀀親而築（篤）󰀀之，愛也。愛父，亓繼愛人，仁也。"其說文第十四章解釋云：

"󰀀顏色容貌溫󰀀，變也"：變者，勉（勉）也；勉，孫（遜）也；孫，能行變者也。能行變者□□心說（悅）；心󰀀說󰀀，然苟（後）顏色容貌溫以說；〔顏色容貌溫以說〕，變。"以亓（其）中心與人交，說也"：愨愨（謹慤貌）󰀀然不莊（藏）尤割（害）人者󰀀，是󰀀乃󰀀說已。人無說心也者，弗遷於兄弟也。"遷於兄弟，感（戚）也"：言遷亓󰀀說心󰀀於兄弟而能相感也。兄弟不相耐者，非无所用說心也，弗遷於兄弟也。"感而信之，親也"：言信亓󰀀感󰀀也。搗（剔）而（爾）四體（體），予女（汝）天下，弗爲也。搗如（汝）兄弟，予女天下，弗迭（怵）也。是信（伸）之已。信亓󰀀感󰀀而苟（後）能相親也。"親而築（篤）之，愛也"：築之者，厚；厚親而苟能相愛也。"愛父，亓殺（其）繼）愛人，仁也"：言愛父而苟及人也。愛父而殺亓鄰󰀀之󰀀子，未可胃（謂）仁也。

此章將德行仁的基源歸結爲對父親、兄弟的愛，但僅僅有這種原發性的愛卻不能推及他人，亦無所謂仁，故子思強調"愛父，亓（其）繼愛人，仁也"，"愛父而殺亓鄰󰀀之󰀀子，未可胃（謂）仁也"。總之在先秦儒家的思想建構中，親民愛民之意已經包含在德行仁之中了，它是在"脩身""明明德"階段就應該落實的價值。

王陽明主張"親民"之"親"讀如字，有意思的是，他在論"明明德"與"親民"爲體、用時，說："明明德者，立其天地萬物一體之體也。親民者，達其天地萬物一體之用也。故明明德必在於親民，而親民乃所以明其明德也。是故親吾之父，以及人之父，以及天下人之父，而後吾之仁實與吾之父、人之父與天下人之父而爲一體矣；實與之爲一體，而後孝之明德始明矣！親吾之兄，以及人之兄，以及天下人之兄，而後吾之仁實與吾之兄、人之兄與天下人之兄而爲一體矣；實與之爲一體，而後弟之明德始明矣！君臣也，夫婦也，朋友也，以至於山川鬼神鳥獸草木也，莫不實有以親之，以達吾一體之仁，然後吾之明德始無不明，而真能以天地萬物爲一體矣。夫是之謂明明德於天下，是之謂家齊國治而天下平,是之謂盡性。"①相較於《大學》本義,王說問題甚多,這裏毋庸詳細討論,祇説明他其實是基於親父、親兄推及於親人之父兄以及天下人之父兄,來界定"仁"與"親民"的。但就《大學》體系而言,若"親民"只意味着由親父親兄推廣爲親人之父兄、親天下人之父兄,那它祇是仁德,祇能落實在"明明德"層面上;《大學》體系中的"親民"是比"明明德"更高的層次,看三綱之方向即可確認這一點。

最後,《大學》三綱之"親民"爲新民、化民成俗之意,還可以從傳世和新出儒典中找到證明。

《禮記·學記》云:"君子如欲化民成俗,其必由學乎!……古之教者,家有塾,黨有庠,術有序,國有學。比年(每歲)入學,中(間)年考校。一年視離經辨志,三年視敬業樂羣,五年視博習親師,七年視論學取友,謂之小成。九年知類通達,強立而不反,謂之大成;夫然後足以化民易俗,近者説服,而遠者懷。此大學之道也。"《學記》所謂大學之道,其"大成"相當於完成《大學》之"明明德"階段。鄭注云:"知類,知事義之比也。強立,臨事不惑也。不反,不違失師道。"孔疏云:"'九年知類通達,強立而不反'者,謂九年考校之時,視此學者,言知義理事類,通達無疑,'強立'謂專強獨立、不有疑滯,'而不反'謂不違失師教之道,謂之大成。"在這一階段,德行確立而無疑義。接下來其"化民易俗"殆相當於《大學》之"親(新)民";其"近者説服,而遠者懷之",以《中庸》孔子所論爲天下國家之九經視之,相當於"柔遠人""懷諸侯"這一最高界,而以《大學》三綱視之,多少有一些"止於至善"的氣象。因此,《大學》所謂"大學之道,在明明德,在親民,在止於至善",與《學記》所載"大學之道",基本面應當是一致的。有此參照,《大學》三綱之"親民"指化民易俗,爲學有"大成"或"明明德"之後更高的目的,就更加確鑿無疑了。此外《禮記·樂記》云:"先王之制禮樂也,非以極口腹耳目之欲也,將以教民平好惡,而反人道之正也。"儒家禮樂制度之宗旨在"教民平好惡,而反人道之正",也就是追求新民、化民。《中庸》第三十三章云:"《詩》云:'予懷明德,不大聲以色……'子曰:'聲色之於以化民,末也……'"《中庸》所引《詩經·大雅·皇矣》以"明德"與聲色相對,所引孔子語則基於這種對待,強調"明德"乃"化民"之本,其意與《大學》基於"明明德"追求"親(新)民",較然一致。

新出儒典特別是子思《五行》篇也有一些重要的互證材料。比如其經文第二十一章云:"君子雜(集)泰(大)成(成)。能進之,爲君子;不能進,客(各)止於亓(其)里。"其説文第二十一章云:

---

① 王陽明:《大學問》,吳光等編校:《王陽明全集》第三册續編一,頁1067。

"君子雜(集)大成":雜也者,猶造之也,猶具之也。大成也者,金聲玉辰(振)之也。唯金聲而玉辰之者,然筍(後)忌(己)仁而以人仁,忌義而以人義。大成至矣,神耳矣,人以爲弗可爲也,(林)〔無〕繇(由)至焉耳,而不然。"能誰(進)之,爲君子,弗能進,各止於亓(其)里":能進端,能終(充)端,則爲君子耳矣。弗能進,各各止於亓里。不莊(藏)尤割(害)人,仁之理(里)也。不受許(吁)跉(嗟)者,義之理(里)也。弗能進也,則各止於亓里耳矣。終亓不莊尤割人之心,而仁復(覆)四海;終亓不受許跉之心,而義裹(囊)天下。仁復四海、義裹天下,而成(誠)繇(由)亓中心行之,亦君子已。

仁之端"、"仁之理(里)"即"不莊(藏)尤割(害)人之心",義之端"、"義之理(里)"即"不受許(吁)跉(嗟)之心",擴而充之,最終達成"仁復(覆)四海、義裹(囊)天下"之高標("里"與"四海""天下"相對,以其原發地理空間之渺小,指代仁、義之始端)。這一發展過程蘊含了《大學》從"明明德"到"止於至善"的躍升。其"忌(己)仁而以人仁,忌義而以人義"意味着己德成進而以之新民化民,對應的正是《大學》從"明明德"至"親(新)民"的階段;其"仁復(覆)四海、義裹(囊)天下",對應的則是《大學》所說的"明明德於天下"(或"平天下")以及"止於至善"。

《大學》三綱之"親民"本指"新民",有《大學》自身小語境提供内證,有其外在大的歷史語境提供旁證,是無可置疑的。

餘 論

《大學》一篇,程、朱開"顛倒""移掇"古文之風,後儒則或踵其事而增華,變其本而加屬。從文獻學上說,此舉絕不可取。《四庫全書總目》之《大學證文》(毛奇齡撰)條曾批評說:"漢以來專門之學,各承師説,但有字句訓詁之異,無人敢竄亂古經。鄭元(玄)稱好改字,特注某當作某耳,不敢遽變其字也。費直始移《周易》,杜預始移《左傳》,但析傳附經耳,亦未敢顛倒經文也。自劉敞考定《武成》,列之《七經小傳》,儒者視爲故事,遂寖以成風。《大學》一篇,移掇尤甚。譬如增減古方,以治今病,不可謂無裨於醫療,而亦不可謂即扁鵲、倉公之舊劑也。"① 毛奇齡自己也説:"特漢儒校經,首禁私易,即《禮記》

---

① 永瑢等:《四庫全書總目》卷三六經部四書類二,《大學證文》條,頁 305 下。

'子貢問樂'一章明知錯簡,而仍其故文,竝不敢增損一字。而《周書·武成》,所謂無今文有古文者,即簡編錯互,未嘗敢擅爲動移,而但爲之參註於其下,以爲校經當如是耳。向使《大學》果有錯誤,苟非萬不能通,亦宜倣漢儒校經之例,還其原文而假以辨釋,況其所爲錯誤者則又程改而朱否、兄改而弟否者也……"①

筆者並不支持"顛倒""移掇"古文,祇想提示如下事實。過去數十年間,大量新出簡帛使我們有幸得睹一批典籍之"原貌"。傳世《禮記·緇衣》一文,幸而又見於荊門郭店楚墓及上海博物館藏之戰國楚竹書,其章數、章序和用字頗有不同。長沙馬王堆漢墓出土之帛書《五行》有"經"有"説",郭店楚墓所見竹書《五行》則與帛書《五行》之"經"大抵相同,且其第十章後半至第二十一章之次序與帛本有較大差異。郭店竹書有《眚自命出》篇,上博簡有《眚意論》,二者大致爲同一種文獻,其上篇內容與章次基本相同,然其下篇章次、句序及文字差異頗大。凡此之類都説明戰國篇籍往往未成定本,其傳於後世者往往祇是諸多本子中的一個。《大學》很可能就屬於這種情況。由這種一般性歷史語境看,調整傳世《大學》之句羣次序反倒有一定的合理性。此外,古籍有衍文、脫文者並不鮮見。《大學》有衍有脫,其自身即有蛛絲馬迹,觀本章第六節《大學》文本邏輯體系一覽表,經文"物格而后知至"一語就脫漏了相應解説,其情勢一目瞭然。所以調整句羣之序,或者發現並彌補脫文,本身都不是問題,怎麼調整、怎麼彌補以接近歷史真相纔是問題,——達成這一宗旨自然需要尋求更多證據,需要慎之又慎。

朱熹析《大學》文本爲經、傳兩大部,《大學》前後之歷史語境原本可爲此説提供傳世文獻方面的支持,比如《韓非子·內儲説上七術》等文,都採用了

---

① 毛奇齡:《大學證文》卷一,《景印文淵閣四庫全書》第二一〇册,經部第二〇四册,四書類,頁 280 上。案《樂記》記子貢問樂事,鄭注多指其誤(以下隨文括注):"子贛(貢)見師乙而問焉,曰:'賜聞聲歌各有宜也,如賜者宜何歌也?'師乙曰:'乙,賤工也,何足以問所宜?請誦其所聞,而吾子自執焉。愛者宜歌《商》,溫良而能斷者宜歌《齊》。夫歌者,直己而陳德也,動己而天地應焉,四時和焉,星辰理焉,萬物育焉。故《商》者,五帝之遺聲也。寬而靜、柔而正者宜歌《頌》。廣大而靜、疏達而信者宜歌《大雅》。恭儉而好禮者宜歌《小雅》。正直而靜、廉而謙者宜歌《風》。肆直而慈愛者(鄭注:此文換簡失其次。'寬而靜'宜在上,'愛者宜歌《商》'宜承此下行讀云'肆直而慈愛者宜歌《商》')商之遺聲也,商人識之,故謂之《商》。《齊》者,三代之遺聲也,齊人識之,故謂之《齊》(鄭注:云'商之遺聲'也,衍字也。又誤,上所云'故《商》者,五帝之遺聲也',當居此衍字處也)。明乎《商》之音者,臨事而屢斷;明乎《齊》之音者,見利而讓。臨事而屢斷,勇也;見利而讓,義也。有勇有義,非歌孰能保此?故歌者上如抗,下如隊(墜),曲如折,止如槁木,倨中矩,句中鉤,纍纍乎端如貫珠。故歌之爲言也,長言之也。説之,故言之;言之不足,故長言之;長言之不足,故嗟歎之;嗟歎之不足,故不知手之舞之足之蹈之也。"

經說體結構(《墨子》之《經》與《經說》若起初即爲兩篇獨立文獻,則不能算作經說體,但從授受層面上考慮,《經》獨立傳授的可能性相當低微)。傳世文獻之外,值得注意的是與《大學》有極大關聯的《五行》篇,它在師徒授受過程中應該也採用了經說體結構。所以,無論就文本之邏輯構成而言,還是參之以它的宏大歷史語境,稱《大學》爲經說體文獻應該不存在問題。康有爲曾經提出:"是篇(案指《大學》)存於《戴記》,朱子以爲曾子所作,誤分經、傳。夫《詩》《書》《禮》《樂》《易》《春秋》,孔子聖作,乃名爲經,餘雖《論語》只名爲傳,《禮記》則爲記爲義,況一篇中豈能自爲經傳乎?"①康有爲似乎連傳世文獻都未仔細查考。徐復觀批評云:"經與傳的關係,可以說,在戰國中期以後,凡被疏釋的文字,即能稱之爲'經';疏釋的文字,即可稱之爲'傳'或'說'。因此,一篇之中,其總論性的部分可稱爲經,其分疏的部分可稱爲傳或說。……這幾乎是戰國末期著書的通例,安有如康有爲氏固陋之説?"②

就《大學》之解讀而言,可能需要再次強調:解讀文本,以及任何以解讀文本爲基礎的研究,都應該高度關注文本中互相關聯、互相證成、互相發明的元素,包括那些爲體系包含而未直接呈現的"潛在文本";——這裏所謂"潛在文本"是就對象文本自身而言的,不是指涉對象文本之外的潛在支持體系(筆者寧可獨立地審視後者)。不過有時候爲了方便,筆者將所有這些元素簡稱爲"互證元素"。

本章第二節曾提及,宋翔鳳《大學古義説》上篇詮解《大學》"致知在格物"一句,云:"是格物者,誠、正、脩、齊、治、平之效驗也。故言'在'而不言'先',言其效驗無往不在。"徐復觀謂"格物"原義"似乎應當作'感通於物'來解釋",符同上文所揭羅洪先(念菴)之説;又稱:"格物,即是感通於天下、國家、身;即是對於天下、國家、身,發生效用,亦即是發生平、治、齊、脩之'事'的效果。"③這其實是把《大學》八目之首目"格物"移到了尾部,是極嚴重的本末倒置,與宋翔鳳説大同(更可怪者,是徐氏甚至將"格物"從八目中剔除,參見下文)。徐復觀抓住"言'在'而不言'先'"這一語言現象,以及背離既成心理定勢的"物格而后知至"(不説"物格而后知致"),大做文章。他説:

> 朱元晦以"窮至事物之理"釋"格物"。窮至事物之理,即是窮理;窮理與"致知",祇是同一事物的主客兩面的説法;從主觀説,是致知;從客

---

① 康有爲:《〈大學注〉序》,姜義華、張榮華編校:《康有爲全集》第六集,北京:中國人民大學出版社,2007年,第1版,頁355。
② 徐復觀:《中國人性論史・先秦篇》,頁269~270。
③ 參閱上書,頁263。

第七章 文本解讀與歷史語境：二重證據中的《大學》

觀説,是窮理;致知必然涵有窮理的一面,同時必也以外物爲對象,因爲知必有所對。所以"致知"即等於即物窮理。若作這樣的瞭解,則《大學》既説了"致知",又加上像朱元晦所釋的"在格物",乃成爲無意義的重複語。且本段自"古之欲明明德於天下者,先治其國"起,直至"欲誠其意者,先致其知"止,皆以"先"字表示後者乃前者的前提條件。若如朱元晦的解釋,則"格物"仍爲"致知"的前提條件,便不應突然改變語法的構造,不用"先"字而用一"在"字,以表示兩者的關係。由"在"字所表示之主賓詞關係,賓詞可以爲主詞之前提條件,亦可以爲主詞所欲達到之目的。若屬於前者,則《大學》此處仍應順上面的語句構造而用"先"字;此一語句構造之改變,則必爲採取後者的意義。再證以下段不言"物格而后知致",而言"……知至",與以下各句之不改字者絶不相同;蓋"致"乃表示工夫,而"至"則表示達到目的。互相印證,則以"格物"爲感通於天下、國、家、身之物,殆無可疑。而舊日之所謂八條目,應爲七條目。

在"致知在格物"的一句下面,是"物格而后知至"。"致知"的"致",和"知至"的"至",分别得清清楚楚。若"格物"的"格"字作"至"字解,則所謂"物格而后知至",便成爲"物至而后知至",將不成義。……"物格而后知至",應解釋爲天下、國、家、身之物,能收到感通的效果,即是能得到平、治、齊、脩的效果,然後爲知之至。"知至"之"至",即"止於至善"之"至"。①

這是相當有意思也相當混亂的詮解,其結論和論證方式都值得商榷。

首先需要説明的是,如本章第二節所論,"格物"之"格"當解釋爲"至","格物"意指主體積極接物(而推究之),但即便如此,"物格而后知至"也不能像徐復觀那樣理解爲"物至而后知至"。孤立地看這一句話不容易準確把握其指向,需要把它放到具體的上下文中。表 7-3 引録徐復觀作爲主要依據的那一段文字,請依阿拉伯數字所標之順序閲讀:

表 7-3 《大學》論八目所含諸行爲及行爲結果表覽(一)

欲 B 先 A(行爲)	A^+ 而后 B^+ (行爲結果)
(1) 古之欲明明德於天下者,先治其國。	(14) 國治而后天下平。
(2) 欲治其國者,先齊其家。	(13) 家齊而后國治,
(3) 欲齊其家者,先脩其身。	(12) 身脩而后家齊,

---

① 徐復觀:《中國人性論史·先秦篇》,頁 264~265。

續表

欲 B 先 A(行爲)	A⁺而后 B⁺(行爲結果)
(4) 欲脩其身者,先正其心。	(11) 心正而后身脩,
(5) 欲正其心者,先誠其意。	(10) 意誠而后心正,
(6) 欲誠其意者,先致其知。	(9) 知至而后意誠,
(7) 致知在格物。	(8) 物格而后知至,

左欄的表述採用"欲 B 先 A"式,右欄的表述採用"A⁺而后 B⁺"式,"A""B"指踐行八目之行爲(其中"明明德於天下"即"平天下",見本章第六節所論),"A⁺"和"B⁺"指各對應行爲之結果,兩欄之對應部分加著重號和下劃綫,以清眉目。將表中所涉具體行爲及其相應結果提取出來,則如表 7-4 所示:

表 7-4 《大學》論八目所含諸行爲及行爲結果表覽(二)

行爲	行爲結果
明明德於天下(平天下)	天下平
治其國	國治
齊其家	家齊
脩其身	身脩
正其心	心正
誠其意	意誠
致其知(致知)	知至
格物	物格

這樣問題就十分清楚了:"平天下"即使天下均平、使天下齊具明德,"天下平"就是天下均平、天下齊具明德;"治國"即治理國家、推行明德於國之範域,"國治"即國家治理得好、國家齊具明德;"齊家"即治家、使家人齊具明德,"家齊"即家治理得好、家人齊具明德;"脩身"即修養己身、使自己具備明德,"身脩"即己身修養得好、臻於具備明德之境界;"正心"即端正己心、使己心之官能和主體性保持公正,得到充分發揮,"心正"即己心臻於平正,己心之官能臻於充分行施;"誠意"即使己心對已確認之價值的嚮往表裏如一,"意誠"即己心對已確認之價值的嚮往臻於表裏如一。

接下來要解決《大學》爲何在就行爲結果論説時,稱"物格而后知至",而不依上文之定勢説成"物格而后知致"。首先,"格"雖爲"至"之意,但"物格"卻不能理解爲"物至"。法國學者萊維-斯特勞斯(Claude Lévi-Strauss, 1908～2009)對俄狄浦斯神話的經典"譯解",呈現了"位置感"對於解讀文本的重要性。他將該神話的"神話素"作了如下排列(序號爲筆者所加,請按序號讀):

表 7-5　萊維-斯特勞斯閱讀俄狄浦斯神話之方法表覽

(1) 卡德摩斯尋找被宙斯拐走的妹妹歐羅巴

(2) 卡德摩斯殺死凶龍

(3) 斯巴達人相互殘殺

(4) 拉布達科斯(拉伊俄斯的父親)＝瘸子(?)

(5) 俄狄浦斯殺死其父拉伊俄斯

(6) 拉伊俄斯(俄狄浦斯的父親)＝靠左腳站立(?)

(7) 俄狄浦斯殺死斯芬克斯

(8) 俄狄浦斯＝腫腳(?)

(9) 俄狄浦斯娶其母伊俄卡斯忒

(10) 厄忒俄克勒斯殺死其兄波呂尼刻斯

(11) 安提戈涅不顧禁令葬其兄波呂尼刻斯

萊維-斯特勞斯把這十一個前後相繼的神話素,安排在四個垂直的欄目裏;每一欄目中的神話素,都像管弦樂隊樂譜上沿共時性軸綫垂直寫出的音符,組成一個總的組合單位,即"一束關係"。他認爲,敘述這一神話必須按照神話素之間的歷時性順序(案即依照從 1 至 11 的升序),可理解這一神話,卻必須不顧其歷時性,把每一欄的神話素作爲一個單元即"一束關係"(比如元素 2、7、10 爲一個單元),放在同一個時間層面上,一欄一欄、一束一束地閱讀。他説:"所有屬於同一豎欄的關係都展現出我們正要去發現的一種共同特點。例如在左邊第一欄内的所有事件都與過分强調的血緣關係有關,即超過了應當有的親密。那麽,可以説,第一欄的共同特點是過分看重血緣關係。第二欄很顯然是表現了同樣的事情,但卻是反過來的:過分看低血緣關係……第三欄的共同特徵是對人的出自地下的起源的否定。這立刻就幫助我們理解了第四欄的意義。在神話中,這是對從土中産生出來的人的普遍特徵的刻劃。"① 哈佛大學人類學教授克萊德・克拉克洪(C. Kluckhohn)概括萊維-斯特勞斯的方法,説:"列維-施特勞斯在分析俄狄浦斯神話(1955)時,……試圖在那些描述的内容中,至少找出他認爲含蓄中的共同要素或者最大的共同點。他一直探究構成單位,類似於語言的音素和語素,……每一個總的構成單位存在於一組關係之中,但是這堆關係(類似於音位學上的一堆不同特徵)界定了神話隱藏的觀念内涵。列維-施特勞斯對俄狄浦斯故事的'翻譯'指出,這個故事建立在兩組對立關係之上:①過度强調血緣關係與過於忽視血緣關係;②否認人的自然生成與堅持人的自然生成。"② 依據這一模式來理解《大學》以上兩表,則左欄均係踐行八目之行爲,可視爲一束關係,右欄均係踐行八目之相應結果,可視爲又一束關係,在解讀這些關係中的各個元素時,應暫時取消文本表達中前後相繼的歷時性指向,將每一束關係視爲一個"位置"。在傳世儒典中,《大學》表述體系的"位置感"可能是最强的,——在新出儒典中,"位置感"最强的則應該是《五行》。這種位置感來自文本思維及表達的穩定性。每一束關係的共同特點體現了其中各個元素共通的規定,可爲解讀各個元素提供意義和功能的指向。"物格"就必須從這種位置關係中來理解,——與同一位置上其他元素指示相關行爲的結果一樣,"物格"指的是"格物"的結果。就是説,它不能照字面解讀爲"物至",而祇能解讀爲"至物"的結

---

① 參閱〔法〕克洛德・萊維-斯特勞斯:《結構人類學》,謝維揚、俞宣孟譯,上海:上海譯文出版社,1995 年,第 1 版,頁 229～231。
② 〔美〕克萊德・克拉克洪(C. Kluckhohn):《論人類學與古典學的關係》,吳銀玲譯,北京:北京大學出版社,2013 年,第 1 版,頁 18～19。

果,從《五行》體系中具體地說,它是指主體已經接物而進行了探究。①

宋翔鳳、徐復觀忽視《大學》自身的互證元素,因此完全誤解了"致知在格物"這一表述。《大學》在敘述八目之關聯與推進過程時,先是從最後推進到最先,繼而從最先推進到最後,這種獨特表述提供了一系列互證元素(參見表7-6左、中兩欄未加括號部分);之後,說文申釋這些核心内容,則常以"所謂某者"引出被釋對象"某"(《五行》篇之說文則常以牒經形式列出被釋對象),其概括語或採用不同的表達方式,比如在申說"欲治其國者,先齊其家"亦即"治國必先齊其家"時,數次以"治國在齊其家"作結,因此又提供了一系列互證元素(參見表7-6右欄未加括號部分):

表7-6 《大學》八目不同表述方式之等值特性表覽

欲 B 先 A 附:B 必先 A	A⁺而后 B⁺ 附:A⁻,B⁻	B 在 A
(1) 欲明明德於天下者,先治其國。	(14) 國治而后天下平。	平天下在治其國(起)
(2) 欲治其國者,先齊其家。(附:……治國必先齊其家……)	(13) 家齊而后國治,	治國在齊其家(結,起左欄附)
(3) 欲齊其家者,先脩其身。	(12) 身脩而后家齊,(附:身不脩,不可以齊其家)	齊其家在脩其身(起,結中欄附)
(4) 欲脩其身者,先正其心。	(11) 心正而后身脩,	脩身在正其心(起、結)
(5) 欲正其心者,先誠其意。	(10) 意誠而后心正,	〔正心在誠意〕
(6) 欲誠其意者,先致其知。	(9) 知至而后意誠,	〔誠意在致知〕
(7) 致知在格物。〔欲致知,先格物。〕	(8) 物格而后知至,	〔致知在格物〕

就《大學》之邏輯體系而言,上表任何一種表述都存在另外兩種等值的表述方

---

① 共時性理解法具有某種普遍適應性,對解讀《詩經》《楚辭》則尤爲重要,參閱拙著《先秦文獻專題講義》第二編第三章:"論共時性理解法對《詩經》《楚辭》研究的意義",太原:山西教育出版社,2005年,第1版,頁249~269。這種解讀方法在傳統文本詮釋中源遠流長(當然缺乏足夠的理論自覺),拙著主要是以馬瑞辰《毛詩傳箋通釋》來作個案分析。不妨另外再舉兩個例子。《詩經・周南・關雎》有曰:"參差荇菜,左右流之。"毛傳云:"流,求也。"鄭箋云:"左右,助也。言后妃將共荇菜之菹,必有助而求之者。"又曰:"參差荇菜,左右采之。"鄭箋云:"言后妃既得荇菜,必有助而采之者。"又曰:"參差荇菜,左右芼之。"毛傳云:"芼,擇也。"鄭箋云:"后妃既得荇菜,必有助而擇之者。"單就"流"字的解讀言,毛傳、鄭箋實際上將"流之""采之""芼之"視爲一束關係,依後二者呈現的確定的共同特徵釋"流"爲"求",這一點從鄭箋中看得格外清楚。聞一多《風詩類鈔甲・序例提綱》論歌體(三種詩體之一)之讀法云:"數章詞句複疊,只換韻字,則用橫貫讀法,取各章所換之字,合并解釋。"(《聞一多全集》第四册,頁457)這其實也是共時性理解法的一種實踐。

式,亦即都可以被另外兩種等值的表述替換。比如,"致知在格物"一句又被表述爲(甲)"物格而后知至",其實也可以表述爲(乙)"欲致知,先格物",甲、乙兩種表述的同一性十分明顯。而原文中"欲明明德於天下者,先治其國"一句,又被表述爲"平天下在治其國";"欲治其國者,先齊其家"(亦即"治國必先齊其家")一句,又被表述爲"治國在齊其家"。凡此均可證明"致知在格物"一句言"在"不言"先",一點兒都不神秘,它衹是未按讀者思維定勢所預期,採用了另一種等值的表述而已。總之在《大學》中,"欲 B 先 A"(附:"B 必先 A")、"A⁺ 而后 B⁺"(附:"A⁻,不可以 B⁻")、"B 在 A"三種表述模式是等值的。①上表將出現在文本三個不同位置上的表述區隔爲三欄,將其中的變例調整、統一爲等值的相同形式,並將潛在或佚失的等值表述補出(加圓括號者表示原文變例之調整,加方括號者表示補出潛在或佚失表述),附類則各從其主,以便更完整地顯示《大學》體系及其表達性徵,凸顯該體系這一部分核心元素的互證性。在這種互文關係中,"B 在 A"衹能理解爲 A 爲 B 之前提條件,而非 A 爲 B 所欲達之結果。徐復觀將句 7"在"之賓詞"格物",解釋爲主詞"致知"所欲達到之目的,將"格物"挪移到八目系譜之結尾,並且將其從八目中剔除,而張揚七目之説,都存在嚴重問題。《大學》原文在敘述"格物"之結果時用"知至"而不用"知致"(句 8),也是十分自然、合理的事情。"致"意指求(得),"至"意指到來,就行爲主體可言"致",就主體施事之對象而言,則衹能言"至"。就像很多文本那樣,《大學》並未把自身內容都表達在字面上。比如,它界定"正心"和"脩身"等重要範疇,都衹是鑒於所關涉的對象而提挈其某個方面;它曾用"明明德於天下"替換"平天下"(兩種表述等值),而"明明德於國"與"治國"的同一性、"明明德於家"與"齊家"的同一性則潛隱在體系之中。詮解文本需要高度關注文本所有的互證元素,並且要善加利用。

顯然,對象文本之外的潛在支持體系是一種更容易被忽視,也更難於把捉的歷史語境,然而對象文本準確、完整的意義衹能在這一語境上呈現。即如《大學》一著,離開這種語境,其一系列核心範疇與命題就無法準確認知,更無由知其所以然。《大學》與新出儒典的内在一致性達到了令人驚訝的程度。本章正文部分側重於將八目分開來觀照,其實,八目作爲一個整體關聯新出儒典的事實可能更叫人訝異。比如《五行》經文第十八章云:

聞君子道,恖(聰)也。聞而知之,聖也。聖人知(而)〔天〕道〔也〕。知而行之,(聖)〔義〕也。行 之而時(和) , 恖(德)也。 見賢人 ,

---

① "B 必先 A"模式與"欲 B 先 A"模式、"A⁻,不可以 B⁻"模式與"A⁺ 而后 B⁺"模式的區別性徵不強,故作附類處理。

明也｜。見而知之,知(智)也。知而安之,仁也。安而敬之,禮也。｜仁義｜,｜禮樂所繇(由)生也｜。｜五行之所和｜,｜和｜則樂,樂則有德。有德則國家(與)〔興〕。｜文王之見也女(如)此｜。《詩》曰"文｜王在尚(上)｜,｜於昭｜于天",｜此之胃(謂)也｜。

這一章幾乎涵蓋了《大學》八目所指入道成德的整個模式。今將其核心關節提取出來,列於表 7-7 左欄(括號中的注釋性文字主要基於《五行》經、說第十八章,偶或據他章補足),將《大學》八目列於表 7-7 右欄,則兩者之關聯和對應關係可謂豁然開朗:

表 7-7 《大學》八目與《五行》經說第十八章結構性關聯示要

《五行》經說第十八章之核心關節	《大學》八目
恖(聞君子道)、明(見賢人)	格物
聖(聞而知君子之所道)、知(見而知君子之所道)	致知
知而行君子之所道:義 知而安君子之所道:仁 安而敬君子之所道:禮 行君子之所道而時(和);德 五行(仁義禮智聖)之所和,和則樂,樂則有德	誠意、正心、脩身
有德則國家興	齊家、治國、平天下

其間,聞君子道而知君子之所道,乃間接格物致知;見賢人而知君子之所道,乃直接格物致知。義、仁、禮、德之生成是踐行君子道的結果,其過程需要主體表裏如一趨向於君子之所道,需要心滿量參與甚至成為主導,故含有誠意正心之功;使這些價值生成或形於内,則是脩身的要義。在這一章的論説中,"安之"以及"安而敬之"是凸顯心之參與的鮮明標誌。其最高境界德之生成,則更強烈地意味着心發揮其主體性的官能。這一點,結合其他論述可以看得更加清晰。比如《五行》説文第七章云:"'君子慎(順)亓(其)蜀(獨)也':慎亓蜀者,言舍夫五而慎亓心之胃(謂)｜殹｜。｜蜀｜然笱(後)一也。一者,夫五(夫)為｜一｜心也,然笱德。之一也,乃德已。……蜀(獨)者,舍體(體)也。"《五行》所謂德就是仁義禮知(智)聖五種德之行超越其個體狀態而實現超越性的和一,而且與心和一,最高的君子人格可以"舍體(體)"——超越諸小體而任心。《五行》經文第八章云:"君子之為德也,有與始也,无(無)與終也。"説文第八章詮釋道:"'君子之為德也,有與始,无(無)｜與終｜':｜有與始者｜,｜言｜與亓(其)

體(體)始。无與終者,言舍亓體而獨亓心也。"君子脩成"德"這一境界的過程,起始是心與諸小體之合唱,最終則是心的獨唱,諸小體完全被超越。《五行》經文第十八章"有德則國家(與)〔興〕"一句,説文第十八章的解釋是:"國家(與)〔興〕者,言天下之(與)〔興〕仁義也。"這與《大學》"齊家""治國""平天下"被確立爲"明明德"之後更高的追求,指言明明德於家、國及天下,亦較然一致。

　　對《大學》本義的探尋,表明新出文獻的價值不僅在其自身石破天驚地自我呈現,而且在於它們向傳世文獻投射出光芒,使我們看清原本陷入黑暗的相關史實;而無論是新出文獻還是傳世文獻,解讀及重新解讀都是中國古典學建構的當務之急。

出土文獻《詩論》《五行》與先秦學術思想史的重構　下冊

The Reconstruction of Pre-Qin Intellectual History Based on Unearthed Documents *"Shi Lun"* and *"Wu Xing"*

常　森　著

目　錄

第八章　從《五行》到《孟子》 …………………………………… 537
　　一、"仁氣""義氣""禮氣" ……………………………………… 537
　　二、"進端""終端""終心" ……………………………………… 552
　　三、"推其所爲" …………………………………………………… 560
　　四、"大體"和"小體" …………………………………………… 565
　　五、"尊賢"等 ……………………………………………………… 572
　　六、《孟子》與郭店其他儒典 …………………………………… 576
　　餘　論 ……………………………………………………………… 577

第九章　從《五行》到《荀子》 …………………………………… 592
　　一、"刑於内" ……………………………………………………… 592
　　二、"安""流體""忘塞" ………………………………………… 598
　　三、"責" …………………………………………………………… 603
　　四、"心" …………………………………………………………… 610
　　五、"尊賢""遂直""仁有里"等等 ……………………………… 620
　　六、"目"與"辟" ………………………………………………… 631
　　七、個案:《荀子·不苟》篇及《五行》與《中庸》 ………… 633
　　餘　論 ……………………………………………………………… 646

第十章　學術思想傳播授受的交光互影
　　　　——從傳世文獻到簡帛古書 ……………………………… 650
　一、《五行》與《老子》以及《大一生水》:
　　　德行、天地萬物以及宇宙的生成圖式 …………………… 650
　　（一）由一到多與由多到一 …………………………………… 651
　　（二）系譜化(附論《大一生水》與《老子》學説的關聯) … 664
　二、《五行》等新出儒典與《墨子》 …………………………… 682
　　（一）《五行》及其他新見儒典的思維、認知和言説方式與
　　　　《墨子》 ……………………………………………………… 684

（二）《五行》命篇方式以及經説體結構對《墨子》的影響 ········ 699
　　（三）《語叢三》簡六十四至七十二的書寫體式與《墨子·經上》
　　　　《經下》··· 703
　　（四）《湯吴之道》等儒典對《墨子》思想的影響 ················· 720
三、《五行》《眚惪義》《六惪》等儒典對《莊子》的影響 ············· 746
　　（一）《五行》"時""獨"諸範疇與《莊子》····················· 748
　　（二）《五行》《眚惪義》《六惪》《眚自命出》等儒典與《莊子》 ··· 755
　　（三）《莊子·外篇·在宥》：一個傳世文本中的思想史層累 ··· 821
　　（四）《語叢四》"數鉤者或"與《莊子·胠篋》《盜跖》《秋水》
　　　　《外物》等 ·· 850
　　（五）《孟子·梁惠王下》與《莊子·雜篇·讓王》之太王
　　　　去邠遷岐 ··· 858
四、《五行》等儒典與屈原辭 ··· 865
　　（一）《詩》《書》與屈原辭作 ·································· 867
　　（二）《五行》與屈原辭作 ······································ 870
餘　論 ·· 876

結語：中國傳統之古典學特質以及中國古典學的重新開始 ······ 889
　一、中國古典學 ·· 889
　二、中國傳統的古典學特質 ··· 893
　三、新出簡帛文獻與中國古典學之重新開始：綜論 ··············· 901
　四、新出簡帛文獻與中國古典學之重新開始：個案分析 ········· 910
　餘　論 ·· 936

主要書篇名索引 ··· 939
附　相關簡帛古書及其中書篇名目要覽 ······························ 972
主要參考文獻 ··· 977
後　記 ··· 982

第八章 從《五行》到《孟子》

自《五行》重見天日以來,它與《孟子》的關係便備受海内外學者關注,相關著論簡直就像雨後春筍一般。然而現有成果很明顯存在種種弊端:或失之於本末倒置、以流爲源、牽强附會,或失之於缺乏實證、有概念化神秘化之傾向;歷史的真面目也許被膚泛的游談以及充斥紙端的概念遮蔽和歪曲了。因此,很多問題都需要仔細研討和反思。比如,《五行》與《孟子》究竟有哪些重要而具體可證的淵源關係呢?這兩部重要儒典之間究竟有什麽不可忽視的承繼和變異呢?等等等等。祇有這些問題得到準確和深入的回答,我們纔能真切再現那段對儒學乃至對整個中國古代學術來説十分重要的歷史。

本章主要内容將圍繞《五行》和《孟子》相關、相通的一系列重要觀念或命題來展開。這樣做的目的,是力圖使相關問題得到更有實證性的論析。

一、"仁氣""義氣""禮氣"

《五行》"仁氣""義氣""禮氣"之説非常獨特。把握它們在五行體系中的含義及功能,對於認知《五行》和《孟子》的關係將大有幫助。

那麽,三者當如何解釋呢?龐樸曾經提出:"在《五行》篇的體系裏,與形而下約略相當的叫做'不形於内',指不形於心而形於顔色容貌的氣,有所謂'仁氣''義氣''禮氣',以及由之派生出的相應的進退應對諸行爲。既然不形於内,便不能叫做得(德);既然形於行爲舉止,便不妨叫做'人道',簡稱之曰'善'。通俗地説,這是指人的道德實踐。"①此説看起來頗有道理,但是否契合《五行》篇的本旨,尚需要仔細檢討。

在《五行》體系中,"仁氣""義氣"和"禮氣"其實有兩個不同的層面,我們先看看它們在第一層面上的意義和功能。《五行》經文第十章云:"不聲不説(悦),不説不戚,不戚不親,不親不愛,不愛不仁。"其説文第十章云:

"不變不説(悦)":變也者,勉(勉)也,仁氣也。變而笱(後)能説。

---

① 龐樸:《帛書五行篇研究》,頁 97。

"不説不感（戚）"：説而笱能感所感。"不感不親"：感而笱能親之。"不親不愛"：親而笱能愛之。"不愛不仁"：愛而笱仁。□變者而笱能説仁，感仁，親仁，愛仁，以於親感亦可。

這是論述德之行"仁"的生成。根據經文，其生成圖式可歸納爲："變→説（悦）→戚→親→愛→仁"；參照説文，該圖式可細化爲："變（仁氣）→説（悦）→感（戚）→親→愛→仁"，簡言之就是由"變"即"仁氣"最終生成"仁"。"變"（"仁氣"）是一種接近或生發喜愛的内在指向，"説（悦）"就是喜愛，"戚"是指向或生發親近的關切，"親"是指向或生發愛的親近，由"愛"最終生成德之行"仁"。十分明顯，就功能而言，此"仁氣"相當於孟子所説的"仁之端"亦即"惻隱之心"（《孟子・公孫丑上》《告子上》），祇不過其具體所指看起來有一點不同而已。孟子視爲仁之端的"惻隱之心"主要是對他人生命存在的原初體貼和關切，是一種純粹的"不忍人之心"，它更接近《五行》説文第二十一章視爲仁之端的"不莊（藏）尤割（害）人之心"（見下）。《五行》説文釋"變"爲"勔（勉）"，當是言其一端；作爲"仁氣"的"變"殆可視爲一種基於思慕和眷愛的謙遜的追求，它具有生發喜愛的内在力量。《五行》"仁氣"和《孟子》"仁之端"均非仁本身，用孟子的話來説，它們祇是生成仁的種子，所謂："五穀者，種之美者也；苟爲不熟，不如荑稗。夫仁，亦在乎熟之而已矣。"（《孟子・告子上》）

這種"仁氣"是否祇是"不形於心而形於顔色容貌的氣"呢？回答這一問題，需結合跟上揭《五行》經、説第十章相通的經、説第十四章。《五行》經文第十四章云：

　　顔色容貌溫，臀（變）也。以亓（其）中心與人交，説（悦）也。中心説焉，遷于兄弟，戚也。戚而信（伸）之，親也。親而築（篤）之，愛也。愛父，亓繼愛人，仁也。

其説文第十四章云：

　　"顔色容貌溫，變也"：變者，勔（勉）也；勔，孫（遜）也。孫，能行變者也。能行變者□□心説（悦）；心説，然笱（後）顔色容貌溫以説；〔顔色容貌溫以説〕，變也。"以亓（其）中心與人交，説也"：毅毅然不莊（藏）尤割（害）人者，是乃説已。人無説心也者，弗遷於兄弟也。"遷於兄弟，感（戚）也"：言遷亓説心於兄弟，而能相感也。兄弟不相耐（能）者，非無所用説心也，弗遷於兄弟也。"感而信（伸）之，親也"：言信亓感也。搗（劕）而（你）四體（體），予女（汝）天下，弗爲也。搗如（汝）兄

第八章　從《五行》到《孟子》　539

弟,予女天下,弗甹(迷)也。是信之已。信示 感 而笱能相親也。"親而
篪(篤)之,愛也":篪之者,厚;厚親而笱能相愛也。"愛父,示殺(其次)愛
人,仁也":言愛父而笱及人也。愛父而殺示 之 子,未可胃(謂)仁也。

《五行》經、説第十四章爲第十章增加了一系列的解釋性元素,德行仁的生成
系譜變得更加豐富和具體了。將這些元素整合到原有圖式中,則可得到如下
由低到高、逐層升級的新圖式(大括號"{ }"中的文字爲相應的解釋):

仁{"愛父,示殺愛人","愛父而笱及人","愛父而殺示 之 子,未可胃仁也"}

↑

愛{" 親而篪之 ","厚親"}

↑

親{" 感 而信之","信其 感 ","搞而四體,予女天下,弗爲也。搞如兄弟,予女天下,
弗甹也。是信之已"}

↑

戚{"中心説焉,遷于兄弟","遷示 説心 於兄弟,而能相戚也"}

↑

説{"以示中心與人交"," 毄毄然不莊尤割人 "}

↑

變(仁氣){"宛","孫","能行變者","〔顔色容貌温以説〕,變也"}

圖 8-1　基於"變"的德之行"仁"的生成圖式

"變"或"仁氣"爲内心一種勤勉恭順的眷愛的指向,其自身具有原動力,是德
行"仁"生成的基源。由變或仁氣進一步發展爲"説"。"説"意味着持守變即
仁氣,或秉持這種内心指向,與人相交而産生愉悦;此愉悦生於内心,外顯爲
温和愉悦的顔色或容貌。由"説"進一步發展爲"感(戚)"。戚意味着内心對
人的悦推及兄弟。由戚進一步發展爲"親"。親即内心之戚擴張、發展到不爲
"天下"迷亂的地步。由親進一步發展爲"愛"。愛是親日益累積而至篤厚的
結果。由愛進一步發展而生成"仁"。仁意味着對父親的愛廣泛推及他
人。——"愛父"衹是"厚親"的一個方面,或者説衹是其重要表徵,界定德之
行"仁"的"愛"並非衹限定在父子這一倫際關係上。儒家强調這種"愛"的純
粹性。比如郭店簡文《語叢三》云:"父孝子慼(愛),非又(有)爲也。"《語叢一》
則説:"父子,至上下也。兄弟, 至 先後也。爲孝,此非孝也。爲弟(悌),此非
弟也。不可爲也,而不可不爲也。爲之,此非也。弗爲,此非也。"這種情感被
視爲具有一種原初的内在必然性(故謂"不可不爲"),它並非外在可踐行的對

象(故謂"不可爲"),在這種情境中,當你"爲"之時,幾乎可以說你踐行的祇是自己而非對象性的它。

從上述圖式中明顯可以看出,由"仁氣"或"變"一級級升高而生成"仁",整個過程都不能脱離内心。"仁氣"之根本就在内心,所謂"能行變者□□心説(悦);心説,然笴(後)顔色容貌温以説;〔顔色容貌温以説〕,變也"一語,不是説得十分明確嗎?而且"仁氣"後續累積、擴張生成内在的悦、戚、親、愛、仁,亦並無一個關節"不形於心而形於顔色容貌"。顯然,這一層面上的"仁氣"之"氣",殆以事物形成的原初質素來指代仁的基源。《周易·繫辭上》謂:"精氣爲物,遊魂爲變。"王弼(226~249)注云:"精氣烟熅,聚而成物。聚極則散,而遊魂爲變也。遊魂,言其遊散也。"孔穎達疏:"云'精氣爲物'者,謂陰陽精靈之氣,氤氲積聚而爲萬物也。'遊魂爲變'者,物既積聚,極則分散,將散之時,浮遊精魂,去離物形,而爲改變,則生變爲死,成變爲敗,或未死之間,變爲異類也。"《莊子·外篇·至樂》描述生命變化的完整過程,曰:"察其始而本无(無)生,非徒无生也而本无形,非徒无形也而本无氣。雜乎芒芴之間,變而有氣,氣變而有形,形變而有生……"王充《論衡·自然》篇謂:"天地合氣,萬物自生,猶夫婦合氣,子自生矣。"其《物勢》篇有類似説法。在這些例子中,氣作爲事物生成基源的性質相當鮮明,可以作參證。

《五行》經文第十一章云:"不直不迣(泄),不迣不果,不果不簡,不簡不行,不行不義。"其説文第十一章曰:

"不直不迣(泄)":直也者直亓(其)中心也,義氣也。直而笴(後)能迣。迣也者終之者也;弗受於衆人,受之孟賁,未迣也。"不迣不果":果也者言亓弗畏也。无介於心,果也。"不果不閒(簡)":閒也者,不以小害大,不以輕害重。"不閒不行":行也者言亓所行之□□□。"不行不義":行而笴義也。

綜合經、説,德行"義"生成的圖式是:"直(義氣)→迣(泄)→果→閒(簡)→行→義。"直"即"義氣",體現爲"直亓(其)中心"或曰内心之正直。直而後"能迣(泄)"。所謂"能迣",是説内心之正直能夠貫徹始終,不因對象改變而改變;比如,對於普通人不接受,對於孟賁(案爲秦武王時猛士,據傳可生拔牛角,水行不避蛟龍,陸行不避兕虎)卻接受,就不是迣。迣而後能"果"。果是以不因對象而改變、貫徹始終的正直爲基礎而生成的果敢。有了果,然後纔可以進一步產生"閒(簡)"。簡是以果爲基礎的選擇,其原則是"不以小害大,不以輕害重"(《五行》經文第十五章謂"不以小道害大道",其説文第十五章謂

"不以小愛害大愛,不以小義害大義",其道理相關且相通)。有了簡,然後纔能有"行"(《五行》經文第十五章謂"有大罪而大誅之,行也",其説文第十五章謂"无罪而殺人,有死弗爲之矣,然而大誅之者,知所以誅人之道而行焉,故胃之行")。行不僅僅是踐履,而且也包含踐履的適當性。有了行,然後纔能生成德之行"義"。《五行》説文第十一章對"行"這一環節的解釋有所殘缺,殊爲可惜,但由殘存文字仍能斷定選擇是行的前提,而行則是生成"義"的前提。如果説《五行》中的"仁氣"傾向於彌合自我與對象之間的疏離,來建構一種生命關切的話,那麽,其"義氣"則傾向於在自我與其對象間,保持一種基於公道和正直的疏離感,換句話説,前者趨向於一種有認同性的恩愛,後者則趨向於一種有疏離性的斷割。《五行》"義"生成的上述圖式,要點是由"直"即"義氣"逐級上升,最終生成"義"。從功能上説,此"義氣"即相當於孟子四端中的"義之端"亦即"羞惡之心"(《孟子·公孫丑上》《告子上》)。實際上,就跟《五行》説文第二十一章視"不莊(藏)尤割(害)人之心"爲仁之"端",爲孟子定義"仁之端"直接繼承一樣,《五行》説文第二十一章將"惡許(吁)訑(嗟)而不受許訑"之心看作義之"端",也爲《孟子》將"羞惡之心"界定爲"義之端"導夫先路(其詳參見本章第二節)。《孟子》以"羞惡之心"爲義之端,側重點在於朱子集注所説的"恥己之不善"與"憎人之不善",與《五行》以"惡許(吁)訑(嗟)而不受許訑"爲義之"端",在具體内涵上也有極明顯的聯繫(《五行》此説當祇是舉其一面)。至於"義氣"之根於内心,由釋語"直也者直亓(其)中心也,義氣也",可一目瞭然,不遑多論。因此視"義氣"爲"不形於内心而形於顏色容貌的氣",仍然是望文生義、捨本逐末,並未得《五行》之本旨。

《五行》經文第十二章曰:"不袁(遠)不敬,不敬不嚴,不嚴不尊,不尊不共(恭),不共不禮。"其説文第十二章云:

"不袁(遠)不敬":袁心也者,禮氣也。質近者則弗能敬之,袁者則能敬之。袁者,動敬心、作敬心者也。左雁(靡/麼)而右飯之,未得敬心者也。"不敬不嚴":嚴猶厰厰(嚴嚴),敬之責(積)者也。"不嚴不尊":嚴而筍(後)忌(己)尊。"不尊不共":共也者,用上敬下也。共而筍禮也,有以(體)〔禮〕氣也。

這是論德行"禮"的生成圖式,綜合經、説而言之,可表示爲如下系譜:"袁(禮氣)→敬→嚴→尊→共(恭)→禮"。"袁(遠)"即"禮氣",是一種能激發敬心的内在的疏遠。"敬"是一種高於肉體關懷的關切;——右手拿着飯食,左手侮辱性地招呼餓者來吃,就不是敬。"嚴"是敬心進一步積累的結果。由嚴進一步生成對他人的"尊";由尊進一步生成"共(恭)"——特指居上位者敬居下位者;由恭進一步生成"禮"。該圖式或系譜的要點,是由"袁(遠)"即"禮氣"逐級上升,最終生成"禮"。從功能上說,此"禮氣"顯然相當於孟子四端說中的"禮之端",亦即"辭讓之心"或"恭敬之心"。《五行》該圖式的發端,作爲"禮氣"的"袁(遠)"或"袁(遠)心"頗難理解。然而在先秦儒家的生存體驗中,它與"敬"的關係經常被凸顯。《論語·雍也》篇載:"樊遲問知。子曰:'務民之義,敬鬼神而遠之,可謂知矣。'"依此,"遠"與"敬"相通,"近"則與褻瀆相仿。《論語·陽貨》篇載子曰:"唯女子與小人爲難養也,近之則不孫(遜),遠之則怨。"依此,"近"可導致"不孫(遜)",則"遠"與"遜"的關聯又可知。這些都可以證成《五行》之意。《五行》以"動敬心、作敬心"之"袁(遠)"爲禮氣即禮之端,亦明顯被《孟子》定義"禮之端"繼承;孟子更直接地用"禮之端"來指稱"辭讓之心"或"恭敬之心"(《孟子·公孫丑上》《告子上》)。《五行》該圖式末段凸顯了"禮"和"共(恭)"的密切關係,從儒學背景上看很容易理解。比如有子曰:"信近於義,言可復也。恭近於禮,遠恥辱也。因不失其親,亦可宗也。"(《論語·學而》)孟子定義"禮之端",也是極明顯的例子。凡此均與《五行》"禮氣"說相關或相通。毋庸置疑,"禮氣"也在於內心,不可能"不形於內心而形於顏色容貌",由其釋語"袁(遠)心也者,禮氣也"一語,較然可知。

至於稱《五行》中"善"或"人道"不形於內,而形於行爲舉止,也是不可不辨正的誤解。《五行》說文第九章有"金聲而玉辰(振)之者,動□,而筍(後)能井(形)善於外","井(形)善於外"即將善表現、顯露在外,不正說明善的內在性嗎?

弄清了《五行》體系中"仁氣""義氣""禮氣"的基本含義和功能,接下來需要思考的是:跟孟子學說相比,《五行》上述觀念有什麽特點呢?它們與孟子之學有哪些關聯或歧異呢?

孟子學說的核心政教倫理範疇或價值是仁義禮智,四者各有基源,分別爲"仁之端""義之端""禮之端"和"智之端"。其言有云:"無惻隱之心,非人也;無羞惡之心,非人也;無辭讓之心,非人也;無是非之心,非人也。惻隱之心,仁之端也;羞惡之心,義之端也;辭讓之心,禮之端也;是非之心,智之端也。人之有是四端也,猶其有四體也。"(《孟子·公孫丑上》)①又云,"惻隱之

---

① 孟子這種言論隱含了《五行》"爲文學""出言談"的方法——目(伴),亦即比較,它是以人與禽獸、草木作對比,來確認人的本性。《五行》說文第二十三章"目(伴)萬物之生(性)",而確認 人 獨有仁義。孟子這裏是"目(伴)萬物之生(性)",而確認人皆有"惻隱之心""羞惡之心""辭讓之心""是非之心"("非人"則無此),進而張揚仁、義、禮、智。

心,仁也;羞惡之心,義也;恭敬之心,禮也;是非之心,智也。"(《孟子·告子上》)後一個例子,用朱子集注的話說便是"因用以著其本體",其本旨與四端說並無差異。要之,《孟子》所謂四端與其最終生成結果仁、義、禮、智的關係,相當明晰而確定。在子思《五行》篇中,"仁氣""義氣""禮氣"在仁、義、禮之生成過程中發揮基源功用,實與《孟子》之"仁之端""義之端""禮之端"完全一致;就内涵言,《五行》之"義氣""禮氣",跟《孟子》"義之端""禮之端"尤有鮮明的相關、相通之處。這些歷史性的綰合都值得高度重視。

看起來,子思《五行》篇的架構顯得較爲樸素,這主要表現在以下兩個方面:其一,用"氣"來指代仁、義、禮的基源有極强的描述性,意指不及"端"字明確。其二,《五行》篇有五種"德之行",即仁、智、義、禮、聖,就其現存内容看,卻衹是仁、義、禮三者有相應的"氣"作爲基源,看起來不够完備,不够齊整;《孟子》之仁、義、禮、智各則有基源,整體架構相當完備和齊整。①

不過,本章考察《五行》《孟子》關聯的工作剛剛開始,各種複雜的情形接下來纔會被陸續揭開。

就本節而言值得注意的是,《五行》不僅以"仁氣""義氣""禮氣"爲德行仁、義、禮之發端,而且明確提出了仁之"端"、義之"端"等觀念(其詳請參閱本章第二節),衹不過尚未固化爲"仁之端""義之端"之類表述而已。而且毋庸置疑的是,普遍的事實更值得我們關注。跟其他儒典比較,《五行》顯示了建構體系的獨到之處,具有種種精緻細密、梯級晉升的構想,呈現出系譜化的思維和表達。比如,在"仁氣""義氣""禮氣"和"仁""義""禮"之間,它分别給出了一系列逐層推進,不斷被超越,而最終達成目標的環節。這其實是《五行》整個體系的特徵。《五行》主體内容,如五種"德之行"之生成,以及由仁智義禮四種德之行和合而生成"善"、由仁智義禮聖五種德之行和合而生成"德"等等,都包含這種由發端逐級擴充、不斷生長的過程。《大學》云:"物有本末,事有終始,知所先後,則近道矣。"此語概括了儒家對道德修爲層級性的關注,而在三綱、八目,"知止→定→靜→安→慮→得(止)"諸系譜中有所落實。《五行》具備更豐富更多樣的系譜,其所有系譜都凸顯了對"本末""始終""先後"的持守,②故而仁、知(智)、義、禮、聖、善、德每一種德行或道德境界的各種生成系譜均有一個事實上的"端"。比方說,《五行》經文第六章云:

---

① 與《五行》同出於馬王堆漢墓的《德聖》篇既跟《五行》有密切關係,又有一定的差異。其中云:"四行成,善心起。四行荊(形),聖氣作。五行荊,悳(德)心起。和胃(謂)之悳……"此處之"聖氣",看似跟《五行》"仁氣""義氣""禮氣"一致,實際上卻完全不能跟三者並列,甚或有重大差異(它基於"四行荊",四行當指仁義禮智)。

② 關於《五行》中的種種系譜,參閱本書緒論之第三節:"《五行》系譜化特質及其歷史語境"。

仁之思也睛(精)。睛則察,察則安,安則温,温則說(悦),說則戚,戚則親,親則(憂)〔愛〕,(憂)〔愛〕則(王)〔玉〕色,(王)〔玉〕色則刑(形),刑則仁。知(智)之思也長,〔長〕則得,得則不忘,不忘則明,明則見賢人,見賢人則玉色,玉色則刑,刑則知。聖之思也至(輕),至則刑,刑則不忘,不忘則悤(聰),悤則聞君子道,聞君子道則(王言)〔玉音〕,(王言)〔玉音〕則刑,刑則聖。

這實際是以"仁之思""知(智)之思""聖之思"三者爲德行仁、知(智)、聖之端。《五行》經文第十三章云:"不悤(聰)不明不聖不知(智),不聖不知不仁,不仁不安,不安不樂,不樂无(無)德。"這實際是以"悤(聰)"爲聖之端、以"明"爲知(智)之端、以"悤(聰)明"爲仁與德之端。《五行》經文第十八章云:"見賢人,明也。見而知之,知(智)也。知而安之,仁也。安而敬之,禮也。"這實際是以見賢人之"明"爲德行"知(智)""仁""禮"之端。凡此毋庸一一舉列。《孟子》後來提挈四端以建構仁義禮智的發生學圖式,正是爲《五行》所含性質相同的普遍事實以及它在理念上的某種先覺所滋養。

可以説,《五行》在認知人性以及政教倫理諸價值的基礎上,設計了一條條引導德行晉升的路,且力求使這些設計富有可行性和有效性,故其設計往往是自邇而漸行漸遠,自卑而漸登漸高。爲此需要推定出發的始端,需要選取和佈置一個個互相勾連、不斷推進的節點。《五行》這種思維,可以稱爲"過程性"思維。《孟子》明顯承繼了這種"過程性"思維,但其選取和佈置的中途節點則顯得簡略或漫不經心。在《孟子》一書中,由作爲基源的四端達至其結果仁、義、禮、智,過程相當簡單和直截,缺乏《五行》那種精細的建構。當然這祇是從理論上比較這兩個體系。若論實行,中間過程設計得越複雜,細節越多,就越容易出現紕漏,易言之,在很多時候,過程的規定確實需要有一點模糊,過於具體常常會局限過程自身的適應性和彈性,但是規定過於缺乏,也可使過程流於虛廓,所以《五行》《孟子》在這一點上可以説互有得失。而在發端的推定上二者也是如此。《五行》顯示了更豐富的可能性,——即便同一種德行或道德境界的生成也呈現出某種多元的態勢。《孟子》站在前輩學者的肩膀上,進一步把握其中的基本内核,故倡四端之説。其設定"惻隱之心"爲"仁之端",最有卓識,因爲接近純粹的人的本心。其以"羞惡之心"爲"義之端",以"是非之心"爲"智之端",以"恭敬之心"或"辭讓之心"爲"禮之端",雖然諸始端和目標價值的邏輯關聯也同樣不可置疑,但距離人的本心相對較爲疏遠。——如果説仁之端更需要後天的持守和擴充,那麽義之端、智之端、禮之端則可能更仰賴後天的認同和歷練。《五行》以"變"即"仁氣"爲仁德實際的發端，沒有孟說精密可感，但是其以"不莊(藏)尤割(害)人之心"爲仁之"端"，則直接孕育了孟子以惻隱之心或不忍人之心爲仁之端的觀念。《五行》以"袁(遠)""袁(遠)心"亦即"禮氣"爲禮的基源，與孟子以"恭敬之心"爲"禮之端"有相契處，但似乎比孟說更近。《五行》以"直""直亓(其)中心"亦即"義氣"爲義的基源，與孟子以"羞惡之心"爲"義之端"亦有相契處，但亦似比孟子以"羞惡之心"爲"義之端"更貼近人的本心。

以上主要是從向内的層面上觀察，但《五行》和《孟子》尚有另外一個不同的面向。

由於具備多元的取向，《五行》中仁、義、禮三種德行向其本源處推求，未必能得到"仁氣""義氣"和"禮氣"。比如，《五行》經文第六章云：

　　仁之思也睛(精)。睛則察，察則安，安則溫，溫則 説(悦) ， 説則戚 ， 戚則親 ， 親則 (憂)〔愛〕，(憂)〔愛〕則(王)〔玉〕色，(王)〔玉〕色則刑(形)，刑則仁。

這是說"仁"的本源是"仁之思"。該章這一部分對應的說文已經亡佚。而《五行》經文同章謂："聖之思也坙(輕)，坙則刑(形)，刑則不忘，不忘則悤(聰)，悤則聞君子道……"其說文第六章云："'聖之思也輕'：思也者思天也，……'嚁(聰)則聞君子道'：道者天道也；聞君子道之志耳而知之也。"《五行》說文第七章則謂："德猶天也，天乃德已。"依據這些相關材料，可以斷定"仁之思"之"思"所指涉的對象是"天道"或"君子道"(關聯"賢人"和"賢人德")。如此，"仁之思"與"仁氣"同爲仁的基源，彼此卻不能相代。由於《五行》中，德行生成呈現出一定程度的多元化，對其中相關而内涵不完全相同的系譜，必須做具體分析。

《五行》經文第十三章云：" 不悤(聰)不明 不聖不知(智)，不聖不知(智)不仁，不仁不安，不安不樂，不樂无(無)德。"其說文第十三章解釋道：

　　"不嚁(聰)不明"：嚁也者聖之臧(藏)於耳者也， 明也 者知(智)之臧於目者也。嚁，聖之始也；明，知(智)之始也。故曰不嚁明則不聖知(智)，聖知(智)必繇(由)嚁明。聖始天，知(智)始人；聖爲崇，知(智)爲廣。不知不仁；不知所愛，則何愛？言仁之乘知而行之。

這是說"仁"德的生成向其發端處推求，可得"聖"與"知(智)"，再向其發端處推求，可得"悤(聰)"與"明"。《五行》經文第十七章對"悤(聰)""明""聖""知

（智）"有如下界定："未嘗聞君子道，胃（謂）之不恖（聰）。未嘗見賢人，胃之不明。聞君子道而不知亓（其）君子道也，胃之不聖。見賢人而不知亓有德也，胃之不知（智）。見而知之，知（智）也。聞而知之，聖也。"作爲德之行"仁"生成的基源，"恖（聰）""明""聖""知（智）"明顯立足於對外在對象的體認，亦跟作爲仁之基源的"變"或"仁氣"迥異。

《五行》經文第十八章云：

聞君子道，恖（聰）也。聞而知之，聖也。聖人知（而）〔天〕道〔也〕。知而行之，（聖）〔義〕也。行之而時，德也。見賢人，明也。見而知之，知（智）也。知而安之，仁也。安而敬之，禮也。

其説文第十八章云：

"聞君子道，嚛（聰）也"：同之聞也，獨色然辯於君子道，（道）〔嚛也〕。〔嚛也〕者，聖之臧（藏）於耳者也。"聞而知之，聖也"：聞之而遂知亓（其）天之道也，是聖矣。聖人知天之道。道者，所道也。"知而行之，義也"：知君子之所道而揆（儳/愨）然行之，義氣也。"行之而時，悳（德）也"：時者，和也。和也者（惠）〔悳〕也。"見賢人，明也"：同之見也，獨色然辯於賢人，明也。明也者，知之臧於目者。明則見賢人。〔見〕賢人而知之，曰：何居（何故）？孰休烝此，而遂得之？是知也。"知而安之，仁也"：知君子所道而諝（煖）然安之者，仁氣也。"（行）〔安〕而敬之，禮也"：既安止（之）矣，而有愀（愀）愀（愀）然而敬之者，禮氣也。

這裏暫且祇關注經、説此章的要點，即"義"的生成有賴於"聖""仁"的生成有賴於"知（智）""禮"的生成有賴於"仁"（説此章之"義氣""仁氣""禮氣"，分別等同於"義""仁""禮"，其詳參見下文所論）。所謂"聖"意味着對特定對象聞而知之，"知（智）"意味着對特定對象見而知之；其對象，即外在的"君子""賢人"所負載的"君子道"或"賢人德"，推而尊之則曰"天之道"或者"天"。從對君子道與賢人德的感知、發現和思考中確立安身立命的原則，並在生存中持守和實踐它，使它成爲生命的一部分，此即形於内的德之行仁、義以及禮。這種思路，同樣是把特定的向外尋求視爲德行生成的基源，明顯異於由内在的"仁氣""義氣""禮氣"一步步生成仁、義、禮。

綜上所論，《五行》篇有兩種不同的基本面向：其一，是基於向内尋求來建立道德。這在孔子那裏就已經創闢爲一個傳統了。孔子用"己所不欲，勿施於人""己欲立而立人，己欲達而達人"，來解釋和界定"仁"，並稱之爲"近取譬"(分别參見《論語·顔淵》及《雍也》篇),認爲仁德的生成和實踐,需要主體從自我内心的欲和惡中推衍出對待他人的原則,並付諸實踐;很明顯,一種向内的尋求充當了仁的基源。這一思路和觀念,到《五行》篇發展爲由内在的仁氣、義氣、禮氣生成仁義禮。二者之方向完全一致,祇不過孔子尋到的内在基源是己之欲惡,《五行》尋到的内在基源是仁氣、義氣和禮氣。其二,是立足於向外尋求基源來培養德行。這在孔子及其弟子那裏也已經赫然出現了。比如孔子説:"見賢思齊焉。"(《論語·里仁》)又説:"好仁不好學,其蔽也愚;好知不好學,其蔽也蕩;好信不好學,其蔽也賊;好直不好學,其蔽也絞;好勇不好學,其蔽也亂;好剛不好學,其蔽也狂。"(《論語·陽貨》)。子夏則説:"博學而篤志,切問而近思,仁在其中矣。"(《論語·子張》)凡此都是説向外尋求以定位道德原則,進而付諸實踐。到子思之《五行》,這一路徑顯然更加成熟了。它以意味着認知和發現價值的"恖(聰)""明""聖""知(智)""思"等等爲基源,建構了德行生成的一系列圖式,其理論性、體系性之强,至少在原始儒家那裏是空前絶後的。《五行》之仁、義、禮向發端處推求,之所以未必得到内在的仁氣、義氣和禮氣,就是因爲這些德行的生成同時還存在由外入内的路徑。

郭店簡文《語叢一》有云:"(夫)〔天〕生百勿(物),人爲貴。人之道也,或遙(由)中出,或遙外内(入)。遙中出者,息(仁)、忠、信。遙 外内者 , 宜(義) 、□、□。"《五行》承前賢之舊説而踵事增華,建構了基於向内、向外尋求基源以發展德行的路徑,前者正是"遙(由)中出",後者正是"遙(由)外内(入)";就是説,《五行》體系中,仁義禮等德行既可由内在基源一步步擴展伸張而成,又可由外在基源一步步内化而生。在整體架構上,孟子學説完全籠罩在《五行》兩個面向的光輝之中。就由中出者言,孟子將《五行》篇德行的基源光大爲四端,即惻隱之心、羞惡之心、辭讓恭敬之心以及是非之心,將仁義禮智的生成歸結爲四端的擴充,認爲"仁義禮智,非由外鑠我也,我固有之也,弗思耳矣。故曰:求則得之,舍則失之"(《孟子·告子上》)。孟子又以内在的恕作爲仁的根本,倡言:"萬物皆備於我矣。反身而誠,樂莫大焉。强恕而行,求仁莫近焉。"(《孟子·盡心上》)所謂恕即將心比心、推己及人。就由外入者言,孟子雖持性善説,卻著力張揚聖王之道。《荀子·性惡》篇認爲孟子道性善,與禮義、聖王不兩立,實際是誤讀和曲解。孟子認爲人祇有在聖王之道引導下,纔能將内在的德行的發端擴充開來,故"孟子道性善,言必稱堯、舜"(《孟子·滕文公上》)。孟子嘗説:"堯舜之道,孝弟而已矣。子服堯之服,誦堯之言,行堯之行,是堯而已矣。子服桀之服,誦桀之言,行桀之行,是桀而已矣"(《孟子·告子下》);又説:"規矩,方員之至也;聖人,人倫之至也。欲爲君盡君道，欲爲臣盡臣道，二者皆法堯舜而已矣。不以舜之所以事堯事君，不敬其君者也；不以堯之所以治民治民，賊其民者也"(《孟子·離婁上》)。由此可見，孟子一方面主張向內尋求、持守並擴充四端，一方面強調聖王的存在以及主體對聖王之道的認知、認同與實踐有極大的必要性；對他來說，聖王之道仍是政教倫理之基源，祇是這一面向相對而言表述得不夠凸顯和明晰而已。

在《五行》篇的體系架構中，"仁氣""義氣""禮氣"尚有另外一種完全不同的含義。上揭《五行》說文第十八章邅以"義氣""仁氣"和"禮氣"詮釋經文中的"義""仁""禮"，頗值得注意。而《五行》經文第十九章云："見而知之，知(智)也。知而〔安〕之，仁也。安而行之，義也。行而敬之，禮。仁義〔知(智)〕，禮(知)之所繇(由)生也。四行之所和，和則同，同則善。"其說文第十九章云：

"見而知之，知(智)也"：見者，□也。知者，言繇(由)所見知所不見也。"知而安之，仁也"：知君子所道而諛(煥)然安之者，仁氣也。"安而行之，義也"：既安之矣，而儆(愨)然行之，義氣也。"行而敬之，禮也"：既行之矣，而秋(愀)秋(愀)然敬之者，禮氣也。

這裏同樣是直接"仁氣""義氣""禮氣"直接替換經文中的"仁""義""禮"。

顯然，在《五行》說文第十八、十九章中，"仁氣""義氣"和"禮氣"是形於內的"德之行"，而非不形於內的"行"（其經文第一章據"不荆於內"和"荆於內"，來區隔"行"和"德之行"）。理由如下：

其一，經文第十八章謂"聖人知(而)〔天〕道。知而行之，(聖)〔義〕也。行之而時，德也"，其說文第十八章闡釋道："聖人知天之道。道者，所道也。'知而行之，義也'：知君子之所道而搽然行之，義氣也。'行之而時，悳(德)也'：時者，和也。和也者(惠)〔悳〕也。"悳(德)"是由形於內的仁、知(智)、義、禮、聖五種德之行和合而成的（經文第一章謂"德之行五，和胃之德"），則處於"德"前一個階段的"義"或"義氣"必爲形於內的德之行，否則，它無由與其他四種德之行和合而生成"悳(德)"。

其二，據經、說第十八、十九章，知君子所道而煥然"安"之即爲"仁"或"仁氣"，既安之而又愀愀然"敬"之即爲"禮"或"禮氣"。"敬"屬於內心是毫無異議的。"安"指內心之安。經文第二章謂："君子毋(無)中心之憂則无(無)中心之知(智)，无中心之知則无中心之說(悅)，无中心之說則不安，不安則不樂，不樂則无德。君子无中心之憂則无中心之聖，无中心之聖則无中心之説,无中心之説則不安,不安則不樂,不樂則无德。"其中"安"是"説(悦)"與"樂"之間的階段,其在内心毋庸置疑。從《五行》整個體系來看,"安"意味着心對價值的高度認同或合一,是價值形於内的根本表徵。《五行》以前或約略與《五行》同時,孔子"從心所欲不踰矩"的境界殆已蘊含着這種安(引語見《論語·爲政》),而《大學》明確地説"知止而后有定,定而后能静,静而后能安,安而后能慮,慮而后能得(止)"。《五行》之後,孟子嘗曰:"君子深造之以道,欲其自得之也。自得之,則居之安;居之安,則資之深;資之深,則取之左右逢其原:故君子欲其自得之也。"(《孟子·離婁下》)朱熹集注云:"言君子務於深造而必以其道者,欲其有所持循,以俟夫默識心通,自然而得之於己也。自得於己,則所以處之者安固而不摇。處之安固,則所藉者深遠而無盡;所藉者深,則日用之間取之至近,無所往而不值其所資之本也。"孟子這種得道而居之、居道而安之的思想,承繼了前輩儒典德行形於内而"安"的境界。既然"敬"與"安"均高度指示内心,則"知而安之"之"仁"或"仁氣","安而行之"之"義"或"義氣","行而敬之"之"禮"或"禮氣"(三"之"字指代君子道或賢人德),亦必形於内心而貫徹於行爲。這一層面上的"仁氣""義氣"和"禮氣"即等同於"仁""義""禮",其指更非龐樸所説"不形於内心而形於顏色容貌的氣"。

總之,《五行》將"仁氣""義氣""禮氣"等同於"仁""義""禮",是三者在第二個層面上的重要含義。在這一層面上,三者不是仁義禮之基源,而是已生成的德之行仁、義、禮,與孟子仁之端、義之端、禮之端有根本歧異。上文曾經提及,孟子對四端有另外一種表述,即:"惻隱之心,人皆有之;羞惡之心,人皆有之;恭敬之心,人皆有之;是非之心,人皆有之。惻隱之心,仁也;羞惡之心,義也;恭敬之心,禮也;是非之心,智也。"(《孟子·告子上》)看起來,惻隱、羞惡、恭敬、是非之心即爲仁義禮智自身,與《五行》中"仁氣""義氣""禮氣"等同於"仁""義""禮"正好呼應。然而這並非孟子本意。朱熹集注云:"前篇(案指《公孫丑上》)言是四者爲仁義禮智之'端',而此不言'端'者,彼欲其擴而充之,此直因用以著其本體,故言有不同耳。"就是説,《孟子》此章僅僅是基於體用關係,用仁、義、禮、智代替四端,以剖别、指示四端之不同終結,並非認爲它們就等同於四端。要之,《孟子》四端並無《五行》這種將"仁氣""義氣""禮氣"直接等同於"仁""義""禮"的情形。

不過不可否認,在這個層面上,《五行》與《孟子》學説還是有一個重要關聯,即《孟子》光大了《五行》這一層面上的"義氣",建構了人們耳熟能詳的集義養氣説:"我知言,我善養吾浩然之氣。……其爲氣也,至大至剛,以直養而無害,則塞于天地之間。其爲氣也,配義與道;無是,餒也。是集義所生者,非義襲而取之也。行有不慊於心，則餒矣……"(《孟子·公孫丑上》)《孟子》"集義所生"的"浩然之氣"便承繼了《五行》指涉"義"的"義氣"。其集之養之臻於至大至剛，與《五行》説文第二十一章"終(充)亓(其)不受許(吁)䛇(嗟)之心，而義襄(囊)天下"，境界、理念亦頗類同，它融匯光大了本章下一節所要討論的《五行》"終(充)心"觀。明白了孟子"養浩然之氣"説的學術淵源，就可以清楚，將這種"氣"詮釋爲"控制世界和整個宇宙的力量"，或者"心物學之能、生命之能、生命之氣、元氣、精氣等等"，衹不過是附會習見之説而已。孟子也並非是"重新發揮了氣的概念，給了它從前所没有的一種倫理學上的價值，並創造了一種特殊的表達方法——浩然之氣"。①《孟子》"浩然之氣"説直接承繼了《五行》的"義氣"觀念，它原本就包含"倫理學上的價值"，《五行》"仁氣""禮氣"諸概念則是《孟子》此説的潛在支持，《五行》"終(充)心"觀則明顯就是《孟子》"養浩然之氣"説的先導(見下)。②

---

① 此處關於氣的説法，參見〔意〕M. 斯卡帕里：《在早期中國文獻中有關人的本性之争》，〔美〕江文思、〔美〕安樂哲：《孟子心性之學》，頁 253。
② 論者或極力將《孟子》"浩然正氣""集義與道"等説法附會於道家。比如郭沫若論齊威(前356～前321 在位)、宣(前320～前302 在位)之世的稷下學説，云："當時的稷下先生們裏面，一大半是道家，如宋鈃、尹文、田駢、慎到、接予、環淵之流，在稷下是執掌着牛耳的。"(見氏著《古代研究的自我批判》，郭沫若著作編輯出版委員會編：《郭沫若全集》歷史編第二卷，頁 71)郭沫若又説，《管子》書中有宋鈃、尹文的"遺著"，具體言之，"《心術》《内業》是宋子書，《白心》屬於尹文子"(見氏著《稷下黄老學派的批判》，《郭沫若全集》歷史編第二卷，頁 157)而《管子·内業》篇有云："見利不誘，見害不懼，寬舒而仁，獨樂其身，是謂雲氣，意行似天。……靈氣在心，一來一逝。其細無内，其大無外……"郭沫若認爲："這所謂'靈氣'，在我看來，毫無疑問便是孟子的'浩然之氣'，《内業篇》也正説：'精存自生，其外安榮。内藏以爲泉原，浩然和平，以爲氣淵。孟子顯然是揣摩過《心術》《内業》《白心》這幾篇重要作品的。只是孟子襲取了來，稍爲改造了一下。"又説："'靈氣'在主張本體觀的道家本與'道'爲一體，事實上也就是'道'的别名，而孟子談浩然之氣也來一個'配義與道'，'道'字便無著落，這分明是贓品的透露了。"(見氏著《稷下黄老學派的批判》，《郭沫若全集》歷史編第二卷，頁 165、頁 166)這種論證有本末倒置的嫌疑。且《孟子》"配義與道"之"道"並非没有著落。孟子嘗云："尊德樂義，則可以囂囂(自得無欲之貌)矣。故士窮不失義，達不離道。窮不失義，故士得己焉；達不離道，故民不失望焉。"(《孟子·盡心上》)這是孟子以"義""道"並稱的顯例，怎麽就不能説"配義與道"呢？殆依孟子之意，"義"乃"道"之一端。郭店儒典《語叢一》有云："(夫)〔天〕生百勿，人爲貴。人之道也，或䌛(由)中出，或䌛外内(入)。䌛中出者，㥁(仁)、忠、信。者 外内者、宜(義)、□、□。"此説頗可見儒學體系中"道"與"義"的邏輯關係，唯孟子不認爲義"䌛外内(入)"而已。孟子論養氣以"義"與"道"並提，旨在凸顯"義"之地位。類似的例子尚見於其他典籍。如《荀子·勸學》謂："學惡乎始？惡乎終？曰：其數則始乎誦經，終乎讀《禮》……"其以"《禮》"與"經"相並，不是説"《禮》"非"經"，衹是在"經"中凸顯"《禮》"。屈子《離騷》謂："夫執非義而可用兮，孰非善而可服？"其以"義"與"善"相並，非指"義"不是"善"〔一如郭店儒典《眚自命出》上篇所云，"義也者，羣善之蕰(蕰)也"〕，特凸顯之而已。

上博簡《民之父母》記子夏請教何謂"三亡(無)",孔子曰:"'三亡'虖(虞),亡聖(聲)之縵(樂),亡腥(體)之豊(禮),亡備(服)之桑(喪),君子目(以)此皇(橫)于天下。系(奚/繫)耳而聖(聽)之,不可夏(得)而甯(聞)也,明目而臮(視)之,不可夏而臮(見)也,而夏猷(既)塞於四夯(海)矣,此之胃(謂)'三亡'。"該文其他部分多論"志""慇(氣)"及其"塞"於四方、四海之類。如孔子以始終貫通的"勿〔志〕至""志(詩)至""豊(禮)至""縵(樂)至""怸(哀)至"爲"五至";又謂"亡(無)聖(聲)之縵(樂),燹(氣)志不悳(愇/違)","亡(無)聖(聲)之縵(樂),塞于四方","亡(無)腥(體)之豊(禮),塞于四夯(海)","亡(無)聖(聲)之縵(樂),慇(氣)志猷(既)夏(得)","亡(無)聖(聲)之縵(樂),慇(既)志猷(既)從"等等。傳世《禮記·孔子閒居》有相應的片段,但其記"五至""三無"殆有一簡錯亂。《民之父母》中,孔子申説"三亡(無)"所謂"系(奚/繫)耳而聖(聽)之,不可夏(得)而甯(聞)也,明目而臮(視)之,不可夏而臮(見)也,而夏猷(既)塞於四夯(海)矣",《孔子閒居》有一段文字差不多,所謂"是故正明目而視之,不可得而見也。傾耳而聽之,不可得而聞也。志氣塞乎天地",卻是用來申説"五至",且《民之父母》"而夏猷(既)塞於四夯(海)矣"一句,《孔子閒居》作"志氣塞乎天地"。筆者頗疑"夏猷塞於四夯(海)"語原作"志慇(氣)塞於四猷(海)"。"志慇(氣)"與其下文多次出現的"慇(氣)志"意同。"志慇(氣)"先誤爲"悳慇(氣)",鈔録者又以上文兩見"不可夏"而誤鈔爲"夏猷"。故傳世《孔子閒居》作"志氣"應該不誤,至其文字之踳謬則一目瞭然。視而不見意,乃申説禮之無體、喪之無服,聽而不聞意乃申説樂之無聲,均是就"三亡(無)"而言的,豈可亂入"五至"之説?值得注意的是,濮茅左將《民之父母》此段文字同孟子集義養氣説聯繫起來解讀。① 龐樸更聯繫孟子"夫志,氣之帥也;氣,體之充也。夫志至焉,氣次焉。故曰:'持其志,無暴其氣'",及孟子解釋"浩然之氣"時所説"其爲氣也,至大至剛,以直養而無害,則塞于天地之閒。其爲氣也,配義與道;無是,餒也。是集義所生者,非義襲而取之也。行有不慊於心,則餒矣"(《孟子·公孫丑上》),斷定《民之父母》所載孔子談"五至""三亡(無)""五起"時所孕含的志氣説,"正是孟子浩然之氣説的先聲"。②

---

① 馬承源主編:《上海博物館藏戰國楚竹書》(二),上海:上海古籍出版社,2002年,第1版,頁165。
② 參閲龐樸:《喜讀"五至三無":初讀〈上博藏簡〉(二)》,簡帛研究(03/01/12),http://www.bamboosilk.org/Wssf/2003/pangpu01.htm。

《民之父母》之志氣說的確可能影響了《孟子》。《孟子》與《五行》之間不存在歷史進路中的單一關聯,對《五行》之外的儒典不具有排他性,且《民之父母》與《五行》存在極爲深刻的縮結。比如《民之父母》記孔子引《詩經·邶風·谷風》"凡民又(有)喪(喪),匍匐救之"一句,來詮釋"三亡(無)"之中的"亡(無)備(服)之喪(喪)",明顯將詩意理解爲,凡民有凶禍之事,必連滾帶爬忙不迭地去救助他,因此無暇顧及儀式化的喪服。孔子論喪制更看重内在的精神層面。《五行》經文第七章云:"'嬰(燕)嬰(燕)于菫(飛),貼(差)池其羽。之子于歸,袁(遠)送于野。瞻望弗及,汲(泣)(沸)〔涕〕如雨。'能貼池其羽,然后(後)能至哀。"其說文第七章釋云:"貼(差)貼(池)者,言不在唯(衰)絰也;不在唯絰,然笱(後)能至哀。夫喪,正絰脩領而哀殺矣。言至内者之不在外也。"《五行》引《詩經·邶風·燕燕》闡發的這一層意思,顯然與《民之父母》所載孔子之說相通。然而我們必須認識到,孟子志氣說固然凸顯了"志"和"氣"的聯繫,可有一點更爲關鍵,即"氣"與"義"之合同,這一層意涵,《民之父母》中根本就不存在。《民之父母》所謂"皇(横)於天下""塞于四荅(海)""塞于四方"者是"三亡(無)""五至",即亡(無)聖(聲)之緣(樂),亡體(體)之豊(禮),亡備(服)之桑(喪)",根本未及"義"。故考慮孟子志氣說亦即集義養氣說的歷史淵源,不能忽視孟子學說與《五行》的體系性關聯。如前所論,《五行》在仁義禮三種德行生成之始端和結果均使用了"仁氣""義氣"和"禮氣"。《五行》說文第二十一章云:"終(充)亓(其)不莊(藏)尤割(害)人之心,而仁復(覆)四海;終亓不受訏(吁)貼(嗟)之心,而義襄(囊)天下。仁復四海、義襄天下,而成(誠)繇(由)亓中心行之,亦君子已。"如果我們明白在《五行》體系中,"仁氣""義氣"可以指作爲系譜生成結果的仁和義,就會認識到,這"仁復(覆)四海""義襄(囊)天下"的博大氣象,實際上就是仁氣、義氣"塞于天地之閒"的境界,與孟子浩然之氣有相同的本質。

二、"進端""終端""終心"

《五行》說文第十二章云:"左雍(靡/靡)而右飯之,未得敬心者也。"其說文第十五章曰:"'中心辯焉而正行之,直也':有天下美飲食於此,訏(吁)貼(嗟)而予之,中心弗悆(怵)也。惡訏貼而不受訏貼,正行之,直也。"這裏涉及先秦儒家非常關注的一則故事:不食嗟來之食。該故事之原型見載於《禮記·檀弓下》:"齊大饑,黔敖爲食於路,以待餓者而食之。有餓者蒙袂(鄭注:

不欲見人也)輯屨(拖着鞋子),貿貿然(目眩貌)來。黔敖左奉食,右執飲曰:'嗟,來食!'揚其目而視之,曰:'予唯不食嗟來之食,以至於斯也。'從而謝焉,終不食而死。曾子聞之曰:'微與!其嗟也可去,其謝也可食。'"鄭注特別指明:"嗟來食,雖閔而呼之,非敬辭。"正義更揭明其事,曰:"黔敖既見餓者而來,乃左奉其飯,右執其飲,見其餓者困,咨嗟憋之,故曰:嗟乎,來食!餓者聞其嗟己,無敬己之心,於是發怒,揚舉其目而視之曰:予唯不食嗟來無禮之食,以至於斯。斯,此也;以至於此病困。怒而遂去。黔敖從逐其後,辭謝焉。餓者終不食而死。"在孔門弟子或其再傳弟子那裏,這則故事日益脱棄黔敖、餓者等具體元素,被賦予了更普遍的道德内涵,成了一個關於道德抉擇的典型案例。《五行》説文第十二、十五章明顯就是基於這一原型來發揮義理的。其所謂"左靡(靡/麾)而右飯之",與見於《檀弓》之原事"左奉食,右執飲曰:'……來食'",稍異而相應;其所謂"許(吁)䀌(嗟)而予之",與見於《檀弓》之原事"嗟,來食"一致;其所謂"惡許(吁)䀌(嗟)而不受許䀌",與見於《檀弓》之原事"予唯不食嗟來之食,以至於斯也",亦明顯一致。這些都是不可置疑的證據。

《五行》認爲,施捨者沒有敬心,餓者厭惡其不敬而不受其"天下美飲食",這便是"直"——一種不因條件變化而改變的内心的堅持(如餓者對不敬的厭惡不因自己行將餓死改變,而貫徹始終);《五行》經、説第十一章把"直"界定爲德行"義"的基源,稱之爲"義氣"。

後來孟子説:"生,亦我所欲也;義,亦我所欲也。二者不可得兼,舍生而取義者也。……所欲有甚於生者,所惡有甚於死者,非獨賢者有是心也,人皆有之,賢者能勿喪耳。一簞食,一豆羹,得之則生,弗得則死,嘑爾而與之,行道之人弗受;蹴爾而與之,乞人不屑也。"(《孟子·告子上》)《孟子》此章與《五行》明顯是化用同一個典型案例來陳述道德選擇,而且都是就"義"的取向而言的。兩者無論話題,還是義理,都有確鑿無疑的聯繫,祇不過孟子更鋪張揚厲而已。故事原型中具體的"餓者"在《五行》中被施以模糊化處理,以突出政教倫理層面的主旨,孟子將其泛化爲一般意義的"行道之人"和"乞人";故事原型中黔敖"左奉食,右執飲",招呼餓者謂"嗟,來食",在《五行》中變爲"左靡(靡/麾)而右飯之""許(吁)䀌(嗟)而予之",其"未得敬心"更加明晰,孟子踵事增華,變之爲"嘑爾而與之""蹴爾而與之",不惟不敬,甚至是羞辱;①故事

---

① 朱起鳳《辭通》卷一二,四紙"嗟來"條之案語云:"'嗟'字古亦讀'嘑'也。'爾'字古作'尒',形與'來'字近。故'嗟來'即爲'嘑爾'之叚。'嗟'、'嘑'聲近,'來'、'爾'形譌。此爲極鄙薄之聲。今吾鄉呼狗,猶有作此聲者,語音轉訛,則變爲'阿六六'矣。"(朱起鳳:《辭通》,上海:開明書店,1934年,第1版,頁1137上)今學者指出:"現在北方鄉(轉下頁)

原型中餓者揚其目而視黔敖,曰"予唯不食嗟來之食,以至於斯也",終不食而死,在《五行》中簡化爲"惡許(吁)詆(嗟)而不受許詆,正行之"(視爲"義"之基源),價值選擇的意味更加凸顯,孟子則泛化爲行道之人弗受、乞人不屑,以證成"所欲有甚於生者,所惡有甚於死者",最終落實捨生取義之主旨。總而言之,餓者的故事在《五行》《孟子》這裏蜕變爲比較純粹的道德化敘事,但《孟子》顯然是接着《五行》説,這一歷史軌迹,没有《五行》便不可能得到清晰的凸顯。

接下來是本節討論的重點之一:《五行》把這種"惡許(吁)詆(嗟)而不受許詆"之心看作德行"義"的發端,認爲人衹要擴而充之,最終可達到義囊天下之境界。這一思路的價值,仍然要從《五行》整個體系中來審視。

《五行》體系的基本内容如下:"仁""知(智)""義""禮""聖"的種種基源一步步擴展推進,形於内,或曰在内心生成仁知(智)義禮聖,是爲"德之行";仁知(智)義禮四種德之行達到内在的超越性和合爲"善",仁知(智)義禮聖五種德之行達到内在的超越性和合爲"德",臻於德這種境界的人爲"君子"或"賢人"(有時《五行》之"君子"指"善"的擁有者,但總體上看,其"君子"側重於指最高境界即"德"的擁有者)。具備最高德行的"君子",其心與這五種德之行的超越性和合達成了同一。他不是踐履仁義等德行,而是由仁義等德行行,

――――――――――

(接上頁)間,養狗者看不見狗在何處,大聲呼之,其聲亦有近'阿六六'之聲者,膠東鄉間則呼'阿料料',從近處唤狗前來吃食,則望着狗,以腳點地,口發'嗟嗟……'之聲,狗聞聲便會立即前來就食。"(李思樂:《"嗟來食"考辨》,《古籍整理研究學刊》1994年第4期,頁23。案:作者自注謂該文"主旨係何善周師講授")朱氏、何氏之説甚是,不過"'嗟來食'畢竟不等於'呼來食',無疑,'嗟'是'呼'的聲音"(參閲史建橋、喬永、徐從權編:《〈辭源〉修訂參考資料》,北京:商務印書館,2011年,第1版,頁83)。《檀弓》記黔敖曰"嗟,來食"之"嗟"當是表示招呼之歎詞,然民間唤狗亦用"嗟嗟"之聲,故餓者以爲羞辱,終不食而死。孟子所謂"嘑爾""蹴爾",均當指唤狗進食的聲音與動作。人俗以"狗"爲詈詞,被視爲狗,其辱同大不敬。《墨子·經説上》云:"叱狗,加也。"孫詒讓《閒詁》:"謂以惡語相加。"《漢書·儒林傳》記載:"博士江公世爲《魯詩》宗,至江公著《孝經説》,心嫉式(王式),謂歌吹諸生曰:'歌《驪駒》。'式曰:'聞之於師;客歌《驪駒》,主人歌《客毋庸歸》。今日諸君爲主人,日尚早,未可也。'江翁曰:'經何以言之?'式曰:'在《曲禮》。'江翁曰:'何狗曲也!'式恥之,陽醉遁墜。式客罷,讓諸生曰:'我本不欲來,諸生彊勸我,竟爲豎子所辱!'遂謝病免歸,終於家。"顏注:"言'狗'者,輕賤之甚也。"故禮制對此多有忌諱。《禮記·曲禮上》謂:"尊客之前不叱狗。"鄭注云:"主人於尊客之前不敢倦,嫌若風(諷)去之。"正義云:"'尊客之前不叱狗'者,若有尊客至,而主人叱罵於狗,則似厭倦其客欲去之也。卑客亦當然,舉尊爲甚。"其實主人若於客前叱狗,客或以爲主人諷己爲狗,故爲忌諱。黔敖對餓者當無不敬之意,卻未能避免使餓者産生這種不敬的嫌疑,曾子謂"其嗟也可去",當是就避免這層嫌疑而言的。《五行》指實其不敬以凸顯主體惡不敬的價值選擇,《孟子》更變其本而加厲。或以爲"嗟來食"之"嗟"爲歎詞,"並不含有'輕蔑''侮辱''不敬'的意思"(見前引《〈辭源〉修訂參考資料》,頁82~83),殆未明以上複雜的文化背景與思想史語境。

用《五行》説文第二十一章的話説就是"繇(由)亓(其)中心行之"。當主體實行仁義時，仁義仍是對象性的存在，它們與主體還存在疏離區隔。當主體由仁義行時，仁義已非對象性的存在，它們已跟主體合一，此時德可謂行於人、人可謂行於德，兩者不存在任何滯澀。此即《五行》説文第十八、第十三章所謂的"流體(體)"和"忘(無)(寒)〔塞〕"。五種"德之行"以及"善""德"的生成均包含梯級上升，其生成的所有過程均可概爲"進端"和"終(充)端"。所謂"進端"，即推進基源而昇華之，所謂"終(充)端"即擴大和充實基源而昇華之，二者密切相關，不"進"無以"終(充)"，"終(充)"則必"進"。可以説，《五行》體系的核心就是各種"進端""終(充)端"的系譜或圖式。前文提到《五行》説文第二十一章以"惡許(吁)甚(嗟)而不受許甚"之心爲"義"之"端"，謂進之充之則爲"義"，其至則可以"襄(囊)天下"，就是極典型的例子。其他典型例子涉及德之行"仁"之生成以及"君子"人格之生成等等。

《五行》經文第二十一章云："君子雜(集)泰(大)成(成)。能進之，爲君子；不能進，客(各)止於亓(其)里。"其説文第二十一章解釋道：

"能誰(進)之，爲君子，弗能進，各止於亓(其)里"：能進端，能終(充)端，則爲君子耳矣。弗能進，各各止於亓里。不莊(藏)尤割(害)人，仁之理(里)也。不受許(吁)甚(嗟)者，義之理(里)也。弗能進也，則各止於亓里耳矣。終亓不莊尤割人之心，而仁傻(覆)四海；終亓不受許甚之心，而義襄(囊)天下。仁傻四海、義襄天下，而成(誠)繇亓中心行之，亦君子已。

這一部分論述的是"君子"人格之修成，具體著手處則是德行"仁"和"義"兩面。其間涉及三個類比性符號，即"里"或"理"（"止於亓里""仁之理"等）、"四海"（"傻四海"）和"天下"（"襄天下"）。"四海"猶言"天下"，毋庸多言；"里"指居落或最小的行政組織（"理"與"里"通），與"天下""四海"相對，形容其小小者。跟"止於亓(其)里"相類比的，是僅僅擁有仁義等德行的基源，卻未推進、擴充之，故停留於原初狹仄的境界中，所謂："不莊(藏)尤割(害)人，仁之理(里)也。不受許(吁)甚(嗟)者，義之理也。弗能進也，則各止於亓里耳矣"。跟"傻(覆)四海""襄(囊)天下"相類比的，是君子擁有"雜(集)泰(大)成"的大境界。由"止於亓(其)里"躍升發展，臻於"傻(覆)四海""襄(囊)天下"，關鍵就在"進端"和"終(充)端"。"終(充)端"落實到此處就是"終(充)心"，有兩個極典型的事例："終(充)亓(其)不莊(藏)尤割(害)人之心，而仁傻(覆)四海；終亓不受許(吁)甚(嗟)之心，而義襄(囊)天下"。

總之，在《五行》篇仁義諸德行、善、德以及君子人格的生成圖式中，有一種經典表述是推進和擴充"端"或基源，——推進或擴充內心某種始發性的質素。以上剖析了幾個典型例子，但必須舉一反三。《五行》經文第十章云："不臖（變）不説（悦），不説不戚，不戚不親，不親不愛，不愛 不仁 。"在"仁"的這一生成系譜中，"臖（變）"即端；由"臖（變）"而"説（悦）"，由"説"而"戚"，由"戚"而"親"，由"親"而"愛"，由"愛"而"仁"，就是一個完整的"進端""終（充）端"的圖式，同時也是一個完整的"終（充）心"的圖式。《五行》經文第十一章云："不直不迣（泄） ， 不迣 不果，不果不簡，不簡不行，不行不義。"其説文第十一章解釋道："直也者直亓（其）中心也，義氣也。"《五行》經文第十二章云："不袁（遠）不敬，不敬不嚴，不嚴不尊，不尊不 共（恭） ， 不共 不 禮 。"其説文第十二章解釋道："'不袁（遠）不敬'：袁心也者，禮氣也。"由"直"而"迣（泄）"、由"迣"而"果"、由"果"而"簡"、由"簡"而"行"、由"行"而"義"，以及由"袁（遠）"而"敬"、由"敬"而"嚴"、由"嚴"而"尊"、由"尊"而"共（恭）"、由"共"而"禮"，就是兩個完整的"終（充）心"的圖式，也是兩個完整的"進端""終（充）端"的圖式。

從這一層面上，又可證成或發現《孟子》跟《五行》的諸多深刻聯繫。

其一，如上所論，就《孟子》體系而言，四端至關重要，其"端"的觀念即來自《五行》"進端""終（充）端"之説，其四端的具體指涉亦與《五行》有極密切的關涉。

在《五行》體系中，作爲仁、義、禮之基源的"仁氣""義氣""禮氣"其實就是德行仁、義、禮之端，它們未被明白賦予"仁之端"之類名號，卻發揮着"仁之端"等範疇的實有功能；跟《五行》内部"進端""終（充）端"之説結合，則"仁之端""義之端""禮之端"之範疇立刻就會顯現。《五行》"義氣"和義之"端"的連接最爲明確。其説文第十五章稱，"惡許（吁）跕（嗟）而不受許跕，正行之，直也"，説文第十一章則把"直"或"直亓（其）中心"稱爲"義氣"，則"惡許（吁）跕（嗟）而不受許跕"至少爲"義氣"之一面。其説文第二十一章在"進端""終（充）端"意義上講"終亓不受許（吁）跕（嗟）之心，而義襄（囊）天下"，明顯是説"惡許跕不受許跕之心"就是義之"端"。則綜合看來，"義氣"不正是義之"端"嗎？舉一反三，謂《五行》實已包含"仁之端""義之端""禮之端"之類觀念，當無疑義。與《五行》同出於郭店楚墓的《語叢一》有"喪，息（仁）之耑（端）也"，《語叢三》有"□，□之耑（端）也"，當可作爲旁證，惜乎後者殘缺不全。總之，因爲有孔子至其再傳弟子的傳統觀念，孟子稍加提挈和推廣便可以得到四端。而且《五行》中這種"義"之端，恰符合孟子所説的"羞惡之心"。朱子《孟子集注》謂"羞，恥己之不善也。惡，憎人之不善也"。《五行》謂"左雁（靡/麈）而右飯之""許（吁）跕（嗟）而予之"之舉"未得敬 心 "，是即以此舉爲人之不善也,則"惡許(吁)甚(嗟)不受許甚"正是惡人之不善;以"惡許(吁)甚(嗟)不受許甚之心"爲義之"端",顯然爲孟子"羞惡之心,義之端也"開闢了先路,這進一步證成孟子承襲了《五行》之意。

不僅"惡許(吁)甚(嗟)不受許甚之心"被視爲義之"端",《五行》在"進端""終(充)端"意義上講"終亓(其)不莊(藏)尤割(害)人之心,而仁復四海",實即以"不莊(藏)尤割(害)人之心"爲仁之"端"。而"不莊(藏)尤割(害)人之心"與被孟子視爲仁之端的"惻隱之心"(朱子集注云:"此即所謂不忍人之心也"),亦顯然有相通處。

"端"指初始,又意味着一個後續的過程與結果。它作爲重要範疇出現在《五行》中,在《孟子》中發揚光大。同時,它很可能也影響了《墨經》。《墨子·經上》云:"端,體之無(序)〔厚〕而最前者也。"其大意是説,端是微小而處於最前面的部分。《墨子·經説上》釋之:"端:是無同也。"其意爲,端之爲端乃無同爲端者;端無前,端後有相與者而不爲端。這些定義似可説明《五行》《孟子》何以稱德行之基源爲端。

其二,《五行》篇與"終(充)端"關係密切的"終(充)心"觀念也被孟子發揚光大,成爲他建構體系的重要根基。孟子認爲,僅有四端意義不大,以"擴而充之"之功,將其發展爲仁義禮智,乃可。所以他説:"凡有四端於我者,知皆擴而充之矣,若火之始然,泉之始達。苟能充之,足以保四海。苟不充之,不足以事父母。"(《孟子·公孫丑上》)又説:"人皆有所不忍,達之於其所忍,仁也。人皆有所不爲,達之於其所爲,義也。人能充無欲害人之心,而仁不可勝用也。人能充無穿踰之心,而義不可勝用也。人能充無受爾汝之實,無所往而不爲義也。"(《孟子·盡心下》)這些説法,不僅其思想觀念承繼着《五行》,表達方式也有深刻的一致性。比如説,"人能充無欲害人之心,而仁不可勝用也"一語,實其化用《五行》"終(充)亓(其)不莊(藏)尤割(害)人之心,而仁復(覆)四海"之意;"人能充無受爾汝之實,無所往而不爲義也"(朱熹集注:"蓋'爾''汝',人所輕賤之稱。人雖或有所貪昧隱忍而甘受之者,然其中心必有慚忿而不肯受之之實。人能即此而推之,使其充滿無所虧缺,則無適而非義矣"),跟《五行》"終(充)亓(其)不受許(吁)甚(嗟)之心,而義襄囊天下",内涵與表達亦十分契合。

其三,《五行》體系中經由"進端""終(充)端"而達成"君子"人格一説,顯然也是孕育《孟子》集義養氣説的重要母體。《五行》説文第二十一章云:"不莊(藏)尤割(害)人,仁之理(里)也。不受許(吁)甚(嗟)者,義之理(里)也。弗能進也,則各止於亓(其)里耳矣。終亓不莊尤割人之心,而仁復(覆)四海;終亓不受許甚之心,而義襄(囊)天下。"孟子則謂,"我知言,我善養吾浩然之氣。……其爲氣也,至大至剛,以直養而無害,則塞於天地之間";又謂,"其爲氣也,配義與道;……是集義所生者"(《孟子·公孫丑上》)。兩者之氣象相契,義理也完全一致。祇不過《五行》説文此章是就推進和擴充"仁"之端、"義"之端兩方面而言的,《孟子》養氣説則是張揚其中"義"生成與張大一個層面。

其四,《五行》張揚君子"仁覆(覆)四海、義襄(囊)天下,而成(誠)繇(由)亓(其)中心行之"("之"指代仁義),孟子承此説,進一步強化了"由仁義行,非行仁義"的境界和理念。

實際上,《五行》"成(誠)繇(由)亓(其)中心行之(仁義)",便意味着"由仁義行,非行仁義"。"行仁義",意味着仁義仍是主體的對象化存在。誠由其中心行仁義或者"由仁義行",意味着仁義已與主體合一。在《五行》體系中,與"善""德"匹配的"君子"具有超越性的"心",就是説,其心或者已與仁智義禮四種德之行捨弃其個體存在而和合爲一的境界合一("善"),或者已與仁智義禮聖五種德之行捨弃其個體存在而和合爲一的境界合一("德")。因此,"君子"不是行善或行德,而是由善行或者由德行。郭店簡文《語叢二》有云:"其所之同,其行者異。又(有)行而不邎(由),又邎而不行。"這幾乎就是對上述兩種不同境界"行仁義"與"由仁義行"(或誠由其中心行仁義)的概括。有學者認爲《語叢》此語,"邎"當讀爲"迪",其義爲"開導""引導",①值得商榷。《語叢》此數語殆謂,很多範疇指向的意涵是相同的,可落實到踐行上則有巨大差異;有一些,人們祇是照着它們行動,有一些,則與行爲主體合一,主體由之行,而非照着它們行。

在《孟子》體系中,這兩種境界被區隔得更加清楚。首先,需要討論一下常被誤讀的"居仁由義"之説。孟子曰:"自暴者,不可與有言也;自棄者,不可與有爲也。言非禮義,謂之自暴也;吾身不能居仁由義,謂之自棄也。仁,人之安宅也;義,人之正路也。曠安宅而弗居,舍正路而不由,哀哉!"(《孟子·離婁上》)又曰:"殺一無罪,非仁也;非其有而取之,非義也。居惡在?仁是也;路惡在?義是也。居仁由義,大人之事備矣。"(《孟子·盡心上》)這一類"居仁由義"祇是説人之爲人的基本規範,意思是,人生在世,當居於仁之安宅,依循義之正路,如此方可脱棄自暴自棄之可悲,而成就"大人"之事。朱熹集注謂此處之"大人"指公卿大夫,顯然並不準確。此處之"大人"與"小人"對稱,非以位言,亦非指具備極崇高之德行者。② 孟子認

---

① 劉釗:《郭店楚簡校釋》,頁206。
② 案:"大人"或指聖人。子曰:"君子有三畏:畏天命,畏大人,畏聖人之言。"(《論語·季氏》)《論語集解》謂:"大人即聖人,與天地合其德者也。"《周易·乾·文言》曰:"夫大人者,與天地合其德,與日月合其明,與四時合其序,與鬼神合其吉凶。"

爲人體有貴、賤，有大、小，大體即心，爲貴，小體即耳目鼻口手足之屬，爲賤，大體、小體取向迥異，前者悦理義，後者好聲色臭味佚豫，而皆出於性之本然，故謂"理義之悦我心，猶芻豢之悦我口"（《孟子·告子上》）；孟子又説，"養其小者爲小人，養其大者爲大人"，"從其大體爲大人，從其小體爲小人"（《孟子·告子上》）。這種意義上的"大人"祇是理義的持守和實踐者。前引"居仁由義，大人之事備矣"，其所謂"大人"即用這一義項；"居仁由義"是安身立命的基本要求，而非極崇高的道德境界，换言之，"居仁由義"祇意味着"行仁義"。

孟子説："人之所以異於禽獸者幾希，庶民去之，君子存之。舜明於庶物，察於人倫，由仁義行，非行仁義也。"（《孟子·離婁下》）"由仁義行"與"行仁義"相對，它看起來與前述"居仁由義"相似，其實是一般人難以企及的超絶境界。朱熹集注説得十分明確："由仁義行，非行仁義，則仁義已根於心，而所行皆從此出，非以仁義爲美，而後勉强行之。所謂安而行之也。"而這顯然就是《五行》君子"成（誠）𧻳（由）亓（其）中心行之（仁義）"的政教倫理境界。在這一層面上，孟子推出的人格表徵是堯、舜。所以他又説："堯、舜，性之也；湯、武，身之也；五霸，假之也。久假而不歸，惡知其非有也？"（《孟子·盡心上》）朱熹集注引尹氏（焞）曰："性之者，與道一也，身之者，履之也，及其成功則一也。五霸則假之而已，是以功烈如彼其卑也。"孟子所謂"性之"，正對應着"由仁義行"或"成（誠）𧻳（由）亓（其）中心行之"，所謂"身之"，則對應着"行仁義"；前一種境界，意味着仁義禮智諸發端成長擴充爲仁義禮智諸價值（如五穀之種子成長爲豐熟的五穀），並且與主體和合，而不再爲主體對象化之存在，後一種境界，意味着仁義禮智諸發端雖已生成爲仁義禮智，卻仍爲主體之對象化存在。《五行》推出的人格範式是文王和舜，其所謂由仁義行的"君子"，就是文王和舜的縮影。要之，《孟子》對"行仁義"與"由仁義行"的區隔，清楚地呈現了《五行》的影響，其間容或有一定差異，然子思與孟子，亦正所謂"先聖與後聖，其揆一也"（《孟子·離婁下》）。①

《孟子》四端説、充心説、養氣説等原初看起來空無依傍。有了出土文

---

① 孟子稱舜爲"先聖"，稱文王爲"後聖"，論曰："舜生於諸馮，遷於負夏，卒於鳴條，東夷之人也。文王生於岐周，卒於畢郢，西夷之人也。地之相去也千有餘里，世之相後也千有餘歲，得志行乎中國，若合符節。先聖後聖，其揆一也。"（《孟子·離婁下》）然孟子實偏重於以堯舜爲政教倫理之至極。《五行》篇中，與最高德行"德"匹配的潜在人格範式是舜和文王，其實則更偏重文王。《五行》《孟子》這種差異，殆根於時代和學術淵源之不同。簡單地説，《五行》之凸顯文王，殆與子思的《詩經》學背景有關。《五行》體系雖也受《尚書》學極深刻的影響，但在這一點上，它承接《詩經》學則顯得更爲有力。

獻,我們纔發現《五行》之三氣說、進端終(充)端說、終(充)心說等實際上是《孟子》相關論說的先聲。《五行》這一論題所含理念架構、價值取向、核心話語、基本範疇等,均爲孟子承繼和光大。《五行》之深刻影響《孟子》,至此而更無疑義。需要留意的是,思想的承繼和授受往往是十分複雜的,研究者要時刻防備偏執,以免流於簡單、機械的皮傅。祇有平心細究其間相關性和相異性,纔能準確認知它們所關涉的歷史。

三、"推其所爲"

簡單地說,"推其所爲"是指主體向其他社會成員推廣自己持守、踐履的政教倫理價值,或者推行其仁愛悦樂之心,——兩者具有高度的一致性。這一取向是儒家人格模式的重要特徵,它源自周代禮樂文明的土壤,在原始儒家那裏迅速成熟和定型,之後便一直發揮着基礎性的作用。

《五行》說文第二十一章云:

"君子雜(集)大成":雜也者,猶造之也,猶具之也。大成也者,金聲玉辰(振)之也。唯金聲而玉辰之者,然茍(後)忌(己)仁而以人仁,忌義而以人義。

"雜(集)大成""金聲玉辰(振)"和"君子",都是《五行》篇極重要的範疇,其具體內涵及相互關係,筆者已有論述,①這裏祇需要明確,"君子"乃《五行》體系中臻於最高境界的人格(一般儒典的主流觀點都是以"聖人"爲最高人格,與《五行》迥異),他秉德化育天下,釋放着巨大的政教影響力,所謂"忌(己)仁而以人仁,忌義而以人義"是也。這是《五行》"推其所爲"觀念的第一層。

揆度《五行》本意,殆祇有仁覆四海、義囊天下之君子纔能發揮這種影響力。《五行》樹周文王爲典型例子,故其說文第二十三章稱文王執守心好仁義之性而弗失弗離,最終"卓然見於天,箸(著)於天下",——僅從表象上看,這也是說文第二十一章"仁复(覆)四海、義襄(囊)天下"的另一種表述。《五行》這一觀念凸顯了強烈的《詩經》學背景。西周時期的《大雅·思齊》頌贊文王,曰:"刑于寡妻,至于兄弟,以御于家邦。"鄭箋云:"文王以禮法接

---

① 參閱拙作《簡帛〈五行〉篇與〈尚書〉之學》一文,香港中文大學中國語言及文學系、中國文化研究所中國古籍研究中心主編:《先秦兩漢古籍國際學術研討會論文集》,頁105~129;亦可參閱本書第五章:"《尚書》學視野中的《五行》"。

待其妻,至于宗族。以此又能爲政治于家邦也。"寥寥數語,蘊含着儒家以脩身爲基,進而齊家,進而治國,進而平天下的人格模式。該模式同時凸顯了對血緣倫理的關切與對家國同構理念的執守。《毛詩序》基於"文王之化"或"文王之道"建構了對《周南》《召南》的闡釋體系,其影響力散射到整個傳統《詩經》學的形態模式中(包括其他詩作之序文)。① 《詩序》之作始,與子思建構《五行》體系約略在同一時期。如果《詩序》某種程度上暗示了它與《五行》共享的一種歷史語境,那它也可以證明《五行》以文王爲化成天下、"忌(己)仁而以人仁,忌(己)義而以人義"的君子,並不是偶然的。

傳世《大學》當作於孔子弟子與再傳弟子時代,——應該不會在子思之後。《大學》三綱之"明明德"指明己德,"親(新)民"指進一步推明德於民或曰使民有明德,"止於至善"指前兩方面均"至於至善之地而不遷";因此,三綱之序列幾乎就是由脩身向"忌(己)仁而以人仁,忌(己)義而以人義"進升。三綱具體化爲八目。《大學》論八目曰:"古之欲明明德於天下者,先治其國;欲治其國者,先齊其家;欲齊其家者,先脩其身;欲脩其身者,先正其心;欲正其心者,先誠其意;欲誠其意者,先致其知;致知在格物。物格而后知至,知至而后意誠,意誠而后心正,心正而后身脩,身脩而后家齊,家齊而后國治,國治而后天下平。自天子以至於庶人,壹是皆以脩身爲本。"此説被歷代儒者奉爲圭臬,其大意是説,己身旦脩,便可將自己持守的政教倫理價值推及家人,以齊其家,依次遞進以治其國、以平天下。《大學》"明明德於天下"與"平天下"等值,由此可知"治國"即明明德於國,"齊家"即明明德於家。《大學》所提挈的儒家人格模式,至少其"脩→齊→治→平"部分,爲"忌(己)仁而以人仁,忌(己)義而以人義""推其所爲"的梯級晉升,與《五行》推其所爲觀念之主旨、方向相同,時效性可能有一點差異。《大學》所謂"身脩"階段當未至《五行》所謂"君子雜(集)大成"的層次,卻能在一定範圍内化育社會,比如齊其家、治其國云云。保守一點説,以《五行》現有文字,尚不能確知在德行生成的其他層次上(比如在仁、智、義、禮、聖形於内成爲德之行時,或者在仁智義禮四種德之行達成超越性的和合生成善之時),主體是否可以發揮"忌(己)仁而以人仁,忌(己)義而以人義"的政教影響力。《大學》脩齊治平模式則没有説明"脩身"達到何種層次可以齊家、治國、平天下。然而無論如何,在以脩身爲本,使價值從主體向家、國、天下逐層擴充和衍化這一根本點上,《大學》與《五行》還是相通無礙的。

孟子承繼了這種推其所爲的思想,稱:"人有恒言,皆曰:'天下國家',

---

① 參閲本書第六章"《詩經》學視野中的《五行》"第七節:"'文王'"。

天下之本在國，國之本在家，家之本在身。"(《孟子·離婁上》)又謂："士窮不失義，達不離道。窮不失義，故士得己焉；達不離道，故民不失望焉。古之人，得志，澤加於民；不得志，脩身見於世。窮則獨善其身，達則兼善天下。"(《孟子·盡心上》)孟子的獨特意義，在於基於前儒的理論設計，明確了現實儒家人格以脩身爲晉升之基點與退守之歸宿的雙向動態思維。他以身爲家、國、天下之本，倡言達則兼善，即逐步將自身持守的政教倫理價值向家、國、天下推展，與《五行》一脈相承；所謂"兼善"説白了就是己善而以人善，跟《五行》"忌(己)仁而以人仁，忌(己)義而以人義"絕無二致。這也正是《大學》所説的"親(新)民"或"脩身→齊家→治國→平天下"。此外應該注意的是，從字面上看，孟子似謂"士"即能化育他人，不一定非得達到"雜(集)大成"之境界、爲"君子"方可，但他並未嚴格界定"士"在人格上達到的層次，就是説，其所謂"士"具有跨越多個道德人格層次的包容性。所以，《五行》就"君子"立論，與《孟子》就"士"立論，實質差別可能不像字面上顯示的那樣大。

　　《五行》篇體現的"推其所爲"觀念，還有一個重要面向，即主體將仁愛悦樂之心推及其他社會成員。《五行》經、説第十四章論仁德生成之圖式，包含了三個先後相繼的推其所爲的階段：一是遷其"不莊(藏)尤割(害)人"之"説(悦)心"於兄弟，以達成"相慼(戚)"。經文云："顔色容[貌溫]，[臀](變)也。以亓(其)中心與人交，説(悦)也。中心説焉，遷于兄弟，戚也。"相應的説文闡釋道："人無説(悦)心也者，弗遷於兄弟也。'遷於兄弟，慼(戚)也'：言遷亓(其)[説心]於兄弟而能相慼也。"二是推其愛四體之心於兄弟，以達成"相親"。經文云："[慼]而信(伸)之，親[也]。[親而築(篤)之]，愛也。"相應的説文闡釋道："兄弟不相耐者，非无所用説(悦)心也，弗遷於兄弟也。'慼(戚)而信之，親也'：言信亓(其)[慼]也。捐(剮)而(你)四體(體)，予女(汝)天下，弗爲也。捐如(汝)兄弟，予女天下，弗㡿(怵)也。是信之已。信亓[慼]而筍(後)能相親也。'親而築(篤)之，愛也'：築之者，厚；厚親而筍能相愛也。""相親"乃"相慼(戚)"進一步深化擴張的結果，所謂"信(伸)亓(其)[慼(戚)]"也。① "相親"而至於篤厚，則至"相愛"矣。三是推其

---

① 此章經、説中的"信"字，池田知久讀爲"誠信"之"信"，又謂解作"伸"不適當(參見氏著《馬王堆漢墓帛書五行研究》，頁265)。然而，説文用愛四體擴展而爲愛兄弟，來落實"信"的内涵，則"信"指伸延、伸張，確然無疑。

"愛父"之心於他人,以達成"仁"德。經文云:"愛父,亓(其)繼愛人,仁也。"相關說文闡釋道:"'愛父,亓(其)殺(繼)愛人,仁也':言愛父而笰(後)及人也。愛父而殺亓鄰之子,未可胃(謂)仁也。""仁"又是"相愛"進一步深化和擴張的結果。這種形式的推其所爲明確了血緣倫理上由近及遠的架構,時或就兄弟言,時或就父子言,理解起來則不必過於拘執。——孔子及其弟子或再傳屢屢從人性根底或血緣倫理本性中定義德行的基源,可以說是一種底綫式思維。德行之修爲從此類最切近之基源開始,入手易,把持牢,便於落實。在德行生成系譜之發端就高自標持,有可能使人視之爲畏途,使理論的設計變成虛設。① 《墨子・耕柱》篇云:"巫馬子謂子墨子曰:'我與子異,我不能兼愛。我愛鄒人於越人,愛魯人於鄒人,愛我鄉人於魯人,愛我家人於鄉人,愛我親於我家人,愛我身於吾親,以爲近我也……'"儒家之體系設計以愛身、愛親爲根本,就是出於這種清醒的認知,然而不將對身、親之愛伸延至他人,亦背離了儒家之要旨。

　　孟子將這一面向的推其所爲提升到新的高度,他不止在個體德行修養的意義上予以張揚,而且將它建構爲"仁政"理念的核心。孟子向齊宣王轉述胡齕之言道:"王坐於堂上,有牽牛而過堂下者,王見之,曰:'牛何之?'對曰:'將以釁鐘。'王曰:'舍之!吾不忍其觳觫,若無罪而就死地!'"(《孟子・梁惠王上》)依孟子之見,宣王這是"恩足以及禽獸",即在對待禽獸上表現了不忍之心;若此不忍之心關涉的對象是人,即爲"不忍人之心",秉持不忍人之心以治百姓,即爲"不忍人之政"——"仁政"。故孟子說:"人皆有不忍人之心。先王有不忍人之心,斯有不忍人之政矣。以不忍人之心,行不忍人之政,治天下可運之掌上。"(《孟子・公孫丑上》)孟子引《詩經・大雅・思齊》論曰:"老吾老以及人之老,幼吾幼以及人之幼,天下可運於掌。《詩》云:'刑于寡妻,至于兄弟,以御于家邦。'言舉斯心加諸彼而已。故推恩足以保四海,不推恩無以保妻子。古之人所以大過人者無他焉,善推其所爲而已矣。"(《孟子・梁惠王上》)

　　綜上所論,《五行》這一面向上的推其所爲,主要是向外推展對於個體具有較強頑固性的情感,比如"愛親"或"自愛",其典型表現是由愛四體推展爲愛兄弟,由愛父推展爲愛人等。這種建構凸顯了政教倫理觀念的某種初始性;——政教倫理觀念越初始,就越依賴於推廣自我固執的某種特性,

---

① 使人視爲畏途意味着設計的失敗,孟子明顯考量了這一問題。《孟子・告子上》記載:"告子曰:'性,猶杞柳也;義,猶桮棬也。以人性爲仁義,猶以杞柳爲桮棬。'孟子曰:'子能順杞柳之性而以爲桮棬乎?將戕賊杞柳而後以爲桮棬也?如將戕賊杞柳以爲桮棬,則亦將戕賊人以爲仁義與?率天下之人而禍仁義者,必子之言夫!'"

因爲其時理性的作用尚淺。孟子承繼《五行》這一面向,而有所提煉和推進。他明確以"不忍人之心"爲基點,提出了思維、情感及行爲的框架模式,即"老吾老以及人之老,幼吾幼以及人之幼"。即在其根基部分,孟子以比較容易體認和實踐的"不忍人之心",①提升了《五行》較難體認和實踐的"以亓(其)中心與人交"或者"不莊(藏)尤割(害)人"的"説(悦)心"。在操作模式上,孟子基於《五行》篇在血緣倫理上由近及遠的推展,更明確了"類"的結構,即以"老吾老"推及"老人之老"、以"幼吾幼"推及"幼人之幼"。這些都清楚地顯示了學術思想承繼和發展的軌迹。

而且,孟子同時沿用了《五行》篇在這個論題上的説理方式:

> 任人有問屋廬子曰(朱子集注:屋廬子,名連,孟子弟子):"禮與食孰重?"曰:"禮重。""色與禮孰重?"曰:"禮重。"曰:"以禮食則飢而死,不以禮食則得食,必以禮乎?親迎則不得妻,不親迎則得妻,必親迎乎?"屋廬子不能對,明日之鄒以告孟子。孟子曰:"於答是也何有(朱子集注:何有,不難也)?不揣其本而齊其末,方寸之木可使高於岑樓(趙注:岑樓,山之鋭嶺者。朱子集注:岑樓,樓之高鋭似山者)。金重於羽者,豈謂一鉤金(一帶鉤之金)與一輿羽之謂哉?取食之重者與禮之輕者而比之,奚翅(啻)食重?取色之重者與禮之輕者而比之,奚翅色重?往應之曰:'紾(拗折)兄之臂而奪之食,則得食,不紾,則不得食,則將紾之乎?踰東家牆而摟其處子,則得妻,不摟,則不得妻,則將摟之乎?'"(《孟子·告子下》)

顯然,《五行》篇"搞(剐)而(你)四膡(體)""搞如(汝)兄弟"之譬,跟孟子"紾兄之臂"之譬,不惟思維取向一致,在説理形式上也是緊密相承的。二者均是就主體強烈持守的方面來設喻。其間"搞如兄弟"實指"搞如兄弟四膡",承上文"搞而四膡"而省文,"臂"自是"四膡"之組成部分,因此,孟子所謂"紾兄之臂"與《五行》所謂"搞如兄弟(四膡)"的相繼性,是非常鮮明的;一者倡言不爲天下剐兄弟之四膡,一者主張不爲食物拗折兄之臂,這種表現形式上的契合,可能也深藴着兩位大師在思想上的縮結。

---

① 孟子設置"今人乍見孺子將入於井"的突發事件,以人心不受任何攪擾而直接、純粹地呈現出"怵惕惻隱之心",來證明"人皆有不忍人之心"(《孟子·公孫丑上》)。詳細論説,請參閱本書第四章"先秦儒家心性學説的理念體系及歷史軌迹"第三節:《五行》性二元化理論及其承繼者與變異者——《孟子》與《荀子》。

四、"大體"和"小體"

《五行》經文第二十二章云：

> 耳目鼻口手足六者，心之役也。心曰唯，莫敢不唯。心曰若(諾)，莫敢不若。心曰進，莫敢不進。〔心曰退，莫敢不退。心曰深，莫敢不深〕。心曰淺，莫敢不淺。和則同，同則善。

其説文第二十二章曰：

> "耳目鼻口手足六者，心之役也"：耳目也者，説(悦)聲色者也。鼻口者，説犨(臭)味者也。手足者，説勶(佚)餘(豫)者也。心也者，説仁義者也。之數體(體)者皆有説也，而六者爲心役，何居(何故)？曰：心貴也。有天下之美聲色於此，不義則不聽弗視也。有天下之美犨味於此，不義則弗求弗食也。居而不聞(干犯)尊長者，不義則弗爲之矣。何居？曰：幾(豈)不□不勝□、小不勝大、賤不勝貴也才(哉)？故曰心之役也。耳目鼻口手足六者，人□□，人體之小者也。心，人□□，人體之大者也，故曰君也。"心曰雖(唯)，莫敢不雖"：心曰雖，耳目鼻口手足音聲懇(貌)色皆雖，是莫敢不雖也。若(諾)亦然，進亦然，退亦然。"心曰深，莫敢不深。心曰淺，莫敢不淺"：深者甚也，淺者不甚也。深淺有道矣。故父諱(呼)，口含食則堵(吐)之，手執業則投之，雖(唯)而不若(諾)，走而不趨，是莫敢不深也。於兄則不如是亓(其)甚也，是莫敢不淺也。"和則同"：和也者，小體變變(便便)然不圉(患)於心也，和於仁義。仁義心同者，與心若一也，□約也，同於仁義，仁〔義〕心也。同則善耳。

《五行》以耳目鼻口手足六者爲小體，以心爲大體，認爲小體大體各有所悦（爲其性之凸顯），大體之所悦爲仁義（《五行》説文第二十三章更明確地説："文王……源心之生則巍然知亓好仁義也"），諸小體之所悦分別爲聲色、臭味以及佚豫。從邏輯上説，順從或放任小體之性有背離德行之虞，順從大體之性方可趨向德行之生成。《五行》認爲，大體之抉擇諸小體必然服從，大體爲君，小體爲役；當大體和於仁義即仁義與心如一時，"善"也就生成了。《五行》中的道德境界主要有三個層次：其一是仁、知（智）、義、禮、聖五種"行"各形於内而成五種"德之行"；其二是仁、知（智）、義、禮四種德之行實現超越性的和合而生成"善"；其三是仁、知（智）、義、禮、聖五種德之行實現超越性的和合而生成"德"。《五行》經文首章綜括地説："仁荆（形）於内胃（謂）之德之行，不荆於内胃之行。知（智）荆於内胃之德之行，不荆於内胃之行。義荆於内胃之德之行，不荆於内胃之行。禮荆於内謂之德之行，不荆於内胃之行。聖荆於内胃之德之行，不荆於内胃之行。德之行五，和胃之德；四行和，胃之善。善，人道也；德，天道也。"①從《五行》整個體系來看，對於五種"德之行"或"善""德"之生成而言，心的主體性或者心對仁義的認同是不可或缺的（《五行》在"善"或"德"層面上單舉"仁義"，殆爲"仁""知""義""禮"四者或"仁""知""義""禮""聖"五者的表徵；照其嚴格表述，"善"意味着心合同於"仁""知""義""禮"四種德之行之超越性同一體，"德"意味着心合同於"仁""知""義""禮""聖"五種德之行之超越性同一體）；心是整個體系的支撐。《五行》重視基於聽覺和視覺的"聰—聖""明—智"，但它們充當"德之行""善"以及"德"的基源，絕對離不開心的作用。從表面上看來，心認同仁義等並主導德行的生成，是一個不斷向外認同的過程，其實它也指涉仁義等德行不斷内在地生成，——主體通過不斷向内尋求，認清并持守心對仁義的喜好或者心有仁義禮之端，不斷推進擴充之。《五行》體系的核心是上舉各層次德行或境界之"荆於内"。

在《五行》體系中，心因此成爲人區隔於草木禽獸、建立道德特性與尊嚴的根本。《五行》經文第二十三章云："目（侔）而知之，胃（謂）之進之。"其説文第二十三章曰：

"目而知之，胃之進之"：弗目也，目則知之矣；知之則進耳。目之

---

① 案："四行和"之"四行"遭到學界相當普遍誤解。龐樸認爲"四行和"之"四行"指"仁義禮智之不荆於内者"（參見氏著《帛書〈五行〉篇校注》，《中華文史論叢》1979年第4輯，總第12輯，上海：上海古籍出版社，1979年，第1版，頁48）。學界翕然從之。比如，池田知久説，"四行"大概是指上文"'不荆於内'的後天的人爲的'四行'"，即五行除去"聖"（參見氏著《馬王堆漢墓帛書五行研究》，頁145）。陳來解"四行和，胃之善"，云："行四，和謂之善。"（參見氏著《竹簡〈五行〉篇講稿》，頁21）這一觀點值得商榷。《五行》篇以"四行"指四種形於内的德之行者不乏其例。其經文第十九章云："見而知之，知也。知而〔安〕之，仁也。安而行之，義也。行而敬之，禮。仁義〔知〕，禮（知）之所繇生也。四行之所和，和則同，同則善。"這裏的"四行"同樣是指"仁""知""義""禮"四種德之行。參稽説文第十九章的相關詮釋，這一點更無可疑。

也者,比之也。"天監[在]下,有命既雜(集)"者也,天之監下也,雜命焉耳。遁(循)草木之生(性),則有生焉,而无(無)[好惡焉]。[遁]禽獸之生,則有好惡焉,而无禮義焉。遁人之生,則巍然[知亓(其)好]仁義也。不遁亓所以受命也,遁之則得之矣。是目之已。故目萬物之生而[知人]獨有仁義也,進耳。"文王在上,於昭于天",此之胃也。文王源耳目之生而知亓[好]聲色也,源鼻口之生而知亓好覺(臭)味也,源手足之生而知亓好勞(佚)餘(豫)也,源[心]之生則巍然知亓好仁義也。故執之而弗失,親之而弗離,故卓然見於天,箸(著)於天下。无他焉,目也。故目人體(體)而知亓莫貴於仁義也,進耳。

基於探究、對比萬物之性,確認萬物芸芸而人獨有仁義,故有仁義爲人之性;進一步推源耳目之性、鼻口之性、手足之性與心之性,確認人之所以獨有仁義,是因爲心之性好仁義,而明乎此且"執之而弗失,親之而弗離",即可達到"卓然見於天,箸(著)於天下"的境界,文王爲這一方面的楷模。所以,心是確立人類道德特性和尊嚴的關鍵。儒典中,《五行》較早地把仁義、德行樹立爲使人比萬物高貴的特質,並且較早地凸顯了心對這種高貴特質的根本作用。除此之外,《五行》説文第二十三章還傳達了一個重要觀念,即"仁義"或對"仁義"的原初傾向性既是人之"性",又是天之"命"。其言謂天命草木、禽獸以及人,萬物各有其性,"遁(循)人之生(性),則巍然[知亓(其)好]仁義也。不遁亓所以受命也,遁之則得之矣";——人之性"巍然……好仁義""獨有仁義",源自其所"受命",這凸顯了"命"與"性"的高度同一性,《中庸》"天命之謂性"的理念躍然紙上。① 郭店簡文《告自命出》是與《五行》有高度關聯性的文獻,其上篇云:"告(性)自命出,命自天降。"此語亦見於上博《告意論》,堪爲《五行》篇之注脚。

拿以上述内容跟《孟子》比較,有幾點值得高度注意:

首先,孟子完全繼承了《五行》區隔大體小體、大體貴小體賤之説。孟子曰:"人之於身也,兼所愛。兼所愛,則兼所養也。無尺寸之膚不愛焉,則

---

① 《史記·孔子世家》記子思作《中庸》。《禮記正義》於《中庸》題下引鄭玄《目錄》云:"名曰《中庸》者,以其記中和之爲用也。庸,用也。孔子之孫子伋作之,以昭明聖祖之德。此於《別錄》屬《通論》。"姜廣輝認爲《中庸》"反映了子思的成熟的思想","爲子思的代表作"(參閲氏著《郭店楚簡與〈子思子〉:兼談郭店楚簡的思想史意義》,《中國哲學》第二十輯《郭店楚簡研究》,頁84)。

無尺寸之膚不養也。所以考其善不善者，豈有他哉，於己取之而已矣（朱子集注：人於一身，固當兼養，然欲考其所養之善否者，惟在反之於身，以審其輕重而已矣）。體有貴賤，有小大。無以小害大，無以賤害貴。養其小者爲小人，養其大者爲大人。今有場師（案爲治場圃者），舍其梧檟（案即梧桐與山楸，均爲良木，可製琴瑟等），養其樲棘（案即酸棗樹，大抵叢生而無所取材），則爲賤場師焉。養其一指而失其肩背，而不知也，則爲狼疾人也。飲食之人，則人賤之矣，爲其養小以失大也。飲食之人無有失也，則口腹豈適爲尺寸之膚哉？"（《孟子·告子上》）朱熹集注云："賤而小者，口腹也；貴而大者，心志也。"孟子之大意是説，人於大體小體固要兼養，但其養之有善、有不善，全由於自己在大小體之間的抉擇，做到"無以小害大，無以賤害貴"便是善，否則就是不善。"養其小者爲小人，養其大者爲大人"，專養口腹的"飲食之人"因爲養小失大，爲人所賤；若謂專養口腹之人無失，那難道食飲僅僅是爲一塊塊皮肉嗎？這多少顯示了大體之性與小體之性的某種緊張狀態。孟子不止一次地討論過"大體""小體"問題，有一次被如此記載：

> 公都子（案爲孟子弟子）問曰："鈞是人也，或爲大人，或爲小人，何也？"孟子曰："從其大體爲大人，從其小體爲小人。"曰："鈞是人也，或從其大體，或從其小體，何也？"曰："耳目之官不思而蔽於物，物交物，則引之而已矣。心之官則思，思則得之，不思則不得也。此天之所與我者。先立乎其大者，則其小者弗能奪也。此爲大人而已矣。"（《孟子·告子上》）

朱熹集注云："官之爲言司也。耳司聽，目司視，各有所職而不能思，是以蔽於外物。既不能思而蔽於外物，則亦一物而已。又以外物交於此物，其引之而去不難矣。心則能思，而以思爲職。凡事物之來，心得其職，則得其理，而物不能蔽；失其職，則不得其理，而物來蔽之。此三者，皆天之所以與我者，而心爲大。若能有以立之，則事無不思，而耳目之欲不能奪之矣，此所以爲大人也。"大體及諸小體在官能上各有所職，互相不能替代，一如《莊子·雜篇·天下》所謂"耳目鼻口，皆有所明，不能相通"。

由《孟子·告子上》孟子答公都子之問，斷然可知"大體"指心，"小體"指"耳目"，由《孟子·告子上》"人之於身也"一章，斷然可知"口腹"亦被歸於"小體"。在這些討論中，孟子沒有一一開示"小體"全部成員的名目，這顯然是因爲他直接襲用了《五行》之意，就是説，《五行》對大小體極清晰的區隔爲孟子及其言語對象所共知，故孟子不必時時具言。孟子又曰："口之於味也，目之於色也，耳之於聲也，鼻之於臭也，四肢之於安佚也，性也；有命焉，君子不謂性也。"（《孟子·盡心下》）這裏雖未出現"小體"之名目，卻較爲完整地舉列了"小體"之各部分："口""目""耳""鼻""四肢"。凡此均與《五行》一致。

除基本範疇外,在討論大體小體時,孟子還承襲了《五行》的話題和觀念體系。其所謂"先立乎其大者,則其小者弗能奪"云云,推舉心對於小體的主體性,是對《五行》相關内容的衍化。其以"貴""賤"分析大體小體,認知框架也源自《五行》。其所論對待大體小體的原則,即"無以小害大,無以賤害貴",亦與《五行》之意密切相關。比如《五行》經文第十五章云:"(而)〔不〕以小道害大道,簡(束)也。"其説文第十五章曰:"'不以小道害大道,閒(簡/束)也':閒也者,不以小 愛害大 愛,不以小義害大義也。"《五行》説文第二十二章則説,諸小體皆有悦也而爲心役,"心貴也";不義,則不聽弗視,弗求弗食弗爲之,"幾(豈)不□ 不勝 □, 小 不勝大,賤不勝貴也才(哉)"。孟子所謂"體有貴賤,有小大。無以小害大,無以賤害貴"等等,實即融匯《五行》篇的相關内容。① 《五行》《孟子》在這一層面的微妙差别在於,前者更凸顯心即大體的支配性和不可背離,後者則更强調大體也需要確立,大體立穩了,纔不會被小體壓倒,所謂"先立乎其大者,則其小者弗能奪也"。

衆所周知,孟子强調心的官能"思"。M. 斯卡帕里曾説:"孟子把極具重要性的内在能力歸功於做出最恰當決定的心。事實上,'思'提供給個人允許他要求其自身獨立意識的一種道德上的自主;這正是導致智的形態的關鍵,當它一旦已經被達到時,使得理解道是可能的。"② 孟子師祖子思之《五行》也非常看重"思"。儘管它並未明確把"思"解釋成"心"爲"大體"、爲諸小體之"君"而諸小體爲心之"役"的根源,卻應該包含這一層意思。《五行》推重"心"毫無疑問是不可能離開其官能"思"的。比如,其經、説第二十二章闡發和解釋"心曰唯,莫敢不 唯 。心曰若(諾), 莫 敢不 若 。 心 曰進,莫敢不進。〔心曰退,莫敢不退。心曰深,莫敢不深〕。心曰淺,莫敢不淺",——心對諸小體發出超越性的指令,自然是以發揮其思的官能爲前提的,其實發出指令本身就是思的活動。思的作用對整個體系來説是根本性的。《五行》其經文第四章云:"善弗爲无近,得(德)弗之(志)不成,知(智)

---

① 案:《五行》所謂"小道""大道"、"小義""大義"等,並不是從"小體""大體"兩面説的。但"小愛"與"大愛"卻可以分别跟"小體"與"大體"勾連。其説文第二十五章以"小好"指好色,以"大好"指好禮,依據《五行》對大體小體之性的認知,好色屬於小體之好,好禮屬於大體之好。這種意義上的不以小好害大好,不以小愛害大愛,與《孟子》"無以小害大,無以賤害貴"直接對應。
② 〔意〕M. 斯卡帕里:《在早期中國文獻中有關人的本性之争》,〔美〕江文思、〔美〕安樂哲編:《孟子心性之學》,頁 255。

弗思不得。思〔不〕睛（精）不察，思不長不得，思不輕不刑（形），不刑則不安，不安則不樂，不樂則无（無）德。"這是説，德基於思而生成。其他例證，無須一一列舉。① 要之，孟子確認心貴而大有賴於心本身具有思的官能，當然這還是推揚《五行》之意。

其次，孟子完全承繼了《五行》對小體之性的認知。上文曾引孟子曰："口之於味也，目之於色也，耳之於聲也，鼻之於臭也，四肢之於安佚也，性也；有命焉，君子不謂性也。"（《孟子·盡心下》）此前諸家解《孟子》之"大體""小體"，往往不夠明快切當。解"大體"爲心自無疑義，解"小體"爲"口腹"等則未爲周全，今證以"口之於味也"章，斷然可知孟子所謂"小體"主要是指"口""目""耳""鼻""四肢"，與《五行》小體主要是指"耳目鼻口手足六者"，完全一致（"四肢"即"手足"，毋庸贅言）。當然《五行》論小體祇是舉此六者爲表徵，實際上未拘於此，故其説文第二十二章論大體對小體的根本性，又以"音聲懇（貌）色"跟"耳目鼻口手足"並列，而與"心"對舉。孟子談"小體"，因爲有《五行》作爲共同知識，不必每次均完備臚列，故依爲文需要，或舉"口腹"，或舉"耳""目"，或舉"口""耳""目"等，不一而足；"口之於味也"一章歷述諸小體之性，所列較爲完備。《五行》説文第二十二章謂耳目悦聲色，鼻口悦臭（臭）味，手足悦勶（佚）餘（豫），第二十三章明確地把"説（悦）聲色""説臭（臭）味""説勶（佚）餘（豫）"歸結爲"耳目之生（性）""鼻口之生""手足之生"，上揭孟子論"小體"之性與之明顯一致，祇不過形式上二者或合論"耳目""鼻口"，或一一單列而已。

再次，孟子完全承繼了《五行》對大體"心"悦仁義的認知。上揭"口之於味也"章，完整内容是："孟子曰：'口之於味也，有同耆焉；耳之於聲也，有同聽焉；目之於色也，有同美焉。至於心，獨無所同然乎？心之所同然者何也？謂理也，義也。聖人先得我心之所同然耳。故理義之悦我心，猶芻豢之悦我口。'"（《孟子·告子上》）無論基本取向，還是具體内容，此章與《五行》説文第二十二、二十三章倡言心悦仁義或者心之性好仁義，都有不可分割的聯繫。拿荀子作一比較，情形更加清楚。荀子嘗謂："夫人之情，目欲綦色，耳欲綦聲，口欲綦味，鼻欲綦臭，心欲綦佚。此五綦者，人情之所必不免也。……人之情，口好味而臭味莫美焉，耳好聲而聲樂莫大焉，目好色而文章致繁婦女莫衆焉，形體好佚而安重閒静莫愉焉，心好利而穀禄莫厚焉。"（《荀子·王霸》）又謂："若夫目好色，耳好聲，口好味，心好利，骨體膚

---

① 關於郭店儒典以及《五行》中"思"這一範疇，詳細分析請參閲本書第五章"《尚書》學視野中的《五行》"第三節："'思曰睿'"。

理好愉佚,是皆生於人之情性者也,感而自然,不待事而後生之者也。"(《荀子·性惡》)荀子論斷耳目口形體之性,論斷跟《五行》及《孟子》完全相同,但他認爲心之性是好利、好佚,跟《五行》和《孟子》張揚心好仁義或理義有天壤之别;對心之性的不同判斷,儼然形成了《五行》《孟子》和《荀子》學説體系的分水嶺。而有《荀子》作參照,《孟子》和《五行》的親緣關係便更有力地凸顯了出來,追根溯源,荀子性惡説跟孟子性善説的對立,可以説是荀子跟《五行》的對立。

在《五行》中,主體向内完成心好仁義的認知,進而在持守心之所好上下恒久不懈的工夫,提升德行,這是大體作用的凸顯。故《五行》説文第二十三章云:"文王……源 心 之生(性)則巍然知亓(其)好仁義也。故執之而弗失,親之而弗離,故卓然見於天,箸(著)於天下。"持守價值的工夫以心發揮作用爲基。孔子曰:"回也,其心三月不違仁,其餘則日月至焉而已矣。"(《論語·雍也》)其道理顯然。這種向内認知和修持的工夫後來成爲孟子學説的重要面向。孟子謂,"仁義禮智,非由外鑠我也,我固有之也,弗思耳矣。故曰求則得之,舍則失之"(《孟子·告子上》);人有四端猶其有四體,"有是四端而自謂不能者,自賊者也;謂其君不能者,賊其君者也","凡有四端於我者,知皆擴而充之矣",足以保四海,否則不足以事父母(《孟子·公孫丑上》)。凡此均繼承了《五行》向内省察和修持的路徑。

此外,《五行》在論大體小體之性時,業已顯示了"生(性)""命"趨同的理念。謂諸小體之性(如耳目好聲色)本乎命,可能不是最值得關注的,最值得關注的是,《五行》説文第二十三章一方面稱仁義爲人之"生(性)",一方面又説草木之性、禽獸之性、人之性均本諸天之"雜(集)命",所謂:"天監 在 下,有命既雜(集)'者也,天之監下也,雜命焉耳。遁(循)草木之生(性),則有生焉,而無(無) 好惡焉。遁 禽獸之生,則有好惡焉,而无禮義焉。遁人之生,則巍然 知亓(其)好 仁義也。不遁亓所以受命也,遁之則得之矣。"《五行》主旨,是從天命和人性兩個層面上解釋道德的必然性。因此很自然地,它又將由仁智義禮聖五種德之行和合而生的最高的境界"德"或最高的道"君子道",稱爲"天道""天之道"或"天"(參見其第一章經、第六章經和説、第七章説、第九章經、第十七章説、第十八章經、第二十八章説),將各種政教倫理價值歸結爲終極性的關懷,——賦各種政教倫理價值以終極性,以大力推揚之。

這一思想同樣養育了孟子。孟子曰:"口之於味也,目之於色也,耳之於聲也,鼻之於臭也,四肢之於安佚也,性也;有命焉,君子不謂性也。仁之於父子也,義之於君臣也,禮之於賓主也,智之於賢者也,聖人之於天道也,命也;

有性焉,君子不謂命也。"(《孟子·盡心下》)此章後半自古迄今備受誤解,筆者將在本章餘論中細加辨正,今先就其本旨論定於下。孟子謂諸體之"性"有"命"焉,可見"性""命"之同一。説仁之於父子、義之於君臣、禮之於賓主、智之於賢者、天道之於聖人爲"命",而有"性"焉,易言之,即關涉父子君臣等倫際跟賢者聖人的仁義禮智、天道既本乎"命"而又有"性",由此復可見"性""命"之同一。孟子曰:"有天爵者,有人爵者。仁義忠信,樂善不倦,此天爵也;公卿大夫,此人爵也。古之人修其天爵,而人爵從之。今之人修其天爵,以要人爵,既得人爵,而棄其天爵,則惑之甚者也,終亦必亡而已矣。"(《孟子·告子上》)這裏推"仁義忠信,樂善不倦"爲更具根本意義的"天爵",本質上也是強調天命與人性("仁義"等)的同一性。這種觀念顯然亦源自《五行》。

而總體上説,孟子謂,"人之所以異於禽獸者幾希,庶民去之,君子存之。舜明於庶物,察於人倫,由仁義行,非行仁義也"(《孟子·離婁下》),這基本上是提挈和發明《五行》經、説第二十三章的要義;其間使用了舜這一人格模式,但與《五行》之文王模式是等值的。

五、"尊賢"等

《五行》深刻影響《孟子》,尚有很多表現。

《五行》經文第十五章云:"(而)〔不〕以小道害大道,簡也。"其説文第十五章云:

"不以小道害大道,閒(簡/柬)也":閒也者,不以小 愛害大 愛,不以小義害大義也。見亓(其)生也,不食亓死(屍)也,祭親執株(誅),閒也。

《五行》説,人見禽畜之生而"不食亓死"(亦即它們被殺了而不食其肉),這是小愛、小義,祭祀時親自殺死習見之牲,這是大愛、大義,如此不因小愛妨害大愛,不以小義妨害大義,就是"閒(簡)"——一種基於政教倫理考量的合理抉擇。① 《論語·八佾》記:"子貢欲去告朔之餼羊。子曰:'賜也,爾愛其羊,我愛其禮。'"孔子之所爲,殆即不以小愛害大愛之類。而孟子向齊宣王講述:王之臣牽牛經堂下將以釁鐘,王不忍而令舍之,又不欲廢禮,故命以羊易之。孟

---

① 有學者云:"對於'簡',《五行》的解釋是'簡之爲言猶練也',練的本義是白色熟絹,引申爲實情。"(梁濤:《郭店竹簡與思孟學派》,頁200)這是據帛書文本作解。《郭店楚墓竹簡》之釋文注釋稱"練"字"疑借作'間'"(見荆門市博物館編:《郭店楚墓竹簡》,頁154)。筆者以爲簡本之"練"當通"揀",選擇之義。帛書經文第二十章作"簡之爲言也猷賀",説文牒經部分作"閒爲言猶衡也",於意思上作"衡"是,亦比較抉擇之義。此義細讀經、説,自可得之。

子認同王之"不忍",謂:"是乃仁術也,見牛未見羊也。君子之於禽獸也,見其生,不忍見其死;聞其聲,不忍食其肉:是以君子遠庖廚也。"(《孟子·梁惠王上》)其"君子"云云,正來自《五行》篇"見亓(其)生也,不食亓死(屍)也",祇不過孟子是就"不忍"一端發揮其政教倫理價值而已。

《五行》經文第十五章又曰:"貴貴,亓(其)等 尊 賢,義。"其說文第十五章云:

"貴貴, 亓(其) 等尊賢,義也":貴貴者,貴眾貴也。賢賢,長長,親親,爵爵,譔(選)貴者无私焉。"亓等尊賢,義也":尊賢者,言等賢者也,言譔賢者也,言足(措)諸上位。此非以亓貴也,此亓義也。貴貴而不尊賢,未可胃(謂)義也。

這是說,祇有"尊賢"與"貴貴"齊等,方可謂義。《五行》經文第二十一章云:"索(赫)繡繡(矑矑)達於君子道,胃(謂)之賢。君子,知而舉之,胃之尊賢;君子,從而事之,胃之尊賢。前,王公之尊賢者 也 。后(後) ,士之尊賢者也。"其說文第二十一章曰:

"衡(赫)盧盧(矑矑)達 於君子道 , 胃(謂)之賢 ":衡盧盧也者,言亓(其)達於君子道也。能仁義而遂達於 君子道 ,胃之賢也。"君子,知而舉之,胃之尊賢":"君子,知而舉之"也者,猶堯之舉舜 也 , 湯 之舉伊尹也。舉之也者,成(誠)舉之也。知而弗舉,未可胃尊賢。"君子,從而士(事)之"也 者 ,猶顏子、子路之士孔子也。士之者,成士之也。知而弗士,未可胃尊賢也。"前,王公之尊賢者也。後,士之尊賢者也":直之也。

這是說,尊賢有王公尊賢和士尊賢兩類,前者之要在知其賢而誠舉之,後者之要在知其賢而誠事之。表面上看來,"王公之尊賢"是就"王公"說的,"士之尊賢"是就"士"說的,實際上,"王公之尊賢"與"士之尊賢"是對"尊賢"方式的區隔,而非對"尊賢"之行為主體的區隔。①《五行》經文第十二章曰:"不袁(遠)不敬,不敬不嚴,不嚴不尊,不尊不 共(恭) , 不共 不 禮 。"其說文

---

① 這一點,由孟子的一個舉證看得十分清楚。《孟子·萬章下》記孟子嘗云:"晉平公之於亥唐(晉賢人)也,入云則入(亥唐言入平公乃入),坐云則坐,食云則食;雖疏食菜羹,未嘗不飽。蓋不敢不飽也。然終於此而已矣,弗與共天位也,弗與治天職也,弗與食天禄也:士之尊賢者也,非王公之尊賢也。"孟子大意是,晉平公雖尊亥唐,卻不與之天賜之職位,不與之天授之職分,不與之天授之爵禄,他做到的祇是"士之尊賢",而不是"王公之尊賢"。

第十二章有云：

　　"不敬不嚴"：嚴猶厰厰（嚴嚴），敬之責（積）者也。"不嚴不尊"：嚴而笱（後）忌（己）尊。"不尊不共（恭）"：共也者，用上敬下也。共而笱禮也，有以（膿）〔禮〕氣也。

《五行》經、説第十二章是陳説德行禮的生成圖式：敬→嚴→尊→恭→禮。

　　以上述材料爲背景來觀照《孟子》，又可得到一些驚人的發現。孟子曾説："士之尊賢者也，非王公之尊賢也。……用下敬上，謂之貴貴；用上敬下，謂之尊賢。貴貴、尊賢，其義一也。"（《孟子·萬章下》）孟子此説，與《五行》有以下關係：首先，孟子"用上敬下，謂之尊賢"一句，話語及觀念當出自《五行》説文第十二章，且跟《五行》經文第二十一章"王公之尊賢者"及其説文"堯之舉舜也，湯之舉伊尹也"等語，在實質上貫通；孟子"用下敬上"一句與"用上敬下"相對，明顯是據後者推而廣之，而且此語還落實了《五行》經、説第十五章中的"貴貴"。其次，孟子"貴貴、尊賢，其義一也"一句，話題及觀念均與《五行》經、説第十五及第二十一章符同。孟子"貴貴、尊賢，其義一也"，是説貴貴與尊賢，其道理無異。《五行》所謂"貴貴，亓（其）等尊賢，義""貴貴而不尊賢，未可胃（謂）義也"等，"義"乃是德之行。兩者有一定區別。然而，《五行》從德行的高標上凸顯"尊賢"之必要，《孟子》從道理上將"尊賢"提升到與"貴貴"並列的層面，——如朱熹集注指出："貴貴、尊賢，皆事之宜者。然當時但知貴貴，而不知尊賢，故孟子曰'其義一也'"，兩者之用意仍然是一致的。又次，孟子區分"士之尊賢""王公之尊賢"兩個方面，就直接來自《五行》經、説第二十一章。

　　《五行》《孟子》有如此之多的縮合，想來並不奇怪，但這層關係被湮埋千百年，又重見天日，卻不能不叫人稱奇。本章前面幾節主要是論析《孟子》之學在主體心性修養層面上扎根於《五行》體系，此節所論"尊賢"諸觀念，則表明《孟子》在爲政用人理念上受到了《五行》的巨大影響。

　　此外有一點值得注意，在討論"尊賢"話題的語境中，孟子提到費惠公曰"吾於子思，則師之矣"一事，證明了"尊賢"理念確與子思有歷史的關聯。且孟子又曾以子思的際遇跟弟子萬章討論過"悦賢""王公之尊賢"等：

　　萬章……曰："君餽之，則受之，不識可常繼乎？"曰："繆公之於子思也，亟問，亟餽鼎肉（熟肉）。子思不悦。於卒也，摽（揮之使去）使者出諸大門之外，北面稽首再拜而不受。曰：'今而後知君之犬馬畜伋。'蓋自是臺無餽也（朱熹集注：臺，賤官，主使令者）。悦賢不能舉，又不能養也，可謂悦賢乎？"曰："敢問國君欲養君子，如何斯可謂養矣？"曰："以君命將之,再拜稽首而受。其後廩人繼粟,庖人繼肉,不以君命將之。子思以爲鼎肉使己僕僕爾(煩猥貌)亟拜也,非養君子之道也。堯之於舜也,使其子九男事之,二女女焉,百官牛羊廩倉備,以養舜於畎畝之中,後舉而加諸上位,故曰王公之尊賢者也。"(《孟子·萬章下》)

孟子以堯舉舜爲典型案例,以"舉而加諸上位"界定"王公之尊賢",思想和例證均源自《五行》。《五行》經文第二十一章在申說"王公之尊賢"時,強調"知而舉之";説文第二十一章在詮釋經文"君子,知而舉之,胃(謂)之尊賢"時,又強調"成(誠)舉之",一如堯之舉舜、湯之舉伊尹。而《五行》説文第十五章解釋經文"貴貴,亓(其)等 尊 賢,義"一語,云:"尊賢者,言等賢者也,言譔(選)賢者也,言足(措)諸上位。此非以亓(其)貴也,此亓義也。"兩相比較,上舉孟子王公尊賢之説源自《五行》,是不可置疑的。當然,《五行》未論王公之"悦賢",孟子似乎是並論王公之"悦賢"與"尊賢",可揆度其意,孟子實將王公之"尊賢"置於"悦賢"之上,"悦賢"意味着以道養賢而不必舉之,"尊賢"則必須舉而加諸上位,所以孟子在"尊賢"這一層面上未曾立異,祗是整體上稍加豐富而已。而魯繆公(前409～前377在位)對待子思,則被孟子立爲堯對待舜的比照。

萬章對孟子説:"庶人,召之役,則往役;君欲見之,召之,則不往見之,何也?"孟子曰:"往役,義也;往見,不義也。且君之欲見之也,何爲也哉?"萬章曰:"爲其多聞也,爲其賢也。"孟子曰:"爲其多聞也,則天子不召師,而況諸侯乎?爲其賢也,則吾未聞欲見賢而召之也。"又曰:"欲見賢人而不以其道,猶欲其入而閉之門也。"(《孟子·萬章下》)。孟子這些説法,也是延續《五行》"王公之尊賢"的話題和思想。而他又提及子思之事,云:"繆公亟見於子思,曰:'古千乘之國以友士,何如?'子思不悦,曰:'古之人有言,曰事之云乎,豈曰友之云乎?'子思之不悦也,豈不曰:'以位,則子,君也;我,臣也。何敢與君友也?以德,則子事我者也,奚可以與我友?'"(《孟子·萬章下》)

此前,學界認定《五行》之"作者"爲子思,主要依據是郭店簡本首二字作"五行"(當時或即以"五行"爲題),而《荀子·非十二子》篇有"案往舊造説,謂之五行,……子思唱之,孟軻和之"之記載。① 其實更值得注意的是,上文所及《孟子》三章均討論"尊賢"問題,均側重於"王公之尊賢",即其核心話語與

---

① 梁濤謂該郭店簡文題作《五行》(見氏著《郭店竹簡與思孟學派》,頁19)。嚴格言之,帛書《五行》之篇名乃整理者擬加;簡書該篇首二字作"五行",整理者估計它當時即以"五行"名篇,且仍以"五行"爲其篇題(參閲荊門市博物館編:《郭店楚墓竹簡》之《五行》圖版與釋文,頁31、頁149)。

思想觀念均與《五行》有整體性的勾連,均可與《五行》互證、互明,而這三章又都提到甚或聚焦於子思的言行遭際。這證成了《五行》與子思的獨特關係與同一性。就是説,《孟子》這幾個章節應該既是發揮子思之意,又是張揚《五行》之説,是説明《五行》源出子思極重要的實證材料(其間,孟子以"悦賢不能舉,又不能養也,可謂悦賢乎"一個論斷,關聯子思對繆公"亟問,亟餽鼎肉"的反應等等,當是用子思的本事與本意,絶非臆想所得)。——如果《五行》與子思不存在這層關係,就不能解釋孟子在承繼《五行》"王公之尊賢"的話題和思想時,何以一定要扯上子思的言行和遭際。此外,與簡文《五行》同出於郭店楚墓的《魯穆公昏子思》一文記魯穆公問子思何如而可謂忠臣,而《緇衣》等篇亦跟子思有重要關聯,這些應該都不是偶然的,它們都指向一個簡單的事實:《五行》乃子思的學術體系。梁濤認爲這爲《五行》原屬《子思》"添加一旁證",①不無道理。即便保守一點,這至少亦可説明《五行》學説出於子思。而《孟子》與《五行》等新出儒典的歷史縮結,由此亦可得到進一步的證明。

六、《孟子》與郭店其他儒典

不能不提及的是,《孟子》與郭店楚墓所見其他儒典也有千絲萬縷的關係,這裏祇列舉幾個較有實證意義的例子。

《尊德義》云:"嵒(禹)以人道訇(治)亓(其)民,傑(桀)以人道亂亓民。傑不易嵒民而句(後)亂之,湯不易傑民而句訇之。聖人之訇民,民之道也。嵒之行水,水之道也。戚(造)父之馱(馭)馬,馬(也)之道也。句稷(后稷)之埶(藝)陞(地),陞之道也。莫不又(有)道安(焉),人道爲近。是以君子人道之取先。"而孟子嘗言:"禹之治水,水之道也(朱子集注:順水之性也)。是故禹以四海爲壑……"(《孟子·告子下》)其"禹之治水,水之道也"一説,當來自《尊德義》。

簡書《語叢三》有云:"才(存)心,嗌(益)。〔有〕所不行,嗌。必行,員(損)。"此三語均與孟子學説有關聯。孟子張揚存心之説云:"君子所以異於人者,以其存心也。君子以仁存心,以禮存心。"(《孟子·離婁下》)孟子亦主張有所不行,嘗謂:"人有不爲也,而後可以有爲。"(《孟子·離婁下》)孟子亦不主張必行,嘗謂:"大人者,言不必信,行不必果,惟義所在。"(《孟子·離婁下》)

---

① 參閲梁濤:《郭店竹簡與思孟學派》,頁20。

簡書《城之聞之》有云："谷（欲）人之恁（愛）吕（己）也，則必先恁人；谷人之敬吕也，則必先敬人。"《語叢二》云："未又（有）善事人而不返者。"孟子則說："仁者愛人，有禮者敬人。愛人者人恒愛之，敬人者人恒敬之。"（《孟子·離婁下》）

《城之聞之》又云："古（故）君子不貴德勿（庶物），而貴與民又（有）同也。智而比即（次），則民谷（欲）丌（其）智之述（遂）也。福（富）而貧（分）賤，則民谷丌福（富）之大也。貴而觮（能）纏（讓），則民谷丌貴之上也。反此道也，民必因此至（重）也以復之，可不鈮（慎）唐（乎）？"而孟子告齊宣王曰："君之視臣如手足，則臣視君如腹心；君之視臣如犬馬，則臣視君如國人；君之視臣如土芥，則臣視君如寇讎。"（《孟子·離婁下》）兩者之文字並非全同，道理卻如出一轍，息息相通。

孟子謂："故曰：或勞心，或勞力；勞心者治人，勞力者治於人；治於人者食人，治人者食於人：天下之通義也。"（《孟子·滕文公上》）這一理論向來為學界關注，然當有其淵源，不能完全歸功或歸咎於孟子本人。此說之遠源，在魯大夫公父文伯之母季姜及其所轉述的先王之訓。季姜嘗教誨公父文伯，曰："君子勞心，小人勞力，先王之訓也。"（《國語·魯語下》"公父文伯之母論勞逸"章）她是在敘述天子、諸侯、卿大夫、士、庶人、王后、公侯之夫人、卿之內子、命婦、列士之妻及庶士以下各行其職的語境中，提及這一舊訓的。此說之近源，當是郭店儒典《六惪》篇之"六哉（職）"說，所謂："又（有）率人者，又從人者；又史（使）人者，又事人者，又教者，又學者。此六哉（職）也。"此說與"勞心者治人，勞力者治於人；治於人者食人，治人者食於人"相通，應該是直接影響孟子思想的元素。孟子以"或曰"領起勞心者、勞力者分職之說，亦可證其來有自。故朱熹集注云："此四句皆古語，而孟子引之也。"

郭店新出儒典，《五行》之外，《茲衣》《魯穆公昏子思》《穿達以時》《湯吳之道》《忠信之衍》（篇題係整理者據文義擬加）、《眚自命出》《城之聞之》《六惪》《語叢》一至四等，未必均記子思的學説體系，其觀點也並不完全一致，但它們跟《五行》有很深的内在關聯，因此它們跟《孟子》的關係，實可旁證《五行》與《孟子》的關係。

餘 論

千百年來，通常所説的儒家"五行"或被附會為水火木金土，或被坐實為仁義禮智信。而在簡帛《五行》中，"五行"指仁、知（智）、義、禮、聖五種行或由之形於內而生的五種德之行,①跟舊解迥異。這一超越既有歷史認知的獨特五行學說,跟傳統學術視野如何銜接,其淵源何在,自然成了學界高度關注的話題。

很多學者曾認爲其淵源在孟子之學。孟子有云:"仁之於父子也,義之於君臣也,禮之於賓主也,智之於賢者也,聖人之於天道也,命也;有性焉,君子不謂命也。"(《孟子·盡心下》)至少從宋代開始,便有學者提出"聖人之於天道也"一語,句法、意思均與前文不貫。吳必大(淳祐七年進士)疑"此句比上文義例似於倒置",而朱熹不予認同。② 朱熹在《孟子集注》中審慎地提及另一種説法,即以"人"字爲衍文:"或曰……'人'衍字,更詳之。""或曰"二字表明他人已有此議,朱子見其説之紛紜,而不能定。清儒俞樾則認同這種叫朱熹疑信參半的説法,稱"《集注》曰或云'人'衍字,其説是也",且引録《老子》《國語·楚語》等典籍中"聖""智"對言者,以作證明(《羣經平議·孟子二》)。帛書《五行》問世後,有學者欣喜地從這"另一重證據"中找到了此説的依據。比如龐樸據此堅認"人"字當删,並提出:"孟軻在這裏所談的,正是'仁義禮智聖'這'五行'。"又説:"《五行》篇以孟子提出的仁、義、禮、智、聖爲思想資料,在心性説的基礎上論證了致良知的可能與途徑。"③龐樸比較《孟子》《五行》中的"金聲玉振""集大成"之説,力圖證明"佚書中的'聖',原是脱胎於《孟子》的"。他還從思想學術史角度解釋《孟子》文本誤衍此"人"字之由,云:"孟軻的時候,'聖'字已經有了超人的意思,他也曾用過這種意思(如《盡心下》的'大而化之之謂聖');但'聖之於天道也'的'聖'字,卻是'案往舊'而來。二者的含義是有差别的。後儒無見於此,祇知道'仁義禮智信',不知道'仁義禮智聖',奮筆臆改,於是便出來了'聖人之於天道也'這樣一個錯誤。"④

究其實際,以"人"字爲衍文的説法並不符合孟子本意,基於此誤讀的所有推斷和引申都值得商榷。就仁義禮智四者而言,孟子顯然是説,仁之於父子、義之於君臣、禮之於賓主、智之於賢者,乃是天之所命,然亦有性之本源,即父子、君臣、賓主、賢者之本性亦含有這些要素。接下來論説"聖人"的部分,如删除"人"字,則變成"聖之於天道,命也;有性焉,君子不謂命也",意謂"聖"對於"天道"來説既爲天之所"命",又本於"天道"之性,易言之即"聖"乃

---

① 簡本開篇即標舉"五行"二字,之後分釋悬(仁)、義、豊(禮)、𣊂、聖五種"型(形)於内"的"德之行"和"不型於内"的"行",所以"五行"之義絕無可疑之處。
② 參見《晦庵集》卷五二《答吳伯豐》,朱傑人等主編:《朱子全書》第二十二册,頁2455。
③ 參閲龐樸:《馬王堆帛書解開了思孟五行説的古謎》及《評述》,《帛書五行篇研究》,頁20~21、頁95。
④ 參閲龐樸:《馬王堆帛書解開了思孟五行説的古謎》,《帛書五行篇研究》,頁19、頁21。

第八章　從《五行》到《孟子》　579

天給"天道"之"命"，同時又呈現"天道"之"性"。這樣解釋殊爲膠戾乖剌。"天道"自屬於天，天如何給"天道"以作爲天之"命"的"聖"呢？"聖"對於"天道"又有何"性"可言呢？"天道"如何言"性"？事實上，"天道"既非天的對象物，又非"性"的主體。"聖人之於天道也"一語當如吳必大之説爲倒置，其意實爲"天道之於聖人也"。朱熹集注引程子之言，曰："仁、義、禮、智、天道，在人則賦於命者，所稟有厚薄清濁，然而性善可學而盡，故不謂之命也。"此説以"天道"而非"聖人"跟"仁""義""禮""智"並，正是把"聖人之於天道"理解爲倒置。郭沫若承襲了這種理解，謂："這兒與仁義禮智爲配的是'天道'。"①可惜這些學者均未能從句法、義理上提供充分的證明。戰國中期原本就有這種表述方式。略晚於孟子的莊周嘗云："父母於子，東西南北，唯命之從。陰陽於人，不翅(啻)於父母。彼近吾死而我不聽，我則悍矣，彼何罪焉？"(《莊子·内篇·大宗師》)此處"父母於子，……唯命之從"，意思實爲"子於父母，……唯命之從"，由下文置"陰陽"於父母之上，以證明人更應隨順陰陽，較然可知(全句大意略爲，人於父母唯命是從矣，而陰陽遠高於父母，故於陰陽更當如此)。《大宗師》此語之表述方式，跟孟子"聖人之於天道也"正同，其間當有一定的必然性。② 總之，《孟子》"仁之於父子也"一段文字，是並論"仁、義、禮、智、天道"，着眼於天所命之道德以及人本性之所含蘊兩面，並論"父子、君臣、賓主、賢者、聖人"，着眼於人或人際關係；其所謂"聖人之於天道"云云意指"天道"對於"聖人"來説爲"命"(即天"命"聖人者)，亦"有性焉"(又本於聖人之"性")，一如"仁"之於"父子"，"義"之於"君臣"，"禮"之於"賓主"，"智"之於"賢者"。如此詮釋纔文從字順，義理周備。③ 其間，與"仁""義""禮""智"並陳的"天道"一詞，舊解不夠明切。郭沫若釋之爲"誠"，④不過是遷就傳統的"五常"説而已。筆者以爲，此處之"天道"相當於《五行》篇之"天道"。在《五行》體系中，與"天道"對應的是"德"和"君子"，二者爲體系内最高的境界和人格；《孟子》此章中，與"天道"對應的也正是體系内的最高人格"聖人"。這種

---

① 參閲郭沫若：《十批判書·儒家八派的批判》，《郭沫若全集》歷史編第二卷，頁137。
② 或者彼時"聖人之於天道也"與"天道之於聖人也"、"父母於子"與"子於父母"就是同義的表達，而不必稱爲倒置。
③ 馬王堆漢墓帛書《五行》篇之整理者在注釋"仁荆(形)於内胃(謂)之德之行，不荆於内胃之行。……聖荆於内胃之德之行，不荆於内胃之行"數句時，謂："《孟子·盡心下》：'仁之於父子也，義之於君臣也，禮之於賓主也，智之於賢者也，聖人之於天道也，命也。'由帛書可知此即孟軻之五行説。"(國家文物局古文獻研究室編：《馬王堆漢墓帛書》第一册，釋文頁24)顯然亦未得孟子本意。
④ 參閲郭沫若：《十批判書·儒家八派的批判》，《郭沫若全集》歷史編第二卷，頁137。

在變易中保持的歷史穩定性,耐人尋味(此處所謂變易,是指"聖人"在《五行》中並非最高的人格,在《孟子》中則是;所謂歷史穩定性,是指其間的邏輯架構並非改變)。一言以蔽之,《孟子》"仁之於父子也"一段文字,根本不存在與"仁""義""禮""智"並列的"聖",這與《孟子》體系中僅有仁之端、義之端、禮之端、智之端,而無聖之端,是完全一致的。

《孟子》"口之於味也"一章既無將"聖"與"仁""義""禮""智"並列的觀念,則根本不能作爲《五行》篇之"五行"觀念源自《孟子》且用其思想資料的證據。而從論證方法上來說,先錯誤地依《五行》篇之"五行"判定《孟子》"聖人之於天道"一語誤衍"人"字,再以這種誤判推定《五行》源於《孟子》或者《五行》晚於《孟子》,實爲循環論證,毫不足取。

與上述誤讀相類,龐樸還基於《孟子》四端說,建構了一種倒亂《五行》《孟子》次序的思想史關聯。筆者曾指出,《五行》中最高的境界是德,其次是善。那麽,德、善二者如何區別呢? 龐樸曾提出,《五行》"謂德爲形於内的仁義禮智聖,意指形而上的天道爲人心所體認(道德信念)及其顯現於人性(道德屬性);謂善爲不形於内的仁義禮智,意指形而上的天道爲人體所施行(道德實踐)"。① 這種認知在學界影響頗大,可同樣未得《五行》本意。就《五行》體系來說,德與善的區別殊不在内、外,而在前者是仁知義禮聖五種"德之行"之"和",後者是仁知義禮四種"德之行"之"和",兩者均落實於内心。斷言善意味着不形於内的仁義禮智四行之和,讓人百思不得其解。離開内心這一具有高度主體性的存在,離開心的官能,四行又如何實現其和呢? 何況《五行》經文第十九章云:"四行之所和,[和]則同,同則善。"其說文第十九章闡釋道:"'四行之所和':言和仁義也。'和則同':和者,有猶[五]聲之和也。同者□約也,與心若一也。言舍夫四也,而四者同於善心也。同,善之至也。同則善矣。"這裏說得十分清楚:善亦必落實在内心,所謂"與心若一""舍夫四也,而四者同於善心",是十分確鑿的定義;淺顯一點說就是,仁智義禮四者形於内且達成超越四者個體存在的和合,並與心同一,纔能生成善。《五行》絕非說"善爲不形於内的仁義禮智"。然而,《五行》中生成善的"四行"確爲仁義禮智,跟《孟子》"四端"看似無異,故龐樸斷言其根源即在《孟子》之四端說:

> 孟軻道性善,說"仁義禮智"是"根於心"的君子本性。這是大家熟知的。

---

① 龐樸:《帛書五行篇研究·評述》,頁 90;類似意思又可參見該書頁 95,以及龐樸《〈五行篇〉評述》一文,《文史哲》1988 年第 1 期,頁 3。

佚書則稱"仁義禮智"爲"四行",並舉爲"善"的表徵:

四行和,謂之善。(【經1】……)
四行之所和,和則同,同則善。(【經19】……)
四行成,善心起。(佚書四……)

稱"仁義禮智"爲"四行",這大概是佚書的造說;還沒有見誰把"四行"同孟軻聯繫起來過。佚書的這一發明,應該說,是深得孟軻學說之心的。孟軻的五行說都有哪些,我們暫時還不知道;但我們知道,他談得最多並成爲其學說核心的,正是這四個"行";所謂"性善",也正是這"四行"的根於一心。在這一點上,佚書之與《孟子》,正如肖子之與生母,是一眼便可認出的。①

事實上,認定《五行》篇指"仁義禮智"四行的"造說"脫胎於作爲孟子學說之核心的仁義禮智,是十分草率的。

《孟子》雖講仁義禮智,或者仁之端、義之端、禮之端、智之端,卻從未使用"四行"的名號,更無所謂"四行和"的說法和觀念。易言之,稱仁智義禮四者爲"四行"乃《五行》篇的孤詣;由仁智義禮四者形於内,達成和合,且與心爲一而生成善,這種理念也是《五行》篇的孤詣。在《孟子》中,具有道德義涵的"善"跟仁義禮智之和缺乏明確的聯繫。如孟子曰:"可欲之謂善,有諸己之謂信。充實之謂美,充實而有光輝之謂大,大而化之之謂聖,聖而不可知之之謂神。"(《孟子·盡心下》)朱子集注云:"天下之理,其善者必可欲,其惡者必可惡。其爲人也,可欲而不可惡,則可謂善人矣。"比之於《五行》中的"善",這種意義的"善"明顯處於較低層面,不過是爲人"可欲而不可惡"而已。因此,《五行》中作爲善生成之基礎的仁智義禮,跟《孟子》的四端有體系性的差異,後者不僅未明確其超越性的和合,而且也不基於這種和合明確地定義善。更重要的是,在《五行》中,"四行"還被納入了"五行",而"四行和"還被建構在"五行和"這更高一級的架構之下。《五行》經文第九章云:"金聲而玉振之,有德者也。金聲,善也;(王言)〔玉音〕,聖也。善,人道也;德,天道也。唯有德者然笱(後)能金聲而玉振之(之)。"結合其經文第一章所說"德之行五,和胃(謂)之德;四行和,胃之善",則經文第九章實包含德生成的如下圖式:

---

① 龐樸:《馬王堆帛書解開了思孟五行說的古謎》,《帛書五行篇研究》,頁16~17。

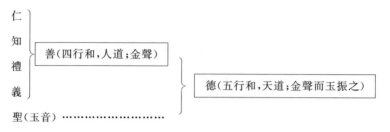

圖 8-2　《五行》經文第九章所含"德"生成圖式

這是《五行》中由"德之行"至"善"再至"德"的基本邏輯層次。可在《孟子》中，仁義禮智四者並未被整體性地納入更高一級的系統。如果把《五行》視爲《孟子》的"肖子"，則它何以在仁義禮智之外增設一行（"聖"）來與之並列，也全不可知。孟子嘗曰："孔子之謂集大成。集大成也者，金聲而玉振之也。金聲也者，始條理也；玉振之也者，終條理也。始條理者，智之事也；終條理者，聖之事也。"（《孟子·萬章下》）《孟子》全書言"聖"或"聖人"者比比皆是，唯此處之"聖"與"智"看起來是並列的，跟《五行》篇相似，其他的"聖"字殆均指遠遠高於仁、義、禮、智的政教倫理境界，與《五行》篇還是有體系性的差異。① 《五行》篇最大的特色就在於體系化的建構，其"仁""知（智）""禮""義""聖"五種"行"以及五種"德之行""善""德"等重要範疇，祇有從它們所屬的體系中纔能準確把握。也正因《五行》整體建構獨一無二，祇根據幾個看上去跟《孟子》相似的局部，斷言它是《孟子》的"肖子"，便完全背離了事實。若以母子關係類比，事實恰恰相反：《孟子》乃是《五行》的"肖子"；——本章圍繞兩者相通觀念展開的所有論析均可爲證。

　　相關傳世文獻，也有助於進一步揭破這段歷史的真相。荀子批評子思、孟軻曰："略法先王而不知其統，（猶）然而〔猶〕材劇志大，聞見雜博。案往舊造說，謂之五行，甚僻違而無類，幽隱而無說，閉約而無解。案飾其辭而祗敬之曰：此真先君子之言也。子思唱之，孟軻和之，世俗之溝猶瞀儒嚾嚾然不知其所非也，遂受而傳之，以爲仲尼、子游爲茲厚於後世。是則子思、孟軻之罪也。"（《荀子·非十二子》）我們没有任何理由懷疑荀子對那段學術思想史的認知，由他的批評可以斷定，五行説之創建和傳授跟思、孟直接相關。《五行》篇出土問世後，學者們往往視之爲思孟五行説，基本上是正確的。然荀子殆謂子思創爲五行體系，且推其本源於孔子和子游，這一層重要意思卻差不多

---

① 《孟子》金聲玉振説與《五行》篇之關係，以及《五行》篇中"聖"在體系中的價值，參閱拙著《簡帛〈五行〉篇與〈尚書〉之學》，香港中文大學中國語言及文學系、中國文化研究所中國古籍研究中心主編：《先秦兩漢古籍國際學術研討會論文集》，頁105～129；亦可參閲本書第五章"《尚書》學視野中的《五行》"第四節："'玉色''玉音''金聲而玉振之'"。

完全被忽視了。① 孔子之學本蘊含多種發展的可能性，其後學各取某些側面張而揚之、廣而播之，而每每將其説歸本於孔子。這樣做的不止是儒家。故戰國末韓非曰："孔、墨之後，儒分爲八，墨離爲三，取舍相反不同，而皆自謂真孔、墨。"(《韓非子・顯學》)儒家其他各派都歸本於孔子，子思這樣做也毫不奇怪。而從戰國儒家分流畫派的背景上看，子思將五行説之本源上推至子游，就格外值得注意了。

《論語・先進》篇記孔門四科之著名弟子，云："德行：顏淵，閔子騫，冉伯牛，仲弓。言語：宰我，子貢。政事：冉有，季路。文學：子游，子夏。"《史記・仲尼弟子列傳》載："言偃，吳人，字子游。少孔子四十五歲。……孔子以爲子游習於文學。"孔門弟子三千，賢者七十有二，而子游、子夏在文獻學問方面並稱翹楚，子游還被孔門師徒推舉於子夏之上。然子夏之學，後世赫矣盛矣。東漢徐防(明帝永平中舉孝廉)説："《詩》《書》《禮》《樂》，定自孔子；發明章句，始於子夏。"(《後漢書》卷四四《徐防傳》)儒家經學之授受傳播，子夏居功甚偉，舊説荀子爲其後學，——至少其《毛詩》之學五傳而至於荀子。② 故姜廣輝指出："子夏一派對傳統文化，尤其是對元典的全面研習有很大貢獻。後來的荀子除繼承子弓一系外，也繼承了子夏一系的學説，成爲傳經之儒。漢代經學的發展，主要是這一派的推動。"③相比之下，自孔子以降二千餘年，子游之學竟似湮滅不彰。以前康有爲、郭沫若等學者討論子游學説，主要依據是

---

① 康有爲《孟子微》序稱："子游受孔子大同之道，傳之子思。而孟子受業於子思之門，深得孔子《春秋》之學而神明之。"又謂："孟子乎真得孔子大道之本者也！……雖荀子非難之，亦齊之於聖孫子思，以爲傳仲尼、子游之道。今考之《中庸》而義合，本之《禮運》而道同，證之《春秋》《公》《穀》而説符。然則，孟子乎真傳子游、子思之道者也。"(參見姜義華、張榮華編校：《康有爲全集》第五集，頁411、頁412)郭沫若《十批判書・儒家八派的批判》以爲，儒家八派中"子思之儒""孟氏之儒""樂正氏之儒"應該衹是一系，"事實上也就是子游氏之儒"，其主要依據也是《荀子》的這一記述(參見《郭沫若全集》歷史編第二卷，頁131~136)。又，學者們往往認爲"子思是由孔子到孟子的中間環節"(比如姜廣輝：《郭店楚簡與〈子思子〉：兼談郭店楚簡的思想史意義》，《中國哲學》第二十輯《郭店楚簡研究》，頁90)；這大體没有問題，但準確地説應該衹是"中間環節之一"，另一個中間環節是子游，惜乎子游之説仍較蒙昧。姜廣輝謂，早期儒家可以分爲以下幾派：一是子游、子思、孟子一系的"弘道派"；二是子夏一系的"傳經派"；三是曾子一系重孝道的"踐履派"；四是子張一系的"表現派"(參閲氏著《郭店楚簡與〈子思子〉：兼談郭店楚簡的思想史意義》，《中國哲學》第二十輯《郭店楚簡研究》，頁89~90)。
② 陸德明《經典釋文序録》云："《毛詩》者，出自毛公。河間獻王好之。……一云：子夏傳曾申(魯人，曾參之子)。申傳魏人李克。克傳魯人孟仲子(子思之弟子)。孟仲子傳根牟子。根牟子傳趙人孫卿子。孫卿子傳魯人大毛公。"
③ 姜廣輝：《郭店楚簡與〈子思子〉：兼談郭店楚簡的思想史意義》，《中國哲學》第二十輯《郭店楚簡研究》，頁89。

《禮記·禮運》篇。其實更值得關注的是,子游之學原本融匯在子思五行學說中,今簡帛《五行》篇重見天日,雖不能從中明切指示子游學說的具體面目,但因爲它對子思五行學說有巨大影響,其重要性由《五行》篇可以得到部分的彰顯。① 而更進一步説,孔子之後,子游、子思之學發展出孟子學説,源遠流長,子夏、子弓之學發展出荀子學説,②亦源遠流長,成爲傳統儒學的兩大主幹。《五行》復見天日,使其中一條主綫上久被埋没,罕爲人知的子思五行學説這一環得到了凸顯,且至少部分地彰顯了子思師承的子游學説,戰國儒學思想發展的一些重要軌迹得以復現。以前人們往往認定儒學兩大互相頡頏乃至互相矛盾的主幹是由孟子、荀子奠定的,現在可以知道,早在子思那裏,甚至早在孔門弟子子游和子夏、子弓那裏,這種局面就已經形成了。

《孟子》有很多重要思想承繼自《五行》經文與説文,以《五行》經文與説文爲歷史源頭,它們在基本面上是一致的,當然也有一系列同中之異,因此,即便《五行》之説文也不可能出自孟子之手,而是完成於孟子之前。③《五行》關聯着先秦一段極重要的學術史:其許多基本價值,比如仁、義、禮等等,發端於儒家創始人孔子;孔子弟子子游乃醖釀五行理論的重要學者,孔子之孫子思"案往舊造説",殆主要是據子游之説;子思完成了五行學説的體系性建構,並向弟子傳授,其根本内容見於《五行》,包括經、説兩大部分;經加説構成一個完整的自洽的體系,郭店楚墓所見竹書《五行》僅有經文部分,馬王堆漢墓所見帛書《五行》則有經有説。或者《五行》之經有一種文本由子思寫定(如孔子

---

① 子游影響了包括《五行》在内的郭店儒典,尚有一些具體迹象。簡書《告自命出》上篇云:"悥(喜)斯悋,悋斯奮,奮斯羕(詠),羕斯獣(猶/摇),獣斯氻(舞)。氻,悥之終也。愠(愠)斯憂,憂斯慼,慼斯懇(歎),懇斯躷(辟),躷斯通(踊)。通,愠之終也。"這段藴含着圖式化思維的文字殆出於子游,根據《禮記·檀弓下》載子游曰:"人喜則斯陶,陶斯咏,咏斯猶,猶斯舞,舞斯愠,愠斯戚,戚斯嘆,嘆斯辟,辟斯踊矣。品節斯,斯之謂禮。"那麽,至少從一定程度上可以説,表徵《五行》特質的系譜化、圖式化思維即淵源於子游。

② 《荀子·非相》篇云:"蓋帝堯長,帝舜短;文王長,周公短;仲尼長,子弓短。"楊倞、俞樾均以爲子弓指仲弓(俞説見《諸子平議·荀子一》)。《荀子·非十二子》篇云:"若夫總方略,齊言行,壹統類,而羣天下之英傑而告之以大古,教之以至順,奥窔之閒,簟席之上,(斂)〔歛〕然聖王之文章具焉,佛然平世之俗起焉(楊注:歛然,聚集之貌。佛,讀爲勃;勃然,興起貌),……無置錐之地而王公不能與之爭名,在一大夫之位則一君不能獨畜,一國不能獨容,成名況乎諸侯,莫不願以爲臣,是聖人之不得埶者也,仲尼、子弓是也。……今夫仁人也,將何務哉?上則法舜、禹之制,下則法仲尼、子弓之義,以務息十二子之説,如是則天下之害除,仁人之事畢,聖王之迹著矣。"《荀子·儒效》篇云:"通則一天下,窮則獨立貴名,天不能死,地不能埋,桀、跖之世不能汙,非大儒莫之能立,仲尼、子弓是也。"郭沫若以爲,"屢言'仲尼、子弓'者,是荀子自述其師承"(參見氏著《十批判書·儒家八派的批判》,《郭沫若全集》歷史編第二卷,頁132)。

③ 陳來依《荀子·非十二子》謂五行之説"子思唱之,孟軻和之"等,定《五行》之經爲子思作、説爲孟子作(參閲氏著《竹帛〈五行〉篇爲子思、孟子所作論》一文,郭齊勇主編:《儒家文化研究》第一輯《新出楚簡研究專號》,頁46~47),顯然不妥。

之寫定《春秋》），而其經的另外一種文本以及說則由子思不同弟子錄寫，馬王堆帛書《五行》是在抄錄經文後，接着抄錄了其説文尚存的部分。總之，創建五行學說的功勞當歸於子思。① 據《史記·孟子荀卿列傳》，孟子"受業子思之門人"，《五行》至少有一種經文文本及其説文的錄寫者爲孟子的師輩。孟子近承師學，遠紹子思，受《五行》影響甚巨，幾乎可以說無子思五行學說便無孟子之學。在體系建構上，孟子承子思"五行"之說，從中取仁義禮智四者，並將子思體系中作爲仁、義、禮本源的"仁氣""義氣""禮氣"，同"進端""終（充）端"觀念融會貫通，確立了作爲性善理論基礎的四端説；復承繼其"終（充）心"觀念，建立了將四端"擴而充之"而爲仁義禮智的學説架構；復以其"義氣"說與"終（充）心"說糅合，形成養氣理論。除此之外，孟子"由仁義行，非行仁義""大體""小體"等重要範疇與觀念，以及孟子政治學中"尊賢""王公尊賢"等取向，亦均是承《五行》理論而推揚之。《五行》之於《孟子》，一如木之本、水之源，是不可或缺的。就這一路向而言，由二程、朱熹據《論語》《大學》《中庸》《孟子》所建構的道統——孔子→曾子→子思→孟子，②或可能要將《五行》納

---

① 《五行》經與說的關係，殆如《春秋》與《左氏春秋》。《史記·十二諸侯年表》序云："孔子明王道，干七十餘君，莫能用，故西觀周室，論史記舊聞，興於魯而次《春秋》，上記隱，下至哀之獲麟，約其辭文，去其煩重，以制義法，王道備，人事浹。七十子之徒口受其傳指，爲有所刺譏褒諱挹損之文辭不可以書見也。魯君子左丘明懼弟子人人異端，各安其意，失其真，故因孔子史記具論其語，成《左氏春秋》。"實際上即便不爲避諱，孔子也不必把向弟子傳授的《春秋》"科目"的內容全寫出來。子思之《五行》殆亦如此，在其傳授要旨"經"的同時，有內容豐富的說。

② 《河南程氏遺書》卷第二十五記伊川先生語曰："孔子没，曾子之道日益光大。孔子没，傳孔子之道者，曾子而已。曾子傳之子思，子思傳之孟子，孟子没，不得其傳，至孟子而聖人之道益尊。"相關材料，又可參見朱熹《中庸章句序》。在中國傳統中，此一道統與治統密不可分。康熙《日講四書講義》序云："朕惟天生聖賢，作君作師，萬世道統之傳，即萬世治統之所繫也。自堯、舜、禹、湯、文、武之後，而有孔子、曾子、子思、孟子，自《易》《書》《詩》《禮》《春秋》而外，而有《論語》《大學》《中庸》《孟子》之書，如日月之光昭於天，嶽瀆之流峙於地，猗歟盛哉！蓋有四子，而後二帝三王之道傳；有四子之書，而後五經之道備。四子之書，得五經之精意而爲言者也。孔子以生民未有之聖，與列國君大夫及門弟子論政與學，天德王道之全，脩己治人之要，具在《論語》一書。《學》《庸》皆孔子之傳，而曾子、子思獨得其宗。明、新、止善，家、國、天下之所以齊、治、平也；性、教、中和，天地萬物之所以位育，九經達道之所以行也。至于孟子繼往聖而開來學，闢邪說以正人心，性善、仁義之旨，著明於天下。此聖賢訓辭詔後，皆爲萬世生民而作也。道統在是，治統亦在是矣。歷代賢哲之君，創業守成，莫不尊崇表章，講明斯道。朕紹祖宗丕基，孳孳求治，留心問學，命儒臣撰爲講義，務使闡發義理，裨益政治，同諸經史進講，經歷寒暑，罔敢間輟。兹已告竣，思與海內臣民共臻至治，特命校刊，用垂永久，爰製序言，弁之簡首。每念厚風俗必先正人心，正人心必先明學術，誠因此編之大義，究先聖之微言，則以此爲化民成俗之方，用期夫一道同風之治，庶幾進於唐、虞、三代文明之盛也夫。"

入經典系列,而增加孔子→子游→子思→孟子一路。①

　　毫無疑問,這些歷史發展路徑並不像表面上看起來那麽單純,因爲其他歷史影響力常常匯聚其中。《五行》不以"聖人"爲最高政教倫理境界,不以"聖人"爲政教倫理體系之核心,而是以"君子"或"賢人"爲最高境界,圍繞"君子"或"賢人"來建構體系,這一點深受《尚書》學、《詩經》學的影響。《五行》在設計五種"德之行""善""德"或"君子"等政教倫理境界的一系列生成圖式時,一方面光大了《尚書·洪範》"五事"推重"視""聽""思""貌""言"的傳統,一方面吸納了《詩經》學的一些情感表達模式,其"慎蜀(獨)""舍體(體)"等核心理念也都是以《詩經》學爲支持的。②《尚書》學、《詩經》學的影響力顯然匯入了孔子、子游影響《五行》的"洪流",因爲儒家《書》《詩》之學原本就在孔子與七十子後學間授受。

　　總之,《五行》重現,使這段學術思想的歷史得到了更高程度的還原,關於中國思想史、儒學史以及孟子思想等等,很多固化已久的認知都需要徹底改寫。

　　葛瑞漢曾引介芬加雷特(Herbert Fingarette)的觀點說:"芬加雷特認爲,孔子能够幫助我們迴避爲分析哲學所不滿意的諸如心與身(mind/body)、內與外(inner/outer)等其他的二分法(dichotomy)。前者在漢以前的哲學中没有出現過。"他一再强調,"先秦哲學並不知心/身二分法"。③ 但事實十分明白,郭店新出儒典特别是《五行》基於區隔大、小體建構的體系,以及它在孟子荀子學說中的承繼,隱含着一種極爲重要的"心/身二分法";④郭店儒典關於仁內義外的討論及其在《孟子》書中的延續,也帶有二分法的鮮明特性。毋寧說二分法對先秦思想極其重要,而且不限於某家某派。隨處可見的陰陽之類區分就不必說了,儒家之外,道家著作也充斥着二分法或二元對立的思想。傳世《老子》之文本大抵定型於戰國末期(長沙馬王堆漢墓所出一種戰國晚期的《老子》傳本可以爲證),其核心思維方式其實就是二分法。柳詒徵(1880~

---

① 梁濤認爲郭店簡文《性自命出》"應出於子游或子游氏儒之手"(見氏著《郭店竹簡與思孟學派》,頁28)。洵如此,則可以助成本文的判斷。

② 凡此請參閱拙作《簡帛〈五行〉篇與〈尚書〉之學》,香港中文大學中國語言及文學系、中國文化研究所中國古籍研究中心主編:《先秦兩漢古籍國際學術研討會論文集》,頁105～129;以及《論簡帛〈五行〉篇與〈詩經〉學之關係》,《文學遺産》2009年第6期,頁10～19,中國人民大學《中國古代、近代文學研究》2010年第4期,以及北京大學中國詩歌研究院所編:《燕園論詩:中國古代詩歌論集》,北京:北京大學出版社,2010年,第1版,頁40～58)。亦可參閱本書第五章"《尚書》學視野中的《五行》"、第六章"《詩經》學視野中的《五行》"。

③ 〔英〕葛瑞漢:《論道者:中國古代哲學論辯》,頁33、頁123。

④ 對荀子的具體討論,請參見本書第九章:"從《五行》到《荀子》"。

1956)評論道:"老子之書,專說對待之理。"①的的確確,老子從社會人生乃至自然現象中提煉出大量的對立項,諸如美—惡、善—不善、有—無、難—易、大—小、長—短、高—下、前—後、虛—實、强—弱、後—先、得—失、曲—全、枉—直、窪—盈、敝—新、多—少、重—輕、静—躁、雄—雌、白—黑、榮—辱、壯—老、張—歙、廢—興、取—與、貴—賤、損—益、堅—柔、得—亡、成—缺、盈—沖、辯—訥、生—死、禍—福、大—細、有餘—不足、正—奇、善—妖、自見—不自見、自是—不自是、自伐—不自伐、自矜—不自矜、自知—知人、自勝—勝人、合抱之木—毫末、九層之臺—累(纍)土、千里之行—足下、終—始、成—敗等等,認爲所有這些對立要素都是相反相成、相伴相隨的,啓發人們從中予以合理的關注,做出合理的抉擇。② 所以在先秦哲學中,二分法不是没有,而是相當普遍;而孔子以來,儒家心性學説之核心,恰恰就是"身(小體)—心(大體)"二分法。

葛瑞漢有一個考察,説:"到了公元前 4 世紀,'性'不是一個哲學術語;它屬於每一個關心其健康和希望長生的人之普遍語言。它隨着'養生'的提倡者進入哲學領域。那些强烈反對公共生活、要求個人利益的利己主義者,拒絶爲了權利、財産和别的外在利益,包括傷害健康和生命的危險,去犧牲自己的一根頭髮。其中最著名的是楊朱(大約公元前 350 年),作爲一個'爲我'(《孟子·滕文公下》)的鼓吹者,他遭到孟子的抨擊。他認爲人應該'全性保真,不以物累形'(《淮南子·氾論》篇)。另一個是子華子,他警告韓昭侯(前362～前 333 在位),不要爲了争一點地方而'愁身傷生',既然没有人會以失去一隻手臂爲代價來接受整個天下,一塊地方固然小於天下,危及生命比損傷一臂更爲嚴重得多(《吕氏春秋·審爲》)。子華子也有一句名言,談到區别三種不同程度的生命價值:'全生爲上,虧生次之,死次之,迫生爲下。'(《吕氏春秋·貴生》)"葛瑞漢還指出,"對這一學派的學説唯一連續的敘述是在《莊子》第 28 至 31 篇及《吕氏春秋》的五篇之中",即《莊子·雜篇》部分的《讓王》《盗跖》《説劍》《漁父》,及《吕氏春秋·本生》《重己》《貴生》《情欲》《審爲》。③ 有意思的是,葛瑞漢基於他很看重的這一傳統,來解釋孟子關於大體和小體的思想與表達。他説:

> 在孟子的時代,衡量利害關係是墨子學派和楊朱學派全神貫注之事。他們從中取得實例的基本形式是身體,在身體上,爲了保持一隻手

---

① 柳詒徵:《中國文化史》上册,上海:上海古籍出版社,2001 年,第 1 版,頁 258。
② 參閲拙著《先秦諸子研究》,頁 128～138。
③ 參閲〔英〕葛瑞漢:《孟子人性理論的背景》,〔美〕江文思、〔美〕安樂哲編:《孟子心性之學》,頁 19～20。

臂,可以犧牲一指;而爲了保全身體,可以犧牲一臂(本書作者案:其依據是《吕氏春秋·貴生》篇所載子華子之言,以及《墨子·大取》《貴義》篇)。通過用下面的句子去判斷,在直接攻擊世碩人性有善有不善傾向的假定這一論斷時,孟子使用了這種形式。我們的自然傾向——道德的和肉體的——屬於一個整體,在此整體中,我們去判斷身體的各個部分時,寧可選擇較大的,而不是較小的。就其自身而言,没有欲望是惡的;例如,暴食是錯的,僅僅是因爲它妨害了更重要的相關之事。結果,它並不是關於爲了促進我們本性之善,而去與不善作鬥争的問題;當我們因爲比較大的欲望而拒絶比較小的欲望時,我們遵循作爲一個整體的我們之本性,正像通過保護肩背而不是手指我們保護作爲一個整體的身體一樣。①

葛瑞漢在《論道者》之中也有類似的陳述。② 這一論斷後來產生了很大的影響。華靄仁曾説:"當孟子再一次討論在人的行爲中善與不善的課題時,指出了同樣的心不僅能够集中和選擇,而且能够把人的要求養護得更偉大和更崇高的部分從很少值得關心的更小的和更卑賤的部分中區分開來,置於優先考慮的地位(《告子上》第十四章、第十五章)。就像葛瑞漢已經注意到了的,從行爲的有害形式中整理和分析出有利的習慣也是建立在墨子與楊朱學派之基礎上的。他們共有的作爲例證的原型是人的身體……"③

葛瑞漢、華靄仁作出上述論斷,所用孟子方面的依據主要是如下二章:

> 孟子曰:"人之於身也,兼所愛。兼所愛,則兼所養也。無尺寸之膚不愛焉,則無尺寸之膚不養也。所以考其善不善者,豈有他哉,於己取之而已矣。體有貴賤,有大小……"(《孟子·告子上》)

> 公都子問曰:"鈞是人也,或爲大人,或爲小人,何也?"孟子曰:"從其大體爲大人,從其小體爲小人。"……(《孟子·告子上》)

這兩章均見引於前文,故此處省略其後半。類似例子,其實至少還有孟子爲回應任人挑戰"禮重(於食色)"之説,打比方説:"紾(拗折)兄之臂而奪之食,

---

① 〔英〕葛瑞漢:《孟子人性理論的背景》,〔美〕江文思、〔美〕安樂哲編:《孟子心性之學》,頁52～53。
② 〔英〕葛瑞漢:《論道者:中國古代哲學論辯》,頁154。
③ 〔美〕華靄仁:《孟子的人性論》,〔美〕江文思、〔美〕安樂哲編:《孟子心性之學》,頁164。案:所謂"同樣的心"指孟子所謂"本心";《告子上》第十四、十五章即上文所引"人之於身也,兼所愛"以及"從其大體爲大人,從其小體爲小人"章。

則得食,不紾,則不得食,則將紾之乎?"(《孟子·告子下》)此章前文也已引用,此處從略。葛瑞漢、華靄仁所據墨子學派的論說有,《墨子·貴義》篇云:"子墨子曰:萬事莫貴於義。今謂人曰:'予子冠履,而斷子之手足,子爲之乎?'必不爲。何故?則冠履不若手足之貴也。又曰:'予子天下而殺子之身,子爲之乎?'必不爲。何故?則天下不若身之貴也。爭一言以相殺,是(貴)義〔貴〕於其身也。故曰,萬事莫貴於義也。"《墨子·大取》篇曰:"斷指以存擘(腕),利之中取大,害之中取小也。害之中取小(也)〔者〕,非取害也,取利也。其所取者,人之所執也(孫詒讓《閒詁》:言爲人所執持,不能自免)。遇盜人,而斷指以免身,利也;其遇盜人,害也……"葛瑞漢所援據楊朱、子華子的論說,出於《呂氏春秋》等相當晚出的典籍,這裏已無須具引。要之在《五行》出土以前,像葛瑞漢、華靄仁這樣,以墨子、楊朱學派據人體論斷利害,作爲孟子據人體論斷政教倫理抉擇的基礎,也許可以視爲一種創見,現在一切都得重新研判。墨子生當孔門七十子之後、孟子之前,約略與孟子師祖子思同時而稍後;楊朱、子華子則遠後於子思,而略早於孟子。① 即便葛瑞漢、華靄仁引據的最早材料確實出於墨子本人(《貴義》《大取》諸篇均出自墨子後學),② 孟子這種論說方式也應該是出自子思的《五行》,而非出自墨家或楊朱學派(案《五行》《孟子》在這一方面的關聯,參見本章第三節);甚至墨家或楊朱學派的這類論述,都是基於《五行》的霑溉。《五行》說文第十四章所謂"搞(劌)而(你)四膚(體),予女(汝)天下,弗爲也。搞如(汝)兄弟,予女天下,弗悆(怵)也",與《墨子·貴義》篇所謂"今謂人曰:'予子冠履,而斷子之手足,子爲之乎?'必不爲。何故?則冠履不若手足之貴也。又曰:'予子天下而殺子之身,子爲之乎?'必不爲。何故?則天下不若身之貴也",關聯尤其明顯。這種表述方式殆亦影響了其他學派的著述,因而變得更加普泛化。比如《莊子·雜

---

① 《漢書·藝文志》著錄《墨子》七十一篇,又自注云:"名翟,爲宋大夫,在孔子後。"《史記·孟子荀卿列傳》曰:"蓋墨翟,宋之大夫,善守禦,爲節用。或曰並孔子時,或曰在其後。"《史記索隱》稱:"《別錄》云'今按《墨子》書有文子,文子即子夏之弟子,問於墨子'。如此,則墨子在七十子之後也。"《後漢書·張衡傳》載張衡《請禁絕圖讖疏》,云:"《春秋元命包》中有公輸班與墨翟,事見戰國,非春秋時也。"李賢等注:"《衡集》云'班與墨翟並當子思時,出仲尼後'也。"孫詒讓《墨子閒詁》於《墨子後語》部分收《墨子年表》,曰:"審覈前後,約略計之,墨子當與子思並時,而生年尚在其後……"依據錢穆《諸子生卒年世約數》,子思生卒年約爲前483~前402年,墨翟生卒年約爲前480~前390年,楊朱生卒年約爲前395~前335年,子華子生卒年約爲前380~前320年(參見氏著《先秦諸子繫年》,頁694、頁695、頁696);孟子生卒年當爲前372~前289年。

② 案:《貴義》等篇跟《論語》類似,"當爲墨子弟子記載的墨子言行",《大取》等篇"當是後期墨家的作品"(參閱白壽彝總主編:《中國通史》第二版第三卷《上古時代》下,上海:上海人民出版社2015年,第1版,頁936)。

篇‧讓王》云：“韓魏相與爭侵地。子華子見昭僖侯，昭僖侯有憂色。子華子曰：'今使天下書銘於君之前，書之言曰："左手攫之則右手廢，右手攫之則左手廢，然而攫之者必有天下。"君（能）攫之乎？'昭僖侯曰：'寡人不攫也。'子華子曰：'甚善！自是觀之，兩臂重於天下也。身亦重於兩臂。韓之輕於天下亦遠矣，今之所爭者，其輕於韓又遠。君固愁身傷生以憂戚不得也！'僖侯曰：'善哉！教寡人者衆矣，未嘗得聞此言也。'子華子可謂知輕重矣。"其設言如果"兩臂"與"天下"不可得兼則選擇"兩臂"，與《五行》說文第十四章"搗（副）而（你）四膻（體），予女（汝）天下，弗爲也"等，內容及形式均高度一致。

《五行》論說方式之影響於《孟子》，尚不止此。《五行》經文第二十四章云："辟（譬）而知之，胃（謂）之進之。"其說文第二十四章云：

"辟而知之，胃之進之"：弗辟也，辟則知之矣，知之則進耳。辟丘之與山也，丘之所以不 如 名山者，不責（積）也。舜有仁，我亦有仁，而不如舜之仁，不責也。舜有義，而我 亦有義 ，而不如舜之義，不責也。辟比之而知吾所以不如舜，進耳。

我們不妨拿《孟子》以下論說來作比較：

孟子曰："君子所以異於人者，以其存心也。君子以仁存心，以禮存心。仁者愛人，有禮者敬人。愛人者人恒愛之，敬人者人恒敬之。有人於此，其待我以橫逆，則君子必自反也：'我必不仁也，必無禮也，此物奚宜至哉？'其自反而仁矣，自反而有禮矣，其橫逆由（猶）是也，君子必自反也：'我必不忠。'自反而忠矣，其橫逆由是也，君子曰：'此亦妄人也已矣。如此則與禽獸奚擇哉？於禽獸又何難焉？'是故君子有終身之憂，無一朝之患也。乃若所憂則有之：舜人也，我亦人也，舜爲法於天下，可傳於後世，我由未免爲鄉人也，是則可憂也。憂之如何？如舜而已矣。若夫君子所患則亡矣。非仁無爲也，非禮無行也。如有一朝之患，則君子不患矣。"（《孟子‧離婁下》）

《五行》說文第二十四章含本體、喻體兩面。喻體是丘因不積而不如名山，本體是"我"之仁義因不積而不如舜之仁義。上揭《孟子》文字以"我"與"舜"對比部分，所謂"舜人也，我亦人也"云云，顯然是由《五行》說文該章之本體部分演化而來的（所謂"舜有仁，我亦有仁"云云）。而進一步省察，《五行》說文第二十四章其實省略了相關的提問，喻體部分省略的是"丘何以不如名山"，本體部分省略的是"我之仁何以不如舜之仁""我之義何以不如舜之義"。因此,它實際上貫穿着自省式的追問。而上揭《孟子》中的"君子必自反",就是這類自省式追問的明確提示。這種思維與表達源於主體的道德自省。曾子曰:"吾日三省吾身:爲人謀而不忠乎?與朋友交而不信乎?傳不習乎?"(《論語·學而》)簡單幾句話,提供了這種自省式追問與思維的基本形式。

第九章　從《五行》到《荀子》

《荀子·非十二子》篇批評子思造爲"五行"學説,云:"略法先王而不知其統,(猶)然而〔猶〕材劇志大,聞見雜博。案往舊造説,謂之五行,甚僻違而無類,幽隱而無説,閉約而無解。案飾其辭而祇敬之曰:此真先君子之言也。子思唱之,孟軻和之,世俗之溝猶瞀儒嚾嚾然不知其所非也,遂受而傳之,以爲仲尼、子游爲兹厚於後世:是則子思、孟軻之罪也。"荀子對那段後人完全懵懂的學術思想史的了解應該是不容懷疑的。他的評論包含很多極重要信息,至少亦表明子思五行學説是他建構體系的先在視野。在《五行》出土前,這一批評堪稱關於子思五行學説的"珍稀文獻",長期充當着人們對子思五行學説的根本認知(祇要探究該問題,人們總得在這一批評的牢籠中打轉),而荀子跟子思五行學説的對立也由此定型和固化。筆者認爲,荀子跟子思五行學説的對立其實被顯著放大了,而從子思到荀子的那段學術思想史也已經被嚴重簡單化。凡此都必須撥亂反正。

學術思想上的敵人往往是自己實際上的"老師",子思對於荀子來説便是如此。《五行》承載着子思五行學説的完整體系,它的出土面世,不僅打破了人們對子思五行學説的簡單想象,①重現了子思至孟子的學術思想史軌迹,而且可以復原一向不爲人們熟知的《荀子》承繼子思五行學説的脈絡。本章主旨就在揭明這一脈絡,具體內容,仍將圍繞二者有重要關涉的一系列範疇展開。

一、"荊於內"

《五行》的核心建構是,仁、知(智)、義、禮、聖五行內在地生成相應的德之行,這一過程被稱爲"荊(形)於內";其後仁、知(智)、義、禮四種德之行實現超越性的和合,生成"善",全部五種德之行實現超越性的和合,生成"德",——

---

① 楊倞注謂《荀子·非十二子》所批之"五行"指"五常",即仁義禮智信,後人往往從之。這可以是前人對子思"五行"學説的根本想象之一。《五行》篇出土以後,對這種想象已經無須加以駁斥。

德是該體系的最高境界，被稱爲"天""天道"等，善次之，被稱爲"人道"。① 德行所有境界均"荆於內"，即均內在地生成。在《五行》體系中，德行之生成有一個重要取向，即推進與擴充內在的基源。比如，由"變"即"仁氣"推進而發展爲仁，由"直"即"義氣"推進而發展爲義，由"袁（遠）心"即"禮氣"推進而發展爲禮；②又比如，擴充"不莊（藏）尤割（害）人之心"即仁之"端"而至仁覆四海，擴充"不受訏（吁）跬（嗟）之心"即義之"端"而至義囊天下，等等等等。③ 與此同時，《五行》體系中還存在另一個重要取向，即基於向外認知、發現某種價值和規範，持守、推進之，俾形於內而成就德行。比如《五行》經、說第六章謂，由思之長而得，由得而不忘，由不忘而明，由明而見賢人而知其有德（即知其所道），進而玉色，終生成知（智）；由思之巠（輕）而荆（形），由荆而不忘，由不忘而悤（聰），由悤而聞君子道而知其爲君子道，進而玉音，終生成聖。此意，《五行》經、說第十七章亦可參閱。又比如，《五行》經、說第十八章謂聞而知"君子道"亦即"天道"，爲"義"生成之本，見而知賢人"之所道"，爲"仁""禮"生成之本，基於此的五行和合則是"德"生成的根本。此意，《五行》經、說第十九章亦頗可參閱。④ 凡此之類，不一而足。

《孟子》承繼了以上兩種面向，而以光大前一面向爲主，《荀子》則主要是承繼和發展了後一面向。這顯然跟《荀子》對人性的認識有關。依《荀子》之見，人素樸的本性中並無禮義道德，毋寧恰恰相反，故須思慮以求知之，強學而求有之。故其《性惡》篇云："夫子之讓乎父，弟之讓乎兄，子之代乎父，弟之代乎兄，此二行者皆反於性而悖於情也，然而孝子之道，禮義之文理也。"又云："今人之性固無禮義，故彊學而求有之也；性不知禮義，故思慮而求知之也。"其《榮辱》篇則曰："人之生（性）固小人（王先謙案：生、性字通用，此即性惡意），無師無法則唯利之見耳。人之生固小人，又以遇亂世，得亂俗，是以小重小也，以亂得亂也。君子非得埶以臨之，則無由得開內焉（楊注：開小人之心而內善道也）。今是人之口腹，安知禮義？安知辭讓？安知廉恥隅積（王先謙注：隅，道之分見者也。積，道之貫通者也）？亦呻呻（噍貌）而噍（嚼），鄉鄉

---

① 以上請參閱《五行》經文第一章、說文第六章等。
② 以上分別參閱《五行》經、說第十章，第十一章，第十二章。
③ 以上請參閱《五行》經、說第二十一章。
④ 《五行》中"君子""賢人"之基本面是相同的。故其經文第十八章云："見賢人，明也。見而知之，知（智）也。知而安之，仁也。"說文第十八章解釋"知而安之，仁也"，謂："知君子所道而諭（煉）然安之者，仁氣也。"這顯然是用"君子"來解釋"賢人"。《五行》之"君子""賢人"兼具兩種功能，一是道的傳授者，一是德的楷模；其論"聞"而知"君子道"側重的是其前一種功能，其論"見"而知"賢人德"側重的是其後一種功能。

（薾薾）而飽已矣。人無師無法，則其心正其口腹也。"學有學之數——具體操作手段，有學之義——意義或用意。學之數是誦經、讀《禮》，學之義則是培育和提升道德人格。故《荀子·勸學》篇云："學惡乎始？惡乎終？曰：其數則始乎誦經，終乎讀《禮》；其義則始乎為士，終乎為聖人。真積力久則入，學至乎没而後止也。故學數有終，若其義則不可須臾舍也。為之，人也；舍之，禽獸也。"又云："故《書》者，政事之紀也；《詩》者，中聲之所止也；《禮》者，法之大分、類之綱紀也，故學至乎《禮》而止矣。夫是之謂道德之極。《禮》之敬文也，《樂》之中和也，《詩》《書》之博也，《春秋》之微也，在天地之閒者畢矣。"綜合觀之，可知學之數即"誦經"，所誦為《書》《詩》《禮》《樂》《春秋》等儒典；荀子將《禮》擢升，使之與"經"並稱，非謂《禮》非經，而衹是要凸顯其核心價值，所謂"道德之極"是也。由《五行》之聞一知君子道或見一知賢人之所道，即通過聞、見來發現價值和規範，到《荀子》通過誦經來獲取價值和規範，顯示了儒典在定型化方面的巨大推進（這是經學的歷史進步），但二者之本質取向卻是一致的。

在《荀子》體系中，學的關鍵亦即學之義在於將由誦經所獲的價值和規範轉化為內在自覺。《勸學》篇云：

> 君子知夫不全不粹之不足以為美也，故誦數以貫之，思索以通之，為其人以處之，除其害者以持養之，使目非是無欲見也，使耳非是無欲聞也，使口非是無欲言也，使心非是無欲慮也。及至其致好之也，目好之五色，耳好之五聲，口好之五味，心利之有天下。是故權利不能傾也，羣衆不能移也，天下不能蕩也。生乎由是，死乎由是，夫是之謂德操。德操然後能定，能定然後能應。能定能應（案即內能自定，外能應物），夫是之謂成人。天見其明，地見其光（廣），君子貴其全也。①

其中"誦數以貫之，思索以通之，為其人以處之，除其害者以持養之"，指把握、

---

① 俞樾考"及至其致好之"一句，云："楊注曰：'致，極也。謂不學，極恣其性欲，不可禁也。'又云：'或曰：學成之後，必受榮貴，故能盡其欲也。'二說並非是。上文云：'使目非是無欲見也，使耳非是無欲聞也，使口非是無欲言也，使心非是無欲慮也。'皆言君子為學之道。'及至其'三字，直接上文，安得云謂不學者乎？若云學成榮貴，義更粗矣。古'之'字、'於'字通用。……此文四'之'字，並猶'於'也。目好於五色，耳好於五聲，口好於五味，心利於有天下，言所得於學者深，佗物不足以尚之也。下文曰'是故權利不能傾也，羣衆不能移也，天下不能蕩也。生乎由是，死乎由是'，正申明此數句之誼，足徵楊注之非矣。"《諸子平議·荀子一》）俞說可資參考。要之，"及至其致好之也，目好之五色，耳好之五聲，口好之五味，心利之有天下"一語，大意是說及至其極好"是"，目好之逾於好五色，耳好之逾於好五聲，口好之逾於好五味，心利之逾於有天下，即俞樾所謂"佗物不足以尚之也"。

實踐、持守由誦經所認知的爲士、爲君子、爲聖人之道。"使目非是無欲見也，使耳非是無欲聞也，使口非是無欲言也，使心非是無欲慮也"，則是指轉外在之道（即價值與規範）爲内在自覺（即"欲"）。所謂"非是無欲"即惟"是"是"欲"，"是"便是爲士、爲君子、爲聖人之道。《荀子》體系中這一使外在價值和規範變成内在自覺要求的建構，很明顯是發展了《五行》"荆（形）於内"理念的後一種面向。

鑒於荀子認識到由經典把握士—君子—聖人之道有其局限性（參見下文），《五行》基於聞君子道而知其爲君子道、見賢人而知其所道，進而持守奉行，最終生成德行的思路，在《荀子》的建構中依然被賦予特別突出的意義。

《荀子·性惡》篇云："夫人雖有性質美而心辯知，必將求賢師而事之，……得賢師而事之，則所聞者堯、舜、禹、湯之道也……"《勸學》篇則説："君子之學也，入乎耳，箸（著）乎心，布乎四體，形乎動静，端而言（案即喘而言、微言），蝡而動，一可以爲法則。"在這裏，口耳授受仍舊是達成政教倫理目標的根本門徑；"入乎耳"是道術由外入内，"箸（著）乎心，布乎四體，形乎動静"等等是道術成爲内在之自覺，復貫穿於言行之中。《荀子》認爲從師受道有其優越性。其《勸學》篇云："學莫便乎近其人。《禮》《樂》法而不説，《詩》《書》故而不切，《春秋》約而不速。方（傍）其人之習君子之説，則尊以徧矣，周於世矣。故曰學莫便乎近其人。學之經莫速乎好其人，隆禮次之。上不能好其人，下不能隆禮，安特將學雜識志，順《詩》《書》而已耳，則末世窮年，不免爲陋儒而已。"典籍或者"法而不説"，即有大法而其説不細緻，或者"故而不切"，即針對舊事而不切近現實，或者"約而不速"，即隱約而不能使人速曉其義，[①]所以"近其人""好其人"是最便捷有效的爲學途徑。所謂"其人"，楊倞解爲"賢師"或"賢人"，王念孫解爲"賢"（《讀書雜志·荀子第一》）。依上下文，"其人"明顯是消除經典文本傳道之弊者（故謂"方其人之習君子之説，則尊以徧矣，周於世矣"），亦即相當於傳道授業解惑之師。《荀子·修身》篇云："治氣養心之術：血氣剛强，則柔之以調和；知慮漸深，則一之以易良；勇膽猛戾，則輔之以道順（導訓）；齊給便利，則節之以動止；狹隘褊小，則廓之以廣大；卑濕、重遲、貪利，則抗之以高志；庸衆駑散，則刦（劫）之以師友；怠慢僄棄，則炤

---

① 這種局限性在荀子後學韓非那裏進一步放大，最終走向了取法故典的反面。《韓非子·外儲説左上》云："先王之言，有其所爲小而世意之大者，有其所爲大而世意之小者，未可必知也。……故先王有郢書，而後世多燕説。……郢人有遺燕相國書者，夜書，火不明，因謂持燭者曰'舉燭'，而誤書'舉燭'。舉燭，非書意也。燕相國受書而説之，曰：'舉燭者，尚明也；尚明也者，舉賢而任之。'燕相白王，王大悦，國以治。治則治矣，非書意也。今世學者，多似此類。"

(昭)之以禍災;愚款端愨,則合之以禮樂,通之以思索。凡治氣養心之術,莫徑由禮,莫要得師,莫神一好。夫是之謂治氣養心之術也。"其稱治氣養心以得師爲最要,與《勸學》謂"學莫便乎近其人"完全一致。

《荀子》論道德修爲,一面重在言傳(承《五行》由聞→知君子道而持守擴展、生成德行之理念)。如《榮辱》篇云:

> 堯、禹者,非生而具者也,夫起於變故(楊注:變故,患難事故也),成乎修(修之)爲,待盡而後備者也。人之生(性)固小人,無師無法則唯利之見耳。人之生固小人,又以遇亂世,得亂俗,是以小重小也,以亂得亂也。君子非得埶以臨之,則無由得開内(納)焉。今是人之口腹,安知禮義?安知辭讓?安知廉恥隅積?亦呻吟(嚼貌)而噍(嚼),鄉鄉(薌薌)而飽已矣。人無師無法,則其心正其口腹也。①

《儒效》篇云:

> 人無師無法而知(智)則必爲盜,勇則必爲賊,云(有)能則必爲亂,察則必爲怪,辯則必爲誕。人有師有法而知(智)則速通,勇則速威,云(有)能則速成,察則速盡,辯則速論(決)。故有師法者,人之大寶也;無師法者,人之大殃也。

《荀子》論道德修爲,另一面重在身教(承《五行》由見→知賢人德或見→知賢人之所道,而持守擴展、生成德行的進學和脩身途徑),故其言"師"常並言"友"。比如《性惡》篇云:

> 夫人雖有性質美而心辯知(智),必將求賢師而事之,擇良友而友之。得賢師而事之,則所聞者堯、舜、禹、湯之道也;得良友而友之,則所見者忠信敬讓之行也。身日進於仁義而不自知也者,靡使然也。今與不善人

---

① 案:徐復觀嘗據"君子非得埶以臨之"數語,發揮道:"荀子既主張性惡,則當然失去了教育中的自動性,而受教者完全處於被動的地位。但僅僅如此,荀子感到還不能達到'化性而起僞'的目的,於是在'師'之外,還要加上'君',且尚須臨之以'埶'。換言之,要以政治的強制力量作爲教育的手段。"(見氏著《中國人性論史·先秦篇》,頁230)説荀子體系中的"受教者完全處於被動的地位",顯然並不妥當。《荀子·性惡》篇云:"今人之性固無禮義,故彊學而求有之也;性不知禮義,故思慮而求知之也。"很難設想這種'彊學''思慮'的主體缺乏'自動性'。此外,荀子確實主張借君埶達成化民性之目的,但此文"君子非得埶以臨之"一語,卻不能泛泛解釋爲君上之事。《荀子·非十二子》篇云:"無置錐之地而王公不能與之爭名,在一大夫之位則一君不能獨畜,一國不能獨容,成名況乎諸侯,莫不願以爲臣,是聖人之不得埶者也,仲尼、子弓是也。一天下,財萬物,長養人民,兼利天下,通達之屬莫不從服,六説者立息,十二子者遷化,則聖人之得埶者,舜、禹是也。"對照此論,則"君子非得埶以臨之"數語之含義自明。

處,則所聞者欺誣詐僞也,所見者汙漫、淫邪、貪利之行也。身且加於刑戮而不自知者,靡使然也。傳曰:"不知其子,視其友;不知其君,視其左右。"靡而已矣,靡而已矣。

毫無疑問,身教與言傳兩個層面相輔相成,甚至可以合二爲一。這兩種理念之發端均在《五行》。

對認定人性惡卻又執著於道德的荀子來説,光大《五行》篇將君子道、賢人德形於内的學説體系,發展出通過學,將外在士—君子—聖人之道内化爲主體自覺的理論,顯然具有根本意義。故荀子可以批判子思五行學説,但子思五行説對於《荀子》來説卻絶對不可無。當然這裏的繼承是深刻的,不存在簡單的重複,其中發生了很多微妙的變化。比如,在《荀子》將外在價值和規範内化的體系設計中,儒典臻於定型並獲得了重要地位,《五行》體系則並未凸顯這一點。又比如,《五行》學説由一系列圖式建成,《荀子》及其他儒典均未凸顯這一特質,而且《荀子》有時還改變《五行》相關圖式的内部秩序(參見下文);——唯獨荀子設計的"士→君子→聖人"之人格境界的晉升,尚堪爲這一特質的表徵。此外一點或許更爲重要,即《五行》和《荀子》在反思人之爲人的特質時,看來有向内、向外之分。《五行》説文第二十三章比較草木、禽獸以及人之性,結論是:"遁(循)人之生(性),則巍然 知元(其)好 仁義也。……故目(侔)萬物之生而 知人 獨有仁義也……"依此,德行的培育乃立基於人性有别於草木、禽獸的獨有取向。荀子承其意,稱人爲萬物中最貴者,因爲他擁有水火草木禽獸所無的義(見《荀子・王制》),可對他來説,人之"有義"並非出於性之本然,而是來自後天的習得。荀子將這一修習的過程歸結爲人之爲人的表徵,所謂"爲之,人也;舍之,禽獸也","生乎由是,死乎由是,夫是之謂德操。德操然後能定,能定然後能應。能定能應,夫是之謂成人"。於是在《荀子》體系中,"人"成了一個更明顯、更强力的建構過程,將外在價值和規範或曰士—君子—聖人之道内化爲自覺,且不離不失,纔是作爲"人"或"成人"的確證,就是説,每一個社會成員始終都要以道德的修養、持守和踐履,確證自己是人。①

---

① 關於"成人",春秋時已有討論。《左氏春秋》昭公二十五年(前517)記子大叔曰:"禮,上下之紀、天地之經緯也,民之所以生也,是以先王尚之。故人之能自曲直以赴禮者,謂之成人。"杜注:"曲直以弼其性。"正義:"性曲者以禮直之,性直者以禮曲之,故云'曲直以弼其性'也。"《論語・憲問》篇記載:"子路問成人。子曰:'若臧武仲之知,公綽之不欲,卞莊子之勇,冉求之藝,文之以禮樂,亦可以爲成人矣。'曰:'今之成人者何必然?見利思義,見危授命,久要不忘平生之言,亦可以爲成人矣。'"將這些不同歷史時期的材料聯繫在一起,可以見出思想學術發展一脈相承的軌跡。

荀子所論臻於"成人"的過程，有類於文化學、社會學上的"社會化"——每一個個體生命的必然經歷。露丝·本尼迪克(Ruth Benedict, 1887～1948)説："個體生活歷史首先是適應由他的社區代代相傳下來的生活模式和標準。從他出生之時起，他生於其中的風俗就在塑造着他的經驗與行爲。到他能説話時，他就成了自己文化的小小的創造物，而當他長大成人並能參與這種文化的活動時，其文化的習慣就是他的習慣，其文化的信仰就是他的信仰，其文化的不可能性亦就是他的不可能性。"①本尼迪克强調的是風俗的自然作用，荀子早有類似論斷，如謂，"越人安越，楚人安楚，君子安雅(夏)。是非知能材性然也，是注錯習俗之節異也。"(《荀子·榮辱》)。而且荀子還更進一步，强調正面價值對塑造人性的作用，認爲經典以及賢師良友之類楷模是根本、不可或缺的引導，賞罰是達成政教倫理目的的必要輔助，②而人自覺的"注錯"甚至可以塑造習俗。在確立或建構人區別於草木禽獸的特質方面，《五行》和《荀子》的着眼點固然有一定差異，但《五行》自身含有由外向内建構德行的路徑，儘管未被直接歸結爲人區別於禽獸的特質，卻也縮小了它跟《荀子》的距離。

二、"安""流體""忘塞"

《五行》體系中，行形於内而爲德之行，之後進一步生成善，進一步生成德，整個過程都有一個價值與大體(即心)、小體(即耳目鼻口手足音聲懇色)磨合的問題。③

《五行》經文第十三章云："不恩(聰)不明 不聖不知(智)，不聖不知不仁，不仁不安，不安不樂，不樂无(無)德。"其説文第十三章解"不仁不安"以下，云：

"不仁不安"：仁而能安，天道也。"不安不樂"：安也者，言與亓(其)體(體)偕安也者也；安而笱(後)能樂。"不樂无(無)德"：樂也者，流體機然忘(寒)〔塞〕。忘(寒)〔塞〕，德之至也。樂而笱有悳(德)。

---

① 〔美〕露丝·本尼迪克：《文化模式》，北京：華夏出版社，1987年，第1版，頁2。
② 荀子論以賞罰促成政教倫理價值之落實，可參閲《荀子·議兵》篇。又，社會化是一切文明形態的成員都要經歷的過程，不管東方還是西方，每一個新生命體都要經過這種"成爲人"的過程，差別僅在於其所内化的價值和規範不同。
③ "音聲懇色"，依郭店《語叢一》所説，殆指涉"容貌"。

仁形於内，與體（包括大體、小體）偕安，更進而其行於體迅疾而毫無滯澀，若水之流，如此便生成樂，達到了這種樂便生成了德。由仁升至德顯然不是《五行》嚴格、完整的圖式，經、説此章之前半論仁之生成有待於聖、知（智），但即便説仁、聖、知（智）和合而生成德，也仍然不是最嚴整的架構。《五行》經文第十八章云："五行之所和，和則樂，樂則有德。有德則國家（與）〔興〕。"其説文第十八章云：

"五行之所和"：言和仁義也。"和則樂"：和者有猷（猶）五聲之和也。樂者言亓（其）流體（體）也，幾然忘（寒）〔塞〕也。忘（寒）〔塞〕，惪之至也。樂而笱（後）有惪。

這裏説的纔是完整架構：仁、知（智）、義、禮、聖五種德行和合爲一，如宫商角徵羽合成美好的樂章，其行於體迅疾無阻，若水之流而毫無澀滯，如此乃爲樂爲德。《五行》同一體系中並存着德行生成的若干不同圖式，這也許是一種矛盾，但也或者祇是因爲該體系藴含這種多義性，又或僅僅是因爲表達的詳略造成的。無論如何，德的生成都意味着價值與大體小體的諧和。

善也是《五行》體系中的重要境界，其生成同樣存在幾種路徑。首先一種路徑看起來是由仁義兩種德行達成善。《五行》經文第二十二章云："和則同，同則善。"其説文第二十二章的相關解釋説："'和則同'：和也者，小體（體）變變（便便）然不囿（患）於心也，和於仁義。仁義心同者，與心若一也，□約也，同於仁義，仁〔義〕心也。同則善耳。"仁義和合於心且與心若一，耳目鼻口手足諸此小體與心諧和不違，如是則臻於善矣。這是一種路徑。其次一種路徑，則是由仁、知（智）、義、禮四種德之行實現超越性的和合，且與心同一，由此達成善。《五行》經文第十九章云："四行之所和，和則同，同則善。"其説文第十九章的相關解釋是："'四行之所和'：言和仁義也。'和則同'：和者有猶五聲之和也。同者□約也，與心若一也。言舍夫四也，而四者同於善心也。同，善之至也。同則善矣。"按這一路徑，善的生成，意味着仁知（智）義禮四種德之行超越四者之個體存在而和合，並且與心合一（其謂"四行之所和"指言"和仁義"，明顯是以"仁義"爲"仁知義禮"之代表）。跟德的生成相似，善的生成不管經由哪一種路徑，大體、小體與價值的磨合都是必不可缺少的一環。

安是磨合所至的理想境界，德行"與心若一"或"流體（體）機然忘（寒）〔塞〕"，"小體變變（便便）然不囿（患）於心"等等，都是安的表徵。《五行》經文

第四章嘗云:"善弗爲无(無)近,得(德)弗之(志)不成,知(智)弗思不得。思〔不〕睛(精)不察,思不長不得,思不輕不荆(形),不荆則不安,不安則不樂,不樂則无德。"其意大抵是説,德形於内意味着它首先要成爲心之所向,進而生成善,進而生成德,——與心和諧同一的程度越高,所生成之境界也越高。這一章頗强調"之(志)",强調"得弗之不成"(如果不能成爲心之所向,則不能經荆(形)、安、樂而生成德),其原因當是,成爲心之所向乃完成德與體磨合的前提,因而也是德生成的前提。

在《五行》體系中,不惟德、善兩種境界之生成,也不惟在德之行生成之後,纔有這種"安"的關節,在德之行比如仁、禮、義的生成過程中便有這種安。《五行》經文第十八章云:"見賢人,明也。見而知之,知(智)也。知而安之,仁也。安而敬之,禮也。"其説文第十八章之相應解釋爲:"'見賢人,明也':同之見也,獨色然辯於賢人,明也。明也者,知(智)之臧(藏)於目者。明則見賢人。〔見〕賢人而知之,曰:何居?孰休兲此,而遂得之?是知(智)也。'知而安之,仁也':知君子所道而諛(煥)然安者,仁氣也。'(行)〔安〕而敬之,禮也':既安止(之)矣,而有(又)秋(愀)秋(愀)然而敬之者,禮氣也。所行,所安,〔所敬〕,天道也。"簡單説來,見賢人而知其所道且諛(煥)然安之,即成仁,既安之復愀愀然敬之,即成禮。《五行》經文第十九章云:"見而知之,知(智)也。知而〔安〕之,仁也。安而行之,義也。行而敬之,禮。"説文第十九章的相應解釋爲:"'見而知之,知(智)也':見者,□也。知(智)者,言繇(由)所見知所不見也。'知而安之,仁也':知君子所道而諛(煥)然安者,仁氣也。'安而行之,義也':既安之矣,而儳(嶯)然行之,義氣也。'行而敬之,禮也':既行之矣,有〔又〕秋秋(愀愀)然敬之者,禮氣也。所安,所行,所敬,人道也。"該章在德行仁(或仁氣)、禮(或禮氣)兩個環節之間增加了義(或義氣)的生成,謂知君子所道而諛(煥)然安之矣,又儳(嶯)然行之也,即爲義(或義氣)。①

---

① 《五行》説文第十八章以"仁氣"釋經文之"仁",以"禮氣"釋經文之"禮",則"仁氣""禮氣"分別指形於内的德之行仁和禮;《五行》説文第十九章除此之外復以"義氣"釋經文之"義",則"義氣"指形於内的德之行義。不過,《五行》中也有以"仁氣""義氣""禮氣"指德行仁、義、禮之基源者,故當仔細分辨。筆者一個基本判斷是,各相關範疇的意義和功能衹有從它們各自所屬的系譜整體中,纔能準確地把握。其詳可參閱本書第八章"從《五行》到《孟子》"第一節:"'仁氣''義氣''禮氣'"。

一言以蔽之，《五行》體系中，德行各層次之生成均須經由內在的價值與大體、小體磨合的過程。

而《荀子》體系中，德行在生成和提升過程中，與心、體磨合亦爲極重要的一環，與《五行》並無差異；《荀子》實即深刻承繼了《五行》學說。其《修身》篇云："好法而行，士也；篤志而體（履），君子也；齊明（敏捷明智）而不竭，聖人也。人無法，則倀倀然；有法而無志其義，則渠渠然（不寬泰貌）；依乎法而又深其類，然後溫溫然。"荀子所謂法以禮爲基，是禮的具體化和落實，跟法家之法大不相同（故其《勸學》篇謂"《禮》者，法之大分、類之綱紀也"）。① 他認爲，人而無法則如瞽無相，倀倀無所適；有法但其義不爲心所向，則但拘守而已，不能寬泰；有法且喜歡其義而實行之，則爲士；不惟轉法之義爲心之所向，且專心一志持之不渝而踐履之，則爲君子；更進而敏捷明銳地依法行，且又深乎以類舉而無竭盡焉，潤澤而不澀滯焉，則爲聖人。在這一道德人格逐層提升的過程中，外在的法先內化而與心合一（即"其義"變爲心之所向），最終則流於身心而無滯礙。無論其方向，還是所生成的相關境界，都與《五行》篇的建構有極深刻的同一性。

而且，荀子也明確將政教倫理諸規範、價值或德行與體相偕如一的境界稱爲"安"。其《君道》篇云："君子之於禮，敬而安之"，《修身》篇云："禮然而然，則是情安禮也；師云而云，則是知（智）若師也。情安禮，知若師，則是聖人也。"這是說，禮乃君子心之所向、所敬、所安，禮與聖人之好惡喜怒哀樂之情全然沒有睽異。毫無疑問，所有這些都是修爲的結果，其前提是禮不再停留在跟主體相懸隔的對象的位置上，而是落實到主體內在情智與外在行爲中，日益跟主體獲得同一性。《荀子》體系凸顯了德行之修持對情性的改化，安便是以這種改化爲前提的。故其《儒效》篇云："志忍私然後能公，行忍情性然後能修，知（智）而好問然後能才。公修而才，可謂小儒矣。志安公，行安修，知（智）通統類，如是則可謂大儒矣。"修爲始於對情性的克制，改化性情之程度越高，大小體安於價值的程度越高，道德境界也就越高。這種過程和結果，實際上在子思、孟子那裏也都一樣。儘管子思謂人本有仁氣、義氣、禮氣以爲仁、義、禮之基源，孟子謂人本有惻隱、羞惡、辭讓或恭敬、是非之心以爲仁、義、禮、智之端，然其所論德行提升的過程都有化性的一面。《五行》說文第二十四章謂我有仁，舜亦有仁，然而我之仁不如舜之仁，我有義，舜亦有義，然而我之義不如舜之義。這是說舜之性化於仁、義的程度更高。孟子謂："人之所

---

① 《語叢一》謂："智（知）豊廬（然）句（後）智型（刑）。"這大概是說法以禮爲本，不知禮則不能知法。荀子承襲了這一傳統觀念。

以異於禽獸者幾希,庶民去之,君子存之。舜明於庶物,察於人倫,由仁義行,非行仁義也。"(《孟子·離婁下》)朱熹集注曰:"由仁義行,非行仁義,則仁義已根於心,而所行皆從此出,非以仁義爲美,而後勉强行之。所謂安而行之也。"孟子之意,是説君子保存、擴充了人之異於禽獸的仁義禮智之端,其去禽獸愈遠,則價值之化性愈深,舜之"由仁義行"堪稱極則,庶民卻廢棄了人之異於禽獸的四端,故距禽獸近,而其性罕有移者。孟子又説:"君子深造之以道,欲其自得之也。自得之,則居之安;居之安,則資之深;資之深,則取之左右逢其原。故君子欲其自得之也。"(《孟子·離婁下》)孟子又屢次稱"仁"爲"人之安宅"(《孟子·公孫丑上》《離婁上》),稱"義"爲"人之正路"(《孟子·離婁上》)。凡此均係期望仁義道術化性深,欲世人安而行之也。朱熹注"君子欲深造之以道"章,云:"言君子務於深造而必以其道者,欲其有所持循,以俟夫默識心通,自然而得之於己也。自得於己,則所以處之者安固而不摇;處之安固,則所藉者深遠而無盡;所藉者深,則日用之間取之至近,無所往而不值其所資之本也。"所謂"自得之"便意味着主體與"道"之合一。可見先秦儒學,無論通常所謂之性善説,還是通常所謂之性惡説,都有化性的問題,荀子在這一層面上對於思、孟實頗有承襲。

荀子在聖人、大儒層面上所談的"情安""志安""行安",即相當於《五行》體系中的大體加小體之安。《五行》説安的最高境界是德行迅然流於體而毫無澀滯,這在荀子建構的體系中也有明顯的回應。上揭聖人境界之"齊明(敏捷明智)而不竭""依乎法,而又深其類,然後温温然"等,就包含類似指向。而《荀子·儒效》篇云:"以從俗爲善,以貨財爲寶,以養生爲己至道,是民德也。行法至堅,不以私欲亂所聞,如是,則可謂勁士矣。行法至堅,好修正其所聞以橋(矯)飾其情性,其言多當矣而未諭也,其行多當矣而未安也,其知慮多當矣而未周密也,上則能大其所隆,下則能開道不己若者,如是,則可謂篤厚君子矣。修百王之法若辨白黑,應當時之變若數一二,行禮要節而安之若生(殆讀爲申、伸)四枝(四肢),要時立功之巧若詔(告)四時,平正和民之善,億萬之衆而(搏)〔搏〕若一人,如是,則可謂聖人矣。"由"民"至"勁士",再至"篤厚君子",再至"聖人",道德境界逐級提高,價值、法度與大體小體磨合的程度也越來越大,最終由不安而安、和諧如一而爲聖人,其"行禮要節而安之若生(申、伸)四枝",正是《五行》體系中德行流體而機然無塞的境界,祇是比擬的形式略有不同而已。

有學者曾説:"荀子的教育精神,帶有强烈的强制性質;與孟子的樂得英才而教育之的'樂',及'有如時雨化之者'、七十子之服孔子心悦而誠服也的精神，……可以作一明顯的對照。"①這樣說大致不錯，然而應該清楚，當價值與大體小體之磨合臻至"安"的境界時，所謂強制性質就大大淡化了，——因爲價值已經成爲主體的内在自覺。

三、"責"

在《五行》體系中，道德基源或者德行之"責（積）"是生成德行、使德行展拓晉升的重要修爲手段和現實途徑。

《五行》經文第十二章云："不袁（遠）不敬，不敬不嚴，不嚴不尊，不尊不共（恭），不共不禮。"其說文第十二章云：

"不袁（遠）不敬"：袁心也者，禮氣也。質近者則弗能敬之，袁者則能敬之。袁者，動敬心、作敬心者也。左雁（靡/麋）而右飯之，未得敬心者也。"不敬不嚴"：嚴猶厰厰（巖巖），敬之責（積）者也。"不嚴不尊"：嚴而笱（後）忌（己）尊。"不尊不共（恭）"：共也者，用上敬下也。共而笱禮也，有以（體）〔禮〕氣也。

此章所論德行生成之系譜是：袁（遠）心激發和興起敬心，敬心積而爲嚴，嚴生成尊，尊生成共（恭），共生成禮。"責（積）"雖然祇被點破在敬升至嚴的階段上，但由嚴至尊、由尊至共（恭）、由共至禮，甚至在德行晉升的其他任何一個階段上，均不能離開這種修持的工夫（此意聯繫《五行》說文第二十四章更可明了，參見下文）。不積德行無由生成。所謂"責（積）"，意味着持守奉行而不懈息。故《五行》經文第十六章云："敬而不解（懈），嚴〔也〕。"而其說文第十六章解釋道："嚴者，敬之不解（懈）者，敬之責（積）者也。"不積，則德行之境界無由展拓。《五行》說文第二十四章云：

"辟（譬）而知之，胃（謂）之進之"：弗辟也，辟則知之矣，知之則進耳。辟丘之與山也，丘之所以不如名山者，不責（積）也。舜有仁，我亦有仁，

---

① 徐復觀：《中國人性論史·先秦篇》，頁229。案孟子嘗曰："君子有三樂，而王天下不與存焉。父母俱存，兄弟無故，一樂也。仰不愧於天，俯不怍於人，二樂也。得天下英才而教育之，三樂也。"（《孟子·盡心上》）又曰："君子之所以教者五：有如時雨化之者，有成德者，有達財者，有答問者，有私淑艾者。此五者，君子之所以教也。"（《孟子·盡心上》）又曰："以力服人者，非心服也，力不贍也；以德服人者，中心悦而誠服也，如七十子之服孔子也。"（《孟子·公孫丑上》）

而不如舜之仁，不責也。舜有義，而我 亦有義 ，而不如舜之義，不責也。辟比之而知吾所以不如舜，進耳。

有仁、義之德行者可能不少，可彼此之仁、義不見得相同。文王之仁義"卓然見於天，箸（著）於天下"（《五行》説文第二十三章），舜之仁義仿佛名山，是皆爲仁義之至境。世人欲展拓仁、義諸德行，必致力於積仁、積義，擴展與提升人格之根本要著便在乎此。積我之仁而爲舜之仁，積我之義而爲舜之義，其要便在事之不懈。簡而言之，《五行》此章意謂人性本無差異，積仁積義則可爲大舜。

子思等早期儒者張揚的積是一種自覺積極的修爲。郭店簡文《城之聞之》云："聖人之眚（性）與中人之眚，丌（其）生而未又（有）非之。節於（而）〔天〕也，則猷（猶）是也。唯（雖）丌於善道也，亦非又（有）譯婁（蟻螻）以多也。及丌專（博）長而厚大也，則聖人不可由與墠之。此以民皆又（有）眚，而聖人不可莫（慕）也。是古（故）凡勿（物）才（在）疾之。《君奭》曰：'唯髟（冒）不（丕）單禹（稱）惪（德）。'害（蓋）言疾也。君子曰：疾之。行之不疾，未又（有）能深之者也。婏（勉）之述（遂）也，强之工（功）也，𢘍之弇（淹）也，訇（治）之工也。是以智而求之不疾，丌迖（去）人弗遠悇（矣）。戩（勇）而行之不果，丌悇（疑）也弗枉（往）悇。"這段文字，可作爲理解《五行》積仁積義説的參考。積意味着反覆地踐履、持久地堅持——"習"。郭店簡文《眚自命出》上篇云："凡人唯（雖）又（有）眚（性），心亡奠（定）志，㝵（待）勿（物）而句（後）作，㝵兑（悦）而句行，㝵習而句奠。"就道德修爲而言，積顯然意味着心在持守價值上的恒定性。

總之這是《五行》篇極有特色的建構：某種道德質素或基源之"責（積）"在德行修持與展拓中擁有重要位置，發揮巨大作用。爲了更清楚地把握這一點，我們不妨檢看一下先秦其他儒典。《尚書·盤庚》篇有"積德"之説，《説命》篇曾謂"道積于厥躬"（此篇今文無、古文有，可備參考）。而《周易·坤·文言》謂："積善之家，必有餘慶；積不善之家，必有餘殃。臣弑其君，子弑其父，非一朝一夕之故，其所由來者漸矣，由辯之不早辯也。《易》曰：'履霜，堅冰至。'蓋言順也。"《升·象》曰："地中生木，升；君子以順德，積小以高大。"《繫辭下》云："善不積不足以成名，惡不積不足以滅身。小人以小善爲無益而弗爲也，以小惡爲無傷而弗去也。故惡積而不可揜，罪大而不可解。"以上各片段之言積，與《五行》"積仁""積義"觀念頗有一致性，但是其所積之對象並非某種德行的基源或者某種具體的德行，故與《五行》常言某種基源（如"禮氣"）積而爲某種德行（如"禮"），或者"我"之仁積而爲舜之仁，大不相同。《五行》凸顯了德行的生成性和建構性，而這正是其他儒典普遍缺乏的。一方面，這些儒典不具備《五行》中德行生成的系譜化特質,另一方面,它們均未以"積……(某種基源或某種具體德行)"作德行生成體系的根本支撐。有意思的是,連子思再傳弟子孟軻都不大談論這種意義上的積。他有一個跟"責(積)"相類的概念,即"集義"養氣之"集"(見《孟子·公孫丑上》),它的提出很可能受到《五行》學説的啓發,但孟子用"集"而不用"責(積)",説明他對《五行》這一重要概念缺乏自覺、強烈的趨同。

從這一宏大背景上觀照荀子,顯得特別有意思。很明顯,荀子深刻承繼和發揚了《五行》以"責(積)"養德之説,他圍繞"積善""積禮義""積文學"等觀念,建構了化性起僞,修持"士—君子—聖人"人格的理論體系;——《五行》跟《荀子》在這一層面上的關聯,顯然也有很強的實證性。

《荀子》的總統構想,如其《榮辱》篇云:"凡人有所一同:飢而欲食,寒而欲煖,勞而欲息,好利而惡害,是人之所生而有也,是無待而然者也,是禹、桀之所同也。目辨白黑美惡,耳辨聲音清濁,口辨酸鹹甘苦,鼻辨芬芳腥臊,骨體膚理辨寒暑疾養(痛癢),是又人之所常生而有也,是無待而然者也,是禹、桀之所同也。可以爲堯、禹,可以爲桀、跖,可以爲工匠,可以爲農賈,在埶注錯習俗之所積耳,是又人之所生而有也,是無待而然者也,是禹、桀之所同也。"人生而具備種種知能材性,雖堯、禹與桀、跖亦無不同,德行發展之關鍵就在於注錯(注措、措置)習俗之積,連工匠農賈之業者都本乎此;所積或當或否,故或爲堯、禹,或爲桀、跖。

荀子説,人性雖惡,卻可化而成善,注錯習俗"并一而不二"則成積(以"并一而不二"定義"積",與《五行》以爲之"不解"定義"責"完全一致),積禮義爲君子,積善而全盡爲聖人,——積而化性之程度由低趨高,最終臻於極致。故其《儒效》篇云:

> 人無師法則隆性矣,有師法則隆積矣,而師法者,所得乎(情)〔積〕,非所受乎性。〔性〕不足以獨立而治。性也者,吾所不能爲也,然而可化也;(情)〔積〕也者,非吾所有也,然而可爲也。注錯習俗,所以化性也;并一而不二,所以成積也。習俗移志,安久移質,并一而不二則通於神明、參於天地矣。故積土而爲山,積水而爲海,旦暮積謂之歲。至高謂之天,至下謂之地,宇中六指謂之極;涂之人百姓積善而全盡謂之聖人。彼求之而後得,爲之而後成,積之而後高,盡之而後聖。故聖人也者,人之所積也。人積耨耕而爲農夫,積斲削而爲工匠,積反(販)貨而爲商賈,積禮義而爲君子。工匠之子莫不繼事,而都國之民安習其服。居楚而楚,居越而越,居夏而夏,是非天性也,積靡使然也(楊注:靡,順也)。故人知謹注錯,慎習俗,大積靡,則爲君子矣;縱情性而不足問學,則爲小人矣。爲

君子則常安榮矣,爲小人則常危辱矣。

顯然,"積"是人原初之"性"的對立面,是後天化性、移志、易質者,它包括主體持之以恒的積極修爲,也包括環境因素日復一日對主體的漸染。要之,"積善""積禮義"是化性或提升道德人格的要務。《荀子·勸學》篇曾簡明扼要地説:"積土成山,風雨興焉;積水成淵,蛟龍生焉;積善成德,而神明自得,聖心備焉。"有意思的是,這段文字不惟"積善"的觀念源出、孕育自《五行》説文第二十四章等處文字,其以"積土""積善"兩層構成類比,也與《五行》該章密切相關。《五行》該章謂"丘之所以不 如 名山者,不責(積)也。舜有仁,我亦有仁,而不如舜之仁,不責也。舜有義,而我 亦有義 ,而不如舜之義,不責也",這明顯是就積土、積善展開類比性論説,即以積土類比積仁與積義。而《荀子·性惡》篇亦云:"今使塗之人伏術(猶言事道)爲學,專心一志,思索孰察,加日縣久,積善而不息,則通於神明、參於天地矣。故聖人者,人之所積而致矣。"《宥坐》篇載子路曾稱孔子"累德、積義、懷美,行之日久矣",有差不多的意思。

《五行》將人性定義爲人區別於禽獸草木的原初特質——對價值的原初趨向,因此擴而充之,就是確定人之爲人的特質,即將其現實化。而對荀子來説,禮義或善之積是提升道德人格的途徑,也是確證人區別於禽獸根本特質的途徑。因此《勸學》篇云:"學惡乎始?惡乎終?曰:其數則始乎誦經,終乎讀《禮》;其義則始乎爲士,終乎爲聖人。真積力久則入,學至乎没而後止也。故學數有終,若其義則不可須臾舍也。爲之,人也;舍之,禽獸也。"王先謙案:"荀書以士、君子、聖人爲三等,《修身》《非相》《儒效》《哀公》篇可證,故云始士終聖人。"總之誦經讀《禮》乃學之數(亦即學之術),踐修士、君子、聖人人格乃學之義(亦即學之意義或本質),其要在於"真積力久"——誠積之且力行久之,"真積力久則入";①人捨棄學之義,便會淪爲禽獸。

《荀子》屢言"積善""積禮義""積義""積文學"等等,就本質而言,這些都是相通的。"文學"乃禮義和善的淵藪。《荀子·大略》篇云:"人之於文學也,猶玉之於琢磨也。……子贛、季路,故鄙人也,被文學,服禮義,爲天下列士。"從語法關係上説,這裏"服禮義"與"被文學"相承相貫,可謂一而二、二而一者

---

① 案:楊倞解"入"爲"入於學",似不甚明了。此處之"入"殆指所學之價值內化於主體。《荀子·樂論》篇云:"夫聲樂之入人也深,其化人也速,故先王謹爲之文。"《勸學》篇云:"百發失一,不足謂善射;千里蹞步不至,不足謂善御;倫類不通,仁義不一,不足謂善學。學也者,固學一之也。一出焉,一入焉,涂巷之人也;其善者少,不善者多,桀、紂、盜跖也;全之盡之,然後學者也。"這些"入"字意指較爲接近。

也。"積文學"對造就道德人格之作用,與"積禮義"完全一致。故《性惡》篇云:"枸木必將待檃栝、烝(蒸)、矯然後直,鈍金必將待礱、厲(礪)然後利。今人之性惡,必將待師法然後正,得禮義然後治。……今之人,化師法,積文學,道(實行)禮義者爲君子;縱性情,安恣睢,而違禮義者爲小人。"其中"化師法""積文學""道禮義"三位一體;"積文學"是在儒典、儒學趨於定型的前提下,由《五行》積敬、積仁、積義諸觀念自然演化而生成的觀念,是"積禮義""積義"或"積善"的特有途徑和形式。

顯而易見,荀子同樣更清晰、更有力地將"積……(某種具體德行或境界)"這種政教倫理修爲,納入了致治的宏大架構中。《荀子·王制》篇云:

> 以類行雜,以一行萬。始則終,終則始,若環之無端也,舍是而天下以衰矣。天地者,生之始也;禮義者,治之始也;君子者,禮義之始也。爲之、貫之、積重之、致好之者,君子(之始)也。故天地生君子,君子理天地。君子者,天地之參也,萬物之摠也,民之父母也。無君子則天地不理,禮義無統,上無君師,下無父子,夫是之謂至亂。

其要義爲,踐履禮義,反復實行之使委積重多而至於極好之,即爲君子;君子參天地,總萬物,爲民父母;君子爲禮義之始,禮義爲治之始,故而無君子則無禮義,無禮義則無治。① 《王制》篇又云:"請問爲政?曰:賢能不待次而舉,罷不能不待須而廢,元惡不待教而誅,中庸(民)不待政而化。分未定也則有昭繆。雖王公士大夫之子孫〔也〕,不能屬於禮義,則歸之庶人。雖庶人之子孫也,積文學,正身行,能屬於禮義,則歸之卿相士大夫。"這裏,"積文學"再次顯示了與"正身行,能屬於禮義"的貫通性,而人祇有如此,纔具備晉身爲"卿相士大夫"的合理性。《荀子·王霸》篇還推重與積禮義之君子爲國,道是"與積禮義之君子爲之則王,與端誠信全之士爲之則霸,與權謀傾覆之人爲之則亡";又謂,"三者,明主之所以謹擇也,而仁人之所以務白也。善擇之者制人,不善擇之者人制之"。《議兵》篇則鼓吹,對"能化善、修身、正行、積禮義、尊道德"而爲百姓貴敬親譽者施加賞賜,復懸明刑大辱以待無德之徒,百姓必然從化。總之在《荀子》體系中,"積文學""積禮義""積義""積善"等行爲的意義,被從一般道德修爲層面上充分肯定後,又在政治層面上得到了強有力的凸顯。

荀子俯察政教功名、日常行事之全局,高屋建瓴地論證了一般"積微"的重大意義。其《強國》篇云:"積微,月不勝日,時不勝月,歲不勝時。凡人好敖

---

① 在這個問題上,《荀子》看起來有循環論證的嫌疑,即他一方面謂君子乃"禮義之始"(《王制》),一方面又謂"積禮義而爲君子"(《儒效》)。但在現世,這兩方面可以同時成立。

慢小事,大事至然後興之務之,如是則常不勝夫敦比於小事者矣。是何也?則小事之至也數,其縣日也博(楊注云:博,謂所縣繫時日多也),其爲積也大;大事之至也希,其縣日也淺,其爲積也小。故善日者王,善時者霸,補漏者危,大荒(荒廢不治)者亡。故王者敬日,霸者敬時,僅存(勉強存在)之國危而後戚之。亡國至亡而後知亡,至死而後知死,亡國之禍敗不可勝悔也。霸者之善著焉,可以時(託)〔記〕也,王者之功名不可勝〔數〕日志也。財物貨寶以大爲重,政教功名反是,能積微者速成。《詩》曰:'德輶如毛,民鮮克舉之。'此之謂也。"荀子對"積微"之普泛意義的清醒自覺和哲學闡發,對他本人建構體系有重大意義,同時也補強了《五行》重德行或道德基源之積的學理支撐。這實際上也承繼了前儒之意。《五行》重德行之積的理論說明很可能包含在跟它密切相關的《中庸》之中。《中庸》第二十六章云:

> 故至誠無息。不息則久,久則徵(朱子章句:徵,驗於外也),徵則悠遠,悠遠則博厚,博厚則高明(朱子章句:此皆以其驗於外者言之)。博厚,所以載物也;高明,所以覆物也;悠久,所以成物也(朱子章句:此言聖人與天地同用)。博厚配地,高明配天,悠久無疆(朱子章句:此言聖人與天地同體)。如此者,不見而章(朱注:配地而言也),不動而變(朱注:配天而言也),無爲而成(朱注:以無疆而言也)。天地之道,可一言而盡也:其爲物不貳,則其生物不測。天地之道:博也厚也,高也明也,悠也久也。今夫天,斯昭昭之多(朱注:昭昭,猶耿耿,小明也),及其無窮也,日月星辰繫焉,萬物覆焉。今夫地,一撮土之多,及其廣厚,載華嶽而不重,振河海而不洩,萬物載焉。今夫山,一卷石之多,及其廣大,草木生之,禽獸居之,寶藏興焉。今夫水,一勺之多,及其不測,黿鼉、蛟龍、魚鼈生焉,貨財殖焉。《詩》云:"維天之命,於穆不已!"蓋曰天之所以爲天也。"於乎不顯,文王之德之純!"蓋曰文王之所以爲文也,純亦不已。

這一章以天、地、山、水四個物象,以極具詩性的語言具體呈現了"積"的道理,而其本體則是至誠之道與聖人之德(朱子注《中庸》第三十二章,云:"至誠之道,非至聖不能知,至聖之德,非至誠不能爲,則亦非二物矣。")《荀子·強國》篇所論"積微"之理,幾乎就從《中庸》此章化出。此外《荀子·勸學》篇謂,"積土成山,風雨興焉;積水成淵,蛟龍生焉;積善成德,而神明自得,聖心備焉",亦幾乎就是對《中庸》此章意指的概括。《儒效》篇論"積"之理云:"積土而爲山,積水而爲海,旦暮積謂之歲。至高謂之天,至下謂之地,宇中六指謂之極……"其間臚列作爲證明的一系列時空物象,諸如山、水、歲、天、地、極;而天、地、山、水之物象均曾在《中庸》第二十六章出現過。故就積微之理的闡發而言,荀子同樣不能與他尖銳批判的前輩撇清。

總之,作爲修持道德的方式或途徑,"責(積)……(某種道德基源或者某種具體德行)"是《五行》體系的重要建構,荀子承繼之並予以光大。有一點尚需補充,即《荀子》"積文學""積禮義""積義""積善"諸說,看起來與《尚書》"積德"及《易傳》"積善""積不善"等並無差異,其實則非。在《荀子》體系中,"積文學"等對主體德行而言具有強烈的生成性和建構性,即它們總是處於如下道德境界或人格生成、晉升的過程之中:"士→君子→聖人";且其中"士"、"君子"德行或人格在生成上尚包含不同階段,其高級階段分別爲"勁士"與"篤厚君子"。凡此參見表9-1所示:

表9-1 《荀子》作爲德行修爲的"積"與"士""君子""聖人"人格之關係表覽

說明:(1)《荀子》對"勁士""篤厚君子""聖人"德行或人格境界的定義,上文已引,表中不再重複。(2)該表所列僅限於本節涉及的材料,目的在示其要,不求完備。(3)修養"士"人格的"被文學",實際就是"積文學"。《荀子·王制》篇云:"雖庶人之子孫也,積文學,正身行,能屬於禮義,則歸之卿相士大夫。"在《荀子》體系中,"積文學"與"化師法""道(行)禮義"是高度一致的。

士		君子		聖人
……	勁士	……	篤厚君子	
子贛、季路,故鄙人也,被文學,服禮義,爲天下列士。(《荀子·大略》)		……積禮義而爲君子。……故人知謹注錯,慎習俗,大積靡,則爲君子矣。(《荀子·儒效》)		涂之人百姓積善而全盡謂之聖人。(《荀子·儒效》)
		今之人,化師法,積文學,道(行)禮義者爲君子;縱性情,安恣睢,而違禮義者爲小人。(《荀子·性惡》)		今使塗之人伏術爲學,專心一志,思索孰察,加日縣久,積善而不息,則通於神明,參於天地矣。故聖人者,人之所積而致矣。(《荀子·性惡》)
		爲之、貫之、積重之、致好之者,君子(之始)也。(《荀子·王制》)		
				積善成德,而神明自得,聖心備焉。(《荀子·勸學》)

《荀子》所推重之"積……"對道德人格的建構性和生成性,由上表看得十分清楚。其中同一篇文章以"積……"界定"士→君子→聖人"過程中的不同階段,如《儒效》《性惡》等,尤可證明荀子所言"積……"總是在德行或人格建構生成的過程之中。事實上,《儒效》所謂"彼求之而後得,爲之而後成,積之而後高,盡之而後聖",已經很清楚地概括了德行不斷建構和提升的過程。儘管中間

環節的設置趨於簡略,可事實相當清楚,《荀子》承繼與弘揚的就是《五行》創立的傳統。

四、"心"

《五行》明確了心對整個體系的根本作用。這種作用主要體現在兩點:
其一,心之性好仁義。《五行》説文第二十三章云:

"目(俾)而知之,胃(謂)之進之":弗目也,目則知之矣;知之則進耳。目之也者,比之也。"天監在下,有命既雜(集)"者也,天之監下也,雜命焉耳。遁(循)草木之生(性),則有生焉,而无(無)好惡焉。遁禽獸之生,則有好惡焉,而无禮義焉。遁人之生,則巍然知亓(其)好仁義也。不遁亓所以受命也,遁之則得之矣。是目之已。故目萬物之生而知人獨有仁義也,進耳。"文王在上,於昭于天",此之胃也。文王源耳目之生(性)而知亓好聲色也,源鼻口之生而知亓好犨(臭)味也,源手足之生而知亓好勶(佚)餘(豫)也,源心之生則巍然知亓好仁義也。故執之而弗失,親之而弗離,故卓然見於天,箸(著)於天下。无他焉,目也。故目人體(體)而知亓莫貴於仁義也,進耳。

據此章,人之性"獨有仁義",人之性"好仁義",之所以如此,當是由於心之性巍然"好仁義"。

其二,心爲大體,對耳目鼻口手足諸小體發揮決定性的作用。《五行》經文第二十二章謂:"耳目鼻口手足六者,心之役也。心曰唯,莫敢不唯。心曰若(諾),莫敢不若。心曰進,莫敢不進。〔心曰退,莫敢不退。心曰深,莫敢不深〕。心曰淺,莫敢不淺。和則同,同則善。"其説文第二十二章解釋道:

"耳目鼻口手足六者,心之役也":耳目也者,説(悦)聲色者也。鼻口者,説犨(臭)味者也。手足者,説勶(佚)餘(豫)者也。心也者,説仁義者也。之數體(體)者皆有説也,而六者爲心役,何居(何故)?曰:心貴也。有天下之美聲色於此,不義則不聽弗視也。有天下之美犨味於此,不義則弗求弗食也。居而不聞(干犯)尊長者,不義則弗爲之矣。何居？曰：幾(豈)不□不勝□、小不勝大、賤不勝貴也才(哉)？故曰心之役也。耳目鼻口手足六者，人□□、人體之小者也。心，人□□、人體之大者也，故曰君也。"心曰雖(唯)，莫敢不雖"：心曰雖，耳目鼻口手足音聲懇(貌)色皆雖，是莫敢不雖也。若(諾)亦然，進亦然，退亦然。"心曰深，莫敢不深。心曰淺，莫敢不淺"：深者甚也，淺者不甚也。深淺有道矣。故父諄(呼)，口含食則堵(吐)之，手執業則投之，雖(唯)而不若(諾)，走而不趨，是莫敢不深也。於兄則不如是亓(其)甚也，是莫敢不淺也。"和則同"：和也者，小體變變(便便)然不圉(患)於心也，和於仁義。仁義心同者，與心若一也，□約也，同於仁義，仁〔義〕心也。同則善耳。

這種君臨諸小體的心，是《五行》建構體系的又一個根基。對心的這一層面的認知，關涉的是心之官能而非心之性。

有意思的是，對心之性(魏然"好仁義")、人之性("好仁義""獨有仁義")、禽獸之性("有好惡焉，而无禮義焉")、草木之性("有生焉，而无好惡焉")的認知，全是由心發揮其認知、思考之官能而達成的。《五行》説文第二十三章論"遁(循)草木之生(性)""遁禽獸之生""遁人之生""目(侔)萬物之生"，以及"源(探求)耳目之生""源鼻口之生""源手足之生""源心之生""目(侔)人體(體)而知亓(其)莫貴於仁義"等等，相關諸行爲中，尋求、探究、比較對象以獲得認知的主體，便是體系中的心。《五行》及後來的《孟子》依大體(即心)之性，而非小體(即耳目鼻口手足)之性或者小體之性加大體之性，來定義人之性，顯然是因爲大體在官能上超越諸小體。[①] 更何況，確認了心

[①] 徐復觀意識到孟子"所説的性善，實際便是心善"，孟子"由人之性而落實於人之心，由人心之善，以言性善""以心善證明性善"(參見氏著《中國人性論史·先秦篇》，頁146～147、頁155)。他提出："孟子有時也依照一般的觀念而稱生而即有的欲望爲性。但他似乎覺得性既内在於人的生命之内，則對於性的實現，便應當每人能够自己作主。而異於禽獸之幾希，既可以表示人之所以爲人之特性，其實現又可以由人自身作主，所以孟子只以此爲性。但生而即有的耳目之欲，當其實現時，須有待於外，並不能自己作主，於是他改稱之爲命，而不稱爲性。所以他對於命與性的觀念，是賦予了新的内容；而此新的内容，正代表傳統人文精神的發展所達到的新階段。"還説："在自己心的活動中我道德的根據，恐怕到了孟子纔明白有此自覺"(同上書，頁148、頁156)徐復觀並不明了孟子以心善言性善的歷史和邏輯依據，對孟子界定"性""命"的歷史和邏輯依據也完全是想當然。筆者認爲，孟子以心善言性善及其界定"性""命"的歷史依據，是子思等前儒的心性學説，見載於《五行》及其他郭店、上博儒典；其邏輯依據是心超越耳目鼻口四肢的官能，——這種認知也是由子思等前儒確立的。

之性好仁義、人之性好仁義或獨有仁義以後，"執之而弗失，親之而弗離"，以提升道德人格，靠的還是心；文王之道德人格"卓然見於天，箸（著）於天下"，原因就在這裏。① 總而言之，儒家自孔子開始便高度重視心之官能，七十子及其後學特別是子思、孟子雖不斷發明心之性，卻也不斷發明心思考、認知及認同的官能，離開心之官能，根本無法談論儒家心性之學。徐復觀在論《中庸》時曾説："在《中庸》下篇的自身，真正立言的重點，依然是在明善之明"；"但是人的所以有明善的要求，乃至所以有明善的能力，在《中庸》看，還是出於自己的性，性以其自明之力而成就其自身；更由性之全體呈現而達到誠的境界時，性的明善的能力，亦得到全部的解放"。② 實際上，據《五行》等新出儒典負載的心性學説體系以及《孟子》《荀子》等傳世儒典，所謂性的"自明之力"或"明善的能力"可能祇是一種虛構，真正具備這種能力的是官能性的心。徐復觀又説：

> 明善的具體內容是"博學之，審問之，慎思之，明辨之，篤行之"，這是把知識的追求，及人格的建立，融合在一起的整個人生的努力。五者不僅是一步一步的向仁的追求、向誠的追求；實際上也是仁的不斷地實現，是誠的不斷地實現。實現到最後，沒有一毫自私之念，間雜於其間，而達到"肫肫其仁"，即渾然仁體，這便是天人合一，人物合一的誠了。沒有上述五者的無限努力，沒有"有弗學，學之弗能弗措也；有弗問，問之弗知弗措也；有弗思，思之弗得弗措也；有弗辨，辨之弗明弗措也；有弗行，行之弗篤弗措也"（皆二十章後半部）的明善的精神，則所謂誠，便完全會落空。或者如老莊，如以後的禪宗，祇能超越於現實之上，而呈現一種虛靈的光境，這便遠離中庸之道了。③

需要強調的是，單由《荀子》《孟子》等傳世文獻，即可明斷"學""問""思""辨""行"等行爲，從根本上説都依賴心發揮其官能，《五行》及其他郭店、上博儒典對心之官能的發明更可證成這一事實。其中"思"原本就被認定爲"心之官"，從《性自命出》等新出儒典到《孟子》，都表達得十分清楚，無需贅言；而"學""問""辨""行"等若離開"思"，亦完全不能想象。總而言之，對子思、孟子等前輩儒者來説，確認人之性或心之性，且使人之性或心之性含蘊的原發價值始端成長爲仁義諸價值，生成善、德諸境界，端的都仰賴心發揮其官能（《中庸》也並不例外）；對荀子來説，化易大體、小體之性以生成道德善或者士、君子、

---

① 其詳請參閱本書第八章"從《五行》到《孟子》"第四節："'大體'和'小體'"。
② 徐復觀：《中國人性論史・先秦篇》，頁142。
③ 同上。

聖人諸人格,亦仰賴心發揮其官能。後者正是下文要申說的重點。——不過情況有一點複雜。荀子有時候稱心之官能爲性。《荀子·性惡》篇云:"凡性者,天之就也,不可學,不可事;禮義者,聖人之所生也,人之所學而能,所事而成者也。不可學、不可事而在人者謂之性,可學而能、可事而成之在人者謂之僞,是性、僞之分也。今人之性,目可以見,耳可以聽。夫可以見之明不離目,可以聽之聰不離耳,目明而耳聰,不可學明矣。"這裏,耳目諸小體的官能顯然被納入了性範疇。心之官自然也不例外,故《荀子·解蔽》篇謂"心生而有知",又謂"凡以知,人之性也;可以知,物之理也"。然而,從荀子體系之大局來看,其析分大小體之官能與大小體之性是很清晰的基本面,對心之官能與心之性的區隔尤爲突出;其以性指大體小體之欲,乃體系中的主流。徐復觀說:"荀子對性的内容的規定……有官能的欲望,與官能的能力兩方面;而他的性惡的主張,袛是從官能欲望這一方面立論,並未涉及官能的能力那一方面。"①這是十分正確的判斷。本書很多論述,都是基於荀子體系中這種實際存在的區隔作出的,敬請讀者朋友留意。

荀子對心之性的認知迥異於《五行》,他認爲心之好利欲佚"生於人之情性"。故其《性惡》篇云:"若夫目好色,耳好聲,口好味,心好利,骨體膚理好愉佚,是皆生於人之情性者也,感而自然,不待事而後生之者也。"《王霸》篇說:"故人之情,口好味而臭味莫美焉,耳好聲而聲樂莫大焉,目好色而文章致繁婦女莫衆焉,形體好佚而安重閒静莫愉焉,心好利而穀禄莫厚焉。"又說:"夫人之情,目欲綦色,耳欲綦聲,口欲綦味,鼻欲綦臭,心欲綦佚。此五綦者,人情之所必不免也。"在這個層面上,《荀子》與《五行》堪稱南轅北轍。不過荀子認同和強化了《五行》所昌言的一個重要認知:對於諸小體,心在官能上擁有決定性的位置和作用,而且天生就是如此。其《天論》篇謂:"天職既立,天功既成,形具而神生,好惡、喜怒、哀樂臧(藏)焉,夫是之謂天情。耳目鼻口形能(態),各有接而不相能也,夫是之謂天官。心居中虛以治五官,夫是之謂天君。"《天論》以心與"耳目鼻口形能"相對("耳目鼻口形能"在《性惡》篇中表述爲目耳口骨体肤理,在《王霸》篇中表述爲口耳目形體或目耳口鼻,在《解蔽》篇中簡單地表述爲形,諸說名目不一,或有詳略,但所指其實一致),跟《五行》以心與耳目、鼻口、手足、音聲貌色相對,較然一致;《天論》謂心爲"天君",居中以治"天官"(《解蔽》所謂心"出令而無所受令",是其具體表現,其詳請參閱下文),跟《五行》謂心爲"君",謂耳目鼻口手足音聲貌色爲"心之役","心曰雖(唯),莫敢不雖"等等,又較然一致。凡此也都是極具實證性的歷史關聯,説

---

① 徐復觀:《中國人性論史·先秦篇》,頁215。

明荀子分畫大體、小體,定義大體、小體的結構關係,就是從他猛烈抨擊的《五行》學說演化來的。

跟前面數節所論其他方面相似,荀子更明確有力地將心的主體作用伸展到他的政治學說中。如其《正名》篇云:"欲不待可得,而求者從所可。欲不待可得,所受乎天也;求者從所可,〔所〕受乎心也。所受乎天之一欲,制於所受乎心之多,固難類。所受乎天也,人之所欲生甚矣,人之所惡死甚矣,然而人有從生成死者,非不欲生而欲死也,不可以生而可以死也。故欲過之而動不及,心止之也。心之所可中理,則欲雖多,奚傷於治! 欲不及而動過之,心使之也。心之所可失理,則欲雖寡,奚止於亂! 故治亂在於心之所可,亡於情之所欲。不求之其所在,而求之其所亡,雖曰我得之,失之矣。"①又云:"凡人莫不從其所可,而去其所不可。知道之莫之若也而不從道者,無之有也。"心的指令性超越所受乎天的欲(關於欲,《荀子·正名》篇云,"性者,天之就也;情者,性之質也;欲者,情之應也"),心之所可得到奉行;心之所可中理,則必治,失理,則必亂,因此迫切需要使心之所可達成合理性。也就是説,心的作用不僅發揮於脩身階段,而且對致治也是根本性的。回望儒學故典,如《五行》説文第二十一章論曰,君子人格,乃基於擴充其"不莊(藏)尤割(害)人之心"以及"不受許(吁)眛(嗟)之心",而臻於集大成,"然笱(後)忌(己)仁而以人仁,忌義而以人義",《五行》經、説第十八章張揚"五行之所和,和則樂,樂則有德。有德則國家(與)〔興〕"等等,心的官能明顯已經貫通脩齊治平整個過程了。

在《荀子》體系中,一方面心之好利欲佚乃其本性,一方面心行使著不可違逆的"決策權"和"指揮權",所以從邏輯上説,德行的養成面臨巨大的困難。然而荀子認爲,心不僅爲形神之君、主,而且具有高度的自我管理能力。其《解蔽》篇云:"心者,形之君也,而神明之主也,出令而無所受令。自禁也,自使也;自奪也,自取也;自行也,自止也。故口可劫而使墨(默)云(言),形可劫而使詘申,心不可劫而使易意,是之則受,非之則辭。"心具備自我管理能力原本是先秦儒家心性學說的潛在命題,孔子、子思、孟子的體系都隱含這一層意思,然而到了戰國末期,荀子纔將它挑明,並給出了頗富思辨性的論説。荀子

---

① 此段文字中有兩句,即"所受乎天之一欲,制於所受乎心之多,固難類。所受乎天也,人之所欲生甚矣,人之所惡死甚矣,然而人有從生成死者,非不欲生而欲死也,不可以生而可以死也",舊注多不得其意,甚或謂有衍文、脱文等等,筆者爲之句讀如此,認爲其大意指:所受於天的一欲,受制於所受於心的心之所可之多,本難以比較。所受於天者,人之欲生爲甚,惡死亦爲甚,然而人有因不可生而選擇死者,乃心使之也。總之,其主旨是凸顯心的決定作用。

做到這一點看起來十分自然，一方面，他承繼了儒學創立以來的強大傳統，另一方面，戰國中期以降聲勢日漲的《莊子》學說爲他提供了啓發、點撥以及學說架構的參照。荀子挑明的"心"的自主性及其與形體神明的關係，與《莊子》中"道"的自主性及其與天地神鬼萬物的關係，有極鮮明的一致性。《莊子》之道"自本自根"（見《莊子·內篇·大宗師》），《荀子》之心自禁自使、自奪自取、自行自止，前者對於天地萬物鬼神的自足與圓滿，與後者對於形體神明的自足與圓滿，是相同的。《莊子·外篇·秋水》云："道无（無）終始，物有死生，不恃其成。一虛一滿，不位乎其形。年不可舉，時不可止。消息盈虛，終則有始。是所以語大義之方，論萬物之理也。物之生也，若驟若馳，无動而不變，无時而不移。何爲乎？何不爲乎？夫固將自化。""化"——諸如"消息盈虛""變""移"之類，是道之外萬物存在的形式，道不化而以萬物化。《莊子·內篇·大宗師》"浸假而化予之左臂以爲雞，……浸假而化予之右臂以爲彈，……浸假而化予之尻以爲輪，以神爲馬"，以神奇的幻設，凸顯了由"化"勾連的"道"與"物"的關係。《莊子·外篇·知北遊》說："謂盈虛衰殺，彼爲盈虛非盈虛，彼爲衰殺非衰殺，彼爲本末非本末，彼爲積散非積散也。"其大意爲，道以物爲盈虛但自身無盈虛，以物爲衰殺但自身無衰殺，以物爲始終但自身無始終，以物爲生死但自身無生死。① 拿《荀子》心"出令而無所受令"來作對照，可見《莊子》之道與物之間，與《荀子》之心與形體神明之間，結構性關係明顯是相同的。

《五行》經文第二十三章稱"目（侔）而知之，胃（謂）之進之"，第二十四章稱"辟（譬）而知之，胃之進之"，第二十五章稱"諭（喻）而知之，胃之進之"，第二十六章稱"鐵（幾）而知之，天也"，對應的說文第二十四至二十六章分別作了細緻闡發。《五行》又屢言"聞而知之"（比如經、說第十七章十八章）、"見而知之"（比如經、說第十七章十八章十九章）等等。《五行》說文第二十三章謂，文王"源心之生（性）則巍然知亓（其）好仁義也"，"故執之而弗失，親之而弗離，故卓然見於天，箸（著）於天下"。凡此之類，無不隱含一個不可或缺的命題：心是一切認知活動的主體，心可以認知、認同和持守道。孟子昌言"心之官則思，思則得之，不思則不得也"（《孟子·告子上》），挑明了前輩儒者的含意。而荀子則更集中、有力地弘揚了這一觀念，論證了心可以發現和認同禮義諸價值或者道。其《性惡》篇云："今人之性，固無禮義，故彊學而求有之

---

① 《莊子》的建構似乎包含邏輯上的矛盾，即它一方面強調化乃物之"自化"，一方面又表明道乃化的主持者，至於一種被主持的化何以爲"自化"，則未有充分說明。

也;性不知禮義,故思慮而求知之也。""思慮"爲心之官能,"學"是以心發揮這種官能爲基礎的,——由此而認知禮義,亦由此而持守禮義、使之成爲內在自覺。荀子認爲,心由於"虛壹而靜"獲取對道的認知。其《解蔽》篇云:

> 人何以知道?曰:心。心何以知?曰:虛壹而靜。心未嘗不臧(藏)也,然而有所謂虛;心未嘗不(滿)〔兩〕也,然而有所謂(一)〔壹〕;心未嘗不動也,然而有所謂靜。(人)〔心〕生而有知,知而有志(識/記),志也者臧也,然而有所謂虛,不以所已臧害所將受謂之虛。心生而有知,知而有異,異也者,同時兼知之。同時兼知之,兩也,然而有所謂(一)〔壹〕,不以夫一害此一謂之壹。心,臥則夢,偷則自行,使之則謀,故心未嘗不動也,然而有所謂靜,不以夢劇(嚻煩)亂知謂之靜。未得道而求道者,謂之虛壹而靜。作之,則將須道者之虛則(人)〔入〕,將事道者之壹則盡,(盡)將思道者〔之〕靜則察。知道察,知道行,體道者也。虛壹而靜,謂之大清明。萬物莫形而不見,莫見而不論,莫論而失位(楊注:既虛壹而靜,則通於萬物,故有形者無不見,見則無不能論說,論說則無不得其宜)。坐於室而見四海,處於今而論久遠。疏觀萬物而知其情,參稽治亂而通其度,經緯天地而材官萬物(楊注:材,謂當其分。官,謂不失其任),制割大理而宇宙(裏)〔理〕矣。恢恢廣廣,孰知其極!睪睪(皞皞)廣廣(曠曠),孰知其德!涫涫(沸貌)紛紛,孰知其形!明參日月,大滿八極,夫是之謂大人。夫惡有蔽矣哉!①

"志"者記也,心之所藏即心之所記,心之"虛"意味着不以心已記害心之將記,如此須道,則入。心常常兼知多個對象,不以對彼一對象的知妨害對此一對象的知便是"壹",如此事道,則盡;心未嘗不動,不以嚻煩擾動亂其知便是"靜",如此知道,則察。"虛""壹""靜"都在其辯證意義成立,並非絕對。總之"虛壹而靜"是心的"大清明",爲"知道"之根本。在繼承儒學傳統的同時,荀子明顯也吸收了《莊子》學說,《莊子》影響其體系建構的痕迹相當清晰。《莊

---

① 此段文字譌誤甚多,後人不得其解者也不少,這裹無須一一辨正,僅取其要者略作説明。其一,此段主旨之一是論心"虛壹而靜",故往往並論"虛""壹""靜"三端。與"有所謂虛""有所謂靜"並呈的當是"有所謂壹",不當作"有所謂一"。段中"虛壹而靜"三見,其下文"將須道者之虛""將事道者之壹""將思道者〔之〕靜"並列等,均可作爲證明。其二,"作之,則將須道者之虛則(人)〔入〕,將事道者之壹則盡,(盡)將思道者〔之〕靜則察"一語,"人"字殆"入"字之譌,形近而誤,下一"盡"字涉上文而衍。此句大抵是説,未得道者求得道有如下路径:其發生時,則祇有在待道者心"虛"之情況下纔人於心(否則便爲已藏所斥),祇有在事道者心"壹"的情況下纔可盡之(否則"夫一"便會害"此一"),祇有在思道者心"靜"的情況下纔可明察(否則便會爲心之動所亂)。

子·內篇·人間世》論"心齋"云:"若一志,無聽之以耳而聽之以心,無聽之以心而聽之以氣。(聽)〔耳〕止於(耳)〔聽〕,心止於符。氣也者,虛而待物者也。唯道集虛。虛者,心齋也。"莊子這裏説的"氣","實際衹是心的某種狀態的比擬之詞,……虛還是落在心上,而不能落在氣上",①——心之虛纔是根本;其所謂以虛而待物之心獲得道,與荀子所謂以虛壹而靜之心知道,正相一致。另外《莊子·外篇·天道》云:"聖人之靜也,非曰靜也善,故靜也;萬物無足以鐃心者,故靜也。水靜則明燭鬚眉,平中準,大匠取法焉。水靜猶明,而況精神!聖人之心靜乎!天地之鑑也,萬物之鏡也。夫虛靜恬淡寂漠无爲者,天地之平而道德之至,故帝王聖人休焉。休則虛,虛則實,實者倫(理)矣。虛則靜,靜則動,動則得矣。"荀子論心之"虛壹而靜",與《莊子》中這一類言説也有一定關聯。

荀子進而指出,心"知道"之後纔能持守道,並解除它自身所受蔽累。故其《解蔽》篇又云:"故(胡/何)爲蔽? 欲爲蔽,惡爲蔽;始爲蔽,終爲蔽;遠爲蔽,近爲蔽,博爲蔽,淺爲蔽;古爲蔽,今爲蔽。凡萬物異則莫不相爲蔽,此心術之公患也。"復云:"聖人知心術之患,見蔽塞之禍,故無欲無惡,無始無終,無近無遠,無博無淺,無古無今,兼陳萬物而中縣衡焉,是故衆異不得相蔽以亂其倫也。何謂衡? 曰:道。"心認知曉道並且持守道,懸之爲衡,以不斷的反思洗除心所受情欲、知識、執念、材能之牽擾蔽障,保證心對道的充分關照和認同,由此從"知道"走向"可道",最終走向貫穿脩齊治平的"治"。《解蔽》篇云:

> ……心不可以不知道。心不知道,則不可道而可非道。人孰欲得恣,而守其所不可,以禁其所可? 以其不可道之心取人,則必合於不道人,而不(知)合於道人。以其不可道之心,與不道人論道人,亂之本也。……心知道,然後可道;可道,然後能守道以禁非道。以其可道之心取人,則合於道人,而不合於不道之人矣。以其可道之心,與道人論非道,治之要也。何患不知? 故治之要在於知道。

心以反思淘洗自身所遭受之蔽障,是其實現自我管理及自身超越的要著。儒學原本十分關注這一點。文獻記載:"子絶四:毋意,毋必,毋固,毋我。"(《論語·子罕》)朱子集注云:"絶,無之盡者。毋,《史記》作'無'是也。意,私意也。必,期必也。固,執滯也。我,私己也。四者相爲終始,起於意,遂於必,留於固,而成於我也。蓋'意'、'必'常在事前,'固'、'我'常在事後,至於'我'

---

① 徐復觀:《中國人性論史·先秦篇》,頁348。

又生'意',則物欲牽引,循環不窮矣。""意""必""固""我"皆爲心之偏蔽,妨礙其"虛壹而静",聖人已徹底淘洗之。與《五行》密切相關的《大學》倡"正心"説,爲衆所周知,其言云:"所謂脩身在正其心者,身有所忿懥,則不得其正;有所恐懼,則不得其正;有所好樂,則不得其正;有所憂患,則不得其正。心不在焉,視而不見,聽而不聞,食而不知其味。此謂脩身在正其心。"正心意味着廓清忿懥、恐懼、好樂、憂患對心的牽擾,無疑有助於達成心的"虛壹而静";而正心的主體恰恰就是心自身。① 説到底,心需要並且可以實行自我管理和自我超越。這些原是儒學内部的關注。荀子《解蔽》篇的表達同樣更爲周備,它一方面承繼了儒學的傳統,一方面接受了《莊子》的部分影響。《莊子·内篇·齊物論》云:"大知閑閑,小知閒閒(成疏:閑閑,寬裕也。閒閒,分别也);大言炎炎(美盛貌),小言詹詹(小辯之貌)。其寐也魂交(精神交錯),其覺也形開,與接爲搆(釋文引司馬云:人道交接,構結驩愛也),日以心鬭。縵者(釋文引簡文云:寬心也),窖者(釋文引簡文云:深心也),密者。小恐惴惴,大恐縵縵(成疏:縵縵,沮喪也)。其發若機栝,其司(伺)是非之謂也;其留如詛盟,其守勝之謂也;其殺若秋冬,以言其日消也;其溺之所爲之,不可使復之也;其厭(閉藏)也如緘(封、包),以言其老洫(昏惑)也;近死之心,莫使復陽(生)也。喜怒哀樂,慮嘆變(驚擾)慹(怖懼),姚佚啓態,樂出虚,蒸成菌。日夜相代乎前,而莫知其所萌。已乎已乎!旦暮得此,其所由以生乎!"莊子這裏批評的是被是非攪噬之心。其所抨擊"留如詛盟"之"守勝"與"不可使復之"之"溺",均可歸於孔子所絶之"固"與"必"。其批評人伺察是非,而發若弩牙箭栝,則符同孔子所絶之"我"。其斥責心爲喜怒哀樂、慮嘆變(驚擾)慹(怖懼)捆縛,與《大學》倡言洗脱心所牽附之忿懥、恐懼、好樂、憂患而臻於其正,也異曲同工。《齊物論》警醒世人當洗脱心的所有障蔽,諸如情感的、知識的、執念的、材能的等等,與《荀子·解蔽》倡言洗脱欲惡、始終、遠近、博淺、古今對心的障蔽,亦頗相通。《莊子·内篇·逍遥遊》云:

惠子謂莊子曰:"魏王貽我大瓠之種,我樹之成而實五石,以盛水漿,其堅不能自舉也。剖之以爲瓢,則瓠落無所容。非不呺然大也,吾爲其無用而掊之。"

莊子曰:"夫子固拙於用大矣。宋人有善爲不龜(皸)手之藥者,世世以洴澼絖(漂絮於水中)爲事。客聞之,請買其方百金。聚族而謀曰:'我世世爲洴澼絖,不過數金;今一朝而鬻技百金,請與之。'客得之,以説吴王。越有難,吴王使之將,冬與越人水戰,大敗越人,裂地而封之。能不

---

① 參閲本書第七章"文本解讀與歷史語境:二重證據中的《大學》"第五節:"'誠意''正心'"。

龜手一也;或以封,或不免於洴澼絖,則所用之異也。今子有五石之瓠,何不慮(結綴)以爲大樽而浮乎江湖,而憂其瓠落無所容? 則夫子猶有蓬之心也夫!"

莊子批評惠子"猶有蓬之心",不正是荀子"解蔽"説之嚆矢先聲嗎?①

《荀子》論心的自我管理與超越,論心以"虛壹而静"、超脱諸蔽認知和認同道,進而"守道以禁非道",均承襲和光大了儒家自身的傳統,其間《五行》以及與《五行》密切相關的《大學》殆發揮了最有力的先導作用,此外與《莊子》之學應當有一定關聯,——儘管荀子批評莊子"蔽於天而不知人"(《荀子·解蔽》),可戰國中期以來莊派學説的發展,顯然啓發了荀子對儒家心性學説中"心"的作用的思辨。《荀子》學説與前輩儒者固然有異,但在主體化性起僞、培養善德與羣體致治的實際過程中,心發揮根本作用則是相同的。徐復觀認爲:"荀子既主張性惡,則當然失去了教育中的自動性,而受教者完全處於被動的地位。"②這樣説有失簡單化。荀子體系其實凸顯了心發揮認知和思考之官能,使道德人格不斷生成和進益的積極主動的一面。基於心有力持守且主導着行爲的反復强化,道(或者外在的政教倫理要求,亦或者儒學諸價值)被内化,心因此實現了對自身的超越,由來自本性的好利欲佚變而爲"非是無欲",最終達到雖天下之重,亦不能使之違棄和動摇的境界。這就是《荀子·勸學》篇所説的:"君子知夫不全不粹之不足以爲美也,故誦數以貫之,思索以通之,爲其人以處之,除其害者以持養之,使目非是無欲見也,使耳無非是無欲聞也,使口非是無欲言也,使心非是無欲慮也。及至其致好之也,目好之五色,耳好之五聲,口好之五味,心利之有天下。是故權利不能傾也,羣衆不能移也,天下不能蕩也。生乎由是,死乎由是,夫是之謂德操。德操然後能定,能定然後能應。能定能應,夫是之謂成人。天見其明,地見其光,君子貴其全也。"主張性本惡的荀子樹起了"權利不能傾也,羣衆不能移也,天下不能蕩"的君子人格,其前輩學者、主張行善的孟子樹起了"大丈夫"人格,所謂:"居天下之廣居,立天下之正位,行天下之大道;得志與民由之,不得志獨行其道;富貴不能淫,貧賤不能移,威武不能屈:此之謂大丈夫。"(《孟子·滕文公下》)二

---

① 案:成玄英疏謂,蓬草拳曲不直,"有蓬之心"謂心不能直達玄理,其説近是,舊説多類此。蓬草之屈曲,顯然爲春秋戰國人所習知。《大戴禮記·曾子制言上》説:"蓬生麻中,不扶自直;白沙在泥,與之皆黑。"《荀子·勸學》篇云:"蓬生麻中,不扶而直。〔白沙在涅,與之俱黑〕。"凡此皆基於屈曲爲蓬草之常態而設言。莊子取蓬之曲指言心之不通達,良有以也。而孟子嘗謂高子曰:"山徑之蹊間,介然用之而成路。爲間不用,則茅塞之矣。今茅塞子之心矣。"(《孟子·盡心下》)"茅塞子之心"喻言心之被蔽塞,"有蓬之心"喻言心不通達敞亮,正所謂異曲而同工。

② 參見徐復觀:《中國人性論史·先秦篇》,頁230。

者如此一致,毫不令人意外。

總之,《荀子》對心之性的認知迥殊於《五行》(《五行》謂心之性巍然好仁義,《荀子》則謂心之性好利欲佚),但其體系畢竟落脚在心對道的認知和認同上,就是說,它畢竟還是確立了心"知道""可道"這一根基,否則無由構建整個體系,而《荀子》就官能斷定心"知道""可道",與《五行》就性斷定心巍然"好仁義",可以說殊途同歸,差別僅僅在於路徑;我們甚至可以說,《荀子》對心好仁義給出了一種清醒理智的解釋,——即强調它是主體基於心的官能不斷建構的結果。而荀子弘揚心的官能,同樣是承繼《五行》《大學》等過往儒典接着說。至於《荀子》所昌言之心"守道以禁非道",對先秦儒家心性學說所有體系來說都是題中應有之義。因此在這一層面上,《荀子》與《五行》的差異並非表面上看起來那麽大,二者實際上藴含極深刻的一致性。《荀子·大略》篇云:"禮以順人心爲本,故亡於《禮經》而順人心者,皆禮也。"該說之前提幾乎就是《五行》所論心對仁義的趨同。——依《荀子》體系的一般立場,這種趨同需要有一個建構的過程,《大略》篇可能祇是粗略言之,可即便如此,《五行》《荀子》都以心對仁義諸儒學價值的趨同爲基礎,也是毫無疑問的事實,祇不過在理論上,《五行》將它定義爲心原初之性,《荀子》將它定義爲主體後天自覺建構的結果。除此之外,作爲一種共識,以大體即心爲"君"(即認定心在體系中發揮決定性作用),以小體即耳目鼻口手足爲"役"(即認定小體在體系中被心管控),尤可表徵這兩個體系極富實證性的關聯。

五、"尊賢""遂直""仁有里"等等

《五行》説文第十五章云:"'貴貴,亓(其) 等尊賢,義也':貴貴者,貴衆貴也。賢賢,長長,親親,爵爵,謴(選)貴者无私焉。'亓等尊賢,義也':尊賢者,言等賢者也,言譔賢者也,言足(措)諸上位。此非以亓貴也,此亓義也。貴貴而不尊賢,未可胃(謂)義也。"以尊賢爲德之行"義",在孟子學説中不見突出。孟子或以"義"指"敬長""從兄",嘗謂:"人之所不學而能者,其良能也;所不慮而知者,其良知也。孩提之童,無不知愛其親者,及其長也,無不知敬其兄也。親親,仁也。敬長,義也。無他,達之天下也。"(《孟子·盡心上》)又謂:"仁之實,事親是也。義之實,從兄是也。智之實,知斯二者弗去是也。禮之實,節文斯二者是也。樂之實,樂斯二者,樂則生矣,生則惡可已也,惡可已,則不知足之蹈之、手之舞之。"(《孟子·離婁上》)孟子又或基於"人所不爲"來界定"義",稱:"人皆有所不忍,達之於其所忍,仁也;人皆有所不爲,達之於其所爲,義也。人能充無欲害人之心,而仁不可勝用也。人能充無穿踰之心,而義

不可勝用也。人能充無受'爾'、'汝'之實，無所往而不爲義也。士未可以言而言，是以言餂（誘取）之也；可以言而不言，是以不言餂之也。是皆穿踰之類也。"（《孟子·盡心下》）①此外孟子又謂："羞惡之心，義之端也。"（《孟子·公孫丑上》）總體看來，孟子雖説"用下敬上，謂之貴貴；用上敬下，謂之尊賢。貴貴尊賢，其義（道理）一也"（《孟子·萬章下》），有抬升"尊賢"、使等同於"貴貴"的意圖，卻並未指認"尊賢"即爲德行中的"義"。

從這個背景上看，《荀子·大略》篇以尊賢爲"義"，無疑凸顯了《荀子》與《五行》的關聯：

> 親親、故故、庸庸、勞勞，仁之殺也。貴貴、尊尊、賢賢、老老、長長，義之倫也。行之得其節，禮之序也。仁，愛也，故親。義，理也，故行。禮，節也，故成。仁有里，義有門。仁，非其里而（虛）〔處〕之，非（禮）〔仁〕也。義，非其門而由之，非義也。推恩而不理，不成仁；遂理而不敢，不成義；審節而不（知）〔和〕，不成禮；和而不發，不成樂。故曰：仁、義、禮、樂，其致一也。君子處仁以義，然後仁也；行義以禮，然後義也；制禮反本成末，然後禮也。三者皆通，然後道也。（《荀子·大略》）

《大略》之"親親""貴貴""賢賢""長長"均已見於《五行》經、説第十五章；其"尊尊"與《五行》説文同章之"爵爵"高度一致；其將"賢賢""貴貴"並視爲"義之倫"，與《五行》經、説同章所論"貴貴，亓（其）等 尊 賢，義"，也明顯相通。以上話題的綰合與意指的同一，足以説明《五行》與《荀子》之間的歷史連續性。本書著力掘發的就是此類多點、多面、有組織因而有實證性的關聯。

與竹書《五行》同出於郭店楚墓的儒典有一篇《湯吴之道》，極力頌贊唐堯虞舜之尊賢，且以其尊賢爲義、以其禪讓爲義之極致。其言曰："堯舜之行，忎（愛）䎽（親）隕（尊）䎽（賢）。忎䎽古（故）孝，䎽（尊）䎽古廎（禪）。孝之殺，忎天下之民。廎之䍮（流？），世亡（無）忎（隱）直（德）。孝，忎（仁）之免（冕）也。廎，義之至也。六帝興於古，䎽（咸）采（由）此也。忎䎽亢（忘）䎽，忎而未義也。䎽䎽遺䎽，我（義）而未忎也。"此文以"䎽（尊）䎽（賢）"爲義，以"忎（愛）親"爲仁，與《大略》篇也有鮮明一致性，這一方面可以佐證《荀子》與《五行》的上述關聯，一方面又説明《荀子》與郭店儒典的綰合也帶有組織性。

在尊賢理念上，《荀子》跟《五行》還有另外一些關聯。《五行》經文第二十一章云："君子，知而舉之，胃（謂）之尊賢；君子，從而事之，胃之尊賢。前，王

---

① 朱熹注"士未可以言而言"數語，云："餂，探取之也。今人以舌取物曰餂，即此意也。便佞隱默，皆有意探取於人，是亦穿踰之類。然其事隱微，人所易忽，故特舉以見例。明必推無穿踰之心，以達於此而悉去之，然後爲能充其無穿踰之心也。"

公之尊賢者也。后（後），士之尊賢者也。"其説文第二十一章云："'君子，知而舉之，胃之尊賢'；'君子，知而舉之'也者，猶堯之舉舜也，湯之舉伊尹也。舉之也者，成（誠）舉之也。知而弗舉，未可胃尊賢。'君子，從而士（事）之'也者，猶顔子、子路之士孔子也。士之者，成士之也。知而弗士，未可胃尊賢也。"這裏有一種值得注意的觀念，即在王公尊賢層面上，《五行》以"成（誠）舉之"來定義"尊賢"。孟子雖以堯於舜"舉而加諸上位"，來申説王公之尊賢，又拿魯繆公之待子思作反面例子（參見《孟子·萬章下》），但其强調"誠舉"之旨未若《五行》篇明確。而《荀子·致士》篇云："得衆動天。美意延年。誠信如神。夸誕逐魂。人主之患，不在乎不言用賢，而在乎〔不〕誠必用賢。夫言用賢者口也，卻賢者行也，口行相反而欲賢者之至，不肖者之退也，不亦難乎！夫耀（爍）蟬者務在明其火，振其樹而已，火不明，雖振其樹，無益也。今人主有能明其德，則天下歸之，若蟬之歸明火也。"《致士》强調"誠必用賢"，殆即承《五行》"成（誠）舉"之説而來。

除此之外，上揭《大略》篇"親親、故故"一段所論"義"與"行"的特別關係、"遂理"對於生成"義"的重要性，以及"遂理"必需果敢等等，亦均可從《五行》中找到源頭。

《五行》經文第十一章云："不直不迣（泄），不迣不果，不果不簡（柬），不簡不行，不行不義。"其説文第十一章曰：

"不直不迣（泄）"：直也者直亓（其）中心也，義氣也。直而笱（後）能迣。迣也者終之者也；弗受於衆人，受之孟賁，未迣也。"不迣不果"：果也者言亓弗畏也。无介於心，果也。"不果不閒（簡／柬）"：閒也者不以小害大，不以輕害重。"不閒不行"：行也者言亓所行之□□□。"不行不義"：行而笱義也。

《五行》經文第十五章云："中心辯焉而正行之，直也。直而遂之，迣也。迣而不畏强圉，果也。（而）〔不〕以小道害大道，簡也。有大罪而大誅之，行也。貴貴、亓等尊賢，義也。"其説文第十五章云：

"中心辯焉而正行之，直也"：有天下美飲食於此，許（吁）跓（嗟）而予之，中心弗慼（怵）也。惡許跓而不受許跓，正行之，直也。"直而遂之，迣也"：遂者，遂直者也；直者□貴□□□□□□□□，迣也。"迣而弗畏强禦，果也"：强禦者，勇力者，胃（謂）□□□□□□□□之以□□

□，无介於心，果也。"不以小道害大道，閒也"：閒也者，不以小 愛害大愛，不以小義害大義也。見亓（其）生也，不食亓死（屍）也，祭親執株（誅），閒也。"有 大罪 而大誅之，行也"：无（無）罪而殺人，有死弗爲之矣，然而大誅之者，知所以誅人之道而 行 焉，故胃之行。

《五行》經文第二十章云：

> 不簡 ，不行。不匿（慝），不辯於道。有大罪而大誅之，簡。有小罪而赦之，匿也。有大罪弗 大誅 ， 不 行。有小罪而弗赦，不辯 於 道。簡之爲言也猷（猶）賀（衡），大而罕者。匿之爲言也猷匿匿，小而軫者。簡，義之方也。匿，仁之方也。剛，義之方殹（也）。柔，仁之方也。《詩》曰"不勮（競）不救（絿），不剛不柔"，此之胃（謂）也。

以上文字包含大量値得玩味的信息。首先，《五行》之"迣"即《大略》"遂理"之"遂"（《五行》經文第十五章"直而 遂之 ， 迣 也"，說得十分清楚），兩者均爲終、盡之義。"迣"意味着"遂直"或"直而遂之"，即不因對象、條件之改變（比如對象由"衆人"變爲可以生拔牛角的勇士孟賁），而中止對德行基源"直"的持守和奉行，"遂理"即終盡實行理，兩者在本質上完全一致的。而且，《五行》之"遂直"，《大略》之"遂理"，均爲"義"生成的前提。具體言之，在《五行》中，由"遂直"生成"果"（即"弗畏"），由"果"躍升到"簡"（即基於"不以小道害大道"之總體原則，具體說來則有"不以小 愛害大 愛，不以小義害大義"等諸種前提，在行動上做出抉擇和取捨），進一步由"簡"躍升到"行"，由"行"躍升到"義"；《大略》則說"遂理而不敢，不成義"。根據《大略》該句之上文，"遂理"殆即貫徹"貴貴、尊尊、賢賢、老老、長長"諸政教倫理規範；而泛言之，《五行》所謂"不以小害大，不以輕害重"（說文第十一章）、"不以小道害大道"（經文第十五章）、"不以小 愛害大 愛，不以小義害大義"（說文第十五章）等，也都是應踐行、貫徹之理。

其次，《五行》之"果"相當於《大略》之"敢"。"果"具體被界定爲實行之"弗畏"或"無介於心"，即無阻礙於心；"敢"、"果"義同，毋庸贅言。兩者在各自體系中都是"義"生成的必備條件。楊倞注《大略》云："雖得其理，而不敢行則不成義，義在果斷，故曰'非知之艱，行之惟艱'。"若非《五行》篇重現天日，人們對於《大略》"遂理"而"敢"方成"義"之說，殆將永遠不得其解。

其三，《大略》篇謂"義，理也，故行"，"行"和"義"有不可分割的内在貫通性，這同樣可以溯源到《五行》。上揭《五行》各章一者曰"有大罪而大誅之，行也"，一者曰"有大罪而大誅之，簡。……簡，義之方也"，又說"不簡不行，不行不義"等等，"義"與"行"的內在一致性同樣是被明確定義的。惜乎《五行》頗有殘缺，"行"在"義"生成系譜中的關鍵意指被損毀，而《大略》在掇拾《五行》觀念時則發生了一定的凌亂，否則二者之關聯將會呈現得更加明確。《五行》當中，"行"的前提"簡"被界定爲"有大罪而大誅之"，應該衹是舉其一端。"'不聞不行'：行也者言亓（其）所行之□□□"一語，關鍵的幾個字缺失，據其上下文及其他相關論說，所謂"行"殆强調基於明確道義抉擇而踐行。故《五行》又謂"知所以誅人之道而 行 焉，故胃（謂）之行"，這至少是自覺踐履道之一端。要之，《五行》"義"與"行"的貫通性被《大略》篇繼承。若無《五行》，後人對《大略》篇所論"義"與"行"的關聯，殆亦將永處蒙昧之中。

　　附帶要說明的一點是，《荀子・大略》篇"遂理而不敢，不成義""義，理也，故行"一說所承襲的《五行》理念，原本與誅罪懲惡理念是一體的。這種誅罪懲惡理念表現於"有大罪而大誅之，簡。……簡，義之方也"（經、說第二十章），以及"有大罪而大誅之，行也"（經、說第十五章）等等。這意味着《大略》與《五行》的顯在關聯應該還有這一方面潛隱的支持。而這涉及儒學發展的一個重大問題。顧史考曾經提出：

> 據《左傳》等文獻，孔子及其同時的一些偏向傳統的政治人物，對於當時法律之彰顯化的傾向極力反對，認爲其於先王的德治教化帶來極大的威脅，如昭二十九年（前513）晉國"鑄刑鼎，著范宣子所爲刑書焉"時孔子所言："貴賤不愆，所謂度也……今棄是度也，而爲刑鼎，民在鼎矣，何以尊貴？貴何業之守？貴賤無序，何以爲國？"……後來經過戰國時期魏文侯（前446～前397在位）的政治改革，及稍後在秦國的商鞅（前390～前338）變法等，對傳統禮制的威脅乃愈來愈大，因而禮治與法治的辯論就開始有着絕對化的趨勢，而當時儒者將禮教樂教等以德育身教爲主的治民之道，與刑罰賞慶等強制性的政民之術，視作兩種絕對相反的範疇。於此乃利用"人道"或"民道"這個概念來說明前者乃是本於人性民情之自然，而後者則是逆着人性之自然流向而走的一種日趨失敗的歪門邪道，或至少是只能服從於前者的一種末流之術而已，絕不能當作治民之要務所在。[①]

顧史考又說：

[①] 〔美〕顧史考：《郭店楚簡先秦儒書宏微觀》，頁44；並可參考該書頁87～89等等。案：這是顧史考對先秦儒學的核心認知，其詳請參閱氏著《郭店楚簡先秦儒書宏微觀》"宏觀篇"部分第一篇："從禮教與刑罰之辨看先秦諸子的詮釋傳統"，頁3～35。

郭店儒書論"人道""民道"等思想,所反映的蓋爲戰國初中期儒者對當時已開始形成的法治社會與法治思想的初步反應,即是其爲了維護傳統的禮治社會所切磋出來的心得與胚芽性的結論。那即是以禮樂與倫理之教導追溯到人民性情之必然,以人主之德育、身教爲尚,而將德教與刑罰等強制性的政治道術視作相逆而行的軌道,如此便將問題絕對化了。①

對儒家發展路徑的這種認知既失於簡單化,又嚴重背離了事實。

從孔子到荀子,儒家開初數代學者固然高度重視禮樂德教之治,卻均未視禮治與法治爲"絕對相反"的兩端,而一任"禮教樂教等以德育身教爲主的治民之道",亦均未視"刑罰賞慶等強制性的政民之術"爲"歪門邪道"和"末流之術"。孔子嘗謂:"名不正,則言不順;言不順,則事不成;事不成,則禮樂不興;禮樂不興,則刑罰不中;刑罰不中,則民無所措手足。"(《論語·子路》)刑罰作爲法治的表徵並不被孔子排斥,他祇是強調刑罰要有適當性,具體説來即祇是強調刑罰必須以禮樂爲根基(用《五行》説文第十五章的説法,即強調"所以誅人之道")。孔子還基於"直"與"義"之關聯,肯定"治國制刑"。《左氏春秋》昭公十四年(前528)記載:

> 晉邢侯與雍子争鄐田,久而無成。士景伯如楚(杜注:士景伯,晉理官),叔魚攝理(案叔向兄弟有四人,即銅鞮伯華、叔向、叔魚、叔虎。杜注:攝,代景伯)。韓宣子命斷舊獄,罪在雍子。雍子納其女於叔魚,叔魚蔽罪邢侯(杜注:蔽,斷也)。邢侯怒,殺叔魚與雍子於朝。宣子問其罪於叔向。叔向曰:"三人同罪,施生戮死可也(杜注:施,行罪也)。雍子自知其罪,而賂以買直,鮒(叔魚)也鬻獄,邢侯專殺,其罪一也。已惡而掠美爲昏,貪以敗官爲墨(杜注:墨,不絜之稱),殺人不忌爲賊。《夏書》曰:'昏、墨、賊,殺。'皋陶之刑也。請從之。"乃施邢侯,而尸雍子與叔魚於市。仲尼曰:"叔向,古之遺直也(杜注:言叔向之直,有古人遺風)。治國制刑,不隱於親。三數叔魚之惡,不爲末減(正義:三者,即下云數其賄也、稱其詐也、言其貪也,是也。杜注:末,薄也。減,輕也),(曰)〔由〕義也夫,可謂直矣!平丘之會,數其賄也,以寬衛國,晉不爲暴。歸魯季孫,稱其詐也,以寬魯國,晉不爲虐。邢侯之獄,言其貪也,以正刑書,晉不爲頗。三言而除三惡,加三利,殺親益榮,猶(由)義也夫!"

孔子鑒於叔向"由義",反復肯定其"直",《五行》張揚以"直"(即"義氣")爲基

---

① 〔美〕顧史考:《郭店楚簡先秦儒書宏微觀》,頁57。

源,逐層提升而生成德之行"義"(見其經、説第十一章),兩者方向看起來相反,卻均肯定"義"與"直"的關係。而且,孔子以"義—直"爲價值基底,肯定"治國制刑""殺親益榮""除三惡,加三利",《五行》則以"直—義"爲價值基底,肯定"有大罪而大誅之""有大罪弗大誅,不行"(見其經、説第十五章以及第二十章)等,二者亦大抵一致,即都是依據"義"這一重要價值,肯定乃至張揚刑罰之實施或曰法治。這凸顯了孔子思想與子思五行學説的歷史關聯。

　　大量事實均與顧史考的論斷相反。《五行》經文第十五章云:"有大罪而大誅之,行也。"其説文第十五章詮釋道:"'有大罪而大誅之,行也':无罪而殺人,有死弗爲之矣,然而大誅之者,知所以誅人之道而行焉,故胃(謂)之行。"《五行》經、説第二十章以"匿(暱)—辯(於道)—仁—柔"作爲相對的一方,更充分地論述了另一方"簡—行—義—剛"諸範疇,其觀照核心則在於"有大罪而大誅之""有小罪而赦之",而尤以前者爲重。總之,《五行》經文第十八章固然謂"有德則國家(與)〔興〕",其相關説文固然謂"國家(與)〔興〕者,言天下之(與)〔興〕仁義也",可它並未一任"禮教樂教等以德育身教爲主的治民之道",反倒是不斷强調赦小罪是"辯於道",有大罪而大誅之是"知所以誅人之道而行焉",强調"有大罪弗大誅,不行"。而且《五行》以"義"這一儒學核心價值爲"有大罪而大誅之"的實踐依據,與表徵基於道而赦小罪的另一儒學核心價值"仁"並駕齊驅,這其實大大提高了具有道德適當性的法治的重要性。郭店簡文《尊德義》雖以尊德爲主旨,卻也關注刑賞,嘗云:"賞與型(刑),柰(禍)福之羿(基)也,或前之者矣。雀(爵)立(位),所以信亓(其)肰(然)也。正(征)欽(侵),所以伐(攻)□□。型(刑)□,所以□罤(舉)也。殺僇(戮),所以敓(除)咠(怨)也。不繇(由)亓(其)道,不行。"這同樣是强調刑賞的適當性。

　　戰國儒家並未簡單到認爲治民可以"絶對"排斥法治,也並未將具有法治意義的舉措"妖魔化",相反,他們給法治以極爲重要的政教倫理空間。上文所引孔子、子思的觀點就是典型例證,而大力抨擊子思、孟子的荀子其實對子思這一方面的建構頗有承襲,其《大略》篇所謂"義,理也,故行""遂理而不敢,不成義"等等觀念,便以《五行》這一方面的建構爲潛在支持。此外,《荀子·正論》篇抨擊象刑之説,云:

　　　　世俗之爲説者曰:"治古無肉刑而有象刑:墨,黥(郝懿行《荀子補注》:謂以墨畫代黥,不加刻涅);〔劓〕,慅嬰(草纓);共(宫),艾(刈)畢;菲(剕),(對)〔對〕絑屨(麻鞋);殺,赭衣而不純(即不緣)。治古如是。"是不然。以爲治邪?則人固莫觸罪,非獨不用肉刑,亦不用象刑矣。以爲人或觸罪矣,而直輕其刑,然則是殺人者不死,傷人者不刑也。罪至重而刑至輕,庸人不知惡矣,亂莫大焉。凡刑人之本,禁暴惡惡,且徵(懲)其未也。殺人者不死而傷人者不刑,是謂惠暴而寬賊也,非惡惡也。故象刑殆非生於治古,竝起於亂今也。治古不然。凡爵列、官職、賞慶、刑罰,皆報也(楊注:報,謂報其善惡),以類相從者也。一物失稱,亂之端也。夫德不稱位,能不稱官,賞不當功,罰不當罪,不祥莫大焉。昔者武王伐有商,誅紂,斷其首,縣之赤旆。夫征暴誅悍,治之盛也。殺人者死,傷人者刑,是百王之所同也,未有知其所由來者也。刑稱罪則治,不稱罪則亂。

這裏以"刑稱罪"爲國家大治之本,①至少部分地契合《五行》"有大罪而大誅之"的理念。不過《五行》提出的價值基礎是義,荀子則將法的根本原則定義爲禮(一如孔子將刑罰之適當性定義爲禮樂)。故《荀子·勸學》篇謂"《禮》者,法之大分,類之綱紀也"。可是無論如何,從孔子至子思再至荀子,"禮教樂教等以德育身教爲主的治民之道"跟"刑罰賞慶等强制性的政民之術"(即"法治")始終保持着貫通。

對荀子來説,禮爲法之根本,法爲禮之確證和落實;在禮不能克服人心、不能轉化爲主體自覺要求時,法正(法政)、賞罰便發揮其應有作用。故荀子云:

> 凡人之動也,爲賞慶爲之,則見害傷焉止矣。故賞慶、刑罰、埶詐不足以盡人之力,致人之死。爲人主上者也,其所以接下之百姓者無禮義忠信,焉慮率用賞慶、刑罰、埶詐(除)〔險〕阨其下,獲其功用而已矣。大寇則至,使之持危城則必畔,遇敵處戰則必北,勞苦煩辱則必犇,霍焉離耳,下反制其上。故賞慶、刑罰、埶詐之爲道者,傭徒粥(鬻)賣之道也,不足以合大衆、美國家,故古之人羞而不道也。故厚德音以先之,明禮義以道之,致忠信以愛之,尚賢使能以次之,爵服慶賞以申之,時其事、輕其任以調齊之,長養之,如保赤子。政令以定,風俗以一,有離俗不順其上,則百姓莫不敦(憝)惡,莫不毒孼,若被不祥,然後刑於是起矣。是大刑之所加也,辱孰大焉?將以爲利邪?則大刑加焉,身苟不狂惑戇陋,誰睹是而不改也哉!然後百姓曉然皆知(修)〔循〕上之法,像上之志而安樂之。於是有能化善、修身、正行、積禮義、尊道德,百姓莫不貴敬,莫不親譽,然後

---

① 所謂"刑稱罪",即《荀子·君子》篇所謂"刑當罪",其論曰:"刑當罪則威,不當罪〔則〕(悔)〔侮〕;爵當賢則貴,不當賢則賤。古者刑不過罪,爵不踰德,故殺其父而臣其子,殺其兄而臣其弟。刑罰不怒罪,爵賞不踰德,分然各以其誠通。是以爲善者勸,爲不善者沮,刑罰綦省而威行如流,政令致明而化易如神。"持説與《正論》篇一致。

賞於是起矣。是高爵豐禄之所加也,榮孰大焉?將以爲害邪?則高爵豐禄以持養之,生民之屬,孰不願也?雕雕焉縣貴爵重賞於其前,縣明刑大辱於其後,雖欲無化,能乎哉!故民歸之如流水,所存者神,所爲者(化而)順,暴悍勇力之屬爲之化而愿,旁辟曲私之屬爲之化而公,矜糾收繚之屬爲之化而調(王念孫《讀書雜志·荀子之五》:矜糾收繚,皆急戾之意,故與調和相反),夫是之謂大化至一。(《荀子·議兵》)

法正、刑罰之推行,自然離不開君上之"埶"。故荀子又云:

……古者聖人以人之性惡,以爲偏險而不正,悖亂而不治,故爲之立君上之埶以臨之,明禮義以化之,起法正以治之,重刑罰以禁之,使天下皆出於治、合於善也。是聖王之治,而禮義之化也。今當(嘗)試去君上之埶,無禮義之化,去法正之治,無刑罰之禁,倚而觀天下民人之相與也,若是,則夫彊者害弱而奪之,衆者暴寡而譁之,天下之悖亂而相亡不待頃矣。(《荀子·性惡》)

純粹的法家,既不在乎法治有無道德價值作根基或者是否具有道德層面的適當性,也不在乎法治能否達成道德層面的目的。而先秦儒家,尤其是子思、荀子,則基於道德價值或道德目的,肯定勢位、法正、賞慶、刑罰等法治措施。子思基於價值(義)踐履將刑誅合理化,最堪引人注目,荀子基於化民之功效(如"暴悍勇力之屬爲之化而愿,旁辟曲私之屬爲之化而公,矜糾收繚之屬爲之化而調"),肯定"君上之埶""禮義之化""法正之治""刑罰之禁"等一套全方位治民之舉措,絕不迴避"貴爵重賞""明刑大辱",與子思之說不過是異曲同工。勢位法正、賞慶刑罰等法治元素並未被先秦儒家摒棄,從頭到尾賦之以道德價值恰恰是他們追求的。

顧史考說:"荀子親眼見過秦國在商鞅變法之後的情形,已確知威法嚴刑之可以使國富强,因而如《八觀》等篇的說法一樣,他已部分肯定刑罰之用,認爲'刑當罪'則'爲善者勸,爲不善者沮,刑罰綦省而威行如流,政令致明而化易如神'(《荀子·君子》)。"[1]事實上,儒學體系內部自有發展出荀子學說的邏輯。就深刻影響荀子體系的前輩學者之思想言,孔子思想之早於商鞅毋庸置疑,子思《五行》學說也在商鞅出生以前創立和傳佈。謂荀子確知威法嚴刑之效用,而後部分肯定之,恐怕也是想象。至於徐復觀批評荀子說:"在他重禮的思想中,竟引出了重刑罰、尊君、重勢的意味來,以致多少漂浮着法家的氣息,亦即是漂浮着極權主義的氣息;這並非重禮之過,而是他對於仁的體認

---

[1] 顧史考:《郭店楚簡先秦儒書宏微觀》,頁48。

不足的人文主義,所不能不遇到的制限點。"①這種評判過於偏重《荀子》與法家學説表面上的關聯,忽視了荀子以《禮》爲"法之大分"的根本立足點,同時也未意識到,恰恰是荀子這種清醒的理智主義,推動儒學價值向現實政體及廣大社會落實。譚嗣同(1865～1898)謂"二千年來之學,荀學也",②可能並不誇張。

至《大戴禮記·盛德》篇論"天法""德法"與"刑法",儒家内部自孔子經子思至於荀子數代學者對法的思考得到了初步的總結。其言曰:

> 刑罰之所從生有源,不務塞其源,而務刑殺之,是爲民設陷以賊之也。刑罰之源,生於嗜慾好惡不節。故明堂、天法也,禮度、德法也,所以御民之嗜慾好惡,以慎天法,以成德法也。刑法者,所以威不行德法者也。
>
> 故季冬聽獄論刑者,所以正(定)法也。法正,論(擇)吏公行之。是故古者天子孟春論吏德、行、能(理)、功:能德法者爲有德,能行德法者爲有行,能理德法者爲有能,能成德法者爲有功。故論吏而法行,事治而成功。季冬正法,孟春論吏,治國之要也。
>
> ……古者以法爲銜勒,以官爲轡,以刑爲策,以人爲手,故御天下數百年而不懈墮。善御馬者,正銜勒,齊轡策,均馬力,和馬心,故口無聲,手不摇,策不用,而馬爲行也。善御民者,正其德法,飭其官,而均民力,和民心,故聽言不出於口(王聘珍解詁:聽言,謂聽訟之言),刑不用而民治,是以民德美之。……不能御民者,棄其德法,譬猶御馬,棄銜勒,而專以策御馬,馬必傷,車必敗。無德法而專以刑法御民,民心走(王聘珍解詁:走,去也),國必亡。……故曰:德法者,御民之本也。

傳統之禮幾於無所不包。《禮記·禮運》篇云:"禮者君之大柄也,所以別嫌明微,儐鬼神,考制度,別仁義,所以治政安君也。"疏云:"'禮者,君之大柄'者,言人君治國須禮,如巧匠治物,執斤斧之柄。 ○'所以別嫌明微'者,此以下亦並明用禮爲柄之事,使'寡婦不夜哭'(案見《禮記·坊記》),是別嫌;'君子表微'(案見《禮記·檀弓下》),是明微也。 ○'儐鬼神'者,以接賓以禮曰儐,以郊天祀地及一切神明,是儐鬼神也。 ○'考制度'者,考,成也。制度爲廣狹丈尺,以禮成之也。 ○'別仁義'者,仁生義殺,各使中禮,有分別也。 ○'所以治政安君也'者,用禮爲柄,如前諸事,故治國得政,君獲安存。故《孝經》云:'安上治民,莫善於禮。'"上揭《盛德》篇所謂"天法",殆將傳統禮制

---

① 徐復觀:《中國人性論史·先秦篇》,頁236。
② 譚嗣同:《仁學》,北京:中華書局,1958年,第1版,頁47。

中處置天人關係的部分獨立爲一個區塊。故《盛德》云,"凡人民疾、六畜疫、五穀災者,生於天;天道不順生於明堂不飾,故有天災即飾明堂也";又謂,"明堂,天法也"。《盛德》篇所謂"德法",兼"禮"與"度"兩面,既非儒家傳統中單純之禮,又非法家視域單純之法。故《盛德》明云,"禮度,德法也"。"度"即"度量","禮"包括"喪祭之禮""朝聘之禮""鄉飲酒之禮""昏禮享聘"等;"度"與"禮"所因應處置之社會問題,見表 9-2 所示:

表 9-2 《大戴禮記·盛德》篇"禮度"或"德法"所因應社會問題表覽

禮度(德法)	所因應處置之社會問題
度量	凡民之爲姦邪竊盜歷法(違法)妄行者,生於不足;不足,生於無度量也。無度量則小者偷墮,大者侈靡而不知足。故有度量則民足,民足則無爲姦邪竊盜歷法妄行者。故有姦邪竊盜歷法妄行之獄,則飾度量也。
喪祭之禮	凡不孝生於不仁愛也,不仁愛生於喪祭之禮不明。喪祭之禮所以教仁愛也,致愛故能致喪祭(王聘珍解詁:致,盡也),春秋祭祀之不絕,致思慕之心也。夫祭祀,致饋養之道也。死且思慕饋養,況於生而存乎?故曰:喪祭之禮明,則民孝矣。故有不孝之獄,則飾喪祭之禮也。
朝聘之禮	凡弑上生於義不明。義者,所以等貴賤、明尊卑(王聘珍解詁:等,差也);貴賤有序,民尊上敬長矣。民尊上敬長而弑者,寡有之也。朝聘之禮所以明義也,故有弑獄,則飾朝聘之禮也。
鄉飲酒之禮	凡鬬辨生於相侵陵也(王聘珍解詁:辨,爭也),相侵陵生於長幼無序。而教以敬讓也。故有鬬辨之獄,則飾鄉飲酒之禮也。
昏禮享聘	凡淫亂生於男女無別,夫婦無義。昏禮享聘者,所以別男女,明夫婦之義也。故有淫亂之獄,則飾昏禮享聘也。

《盛德》篇論述"天法""德法""刑法"三者,其重點則在於後二者,尤其是"德法"。《盛德》給予"德法""刑法"的定位十分明確:德法爲"御民之本",刑法乃"所以威不行德法者也"。它認爲"刑罰之所從生有源",其源乃在"天法""德法"之失。它強調,御民一如御馬,德法一如馬嚼子、馬絡頭,刑法一如馬鞭子;"無德法而專以刑法御民,民心走,國必亡",一如"棄銜勒,而專以筴御馬,馬必傷,車必敗"。刑法是德法的落實、支持和保證,不行德法者交由刑法處置;作爲制度的主體和根基,德法之職志則是將相關政教倫理問題消滅於無形之中。子曰:"聽訟,吾猶人也。必也使無訟乎!"(《論語·顏淵》《禮記·大學》)十分明顯,"德法"之於"刑法",一如孔子張揚之"禮樂"之於"刑罰"、子思張揚之"所以誅人之道"或者"義"之於誅罰、荀子張揚之"禮"之於"法",歷史的承繼在這裏表現得相當清楚。

前引《荀子·大略》篇"親親、故故"一段，還有一個實證性的材料可以凸顯它受到《五行》篇的影響，即《大略》所謂"仁有里"(此語在文中跟"義有門"相對，"里"指聚落或地方行政組織，十分明顯。《詩經·鄭風·將仲子》云："將仲子兮，無踰我里，無折我樹杞。豈敢愛之？畏我父母。仲可懷也，父母之言，亦可畏也")。《五行》經文第二十一章云："能進之，爲君子；不能進，客(各)止於亓(其)里。"其説文第二十一章解釋説："'能誰(進)之，爲君子，弗能進，各止於亓里'：能進端，能終(充)端，則爲君子耳矣。弗能進，各各止於亓里。不莊(藏)尤割(害)人，仁之理(里)也。不受許(吁)肒(嗟)者，義之理也。弗能進也，則各止於亓里耳矣。終亓不莊尤割人之心，而仁復(覆)四海；終亓不受許肒之心，而義襄(囊)天下。仁復四海、義襄天下，而成(誠)繇(由)亓中心行之，亦君子已。"這是以仁義之"端"爲"里"(簡文中或寫作"理"，與"里"通)，以推進擴充仁義之端而生成的君子境界爲"天下""四海"；"里""四海""天下"三者同質相形，互相界定，"里"顯然指小的聚落或地方行政組織。《大略》篇"仁有里"之説當即由此而來。《五行》篇後、《荀子》之前，《孟子》常用的類比是以仁爲宅，以義爲路，以禮爲門，與《五行》迥異，如謂"夫仁，天之尊爵也，人之安宅也"(《孟子·公孫丑上》)；又謂"仁，人之安宅也；義，人之正路也。曠安宅而弗居，舍正路而不由，哀哉"(《孟子·離婁上》)；又謂"夫義，路也；禮，門也。惟君子能由是路，出入是門也"(《孟子·萬章下》)。以《孟子》爲參照背景，《荀子》對《五行》的承繼顯得愈加清晰。

六、"目"與"辟"

《五行》的説理方法對《荀子》也產生了明顯的影響。《五行》經文第二十三章曰"目(侔)而知之，胃(謂)之進之"，第二十四章曰"辟(譬)而知之，胃之進之"，第二十五章曰"諭(喻)而知之，胃之進之"等，相關説文予以詳細解釋。這些文字，不僅提煉了幾種極重要的説理和認知方法(説到底，這些方法爲培養和推進社會成員之德行所需)，而且提供了具體的事例。其他儒家早期經典如《論語》《孟子》等，均未如此鮮明和集中地關注這一方面並給予富有理論化的提升，《五行》看起來是一個特例(當然，《孟子》實際上大量運用了《五行》確立的論説方式，比如辟等等)。《荀子》卻顯示了同樣的理論關注，而且也有豐富的實踐。其《非相》篇云："談説之術：矜莊以涖之，端誠以處之，堅彊以持之，(分別)〔譬稱〕以喻之，(譬稱)〔分別〕以明之，欣驩芬薌以送之，寶之珍之，貴之神之，如是則説常無不受。雖不説人，人莫不貴，夫是之謂能貴其所貴。"這類說法即包含着《五行》篇論述的相關方法及實踐。可以說,《五行》從修德立場上,較早、較集中地總結了若干重要的言說認知方式和經驗,《荀子》則較爲自覺地將其發揚光大。

《五行》說文第二十三章以爲,萬物中人獨有仁義,人之所以獨有仁義,乃是因爲心之性悦仁義,所以,心好仁義是確立人類道德和尊嚴的根本。荀子則說,人之所以最爲天下貴,乃是因爲他超越水火、草木、禽獸,而"有氣、有生、有知,亦且有義"(《荀子·王制》);這是把人有義確立爲人類道德和尊嚴的根本("氣""生""知"三者草木與禽獸亦具備),跟《五行》的一致性一目瞭然(當然,《五行》仁義禮等價值係由内出,《荀子》仁義禮等價值係由外入)。更有趣的則是,《五行》說文第二十三章比較"草木之生(性)""禽獸之生""人之生",而得出"遹(循)人之生,則巍然 知亓(其)好 仁義"的結論,並以這一實例詮釋經文提出的論證和認知方法"目"(該借爲"侔",指比較或者衡量)。荀子在提出這一主旨時,所用的論證方法恰恰就是《五行》的"目(侔)而知之"。其言曰:

水火有氣而無生,草木有生而無知,禽獸有知而無義,人有氣、有生、有知,亦且有義,故最爲天下貴也。力不若牛,走不若馬,而牛馬爲用,何也?曰:人能羣,彼不能羣也。人何以能羣?曰:分。分何以能行?曰:義。故義以分則和,和則一,一則多力,多力則彊,彊則勝物;故宮室可得而居也。故序四時,裁萬物,兼利天下,無它故焉,得之分義也。(《荀子·王制》)

荀子通過比較人、禽獸、草木、水火,證明了人的高貴在"有義";通過比較人與牛、馬,證明了人服用牛馬的原因在據"義"行"分",建立起超越個體成員的强有力的"羣"。這種說理方法便是《五行》篇確立的"目(侔)"。同類的例子尚有很多。比如,《荀子·非相》篇云:

人之所以爲人者,何已(以)也?曰:以其有辨也。飢而欲食,寒而欲煖,勞而欲息,好利而惡害,是人之所生而有也,是無待而然者也,是禹、桀之所同也。然則人之所以爲人者,非特以二足而無毛也,以其有辨也。今夫狌狌(猩猩)形(笑)〔相〕亦二足而〔無〕毛也,然而君子啜其羹,食其胾。故人之所以爲人者,非特以其二足而無毛也,以其有辨也。夫禽獸有父子而無父子之親,有牝牡而無男女之别,故人道莫不有辨。①

---

① 王先謙案:"狌狌即猩猩。……李時珍《本草綱目》言'猩猩黄毛如猿,白耳如豕,人面人足,長髮,頭顔端正'。是猩猩身非無毛,其面如人無毛耳。"

荀子通過比較人與猩猩、禽獸，來證成人之所以爲人亦即"人道"在於"有辨"（比如有"父子之親""男女之別"等），他使用的說理方式也是"目（侔）"。

《五行》經、説第二十四章涉及"辟（譬）"這種論説和認知方式，相關文字已見上文所引。其説文所舉實例，大意是以丘因不積而不如名山作譬，可知"我"之仁因不積而不如舜之仁，"我"之義因不積而不如舜之義（由此促成"我"積仁積義，提升人格），便是進步。荀子也常用這種說理方式。其《致士》篇云："川淵深而魚鼈歸之，山林茂而禽獸歸之，刑政平而百姓歸之，禮義備而君子歸之。故禮及身而行修，義及國而政明，能以禮挾（浹）而貴名白，天下願，令行禁止，王者之事畢矣。《詩》曰：'惠此中國，以綏四方。'此之謂也。川淵者，龍魚之居也；山林者，鳥獸之居也；國家者，士民之居也。川淵枯則龍魚去之，山林險則鳥獸去之，國家失政則士民去之。"其《議兵》篇云："臣所聞古之道，凡用兵攻戰之本在乎壹民。弓矢不調，則羿不能以中微；六馬不和，則造父不能以致遠；士民不親附，則湯、武不能以必勝也。故善附民者，是乃善用兵者也。"這些片段，或以川淵之於龍魚、山林之於禽獸，來證成禮義刑政乃君子百姓之依歸，或以弓矢調之於羿、六馬和之於造父，來説明士民親附對於湯、武的重要性，凡此均爲《五行》所説的"辟（譬）"。很明顯，《荀子》運用這些手法更簡括，也更密集了。這是歷史的自然進展。

七、個案：《荀子·不苟》篇及《五行》與《中庸》

《荀子》繼承了《五行》德行生成説的一系列核心範疇和觀念，除前幾節所論思想史演進軌迹外，還有不少具體證據。其《不苟》篇如下一段非常獨特的文字，堪爲分析之個案：

> 君子養心莫善於誠，致誠則無它事矣，唯仁之爲守，唯義之爲行。誠心守仁則形，形則神，神則能化矣；誠心行義則理，理則明，明則能變矣。變化代興，謂之天德。天不言而人推高焉，地不言而人推厚焉，四時不言而百姓期焉。夫此有常，以至其誠者也。君子至德，嘿然而喻，未施而親，不怒而威。夫此順命，以慎其獨者也。善之爲道者，不誠則不獨，不獨則不形，不形則雖作於心，見於色，出於言，民猶若未從也，雖從必疑。天地爲大矣，不誠則不能化萬物；聖人爲知矣，不誠則不能化萬民；父子爲親矣，不誠則疏；君上爲尊矣，不誠則卑。夫誠者，君子之所守也，而政事之本也。唯所居以其類至（楊注：所居，所止也。唯其所止至誠，則以類自至。謂天地誠則能化萬物，聖人誠則能化萬民，父子誠則親，君上誠則尊也），操之則得之，舍之則失之。操而得之則輕（楊注：持至誠也而得

之,則易舉也),輕則獨行,獨行而不舍則濟矣。濟而材盡(楊注:材性自盡),長遷而不反其初則化矣。

這一段文字的若干重要内容,衹有以《五行》學説爲背景纔能切當理解。前人缺乏這一觀照背景,所以誤解叢生。

首先,《不苟》篇此段文字有一個重要概念——"形"。楊倞注"誠心守仁則形",曰:"誠心守於仁愛,則必形見於外,則下尊之如神,能化育之矣。"又注"不獨則不形",曰:"不能慎其獨,故其德亦不能形見於外。"俞樾解後語爲:"不能專一(於内)則不能形見於外。"(《諸子平議・荀子一》)後人或進而把"見於外"具體化爲"見於言行"等等。這類解釋其實都是錯誤的。《不苟》原文曰"不誠則不獨,不獨則不形,不形則雖作於心,見於色,出於言,民猶若未從也","形"字斷非"形見於外"這一習見意思,否則,"不形"便不存在"見於色,出於言"的問題了,而所謂"不形則雖作於心,見於色,出於言",又從何談起呢?筆者認爲,此處所謂"形"殆即相當於《五行》篇的核心話語之一——"刑(形)於内",是向内的而非向外的。荀子之意殆謂,仁義若非形於内而與心合一,則雖偶然興起於心,且見於言色,於導民猶無益也;唯仁義之爲守爲行、誠心守仁行義,纔可形之於内,達至神妙不可測、化育萬民的境界。"刑於内"與"見於外"並不絶對排斥,但是對於德行之生成來説,"刑於内"乃是"見於外"的根基。故《五行》經文第九章云:"唯有德者然笱(後)能金聲而玉振之(之)";如其説文第九章所云,此"金聲""玉振"之類,正是"井(形)善於外"者。與簡文《五行》同出於郭店的《城之餌之》有云:"古(故)君子之立(蒞)民也,身備(服)善以先之,敬絽(慎)以肘(守)之,兀(其)所才(在)者内悆(矣),民管(孰)弗從? 型(形)於中,夌(發)於色,兀錫(審/信?)也固悆(矣),民管(孰)弗信? 是以上之互(亟)炎(務)才(在)信於衆。《㝅命》曰:'允帀(師)凄(濟)悳。'此言也,言信於衆之可以凄悳也。"《城之餌之》謂君子服善,敬慎以守之,"兀(其)所才(在)者内悆(矣)",民必從之,《不苟》篇謂君子爲善,誠心守仁誠心行義,神形於内,故民從之,二者合若符契。《城之餌之》謂"型(形)於中,夌(發)於色",民必信之,《不苟》篇謂"不形則雖作於心,見於色,出於言,民猶若未從也,雖從必疑",——正是説不形於内,雖發於色,民必弗信或懷疑,二者又合若符契。凡此絶非偶然。

其次,《不苟》篇此段文字謂"君子至德,嘿然而喻,未施而親,不怒而威",推"君子"爲最高的道德人格——"至德"。此義在《荀子》中並非一見,可《荀子》及其所處時代的主流觀念,則是以"聖人"爲最高人格境界("君子至德"這段文字之下文,就出現了與"君子"等值的"聖人"範疇)。筆者認爲,《不苟》篇此處對"君子"的界定同樣是承繼《五行》學説。在《五行》的基本建構中,"君子"爲道德人格之極致,其經、説第二十一章謂"君子雜(集)泰(大)成",是最簡單明了的例證。《五行》體系中的"聖人"祇是聞君子道而知其爲君子道者。其經文第十八章謂,"聞君子道,恖(聰)也。聞而知之,聖也。聖人知(而)〔天〕道。知而行之,(聖)〔義〕也。行之而時, 德也";"君子道"與"天道"意指是相同的,其説文第十八章云,"'聞君子道,嚶(聰)也':同之聞也,獨色然辯於君子道,(道)〔嚶也〕。〔嚶也〕者,聖之臧(藏)於耳者也。'聞而知之,聖也':聞之而 遂 知亓(其)天之道也,是聖矣。聖人知天之道。道者,所道也",其間嘗以"天之道"直接替换"君子道"。在孔子之後的儒典中,《五行》對"君子"的界定非常獨特,卻同樣見於《不苟》篇,這不能不予以高度的重視。① 此外,《五行》體系中"君子"所臻之"德"被視爲"天"或"天道","天德"範疇也已經躍躍欲出。比如其説文第七章云:"'能爲一,然笴(後)能爲君子':'能爲一'者,言能以多爲一。以多爲一也者,言能以夫 五 爲一也。'君子慎亓(其)蜀(獨)也':慎亓蜀者,言舍夫五而慎亓心之胃(謂) 殹 ; 蜀 然笴一也。一者,夫五(夫)爲 一 心也,然笴德。之一也,乃德已。德猶天也,天乃德已。"其經文第一章則逕稱"德"爲"天道"。《不苟》篇稱最高人格"君子"之德爲"天德",當亦由《五行》這類觀念滋生。

其三,《不苟》篇此段文字謂"誠心守仁則形,形則神,神則能化矣",前人解"化"字多不明切。楊倞解"化"爲"遷善",謂"神則能化"指"下尊之如神,能化育之矣",大抵是正確的。據下文"不形則雖作於心,見於色,出於言,民猶若未從也","化"必定是就使民從而言的("誠心守仁"句説的是"形"則"化","不形則雖作於心"句説的是"不形"則不化),亦即後面所説的"不誠則不能化萬民"之"化";——此"從"字落實到化性起僞層面上,"化"所意味的"長遷而不反其初",説的是使民性徹底改變,生成仁義善德,而不復其舊。這種觀念依然是承襲自《五行》篇。《五行》説文第二十一章論君子人格,説:"' 君子雜(集)大成': 雜也 者,猶造之也,猶具之也。大成也者,金聲玉辰(振)之也。唯金聲 而玉辰之者,然笴(後)忌(己)仁而以人仁,忌義而以人義。大成至矣,神耳矣,人以爲弗可爲 也 , 無 繇(由)至焉耳,而不然。"《不苟》篇基於仁之"形"的"化",恰恰就是《五行》"忌(己)仁而以人仁"之義。

此外值得注意的是,《不苟》篇論"化"時並列論"變",曰:"誠心行義則理,

---

① 《五行》以"君子"爲最高道德或人格有强烈的《尚書》學、《詩經》學背景,參閲本書第五章"《尚書》學視野中的《五行》",以及第六章"《詩經》學視野中的《五行》"。

理則明,明則能變矣。"其中"理""明""變"三字亦難準確釋讀。值得注意的是,此語與上句"誠心守仁則形,形則神,神則能化矣"相對,上句"行"與下句"守"、上句"義"與下句"仁"、上句"理"與下句"形"、上句"明"與下句"神"、上句"變"與下句"化",兩兩以義近、義通而匹配,整體上呈現出互文關係;也就是説,它們是兩個可以互相發明的圖式(圖9-1):

圖9-1 《荀子·不苟》篇"能化""能變"兩圖式之平行特徵

"理"當與"形"之義相近,亦指價值之"刑(形)於内",楊倞解爲"事有條理",恐怕未爲切當。"變"與"化"同義,亦即相當於《五行》所謂"忎(己)義而以人義",楊倞解之爲"人……變改其惡",亦未爲切當。《不苟》此文之"變""化"重在呈現施事之主體"君子"對於受事者即"萬民"達成的政教倫理的作用,是就"君子"化"萬民"而言的。"明"字、"神"字,殆分拆"神明"一詞而單用之,二者均爲神明神妙之義。《禮記·檀弓下》載孔子謂:"爲明器者,知喪道矣,備物而不可用也。哀哉!死者而用生者之器也,不殆於用殉乎哉!其曰明器,神明之也。塗車、芻靈,自古有之,明器之道也。"《檀弓上》亦載孔子曰:"其曰明器,神明之也。"鄭注云:"言神明死者也。神明者,非人所知,故其器如此。"正義曰:"神明微妙無方,不可測度,故云'非人所知'也。"這些材料可證"明"有神明神聖之義。《不苟》篇謂"誠心守仁則形,形則神""誠心行義則理,理則明",與《五行》篇謂"大成至矣,神耳矣,人以爲弗可爲也,無繇(由)至焉耳",亦深深地相契,都是指彼至高至上之道德境界神乎其神,若人所不能及也。而且《不苟》篇推"變化代興"爲"天德",其下文則又稱之爲"至德",與《五行》篇推"忎(己)仁而以人仁,忎義而以人義"爲集大成之"至"境,也完全一致。

其四,《不苟》篇此段文字在論君子之德時,談到了"獨"和"慎獨"。楊倞依《中庸》,解"慎其獨"爲"戒慎乎其所不睹,恐懼乎其所不聞"。郝懿行(1757~1825)《荀子補注》駁之,以爲"慎"乃"誠"義。凡此均不切當,而後説尤謬。若"慎"乃"誠"意,則原文接下來之"不誠則不獨"就成了"不誠則不誠",成什麼話?且此文"至其誠"承"有常","慎其獨"承"順命","至"與"有"、"常"與"誠"、"慎"與"順"、"獨"與"命",兩兩義同或義近,至少亦相關。很明顯,這兩句也有深刻的互文關係。君子之"順命"與天地四時之"有常",君子之"慎其獨"與天地四時之"至其誠",取向一致,故"慎"爲動詞,而非形容詞或名詞。這兩個單句內部自相貫通,"慎"當即讀爲"順"。此用法古籍中十分常見,不煩舉列。要之,《不苟》篇這種君子"順命""慎獨"之説必亦源自《五行》。《五行》經文第七章云:"能爲一,然后(後)能爲君子;君子慎其獨也。"其説文第七章云:"'能爲一'者,言能以多爲一。以多爲一也者,言能以夫五爲一也。'君子慎亓(其)蜀(獨)也';慎亓蜀者,言舍夫五而慎亓心之胃殹;蜀然筍(後)一也。一者,夫五(夫)爲一心也,然筍德。之一也,乃德已。德猶天也,天乃德已。"此處諸"慎"字均當解作"順"。① "一"指仁、知(智)、義、禮、聖五種德之行和合爲一體,且與心爲一;所謂"慎獨"即循從此心。《五行》稱此心爲獨,殆因此心已超越耳目鼻口手足諸小體而獨自凸顯,《五行》説文第七章以至哀者不顧衰絰,來説明獨即"至内者之不在外也",亦含此意。而《五行》經文第八章云:"君子之爲善也,有與始也,有與終也。君子之爲德也,有與始也,无(無)與終也。"其説文第八章云:"'君子之爲善也,有與始,有與終':言與亓(其)體(體)始,與亓體終也。'君子之爲德也,有與始,无與終':有與始者,言與亓體始。无與終者,言舍亓體而獨亓心也。"所謂"慎獨"也就是"舍亓體而獨亓心",是"君子之爲德"最終達成的境界。此時,心已與由五種德之行和合而成的"一"達成了同一,超越諸小體而實現了獨任("君子之爲善"的境界還不能達到這個層次,它與諸小體始,與諸小體終)。《不苟》篇之慎獨説很明顯是由此演化而來的。其"慎其獨"所承接之"順命",當指順從此心之命。此觀念同樣源自《五行》,舊注亦未得之。② 在《五行》體系中,心爲大體,耳目鼻口手足等爲小體,大體對於小體具有超越性。故其經文第二十二章云:"耳目鼻口手足六者,心之役也。心曰唯,莫敢不唯。心曰若(諾),莫敢不若。心曰進,莫敢不進。〔心曰退,莫敢不退。心曰深,莫敢不深〕。心曰淺,莫敢不淺。和則同,同則善。"當仁義諸德行"刑(形)於内"而生成至德,心已經實現了自身的超越,心的命令實際上就是至德的命令。在這種情況下,"順命"與"慎獨"是一致的。

上揭《不苟》篇文字跟《五行》有偌多實證性的關聯,令人驚訝,其受《五行》

---

① 關於《五行》"慎獨"之説,參閱本書第六章"《詩經》學視野中的《五行》"第四節:"'慎獨'"。
② 無論是《五行》還是《荀子》,這一層面上的心均非本然之心,而是合德行之心。《五行》雖謂心之性能好仁義,但經過歷練修持,仁、知、義、禮、聖形於内,最終心同於五行之和,臻至最高境界。《荀子》謂本然之心好利欲佚,但經認知、踐履、持養外在的價值和規範,達到"非是無欲慮"的境界,則不爲外事外物改變。兩部經典在這一點上其實也是趨同的。

學說之影響已是不爭的事實。有學者認爲,《不苟》篇論誠受《中庸》之影響。①《中庸》確當爲《不苟》篇的學術源頭之一,今簡單梳理其關聯、異同於下。

《中庸》第二十章云:"誠者,天之道也。誠之者,人之道也。誠者不勉而中,不思而得,從容中道,聖人也。誠之者,擇善而固執之者也。"朱熹集注曰:"誠者,真實無妄之謂,天理之本然也。誠之者,未能真實無妄而欲其真實無妄之謂,人事之當然也。聖人之德,渾然天理,真實無妄,不待思、勉而從容中道,則亦天之道也。未至於聖,則不能無人欲之私,而其爲德不能皆實,故未能不思而得,則必擇善,然後可以明善,未能不勉而中,則必固執,然後可以誠身,此則所謂人之道也。不思而得,生知也。不勉而中,安行也。擇善,學知以下之事。固執,利行以下之事也。"②"誠者"是最高的境界,爲"天之道"之表徵,被稱爲"聖人","誠之者"次之,爲"人之道"之表徵。二者分別與《五行》篇五行和合之"德"與四行和合之"善"對應,"德"被稱爲"天道","善"被稱爲"人道"(見《五行》經文第一章)。"誠者"與"誠之者"的差別,在於前者意味着價值與主體合一,後者則意味着價值仍然是主體的對象性存在。故前者"不勉""不思""從容"而與道無違,"從心所欲,不踰矩"(《論語·爲政》),後者則必須努力持守價值。"誠"意味着對價值表裏如一,故《大學》八目,"格物→致知"之後便是"誠意"。當價值與主體合一時,隨意動止均是誠,當價值還是主體的對象性存在時,不著力持守便會偏離誠。《不苟》篇似乎汲取了此意,如謂"君子養心莫善於誠,……變化代興,謂之天德"等等;它最終達成的"操而得之則輕,輕則獨行"的"天德"至德"境界,就相當於《中庸》"不勉而中,不思而得,從容中道"的"聖人"或"誠者"境界。不過,《不苟》篇反復言"誠",如謂"養心莫善於誠""誠心守仁""誠心行義""不誠則不獨""夫誠者,君子之所守也,而政事之本也"等等,大抵祇處於"天德"生成過程中,即主要是對應於《中庸》"擇善而固執之"這一個層面。

《中庸》第二十三章云:"其次致曲,曲能有誠,誠則形,形則著,著則明,明則動,動則變,變則化,唯天下至誠爲能化。"③《不苟》篇云:"誠心守仁則形,

---

① 參閱〔澳〕陳慧、廖名春、李銳:《天、人、性:讀郭店楚簡與上博竹簡》,頁155。
② 案《中庸》第二十章云:"或生而知之,或學而知之,或困而知之,及其知之一也;或安而行之,或利而行之,或勉强而行之,及其成功一也。"朱子所謂"生知""學知""安行""利行"等本乎此。
③ 《孟子·離婁上》記孟子曰:"居下位而不獲於上,民不可得而治也。獲於上有道,不信於友,弗獲於上矣;信於友有道,事親弗悦,弗信於友矣;悦親有道,反身不誠,不悦於親矣;誠身有道,不明乎善,不誠其身矣。是故誠者,天之道也;思誠者,人之道也。至誠而不動者,未之有也。不誠,未有能動者也。"這段文字,從開頭至"人之道也",幾乎原原本本鈔錄了《中庸》第二十章之後半,最後兩句則是概錄《中庸》第二十三章(參閱徐復觀:《中國人性論史·先秦篇》,頁126~127)。又,徐復觀證《孟子》在《中庸》之後,亦頗可參(參見前書,頁126~133)。

形則神,神則能化矣;誠心行義則理,理則明,明則能變矣。變化代興,謂之天德。……天地爲大矣,不誠則不能化萬物;聖人爲知矣,不誠則不能化萬民……"這兩段文字,有非常相近的意思和表達方式。其發端爲"誠"或者與"誠"密切相關,之後或經"形→明→動→變→化"之上升,或經"形→神→化""理→明→變"之上升,其模式高度一致,一些根本環節雷同。《中庸》之中,基於"誠"的"化"也歸結到化民之上。朱熹注《中庸》此章云:"其次,通大賢以下凡誠有未至者而言也。致,推致也。曲,一偏也。形者,積中而發外。著,則又加顯矣。明,則又有光輝發越之盛也。動者,誠能動物。變者,物從而變。化則有不知其所以然者。蓋人之性無不同,而氣則有異,故惟聖人能舉其性之全體而盡之。其次則必自其善端發見之偏,而悉推致之,以各造其極也。曲無不致,則德無不實,而形、著、動、變之功自不能已。積而至於能化,則其至誠之妙,亦不異于聖人矣。"朱熹釋"動"爲"誠能動物",釋"變"爲"物從而變",祇能説是約略得之。《中庸》第二十二章云:"唯天下至誠,爲能盡其性;能盡其性,則能盡人之性;能盡人之性,則能盡物之性;能盡物之性,則可以贊天地之化育;可以贊天地之化育,則可以與天地參矣。"此章與前引第二十三章有如下對應或互文關係:

表9-3 《中庸》第二十二、二十三章互文關係表覽

《中庸》第二十二章	《中庸》第二十三章
唯天下至誠,爲能盡其性;	其次致曲,曲能有誠,誠則形,形則著,著則明,
能盡其性,則能盡人之性;能盡人之性,則能盡物之性;	明則動,動則變,
能盡物之性,則可以贊天地之化育;可以贊天地之化育,則可以與天地參矣。	變則化,唯天下至誠爲能化。

第二十三章起首之"其次"殆有譌誤,該章結語是"唯天下至誠爲能化",與第二十二章起句"唯天下至誠,爲能盡其性",正相呼應,且兩章主旨其實都是"唯天下至誠爲能化",其所論境界並無高下優劣之分,故"其次"兩字不符合文本的内在邏輯。前人往往執守此誤,強爲彌縫。比如鄭注解第二十二章云,"盡性者,謂順理之使不失其所也";正義説,"此明天性至誠,聖人之道也"。鄭注解第二十三章云,"不能盡性而有至誠,於有義焉而已";正義則説,

"此一經明賢人習學而致至誠,故云'其次致曲'"。①"聖人""賢人"以及"盡性""習學"之分,殆強作區劃,並非原文本義(舊説往往有此弊)。筆者認爲這兩章存在互文關係:第二十三章"誠→形→著→明"階段,相當於第二十二章"盡其性";第二十三章"明→動→變"階段,相當於第二十二章"盡人之性→盡物之性";第二十三章"化"之階段,相當於第二十二章"贊天地之化育→與天地参"。如此理解,這兩章之意指便十分明了。而依據這兩章的互文關係,可斷定第二十二章所謂"盡人之性"就是"化人(民)"之意,所謂"盡物之性"就是"化物"之意。《不苟》篇稱"天地爲大矣,不誠則不能化萬物;聖人爲知矣,不誠則不能化萬民",所謂"化萬民""化萬物",特別是前者,應該與《中庸》這兩章的核心意涵有關。不過在《不苟》篇中,"化萬民"是終結,仍然被歸功於"聖人","化萬物"則並非基於此而達成,被歸功於"天地",後者主要是作前者的參照。要之,《不苟》篇"化萬民"觀念,不僅承繼了《五行》"忌(己)仁而以人仁,忌義而以人義"的理路,而且承繼了《中庸》化人、化物之意,衹是某些方面做了新安排而已。

值得注意的,還有《中庸》第三十三章。這一章,前人往往仍基於慎獨觀念來作解釋。比如朱熹注解"知遠之近,知風之自,知微之顯,可與入德矣",云:"有爲己之心,而又知此三者,則知所謹而可入德矣。故下文引《詩》言謹獨之事。"②朱子《答林擇之》云:"《中庸》徹頭徹尾説個謹獨工夫,即所謂敬而無失平日涵養之意。"③這種論斷其實都是基於誤讀。《中庸》第三十三章與慎獨觀念固有聯繫,可側重點卻是在君子之道,遠遠不限於慎獨。而恰恰在這一層面上,它深刻影響了上文引録的《不苟》篇。

《中庸》第三十三章的核心,是説君子之道沒有咄咄逼人、顯著張揚的形式,但其由内而外的穿透力卻爲常人所不能及。其影響於《不苟》篇,需要細細剖析。

《中庸》第三十三章起首云:

《詩》曰"衣錦尚絅",惡其文之著也。

---

① 徐復觀云:"按'曲'者,乃指局部之善而言。任何人皆有局部之善。'致曲',即是推拓局部之善。朱元晦'曲,一偏也',似不妥。"(參見氏著《中國人性論史·先秦篇》,頁138注1)可資參考。
② 案所謂"爲己",可參閱如下文獻。《論語·憲問》記孔子曰:"古之學者爲己,今之學者爲人。"《荀子·勸學》曰:"君子之學也,入乎耳,箸乎心,布乎四體,形乎動静,端(喘)而言,蝡而動,一可以爲法則。小人之學也,入乎耳,出乎口。口耳之間則四寸耳,曷足以美七尺之軀哉!古之學者爲己,今之學者爲人。君子之學也,以美其身;小人之學也,以爲禽犢。"
③ 朱熹:《晦庵先生朱文公文集》卷四三,朱傑人等主編:《朱子全書》第二十二册,頁1979。

此語以穿著爲例,謂穿著不貴文采顯著,故着精美華麗之錦衣而上面卻罩以單衣。《不苟》篇中,與此對應的舉證是:"天不言而人推高焉,地不言而人推厚焉,四時不言而百姓期焉。"天、地、四時不言語而世人推許其高、推許其厚、推許其有常,其"不言"正有"惡其文之著"之意。看起來《不苟》這一表述的遠源是孔子所謂:"天何言哉?四時行焉,百物生焉,天何言哉?"(《論語·陽貨》)孔子其實祇説了一個"天"("四時行""百物生"祇是在天不言之下説),與《不苟》"天""地""四時"並言不同。《不苟》"天""地""四時"之譬,與《中庸》"衣錦尚絅"之例,都是爲了與君子之道相證,正所謂異曲同工、殊途同歸者。何況《中庸》第二十六章曾舉證天、地云:"天地之道:博也,厚也,高也,明也,悠也,久也。今夫天,斯昭昭之多,及其無窮也,日月星辰繫焉,萬物覆焉。今夫地,一撮土之多,及其廣厚,載華嶽而不重,振河海而不洩,萬物載焉。"這正是天地不言而其高、厚見推許之顯例。而四時錯行之例則見於《中庸》第三十章,所謂:"仲尼祖述堯、舜,憲章文、武,上律天時,下襲水土。辟如天地之無不持載,無不覆幬,辟如四時之錯行,如日月之代明。"則《中庸》影響《不苟》"天""地""四時"之譬,可謂板上釘釘,其意指與《中庸》"衣錦尚絅"相同,並不意外。

《中庸》第三十三章接下來直接論君子、小人之道,云:

    ……君子之道,闇然而日章;小人之道,的然而日亡。君子之道:淡而不厭,簡而文,溫而理。

首先,君子,其道不易覺知而日益彰著;小人,其道招人眼目而日趨消亡。這裏大有《老子》第四十一章"明道若昧""上德若谷""廣德若不足""道隱無名"之意。其次,君子之道淡而人不厭之。這裏大有《老子》第三十五章"道出言,淡無味"、第六十三章"味無味"之意。① 而《中庸》第二十九章云:"君子動而世爲天下道,行而世爲天下法,言而世爲天下則。遠之則有望,近之則不厭。"可爲此處"不厭"之注脚。其三,君子之道簡而不野。易簡爲儒道特質。《禮記·樂記》云:"樂由中出,禮自外作。樂由中出,故靜。禮自外作,故文。大樂必易,大禮必簡。"《周易·繫辭上傳》云:"乾知大始,坤作成物。乾以易知,坤以簡能。易則易知,簡則易從。易知則有親,易從則有功。有親則可久,有

---

① 以上所引《老子》數語多見於郭店簡文《老子》。如《老子》乙有"明道如字(費)""上悳(德)女(如)浴(谷)""往(廣)惪女(如)不足""道☐",《老子》丙有"古(故)道☐☐☐,淡可(呵)其無味也"(案本書引郭店《老子》,主要依據荆門市博物館編《郭店楚墓竹簡》以及陳偉等著《楚地出土戰國簡册[十四種]》)。《老子》與《五行》等儒典同出於郭店楚墓,但這批儒典内部極少見到與《老子》關聯的痕迹。《中庸》顯示了與《老子》關聯的端倪,是一個很有意思的現象。

功則可大。可久則賢人之德,可大則賢人之業。易簡而天下之理得矣。"其四,君子之道溫而整飭。《尚書·堯典》記帝舜曰:"夔,命汝典樂,教冑子。直而溫,寬而栗,剛而無虐,簡而無傲……"《論語·述而》記:"子溫而厲,威而不猛,恭而安。"《論語·季氏》記孔子曰:"君子有九思:……色思溫……"《論語·子張》記子夏曰:"君子有三變:望之儼然,即之也溫,聽其言也厲。"《中庸》第三十一章云:"唯天下至聖,爲能……寬裕溫柔,足以有容也……"凡此可見君子之溫和整飭。

《中庸》第三十三章又云:

> 《詩》云:"潛雖伏矣,亦孔之昭(案今《毛詩》作炤,同)!"故君子內省不疚,無惡於志。君子之所不可及者,其唯人之所不見乎。

古人引《詩》,多不用其本意。比如《中庸》第十三章記孔子引《豳風·伐柯》"伐柯伐柯,其則不遠"一語,發揮說"執柯以伐柯,睨而視之,猶以爲遠",實際上是將肯定句讀爲反問句。此處引《詩經·小雅·正月》,原意是說魚雖潛入深水,亦昭昭可見,殆隱喻賢人雖退隱,亦甚昭著,不足以避苛政。前人或據此解釋《中庸》,如《禮記正義》解爲,"君子之閒居獨處,不敢爲非,故云'君子所不可者,其唯人之所不見乎'"。其實據上下文,《中庸》引"潛雖伏矣,亦孔之昭",是說君子之德正惟闇然而爲他人不可及,與其上句"君子之道,闇然而日章"、下句"君子不動而敬,不言而信"等,相通一貫。

《中庸》第三十三章又云:

> 《詩》云:"相在爾室,尚不愧于屋漏。"故君子不動而敬,不言而信。

此處引詩今見《詩經·大雅·抑》篇。毛傳曰:"西北隅謂之屋漏。""屋漏"爲安藏神主之所在,故代指神明。鄭箋云:"相,助。……諸侯卿大夫助祭在女(汝)宗廟之室,尚無肅敬之心,不愧媿於屋漏。有神見人之爲也。"前人解《中庸》此數語,依舊據慎獨爲言。比如鄭注云:"言君子雖隱居,不失其君子之容德也。相,視也。室西北隅謂之屋漏。視女(汝)在室獨居者,猶不愧于屋漏。屋漏非有人也,況有人乎?"朱熹章句曰:"承上文又言君子之戒謹恐懼,無時不然,不待言動而後敬信,則其爲己之功益加密矣。"據上下文,《中庸》此數語殆謂君子雖不動不言,亦可見知於神人,故俯仰無愧怍。《中庸》第二十九章所謂"君子之道……質諸鬼神而無疑",與此章"尚不愧于屋漏",意思正同。《中庸》第三十一章云:"唯天下至聖,爲能聰明睿知,足以有臨也;……見而民莫不敬,言而民莫不信,行而民莫不説。"第三十三章"君子不動而敬,不言而信",與此章唯天下至聖見而民敬之、言而民信之,其實是相同的意思。——《中庸》第三十三章之"君子"往往指最高人格。由此章與第三十一章之互文關係,已可知此章之"君子"或即彼章之"至聖"。而由此章"君子篤恭而天下平"一句,看得也十分明顯。朱熹釋此語之意云:"篤恭而天下平,乃聖人至德淵微自然之應,中庸之極功也。"這一層面的"君子",與《五行》對"君子"的基本界定相同。

《中庸》第三十三章又云:

《詩》曰:"奏假無言,時靡有争。"是故君子不賞而民勸,不怒而民威(畏)於鈇鉞。

此處引《詩》,今見於《商頌·烈祖》,"奏"作"鬷",字殆通。毛傳:"鬷,總;假,大也。總大無言無争也。"孔疏云:"鬷、摠,古今字之異也,故轉之以從今。……'摠大,無言無争'者,以諸侯大衆摠集,或有言語忿争,故云無言無争,美其能心平性和也。"《中庸》此章引"奏假"云云,僅用其無言無争之意,以證成下文君子之"不賞""不怒"。《禮記·樂記》記君子曰:"禮樂不可斯須去身。致樂以治心,則易、直、子、諒之心油然生矣。易、直、子、諒之心生則樂,樂則安,安則久,久則天,天則神。天則不言而信,神則不怒而威,致樂以治心者也。"其間說到"不怒而威"的境界,與不怒而民畏之是相通的。

《中庸》第三十三章又云:

《詩》曰:"不顯惟德,百辟其刑之。"是故君子篤恭而天下平。

此處引《詩》今見《商頌·烈文》。其中"不"字,前人往往依本音讀;且又往往將"不顯惟德"理解爲反問。比如鄭箋釋爲:"不勤明其德乎?勤明之也。故卿大夫法其所爲也。"其實根據詩意,"不顯"當讀爲"丕顯"(金文"不""丕"原爲一字,後來纔分化);"不(丕)顯惟德,百辟其刑之"一句,與其上"無競維人,四方其訓之"互文,意謂無可比擬的是賢人,天下都循其所爲,最顯著的是德行,諸侯均效法之。《中庸》此章引"不顯惟德"句,意在凸顯君子以道德化易天下民俗的巨大力量,與《大學》"明明德於天下"的境界相同。最有意思的是,《中庸》作者殆依本音讀"不"字,且把"不顯惟德"理解爲陳述句;其引此詩句之意,是説君子之德不顯揚卻能化易天下,與其上下文"君子之道,闇然而日章""君子不賞而民勸,不怒而民威(畏)於鈇鉞"等等,仍然是一路。其所謂"君子篤恭而天下平",似乎融匯了《老子》第十六章"致虚極,守静篤(篤)"之意。①

《中庸》第三十三章又云:

---

① 案:郭店簡文《老子》甲作"至虚,亙(恒)也;獸(守)中,管(篤)也。"

《詩》云:"予懷明德,不大聲以色……"子曰:"聲色之於以化民,末也。"《詩》曰"德輶如毛",毛猶有倫;"上天之載,無聲無臭",至矣!

其一,此段第一處引《詩》出於《大雅·皇矣》,原詩上下較完整的文字是:"帝謂文王:'予懷〔尔(爾)〕明德,不大聲以色,不長夏以革。不識不知,順帝之則。'"①毛傳釋云:"懷,歸也。不大聲見於色。革,更也。不以長大有所更。"孔疏申之,曰:"天帝告語此文王曰:我當歸於明德。以文王有明德,故天歸之。因説文王明德之事。不大其音聲以見於顏色而加人,不以年長大以有變革於幼時。言其天性自然,少長若一。不待問而自識,不由學而自知。其所動作,常順天之法則。以此,故天歸之……"而鄭箋釋云:"夏,諸夏也。天之言云:我歸人君,有光明之德,而不虚廣言語,以外作容貌,不長諸夏以變更王法者。其爲人不識古,不知今,順天之法而行之者。此言天之道尚誠實,貴性自然。"孔疏申之,曰:"天帝告語文王曰:我之所歸,歸於人君而有光明之德,而不虚廣其言語之音聲,以外作容貌之色;又不自以長諸夏之國,以變更於王法。其爲人不記識古事,不學知今事,常順天之法而行之。如此者,我當歸之。言文王德實能然,爲天所歸。"《中庸》這一次引《詩》强烈凸顯了引據的功利性,它僅僅截取了上帝稱贊文王有明德而"不大其音聲以見於顏色而加人"的局部,納入文本之有機組織,以顯示君子之德不張揚音聲貌色的特質。其二,此段第二、第三處引《詩》,今見於《大雅·烝民》以及《文王》。《烝民》云:"人亦有言:'德輶如毛,民鮮克舉之。'我儀圖之,維仲山甫舉之,愛莫助之。"鄭玄解前三個自然句,曰:"人之言云:德甚輕,然而衆人寡能獨舉之以行者。言政事易耳,而人不能行者,無其志也。"原詩之意殆爲,善德輕如毛羽,然世人謬妄少能舉之,——並未指言"德輶如毛"的局限性。《中庸》引此句,則謂德輕如毛羽猶有局限,以其有形迹也。朱熹章句解"有倫"爲"有可比者",不甚切當。"倫"當讀爲"侖"。《説文解字·亼部》云:"侖,思也,从亼从册。"徐灝《説文解字注箋》:"侖、倫,古今字。倫,理也。思,讀爲𧨏;𧨏亦理也。"《中庸》"毛猶有倫"句,殆指毛猶有文理、有形迹,斥言"德輶如毛"之未爲至境,下文從正面推崇"無聲無臭",堪爲力證。《文王》云:"上天之載,無聲無臭。"這原本是説上天之事。《中庸》引此以證君子之道,實際上祇取後半句,將它移植到君子身上。《中庸》引《烝民》《文王》,意思是説,君子之德有形迹則未臻其妙,惟至於無音聲無氣味無有形迹,方能臻於"不顯"之盛。

總之,《中庸》第三十三章乃集中論述君子之道、君子之德的内在性。明乎其本意,我們可以回到上揭《荀子·不苟》篇那段文字,其中説到:"君子至

---

① 案:"尔(爾)"字據上博簡《詩論》第九章補。

德，嘿(默)然而喻，未施而親，不怒而威。"這毫無疑問有《中庸》第三十三章作背景。其謂君子"嘿(默)然而喻"，與《中庸》該章謂君子"不言而信""不大聲以色""無聲無臭"通；其謂君子"未施而親"，與《中庸》該章謂君子"不動而敬"通；其謂君子"不怒而威"，與《中庸》該章謂君子"不怒而民威(畏)於鈇鉞"通。抽象一點説，其所及君子之道、君子之德，與《中庸》該章指意有高度同一性。

前引《荀子·不苟》篇之文字，最核心的範疇和觀念是"形""獨"以及"慎獨"，此外"誠"和"化"也比較重要。"形"的觀念見於《中庸》第二十三章，但其意指不夠明朗，在體系中的位置也不凸顯。而"荆(形)"或"井(形)""荆(形)於内""荆(形)於闕(厥)内"等，則是《五行》體系極爲重要的範疇與觀念；其中"荆(形)"集中於經文第四章，經、説第六章，以及説文第二十八章，"荆(形)於内"集中於經文第一章，"荆(形)於闕(厥)内"見經文第三章，"井(形)"見説文第九章等。這些範疇與觀念出現之頻繁、意指之明確，及其在體系中的獨特性和重要性，其他文獻實不可與並論。《不苟》篇"形"這一重要範疇應該是來自《五行》。《不苟》篇極重要的範疇"獨"看起來孑然孤立，如謂"輕則獨行，獨行而不舍則濟矣"等等，它不是"行"的修飾語，而是"行"的主體。在現今所知更早的文獻中，大概僅有《五行》有此先例，《不苟》篇"獨"的意藴亦明顯來自《五行》。《五行》篇中，"蜀(獨)"便是"一"——仁、知(智)、義、禮、聖五種德之行超越其個體存在和合爲一，並且與心同一的"一"。故其説文第七章謂："慎亓(其)蜀(獨)者，言舍夫五而慎亓心之胃(謂) 殹 ；蜀 然笱(後)一也。一者，夫五(夫)爲 一 心也，然笱德。之一也，乃德已。德猶天也，天乃德已。"又謂："夫喪，正經脩領而哀殺矣。言至内者之不在外也。是之胃蜀也。蜀者，舍體(體)也。"這種意義上的"蜀(獨)"或"一"，纔有可能作爲事實上的行爲主體。《不苟》篇與此相關的重要觀念是"慎獨"，所謂"夫此順命，以慎其獨者也"。《中庸》第一章有"慎獨"之説，卻與《不苟》篇之"慎獨"意指大異，《五行》所論"慎蜀(獨)"則與《不苟》篇較然一致。《中庸》之慎獨基本上是指閒居獨處時戒慎不苟，相當形而下，《不苟》和《五行》之慎獨則是指隨順超越性的德或命，更富有形而上的性質(《五行》慎獨觀念集中見於經、説第七章，而經、説第八章所論"舍體"觀念，又與之互明)。這意味着，《不苟》篇之"獨"和"慎獨"觀念乃是直接承繼《五行》，而非接續《中庸》。當然，《不苟》篇的具體安排有一定不同。在《五行》體系中，"慎蜀(獨)"這一環節發生在行"荆(形)於内"之後，而且是"荆(形)於内"所達到的最高境界，《不苟》篇中的"慎獨"則發生在"形"以前。無論如何這祇是大同小異，是承繼中發生的局部變化。"誠"與"化"的確見於《中庸》，且前者是《中庸》第二十章以下的根本範疇和觀念，然而《不荀》篇之"誠"甚至不足以成爲一個獨立範疇，更未具備《中庸》體系中"誠"的形而上特質。相對而言，《不苟》篇論"君子至德"部分比較深刻地承襲了《中庸》第三十三章對君子道或君子德的論説。① 綜上所論，徐復觀斷言《荀子·不苟》篇"夫此順命，以慎其獨者也"云云，"正是對《中庸》所作的解釋"，②證據相當脆弱，有失簡單化；《荀子·不苟》篇確曾受到《中庸》的影響，可它跟《五行》的關聯無疑更爲强勁。

餘　論

　　固化的錯誤認知往往會長久遮蔽歷史的時空。學界對《五行》與《孟子》關係的探討空前熱烈，對《五行》與《荀子》的關聯卻頗爲漠視，導致這一局面的一個重要原因，是荀子對思孟五行學説的尖鋭批判早已積澱爲歷史發展中"濃得化不開"的惰性元素。對於相關史實，人們的理解太過簡單，他們被表面現象迷惑和誤導，最終釀就了千百年來未嘗改變的錯判，他們不僅錯判了思孟五行學説，而且錯判了荀子本人的體系以及它與思孟五行學説的關係。子思《五行》學説重現於人世，爲我們糾正這些錯判提供了重大機遇。——實際上，即便《五行》不出土，我們也必須清醒地意識到：很多時候，批判對手恰恰是從對手那裏汲取智慧和思想的途徑，批判愈深，則汲取愈富。

　　《荀子》體系之脩身、治民兩大層面無不受《五行》學説的深刻影響（特別是前者）；其理論建構以及論事説理之法，都有子思五行學説的先導之功。學者或强調《荀子·不苟》篇受《中庸》影響，並解釋説，"此篇是前286年以前，即荀子'年五十而遊學於齊'之前的作品。其時荀子學術思想尚在發展變化之中，故其對子思學説的態度與其後期之作《非十二子》迥異"。③ 然而，其一，子思學説之影響荀子者實不限於《中庸》一著，《五行》對荀子的影響更深

---

① 若不限於取自《荀子·不苟》篇的對象文本，則《荀子》受《中庸》影響的內容尚多。譬如徐復觀指出："《不苟》篇的主要意思是'君子行不貴苟難，説不貴苟察，名不貴苟傳，唯其當之爲貴'；而其所謂'當'者，乃他再三所提出的'禮義之中'；上面幾句話，實際是對'君子中庸'一語的闡述。在《不苟》篇裏又説'庸言必信之，庸行必慎之'，這分明是《中庸》上篇十三章'庸德之行，庸言之謹'的轉述。並且他在《王制》篇説：'元惡不待教而誅，中庸民（王念孫以民字爲衍文者是也）不待政而化'；……這是《中庸》上篇第一章'脩道之謂教'的進一層的敘述。則他分明已接受了'中庸'的觀念。'中'的觀念，在先秦流行頗廣；但'中庸'的觀念，僅屬於孔門子思系統所發揮的。"（參見氏著《中國人性論史·先秦篇》，頁129）

② 參見徐復觀：《中國人性論史·先秦篇》，頁113。

③ 〔澳〕陳慧、廖名春、李鋭：《天、人、性：讀郭店楚簡與上博竹簡》，頁155；並參閲廖名春《〈荀〉各篇寫作年代考》，《吉林大學社會科學學報》1994年第6期，頁54。

刻,也更具體系性。其二,子思學説之影響荀子實又不限於他寫作《不苟》時期。被視爲荀子前 279 年以後至前 255 年以前在稷下之時所撰著的《正論》《勸學》《解蔽》《性惡》《王霸》,被視爲荀子前 255 年以後居於蘭陵之時所撰著的《非十二子》,被視爲反映荀子各時期思想的《大略》等文,都有《五行》學説打上的鮮明烙印。① 其三,荀子對子思學説之態度如何,與他是否以及在何種程度上接受子思學説的影響不完全是一回事,即便他很早就形成排斥子思學説的態度,也仍有可能自覺不自覺地接受子思的影響,事實已經證明了這一點。

在本章各節所論事實之外,還有其他方面應給予關注。比如,《五行》雖持天命觀念,卻並不十分注重德行的超越性或終極性的本源。這一特色,拿郭店簡文《成之聞之》來對比,看得十分鮮明。《成之聞之》云:"天夅(降)大棠(常),以里(理)人侖(倫)。折(制)爲君臣之義,者(圖)爲父子之新(親),分爲夫婦之攴(辨)。是古(故)小人亂天棠以逆大道,君子訋(治)人侖以順天惪(德)。"又云:"昔者君子有言曰'聖人天悳',害(蓋)言斳(慎)求之於呂(己),而可以至川(順)天棠悞(矣)。"根據這些論説,人倫諸規範諸如君臣之義、父子之親、夫婦之別等,無不本源於上天。《五行》篇經文部分與《成之聞之》同出,卻不很凸顯這一類觀念,它偏重於基於人原初的性或者聞而知君子道、見而知聖人德來育成德行,從本源上凸顯了德行的人間性。當然,這並不意味着《五行》與《成之聞之》一定屬於兩個不同的傳統或體系,它們完全可能祇是側重點不同而已;何況《五行》仁義禮等各種價值,畢竟還是擁有終極性的本源。從思想史上不能不重視的是,《荀子》依循《五行》這種偏重,進一步淡化價值的超越性本源,加入了更多更清醒的理智主義。其《禮論》篇云:"禮起於何也? 曰:人生而有欲,欲而不得則不能無求,求而無度量分界則不能不爭,爭則亂,亂則窮。先王惡其亂也,故制禮義以分之,以養人之欲、給人之求,使欲必不窮乎物、物必不屈於欲,兩者相持而長,是禮之所起也。"《榮辱》篇云:"夫

---

① 廖名春認爲:"總的説來,我們可以將荀子的著作大致分爲三個時期:一是前 286 年遊學於齊前的作品,可考定的祇有《不苟》篇;二是前 279 年以後至前 255 年以前荀子在稷下的作品,它們是《王霸》《王制》《正論》《天論》《勸學》《修身》,還可加上《解蔽》《榮辱》《正名》《性惡》《禮論》《樂論》;三是荀子前 255 年以後居於蘭陵時的作品,它們是《非相》《臣道》《君道》《非十二子》《成相》《賦》,還可加上《富國》《致士》《君子》。《議兵》《強國》《儒效》反映的都是荀子前 255 年以前之事;《大略》反映的則各個時期都有;《仲尼》篇的前半篇反映的可能是其在稷下的思想,後半篇反映的可能是其在蘭陵時的思想。由於證據有限,這樣的分期免不了存在許多問題,但循着這一綫索,就可大致考察出荀子一生思想發展演變的進程。"(參見氏著《〈荀子〉各篇寫作年代考》,《吉林大學社會科學學報》1994 年第 6 期,頁 57)

貴爲天子，富有天下，是人情之所同欲也。然則從人之欲則埶不能容、物不能瞻也。故先王案爲之制禮義以分之，使有貴賤之等，長幼之差，知愚、能不能之分，皆使人載其事而各得其宜，然後使（慤）〔穀〕祿多少厚薄之稱，是夫羣居和一之道也。"《王制》篇云："有天有地而上下有差，明王始立而處國有制。夫兩貴之不能相事、兩賤之不能相使，是天數也。埶位齊而欲惡同，物不能澹（贍）則必爭，爭則必亂，亂則窮矣。先王惡其亂也，故制禮義以分之，使有貧富貴賤之等，足以相兼臨者，是養天下之本也。《書》曰：'維齊非齊。'此之謂也。"李澤厚曾經指出，"在這裏，'禮'不再是僵硬規定的形式儀容，也不再是無可解釋的傳統觀念，而被認爲是清醒理智的歷史產物。即把作爲社會等級秩序、統治法規的'禮'，溯源和歸結爲人羣維持生存所必需"；"總之，'禮'到荀子這裏，作爲社會法度、規範、秩序，對其源起已經有了高度理智的歷史的理解。'禮'這個'貴賤有等，長幼有差，貧富輕重皆有稱者'（《荀子·禮論》）的'度量分界'，被視作是'百王之所積'，亦即是久遠歷史的成果，而並非只是'聖人'獨創的意思"。① 這一評價基本上是合理的。但是，荀子之"禮"不止意味着"社會等級秩序、統治法規"等剛性內容，更重要的是它具有內化爲主體自覺的柔性的一面，這是儒家大師荀子的根本立足點，——失去這一基礎，儒家將不再成其爲儒家。而荀子這種冷靜理智和現實清醒，應該也是在《五行》基礎上進一步發展來的。郭店《語叢一》云："人之道也，或邎（由）中出，或邎外內（入）。"如果說《五行》兼顧"邎（由）中出""邎外內（入）"兩種取向，且以前一取向爲主的話，那麽《荀子》則主要是弘揚了後一個取向。

此外，鑒於《五行》與其他郭店、上博儒典的深刻關聯，考察一下《荀子》與其他新出儒典的綰合是必要的，——這些綰合有助於證成《五行》對《荀子》的影響。郭店《眚自命出》上篇有云："剛之桓（樹）也，剛取之也。柔之約，柔取之也。"上博《眚意論》有同樣的話，但已殘缺。郭店《語叢三》則説："彊之鼓（樹）也，彊取之也。"這些大抵是説剛彊之物被樹立爲支撐，是由於其剛彊；柔韌之物被纏繞以爲約束，是由於其柔韌。其道理和取譬方式均爲《荀子·勸學》篇承繼和光大，所謂："物類之起，必有所始。榮辱之來，必象其德。肉腐出蟲，魚枯生蠹。怠慢忘身，禍災乃作。強自取柱，柔自取束。邪穢在身，怨之所構。施薪若一，火就燥也。平地若一，水就濕也。草木疇生，禽獸羣（焉）〔居〕，物各從其類也。是故質的張而弓矢至焉，林木茂而斧斤至焉，樹成蔭而衆鳥息焉，醯酸而蜹聚焉。故言有召禍也，行有招辱也，君子慎其所立乎！"楊

---

① 參閲李澤厚：《荀易庸紀要》，《中國古代思想史論》，北京：生活·讀書·新知三聯書店，2008年，第1版，頁111、頁112。案："百王之所積"當作"百王之所同"。

倞注"强自取柱,柔自取束",云:"凡物强則以爲柱而任勞,柔則見束而約急,皆其自取也。"其實後語應當是指柔韌故自取以爲纏束。王引之斥言楊注之非,謂"柱"當讀爲"祝",意指斷(王念孫《讀書雜志·荀子雜志》第一)。由郭店、上博儒典來看,王説錯謬更甚。

若無簡帛文獻之出土,學術思想史上這類大大小小的軌迹將永遠湮滅不見。因此,新出文獻的價值絶對不限於"自明",它們與傳世文獻有强烈的"互明"意義。比方説,《五行》足以説明荀子並非人們通常想象的學術思想史上的獨行者。

第十章　學術思想傳播授受的交光互影
——從傳世文獻到簡帛古書

《五行》等新出儒典所由產生和成立的思想學術史基礎，特別是其歷史影響，實遠遠超出儒家學派這一特定的畛域。在本書前面幾個專題外，另有很多思想和學術傳播的脈絡值得關注。

本章暫祇提挈若干重點，並予以論析。

一、《五行》與《老子》以及《大一生水》：德行、天地萬物以及宇宙的生成圖式

1973 年，湖南長沙馬王堆漢墓出土了帛書《五行》，與之同出的有兩種帛書《老子》（《五行》出現於《老子》甲本卷後）。1993 年，湖北荆門郭店村楚墓又出土了竹書《五行》。帛書《五行》被視爲經說體，前爲經而後爲說，竹書《五行》僅有相當於帛本經文的部分，可是在實際授受或傳播的過程中，《五行》經文脫離說文獨立呈現的可能性並不大。① 與竹書《五行》同出的文獻中有三組竹書《老子》（可惜嚴重殘缺），此外還有此前不爲人知的一篇道家文獻——《大一生水》。竹書、帛書中所見《老子》跟傳世《老子》有不少差異，可相對來說，帛書本與傳世本之實質內涵有很大程度的一致性。《五行》和《老子》在傳播中相伴相隨，這一現象看起來既有趣，又耐人尋味。它至少顯示了孔門七十子時代學術界一個極爲重要的思想知識圖景，即儒、道並行，後人熟知的儒、墨並稱顯學的格局很可能尚未形成或尚未產生實際的重大影響。不過，這不是本書要研討的主要話題，我們此時思考的是，《老子》與《五行》究竟有無内在體系上的關聯，——即便兩者間不存在觀念層面上的影響關係，在思維方式上（例如在《五行》德行生成圖式與《老子》天地萬物生成圖式之間），是否存在某種順勢啓發或一致性呢？

我們必須有一點思想準備：鑒於現有研究狀況，在達成相關認知的過程中，我們將不得不細緻辨析道家建構的天地萬物生成的圖式及其一系列核心範疇。

---

① 具體論證，參閱本書緒論之"《五行》與'經説體'"部分。

(一) 由一到多與由多到一

《老子》體系包含一個由一（即道）到多（即天地萬物）的生成架構。傳世《老子》第三十八章云："上德不德，是以有德。下德不失德，是以無德。"王弼注曰："德者，得也。……何以得德？由乎道也。"就是說，"道"乃"德"之本。傳世《老子》第五十一章云："道生之，德畜之，物形之，勢成之。是以萬物莫不尊道而貴德。道之尊，德之貴，夫莫之命而常自然。故道生之，德畜之，長之育之，成之熟之，養之覆之。生而不有，爲而不恃，長而不宰，是謂玄德。"王弼注曰："道者，物之所由也；德者，物之所得也。"就是說，"道""德"乃"萬物"之本。徐復觀詮釋其意，説：

> 德是道的分化。萬物得道之一體以成形，此道之一體，即内在於各物之中，而成爲物之所以爲物的根源；各物的根源，老子即稱之爲德。《韓非子·解老》説"德也者，人之所以建生也"，即係此意。就其"全"者"一"者而言，則謂之道；就其分者多者而言，則謂之德。道與德，僅有全與分之別，而没有本質上之別。所以老子之所謂道與德，在内容上，雖不與《中庸》"天命之謂性"相同；但在形式的構造上，則與《中庸》"天命之謂性"無異。道等於《中庸》之所謂"天"；道分化而爲各物之德，亦等於天命流行而爲各物之"性"。因此，老子的道德論，亦即是老子的性命論。道創生萬物，即須分化而爲德；德由道之分化而來，即由道之無限性（二十五章"獨立不改，周行而不殆"），恍惚性（"道之爲物，惟恍惟惚"），凝結而爲有限性的存在。①

在郭店、上博儒典中，《中庸》"天命之謂性"觀念有更具體細緻，也更充分完備的表達。比如《性自命出》上篇謂："性自命出，命自天降。"（同語亦見上博《性情論》）這種觀念的"形式的構造"，的確跟《老子》"道分爲德"觀念高度一致。然而二者有一個實質性的差異，即《老子》將"天"安排在"道"之下，視之爲"道"的生成物，上揭戰國儒典所説"天"的位置，則與《老子》所言之"道"對應。《老子》由一（道）到多（天地萬物）的生成架構，在傳世《老子》第四十二章、第四十章、第一章之中表達得最爲簡明扼要。其第四十二章有云："道生一，一生二，二生三，三生萬物。萬物負陰而抱陽，沖氣以爲和。"其第四十章有云："天下萬物生於有，有生於無。"而其第一章有云："無，名天地之始；有，名萬物

---

① 徐復觀：《中國人性論史·先秦篇》，頁 306。案：徐復觀認爲"德畜之"之"畜"，當從《説文通訓定聲》所引《老子》注："畜者，有也"（見《中國人性論史·先秦篇》，頁 306）；參見朱駿聲編著：《説文通訓定聲·孚部》，北京：中華書局，1984 年，第 1 版，頁 297 下。

之母。"①這幾段文字意思不易確知,其中很多範疇需要仔細加以辨析。

(1) 超越性的"道"和"無"。

上揭《老子》數章的"道"和"無"具有終極意義(《老子》體系中另有不具備終極意義的"道"和"無",需要有所區分)。依《莊子·内篇·大宗師》的界定,終極性的道是天地萬物之根本,是天地萬物向本源處推求所得的最後一個存在,即道"神鬼神帝,生天生地";天地萬物以道爲本根,而道"自本自根";天地萬物均非永恒,而道則永恒,"未有天地,自古以固存","先天地生而不爲久,長於上古而不爲老";天地萬物均屬於有限,而道則無限,"在太極之先而不爲高,在六極之下而不爲深"。與此同時,道是不可用感官經驗來感知的在,——道"無形",道"可傳而不可受(可以傳卻不能像傳一般有形質的事物那樣給予),可得而不可見"。因此,道家喜稱"道"爲"無"。《莊子·外篇·天地》謂"泰初有无(無),无(無)有无(無)名",居於"有"和"名"之先的"无(無)"毫無疑問具有終極性,它顯然就是終極性的道。

不過,在《老》《莊》體系中,道生成天地萬物需經歷一個過程,處於"道"之下、天地萬物生成之前的那一階段也往往被稱爲"無"。傳世《老子》第一章謂"無,名天地之始",這裏的"無"既包括道,又包括由道向天地落實的過程。《淮南子·俶真》篇描述天地萬物產生以前的"無",曾如是説:"有無者,視之不見其形,聽之不聞其聲,捫之不可得也,望之不可極也,儲與扈冶(褒大貌),浩浩瀚瀚,不可隱儀揆度而通光耀者('隱儀揆度'四字疊義,即度)。"這種"無"應該就是道向天地落實的那個中間過程。觀察它在整個圖式中所處的位置,這一點較然可知(《淮南子·俶真》篇之萬物生成圖式與《老子》萬物生成圖式的對比分析,可以參見下文的附表)。從邏輯上説,這種"無"是距離

---

① 這一句,嚴遵《老子指歸》以及河上公章句、王弼(226~249)注等讀爲:"無名,天地之始;有名,萬物之母。"其後從之者頗多。然而這可能是很嚴重的誤讀。《文子·道原》篇云:"廣厚有名,有名者貴全也,儉薄無名,無名者賤輕也;殷富有名,有名尊寵也,貧寡無名,無名者卑弱也;雄牡有名,有名者章明也,雌牝無名,無名者隱約也;有餘者有名,有名者高賢也,不足者無名,無名者任下也。有功即有名,無功即無名,有名産於無名,無名者有名之母也。"此段結語用了跟《老子》相類的字眼和表達方式,但其所謂"名"基本上是世俗"功名"之名,其所謂"有名""無名"不具備宇宙萬物之發生學的意義,所以不能援引此説來解釋《老子》首章之論天地萬物之始源。《史記·日者列傳》有"此老子之所謂'無名者萬物之始'也"。譚禪生認爲,《日者列傳》"蓋略下句,而增'者''也'二字,復誤'天地'爲'萬物'也"(見氏著《老子通詮》,《北京大學研究所國學門月刊》第一卷第五期,頁481)。説《日者列傳》增"者"字,由馬王堆帛書《老子》來看是正確的;説《日者列傳》增"也"字,並"誤'天地'爲'萬物'",由馬王堆帛書《老子》來看則未必然。帛書甲乙本與傳世本對應的兩句,均作"无名萬物之始也有名萬物之母也"(而由王弼注可知,王弼所見本亦均作"萬物")。不過,《日者列傳》既然增加"者"字,則不可引據以改易或詮釋《老子》本文。劉笑敢這樣做,頗可商(參見氏著《老子古今:五種對勘與析評引論》,北京:中國社會科學出版社,2006年,第1版,頁93)。接下來先看看"有,名萬物之母"一句。"道"(即超(轉下頁)

(接上頁)越性的"無")沒有名,也不應當命名,故《老子》第二十五章謂"〔強〕字之曰道,強爲之名曰大",而《莊子·外篇·知北遊》謂"道不當名"。"有名"是萬物產生以後的階段。郭店簡文《語叢一》謂"又(有)天又命,又勿(物)又名",又謂"又勿又容,又禹(稱)又名"。上揭《老》《莊》之文,實際上也是説衹有物纔可以名,"名"在物生成之後;傳世《老子》第三十二章"道常無名,樸……始制有名",大抵也是這種意思。既然"名"是和有限、有形質的物相配的,那麼將《老子》原文讀爲"有名,萬物之母",就完全背離了它的觀念體系,早期道家學説中根本不存在這樣的道理。或謂馬王堆帛書《老子》可以證成"有名,萬物之母"這一讀法,其實帛書甲乙本之對應部分均當讀作"有,名萬物之母也"。進而言之,確定了"有,名萬物之母"這一讀法,則可知與它對應的前一句也衹能讀爲"無,名天地之始",否則便很荒謬。該句之"無"是超越性的無,亦即終極性的道。傳世《老子》第四十章謂"有生於無",《莊子·外篇·天地》謂"泰初有无(無)",均堪爲此"無"字作注腳。"無,名天地之始"實際上是説無即道指的是天地之母,亦即《莊子·內篇·大宗師》所説的"夫道,……生天生地"。傳世《老子》第二十五章云:"有物混成,先天地生,寂兮寥兮,獨立不改,周行而不殆,可以爲天地母。吾不知其名,〔強〕字之囗道,強爲之名曰人"。這其實是對"無,名天地之始"的具體申説。傳世《老子》第六章云:"谷神(案即道)不死,是謂玄牝。玄牝之門,是謂天地根。這衹是採用另一種類比方式,意指是完全一致的。總之,《老子》反復説"無"或"道"爲天地之始、天地之母或天地之根,凡此均不能逕直替换爲"無名"爲天地之始、天地之母或天地之根。儘管如《老子》第三十二章所説"道常無名",但"無名"也好"有名"也罷,都是有限的言説,都因依有限的言説主體,而作爲天地萬物之原發性本根的道則是無限的、超越的、具有終極性的,它從根本上超越言説。所以《莊子·外篇·天地》強調"道不可聞,聞而非也;……道不可言,言而非也",《老子》第二十五章則説"〔強〕字之""強爲之名"。從言説層面上説,之所以有這種無奈,是因爲不得不用有限的言説去"接近"無限。綜上所論,《老子》第一章"無,名天地之始;有,名萬物之母",指的是"無"稱説天地的開始,亦即"無"生成天地,"有"稱説萬物的母體和母源,亦即"有"生成萬物;其間"名"的用法可參酌以下語例:《老子》第十四章謂"繩繩不可名",第三十四章謂"大道汜兮,其可左右。萬物恃之以生而不辭,功成(不名有)〔而不有〕。衣養萬物而不爲主,(常無欲)可名於小;萬物歸焉而不爲主,可名爲大",以及孔子"民無能名焉"(《論語·泰伯》)。此外需要説明的是,作爲萬物母源的"有"對應的是天地。道(無)創生了天地萬物,當《老子》在道的下一級層面説"萬物"時,此"萬物"包括天地。如第三十四章:"大道汜兮,其可左右。萬物恃之以生而不辭,功成(不名有)〔而不有〕。"當《老子》在道的下一級層面説"天地"時,"萬物"便是"天地"之下的一個層級。如第二十五章:"有物混成,先天地生。……可以爲天地母。"天地參與了萬物的生成。一方面,天地爲萬物之生成和存在提供空間,另一方面,通常所謂生成萬物的陰陽二氣其實就是天氣和地氣。《老子》第五章云:"天地不仁,以萬物爲芻狗;聖人不仁,以百姓爲芻狗。天地之間,其猶橐籥乎?虚而不屈,動而愈出。"此章極爲形象地表達了天地爲萬物母體和母源的意思。道生成天地,便是無生有。或者説,天地是道或超越性的無最先生成的"有",據此又進一步生成"萬物"。所以説"有,名萬物之母"。這一層意思,可參閱本書下文的相關論析。總而言之,"無,名天地之始;有,名萬物之母"這一讀法,可以得到傳世《老子》整個體系的支持。除以上所揭諸事,還有一些十分重要的内證。比如《老子》第四十章云:"天下萬物生於有,有生於無。"其前半句就是"有,名萬物之母"之意,足證此句不可讀爲"有名,萬物之母"。其後半句則可證成和揭示"無,名天地之始"這一讀法及其意指。河上公章句謂"無名者謂道""有名謂天地",準確地説是"無"謂道,"有"謂天地。有學者認爲,"以'無'、'有'斷句,……這種讀法便更有哲學思辨意味,作爲哲學創造自有其高妙之處,……但明顯拔高古人"(劉笑敢:《老子古今:五種對勘與析評引論》,頁93)。《老子》原本就該這樣讀,有何拔高之有? 司馬光(1019~1086)《道德真經論》、王安石(1021~1086)《老子註》等以"無""有"斷句,梁啓超(1873~1929)《老子哲學》、高亨(1900~1986)《老子正詁》、嚴靈峯(1904~1999)《老子達解》等讀法與之相同,他們無疑是正確的。陳鼓應認爲,傳世《老子》第三十二章"道常無名"、第二十五章"吾不知其名,〔強〕字之曰道,強爲之名曰大",是嚴遵、王弼等學者所主張的"無名""有名"斷讀的依據(參見氏著《老子註譯及評介》,頁57)。究其實際,這些内容可以支持"無名,天地之始"的斷讀,即在道沒有名這一點上,它們是一致的,卻不支持"有名,萬物之母"的斷讀,與道沒有名相對的是萬物有名,而不是"萬物之母"有名。

"道"最近的階段,又被《老子》稱爲"一"(參見下文釋"一");可是就《老》《莊》的理論設定而言,道是貫穿始終的,它與"無""有""天地""萬物"的距離根本就無從比較。

很明顯,在終極層面上的道無與匹配、無與對待,是真正意義上的獨。《莊子·内篇·大宗師》謂女偊曰:"我有聖人之道而無聖人之才。……吾猶守而告之,參日而後能外天下;已外天下矣,吾又守之,七日而後能外物;已外物矣,吾又守之,九日而後能外生;已外生矣,而後能朝徹;朝徹,而後能見獨;見獨,而後能無古今;無古今,而後能入於不死不生。"成玄英(生卒年不詳)疏云:"夫至道凝然,妙絶言象,非無非有,不古不今,獨往獨來,絶待絶對。睹斯勝境,謂之見獨。"所謂"見獨"之"獨"指的就是道,——人必須經歷足夠的獨特的修養,纔能與之晤面。毫無疑問,道向天地落實的那個中間過程"一"也是名副其實的獨。

(2) 超越性的"一"。①

徐復觀釋"一"云:"老子的所謂'一',我認爲與……上一層次的'有',是屬於同層次、同性質的觀念,依然指的是萬物最基本的共同元素;此元素對上一層次的'無'而言,則稱之爲'有';對下一層次的'衆'而言,亦即對分化後之'多'而言,則稱之爲'一'。因爲此時要分化而尚未分化,所以是'一'。'一'之與'無',可以説其間相去,不能容髮;因此,'有'與'一',依然應概括於'道'的概念之内;所以書中所用的'一'字,多與'道'字同義。"②這一判斷可能需要修正。對比傳世《老子》第四十章"天下萬物生於有,有生於無",與其第一章"道生一,一生二,二生三,三生萬物",可知《老子》體系中的"有"大抵始於天地產生的一個階段(參見下文釋"有"),即始於"一"之"生二"(誠如徐復觀所説,"二"指天地,參見下文釋"二")、貫通於"二"之"生三",它跟"一"不大可能是"屬於同層次、同性質的觀念",即"一"應該更高。

换一個角度考察可以得到同樣的結論。《説文解字·一部》云:"一,惟初太始,道立於一,造分天地,化成萬物。"在敘述天地萬物生成的序列時,《説文》説"一"在邏輯層次上跟"道"是同在的,《老子》謂"道生一","一"僅次於"道",稍有差異,可是在這兩種敘述中,"一"均先於"天地"和"萬物",亦即均先於"有",然則此種超越性的"一"實際上是"有"之上的"無";《説文》之"一"側重於指"道",《老子》第一章之"一"側重於指道向天地落實的過程,兩者其實是相成的(《老子》其他章節也有"道"與"一"高度同一的表述,比如第三十

---

① 傳世《老子》第三十九章云:"昔之得一者,天得一以清,地得一以寧,神得一以靈,谷得一以盈,萬物得一以生,侯王得一以爲天下貞(正)。""侯王得一"之"一"顯然不具備超越性。

② 徐復觀:《中國人性論史·先秦篇》,頁 302。

九章"天得一""地得一"云云)。《淮南子·俶真》篇之乙一"未始有夫未始有有無"、乙二"未始有有無"、乙三"無"三個階段,顯然就相當於《老子》"道生一"之"一"(具體匹配參見下文的附表)。"一"意味着未有分化、未有對待,——有分化、有對待則至少是"二"。《淮南子·俶真》篇乙一階段之"天地未剖,陰陽未判,四時未分,萬物未生",就是"一"的具體呈現(屈原《天問》所質問遂古之初的種種説法,有所謂"上下未形""冥昭瞢闇""馮翼惟像"云云,呈現的也是這種"一")。此時天地、陰陽、四時、萬物均未產生,故此"一"也必然就是"無"。毫無疑問,此"一"或"無"不是虛空,它含蘊着天地萬物之根源;《淮南子·俶真》篇乙二所謂"包裹天地,陶冶萬物,……而生有無之根",説的就是這個意思。而《俶真》篇乙三集中從超越經驗感知的層面上詮釋其"無"的特性,何以稱之爲"無"於是昭然若揭。《莊子·外篇·天地》云,"泰初有无(無),无有无名;一之所起,有一而未形。物得以生,謂之德",正是説"一"是在"无(道)"之下、"物"之上的環節,與《老子》"道生一,一生二,二生三,三生萬物"一致;而成疏將"有一而未形"解釋爲"有一之名而無萬物之狀",這裏的"一"也明顯是被定義爲"無"的,與"道"被稱爲"无(無)"貫通。

就道家一般觀念而言,這種超越性的"一"可以詮釋爲未分陰陽的氣。《莊子·內篇·齊物論》云:"有始也者,有未始有始也者,有未始有夫未始有始也者。有有也者,有无(無)也者,有未始有无也者,有未始有夫未始有无也者。"《淮南子·俶真》篇襲用這段文字,並結合老莊傳統,將它呈現爲天地萬物生成的兩個圖式。圖式之一是,(甲一)"未始有夫未始有有始"→(甲二)"未始有有始"→(甲三)"有始";圖式之二是,(乙一)"未始有夫未始有有無"→(乙二)"未始有有無"→(乙三)"無"→(乙四)"有"。——倒着閱讀這兩個圖式也許更容易理解。值得注意的是,學界殆無人如此耙梳和區隔《俶真》篇的萬物生成圖式,這兩個圖式之間的歧異和關聯更是遭到了普遍的漠視;尤其需要強調的是,學界可能無人將這兩個相輔相成的圖式視爲《老》《莊》萬物生成觀念的細緻表白。這兩個圖式的相互關係及其與《老》《莊》萬物生成觀念的內在邏輯對應(參見表10-1所示,由於《老》《莊》在這一問題上具有高度一致性,這裏僅取《老子》爲代表),具有極爲重要的學術史價值。[1]

---

[1] 從戰國中期到漢初,《老子》之學有顯著的發展,而且深刻影響了《老子》文本的定型。這一點,觀察郭店戰國楚墓所見《老子》甲乙丙三組與馬王堆漢墓帛書《老子》甲、乙本之差異,當可以斷言。而從這些早期文本來看,將傳世《老子》體系化地上溯到竹書所見《老子》,還缺乏足夠的支持,但將它體系化地上溯到帛書《老子》(漢初及戰國末的兩個文本),卻無須費辭;——從某種程度上説,傳世《老子》是《老子》之學在戰國中期到漢初顯著發展的結果。而這一時期《老子》之學的發展,還積澱在《莊子》《淮南子》等著(轉下頁)

表 10-1　《淮南子·俶真》篇天地萬物生成圖式的內在關聯及其與《老子》學說的對應

說明：1、表中自上而下呈現的是天地萬物生成的先後順序。2、橫欄呈現相關敘述中的對應或匹配。3、各橫欄的《俶真》篇引文之後括注阿拉伯數字，表示它在原文中出現的順序。

《老子》	《俶真》篇圖式甲		《俶真》篇圖式乙	
道（無）				
無："無，名天地之始"／"有生於無"	一	（乙一）未始有夫未始有有無	"有未始有夫未始有有無者，天地未剖，陰陽未判，四時未分，萬物未生，汪然平靜，寂然清澄，莫見其形，若光燿之（閒）〔問〕於無有，退而自失也。曰：'予能有無，而未能無無也。及其爲無無，至妙何從及此哉？'"(7)	
		（乙二）未始有有無	"有未始有有無者，包裹天地，陶冶萬物，大通混冥，深閎廣大，不可爲外，析豪剖芒，不可爲内，無環堵之宇，而生有無之根。"(6)	
		（乙三）無	"有無者，視之不見其形，聽之不聞其聲，捫之不可得也，望之不可極也，儲與扈冶，浩浩瀚瀚，不可隱儀揆度而通光耀者。"(5)	

（接上頁）作的一些篇章中。我們應該從這一背景上觀照和把握《淮南·俶真》篇所論宇宙萬物生成的觀念和圖式。它們既不是撰作者的新創，也不是該篇寫定時纔產生的。儘管不可避免地存在着某些細節性的差異，但它們與促成傳世《老子》文本定型的《老子》學說體系密切相關，可以視爲對《老子》最早的權威解讀（這一層面上的思想史差異是非本質的，將它們區隔爲不同思想體系的理由並不充分）。總之，由《俶真》篇所論宇宙萬物生成的觀念和圖式來反觀《老子》，是認知《老子》意指不可忽視的路徑。此前學者少有依此路徑分析《俶真》篇者，即有亦往往語焉不詳，依此分析《老子》者更是鮮見。比如，金春峰曾提及《俶真》篇對宇宙萬物生成過程的詳細描述，卻並未將它有力地關聯《老子》學說（參閱氏著《漢代思想史》，北京：中國社會科學出版社，1987年，第1版，頁222）。徐復觀在論說《俶真》篇"老莊思想的分野"時，曾提及該篇"言道之創造情形，係出於《老子》"，"其餘多出於《莊子》"；在分析《俶真》篇所描述"創生歷程中各階段的想象"時，曾批評該篇"必須由老子所建立的形上觀念，在具體事物上作想象性的描述"（參閱氏著《兩漢思想史》第二卷，頁118、頁133）。凡此似均未有力把握《俶真》篇宇宙萬物生成觀念、圖式跟《老子》學說的關聯。筆者認爲，在這一思想學術史路徑上爬梳鉤稽，《老子》體系中的"無""有""一""二""三"等範疇的意義及其相互關係，都可以得到落實。

續表

《老子》	《俶真》篇圖式甲		《俶真》篇圖式乙
道(無)			
有:"有,名萬物之母"/"天下萬物生於有"	二	(甲一)未始有夫未始有有始	"有未始有夫未始有有始者,天含和而未降,地懷氣而未揚,虛無寂寞,蕭條霄霏,無有仿佛,氣遂而大通冥冥者也。"(3)	
	三	(甲二)未始有有始	"有未始有有始者,天氣始下,地氣始上,陰陽錯合,相與優游競暢于宇宙之間,被德含和,繽紛蘢蓯,欲與物接而未成兆朕。"(2)	
		(甲三)有始	"所謂有始者,繁憤未發,萌兆牙櫱,未有形埒垠堮,(無無)〔馮馮〕翼翼,將欲生興而未成物類。"(1)	
萬物			(乙四)有	"有有者,言萬物摻落,根莖枝葉,青葱苓蘢,崔蔰炫煌,蠉飛蝡動,蚑行噲息,可切循把握而有數量。"(4)

以前,人們對《俶真》篇這兩個圖式的區隔和邏輯關聯認知不清。這兩個圖式一方面需要作上述區隔,一方面又可以合併爲:(乙一)"未始有夫未始有有無"→(乙二)"未始有有無"→(乙三)"無"→(甲一)"未始有夫未始有有始"→(甲二)"未始有有始"→(甲三)"有始"→(乙四)"有";——同樣,倒着閱讀更符合通常的思維習慣。甲三"有始"階段的特質是"萌兆牙櫱,未有形埒垠堮,

(無無)〔馮馮〕翼翼,將欲生興而未成物類",其間"未有形埒垠堮"一語指言其無形質;乙四"有"這一階段的特質是"萬物摻落(長大衆多),……蠉飛蠕動,蚑行噲息,可切循把握而有數量",其中"可切循(撫摩)把握而有數量"一語指言其有形質。乙四在邏輯上向上關聯甲三,是毋庸置疑的。乙三之"無",特質是"視之不見其形,聽之不聞其聲,捫之不可得也,望之不可極也",這顯然是處於天地形成以前的階段,因爲天地不可能"視之不見其形,……捫之不可得"。①《莊子·雜篇·則陽》謂"天地者,形之大者也",可知古人認爲天有形質。《莊子·内篇·齊物論》謂"夫大塊噫氣,其名爲風",稱地爲"大塊",亦是説地有形質。甲一"未始有夫未始有有始"之階段,特質是"天含和而未降,地懷氣而未揚,虚無寂寞,蕭條霄霓,無有仿佛,氣遂而大通冥冥者也",顯然是天地已然產生而萬物尚未產生之時,其上承乙三,亦毫無疑義。在得出上揭天地萬物產生的完整圖式以後,需要注意的是,處於圖式始端的乙一"未始有夫未始有有無"階段,其特質是"天地未剖,陰陽未判,四時未分,萬物未生,汪然平静,寂然清澄,莫見其形",這其實就是陰陽未分的氣(對應於《老子》圖式"一"的始端),漢人習用"元氣"一詞來表達,但在觀念上,"元氣"所指涉的那種氣應該早就存在了。《淮南子·天文》篇云:"道(曰規)始於一,一而不生,故分而爲陰陽,陰陽合和而萬物生,故曰'一生二,二生三,三生萬物'。"既然陰陽二氣由"一"析分而成,那麽"一"應該就是陰陽未分之氣。

(3)超越性的"有"。

徐復觀釋"有"云:"一章'有,名萬物之母'的'有',及此處'天下萬物生於有'之'有',這是屬於上一層次的'有'。我以爲它有似於《莊子·知北遊》上所説的'精神生於道,形本生於精'的'精',或佛學唯識論中所説的種子,及希臘時代所説的原子,是形成萬物的最基本的共同元素;它雖對在它更上一層的'無'而爲'有',但其本身仍爲一形而上的存在。此處之'有'與'無',實用以表現道由無形質落實向有形質的最基本的活動過程;而'有'則是介乎無形質與有形質之間的一種狀態。"②道生成天地萬物的過程,確實是一個"由無形質落實向有形質的……活動過程",可是稱"'有'……是介乎無形質與有形質之間的一種狀態",顯然並不嚴密。傳世《老子》第一章曾謂"無,名天地之始;有,名萬物之母",這意味着"無"是天地的基源,而"有"是萬物的基源。天

---

① 《老》《莊》之"道"不可言説,不可詰問,但又不可不言説,不可不詰問,於是形成了如下悖論,即以有形質、有限、不具有永恒性和超越性的東西,來描述或界定無形質、無限、永恒、具有超越性的道;在敘述人產生以前的道的創生過程時,又偏偏設置了一個審視道及其作爲的敘述主體。這種情況在追求鋪採摛文的《淮南子》中表現得十分突出。

② 徐復觀:《中國人性論史·先秦篇》,頁301~302。

地生於萬物產生之前,而且是萬物產生的必備條件(參見下文釋"二"),所以"有"應該是指涉自天地生成開始而處於萬物產生以前的階段。這一點,由《淮南子·俶真》篇的萬物生成序列看得尤爲清楚。道家體系中的很多範疇,比如上文所辨析的"無"與"一"等等,均有長短不同的界定,兩種界定在本質上則是相通一貫的。"有"這一範疇也是如此。就"天下萬物生於有""有,名萬物之母"而言,它對應的是《俶真》篇甲一"未始有夫未始有有始"、甲二"未始有有始"、甲三"有始"諸階段,即在萬物生成以前;但往長遠處説,接續在後面的乙四即萬物生成階段也明顯被歸屬於"有"。

(4)"二"。

徐復觀説:"對於'一生二,二生三',若就《老子》一書的前後關連來加以解釋,我以爲'二'或者是指天地而言。郭象注《莊》,喜以'萬物之總名'釋'天地';其實,在《老子》一書中,則未必如此。一章:'無,名天地之始;有,名萬物之母。'五章:'天地不仁,以萬物爲芻狗。……天地之間,其猶橐籥乎,虛而不屈,動而愈出。'六章:'玄牝之門,是謂天地根。'七章:'天長地久。天地所以能長且久者,以其不自生。'二十三章:'孰爲此者?天地。天地尚不能久,而況於人乎。'二十五章:'有物混成,先天地生。'三十九章:'昔之得一者,天得一以清,地得一以寧……萬物得一以生。'將上面的話略加分析,可以瞭解:(一)在老子的思想中,天地與萬物是各別的創生。(二)創生天地的程序,乃在萬物之前。(三)由'天地之間,其猶橐籥乎'之語推之,天地爲生萬物所不可缺少的條件。因爲中國傳統的觀念,天地可以説是一個時空的形式,所以持載萬物的;故在程序上,天地應當生於萬物之先,否則萬物將無處安放。因此,'一生二',即是一生天地。"①

這是相當精妙的論析。《俶真》篇圖式甲一"未始有夫未始有有始"階段,承接的是"無"亦即"一",其特質有"天含和而未降,地懷氣而未揚",明顯指涉"一"所生之"二"——天地。《説文·土部》云:"地,元氣初分,輕清陽爲天,重濁陰爲地,萬物所(陳)〔敶〕列也,从土也聲。"元氣分天地背後的觀念支持正是"一生二"。不過,"天地"並不僅僅意味着"一個時空的形式"。"一生二"之"二"既指涉天與地,又即指涉陽氣與陰氣。傳世《老子》具有陰氣、陽氣觀念是毋庸置疑的。其第四十二章云:"道生一,一生二,二生三,三生萬物。萬物負陰而抱陽,沖氣以爲和。"這裏明確涉及陰氣、陽氣,以及由這兩種相反的氣所形成的中和之氣——沖氣。而陰氣就是地氣,陽氣就是天氣。《老子》第五

---

① 徐復觀:《中國人性論史·先秦篇》,頁303～304。

章云:"天地不仁,以萬物爲芻狗;聖人不仁,以百姓爲芻狗。天地之間,其猶橐籥乎?虛而不屈(jué,枯竭,窮盡),動而愈出。"橐籥是喻體,《道德真經吳澄註》釋之爲"冶鑄所用噓風熾火之器",即如後世所謂風箱。從"天地"造就"萬物"的層面上説"橐籥"之"虛而不屈,動而愈出",一方面是指天地爲萬物生成和存在提供了空間,一方面則是指天氣與地氣(陰氣與陽氣)鼓蕩交融而生成萬物。以天氣爲陽氣,以地氣爲陰氣,在深受《老子》影響的莊子後學那裏表現得尤其爲鮮明,而且還是超出道家學派的"共同知識"。《莊子·外篇·在宥》云:"天氣不和,地氣鬱結,六氣不調,四時不節。今我願合六氣之精以育羣生,爲之奈何?"《田子方》篇説:"至陰肅肅,至陽赫赫;肅肅出乎〔天〕〔地〕,赫赫發乎〔地〕〔天〕,兩者交通成和而物生焉……"①《至樂》云:"天无(無)爲以之清,地无(無)爲以之寧,故兩无(無)爲相合,萬物皆化〔生〕。"《逸周書·時訓》篇云:"小雪之日,虹藏不見;又五日,天氣上騰,地氣下降……"其間"天氣"應該就是"陽氣","地氣"應該就是"陰氣","六氣"則是指陰陽風雨晦暝。《俶真》篇甲一"未始有夫未始有有始"階段,特質之一是"天含和而未降,地懷氣而未揚",承繼甲一的甲二"未始有有始"階段,特質之一是"天氣始下,地氣始上,陰陽錯合,相與優游競暢于宇宙之間",亦明顯可見"天氣"即爲陽氣,"地氣"即爲陰氣。總之,"二"對於萬物來説乃是生成的基源,並非衹指"持載"萬物的空間或"萬物所(陳)〔敶〕列"。

(5) "三生萬物"。

徐復觀詮釋説:"天地對萬物,衹是一持載的形式,天地並不能直接生萬物,萬物依然要由'一'而生。同時,天地爲'一'所生,但'一'並不因生天地而消失;此時有'天'有'地'而依然有道所生之'一';'天'、'地'與'一'而爲'三',此之謂'二生三'。'二生三'的'生',應當活看。作任何解釋,也衹能如此。既有作爲創生動力之'一',又有可以持載萬物之'天地'的'二',於是生萬物之條件始完備,此之謂'三生萬物'。五章:'天地之間,其猶橐籥乎,虛而不屈,動而愈出。'正是形容'一'在'天地'之間的創生情形。"②正如上所説,在萬物生成時,"二"亦即天、地不僅起負載作用,天氣與地氣(亦即陽氣與陰氣)的和合又是萬物產生的基源。《俶真》篇甲二"未始有有始"階段,特質是,

---

① "肅肅出乎地,赫赫發乎天"二語,原作"肅肅出乎天,赫赫發乎地",前人往往以"陰陽互根"之説證成之。就發生學意義言,陰陽互根之説很難成立。高亨指出:"'天'、'地'轉寫誤倒。陰出於地,陽出於天,理不可易。"(參見氏著《諸子新箋·莊子新箋》,《高亨著作集林》第六卷,北京:清華大學出版社,2004年,第1版,頁105)其説可從。

② 徐復觀:《中國人性論史·先秦篇》,頁304。

"天氣始下,地氣始上,陰陽錯合,相與優游兢暢于宇宙之閒,被德含和,繽紛蘢蓯,欲與物接而未成兆朕";甲三"有始"階段,特質是,"繁憤未發,萌兆牙櫱,未有形埒垠堮,(無無)〔馮馮〕翼翼,將欲生興而未成物類";乙四"有"階段,特質是,"萬物摻落,根莖枝葉,青蔥苓蘢,崔蓲炫煌,蠉飛蠕動,蚑行噲息,可切循把握而有數量"。這三個逐步推進的階段將天氣與地氣交合而產生萬物的過程,描摹得十分清楚。所謂"三生萬物"之"三",應該是指構成存在空間的"天""地"以及"天氣"與"地氣"錯合而成的和氣。《莊子·外篇·至樂》云:"天无(無)爲以之清,地无爲以之寧,故兩无爲相合,萬物皆化(成疏:萬物化生)。"《達生》篇云:"天地者,萬物之父母也,合則成體,散則成始(成玄英疏:夫陰陽混合,則成體質,氣息離散,則反於未生之始)。"《田子方》篇則説:"至陰肅肅,至陽赫赫;肅肅出乎(天)〔地〕,赫赫發乎(地)〔天〕,兩者交通成和而物生焉……"這些都很清楚地呈現了"三生萬物"的意指,它分別被表述爲"天……地……兩无爲相合,萬物皆化","天地……合則成體",出乎地之至陰與發乎天之至陽(亦即陰氣與天氣)"交通成和而物生焉"。

由上述論析可以清楚地看出,在《老子》體系中,由"道"這一終極性、無形質的母體,經"無"或"一"之同樣無形質的演進過程或環節,進入"有"的階段——先生成有形質的"二"即天地,再生成"萬物",是一個由獨到多的生成過程。①

《老子》這種思維和認知模式很可能影響了子思《五行》體系的建構。《五行》説仁、智、義、禮四種德之行和合爲一生成"善",仁、智、義、禮、聖五種德之行和合爲一生成"德",差不多就是對上揭《老》《莊》生成模式的"逆向工程"。

《五行》經文第一章云:

仁荊(形)於內胃(謂)之德之行,不荊於內胃之行。知(智)荊於內胃之德之行,不荊於內胃之行。義荊於內胃之德之行,不荊於內胃之行。禮荊於內謂之德之行,不荊於內胃之行。聖荊於內胃之德之行,不荊於內胃之行。德之行五,和胃之德;四行和,胃之善。

---

① 其間最基本的環節是"道→天地→萬物"的生成系譜。傳世《老子》第一章"無,名天地之始;有,名萬物之母",第六章"谷神不死,是謂玄牝,玄牝之門,是謂天地根",第二十五章"有物混成,先天地生,寂兮寥兮,獨立不改,周行而不殆,可以爲天地母",第五章"天地之間,其猶橐籥乎,虛而不屈(枯竭、窮盡),動而愈出"等,都可以看出道生天地,進而生萬物的基本環節。

善,人道也;德,天道也。

跟《老子》中由道或一生成天地、萬物相反,《五行》中德的生成意味着以多爲一、以五爲一。故其説文第七章明確地説:

"尸(鳲)叴(鳩)在桑":直之。"亓(其)子七也":尸叴二子耳,曰七也,(與)〔興〕言也。"叔(淑)人君子,其宜(義)一也": 叔人者□, 宜者義也。言亓所以行之義一心也。"能爲一,然笱(後)能爲君子":"能爲一"者,言能以多 爲一 。以多爲一也者,言能以夫 五 爲一也。"君子慎亓蜀(獨)也":慎亓蜀者,言舍夫五而慎亓心之胃(謂) 殹 ; 蜀 然笱一也。一者,夫五(夫)爲 一 心也,然笱德。之一也,乃德已。德猶天也,天乃德已。

"以多爲一"與"以夫 五 爲一",指的是融匯仁、智、義、禮、聖五種德之行而成爲一體;"夫五(夫)爲 一 心",是説五種德之行超越各自的個體化存在,實現和合,並與大體(亦即心)達成同一。這些都是《五行》對作爲最高境界或存在的"德"與"天道"的界定,——不是各元素簡單相加,而是超越所有個體元素而實現的同一,因此這種至高無上的德與道也被稱爲"蜀(獨)"。《五行》張揚"慎(順)亓(其)蜀(獨)""舍夫五而慎亓心"等等,"慎"爲隨順之意,①"蜀(獨)"與"心"其實都是指跟超越五種德行之個體存在而達成的超越性同一體實現了締合的心,它事實上便意味着德或天道,而慎獨、慎心則意味着德或天道獲得了充分的主體性。《五行》由多到一或獨的德行提升顯然是對主體內在世界的開掘,《老子》由一或獨到多的天地萬物生成的過程則側重於天地萬物的發生學的設計,②這兩種圖式恰恰是逆序的,《五行》應該是受到了《老子》學説的啓發。

---

① 參閲本書第六章第四節:"'慎獨'"。
② 獨是《老》《莊》體系中超越性的道所具有的特質。《老子》第二十五章説道"獨立不改"。道"獨立",是指道不依賴其他任何事物而存在,《莊子·内篇·大宗師》稱道"自本自根,未有天地,自古以固存",即爲此意。道向下生成的第一個階段被稱爲"一"(如謂"道生一"),道有時候直接被"一"替代(如謂"天得一以清,地得一以寧,神得一以靈"),這其實也都呈現了道"獨"的特質。《説文·一部》釋"一"云:"惟初太始,道立於一,造分天地,化成萬物。"其實,道不惟在天地萬物產生之前具有"立於一"的獨的特質,在天地萬物產生之後,它也依然是不依賴其他任何事物的獨。總之,就天地萬物生成的序列而言,《老》《莊》體系中獨立的道處於頂端。而相映成趣的是,就德行修爲的過程而言,《五行》體系中的"蜀(獨)"也處於頂端。

依《老子》體系,道生成天地萬物是一個由精到粗的過程。《莊子·雜篇·天下》評關尹、老聃之學,嘗云:"以本爲精,以物爲粗,以有積爲不足,澹然獨與神明居,古之道術有在於是者。關尹老聃聞其風而悦之,建之以常無有,主之以太一,以濡弱謙下爲表,以空虚不毁萬物爲實。"①成玄英疏曰:"本,無也。物,有也。用無爲妙,道爲精,用有爲事,物爲粗。"約略説來,在《五行》體系中,由仁、智、義、禮、聖五種行形於内而成爲五種德之行,再由仁、智、義、禮四種德之行和合爲善,由仁、智、義、禮、聖五種德之行和合爲德,則顯然是一個由粗到精的過程,行形於内的程度越高,德行與德行以及德行與心的同一化程度越高,境界便越完善。《老子》和《五行》從這一層面上看也是逆序的同構。這也不太可能是偶然和漠不相關的安排。

在這一小節最後,需要附帶説明的是,《老子》體系中不止有從一或獨到多的天地萬物生成的理論架構,而且還有從多到一或獨的修道模式,②《五行》"善""德"諸境界的生成圖式與此更加一致。傳世《老子》第四十八章云:"爲學日益,爲道日損。損之又損,以至於無爲,無爲而無不爲。"馮友蘭指出,爲學,日益的是"對於外物的知識",爲道,日損的是知識以及其他人比道多的東西,比如欲望、感情等;爲道的目的,是體道並"照着它那個樣子生活"。③

---

① 高亨云:"此處之'常無有',即《老子》之'常無'與'常有'也。'常'者固然之意,'無'者'天地之始'之名相,'有'者'萬物之母'之名相。(參見氏著《文史述林·莊子天下篇箋證》,《高亨著作集林》第九卷,頁 413)案:高説不確。傳世《老子》首章云:"道可道,非常道;名可名,非常名。無,名天地之始;有,名萬物之母。故常無欲,以觀其妙;常有欲,以觀其徼。"王弼《老子道德經注》等以"常無欲""常有欲"爲句。而司馬光《道德真經論》、王安石《老子註》、范應元《老子道德經古本集註》等則均以"常無""常有"爲句,馬敘倫(1884~1970)《老子校詁》等從其説。高亨釋《莊子·天下》篇是基於後一種讀法。然馬王堆漢墓帛書《老子》甲乙本在"無欲""有欲"下均有"也"字,則以"常無""常有"爲句實際上是錯誤的。李學勤認爲"常無有"即楚簡《亙先》之首句"亙(恒)先無又(有)",又謂恒先即道(參閲氏著《楚簡〈恒先〉首章釋義》,《文物中的古文明》,北京:商務印書館,2008 年,第 1 版,頁 373~374)。裘錫圭則認爲,《天下》篇被改爲"常無有"的"恒無有"乃"極無有"之誤,其較原始的本子當以"亙"表"極",後人誤讀爲"恒",又因爲避諱改爲"常";"極無有"亦即楚簡《亙先》篇所謂"亙(極)先無又(有)"。"極先"即"最先""最初",相當於古書中常見的"太始","既可指宇宙形成前最原始的階段,也可指天地萬物所從出的宇宙本原"。"亙(極)先無又(有)",也就是《莊子·天地》篇所説的"泰初有無(無),無有無名"(參見氏著《説"建之以常無有"》,《復旦大學學報(社會科學版)》2009 年第一期,頁 2~3)。李學勤、裘錫圭之説頗可參,而後説似乎更優。又,《莊子·天下》篇"主之以太一"之説與郭店簡文《大一生水》有關,"建之以常無有"之説與上博簡文《亙先》有關,也是一個很值得注意的現象。

② "一"就是獨。《淮南子·原道》篇云:"所謂一者,無匹合於天下者也。卓然獨立,塊然獨處……"

③ 參閲馮友蘭:《中國哲學史新編》,《三松堂全集》第八卷,頁 294、頁 292。

由嗣後莊子的發展,可以更清楚地認知《老子》的"爲道"模式。《莊子·内篇·大宗師》説,顏回忘禮樂,進而忘仁義,①最終臻至"坐忘"——即"墮肢體,黜聰明,離形去知,同於大通"。成玄英疏云:"大通,猶大道也。道能通生萬物,故謂道爲大通也。""坐忘"是道家"爲道"的典型方式,它意味着超越心的諸多偏執而達成與道的同一,道因此獲得了充分的主體性。《大宗師》還提供了"爲道"模式的另外一種同意表述,即"外天下"→"外物"→"外生"→"朝徹"→"見獨"→"無古今"→"不死不生"。修爲的根本結果,莊子明確地稱爲"見獨"。成玄英疏云:"夫至道凝然,妙絶言象,非無非有,不古不今,獨往獨來,絶待絶對。睹斯勝境,謂之見獨。"上文所揭《五行》修德而至於慎獨、慎心的理念,不正遵循這種模式嗎?其間諸種行不斷内化和合,最終其個體性被超越,這至少在形式上是"損之又損"。《五行》的慎獨、慎心又明確被稱爲"爲一"。其經文第七章云:"能爲一,然后(後)能爲君子;君子慎其獨[也]。"這是十分明切的説明。總而言之,《老子》的修道模式與《五行》修德、修天道的模式是較然一致的,而且其目的都是從精神自覺層面上皈依超越性的一或獨。凡此之類,也不大可能祗是偶然的巧合。

(二) 系譜化(附論《大一生水》與《老子》學説的關聯)

《老子》由道生成天地萬物的設計,構成了其理論體系中一系列核心系譜。它最經典的表達可概括爲如下圖式:"道→一→二→三→萬物"(參見傳世《老子》第四十二章);與此頗有關聯的其他圖式,則有"無→有→萬物"(參見傳世《老子》第四十章)等等。因爲有上一小節的詳細論析,這裏已經無須多言了。而在以道爲人世矩矱方面,最重要的一個系譜是傳世《老子》第二十五章的"人法地,地法天,天法道,道法自然",其圖式可概括爲:"人→地→天→道(道法自然)"。有學者認爲,《老子》該章,是"以'自然—道—天—地—人'的順序講宇宙生成"。② 這種判斷可能會遭遇體系化的難題。首先,《老子》此章並非討論宇宙的生成。其次,如此安排"自然"的位子也不符合《老子》體系的本意。馮友蘭曾經指出:"老子還認爲,從道分出萬物,並不是由於'道'的有目的、有意識的作爲;道是無目的、無意識的。他稱這樣的程序爲'無爲',他説:'道常無爲而無不爲。'(《老子》三十七章)就其生萬物説,'道'是'無不爲',就其無目的、無意識説,'道'是'無爲'。老子又稱這種程序爲

---

① 傳世《莊子》"忘仁義"在先,"忘禮樂"次之。《淮南子·道應》篇用顏回坐忘事,則是"忘禮樂"在先,"忘仁義"在後。劉文典《莊子補正》云:"今'仁義'、'禮樂'互倒,非道家之指矣。"其説是。

② 李零:《讀郭店楚簡〈太一生水〉》,《郭店楚簡校讀記》(增訂本),頁214。

'自然'。他説:'人法地,地法天,天法道,道法自然。'(《老子》二十五章)這並不是説,於道之上,還有一個'自然',爲'道'所取法。上文説,'域中有四大',即'人'、'地'、'天'、'道','自然'衹是形容'道'生萬物的無目的、無意識的程序。'自然'是一個形容詞,並不是另外一種東西,所以上文衹説'四大',没有説'五大'。"① 從《老子》體系來看,這是正確的判斷。"自然"並非與"道"同列,更非在"道"之上,它甚至根本就不是人、地、天、道那樣的存在物。② 人、地、天、道遞相取法的圖式同樣爲人們熟知,這裏無須細緻剖釋。

值得注意的是,與郭店竹書《老子》同出的一篇道家文獻被稱爲《大一生水》,跟丙組《老子》合編爲一册,其簡形、編組痕迹、字體、行款都跟《老子》丙組完全一致。《莊子·雜篇·天下》稱關尹、老聃"建之以常無有,主之以太一",但《老子》中未見"太一"一説,現在有一篇專談"大(太)一"的文獻與竹書《老子》同出,這倒十分有趣。邢文認爲,《大一生水》與丙組《老子》可以"還原成一篇精心編輯、層次井然、主題鮮明、内容重要的學術文獻"。③ 他論證並且強調説,"郭店《老子》與今本《老子》不屬於一系",而是屬於"不同的學派體系"。④ 李學勤認爲:"太一生水這一章晚於傳世本《老子》各章,證據是'太一'一詞在《老子》中並未出現。《老子》不少地方講'一',如第十章、二十二章'抱一',三十九章'得一',卻不見'太一'。同樣,《老子》很推尚水,如第八章'上善若水',七十八章'天下莫柔弱于水',但也不曾有'太一藏於水'的觀點。太一生水章在思想上,和《老子》殊有不同,衹能理解爲《老子》之後的一種發展。早期道家作品有談'太一'的,如《莊子》雜篇裏的《徐无鬼》《列禦寇》《天下》,《淮南子》的《精神》《本經》《主術》《詮言》,年代都比較晚。因此,太一生水章不可能和《老子》各章是同時的著作,應該是道家後學爲解釋《老子》所增入。"⑤ 李學勤傾向於認爲,《大一生水》爲老子弟子關尹的學説,"荆門郭店楚簡《老子》可能係關尹一派傳承之本",因此"其中包含了關尹的遺説"。⑥ 李

---

① 馮友蘭:《中國哲學史新編試稿》,《三松堂全集》第七卷,頁254。
② 儘管對"道法自然"之"法"另眼相待,從語法上看並不十分安穩,但《老子》整個體系決定了"自然"不可高於"道"。
③ 邢文的具體分析和結論,參見氏著《論郭店〈老子〉與今本〈老子〉不屬於一系:楚簡〈太一生水〉及其意義》,《中國哲學》編輯部、國際儒聯學術委員會編:《郭店楚簡研究》,《中國哲學》第二十輯,頁171~174。
④ 參見邢文:《論郭店〈老子〉與今本〈老子〉不屬於一系:楚簡〈太一生水〉及其意義》,《中國哲學》編輯部、國際儒聯學術委員會編:《郭店楚簡研究》,《中國哲學》第二十輯,頁179~182。
⑤ 李學勤:《荆門郭店楚簡所見關尹遺説》,《中國哲學》編輯部、國際儒聯學術委員會編:《郭店楚簡研究》,《中國哲學》第二十輯,頁161。
⑥ 同上書,頁162、頁164。

零則認爲此篇是否爲關尹遺説,"現在還很難證實"。①

可以肯定的是,《大一生水》是《老子》的一個發展。但李學勤説其主體部分"顯然是對《老子》(王弼注本)第四十二章的引申解説",②則未爲完備。又有學者説,《大一生水》三部分内容"依次與傳世本《老子》第四十二章、第二十五章和第七十七章應","似爲闡釋《老子》這幾章大義的傳",③恐怕也不盡然。《大一生水》對《老子》有承繼,有補充和推進,自然也有變異,至少與傳世《老子》第八章、第四十二章、第二十五章、第四十章、第一章、第五十二章、第七十六章、第七十七章所記之意指有關(參見表 10-2 所示)。

表 10-2 《老子》與《大一生水》主旨關聯一覽表

	《老子》	《大一生水》
1	上善若水。水善利萬物而不爭,處衆人之所惡,故幾於道。(傳世《老子》第八章) 道生一,一生二,二生三,三生萬物。萬物負陰而抱陽,沖氣以爲和。(傳世《老子》第四十二章)	大(太)一生水,水反補(輔)大一,是以城(成)天。天反補大一,是以城埅(地)。天埅復相補也,是以城神明。神明復相補也,是以城会(陰)易(陽)。会易復相補也,是以城四時。四時復相補也,是以城倉(滄)然(熱)。倉然復相補也,是以城溼澡(燥)。溼澡復相補也,城哉(歲)而㞢(止)。古(故)哉者,溼澡之所生也。溼澡者,倉然之所生也。倉然者,四時之所生也。四時者,会易之所生。会易者,神明之所生也。神明者,天埅之所生也。天埅者,大一之所生也。是古(故)大一賢(藏)於水,行於時……
2	有物混成,先天地生,寂兮寥兮,獨立不改,周行而不殆,可以爲天地母。故道大,天大,地大,(王)〔人〕亦大。域中有四大,而(王)〔人〕	是古大(太)一……逎(周)而或(又)始,以忌(己)爲墒(萬)勿(物)母;罷(一)块(缺)罷(一)涅(盈),以忌(己)爲墒(萬)勿(物)經。此天之所不能殺,埅(地)之所不能

---

① 李零:《讀郭店楚簡〈太一生水〉》,《郭店楚簡校讀記》增訂本,頁 215。
② 李學勤:《荆門郭店楚簡所見關尹遺説》,《中國哲學》編輯部、國際儒聯學術委員會編:《郭店楚簡研究》,《中國哲學》第二十輯,頁 161。
③ 陳偉:《〈太一生水〉考釋》,《古文字與古文獻》試刊號,臺北:(臺灣)楚文化研究會籌備處,1999 年,頁 65〜66。

第十章　學術思想傳播授受的交光互影　667

續表

	《老子》	《大一生水》
	居其一焉。人法地,地法天,天法道,道法自然。(傳世《老子》第二十五章) 又(有)朙(狀)(蟲)〔蚰(混)〕城(成),先天陞(地)生,敓繆(穆),蜀(獨)立不亥(改),可以爲天下母。(郭店竹書《老子》甲) 天下萬物生於有,有生於無。(傳世《老子》第四十章) 無,名天地之始;有,名萬物之母。(傳世《老子》第一章) 天下有始,以爲天下母。既得其母,以知其子;既知其子,復守其母,没身不殆。(傳世《老子》第五十二章)	釐,佥(陰)易(陽)之不能城(成)。
3	吾不知其名,〔强〕字之曰道,强爲之名曰大。大曰逝,逝曰遠,遠曰反。(傳世《老子》第二十五章) 未智(知)其名,孚(字)之曰道,虐(吾)勥(强)爲之名曰大。大曰澫(逝),澫曰澫(遠),澫曰反。(郭店竹書《老子》甲) 孰能有餘以奉天下?唯有道者。是以聖人爲而不恃,功成而不處,其不欲見賢。(傳世《老子》第七十七章) 功遂身退,天之道也。(傳世《老子》第九章)	是古(故)大(太)一賛(藏)於水,行於時,逡(周)而或(又)始,以忌(己)爲墒(萬)勿(物)母;龏(一)夬(缺)龏(一)浧(盈),以忌(己)爲墒(萬)勿(物)經。此天之所不能殺,陞(地)之所不能釐,佥(陰)易(陽)之不能城(成)。君子智(知)此之胃(謂)道。 下,土也,而胃(謂)之陞(地)。上,燹(氣)也,而胃之天。道亦其忎(字)也,青(請)昏(問)其名?以道從事者必怃(托)其名,古(故)事城(成)而身長。聖人之從事也,亦怃其名,古红(功)城而身不剔(傷)。天陞名忎(字)並立,古(胡)伿(過)其方?不囟(思)相尚。天不足於西北,其下高以勥(强)。陞不足於東南,其上高以勥。

續表

《老子》	《大一生水》
4	反者,道之動;弱者,道之用。(傳世《老子》第四十章) 人之生也柔弱,其死也堅強。萬物草木之生也柔脆,其死也枯槁。故堅強者死之徒,柔弱者生之徒。是以兵強則(不勝)〔滅〕,木強則(兵)〔折〕。強大處下,柔弱處上。(傳世《老子》第七十六章) 天之道,其猶張弓歟!高者抑之,下者舉之;有餘者損之,不足者補之。天之道,損有餘而補不足。人之道則不然,損不足以奉有餘。孰能有餘以奉天下?唯有道者。(傳世《老子》第七十七章) 益生曰祥,心使氣曰強。物壯則老,謂之不道,不道早已。(傳世《老子》五十五章)	天道貴溺(弱),雀(削)成者以嗌(益)生者,伐於勥(強),責(積)於 弱 。 是故不足於上 者,又(有)余(餘)於下;不足於下者,又(有)余(餘)於上。

下文將具體剖釋《老子》與《大一生水》在意旨上的關聯。

(1) 承繼。

上表所列四組材料,可以見出《大一生水》承繼了《老子》的四個主題。

第一組材料的主題,是宇宙(包括一切物質及其存在形式)的產生;《大一生水》所關聯的,主要是傳世《老子》第四十二章。

第二組材料的主題,是道或太一周而復始地運行,爲天地萬物之母,爲天地萬物之法,其功用天、地、陰陽均無以替代;《大一生水》所關聯的,主要是傳世《老子》第二十五章所見意指,並見於郭店竹書甲組《老子》。有學者認爲,《大一生水》中"罷(一)块(缺)罷(一)涅(盈),以忌(己)爲塓(萬)勿(物)經"的思想,不見於今本《老子》。① 其實,"經"者法也。《左氏春秋》宣公十二年(前597)記晉大夫隨武子(士會)曰:"兼弱攻昧,武之善經也。"杜注云:"經,法也。""以忌(己)爲塓(萬)勿(物)經"一語,是從另一個角度講述"人法地,地法天,天法道,道法自然"之意。而"罷(一)块(缺)罷(一)涅(盈)",當是指太一亦

---

① 參閱邢文:《論郭店〈老子〉與今本〈老子〉不屬於一系:楚簡〈太一生水〉及其意義》,《中國哲學》編輯部、國際儒聯學術委員會編:《郭店楚簡研究》,《中國哲學》第二十輯,頁175。

即道使物呈現出盈缺變化，不是說它自身有變。《莊子·外篇·知北遊》云："謂盈虛衰殺，彼爲盈虛非盈虛，彼爲衰殺非衰殺，彼爲本末非本末，彼爲積散非積散也。"其大意正是，道造作了世間萬物盈虛、衰殺、始末、生死之變化，然而它本身並無這些變化。太一爲萬物母、爲萬物經二意，均承襲自見於傳世《老子》第二十五章的指意；——這種復合關聯，本身就能證明上述解讀的合理性。

第三組材料談論核心範疇的名和字；《大一生水》所關聯的，是傳世《老子》第二十五章之意指，並見於郭店竹書之甲組《老子》。但其聖人托太一之名而行事，功成而身不傷一項意思，又與傳世《老子》第七十七章所謂"聖人爲而不恃，功成而不處"有關（傳世《老子》這一章與《大一生水》另有高度關聯，參見第四組材料，兩者又是可以互證的）。《大一生水》"下，土也，而胃（謂）之陞（地）。上，燹（氣）也，而胃之天"兩句，是說"土"和"燹（氣）"是"名"，"陞（地）"和"天"是"字"。裘錫圭云："'名'指能直接反映事物的本名，'字'（取義於與人名相配的'字'）則指不能直接反映實質的一種慣用名。"①此説可以參考。②《大一生水》"天陞（地）名忎（字）並立，古（胡）怴（過）其方？不囚（思）相 尚 "數語，大意應該是：天與地無論名還是字均並駕齊驅，怎麼會超過對方呢？它們不期求居於對方之上。這還是演繹傳世《老子》第七十七章聖人"不欲見賢"之意。《大一生水》" 天不足 於西北，其下高以勥（強）。陞（地）不足於東南，其上 高以勥 "二語，大意是説：天於西北虧缺，其下之地高而強，地於東南虧缺，其上之天高而強。言外之意是説天地各有虧缺，卻未嘗與對方爭勝。③

---

① 裘錫圭：《〈太一生水〉"名字"章解釋：兼論〈太一生水〉的分章問題》，安徽大學古文字研究室編：《古文字研究》第二十二輯，北京：中華書局，2000年，第1版，頁222。
② 案《鶡冠子·度萬》篇云："所謂天者，非是蒼蒼之氣之謂天也；所謂地者，非是膞膞之土之謂地也。"似是對《大一生水》所載觀點的回應。
③ 案：裘錫圭將《大一生水》"天陞（地）名忎（字）並立，古（胡）怴（過）其方？不囚（思）相 尚 。 天不足 於西北，其下高以勥（強）。陞（地）不足於東南，其上 高以勥 "數句，讀爲："天地名字並立，故過其方，不思相尚（或'當'）。天不足於西北，其下高以強。地不足於東南，其上高以強。"裘氏以爲其意是説，"天地不守本分，相互爭強。'天不足於西北'云云，就是爭強的後果"，"天地名字並立故彼此爭強而造成天不足於西北、地不足於東南的後果，它所要表達的是道家的什麼思想呢？我以爲……主要是道超越萬物而天地則屬於物的範疇的思想"（參見氏著《〈太一生水〉"名字"章解釋：兼論〈太一生水〉的分章問題》，安徽大學古文字研究室編：《古文字研究》第二十二輯，頁224）。這種觀點可能跟事實相反。十分明顯，《老子》有一個主幹取向，是"人法地，地法天，天法道，道法自然"（傳世《老子》第二十五章）。"天""地"雖低於"道"，卻都是"道"的某種程度上的代表，是人取（轉下頁）

第四組材料的主題是說，道之發揮作用以柔弱爲特質，天道秉持"損有餘而補不足"的取向；《大一生水》所關聯的，是傳世《老子》第四十章、第七十六章、第七十七章的意指。《大一生水》"雀(削)成者以嗌(益)生者"以下，堪稱是對《老子》"天之道，損有餘而補不足"的注腳，① 但與傳世《老子》第五十五章所謂"物壯則老，謂之不道，不道早已"，也有很深的關聯。"成者"與"生者"相對，殆指言豐熟者，亦即壯而老者；所謂"雀(削)成者以嗌(益)生者"，殆言天道削減豐熟者而增益生長者。②《莊子·內篇·大宗師》嘗謂，道"鏊(鏨/鏨)萬物而不爲義，澤及萬世而不爲仁"，——道碎落萬物，非有情斷割，故不能說是義，其生育萬物，非有情恩愛，故不能說是仁(此意可參閱成玄英疏)。而道所碎落，往往爲豐熟者，道所澤被，往往爲生長者，此意當可爲"雀(削)成者以嗌(益)生者"之一例。傳世《老子》第五十五章謂"益生曰祥"，是説物縱欲貪生爲妖祥，與《大一生水》所謂天道益生是兩回事。《大一生水》"伐於勞(強)，責(積)於 弱 "一語，意思是説天道斫擊強剛者，助益柔弱者。這是對傳世《老子》第七十六章所記意指的提煉和發揮，與傳世《老子》第四十章所謂"弱者，道之用"、第五十五章所謂"心使氣曰強"等等，應該也有關聯。很明顯，《大一生水》對於《老子》相關各章有雜糅接受的情況，這一點特別能它顯示學術後進的特徵。

　　以上幾個方面，都顯示了學術思想史在深刻關聯中前行的清晰痕跡。

　　(2) 補充和推進。

　　從第一組材料看，傳世《老子》第四十二章僅僅是講述道生成天地和萬物的過程。在《老子》體系中，作爲道的生成物，天和地有兩個層面的功能。一方面，天、地爲道創生萬物提供不可或缺的空間。即如傳世《老子》第五章所說："天地之間，其猶橐籥乎，虛而不屈，動而愈出。"《周易·序卦傳》主要也是從這一方面考慮的，故謂："有天地，然後萬物生焉。盈天地之間者唯萬物……"

(接上頁)法的對象。天地作爲法式的經典篇章，見於傳世《老子》者，可推第七章："天長地久。天地所以能長且久者，以其不自生(王弼注：自生則與物爭，不自生則物歸也)，故能長生。是以聖人後其身而身先，外其身而身存。非以其無私邪？故能成其私。"謂"天地不守本分，相互爭強"，顯然背離了《老》《莊》道家學説的基本指向，不太可能契合《大一生水》的本意。又，李零在" 天不足 於西北"數語下，編聯簡文"者，又(有)余(餘)於下；不足於下者，又(有)余(餘)於上"，並在中間補了若干闕文，認爲簡文講天地虧缺之事，"主旨不是講天地形勢而是講'天之道，損有餘而補不足'"(見氏著《讀郭店楚簡〈太一生水〉》，《郭店楚簡校讀記》增訂本，頁203、頁215)。對文本的這種連綴和解讀可能都需要調整。

① 參閱劉釗：《郭店楚簡校釋》，頁47。
② 李零將該句解釋爲，"'天道'總是喜歡弱者，往往削減成熟的東西以補益新生的東西"(見氏著《讀郭店楚簡〈太一生水〉》，《郭店楚簡校讀記》增訂本，頁205～206)，頗可參考。

另一方面，正如上文所論，天、地還是萬物生成的基源。傳世《老子》第四十二章所謂"二生三，三生萬物"，就是説天氣與地氣交合而生和氣，天、地與和氣三者生成萬物。

顯然，《老子》所營構的天地萬物生成的圖式遺落了一切存在和過程都須臾不可離的時間維度。《大一生水》也説太一生"天隉(地)"，可它進一步補充和發明了"神明""佥(陰)易(陽)""四時""倉(滄)然(熱)""溼澡(燥)""哉(歲)"的生成。綜括言之，《大一生水》解决的，主要是"神明"以及萬物產生與存在的時、空維度亦即"宇宙"（《淮南子・齊俗》篇謂"往古來今謂之宙，四方上下謂之宇"）。《大一生水》尤其著意於時間維度，其謂太一"行於時"便透顯了這一思考的基點（"時"應該是就歲時而言的）。依據《大一生水》，天地反輔太一生神明，神明反輔太一生陰陽，陰陽反輔太一生四時，四時反輔太一生涼熱，涼熱反輔太一生濕燥，濕燥反輔太一生歲。在當時的歷史文化語境中，這些問題得不到解决，所謂萬物之產生幾乎就是虛言，因此，《大一生水》的補充和推進有十分重要的意義。從體系建構方面看，《老子》原有的論説加上《大一生水》的相關設計，道創生宇宙萬物的理論纔真正算得上完整和圓滿；易言之，《大一生水》跟《老子》原有的論説有極強烈的互補性，——這暗示了《大一生水》的學術宗旨和立場。

《大一生水》所述生成序列中的"神明"究竟何指，學術界爭議頗多，但應該就是指神靈上帝之類。邢文認爲所謂"神明"，"祇能是神祇"，並從文本自身以及傳世文獻中採摭了大量的訓詁學證據，①應該是可以信從的。但更爲重要的，則是要明確思想史方面的證據。在《老子》最經典的天地萬物生成的系譜中，神明是缺席的，可《老子》並未忽視神明的存在。傳世《老子》第三十九章云："昔之得一者：天得一以清，地得一以寧，神得一以靈，谷得一以盈，萬物得一以生，侯王得一以爲天下貞(正)。其致之，謂天無以清，將恐裂；地無以寧，將恐廢；神無以靈，將恐歇；谷無以盈，將恐竭；萬物無以生，將恐滅；侯王無以貴高，將恐蹶。"《老子》核心生成圖式中所見的"天""地""萬物"，在這裏與"神""谷""侯王"雜糅，均以得一（亦即得道）爲存在的前提。《莊子・內篇・大宗師》謂，"夫道，……神鬼神帝，生天生地"，——所謂道使鬼和帝具有神異性，②與《老子》所謂"神得一以靈"完全一致。不過，莊子似乎更明確地

---

① 參閱邢文：《論郭店〈老子〉與今本〈老子〉不屬於一系：楚簡〈太一生水〉及其意義》，《中國哲學》編輯部、國際儒聯學術委員會編：《郭店楚簡研究》，《中國哲學》第二十輯，頁167～170。

② 先秦典籍所説的"鬼"往往包括神，參見本書第十章第二節："《五行》等新出儒典與《墨子》"。

認識到神明問題是道創生天地萬物的體系必須回答和必不可少的,故將道"神鬼神帝"與道"生天生地"赫然並列。就整個體系而言,神明在《老》《莊》學說中的位置不甚凸顯,可對它們來説神明問題至少是一個必須解決的問題。從這一思想史背景上觀照《大一生水》,它在天地宇宙的生成序列中給神明安排一個位置,就毫不奇怪了。也就是説,依據道家傳統及其所面對的現世的觀念語境,《大一生水》必須解決神靈上帝的存在問題。《大一生水》與《老》《莊》的意指並不完全相同,但它們的根則毫無疑問是貫通、一致的。在《大一生水》的宇宙生成序列中,"神明"何所的指,必須從該文獻所承繼和負載的道家傳統中來把握。①

李零基於《大一生水》的表達方式,認爲天地、神明、陰陽、春夏秋冬、滄熱、濕燥諸生成物,"天—神—陽—春夏—熱—燥是概念的一極,地—明—陰—秋冬—寒—濕是概念的另一極,"神明"是"與天、地或陰、陽對應的兩種神靈","'神/明''陰/陽'四時(春夏/秋冬)''寒/暑''濕/燥'都是從'天/地'的概念派生(它們都是'太一'和'水'下面的二元概念)"。② 以《大一生水》所説的"神明"爲"兩種神靈",堪稱卓見。許慎《説文解字·示部》解釋説,"神,天神,引出萬物者也,从示申〔聲〕";"祇,地祇,提出萬物者也,从示氏聲"。"神""祇"是關聯天、地而區隔的兩大類神明。《大一生水》"天 坒(地)復相補(輔)也,是以城(成)神明"一説,似乎也暗示"神明"分別關聯天、地而被區隔爲兩個具有相對待意義的類。但《大一生水》中的"神明"具有這種二元性,並不意味着"神明"一詞可以析分爲指涉神靈的"神""明"兩極,在傳統經典中,"神""明"對稱時分別指涉神靈的例子似乎並不多見。

道家對"神明"的定位具有相當鮮明的保守性。錢穆曾説:"'道'字之新觀念,可謂由莊子而確立。故莊子言道,乃遠與孔孟儒家之言道不同。而自有此道字之新觀念,於是往者'天帝創造萬物'之素樸的舊觀念遂破棄,不再爲思想界所重視;此則莊子思想在當時一種最有價值之貢獻也。"③由於發明了道創生天地萬物的觀念,天帝神明在道家學説體系中的地位的確發生了下

---

① 設想《大一生水》祇是自説自話,顯然不合情理。由它與竹書甲乙丙組《老子》同出於郭店戰國楚墓,殆已可窺見它所由産生的歷史語境,遑論它與老、莊學説存在極深刻的體系化關聯。
② 參閲李零:《讀郭店楚簡〈太一生水〉》以及《再讀郭店楚簡〈太一生水〉》,《郭店楚簡校讀記》(增訂本),頁205、頁204以及頁219。
③ 錢穆:《莊老通辨·再論〈老子〉成書年代》,《錢賓四先生全集》(七),臺北:聯經出版事業公司,1998年,第1版,頁93~94。案:錢穆認爲中國道家之創始人爲莊周,參閲氏著《莊老通辨·中國道家思想之開山大宗師——莊周》,《錢賓四先生全集》(七),頁1~11,所以稱"'道'字之新觀念,可謂由莊子而確立"。

降,這是思想史上的具有革命意義的變化。然而必須認識到,《老子》說,"神得一以靈,……神無以靈,將恐歇";《大一生水》說,"大(太)一生水,水反補(輔)大一,是以城(成)天。天反補大一,是以城埅(地)。天埅復相補也,是以城神明";《莊子》說,道"神鬼神帝"。有一個事實十分明顯,在這種"道"的觀念產生以前,鬼神的存在是沒有根據的(或者說它在邏輯上是懸空的),這種"道"的觀念爲鬼神的存在提供了理據。可見先秦道家學者的兩隻脚依然陷在傳統的泥淖中。有學者指出,"道的觀念似乎是對早期宗教信念理性化的嘗試",①這一判斷極有見地。似乎有一點微妙的是,《大一生水》中"神明"的地位相對較高,因爲它被定義爲"佥(陰)易(陽)""四時""倉(滄)然(熱)""溼澡(燥)"和"戠(歲)"的一個重要基源。

《大一生水》所述生成序列的時間性十分凸顯。"四時"和"戠(歲)"兩個關節明顯指涉時間軸;四時反輔太一而成"倉(滄)然(熱)","倉(滄)然(熱)"反輔太一而成"溼澡(燥)","溼澡(燥)"反輔太一而成"戠(歲)","倉(滄)然(熱)""溼澡(燥)"也主要是從時間軸上定義的。處於"四時"之前、"神明"之後的"佥(陰)易(陽)"也應該具有極強的時間性,就是說,它很可能不是指通常所謂的陰氣與陽氣。陽氣即天氣,陰氣即地氣,兩者之本在於天、地,故無需由"天埅(地)"之後的關節"神明"反輔太一而生。《大一生水》的"佥(陰)易(陽)"應該是指晝夜。《禮記·祭義》云:"日出於東,月生於西。陰陽長短,終始相巡,以致天下之和。"正義曰:"陰,謂夜也。陽,謂晝也。"《大一生水》所説的"神明復相補也,是以城佥(陰)易(陽)",可能有極深厚的傳統神話的背景。《山海經·海外北經》云:"鍾山之神,名曰燭陰,視爲晝,瞑爲夜,吹爲冬,呼爲夏,不飲,不食,不息,息爲風。身長千里。……其爲物,人面,蛇身,赤色,居鍾山下。"《大荒北經》云:"西北海之外,赤水之北,有章尾山。有神,人面蛇身而赤,直目正乘(朕),其瞑乃晦,其視乃明,不食不寢不息,風雨是謁。是燭九陰,是謂燭龍。"《廣博物志》卷九引三國吳整所著《五運歷年記》,曰:"盤古之君,龍首虵身,噓爲風雨,吹爲雷電,開目爲晝,閉目爲夜……"《大一生水》神明反輔太一而成陰陽(即晝夜)的説法,可以從類似觀念中找到源頭。這再一次説明它與原始神話的關聯更爲密邇。

表中第二組材料,傳世《老子》第二十五章謂"人法地,地法天,天法道,道法自然",強調的是"道""天""地"作爲人世法度的一貫性。《老子》書中有不少以天、地爲世人範式的例子。比如,其第七章云:"天長地久。天地

---

① 〔加〕秦家懿、〔德〕孔漢思:《中國宗教與基督教》,北京:生活·讀書·新知三聯書店,1990年,第1版,頁120。

所以能長且久者,以其不自生,故能長生。是以聖人後其身而身先,外其身而身存。非以其無私邪？故能成其私。"第九章云："功遂身退,天之道。"第三十二章云："天地相合以降甘露,民莫之令而自均。"儘管如此,在《老子》體系中,"天""地"卻不能與"道"並列,更不能凌駕於"道"之上。《大一生水》強調"天陛(地)""佥(陰)昜(陽)"不能替代"大(太)一"亦即道發揮爲萬物母、主導萬物盈虛的作用,大抵是《老子》題中應有之意,可側重點畢竟有所不同。

　　第三組材料,"道"爲字,是《老子》和《大一生水》相同的。《老子》給"道"的命名是"大"。《大一生水》"青(請)昏(問)其名"一語,有學者認爲"其後沒有回答";①更有學者進一步推論,"整理者讀'請問',但下文沒有答案,比較可疑",認爲"青昏其名"是説"'青昏'乃天地原來的名",並且提出,"這裏的'青昏'也可能是指天地未生時的混沌狀態或天地所由生的清、濁二氣"。②此説可能值得商榷。《大一生水》之原文謂,"下,土也,而胃(謂)之陛(地)。上,燹(氣)也,而胃之天。道亦其朿(字)也,青昏其名",即便"青昏"確讀如字,其後"其名"二字也應該是指以"道"爲字者之"名",不應將其歸於"道"字上文的"天"和"地"。整理者讀爲"請問"是合理的(上博簡《季庚子餉於孔子》數見"青昏",均讀爲"請問");"請問其名",是問以"道"爲字者其名爲何。據《大一生水》全篇的内容判斷,它給出的"道"之名便是"大(太)一"。所謂"大(太)一贙(藏)於水,行於時,……君子智(知)此之胃(謂) 道 ","道"和"大(太)一"的同一性是毋庸置疑的。故《大一生水》之論"道"者固然是論道,其論"大(太)一"者也是論道。"大(太)一"是《大一生水》給"道"起的新名,殆有意與《老子》給出的原名"大"相區分,因此特以"青(請)昏(問)其名"以醒人耳目,提起注意。李學勤强調,"太一"見於《莊子・雜篇・徐无鬼》《列禦寇》《天下》,以及《淮南子・精神》《本經》《主術》《詮言》諸篇,但它不必晚至莊子後學時代,很可能在子思乃至孔門七十子時代就已經産生了,與郭店《大一生水》同出的

---

① 邢文:《論郭店〈老子〉與今本〈老子〉不屬於一系:楚簡〈太一生水〉及其意義》,《中國哲學》編輯部、國際儒聯學術委員會編:《郭店楚簡研究》,《中國哲學》第二十輯,頁175。

② 參閲李零:《讀郭店楚簡〈太一生水〉》,陳鼓應編:《道家文化研究》第十七輯,"郭店楚簡"專號,北京:生活・讀書・新知三聯書店,1999年,第1版,頁319;《郭店楚簡校讀記》(增訂本),頁206。案:李零對這一問題的看法前後並不一致,故同文又説:"《老子》……所謂'先天地生'、'爲天下母'的'物'是以'道'爲字,以'大'爲名,這和簡文以'道'爲字、'青昏'爲名是類似説法。"(見氏著《郭店楚簡校讀記》增訂本,頁214)這種説法跟以"青昏"爲天地原來之名的判斷顯然有異。

文獻基本上集中於七十子至子思時代，似可顯示這一歷史信息。① 這是合乎事實的研判。

"大(太)一"者，一而又一也。曾國藩(1811～1872)《讀書錄》釋《淮南子·泰族》篇之篇題，云："族，聚也；羣道衆妙之所聚萃也。泰族者，聚而又聚者也。始之又始，曰'泰始'。一之又一，曰'泰一'。伯之前有伯，曰'泰伯'。極之上有極，曰'泰極'。以及'泰山''泰廟''泰壇''泰折'，皆尊之之辭。"② 姜亮夫(1902～1995)《楚辭學論文集》之《九歌解題》釋"東皇太一"，有云："凡足以當一事一物一理之極之始者，皆可曰'太'。始而又始曰'太始'，極之又極曰'太極'，伯之又伯曰'太伯'，初之又初曰'太初'，上之又上曰'太上'，祖之始曰'太祖'，質之始曰'太素'(見《乾坤鑿》)。"③ 這一組詞彙，足以顯示其產生的規則與理據。《左氏春秋》襄公二十四年(前549)記魯穆叔之言，曰："大(太)上有立德，其次有立功，其次有立言。"所謂"太上"即最上。《莊子·內篇·人間世》有云："且以巧鬥力者，始乎陽，常卒乎陰，(大)〔泰〕(一)至則多奇巧；以禮飲酒者，始乎治，常卒乎亂，(大)〔泰〕至則多奇樂。凡事亦然。始乎諒，常卒乎鄙；其作始也簡，其將畢也必巨。""泰至"即極之又極、終竟。《莊子·外篇·天地》謂，"泰初有无(無)"。《周易·繫辭上傳》謂，"《易》有太極，是生兩儀。兩儀生四象，四象生八卦。八卦定吉凶，吉凶生大業"。從這一類語彙產生、發展的大背景上看，"大(太)一"一詞之產生應當不會太晚。

《老子》本有"道生一"之說(見傳世《老子》第四十二章)，據此謂道之名爲"大(太)一"，乃是十分自然的事情。馮友蘭解釋説："'道'爲什麽又稱爲'太一'呢？《老子》説：'道生一，一生二，二生三，三生萬物。'(四十二章)道生一，所以道是'太一'。這個'太'，就是'太上皇''老太爺'那個'太'，皇帝的父親稱爲'太上皇'，老爺的父親稱爲'老太爺'。'一'是道之所生，所以道稱爲'太

---

① 《漢書·藝文志》著録"《子思》二十三篇"，自注云："名伋，孔子孫，爲魯繆公師。"郭店竹書有《魯穆公昏子思》一文，記載魯穆公(前407～前377在位)與子思的一番問答，以及城(成)孫弋對子思答語的評論。或據此判斷郭店儒書產生於子思以後，恐未必符合事實。《孟子》載録了孟子與時君的很多問答，但該書卻並非產生於孟子之後。《史記·孟子荀卿列傳》説得十分清楚："孟軻，騶人也。受業子思之門人。道既通，游事齊宣王，宣王不能用。適梁，梁惠王不果所言，則見以爲迂遠而闊於事情。當是之時，秦用商君，富國彊兵；楚、魏用吳起，戰勝弱敵；齊威王、宣王用孫子、田忌之徒，而諸侯東面朝齊。天下方務於合從連衡，以攻伐爲賢，而孟軻乃述唐、虞、三代之德，是以所如者不合。退而與萬章之徒序《詩》《書》，述仲尼之意，作《孟子》七篇。"
② 曾國藩：《曾國藩全集》(十五)，長沙：嶽麓書社，2011年，第1版，頁236。
③ 姜亮夫：《姜亮夫全集》(八)，昆明：雲南人民出版社，2002年，第1版，頁300。

一'."①稱道之名爲"太一",原本是這麼簡單的事情。這樣説來,學術界對《大一生水》中的"大(太)一"似乎有一點過度關注,想得太多了。"大(太)一"在中國傳統中的意指固然十分繁複,但脱離了《老》《莊》基本傳統來闡解"大(太)一",祇會落入過度詮釋。《後漢書·張衡列傳》記載:"初,光武善讖,及顯宗、肅宗,因祖述焉。自中興之後,儒者争學圖緯,兼復附以訞言。衡以圖緯虚妄,非聖人之法,乃上疏曰:'臣聞聖人明審律歷以定吉凶,重之以卜筮,雜之以九宫,經天驗道,本盡於此……'"李賢(653~684)等注引《易乾鑿度》云:"太一取其數以行九宫。"並引鄭玄注曰:"太一者,北辰神名也。下行八卦之宫,每四乃還於中央——中央者,(地神)〔北辰〕之所居——故謂之九宫。天數大分,以陽出,以陰入。陽起于子,陰起於午,是以太一下九宫,從坎宫始,自此而從於坤宫,又自此而從於震宫,又自此而從於巽宫,所以(從)〔行〕半矣,還息於中央之宫。既又自此而從於乾宫,又自此而從於兑宫,又自此而從於艮宫,又自此而從於離宫,行則周矣,上游息於太一之星而反紫宫。行起從坎宫始,終於離宫也。"胡渭(1633~1714)據此作如下《太一下行九宫圖》:②

圖 10-1 胡渭《太一下行九宫圖》

李學勤謂,簡文《大一生水》之太一即北辰之神,簡文所謂太一"行於時",是指"太一的周行","藏於水",是指"太一從五行屬水的北方始"。③ 釋"大(太)

---

① 馮友蘭:《中國哲學史新編》,《三松堂全集》第八卷,頁 289~290。
② 參見胡渭:《易圖明辨·九宫》,北京:中華書局,2008 年,第 1 版,頁 48。
③ 李學勤:《太一生水的數術解釋》,陳鼓應主編:《道家文化研究》第十七輯,"郭店楚簡"專號,頁 298、頁 299。案:對《大一生水》的數術學的詮釋有一批經典著論,除李學勤此文以外,尚有:李零:《讀郭店楚簡〈太一生水〉》《再讀郭店楚簡〈太一生水〉》,兩文均見氏著《郭店楚簡校讀記》(增訂本)之附録,頁 203~217、頁 218~223;陳松長:《〈太一生水〉考論》與張思齊《太一生水與道教玄武神格》,分别參見武漢大學中國文化研究院編:《郭店楚簡國際學術研討會論文集》,頁 542~546、頁 547~555;姚治華《〈太一生水〉與太乙九宫占》,刊載於簡帛研究網,http://www.jianbo.org/Wssf/Yaozhihua1.htm,http://www.jianbo.org/Wssf/Yaozhihua2.htm。均可參看。

一"爲北辰之神,直接背離了簡文所說太一生水、水反輔太一生天、天反輔太一生地、天地反輔太一生神明的基本論斷;——根據這一生成譜系,神明乃生於天地之後,天地最高且最終的基源太一又怎麼可能是北辰之神呢?再證以上文所說"大(太)一"產生的語言學機制,以及"大(太)一"與《老子》"道生一"之"道"在理念和邏輯上的疊合關係,則釋簡文"大(太)一"爲北辰之神,其誤更加顯白。況且,《莊子·雜篇·天下》稱關尹、老聃"建之以常無有,主之以太一,以濡弱謙下爲表,以空虛不毀萬物爲實",其所謂"太一"就是指《老子》體系中的"道"。成疏云:"'太'者廣大之名,'一'以不二爲稱。言大道曠蕩,無不制圍,括囊萬有,通而爲一,故謂之太一也。"則《大一生水》中的"大(太)一"指道,更何疑哉?

(3) 變異。

相較於《老子》體系,《大一生水》最大的變異,是增加了"水"在天地萬物以及宇宙生成過程中的位子。太一生水,水反輔太一生天,天反輔太一生地,天地反輔太一生神明,神明反輔太一生陰陽,陰陽反輔太一生四時,四時反輔太一生滄熱,滄熱反輔太一生燥濕,燥濕反輔太一生歲;水的地位僅僅次於太一這個終極性的本源。而且《大一生水》還有"大(太)一贊(藏)於水"之説。①在"大(太)一生水"這一前提下,"大(太)一贊(藏)於水"的意思殆非指"水"是"大(太)一"之上更高的終極存在,而是説在後續的天地萬物生成的過程中,太一並未缺席,它藏於水中發揮其基源作用。有學者曾説,"大(太)一贊(藏)於水"是"以'水'爲'太一'的實體"。② 這種解釋恐怕難以契合"大(太)一生水"這一大前提。如上文所説,李學勤指出,"《老子》很推尚水,……但也不曾有'太一藏於水'的觀點"。這樣説當然很正確,可《大一生水》在太一即道生成天地萬物及宇宙的過程中,於太一之下、天地萬物宇宙之上安排"水"這種元素,明顯是還基於《老子》學説的啓發。傳世《老子》第八章云:"上善若水。水善利萬物而不爭,處衆人之所惡,故幾於道。"《大一生水》發揮的恰恰就是《老子》所説的水"善利萬物""幾於道"的特性,衹不過它對《老子》這一觀念的接受是站在道生成天地萬物的層面上,《老子》原意則並非從這一層面上講"道"和"水"。除此之外,我們必須認識到,"水"儘管在宇宙生成之鏈條

---

① 《管子·水地》篇有云:"地者,萬物之本原,諸生之根菀也,美惡賢不肖愚俊之所生也。水者,地之血氣,如筋脉之通流者也。故曰:水具材也。……是故具材何也?水是也。萬物莫不以生,……故曰:水者何也?萬物之本原也,諸生之宗室也,美惡賢不肖愚俊之所產也。"其推尊水爲萬物之本原,當是受到《大一生水》等早期道家著述的影響。

② 李零:《讀郭店楚簡〈太一生水〉》,《郭店楚簡校讀記》(增訂本),頁209。

中有十分"先進"和重要的位置,可它的作用無法跟終極性的"大(太)一"相比,它不能獨立充當其他事物產生的母源和原動力,它的價值主要在於反輔太一。

在爬梳了《大一生水》和《老子》學説的關係之後,我們將焦點轉移到簡文所説太一創生天地、宇宙的設計上。李零和邢文分别將其生成圖式畫爲以下左、右兩圖:①

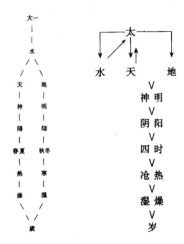

圖 10-2 李零、邢文《太一生水》篇之圖式

相對而言,右圖更能彰顯天、地、神明、陰陽、四時、滄熱、濕燥以及歲的生成條件,比如天的生成條件是水反輔太一,地的生成條件是天反輔太一等等;它應該更加接近《大一生水》的原有理論架構。可是這兩種圖式都會誤導人們對包括《大一生水》在內的早期道家學説的理解。左圖自"水"始,右圖自"神明"始,太一便宣告缺席;而且,它們都没有明確呈現天地反輔太一(成神明)、神明反輔太一(成陰陽)、陰陽反輔太一(成四時)、四時反輔太一(成滄熱)、滄熱反輔太一(成燥濕)、燥濕反輔太一(成歲)等一系列生成條件。筆者先嚴格按照《大一生水》的顯在内容,將其宇宙生成圖式標示爲下圖實綫部分,——箭頭旁邊方框中的文字表示各元素的生成條件;進而以虛綫方框補出持續存在、作爲原動力和基源的太一(參見圖 10-3)。

---

① 參閲李零:《讀郭店楚簡〈太一生水〉》,《郭店楚簡校讀記》(增訂本),頁 211;以及邢文:《論郭店〈老子〉與今本〈老子〉不屬於一系:楚簡〈太一生水〉及其意義》,《中國哲學》編輯部、國際儒聯學術委員會編:《郭店楚簡研究》,《中國哲學》第二十輯,頁 167。

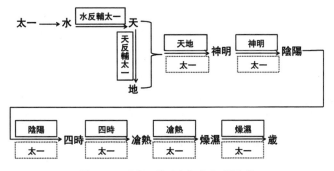

圖 10-3 《大一生水》宇宙生成圖式

這一圖式之所以補上虛綫方框的內容,是因爲僅有實綫部分會存在嚴重的問題。原因在於《大一生水》的表達方式。在宇宙各元素生成的整個過程中,太一其實一直存在,一直起着主導作用,其他元素則僅僅是起輔助作用;——各元素生成的最終基源都是太一。簡文"水反楠(輔)大(太)一,是以城(成)天""天反楠(輔)大(太)一,是以城(成)埅(地)",是最爲明切的表達;其下文"天埅(地)者,大(太)一之所生也",也是一個確證。"反楠(輔)"兩字,應該是就生成物又回助母源太一而言的;無形質的太一持續存在,它既是無限,又是永恆,不可能像普通事物那樣定位在某個起始點,所以"反楠(輔)"並不意味着普通的循環。"天埅(地)復相楠(輔)也,是以城(成)神明"以下,字面上均未提及"反楠(輔)大(太)一"一事,導致天地對於神明生成的作用以及神明對於陰陽、四時、滄熱、燥濕、歲生成的作用看起來相當凸顯。可究其實際,神明的生成不可能脱離太一亦即道的主導作用(道家之爲道家,根基便在這裏,《老子》說"神得一以靈",《莊子》說道"神鬼神帝",都是力證),太一主導陰陽、四時、滄熱、燥濕、歲的生成也是同樣的道理。簡文之"相楠(輔)"似均應理解爲輔助它(即輔助太一),跟其上文兩次出現的"反楠(輔)大(太)一"意思一貫,唯言説方式不同而已;就是説,"相"字並非指互相,而是表示主詞動作所及的對象,主詞之動作就在其後。

《大一生水》在敘述了由太一至歲的宇宙生成過程以後,緊跟着又從歲開始對這一過程做了逆序的表達,它實際上包含兩個方向相反的圖式。這種情形,跟傳世《大學》論八目之先後關聯十分相似。圖式化思維和表達對這兩個體系都非常重要。

與郭店竹書《五行》同出的道家經典有竹書《老子》甲、乙、丙組,以及《大一生水》。竹書《老子》並不完整,其所關聯的《老子》與馬王堆帛書及傳世《老子》的整體歧異和一致性,尚不得而知。有學者指出:"《老子》絕非道家一本大雜燴書,而是出於思想巨人之宏篇巨著,爲其奠基者是李耳老聃,總其成的是太史儋。……老聃奠其基、搭其架，太史儋完成了全部建築，並有所擴建。他們免不了會採集某些精語，但都是用自己的思想體系將其貫穿融化爲自己的血肉。……楚簡類《老子》出於老聃，帛、今本類《老子》出於太史儋，這論點遲早將會被普遍承認。"① 這種觀察角度很有啓發意義，可所謂"老聃奠其基、搭其架，太史儋完成了全部建築，並有所擴建"，尚需進一步證明。從學術思想層面看，帛書《老子》與傳世《老子》的一致性是主要的面向。由帛書《老子》以及《大一生水》看，早期道家典籍的核心是宇宙萬物之生成，以及人、地、天、道遞相取法的諸多系譜，其中大部分爲單綫遞進式，比如《老子》中的天地萬物生成圖式等，也有一部分爲耦合遞進式，比如《大一生水》所見兩種順序不同的宇宙生成圖式等。圖式化思維與表達對道家體系的重要性，一如樹木的根幹對於樹木的重要性。

而經文部分同樣見於郭店楚簡的《五行》篇，恰恰也以系譜化爲思維和表達的根本特徵。

《五行》有一大批單綫遞進式系譜，主要是五種德之行仁、知(智)、義、禮、聖各由某種基源，遞升而成相應的德之行。比如，《五行》經文第六章云：

> 仁之思也䂭(精)。䂭則察，察則安，安則溫，溫則|説(悦)|，|説則戚|，|戚則親|，親則(憂)〔愛〕，(憂)〔愛〕則(王)〔玉〕色，(王)〔玉〕色則荆(形)，荆則仁。知(智)之思也長。〔長〕則得，得則不忘，不忘則明，明則|見賢人|，|見賢人則玉色|，|玉色|則荆，荆則知。聖之思也䡖(輕)，䡖則荆，荆則不忘，不忘則恩(聰)，恩則聞君子道，聞君子道則(王言)〔玉音〕，(王言)〔玉音〕則|荆|，|荆則|聖。

這裏論析了德之行仁生成的如下系譜：仁之思䂭(精)→察→安→溫→|説(悦)|→|戚|→|親|→(憂)〔愛〕→(王)〔玉〕色→荆(形)→仁；論析了德之行智生成的如下系譜：知(智)之思長→得→不忘→明→|見賢人|→|玉色|→荆(形)→知(智)；還論析了德之行聖生成的如下系譜：聖之思䡖(輕)→荆(形)→不忘→恩(聰)→聞君子道→(王言)〔玉音〕→|荆(形)|→聖。《五行》説文第六章一一予以詮釋(今馬王堆帛書所見這一部分文字殘缺，殊爲可惜)。又比如，《五行》經文第十章云："不臖(變)不説(悦)，不説不戚，不戚不親，不親不

---

① 尹振環：《楚簡與帛書〈老子〉的作者和時代印記考》，《貴州文史叢刊》2000年第二期，頁6～7；《學術月刊》2000年第四期，頁45。

愛,不愛不仁。"其間所論德之行仁的生成系譜爲:聲(變)→説(悦)→戚→親→愛→仁。《五行》説文第十章予以詮釋。類似的例子毋庸一一舉列。

《五行》還有些系譜,至少在一些重要的局部環節上存在耦合遞進的現象。比如,《五行》經、説第九章與第二十一章論及"金聲""玉音"或"玉振""金聲而玉振"以及"雜(集)泰(大)成""君子"諸範疇之間的複雜關係,結合《五行》經文第六章所論析基於仁之思經"玉色"諸關節生成德之行仁、基於智之思經"玉色"諸關節生成德之行智、基於聖之思經"玉音"諸關節生成德之行聖,以及《五行》經文第一章所論由五種行各形於内生成五種相應的德之行,而仁、智、義、禮四種德之行和合生成善,仁、智、義、禮、聖五種德之行和合生成德等等,"金聲""玉音"或"玉振""金聲而玉振"以及"雜(集)泰(大)成""君子"諸範疇之間的關係,可以如下系譜表示(圖10-4):

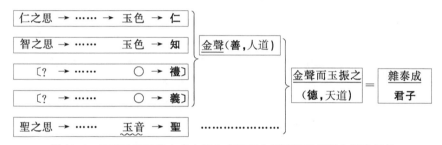

圖10-4　《五行》君子集大成人格生成過程中單綫遞進與耦合遞進圖示

其間單綫遞進或耦合遞進的關係,一目瞭然,無須費辭。又比如,經文第一章論仁、智、義、禮、聖五種行各以形於内爲條件,躍升爲五種相應的德之行,這是單綫遞進;之後仁、智、義、禮四種德之行和合爲善,仁、智、義、禮、聖五種德之行和合爲德,則是局部的耦合遞進(其詳請參見圖10-5所示)。①

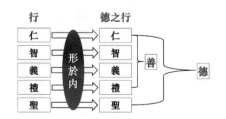

圖10-5　《五行》經文第一章諸德行之生成圖式

---

① 關於《五行》體系的系譜化特質,更細的論析,請參閱本書緒論第三節:"《五行》系譜化特質及其歷史語境"。

毫無疑問，《老子》《大一生水》與《五行》的系譜是基於不同觀念體系建立的，但其內在結構模式則往往較然一致，即其理論骨幹均是基於"作爲連續過程的變化的觀念"的一系列圖式。① 這種結構模式，向內看關聯着思維，向外看則貫穿於表達。故《老子》《大一生水》與《五行》之間很可能存在影響關係，就是説，《五行》在這些方面很可能接受了早期道家學説的影響，並且予以光大。這是中國早期學術思想史最耐人尋味的現象之一。② 必須强調，思維、表達模式的關聯，可能比具體思想和知識的關聯更值得關注，因爲它往往更具有生成性。

二、《五行》等新出儒典與《墨子》

　　子思、墨子之生平年世有相當一部分是重疊的：兩人之出生大概祇相差數年，而墨子之去世大概晚十來年。③ 子思爲孔子之孫，其學習儒術必甚早而無周折，其學術思想之成熟也應該較一般人爲早。而依據《淮南子·要畧》這一篇重要學術史文獻，墨子原初"學儒者之業，受孔子之術"，後以"其禮煩擾而不説（悦），厚葬靡財而貧民，〔久〕服傷生而害事"，"故背周道而用夏政"；④就是説，墨子在另創墨家以及墨學體系前經歷了一番學術思想的周折，

---

① 引語是胡適對《老子》思想的評論，參見氏著《先秦名學史》，姜義華主編：《胡適學術文集·中國哲學史》，頁 786～787。
② 所有生成過程落實在觀念層面上，都自然呈現爲圖式或系譜。比如《周易·繫辭上傳》有云："《易》有太極，是生兩儀，兩儀生四象，四象生八卦，八卦定吉凶，吉凶生大業。"這裏面就包含着一個思想史上極爲著名的圖式。然而，從系譜化思維與表達對學説體系的重要性來説，其他中國早期文獻殆無堪與子思《五行》相比者；而早期道家文獻尤其是《老子》的幾個關鍵系譜，則無疑更具有原創性。前引《周易·繫辭上傳》的生成圖式，便有《老子》學説極清晰的影子。故王弼注云："夫有必始於无（無），故太極生兩儀也。太極者，无稱之稱，不可得而名，取有之所極，況之太極者也。"正義更説："太極謂天地未分之前，元氣混而爲一，即是初、太一也。故《老子》云'道生一'，即此太極是也。又謂混元既分，即有天地，故曰'太極生兩儀'，即《老子》云'一生二'也。"這些解釋未必正確，但是説由"太極"至"大業"的生成圖式受《老子》道創生天地萬物圖式的影響，還是合乎事實的。
③ 案：此處子思、墨子生卒年世，乃據錢穆考定，參閱氏著《諸子生卒年世約數》，《先秦諸子繫年》，頁 694。又，徐希燕考墨子生卒年爲前 480（前後誤差不超過 3 年）至前 389（前後誤差不超過 5 年），亦可以參閱，見氏著《墨子生卒年考》，蕭魯陽主編：《中原墨學研究》，鄭州：中州古籍出版社，2001 年，第 1 版，頁 157。
④ 今人或推斷，墨子原初所受爲孔子弟子宰我之術，所學爲孔子弟子宰我學派之業（參見鄭傑文、王繼學等：《墨學對中國社會發展的影響》，濟南：山東人民出版社，2011 年，第 1 版，頁 23～26）。

其學術思想之成熟應該較晚。墨子創立墨家及墨學有針對儒家和儒學立異的鮮明取向,他高度關注並深刻了解自己挑戰的對象,亦自毋庸置疑。這意味着,作爲當世"顯學"儒學的重要一支,子思之學術思想殆自成熟之日起就影響着墨子學説的成立與發展,更無論墨子後學之體系;①——説儒家八派中的子思氏之儒影響着墨家學派的整個發展過程,並不爲過。可以加強這一判斷的是禽滑釐(前470~前400)。②禽滑釐後爲墨子弟子。《墨子·公輸》篇載墨子曰,"……臣之弟子禽滑釐等三百人,已持臣守圉之器,在宋城上而待楚寇矣",可爲確證。對整個墨家和墨學來説,禽滑釐又是極爲重要的人物。故作爲早期中國學更早的一篇重要學術史文獻,《莊子·雜篇·天下》謂,"不侈於後世,不靡於萬物,不暉於數度,以繩墨自矯而備世之急,古之道術有在於是者,墨翟、禽滑釐聞其風而説之",赫然以禽滑釐與墨翟並立。然而禽滑釐當初也是學儒術的。《史記·儒林列傳》云:"自孔子卒後,七十子之徒散游諸侯,大者爲師傅卿相,小者友教士大夫,或隱而不見。故子路居衛,子張居陳,澹臺子羽居楚,子夏居西河,子貢終於齊。如田子方、段干木、吳起、禽滑釐之屬,皆受業於子夏之倫,爲王者師。"禽滑釐原本受業於孔門弟子子夏,習儒術,③後來轉投墨子,成爲墨家又一位重要學者,這再次顯示了墨家、墨學與儒家、儒學的複雜關聯。

《墨子》一書,彙編了墨子本人、墨子弟子以及後期墨家的一系列著述。劉向整理本原爲七十一篇,但傳世者僅存五十三篇。該書内容涉及現今所謂哲學、政治學、邏輯學、科技以及軍事等多個方面,故常被譽爲古代的"百科全書"。有學者認爲,今本《墨子》之前兩篇,即《親士》和《脩身》,爲墨子自著,帶有學於儒家又脱離儒家的痕迹;接下來五篇,即《所染》《法儀》《七患》《辭過》和《三辯》,爲墨子中年講學之記録,是墨子去世後其弟子根據筆記增益而成的,可稱爲墨子思想之綱要;第八至三十九篇(其間缺八篇)共十一題,即《尚賢》《尚同》《兼愛》《非攻》《節用》《節葬》《天志》《明鬼》《非樂》《非命》《非儒》,每題往往分爲上、中、下三篇,絶大多數均以"子墨子言曰"開頭,大概也是墨子講學之記録,在墨子去世後,由墨家三派各據所記整理而成,同樣是研究墨子及早期墨家最基本、最可靠的材料;第四十至四十五篇,即《經上》《經下》

---

① 從荆門郭店楚墓竹書以及長沙馬王堆漢墓帛書所見儒、道並列的思想知識架構來看,儒、墨並稱顯學的形勢,在孔門七十子及子思時代大概尚未形成。
② 參閲錢穆:《諸子生卒年世約數》,《先秦諸子繫年》,頁694。
③ 參閲上書,頁693。

《經說上》《經説下》《大取》《小取》，殆爲戰國後期墨家所作，並非出於一人之手，亦並非出於一時；第四十六至五十篇，即《耕柱》《貴義》《公孟》《魯問》《公輸》，爲墨子後學記墨子及其主要弟子之言行，其寫成時間應當較早，是研究墨子生平事蹟的可靠材料；第五十二至七十一篇（中間缺九篇），即《備城門》等等，殆爲墨子講授防禦戰術及守城工具的著作，由禽滑釐與其弟子據記録整理而成，寫於墨子晚年以及禽滑釐時代。① 要之，《墨子》一書所收篇什殆全部晚於子思《五行》以及郭店、上博其他新見儒典。②

那麽，從以《五行》爲代表的郭店、上博新見儒典，來看儒、墨兩大顯學在思想學術方面的縮合，會有哪些發現呢？

（一）《五行》及其他新見儒典的思維、認知和言説方式與《墨子》

先秦諸子有一個辨名析實的思潮。③ 傳世《老子》第三十二章曾説，"道常無名"；第二十五章則説，"吾不知其名，〔强〕字之曰道，强爲之名曰大"。《老子》對於"道"不可名、又不可不强爲之名的糾結，以及"'名'在各方面被討論"這一事實，"表明思想已經越過了散漫的階段而進入使它本身受到審查和考慮的階段"。④ 孔子視"正名"爲治國之要，以爲"名不正，則言不順；言不順，則事不成；事不成，則禮樂不興；禮樂不興，則刑罰不中；刑罰不中，則民無所措手足"（《論語·子路》）。其"正名"説被視爲"儒家的中心問題"，⑤核心

---

① 參閱孫以楷、甄長松：前言，《墨子全譯》，成都：巴蜀書社，2000 年，第 1 版，頁 2～4。
② 保守一點説，至少除《親士》《脩身》《耕柱》《貴義》《公孟》《魯問》《公輸》諸篇外，《墨子》其他篇什都晚於郭店、上博儒典。《墨子·經》上下篇、《經説》上下篇以及《大取》《小取》等，無論如何都成於郭店、上博新見儒典以後。又，譚家健判斷："《墨子》各篇寫作雖然略有先後，但總合成書或許在孟子以後。孟子以好辯著稱，辟楊拒墨，不遺餘力；可是今本《孟子》中批評墨家僅提到'兼愛'、'薄葬'等兩種主張，其他觀點均未涉及。孟子有些話（如批評宋牼以利説秦楚罷兵）雖然與墨家相似，卻没有提到墨子的名字。其原因我以爲主要是這時墨家著作尚未整理合編成書，孟子尚未得見全書所致。相形之下，荀子對墨子的批評更多，如《富國》《樂論》《天論》《解蔽》《王霸》《非十二子》等等，涉及墨家'節用''非樂''薄葬''兼愛''明鬼''尚同'等許多主張，有些話顯然是直接批駁《墨子》書中某些文章的（如《樂記》之針對《非樂》，《富國》之針對《節用》）。可見《墨子》成書已在其前。"（見氏著《先秦散文藝術新探》增訂本，濟南：齊魯書社，2007 年，第 1 版，頁 53）此説可備參考。值得留意的是，孟子、荀子對墨家學説的不同因應，似乎亦可説明墨家與儒家並稱"顯學"的格局，在孔門七十子及子思時代尚未形成。
③ 胡適説："幾乎不需指出，所有的'字'，不僅名詞和代詞，而且所有的'詞類'，都是名。"《先秦名學史》，姜義華主編：《胡適學術文集·中國哲學史》，頁 804 注釋 1）
④ 參閱胡適：《先秦名學史》，姜義華主編：《胡適學術文集·中國哲學史》，頁 788。
⑤ 參閲上書，頁 808。

意思殆謂，無合乎道義規定之實，則不當有其名。① 《論語·顏淵》篇記載："齊景公問政於孔子。孔子對曰：'君君，臣臣，父父，子子。'公曰：'善哉！信如君不君，臣不臣，父不父，子不子，雖有粟，吾得而食諸？'""君君，臣臣，父父，子子"，是說君、臣、父、子各各符合道義規定的君、臣、父、子之實，故亦當有君、臣、父、子之名；"君不君，臣不臣，父不父，子不子"，是說君、臣、父、子各各背離了道義規定的君、臣、父、子之實，故亦不當有君、臣、父、子之名。胡適曾分析孔子《春秋》中的如下記載：

(A)（魯隱公四年，三月）戊申，衛州吁弒其君完。
(B)（魯隱公四年）九月，衛人殺州吁于濮。
(C)（魯文公元年）冬，十月，丁未，楚世子商臣弒其君頵。
(D)（魯文公十八年，冬）莒弒其君庶其。
(E)（魯成公十八年春，王正月）庚申，晉弒其君州蒲。

胡適的結論是，"《春秋》中的大事不但記載得語言嚴謹，同時也對它們作了倫理上的判斷。這種判斷隱含在措辭之中"；"寓倫理判斷於似僅繫歷史事件的'評介'之中的這種企圖，也許是《春秋》原著最大的特色"。② 這是合乎事實的判斷。不過對筆者來說，最值得注意的是其中的 B 條，州吁弒其君自立，不具備道義規定的君之實，故《春秋》記其被殺時，謂"衛人殺州吁"，而不謂"衛人弒其君州吁"。《史記·孔子世家》謂孔子作《春秋》，"吳楚之君自稱王，而《春秋》貶之曰'子'"。這些都是孔子"正名"的實踐。《論語·學而》篇記子曰："君子食無求飽，居無求安，敏於事而慎於言，就有道而正焉，可謂好學也已。"《論語·雍也》篇記哀公問："弟子孰爲好學？"孔子對曰："有顏回者好學，

---

① 孔子"正名"之說，鄭玄以來之舊注往往解爲"正書字"，錢鍾書對此說大加譏嘲（參見氏著《管錐編》第二册，頁 405～406）。孔氏所謂"名"當指"名位""名分"之"名"，跟禮數直接相關。《左氏春秋》魯莊公十八年（前 676）記："王命諸侯，名位不同，禮亦異數，不以禮假人。"《國語·楚語上》記范無宇云："地有高下，天有晦明，民有君臣，國有都鄙，古之制也。先王懼其不帥，故制之以義，旌之以服，行之以禮，辯之以名，書之以文，道之以言。"（"范無宇論國爲大城未有利者"章）這些都是名與體密切關聯的實例。對"名實"之"名"而言，"名位""名分"之"名"實即其中一端。《漢志》謂："名家者流，蓋出於禮官。古者名位不同，禮亦異數。孔子曰：'必也正名乎！名不正則言不順，言不順則事不成。'"其從"名位"角度理解孔子"正名"之"名"，並將它跟名家講究之"名"關聯，都比較合理。而《莊子·雜篇·天下》云："《詩》以道（導）志，《書》以道（導）事，《禮》以道（導）行，《樂》以道（導）和，《易》以道（導）陰陽，《春秋》以道（導）名分。""道（導）名分"與"正名"本質上是相同的，《天下》篇堪稱道破了孔子及其《春秋》的一個政教倫理宗旨。

② 參閱胡適：《先秦名學史》，姜義華主編：《胡適學術文集·中國哲學史》，頁 811、頁 812。

不遷怒,不貳過。不幸短命死矣!今也則亡,未聞好學者也。"《論語·學而》記子夏曰:"賢賢易色,事父母能竭其力,事君能致其身,與朋友交言而有信;雖曰未學,吾必謂之學矣。"這些都包含孔子及其門弟子爲"學"和"好學"正名的實際,——簡單言之,其所謂"學"根本在於修養德行。諸如此類的例證無須多舉。應該強調的是,總體來說,中國早期典籍之中,著力辨名析實、在理論層面有清晰提挈而最值得關注者,是新見孔門七十子以及子思的學說,亦即今郭店戰國楚簡所見之《語叢》《五行》等等(後者又更完整地見於長沙馬王堆漢墓帛書),而它們與《墨子》頗有可以互相發明者,特別是在下定義方面。

《五行》基於自身體系之建構,自始至終,以繁複多樣的形式,界定了一系列的"名"以及"名"與"名"之間的關係,其發生型定義尤其引人矚目。比如《五行》經文第一章云:"仁荆(形)於内胃(謂)之德之行,不荆於內胃之行。知(智)荆於內胃之德之行,不荆於內胃之行。義荆於內胃之德之行,不荆於內胃之行。禮荆於內謂之德之行,不荆於內胃之行。聖荆於內胃之德之行,不荆於內胃之行。德之行五,和胃之德;四行和,胃之善。善,人道也;德,天道也。"《五行》經文第十七章云:"未嘗聞君子道,胃(謂)之不恩(聰)。未嘗見賢人,胃之不明。聞君子道而不知亓(其)君子道也,胃之不聖。見賢人而不知亓有德也,胃之不知(智)。見而知之,知(智)也。聞而知之,聖也。"《五行》經文第十八章則説:"聞君子道,恩(聰)也。聞而知之,聖也。聖人知(而)〔天〕道〔也〕。知而行之,(聖)〔義〕也。行之而時,德也。見賢人,明也。見而知之,知(智)也。知而安之,仁也。安而敬之,禮也。仁義,禮樂所蘨(由)生也。五行之所和,和則樂,樂則有德。有德則國家(與)〔興〕。"這些文字以肯定或否定的形式,定義了"行""德之行""善""德""人道""天道",以及"恩(聰)""明""聖""知(智)""義""仁""禮"等等範疇。《五行》中這樣的例子簡直不勝枚舉,基於某種生成過程而界定一系列"名",是該體系最突出的特色。筆者將《五行》經、説二十八章所含具有定義性質的内容概括提煉,製爲表 10-3,以見其建構體系的這種根本特質。

表 10-3 《五行》定義模式表覽

定義模式	定義對象	所出現章節及頻次
"……胃(謂)之" "……可胃(謂)……"	德之行	經一,5
	行	經一,5
	德	經一,1
	善	經一,1
	天道	經一,1
	人道	經一,1
	君子	經三,1
	之(志)士	經三,1
	恖(聰)→聖	經十七,1
	明→知(智)	經十七,1
	賢	經二十一,1
	尊賢	經二十一,1
	賢:能仁義而遂達於 君子道	說二十一,1
	尊賢	說二十一,2
	進:目(侔)而知之	經二十三,1
	進:辟(譬)而知之	經二十四,1
	進:諭而知之	經二十五,1
"无(無)……則无……" "无(無)……則不……" "不……則不……" "不……不……"	憂→知(智)→說→安→樂→德	經二,1
	憂→聖→說→安→樂→德	經二,1
	思睛(精)→察	經四,1
	思長→得	經四,1
	思輕→刑→安→樂→德	經四,1
	仁→思睛(精) 知(智)→思長 } 未見君子而心憂,見君子而心說(悅)	經五,1
	仁→思睛(精) 聖→思輕 } 未見君子而心憂,見君子而心降	經五,1
	臋(變)→說→戚→親→愛→ 仁	經十,1
	直 →迣→果→簡→行→義	經十一,1
	袁(遠)→敬→嚴→尊→ 共(恭) → 禮	經十二,1
	恖(聰)→聖 明→知(智) } →仁→安→樂→德	經十三,1
	簡:剛:義之方→行	經二十,1
	匿(慝):柔:仁之方→辯於道	經二十,1

續表

定義模式	定義對象	所出現章節及頻次
"……則……"	仁之思睛(精)→察→安→溫→說(悅)→戚→親→愛→玉色→刑→仁	經六,1
	知(智)之思也長→得→不忘→明→見賢人→玉色→刑(形)→知(智)	經六,1
	聖之思也至→刑(形)→不忘→恖(聰)→聞君子道→玉音→刑(形)→聖	經六,1
	五行和→樂→德→國家(與)〔興〕	經十八,1
	四行和→同→善	說十九,1
	四行和:和仁義→同:與心若一→善	說十九,1
	進端終端→君子	說二十一,1
	和→同→善	經二十二,1
	法:亓(其)人它(施)者(諸)人,所它(施)之者不得如散宜生、弘夭者也,則弗爲法	說二十七,1
"能……,然后(後)能……" "……然笱(後)……" "……而笱(後)能……" "……而笱(後)……" "……亓(其)繼……" "……亓(其)殺……"	爲一→爲君子:君子慎其獨	經七,1
	能瓵池其羽→能至哀:君子慎亓獨	經七,1
	德→金聲而玉振之	經九,1
	金聲:善:人道 玉音:聖 } 德:天道 金聲而玉振之	經九,1
	變:宛(勉):仁氣→說(悅)→感→親→愛→仁	說十,1
	直:直亓中心:義氣→迣→果→閒(簡)→行→義	說十一,1
	袁(遠)心:禮氣→敬→嚴→尊→共(恭)→禮	說十二,1
	噁(聰)→聖 明→知(智) }→仁→安→樂→德	說十三,1(案:部分混合"不……不……"定義方式)
	變:宛(勉)、孫(遜)→感(戚)→親→愛→仁	說十四,1
	唯金聲而玉辰之者→忌(己)仁而以人仁,忌義而以人義	說二十一,1
	有天德→鐖(幾)而知之	說二十六,1

續表

定義模式	定義對象	所出現章節及頻次
"……也，……也" "……，……也" "……者也" "……者，……也" "……耳"	君子爲善:有與始,有與終	經八,1
	君子爲善:與亓(其)膿(體)始,與亓膿終	説八,1
	君子爲德:有與始,无(無)與終	經八,1
	君子爲德:與亓(其)膿(體)始,終則舍亓膿而獨亓心	説八,1
	臂(變)→説(悦)→戚→親→愛→仁	經十四,1(案:部分混合"……亓(其)繼……"定義方式)
	直→迣→果→簡→行→義	經十五,1(案:局部省略結語"也")
	直→迣→果→閒(簡)→行→義	説十五,1
	袁(遠)→敬→嚴→尊→共(恭)→禮	經十六,1
	袁(遠)→敬→嚴→尊→共(恭)→禮	説十六,1(案:局部混用"……然笱(後)……"定義方式)
	見而知之:知(智)	經十七,1
	聞而知之:聖	經十七,1
	恩(聰)→聖→義→德	經十八,1
	明→知(智)→仁→禮	經十八,1
	仁義→禮樂	經十八,1
	嚶(聰)→聖→義:義氣→德	説十八,1
	明→知(智)→仁:仁氣→禮:禮氣	説十八,1
	仁義→禮樂	説十八,1
	五行和→樂→德→國家(與)〔興〕:天下(與)〔興〕仁義:大惪(德)備成	説十八,1
	知(智)→仁→義→禮	經十九,1
	仁義→禮	經十九,1
	知(智)→仁:仁氣→義:義氣→禮:禮氣	説十九,1
	仁義知(智)→禮	説十九,1
	閒(簡):義之盡:義取閒(簡)→行	説二十,1
	匿(昵):仁之盡:仁取匿→辯於道	説二十,1
	王公之尊賢	經二十一,1
	士之尊賢	經二十一,1
	不莊尤割(害)人→仁之理(里)	説二十一,1
	不受許(吁)眡(嗟)→義之理(里)	説二十一,1
	耳目鼻口手足:人膿(體)之小者:小體賤:役	説二十二,1

續表

定義模式	定義對象			所出現章節及頻次
"……也，……也""……，……也""……者也""……者，……也""……耳"	心:人體之大者;大體;貴:君			説二十二,1
	和:小體變變(便便)然不囿(患)於心,和於仁義→同:與心若一→善			説二十二,1
	遁(循)草木之生(性),則…… 遁(循)禽獸之生(性),則…… 遁(循)人之生(性),則……	進:目(侔)萬物之生(性)而知人獨有仁義		説二十三,1(案:局部混合"……則……"定義模式)
	文王源耳目之生(性)而知…… 源鼻口之生(性)而知…… 源手足之生(性)而知…… 源心之生(性)則……	進:目(侔)人體(體)而知亓莫貴於仁義		説二十三,1(案:局部混合"……則……"定義模式)
	丘不責(積)所以不如名山 我之仁不責(積)而不如舜之仁 我之義不責(積)而不如舜之義	進:辟(譬)比之而知吾所以不如舜		説二十四,1(案:局部混用"……，……也"字定義模式)
	交諸父母之廟,有死弗爲之 交諸兄弟之廟,亦弗爲也 交諸邦人之廟,亦弗爲也	禮:畏兄,亓畏人	父殺=	進:繇(由)色榆(喻)於禮	説二十五,1
	鐵(幾)而知之:天(有天德)			經二十六,1
	"上帝臨女(汝)":鐵(幾)之			説二十六,1
	"毋貳(貳)聖(爾)心":鐵(幾)之			説二十六,1
	天生諸亓(其)人:天			經二十七,1
	其人施諸人:儃(侐)			經二十七,1
	天生諸亓(其)人:文王			説二十七,1
	亓(其)人它(施)者(諸)人:文王之(施)者(諸)弘夭、散宜生			説二十七,1
	聞君子道而説(悦):好仁			經二十八,1
	聞道而威(畏):好義			經二十八,1
	聞道而共(恭):好禮			經二十八,1
	聞〔道〕而樂:有德			經二十八,1
	好仁者聞君子道而以之(至)亓(其)仁也,故能聞君子道而説(悦):荆(仁之形於内)			説二十八,1
	好義〔者〕之聞君子道而以之(至)亓(其)義也,故能聞君子道而威(畏):荆(義之形於内)			説二十八,1

續表

定義模式	定義對象	所出現章節及頻次
	好禮者之聞君子道而以之(至)亓(其)禮也,故能聞君子道而共(恭);荊(禮之形於内)	説二十八,1
	好德者之聞君子道而以夫五(五種德之行)也爲一也,故能樂也:和;悳(德)	説二十八,1
"……亦……矣"	終亓不莊(藏)尤割(害)人之心 → 仁復(覆)四海 終亓不受訏(吁)毗(嗟)之心 → 義襄(囊)天下 }君子	説二十一,1
"……爲……"	法:其人施諸人,不得亓人,不爲法	經二十七,1

在這一方面,與《五行》同見於郭店楚墓的其他儒典也頗值得注意。比如《語叢二》有"怎(愛)生於眚(性),親生於怎,忠生於親"等等論斷,從本質上説也是辨名析實,祇是採取了另外一種方式罷了。

而尤其值得重視的是,《五行》還論析了若干種思維、認知、言説的重要方式——用墨子的説法就是"爲文學""出言談"之道,①諸如"目(侔)""辟(譬)""諭(喻)"等等。《五行》經文第二十三章謂,"目(侔)而知之,胃(謂)之進之";第二十四章謂,"辟(譬)而知之,胃(謂)之進之";第二十五章謂,"諭(喻)而知之,胃(謂)之進之"。説文第二十三、二十四和二十五章則分别予以詮釋。此處之"目"當讀爲"侔",意思是比較,故説文第二十三章曾明確地説,"目之也者,比之也"。

《墨子》辨名析實的具體事實有大量與上揭新見儒典同質者,筆者擬將它們放到下一小節中論析。這裏先觀照《墨子》從言辯和思維方式層面上承繼的早期儒典的影響。

《墨子·小取》篇云:"夫辯者,將以明是非之分,審治亂之紀,明同異之處,察名實之理,處利害,決嫌疑。焉摹略(總括)萬物之(然)〔狀〕,論求羣言之比(推求衆家言論之類别)。以名舉實,以辭抒意,以説出故(用推論揭示原因)。以類取(舉例),以類予(斷案)。有諸己不非諸人(自己有這種主張,就

---

① 墨子屢屢將"爲文學"(或者"由文學")、"出言談"並列。《墨子·天志中》云:"故子墨子之有天之(意)也,上將以度天下之王公大人爲刑政也,下將以量天下之萬民爲文學出言談也。"《非命中》載墨子曰:"凡出言談、由文學之爲道也,則不可而不先立義法。"又或者單論"出言談"。如《非命下》載墨子曰:"凡出言談,則(必)〔不〕可而不先立儀而言。""出言談"的意思十分明確,即從事以言語爲介質的表達或交流活動;"爲文學"與之相對,應該是指從事以文字爲介質的表達或交流活動。

不反對別人有這種主張），無諸己不求諸人（自己沒有這種主張，就不要求別人有這種主張）。……辟（譬）也者，舉也（他）物而以明之也。侔也者，比辭而俱行也。"這段文字的前面部分是總說。若僅就出言談、爲文學而論，可以說它極精到地發明了《五行》立言的宗旨；——當然不限於《五行》，其他儒典乃至其他所有著述，均莫不如此。易言之，對爲文學、出言談而言，所謂"明是非之分，審治亂之紀，明同異之處，察名實之理，處利害，決嫌疑""摹略萬物之（然）〔狀〕，論求羣言之比""以名舉實，以辭抒意，以說出故"等等，具有縱貫古今、橫跨中外的普遍意義。這裏最值得注意的是，《五行》高度關注的"辟（譬）"和"目（侔）"同時出現在《小取》的具體言辯方法中。就是說，《小取》這兩個重要範疇同時關聯着《五行》，可以肯定它們就是從《五行》來的。——兩個文本存在一個關聯，就應該引起注意；若同時有幾個關聯，就可以確認它們很可能存在歷史的縮合；若具備有組織性的關聯，即發生關聯的諸元素在各自文本中具有組織性，那祇需提取這些關聯，其他的話就不用說了，因爲事實勝於雄辯。就上揭例子來說，《小取》與《五行》有兩個關聯，也許不算很多，但這兩個關聯卻帶有明顯的組織性（關聯點在各自的體系中，都是平行構建的思維、認知和表達方式），意味着其間偶然性的降低、必然性的增強。

毫無疑問，從《五行》到《墨子·小取》，"辟（譬）"和"目"（或"侔"）的内涵發生了一定的變化。

《五行》說文第二十三章詮釋"目（侔）而知之，胃（謂）之進之"，先說明"目（侔）"就是比，之後舉出兩個例子，具體說明"目（侔）"是什麽、如何運用"目（侔）""目（侔）"有何種重要功能等等。這兩個例子是：

(1) "天監在下，有命既雜（集）"者也，天之監下也，雜命焉耳。遒（循）草木之生（性），則有生焉，而无（無）好惡焉。遒禽獸之生，則有好惡焉，而无禮義焉。遒人之生，則巍然知亓（其）好仁義也。不遒亓所以受命也，遒之則得之矣。是目之已。故目萬物之生而知人獨有仁義也，進耳。

(2) "文王在上，於昭于天"，此之胃（謂）也。文王源耳目之生（性）而知亓（其）好聲色也，源鼻口之生而知亓好嫛（臭）味也，源手足之生而知亓好勞（佚）餘（豫）也，源心之生則巍然知亓好仁義也。故執之而弗失，親之而弗離，故卓然見於天，箸（著）於天下。无（無）他焉，目也。故目人體（體）而知亓莫貴於仁義也，進耳。

《五行》説文第二十三章的第一個例子對比了草木、禽獸及人之性，所得結論是：天降命於萬物，目（侔）萬物之性，而 知人 獨有仁義，如此便進步了。"目（侔）"顯然是思維、認知和表達方式的統一體，——思維和認知是内在根本，表達是外在凸顯。不過在《五行》體系中，"目（侔）"的活動關聯的不是一般認知上的進步，它貫通着道德修爲和持守；更具體地説，它對應的是一般儒學模式的格物致知，關聯的是一般儒學模式中的脩、齊、治、平。從《五行》上溯至《論語》，下延至《孟》《荀》，都是如此。顏淵問仁，子曰："克己復禮爲仁。"又申之曰："非禮勿視，非禮勿聽，非禮勿言，非禮勿動。"顏淵表示："回雖不敏，請事斯語矣！"仲弓問仁，子曰"己所不欲，勿施於人"等等。仲弓表示："雍雖不敏，請事斯語矣！"(《論語·顏淵》)認知的進步必須落實到踐行中。《五行》説文第二十三章論述第二個"目（侔）"的實例時，於"目（侔）而知之"之後，歸結到"執之而弗失，親之而弗離"，就是很典型的例證。這一例子對比了耳目之性、鼻口之性、手足之性以及心之性，得出心"巍然……好仁義"的認知，進而持守踐履，不離、不失，終至於"卓然見於天，箸（著）於天下"的道德至境。可見《五行》極清晰地詮釋和實踐了"目（侔）"。

《五行》説文第二十四章在詮釋經文第二十四章所説的"辟（譬）而知之，胃（謂）之進之"時，則具體説明了"辟（譬）"是什麽、如何運用"辟（譬）""辟（譬）"有何種重要功能。其言云：

"辟（譬）而知之，胃（謂）之進之"：弗辟也，辟則知之矣，知之則進耳。辟丘之與山也，丘之所以不 如 名山者，不責（積）也。舜有仁，我亦有仁，而不如舜之仁，不責也。舜有義，而我 亦有義 ，而不如舜之義，不責也。辟比之而知吾所以不如舜，進耳。

這一段文字，主旨是用"丘"積土而爲"山"，來確證"我"積仁、義而爲"舜"，兩種觀照對象構成了鮮明的類比關係。毋庸置疑，"辟（譬）"同樣是思維、認知和表達方式的統一體；它所關聯的同樣不衹是泛泛的認知進步，而必須落實到道德修持之上。同樣，《五行》以具體應用和理論提挈，極清晰地詮釋和實踐了"辟（譬）"。

下文分析《墨子·小取》對《五行》思維、認知和言説方式的承繼，以分析"目（侔）"爲核心，附帶着分析"辟（譬）"。《墨子·小取》之"侔"被界定爲"比辭而俱行"，即側重於命題之比照，胡適解釋爲"是用那一種辭比較這一種辭"；《小取》之"辟（譬）"被界定爲"舉也（他）物而以明之"，與侔有所不同，胡適解釋爲"是用那物説明這物"。① 胡適還解釋所謂"辭",説:"在結構上,用荀子的話來説,一個命題或者辭是,'兼異實之名以論一意也'(《荀子·正名》)。"②《墨子·小取》對"侔"和"辟(譬)"兩個範疇的界定,衹不過更側重於辯學而已。

學術界常把《小取》所謂"白馬,馬也;乘白馬,乘馬也""驪馬,馬也;乘驪馬,乘馬也""獲(奴婢賤稱),人也;愛獲,愛人也""臧(奴婢賤稱),人也;愛臧,愛人也"等等,稱爲"侔"。③ 如果明白《小取》之"侔"本源於《五行》之"目(侔)",就可知道這種常識性説法是錯誤的。"侔"即比對,在《五行》和《墨子》中均是思維、認知和言辯的方法,廣而言之即均是一種爲文學、出言談之道,儘管它確實跟邏輯學有深刻關聯,卻並未被一般的邏輯學理念所拘囿。由《小取》之行文亦可看出,侔是若干項陳述進行對比,是基於有廣泛共識的一般陳述,來確認自己的觀點;——爲明晰起見,筆者用單斜杠"/"和雙斜杠"//"來隔開各個對比單元,單斜杠"/"表示一級區隔,雙斜杠"//"表示二級區隔,二級區隔中的各項陳述則分別以 a、b 標示:

(a)白馬,馬也;乘白馬,乘馬也。//(b)驪馬,馬也;乘驪馬,乘馬也。/(a)獲,人也;愛獲,愛人也。//(b)臧,人也;愛臧,愛人也。(《墨子·小取》)

這一論述,主旨是確認"愛臧獲即愛人"(這是待定項)。作者用馬(他物)來明人(此物),這是"辟(譬)";以關於"乘馬"的陳述跟關於"愛人"的陳述作對比,"比辭而俱行",這就是"侔"。其基本判斷是,既然説乘白馬是乘馬、乘驪馬是乘馬是正確的,那麽説愛臧是愛人、愛獲是愛人也是正確的。也許有人會提

---

① 參閲胡適:《中國哲學史大綱》,上海:上海三聯書店,2014 年,第 1 版,頁 214。
② 胡適:《先秦名學史》,姜義華主編:《胡適學術文集·中國哲學史》,頁 805。案:王念孫認爲,《荀子·正名》篇"辭也者,兼異實之名以論一意也","論"字當爲"諭"字之譌(見氏著《讀書雜志·荀子七》),錄此以備參考。
③ 參閲沈有鼎:《墨經的邏輯學》,北京:中國社會科學出版社,1982 年,第 1 版,頁 54、頁 58~59;俞瑾:《〈墨經〉中的"侔"式推理》,鎮江師專《教學與進修(語言文學版)》1984 年第 4 期,頁 80~81;向容憲:《"侔式推論"質疑:兼析"殺盗非殺人"的命題》,《貴陽師專學報(社會科學版)》1989 年第 4 期,頁 73;諸葛殷同:《侔,詭辯和制約邏輯》,《貴陽師專學報(社會科學版)》1990 年第 2 期,頁 10;賴奕樵、張忠義:《論〈墨經〉對"侔"式推論規則的深刻揭示》,《中國哲學史》1993 年第 1 期,頁 66;陳克守:《論墨家的類比》,《齊魯學刊》1994 年第 6 期,頁 80;張家龍:《論〈墨經〉中"侔"式推理的有效性》,《哲學研究》1998 年增刊,頁 39;程仲棠:《"侔式推理"解構》,《暨南學報(哲學社會科學)》2003 年第 5 期,頁 2;關興麗:《墨家"侔"的語義學思想探析》,《湖南科技大學學報(社會科學版)》2004 年第 6 期,頁 57;張晴:《〈墨經〉中的推類理論》,《河南社會科學》2005 年第 2 期,頁 52;尹剛:《〈墨經〉中的推理形式》,《重慶工學院學報(社會科學)》2009 年第 5 期,頁 43、頁 44。

出另外一種理解，即以兩個 b 句爲待定項，那麽"乘白馬"云云與"乘驪馬"云云、"愛臧"云云與"愛獲"云云均爲"侔"。但這應該不是作者的本意。胡適曾舉《公孫龍子·跡府》篇公孫龍對孔穿張揚白馬非馬之論，來説明《小取》之"侔"：

> 龍聞楚王……喪其弓，左右請求之。王曰："止！楚王遺弓，楚人得之，又何求焉？"仲尼聞之曰："楚王仁義而未遂也。亦曰'人亡弓，人得之'而已，何必楚！"若此，仲尼異楚人於所謂人。夫是仲尼異楚人於所謂人，而非龍異白馬於所謂馬，悖。①

這一"侔"所對照的兩個命題，一是孔子説"楚人"不是"人"，一是公孫龍説"白馬"不是"馬"，所謂"比辭而俱行"；就是説，孔子説"楚人"不是"人"成立，則公孫龍説"白馬"不是"馬"也成立。

《小取》之"侔"承襲《五行》之"目(侔)"，從文中下一例子看得更爲清晰：

> 獲之親，人也；獲事其親，非事人也。///其弟，美人也；愛弟，非愛美人也。//車，木也；乘車，非乘木也。///船，木也；(人)〔入〕船，非(人)〔入〕木也。/盜人，人也；多盜非多人也，無盜非無人也。
>
> 奚以明之？惡(我)〔多〕盜，非惡多人也。//欲無盜，非欲無人也。世相與共是之。/若(苦)是，則雖盜人(人)也，愛盜非愛人也，不愛盜非不愛人也，殺盜(人)非殺人也，無難(盜無難)矣。

這一部分，總的待定項是，"雖盜人(人)也，愛盜非愛人也，不愛盜非不愛人也，殺盜(人)非殺人也"。第一階段先論證的是"盜人，人也；多盜非多人也，無盜非無人也"(丙)；與它對比即構成"侔"的有兩項：一是獲"事親""愛弟"事(甲)，一是"乘車""入船"事(乙)，甲與乙明顯是"辟"的關係。從純粹的形式上看，"事親"一事與"愛弟"一事、"乘車"一事與"入船"一事，亦均可視爲"侔"。通過比對這三項來確認主旨，用《五行》的話説已經是"進"了。接下來進一步推衍，"惡(我)〔多〕盜""欲無盜"事，與"愛盜""不愛盜""殺盜(人)"事，又構成侔。——從純粹的形式上看，"惡(我)〔多〕盜"與"欲無盜"二事也可視爲"侔"。經過這一對比，得出結論"愛盜非愛人也，不愛盜非不愛人也，殺盜人非殺人也"，是又一"進"。作爲脩、齊、治、平之基礎，認知之進升爲《五行》的核心關注，而墨家辯學也以此爲核心關注。《五行》説文第二十三章與《墨子·小取》中目(即侔)這一言説方式及其内在結構的一致性，可謂一目瞭然(參見表10-4所示)。

---

① 參閲胡適：《中國哲學史大綱》，頁214。

表 10-4 《五行》"目(侔)"與《墨子·小取》"侔"内在結構表覽

《五行》説文第二十三章之"目"	《墨子·小取》之"侔"
遁(循)草木之生(性),則有生焉,而无(無) 好惡焉 。	獲之親,人也;獲事其親,非事人也。其弟,美人也;愛弟,非愛美人也。
遁 禽獸之生,則有好惡焉,而无禮義焉。	車,木也;乘車,非乘木也。船,木也;(人)〔入〕船,非(人)〔入〕木也。
遁人之生,則巍然 知亓(其)好 仁義也。	盜人,人也;多盜非多人也,無盜非無人也。
文王源耳目之生(性)而知亓(其) 好 聲色也,	惡(我)〔多〕盜,非惡多人也。
源鼻口之生而知亓好犨(臭)味也,	欲無盜,非欲無人也。
源手足之生而知亓好劈(佚)餘(豫)也,	
源 心 之生則巍然知亓好仁義也。	若(若)是,則雖盜人(人)也,愛盜非愛人也,不愛盜非不愛人也,殺盜(人)非殺人也。

　　無論是在《五行》中,還是在《墨子·小取》中,與待定項構成"侔"的各項顯然具有更高的共識度,《小取》所謂"世相與共是之"就道破了這一特質。這是論點確立以及進一步推進的根基。而要確認的待定判斷——作者所要張揚的,則往往與大衆缺少共識。所以《小取》在完成上揭論證後指出,"此與彼同類,世有彼而不自非也,墨者有此而非之"。"此"是言辯的待定判斷,"彼"是"此"的對比項,後者作爲判斷的共識度顯然更高。"此"與"彼"同類,世人讚成彼"彼"而不自以爲不對,墨家讚成"此"卻爲世人反對,兩方面在觀念上的隔閡是十分清楚的。——鑒於"此"與"彼"同類,世既"有彼而不自非",就應該認可"墨者有此",現實卻恰恰相反。墨者這種遭遇,與上揭《公孫龍子》的例子正同。"仲尼異楚人於所謂人"與"(公孫)龍異白馬於所謂馬",在公孫龍看來是同類相侔的判斷,可世人常常以"仲尼異楚人於所謂人"爲是,以"(公孫)龍異白馬於所謂馬"爲非。《小取》強調,構成"侔"的各項要具備"類"的關係,"以類取(舉例),以類予(斷案)"一語説得更明確。

　　要之,《墨子·小取》"侔"的思維框架,包括其自我確認與表達的方式,便蘊含在《五行》之"目(侔)"中。爲了更清晰地呈現這一點,我們可以參照上文分析《小取》"侔"的方式,把《五行》説文第二十三章中的兩個"目(侔)"表達爲以下圖式:(1)"草木之生(性)……有生焉,而无(無) 好惡焉 "//"禽獸之生(性)……有好惡焉,而无禮義焉"/"人之生(性)…… 好 仁義也";(2)"耳目之生(性)…… 好 聲色也"//"鼻口之生(性)……好犨(臭)味也"//"手足之生

(性)……好劈(佚)餘(豫)也"/"心之生(性)……好仁義也"。這兩個"目(侔)"要達成的思維、認知和言說目標，分別是人之性與心之性(二者有本質性的關聯)；與各自的對比項相比，對於這兩者的認知缺乏共識性。構成對比項的草木、禽獸和人，以及草木之性、禽獸之性和人之性，無疑具有某種類的關係：三者之命均爲上天所降，三者之性均在上天所降的命之中；構成對比項的耳目、鼻口、手足和心，以及耳目之性、鼻口之性、手足之性和心之性，也具有某種類的關係；耳目、鼻口、手足以及心均為人體之一部分，前三者被稱爲小體，心被稱爲大體(參見《五行》説文第二十二章)，小體之性猶大體之性(《孟子·告子上》載孟子曰"理義之悦我心，猶芻豢之悦我口"，説得更加明白)。類的原則是不可背離的。假如硬要以心之性跟草木、禽獸之性構成侔或對比，那便無異於風馬牛了。性被《五行》界定爲各物類之間或者人體各部之間的差異性，各對比項必須同時成立。舉例言之，如果禽獸之性有好惡、無禮義一事不成立，那麼《五行》將無法確認人和禽獸的差異性，亦即人性。《五行》"目(侔)"的所有這些規定性特質，造就了《墨子·小取》篇所論説和運用的"侔"。後者無疑更傾向於辯學立場上的比辭，但那也祇是功能上有所轉移。將兩者之侔歸結到思維和認知層面上，其間的同一性便更爲凸顯。《墨子·小取》之"辟(譬)"與《五行》"辟(譬)"的一致性更爲凸顯。比如，《小取》用白馬、黑馬、車、船之事推出對人的一種認知，和《五行》用丘、山推出對"我"與"舜"的認知，基本上是採用相同的思維、認知和言説方式。故這一問題，毋庸細論。

另一方面，《墨子》又將"辟(譬)"和"侔"發展爲"爲文學"(或稱"由文學")、"出言談"的重要方式，堪稱蔚爲大觀。《墨子·非攻上》云：

> 今有一人，入人園圃，竊其桃李，眾聞則非之，上爲政者得則罰之。此何也？以虧人自利也。//至攘人犬豕雞豚者，其不義又甚入人園圃竊桃李。是何故也？以虧人愈多。〔苟虧人愈多〕，其不仁茲甚，罪益厚。//至入人欄廄，取人馬牛者，其不仁義又甚攘人犬豕雞豚。此何故也？以其虧人愈多。苟虧人愈多，其不仁茲甚，罪益厚。//至殺不辜人也，扡(奪)其衣裘，取戈劍者，其不義又甚入人欄廄取人馬牛。此何故也？以其虧人愈多。苟虧人愈多，其不仁茲甚矣，罪益厚。當此，天下之君子皆知而非之，謂之不義。/今至大爲〔不義〕攻國，則弗知非，從而譽之，謂之義。此可謂知義與不義之別乎？

這是一個非常典型的侔——"比辭而俱行"，其內容可以簡化爲如下圖式：竊人桃李，不義。//攘人犬豕雞豚，愈加不義。//入人欄廄取人馬牛，愈加不義。//殺不辜人，奪其衣裘，取戈劍，愈加不義。/攻國，至大爲不義。這裏有五個對比項。用於引導出第五項的前四種事項,均爲社會共識("當此,天下之君子皆知而非之,謂之不義"),第五項爲作者張揚的價值,與社會上的共識睽異("今至大爲〔不義〕攻國,則弗知非,從而譽之,謂之義"),五個對比項之間明顯有類的關係;根據邏輯,認同前四項,就必須認同第五項,否則就是不知類、不合邏輯。有意思的是,這五項步步升級(這樣做顯然是爲了使各對比項的類的關聯更加牢固),長驅直入,逕直逼出作者的主旨,簡直力不可遏。其下文由殺一人不義,推出殺十人有十重不義,又推出殺百人有百重不義,最終逼出攻國乃大不義,匠心完全相同。前人或評價說,"從竊小物說起,漸說到殺人越貨,已與攻戰爭地者緊逼,卻從'殺一人'提入空際,筆如游龍","層層逼緊,有項莊拔劍,意在沛公之妙"(張之純《評注諸子菁華錄》卷一四)。《非攻上》後面還說:

> 今有人於此,少見黑曰黑,多見黑曰白,則〔必〕以此人〔爲〕不知白黑之辯矣;//少嘗苦曰苦,多嘗苦曰甘,則必以此人爲不知甘苦之辯矣。/今小爲非則知而非之,大爲非攻國則不知非,從而譽之,謂之義。此可謂知義與不義之辯乎?是以知天下之君子(也)辯義與不義之亂也。

這一論證,由有人"不知白黑之辯""不知甘苦之辯",推進而逼出天下之君子不知"義與不義之辯",是典型的"辟(譬)"。《墨子》用"辟(譬)"者甚多。如《貴義》篇記子墨子曰:"世之君子,使之爲一犬一彘之宰,不能則辭之;使爲一國之相,不能而爲之。豈不悖哉!"這一例子雖然簡短,卻很典型。

綜上所論,《五行》"目(侔)"與"辟(譬)"與《墨子》"侔"與"辟(譬)"有深刻的歷史關聯。《五行》與《墨子·小取》以這兩者爲共同話題,它們對這兩者的界定含有很大一部分共知,《五行》《墨子》對這兩者的應用也頗爲相關和相通。在這一方面,墨子及其後學應該是接受了子思的啓發,承襲了子思的基本思考。

《五行》其他具體表述與《墨子》縮合者,亦不少見。比如,其説文第十四章闡釋經文第十四章"戚而信(伸)之,親也"一語,云:

> "感(戚)而信(伸)之,親也":言信亓(其)感也。搗(剮)而(爾)四體(體),予女(汝)天下,弗爲也。搗如(汝)兄弟,予女天下,弗悆(怵)也。是信之已。信亓感而笱(後)能相親也。

這一解釋是說,主體從視自己之四體重於天下、不爲天下傷害四體,推進爲視兄弟之四體重於天下、不爲天下傷害兄弟之四體,這就是對兄弟之"感(戚)"的伸展,由是而成爲更進一層的"親"。《墨子·貴義》篇載子墨子曰:"萬事莫貴於義。今謂人曰：'予子冠履，而斷子之手足，子爲之乎？'必不爲。何故？則冠履不若手足之貴也。又曰：'予子天下而殺子之身，子爲之乎？'必不爲。何故？則天下不若身之貴也。爭一言以相殺，是貴義於其身也。故曰：萬事莫貴於義也。"其間"手足"與"冠履"之比、"身"與"天下"之比，跟上揭《五行》篇文字的構思是相同的，應該是受到《五行》的影響。

(二)《五行》命篇方式以及經説體結構對《墨子》的影響

從文章寫作方面看，《墨子》文章之篇題一向爲文學史家關注。傳世《墨子》書中，《尚賢》上中下、《尚同》上中下、《兼愛》上中下、《非攻》上中下、《節用》上中、《節葬》下、《天志》上中下、《明鬼》下、《非樂》上、《非命》上中下、《非儒》下等二十餘文，每篇都以鮮明的標題來概括各自的中心。這在歷史上可能是前無古人的現象。《論語》《孟子》所收各篇看起來也都有標題，但它們並不代表各篇的中心意思，而且往往祇是機械選取各篇首章首句前兩三字而成（各章開頭之"子曰"或"孟子曰"除外），有時，其篇題甚至不成詞彙，比如"學而""述而""子罕"等等。《論》《孟》諸篇大多數都未按照內容來加以分門別類的組織和整理，很可能祇是後學根據搜集所得，隨意編排而成（唯《論語·鄉黨》篇的内容顯示了較爲突出的分類的特性）。歷史地看，這些都屬於文章寫作的初級形式。至於中國更早的典籍，《易》之經、《尚書》和《詩三百》堪爲代表。《易》經有很大的特殊性，參考意義不大。據劉歆《七略》，"《尚書》有青絲編目錄"；①其篇題產生之具體時間不得而知。而就今所傳各篇篇題而言，《尚書》各篇命名的原則主要是提示相關的人與事，或者祇是提示事件；比如周初八誥，《大誥》《康誥》《酒誥》《梓材》《召誥》《洛誥》《多士》《多方》等，並不能概括相關文本的基本内容。《詩三百》之篇題絕大多數提挈自篇首，如《關雎》《鹿鳴》《文王》《清廟》，也有提挈自篇中者，如《漢廣》及《桓》，②《論》《孟》即

---

① 《昭明文選》卷三八收錄任彥昇《爲范始興作求立太宰碑表》，表中有"府之延閣，則青編落簡"語，李善注引《七略》，有此語。
② 《巷伯》《常武》《酌》《賚》《般》的命名方式是一個例外。諸篇命名之由來，可以參考楊健：《〈詩經〉"命名"篇章的篇名由來》，《安陽師範學院學報》2010年第六期，頁71～73。案：《雨無正》之篇題當非例外。朱熹《詩集傳》引元城劉氏（安世）曰："嘗讀《韓詩》，有《雨無極》篇，《序》云：'雨無極，正大夫刺幽王也。'至其詩之文，則比《毛詩》篇首多'雨無其極，傷我稼穡'八字。朱熹謂："劉說似有理，然第一、二章本皆十句，今遽增之，則長短不齊，非《詩》之例。"實際上，《詩》之分章並不如此刻板。《韓詩》名之曰"雨無極"，乃提挈該詩之首句。《毛詩》題作"雨無正"，則正是"雨無極"之意。《衛風·氓》有"士也罔極"一語，毛傳謂"極，中也"，"中"之義即爲正，《周禮·地官·大司徒》"以五禮防萬民之僞，而教之中"，即爲其例。《詩序》解之曰："雨自上下者也，衆多如雨，而非所以爲政也。"其説顯係望文生義，牽強附會。

沿襲這種命篇形式。《墨子》如此多的篇章具備了揭示中心的標題(若非亡佚,肯定會比上面舉列的更多),一方面凸顯了思想學説系統化的傾向(包括總體的系統化以及作爲個體的單篇的系統化),一方面説明了文章寫作技巧的進步。① 或以爲《墨子》各篇之題目乃墨家後學綴集時所加。即便如此,我們也應該注意,文章可以加上這類契合其主體內容的標題,必是相關篇什所含內在自覺的系統化達到了可以加上這類標題的程度,《墨子》多數篇章的標題都是立基於這種內在的特性。

這種現象出現於何時,《墨子》承繼了前人哪些影響,是值得探究的重要問題。筆者認爲,在探究這一問題時,《五行》是特別值得注意的一篇。馬王堆漢墓帛書本《五行》的篇題爲整理者所加,其全文起頭部分——即與帛書《老子》甲本之交接處,殘損較甚,情況不很分明。郭店楚墓簡本《五行》首簡完整,全篇以"五行"二字領起,學者或以爲它是對緊接其下的"悥(仁)型於內胃(謂)之悥之行"等五句的總括之詞,並判斷當時就以"五行"名篇。② 這是很有道理的判斷。可需要強調的是,"五行"二字雖然直接關聯其後"悥(仁)型於內胃(謂)之悥之行"等五句,卻有概括全篇主旨的作用;該篇核心內容就是圍繞仁、義、禮、智、聖五種德行建構的,也就是説,它整體上已經具備了以"五行"命篇的內在組織性。子思是社會上舉足輕重的儒家八派的宗師之一,他這篇重要文獻被命名爲"五行",預示了機械選取篇首數字作篇題的傳統命名方式業已被擺脱,基於文本內部邏輯、囊括篇指的題名方式業已產生,這必定會產生重大社會影響。如此説來,由於墨子及其後學深受《五行》影響(一如前後各小節所論析),《墨子》書中出現大量概括篇指的標題就不足爲怪了,——這一個歷史的長足發展已經有了必要的積累。

而且,《五行》在實際的師徒授受中包含一個經説體結構。《五行》的經文不可能獨立傳授,必須與説解相輔而行,否則會在很大程度上流於無效。舉幾個典型的例子。《五行》經文第二十三章云:"目而知之,胃之進之。"第二十四章云:"辟而知之,胃之進之。"第二十五章云:"諭而知之,胃之進之。"第二十六章云:"鐵而知之,天也。"單單是這些經文,受衆如何準確把握其旨意呢? 老師如此講授,在很大程度上會是無效勞動。要之,《五行》經和説就內在邏輯和實際授受活動而言是不可離分的,經文的確定指向必須由説文來呈現(郭店竹書《五行》祇呈現了經文部分,大概抄寫者祇抄錄了經文,或者今

---

① 參閱譚家健:《先秦散文藝術新探》(增訂本),頁54。
② 參見《郭店楚墓竹簡》之《五行釋文注釋》説明,荊門市博物館編:《郭店楚墓竹簡》,頁149。

人祇發現了他抄錄經文的部分)。筆者因此將《五行》稱爲"經說體"。當然，《五行》並未明確提出"經""說""經說體"等名號，這些祇是今人的歸納，是據後以議前，可《五行》雖無其名，卻有其實，這一點倒是十分有趣。① 傳世《墨子》有《經》和《經說》，看起來是兩篇不同的文章，但在原初的實際授受和傳播中，《經》與《經說》很可能也是相輔而行的，即給出一條"經"，便給出一條"經說"來解釋。古今相關著述，比如張惠言(1761~1802)《墨子經說解》、吳毓江(1898~1977)《墨子校注》等，均將經說引錄於各條經文之下來作解釋，就是因爲其勢不得不如此。梁啓超評價張惠言《墨子經說解》，稱將《墨子·經》上下、《經說》上下四篇"逐條拆開，各相比附"，使"眉目朗然"，"這是張氏功勞"。② ——其實詮解《五行》，也應該採用這種方式。總之，《墨子》之《經》和《經說》的實際文本構成(或者授受)以及傳播方式，跟《五行》的經說體高度一致，它很可能接受了《五行》的影響，並更進一步，將文本中功能不同的兩部分明確地稱爲"經"和"(經)說"。退一萬步講，即便《墨子·經說》確實是後來爲解《經》作的另一篇文字，其成立也未必沒有《五行》經說體的啓發和引導。總之，《墨子》之《經》與《經說》的大的架構應該是取法於《五行》的經說體。

另一方面同樣值得注意，《墨子》之《經》特別是《經上》的具體文字，與跟《五行》同見於郭店楚墓的儒典(比如《語叢》等)有相同或相近的表述方式。請看表 10-5 舉列的比照材料：

表 10-5 《語叢》與《墨子·經》言說方式之類同表覽

《語叢》	《墨子·經》
豊(禮)，因人之情而爲之即(節)燙(文)者也。(《語叢一》)	知(智)，材也。(《墨子·經上》)
豊(禮)，交之行述(術)也。(《語叢一》)	慮，求也。(《墨子·經上》)
息(仁)，人也。義，道也。(《語叢一》)	知，接也。(《墨子·經上》)
喪，息(仁)之尚(端)也。(《語叢一》)	仁，體愛也。(《墨子·經上》)
悾(求)者，亡(無)又(有)自來也。(《語叢一》)	義，利也。(《墨子·經上》)
名，婁(數)也。(《語叢二》)	禮，敬也。(《墨子·經上》)
友，君臣之衍(道)也。長弟(悌)，孝之紡(方)也。(《語叢三》)	孝，利親也。(《墨子·經上》)
	信，言合於意也。(《墨子·經上》)
	任，士損己而益所爲也。(《墨子·經上》)
	夢，臥而以爲然也。(《墨子·經上》)

---

① 其詳請參閱本書緒論第一節："《五行》與'經說體'"。
② 參見梁啓超：《中國近三百年學術史》(新校本)，北京：商務印書館，2011 年，第 1 版，頁 280~281。

《語叢》	《墨子·經》
悥(義),惠之聿(進)也。(《語叢三》)	利,所得而喜也。(《墨子·經上》)
悥(義),膳(善)之方也。(《語叢三》)	害,所得而惡也。(《墨子·經上》)
喪,惥(仁)也。悥(義),宜也。惥(愛),惥也。(《語叢三》)	譽,明美也。(《墨子·經上》)
迴(踴),哀也。三迴,曼(文)也。(《語叢三》)	誹,明惡也。(《墨子·經上》)
	功,利民也。(《墨子·經上》)
	賞,上報下之功也。(《墨子·經上》)
	罰,上報下之罪也。(《墨子·經上》)
	窮,或有前不容尺也。(《墨子·經上》)
	盡,莫不然也。(《墨子·經上》)
	平,同高也。(《墨子·經上》)
	日中,正南也。(《墨子·經上》)
	盈,莫不有也。(《墨子·經上》)
	說,所以明也。(《墨子·經上》)
	聞,耳之聰也。(《墨子·經上》)

毫無疑問,表中列舉的僅僅是《語叢》從形式上看來跟《墨子·經上》最一致的一部分材料,相當有限。而且我們必須考慮到,《語叢》另外還有不少判斷完全可以改用這種《墨經》式的言說方式,也就是說,我們必須考慮到相異的表述方式有時候具有等值的功能。比如,《語叢一》"惥(愛)膳(善)之謂惥(仁)",可以改爲,"惥(仁),惥(愛)膳(善)也";"上下虐(皆)得亓(其)所之胃(謂)信",可以改爲,"信,上下虐(皆)得亓(其)所也";"涅(盈)聖(聽)之胃(謂)聖(聲)",可以改爲,"聖(聲),涅(盈)聖(聽)也"。① 至於其他不同言說方式之相同、相通或等值者依然存在,祇是無須一一舉列而已。總而言之,《語叢》與《墨經》的關聯面遠比上表所示要大。閱讀上表,我們無須過於執著左欄某個判斷與右欄某個判斷的對應關係。舉例言之,我們無須執著於比對《語叢》和

---

① 在這一方面,其他早期典籍可能不如新出儒典以及《墨經》集中、典型、有普遍性和開創意義,但也有不少可資參考者。比如,《莊子·外篇·天地》云:"无(無)爲爲之之謂天(郭注:不爲此爲,而此爲自爲,乃天道),无爲言之之謂德,愛人利物之謂仁,不同同之之謂大,行不崖異之謂寬,有萬不同之謂富。"《荀子》中類似例子不少。如《正名》篇云:"散名之在人者:生之所以然者謂之性;(性)〔生〕之和所生,精合感應,不事而自然謂之性。性之好、惡、喜、怒、哀、樂謂之情。情然而心爲之擇謂之慮。心慮而能爲之動謂之僞,慮積焉、能習焉而後成謂之僞。正利而爲謂之事,正義而爲謂之行。所以知之在人者謂之知,知有所合謂之智。(智)所以能之在人者謂之能,能有所合謂之能。性傷謂之病,節遇謂之命。"等等。

《墨子·經上》對"禮"的定義,抑或兩者對"仁"的定義。左欄每一條定義均可與右欄的所有定義比對,反之亦然。祇有這樣審視,纔可以更好地把握其間具有普遍意義的同一性。

對於表中所列兩方面的材料,我們首先可以從義理上審視其關聯。比如,"仁""義""禮""信"等一批範疇乃兩者共同關注的對象;且《語叢三》謂"慗(愛),悬(仁)也",《墨子·經上》謂"仁,體愛也",具有毋庸置疑的一致性。這種觀念上的一致性,筆者將在本節第四小節裏集中論析。本小節重點關注的是其次一個方面,即《語叢》等新見儒典與《墨經》都凸顯了"兼異實之名以(論)〔諭〕一意"的立言追求,都凸顯了爲世間衆"名"下定義的鮮明姿態,而且其定義方式具有高度的一致性。在與《語叢》等新見儒典以及《墨經》同時或者早於它們的其他文獻中,這種情況似乎未曾出現過。這種歷史同一性不可能是偶然的。《墨子》承受《五行》《語叢》等新出儒典的影響,由此得到再一次的確證。這讓我們感到無比驚訝。假如沒有新出簡帛打開相關的歷史視野,一切都還在冥昭瞢暗之中。可新出簡帛帶給我們的驚訝不會到此爲止。在實際傳播授受中,《語叢》等新見儒典中的這一類表述極有可能也伴隨着説解,而呈現爲經説體;——它們極有可能源自老師傳導授業時使用的綱領性文件。經説體作爲由文學、出言談之體式,應該是在春秋末、戰國中期以前形成的:學術思想在師徒間傳播授受,先一一呈示要義(經),再一一予以説解(説),亦或者兩方面交叉"作業",自然就形成了經説體的架構。

(三)《語叢三》簡六十四至七十二的書寫體式與《墨子·經上》《經下》

《語叢三》第六十四至七十二簡(沿用整理者的編號)分上下兩欄書寫,旁行閱讀,形式比較獨特。儘管學術界已經有一些重要研究成果,但是如何閱讀這一部分文字,仍然有待討論。

首先值得注意的是,這種書寫體式在傳世文獻中偶有發現。史表情況特殊,這裏暫不討論(其詳請參見下文)。《墨子》有《經》上、下篇,《道藏》本於《經上》末三字"(缶)〔岳(正)〕無非"上面,有"讀此書旁行"一語(案:"旁行"指各條經文提行分寫,而非順行直下相連屬),但該本實際上是按常見的豎行體式來閱讀《經上》原文的。如其開篇曰:"故,所得而後成也。止,以久也。體,分於兼也。必,不已也。知,材也。平,同高也……"(參見下附《道藏》本《墨子·經上》書影)《道藏》本對《墨子·經下》的處理也是如此。故由該本已完全看不出《經上》《經下》原有的書寫體式。

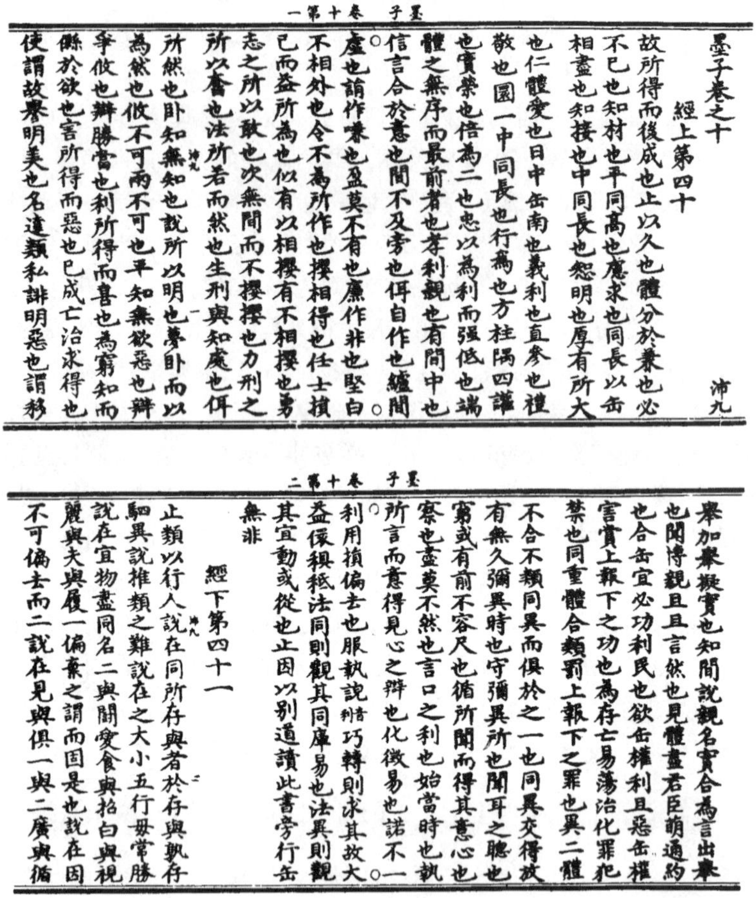
墨子　卷十　第一
墨子卷之十　　沛九
經上第四十
故所得而後成也止以久也體分於兼也必
不已也知材也平同高也慮求也同長以缶
相盡也知接也中同長也恕明也厚有所大
也仁體愛也日中缶南也義利也直參也禮
敬也圜一中同長也行爲也方柱隅四讙
也實榮也倍爲二也忠以爲利而强低也端
體之無序而最前者也孝利親也有間中也
信言合於意也間不及旁也佴自作也纑間
○虛也諂作嗛也盈莫不有也廉作非也堅白○
不相外也令不爲所作也攖相得也任士損
已而益所爲也似有以相攖有不相攖也勇
志之所以敢也次無間而不攖攖也力刑之
所以奮也法所若而然也生刑與知處也佴
所然也卧知無知也說所以明也夢卧而以
爲然也佊不可兩不可也平知無欲惡也辯
爭佊也辯勝當也利所得而喜也爲窮知而
縣於欲也害所得而惡也已成亡治求得也
使謂故譽明美也名達類私誹明惡也謂移

墨子　卷十　第二
舉加擧擬實也知聞說親名實合爲言出舉
也聞傳親且且言然也見體盡君臣萌通約
也合缶宜必功利民也欲缶權利且惡缶權
害賞上報下之功也爲存亡易蕩治化罪犯
禁也同重體合類罰上報下之罪也異二體
不合不類同異而俱於之一也同異交得放
有無久彌異時也守彌異所也聞耳之聰也
窮或有前不容尺也循所聞而得其意心也
察也盡莫不然也言口之利也始當時也執
○所言而意得見心之辯也化徵易也諾不一○
利用損偏去也服執誽巧轉則求其故大
益儇稹秪法同則觀其同庫易也法異則觀
其宜動或從也止因以別道讀此書旁行缶
無非
經下第四十一
止類以行人說在同所存與者於存與孰存
駟異說推類之難說在之大小五行毋常勝
說在宜物盡同名二與鬭愛食與招白與視
麗與夫與履一偏棄之謂而固是也說在因
不可偏去而二說在見與俱一與二廣與循

圖 10-6　《道藏》本《墨子・經上》篇書影

這毫無疑問是一個巨大錯誤,然而後世一系列極重要的《墨子》校注成果往往可上溯到此本。直到清代,畢沅(1730～1797)、張惠言等學者纔窺破《經上》《經下》旁行閱讀的奥秘。梁啓超論校勘法時指出,有一種校勘法,是"發見出著書人原定體例,根據他來刊正全部通有的譌誤";同時還提出,"墨子的《經》上下、《經説》上下四篇,原書寫法和後來刻本寫法不同,每條的上下文往往相亂"。[①] 梁氏謂《墨子・經上》《經下》上下文相亂,甚是(不過他誤以爲《經説上》《經説下》亦爲旁行書寫)。畢沅據《經上》"讀此書旁行"

① 梁啓超:《中國近三百年學術史》(新校本),頁 275～276。

語,於卷末別爲新考,定《經上》篇爲上下兩截橫列(此即所謂"旁行")。① 梁啟超感歎説:"最初發見此經舊本寫法,不能不算畢氏功勞。"②嗣後張惠言斷定《經上》"讀此書旁行"語乃"舉例","下篇讀亦旁行"。③ 由是,《經上》《經下》原有書寫體式逐漸得到恢復。至孫詒讓《墨子閒詁》出,《墨子》校注整理又進了一大步。俞樾序贊《墨子閒詁》"集諸説之大成","整紛剔蠹,衇摘無遺;旁行之文,盡還舊觀;訛奪之處,咸秩無紊。蓋自有《墨子》以來未有此書也"。④

總體説來,對《墨子·經上》《經下》書寫格式的認知,經歷了一個不斷趨於精密的過程。其中,對《經上》結尾"讀此書旁行(缶)〔舌(正)〕無非"八字的認知和處理,發揮了關鍵作用。畢注云,"言此篇當旁行讀之,即正讀亦無背于文意也"。⑤ 這是將這八個字全部看作經文。楊葆彝(1835~1907)《墨子經説校注》指出,"舌(正)無非"三字乃經文,"讀此書旁行"五字,則"當是後人所加,適在'舌無非'三字之上列"。孫詒讓承襲其説,云:"……'讀此書旁行'五字,爲後人校書者附記篇末,傳寫者誤屬入正文,又移箸於'舌(正)無非'三字之上,而其義遂莫能通矣。"⑥今人黄人二以爲,"讀此書旁行"五字原當排在"舌(正)無非"三字前一排之下欄,後人不知旁行讀之,於是造成了傳世本"讀此書旁行舌(正)無非"的語序。⑦ 這種安排可能更接近原本。即便不考慮這一點,關於《墨子·經上》《經下》的讀法,也遠非所有細節都達成了共識。比如《經上》"知,聞,説、親。名、實、合、爲",在畢沅和張惠言那裏均作一條經文,孫詒讓認爲其説未確,而析之爲"知、聞、説、親"與"名、實、合爲"兩條,吳毓江(1898~1977)《墨子校注》從之,而至黄人二復合爲一條經文。⑧ 凡此之類,顯然仍需討論。然而下面的基本情況已無可置疑,《墨子·經上》《經下》原本是上下兩截橫排,正確的讀法是由第一條經文橫向讀至篇末位置,復

---

① 參閲畢沅注:《墨子》,《墨子大全》第一編第 11 册,北京:北京圖書館出版社,2002 年,第 1 版,頁 280~284。
② 梁啟超:《中國近三百年學術史》(新校本),頁 280。
③ 張惠言:《墨子經説解》,《墨子大全》第一編第 13 册,頁 345。
④ 俞樾:序,孫詒讓:《墨子閒詁》,《墨子大全》第一編第 17 册,頁 2。
⑤ 畢沅注:《墨子》,《墨子大全》第一編第 11 册,頁 252。
⑥ 案楊説分別參見孫詒讓《墨子閒詁·經上》"舌(正)無非"三字下,以及其所附《經上篇旁行句讀》"讀此書旁行"五字之下,《墨子大全》第一編第 17 册,頁 458、頁 562;孫説見《經上》"舌(正)無非"三字之詁,《墨子大全》第一編第 17 册,頁 458。
⑦ 參閲黄人二:《古書旁行邪上考》,《戰國楚簡研究》,上海:上海古籍出版社,2012 年,第 1 版,頁 388。
⑧ 參閲上書,頁 385。

折回第一條之下的條目，橫向讀畢。也就是説，《道藏》本排列成的"故，所得而後成也。止，以久也。體，分於兼也。必，不已也。知，材也。平，同高也……"應該復原爲"故，所得而後成也。體，分於兼也。知，材也。……止，以久也。必，不已也。平，同高也……"。要之，《墨子·經上》《經下》是傳世文獻中旁行書寫和閲讀的典型例子。

　　出土文獻採用旁行體式者雖然不多，卻也算得上豐富。值得注意的有以下數事：(1)1987 年，湖北荆門十里鋪鎮王場村包山崗地二號楚墓出土了一批竹簡、竹牘等(墓葬年代屬戰國中期偏晚)，其中第 116 至 119 簡爲貣(貸)金記録，分上下兩欄旁行書寫。① (2)20 世紀 80 年代，湖北江陵九店五十六號楚墓出土了有字簡 146 支(墓葬年代屬於戰國晚期)，其中第 13 至 24 簡，"分上下兩欄書寫，上欄是一年十二個月的建除十二直所值日辰表，下欄是十二直的占辭"，"記的是楚建除家言"，李家浩擬加篇名曰《建除》；第 37 至 40 簡亦分上下兩欄書寫，上欄文字連接第 41、42 簡，講"春夏秋冬四季不吉日、吉日和成日所在日干"，以及"成日、吉日和不吉日的宜忌"，下欄講"五子日、五卯日和五亥日的禁忌"。② (3)1975 年，湖北雲夢睡虎地發掘了戰國末至秦代十二座墓葬，其中十一號墓出土秦簡 1155 支，另有殘片若干，整理所得之《編年記》(53 支簡)、《爲吏之道》(51 支簡)、《日書》甲種(166 支簡)、《日書》乙種(259 支簡，不計殘簡)，都全部或局部地大量使用旁行書寫體式。③ (4) 1993 年，湖北荆州市周家臺三十號秦墓出土了竹書《曆譜》之秦始皇三十四年部分、木牘正面(秦二世元年曆譜)與背面文字，以及竹書《日書》(簡 131 至 154、簡 245 至 257)等，也都旁行書寫。④ (5)20 世紀 80 代，湖北省江陵縣(今

---

① 參閲湖北省荆沙鐵路考古隊：《包山楚簡》，北京：文物出版社，1991 年，第 1 版，圖版五〇～五一，釋文頁 25。

② 參見李家浩釋文及考釋(湖北省文物考古研究所、北京大學中文系編：《九店楚簡》，北京：中華書局，2000 年，第 1 版，頁 46～47 釋文、頁 61～62 考釋一八、頁 49～50 釋文、頁 100 考釋一四三、頁 102 考釋一五四)。又，第二十五簡至第三十六簡同樣分上下兩欄，"上欄是'結'、'陽'等十二名在一年十二個月中所值日辰表，下欄是'結日'、'陽日'等十二日及其占辭"，李家浩認爲當是"楚叢辰家言"，擬加篇名曰《叢辰》(同上書，頁 47～49 釋文、頁 76～77 考釋六五)；該篇雖然分欄，卻似非旁行。

③ 參閲睡虎地秦墓竹簡整理小組編：《睡虎地秦墓竹簡》，北京：文物出版社，1990 年，第 1 版，圖版頁 3～7、圖版頁 81～85、圖版頁 89～116、圖版頁 118～140，釋文頁 4～7、釋文頁 167～176，釋文頁 180～228、釋文頁 231～255。

④ 參閲湖北省荆州市周梁玉橋遺址博物館編：《關沮秦漢墓簡牘》，北京：中華書局，2001 年，第 1 版，圖版頁 11～17、圖版頁 25、圖版頁 26～28、圖版頁 37～38、釋文頁 93～96、釋文頁 103、釋文頁 104～105 以及頁 118。

荆州市荆州區）張家山二百四十七號漢墓出土了一大批竹簡，其中《引書》第8至28簡、《遣策》第1至41簡，採用旁行書寫體式（墓主去世時間爲西漢吕后二年〔前186〕或其後不久）。① (6)1993年發掘江蘇省連雲港市東海縣溫泉鎮尹灣村漢墓，出土了大量漢簡牘，其中有一批木牘，如東海郡下轄長吏名籍（YM6D3—4）等，以及竹簡《元延二年視事日記》第1至76簡、《刑德行時》第77至82簡、《行道吉凶》第90至108等等，採用旁行書寫體式。② 其他恕不一一舉列。這裏我們特別關注的是，1993年，湖北省荆門市郭店村一號楚墓出土了一大批竹簡（該墓屬於戰國中期偏晚，而不晚於公元前300年），其中《語叢三》第64至72簡亦採用了分欄旁行書寫的體式。對於這些簡的書寫體式和內容，學術界的認識、論證和考釋顯得明顯不足，筆者將在下文予以細緻分析。

我們先具體觀照一下上文提到的秦簡《爲吏之道》，以作爲參照。《爲吏之道》分上下五欄書寫，旁行，第四欄文字至第50簡結束，第五欄文字至第37簡結束（其中第五欄有八首韻文，所用體式爲"相"，有類於傳世《荀子·成相》篇，備受學者關注）。③《爲吏之道》的閱讀方式，是從第一簡第一欄開始，向左讀至本篇最後一簡，折回再從第一簡第二欄開始橫向讀，如此反復，直到該篇第五欄最後一行簡文止（今將其前十二簡圖示於下，對應以釋文，以方便大家具體、生動地感知這一獨特的書寫形式）。④

---

① 參閱張家山二四七號漢墓竹簡整理小組編：《張家山漢墓竹簡〔二四七號墓〕》，北京：文物出版社，2001年，第1版，圖版頁109～111、頁121～124，釋文頁286～289、頁303～304；張家山二四七號漢墓竹簡整理小組編著：《張家山漢墓竹簡〔二四七號墓〕》（釋文修訂本），北京：文物出版社，2006年，第1版，頁172～175、頁189～190。案：這些文字，整理小組均未以旁行閱讀之方式作釋讀，對此學界已有所批評。可參見毛玉蘭碩士學位論文《對漢簡所見器物及其歷史文化意義的幾點探討》第五章："張家山漢簡遣策的旁行句讀與竹簡編聯"，章末括注云："本章與劉信芳教授合著"（安徽大學2007），頁37～42。
② 參閱連雲港博物館、東海縣博物館、中國社會科學院簡帛研究中心、中國文物研究所編：《尹灣漢墓簡牘》，北京：中華書局，1997年，第1版，圖版頁15～24與頁74，圖版頁61～67，圖版頁67～68，圖版頁69～70，釋文頁85～132與頁151～152，釋文頁138～144，釋文頁145，釋文頁146～147。
③ 案：這八首韻文之釋文，參閱睡虎地秦墓竹簡整理小組編《睡虎地秦墓竹簡》，頁173。
④ 案：《爲吏之道》前十二簡之圖版及釋文，據睡虎地秦墓竹簡整理小組編《睡虎地秦墓竹簡》，圖版頁81，釋文頁167～173。

708　出土文獻《詩論》《五行》與先秦學術思想史的重構(下冊)

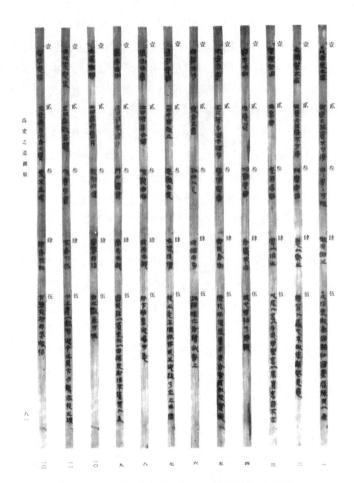

圖 10-7　《爲吏之道》前十二簡圖示及其對應釋文

寬俗(容)忠信	毋以忿怒夬(決)	毋復期勝	廉而毋刖	嚴剛毋暴	審當賞罰	安靜毋苛	微密韱(纖)察	審悉毋(無)私	慎謹堅固	必精絜(潔)正直	凡爲吏之道	壹
五者畢至必有大賞	五曰龔(恭)敬多讓	四曰喜爲善行	三曰舉事審當	二曰精(清)廉毋謗	一曰中(忠)信敬上	吏有五善	正行脩身過(禍)去福存	毋惡貧	毋喜富	欲貴大(太)賤不可得	欲富大(太)貧不可得	貳
事不且須	命書時會	除陞甬道	門户關龠(鑰)	城郭官府	賦斂毋(無)度	根(墾)田人仞(邑)	勞(傲)悍袈(褻)暴	均繇(徭)賞罰	老弱獨傳	孤寡窮困	毋罪毋(無)罪[毋(無)罪]可赦	叁

續表

勞有成既(成就)	不有可蓝(改)	當務而治	簡而毋鄺	疾而毋謿	毋使民懼	安驥而步	與民有期	有嚴不治	寬以治之	惠以聚之	敬而起之	肆
下恒行巧而威故移	申以義以裹畸(擊邪)欲令之具下勿議彼邦之垣(傾)	官之敚(亂)豈可悔	審民能以貫(任)吏非以官禄(夬)〔史〕助治不貫其人及	陡(卻)下雖善欲獨可(何)急	邦之急在體(體)級掇(輟)民之欲政乃立上毋間	溉(既)辥(乂)禄立(位)有纘孰敓(亂)上	操邦柄慎度量來者有稽莫敢忘賢鄺	民心將移乃難親	凡庚(率)人表以身民將望表以庚(至)真表若不正	肖人蠹(慆)心不敢徒語恐見惡	凡治事敢爲固謁(遏)私圖畫局陳弔(棋)以爲秸(藉)	伍
十二	十一	十	九	八	七	六	五	四	三	二	一	分欄簡序

上文所揭《爲吏之道》以下的出土文獻殆均晚於《墨子》。對筆者來說，《墨子·經上》《經下》對它們有無直接影響並非最重要的問題，——因爲既然已形成了這種書寫方式，則人人可以使用，即使不常用。最重要的問題是，上揭所有出土文獻，與以《墨子·經上》《經下》爲代表的相關傳世文獻前後勾連，互相呼應，傳達出以下信息：關於旁行書寫和閱讀原本存在着一個相當重要的傳統。這一傳統前人實際上並不陌生，可他們關注的主要是譜表。桓譚（約前20～公元56）《新論·(離)〔雜〕事》篇云："太史《三代世表》，旁行邪上，並效周譜。"此論常被人援引，然而如上文所説，秦以前有不少文獻使用旁行書寫的體式，僅僅注目於表之"旁行邪上"，僅僅將其溯源於周譜，顯得十分偏狹。更何況，《史記》《漢書》諸表之用旁行體式，①與本書所論一般文字之用旁行體式不盡相同。簡單言之，閱讀史表所列各個單元，往往既要旁行，又要直行，二者實相扶相持。比如，《史記·十二諸侯年表》上下分周、魯、齊、晉、秦、楚、宋、衛、陳、蔡、曹、鄭、燕、吳十四欄，左右則框以年甲，故旁行可見往古來今，直行可見四方上下，如此"立體地"書寫和閱讀，方能呈現完整的歷史時空。因此表之創製，實有使此經彼緯交織相成之匠心。劉知幾（661～721）《史通·雜説上》云："觀太史公之創表也，於帝王則敘其子孫，於公侯則紀其年月，列行縈紆以相屬，編字戢翥而相排。雖燕、越萬里，而於徑寸之內犬牙

---

① 具體使用情況繁雜不一，可參閱孫德謙：《旁行例》《古書讀法略例》，上海：上海書店出版社，1983年，第1版，頁336～339。

可接;雖昭穆九代,而於方尺之中雁行有敘。使讀者閱文便覩,舉目可詳,此其所以爲快也。"孫德謙(1873～1935)評《史記》十表,則説:"總兹十表,惟用此旁行之法,則經緯分明,鱉然各當。《漢書》以降,有表者宜悉遵之。……史表之體,必用旁行者,雖古書用之者少,而後人讀書,其可不知旁行之例乎。"①十分明顯的是,一般文字若用旁行書寫,直行讀之則有違作者本意,徒生混亂,故不可跟史表並論。

明乎古書有旁行書寫和閱讀之傳統,對釋讀郭店《語叢三》第 64 至第 72 簡頗有助益。這 9 簡正是採用分欄旁行書寫的格式(參見下文附圖以及對應釋文)。

表 10-6　郭店《語叢三》第 64 至 72 簡及相關釋文

說明:圖版據《郭店楚墓竹簡》(荊門市博物館編,圖版頁 102);釋文中之句號代表原簡中的句讀符號,簡號沿用原整理者所編。

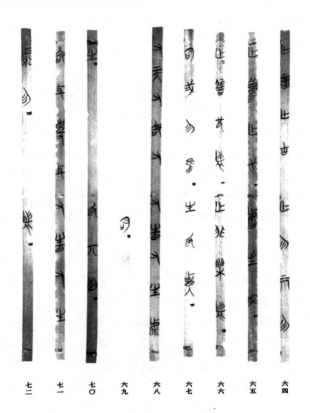

---

①　孫德謙:《古書讀法略例》,頁 338～339。

續表

簡號/分欄	64	65	66	67	68	69	70	71	72
上	亡意亡古	亡義亡必。	亡弌也者。	名繇勿參。	又天又命又	勿又名	生。	命与曼与	虖勿。
下	亡勿不勿	虖至安。	亡非樂者。	生爲貴。	又眚又生虖	生	爲丌型。	又眚又生	者。

獨特的書寫形式說明《語叢三》簡 64 至簡 72 的內容有關聯,亦即有一定的整體性。其中第 69 簡僅殘留一個"名"字,整理者將其置於下欄,陳偉等將其歸於上欄(後說爲優,其詳請參閱下文的分析)。整理者將第 64 簡、第 65 簡之上欄連讀,將第 64 簡、第 65 簡之下欄連讀,將第 69 簡的"名"字與第 68 簡之下欄連讀,其他則依其舊按上下欄錄出。陳偉等學者將第 64 簡、第 65 簡分欄旁行釋讀,但認爲"其他簡難以確定連讀關係",故一仍其舊。① 其他學者之釋讀往往亦可參考,此不具引。要解讀這九簡的內容,首先應該確定其釋讀原則或閱讀方式。由上揭包山簡、九店簡、《墨子·經上》《經下》以及秦簡《爲吏之道》爲參照,可以確定《語叢三》第 64 簡至第 72 簡的內容是旁行而非直行,且應該貫穿始終而無混亂。這九簡自身便可以提供一些強有力的證據。比如簡 64、簡 65 之上欄可以連讀爲:"亡(毋)意亡(毋)古(固),亡(毋)義(我)亡(毋)必。"《論語·子罕》篇記"子絕四:毋意,毋必,毋固,毋我",足以證明這一連讀的可靠性。簡 64、簡 65 之下欄也可以連讀,亦即讀爲:"亡(無)勿(物)不勿(物),虖(皆)至安(焉)。"證據是《語叢一》云:"亡(無)勿(物)不勿(物),虖(皆)至安(焉),而亡(無)非己取之者。"這兩個連讀學術界已有充分共識,整理本、陳偉本均如此處理,而整理本釋文的注釋中,裘錫圭案語更明確揭示了相關的文獻依據。② 筆者認爲,簡 68、簡 69 之上欄其實亦可連讀(案第 69 簡"名"字上之殘缺部分當補"勿又"二字),即讀爲:"又(有)天又(有)命又(有)勿(物)又(有)名。"其證據有二。其一是《語叢一》云:"又(有)天又(有)命,又(有)勿(物)又(有)名。天生鯀(倫),人生卯(謀)。"其二是《語

---

① 參閱荊門市博物館編:《郭店楚墓竹簡》,頁 212～213;以及陳偉等:《楚地出土戰國簡册〔十四種〕》,頁 258～259、頁 257。

② 參閱荊門市博物館編:《郭店楚墓竹簡》,頁 214 注釋 13。

叢一》云:"又(有)天又(有)命,又(有)迡(地)又(有)悎(形),又(有)勿(物)又(有)容,又(有)禹(稱)又(有)名。"①《語叢三》簡 68、69 之上欄連讀,顯然符同這兩段文字的要旨(這也説明《語叢三》類似説法,與《語叢一》的相關討論有極强的關聯性,或者説有鮮明的互文關係)。既有大傳統爲依據,又有内部約半數竹簡做證明,則《語叢三》第 64 至 72 簡採用旁行書寫、閱讀方式,是完全可以確定的。由是相關的釋讀工作就推進了一大步。

《語叢三》這一部分可能另有缺失,並不完備。而根據上文所論其書寫和閱讀方式,缺失一簡,便意味着上、下欄之簡文均有缺失。筆者試釋讀其内容於下:

亡意亡古 64 上,亡義亡必 65 上。

又天又命,又 68 上 勿又 名 69 上。亡亡繇也者 66 上。名弌、勿參 67 上。

虜勿 72 上,亡勿不勿 64 下,虜至安 65 下。又昔又生,虜 68 下 生 69 下。亡非樂者 66 下,生爲貴 67 下。

☒(前簡缺,簡數字數不能確定)生 70 上。

命与旻与 71 上☒(后簡缺,簡數字數不能確定)。

☒(前簡缺,簡數字數不能確定)爲丌型 70 下。

又昔又生 71 下☒(后簡缺,字數不能確定。所缺於下字爲前簡。此處或缺失兩簡甚至多簡)者 72 下。

其中有些句子需要詮釋,有一些支持這一釋讀的證據也需要補充。

(1) "又(有)天又(有)命,又(有)勿(物)又(有)名"

"又(有)天又(有)命"即"命自天降"之意。郭店簡書《眚自命出》上篇云,"眚(性)自命出,命自天降",同語亦見於上博簡《眚意論》,略有殘缺。馬王堆帛書《五行》篇之説文第二十三章,謂天集命於草木、禽獸以及人類,循天之所命,可得草木、禽獸、人類之性。在郭店、上博新見儒典中,"天"是終極存在,"天"之上不存在更高的作爲終極存在的"道",這與《老》《莊》道家學説明顯不同。傳世《老子》第四十二章云:"道生一,一生二,二生三,三生萬物。"第二十五章云:"道大,天大,地大,(王)〔人〕亦大。域中有四大,而(王)〔人〕居其一焉。人法地,地法天,天法道,道法自然。"②《莊子·内篇·大宗師》説:"夫

---

① "禹"字,整理者釋讀爲"家",此從劉樂賢説;參見氏著《郭店楚簡雜考(五則)》,安徽大學古文字研究室編:《古文字研究》第二十二輯,頁 208。

② 案:郭店甲組《老子》以及傳世《老子》各本,"人"字多作"王"。《説文解字·大部》云:"大,天大,地大,人亦大,故大象人形。"這應該是據《老子》爲言,可證《老子》實有作"人亦大"者。而從邏輯上説,祇有作"人亦大",纔能與下文"人法地"諸語相貫。

道,有情有信,無爲無形;可傳而不可受,可得而不可見;自本自根,未有天地,自古以固存;神鬼神帝,生天生地;在太極之先而不爲高,在六極之下而不爲深,先天地生而不爲久,長於上古而不爲老。"在《老》《莊》體系中,道不僅是天地萬物的本源,而且也是最高的規則。① 一如徐復觀所說:"其所謂'自然',乃指道雖造物,但既無意志,又無目的;造物過程中之作用,至微至弱,好像是'無爲';既造以後,又没有絲毫干涉;因此,各物雖由道所造,卻好像自己造的一樣。所以'自然'一詞,可以作'自己如此'解釋,這主要是對於傳統宗教中的神意所提出的棒喝。自然之觀念成立,天命神意之觀念自廢。但這在老、莊,祇是極力形容比擬之意。"②

"又(有)勿(物)又(有)名"一語,殆謂"名"基於"勿(物)"之"實"而生。孔子曰:"《詩》,可以興,可以觀,可以羣,可以怨。邇之事父,遠之事君。多識於鳥獸草木之名。"(《論語·陽貨》)《莊子·内篇·逍遥遊》云:"名者,實之賓也。"《荀子·正名》篇曰:"散名之在人者:生之所以然者謂之性;(性)〔生〕之和所生,精合感應,不事而自然謂之性。性之好、惡、喜、怒、哀、樂謂之情。情然而心爲之擇謂之慮。……是散名之在人者也,是後王之成名也。故王者之制名,名定而實辨,道行而志通,則慎率民而一焉。……萬物雖衆,有時而欲徧舉之,故謂之'物'。'物'也者,大共名也。推而共之,共則有共,至於無共然後止。有時而欲(徧)〔偏〕舉之,故謂之'鳥獸'。鳥獸也者,大别名也。推而别之,别則有别,至於無别然後止……"凡此均可支持"又(有)勿(物)又(有)名"之理念。早期道家學説對孔門七十子及其後學有一定的影響。③ 而從道家立場上説,終極性的"道"、標示道以及道創生天地萬物之前的"無"都是不可名的,因爲它們不是"物"。④ 故傳世《老子》第二十五章曰:"吾不知其名,〔强〕字之曰道,强爲之名曰大。"《莊子·外篇·天地》云:"泰初有无(無),无有无名……"《莊子·外篇·知北遊》云:"道不可聞,聞而

---

① 案:將"道"置於"天"之上祇是《老》《莊》的基本面。徐復觀指出,莊子"常常好以'天'字代替'道'字",因此荀子在《解蔽》裏便説他"蔽於天而不知人",《莊子》文章有時候又將"道"的層級安排在"天"的下面(參閲氏著《中國人性論史·先秦篇》,頁334~335)。這些都是很準確的觀察。
② 徐復觀:《中國人性論史·先秦篇》,頁356。
③ 參閲本章第一節"《五行》與《老子》以及《太一生水》:德行、天地萬物以及宇宙的生成圖式"。
④ 《莊子·外篇·知北遊》云:"有先天地生者物邪?物物者非物。物出不得先物也,猶其有物也。猶其有物也,无(無)已。"這段話大意是,"物物者"亦即道不是物,推求物之出,則物之前不得有物,物之前有物,意味着應當再從那裏推求物之出,如此便没完没了。直接將物之出推求到不是物的物物者亦即道,這種推求便結束了。

非也；道不可見，見而非也；道不可言，言而非也。知形形之不形乎！道不當名。"這些同樣都意味着有物有名。

（2）"亡（無）亡（無）繇（由）也者"

此句承上語，殆謂"勿（物）"有其"天""命"之本源，"名"則立基於"勿（物）"，物和名二者均有所自來。《語叢一》謂，"〔夫〕〔天〕生百勿（物），人爲貴"，其意就是説萬物（包括人在内）有上天作本源。

（3）"名弍（二）、勿（物）參（三）"

此語仍申言上文所言"名""勿（物）"兩端，可證第 69 簡殘文"名"字之上缺失了"勿（物）又（有）"二字。其意殆謂，"名"和"勿（物）"都是從屬性的，都有所自，而"勿（物）"則更在其次。《語叢一》謂"又（有）生虖（乎）名"；又反復説"凡勿（物）繇（由）室（亡/無）生"，"凡勿（物）鏿（由）望（亡/無）生"。"勿（物）"與"室（亡/無）"或"望（亡/無）"相對，後者具有本源性，則萬物便是"又（有）"。故"又（有）生虖名"意味着物生乎名，符同於《語叢三》"名弍（二）、勿（物）參（三）"之説。這一觀念，看起來與"又（有）勿（物）又（有）名"對立。然而事實上，"又（有）勿（物）又（有）名"是從"名"產生的層面上確認"勿（物）"是第一位的。而"名弍（二）、勿（物）參（三）"一語，殆謂"名"產生後，對"名"的認知往往先於對該"名"所關聯的"勿（物）"的認知，即往往是先有"名"而後關聯到它所對應的"勿（物）"，甚而至於"勿（物）"就是基於對它所關聯的"名"的認知而生成的。例如，對個體生命而言，對仁、義、禮、智諸德行的認知，必先於仁、義、禮、智諸德行之形於内。新見儒典所謂"室（亡/無）"或"望（亡/無）"，很可能有別於《老》《莊》體系中與終極存在"道"密切關聯的"無"。"凡勿（物）繇（由）室（亡/無）生"，大概是説所有的物均從一個"非己身"之本源產生，"非己身"便意味着"己身"之"無"。這就是爲什麽《語叢一》又説"凡勿（物）又（有）蠱（本）又（有）卯（標），又（有）終又（有）綱（始）"。從德行修養的意義上看，情況亦明顯如此。《五行》篇諸德行生成的核心框架，都是基於這種觀念建構的，如其體系中，仁、智、義、禮、聖、善、德等德行或人格境界基於仁氣、義氣、禮氣或者仁之端、義之端等基源生成，均可視爲由無生。簡文謂"名弍（二）、勿（物）參（三）"，應該還有強調"名"之重要性的意藴。在人的觀念形態中，所有物之"在場"都有賴於其"名"。

（4）"虖（呼）勿（物），亡（無）勿（物）不勿（物），虘（皆）至安（焉）"

此語緊承上文，用一種具體經驗，生動地解釋"名弍（二）、勿（物）參（三）"。其意爲，呼喚"物"，則没有物不是"物"，因此都來了。從儒家範圍内看，郭店新見儒典對"名"的思考是相當形而上的，且至少深刻影響了荀子的"正名"觀。《荀子·正名》篇云："萬物雖衆，有時而欲徧舉之，故謂之'物'。

'物'也者,大共名也。"這就是爲什麼呼"物"而物皆至焉。"虖(呼)勿(物)"二字之下原有句讀符號,卻應當與後面的簡文連讀。李零分析《語叢三》的抄寫方式及其句讀使用方法,云:"此篇是語錄叢鈔式的短劄。原文是由成組的短句構成,往往一句或兩三句爲一段,自成起迄(占一簡或兩簡),後面標句讀,句讀後空字,不再接抄。這種句讀,有時是標誌段落的劃分,作用類似章號;有時衹起標點符號作用,即使標在簡尾,後面也空了字,仍可與後面的簡文連讀,並不都是用來劃分段落,衹能根據情況,斟酌其差異,不能一概而論。"① 惟其如此,第66簡上下欄均有句讀,李零釋文中卻都給出了逗號。既然第72簡上欄的"虖(呼)勿(物)"與第64簡下欄連讀,那麽,這兩簡應該就是這段簡文的末簡和首簡。

(5)"又(有)眚(性)又(有)生,虖(呼)⃞生⃞。亡(無)非樂者,生爲貴"

"又(有)眚(性)又(有)生虖(呼)"數字之下,原有闕文,與第69簡上欄之"名"字對應。《語叢三》謂"又(有)眚(性)又(有)生,虖(呼)生",今據以補苴。《語叢》諸篇,文字多有重複。如上文所説,《語叢一》之言"名"與《語叢三》之言"名"多有相重者。而就同篇言,《語叢一》有"凡勿(物)䌛(由)室(亡/無)生"(簡1),又有"凡勿(物)䌛(由)望(亡/無)生"(簡104);有"正(政)其虘(然)而行,怠(殆)安(焉)尔(爾)也"(簡59),又有"政其虘(然)而行,怠(殆)安(焉)"(簡67)。我們必須高度重視這類材料互相證成、互相發明的價值。

所謂"有眚(性)",可參考簡書《眚自命出》上篇以下文字:"凡人唯(雖)又(有)眚(性),心亡(無)奠志,㦸(待)勿(物)而句(後)复(作),㦸兌(悦)而句行,㦸習而句奠。悥(意)苶(怒)依(哀)悲之燰(氣),眚也。及亓(其)見於外,則勿(物)取之也。眚自命出,命自天降。㣫(道)台(始)於青(情),青生於眚。台(始)者近青,終者近義。"同樣的文句亦見於上博《眚悥論》。《五行》説文第二十三章論及"草木之生(性)""禽獸之生(性)""人之生(性)",亦均可作爲參證。

所謂"又(有)生",殆指有生命。《荀子・王制》篇劃分物類,有"水火""草木""禽獸""人"之區別,且謂,"水火有氣而無生,草木有生而無知,禽獸有知而無義,人有氣、有生、有知,亦且有義,故最爲天下貴也"。此語可作"又(有)生"說之注脚。② "又(有)生"者包括草木、禽獸以及人,三者與"有氣"而"無生"的水火相對(參見表10-7所示自"水火"至"人"之層級性區隔)。也就是

---

① 李零:《郭店楚簡校讀記》(增訂本),頁147。
② 案:"禽獸有知而無義"是一個省略的説法,荀子的完整意思實際上是"禽獸有生有知而無義"。

说,諸物類,自"草木"以上纔有生命。差不多跟《語叢》同時代的《五行》在説文第二十三章中指出:"迿(循)草木之生(性),則有生焉,而无(無)好惡焉。迿禽獸之生,則有好惡焉,而无禮義焉。迿人之生,則巍然知亓(其)好仁義也。不迿亓所以受命也,迿之則得之矣。是目(侔)之已。故目萬物之生而知人獨有仁義也,進耳。"依據這種表述,草木、禽獸、人均有生,而人獨有仁義。《荀子·王制》篇劃分物類之層級而推人爲最貴者,應該跟子思五行學説有關。

表 10-7 《荀子·王制》所論人與水火、草木、禽獸異同表覽

人			
禽獸			
草木			
水火			
有氣	有生	有知	有義

"又(有)眚(性)又(有)生,虖(呼)生",意思是説有性有生者——人、禽獸、草木,均可稱之爲"生",或者均可以"生"描述之。各物類之"性"就是各物類生而具有的生命特質。《眚自命出》上篇云:"牛生而倀(長),鳶(雁)生而鈌(噈),亓(其)眚(性)肰(然)也。人而學或叓(使)之也。"《荀子·性惡》篇云:"今人之性,生而有好利焉,順是,故争奪生而辭讓亡焉;生而有疾惡焉,順是,故殘賊生而忠信亡焉;生而有耳目之欲(有)好聲色焉,順是,故淫亂生而禮義文理亡焉。"這些大抵都是用"生而如何如何"來定義人或獸之性(唯《眚自命出》又强調人性雖基於其原生特質,卻具有生成性)。①

"亡(無)非樂者,生爲貴"一語,殆謂草木、禽獸、人均可樂,其生命是最可貴的。這裏大概包含着"仁民而愛物"的思想。孟子曰:"君子之於物也,愛之而弗仁;於民也,仁之而弗親。親親而仁民,仁民而愛物。"(《孟子·盡心上》)荀子謂"萬物同宇而異體"(《荀子·富國》);章太炎闡發説:"以異體,故必自親親始;以同宇,故必以仁民愛物終。"②

"生爲貴"跟"人爲貴"不可混爲一談。"生"可以貫通草木、禽獸和人,亦

---

① 參閱拙文《儒墨道心性學説中的"故"以及相關論説:從一句話進入的思想史》,《中國典籍與文化》2018 年第 2 期,頁 109~114;又可參閱本節第三小節對"故"的論析。
② 章太炎:《菌説》,《章太炎全集·醫論集》,上海:上海人民出版社,2014 年,第 1 版,頁 14。

即不是相對於物而言的(儘管很多言論在事實上側重於人),"人爲貴"之"人"則是相對於物而言的。《尚書·泰誓》云:"惟天地,萬物父母;惟人,萬物之靈。"該篇今見枚本,但有一定的參考價值。至少創立儒家的孔子已大倡"人爲貴"之説。《孝經·聖治章》載:"曾子曰:'敢問聖人之德,無以加於孝乎?'子曰:'天地之性(生)人爲貴。人之行莫大於孝……'"孔子所說,敦煌遺書伯3382號之《孝經注》作:"天地之性人冣爲貴。人之行莫大於孝……"①《大戴禮記·曾子大孝》篇記載:"曾子聞諸夫子曰:'天之所生,地之所養,人爲大矣……'"《論語·鄉黨》篇記載,"廄焚。子退朝,曰:'傷人乎?'不問馬。"而郭店《語叢一》也説:"(夫)〔天〕生百勿(物),人爲貴。"儒家"人爲貴"之説,強調的是人所獨有的道德質素(爲禽獸草木所無),"生爲貴"之説,強調的是人、禽獸、草木之生命的重要價值,兩者當然不可以併論。可是單就人而言,"生爲貴""人爲貴"二説是可以同時成立的。《五行》經文第十四章云:"以亓(其)中心與人交,説(悦)也。中心説焉,遷于兄弟,戚也。戚而信(伸)之,親也。親而篤(篤)之,愛也。"其説文第十四章解釋道:"'以亓中心與人交,説也':毄毄然不莊(藏)尤割(害)人者,是乃説已。人無説心也者,弗遷於兄弟也。'遷於兄弟,感(戚)也':言遷亓説心於兄弟而能相感(戚)也。兄弟不相耐者,非无(無)所用説心也,弗遷於兄弟也。'感而信之,親也':言信亓感也。搗(剮)而(你)四膛(體),予女(汝)天下,弗爲也。搗如(汝)兄弟,予女天下,弗妛(怵)也。是信之已。信亓感而笱(後)能相親也。'親而篤之,愛也':篤之者,厚;厚親而笱能相愛也。"其中,"搗(剮)而(你)四膛(體),予女(汝)天下,弗爲也。搗如(汝)兄弟,予女天下,弗妛(怵)也",正有"生爲貴"之意。嗣後孟子謂,周文王之祖父古公亶父"不以其所以養人者害人",去邠,逾梁山,而邑於岐山之下居焉,邠人譽之爲"仁人"(見《孟子·梁惠王下》)。《莊子·雜篇·讓王》謂,古公亶父"不以所用養害所養",去邠而邑于岐山之下,譽之爲"能尊生者"。凡是亦皆有"生爲貴"之意。要之儒家非不重生,祇不過是反對昧乎道義苟且偷生而已。《呂氏春秋·仲春紀》有《貴生》篇,謂:"聖人深慮天下,莫貴於生。夫耳目鼻口,生之役也。耳雖欲聲,目雖欲色,鼻雖欲芬香,口雖欲滋味,害於生則止。……由此觀之,耳目鼻口不得擅行,必有所制,譬之若官職不得擅爲,必有所制。此貴生之術也。"中外學者多視之爲"子華子

---

① 張涌泉主編:《敦煌經部文獻合集》第四冊,北京:中華書局,2008年,第1版,頁1978~1979。

學派之言",①該篇凸顯的很可能是《莊子》的影響。然其"貴生"之意,與思、孟諸儒家學者殆亦不無關係。揚雄《太玄·玄文》篇云:"天地之所貴曰生,物之所尊曰人,人之大倫曰治,治之所因曰辟。"這正是儒家"生爲貴""人爲貴"觀念的合一。

(6) 第 70 簡前之缺簡

第 70 簡上欄有一個"生"字,之下有句讀符號。僅此一字就完成句子,説明其上一簡字數較多,所以纔另寫一簡,跟第 69 簡之"勿(物)又(有)名"情況類似。這九簡的句讀符號大都加於句子完成之處,句子未完成的第 64、68、71 簡,其上下欄均無句讀符號。此"生"字必與前面字數較多、句子未完成的竹簡連讀,現存第 64、68 簡上欄文字已有比較妥當的安排,以"生"字承接第 71 簡上欄則又不類(第 70 簡下欄也不能妥當地接續第 71 簡下欄,——依其旁行書寫之體式,這也證明以簡 70 接續簡 71 缺乏合理性)。由此可知第 70 簡之前一定有缺簡。《郭店楚墓竹簡》釋文於第 64、65 簡上欄"亡意亡古亡義亡必"一語的注解中,有裘錫圭案語云:"自此以下各簡皆分上下二欄抄寫,故釋文分上下兩欄。惜此部分竹簡多所缺失,無法復原。"其説良是。《語叢一》有"凡勿(物)繇(由)室(亡/無)生""凡勿(物)迷(由)望(亡/無)生"等,與這九簡的基本意指相關而且相通,缺簡之文字殆與此意有關。

(7) "命与(與)曼(文)与(與)"

依這九簡旁行書寫之體式,並斟酌其間句讀,此四字於上於下均無可與連讀者,應該是缺失了上下文。《語叢一》謂,"又(有)命又(有)曼(文)又(有)名,而句(後)又(有)鯀(倫)",很可能與此語有關,可録爲參考。一如上文所論,"命"與"天"相關,乃"天"所降於草木、禽獸以及人類者。"曼"殆側重於人文。《周易·賁卦·彖傳》曰:"觀乎天文,以察时變;觀乎人文,以化成天下。"《語叢二》云:"曼(文)生於豊(禮),尃(博)生於曼。"《語叢一》有一段文字説,"正其鐷而行愳安尔也正不達曼生虖不達其鐷也",舊釋多有未安處。筆者認爲這段文字應當句讀爲:"正(政)其鐷(然)而行,愳(殆)安(焉)尔(爾)也。正(政)不達,曼(文)生虖? 不達,其鐷(然)也。"此數語中有一個關鍵詞,即"其鐷(然)"之"其"。裴學海(1899~1970)嘗謂"其"或爲"命令兼期望之詞",字或作"綦",引據《莊子·雜篇·讓王》:"(楚昭)王謂司馬子綦曰:'屠羊説居處卑

---

① 引語見陳奇猷:《呂氏春秋新校釋》之《貴生》題注,上海:上海古籍出版社,2002 年,第 1 版,頁 77。

賤而陳義甚高,子綦爲我延之以三旌之位。'"① "其"或"綦"有"亟亟"之意, "其廞(然)"猶言"極然"。《荀子·王霸》篇有"主之所極然帥羣臣而首鄉之者,則舉義志也"。郝懿行(1757~1825)《荀子補注》謂:"'極'與'亟'、'悈'竝同。'悈'、'亟'皆敏疾之意,經典多通。……此'極然'猶云'亟亟然'耳。"此處簡文之"正(政)其廞(然)而行"數句,大概是說,爲政亟亟然行之,是危險的,政不通行,禮樂教化豈可生成乎?推究政不通行之故,在亟亟然。《論語·子路》篇記載:"子夏爲莒父宰,問政。子曰:'無欲速,無見小利。欲速,則不達;見小利,則大事不成。'"《語叢一》"正(政)不達,曼(文)生虖?不達,其廞(然)也",核心意思正是說政治之不達,跟孔子的回答一致,孔子所謂"欲速,則不達",亦正是政因綦然(即亟亟然)而不達之意,二者可以互證。總之,《語叢一》"正(政)其廞(然)而行"數語,應該是指興起文教,欲速則不達。其間"尔(爾)也",爲語助詞連用。《語叢一》另有一句"政其廞(然)而行,息(殆)安(焉)",意思完全相同,而逕省"尔(爾)也"。

(8)"□爲丌(其)型(刑)"

"爲丌(其)型(刑)"三字位於第70簡下欄,下有句讀,其前有闕文,與該簡上欄之"生"字一律。揆度該簡所處語境,闕文部分討論的很可能是基於"天"或"命"的世間規範問題。《語叢三》謂"天型(刑)城(成),人與勿(物)斯里(理)",亦跟這一主旨有關。與《老子》將"道"樹立爲"天""地""人"取法之對象不同,郭店儒典中的最高規範來自"天",故稱之爲"天型(刑)"。

(9)"又(有)眚(性)又(有)生……者"

據這九簡旁行書寫之體式,各簡上、下欄遇到的缺簡問題必然是同步的。而由上欄的情況,可定"又(有)眚(性)又(有)生"四字同樣缺失了下文。第72簡"者"字加句讀,情形與第70簡上欄之"生"字相似。據書寫格式、句讀及文意,"者"字可向上直接連讀"又(有)眚(性)又(有)生"四字,可鑒於該簡上欄之"虖(呼)勿(物)"不能向上連讀與"又(有)眚(性)又(有)生"同在一簡的"命与(與)曼(文)与(與)",故"者"字前亦必有闕文。《語叢一》有云:"亡(無)勿(物)不勿(物),䚘(皆)至安(焉),而亡(無)非己取之者。"據此,"者"字上似可補"而亡(無)非己取之"或"亡(無)非己取之",再承接第65簡下欄"䚘(皆)至安(焉)"。具體情形或許更爲加複雜,有待進一步考訂。

綜上所論,判定《語叢三》第64至第72簡採用了旁行書寫的體式,既有大傳統的支持,又有其中四簡作內證,基本上是確鑿無疑的了。筆者進一步

---

① 參見裴學海:《古書虛字集釋》,頁413~414。俞樾以爲,"子綦爲我延之以三旌之位"句,"'綦'字衍文。此昭王自與司馬子綦言,當稱'子',不當稱'子綦'"(《諸子平議·莊子三》)。裴說於意亦通,"綦"字不必衍。

參考簡中句讀,利用新見和傳世儒典在義理與文獻上的體系化支持,對這九簡的文字做了以上的釋讀,也完全能説得通,唯因部分簡文缺失,有些語句的意指仍然茫昧,然其大旨也可以得到一部分的落實。這爲確認這九簡採取旁行書寫方式提供了更深刻的内在理據。從整體上看,這一部分簡文,"亡(毋)意亡(毋)古(固),亡(毋)義(我)亡(毋)必"一語具有較爲突出的獨立性,其餘文字,則大抵是圍繞"天""命""名""勿(物)""眚(性)""生""曼(文)"等範疇展開論説,是關乎儒家天人觀念、性命學説以及正名理念的早期重要文獻。

那麽,《墨子·經上》《經下》採用旁行書寫體式,是否受到《語叢三》所載簡文的影響呢?鑒於《墨子·經上》《經下》《小取》等篇,從多個層面上承繼了《五行》《語叢》等新見儒典的話題、觀念與言説方式(參照前後各小節所論),筆者對這一問題的回答是肯定的。郭店楚墓《語叢三》第64至72簡、包山楚墓之貸金記録、九店楚墓之《建除》等,書寫時間都相當早(相關墓葬的時代,屬於戰國中期偏晚或者戰國晚期)。郭店一號楚墓出土的全部文獻都是儒、道典籍之抄録(但後者明顯較少),《語叢三》這九簡的書寫格式應該是抄録自原典。而《墨子·經上》《經下》的書寫者殆閲讀過這一批原典中的一些篇章,甚至閲讀過它們匯集在一起的某個抄本,因此借用了其中"旁行"書寫和閲讀的體式。從技術層面上説,旁行書寫的文字一般語句簡短而整齊,所以《墨子·經上》《經下》使用了這種體式,而《墨子·經説上》《經説下》卻仍然採取通常的書寫形態。

(四)《湯吳之道》等儒典對《墨子》思想的影響

新見郭店、上博儒典差不多都是孔門七十子及其弟子的著述,它們極深刻地影響了《墨子》。前面三小節,主要是從爲文學、出言談的形式方面剖析這種歷史關聯;本小節觀照的重點則將轉向思想層面。

1. "利天下而弗利也,忎(仁)之至也"

《墨子·經上》云:"仁,體愛也。"《經説上》詮釋道:"仁:愛(己)〔民〕者,非爲用(己)〔民〕也,不若愛馬(著)〔者〕(若明)。"

我們首先需要廓清傳世本中的衍文和譌誤。首先,《經説》此條,兩"己"字均當爲"民"字之譌。孫詒讓《墨子閒詁》云:"疑'己'或當爲'民'。'民',唐人避諱闕筆,與'己'形近,因而致誤。《淮南子·精神訓》云'聖王之養民,非求用也,性不能已',此義或與彼同。"孫説很有見地,不過上揭《墨經》所説的

"民"當泛指人(就是説,其所謂"仁"或"愛民"並不限於君上之愛下民)。① 其實,不惟儒家,先秦諸子大多都以"愛人"來定義"仁"。比如《韓非子·解老》篇云:"仁者,謂其中心欣然愛人也。其喜人之有福而惡人之有禍也,生心之所不能已也,非求其報也。"《墨子·經説》此條不大可能以恰好相反的"愛己"來定義"仁"。何況《墨子》他篇亦可提供力證。《墨子·非樂上》載子墨子曰:"仁之事者,必務求興天下之利,除天下之害,將以爲法乎天下。利人乎,即爲;不利人乎,即止。"這是以"利人"界定"仁"的確鑿例子。在《墨子》體系中,"利人"實際上基於愛人,乃愛人之落實。故《墨子·天志下》云:"昔也三代之聖王堯、舜、禹、湯、文、武之兼愛(之)天下也,從而利之。"而《兼愛上》説:

> 聖人以治天下爲事者也,不可不察亂之所自起。當(嘗/試)察亂何自起?起不相愛。臣子之不孝君父,所謂亂也。子自愛不愛父,故虧父而自利;弟自愛不愛兄,故虧兄而自利;臣自愛不(自)愛君,故虧君而自利:此所謂亂也。雖父之不慈子,兄之不慈弟,君之不慈臣,此亦天下之所謂亂也。父自愛也不愛子,故虧子而自利;兄自愛也不愛弟,故虧弟而自利;君自愛也不愛臣,故虧臣而自利。是何也?皆起不相愛。雖至天下之爲盜賊者亦然。盜愛其室不愛(其)異室,故竊異室以利其室;賊愛其身不愛人〔身〕,故賊人〔身〕以利其身。此何也?皆起不相愛。雖至大夫之相亂家、諸侯之相攻國者,亦然。大夫各愛〔其〕家,不愛異家,故亂異家以利〔其〕家;諸侯各愛其國,不愛異國,故攻異國以利其國。天下之亂物具此而已矣。察此何自起?皆起不相愛。

在這些材料中,墨子以利天下落實"兼愛(之)天下",以"自利"落實"自愛",以"利其室"落實"愛其室",以"利其身"落實"愛其身",以"利〔其〕家"落實"愛〔其〕家",以"利其國"落實"愛其國",②"兼相愛"與"交相利"的高度同一性較然明白。因此,《墨子》書又常常以二者並提。如《兼愛中》張揚"兼相愛、交相利"以及"兼相愛、交相利之法",《兼愛下》《非命上》《天志上》亦張揚"兼相愛,交相利"等等。然則上揭《非樂上》以"利人"界定"仁",實即以"愛人"界定"仁"。凡此均可證《經説》"仁:愛(己)〔民〕者"條當是以愛人詮釋"仁",傳世

---

① "愛民"即"愛人"。《左氏春秋》成公十三年(前578)記劉公曰:"吾聞之:民受天地之中以生,所謂命也……"孔疏云:"民者,人也。言人受此天地中和之氣以得生育,所謂命也。"

② 《墨子·兼愛下》謂"兼即仁矣義矣",結合此處所揭對"兼愛"的具體化,明確可見墨家謂"愛"與"仁"絕對不拘囿於君上之愛臣民。

本"愛己"當係"愛民"之誤。其次，《經說》此條，"著"字當爲"者"字之譌，"若明"二字當爲衍文。孫詒讓《閒詁》曰："疑'著'當爲'者'，屬上讀，涉上文而誤作'著'，又並衍'若明'二字。"其説是，毋庸費辭。

在清理了上揭《經説》之衍文、譌誤後，可依據《經説》之闡釋，明確經文此條之"體愛"指的是體包實愛而非假愛以從利。《周易·乾·文言》曰："君子體仁足以長人，嘉會足以合禮，利物足以和義，貞固足以幹事。"孔疏釋其首句曰："言君子之人體包仁道，汎愛施生，足以尊長於人也。"《墨經》"體愛"與《文言》"體仁"相類而且相通。

或據《墨子·經上》"體，分於兼也"，以及《經說上》"體：若二之一、尺之端也"，斷言"體仁"之"體"用的是《墨經》特定意涵，即指言一部分；"體愛"與"兼愛"相對待。然而事實上，没有任何材料可以證明墨子以部分之愛定義"仁"；《墨子·兼愛下》謂"兼即仁矣義矣"，《墨經》此條則謂"仁，體愛也"，足以證明"體愛"與"兼愛"不僅不對立，而且是相貫相通的。故筆者認爲，《墨經》此條之"體愛"，換用《墨子》另外一個説法，就是"中實愛"。《墨子·尚賢中》云："今王公大人亦欲效人以尚賢使能爲政，高予之爵，而禄不從也。夫高爵而無禄，民不信也。曰：'此非中實愛我也，假藉而用我也。'夫假藉之民，將豈能親其上哉！"這裏"中實愛我"與"假藉而用我"相反，與《墨子·經説》此條界定"體愛"時，以"愛(己)〔民〕"與"用(己)〔民〕"相反，顯然是同一種觀念的不同表達。

而據《尚賢中》與《墨經》的這一互文關係，可知"體愛""中實愛"亦即愛之而非爲假藉用之。《經説》此條釋"仁，體愛也"，謂，"仁：愛(己)〔民〕者，非爲用(己)〔民〕也，不若愛馬(著)〔者〕(若明)"，意思是説，"仁"或"體愛"指言中實愛人而非假藉用之，與此相反的是"愛馬"。《莊子·内篇·人間世》云："夫愛馬者，以筐盛矢，以蜄盛溺。適有蚊虻僕緣，而拊之不時，則缺銜毁首碎胸。意有所至而愛有所亡，可不慎邪！"愛馬者終究是假藉用之，與"仁"者愛人、利人而絕非假藉用人以利己大異其趣。

在《墨子》體系中，與"仁"或"體愛""中實愛"相反的應該是"利愛"。其《大取》篇有云："聖人之拊漬也，仁而無利愛，利愛生於慮。""仁"與"利愛"相反，則便是"體愛""中實愛"與"利愛"相反。這裏的"慮"字耐人尋味。《墨子·經上》云："慮，求也。"《經説上》釋之曰："慮也者，以其知有求也，而不必得之，若睨。"简單説來，"慮"就是有所求而用心智。但"利愛生於慮"之説，似乎暗含着對"慮"的某種批評或戒備。郭店簡《語叢二》對"慮"的界定似乎與此頗有關涉，所謂："慾(欲)生於眚(性)，慮生於慾，悥(倍)生於慮，静(争)生於悥，尚(黨)生於静。""利愛"當即爲己利而愛之(爲己利便是有所求之意)，其根源是滿足私慾的"慮"。《管子·法法》篇云:"計上之所以愛民者,爲用之愛之也。……夫以愛民用民,則民之不用明矣。夫至用民者,殺之,危之,勞之,饑之,渴之。用民者將致之此極也,而民毋可與慮害己者。"《韓非子·備內》篇云:"王良愛馬,越王勾踐愛人,爲戰與馳。"《法法》《備內》所謂的"愛民""愛馬""愛人",都是與"仁""體愛""中實愛"相反的"利愛"。值得注意的是,《法法》篇謂君上爲"用民"而"愛民",與《墨子·經上》《經說上》倡言"仁"的本旨,在於不以"用(己)〔民〕"爲目的的"愛(己)〔民〕",關聯尤爲密切,前者指涉當時的現實,後者在價值建構層面上批判並超越了現實,前者看起來是將後者的理論建構具體化於君民之間,故尤可爲《墨經》本指之旁證。

接下來,我們需要將目光轉向新出儒典。郭店簡文《湯吳之道》云:"堯舜之王,利天下而弗利也。……利天下而弗利也,忎(仁)之至也。"又云:"方才(在)下立(位),不以匹夫爲垩〔至(輕)〕;及亓(其)又(有)天下也,不以天下爲重。又(有)天下弗能嗌(益),亡(無)天下弗能員(損)。亟(極)忎(仁)之至,利天下而弗利也。"先秦各家論"仁"往往止於對人的"愛",《湯吳之道》與上揭《墨子》經、說則明確把利人而不用人自利界定爲"仁",最稱獨特。《墨經》應該承載了孔門七十子及其後學的影響。

2. "廬(禪)而不傳(傳),……義之至也"

墨學跟孔門七十子及其後學學說之歷史關聯,在《墨經》和《湯吳之道》對"義"的界定中再一次凸顯。《墨子·經上》云:"義,利也。"《經說上》詮釋道:"義:志以天下爲芬(分),而能能(善)利之,不必用。"簡言之,"義"意味着心以利天下爲職分而無須用天下自利(義固然可以生利,然此利不出於自求)。郭店簡書《湯吳之道》説:

湯(唐)吳(虞)之道,廬(禪)而不傳(傳)。堯舜之王,利天下而弗利也。廬而不傳,聖之盛也。利天下而弗利也,忎(仁)之至也。身窮(窮)不黔(貪),殁(没/殁)而弗利,窮忎(仁)歀(矣)……

堯舜之行,炁(愛)罤(親)隡(尊)臤(賢)。炁罤古(故)孝,箅(尊)臤古廬(禪)。孝之殺,炁天下之民。廬之殺(流?),世亡(無)忘(隱)直(德)。孝,忎(仁)之免(冕)也。廬,義之至也。六帝興於古,(膚)〔虞(皆)〕采(由)此也。炁罤亢(忘)臤,忎(仁)而未義也。箅臤遺罤,我(義)而未忎(仁)也。古者吳(虞)舜箮(篤)事今霙(瞽瞍,或謂爲瞽瞍別名),乃弋(式)亓(其)孝;忠事帝堯,乃弋亓臣。炁罤箅臤,吳舜亓人也……

方才(在)下立(位),不以匹夫爲垩〔至(輕)〕;及亓又(有)天下也,不以天下爲重。又天下弗能嗌(益),亡天下弗能員(損)。亟(極)忎(仁)

之至,利天下而弗利也。盧(禪)也者,上直(德)受(授)臤(賢)之胃(謂)也。上直(德)則天下又君而世明,受臤則民興教而蝸(化)虖道。不盧而能蝸民者,自生民未之又也……

古者𦥻(聖)人廿而冠(冠),卅而又家,五十而幻(治)天下,七十而至(致)正(政)。四枳(肢)胅(倦)陞(惰),耳目耻(聰)明衰,盧天下而受臤,退而羕(養)丌生。此以智(知)丌弗利也。

《湯吳之道》應該是儒家學者對堯舜禪讓最早且最明確的論述之一,易言之,堯舜禪讓説最遲在孔門七十子與子思子時代就已經存在了。顧頡剛曾斷言,禪讓説是墨子順應戰國時勢而創立的,其"必須上託之於古代冥漠中的堯舜","正是戰國諸子假造古史以鬨動時人的恒例"。① 這一判斷看來不可信從,因爲儒家禪讓説殆産生於墨子以前,換言之,墨家之禪讓説其實是承襲自早期儒家(案墨家禪讓説,見下文所引《墨子·尚賢上》《尚賢中》)。在儒學範圍内,除了《湯吳之道》值得關注以外,尚頗有可言者。比如《論語·堯曰》記載:"堯曰:'咨!爾舜!天之曆數在爾躬。允執其中。四海困窮,天禄永終。'舜亦以命禹。"此數語當即含有堯舜、舜禹禪讓之意。朱熹集注云,"此堯命舜,而禪以帝位之辭","舜後遜位於禹,亦以此辭命之",綜合傳世及出土儒典的信息來看,此説頗有道理。大約跟《湯吳之道》同時出土,見於上博楚竹書的《頌壓氏》謂,尊盧氏、赫胥氏、喬結氏、倉頡氏、軒轅氏、神農氏等古帝王之有天下,皆不授其子而授賢。《子羔》記孔子論堯舜禪讓之事,則曰,"昔者而弗殜(世)也,善與善相受(授)也,故能絇(治)天下,𢍱(平)萬畔(邦)"。凡此均可證早期儒家禪讓説流布之廣。早期儒家禪讓説之影響不止見於墨家。《商君書·修權》篇云:"故堯、舜之位(立)天下也,非私天下之利也,爲天下位天下也;論賢舉能而傳焉,非疏父子親越人也,明於治亂之道也。故三王以義親〔天下〕,五霸以法正諸侯,皆非私天下之利也,爲天下治天下。是故擅其名而有其功,天下樂其政而莫之能傷也。"從中也明顯可見《湯吳之道》等早期儒家禪讓説的一影響。

又有學者説墨家將儒家承自《尚書·堯典》的堯死禪舜之説,改編成了"生而讓"。② 這一觀點也存在問題。《湯吳之道》明顯是基於"忎(仁)""義"二價值與"羕(養)生"觀念兩個方面,來論説堯舜禪讓的。它依據養生觀念解釋禪天下云:"卩(節?)虖(乎)脂膚血勬(氣)之青(情),羕(養)眚(性)命之正,安

---

① 參閲顧頡剛:《禪讓傳説起源於墨家考》,吕思勉、童書業編著:《古史辨》第七册,頁 509～552。

② 參閲董芬芬:《〈墨子〉巧用〈詩〉〈書〉立新説:兼論儒墨禪讓説的不同》,《濟南大學學報(社會科學版)》2015 年第 1 期,頁 36～39。

命而弗夭(夭),羖生而弗戕(傷),智□之正者,能以天下廛(禪)歕(矣)。"緊跟着就倡言"堯之廛(禪)虞舜"。它還說:"古者臤(聖)人廿而貫(冠),卅而又家,五十而幻(治)天下,七十而至正(致政)。四枳(肢)朕(倦)陸(惰),耳目耽(聰)明衰,廛天下而受(授)臤(賢),退而羖(養)丌生。此以智丌(其)弗利也。"這顯然是申説全文的主旨,即"湯(唐)吴(虞)之道,廛(禪)而不偙(傳)。堯舜之王,利天下而弗利也"。可見儒家内部早就有堯舜生而讓天下之説,用不着由墨家去"改編"。

在《湯吴之道》這篇新見儒典中,唐堯虞舜之"廛(禪)天下"與其"受(授)臤(賢)",顯然是一回事。《湯吴之道》明確地説:"廛(禪)也者,上直(德)受(授)臤(賢)之胃(謂)也。""廛(禪)而不偙(傳)"實被視爲"利天下而弗利"的表徵,故《湯吴之道》又謂,"廛(禪)天下而受(授)臤(賢),退而羖(養)丌(其)生。此以智丌弗利也"。一方面,"利天下而弗利"是仁的極致,所謂:"利天下而弗利也,忎(仁)之至也","叟(没/殁)而弗利,竆忎(仁)歕(矣)","亟(極)忎(仁)之至,利天下而弗利也"。另一方面,"廛(禪)而不偙(傳)"又是義之至,所謂:"廛(禪)也者,上直(德)受(授)臤(賢)之胃(謂)也","堯舜之行,怣(愛)罕(親)隓(尊)臤(賢)。怣罕古(故)孝,尊臤古廛。孝之殺,怣天下之民。廛之矤(流?),世亡(無)忐(隱)直(德)。孝,忎(仁)之免(冕)也。廛,義之至也。"如此看來,《湯吴之道》的主旨就十分清楚了:"利天下而弗利"(亦即利天下而弗自利)既是仁的最高體現,又是義的最高體現;利人而不求自利既是仁的基本特質,又是義的基本特質。其實,"叟(没/殁)而弗利,竆忎(仁)歕(矣)"一句,便足以説明這一點。"竆(窮)忎(仁)"即極仁或者達到仁的頂點,"竆(窮)忎(仁)"的表現是"叟(没/殁)而弗利",所指涉的事實即被視爲義的"廛(禪)",由是,問題便十分清楚了。總之按照《湯吴之道》等早期儒典的界定,仁德之生成必須有一個基於"愛親"向更廣泛的"愛人"的躍升,而"愛人"落實爲利人而不自利,因此便與"義"這種價值或德行合一。

本小節,我們首先關注,《湯吴之道》的另一個核心價值"義"同樣意味着"利天下而弗利",而《墨經》對"義"的界定則基本上與此相同。

先秦典籍對"義"的界定主要有兩類,即主要包含兩個面向:一是用利人來界定"義"。其例如:

(1)《國語·晉語一》"獻公將黜太子申生而立奚齊"章記丕鄭曰:"民之有君,以治義也。義以生利,利以豐民……"

(2)《左氏春秋》僖公二十七年(前633)記趙衰向國君推薦郤穀做元帥,曰:"臣亟聞其言矣,説《禮》《樂》而敦《詩》《書》。《詩》《書》,義之府也;《禮》《樂》,德之則也。德、義,利之本也。"孔疏云:"説,謂愛樂之;敦,謂厚重之。《詩》之大旨,勸善懲惡。《書》之爲訓,尊賢伐罪。奉上以道、禁民爲非之謂義,《詩》《書》,義之府藏也。禮者,謙卑恭謹,行歸於敬。樂者,欣喜歡娛,事合於愛。揆度於內、舉措得中之謂德,禮、樂者,德之法則也。心説禮、樂,志重《詩》《書》,遵禮、樂以布德,習《詩》《書》以行義,有德有義,利民之本也。"

(3)《國語·晉語四》"文公任賢與趙衰舉賢"章記:"文公問元帥於趙衰,對曰:'郤縠可,行年五十矣,守學彌惇。夫先王之法志,德義之府也。夫德義,生民(養民)之本也。能惇篤者,不忘百姓也。請使郤縠。'公從之。"(此條可與上一條並觀)

(4)《國語·周語下》"單襄公論晉周將得晉國"章記:"晉孫談之子周適周,事單襄公,立無跛(韋注:跛,偏任也),視無還(韋注:睛轉復反爲還也),聽無聳(韋注:不聳耳而聽也),言無遠(韋注:遠,謂非耳目所及也);言敬必及天,言忠必及意(韋注:出自心意爲忠),言信必及身(韋注:先信於身,而後及人),言仁必及人(韋注:博愛於人爲仁),言義必及利(韋注:能利人物,然後爲義。《易》曰:'利物足以和義'),言智必及事(韋注:能處事物爲智),言勇必及制(韋注:以義爲制也,勇而不義非勇也),言教必及辯(韋注:辯,別也。能分別是非,乃可以教),言孝必及神(韋注:孝於鬼神,則存者信矣),言惠必及和(韋注:惠,愛也。和,睦也。言致和睦,乃爲親愛也),言讓必及敵(韋注:雖在匹敵,猶以禮讓也);晉國有憂未嘗不戚,有慶未嘗不怡。"

(5)《周易·乾·文言》云:"元者善之長也,亨者嘉之會也,利者義之和也(孔疏:言君子利益萬物,使物各得其宜),貞者事之幹也。君子體仁足以長人,嘉會足以合禮,利物足以和義,貞固足以幹事。"案:"利者義之和"與"利物足以和義"二語,明顯是基於利人來界定"義"。所謂"物"即萬物,包括草木、禽獸、人類等。帛書《五行》説文第二十三章論"萬物之生(性)",具體化爲論"草木之生(性)"、"禽獸之生(性)"、"人之生(性)",是其證。此處之"利物",根本實在利人。

(6)《莊子·雜篇·徐无(無)鬼》曰:"夫民,不難聚也;愛之則親,利之則至,譽之則勸,致其所惡則散。愛利出乎仁義……"

(7)《呂氏春秋·孟夏紀·尊師》篇曰:"教也者,義之大者也。學也者,知(智)之盛者也。義之大者莫大於利人,利人莫大於教。知之盛者莫大於成身,成身莫大於學。身成則爲人子弗使而孝矣,爲人臣弗令而忠矣,爲人君弗彊而平矣,有大勢可以爲天下正矣。"

二是以"義"爲取利之根本規範。其例如:

(1)《左氏春秋》昭公十年（前 532）記晏子謂桓子曰："凡有血氣，皆有爭心，故利不可强（杜注：不可强取），思義爲愈；義，利之本也。蘊利生孽（妖害）。"

(2)《國語·周語中》"富辰諫襄王以狄伐鄭及以狄女爲后"章，記富辰諫王曰："夫義所以生利也，祥所以事神也，仁所以保民也。不義則利不阜（厚），不祥則福不降，不仁則民不至。"

(3)《國語·晉語二》"里克殺奚齊而秦立惠公"章記里克曰："克聞之，夫義者，利之足也；貪者，怨之本也（韋注：貪則專利，故人怨之）。廢義則利不立，厚貪則怨生……"案："貪"意味着取利不以"義"爲準則，謂"義"爲"利之足"，即是説"義"爲獲利之基。

(4)《大戴禮記·四代》篇記孔子曰："聖，知（智）之華也。知（智），仁之實也。仁，信之器也。信，義之重也。義，利之本也。委（積）利生孽。"案："委利生孽"與第一條晏子所謂"蘊利生孽"意思相同。

(5)孔子又謂"見得思義"（《論語·季氏》）、"見利思義"（《論語·憲問》）、"不義而富且貴，於我如浮雲"（《論語·述而》），並推許衛大夫公叔文子"義然後取"（《論語·憲問》）；孔門弟子子張也説"見得思義"（《論語·子張》）。

(6)《吕氏春秋·慎行論·無義》篇曰："義者百事之始也，萬利之本也，中智之所不及也。不及則不知，不知〔則〕趨利。"

從以上兩種面向，可以看出《湯吴之道》與《墨經》界定"義"這一範疇的歷史語境。這兩種面向並非不能兼容，"義"作爲取利之根基，往往也意味着在利己、利人之間達成合理化，亦即往往含藴着利人的取向。然上揭材料即便在基於利人來界定"義"的時候，也並未明確將不自利作爲必須同時具備的重要條件，《湯吴之道》與《墨經》卻强烈凸顯了這種取向，這不太可能是偶然的。

其次，值得我們高度關注的是，《墨經》對"仁""義"的界定具有同一性，其要旨均在愛人、利人且非爲了用人。墨家將"仁""義"兩種價值歸結到"兼"。《墨子·兼愛下》云：

然而天下之士非兼者之言（也）猶未止也，曰："兼即仁矣義矣，雖然，豈可爲哉？吾譬兼之不可爲也，猶挈泰山以超江河也。故兼者，直願之也，夫豈可爲之物哉？"

"兼即仁矣義矣"是墨子及其後學的主張。一般情況下，"兼"直接指涉的是"兼相愛"，然而與"兼相愛"貫通而不可分割的是"交相利"。《墨子·兼愛上》

有云：

> 若使天下兼相愛，〔愛〕人若愛其身，〔猶有不孝者乎〕？〔視父兄與君若其身〕，惡施不孝？猶有不慈者乎？視弟子與臣若其身，惡施不慈？〔故〕不孝〔不慈〕亡（無）有。猶有盜賊乎？（故）視人之室若其室，誰竊？視人身若其身，誰賊？故盜賊亡有。猶有大夫之相亂家、諸侯之相攻國者乎？視人家若其家，誰亂？視人國若其國，誰攻？故大夫之相亂家、諸侯之相攻國者亡有。

這是説，"兼相愛"之法，即"視父兄與君若其身""視弟子與臣若其身""視人之室若其室""視人身若其身""視人家若其家""視人國若其國"。而《墨子·兼愛中》有云：

> 然則兼相愛、交相利之法將奈何哉？子墨子言：視人之國若視其國，視人之家若視其家，視人之身若視其身。

顯而易見，《兼愛中》所論"兼相愛、交相利之法"，與《兼愛上》所論"兼相愛"之法是一回事，惟所言有詳略耳（參見表10-8所示）。而歸根結底，"視父兄與君若其身""視弟子與臣若其身"兩者，又均可包括在"視人身若其身"之中；"視人之室若其室"，則可附從於"視人家若其家""視人國若其國"。綜合上揭《兼愛上》《兼愛中》，可知"交相利"乃"兼相愛"題中應有之意，或者説是"兼相愛"的落實；它固然可與"兼相愛"並提，但即便祇説"兼相愛"，也必然地貫穿含蘊着"交相利"的意思。所以在《墨子》體系中，"兼即仁矣義矣"即意味着"仁"與"義"統一於愛人利人。

表10-8 《墨子》"兼相愛"之法與"兼相愛、交相利之法"之同一性表覽

《墨子·兼愛上》"兼相愛"之法	《墨子·兼愛中》"兼相愛、交相利之法"
視父兄與君若其身	
視弟子與臣若其身	
視人身若其身	視人之身若視其身
視人之室若其室	
視人家若其家	視人之家若視其家
視人國若其國	視人之國若視其國

如前所論，《湯丘之道》對"仁""義"二者的界定也明顯有一致性。在差不多與《湯丘之道》同時的儒典《大學》中，這兩種範疇或價值的同一性也留下了鮮明的印迹。《大學》有云："仁者以財發身，不仁者以身發財。未有上好仁而

下不好義者也……"與《湯吳之道》以及《墨經》相同,這裏的"仁"也是就"利人"而言的。故朱子章句解釋前兩句云:"發,猶起也。仁者散財以得民,不仁者亡身以殖貨。"而上揭《大學》數語與《湯吳之道》以及《墨經》的又一個相同點,是"仁"和"義"具有内在的同一性,——所以纔説上"好仁"而下必"好義"。①

綜上所論,《墨經》對"仁""義"的界定,與《湯吳之道》以"利天下而弗利"爲仁之至和義之至,關係最爲密邇,其承受《湯吳之道》等儒典的影響應該是毋庸置疑的。而且,這種界定有力凸顯了墨家體系及其精神的根本特質。孟子説:"墨子'兼愛',摩頂放踵利天下,爲之。"(《孟子·盡心上》)近人夏曾佑(1863～1924)指出:"老子爲己者也,孔子人己並爲,墨子爲人者也,其宗旨愈改而愈優。"②諸家之宗旨是不是"愈改而愈優",可以討論,但謂墨家學説從根本上凸顯了利他主義取向,是無可置疑的。所以跟《湯吳之道》等早期儒典有深刻關聯的,正是墨家學説的根基。

而且不僅如此,我們還應該意識到,與上揭根本點不可分割的事實是:其一,《湯吳之道》將尊賢提升到仁義諸價值層面上,並推揚説,"六帝興於古,(虘)〔虗(皆)〕采(由)此也";墨子以"尚賢"爲政事之本,並推揚説"取法於天"(《墨子·尚賢中》)。其二,兩家之尊賢觀均有利天下的考量,亦即均以仁義爲根基。比如墨子説:"尚賢者,天鬼百姓之利,而政事之本也。"(《墨子·尚賢下》)其三,禪讓均被兩家視爲尊賢的表徵或極致。這在《湯吳之道》中表達得十分清楚,毋庸重複。而墨子顯然也在尊賢意義上看待堯舜之禪讓,所以他推揚尚賢時説:"……古者堯舉舜於服澤之陽,授之政,天下平;禹舉益於陰方之中,授之政,九州成;……是故子墨子言曰:得意賢士不可不舉,不得意賢

---

① 孔子有幾句話的表達方式是"上如何如何,則下如何如何",有似於《大學》"未有上好仁,而下不好義者也"。比如他曾經説:"上好禮,則民莫敢不敬;上好義,則民莫敢不服;上好信,則民莫敢不用情。"(《論語·子路》)其中"好禮"與"莫敢不敬"一致。《孝經·廣要道章》記子曰:"安上治民,莫善於禮。禮者,敬而已矣。"鄭玄注云:"敬者,禮之本也。"(袁鈞輯《鄭氏佚書·孝經注》)"服"殆即"服義",承上文"好義"而省。屈子《離騷》云:"瞻前而顧後兮,相觀民之計極。夫孰非義而可用兮,孰非善而可服?"《招魂》云:"朕幼清以廉潔兮,身服義而未沫。"前例謂善服,後例謂"服義",均可爲"上好義,則民莫敢不服"之"服"字作注脚。則所謂"好義"與"莫敢不服"亦一致。"好信"與"莫敢不用情"之一致,更昭然若揭。而孟子曰:"君仁莫不仁,君義莫不義,君正莫不正,一正君而國定矣。"(《孟子·離婁上》)荀子則曰:"君者儀也,〔民者景(影)也〕,儀正而景正。君者槃也,〔民者水也〕,槃圓而水圓。"(《荀子·君道》)總之,上行下效,兩方面的取向應該是相同的。這些都可以證明,《大學》"未有上好仁,而下不好義者也"一句,"仁"和"義"具有同一性。

② 别士(夏曾佑):《中國社會之原》,《新民叢報》第三十五號,1903年8月6日,頁8。

士不可不舉。尚(上)欲祖述堯舜禹湯之道,將不可以不尚賢。夫尚賢者,政之本也。"(《墨子·尚賢上》)又説:"古者舜耕歷山,陶河瀕,漁雷澤,堯得之服澤之陽,舉以爲天子,與接天下之政,治天下之民。……故古聖王以審以尚賢使能爲政,而取法於天。雖天亦不辯貧富貴賤、遠邇親疏,賢者舉而尚之,不肖者抑而廢之。"(《墨子·尚賢中》)其四,就一般突破血親關係的尚賢觀念而言,其他新見儒典之影響《墨子》,也頗有值得關注者。比如郭店《六惪》篇云:"新遑(舊)遠近,唯丌(其)人所才(在)。得丌(其)人則壑(舉)安(焉),不得丌人則止也。"又云:"唯(雖)才(在)屮(草)茆(茅)之中,句(苟)臤(賢),必貢(任)者(諸)父兄,貢(任)者(諸)子弟,大材執(設)者(諸)大官,少(小)材執者少官,因而它(施)录(祿)安(焉),史(使)之足以生,足以死,胃(謂)之君,以宜(義)史人多。宜者,君惪也。"這裏凸顯的早期儒家衝決血親紐帶的尚賢觀念,幾乎全部被《墨子》繼承。《墨子·尚賢上》云:

……古者聖王之爲政,列德而尚賢,雖在農與工肆之人,有能則舉之,高予之爵,重予之禄,任之以事,斷(決)予之令,曰:"爵位不高則民弗敬,蓄禄不厚則民不信,政令不斷則民不畏。"舉三者授之賢者,非爲賢賜也,欲其事之成。故當是時,以德就列,以官服事,以勞殿(定)賞,量功而分禄。故官無常貴,而民無終賤,有能則舉之,無能則下之。舉公義,辟私怨,此若言之謂也。

跟上揭《六惪》篇的文字比較,《墨子·尚賢上》的這段文字簡直就是同一觀念的另一種表白。所有這些也都能凸顯或證成《墨子》與《湯吴之道》等儒典的關聯,都是早期儒家學説影響墨家的力證。

3. "故"

《墨子》受早期儒典影響的觀念或範疇還有很多,比如作爲特定範疇的"故"。《墨子·經説上》云:"霍,爲姓,故也。"這句話的意思前人幾乎完全不能理解,畢沅、孫詒讓、吳毓江(1898~1977)等墨學大家均甚懵懂。比如畢沅注稱"未詳"。孫詒讓《閒詁》則讀之爲"霍爲姓,故也"(以"爲"表示肯定判斷的係詞),疑"霍"字當爲"虎","故"字當爲"叚",全句意爲虎作爲姓氏乃是假借(案古代確有虎氏,《風俗通》佚文《姓氏》篇有謂:"虎氏,漢有合浦太守虎旗,其先八元伯虎之後")。吳毓江《校注》讀之爲"霍、爲,姓故也",並解其意云:"雲中鶴、林間猴,性也。舞鶴、戲猴,人馴之使然也,故也。"畢沅闕疑,蓋其慎也,孫氏之説幾乎完全錯誤。吳氏解"霍""爲""姓"三字均是,解"故"字則誤;——就《墨經》此語之整體意指而言,"姓""故"是兩個關鍵詞,誤解了"故",也便誤解了全句的基本意指。

"靃、爲姓"之"靃"爲"鸖"之省文,同"鶴"。《墨子·非攻下》云:"遝(及)至乎夏王桀,天有(酷)〔酷〕命,日月不時,寒暑雜至,五穀焦死,鬼呼〔於〕國,鸖(鶴)鳴十夕餘。""爲"字殆指獼猴。許慎《說文·爪部》云:"爲,母猴(案即獼猴)也,其爲禽好爪(爪母猴像也),下(腹)〔復〕爲母猴形。"羅振玉(1866~1940)斥其說之非是,指出"爲"字古金文及石鼓文並作"象",从爪从象,"絕不見母猴之狀,卜辭作手牽象形……意古者役象以助勞,其事或尚在服牛乘馬以前,微此文,幾不能知之矣。"① 許慎分析"爲"字之構形誠然錯誤,然"爲"在古代確實可能指獼猴。段玉裁《說文解字注》云:"《左傳》魯昭公子公爲亦稱'公叔務人',《檀弓》作'公叔禺人'。由部:'禺,母猴屬也……'然則名'爲'字'禺',所謂名字相應也。"② 今人孟蓬生指出,"'爲'字雖不象'母猴'之形,但確有'母猴'之義",又列舉三證:一即春秋魯昭公子公爲字禺人。二是"爲"與"猨(猨、猿)"古音通轉,"爲"字上古屬歌部匣母,"猨"字屬寒部匣母,"爲"聲與"爰(袁)"聲古多相通。三是"爲"即"蜼"之聲借,"爲"字上古屬"歌"部,"蜼"聲字屬"微"部,"爲"聲與"隹"聲每多相通。③ 又有學者以《墨子·經說下》"爲麋同名",證成"爲"有指獼猴之義。④ 這些論證頗有其合理性。孫詒讓《閒詁》讀《經說下》"爲麋同名"四字爲句,解釋說:"'爲'疑當爲'如',艸書相似而誤。'麋'舊本誤'麇',今據《道藏》本、吳鈔本正。謂若是麋,則其名盡同。又疑'爲'當爲'馬',馬、麋同爲四足獸也。亦足備一義。此釋《經下》'物盡同名'。"顯然,直接將"爲麋同名"解釋爲猴、麋同稱四足獸更加直截和準確。"姓"字,張惠言疑當爲"性",⑤近之,"姓"實通"性"。"故"字筆者以爲大抵是指生命原來的性質和狀態(其詳參見下文)。

因爲未能把握《經說》此語所由產生的歷史語境,以往解說幾乎全不切當。要而言之,所謂"靃、爲姓,故也"一語,核心範疇是"姓(性)"和"故",核心關係是性與故的關係;其意思是說,鶴、猴之性即爲其故,易言之,鶴、猴之性即是其原本如此的性質和狀態。

---

① 羅振玉:《增訂殷虛書契考釋·文字》,《殷虛書契考釋三種》,北京:中華書局,2006年,第1版,頁504。
② 案:"公叔務人"見《左氏春秋》魯哀公十一年(前484)。杜注:"務人,公爲,昭公子。""公爲"亦可參見該年所記。"公叔禺人"見《禮記·檀弓下》"戰于郎(魯近邑),公叔禺人遇負杖入保者息"章。
③ 孟蓬生:《"爲"義申許》,《古漢語研究》1995年第三期,頁44。
④ 參閱張其昀:《〈說文解字〉"爲"訓"母猴"辯》,《信陽師範學院學報(哲學社會科學版)》2012年第二期,頁87。
⑤ 張惠言:《墨子經說解》,《墨子大全》第一編第13冊,頁344。

現在看來,關於"性""故"兩範疇及其關係的論說,實濫觴於上博《詩論》所載錄孔子論人性之"古(固)然",最早明確見於郭店、上博竹書所見儒典《眚自命出》與《眚意論》,嗣後則見於傳世《墨經》《孟子·離婁下》以及《莊子·外篇·達生》。也就是說,這兩個範疇及其關係的話題,是在孔子及孔門七十子的學說體系裏奠基和確立的;新見早期儒典殆即隱含了由孔子"民眚(人性)古(固)然"觀念,抽象和析分出"性"與"故"兩個特定範疇的過程,而這兩個範疇的基本關係,在這些儒典中也已經直接或間接地展開。總之,儒、墨、道諸家均曾關聯"故"來論"性",祇不過持見有所不同而已。

較早涉及這一論題的是孔子。上博楚簡《詩論》第五章錄孔子曰:"虐(吾)㠯(以)《萬軸》㫑(得)氐(祇)初之䰍(志),民眚(性)古(固)然,見兀(其)兊(美),必谷(欲)反(返)兀本。……虐㠯《甘棠》㫑(得)宗霝(廟)之敬,民眚古然,甚貴兀所人,必敬兀立(位),敓(悅)兀人,必好兀所爲,亞(惡)兀人者亦然。虐㠯《木芯》㫑(得)希(幣)帛之不可迲(去)也,民眚古然,兀陞(隱)志必又(有)㠯俞(喻)也,兀言又(有)所載而后(後)内(納),或前之而後交,人不可隼(觸)也。虐㠯《斳杜》㫑(得)雀(爵)□之不可無也,民眚古然,□□□女(如)此可(何),斯雀之矣。"很明顯,孔子以人之性爲人生而如此的生之"古(固)然"。孔子後學區隔爲二的"性"和"故"在《詩論》中尚是囫圇一團的,但"民眚(性)古(固)然"一説幾乎就是認定性便是故,至少性包含在故之中(所謂生而如此者實即爲故),而七十子及其後學所論之"性"與"故"應該是從這裏析分而出的。

在新見七十子及其後學的論說中,"性"與"故"兩個範疇的基本關係業已或顯或隱地展開。郭店儒典《眚自命出》上篇謂:"牛生而倀(根),鳶(雁)生而䏦(陣),兀(其)眚(肰)然也。人而學或叀(使)之也。"將生而具備的特質視爲性,實際上就是以性爲故。故《眚自命出》之論牛雁之性,借用《墨經》的話語說,便是"牛雁之性,故也"(亦即牛雁之性是其原本如此的性質和狀態),其意指與《墨經》謂"霍、爲姓,故也",完全一致。《五行》說文第二十三章謂:"'天監在下,有命既雜(集)'者也,天之監下也,雜命焉耳。遁(循)草木之生(性),則有生焉,而無好惡焉。遁禽獸之生,則有好惡焉,而無禮義焉。遁人之生,則巍然知兀好仁義也。不遁兀所以受命也,遁之則得之矣。"其謂草木、禽獸、人之性在於其天降之命中,大抵也是說性即故(至少性在故之中)。總之,《墨子·經說上》以"故"定義鶴與獼猴之性,與《眚自命出》《五行》論草木、禽獸之性高度契合。《眚自命出》將人之性與牛、雁之性相對,強調人之性基於人原本如此的性質和狀態亦即故,又因緣學而生成的特質。《五行》説文第二十三章一方面基於"源 心 之生(性)則巍然知亓好仁義"的認知,肯定循人"所以受命"則知其性"巍然……好 仁義""目(俾)萬物之生(性)而 知人 獨有仁義",一方面則強調"執之而弗失,親之而弗離"的修養工夫(其間"之"字代指心好仁義之性,或者人好仁義、人獨有仁義之性),這其實也是説人之性基於人原本如此的性質和狀態,因緣學而生成。①《墨經》"霍、爲姓,故也"一語雖未拿人之性來跟禽、獸之性對照,但它幾乎暗含着一種判斷,即與禽獸之性相對的人之性乃是生成性的,也就是説人之性並非單純就是人原本如此的性質和狀態。

《告自命出》《告意論》《五行》直接或間接討論"性""故"及其關係,是以討論人之性爲大背景的。説人之性基於或者即爲生之固然(亦即故),不等於説人"生之固然"便全爲"人性"。這一點由《五行》説文第二十三章的論説看得十分清楚。依據其意,對人來説,生之固然包含耳目之性好聲色、鼻口之性好臭味、手足之性好佚豫,以及心之性好仁義,但人之性則是"好仁義"或"獨有仁義";《五行》顯然祇是基於心之性來定義人之性,"故"因此擁有超出人之性的更爲豐富和複雜的内容。郭店《告自命出》上篇有云:"凡告(性)或敼(動)之,或迕(逆)之,或(交)〔窒(窒)〕之,或萬(厲)之,或出之,或羕(養)之,或長之。凡敼告者,勿(物)也。迕告者,兑(悦)也。(交)〔窒(窒)〕告者,古(故)也。萬告者,宜(義)也。出告者,執(勢)也。羕告者,習也。長告者,術(道)也。"②這段文字亦見於上博《告意論》。對認知《墨經》"霍、爲姓,故也"之本義及其思想史根源來説,其重要性幾乎可以説是無與倫比的。這裏明確出現了"故"和"告(性)"兩個對待而又有關聯的範疇,——"告(性)"字固毋庸論,"故"在這裏明顯也是一個特定範疇,它作爲"生之固然",被認爲對性的塑型或生成

---

① 孔子及其後學論"學",每每側重於德行之踐履。《論語·雍也》記哀公問:"弟子孰爲好學?"孔子對曰:"有顏回者好學,不遷怒,不貳過。不幸短命死矣!今也則亡,未聞好學者也。"這是以"不遷怒,不貳過"來坐實"好學"。《論語·學而》記子夏曰:"賢賢易色,事父母能竭其力,事君能致其身,與朋友交言而有信。雖曰未學,吾必謂之學矣。"其以踐履德行爲"學",更爲顯豁。

② 案:"或窒(窒)之"與"窒(窒)告者,古(故)也"二語之"窒",整理者釋爲"交",裘錫圭認爲是"窒"字之誤摹,主要根據,是上博《告意論》的對應字从心窒聲(參閲氏著《談談上博簡和郭店簡中的錯別字》,饒宗頤主編:《華學》第六輯,北京:紫禁城出版社,2003年,第1版,頁51~52)。裘説可從。唯其釋"窒"爲"實"(參閲前文),後又謂當讀之爲"節"(參閲氏著《由郭店簡〈性自命出〉的"窒性者故也"説到〈孟子〉的"天下之言性也"章》,《華學》編輯委員會編:《華學》第七輯,廣州:中山大學出版社,2004年,第1版,頁127~128),則可商榷。

有阻礙作用。① 綜合新見儒典中七十子及其後學之論説，可知"故"與"性"兼具同一性和對立性；其同一性在於，性實即爲故或以故爲基、包含在故之中，其對立性在於，性具有因緣學等後天因素而生成的特質。以故爲性生成之滯礙，表明戰國儒家强有力地主張性的生成性。

　　思想史上的很多範疇與觀念都不是孤立出現的，那些備受矚目的核心範疇和觀念尤其如此。《莊子·外篇·達生》嘗謂："吾始乎故，長乎性，成乎命。……吾生於陵而安於陵，故也；長於水而安於水，性也；不知吾所以然而然，命也。"莊子學派關於"命"的觀念跟儒、墨兩家都不相同，這裏暫且毋庸細看《達生》對"命"的具體解釋。有兩點值得高度關注：其一，是在這段文字中，出現了關聯十分明顯的"故"與"性"兩個範疇。"故"明顯是生之"固然"（所謂"生於陵而安於陵"），亦即生命本然的特質和狀態，"性"則是成長過程中對生之固然的塑造（所謂"長於水而安於水"），換言之，"性"具有生成性；"性"雖然跟"故"不同，卻基於"故"或者含蘊着"故"的某些基底。《達生》篇這段文字强有力地説明，與"性"相對或相並的"故"絕非指言有某種目的性。其二，是這段文字表明"命"與"性""故"兩範疇有極爲密切的關係。儘管莊子學派對"命"有完全不同的理解（上揭《達生》所謂之"命"大抵是指"始乎故，長乎性""生於陵而安於陵""長於水而安於水"的不可改變的必然性），但其論"命"與"性""故"二範疇的關係，在模型上也明顯承襲了儒家的論説。郭店《眚自命出》上篇不僅直接論述了"性""故"及其關係，而且説："眚自命出，命自天降。"

---

① 案："故"作爲特定範疇，與《墨經》所定義之"故"相類而不同。《墨子·經上》謂"故，所得而後成也"，主要是從邏輯層面上説的。孫詒讓《閒詁》云："此言'故'之爲辭，凡事因得此而成彼之謂。"《説文解字·攴部》："故，使爲之也，从攴古聲。"段玉裁注云："今俗云原故是也。凡爲之，必有使之者。使之而爲之，則成故事矣。引伸之爲故舊，故曰'古，故也'。"《墨子·經上》曰：'故，所得而後成也。'許本之。"《眚自命出》上篇謂"又(有)爲也者之胃(謂)古(故)"（又見《眚意論》)，意思亦當是説"故"即彼"使爲"者，而不是説"故"指主体的某種目的性。筆者頗疑"又(有)爲也者之胃(謂)古(故)"之"爲"乃使令之意。《周易·井卦》九三之爻辭云："井渫不食，爲我心惻，可用汲。王明，並受其福。""爲"之意即爲使。學界或據《眚自命出》上篇"《時(詩)》，又(有)爲爲之也。《箸(書)》，又爲言之也。《豊(禮)》《樂》，又爲㠯(舉)之也"（亦可參見《眚意論》)，認定"又(有)爲也者之胃(謂)古(故)"之"又(有)爲"，與此處三個"又(有)爲"相同，指存在某種目的性。實際上，"又(有)爲也者之胃(謂)古(故)"之"爲"，就詞性而言與此處"爲之"之"爲"、"言之"之"言"、"㠯(舉)之"之"㠯(舉)"相同，與三個"又(有)爲"之"爲"則異。據儒家心性學説，有目的性不能視爲性的窒塞（或如論者所説視爲性之"節"），無論以習養性、以義礪性，還是以道長性，都有明確的目的性，若謂有目的性是窒塞性的，實在不可理解。即謂有目的性節性或實性（將"室"理解爲"節"或"實")，也難以理喻，因爲目的性有不同的取向，並非所有的方向都值得肯定。又，畢沅注《墨經》嘗説："《説文》云：'故，使爲之也。'或與'固'同，事之固然，言已得成也。"孫詒讓斥其非是。然而實際上，"故"確實可與"事之固然"（即已成之基底）發生關聯。

上博《昔意論》也有此語。可見,"命""性""故"原本是這篇早期儒典直接論及的三個主要範疇。《五行》説文第二十三章從天給予草木、禽獸、人的"命"中,探尋得草木、禽獸、人之"生(性)",同樣凸顯了"命"與"生(性)"的内在關聯,"故"這一範疇則隱含其中。這些早期儒典的"命"大抵是指上天對草木、禽獸、人類原本的賦予。總之,莊子後學差不多將早期儒典"命""性""故"三個範疇全盤拿來,就三者之關係模式而言,他們承繼了早期儒家學者的論述,也應該是無可置疑的。《墨經》謂"霍、爲姓,故也",與《莊子·達生》謂"吾始乎故,長乎性,成乎命",實際上擁有共同的語境。

以前學者解《墨經》"霍、爲姓,故也",常援引孟子所謂,"天下之言性也,則故而已矣。故者以利爲本"(見《孟子·離婁下》)。比如吳毓江《墨子校注》云:"'性''故'對文,《孟子》曰'天下之言性也,則故而已矣',義與此同。雲中鶴、林間猴,性也。舞鶴,戲猴,人馴之使然也,故也。"稱"故"與"性"對文可以接受,以人對鶴、猴之馴習爲"故"(類似於孫詒《疏》釋"故"爲"事",以及朱子《集注》釋"故"爲"其已然之迹"),則是本末倒置,上揭《昔自命出》"(交)〔室(窒)〕昔(性)者,古(故)也。……兼(養)昔者,習也",以及《莊子·達生》篇"吾始乎故,長乎性"等語,堪作力證。不可忽視的是,"性"與"故"實際上相承而頗有一致之處。

至於"故者以利爲本",論者往往文生義,釋之爲"人的本性就是求利"。① 這基本上是把孟子當成了荀子。《荀子·性惡》篇云:"若夫目好色,耳好聲,口好味,心好利,骨體膚理好愉佚,是皆生於人之情性者也,感而自然,不待事而後生之者也。"荀子恰恰是以心之好利欲佚來論證人性惡的。若孟子有"人的本性就是求利"的觀點,荀子如何會在《性惡》諸篇對他大加撻伐呢?② 朱熹集注釋"以利爲本"之"利"云:"利,猶順也,語其自然之勢也。""利"當即和順之意,這一點有傳統小學方面的一系列證據。③ 而更重要的是它所在的語境提供了確證,細揆孟子原話自然可知。孟子曰:"天下之言性也,則故而已矣。故者以利爲本。所惡於智者,爲其鑿也。如智者若禹之行水也,則無惡

---

① 張松輝、周曉露:《〈論語〉〈孟子〉疑義研究》,長沙:湖南大學出版社,2006年,第1版,頁349~350。

② 關於孟子、荀子對人性的論析及其異同,請參閱本書第四章第三節:"《五行》性二元化理論及其承繼者與變異者——《孟子》與《荀子》"。

③ 《廣雅·釋詁》謂:"龓、利、芬、尼、調、庸,和也。"王念孫《疏證》卷第三下:"利者,《説文》:'利,銛也。從刀;和然後利,從和省。'引《乾·文言》:'利者,義之和也。'荀爽注云:'陰陽相和,各得其宜,然後利。'《乾·象傳》又云:'保合大和,乃利貞。'《周語》云:'人民穌利。'《表記》'有忠利之教',《後漢書·章帝紀》'利'作'和'(本書作者案見元和三年春正月乙酉詔)。是'利'與'和'同義。"

於智矣。禹之行水也,行其所無事也。如智者亦行其所無事,則智亦大矣。天之高也,星辰之遠也,苟求其故,千歲之日至可坐而致也。"(《孟子·離婁下》)孟子申説"故者以利爲本",舉證的是智者之"鑿"(反例)與"智者……行其所無事"(正例,其喻體是禹行水"行其所無事"),"鑿"即斲傷,與"利"之和順恰恰相反。① 孟子認爲天下所有認知(包括他自己的看法)都將性歸結於生之固然即"故",對於生之固然來説,和順而不戕害它纔是根本,斲傷生命本然的"智"是令人厭惡的,順其"故"的"智",如大禹因水之"故"而導之、"行其無所事",乃爲大智;孟子又謂,若獲得天地星辰故然之常規,雖千歲後之日至亦可輕易獲得,——此殆指言明曉人"生命之固然"即"性"與"故",則其將來之所致亦可知。

很明顯,這一章關聯着孟子對體系建構的重大擔憂。孟子竭力反對以斲傷人之"性"或"故"而爲仁義之説,因爲那將使世人以仁義爲禍害。故告子曰:"性,猶杞柳也;義,猶桮棬也。以人性爲仁義,猶以杞柳爲桮棬。"孟子立即駁斥道:"子能順杞柳之性而以爲桮棬乎?將戕賊杞柳而後以爲桮棬也?如將戕賊杞柳而以爲桮棬,則亦將戕賊人以爲仁義與?率天下之人而禍仁義者,必子之言夫!"(《孟子·告子上》)孟子反對將仁義與人之"性"或"故"的關係解釋爲桮棬與杞柳之關係,因爲桮棬之成意味着對於杞柳之戕賊。"順杞柳之性"作爲喻體,正可作"故者以利爲本"的注脚;"戕賊杞柳而後以爲桮棬""戕賊人以爲仁義",則正可從喻體、本體兩個層面上詮釋與"利"相反的"鑿"。孟子強調,仁義與人之"性"或"故"的關係,如成熟的五穀之於種子,故謂:"五穀者,種之美者也;苟爲不熟,不如荑稗。夫仁亦在乎熟之而已矣。"(《孟子·告子上》)種子喻指生命原初蘊含的仁義禮智之端,爲"性"之基底,孟子即視之爲"故"或者"故"的必然組成部分,仁義禮智則如種子生長出的豐熟五穀,——仁義禮智之生成乃是和順"性"或"故"而非戕害之(顯然,孟子的觀念同時也強調了人性的生成性)。孟子認爲,若仁義禮智諸價值的生成以戕害"性"或"故"爲前提,則天下蒼生會以仁義禮智爲畏塗、禍殃,避之唯恐不及。其所論"利"與"鑿"或"戕賊"的對立,由上揭表述中二者各自的具體呈現一目瞭然,確鑿無疑(參見表10-9左右欄所示)。

---

① 孟子、莊子未提及對方,爲古今學者所關注。如朱熹云:"莊子去孟子不遠,其説不及孟子者,亦是不相聞。……莊子生於蒙,在淮西間。孟子只往來齊宋鄒魯,以至於梁而止,不至於南。"(黎靖德編:《朱子語類》卷一二五,《莊子》,頁2990)其實《莊子》一書有不少材料與《孟子》有呼應。《莊·内篇·應帝王》云:"南海之帝爲儵,北海之帝爲忽,中央之帝爲渾沌。儵與忽時相與遇於渾沌之地,渾沌待之甚善。儵與忽謀報渾沌之德,曰:'人皆有七竅以視聽食息,此獨无(無)有,嘗試鑿之。'日鑿一竅,七日而渾沌死。"這一寓言,幾乎可以用來注解孟子所批評的智者之"鑿"。

表 10-9　對"性"或"故"的"利"與"鑿"表覽

利（和順）	鑿（戕賊）
天下之言性也，則故而已矣。故者以利爲本。（本體）	所惡於智者，爲其鑿也。（本體）
禹之行水也，行其所無事也。如智者亦行其所無事，則智亦大矣。（喻體＋本體）	戕賊杞柳而後以爲桮棬（喻體）
五穀者，種之美者也；苟爲不熟，不如荑稗。夫仁亦在乎熟之而已矣。（喻體＋本體）	戕賊人以爲仁義（本體）
	告子曰："性，猶杞柳也；義，猶桮棬也。以人性爲仁義，猶以杞柳爲桮棬。"（喻體＋本體）

孟子承《五行》學説，進一步倡言心之性爲悦理義、心原初有仁義禮智四端（分別參見《孟子・告子上》所載孟子論"理義之悦我心，猶芻豢之悦我口"、《孟子・公孫丑上》所載孟子論"人皆有不忍人之心"，以及《孟子・告子上》所載孟子論"仁義禮智，非由外鑠我也"等章），其原因就在這裏。唯因人有這樣的"性"或"故"，仁義禮智諸價值的生成對於其"性"或"故"纔是和順的。跟《眚自命出》《眚意論》比較，孟子對"性""故"關係的認知，雖然承襲了子思弟子、子思乃至孔門七十子等師輩的傳統觀念和話語，但卻更明確地走向二者的同一性，其目的，當是要消解以斲傷生之固然爲基礎使德行或價值形於内的理論給世人帶來的巨大壓力。其先輩學者認爲"古（故）"窒礙"眚（性）"，原本是説"眚（性）"藴含於"古（故）"之中，但"古（故）"的原生偏執是"眚（性）"長養的牽絆。依照這種設想，"眚（性）"即便包含價值或德行的基源，價值或德行的生成仍然有斲傷生之固然的重大面向。

孟子的論斷再次證明，在孔門七十子及其後學那裏，以"故"論"性"乃是大家的共同話題或共知，儘管各家的認知不完全相同，對於"性"與"故"有高度關聯一事，則並無疑義。《莊子・達生》篇論"性""故""命"之關係亦有其特别的意義，即顯示了該話題的普遍性，並且再一次表明自孔子肇始，至七十子及其弟子定型的相關論説，產生了超越學派的影響。而推廣開來尚有可言者。比如《莊子・外篇・駢拇》云："彼（正）〔至〕正者，不失其性命之情。故合者不爲駢，而枝者不爲跂；長者不爲有餘，短者不爲不足。是故鳧脛雖短，續之則憂；鶴脛雖長，斷之則悲。故性長非所斷，性短非所續，無所去憂也。"這一論説，其實就演繹了以"故"爲性、"故者以利爲本"等等觀念。凡此之類無須一一舉列。不過我們必須再回頭看看《詩論》第五章所錄孔子的孔子的論説:"虐(吾)曰(以)《萬蚰》昆(得)氏(祇)初之書(志),民眚(性)古(固)然,見丌(其)兑(美),必谷(欲)反(返)丌本。……虐曰《甘棠》昆(得)宗廟(廟)之敬,民眚古然,甚貴丌人,必敬丌立(位),敓(悦)丌人,必好丌所爲,亞(惡)丌人者亦然。虐曰《木苽》昆(得)希(幣)帛之不可造(去)也,民眚古然,丌陞(隱)志必又(有)目俞(喻)也,丌言又(有)所載而后(後)内(納),或前之而后交,人不可犀(觸)也。虐曰《斯杜》昆(得)雀(爵)□之不可無也,民眚古然,□□□女(如)此可(何),斯雀之矣。"這裏不僅顯示了以生命之"故"(或説原生態)爲"性"的觀念,而且顯示了基於這種原生態建構禮制的取向。具體言之,孔子論《葛覃》之敬初返本乃儒家禮制的根本。《論語·學而》載有子曰"君子務本,本立而道生";《禮記·禮器》謂"禮也者,反本脩古,不忘其初者也";《穀梁傳》僖公十五年(前645)謂"貴始,德之本也"。孔子又説,"甚貴丌(其)人,必敬丌立(位)"等本然的人性,是宗廟禮敬的根源;"丌(其)陞(隱)志必又(有)目俞(喻)也。……人不可犀(觸)也"等本然的人性,是人與人行幣帛之禮的根源;同樣,本然的人性還是宴飲酬賓之禮的根源。孔子後學設置的禮制可能嚴重背離了這種取向。可有意思的是,莊子及其後學卻極爲有力地堅持這種性命的原生態,他們以張揚"常因自然而不益生"(《莊子·内篇·德充符》)、"安其性命之情"(《莊子·外篇·在宥》)爲職志,便是明證。

　　從上揭這一前後伸延的宏大背景上,審視《墨子·經説上》的論説,可知它秉承了孔門七十子乃至其後學的影響,無論是話題,還是觀念,都與《眚自命出》《眚意論》《五行》等儒典有鮮明的一致性,而進一步上溯,則可到載録孔子《詩》説的《詩論》。從《詩論》(孔子的體系)至《眚自命出》《眚意論》《五行》(七十子及其弟子的體系),再至《孟子》(子思再傳弟子孟子之體系),再至《荀子》(先秦最後一位儒學大師荀子的體系),是"命""故""性"觀念發展的主綫,《墨經》與《莊子·達生》篇的有關論説,則顯然是這一主綫的旁衍。① 其中,

---

① 進一步將眼光延伸至戰國末,《荀子》中反反復復出現的"人之所生而有",其實就是"故"。如《榮辱》篇云:"凡人有所一同:飢而欲食,寒而欲煖,勞而欲息,好利而惡害,是人之所生而有也,是無待而然者也,是禹、桀之所同也。目辨白黑美惡,耳辨音聲清濁,口辨酸鹹甘苦,鼻辨芬芳腥臊,骨體膚理辨寒暑疾養,是又人之所常生而有也,是無待而然者也,是禹、桀之所同也。"《非相》篇云:"飢而欲食,寒而欲煖,勞而欲息,好利而惡害,是人之所生而有也,是無待而然者也,是禹、桀之所同也。"《性惡》篇云:"今人之性,生而有好利焉,順是,故争奪生而辭讓亡焉;生而有疾惡焉,順是,故殘賊生而忠信亡焉;生而有耳目之欲,(有)好聲色焉,順是,故淫亂生而禮義文理亡焉。"《禮論》篇云:"人生而有欲,欲而不得,則不能無求……"《解蔽》篇云:"(人)〔心〕生而有知,知而有志。"荀子基本上是從這些方面定義人性的,對他來説,人性是需要"化"的對象。故《性惡》篇又云:"故(轉下頁)

《告自命出》《告意論》《孟子》《莊子》等都直接論及"性""故"範疇以及兩者之關係,《詩論》《五行》《荀子》則都在論"性"時隱含着對"性""故"關係的不同認知以及不同持守。《墨經》之說只有從上述歷史語境中,才可以合理地解釋。

4."端"

就歷史淵源而言,跟儒學"故"這一範疇影響墨家頗爲類似的是,①"端"這一範疇同樣見於儒典和《墨經》,且後者應該是承襲了前者的影響。

《墨子·經上》云:"端,體之無(序)〔厚〕而最前者也。"《經說上》補充道:"端:是無同也。"依據這些界定,端是微小而處於最前面的部分;端之爲端,乃無同與爲端者,即端無前,端後有相與者而不爲端。《墨經》"端"這一定義,基本上是在空間層面上的思辨。

有意思的是,《墨經》之前,孔門七十子及其後學屢屢用"端"來指涉德行或價值生成的始基。《語叢一》云:"悳,怠(仁)之尚(端)也。"《語叢三》云:"悳,怠也。悐(義),宜也。惡(愛),怠也。悐,尻,處)之也;豊(禮),行之也。"其中"悳,怠也",是說"悳"乃仁之端;"惡(愛),怠也",是說"惡"乃仁之端。《語叢三》又云:"□,□之尚(端)也。"可惜有所殘缺。《五行》説文第二十一章以"不莊(藏)尤割(害)人之心"爲仁之"端",以"不受許(吁)訧(嗟)之心"爲義之"端",且謂:"終(充)亓(其)不莊(藏)尤割(害)人之心,而仁復(覆)四海;終亓(其)不受許(吁)訧(嗟)之心,而義襄(囊)天下。仁復(覆)四海、義襄(囊)天下,而成(誠)繇(由)亓(其)中心行之,亦君子已。"這些都是相當典型和直截的例子。而論其實際,《五行》說文第十章把德之行"仁"的基源"變"稱爲"仁氣",第十一章把德之行"義"的基源"直"(亦即"直亓中心")稱爲"義氣",第十二章把德之行"禮"的基源"袁(遠)心"稱爲"禮氣",所謂"仁氣""義氣""禮氣"三者也是指仁義禮之端。這一點,從《五行》文本中可以找到確證。比如,《五行》說文第十五章謂"惡許(吁)訧(嗟)而不受許(吁)訧(嗟),正行之,直也",第十一章釋"直"爲"義氣",第二十一章稱"不受許(吁)訧(嗟)之心"爲義之

(接上頁)必將有師法之化,禮義之道(導),然後出於辭讓,合於文理,而歸於治。"不過需要意識到,荀子在定義"人之性"和"性惡"時,在心這一方面,側重的是"心好利"(《荀子·王霸》《性惡》)、"心欲綦佚"(《荀子·王霸》),而非"心生而有知"(《荀子·解蔽》)。他寄予深刻期望的恰恰是"心生而有知",所以可以"知道""可道"(《荀子·解蔽》),最終實現對人性的化生長育。如果我們意識到這種被視爲"生而有"的心之知也具有人性的意義,那麼荀子便是用人性的一面化易和提升人性的另一面。

① 參閱拙文《儒墨道心性學說中的"故"以及相關論說:從一句話進入的思想史》,《中國典籍與文化》2018年第2期,頁109~114。

"端",互相參酌,斷然可知《五行》説文第十一章指涉"直"或"直亓(其)中心"的"義氣",正是《五行》説文第二十一章所説的義之"端"。

孔門七十子及其後學的這些思考一方面促生了孟子的四端説,一方面則啓發墨家學者從空間層面上完成了對"端"的思辨。上揭儒典使用"端"這一範疇,原本就是基於其空間内涵的引申,《墨經》之説幾乎可以爲它們做注脚。

5. "視(鬼)神又(有)所明,又所不明"

上博簡《視神又所明又所不明》(篇題爲筆者擬加)云:①

今夫視(鬼)神又(有)所明,又所不明。……助(則)㠯(以)亓(其)賞善罰暴也。舍(昔)者尭(堯)、舜(舜)、璽(禹)、湯㥯(仁)義聖䜘(智),天下檴(服)之,此㠯貴爲天子,賙(富)又天下,長季(年)又塁(譽),逡(後)殜(世)遂之。助視神之賞,此明矣。及(及)桀、受(受/紂)、䰻(幽)、萬(厲),焚聖人,殺(殺)訐(諫)者,恧(賊)百眚(姓),嬰(亂)毗(邦)豪(家),此㠯桀斲(折)於禹山,而殳(受)首於只(岐)社(社),身不㫑(没/殁),爲天下芺(笑)。助視神之罰,此明矣。及(及)五(伍)子疋(胥)者,天下之聖人也,毗(鴟)㠯(夷)而死。遯(送)盉(盉)公者,天下之嬰(亂)人也,長季而㫑。女(如)㠯此詰之,助(則)善者或不賞,而暴者或不罰。古(故)虐(吾)因加(嘉)視神不明,助(則)必又(有)古(故)。亓(其)力能至女(安/焉)而弗爲虐(乎)? 虐(吾)弗䜘(知)也。㥯(抑)亓力古(固)不能至女虐? 虐或弗䜘也。此兩者枳(枝)虐(梧)。古(故)曰視神又所明又所不明,此之胃(謂)虐(乎)。

學界或認爲此篇乃《墨子》之佚文,甚至是《墨子·明鬼上》或《明鬼中》的佚文。② 這顯然是一種誤解。

墨子强調上天、鬼神必然而不可置疑的洞察力,强調其賞罰具有不可抗

---

① 案:整理者認爲該文乃"《墨子》佚篇",認爲它提出了"鬼神有所明有所不明"的命題,而不同於今本"祇强調鬼神之明"(參閲曹錦炎:《鬼神之明·説明》,馬承源主編:《上海博物館藏戰國楚竹書》五,上海:上海古籍出版社,2005年,第1版,頁307),但同時又爲它擬加篇題"鬼神之明",值得商榷。筆者認爲應根據該篇基本内容,從其首句提挈出"視神又明又所不明"一語來作爲篇題。

② 比如曹錦炎:《鬼神之明·説明》,馬承源主編:《上海博物館藏戰國楚竹書》(五),頁307～308;曹錦炎:《上海博物館藏楚竹書〈墨子〉佚文》,《文物》2006年第七期,頁49～50、頁57;浅野裕一:《上博楚簡〈鬼神之明〉與〈墨子〉明鬼論》,丁四新主編:《"新出楚簡國際學術研討會"論文集》,《楚地簡帛思想研究》(三),武漢:湖北教育出版社,2007年,第1版,頁139～142。

禦的必然性。《墨子·明鬼下》云:"……鬼神之明,不可爲幽閒廣澤、山林深谷,鬼神之明必知之。鬼神之罰,不可爲富貴衆强、勇力强武、堅甲利兵,鬼神之罰必勝之。"《墨子·天志上》云:"故天子者,天下之窮(極)貴也,天下之窮富也,故於富且貴者,當天意而不可不順。順天意者,兼相愛,交相利,必得賞。反天意者,別相惡,交相賊,必得罰。"這裏關乎天意的每一個判斷都使用了"必"字。《墨子·經説上》釋云:"必:謂臺執者也,若弟兄。一然者一不然者,必不必也,是非必也。"其意爲,"必"就是説,所握持之判斷,若弟之有兄,絕無不然者。有的是這樣有的不是這樣,則其必不必然,這祇是非必。《鬼神又所明又所不明》所論證的主旨,是鬼神的明察和賞罰具有或然性,是"鬼(鬼)神又(有)所明又(有)所不明";依墨家之見,它論證的恰恰是鬼神明察與賞罰的"不必",是墨家竭力反對的。《墨子·公孟》篇記子墨子謂程子(程繁)曰:"儒之道足以喪天下者,四政焉。儒以天爲不明,以鬼爲不神,天鬼不説,此足以喪天下……"《鬼神又所明又所不明》一文雖然舉列了鬼神賞賜"息(仁)義聖督(智)"的例子,卻更强調"虐(吾)因加(嘉)鬼神不明,勛(則)必又(有)古(故)",其實就是墨子嚴斥的"以鬼爲不神"。該文甚至透露了鬼神不可知的懷疑。它在論"善者或不賞,而暴者或不罰"時,云:"亓(其)力能至女(安/焉)而弗爲虐(乎)?虐(吾)弗督(知)也。音(抑)亓力古(固)不能至女虐?虐或弗督也。"大意是説,此類"善者或不賞,而暴者或不罰"之事實,是由於鬼神"不爲",還是"不能",無從知之。① 無論主張鬼神"不爲"(即有了也不怎麼地),還是主張鬼神"不能"(即爲虛妄),都是對墨家學説的嚴重斫傷。因此,《鬼神又所明又所不明》一文不可能是《墨子》的佚文。

《鬼神又所明又所不明》在正反兩面,均舉列了聖賢與亂人兩類例證,以證成鬼神有明有不明的觀點(參見表 10-10 所示):

表 10-10 上博簡《鬼神》篇對鬼神有所明、有所不明的舉證

	鬼神有所明	鬼神有所不明
仁義聖智者	堯舜禹湯	
		伍子胥
亂者	桀紂幽厲	
		遙(送)盃(愆)公

---

① 孟子在辨析"不爲""不能"時,云:"挾太山以超北海,語人曰'我不能',是誠不能也。爲長者折枝,語人曰'我不能',是不爲也,非不能也。"(《孟子·梁惠王上》)此數語堪爲"亓(其)力能至女(安/焉)而弗爲""亓力古(固)不能至女"二語之注脚。這一關聯,亦可見郭店、上博儒典影響孟子之一端。

作爲關鍵例證的"遂(送)孞(愆)公",曹錦炎在整理時解爲"榮夷公"。① 楊澤生認爲不妥,先讀之爲"宋穆公";後來與李家浩重新考證,堅持讀"榮夷公"從字音上看並不可取,但又改讀爲"秦穆公"。楊澤生前文依《左氏春秋》隱公三年(前720)記宋穆公疾,"召大司馬孔父而屬殤公焉",嘗有"若以大夫之靈,得保首領以没"云云,謂宋穆公"得善終是相當可信的,而善終和'長年'不會有太大差別";又依據宋穆公傳侄不傳子及其謚"穆",證成其爲天下亂人之説。楊氏後文力證"宋""秦"二字音近可通,又考證秦穆至少有六十五歲,而基於當時"衛生條件差和醫療水平落後",算得上"長年以没",復據其謚"穆"、罪賢臣百里奚、以良臣子車奄息、仲行、鍼虎三人殉葬諸事,證成它合乎天下亂人之稱。② 究其實際,《鬼神又所明又所不明》一文謂堯舜禹湯"長季(年)又譽(譽)"。而《史記·五帝本紀》謂,"堯立七十年得舜,二十年而老,令舜攝行天子之政,薦之於天。堯辟位凡二十八年而崩";古人或推斷堯壽百一十七歲或者百一十六歲(參見張守節正義)。《五帝本紀》又謂:"舜年二十以孝聞,年三十堯舉之,年五十攝行天子事,年五十八堯崩,年六十一代堯踐帝位。踐帝位三十九年,南巡狩,崩於蒼梧之野。"則舜壽百歲。歐陽修《〈帝王世次圖〉後序》曰:"據《書》及諸説云:堯壽一百一十六歲,舜壽一百一十二歲,禹壽百歲。"《藝文類聚》卷一二引《帝王世紀》,謂"湯踐天子位十三年,年百歲而崩"。依據這些古史傳説,《鬼神又所明又所不明》謂堯、舜、禹、湯"長季(年)",又謂遂(送)孞(愆)公"長年",讀"遂孞公"爲六十多歲的秦穆公,恐怕並不妥當。宋穆公"得保首領以没"僅僅是套語,指得善終,且是設言("若"),豈能附會《鬼神又所明又所不明》所謂"長年"? 更重要的是,在《鬼神又所明又所不明》的表達體式中,"遂(送)孞(愆)公"雖然不是天子,但在政教倫理層面上卻與桀、紂、幽、厲爲同類,無論宋穆公,還是秦穆公,均似"不夠格"。《左氏春秋》文公六年(前621)記載:"秦伯任好卒(杜注:任好,秦穆公名),以子車氏之三子奄息、仲行、鍼虎爲殉,皆秦之良也。國人哀之,爲之賦《黄鳥》。君子曰:'秦穆之不爲盟主也宜哉! 死而棄民。先王違世,猶詒之法,而況奪之善人乎? ……'君子是以知秦之不復東征也。"以三良殉葬是秦穆公最受詬病的事體,然"君子"亦僅僅以秦穆不爲盟主、秦不復東征爲言。且《論衡·福

---

① 馬承源主編:《上海博物館藏戰國楚竹書》(五),頁307。
② 參見楊澤生:《説上博簡"宋穆公者,天下之亂人也"》,簡帛網,http://www.bsm.org.cn/show_article.php? id=280(訪問時間 2021 年 10 月 6 日);以及李家浩、楊澤生:《談上博竹書〈鬼神之明〉中的"送孞公"》,武漢大學簡帛研究中心主辦:《簡帛》第四輯,上海:上海古籍出版社,2009 年,第 1 版,頁 177~185。

虛》篇云:"儒家之徒董無心,墨家之役纏子,相見講道。纏子稱墨家(佑)〔右〕鬼(神),是引秦穆公有明德,上帝賜之(九)十〔九〕年,(纏)〔董〕子難以堯、舜不賜年,桀、紂不夭死。"董子駁斥的衹是賜年之説,"秦穆公有明德"則大概是古人常見的觀念。故《祅神又所明又所不明》當不會以秦穆公匹配桀、紂、幽、厲。《國語·周語上》"芮良夫論榮夷公專利"章記載:

> 厲王説榮夷公,芮良夫曰:"王室其將卑乎!夫榮公好專利而不知大難。夫利,百物之所生也,天地之所載也,而或專之,其害多矣。天地百物,皆將取焉,胡可專也?所怒甚多,而不備大難,以是教王,王能久乎?夫王人者,將導利而布之上下者也,使神人百物無不得其極,猶日怵惕,懼怨之來也。……今王學專利,其可乎?匹夫專利,猶謂之盜,王而行之,其歸鮮矣(韋注:歸附周者寡也)。榮公若用,周必敗。"既,榮公爲卿士,諸侯不享,王流于彘。

釋"遂(送)孟(忞)公"爲榮夷公,其事則類,但其他根據不夠充分,待考。幸運的是,據《祅神又所明又所不明》之文本,足可確認"遂(送)孟(忞)公"的功能和意指。

筆者認爲,上博《祅神又所明又所不明》與郭店《穷達以時》相類,應是早期儒家反思天命鬼神問題的一批重要文獻,呈現的是墨家創立前某些孔門弟子或其後學的思想。孔子曰:"鬼神之爲德,其盛矣乎!視之而弗見,聽之而弗聞,體物而不可遺。使天下之人齊明盛服,以承祭祀。洋洋乎,如在其上,如在其左右!"(《中庸》第十六章)又曰:"天生德於予,桓魋其如予何?"(《論語·述而》)又曰:"君子有三畏:畏天命,畏大人,畏聖人之言。小人不知天命而不畏也,狎大人,侮聖人之言。"(《論語·季氏》)孔子的觀念其實頗契合墨子的"明鬼""天志"之説。《祅神又所明又所不明》與《穷達以時》對此各有修正,儼然成爲孔子天命鬼神觀向荀子清醒的理智主義過渡的中介。

後世承《祅神又所明又所不明》之指意和事類者,基本上分爲兩途。其一是質疑皇天鬼神揚善懲惡,其在聖賢方面的例證(善人不得善報者),除原有的伍子胥經常出現外,還增加了王子比干,見《荀子·宥坐》、屈子《天問》及《九章·涉江》及《韓詩外傳》卷七第六章等;關龍逢,見《荀子·宥坐》等;伯夷、叔齊,見《韓詩外傳》卷七第六章、《史記·伯夷列傳》等;顏淵,見《史記·伯夷列傳》等;齊桓公,見屈子《天問》等。其在亂人方面的舉證(惡人不得惡報者),最常見的可能是舜弟象,見於《天問》,以及盜蹠,見於《史記·伯夷列傳》,等等。其二是以《墨子》爲代表,僅僅截取《祅神又所明又所不明》中肯定鬼神賞罰明的一面意指,及其堯舜禹湯、桀紂幽厲兩個不同系列的例證,復又光大之,以宣揚天鬼明察,賞善罰惡。比如,《墨子·天志上》先表明"順天意者,兼相愛,交相利,必得賞。反天意者,別相惡,交相賊,必得罰",接着問:"然則是誰順天意而得賞者? 誰反天意而得罰者?"之後便是子墨子言曰:"昔三代聖王禹湯文武,此順天意而得賞〔者〕也。昔三代之暴王桀紂幽厲,此反天意而得罰者也。"《墨子·明鬼下》在提出"鬼神之明必知之""鬼神之罰必勝之"之後,曰:"若以爲不然,昔者夏王桀貴爲天子,富有天下,上詬天侮鬼,下殃(殃)〔殺〕天下之萬民……故於此乎天乃使湯至(致)明罰焉。……且不惟此爲然。昔者殷王紂貴爲天子,富有天下,上詬天侮鬼,下殃(殃)〔殺〕天下之萬民,播棄黎老,賊誅孩子,(楚毒)〔焚炙〕無罪,刳剔孕婦。庶舊鰥寡號咷無告也。故於此乎天乃使武王至明罰焉……"這些都是十分典型的例子。上博簡、郭店簡所見儒典往往不晚於子思,它們影響初學孔子之術的墨子及其後學,應該並不奇怪。

6. "凡見者之胃(謂)勿(物)"

郭店儒典《告自命出》上篇有云:"凡見者之胃(謂)勿(物)……"同語又見於上博《告意論》。這句話大抵是說物存在的性質由"見"這一經驗感知來確證。見是眼睛這種感覺器官的知覺活動視的結果,郭店《語叢一》謂"容緹(色),目緹(司)也",與"聖(聲),耳緹也。臭,夏(鼻)緹也。未(味),口緹也"等等並列。《莊子·外篇·達生》也說:"凡有貌象聲色者,皆物也,物與物何以相遠?""凡見者之胃(謂)勿(物)"這種觀念,再次使我們警覺新見七十子及其後學的學說與早期道家學說的關聯。簡單言之,《老子》認爲"道"之創生天地萬物經歷了一個從無到有的過程,天地萬物有形質,但天地萬物生成之前的那一過程,包括"道"本身,則都是無,沒有形質,不可以眼耳鼻舌身諸感官的經驗來感知和確證;無是超越性存在,即便它從言說策略上被稱爲"物"或者被用"物"來描述,也跟一般有形質的物有天壤之別。① 作爲道家學說的核心,這樣一種"道"很容易受到偏執於經驗的世間常識的挑戰,一般人不太認同一個不能最終被經驗感知證實的東西是一種實存。所以《老子》一方面說,"道"不可被經驗感知。如傳世《老子》第十四章曰:"視之不見,名曰(夷)〔微〕;聽之不聞,名曰希;(搏)〔捪〕之不得,名曰(微)〔夷〕。此三者不可致詰(推究),故混而爲一。其上不曒,其下不昧。繩繩不可名,復歸於无物。是謂无狀之狀,无物之象。是謂惚恍。迎不見其首,隨不見其後。"一方面又不得

---

① 參閱本書本章第一節:"《五行》與《老子》以及《大一生水》:德行、天地萬物以及宇宙的生成圖式"。

不强調"道"是"真"是"信"。如傳世《老子》第二十一章云:"道之爲物,惟恍惟惚。惚兮恍兮,其中有象;恍兮惚兮,其中有物。窈兮冥兮,其中有精;其精甚真,其中有信。"可見道家學説從一開始就有防範心理。當孔子後學倡言"凡見者之胃(謂)勿(物)"時,他們是否在向道家之"道"這種獨特存在發起挑戰呢? 何以略晚於孟子的莊子仍然重複着《老子》的言説策略呢?——他一方面强調終極性的道不可以經驗感知,"無爲無形""可傳而不可受,可得而不可見",一方面又强調"夫道,有情有信"(《莊子·内篇·大宗師》)。總而言之,在這一問題上,以《眚自命出》《眚意論》等新見儒典爲代表的孔子後學很可能有針對《老子》立言的意味,而《莊子》則很可能包含了對包括孔子後學在内的世俗挑戰的回應。

依據由目見所表徵的經驗感知來確證物的存在,是一種看起來素樸,卻十分重要的思想史觀念,①墨子及其後學基於此構建了《墨子》的核心認知。《墨子·明鬼下》云:"天下之所以察知有與無之道者,必以衆之耳目之實知有與亡爲儀者也。請(情/誠)惑(或)聞之見之,則必以爲有,莫聞莫見,則必以爲無。"孔子後學倡言"凡見者之胃(謂)勿(物)"的影響,在這種觀念中很可能有所積澱。從一般哲學意義上説它有一定的合理性,"事物的現實存在的性質,雖不一定由當下知覺直接感知它,卻必須能依據經驗的類推而與一定的現實的知覺、感知相聯結。現實性雖然大於直接感知的範圍,但最終必須建築在經驗感知的基礎之上,必須有感知來最後證實才行"。② 簡而言之,不能由感知"來最後證實"的"事物"不具備"現實存在的性質"。但是,墨子在實際運用這種理念時出現了重大偏差,他試圖以"聞見感知"來確認鬼神的存在。比如《明鬼下》記載子墨子曰:

> 若以衆之所同見與衆之所同聞,則若昔者杜伯是也。周宣王殺其臣杜伯而不辜(不以罪),杜伯曰:"吾君殺我而不辜,若以死者爲無知,則止矣;若死而有知,不出三年,必使吾君知之。"其三年,周宣王合諸侯而田於圃,田車(打獵用的車子)數百乘,從數千,人滿野。日中,杜伯乘白馬素車,朱衣冠,執朱弓,挾朱矢,追周宣王,射之車上,中心折脊,殪車中,伏弢(弓袋)而死。當是之時,周人從者莫不見,遠者莫不聞,著在周之春秋。爲君者以教其臣,爲父者以識其子,曰:"戒之慎之,凡殺不辜者,其

---

① 筆者曾分析屈原據這一理念對原始神話-巫術傳統的揚棄及其重大歷史意義;參閱拙著《屈原及其詩歌研究》第一章:"超越和承繼:屈原詩歌與原始傳統",北京:北京大學出版社,2012年,第1版,頁11~142。

② 李澤厚:《批判哲學的批判·康德述評》,北京:人民出版社,1984年,第2版,頁151。

得不祥,鬼神之誅,若此之憯遫也!"以若書之説觀之,則鬼神之有,豈可疑哉!

據《國語·周語上》"內史過論神"章,內史過嘗對周惠王(前 676~前 652 在位),云:"昔夏之興也,融降于崇山;其亡也,回禄信於聆隧。商之興也,檮杌次於丕山;其亡也,夷羊在牧。周之興也,鸑鷟鳴於岐山;其衰也,杜伯射王於鄗。是皆明神之志者也(韋注:志,記也。見記錄在史籍者也)。"杜伯射殺周宣王的説法確實見於載記,且被理解爲鬼神顯靈之著例。可就墨子本人而言,他祇不過是從書中看到了這一傳説而已(所謂"以若書之説觀之"可以爲證),並非真地有聞見之實。而墨子所説的"周人從者莫不見"無疑也不能證實。設若真的是"周人從者莫不見",他們見到的也僅僅是一場裝鬼弄神的謀殺,跟鬼神的存在無關。總而言之,墨子並未真正把握關於判斷對象(此處即"鬼神")的聞見感知,所以這些聞見感知也根本不能證明鬼神的實有。《明鬼下》就記載了主張沒有鬼神的人的質疑:"今執無鬼者言曰:'夫天下之爲聞見鬼神之物者,不可勝計也,亦孰爲聞見鬼神有無之物哉?'"質疑者的意思是,並非真正有人聞見鬼神這種東西,那些所謂的聞見根本不可信據。

綜上所論,從依據經驗感知來確認對象現實存在的性質這一觀念上説,墨子思想很可能跟早期儒者強調"凡見者之胃(謂)勿(物)"有關,祇不過他用這種觀念時用錯了地方。聯繫上博《鬼神又所明又所不明》與《墨子》的綜合,我們幾乎可以説,墨家天命鬼神觀念就是在儒家傳統中繁育的。他們從這一傳統中提取和光大的第一種觀念,是鬼神"又(有)所明";而與此同時,他們又從這一傳統中提取了用以證明物存在的觀念和方法,來證明鬼神的實有。

三、《五行》《眘悥義》《六悥》等儒典對《莊子》的影響

《五行》《眘悥義》《六悥》等早期儒典自產生之日起,便向其他學派和地域傳播,熏染了各派學子。除上一節所舉墨家外,我們還應該關注一下莊子(前 365~前 290)及其後學。①

關於莊子有一個千古之謎:他與孟子作爲同一歷史時期的大思想家,都異常關注學界關於社會人生的種種言論,都對不少學者提出過深刻、激烈的

---

① 參閲錢穆:《諸子生卒年世約數》,《先秦諸子繫年》,頁 696。

批評,然而就傳世《孟子》《莊子》來看,二人卻均未提及對方,令人百思不得其解。① 門人李夢先曾請教朱熹:"莊子孟子同時,何不一相遇? 又不聞相道及(林作:其書亦不相及),如何?"朱熹答曰:"莊子當時也無人宗之,他只在僻處自説,然亦止是楊朱之學。但楊氏説得大了,故孟子力排之。"朱熹又曾説過:"孟子平生足跡只齊魯滕宋大梁之間,不曾過大梁之南。莊子自是楚人,想見聲聞不相接。"還説:"莊子去孟子不遠,其説不及孟子者,亦是不相聞。……莊子生於蒙,在淮西間。孟子只往來齊宋鄒魯,以至於梁而止,不至於南。"② 朱熹的看法有一些道理,可問題也許並不如此簡單。沈雁冰(1896~1981)提出過一種解釋:

> 莊周與梁惠王、齊宣王同時,即與孟子同時;然熱心排斥異端如孟子,而竟無一言及莊周,殊爲可疑。惟細考之,則亦不然。蓋孟子之闢異端,與荀子異。荀子是網羅的排擊異端,孟子特舉異端中之近似"聖道"者,辟而闢之,所謂惡紫之奪朱也;故對於楊、墨,則特舉而攻擊之,於許行亦然。餘如兵家、縱橫家等,僅有一度概括的排擊,見於《離婁》上篇,而亦未舉家派及人名。至若莊周的學説,與孔門顯然大異,故不在特舉排斥之列。這是一個理由。又莊子主逍遥出世,而孟子要"用世",二人在思想上雖然截然反對,而在行動上卻不相妨礙;孟子所熱心攻擊的,正是那班與己争用世的異端,莊子既與孟子無所争,故孟子也就放過了。

---

① 當然,傳世《孟》《莊》均非原初之完本。《漢書·藝文志》著録《莊子》五十二篇。高誘注《吕氏春秋·孝行覽·必己》篇"莊子行於山中,見木甚美,長大,枝葉茂盛"一段,説:"莊子名周,宋之蒙人也,輕天下,細萬物,其術尚虛無,著書五十二篇,名之曰《莊子》。"然高誘注《淮南子·修務》篇"惠施死而莊子寢説言,見世莫可爲語者也"一語,則説:"莊子名周,宋蒙縣人,作書三十三篇,爲道家之言。"看來在漢代《莊子》已有多種版本行世,五十二篇的本子應當是比較完備的古本。魏晉時期,崔譔《莊子注》十卷二十七篇,有《内篇》七、《外篇》二十,是魏晉時期《莊子》注釋方面最早的成果。向秀《莊子注》二十卷二十六篇(一作二十七篇或二十八篇),亦無《雜篇》。司馬彪《莊子注》二十一卷五十二篇,有《内篇》七、《外篇》二十八、《雜篇》十四、《解説》三。郭象《莊子注》三十三卷三十三篇,有《内篇》七、《外篇》十五、《雜篇》十一。李頤《莊子集解》三十卷三十篇(一作三十五篇)。孟氏(不詳何人)《莊子注》十八卷五十二篇。劉宋時期又有王叔之的《莊子義疏》等。司馬氏、孟氏的注本殆用《漢志》著録的古本,崔譔、向秀、李頤、郭象的注本則應當是五十二篇本的選注本。其中郭象注精深獨特,爲歷代學者所推崇,因此唐代以後廣爲流傳,漸漸成爲定本,其餘篇章竟佚。《史記·孟子荀卿列傳》説孟子與萬章之徒作《孟子》七篇,而《漢志》著録者則爲十一篇。東漢學者趙岐將十一篇分爲内篇七、外篇四,稱外篇爲僞書,不予注釋,復將内七篇各分上下,成十四卷,作爲《孟子章句》,後世一直沿用,而外篇很快就失傳了。古今典籍文物在地上者損毁散佚無數,往往賴於地下而成全其傳佈。若異日能出土《孟》《莊》之完本,其價值當僅次於《五行》。

② 黎靖德編:《朱子語類》卷一二五,《莊子》《老莊》,頁2988、頁2989、頁2990。

這是又一理由。所以孟子之未言及莊周,是不足怪的。①

實際上,沈說亦未必然。所謂"逍遙出世"之說,祇不過是對莊子的誤解而已。莊子期求的與其說是脫離世俗(通常所謂"出世"),不如說是讓人生在世俗中得到理想的安頓,這種理想的安頓就是《莊子》全書經常說的"遊"。《莊子·雜篇·外物》云:"唯至人乃能遊於世而不僻(不偏離正道),順人而不失己。"《莊子·外篇·天地》云:"夫明白入素,無爲復朴(樸),體性抱神,以遊世俗之間……"大意是説,心地清明至於純潔無瑕,順應自然而復歸本真,體悟真性,持守精神,以優遊於塵世之中。此外《莊子·外篇·山木》云:"人能虛己以遊世,其孰能害之!"《外篇·繕性》説得更加明白:"古之所謂隱士者,非伏其身而弗見也,非閉其言而不出也,非藏其知(智)而不發也,時命大謬也。當時命而大行乎天下,則反一无(無)跡;不當時命而大窮乎天下,則深根寧極而待:此存身之道也。"所有這些論説均可見莊子主逍遙,卻不求出世。② 謂"莊子……與孟子無所爭",恐怕未必然。古人或云:"莊子另是一種學問,與老子同而異,與孔子異而同。今人把莊子與老子看做一樣,與孔子看做二樣,此大過也。"(林雲銘《讀莊子法》)沈氏之説顯有此弊。

在新的依據發現以前,也許我們不需要糾結孟、莊爲何不曾直接提及對方,更深層、更重要的一個觀察可能是,莊子及其後學與孔子、顏回、子思等儒家大師的學説均有極爲深刻的關聯;《五行》《眘惠義》《六惠》等新見儒典爲確認這一點,提供了嶄新的支持。

(一)《五行》"時""獨"諸範疇與《莊子》

莊子及其後學深受孔子本人、孔子弟子及其再傳弟子的影響。或許特別值得注意的,是孟子師祖子思的《五行》體系影響了莊子及其後學。這樣説,首先一個證據是,《莊子》襲用了《五行》"時"和"獨"等重要而獨特的範疇。

1. "時"

《莊子·內篇·德充符》塑造了一位異人——衛之惡(醜)人哀駘它。魯哀公向孔子描述他的狀況,説:"未嘗有聞其唱者也,常和人而已矣。无(無)君人之位以濟乎人之死,无聚禄以望(滿)人之腹。又以惡駭天下,和而不唱,知(智)不出乎四域(即四方之內)",卻"雌雄合乎前""丈夫與之處者,思而不能去也。婦人見之,請於父母曰'與爲人妻,寧爲夫子妾'者,十數而未止也"。很明顯,《德充符》中的哀駘它就是郭店儒典《昔自命出》下篇所説的有道有德

---

① 沈雁冰:緒言,沈雁冰選注:《莊子》,上海:商務印書館,1934年,第3版,頁3~4。
② 參閱拙著《先秦諸子研究》,頁281~282。

者,所謂"戔(賤)而民貴之,又(有)惪(德)者也。貧而民聚安(焉),又(有)术(道)者也"(同樣的語句又可參見上博儒典《卷意論》)。《德充符》說哀駘它"无(無)君人之位以濟乎人之死",乃言其賤;說他"无(無)聚禄以望(滿)人之腹",乃言其貧;而所謂"雌雄合乎前""丈夫與之處者,思而不能去也"云云,則是說民貴之、民聚焉。兩種文獻之間的這種同一性頗叫人驚訝。魯哀公不明白哀駘它所以如此之因由,遂向孔子請教。孔子稱哀駘它爲"才全而德不形者",並解釋說:"死生存亡,窮達貧富,賢與不肖毀譽,飢渴寒暑,是事之變,命之行也;日夜相代乎前,而知(智)不能規(窺)乎其始者也。故不足以滑和,不可入於靈府。使之和豫通而不失於兑(悦),使日夜無郤而與物爲春,是接而生時於心者也。是之謂才全。"其中"是接而生時於心者也",郭象(252～312)注謂:"順四時而俱化。"成玄英疏云:"是者,指斥以前事也。才全之人,接濟羣品,生長萬物,應赴順時,無心之心,逗機而照者也。"《釋文》引司馬彪(?～約306)云:"接至道而和氣在心也。"又引李頤云:"接萬物而施生,順四時而俱作。"明羅勉道(生卒年不詳)將此句接上句"使日夜無郤而與物爲春"來作解釋,說:"死生貧富等雖日夜相代乎前,吾則使之日夜無罅隙,不見其相代之迹,視之如一,而與物混然爲春,如年有四時,不見其爲夏、秋、冬,但見其爲春而已。如此者,是接續其罅隙處而生時乎吾心者也。因'春'字,故下'生時'字;'時'不生於陰陽之氣,而生於吾心也。"① 由此可見,古代大多數學者都認爲"生時"之"時"即"四時""春時"之"時"。近今說者亦無大異。然此解其實大謬,一者與上下文文意不能相契而貫通;再者往往增字爲釋,比如釋"生時"爲"生長萬物,應赴順時"等,釋語中"生"的對象物以及指向對象物"時"的行爲,都是硬加進去的。有鑒於此,筆者嘗解"生時"之"時"爲美、善。《詩經·小雅·頍弁》云:"爾酒既旨,爾殽既時。"毛傳曰:"時,善也。"依此,"是接而生時於心者也"一句可解釋爲:這就是跟他交往接觸內心就會生成美善的人啊。② 由新見《五行》看來,這種解釋雖較傳統說法進了一步,卻仍有未契之處。更好的解釋可能就隱藏在《五行》篇中。

《五行》經文第十八章云:

聞君子道,悤(聰)也。聞而知之,聖也。聖人知(而)〔天〕道〔也〕。知而行之,(聖)〔義〕也。行 之而時 , 德也 。

《五行》說文第十八章解其最後一句,曰:"'行之而時,惪(德)也':時者,和也。

---

① 羅勉道:《南華真經循本》,《續修四庫全書》九五六,子部道家類,頁155下。
② 參見拙著《先秦諸子研究》,頁324～326。

和也者（惠）〔悳〕也。"在《五行》體系中，與德關聯的"和"乃指仁、知（智）、義、禮、聖五種德之行和合爲一體。故其經文第一章云："仁荊（形）於內胃（謂）之德之行，不荊於內胃之行。知（智）荊於內胃之德之行，不荊於內胃之行。義荊於內胃之德之行，不荊於內胃之行。禮荊於內謂之德之行，不荊於內胃之行。聖荊於內胃之德之行，不荊於內胃之行。德之行五，和胃之德；四行和，胃之善。善，人道也；德，天道也。"以"和"（義猶"陰陽和合"之"和合"）來界定"時"，古籍中絕無僅有。《五行》之後又曾見於孟子所說"孔子，聖之時者也"。稱孔子爲"聖之時者"，是說孔子和合伯夷之"清"（不合污）、伊尹之"任"（擔當）以及柳下惠之"和"（和諧），所以孟子接下來就說孔子是"集大成"者（《孟子·萬章下》）。① 這種理解與《孟子》上下文甚爲契合，同時我們不能忘記，強調這一獨特義項的子思恰是孟子之師祖，早期儒家形態的"五行"學説正是"子思唱之，孟軻和之"（《荀子·非十二子》），所以其中有強烈的歷史規定性。但孟子用"時"的和合之意，並未給出明確的說明，致使衆説紛紜，而不得其解。

而《德充符》"接而生時於心"之"時"也正是"和"之義，由其上下文的內在關聯斷然可知。該寓言前半敘哀駘它雖然以貌醜駭天下，卻使得"雌雄合乎前"，"丈夫與之處者，思而不能去也。婦人見之，請於父母曰'與爲人妻，寧爲夫子妾'者，十數而未止也"（這些是與人和合之事實），後半藉孔子之口解釋哀駘它與人們之所以如此和合，乃因爲他"才全而德不形"，其收束這一段講述哀駘它"才全"的文字稱他是"接而生時於心者"，無疑是說人們接觸哀駘它便會在心中生出親和、和合之感。之後，孔子又從"德不形"方面解釋其所以如此的緣由，道是："平者，水停之盛也。其可以爲法也，內保之而外不蕩也。德者，成和之脩也。德不形者，物不能離也。"所謂"物不能離"亦與前文"接而生時於心""雌雄合乎前"諸語貫通，可進一步證明"時"爲和合之義（至於"成和"則當是承接上文"內保之而外不蕩"言，"和"指言內心之平和一如"水停之盛"，與上文"不足以滑和，……使之和豫通而不失於兑"之"和"貫通）。知道哀駘它寓言"生時"之"時"爲和合之義，方可見出該寓言之上下文實極緊密地縮合爲一體。"時"這一獨特用例，凸顯了《莊子》與《五行》學說的關聯。這一關聯，直如古生物化石一般在地下埋藏了千百年，長期不爲人知。

---

① 其詳請參閱本書第五章第四節："'玉色''玉音''金聲而玉振之'"。案："清"指高潔脫俗、不容邪汙；"任"指擔當；"和"乃"和而不同""和而不流"之意，指於人和諧而不苟同。這些都可以從孟子曰"伯夷，目不視惡色，耳不聽惡聲"一章得到證明（《孟子·萬章下》），該章與此處並論伯夷、伊尹、柳下惠、孔子，有深刻的互文關係。

2. "獨"

徐復觀指出,《莊子》一書最重視"獨",並將其本源歸結到《老子》體系:

> 《莊子》一書,最重視"獨"的觀念,本亦自《老子》而來。老子對道的形容是"獨立而不改"。"獨立"即是在一般因果系列之上,不與他物相對待,不受其他因素的影響的意思。不過老子所說的是客觀的道,而莊子則指的是人見道以後的精神境界。例如《大宗師》"朝徹而後能見獨";《在宥》"人其盡死,而我獨存乎","出入六合,遊乎九州,獨往獨來,是謂獨有";《天地》"滅其賊心,而皆進其獨志,若性之自爲";《田子方》"向者先生形體若掘槁木,似遺物離人而立於獨也";《庚桑楚》"明乎人,明乎鬼者,然後能獨行"。還有許多莊子未嘗明說出"獨"字,而郭象卻點出"獨"字的。如釋《大宗師》之"與乎其觚而不堅也"爲"常遊於獨而非固守";釋"而況其卓乎"爲"卓者,獨化之謂也";釋"在太極之先而不爲高"數語爲"外不資於道,内不由於己。掘然自得而獨化也";釋《知北遊》"不以生生死,不以死死生"爲"夫死者獨化而死耳,生者亦獨化而生耳"。莊子之所謂"獨",是無對待的絶對自由的精神境界;這種境界,有時也稱爲"天"。①

徐復觀對《莊子》的觀察是對的,然而他不可能知道,孔子和子思早就有一個指涉主體"精神境界"的"蜀(獨)"。

上博《詩論》第九章云:"《鳲鳩》之情,曰(以)丌(其)蜀(獨)也。"簡帛《五行》承接了這一話題,並有所光大。《五行》經文第七章云:

> "尸(鳲)㕟(鳩)在桑,其子七氏(兮)。叔(淑)人君子,其宜(義)一氏。"能爲一,然后(後)能爲君子;君子慎(順)其獨 也。"嬰(燕)嬰(燕)于蜚(飛),跊(差)池其羽。之子于歸,袁(遠)送于野。瞻望弗及,汲(豈)(沸)〔泣〕如雨。"能跊池其羽,然 后能 至哀;君子慎(順)丌(其)獨也。

《五行》說文第七章闡釋說:

> "尸(鳲)㕟(鳩)在桑":直之。"丌(其)子七也":尸㕟二子耳,曰七也,(與)〔興〕言也。"叔(淑)人君子,其 宜(義)一也": 叔 人者□, 宜 者義也。言丌所以行之義一心也。"能爲一,然笱(後)能爲君子""能爲一"者,言能以多 爲一 。以多爲一也者,言能以夫 五 爲一也。"君子慎

---

① 徐復觀:《中國人性論史·先秦篇》,頁356~357。

(順)亓蜀(獨)"：慎亓蜀者，言舍夫五而慎亓心之胃(謂)殹；蜀然笱(後)一也。一者，夫五(夫)爲一心也，然笱德。之一也，乃德已。德猶天也，天乃德已。"嬰(燕)嬰(燕)于罪(飛)，馳(差)貤(池)亓羽"：嬰嬰，（與)〔興〕也，言亓相送海也；方亓化，不在亓羽矣。"'之子于歸，袁(遠)送于野。詹(瞻)忘(望)弗及，汲(泣)涕如雨。'能馳(差)貤(池)亓羽然笱能至哀"：言至也。馳貤者，言不在唯(衰)絰也；不在唯絰，然笱能至哀。夫喪，正經脩領而哀殺(衰減)矣。言至内者之不在外也。是之胃蜀也。蜀者，舍膻(體)也。

《五行》經文第八章云：

> 君子之爲善也，有與始也，有與終也。君子之爲德也，有與始也，无(無)與終也。

《五行》説文第八章闡釋道：

> "君子之爲善也，有與始，有與終"：言與亓(其)膻(體)始，與亓膻終也。"君子之爲德也，有與始，无(無)與終"：有與始者，言與亓膻始。无與終者，言舍亓膻而獨亓心也。

早期各家經典(包括《老子》)，沒有任何一種典籍像《五行》這樣以"獨"爲核心範疇，並且清晰、集中、富於體系化地呈現它的意義。

《五行》之"獨"是心的獨任，是"舍膻(體)"或曰"舍亓(其)膻(體)而獨亓心"，——"心"超越耳目鼻口手足諸小體，而獲得小體無與匹敵的主體性(案：《五行》以心爲大體，以耳目鼻口手足爲小體，參閱其説文第二十二章)。但此時的心並非主體原初之心，而是與仁、智、義、禮、聖五種德行之超越性統一體和同爲一的心(由《五行》經文第一章及其説文第十九章、第二十二章較然可知)；此時，各各的德之行被超越了，原初的心也被超越了。《五行》稱之爲"獨"，顯然與這一境界意味着融多爲一有關，所謂"以多爲一""以夫五爲一""一者，夫五(夫)爲一心也"，是確鑿無疑的夫子自道。"獨"又意味着境界高遠而無與倫比，它是最高的"德"，具備"天"或"天道"的高標。《五行》所謂"慎(順)亓(其)獨"，與人們熟知的"慎獨"(指獨處中謹慎不苟)截然不同。這裏的"慎"與"順"通假。《墨子·天志中》屢言"天之意不可不慎也"，或者"天意不可不慎"，同時屢言"順天之意"，或者"天之意不可不順"，足證"慎"之意即爲"順"。而反過來説，"順"字也可以解釋爲"慎"。《管子·宙合》篇云："耳司聽,聽必順聞,聞審謂之聰。"又云:"聽不慎不審,〔不審〕不聰,(不審)不聰則繆。"黎翔鳳注云:"'不慎'承上文'順'字,'順'即'慎'也。"一言以蔽之,《五行》經文第七章的"慎(順)亓(其)獨"其實就是《五行》說文第八章的"舍亓(其)膻(體)而獨亓心";說文第七章的解釋十分清楚,"慎(順)亓(其)蜀(獨)也者,言舍夫五而慎亓心之胃(謂)殹"。

"獨"或者"舍膻(體)"亦即"爲德",是《五行》體系中最高的境界。據《五行》經文第一章,"德"就是"天道",據其說文第七章,"德"猶如"天"。然則意味着"舍亓(其)膻(體)而獨亓心"的"爲德",用莊子學派的表達方式說,就是心超越耳目鼻口手足等形體元素,與天道這一最高境界和規範爲偶或者同一。

在《莊子》一書中,作爲心靈或精神最高境界的"立於獨",恰恰也是心對於"形體"的超越,對道的皈依。《莊子・外篇・田子方》云:

> 孔子見老聃,老聃新沐,方將被髮而乾,熱然(不動貌)似非人。孔子便(屏,隱蔽)而待之,少焉見,曰:"丘也眩與,其信然與?向者先生形體掘若槁木,似遺物離人而立於獨也。"
>
> 老聃曰:"吾遊心於物之初。"

成疏解釋"遊心於物之初",曰:"初,本也。夫道通生萬物,故名道爲物之初也。遊心物初,則是凝神妙本,所以形同槁木,心若死灰也。"原文當中,老聃接下來申釋"遊心於物之初",卻以"心困焉而不能知,口辟(開而不合)焉而不能言",不得不"議乎其將",亦即退而求其次,議論陰陽以擬議大道,遂有"至陰肅肅,至陽赫赫;肅肅出乎(天)〔地〕,赫赫發乎(地)〔天〕,兩者交通成和而物生焉"云云。要之,所謂"遊心於物之初",就是遊心於創生天地萬物的超越性的道,用《莊子》另一種表達方式來說即"與造物者爲人(偶)"。《莊子・內篇・大宗師》謂孟子反、子琴張等"遊方之外者"達到了如下境界:

> 彼方且與造物者爲人(偶),而遊乎天地之一氣。彼以生爲附贅縣疣,以死爲決疣潰癰。……假於異物,託於同體;忘其肝膽,遺其耳目;反覆終始,不知端倪;芒然彷徨乎塵垢之外,逍遥乎無爲之業。

此處之"造物"指的是道。《文選》卷四六顏延年《三月三日曲水詩序》"規同造物",李善注引司馬彪云:"造物者爲道。"卷四○任彦昇《到大司馬記室牋》"作物何稱"、卷三六《宣德皇后令》"施侔造物"、卷五六陸佐公《石闕銘》"大人造物"、卷五九沈休文《齊故安陸昭王碑文》"惟勝造物",李善注並引司馬彪云:"造物,謂道也。"與道爲偶者不偏執於生,也不拒斥死,寓託於異己之物,但視萬物與自己爲一體,如成疏所云,他"遺於形骸"、"忘於心智"、"放任於塵累之表,逸豫於清曠之鄉"。一言以蔽之,"立於獨""遊心於物之初""與造物者爲人(偶)"，本旨並無差異，即均意味着心與道體和合，而超越形體。這與《五行》獨任其心而超越衆小體、遊心於至高之"德""天"或"天道"，有異曲同工之妙，兩者內含着思維上的同構。

實際上，莊子及其後學體系中的最高境界和人格，諸如"至人""真人""神人""聖人"等等，都以心超越形體爲其部分特質。這些人格本質上是一致的。故《莊子·內篇·逍遥遊》云："至人无(無)己，神人无功，聖人无名。"而成疏曰："'至'言其體，'神'言其用，'聖'言其名。故就體語'至'，就用語'神'，就名語'聖'，其實一也。詣於靈極，故謂之'至'；陰陽不測，故謂之'神'；正名百物，故謂之'聖'也。一人之上，其有此三，欲顯功、用名殊，故有三人之別。"《莊子·內篇·齊物論》云："至人神矣！大澤焚而不能熱，河漢沍而不能寒，疾雷破山〔飄〕風振海而不能驚。若然者，乘雲氣，騎日月，而遊乎四海之外。死生无(無)變於己，而況利害之端乎！"《莊子·內篇·大宗師》云："古之真人，不逆寡，不雄成，不謨士。若然者，過而弗悔，當而不自得也。若然者，登高不慄，入水不濡，入火不熱。是知之能登假於道者也若此。"所謂"无己"，所謂"大澤焚而不能熱"，所謂"入水不濡"等等，都是強調心對形體的超越，唯尤具莊子道家的獨特形式而已。① 徐復觀指出："莊子的'無己'，祇是去掉形骸之己，讓自己的精神，從形骸中突破出來，而上升到自己與萬物相通的根源之地，即是立腳於道的內在化的德、內在化的性，立腳於德與性在人身上發竅處的心，亦即立腳於……'靈府'、'靈臺'。"②

而《大宗師》謂子輿有病，"曲僂發背(曲背)，上有五管(五臟)，頤隱於齊(臍)，肩高於頂，句贅(凸起的脊骨)指天，陰陽之氣有沴"；然而，"(子輿)曰：'偉哉夫造物者，將以予爲此拘拘也！'……其心閒而無事，跰𨇤而鑑於井，曰：'嗟乎！夫造物者又將以予爲此拘拘也！'"子輿表示自己並不厭棄造物："浸假而化予之左臂以爲雞，予因以求時(伺)夜；浸假而化予之右臂以爲彈，予因以求鴞炙；浸假而化予之尻以爲輪，以神爲馬，予因以乘之，豈更駕哉。"這一寓言，用十分奇詭的形式，凸顯了心對於形體的超越性。《大宗師》又寫道：

　　顔回曰："回益矣。"
　　仲尼曰："何謂也？"
　　曰："回忘(仁義)〔禮樂〕矣。"

---

① 《莊子·外篇·秋水》有云："知道者必達於理，達於理者必明於權，明於權者不以物害己。至德者，火弗能熱，水弗能溺，寒暑弗能害，禽獸弗能賊。非謂其薄之也，言察乎安危，寧於禍福，謹於去就，莫之能害也。"從"謹於去就"方面解釋至德者"火弗能熱"云云，可能並不符合《莊子》的主流觀念。

② 徐復觀：《中國人性論史·先秦篇》，頁361。

曰:"可矣,猶未也。"
他日復見,曰:"回益矣。"
曰:"何謂也?"
曰:"回忘(禮樂)〔仁義〕矣。"
曰:"可矣,猶未也。"
他日復見,曰:"回益矣。"
曰:"何謂也?"
曰:"回坐忘矣。"
仲尼蹵然曰:"何謂坐忘?"
顏回曰:"墮肢體,黜聰明,離形去知,同於大通,此謂坐忘。"
仲尼曰:"同則无(無)好也,化則无常也。而果其賢乎! 丘也請從而後也。"

人對於形體的持守是最頑固的,因此,在皈依道、達到最高境界的過程中,形體是心最終超越的對象。這顯然相當於《五行》體系中大體心之"舍體(體)"(超越耳目、鼻口、手足諸小體),或者"舍亓(其)䯊(體)而獨亓心"。

總而言之,《五行》與《莊子》對於價值的認知有巨大差異,可其達成價值的模式卻具有深刻的一致性。從這個層面上,《莊子》所受影響很難說是來自《老子》而非《五行》。

(二)《五行》《尊德義》《六惪》《眚自命出》等儒典與《莊子》

這一部分的內容相當豐富,也相當複雜,下文之論析將被歸納為一系列相對獨立的主題,逐一展開,以使得眉目清晰。

1."天下有大戒二"

齊景公(前547~前490在位)向孔子請教為政之道,孔子對曰:"君君,臣臣,父父,子子。"(《論語·顏淵》)郭店竹書《六惪》篇云:"古(故)夫夫,婦婦,父父,子子,君君,臣臣,六者客(各)行其戠(職),而狱(獄)訟(犴)亡(無)繇(由)迮(作)也。"孟子則說:"聖人……使契為司徒,教以人倫:父子有親,君臣有義,夫婦有別,長幼有序,朋友有信。"(《孟子·滕文公上》)儒家學說最重視人倫。而一個很明顯的事實是,莊子本人接受了儒家學說賴以建立的基礎和基本教義——君臣、父子關係以及相應的忠、孝觀念。這從根柢上決定了他不可能完全與儒家對立。《莊子·內篇·人間世》云:

天下有大戒二:其一,命也;其一,義也。子之愛親,命也,不可解於心;臣之事君,義也,無適而非君也,無所逃於天地之間。是之謂大戒。

是以夫事其親者,不擇地而安之,孝之至也;夫事其君者,不擇事而安之,忠之盛也;自事其心者,哀樂不易施乎前,知其不可柰(奈)何而安之若命,德之至也。

莊子將父子、君臣之倫際關係以及"子之愛親""臣之事君",視爲無可逃脱的宿命。通俗一點説他認了,他對這一思想前提的接受可能比很多儒者都深刻和内在。莊子以具有強烈互文關係的"不擇地而安之""不擇事而安之",定義"孝"與"忠",雖傳統儒家之説恐怕亦難以逾越這種高標。而作爲"自事其心"之至德,"知其不可柰(奈)何而安之若命"自然包含着安於事親、事君的無所可逃的宿命和戒律;甚至可以説,這是將事親、事君提升到前所未有的高度。早期儒家將義這種價值建構在君對臣、臣對君兩個層面上。郭店《六惪》篇云:"唯(雖)才(在)中茆(草茅)之中,句(苟)叚(賢),必貢(任)者(諸)父兄,貢者子弟,大材埶(設)者大官,少(小)材埶者少官,因而它(施)录(禄)安(焉),夋(使)之足以生,足以死,胃(謂)之君,以宜(義)叟人多。宜者,君惪(德)也。"這是從君對臣的向度上論義。子路評隱者荷蓧丈人,曰:"不仕無義。長幼之節,不可廢也;君臣之義,如之何其廢之? 欲潔其身,而亂大倫。君子之仕也,行其義也。道之不行,已知之矣。"(《論語·微子》)這是從臣對君的向度上論義。孟子説"君臣有義",很可能包括以上兩種面向。但莊子説"臣之事君,義也",顯然仍有儒學的根據。

此外,《莊子·内篇·養生主》説:"緣督以爲經,可以保身,可以全生(性),可以養親,可以盡年。""可以保身"以下,看起來不難理解,其實需要辨析。《莊子·内篇·人間世》云:"夫支離其形者,猶足以養其身,終其天年,又況支離其德者乎!""養其身"即相當於"保身","終其天年"即相當於"盡年"。《養生主》之"保身""全生(性)"當是就自己的兩方面説,"養親""盡年"當是就"親(父母)""我"兩方面説。不過有很多學者不願意承認《養生主》之"養親"與奉養父母有關。陳壽昌(生卒年不詳)《南華真經正義》解釋"養親",云:"存養受生始氣,《黄庭經》所謂道父、道母也。"陳鼓應認爲,作"養親"與其上下文以及《養生主》整個思想無關,"親"或爲"身"之借字。① 這些論斷,都太過於牽就後人對莊學的偏識了。究其實際,莊子本人對事親有相當高的重視。前揭《人間世》稱"子之愛親"爲宿命,爲不可解脱的兩大戒律之一,而《莊子·内篇·大宗師》肯定"父母於子(即子對於父母),東西南北,唯命之從",便是確證。莊子思想體系中藴含着"保身""盡年"與"養親"的深刻關聯:己身之不

---

① 參閲陳鼓應:《莊子今注今譯》,北京:商務印書館,2007年,第1版,頁115。

保,如養親何？總之,"保身""全生(性)""盡年"之追求屬於地地道道的莊學,"養親"赫然與之並列,應該是基於莊子對儒學的容受。衆所周知,儒家高度重視養親。曾子嘗曰:"往而不可還者親也,至而不可加者年也。是故孝子欲養,而親不待也。木欲直,而時不(待)〔使〕也。是故椎牛而祭墓,不如雞豚逮親存也。故吾嘗仕爲吏,禄不過鐘釜,尚猶欣欣而喜者,非以爲多也,樂其逮親也。既没之後,吾嘗南游於楚,得尊官焉,堂高九仞,榱題數圍,轉轂百乘,猶北鄉而泣涕者,非爲賤也,悲不逮吾親也。故家貧親老,不擇官而仕。若夫信其志約其親者,非孝也。《詩》曰:'有母之尸雍。'"(《韓詩外傳》卷七第七章)莊子如此重視"養親",原因還是在他承受的來自儒家的影響,基於被多數人偏執的從《老子》發展到《莊子》的歷史維度顯然是無法解釋的。當然,這樣說並不意味着《莊子》與《老子》没有相向而行的一面,思想史的發展往往不會那麼簡單。

鑒於上面的分析,説莊子體系的一部分根基承襲自早期儒學,是不存在任何問題的。至於莊子其他一般觀點之承襲早期儒學,而可以參證者,也不乏其例。比如《莊子·内篇·德充符》云:"受命於地,唯松柏獨也(在)〔正〕,冬夏青青;受命於天,唯舜獨也正,幸能正生,以正衆生(成疏:既能正己,復能正物)。"這裏的全部觀念都來自孔子等早期儒家。孔子曰:"歲寒,然後知松柏之後彫也。"(《論語·子罕》)普通樹木往往彫於秋冬,松柏至死方纔凋零,孔子之語殆已有松柏冬夏青青之意。《禮記·禮器》云:"禮器(鄭注:禮器,言禮使人成器,如耒耜之爲用也),是故大備。大備,盛德也。禮,釋回,增美質,措則正,施則行(鄭注:釋,猶去也。回,邪辟也。質,猶性也。措,置也)。其在人也,如竹箭之有筠也,如松柏之有心也。二者居天下之大端(本)矣,故貫四時而不改柯易葉。"《德充符》之謂松柏,當基於孔子之意。孔子又説:"大哉堯之爲君也！巍巍乎！唯天爲大,唯堯則之。蕩蕩乎！民無能名焉。巍巍乎,其有成功也！焕乎,其有文章！"(《論語·泰伯》)這幾乎就是説"受命於天,唯堯獨也正"。《德充符》固然是説舜而非説堯,但在孔子那裏,舜與堯原本相通一致。故《論語·堯曰》篇記:"堯曰:'咨！爾舜！天之曆數(理民之列數)在爾躬,允執其中。四海困窮,天禄永終。'舜亦以命禹。"堯之意就是説舜膺受天命。因此把孔子對堯的贊頌轉移舜身上,是十分自然的。《德充符》謂舜"幸能正生,以正衆生",殆指言舜因爲能正己身因而能正人。此觀念也來自孔子等早期儒者。孔子説:"苟正其身矣,於從政乎何有？不能正其身,如正人何？"(《論語·子路》)《五行》説文第二十一章云:"'君子雜大成': 雜也者,猶造之也,猶具之也。大成也者,金聲玉辰(振)之也。唯金聲而玉辰之者,然苟(後)忌(己)仁而以人仁,忌義而以人義。"這些顯然是"幸能正生,以正衆生"一説的基源。像這樣的例子還有很多,無須一一舉列。

莊子後學容受儒家倫理觀的一面比較容易識辨,但亦可作爲參證。比如《莊子·外篇·天道》云:

> 君先而臣從,父先而子從,兄先而弟從,長先而少從,男先而女從,夫先而婦從。夫尊卑先後,天地之行也,故聖人取象焉。天尊,地卑,神明之位也;春夏先,秋冬後,四時之序也。萬物化作,萌區有狀;盛衰之殺,變化之流也。夫天地至神,而有尊卑先後之序,而況人道乎!

這段文字,乍看是承襲了傳世《老子》"人法地,地法天,天法道"觀念,其實並非如此。《老子》之説有一個不可離棄的總體設定,即"道法自然"。儒家也有取象天地的觀念,看起來頗與道家一致,實際上缺乏或者不重視"道法自然"的取向。比如,"天尊地卑"的預設對儒家依據天地論證人倫有根本作用,然而這很難説是契合"自然"的認知,而主要是現世尊卑向自然的投射。傳世《老子》第二十五章以人、地、天、道爲域中"四大",各章又常常並言"天""地"。新見早期道家文獻《大一生水》則説:"天陞(地)名忞(字)並立,古(胡)怎(過)其方? 不囟(思)相尚。天不足於西北,其下高以勥(强)。陞不足於東南,其上高以勥。"它們都偏向於天地無所謂尊卑,即便從生成上説"天"先於"地"(比如《大一生水》説太一生水,水反輔太一生天,天反輔太一生地)。將天地視爲人道之根源,特別是由所謂天尊地卑映射或規定君尊臣卑、父尊子卑、兄尊弟卑、長尊少卑、男尊女卑、夫尊婦卑等等,無論觀念還是方法,都是儒家的。比如《周易·繫辭上傳》云:"天尊地卑,乾坤定矣。卑高以陳,貴賤位矣。……在天成象,在地成形,變化見矣。……日月運行,一寒一暑。乾道成男,坤道成女……"這裏便有從天尊地卑到現世貴賤、男尊女卑的論證。《莊子·天道》篇之"君先而臣從"云云,顯然是依循這一路徑。儒家類似的言論還有很多,而《易傳》最具代表性。《周易·觀·彖傳》云:"觀天之神道,而四時不忒。聖人以神道設教,而天下服矣。"《周易·繫辭上傳》云:

> 子曰:"易其至矣乎! 夫易,聖人所以崇德而廣業也。知(智)崇禮卑,崇效天,卑法地。天地設位,而易行乎其中矣。成性存存,道義之門。"

又云:

> 法象莫大乎天地,變通莫大乎四時,縣象著明莫大乎日月,崇高莫大乎富貴。……是故天生神物,聖人則之;天地變化,聖人效之;天垂象,見吉凶,聖人象之。河出《圖》,洛出《書》,聖人則之。

這些言説的核心是以天地之神道爲人道之基,與《莊子·天道》篇所説聖人取象天地之神道以爲人道,並無二致。

又比如,《莊子·外篇·天地》有云:"孝子不諛其親,忠臣不諂其君,臣、子之盛也。親之所言而然,所行而善,則世俗謂之不肖子;君之所言而然,所行而善,則世俗謂之不肖臣。而未知此其必然邪?"推尊至德之世是莊學的常態,然以"孝子不諛其親,忠臣不諂其君"爲"臣、子之盛",卻合乎儒家的理念。郭店竹書《魯穆公昏子思》云:

> 魯穆公昏(問)於子思曰:"可(何)女(如)而可胃(謂)忠臣?"子思曰:"恒(亟)爯(稱)亓(其)君之亞(惡)者,可胃忠臣矣。"公不敓(悦),𩓛(揖)而退之。城(成)孫弋見,公曰:"向(嚮)者虖(吾)昏忠臣於子思,子思曰:'亙(亟)爯亓君之亞者可胃忠臣矣。'夐(寡)人惑安(焉),而未之得也。"城孫弋曰:"悇(噫),善才(哉)言虖(乎)!夫爲亓君之古(故)殺亓身者,嘗又(有)之矣。亙爯亓君之亞者,未之又也。夫爲亓〔君〕之古殺亓身者,交(徼)录(禄)䆋(爵)者也。亙(亟)爯亓君之亞者,遠录䆋者也。爲義而遠录䆋,非子思,虖亞(惡)昏(聞)之矣。"

以"亙(亟)爯(稱)亓(其)君之亞(惡)者"爲"忠臣",與以"不諂其君"爲"忠臣"、爲"臣之盛",顯然是一致的。"不諂其君"即對君之所行、所言持守原則,而不投其所好,然則君若言行有失,必亟稱之。

《莊子》與傳世及新見早期儒典的關聯,凸顯了早期儒家對莊子及其後學的影響。這種影響的發生原本有其歷史必然性,卻每每遭到無視。人們習慣於認定先秦諸子各家涇渭分明,這顯示了思維的簡單化及其惰性。當然也不必諱言,在本小節所及社會倫理方面,莊子及其後學並沒有重複儒學。最明顯的一點是,他們在父子、君臣諸倫際之上端確立了更高的存在,即"陰陽""造化"或者"造物"。《莊子·內篇·大宗師》云:"父母於子(即子對於父母),東西南北,唯命之從。陰陽於人,不翅(啻)於父母;……今(之)大冶鑄金,金踊躍曰'我且必爲鏌鋣',大冶必以爲不祥之金。今一犯人之形,而曰'人耳人耳',夫造化者必以爲不祥之人。今一以天地爲大鑪,以造化爲大冶,惡乎往而不可哉!""陰陽""造化"對於人的地位超越其父母,人既然唯父母之命是從,則更要循順"陰陽"與"造化",其最終根源就是道。這是莊子的邏輯,他爲儒家倫理保留了空間,也在儒家倫理之上擺出了更高的存在和權威。這就好比他保留了神的位置,卻在神之上擺出了更高的決定神之爲神的道。

2."丘治……六經"

早期儒典影響莊子及其後學的例子還有很多,從本小節開始,筆者將側重於比照新出儒典,給出相應的論析。

《莊子·外篇·天運》寫道：

> 孔子謂老聃曰："丘治《詩》《書》《禮》《樂》《易》《春秋》六經，自以爲久矣，孰(熟)知其故矣；以奸(求)者七十二君，論先王之道而明周、召之迹，一君无(無)所鉤用。甚矣夫，人之難説也，道之難明邪。"
>
> 老子曰："幸矣子之不遇治世之君也！夫六經，先王之陳迹也，豈其所以迹哉！今子之所言，猶迹也。夫迹，履之所出，而迹豈履哉！夫白鶂之相視，眸子不運而風化；蟲，雄鳴於上風，雌應於下風而風化(郭象注：鶂以眸子相視，蟲以鳴聲相應，俱不待合而便生子，故曰風化)；類自爲雌雄(《釋文》曰：《山海經》云：亶爰之山有獸焉，其狀如狸而有髮，其名曰師類，帶山有鳥，其狀如鳳，五采文，其名曰奇類，皆自牝牡也)，故風化。性不可易，命不可變，時不可止，道不可壅。苟得於道，无自而不可；失焉者，无自而可。"
>
> 孔子不出三月，復見曰："丘得之矣。烏鵲孺(乳/孚乳而生子)，魚傅沫(相與而生子)，細要者(細腰者，指稚蜂)化，有弟而兄啼。久矣夫丘不與化爲人(爲偶)！不與化爲人，安能化人！"

這應該是傳世文獻較早提及孔子治"六經"的確鑿例子，"六經"的具體指涉表達得十分清楚。

《莊子·外篇·天道》寫道：

> 孔子西藏書於周室(《釋文》引司馬彪云：藏其所著書也)。子路謀曰："由聞周之徵藏史有老聃者，免而歸居，夫子欲藏書，則試往因焉。"
>
> 孔子曰："善。"往見老聃，而老聃不許，於是繙(十二)〔六〕經以説……①

---

① 嚴靈峯(1904~1999)云："《釋文》引説者云：'《詩》《書》《禮》《樂》《易》《春秋》，六經，又加《六緯》，合爲十二經也。'一説云：'《易》上、下經並《十翼》爲十二。'又一云：'《春秋》十二公經也。'諸説並傅會也。按：孔子之時無緯書，《十翼》亦未成。《天運》篇云：'丘治《詩》《書》《禮》《樂》《易》《春秋》六經。'又云：'夫六經，先王之陳迹也。'《天下》篇云：'《詩》以道志，《書》以道事，《禮》以道行，《樂》以道和，《易》以道陰陽，《春秋》以道名分。'皆舉六經，未及六緯，則'十二經'之説，在先秦無有。又《天運》篇'不與化爲人'，郭注：'若擲六經以説則疏也。'是郭注《莊》時亦以'六經'爲説。'十二'二字疑係'六'字缺壞，折而爲二；校者不察，改爲'十二'耳。兹據《天運》篇文改。"(嚴靈峯編著：《莊子章句新編》，《道家四子新編》，臺北：臺灣商務印書館股份有限公司，1977 年，第 2 版，頁 768)案：從論證方法及其邏輯上説，孔子之時無緯書等等不足以駁倒《釋文》所引各説，因爲《莊子》"十二經"這一説法應該是發生在《莊子》撰作時代。先秦無有"十二經"之説纔是最爲關鍵的，"十二"兩字確當爲"六"字之斷壞。郭象注"不與化爲人"一句所謂"擲六經以説"，其實就是引用《天道》篇此章之"繙六經以説"，亦足以爲證。又，馬叙倫《莊子義證》謂"繙"字"借爲'潘'"。《説文解字·言部》："譒，敷也，从言番聲。《商書》曰'王譒告之'。"段玉裁《説文解字注》云："手部'播'，……一曰布也'，此與音義同。""譒""播"二字通。《説文》引《商書》"王譒告之"，今《尚書·盤庚》篇作"王播告之"。

老聃中其説,曰:"大謾(冗長、繁多),願聞其要。"
孔子曰:"要在仁義。"
老聃曰:"請問,仁義,人之性邪?"
孔子曰:"然。君子不仁則不成,不義則不生。仁義,真人之性也。又將奚爲矣?"

這應該是傳世文獻中較早提及孔子治"六經"的又一個確鑿例子。值得注意的是:其一,這裏不舉列"六經"之所指,更加凸顯了它作爲專名的性質。其二,當"六經"這一專名無論對作者來説,還是對受衆來説,都無須具列其所指的時候,它的廣泛社會性就是無可置疑的了。更應該注意的是,在這一寓言中,孔子宣揚"仁義"和"性",認爲"仁義"就是"人之性",可從現有可靠的傳世以及出土文獻來看,他事實上從未明言仁義就是人之性。現在看來,儒家最早明言人之性獨有仁義或者人之性巍然好仁義者,是子思的《五行》體系。《五行》説文第二十三章云:"……遁(循)人之生(性),則巍然 知亓(其) 好 仁義也。……故目(俾)萬物之生(性)而 知人 獨有仁義也,進耳。……故目(俾)人體(體)而知亓(其)莫貴於仁義也,進耳。"這是早期儒家對仁義是人性的最清晰、最明確的表述。根據現有早期儒典,就連亞聖孟子都没有像《五行》這樣明確表達類似的論斷。《孟子·告子上》記公都子舉列學者"性無善無不善""性可以爲善,可以爲不善""有性善,有性不善"等説法,並且問道:"今曰'性善',然則彼皆非歟?"孟子曰:"乃若其情則可以爲善矣,乃所謂善也。若夫爲不善,非才之罪也。惻隱之心,人皆有之;羞惡之心,人皆有之;恭敬之心,人皆有之;是非之心,人皆有之。惻隱之心,仁也;羞惡之心,義也;恭敬之心,禮也;是非之心,智也。"朱熹集注稱,這樣説是"直因用以著其本體",與説惻隱之心是"仁之端"等等無異。概言之,孟子這番話的意思,是人性包含了"惻隱之心—仁之端"等"可以爲善"的基源。《孟子·盡心下》記孟子曰:"口之於味也,目之於色也,耳之於聲也,鼻之於臭也,四肢之於安佚也,性也,有命焉,君子不謂性也。仁之於父子也,義之於君臣也,禮之於賓主也,知(智)之於賢者也,聖人之於天道也,命也,有性焉,君子不謂命也。"這也是説仁、義、禮、智、天道都有"性"的始基。然而較之以《五行》篇人性"獨有仁義"等説法,孟子的意思多少有一些含混,或者嚴格地説,孟子是強調人性具備仁義禮智之"端"。而且相對於《五行》,《孟子》這些説法也祇是"繼發性的"。先秦最後一位儒學大師荀子堅決排斥仁義是人性之類的説法。《荀子·性惡》篇云:"今人之性固無禮義,故彊學而求有之也;性不知禮義,故思慮而求知之也。"又云:"夫子之讓乎父,弟之讓乎兄,子之代乎父,弟之代乎兄,此二行者皆反於性而悖於情也……"綜合地看，上揭《莊子·天道》篇對儒家的批判，乃至《莊子》書中大部分對儒家的批判，針對的都是以子思氏之儒爲代表的早期儒家，這可以從二者的複雜歷史勾連中確認。① 等下文證明《莊子》關於儒家"六經"的所有信息都有歷史依據之後，我們會明白，確認了這一點，也就意味着《莊子·天運》《天道》以及《天下》諸篇所及儒家"六經"的名頭、其具體所指及其大義，也正是來自以子思氏之儒爲代表的早期儒家。

下面具體看看《莊子·雜篇·天下》提到了被稱爲"六經"的這批儒家典籍，並且概括了它們的核心價值：

古之人其備乎！配神明，醇（準）天地，育萬物，和天下，澤及百姓，明於本數（作爲根本的道），係於末度（相對於道而言的具體措施），六通（四方上下）四辟（春夏秋冬），小大精粗，其運无（無）乎不在。其明而在數度者（成疏：數度者，仁義名法等也），舊法世傳之史尚多有之。其在於《詩》《書》《禮》《樂》者，鄒魯之士搢紳先生多能明之。《詩》以道（導）志，《書》以道（導）事，《禮》以道（導）行，《樂》以道（導）和，《易》以道（導）陰陽，《春秋》以道（導）名分。其數散於天下而設於中國者，百家之學時或稱而道之。

在《莊子》的敘述中，"六經"或其所指六種典籍顯然被視爲以孔子爲宗師的儒家學者的核心典籍。《天運》篇有"丘治《詩》《書》《禮》《樂》《易》《春秋》六經"之說，《天道》篇又謂孔子"繙（十二）〔六〕經以說"，這些都確鑿無疑，其間所含莊子後學對學術思想界乃至對學術思想史的認知豈可無視？而《天下》篇將《詩》《書》《禮》《樂》等典籍關聯"鄒魯之士搢紳先生"，再次表明了在莊子後學的知識史或者思想學術史視野中，六經跟以孔子爲核心的儒家有獨特的關涉。成疏解《天下》篇之意云，"言仁義名法布在六經者，鄒魯之地儒服之人能明之也"，得其實矣。《莊子·外篇·田子方》也曾將魯地與以孔子爲核心的儒者關聯在一起：

---

① 見到莊子後學批判孔子，就認定他們針對的確實是孔子本人，顯然有失於簡單化。由於子思氏之儒帶來的現實衝擊和壓力，莊子後學較多地聚焦於子思氏之儒。但他們在批判子思氏之儒時，也往往把孔子樹爲靶子，原因主要有兩個：一是孔子是儒家各派最上端的宗師。《漢志·諸子略》定義儒家，便有"宗師仲尼"這一關鍵標準。二是儒家各派均標榜自己得孔子真傳，常將自己的學說建構掛在孔子名下。如《韓非子·顯學》篇云："世之顯學，儒、墨也。儒之所至，孔丘也。墨之所至，墨翟也。自孔子之死也，有子張之儒，有子思之儒，有顏氏之儒，有孟氏之儒，有漆雕氏之儒，有仲良氏之儒，有孫氏儒，有樂正氏之儒。自墨子之死也，有相里氏之墨，有相夫氏之墨，有鄧陵氏之墨。故孔、墨之後，儒分爲八，墨離爲三，取捨相反、不同，而皆自謂真孔、墨……"

> 温伯雪子適齊,舍於魯。魯人有請見之者,温伯雪子曰:"不可。吾聞中國之君子,明乎禮義而陋於知人心,吾不欲見也。"
> 至於齊,反舍於魯,是人也又請見。温伯雪子曰:"往也蘄見我,今也又蘄見我,是必有以振我也。"
> 出而見客,入而歎。明日見客,又入而歎。其僕曰:"每見之客也,必入而歎,何耶?"
> 曰:"吾固告子矣:'中國之民,明乎禮義而陋乎知人心。'昔之見我者,進退一成規,一成矩,從容一若龍,一若虎,其諫我也似子,其道(導)我也似父,是以歎也。"
> 仲尼見之而不言。子路曰:"吾子欲見温伯雪子久矣,見之而不言,何邪?"
> 仲尼曰:"若夫人者,目擊而道存矣,亦不可以容聲矣。"

成疏依語境解"中國"爲"魯國",又謂"魯人"爲"孔子門人",得其根本;即謂此"魯人"映射孔子及其弟子,也未爲不可。要之首先,這一寓言同樣明確地傳達了莊子後學對以孔子爲核心的儒家學者的認知。一方面,其所謂"中國之君子""明乎禮義","其諫我也似子,其道(導)我也似父",呈現着儒家的特質;另一方面,它對"中國之君子""進退一成規,一成矩"的描述,跟《莊子·内篇·人間世》接輿諷言孔子"臨人以德""畫地而趨"有相同的性質。其次,這一寓言也確認了魯地與"搢紳先生"亦即儒者的不可置疑的關聯。《田子方》下文反駁"魯多儒士""舉魯國而儒服"之説,斥言絕大多數人爲"无(無)此道而爲此服者",認爲魯國"儒者一人耳"(成疏謂"一人"指的是孔子)。這其實也表明,在莊派學人的認知中,魯地儒學最盛是一個事實,祇是他們不認同儒家的價值觀念、行爲方式,試圖"矮化"儒家而已。基於《田子方》提供的認知背景,聯繫孔子以後中國學術思想之大勢,可以斷定《天下》篇中,與《詩》《書》《禮》《樂》等經典關聯的"鄒魯之士搢紳先生"必是指以孔子爲核心的儒家學者。

固然,《詩》《書》《禮》《樂》《易》《春秋》等經典不止是儒家的精神財富,比如墨家也高度推崇《詩》《書》等故籍,但是毫無疑問,在諸子百家中,唯有儒家強有力地將它們建構成自己的核心典籍(自孔子創派時便是如此)。這種現實,可用來解釋莊派學人爲什麽拿"六經"所指涉經典關聯以孔子爲核心或表徵的鄒魯儒者,可用來解釋他們爲什麽反反復復將"六經"作爲孔子所治的經典來批判。總而言之,《莊子·天運》《天道》《天下》諸篇的相關信息不可輕忽。《天下》篇所記尤其值得重視。周予同(1898~1981)指出:"在我看來,《莊子》實際上是戰國時期的一部叢書,分内、外、雜三篇。其中《天下》篇雖非莊子本人所作，但是一篇很重要的文章，可以説是春秋戰國時期學術思想的總結。治古代史者，不讀此篇，便不能對孔、孟發表意見。"①他對《天下》篇的推揚基本上是合理的。

可惜的是，有不少現代學者不承認《莊子·天運》《天道》《天下》諸篇涉及儒家"六經"的學術史信息，或者堅稱六經爲各派共享之舊典，以便淡化或遮掩《莊子》回應、承襲子思氏之儒的學術思想史意義。這往往是被漢代經學制度所牽扯，或者是在學理上發生了誤判，抑或二者兼而有之。比如，日本學者本田成之(1882~1945)説："以《詩》《書》《易》《春秋》等説作經的是什麽時候的事呢？孔子在《論語》裏雖説'詩書執禮'，但不曾説經。孟子也屢説《詩》《書》《春秋》，但也未曾説經。其開始把儒書叫作經的要算荀子。'學惡乎始？惡乎終？曰：其數則始乎誦經，終乎讀禮……'(《勸學》篇)其前後並舉《書》《詩》《樂》《春秋》。從其分'誦經'與'讀禮'處所看來，禮既非經(《樂》恐怕起初也不是經文)，那所謂經僅有《詩》《書》《春秋》三種了。……荀子底'誦經'，或者如《左傳》'禮經'一樣，只是一種尊稱，並不是與後世的傳相對的經的那樣明瞭的觀念。……特別通五經的大義的人，到後漢纔有。至於六經博士，不待説其名也不存在了。其加入樂而名爲六經的，是從六藝的名轉化出來的名稱，恐怕是事實。這樣看來，《莊子》底《天運》《天下》二篇的'六經'的名及其説明，恐怕是成於後漢以後的人的手，在莊周的夢裏也不曾知道的。……至漢纔發生《六經》的名的，要是因爲從來有'六藝'之名，故秦漢之間的學者，對於黄老百家之學，從其必要上，於《詩》《書》《春秋》之中加入《禮》與《樂》，更加入《易》而稱爲'六經'，這是可斷言的。……'經'底名，始於荀子。以《詩》《書》《禮》《樂》《易》《春秋》稱'六藝'，始於《史記》……"②馬敍倫(1885~1970)固然稱《天下》篇爲"一個時代的學術的結論"，卻説其《詩》以道(導)志"一段，是"注文誤入"。③ 吴雁南(1929~2001)在援引上舉《莊子》材料後，提出"所謂的'經'，祇是先秦各家各派以及官府的重要著述與典籍而已"。④ 凡此種種，均抹殺了《莊子》關於儒家六經的一些重要學術思想史信息。

蔣伯潛(1892~1956)與蔣祖怡(1913~1992)評介上舉《莊子·天運》篇

---

① 朱維錚編：《周予同經學史論著選集》(增訂版)，上海：上海人民出版社，1996年，第2版，頁845。
② 〔日〕本田成之：《中國經學史》，孫俍工譯，上海：中華書局，1935年，第1版，頁4~8。
③ 參見馬敍倫：《莊子天下篇述義》，上海：龍門聯合書局，1958年，第1版，序言之一頁2，頁12。
④ 吴雁南、秦學頎、李禹階主編：《中國經學史》，福州：福建人民出版社，2001年，第1版，頁3。

所記，有云："'六經'之名見於古籍，當以此爲最早。"①章太炎說："《莊子·天下》篇……列舉六經，而不稱之曰'經'。然則'六經'之名，孰定之耶？曰：孔子耳。孔子之前，《詩》《書》《禮》《樂》已備。學校教授，即此四種。孔子教人，亦曰：'興於《詩》，立於《禮》，成於《樂》'。又曰：'《詩》《書》、執禮，皆雅言也。'可見《詩》《書》《禮》《樂》，乃周代通行之課本。至於《春秋》，國史祕密，非可公布，《易》爲卜筮之書，事異恒常，非當務之急，故均不以教人。自孔子贊《周易》，修《春秋》，然後《易》與《春秋》同列六經。以是知'六經'之名，定於孔子也。"②筆者在這裏關注的，是《莊子》所記關於儒家六經的信息究竟有何種學術思想史意義。筆者認爲，保守一點說，儒家六經之實奠定於孔子，是毫無疑義的，但"六經"之名未必定於孔子，——很可能定於孔門七十子至子思時代（亦即於此時，儒家核心典籍以"六經"之名與孔子發生關聯），其影響則已波及當時的道家等學派（儒家六經之實際，影響更不限於此。《商君書·農戰》《去彊》《靳令》《君臣》諸篇屢斥《詩》《書》《禮》《樂》或者《詩》《書》，即爲其例）。《莊子·外篇·天運》《天道》以及《雜篇·天下》關於儒家六經的信息不僅早而且可靠，值得高度重視。從學術思想史上看，《莊子》這些文字是莊派學人對七十子及其後學的回應，它們不僅呈現了莊派學人的不同理念和認知，而且也映射了彼時儒學的歷史面影。

郭店、上博竹書所見儒典大致產生於孔門七十子至子思子時代，亦即在孟子之前，它們呈現了《莊子》相關文本所由產生的歷史語境，證明了《莊子》所記"丘治《詩》《書》《禮》《樂》《易》《春秋》六經"、孔子"繙（十二）〔六〕經以說"的事實，也證明了《莊子》概論《詩》《書》《禮》《樂》《易》《春秋》的可信。

郭店《告自命出》上篇云：

> 凡術（道），心述（術）爲宔（主）。術四述，唯人術爲可術也。亓厽（三）述者，術之而已。《時（詩）》《箸（書）》《豊（禮）》《樂》，亓訇（始）出皆生於人。《時》，又（有）爲爲之也。《箸》，又爲言之也。《豊》《樂》，又爲䣧（舉）之也。聖人比亓（其）頪（類）而侖（論）會之，䂴（觀）亓（之迭）〔先後〕而逆訓（順）之，體亓宜（義）而即（節）曼（文）之，里（理）亓青（情）而出内（入）之，肰（然）句（後）復以教。教，所以生惪於中者也。

同樣的内容亦見於上博《告意論》。這段文字聚焦於"聖人"孔子整理和研治《詩》《書》《禮》《樂》以教育弟子的史實，強調其方法論、目的上的自覺性。如

---

① 蔣伯潛、蔣祖怡：《經與經學》，上海：上海書店出版社，1997年，第1版，頁1。
② 章太炎：《經學略說》（上），上海人民出版社編：《章太炎全集　演講集下》，上海：上海人民出版社，2015年第1版，頁873。

謂孔子將《詩》《書》《禮》《樂》建構爲"人術(道)"的淵藪,建構爲核心經典,以教育弟子,達成道德。如謂孔子用《詩》《書》《禮》《樂》教育弟子的具體操作手段有四:一是"比亓(其)頪(類)而侖(論)會之",殆即以類相從,且使之相與爲一。"比類"原則既體現於《詩》《書》《禮》《樂》之間,又體現於《詩》《書》《禮》《樂》各經典之内部。依據郭店竹書《語叢一》,《詩》聚焦於古今之志、《禮》聚焦於行爲規範等,都有比類纂集的意識。而就上博戰國楚竹書所見《詩論》來說,從"《關雎》之改,《梂木》之肯(持),《黍堂》之智(智),《鵲棟》之逯(歸),《甘棠》之保(報),《綠衣》之思,《鳸鳸》之情",論析人"童(動)而皆叔(賢)於亓(其)初"(案見《詩論》第四章),顯然也有比類匯集的意識。其所謂"侖(論)會之",應該是指從功能和宗旨上,發掘《詩》《書》《禮》《樂》等經典以及相關教育活動的同一性,——這意味着諸經典及相關教育活動殊途而同歸。《史記·滑稽列傳》記孔子説"六藝於治一也",孔子又説"興於《詩》,立於《禮》,成於《樂》"(《論語·泰伯》),都表明他著力於發掘和弘揚核心經典的同一性。二是"堇(觀)亓(其)(之)逯〔先後〕而逆訓(順)之",殆指用經典教育弟子時,講究安排和實施上的本末先後。《大學》嘗云:"物有本末,事有終始,知所先後,則近道矣。"子貢跟孔子談《詩》而受到認可,孔子謂"賜也,始可與言《詩》已矣"(《論語·學而》);子夏跟孔子談《詩》而受到認可,孔子謂"起予者商也!始可與言《詩》已矣"(《論語·八佾》);子夏請教何詩接近"亡(無)聲(聲)之縹(樂),亡體(體)之豊(禮),亡備(服)之桑(喪)",孔子謂"善才(哉),商也!酒(將)可㪔(教)《時(詩)》矣"(上博簡《民之父母》)。凡此之類,均顯示孔子以經典教育弟子時有所先後。孔子所謂"興於《詩》,立於《禮》,成於《樂》"(《論語·泰伯》),也有這一方面的含義。三是"體亓(其)宜(義)而即(節)曼(文)之",殆指以義爲主體規範弟子的性情。《告自命出》上篇云:"義也者,羣善之蕋(蕝)也。"(同語亦可參見上博《告意論》)"義"乃是具有極高標誌性的價值,是"羣善"的表徵,故舉"義"而羣善自然在焉。四是"里(理)亓(其)青(情)而出内(入)之",殆指在詮釋方面把握經典之情,而或者推揚其價值,或者賦予它某種價值。上博《詩論》第四章論"《關雎》目(以)色俞(喻)於豊(禮)",第五章記載孔子曰"虐(吾)目(以)《葛覃》旻(得)氏(祇)初之耑(志),……虐曰《甘棠》旻宗窑(廟)之敬,……虐曰《木芢》旻香(幣)帛之不可造(去)也,……虐曰《斯杜》旻雀(爵)□之不可無也",都是這一方面的顯例。儒家經學的根本特質在於價值的確立和弘揚。在這一過程中,傳統典籍有一些價值被發揚光大,有一些價值被屏蔽或捨棄,同時又被賦予一些價值;眷顧歷史和關懷現實渾然爲一體,而現世道德和秩序的建構則充當着最高的目的。

需要強調的是,上文引自《告自命出》和《告意論》的文字僅僅是就《詩》

《書》《禮》《樂》,來談論聖人孔子的事業(儒家這種言論,可能就是其他學派有時集中攻擊《詩》《書》《禮》《樂》的現實原因),但如認定它們的意思是説孔子祇不過建構了這四種核心經典,就有失於簡單化了。孔子曾説:"加我數年——五、十——以學《易》,可以無大過矣。"(《論語·述而》)①《史記·仲尼弟子列傳》記"孔子傳《易》於瞿(案指魯人商瞿,字子木)"。而孟子曾説:"世衰道微,邪説暴行有作。臣弑其君者有之,子弑其父者有之。孔子懼,作《春秋》。《春秋》,天子之事也。是故孔子曰:'知我者其惟《春秋》乎!罪我者其惟《春秋》乎!'……孔子成《春秋》而亂臣賊子懼。"(《孟子·滕文公下》)《史記·孔子世家》記載:"孔子在位聽訟,文辭有可與人共者,弗獨有也。至於爲《春秋》,筆則筆,削則削,子夏之徒不能贊一辭。弟子受《春秋》,孔子曰:'後世知丘者以《春秋》,而罪丘者亦以《春秋》。'"孔子同時也將《易》和《春秋》建構爲儒家核心經典,是毋庸置疑的事實。新出土孔門七十子至子思時期的儒典屢次並論《詩》《書》《禮》《樂》《易》《春秋》,也是有力的證明。如郭店簡文《六惪》篇云:

> 古(故)夫夫,婦婦,父父,子子,君君,臣臣,六者客(各)行其哉(職),而岔(獄)查(犴)亡(無)繇(由)迮(作)也。藿(觀)者(諸)《時(詩)》《箸(書)》則亦才(在)彖(矣),藿者《豊(禮)》《樂》則亦才彖,藿者《易》《春秋》則亦才彖。新(親)此多也,會(密)此多〔也〕,顓(美)此多也,人術(道)尗(無)止。

這段文字也從"人術(道)"層面上論説儒家經典的核心價值,跟上文引自《眚自命出》和《眚悥論》的文字有高度的"互文性"。合而觀之,很多重要的經學史或學術思想史問題便可以迎刃而解。例言之,由《六惪》可知,《眚自命出》和《眚悥論》就《詩》《書》《禮》《樂》所論之人道,乃至整個儒家所論之人道,就聚焦在"夫夫,婦婦,父父,子子,君君,臣臣"等方面。《禮記·禮運》篇記孔子曰:"何謂人義?父慈、子孝、兄良、弟弟(悌)、夫義、婦聽、長惠、幼順、君仁、臣忠,十者謂之人義。"這是更爲完備的表述,《六惪》篇祇是取其要者。齊景公問政,孔子答以"君君,臣臣,父父,子子"(《論語·顔淵》),同樣是取其要者。凡此均無不可。又比如,孔門七十子及其後學或總結孔子所做的具體工作以

---

① 孔子此語歧解甚多(參閲高尚榘主編《論語歧解輯録》,北京:中華書局,2011年,第1版,頁364~369),然幾無中其肯綮者,筆者認爲,"五、十"當理解爲句中自注。孔子句意大致是,再給我幾年——五年或十年——來學習《易》(亦即,我再花幾年工夫——五年或十年——來學習《易》),就可以没有什麽大的錯謬了。關於句中自注,請參閲本書第四章第二節"郭店上博儒典'眚''情''心''命'諸範疇"之注釋。

及他所使用的操作手段,或提挈孔子做這些工作的根本宗旨,其論説足以證明孔子確曾研究、整理和授受《詩》《書》《禮》《樂》《易》《春秋》六部經典,足以證明《莊子·天運》篇記孔子自稱"丘治……六經"、《天道》篇記孔子"繙(十二)〔六〕經以説"、《天下》篇並論《詩》《書》《禮》《樂》《易》《春秋》,等等,都有事實根據。具體言之,"六經"之名當成立於莊派學人所回應或承襲的孔門七十子及其後學,——確定"六經"作爲專名跟孔子的關聯當是孔門七十子及其後學所爲,但孔子跟"六經"所指涉六種核心經典的關聯,在孔子本人那裏就是一種歷史事實了。由此可知,無視《莊子·天運》諸篇的相關學術思想史信息是一個相當嚴重的錯誤(郭店竹書《語叢一》論説《詩》《書》等六種核心儒典,同樣堪爲明證,參見下文所論)。①

以上引自《眚自命出》《眚意論》和《六惪》的兩段文字反復確認六經爲人道之淵藪管鑰(以及《語叢一》之論六經),基本觀念應當是本源於孔子,由孔子後學録記或轉引,其作者往往可以接聞於夫子。《史記·滑稽列傳》記孔子曰:"六藝於治一也。《禮》以節人,《樂》以發和,《書》以道事,《詩》以達意,《易》以神化,《春秋》以義。"史公此記自當有本源,縱有變易,當不失要本。孔子此説爲《眚自命出》《眚意論》《六惪》相關論説之淵藪,毋庸贅辭(參見表10-11所示)。而《荀子·儒效》篇如下文字的核心理念就是從早期儒典來的:

聖人也者,道之管也。天下之道管是矣,百王之道一是矣,故《詩》、《書》、《禮》、《樂》之〔道〕歸是矣。《詩》言是,其志也;《書》言是,其事也;《禮》言是,其行也;《樂》言是,其和也;《春秋》言是,其微也。故《風》之所以爲不逐(流蕩)者,取是以節之也;《小雅》之所以爲《小雅》者,取是而文之也;《大雅》之所以爲《大雅》者,取是而光(廣)之也;《頌》之所以爲至者,取是而通之也:天下之道畢是矣。鄉(向)是者臧,倍是者亡。鄉是如不臧、倍是如不亡者,自古及今,未嘗有也。

《詩》《書》《禮》《樂》《春秋》之道,由呈現在"夫夫,婦婦,父父,子子,君君,臣

---

① 郭店簡、上博簡、馬王堆帛書中的新見儒典似未見"六經"作爲專名,這應該並不奇怪。其一,就早期儒典而言,現在所知依然很不完備,也許有一些用例我們尚未發現。其二,當初,"六經"作爲名稱並不是值得高度關注的事情,就好比現代人數一數手指頭有"五指",而平常言及,儘管可以用"五指"概言,主要還是用"拇指""食指""無名指"之類予以舉列。這就是爲什麽早期各家言説涉及儒家經典時,雖有用"六經"概舉的例子,通常情況下則或者舉列《詩》《書》《禮》《樂》《易》《春秋》,或者舉列《詩》《書》《禮》《樂》等等。在《莊子·天運》篇"丘治《詩》《書》《禮》《樂》《易》《春秋》六經"一語中,"六經"帶有"數數"的特質,作爲專名的功能並不突出。在《莊子·天道》篇孔子"繙(十二)〔六〕經以説"一語中,"六經"纔顯示了無須舉列具體指涉而爲人們共知的專名的質性。《荀子·勸學》單稱"經"。等到後世"五經"等專名頻現,"六經"作爲專名纔相形而增加了重要性。

臣"層面的人道(見於《告自命出》《告意論》《六惪》等早期儒典),變而爲以"聖人"爲關鍵的"天下之道""百王之道"(見於《荀子·儒效》等),更直接地凸顯了體系建構者的重要性。《詩》《書》等典籍作爲以"聖人"爲關鍵的"天下之道""百王之道"的載體,其作爲核心典籍的意義堪稱無以復加。《荀子·勸學》云:

> 學惡乎始?惡乎終?曰:其數則始乎誦經,終乎讀《禮》;其義則始乎爲士,終乎爲聖人。真積力久則入,學至乎没而後止也。故學數有終,若其義則不可須臾舍也。爲之,人也;舍之,禽獸也。故《書》者,政事之紀也;《詩》者,中聲之所止也;《禮》者,法之大分、類之綱紀也,故學至乎《禮》而止矣。夫是之謂道德之極。《禮》之敬文也,《樂》之中和也,《詩》《書》之博也,《春秋》之微也,在天地之閒者畢矣。……學莫便乎近其人。《禮》《樂》法而不説,《詩》、《書》故而不切,《春秋》約而不速。方(傍)其人之習君子之説,則尊以徧矣,周於世矣。故曰學莫便乎近其人。

荀子對由經典習得價值的局限性有明確的認知,而更看重"方(傍)其人之習君子之説",但《禮》《樂》《詩》《書》《春秋》作爲建立人亦即"成人"的根本依託,囊括一切重要價值而無餘,其作爲核心經典的意義也還是無與倫比的。荀子在上面兩段文字中都没有説到《易》,然而《荀子·大略》篇云:"善爲《詩》者不説,善爲《易》者不占,善爲《禮》者不相,其心同也。"《易》與《詩》《禮》並列,可見荀子絶未輕忽《易》,不過偶未及之而已。所以在《荀子》體系中,儒家核心經典實際上是《詩》《書》《禮》《樂》《易》《春秋》六者。《荀子》論説中明確出現了"經"的觀念,其"始乎誦經,終乎讀《禮》"之説看似把《禮》放到"經"之外,其實祇是以此凸顯《禮》的獨特價值,祇是説《禮》並非一般的"經"可比,並不是説《禮》不是"經"。本田成之説《荀子》不以《禮》爲"經",又説《樂》恐怕起初也不是經文,故《荀子》所謂經僅有《詩》《書》《春秋》,其説不當,一方面有以文害義之弊,一方面則是罔顧實際。由《詩》《書》《禮》《樂》《易》《春秋》被賦予的價值及功能來看,説它們在荀子那裏不是"經",太不可思議了。而有了新出簡帛古書,我們纔明白荀子之論儒經,實多本源於早期儒典。故其論《詩》《書》《禮》《樂》,與《滑稽列傳》所記孔子言,以及《莊子·天下》篇論六經,高度一致(《天下》篇相關内容當來自孔門弟子至子思子時代的儒者),其論《詩》《禮》亦與《語叢一》高度一致(參見表10-11所示)。而從某種程度上説,《荀子》關於"經"的理念,與《莊子·天運》《天道》關於"六經"的理念一樣,源頭均當在孔門七十子至子思子時代的儒家學者那裏。本田成之等學者認定"'經'底名,始於荀子",不僅認知片面,而且誤把流當成了源。

本田成之質疑《莊子·天下》篇"《詩》以道(導)志"諸語,認爲"通五經大義的人,到後漢纔有",又由此斷言,"《莊子》底《天運》《天下》二篇的'六經'之名及其說明,恐怕是成於後漢以後之人的手,在莊周的夢裏也不曾知道的",這同樣是一個極爲嚴重的誤判。孔子已經概言六部經典的大義了,孔子後學亦有不少論說,散見於《眚自命出》《眚意論》《六惪》以及《語叢一》等新出土儒典。已見於上文者,這裏不再重複,《語叢一》的相關文字是:"《易》,所以會天術(道)人術也。《詩》,所以會古含(今)之恃(志)也者。《春秋》,所以會古含(今)之事也。《豊》,交之行述(術)也。《樂》,或生(性)或教者也。《書》,☐者也。"①拿《眚自命出》《眚意論》《六惪》《語叢一》以及《荀子・儒效》《勸學》《大略》的相關文字,來比較《莊子・天下》篇對六經的論斷,可知《天下》篇論析六經的方式及其基本理念,在孔子至子思子之間的數代儒家學者那裏都已經存在了,在後來的荀子那裏也並不稀罕(十分可惜的是,《語叢一》論《書》的部分有殘缺)。往前看,《天下》篇論《詩》《書》《禮》《樂》,與孔子之説同。其間孔曰《禮》以"節人",《天下》謂《禮》以"道行",本質實無差異,均指規範人的行爲。其論《詩》《禮》《易》,與《語叢》一致。其間《語叢》謂"《易》,所以會天術(道)人術也",《天下》謂"《易》以道(導)陰陽",本質亦無差異。《周易・説卦傳》謂,"立天之道曰陰與陽,立地之道曰柔與剛,立人之道曰仁與義"。天、地爲始爲終而相貫,故王弼注云:"在天成象,在地成形。陰陽者言其氣,剛柔者言其形,變化始於氣象而後成形。萬物資始乎天,成形乎地,故天曰陰陽,地曰柔剛也。或有在形而言陰陽者,本其始也;在氣而言柔剛者,要其終也。"因此言天實不能離地,而天地乃是人道之本。故《周易・家人・象傳》云:"家人,女正位乎内,男正位乎外。男女正,天地之大義也。家人有嚴君焉,父母之謂也。父父、子子、兄兄、弟弟、夫夫、婦婦而家道正,正家而天下定矣。"《周易・繫辭上傳》云:"……法象莫大乎天地,變通莫大乎四時,縣象著明莫大乎日月,崇高莫大乎富貴。備物致用,立成器以爲天下利,莫大乎聖人。探賾索隱,鉤深致遠,以定天下之吉凶,成天下之亹亹者,莫大乎蓍龜。是故天生神物,聖人則之。天地變化,聖人效之。天垂象,見吉凶,聖人象之。河出圖,洛出書,聖人則之。"以此,《天下》篇謂"《易》以道(導)陰陽",實亦即會天道人道

---

① 案:謂《樂》用於教,容易理解。謂《樂》"或生(性)",則當是就"禮樂"之"樂"與"歡樂"之"樂"的關聯而言的。《禮記・樂記》謂,"夫樂者,樂也,人情之所不能免也";又謂,"樂也者,情之不可變者也。禮也者,理之不可易者也。……禮樂之説,管乎人情矣"。孔疏解釋道:"'夫樂者,樂也'者,言樂之爲體,是人情所歡樂也。"將"禮樂"之"樂"歸於"情",實即將其歸於"性"。郭店簡文《語叢二》有云:"情生於眚(性),豊(禮)生於情……"可知"情"之本在"眚(性)"。《語叢二》又謂:"惪(意)生於眚(性),樂生於惪,悲生於樂。"可知將"禮樂"之"樂"歸本於"歡樂"之"樂",實即歸其本於人之性。所有這些,《語叢一》所謂"《樂》,或生(性)或教者也",可以括囊之。

而言之,與《語叢》說同。而往下看,《天下》篇論六經,除論《易》以外,跟《荀子》之說全同。(參見表 10-11 所示)《莊子·天下》篇及《荀子》論六經之說殆均源自早期儒家。謂"《莊子》底《天運》《天下》二篇的'六經'之名及其說明,恐怕是成於後漢以後之人的手",何異乎癡人說夢?

表 10-11 從孔子至荀子儒家論六經與《莊子·天下》篇論六經之比照①

說明:(1)表中内容分總論、分論,參照總論,可以更準確地把握分論論斷各經典的宗旨。(2)所論六經之先後順序,依《青自命出》上篇(並《青意論》)、《六惪》、《天下》以及《荀子·儒效》(案《儒效》未及《易》)、《史記·滑稽列傳》所載孔子之説以及《荀子·勸學》《大略》之説據此調整和排列。

	總論(提示)	論《詩》	論《書》	論《禮》	論《樂》	論《易》	論《春秋》	總論(提示)
孔子(《史記·滑稽列傳》)	六藝於治一也。	《詩》以達意	《書》以道事	《禮》以節人	《樂》以發和	《易》以神化	《春秋》以義	
《青自命出》上篇(並《青意論》)	術(道)四述,唯人術爲可術也。	《時》,又(有)爲之也	《箸》,又爲言之也	《豊》《樂》,又爲𢍰(舉)也				聖人……肰(然)句(後)復以教。教,所以生惪於中者也。
《六惪》	夫夫,婦婦,父父,子子,君君,臣臣	䇂(觀)者(諸)《時(詩)》《箸(書)》則才(在)壴(矣)		䇂者《豊(禮)》《樂》則亦才壴		䇂者《易》《春秋》則亦才壴		……人術(道)宋(無)止
《語叢一》		《詩》,所以會古含(今)之恃(志)也者	《書》,□者也	《豊》,交之行述(術)也	《樂》,或生(性)或教者也	《易》,所以會天術(道)人術也	《春秋》,所以會古含(今)之事也	
《莊子·雜篇·天下》		《詩》以道(導)志	《書》以道(導)事	《禮》以道(導)行	《樂》以道(導)和	《易》以道(導)陰陽	《春秋》以道(導)名分	

---

① 《禮記·經解》篇以"經"指言《詩》《書》《樂》《易》《禮》《春秋》,且開頭綜論六經部分冠以"孔子曰",云:"入其國,其教可知也。其爲人也温柔敦厚,《詩》教也;疏通知遠,《書》教也;廣博易良,《樂》教也;絜(潔)静精微,《易》教也;恭儉莊敬,《禮》教也;屬辭比事,《春秋》教也。故《詩》之失,愚;《書》之失,誣;《樂》之失,奢;《易》之失,賊;《禮》之失,煩;《春秋》之失,亂。其爲人也温柔敦厚而不愚,則深於《詩》者也;疏通知遠而不誣,則深於《書》者也;廣博易良而不奢,則深於《樂》者也;絜静精微而不賊,則深於《易》者也;恭儉莊敬而不煩,則深於《禮》者也;屬辭比事而不亂,則深於《春秋》者也。"該篇頗多雜湊之迹象,且其論六經者,與表中所列各家之説均異,不像他説兩兩間總有勾連。筆者頗疑此文(包括冠以"孔子曰"者)產生於荀子之後,故不納入比較。

續表

	總論(提示)	論《詩》	論《書》	論《禮》	論《樂》	論《易》	論《春秋》	總論(提示)
《荀子·儒效》	聖人也者,道之管也。天下之道/百王之道	《詩》言是,其志也	《書》言是,其事也	《禮》言是,其行也	《樂》言是,其和也		《春秋》言是,其微也	
《荀子·勸學》		《詩》者,中聲之所止也	《書》者,政事之紀也	《禮》者,法之大分、類之綱紀也……				
		《詩》《書》之博也		《禮》之敬文也	《樂》之中和也		《春秋》之微也	在天地之間者畢矣
	學莫便乎近其人。	《詩》《書》故而不切		《禮》《樂》法而不説			《春秋》約而不速	
《荀子·大略》		善爲《詩》者不説		善爲《禮》者不相		善爲《易》者不占		其心同也

　　一言以蔽之,新見早期儒典足以證明,傳世《莊子》所涉及儒家"六經"的信息是極爲重要、不可忽視的。這些信息關聯的思想史語境以及它們與新見儒典的互證關係值得高度關注。若對這些歷史存在缺乏清晰準確的把握,將無法把握和呈現真實的思想學術史。直白言之,是新見儒典呈現的原初歷史語境解釋了《莊子·天運》《天道》何以出現密切關聯孔子的"六經",並且以"六經"爲批判的核心目標,解釋了《莊子·天下》篇何以如此論説"六經"。

　　《莊子·外篇·天運》斥孔子所治六經爲"先王之陳迹",而非"所以迹",意思是説孔子所治六經並非達成先王事迹的根由,不足爲法。這種批評針對的靶子也是相當明確的。《漢志·諸子略》謂儒家之根本,便是"游文於六經之中,留意於仁義之際,祖述堯、舜,憲章文、武,宗師仲尼,以重其言"。《莊子·外篇·刻意》嘗評論以下幾種人格境界:第一是"山谷之士,非世之人,枯槁赴淵者",第二是"平世之士,教誨之人,遊居學者",第三是"朝廷之士,尊主強國之人,致功幷兼者",第四是"江海之士,避世之人,閒暇者",第五是"道(導)引之士,養形之人,彭祖壽考者",第六是"聖人"。它所推舉的最高境界便是"天地之道,聖人之德",臻此境界者,"不刻意而高,无(無)仁義而修,无功名而治,无江海而閒,不道(導)引而壽,无不忘也,无不有也,澹然无極而衆美從之"。《刻意》篇還指出,"遊居學者"之所好,是"語仁義忠信,恭儉推讓,爲修而已矣",這顯然是指當時的儒者。《刻意》篇認爲他們不值得尊尚。成疏詮解其對"遊居學者"的評論，云："發辭吐氣，則語及仁義，用茲等法爲修身之本。此乃平時治世之士，施教誨物之人，斯乃子夏之在西河，宣尼之居洙泗，或遊行而議論，或安居而講說，蓋是學人之所好，良非道士（案指有道之士）之所先。"我們沒有理由認定莊子及其後學不了解自己批判的對象，也沒有理由認定其學說跟儒學水火不容、懸隔一如天壤，實際上，批評對方也往往意味着對對方的受容。而因爲關於儒家"六經"的學術史信息出於《莊子》，我們更加不能忽視其意義。

在《莊子》涉及儒家六經之學的學術公案解決以後，我們還得看看學術史上一系列與此相關的重大問題。錢玄同（1887～1939）曾提出，"……'六經'固非姬旦底政典，亦非孔丘底'託古'的著作"，"'六經'和孔丘無涉"。他認爲：

(1) 孔丘無刪述或制作"六經"之事。

(2)《詩》《書》《禮》《易》《春秋》，本是各不相干的五部書。（"樂經"本無此書。）

(3) 把各不相干的五部書配成一部而名爲"六經"的緣故，我以爲是這樣的：因爲《論語》有"子所雅言，詩，書，執禮"和"興于詩，立于禮，成于樂"兩節，於是生出"孔子以《詩》《書》《禮》《樂》教"（《史記·孔子世家》）之說，又因此而造出"樂正崇四術，立四教，順先王《詩》《書》《禮》《樂》以造士，春秋教以《禮》《樂》，冬夏教以《詩》《書》"（《禮記·王制》）之說。這一來，便把《詩經》《尚書》《儀禮》三部書配在一起了。因爲"樂之原在《詩》三百篇之中，樂之用在《禮》十七篇之中"（邵懿辰《禮經通論》說），故實雖三部，名則四部。又因爲孟軻有"孔子作《春秋》"之說，於是又把《春秋》配上。惟何以配入《易經》，我現在還沒有明白……

(4) "六經"底配成，當在戰國之末。"六經"之名，最初見於《莊子·天運》篇。又《莊子·天下》篇先說"《詩》《書》《禮》《樂》，鄒魯之士搢紳先生多能明之"，下又臚舉《詩》《書》《禮》《樂》《易》《春秋》六個名目而不云"六經"。案，《莊子》中可信爲莊周自作者，惟"內篇"七篇而已。《天運》在"外篇"，《天下》在"雜篇"，皆非莊周自作，當出於戰國之末。

(5) 自從"六經"之名成立，於是《荀子·儒效》篇，《商君書·農戰》篇，《禮記·經解》，《春秋繁露·玉杯》篇，《史記》（甚多），《漢書·藝文志》，《白虎通》等，每一道及，總是六者并舉；而且還要瞎扯了什麼"五常""五行"等話頭來比附了！（到了劉歆等"古文家"出來，又在那五部書外加上一部《周禮》。至於《春秋三傳》，《小戴禮記》，以及《論語》，《孝經》，《爾雅》，《孟子》等書，自來皆認爲"傳記"，故流俗所謂"七經""九經""十一經""十三經"也者,都可用"六經"之名賅之。)①

錢玄同的上述觀點在學術史很有代表性,對於經學史、儒學史而且與本小節所論關聯甚大。故筆者將結合上文的論述,予以簡單回應。

其一,孔子的事業確確實實與"六經"所指涉的典籍密不可分。在漢儒都無緣得見的、產生於孔門七十子至子思子時代的一批早期儒典(比如《眚自命出》《眚意論》《六惪》《語叢》)之中,孔子基於六經的經學和教育活動得到了極明確的總結和弘揚。這一批儒典差不多就產生於孔子時代,而且很可能出自接聞於夫子的孔子弟子之手,最起碼也是出自孔子再傳弟子,它們在研究經學史、儒學史方面正本清源的價值可能怎麽評價都不爲過分。而且,這一批儒典對孔子經學和教育事業的總結與弘揚發揮了超出儒家學派的影響,波及了道、法諸家,由是遂有《莊子》外、雜篇中關於儒家"六經"的學術思想史信息。即便你能勉強説《莊子》相關文字出於漢人之手(顯然這毫無依據),但總不能説那埋在公元前 300 年之前楚國貴族墓葬中的早期儒典也出自漢人之手吧?

"六經"作爲指涉儒家六種核心典籍的專名,現在尚無足夠證據可坐實其出自孔子本人,然而斷言此專名定型於孔門七十子至子思子時代的儒家論説,以新出早期儒典以及《莊子·天運》《天道》篇的合證,應該是毫無問題的。看起來,從現有新出早期儒典中尚未發現"六經"之專名,可是對這些早期儒典來説,"六經"之專名是衹要簡單數一數便可以得出來的,而更大的可能是它已經產生並定型,衹是我們尚未看到而已。可以證成這一點的是,《莊子·天運》《天道》《天下》諸篇承載着孔門七十子至子思子時代儒家學説的深刻影響,藴含着莊子後學對這一時期儒學(特別是子思氏之儒)的回應,因此它們以儒家"六經"爲靶子,甚或接受儒家對六經大義的界定,不可能是師心創設,衹能是取自對方。

至於孔子删述六經的傳統説法,要想推翻,也缺乏足夠的依據。分開來説,述的方面基本上是絶無可疑的,即便不看傳世文獻,單單去讀《眚自命出》《眚意論》《六惪》《語叢》等新出土早期儒典,亦可明了。上博簡《詩論》主體内容就是孔子"述"《詩經》的材料。錢玄同相信《論語》,曾説:"我們要考孔丘底學説和事蹟,我以爲衹有《論語》比較的最可信據。"他試圖根據《論語》,來分析孔子跟《詩》《書》《易》等經典的實際關係。② 其畫地爲牢之弊,在新出土早

---

① 參閲錢玄同:《答顧頡剛先生書》(1923 年 6 月 10 日),顧頡剛編著:《古史辨》第一册,頁 82、頁 85、頁 82~83。

② 參閲上書,頁83~89。

期儒典映現下堪稱歷歷在目,這裏暫且不論。但《論語・述而》記孔子說:"述而不作,信而好古,竊比於我老彭。"不是很清楚嗎？孔子經學事業以"述"爲核心。《春秋》是他根據舊史製作的,可用來教育弟子,依然要靠"述",不是做成了書拿給學生就了事。删的方面,其實也很難否認。以《詩》來說,《史記・孔子世家》記載:"古者《詩》三千餘篇,及至孔子,去其重,取可施於禮義,……三百五篇……"此說古人已不盡相信。鄭玄《詩譜序》謂:"……孔子録懿王、夷王時詩,訖於陳靈公淫亂之事,謂之變風、變雅。"正義便說:"《史記・孔子世家》云,古者詩本三千餘篇,去其重,取其可施於禮義者三百五篇。是《詩》三百者,孔子定之。如《史記》之言,則孔子之前,詩篇多矣。案:書傳所引之詩,見在者多,亡逸者少,則孔子所録,不容十分去九。馬遷言古詩三千餘篇,未可信也。"實際上,這種計算方法存在嚴重問題。所謂删大抵就意味着"去其重",而所謂"重"至少意味着大體相同,既然如此,書傳所引之詩見於傳世《詩經》者,何以必定其非删前之"重"者？

其二,說《詩》《書》《禮》《易》《春秋》本是"各不相干的五部書",大抵是對的,然而需要明確的是,孔子乃至整個儒家經學事業的一個重要追求,正是建構各種典籍在體系上的關聯。無論是強調它們"於治一也",還是強調它們從不同層面上承載人道,都凸顯了儒家建構諸經典之同一性的宗旨和努力。從"各不相干"到相與爲一,也正是建構的結果。至於斷言"'樂經'本無此書",也是似是而非。在早期儒家建構的經學體系中,《樂》是一個確鑿無疑的存在,祇是具體形態已經不得而知。

其三,《史記・孔子世家》有"孔子以《詩》《書》《禮》《樂》教"之說,此說並非漢人案往舊造說,郭店簡《眚自命出》上篇、上博簡《眚意論》有力地證明了史公所說自有本據。《眚自命出》上篇謂,"《時(詩)》《箸(書)》《豊(禮)》《樂》,亓台刁(始)出皆生於人。……聖人比亓(其)頪(類)而侖(論)會之,藿(觀)亓(之送)〔先後〕而逆訓(順)之,體亓宜(義)而即(節)憂(文)之,里(理)亓青(情)而出內(入)之,肰句(然後)復以教",還有比這更清楚的嗎？上博楚簡所見《詩論》,主體內容就是孔子以《詩》教的材料。總之,《詩》《書》《禮》《樂》四者並列的情況不僅在孔門弟子那裏已經存在了,而且影響了《商君書》。

其四,六經之配成絕不至於到戰國末期纔發生。即便不承認《莊子・天運》《天道》《天下》篇所負載的相關學術信息,即便不考慮孔子將這六種典籍建構爲儒家的核心典籍的努力,不晚於子思子的早期儒典《六惪》和《語叢》也已經在並論六者了,它們足以證明,早在戰國初期或者不晚於戰國中期,《詩》《書》《禮》《樂》《易》《春秋》六者已經配成。

其五,跟上面一條有關,像《漢書・藝文志》那樣將《樂》《詩》《禮》《書》《春秋》五經附會於"五常"等等，固然是漢以後儒者的"瞎扯"，可將六種核心典籍"並舉"卻並非戰國末纔有的事情，孔門七十子至子思子時代的儒典《六悳》《語叢》就已經如此了。如上所論，《莊子·天運》篇抨擊孔子"治《詩》《書》《禮》《樂》《易》《春秋》六經"，《天下》篇論《詩》《書》《禮》《樂》《易》《春秋》之大義，都是源自子思氏之儒，這些材料可進一步證明戰國末期六經纔"並舉"的説法相當荒謬。

我們習慣於懷疑，這決定了我們常常經過許多折騰方認清事實，回到原點。關於孔子和經學的關係，差不多就是這樣。皮錫瑞説："經學開闢時代，斷自孔子删定六經爲始。"①現代學者往往反對此説，然而事實擺在那裏，皮氏之説有很大的合理性。或者我們可以更準確地説：經學開闢時代，斷自孔子將六經建構爲儒家核心經典以教育弟子爲始。

3. 大體與小體、"性"與"命"以及"性命"

除前面三個小節所揭諸多例證外，又須注意的是，從《莊子》内篇開始，子思、孟子宣揚的大體、小體之區隔就已經浮現了，祇不過這裏並没有使用"大體""小體"之類名號而已。

比如，《莊子·内篇·齊物論》云："形固可使如槁木，而心固可使如死灰乎？"又謂："其形化，其心與之然，可不謂大哀乎？""心"相對於"形"的特殊性和超越性是十分明確的。不過《莊子》内篇對心和諸小體有君有臣、有貴有賤之説，似乎不完全贊同。所以《齊物論》云："百骸（各種骨骼）、九竅（耳目口鼻以及尿道肛門的九個孔道）、六藏（心肝脾肺左腎右腎），賅而存焉，吾誰與爲親？汝皆説（悦）之乎？其有私焉？如是皆有爲臣妾乎？其臣妾不足以相治乎？其遞相爲君臣乎？其有真君存焉？如求得其情與不得，無益損乎其真。"看起來，莊子面對儒家所倡心與諸小體有貴有賤、有君有臣之説，既不完全贊同，也未强力反對，他自己仍然在探求和思考。《莊子·外篇·田子方》説，孔子見老聃，曰："丘也眩與，其信然與？向者先生形體掘（兀）若槁木，似遺物離人而立於獨也。"老聃曰："吾遊心於物之初。"《雜篇·盜跖》云："且夫聲色滋味權勢之於人，心不待學而樂之，體不待象（法象）而安之。"《田子方》張揚的是超越"形體"而"遊心於物之初"，《盜跖》論説人之性，先舉列"心"，而後繼之以"體"，這類語句都呈現了"心"與"體"或"形"或"形體"的區分及互相對待，都凸顯了"心"對於"體"或"形"或"形體"的超越性地位。從整體上説，形體包括耳目、鼻口、四肢（手足）以及心等等元素。《莊子·雜篇·外物》稱："目徹爲明，耳徹爲聰，鼻徹爲顫（案指鼻通爲審於氣臭），口徹爲甘，心徹爲知（智），

---

① 皮錫瑞：《經學歷史》，北京：中華書局，2008年，第2版，頁19。

知徹爲德。"除了可以看出諸體之具體區隔外,同樣可見心最接近德,其地位乃在目、耳、鼻、口之上。《莊子·外篇·至樂》則説:"夫天下之所尊者,富貴壽善也;所樂者,身安厚味美服好色音聲也;所下者,貧賤夭惡也;所苦者,身不得安逸,口不得厚味,形不得美服,目不得好色,耳不得音聲;若不得者,則大憂以懼。其爲形也亦愚哉!"在這一段話中,第一個"身"字相當於總括言之的"形體",包括四肢耳目鼻口等等,由其所"安"較然可知;第二個"身"字大抵相當於四肢(其後"形"字殆指整個身軀)。總括上揭内容,可知《莊子》外、雜篇至少包含以下三方面的信息:其一,人體被劃分爲"目""耳""鼻""口""身"或"形""形體"以及"心"等部分,且"心"的地位十分凸顯;其二,這種區分同時關聯着對諸感官各有不同功能的認識,比如認爲目主視見、耳主聽聞等等;其三,人性被分别給出了認定,比如稱耳目好聲色、鼻口好臭味、身體好安逸、心好權勢等等。

除了對心之性的認知外,上揭内容基本上跟《五行》等新見儒典一致。承載子思五行體系的《五行》篇明確地説心爲大體、耳目鼻口手足乃至音聲貌色爲小體,認爲小體之性,是耳目好聲色,鼻口好臭味,手足好佚豫(凡此請參閲《五行》説文第二十二章);與此同時,《五行》又以基於官能的目視之明、耳聽之聰爲德行"知(智)"和"聖"的根本,認爲"聖""知(智)"乃"仁""禮""義""善""德"諸德行境界的基源(其詳請參閲《五行》經與説第十七、十三、十八、十九章,及其經文第二章)。《五行》這些説法在新見早期儒典中並非偶爾一見。與竹書《五行》同出於郭店戰國楚墓的《語叢一》説:"容絶(色),目殹(司)也。聖(聲),耳殹也。臭,𦎫(鼻)殹也。未(味),口殹也。燓(氣),容殹也。志,心殹。"這跟《五行》對人體各部及其官能的析分基本上一致。《語叢》《五行》等新見儒典殆有共同的知識背景,後世五種感官各司其官能的説法,這裏大略已經具備。莊派學人乃至諸子各家的共同知識或觀念背景可能就在這裏。毋庸諱言,五官分職説的濫觴相當早,而且該説很早就成爲廣大社會的共同知識。傳世《老子》第十二章固然暗含了目司色、耳司聲、口司味的觀念(其詳參見下文),然而,孔門七十子及其後學的相關説法,是在明確區隔大體、小體的整體框架上趨於完備和定型的,其區隔大體、小體,將心從人體中拔擢出來,予以主導性地位,對建構其心性學説體系發揮了根本作用;而且這些儒家學者較早且較集中地對人體各部之性採取分析的視角,以爲認知人性之基。這纔是最重要、最獨特而無可替代的。而莊派學人立論的知識基礎恰恰就是這些東西。

不過無論早一些的《老子》,還是晚一些的《莊子》,都不認爲心對於仁義諸價值有原初就具備哪怕一丁點兒的認同。這一點跟子思、孟子的觀念大異其趣。傳世《老子》第十二章云："五色令人目盲，五音令人耳聾，五味令人口爽，馳騁畋獵令人心發狂，難得之貨令人行妨。"其間馳騁畋獵之於心，與夫色之於目，聲之於耳，味之於口並列。上揭《莊子·盜跖》篇謂"且夫聲色滋味權勢之於人，心不待學而樂之，體不待象(法象)而安之"，顯然是説"心"本然好"權勢"，而"體"本然好"聲色滋味"，即基本上是論斷心之性與耳目鼻口諸小體之性，所謂"不待學""不待象"是强調兩者乃生之固然。以上《老》《莊》之説明顯接近戰國末荀子所張揚的心之性好利欲佚，這一認知是荀子學説跟思孟五行學説的分水嶺，是荀子立異、論證人性惡的根本依據(其詳可見《荀子·王霸》《性惡》諸篇)。① 而荀子之前，孟子、子思等前輩儒家學者則有完全不同的看法。比如，《五行》篇斷言人之性巍然好仁義或者獨有仁義。其説文第二十三章明確指出：

"天監[在]下，有命既雜(集)"者也，天之監下也，雜(集)命焉耳。遁(循)草木之生(性)，則有生焉，而无(無)[好惡焉]。[遁]禽獸之生(性)，則有好惡焉，而无禮義焉。遁人之生(性)，則巍然[知亓(其)好]仁義也。不遁亓所以受命也，遁之則得之矣。是目(侔)之已。故目萬物之生(性)而[知人]獨有仁義也，進耳。

《五行》對人之性的判斷是人之性好仁義或獨有仁義，其根基是心之性巍然好仁義。故其説文第二十三章接下來就説：

文王源耳目之生(性)而知亓(其)[好]聲色也，源鼻口之生(性)而知亓好蠁(臭)味也，源手足之生(性)而知亓好勞(佚)餘(豫)也，源[心]之生(性)則巍然知亓好仁義也。

這些表述都相當確切和肯定，顯然是長期思考和沉澱的結果。嗣後孟子不僅承襲了《五行》對大體、小體的區隔，並且基本上承襲了它對大體之性與小體之性的認知。根據心之性論定人之性，而不是像通常想象的那樣由心之性加上耳目、鼻口、手足之性來論定人之性，凸顯了思、孟之學的獨特邏輯，以及他們對心的獨特認知；——心被推舉爲君臨諸小體的大體，在他們的體系中具有必然性(其詳請參閲下文)。再後來荀子論定人性的方法和依據與思、孟並無差異，他之所以得出完全不同的結論，祇是因爲他對心之性有迥異於這些

---

① 參閲拙文《〈五行〉學説與〈五行〉》，《北京大學學報(哲學社會科學版)》2013年第一期，頁84～85。

前輩學者的認知。所以,荀子雖竭力摒斥思、孟五行學説,可從子思至孟子再至荀子,儒家心性學説之大體呈現出清晰的穩定性。① 綜合各方面材料來看,莊子後學主要是要與思、孟學説立異,而不是與荀子學説趨同。

早期儒典明言人性獨有仁義或者好仁義者,主要是子思的《五行》體系,子思之再傳弟子孟軻都未説得如此明確。所以,莊派學人屢屢斥言仁義並非人性,應該是針對《五行》立論,稍寬泛一點,並且考慮到體系的延續性,倒也算得上是針對子思孟子的五行學説。

《莊子·外篇·天運》説:

> 商(宋)大宰蕩問仁於莊子。莊子曰:"虎狼,仁也(成疏云:夫虎狼猛獸,猶解相親,足明萬類皆有仁性也)。"
>
> 曰:"何謂也?"
>
> 莊子曰:"父子(案指虎父虎子、狼父狼子)相親,何爲不仁?"
>
> 曰:"請問至仁。"
>
> 莊子曰:"至仁無親。"
>
> 大宰曰:"蕩聞之,無親則不愛,不愛則不孝。謂至仁不孝,可乎?"
>
> 莊子曰:"不然。夫至仁尚矣,孝固不足以言之(案即至仁大大超越孝)。此非過孝之言也,不及孝之言也(案指大宰蕩所説没有超過孝,而是没有達到孝)。夫南行者至於郢,北面而不見冥山(郭注:冥山在乎北極),是何也? 則去之遠也。故曰:以敬孝易,以愛孝難;以愛孝易,以忘親難;忘親易,使親忘我難;使親忘我易,兼忘天下難;兼忘天下易,使天下兼忘我難。夫德遺堯舜,而不爲也,利澤施於萬世,天下莫知也,豈直大息(嗟歎)而言仁孝乎哉! 夫孝悌仁義,忠信貞廉,此皆自勉以役其德者也,不足多也。故曰:至貴,國爵并(除棄)焉;至富,國財并焉;至願(愿/謹厚),名譽并焉。是以道不渝(成疏:是以道德淳厚,不隨物變也)。"

《天運》篇根據虎狼父子相親而倡言虎狼具有仁性,明顯是針對子思氏之儒對人性的論説。

商大宰蕩所謂"蕩聞之,無親則不愛,不愛則不孝",帶有轉述的無可置疑的語體特徵,大抵是轉述子思等戰國儒者的觀點。《五行》經文第十四章云:"顏色容貌溫,䜌(變)也。以亓(其)中心與人交,説(悦)也。中心説焉,遷于兄弟,戚也。戚而信(伸)之,親也。親而築(篤)之,愛也。愛父,亓繼愛

---

① 其詳請參閲本書第四章"先秦儒家心性學説的理念體系及歷史軌迹"。

人,仁也。"《五行》說文第十四章詮釋道：

"顏色容貌溫,變也"："變者,勉(勉)也；勉,孫(遜)也；孫,能行變者也。能行變者□□心說(悅)；心說,然苟(後)顏色容貌溫以說；〔顏色容貌溫以說〕,變也。"以亓(其)中心與人交,說也"：穀穀(謹慤貌)然不莊(臧)尤割(害)人者,是乃說已。人無說心也者,弗遷於兄弟也。"遷於兄弟,感(戚)也"：言遷亓說心於兄弟而能相感也。兄弟不相耐者,非无(無)所用說心也,弗遷於兄弟也。"感而信(伸)之,親也"：言信亓感也。搗(劗)而(爾)四體(體),予女(汝)天下,弗爲也。搗如(汝)兄弟,予女天下,弗怵(怵)也。是信之已。信亓感而苟(後)能相親也。"親而築(篤)之,愛也"：築之者,厚；厚親而苟能相愛也。"愛父,亓殺(繼)愛人,仁也"：言愛父而苟及人也。愛父而殺亓鄰之子,未可胃(謂)仁也。

這裏論述的,是從"勉(變)"這一基源,一步步生成德行"仁"的一個完整系譜,可以表示爲如下圖式：勉(變)→說(悅)→戚→親→愛→仁。

從生成意義上說,前面每一個元素都是它後面一個元素的因,後面每一個元素都是它前面一個元素的果。舉例言之,"戚"是將"說(悅)"遷於兄弟的結果,"親"是"戚"伸展擴充的結果,"愛"是"親"臻於篤厚的結果,"仁"是將對父親的愛推及他人的結果。很明顯,該系譜的一個核心關節,恰恰就是商大宰蕩轉述的"無親則不愛"。除此之外,郭店竹書所見儒典《湯吴之道》謂"忎(愛)睪(親)古(故)孝",則正是商大宰說的"不愛則不孝"之意。這兩點足以證明,商大宰聽聞和轉述的言論就源自戰國時候的子思氏之儒。

既然商大宰轉述的是子思氏之儒的觀點,則謂《天運》篇此章針對子思等儒家學者立言,就確鑿無疑了。從觀念和方法上看,子思很明確地將人區別於草木、禽獸的特質,定義爲人之性。《五行》說文第二十三章云：

"天監在下,有命既雜(集)"者也,天之監下也,雜(集)命焉耳。遁(循)草木之生(性),則有生焉,而无(無)好惡焉。遁禽獸之生(性),則有好惡焉,而无禮義焉。遁人之生(性),則巍然知亓(其)好仁義也。不遁亓所以受命也,遁之則得之矣。是目(佴)之已。故目萬物之生(性)而知人獨有仁義也,進耳。

子思將人相對於萬物(即草木、禽獸)"獨有"的特質亦即仁義,定義爲基於原初天降之命的人性。無論就觀念言,還是就方法言,這都意味着仁義之性絶非虎狼所能有。降及孟子之世,告子嘗曰:"生之謂性。"孟子便問道:"生之謂性也,猶白之謂白與?"告子答曰:"然。"孟子又問:"白羽之白也猶白雪之白,白雪之白猶白玉之白與?"告子又説:"然。"孟子於是警惕地質疑:"然則犬之性猶牛之性,牛之性猶人之性與?"(《孟子·告子上》)作爲子思再傳弟子,孟子堅決反對的,仍是混同人之性與禽畜之性的取向。有了從《五行》至《孟子》的大歷史語境,《莊子·天運》篇針對子思、孟子等儒家昌言"虎狼,仁也",就是板上釘釘的事情了。

《天運》篇指出,依儒者的邏輯,畜生也有仁性,這堪稱以子之矛攻子之盾。上文已經指出,《五行》經文第十四章云:"愛父,亓(其)繼愛人,仁也。"《湯吳之道》云:"忎(愛)䍏(親)尒(忘)臤(賢),佥(仁)而未義也。尊(尊)臤遺䍏,我(義)而未忎也。"凡此大抵均是以親親愛親來定義仁。所以《天運》纔指出,虎狼之父子也能够相親,其子之親親不也是仁嗎?看來莊派學人的邏輯是足够嚴密的,然而他們忽略了一個根本點(很可能是出於選擇性地無視),即在儒家的設計中,由親親愛親生成仁,必須將此親、愛作超出血緣倫理的推延,否則無以成就仁德。《湯吳之道》强調:"堯舜之行,忎(愛)䍏(親)隊(尊)臤(賢)。忎䍏古(故)孝……。孝之殺(次),忎天下之民。……孝,佥(仁)之免(冕)也。"其間由"愛親─孝"到"愛天下之民─仁"的躍升,一目瞭然。《五行》經文第十四章説得更加簡潔堅確:"愛父,亓(其)繼愛人,仁也。"其説文第十四章詮釋道:"'愛父,亓(其)殺(繼)愛人,仁也':言愛父而笱(後)及人也。愛父而殺亓鄰之子,未可胃(謂)仁也。"顯然,恰恰是被莊派學人無視的這一超越性的推延,纔是虎狼等禽獸無法達成的。故《天運》篇上述抨擊儒家的文字存在明顯的漏洞。它要想説"至仁無親""夫孝悌仁義,忠信貞廉,此皆自勉以役其德者也,不足多也",直接説就可以了,所謂"虎狼"其實幫不上什麽忙,但是不如此,又如何能動耳驚心、聳人聽聞呢?

《天運》追求的不是儒家式的"自勉以役其德",而是"采真之遊":"古之至人,假道於仁,託宿於義,以遊逍遙之虚,食於苟簡之田,立於不貸之圃。逍遥,无(無)爲也;苟簡,易養也;不貸,无出也(郭注:不貸者,不損己以爲物也。成疏:不損我以益彼,故無所出)。古者謂是采真之遊。"不過如何假道、託宿於仁義,以及如何要假託仁義,顯然是一個缺乏細緻交代的問題,且大抵也衹是打打擦邊球而已。

《莊子·外篇·天道》説:

孔子西藏書於周室。子路謀曰:"由聞周之徵藏史有老聃者,免而歸居,夫子欲藏書,則試往因焉。"

　　孔子曰:"善。"往見老聃,而老聃不許,於是繙(十二)〔六〕經以説。

　　老聃中其説,曰:"大謾(冗長、繁多),願聞其要。"

　　孔子曰:"要在仁義。"

　　老聃曰:"請問,仁義,人之性邪?"

　　孔子曰:"然。君子不仁則不成,不義則不生。仁義,真人之性也。又將奚爲矣?"

　　老聃曰:"請問,何謂仁義?"

　　孔子曰:"中心(物)〔易〕愷,①兼愛无(無)私,此仁義之情也。"

　　老聃曰:"意(噫),幾(殆,危險)乎後言!夫兼愛,不亦迂乎!无私焉,乃私也。夫子若欲使天下无(無)失其牧乎,則天地固有常矣,日月固有明矣,星辰固有列矣,禽獸固有羣矣,樹木固有立矣。夫子亦放(依)德而行,循道而趨,已至矣;又何偈偈(用力貌)乎揭仁義,若擊鼓而求亡子焉?意,夫子亂人之性也!"

這一寓言斥孔子"偈偈乎揭仁義"實乃"亂人之性",這顯然是説人性與仁義無關;其以"天地固有常矣,日月固有明矣,星辰固有列矣,禽獸固有羣矣,樹木固有立矣",來佐證和定義人性,則説明其作者視人性爲人"固有"的質素和趨向。

　　徐復觀認爲,《莊子》内七篇没有"性"字。② 這一觀察實際上不準確。《莊子·内篇·養生主》謂,"緣督以爲經,可以保身,可以全生,可以養親,可以盡年","全生"當即讀爲"全性",按一般流行解釋將它理解爲"保全生命"之類,豈不跟上文的"保身"重複?傳世《莊子》内篇關於"性"的論説不多,這跟莊子依賴"道"和"德"來建構體系有關。在莊子體系中,與"道"直接關聯的核心範疇有"造物者"(《莊子》外雜篇"物物者",與之相類)、"造化"、"無"等等,與"德"直接關聯的核心範疇有"化"等等(比如,《莊子·内篇·大宗師》有"浸假而化予之左臂以爲雞"云云)。"道"是終極存在,"德"是物對道的承受。故《莊子·外篇·天地》曰:"泰初有无(無),无有无名。一之所起,有一而未形。物得以生,謂之德。"這樣的體系,對"性"範疇的依賴度顯然不高,但也並非絕不相干。《養生主》所謂"全生(性)",殆即《莊子》外雜篇常説的"不失其性命之情""任其性命之情"或者"安其性命之情"(前二者可參見《莊子·外篇·駢

---

① 章太炎認爲"物"爲"易"之誤,"易愷"即"豈弟"之意(參見氏著《莊子解故》,上海人民出版社編:《章太炎全集·齊物論釋、定本　莊子解故　管子餘義　廣論語駢枝　體撰録　春秋左氏疑義答問》,上海:上海人民出版社,2014年,第1版,頁166)。

② 徐復觀:《中國人性論史·先秦篇》,頁336。

拇》，後者可參見《莊子·外篇·在宥》以及《天運》)，而《駢拇》所謂"性長非所斷，性短非所續"一語，尤可爲"全生(性)"之注脚，故這裏無須贅言。值得高度關注的是，《莊子》內篇偶爾涉及"生(性)"，外雜篇則反反復復針對"性"立論，顯然是因爲儒家心性學説持續高漲，莊子後學不得不予以頻繁和强有力的應對(特別是要應對它與己説暌異的部分)，拿出自己的主張。所以我們再次面對《莊子·天道》篇這類文字，一點都不感覺奇怪。清楚一點就可以了：凡是莊子後學强力針對子思氏之儒或孔門七十子立言的地方，也就是子思氏之儒或孔門七十子影響所到的地方。

當然，莊子後學不衹是唱反調，其觀念及其建構觀念體系的模式，或深受孔門七十子與子思氏之儒的啓發和滋潤。郭店儒典《眚自命出》上篇云："眚(性)自命出，命自天降。"同語亦見於上博《眚意論》。可知孔門七十子業已建構了"天→命→性"的基本認知和觀念框架。這一框架，也藴含在《五行》説文第二十三章對草木、禽獸以及人性的比較討論中(已見上文所引)。《眚自命出》上篇還説："術(道)訇(始)於青(情)，青生於眚(性)。"(此語亦見上博《眚意論》)《語叢二》也説："情生於眚(性)，豊(禮)生於情……"然則孔門七十子及其後學實已明確建構了"天→命→性→情→道(人道)"的完整觀念系譜。進一步結合郭店楚墓所見《城之聞之》等儒典，復可知他們在另外一方面還建構了"天→大常(天常)→人道(人倫、大道)"的觀念系譜。比如《城之聞之》説："天夅(降)大棠(常)，以里(理)人侖(倫)。折(制)爲君臣之義，悫(圖)爲父子之新(親)，分爲夫婦之攴(辨)。是古(故)小人變(亂)天棠以逆大道，君子訇(治)人侖以川(順)天惪(德)。"又説："昔者君子有言曰'聖人天惪(德)'，害(蓋)言新(慎)求之於呂(己)，而可以至川(順)天棠(常)悇(矣)。"這兩個觀念系譜閉合並且交疊，成爲一個環形的系統(參見圖10-8)。其間，人道既出乎長性養情的政教倫理關懷，又合乎大常、天常、大道、天心或曰天德，由此從天到人、從天道到人道的邏輯脈絡豁然貫通；人道落實於主體修爲，其指向恰恰又是以修養情、性爲基礎，而回歸天德。這一環形系統的復現對於認知儒家思想史乃至整個早期中國思想史，有重大意義。葛瑞漢有一個深刻影響並誤導了世界中國學研究的著名判斷，即認爲："到了公元前四世紀，'性'不是一個哲學術語；它屬於每一個關心其健康和希望長生的人之普遍語言。它隨着'養生'的提倡者進入哲學領域。"①葛瑞漢所説"養生"的提倡者，主要是指楊朱和子華子。現在其論斷已被上揭新見儒典徹底推翻了。上

---

① 〔英〕葛瑞漢：《孟子人性理論的背景》，〔美〕江文思、〔美〕安樂哲編：《孟子心性之學》，頁19。

海博物館館藏戰國楚竹書《詩論》載錄了孔子認知、詮釋《詩經》的基本觀念，其作爲核心範疇的"民眚"指的就是人性。① 而孔門七十子及子思氏之儒的著述則含蘊着以"天""天道""天德"爲上端，以"人道""人倫"爲下端，貫穿"命""性""情""大常"等核心範疇的相當精密的體系化安排。總之，"性"早在楊朱、子華子以前就是儒家哲學的核心範疇和話語了，② 葛瑞漢之説可以休矣。

無獨有偶，《莊子》中也有一個模式上高度相似的觀念系統。其《外篇·天地》曰：

> 泰初有无(無)，无有无名。一之所起，有一而未形。物得以生，謂之德；未形者有分，且然無閒，謂之命；霤(流)動而生物，物成生理，謂之形；形體保神，各有儀則，謂之性。性脩反德，德至同於初(成疏：至其德處，同於太初)。同乃虛，虛乃大。合喙鳴(成疏：喙，鳥口也。心既虛空，迹復冥物，故其説合彼鳥鳴。鳥鳴既無心於是非，聖言豈有情於憎愛)；喙鳴合，與天地爲合。其合緡緡，若愚若昏，是謂玄德，同乎大順。

這一論説是基於道家的生成觀來界定"性"，它一方面確立了"无(一或道)→德→命→物→形→性"的遞降的邏輯生成序列，一方面又認定主體通過修"性"而返回"德"、歸依泰初之"无(無)""一"或道，這兩個方面同樣也閉合爲一個環形的系統(參見圖 10-9)。

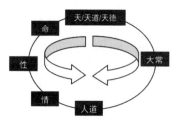 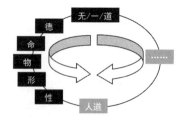

圖 10-8　新見早期儒典關於天、　　圖 10-9　《莊子·外篇·天地》關於天、
　　　　　人諸範疇關係圖示　　　　　　　　　　人諸範疇關係圖示

《天地》篇沒有清晰表達環形觀念系統的右面一半，亦即沒有明示終極之道落實爲作爲人生範式的問題，然在以"人法地，地法天，天法道"(傳世《老子》第二十五章)爲基底的整個道家學説中，這一環是不可或缺，也不言而喻的。既然如此，從結構模式來看，新見儒典、《天地》篇的上揭觀念系統便幾乎完全一致。而更重要的是，兩者擁有一系列相同的重要範疇。其一，最直接

---

① 參閲拙文《〈詩論〉"眚""心""命"等範疇探析》，《饒宗頤國學院院刊》第三期(2016 年 5 月)，頁 77~93；亦可參閲本書第四章第一節："《詩論》'眚''心''命'等範疇"。

② 其詳請參閲本書第四章第二節："郭店上博儒典'眚''情''心''命'諸範疇"。

的就是"命"與"性"。其二,《莊子》一書,尤其是其外雜篇,常並稱"天""道",甚至以"天"代"道",①則《天地》篇環形系統中的終極存在"道"大抵可理解爲"天",由此它跟新見儒典環形系統的匹配程度就進一步。其三,看起來《天地》篇環形觀念系統中的"物"與"形",跟新見儒典環形系統的差異最大,實則不然,因爲所謂"性"都必然是"物"的性。《五行》説文第二十三章説:"'天監在下,有命既雜(集)'者也,天之監下也,雜(集)命焉耳。遁(循)草木之生(性),則有生焉,而无(無)好惡焉。遁(循)禽獸之生(性),則有好惡焉,而无禮義焉。遁(循)人之生(性),則巍然知亓(其)好仁義也。不遁(循)亓所以受命也,遁(循)之則得之矣。……故目(侔)萬物之生(性)而知人獨有仁義也,進耳。"儒典環形系統"性"之上有"物",如所謂"萬物",如所謂"草木""禽獸""人"),是確鑿無疑的。——無須費辭,上揭兩個觀念系統中的物都具體爲人。而"物"自然有"形"。郭店儒典《語叢一》云:"又(有)天又(有)命,又(有)迡(地)又(有)惼(形),又(有)勿(物)又(有)容,又(有)㝵(稱)又(有)名。"又説:"又(有)勿(物)又(有)容,又(有)𠃏(盡)又(有)厚,又(有)頪(美)又(有)膳(善)。"可見孔門七十子或子思氏之儒原本也曾將"惼(形)""勿(物)"與"天""命"一起討論,並且相當細緻;其所謂"容",跟"形"相近,"又(有)勿(物)又容"基本上是説"物"與"形"的貫通性。可見,孔門七十子及子思氏之儒僅僅是在建構完整的天人觀念系統時,未把"物"和"形",跟"命""性""情"等範疇放到一個層面上而已。《莊子·天地》篇天人觀念系統的模式基本上是從孔門七十子及子思氏之儒的系統來的,在觀念上也跟它有強烈的同一性。

在戰國儒典中,"命"與"性"是前後承接、上下通貫的。郭店《眚自命出》上篇以及上博《眚意論》均謂"眚(性)自命出",《五行》説文第二十三章則説,循草木、禽獸、人"所以受命",即可以得其"生(性)"。因此從觀念上説,"性命"範疇的出現在孔門七十子及子思氏之儒的著述中,乃水到渠成之事。郭店簡文《湯吳之道》有云:"𥄎(節?)虖(乎)脂膚血䅿(氣)之青(情),羖(養)眚(性)命之正,安命而弗宎(夭),羖生而弗䞈(傷)……"明確提到了"眚(性)命"。新見儒典稱舉"眚(性)命"者不算多,但因爲有"眚(性)自命出"這一核心理念作依據、支撐和背景,《湯吳之道》提及"眚(性)命"不僅有極強的必然性,而且攜帶着某種普遍性;就是説,在七十子及其後學出言談爲文學之時,該範疇很

---

① 徐復觀指出:"從使用名詞上面説,莊子與老子顯著不同之點,則是莊子常使用'天'字以代替原有'道'字的意義。……莊子所以用'天'字代替'道'字,可能是因爲以'天'表明自然的觀念,較之以'道'表明自然的觀念,更易爲一般人所把握。"(見氏著《中國人性論史·先秦篇》,頁334~335)

可能是相當廣泛的存在。這一儒學畛域的"眚(性)命"範疇毫無疑問要早於莊子後學熱衷於談論的"性命",儒道兩個學派在這一點上所關聯的前所未知的思想學術史路徑,由此進一步凸顯。劉笑敢調查並統計"道德""性命""精神"等關鍵複合詞的使用頻次,發現這幾個詞不見於《莊子》内篇,在外、雜篇各出現 16 次、12 次、8 次;不見於早於《莊子》或者跟《莊子》大致同時的《左氏春秋》《論語》《墨子》《老子》《孟子》等典籍,在《莊子》以後的《荀子》中各出現 11 次、1 次、2 次,在《韓非子》中各出現 2 次、1 次、10 次,在《吕氏春秋》中各出現 2 次、8 次、2 次。他根據這一結果,結合漢語詞彙發展的規律,確認《莊子》内篇寫作在前,而外、雜篇寫作在後。① 這種探討自然是開創性的,至今仍然有效,但是卻不能説"性命"一詞不見於早於《莊子》或者跟《莊子》大致同時的典籍了。綜合各方面的觀察,應可確知莊子後學熱衷於談論"性命",是由於孔門七十子及其再傳弟子的影響。

在《莊子》内篇,"命"常常指涉人無可奈何的先驗決定。比如《德充符》云:"死生存亡,窮達貧富,賢與不肖毁譽,飢渴寒暑,是事之變,命之行也;日夜相代乎前,而知(智)不能規(窺)乎其始者也。"至《莊子》外雜篇,"命"被賦予了新的意涵。如《天地》篇所説,"未形者有分,且然無閒,謂之命",易言之,"命"是没有形質、跟道不同卻又不存在分際的次一級的存在;所謂"畱(流)動而生物",應該是説"命"這種存在流動而生成了物。這跟《五行》説文第二十三章所説天降於草木、禽獸以及人的"命"頗爲相近。總之,這種"命"是最高存在給予的、物生成或存在的根本依據。在莊子後學的體系中,"命"被賦予此種新意涵並且被凸顯,無疑也是儒家性命學説激蕩、啓發的結果。

《莊子·天地》篇接下來稱"物成生理,謂之形"("理"者"形"之類,《荀子·正名》篇云"形體、色、理以目異"),指的是物生成,於是便有了形質,也就是說,物之前的所有存在都是超然而無形質的;"形體保神,各有儀則,謂之性",指的是物以其形體持守内在的精神,於中有循從之軌則,此即所謂性。單就對"性"的界定而言,《天地》篇與思、孟學説迥異,它並不着眼於人獨具而有異於草木、禽獸的特質。《荀子·天論》篇云:"天職既立,天功既成,形具而神生,好惡、喜怒、哀樂臧焉,夫是之謂天情。"楊倞注説:"天情,所受於天之情也。"據《荀子·正名》篇所謂"性者,天之就也;情者,性之質也;欲者,情之應也","情""性"密切關聯,故《天論》篇之"天情"差不多就是受於天的性。這跟《莊子·天地》篇就外在之"形"與内在之"神"來界定"性",頗爲一致。兩者所

---

① 參閲劉笑敢:《莊子哲學及其演變》,北京:中國社會科學出版社,1988 年,第 1 版,頁 5~13。

論圖式,一是"形體－神－神所具儀則＝性",一是"形→神－神所藏好惡喜怒哀樂＝天情(天性)"。然而,《天地》篇在這裏跟孔門七十子及子思氏之儒仍然存在聯繫,即在其生成圖式中,"命"和"性"明顯也是前後承接、上下貫通的。一方面自身體系中育成了"命"與"性"密邇相貫的範疇(內因),一方面孔門七十子及其後學提出並可能已廣泛使用"性命"範疇來開展討論(外因),莊子後學熱心於談論"性命",以自我表白,或者對其他學派特別是儒家作出回應,"性命"由此成爲莊子後學最重要的範疇,就十分自然了。

綜上所論,莊子後學重新定義"命",並頻繁論說"命""性"或者"性命",都是孔門七十子及其後學高張性命學說的結果。

莊子後學定義人性的方法和立場跟思、孟針鋒相對。在談論性命的大潮中,孔門七十子及其後學也曾討論草木、禽獸之性。比如《眚自命出》上篇云:"牛生而倀(長),鴈(雁)生而戕(伸),元(其)眚(性)狀(然)也。人而學或使(使)之也。"牛生而以角抵觸,爲牛之性;雁生而行以陣列,爲雁之性。《五行》説文第二十三章集中討論草木、禽獸以及人之性。然而很明顯,孔門七十子及子思氏之儒的主流選擇,是基於人"所以受命"跟草木、禽獸"所以受命"的差異,來定義人之性。故《五行》説文第二十三章得出結論説,"目(眸)萬物之生(性)而知人獨有仁義","人之生(性)⋯⋯巍然⋯⋯好仁義"。這種定義人性的立場和方式,促使子思、孟子等儒家學者直接將仁義禮智諸價值或其發端,落實到人性層面上。莊子後學則傾向於等視人物、禽獸之性,他們常常以後者來論證和説明前者。比如,《莊子·外篇·駢拇》云:"彼(正)〔至〕正者,不失其性命之情。故合者不爲駢,而枝者不爲跂;長者不爲有餘,短者不爲不足。是故鳧脛雖短,續之則憂;鶴脛雖長,斷之則悲。故性長非所斷,性短非所續,無所去憂也(郭注:無所去憂而憂自去也)。"《莊子·外篇·馬蹄》云:"馬,蹄可以踐霜雪,毛可以禦風寒,齕草飲水,翹足而陸,此馬之真性也。"基於這種立場、視角和方法,莊派學人所定義的人性,自然就跟仁義諸人類社會的價值發生了睽異。《莊子·雜篇·盜跖》云:"今吾告子以人之情,目欲視色,耳欲聽聲,口欲察味,志氣欲盈。"又説:"且夫聲色滋味權勢之於人,心不待學而樂之,體不待象而安之。夫欲惡避就,固不待師,此人之性也。天下雖非我,孰能辭之!"這是必然的結果,從他們對人性的認知中找不到仁義。

分析地看,《莊子》論大體(心)、小體(耳目鼻口手足)之性,持論殆與荀子一致。《荀子·王霸》篇云:"⋯⋯人之情,口好味而臭味莫美焉,耳好聲而聲樂莫大焉,目好色而文章致繁,婦女莫衆焉,形體好佚而安重閒靜莫愉焉,心好利而穀禄莫厚焉⋯⋯"又説:"夫人之情,目欲綦(極)色,耳欲綦聲,口欲綦味,鼻欲綦臭,心欲綦佚。此五綦者,人情之所必不免也。"這些與前引《莊子·外篇·田子方》《雜篇·外物》的相關論説基本一致，從其中的大、小體之性中，我們同樣找不到仁義等價值。《莊子》論小體之性，持論殆與子思、孟子、荀子一致。《五行》説文第二十三章謂耳目之性好聲色，鼻口之性好臭味，手足之性好佚豫等，跟上揭莊子後學論諸小體之性無異。子思孟子將心之性定義爲好仁義、悦理義，或者有仁義禮智四端，基於此斷言人性獨有仁義或者獨有仁義禮智之端，張揚持守心（大體）之性不離不失。荀子強調，"今人之性固無禮義，故彊學而求有之也；性不知禮義，故思慮而求知之也"（《荀子·性惡》），倡言化性起僞；化性意味着對性的改易，起僞意味着仁義諸價值的生成。道家主流或者主張放任性，或者警示溺於性之好欲所產生的消極價值，而完全排斥變易人性的觀念和舉措。《莊子·外篇·駢拇》云："天下有常然。常然者，曲者不以鉤，直者不以繩，圓者不以規，方者不以矩，附離不以膠漆，約束不以纆索。故天下誘然（自然地）皆生而不知其所以生，同焉皆得而不知其所以得。"又云："吾所謂臧者，非所謂仁義之謂也，任其性命之情而已矣。"《馬蹄》篇則説："吾意善治天下者不然。彼民有常性，織而衣，耕而食，是謂同德；一而不黨（即渾然一體而無偏私），命曰天放。故至德之世，其行填填（穩重貌），其視顚顚（專注貌）。當是時也，山無蹊隧，澤无（無）舟梁；萬物羣生，連屬其鄉；禽獸成羣，草木遂長。是故禽獸可係羈而遊，鳥鵲之巢可攀援而闚。"成疏釋"天放"曰："若有心治物，則乖彼天然，直置放任，則物皆自足，故名曰'天放'也。"凡此均主張"任性"。傳世《老子》第十二章云："五色令人目盲，五音令人耳聾，五味令人口爽，馳騁畋獵令人心發狂，難得之貨令人行妨。"這裏早已警示人們切勿沉溺於性之好欲了。《莊子·外篇·天地》有差不多的表達，且明確將目、耳、鼻、口、心被五色、五聲、五臭、五味以及趣舍汩没稱爲"失性"：

　　百年之木，破爲犧尊（古代酒器），青黄而文之，其斷在溝中。比犧尊於溝中之斷，則美惡有間矣，其於失性一也。跖與曾（曾參）、史（史鰌），行義有間矣，然其失性均也。且夫失性有五：一曰五色亂目，使目不明；二曰五聲亂耳，使耳不聰；三曰五臭薰鼻，困惾中顙（成疏：五臭，謂羶薰香鯹腐。惾，塞也，謂刻賊不通也。言鼻眈五臭，故壅塞不通而中傷顙額也）；四曰五味濁口，使口厲爽（案即伤害）；五曰趣舍滑心，使性飛揚。此五者，皆生之害也。而楊、墨乃始離跂（踮起脚跟，用力貌）自以爲得，非吾所謂得也。夫得者困，可以爲得乎，則鳩鴞之在於籠也，亦可以爲得矣。且夫趣舍聲色以柴其内，皮弁鷸冠搢笏紳修以約其外，内支盈（成疏：支，塞也。盈，滿也）於柴栅（栅欄），外重纆繳，睆睆然在纆繳之中而自以爲得，則是罪人交臂歷指（拶指）而虎豹在於囊檻，亦可以爲得矣。

五"失性"之說，表明莊子後學對性的界定和主張有更多的複雜性。他們認爲，目好五色而目之明不爲五色傷，耳好五聲而耳之聰不爲五聲傷，鼻好五臭而鼻之能不爲五臭傷，口好五味而口之能不爲五味傷，心有趣舍而心之本不爲趣舍亂，纔能算得上是得其性（於大體、小體之性拿捏處置適當）。這一宗旨與《五行》有一致處。《五行》也張揚得性，衹不過其所謂得性，主要是指持守心好仁義之性而不離不失（可參見《五行》說文第二十三章）。而在約束和節制小體之性方面，儒、道兩家明顯趨同。

更值得注意的是，其一，《天地》篇殆將目、耳、鼻、口、心之官能視爲性，故謂"五色亂目"等等爲"失性"。《荀子》也有類似的界定。如其《性惡》篇云："今人之性，目可以見，耳可以聽。夫可以見之明不離目，可以聽之聰不離耳，目明而耳聰，不可學明矣（楊倞注：是乃天性也）。"不過，在實際討論人性時，荀子往往將官能排除，而單單着眼於各感官之欲求，儘管各感官之欲求與其功能其實密不可分，——或者更準確地說，儘管各感官之欲求的實施有賴於其官能。其二，《天地》篇"趣舍滑心，使性飛揚"一句（成疏釋之曰："順心則取，違情則舍，撓亂其心，使自然之性馳競不息，輕浮躁動，故曰'飛揚'也"），表明莊子後學跟子思、孟子、荀子一樣，重視心對於性的意義和作用。

於是便來到了莊派學人跟儒學從骨子裏立異的地方：仁義諸價值絕非人之性，或者說完全與人之性無關，因此，以人性爲仁義，便意味着對人性的戕害。對他們來說，這是一個既自然又簡單的邏輯推延。亞聖孟子極度擔憂的論調，是告子所說的"性，猶杞柳也；義，猶桮棬也。以人性爲仁義，猶以杞柳爲桮棬"，因爲這意味着"戕賊人以爲仁義"，就好比"戕賊杞柳而以爲桮棬"，衹會使世人以仁義爲畏途（《孟子·告子上》）。莊派學人意識到，確證了仁義與人性無關，那麼孔門七十子、子思氏之儒持守的"以人性爲仁義"，自然就成了"戕賊人"。他們執拗地抓住這一點，反復抨擊儒家。①

《莊子·内篇·大宗師》云：

> 意而子見許由。許由曰："堯何以資汝？"意而子曰："堯謂我：'汝必躬服仁義而明言是非。'"許由曰："而（汝）奚來爲軹（通只，語氣詞）？夫堯既已黥汝以仁義，而劓汝以是非矣，汝將何以遊夫遥蕩恣睢轉徙之塗乎？"

---

① 孟子四端說乃揭示仁、義、禮、智諸價值跟人性的原初關聯，他設計了極有意思也高度合理的證明條件，至少是爲四端說提供了經驗的和心理學的依據（《孟子·公孫丑上》"人皆有不忍人之心"章）。參閱本書第四章第三節："《五行》性二元化理論及其承繼者與變異者——《孟子》與《荀子》"。

這是直言仁義是非戕害性命。《莊子‧外篇‧馬蹄》云：

> 馬，蹄可以踐霜雪，毛可以禦風寒，齕草飲水，翹足而陸，此馬之真性也。雖有義臺路寢（高臺大殿），無所用之。及至伯樂，曰："我善治馬。"燒之，剔之，刻之，雒之，連之以羈馽，編之以皁棧，馬之死者十二三矣；饑之，渴之，馳之，驟之，整之，齊之，前有橛飾之患，而後有鞭筴之威，而馬之死者已過半矣。陶者曰："我善治埴。圓者中規，方者中矩。"匠人曰："我善治木。曲者中鉤，直者應繩。"夫埴、木之性，豈欲中規矩鉤繩哉？然且世世稱之曰："伯樂善治馬，而陶匠善治埴木。"此亦治天下者之過也。

> ……夫至德之世，同與禽獸居，族與萬物並，惡乎知君子小人哉！同乎无（無）知，其德不離；同乎无欲，是謂素樸；素樸而民性得矣。及至聖人，蹩躠（用力貌）爲仁，踶跂（用心盡力貌）爲義，而天下始疑矣。澶漫（縱逸）爲樂，摘僻（拘束）爲禮，而天下始分矣。故純樸不殘，孰爲犧尊（犧牛形或者飾以犧牛之酒器）！白玉不毀，孰爲珪璋！道德不廢，安取仁義！性情不離，安用禮樂！五色不亂，孰爲文采！五聲不亂，孰應六律！夫殘樸以爲器，工匠之罪也；毀道德以爲仁義，聖人之過也。

> 夫馬，陸居則食草飲水，喜則交頸相靡，怒則分背相踶（踢）。馬知（智）已（止）此矣。夫加之以衡扼（釋文：衡，轅前橫木，縛軛者也。扼，叉馬頸木也），齊之以月題（案爲馬額上當顱如月形之佩），而馬知介倪闉扼鷙曼詭銜竊轡（案指馬知曉睥睨、曲頸脫軛、抵突欲去其羈勒、吐轡、盜脫籠頭）。故馬之知而態至盜者（成疏：態，姦詐也），伯樂之罪也。

> 夫赫胥氏之時，民居不知所爲，行不知所之，含哺而熙，鼓腹而遊，民能已此矣。及至聖人，屈折禮樂以匡天下之形，縣跂（高懸令企慕）仁義以慰天下之心，而民乃始踶跂好知（智），爭歸於利，不可止也。此亦聖人之過也。

這裏既有對仁義禮樂毀傷道德性情的直斥，又有一系列類比性的證據，如謂伯樂治馬毀傷馬之真性乃至生命，陶者治埴、匠人治木毀傷埴木之性，犧尊之成毀傷純樸，珪璋之成毀傷白玉等。若謂批評儒家以仁義道德"吃人"算是史上值得一提的思想，那麼此功勞也不應該記到現代人名下，因爲莊子及其後學實質上早就這麼說了；也不必說這種思想在現代史上有多麼重要的反傳統意義，因爲這種"反傳統"遠在秦漢以前就已經成了"傳統"。《馬蹄》篇所宣揚的民之常性大抵是生命普遍具有的簡單原始的質素，所以無知無欲是維持和保證這種性的前提條件。——很明顯，如果承認知和欲是人性的基底，這種判斷便呈現爲一種耐人尋味的悖論。

莊子後學甚至認為，聖人之性是其並不充分自覺的原初性命取向。《莊子·雜篇·則陽》云：

  聖人達綢繆（案指聖人超脫塵網），周盡一體矣（成疏：夫智周萬物，窮理盡性，物我不二，故混同一體也），而不知其然，性也。復命（回歸本原）搖作（舉止動作）而以天為師，人則從而命（名）之也。……生而美者，人與之鑑，不告則不知其美於人也。若知之，若不知之，若聞之，若不聞之，其可喜也終无（無）已，人之好之亦无已，性也。聖人之愛人也，人與之名，不告則不知其愛人也。若知之，若不知之，若聞之，若不聞之，其愛人也終无已，人之安之亦无已，性也。

聖人超脫世俗價值的羈勒，窮物理盡己性，物我混同為一，卻不知曉是這樣，這就是性；聖人回歸其性所以立本的命，動止取法乎天，祇不過是世人從而謂之聖而已；聖人之愛人是人予之"愛人"之名，人不告則不知自己愛人，然其愛人終無止，人之安之亦終無止，這就是性。這裏出現了定義性的一種十分有趣的方式，即排斥認知和踐履層面上的自覺。人性是否真為人自身未充分意識到，也無須充分認識到的原初性命取向，這也許值得商榷，但我們應該意識到，莊子後學這種定義"性"的方式，對儒家心性學說的設計又是一個強有力的衝擊。根據儒家心性學說，無論主張價值有性的基源（如子思、孟子所說），還是主張價值與性無關（如荀子所說），修身養性都離不開認知和踐履層面上的自覺，以《大學》八目來說就是，經格物達成關乎安身立命之知，乃誠意、正心、修身、齊家、治國、平天下的前提，修身養性不能夠"若知之若不知之"。若人性就是其自身都未充分意識到，也無須充分認識到的原初性命取向，那麼儒家心性學說豈不從根本上搞錯了？

  總之莊子後學認為，人性跟仁義無關，意圖使心追逐、持守仁義諸價值，或者以仁義移易人之性，是必須堅決排斥的"趣舍滑心"。所以《莊子·外篇·駢拇》說：

  意仁義其非人情乎！彼仁人何其多憂也？且夫駢於拇者，決之則泣；枝於手者，齕之則啼。二者或有餘於數，或不足於數，其於憂一也。今世之仁人，蒿目而憂世之患；不仁之人，決性命之情而饕貴富。故意仁義其非人情乎！自三代以下者，天下何其囂囂也？……

  夫小惑易方，大惑易性。何以知其然邪？自虞氏招仁義以撓天下也，天下莫不奔命於仁義，是非以仁義易其性與？故嘗試論之，自三代以下者，天下莫不以物易其性矣。小人則以身殉利，士則以身殉名，大夫則以身殉家，聖人則以身殉天下。故此數子者，事業不同，名聲異號，其於傷性以身爲殉,一也。……天下盡殉也。彼其所殉仁義也,則俗謂之君子;其所殉貨財也,則俗謂之小人。其殉一也,則有君子焉,有小人焉;若其殘生損性,則盜跖亦伯夷已,又惡取君子小人於其間哉!

莊子後學強調,仁義不關人性,奔命於仁義便是以仁義易其性;從殘生損性方面說,以仁義易其性,與以貨財易其性,不存在任何差異。上文曾說,子思氏之儒宣揚心之性巍然好仁義、人之性獨有仁義、人需要持守心好仁義之性不離不失,現在他們受到了強有力的還擊。莊派學人堅決主張人性不可改易,斥言"大惑易性",跟荀子竭力推動化性起偽,也大異其趣。

至謂心(子思孟子所謂大體)官能強大,大概各個學派都不會反對。從儒家內部看,無論偏向或直接主張性善說者,如子思孟子,還是堅持性惡說者,如荀子,其體系均高度肯定和仰賴心的作用。《五行》經文第二十二章云:"耳目鼻口手足六者,心之役也。心曰唯,莫敢不唯。心曰若(諾),莫敢不若(諾)。心曰進,莫敢不進。〔心曰退,莫敢不退。心曰深,莫敢不深。〕心曰淺,莫敢不淺。"其說文第二十二章詮釋道:

"心曰雖(唯),莫敢不雖":心曰雖,耳目鼻口手足音聲懇(貌)色皆雖,是莫敢不雖也。若(諾)亦然,進亦然,退亦然。"心曰深,莫敢不深。心曰淺,莫敢不淺":深者甚也,淺者不甚也。深淺有道矣。故父謼(呼),口含食則堵(吐)之,手執業則投之,雖(唯)而不若(諾),走而不趨,是莫敢不深也。於兄則不如是亓(其)甚也,是莫敢不淺也。

又說:

"耳目鼻口手足六者,心之役也":耳目也者,說(悅)聲色者也。鼻口者,說臭(臭)味者也。手足者,說勞(佚)餘(豫)者也。心也者,說仁義者也。之數體(體)者皆有說也,而六者爲心役,何居(何故)?曰:心貴也。有天下之美聲色於此,不義則不聽弗視也。有天下之美臭味於此,不義則弗求弗食也。居而不聞(干犯)尊長者,不義則弗爲之矣。何居?曰:幾(豈)不□不勝□、小不勝大、賤不勝貴也才(哉)?故曰心之役也。耳目鼻口手足六者,人□□,人體之小者也。心,人□□,人體之大者也,故曰君也。

子思指出,作爲大體的心是尊貴的,一如人君,耳目鼻口手足諸小體是心役使

第十章　學術思想傳播授受的交光互影　793

的對象,心發出的使令小體必然聽從。《五行》體系中的心是各種認知活動的主體,也是持守認知所得價值的主體。其經文第二十三章云:"目(侔)而知之,胃(謂)之進之。"第二十四章云:"辟(譬)而知之,胃之進之。"第二十五章云:"諭而知之,胃之進之。"其説文第二十三章詮釋道:"文王源耳目之生(性)而知兀(其)好聲色也,源鼻口之生而知兀好變(臭)味也,源手足之生而知兀好勶(佚)餘(豫)也,源心之生則巍然知兀好仁義也。故執之而弗失,親之而弗離,故卓然見於天,箸(著)於天下。"依古人認知的心之官能,所有這些主體活動,若離開了心,將完全不能實現。傳世《大學》稱,"心不在焉,視而不見,聽而不聞,食而不知其味",就是説這個道理。作爲子思再傳弟子,孟子基本上重複了《五行》對大體小體的區分以及它對二者關係的論述,他高揚心之官能,説:"耳目之官不思,而蔽於物,物交物,則引之而已矣。心之官則思,思則得之,不思則不得也。此天之所與我者,先立乎其大者(大體),則其小者(小體)弗能奪也。此爲大人而已矣。"(《孟子·告子上》)總之在思孟體系中,心自始至終都是人性的希望所在。荀子雖截然立異,強調人性跟仁義等價值無關,因而主張性惡之説,卻也並未喪失對人的希望,原因即在於心。荀子跟子思孟子一樣,認爲心對於諸小體有決定性作用;他同時強調心可以實現自我管理。《荀子·解蔽》篇云:"心者,形之君也,而神明之主也,出令而無所受令。自禁也,自使也;自奪也,自取也;自行也,自止也。故口可劫而使墨(默)云(言),形可劫而使詘申,心不可劫而使易意,是之則受,非之則辭。"荀子還認定,心以其"虚壹而靜"可以"知道"(即達成對道的認知),進而"可道"(亦即認可道),並"守道以禁非道"。《解蔽》篇云:

　　人何以知道?曰:心。心何以知?曰:虚壹而靜。心未嘗不臧(藏)也,然而有所謂虚;心未嘗不(滿)〔兩〕也,然而有所謂(一)〔壹〕;心未嘗不動也,然而有所謂靜。(人)〔心〕生而有知,知而有志(識/記),志也者臧也,然而有所謂虚,不以所已臧害所將受謂之虚。心生而有知,知而有異,異也者,同時兼知之。同時兼知之,兩也,然而有所謂(一)〔壹〕,不以夫一害此一謂之壹。心,臥則夢,偷則自行,使之則謀。故心未嘗不動也,然而有所謂靜,不以夢劇(嚻煩)亂知謂之靜。未得道而求道者,謂之虚壹而靜。作之,則將須道者之虚則(人)〔入〕,將事道者之壹則盡,(盡)將思道者〔之〕靜則察。知道察,知道行,體道(楊注:謂不離道)者也。虚壹而靜,謂之大清明(楊注:言無有壅蔽者)。

對荀子來説,儘管心之性或人之性是惡的,但因爲有心所以就有希望。換言之,荀子對人性的起點也許是失望的,可是他堅信心的強大可靠,最終並未走向絕望。

對子思、孟子、荀子來説,擴充或改易心的質性,發揮心的官能,不僅關涉個人道德的涵養和提高,而且關涉天下政教風俗之治平。《五行》經文第二十一章云:"能進之,爲君子;不能進,客(各)止於亓(其)里。"説文第二十一章詮釋道:"'能誰(進)之,爲君子,弗能進,各止於亓里':能進端,能終(充)端,則爲君子耳矣。弗能進,各各止於亓里。不莊(藏)尤割(害)人,仁之理(里)也。不受許(呼)訨(嗟)者,義之理也。弗能進也,則各止於亓里耳矣。終亓不莊尤割人之心,而仁復(覆)四海;終亓不受許訨之心,而義裏(囊)天下。仁復四海、義裏天下,而成(誠)繇(由)亓中心行之,亦君子已。"君子是《五行》體系中最高的道德人格,其生成之根本,在於擴充心的質性諸如仁之端("不莊尤割人之心")、義之端("不受許訨之心")等。而達成了君子人格和境界,便可以化成天下。故《五行》經文第二十一章云:"君子雜(集)泰(大)成。"其説文第二十一章詮釋道:"'君子雜(集)大成':雜也者,猶造之也,猶具之也。大成也者,金聲玉辰(振)之也。唯金聲而玉辰之者,然笱(後)忌(己)仁而以人仁,忌義而以人義。"金聲玉振者就是集大成者,也就是君子。君子可以以己仁使人仁、以己義使人義;所謂仁覆四海、義囊天下,正是君子"沛然德教溢乎四海"的氣象。君子擁有的道德境界在《五行》中被稱爲"德"。《五行》經文第一章云:"仁荆(形)於内胃(謂)之德之行,不荆於内胃之行。知(智)荆於内胃之德之行,不荆於内胃之行。義荆於内胃之德之行,不荆於内胃之行。禮荆於内謂之德之行,不荆於内胃之行。聖荆於内胃之德之行,不荆於内胃之行。德之行五,和胃之德;四行和,胃之善。善,人道也;德,天道也。""德"意味着仁、智、義、禮、聖五種德之行完成自身超越而和合爲一。《五行》經文第三章曰:"五行皆荆(形)於闕(厥)内,時行之,胃(謂)之君子。"所謂"時行之",也就是"和行之"。因此,《五行》説文第十八章詮釋經語"行之而時,德也"時,道是:"時者,和也。和也者(惠)〔悳〕也。"則擁有五種德行之超越性同一體的君子,也就是"德"的擁有者。君子乃天下德教之關鍵。《五行》經文第十八章説過類似的意思:"五行之所和,和則樂,樂則有德。有德則國家(與)〔興〕。"其説文第十八章解釋道:"'有悳(德)而國家(與)〔興〕':國家(與)〔興〕者,言天下之(與)〔興〕仁義也。"看起來,《五行》以德化天下之説僅僅關聯心之性,可其實達成對心之性的認知、持守其中諸價值之端並擴而充之,都需要靠心發揮官能來完成。戰國末期,荀子更明確強調心"知道""可道""守道以禁非道"的官能,視之爲天下治平的關鍵。其《解蔽》篇說:"以其不可道之心取人,則必合於不道人,而不(知)合於道人。以其不可道之心,與不道人論道人,亂之本也。……心知道,然後可道;可道,然後能守道以禁非道。以其可道之心取人,則合於道人,而不合於不道之人矣。以其可道之心,與道人論非道,治之要也。何患不知?故治之要在於知道。"要之,早期儒家學者同時也將天下治平的希望寄託到心上。在他們的設計中,心的問題從來都不祇是一個學術思想的問題。

實際上,莊子及其後學的學說體系也是基於心的强大官能建立的。《莊子・内篇・德充符》説,衛之醜人哀駘它,"无(無)君人之位以濟乎人之死,无聚禄以望(滿)人之腹","又以惡(醜)駭天下,和而不唱,知(智)不出乎四域",然而達到了"才全而德不形"的境界,"死生存亡,窮達貧富,賢與不肖毁譽,飢渴寒暑"等"事之變,命之行","日夜相代乎前",卻不能滑亂其内心之平和,無以進入其靈府(成疏:"靈府者,精神之宅,所謂心也"),因此其内心和豫通暢不失愉悦,日夜不斷地與物交接,而保持春天一般的和美。《莊子・内篇・大宗師》寫子輿因病畸變,"曲僂發背(曲背),上有五管,頤隱於齊(臍),肩高於頂,句贅指天,陰陽之氣有沴",然而,"其心閒而無事,跰𨇤而鑑於井,曰:'嗟乎!夫造物者又將以予爲此拘拘也!'"朋友子祀問子輿是否厭惡那造物,子輿回答說:"浸假而化予之左臂以爲雞,予因以求時(伺)夜;浸假而化予之右臂以爲彈,予因以求鴞炙;浸假而化予之尻以爲輪,以神爲馬,予因以乘之,豈更駕哉!……吾又何惡焉!"《大宗師》又寫顔回起先忘記禮樂,進而忘記仁義,最終達至"坐忘",即"墮肢體,黜聰明,離形去知(智),同於大通"。《莊子・内篇・人間世》寫孔子向顔回講授"心齋",説:"若一志,无(無)聽之以耳而聽之以心,无聽之以心而聽之以氣!(聽)〔耳〕止於(耳)〔聽〕,心止於符。氣也者,虛而待物者也。唯道集虛。虛者,心齋也。"哀駘它、子輿、顔回等人的境界毫無疑問是靠强大的心達到的:一方面靠心的消解能力,一方面靠心的持守能力。消解的是一切因素(特别是人無可奈何的因素,包括生老病死的宿命)給生命本體造成的負累和壓力,持守的是生命本體原初具備的内在嬰兒般的醇和。消解靠的是反思性的開導。比如,既然死生存亡、窮達貧富、賢與不肖毁譽、飢渴寒暑等"事之變,命之行","知(智)不能規(窺)乎其始",亦即如成疏所謂"雖有至知(智),不能測度",那爲何讓它們進入靈府、影響内心的平和呢?又比如,子輿解釋自己何以面對軀體的畸變,而保持内在淡定,説:"且夫得(生)者,時也,失(死)者,順也;安時而處順,哀樂不能入也。此古之所謂縣解也,而不能自解者,物有結之。且夫物不勝天久矣,吾又何惡焉!"

生得乎時,死順乎理,所以需要"安時而處順",以解脱死生哀樂對生命本體的攪擾,這是一層意思。人不勝天久矣,厭惡之孰若隨順之,這是又一層意思。莊子啓發世人用這種方式和道理來開導自己。與此同時,莊子及其後學張揚"忘",然其所謂忘不是由於記憶力流失導致的自然遺忘,而是有指向性、有自覺性的"定向遺忘(directed forgetting)",①即主體有選擇地持守某些價值和狀態,同時越來越深地放棄另外一些價值和狀態,——一方面是消解,一方面是持守。在莊派學人的體系中,這種忘的主體參與者和主導者,必然是被認爲具有思之官能的心。哀駘它寓言謂事之變、命之行"不可入於靈府",子輿寓言謂子輿遭遇病變,"其心閒而無事",顔回心齋寓言起首的功夫就是"若一志",最後達成的則是"心齋"(心的一種狀態和境界),凡此均是訴之於心、完成於心。心的問題靠心解决,心的境界靠心達成。離開了心,一切都無從談起,即便莊派學人張揚一種看似"没心没肺"的人生和社會狀態,也是如此。此外,莊子及其後學常常宣講"遊心"(頻繁見於《莊子・内篇・人間世》《德充符》《應帝王》,《外篇・駢拇》《田子方》,以及《雜篇・則陽》等)。這同樣説明在他們的理論和實踐體系中,心是主導者,也是歸宿。《莊子・外篇・秋水》有一則有趣的寓言,説:

> 夔(傳説中的一足獸)憐蚿(馬陸),蚿憐蛇,蛇憐風,風憐目,目憐心。
> 夔謂蚿曰:"吾以一足趻踔而行,予无(無)如矣。今子之使萬足,獨奈何?"
> 蚿曰:"不然。子不見夫唾者乎?噴則大者如珠,小者如霧,雜而下者不可勝數也。今予動吾天機,而不知其所以然。"
> 蚿謂蛇曰:"吾以衆足行,而不及子之無足,何也?"
> 蛇曰:"夫天機之所動,何可易邪?吾安用足哉!"
> 蛇謂風曰:"予動吾脊脅(肋)而行,則有似也。今子蓬蓬然起於北海,蓬蓬然入於南海,而似无有,何也?"
> 風曰:"然。予蓬蓬然起於北海而入於南海也,然而(你)指我則勝我,鰌(踏)我亦勝我。雖然,夫折大木,蜚(飛)大屋者,唯我能也,故以衆小不勝爲大勝也。爲大勝者,唯聖人能之。"

---

① 關於定向遺忘之研究,略可參考王大偉、曹暉、陳明高:《定向遺忘研究綜述》,《山東理工大學學報(社會科學版)》2004年第5期,頁106~108;王大偉、劉永芳、畢玉芳:《定向遺忘研究的進展》,《心理科學》2006年第2期,頁373~375(轉頁372);慕德芳、宋耀武、陳英和:《定向遺忘中提取抑制的機制:成功提取引起抑制》,《心理學報》2009年第1期,頁26~34。

林雲銘(1628~1697)評價這一寓言,説,"'心'、'目'二語,不着疏解,文如半身美人圖,正於未畫處傳神"。① 該寓言寫法之妙這裏無須討論,重要的是,由其逐級升高的比照方式,可知心被放到最高、最核心的位置上。

有别於儒家仰賴心即大體持守價值而不離不失,莊子在上述設計中寄予心的,是忘懷一切(包括人最偏執的聰明智慧、生死乃至軀幹),是放下一切世俗的堅持。换言之,先秦儒家與莊子及其後學幾乎將體系的建構訴諸於心的相反的官能。

《五行》未凸顯心的官能有何負面效應。孟子對心的不穩定性略微有些警示,比如稱:"孔子曰:'操則存,舍則亡;出入無時,莫知其鄉。'惟心之謂與!"(《孟子·告子上》)荀子則意識到,心的官能的行使或許會走到政教倫理期求的反面,嘗謂:"心不知道,則不可道而可非道。……以其不可道之心取人,則必合於不道人,而不(知)合於道人。以其不可道之心,與不道人論道人,亂之本也。"(《荀子·解蔽》)然而從總體上説,孟、荀還是側重於肯定心行使其官能,對於政教倫理有不可或缺的正面建設作用。有天壤之别的是莊子後學,他們全力斥言心發揮官能的負面效應,强調心行使其增益性官能,必會背離主體的性命之情。比如,《莊子·外篇·在宥》告訴世人,心的官能雖然强大,卻難以羈勒:

> 老聃曰:"女慎無攖人心。人心排下而進上(郭注:排之則下,進之則上,言其易搖蕩也),上下囚殺(既以排進而上下,則被拘囚噍殺),淖約柔乎剛彊(其柔弱可使剛彊柔化)。廉劌彫琢,其熱焦火,其寒凝冰(成疏:廉,務名也。劌,傷也。彫琢名行,欲在物前。若違情起怒,寒甚凝冰;順心生喜,熱踰焦火)。其疾俛仰之間而再撫四海之外,其居也淵而靜,其動也縣而天。僨驕(僨發驕矜)而不可係者,其唯人心乎!"

正因爲人心强大而難以羈勒,所以擾亂人心是最大的忌諱。《在宥》篇批判説:

> 昔者黄帝始以仁義攖人之心,堯、舜於是乎股無胈,脛無毛,以養天下之形,愁其五藏以爲仁義,矜其血氣以規法度。然猶有不勝也,堯於是放讙兜於崇山,投三苗於三峗,流共工於幽都,此不勝天下也。夫施(延)及三王,而天下大駭矣。下有桀、跖,上有曾、史,而儒、墨畢起。於是乎喜怒相疑,愚知(智)相欺,善否相非,誕信相譏,而天下衰矣;大德不同,而性命爛漫矣(成疏:喜怒是非,熾然大盛,故天年夭枉,性命爛漫。爛

---

① 林雲銘:《莊子因》,上海:華東師範大學出版社,2011年,第1版,頁179。

漫，散亂也）；天下好知（智），而百姓求竭（糾葛）矣。於是乎釿鋸制焉，繩墨殺焉，椎鑿決焉（成疏：繩墨正木之曲直，禮義示人之隆殺。椎鑿穿木之孔竅，刑法決人之身首。工匠運斤鋸以殘木，聖人用禮法以傷道）。天下脊脊（相踐踏）大亂，罪在攖人心。故賢者伏處大山嵁巖之下，而萬乘之君憂慄乎廟堂之上……

莊子後學認爲，治之高下完全取決於如何應對和處置人心，不攖擾之爲上著。然人們熟知的整個歷史，幾乎没有任何一個階段被他們認可，人人皆偏離了性命之情這一根本，其禍首是以仁義攖擾人心。《莊子·外篇·天運》云：

> 黃帝之治天下，使民心一，民有其親死不哭而民不非也（成疏：三皇行道，人心淳一，不獨親其親，不獨子其子，故親死不哭而世俗不非。必也非之，則强哭者衆）。堯之治天下，使民心親，民有爲其親殺其殺而民不非也（郭注：殺，降也。言親疏者降殺。成疏：五帝行德，不及三皇，使父子兄弟更相親愛，爲降殺之服以別親疏，既順人心，亦不非毀）。舜之治天下，使民心競，（民）孕婦（十）〔七〕月生子，子生五月而能言，不至乎孩而始誰（郭注：誰者，別人之意也。未孩已擇人，言其競教速成也。成疏：未解孩笑，已識是非，分別之心，自此而始矣），則人始有夭矣。① 禹之治天下，使民心變（成疏：去道既遠，澆僞日興，遂使蠢爾之民，好爲禍變），人有心而兵有順，殺盜非殺，人自爲種而天下耳（郭注：不能大齊萬物而人人自別，斯人自爲種也。承百代之流而會乎當今之變，其弊至於斯者，非禹也，故曰天下耳），是以天下大駭，儒墨皆起。其作始有倫，而今乎婦女（郭注：今之以女爲婦而上下悖逆者，非作始之無理，但至理之弊，遂至於此），何言哉！……三皇五帝之治天下，名曰治之，而亂莫甚

---

① 案："孕婦七月生子""子生五月而能言""不至乎孩而始誰"三事，均坐實前文之"民心競"。原文"十"字當爲"七"字之誤。懷胎十月一朝分娩乃先民所習知的常態。《文子·九守》篇云："人受天地變化而生，一月而膏，二月（血脈）〔而胅（肉瘤）〕，三月而胚，四月而胎，五月而筋，六月而骨，七月而成形，八月而動，九月而躁，十月而生。《淮南子·地形》篇云："天一，地二，人三。三三而九，九九八十一。一主日，日主十，日主人，人故十月而生。"《淮南子·精神》篇云："故曰：一月而膏，二月而胅，三月而胎，四月而肌，五月而筋，六月而骨，七月而成，八月而動，九月而躁，十月而生。"其間具體細節雖然有所不同，但諸説之根本確乎一致，而所謂十月生子更是了無差異，應該是本源於先秦之常識。然則十月生子有何"心競"可言？"十"必爲"七"之誤。古書中二字譌混者甚多。張華《博物志》卷二"異俗"部分記："荊州極西南界至蜀諸民曰獠子（案爲對仡佬族的歧視性稱呼），婦人妊娠七月，而產臨水，生兒便置水中，浮則取養之，沈便棄之，然千百多浮。"其中"七月"便爲"十月"之誤。成玄英解《天運》謂"古者懷孕之婦，十四月而誕育"，想當然耳。

焉。三皇之知(智),上悖日月之明,下睽山川之精,中墮四時之施。其知憯於蠣蠆之尾,鮮規(小貌)之獸,莫得安其性命之情者,而猶自以爲聖人,不可恥乎? 其无(無)恥也?

黃帝"使民心一",堯"使民心親",舜"使民心競",禹"使民心變"……,一代不如一代,心極強大的負能量被激發,天下遂"莫得安其性命之情"矣。

《莊子・外篇・繕性》同樣反思了這種每況愈下的歷史,且同樣將其根由歸結爲"去性而從於心":

> 古之人,在混芒之中,與一世而得澹漠焉。當是時也,陰陽和靜,鬼神不擾,四時得節,萬物不傷,羣生不夭,人雖有知(智),无(無)所用之,此之謂至一(案指高度和諧一致)。當是時也,莫之爲而常自然。逮德下衰,及燧人、伏羲始爲天下,是故順而不一(郭注:世已失一,惑不可解,故釋而不推,順之而已)。德又下衰,及神農、黃帝始爲天下,是故安而不順(郭注:安之於其所安而已)。德又下衰,及唐、虞始爲天下,興治化之流,澆淳散朴(樸),離道以善(郭注:善者,過於適之稱,故有善而道不全),險德以行(郭注:行者,違性而行之,故行立而德不夷),然後去性而從於心。心與心識知(成疏:彼我之心更相謀慮是非臧否,競爲前識者也)而不足以定天下,然後附之以文,益之以博(郭注:文、博者,心、質之飾也)。文滅質,博溺心,然後民始惑亂,无以反其性情而復其初(郭注:初,謂性命之本)。由是觀之,世喪道矣,道喪世矣。世與道交相喪也,道之人何由興乎世,世亦何由興乎道哉! 道无以興乎世,世无以興乎道,雖聖人不在山林之中,其德隱矣。

在莊子後學看來,世間政教愈來愈糟糕。三皇五帝備受世人推崇,但他們名義上是治天下,實際上"亂莫甚焉";燧人氏、伏羲氏始爲天下,使得"至一"(即高度的和諧一致)失,而"自然"喪;三皇使人"莫得安其性命之情";堯、舜始爲天下,治化興而淳樸散,道喪德失,民"無以反其性情而復其初"(初乃性命之本);堯使人親其親,而民心不淳一,舜使民心競,而人始夭,禹使民心好爲禍變,"不能大齊萬物而人人自別",而天下大駭。莊子後學強調,一切政教得失均根源於對心的依違和處置,根源於對性的向背,心、性截然爲兩途,順從了心便背離了性;所以心雖然官能強大,卻絕對不可仰賴,與仁義諸價值無關的生而固然的性纔真正值得世人歸依。

這種歷史批判無疑是現實批判的映顯,卻更是關聯當時學術思想生態的體系化建構。從中審視儒、道兩派深刻影響中國歷史的學者,可知他們各言其"命"、各言其"性"、各言其"心",作爲後發者的莊派學人往往針對作爲先發者的儒家立言。概言其異同錯互，主要有以下兩大方面：

其一，子思、孟子、荀子諸儒學大師，無論主張或傾向於性善，還是主張性惡，都將人體區分爲大體和小體，大體即心，小體即耳目鼻口手足或四肢等等，認爲大體在官能上對小體有決定和主導作用，他們都將心之性與耳目、鼻口、手足之性加以區隔，並根據心之性來定義人之性，他們將對人性或道的認知、對價值的持守以及德的達成與逐級提升，乃至整個社會的政教，寄託於心行使其官能；莊派學人事實上也這樣區隔大體和小體，他們對小體之性的認知符同於子思、孟子和荀子，對大體之性的認知與子思、孟子睽異，與荀子符同，他們同樣承認心官能強大，卻將心與性分作兩途，主張安其性命之情，認爲"去性而從於心""以仁義攖人之心"，是性命散漫、道喪德衰、政教沉淪的根由。儒家將親親視爲仁德的基源。比如《五行》經文第十四章云："愛父，亓(其)繼愛人，仁也。"其説文第十四章詮釋道："'愛父，亓殺(繼)愛人，仁也'：言愛父而笱(後)及人也。愛父而殺亓鄰之子，未可胃(謂)仁也。"莊派學人則指責親親使人喪失原初的淳一。總而言之，莊子後學反撥子思、孟子等學者將儒家核心價值，植根於心之性或人之性的觀念和做法，竭力將儒家核心價值與心之性或人之性剝離，斥言儒家核心價值乃是對性命的戕害，認爲安其性命之情纔是人生和社會的要本。

其二，莊派學人尤其是莊子後學最集中、最有力批判的政教範式是堯舜以及三王(亦即夏禹、商湯、周文周武)，①最集中、最有力批判的學術核心是孔子，最集中、最有力批判的典籍是六經，最集中、最有力批判的價值是仁義，這些正是儒家特別是孔門後學最重要崇仰對象或價值。《中庸》第三十章評孔子學説云："仲尼祖述堯、舜，憲章文、武，上律天時，下襲水土。"《漢志·諸子略》定義儒家，説："儒家者流，蓋出於司徒之官，助人君順陰陽明教化者也。游文於六經之中，留意於仁義之際，祖述堯、舜，憲章文、武，宗師仲尼，以重其言，於道最爲高。"《漢志》對儒家淵源的認知值得商榷，可總體而言，它極精確地呈現了儒家學派的特質，堪稱歷史上最完美的定義。而明白了儒家有這些特質，就很容易理解莊子及其後學何以給予上揭各方面的尖鋭批判。

得益於新出文獻，我們圍繞"心"或曰"大體"以及"性""命"等核心範疇，復原了莊子後學跟孔門七十子及子思氏之儒的思想學術對峙與交錯。莊子

---

① "三王"即夏、商、周三代之賢王。前人於其中周代賢王，或者單舉文王，或者單舉武王，亦或者將文、武綑綁在一起。《詩經·大雅·江漢》謂"文武受命"，是在受命意義上等視文、武。鄭玄《詩譜·小大雅譜》謂"文王受命，武王遂定天下"，則是在受命意義上獨推文王而將定天下之功歸於武王，對文、武有所區隔。然而在並舉三代賢王時，即便衹言文王，也不可能完全排除他與武王在德業上的關聯，反過來也是一樣的道理。

後學的學說實以孔門七十子及其後學的學説爲歷史語境,不把握莊子後學跟戰國儒家在思想學術上的關聯,就不能真正把握莊子後學自身的建構,同時也就不能真正把握那一段存在複雜糾葛的重要歷史。莊子後學的心性學說深受戰國儒學的影響,沒有這一影響,它幾乎不能產生,也不能成立。他們對大體、小體的分析,對"心"的官能的張揚與警戒,對"命"這一範疇的重新定義,對"性"及"性命"範疇的廣泛使用和高度矚目等,都少不了戰國儒家的激發和誘導。當然,深刻接受他者的影響從來都不意味着重複他者。莊派學人定義"人之性"的立場、視角和方法跟儒家迥異,他們對"心""性"的認知、取捨與持守跟儒家截然對立,除了認同"心"官能強大這一觀念外,他們大抵衹是張揚儒家核心價值和關注的對立面。莊子後學對孔門七十子及子思氏之儒的批評堪稱是釜底抽薪式的,他們意圖將數代儒家學者寄予根本期望的"心"連根拔掉,以便摧毀它所負載的全部期望。顯然,他們揮動是一把雙刃劍,在證明心不能負載儒家寄予的期望時,他們可能不得不面對另外一些問題:心是否能載得起道家寄託在它身上的期望呢?道家對性命之情的反思與持守,對個體內在精神的培育等等,不都需要心發揮根本作用嗎?

總之,莊子及其後學可謂戰國心性學說不可忽視的另一派,將他們的觀點和方法納入考量,跟戰國儒家心性學説參酌並觀,戰國心性學說的豐富性和深刻性纔能更完整地呈現。

4. "又(有)天下弗能嗌(益),亡(無)天下弗能員(損)"

近代以降,章太炎、郭沫若、錢穆、李澤厚等學者均認爲莊子的學術淵源,在於儒家八派中的顏氏之儒(其詳請參閲本節第六小節)。李澤厚提到了一個很重要的根據,即"顏淵……似乎更重視追求個體人格的完善"。[①] 顏淵被孔子推爲最好學的弟子(《論語·學而》《雍也》),但是他的著論今天已難以確認和追溯。幸運的是,從新出儒典中,我們找到了一個重視個體人格完善、重視個體內在精神的古老傳統。

郭店戰國楚墓所見《湯吳之道》云:

> 夫古者舜佢(居)於草茅之中而不悥(憂),升爲天子而不喬(驕)。佢草茅之中而不悥,智(知)命也。升爲天子而不喬,不㳛(流)也。逑(求)虗(乎)大人之興,敓(微)也。今之弋(戴)於惠(德)者,未(微/無)年不弋(戴),君民而不喬(驕),卒王天下而不矣(疑)。方才(在)下立(位),不以匹夫爲(呈)〔至(輕)〕;及丌(其)又天下也,不以天下爲重。又天下弗能

---

① 李澤厚:《孔子再評價》,《中國古代思想史論》,頁29~30。

嗌(益),亡(無)天下弗能員(損)。

舜居於草茅之中而不憂,升爲天子而不驕,有天下弗能益,無天下弗能損,凸顯了一種超越外物、圓滿自足、具有超强自持力的内在精神世界。在早期儒典中,這種人格代表了一個十分重要的面向,而舜作爲範式也屢次出現。作爲子思再傳弟子的孟子曾説:"舜之飯糗(乾糧)茹草也,若將終身焉。及其爲天子也,被袗衣(畫衣),鼓琴,二女果(婐/侍候),若固有之。"(《孟子·盡心下》)朱熹集注云:"言聖人之心,不以貧賤而有慕於外,不以富貴而有動於中,隨遇而安,無預於己,所性分定故也。"殆是。孟子又説:"廣土衆民,君子欲之,所樂不存焉。中天下而立,定四海之民,君子樂之,所性不存焉。君子所性,雖大行不加焉,雖窮居不損焉,分定故也。君子所性,仁義禮智根於心。其生色也,睟然見於面,盎於背,施於四體,四體不言而喻。"(《孟子·盡心上》)《荀子·修身》篇也寫道:"志意修則驕富貴,道義重則輕王公,内省而外物輕矣。"此語可以提挈儒學中的這一傳統。這一傳統的根本是,因爲道德圓滿,外物或者外在的得失"漠然無所動於其中"。

這一傳統可上溯到孔門七十子時代的文獻,明顯早於莊子及其後學,而且它在《莊子》一書中留下了極其鮮明的印迹。《莊子·内篇·逍遥遊》云:"宋榮子(宋鈃)猶然笑之。且舉世而譽之而不加勸,舉世而非之而不加沮,定乎内外之分,辯(辨)乎榮辱之境,斯已矣。彼其於世未數數(汲汲)然也。"在莊子筆下,宋榮子不並是最高的人格,"無名""無功""無己"的至人、神人和聖人纔是他祭出的最高標的。然而莊子將宋榮子置於"知效一官,行比(庇)一鄉,德合一君,而(能)徵一國者"之上,予以相當高的肯定。更何況,作爲最高境界的表徵,至人許由辭絶堯讓天下,且謂:"鷦鷯巢於深林,不過一枝;偃(鼴)鼠飲河,不過滿腹。歸休乎君,予无(無)所用天下爲!"姑射山神人一方面"使物不疵癘而年穀熟",一方面又不肯弊弊焉以天下、萬物爲事。這些不都呈現了超然物外、不隨外物損益的内在精神嗎? 實際上,最早凸顯於戰國儒典的這種精神或人格業已蔚爲大國,成了莊學體系的核心構成部分。《莊子·内篇·德充符》説魯國兀者王駘,"死生亦大矣,而不得與之變;雖天地覆墜,亦將不與之遺。審乎无(無)假而不與物遷,命物之化而守其宗也";又説王駘"物視其所一而不見其所喪,視喪其足猶遺土也"。生死是最大的得失,卻不能使之有所變,這是何等的淡定。《德充符》還塑造了一位"才全而德不形"的醜人哀駘它,"死生存亡,窮達貧富,賢與不肖毁譽,飢渴寒暑"等"事之變,命之行",日夜不間斷地在他面前變化,卻不能入其靈府,擾動其精神之平和,宛如水静止到極點,"内保之而外不蕩"。王駘、哀駘它均表現了那種不因得失而損益的强大内在力量。《莊子》内篇中的類似例子還有很多,毋庸一一舉列。

值得注意的是,《莊子》外篇中這類人格也相當常見,而且跟《湯吳之道》所寫虞舜人格可以更逕直地對接。比如《天地》篇寫道:

> 執道者德全,德全者形全,形全者神全。神全者,聖人之道也。託生與民並行而不知其所之,汒乎淳備哉!功利機巧必忘夫人之心。若夫人者,非其志不之,非其心不爲。雖以天下譽之,得其所謂,謷然不顧;以天下非之,失其所謂,儻然不受。天下之非譽,無益損焉,是謂全德之人哉!

《秋水》篇寫道:

> ……大人之行,不出乎害人,不多仁恩;動不爲利,不賤門隸(成疏:混榮辱,一窮通,故守門僕隸,不以爲賤也);貨財弗爭,不多辭讓;事焉不借人,不多食乎力,不賤貪污;行殊乎俗,不多辟異(不稱許乖僻怪異);爲在從衆,不賤佞諂;世之爵祿不足以爲勸,戮恥不足以爲辱;知是非之不可爲分(定分),細大之不可爲倪(倪限)。聞曰:"道人不聞,至德不得,大人无(無)己。"約分之至也(成疏:約,依也。分,限也。夫大人利物,抑乃多塗,要切而言,莫先依分。若視目所見,聽耳所聞,知止所知,而限於分內者,斯德之至者也)。

《繕性》篇也説:

> 古之所謂得志者,非軒冕之謂也,謂其无(無)以益其樂而已矣。今之所謂得志者,軒冕之謂也。軒冕在身,非性命也,物之儻來,寄者也。寄之,其來不可圉,其去不可止。故不爲軒冕肆志,不爲窮約趨俗,其樂彼與此同,故无憂而已矣!

"全德之人""大人""得志者"都擁有一種超越得失的強大精神力量。"天下之非譽無益損焉","世之爵祿不足以爲勸,戮恥不足以爲辱","不爲軒冕肆志,不爲窮約趨俗"等等,都有《湯吳之道》舜"又(有)天下弗能嗌(益),亡(無)天下弗能員(損)"的影子。

這種人格對莊派學人的深刻影響,還表現在它被賦予了"形而上"的普遍意義。《莊子·內篇·齊物論》云:

> 夫大道不稱,大辯不言,大仁不仁,大廉不嗛(案即不掛在嘴上、不標榜),大勇不忮(案即不強悍凶狠)。道昭而不道,言辯而不及,仁常而不成(郭注:物無常愛,而常愛必不周),廉清而不信(成疏:皎然異俗,卓爾不羣,意在聲名,非實廉也),勇忮而不成。五者園(刓/削除棱角使圓)而幾向方(歸向正道)矣,故知止其所不知,至矣。孰知不言之辯,不道之

道？若有能知，此之謂天府。注焉而不滿，酌焉而不竭，而不知其所由來，此之謂葆光。

《莊子・外篇・秋水》云：

> 天下之水，莫大於海，萬川歸之，不知何時止而不盈；尾閭泄之，不知何時已而不虛；春秋不變，水旱不知。此其過江河之流，不可爲量數。

"注焉而不滿，酌焉而不竭"的葆光，不因水之注、泄盈虛的大海，都是那種不爲得失損益的精神人格的象徵。

從莊子並不完全滿意的宋榮子，到莊派學人理想的"至人""神人""全德之人""大人"或"得志者"，從蘊蓄廣大、不因外部條件改變而進退的葆光，到含藏無限、不因外部變化而盈虛的大海，背後都有舜"又（有）天下弗能嗌（益），亡（無）天下弗能員（損）"的影子。儘管《湯吳之道》與莊派學人的持守並不相同，可其間具有根本意義的人格模式卻幾乎完全一致。早期儒家學說影響莊子及其後學，已是無可爭辯的事實。這裏更重要的一點是，聯繫莊子學說與儒學的其他縮合，往高遠處想，很難不相信這裏深埋着一條極爲重要的思想學術發展的路徑，而這一路徑的上端就是莊子本人的學術淵源。

5. "羖（養）生"

衆所周知，莊子及其後學十分重視"養生"觀念。這種觀念究竟淵源於何處呢？絕大多數朋友會很自然地想到《老子》。傳世《老子》第五十章云："蓋聞善攝生者，陸行不遇兕虎，入軍不被甲兵，兕無所投其角，虎無所措其爪，兵無所容其刃。夫何故？以其無死地。"以不入死地爲善於"攝生"，則"攝生"字面上雖然指養生，其實際重點則跟莊子學派所說的"養生"頗有歧互。《莊子・外篇・達生》云："善養生者，若牧羊然，視其後者而鞭之。"又具體解釋說："魯有單豹者，巖居而水飲，不與民共利，行年七十而猶有嬰兒之色；不幸遇餓虎，餓虎殺而食之。有張毅者，高門縣薄，无（無）不（走）〔趣〕也，行年四十而有內熱之病以死。（單）豹養其內而虎食其外，（張）毅養其外而病攻其內，此二子者，皆不鞭其後者也。"成疏謂："高門，富貴之家也。縣薄，垂簾也。言張毅是流俗之人，追奔世利，高門甲第，朱户垂簾，莫不馳驟參謁，趨走慶弔，形勞神弱，困而不休，於是內熱發背而死。"其中"（單）豹養其內而虎食其外"一事，看起來很接近"陸行不遇兕虎"之說，然其要旨在"視其後者而鞭之"，與《老子》不入死地之意依然懸隔。鑒於這一背景，下面的史實就顯得特別重要了：郭店戰國楚墓新出儒典《湯吳之道》嘗論及舜"又（有）天下弗能嗌（益），亡（無）天下弗能員（損）"的人格，在《莊子》體系中打下了極爲深刻的烙印，而與此同時，這篇早期儒典還在堯舜禪讓的大語境中討論了"養生"問題，並且至少跟《莊子》"養生"說的一個面向完全契合。

《湯吳之道》是這麼說的：

> ☐(節?)庨(乎)脂膚血䘚(氣)之青(情)，𢦏(養)眚(性)命之正，安命而弗夭(夭)，𢦏生而弗䖾(傷)，智☐之正者，能以天下廛(禪)歟(矣)。……古者𦔻(聖)人廿而𠕋(冠)，卅而又(有)家，五十而幻(治)天下，七十而至(致)正(政)。四枳(肢)朕(倦)陸(惰)，耳目䎹(聰)明衰，廛天下而受(授)𣌰(賢)，退而𢦏亓生。此以智(知)亓弗利也。

《湯吳之道》第一次出現"𢦏(養)生"，是關聯"脂膚血䘚(氣)""眚(性)命之正"而言的；第二次出現"𢦏……生"，是關聯"四枳(肢)""耳目䎹(聰)明"而言的，從嚴格意義上說，這纔是真正談論養生之事。

而養生是莊派學人的核心關懷之一。莊子及其後學對這一觀念進行了更精細、更深入的發掘。首先，他們排斥"養形"。《莊子·外篇·達生》云：

> 達生之情者，不務生之所无(無)以爲(郭注：生之所无以爲者，分外物也)；達命之情者，不務知(智)之所无奈(奈)何。養形必先之以物，物有餘而形不養者有之矣；有生必先无離形，形不離而生亡者有之矣。生之來不能卻，其去不能止。悲夫，世之人以爲養形足以存生！而養形果不足以存生，則世奚足爲哉？雖不足爲而不可不爲者，其爲不免矣。

《莊子·外篇·刻意》嘗論及六種人的作爲和境界：

> 刻意尚行，離世異俗，高論怨誹，爲亢而已矣，此山谷之士、非世之人、枯槁赴淵者之所好也。語仁義忠信，恭儉推讓，爲修而已矣，此平世之士、教誨之人、遊居學者之所好也。語大功，立大名，禮君臣，正上下，爲治而已矣，此朝廷之士、尊主強國之人、致功幷兼者之所好也。就藪澤，處閒曠，釣魚閒處，无(無)爲而已矣，此江海之士、避世之人、閒暇者之所好也。吹呴呼吸，吐故納新，熊經鳥申，爲壽而已矣，此道(導)引之士、養形之人、彭祖壽考者之所好也。若夫不刻意而高，无仁義而修，无功名而治，无江海而閒，不道引而壽，无不忘也，无不有也，澹然無極而衆美從之，此天地之道、聖人之德也。

莊子後學指出，世人陷入了誤區，"以爲養形足以存生"；而"道(導)引之士、養形之人、彭祖壽考者"，畢竟遜於"澹然無極而衆美從之"的聖人。養形和養形者不被莊派學人推重，由這些論說可見一斑。不過在他們看來，"吹呴呼吸，吐故納新，熊經鳥申"以追求長壽的"養形"之人，較之於"山谷之士、非世之人、枯槁赴淵者""平世之士、教誨之人、遊居學者""朝廷之士、尊主強國之人、致功并兼者",以及"江海之士、避世之人、閒暇者",還是要高明一籌,他們對於養形和養形者是有部分的肯定。

其二,莊子及其後學更深刻地發掘了養神對於養生的根本意義(之所以如此,顯然有世人偏重養形的刺激)。《莊子·內篇·養生主》寫庖丁爲文惠君(即梁惠王)講述解牛一事,其最後的歸結是:"文惠君曰:'善哉!吾聞庖丁之言,得養生焉。'"可見庖丁所言乃"養生"之關鍵(釋文解"養生主"云,"養生以此爲主也",殆是)。而庖丁之語根本在於"養神",所謂"以神遇而不以目視,官知止而神欲行","依乎天理","因其固然",以及對"其難爲"者保持怵惕戒懼之心等,凸顯的立足點都是"神"而非"形"。成疏釋"官知止而神欲行",云:"官者,主司之謂也;謂目主於色耳司於聲之類是也。既而神遇,不用目視,故眼等主司,悉皆停廢,從心所欲,順理而行。善養生者,其義亦然。"釋"依乎天理"云:"依天然之腠理,終不橫截以傷牛。亦猶養生之妙道,依自然之涯分,必不貪生以夭折也。"《莊子·外篇·刻意》具體討論養神之道,説:

> 水之性,不雜則清,莫動則平;鬱閉而不流,亦不能清:天德之象也。故曰,純粹而不雜,靜一而不變,惔而无(無)爲,動而以天行(成疏:感物而動,應而無心,同於天道之運行,無心而生萬物),此養神之道也。夫有干越之劍者,柙而藏之,不敢用也,寶之至也。精神四達並流,无所不極,上際於天,下蟠於地,化育萬物,不可爲象(成疏:不可以形象而域之也),其名爲同帝。①

《莊子·外篇·天地》在討論跟一般"風波之民"不同的"全德之人"時,則提出:"執道者德全,德全者形全,形全者神全。神全者,聖人之道也。"成疏釋前數語,曰:"言執持道者則德行無虧,德全者則形不虧損,形全者則精神專一。"莊子後學認爲,"神"與"形"貫通但高於"形","精神"的力量化育萬物,其功用堪比天地。凡此之類,均是把"神"或"養神"放到最重要的位置上。

儒典《湯吳之道》可能是中國最早論及"攼(養)生"觀念的文獻之一。有學者曾斷定"養生"一詞首見於《呂氏春秋》,②現在有《湯吳之道》等新見篇籍,對這類觀點已經無須反駁。幾乎可以肯定地説,莊派學人繼承了《湯吳之道》的養生學説,並將其發揚光大。《湯吳之道》以及其他儒典跟莊派學説的另外一些關聯(如前所論,它在養生意義上談及的"告命"範疇,到莊子後學那

---

① 成疏解《莊子·內篇·養生主》"古者謂是帝之縣解"一語,云:"帝者,天也。"錄此以備參考。
② 參見曹希亮編著:《中國養生學》(修訂本),西安:陝西科學技術出版社,2005年,第1版,頁3。

裏變成了整個體系的核心),與此可以互證。

附帶提及一點,《莊子·外篇·刻意》推尊的最高境界是"天地之道、聖人之德":"若夫不刻意而高,无(無)仁義而修,无功名而治,无江海而閒,不道引而壽,无不忘也,无不有也,澹然無極而衆美從之,此天地之道、聖人之德也。"這裏似乎有《五行》體系的影子。《五行》體系有一個分層的理念框架:首先是仁、知(智)、義、禮、聖五種行;接下來是由五者形於内而成的五種德之行;接下來是由仁、知(智)、義、禮四種德之行達成的超越性同一體"善",被稱爲"人道";最高的一層則是仁、知(智)、義、禮、聖五種德之行達成的超越性同一體"德",被稱爲"天道"(參見《五行》經文第一章以及經與説第九章)。《五行》强調善的人爲的一面,又强調德的不爲的一面,稱,"善也者,有事焉者可以剛柔多鉿(融洽)爲,故曰善","天道也者,忌(己)有弗爲而美者也"(《五行》説文第九章)。德的特徵是有不爲而美善,與《刻意》篇"澹然無極而衆美從之"的道德境界堪稱異曲同工。

6. "青(情)""信"與"真"

《售自命出》等新見儒典高度重視真誠信實。《售自命出》下篇云:"凡人青(情)爲可兑(悦)也。句(苟)以亓(其)青,唯(雖)佗(過)不亞(惡);不以亓青,唯難不貴。句又(有)亓青,唯未之爲,斯人信之㠯(矣)。未言而信,又娩(美)青者也。"又云:"凡人悥(僞)爲可亞(惡)也。悥(僞)斯奴(隱)㠯(矣),奴斯慮(怛)㠯,慮斯莫牙(與)之結㠯。"同樣的論説也見於上博《售意論》。這是對"青(情)"即真誠、誠信的贊歌,自然也是對其對立面"悥(僞)"的拒斥。孔子高度重視誠信,嘗謂:"人而無信,不知其可也。大車無輗,小車無軏,其何以行之哉?"(《論語·爲政》)但孔子也曾明示一味好信的弊端,稱"好信不好學,其蔽也賊"(《論語·陽貨》)。《售自命出》《售意論》竟然説"句(苟)以亓(其)青(情),唯(雖)佗(過)不亞(惡);不以亓青,唯難不貴",給予真誠信實以無條件的推揚。而郭店簡文《忠信之術》云:

大忠不兑(説),大信不昇(期)。不兑而足羕(養)者,陞(地)也;不昇而可蟼(要)者,天也。㠯(範)天陞也者,忠信之胃(謂)(此)〔也〕。囗重(惠)而實弗从,君子弗言尒(爾)。心足(疏)而貌罖(親),君子弗申尒。古(故)行而鯖(争)兑(悦)民,君子弗釆(由)也。三者,忠人弗乍(作),信人弗爲也。忠之爲術(道)也,百工不古(楛),而人羖膚(皆)足。信之爲術(道)也,羣物皆成,而百善膚(皆)立。君子亓(其)它(施)也忠,古(故)繼(蠻)罖(親)專(附)也;亓言尒信,古怛(遷)而可受也。忠,悥(仁)之實也。信,㠯(義)之昇(基)也。氏(是)古(故)古之所以行虏(乎)閃(蠻)嘍(貉)

者,女(如)此也。

儒家最初幾代學者高度重視"忠信"。《論語·述而》記載:"子以四教:文,行,忠,信。"邢昺疏云:"此章記孔子行教,以此四事爲先也。文,謂先王之遺文。行,謂德行;在心爲德,施之爲行。中心無隱謂之忠。人言不欺謂之信。此四者有形質,故可舉以教也。"孔門弟子曾參(前505~前432)則説:"吾日三省吾身:爲人謀而不忠乎?與朋友交而不信乎?傳不習乎?"(《論語·學而》)邢昺疏解釋爲:"吾每日三自省察己身:爲人謀事而得無不盡忠心乎?與朋友結交而得無不誠信乎?凡所傳授之事,得無素不講習而妄傳乎?"曾子三省,"忠""信"據其二。"忠"之本義是盡心竭力,然不待人以誠信,則不可能盡心竭力。所以,"忠"與"信"具有高度的同一性。邢昺定義"忠"的"中心無隱",不就意味着誠信嗎?據上揭《忠信之衜》,誠信之人言與實相副,貌與心無違,行而不争悦民,推而至於其大,則如天一般不期而可要,自然而且必然。其推誠信而至於配天,足見其對誠信之重視。

重"青(情)"、重"信"不止涉及政教人倫,而且涉及藝術的本質。新出戰國儒典同時強調真情之動人。如《眚自命出》上篇指出:

凡聖(聲),亓(其)出於情也信,肰(然)句(後)亓内(入)拔(撥)人之心也敏(厚)。聞芙(笑)聖,則轟(鮮)女(如)也斯憙(喜)。昏(聞)訶(歌)諑(謠),則舀(慆)女也斯奮。聖(聽)盍(琴)夻(瑟)之聖,則諄(悸)女也斯懃(歎)。蘴(觀)《垔(賚)》《舞(武)》,則齊(齋)女也斯复(作)。蘴《卲(韶)》《夏》,則免(勉)女也斯僉(斂)。羕(詠)思而歕(動)心,膏(嘈)女也。

這裏泛論聲以真情動人,舉證則及於笑聲、歌謠、琴瑟之聲,以及古代聖王的樂舞。《垔(賚)》《舞(武)》屬於周武王之《大武》樂章,《卲(韶)》爲舜樂,《夏》爲禹樂,往往配以舞蹈,故可聽亦可觀。早期儒者強調,打動人心、使人產生種種情感共鳴的,是它們負載的真情。《眚自命出》上篇又説:

凡至樂必悲,哭亦悲,皆至(致)亓(其)情也。依(哀)、樂,亓眚(性)相近也,是古(故)亓心不遠。哭之歕(動)心也,濈(浸)澉(殺),亓刺(烈)繎(戀)繎(戀)女(如)也,慈(感)肰(然)以終。樂之歕心也,濬(濬)深臧(鬱)舀(陶),亓刺(烈)則流女(如)也以悲,條(悠)肰(然)以思。

以上兩段文字也見於上博《眚意論》。在儒家體系中,歌謠樂舞所負載之情以人情爲基底,故其論歌謠樂舞以真情動人,實有更寬泛的社會人生意義。

莊子後學也十分推重"真"。《莊子·雜篇·漁父》云:

真者,精誠之至也。不精不誠,不能動人。故強哭者雖悲不哀,強怒者雖嚴不威,強親者雖笑不和。真悲無聲而哀,真怒未發而威,真親未笑而和。真在内者,神動於外,是所以貴真也。其用於人理也,事親則慈孝,事君則忠貞,飲酒則歡樂,處喪則悲哀。忠貞以功爲主,飲酒以樂爲主,處喪以哀爲主,事親以適爲主。功成之美,无(無)一其迹矣;事親以適,不論所以矣;飲酒以樂,不選其具矣;處喪以哀,无問其禮矣。禮者,世俗之所爲也;真者,所以受於天也,自然不可易也。故聖人法天貴真,不拘於俗。愚者反此。不能法天而恤於人,不知貴真,禄禄而受變於俗,故不足。

這段文字,在很多根本點上與早期儒家學説頗爲一致。

首先,跟莊子本人的體系一樣,它爲事親、事君等儒家根本倫理保留了空間。它聚焦的是事親(孝)、事君(忠)這"不可解於心""無所逃於天地之間"的二"大戒";其所謂"事親以適,不論所以矣",與莊子本人所説的"夫事其親者,不擇地而安之",直是一樣的意思(參閲《莊子·内篇·人間世》)。事親、事君及其價值模式乃儒家倫理之根基,這一點是毋庸置疑的,僅從新見儒典來看,兩者是《六悳》篇所論六職和六德的核心構成部分。而從《人間世》至《漁父》,儒家這兩大根本關懷都得到了體系化的安排。其次,跟莊子本人的體系一樣,它在禮等價值之上推出了更高的存在和範式——天,以"真"爲受於天、"自然不可易",進而推重"法天貴真"。這顯示了莊子及其後學學説的特色。然而也很明顯,莊派學人排斥的禮主要是世俗之禮,而儒家之禮與世俗之禮也不完全一致。孔子云:"禮云禮云,玉帛云乎哉?樂云樂云,鐘鼓云乎哉?"(《論語·陽貨》)他所針對的就是俗禮"遺其本而專事其末"(朱子集注)。衹是因爲莊子及其後學在抨擊禮等價值時,並不明確區隔世俗之所行和儒家之所持,以至於看起來處處都是針對儒家。《五行》説文第七章曾云:"不在喪(衰)經,然笱(後)能│至│哀。夫喪,正經脩領而哀殺矣。言至内者之不在外也。"《莊子·漁父》篇謂:"處喪以哀,无問其禮矣。"兩者之間同樣有原則上的一致性。

單拿上揭新見儒典論真誠信實的言論比勘,可見《漁父》篇之論"真",與《眚自命出》《眚意論》《忠信之衍》有鮮明的一致性。其一,《漁父》篇將"貴真"抬升至"法天"的高度,而《忠信之衍》謂,"大忠不兑(説),大信不異(期)。不兑而足羕(養)者,陞(地)也;不異而可鑒(要)者,天也。忋(範)天陞也者,忠信之胃(謂)(此)〔也〕",將"忠信"抬升至法地、法天的高度,兩者之間的符同一致者較然明白。其二,《漁父》推重"真"以及"真"之動人,並"用於人理",即從政教人倫各層面上揭示"真"的意義,跟上揭儒典之推重真誠信實,也完全一致。《漁父》篇強調的"真悲""真怒""真親",與《眚自命出》《眚意論》所謂"亓(其)

出於情也信",可以互相詮釋。《漁父》篇謂,"真者,精誠之至也。不精不誠,不能動人","真悲無聲而哀,真怒未發而威,真親未笑而和","真在內者,神動於外",《眚自命出》《眚意論》謂,"句(苟)又(有)亓(其)青(情),唯(雖)未之爲,斯人信之壴(矣)。未言而信,又(有)娬(美)青者也",又謂,"凡聖(聲),亓(其)出於情也信,肰(然)句(後)亓內(入)拔(撥)人之心也敏(厚)"等等,兩者又可以互相詮釋。《漁父》篇基於"真"而論"事親""事君""飲酒""處喪"諸方面之"人理",與《眚自命出》《眚意論》基於"忠信"而論"百工""人羖(養)""羣物""百善""繼(蠻)睪(親)專(附)""行虗(乎)閔(蠻)嘍(貉)"等等,基本取向亦無歧異。其三,《漁父》篇沒有明確地將"真"關聯到藝術,然其"不精不誠,不能動人"之說,作爲普泛的道理,自然含蘊藝術方面的事實,因此與《眚自命出》《眚意論》也有實質上的一致性。觀上揭儒典將"芺(笑)聖"、悲哭("哭亦悲")與歌謠樂舞同論,而《漁父》篇也取證於"笑"和"哭",斷然可知。

凡此之類,毋庸一一舉列。而以上所揭,已足以使我們再次反思早期儒家學說對莊派學人的影響。

7."性"與"故"

《莊子》一書關聯孔門七十子及其後學之學說者,不勝枚舉。"故"是早期儒、墨、道典籍中的一個特有範疇。《墨子·經說上》云:"霍(鶴)、爲姓(性),故也。"大要是说,霍(鶴)、猴之性即是其"故",亦即是其原本如此的性質和狀態;其言外之意,殆指人的實際的性與禽獸之性不同,具有生成性。孟子曾說:"天下之言性也,則故而已矣。故者以利爲本。"(《孟子·離婁下》)意思是,天下之言人性者(包括他自己),都是將人性視爲其原本如此的性質和狀態,"性"既爲"故",當以和順爲本。

當我們將目光轉向莊子後學時,我們在這一論域又有一些重要發現。《莊子·外篇·達生》云:

孔子觀於呂梁,縣水三十仞,流沫四十里,黿鼉魚鱉之所不能游也。見一丈夫游之,以爲有苦而欲死也,使弟子並(傍)流而拯之。數百步而出,被髮行歌而游於塘下。

孔子從而問焉,曰:"吾以子爲鬼,察子則人也。請問,蹈水有道乎?"

曰:"亡,吾无(無)道。吾始乎故,長乎性,成乎命。與齊(臍/水漩入似臍者)俱入,與汩(郭注:回伏而涌出者)偕出,從水之道而不爲私焉。此吾所以蹈之也。"

孔子曰:"何謂始乎故,長乎性,成乎命?"

曰:"吾生於陵而安於陵,故也;長於水而安于水,性也;不知吾所以然而然,命也。"

這裏也出現了與"性"這一範疇有高度關聯的"故"。而且，根據"長於水而安於水，性也"一句，可知《達生》篇也是強調人性的生成性；這種生成，對於"生於陵而安於陵"的"故"有一定的突破意義。

上揭儒、墨、道諸家之文獻互相勾連，隱隱顯示了戰國性命學説的宏大歷史語境及論域。然而僅看它們，尚難以確知戰國"性"與"故"之説的源頭究竟何在。若將新見儒典納入視域，問題就豁然開朗了：該説乃源自孔門七十子及其後學的心性學説體系。郭店《眚自命出》上篇云："凡眚（性），或勳（動）之，或迬（逆）之，或（交）〔窒（窒）〕之，或萬（厲）之，或出之，或羕（養）之，或長之。凡勳眚者，勿（物）也。迬（逆）眚者，兑（悦）也。（交）〔窒（窒）〕眚者，古（故）也。萬眚者，宜（義）也。出眚者，埶（勢）也。羕眚者，習也。長眚者，術（道）也。"這段文字亦可參見上博《眚意論》。在這篇討論"性"的重要文獻中，"古（故）"殆指人原本如此的性質和狀態，它被視爲束縛性生成的元素，或者説，它被視爲阻礙性生成的原初的惰性。這種認知凸顯了早期儒家對性之生成性的強烈主張。嗣後，亞聖孟子依然強調性的生成性，卻因爲擔心世人將價值的生成視爲對本然生命的戕害，而張揚"性"與"故"的同一性（孟子認爲價值的發端根植於原初的性，"性"與"故"同一，則含藴價值發端的性的生成，對於故就是自然和順的）。

《眚自命出》《眚意論》和《孟子》昭示了先秦"性""故"觀念展開的主要論域，《墨經》所謂"霍（鶴）、爲姓（性），故也"、《莊子·達生》所謂"始乎故，長乎性，成乎命"，無論範疇還是觀念，都是從這裏發源的。① 而基於這一判斷來重新審視傳世文獻，我們發現還有更多的言説跟這一論域有關。比如，《莊子·外篇·駢拇》張揚"性長非所斷，性短非所續"。《馬蹄》篇以"蹄可以踐霜雪，毛可以禦風寒，齕草飲水，翹足而陸"爲馬之"真性"，斥責治馬者"燒之（鐵炙之）、剔之（剪其毛）、刻之（削其蹄）、雒之（著之龍頭），連之以羈馽，編之以皁棧"，使馬之死者有十之二三，"飢之、渴之、馳之、驟之、整之、齊之，前有橛飾之患，而後有鞭筴之威"，使馬之死者過半；又批評治埴治木者戕賊埴、木之性，歸而結之於治天下者戕賊民之常性。凡此之類均符同孟子以"故"釋"性"、強調"故者以利（和順）爲本"的觀念。莊子後學對"性"的界定與孟子並不一致，但是在對待"性"與"故"的關係方面，則頗有趨同之意。

最後要強調的是，《眚自命出》或《眚意論》中的材料很可能不是孤立的存在，也就是説，它們很可能關聯着更豐富、更宏大的學術思想的實際，我們期

---

① 對戰國儒、墨、道諸家所論"性"與"故"的詳細論析，請參閲本書第十章第二節："《五行》"等新出儒典與《墨子》"。

待更多埋没千百年的文獻重見天日。

8. "其心之出,有物採之"

《莊子·外篇·天地》云:"夫道,淵乎其居也,漻乎其清也。金石不得,无(無)以鳴。故金石有聲,不考(攷,擊)不鳴。萬物孰能定之(集釋引郭嵩燾語:金石無常矣,而《韶》《夏》《濩》《武》,由所動而樂生焉,所以動之者,物莫能定也)!夫王德之人,素逝而恥通於事(成疏:任真而往,既抱樸以清高,故羞通於物務),立之本原而知通於神。故其德廣,其心之出,有物採之。"這一段文字中,金石不擊不鳴之喻以及心爲物採出一説,當亦源自《眚自命出》(或《眚意論》)。

《眚自命出》上篇云:"凡人唯(雖)又(有)眚(性),心亡(無)奠(定)志,㊥(待)勿(物)而句(後)复(作),㊥兑(悦)而句行,㊥習而句奠。……凡眚(性)爲宔(主),勿(物)取之也。金石之又(有)聖(聲)也,弗鉤(叩)不鳴。人唯(雖)又眚,心弗取不出。"《眚意論》的表述差不多。這大概是説,静態含藏的人之性,在存在對象即"勿(物)"的情況下,且由於"心"的推動導引作用,而變爲動態的外顯。在《眚自命出》及《眚意論》中,"眚(性)""心""勿(物)"三者的關係看起來祇有心取性、物取性兩邊。然而在孔門七十子及其弟子的其他文獻中,"物"與"心"的關聯實際上也得到了落實。上博簡《民之父母》載子夏問"五至",孔子答曰:"五至虖(乎),勿(物)之所至者,《志(詩)》亦至安(焉);《志(詩)》之所至者,《豊(禮)》亦至安;《豊》之所至者,《樂》亦至安;樂之所至者,㤅(哀)亦至安(焉),㤅樂相生。"《禮記·孔子閒居》的對應部分作:"志之所至,《詩》亦至焉。《詩》之所至,《禮》亦至焉。《禮》之所至,《樂》亦至焉。樂之所至,哀亦至焉,哀樂相生。"二者主要差異,在於一作"勿(物)之所至者,《志(詩)》亦至安(焉)",一作"志之所至,《詩》亦至焉"。可它們實際上是同一的。"心"在存在目標對象即"勿(物)"的情況下,産生"志"亦即心之所向。在這樣一種關聯中,"心"之所至也便是"勿(物)"之所至。一般情況下,心同樣是静態的含藏的,目標對象即"勿(物)"的出現使之趨於活躍和外顯。總而言之,在早期儒典中,"眚(性)""心""勿(物)"三者的關係都有交代(參見圖10-10)。《莊子·天地》篇物採心而出之一説,僅僅截取和凸顯了早期儒家論説中"心"與"勿(物)"的關聯(參見圖10-11),很難説這不是有意爲之,單單看其話語,就知道《天地》篇一定受到戰國早期儒典的影響,更何況,與物採心而出之一説密切關聯的比喻"金石有聲,不考(攷,擊)不鳴",明顯就是從戰國早期儒典中抄來的。然而從莊子後學的體系來看,這樣的處置有其必然性。莊派學人的核心關懷或戒備是物對心的攪擾。他們張揚的是"物物"(《莊子·外篇·在宥》)、"物物而不物於物"(《莊子·外篇·山木》),排斥的是心爲物擾、心爲物役。《莊子·內篇·齊物論》云:"一受其成形,不忘以待盡。與物相刃相靡,其行盡(進)如馳,而莫之能止,不亦悲乎!終身役役而不見其成功,苶(茶)然疲役而不知其所歸,可不哀邪!人謂之不死,奚益!其形化,其心與之然,可不謂大哀乎?"這就是莊派學人眼中心被物役的可悲境況。

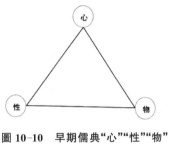 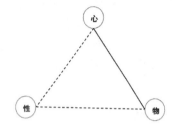

圖 10-10　早期儒典"心""性""物"　　圖 10-11　《莊子·外篇·天地》凸顯
　　　　　關聯圖示　　　　　　　　　　　　　　"心""物"關係圖示

9. "利天下"

《莊子·外篇·天地》云:"德人(案即有德之人)者,居无(無)思,行无慮,不藏是非美惡。四海之內共利之之謂(爲)悦,共給之之爲安;怊乎若嬰兒之失其母也,儻乎若行而失其道也。財用有餘而不知其所自來,飲食取足而不知其所從:此謂德人之容(成疏:寡欲止分,故財用有餘;不貪滋味,故飲食取足;性命無求,故不知所從來也。都結前義,故云德人之容)。"《天地》篇還說"愛人利物之謂仁"。"德人"以遍利四海爲悦,以遍給四海爲安,集中凸顯了莊派學人對天下的關懷。莊派學人並未如有些學者所説,宣揚"人除了應對表現著自然的個人生命負責外,沒有其它任何社會的目標、責任或義務"。[①]他們苦口婆心意欲幫助世人解脫倒懸之苦,驚醒人們不要使生命淪落爲物,同時反對世人把他人當成滿足自我利益的物或工具,這些不都是利天下的舉措嗎?[②]而《莊子·內篇·逍遥遊》説:"藐姑射之山,有神人居焉,肌膚若冰雪,(綽)〔淖〕約若處子。不食五穀,吸風飲露。乘雲氣,御飛龍,而遊乎四海之外。其神凝,使物不疵癘而年穀熟。"成疏曰:"聖人形同枯木,心若死灰,本迹一時,動寂俱妙,凝照潛通,虛懷利物。遂使四時順序,五穀豐登,人無災害,物無夭枉。聖人之處世,有此功能……"莊學謬悠奇詭的表達之中,確實含蘊着"虛懷利物"的宗旨。

《天地》篇謂德人"四海之內共利之之謂(爲)悦,共給之之爲安",這是極

---

① 崔大華:《莊學研究:中國哲學一個觀念淵源的歷史考察》,北京:人民出版社,1992年,第1版,頁26。

② 其詳請參閲拙著《先秦諸子研究》,頁276～305。

高的境界,與戰國儒典頗有相通之處。郭店簡《湯吳之道》云:"堯舜之王,利天下而弗利也。麀(禪)而不偲(傳),聖之盛也。利天下而弗利也,忎(仁)之至也。古(故)昔臤(賢)忎聖者女(如)此。身窮(窮)不貪(貪),叟(没/殁)而弗利,窮忎(仁)歔(矣)。"《莊子·天地》篇之德人境界——"四海之内共利之之謂(爲)悦,共給之之爲安",與《湯吳之道》之堯舜境界——"利天下而弗利"(亦即利天下而不自利),顯然是相通的。先秦諸子各家,在"仁"的意義上張揚"利天下而弗利",七十子及其後學可能是最早的。

而另一方面,《湯吳之道》云:

　　堯舜之行,忎(愛)罩(親)隙(尊)臤(賢)。忎罩古(故)孝,靠(尊)臤古麀(禪)。孝之殺,忎天下之民。麀之鎸(流?),世亡(無)忘(隱)直(德)。孝,忎(仁)之免(冕)也。麀,義之至也。六帝興於古,嗀(咸)采(由)此也。忎罩亢(忘)臤,忎而未義也。靠臤遺罩,我(義)而未忎也。

這裏論證的一個觀念系譜是:("忎罩"→"孝")=("忎之免"→"忎天下之民");其所謂仁,與由愛親推進至愛天下之民有極深刻的關聯。因此可以說,《湯吳之道》是從"利天下"和"忎(愛)天下之民"兩個層面上定義了"忎(仁)"。堯舜之行的另一端是:"隙(尊)臤(賢)"→"麀(禪)"="義之至"。作爲始端的"靠(尊)臤(賢)"其實是利天下之舉。故《莊子·雜篇·徐无(無)鬼》批評道:"夫堯畜畜然(卹愛勤勞之貌)仁,吾恐其爲天下笑。後世其人與人相食與!……夫堯知賢人之利天下也,而不知其賊天下也,夫唯外乎賢者知之矣。"有此可以説《湯吳之道》同時也從利天下角度定義了"義"。在較晚的儒家學說中,規範利的價值標準恰恰就是"義",孔子及其弟子屢及"見利思義""見得思義"之説。

有鑒於此,《莊子·徐无鬼》在批判帝堯時將"愛"與"利"的基源歸結爲"仁"和"義",一方面固然是針對戰國早期的儒家學説,另一方面卻也汲取了那幾代儒者對"仁"和"義"的界定。《徐无鬼》是這麽説的:"夫民,不難聚也,愛之則親,利之則至,譽之則勸,致其所惡則散。愛利出乎仁義。捐仁義者寡,利仁義者衆。夫仁義之行,唯且无誠,且假乎禽貪者器。"從表面上看來,《湯吳之道》是以愛民利民爲仁義之基,《徐无鬼》則是以仁義爲愛民利民之基。可實際上,仁義之德的生成固然以愛民利民爲基,但愛民利民之極致,亦即仁義之極致,乃是愛天下之民、利天下之民;仁義之德在到達其極致的過程中確實又充當着愛民利民的基源。

莊子及其後學對"仁""義"有很多批判。之所以如此,主要是因爲他們擔憂"夫仁義之行,唯且无誠,且假乎禽貪者器"(《莊子·雜篇·徐无鬼》),擔憂"爲之仁義以矯之,則並與仁義而竊之"(《莊子·外篇·胠篋》),擔憂"揭仁義以竊國,資聖智以保身"(成玄英疏《胠篋》"則是不乃竊齊國,並與其聖知之法以守其盜賊之身乎")。言語之間,他們對名副其實的"仁""義"還是有所肯定的。而更重要的是,早期儒家定義"仁""義"的"愛天下""利天下"之本旨,被他們深刻地繼承下來,並做出了創造性的轉化與實踐。這再次提醒我們不能把歷史簡單化。——簡單的歷史從來祇存在於簡單的想象中。

10. "化人"

老莊學說之主流觀念無疑是張揚民之自化。傳世《老子》第三十七章云:"道常無爲而無不爲。侯王若能守之,萬物將自化。"第五十七章説:"聖人云,我無爲而民自化,我好靜而民自正,我無事而民自富,我無欲而民自樸。"這些文字亦可以參見郭店《老子》(甲組)。而《莊子·外篇·在宥》云:"亂天之經,逆物之情,玄天弗成;解獸之羣,而鳥皆夜鳴;災及草木,禍及(止)〔昆〕蟲。意(噫),治人之過也!"又説:"意!心養。汝徒處无(無)爲,而物自化。墮爾形體,吐爾聰明,倫與物忘,大同乎涬溟(成疏:溟涬,自然之氣也),解心釋神,莫然无魂。萬物云云,各復其根,各復其根而不知。渾渾沌沌,終身不離。若彼知之,乃是離之。无問其名,无闚其情,物固自生。"《莊子·外篇·天地》也説:"古之畜天下者,无(無)欲而天下足,无爲而萬物化,淵靜而百姓定。"強調民自化是爲了淡化政治干預和壓迫的力度,爲百姓爭取更大的自由空間。

然而不可忽視的是,《老子》及莊派學人從一開始就有"化人"的思想。傳世《老子》第五十四章云:"修之於身,其德乃真;修之於家,其德乃餘;修之於鄉,其德乃長;修之於國,其德乃豐;修之於天下,其德乃普。"這裏已經凸顯了"修身→齊家→治國→平天下"的政教倫理模式,其核心是以己德化人,且逐級擴展和躍升。不過在《老子》體系中,這種化人觀念不占主流,在後人的接受中更被選擇性地無視。導致這種結果的外因,應該是儒家的論説更成熟、更深刻、更系統化。較之於《老子》,莊子學派特別是莊子本人的化人觀念更具有體系化的意義。《莊子·内篇·人間世》寫顔回欲之衛匡正其君、解救百姓,所以向孔子辭別。孔子指出顔回"強以仁義繩墨之言(術)〔衒〕暴人之前",必將爲衛君所害。顔回於是提出"端而虛,勉而一"的應對辦法。孔子仍以爲不可,因爲衛君"將執而不化,外合而内不訾",就是説,他將固執不變,表面附和而内心實不取資。顔回又提出了"内直而外曲,成而上比"的應對辦法。孔子説,如此可免於罪責,卻仍爲師心者,"胡可以及化"。顔回祇好向孔子請教。孔子誘導顔回"聽之以氣""虛而待物",並告訴他:"夫徇耳目内通而外於心知,鬼神將來舍,而況人乎!是萬物之化也,禹、舜之所紐也,伏戲、几蘧之所行終,而況散焉者乎!"這裏反反復復出現的"化"都是化人之意。化人即以自身價值或理念改變人,達此境界,需要具備一定的前提條件。《人間世》謂:"古之至人,先存諸己而後存諸人。所存於己者未定,何暇至於暴人之所行。"成疏曰:"古昔至德之人,虛懷而遊世間,必先安立己道,然後拯救他人,未有己身不存而能接物者也。"而《莊子・外篇・天運》則說:"不與化爲人(偶),安能化人!"其意是說,祇有與造化和合,纔具備化人的前提。①

《老子》《莊子》張揚的"化人",前提條件與儒家有所不同,但這種基於某種境界而化人的模式,很可能是從《詩經》《尚書》《五行》等早期儒典來的。《詩經・大雅・思齊》謂文王"刑于寡妻,至于兄弟,以御于家邦",業已挑明了這種以德化人的觀念和模式。《五行》經文第十八章云:"五行之所和,和則樂,樂則有德。有德則國家(與)〔興〕。"其說文第十八章詮釋道:"'有悳(德)而國家(與)〔興〕':國家(與)〔興〕者,言天下之(與)〔興〕仁義也。"《五行》經文第二十一章云:"君子雜(集)泰(大)成。能進之,爲君子;不能進,客(各)止於亓(其)里。"其說文第二十一章詮釋道:"'君子雜(集)大成':雜也者,猶造之也,猶具之也。大成也者,金聲玉辰(振)之也。唯金聲而玉辰之者,然笱(後)忌(己)仁而以人仁,忌義而以人義。……'能誰(進)之,爲君子,弗能進,各止於亓(其)里':能進端,能終端,則爲君子耳矣。弗能進,各各止於亓里。不莊(藏)尤割(害)人,仁之理(里)也。不受許(呼)赿(嗟)者,義之理也。弗能進也,則各止於亓里耳矣。終(充)亓不莊尤割人之心,而仁復(覆)四海;終亓不受許赿之心,而義襄(攘)天下。仁復四海、義襄天下,而成(誠)繇(由)亓中心行之,亦君子已。"這些論說的核心就是以德化人。《五行》篇中,化成天下的道德人格是文王。其說文第二十三章云:"文王源耳目之生(性)而知亓(其)好聲色也,源鼻口之生(性)而知亓好犨(臭)味也,源手足之生(性)而知亓好劈(佚)餘(豫)也,源心之生(性)則巍然知亓好仁義也。故執之而弗失,親之而弗離,故卓然見於天,箸(著)於天下。"而就在《五行》產生的同一個歷史時期,《詩序》的規模已初步奠定,其要義之一依然是文王化天下。② 儒學中"化人""化天下"之意,被《大學》提煉成爲"親(新)民"以及"平天下",——即基於脩身而齊家(即化家人)、治國(即化國人)、平天下(即化天下人,亦即"明明德於天下")。

---

① 案:莊學體系中這一層面的"化",與《莊子・内篇・大宗師》"浸假而化予之左臂以爲雞,……浸假而化予之右臂以爲彈,……浸假而化予之尻以爲輪,以神爲馬"等語句所及之"化",不可混爲一談。

② 其詳請參閱本書第六章第七節:"'文王'"。

離開儒家學者的強大論域和深厚傳統,顯然很難理解莊學尤其是莊子本人的"化人"觀念。該觀念有力凸顯了莊子及其後學的社會擔當意識。有鑒於此,可以說視莊派學人爲個人主義者或者社會責任的逃避者,是中國學術思想史上最嚴重的誤解之一。

11. "穿(窮)達以時"

郭店簡文《穿達以時》有云:

> 善怀(否),吕(己)也。穿(窮)達以時,惪(德)行弋(一)也。臖(譽)皇(毀)才(在)仿(旁),聖之弋(廌),母(毋)之白。初滔(沉)酭(鬱),後名易(揚),非亓(其)惪加。子疋(胥)前多杠(功),後翏(戮)死,非亓智懷(衰)也。驥(驥)駒(厄)張(常)山,騅(騏)空(穴)於岙(鳩)䇂(棘),非亡體(體)壯也。穿(窮)四海(海),至千里,堣(遇)告(造)〔父〕古(故)也。堣不堣,天也。

又指出:

> 又(有)天又人,天人又分。訜(察)天人之分,而智(知)所行矣。又亓(其)人,亡(無)亓殜(世),唯(雖)臤(賢)弗行矣。句(苟)又亓殜,可(何)㦁(艱)〔難〕之又才(哉)。

人的窮達取決於時遇,由"時""殜(世)"或"天"決定(其所謂"天"基本上落實爲"時"或"殜"等主體無法把控的東西,而"時""殜"基本上等同),與德行、智慧無關。基於這種認知,《穿達以時》最終回歸到儒家最基本的立場上:"穿(窮)達以時,壆(幽)明不再,古(故)君子憘(惇)於㣎(反)吕(己)。"人能夠把握的是自己的德行,所以君子重視反求諸己。《荀子·天論》發揮這些道理說:"若夫(心)〔志〕意修,德行厚,知慮明,生於今而志乎古,則是其在我者也。故君子(敬)〔苟/自急敕〕其在己者,而不慕其在天者;小人錯其在己者,而慕其在天者。君子(敬)〔苟〕其在己者而不慕其在天者,是以日進也;小人錯其在己者而慕其在天者,是以日退也。故君子之所以日進,與小人之所以日退,一也。君子小人之所以相縣者,在此耳。"

即便從儒家範圍之外看,窮達以時的觀念也得到了強烈的認同。《莊子·外篇·秋水》謂孔子遊於匡,匡人圍之數匝,孔子弦歌不輟。子路不解,孔子解釋說:

> 我諱窮久矣,而不免,命也;求通久矣,而不得,時也。當堯、舜而天下无(無)窮人,非知(智)得也;當桀、紂而天下无通人,非知失也:時勢適然。夫水行不避蛟龍者,漁父之勇也;陸行不避兕虎者,獵夫之勇也;白

刃交於前,視死若生者,烈士之勇也;知窮之有命,知通之有時,臨大難而不懼者,聖人之勇也。由處矣,吾命有所制矣。

這裏以"命"和"時""勢"三者來解釋窮通問題。"時"正是《穿達以時》解釋窮達根源的關鍵範疇,"勢"在《穿達以時》中乃是包含在"時"之中的(參見下文);而"命"作爲主體無法影響和把控的決定性力量,與《穿達以時》中跟"人"相對的"天"頗爲一致。其中所謂"當堯、舜而天下无(無)窮人,非知(智)得也;當桀、紂而天下无通人,非知失也:時勢適然",與《穿達以時》說的"又(有)亓(其)人,亡(無)亓殜(世),唯(雖)臤(賢)弗行矣。句(苟)又亓殜,可(何)[慬(難)]之又才(哉)",意思相通,都意味着是否有德行、智慧並不能決定窮通,決定窮通的乃是時世。《莊子·外篇·山木》云:

莊子衣大布(粗布)而補之,正廡(帶子)係履而過魏王。魏王曰:"何先生之憊邪?"

莊子曰:"貧也,非憊也。士有道德不能行,憊也;衣弊履穿(破敗),貧也,非憊也,此所謂非遭時也。王獨不見夫騰猿乎?其得柟梓豫章也,攬蔓其枝而王長其間,雖羿、蓬蒙不能眄睨(斜視、輕慢)也。及其得柘棘枳枸之間也,危行側視,振動悼慄;此筋骨非有加急而不柔也,處勢不便,未足以逞其能也。今處昏上亂相之間,而欲无(無)憊,奚可得邪?此比干之見剖心,徵也夫(成疏:昔殷紂無道,比干忠諫,剖心而死,豈非徵驗!引古證今,異日明鏡)!"

這裏不僅出現了《穿達以時》解釋窮通根源的"時",而且明顯有"又(有)亓(其)人,亡(無)亓殜(世),唯(雖)臤(賢)弗行"之意。至於附帶提及的"勢",在《穿達以時》中原本是被包含在"時"之中的。《山木》界定"勢"的是騰猿得柟梓豫章或柘棘枳枸,互相參稽,則《穿達以時》所舉"驥(驥)駒(厄)張(常)山,騥(騏)宔(穴)於㕣(鳩)垛(棘)",其實正是說"勢"的問題;騰猿得柘棘枳枸作爲喻體指涉的本體"(士)處昏上亂相之間",也是說"勢"。《穿達以時》明顯是將這些都納入"時"之中來考慮的。如此說來,兩者之間的一致性比字面所見到的更高。《莊子·外篇·繕性》云:

古之所謂隱士者,非伏其身而弗見也,非閉其言而不出也,非藏其知(智)而不發也,時命大謬也。當時命而大行乎天下,則反一无(無)迹;不當時命而大窮乎天下,則深根寧極而待:此存身之道也。

這裏解釋窮通問題的根本範疇是"時"與"命"。

上揭《莊子》中的材料,人所不可奈何的"命"與《穿達以時》中跟"人"相對的"天"大抵對應;其就窮通問題所論的"時"與"勢",跟《穿達以時》所論"時"

"殊(世)"基本上一致,《穷達以時》因為它們不爲人掌控和影響,而概之以"天";其所謂"遭時""當時(命)",與《穷達以時》所謂"又(有)亓(其)殊(世)"一致;其不當時命的抉擇——"深根寧極而待",與《穷達以時》所謂"君子憞(惇)於反(反)呂(己)",也有相通之處。總之,這些觀念幾乎完全是對"穷(窮)達以時"的演繹。《穷達以時》列舉的一個具體事例是孫叔敖:"孫嗧(叔)三夙(舍)邜(期)思少司馬,出而爲命(令)尹,堣(遇)楚臧(莊)也。"《莊子・外篇・田子方》也提到過這一事例:"肩吾問於孫叔敖曰:'子三爲令尹而不榮華,三去之而無憂色。吾始也疑子,今視子之鼻間栩栩然,子之用心獨柰(奈)何?'"這一例子,可能也是從《穷達以時》來的。

12. "天術(道)"與"人術(道)"

戰國儒典中出現了兩種意義上"天道"。郭店簡文《眷惠義》云:"嘼(禹)以人道釛(治)亓(其)民,傑(桀)以人道亂亓民。傑不易嘼民而句(後)亂之,湯不易傑民而句釛之。聖人之釛民,民之道也。嘼之行水,水之道也。戚(造)父之馭(駛)馬,馬(也)之道也。句稷(后稷)之執(藝)陞(地),陞之道也。莫不又道安(焉),人道爲近。是以君子人道之取先。"這裹提到了"民之道"(即"人道")、"水之道"、"馬之道"、"陞(地)之道"四種道。而《眚自命出》上篇云:"凡術(道),心述(術)爲宝(主)。術四述,唯人術爲可術也。亓亝(三)述者,術之而已。"同樣的觀點又見於上博《眚意論》。"人術(道)"既然爲"四述(術)"之一,則其餘三術很可能就是《眷惠義》中"人道"以外的三種道。以"人道"與"水之道""馬之道""陞(地)之道"並列,這種觀念十分樸素。參照其定義方式,萬物各有其道,既有"陞(地)之道",則必然具有"天之道",但各種道都不能貫通。

儒典中又有基於終極關懷、與人道相貫通的天道,它在體系中處於更重要的位置。郭店《語叢一》云:"䁷(察)天道以悳(化)民燰(氣)。"《城之䬰之》說:"天坌(降)大棠(常),以里(理)人侖(倫)。折(制)爲君臣之義,煑(圖)爲父子之新(親),分爲夫婦之攴(辨)。是古(故)小人變(亂)天棠以逆大道,君子釛(治)人侖以川(順)天悳(德)。"天道是人道的基源,脩人道最終可以生成天德、回歸天道。《五行》經文第一章曰:"德之行五(案指仁義禮智聖),和胃(謂)之德;四行和,胃之善。善,人道也;德,天道也。"儒家所宣揚的人道被建構在儒家經典之中。《眚自命出》上篇云:"凡術(道),心述(術)爲宝。術四述,唯人術爲可術也。亓(其)亝(三)述者,術之而已。《時(詩)》《箸(書)》《豊(禮)》《樂》,亓台(始)出皆生於人。《時》,又(有)爲爲之也。《箸》,又爲言之也。《豊》《樂》,又爲呈(舉)之也。聖人比亓顠(類)而侖(論)會之,藿(觀)亓(之迭)〔先後〕而逆訓(順)之,體亓宜(義)而即(節)夒(文)之,里(理)亓青(情)

而出内(人)之，肰(然)句(後)復以教。教，所以生悳(德)於中者也。"同樣的內容又見於上博《昔者論》。《六悳》篇説："宜(義)者，君悳(德)也。……忠者，臣悳也。……智也者，夫悳也。……信也者，婦悳也。……聖也者，父悳也。……怠(仁)者，子悳也。(故)夫夫，婦婦，父父，子子，君君，臣臣，六者客(各)行亓(其)哉(職)，而忿(獄)訔(犴)亡(無)繇(由)迮(作)也。蘁(觀)者(諸)《時(詩)》《箸(書)》則亦才(在)壴(矣)，蘁者《豊(禮)》《樂》則亦才壴，蘁者《易》《春秋》則亦才壴。新(親)此多也，會(密)此多〔也〕，頮(美)此多也。人衍宋(無)止。"《語叢一》則説："《易》，所以會天衍(道)人衍也。"①

有意思的是，莊派學人的論説中看起來也有兩種"天道"。《莊子·外篇·在宥》云："何謂道？有天道，有人道。无(無)爲而尊者，天道也；有爲而累(受煩勞)者，人道也。主者，天道也；臣者，人道也。天道之與人道也，相去遠矣，不可不察也。"這是強調"天道"與"人道"不能貫通，比方説，臣不能行君道，君不能行臣道。可衆所周知，莊派學人的核心觀念之一，是人道與天道相通、人道取法乎天道。《莊子·外篇·知北遊》："天地有大美而不言，四時有明法而不議，萬物有成理而不説。聖人者，原天地之美而達萬物之理。是故至人无(無)爲，大聖不作，觀於天地之謂也。"據郭象注，至人、大聖"觀其形容，象其物宜，與天地不異"。傳世《老子》第二十五章早就説過："道大，天大，地大，(王)〔人〕亦大。域中有四大，而(王)〔人〕居其一焉。人法地，地法天，天法道，道法自然。"相關内容最早見於郭店《老子》(甲組)。這裏"道"雖然高於"天"，但基於"道法自然"之根本，人之道、地之道、天之道均相通無礙，直至終極性的道。不過毫無疑問，莊派學人都著力張揚天道。

儒道兩家對"天道""人道"的認知和界定當然不同，但就思考這些範疇的結構模式和表達術語而言，莊子及其後學明顯受到孔門七十子及其後學的影響。

《莊子·外篇·天運》云："使道而可獻，則人莫不獻之於其君；使道而可進，則人莫不進之於其親；使道而可以告人，則人莫不告其兄弟；使道而可以與人，則人莫不與其子孫。然而不可者，无(無)佗(他)也，中无主而不止(郭注：心中無受道之質，則雖聞道而過去也)，外无(正)〔匹〕而不行。由中出者，不受於外，聖人不出(郭注：由中出者，聖人之道也，外有能受之者乃出耳)；由外入者，無主於中，聖人不隱(郭注：由外入者，假學以成性者也。雖性可學成，然要當内有其質，若無主於中，則無以藏聖道也)。"《莊子·雜篇·則陽》

---

① 案《亙達以時》云："又(有)天又人，天人又分。譤(察)天人之分，而智(知)所行矣。"這裏的"天"側重於人不能把控的"時""殜(世)"，與儒家通常所謂"天道"之"天"不能等同。

亦提到"自外入者,有主而不執;由中出者,有(正)〔匹〕而不距"的情況。① 莊子後學在論人道的語境中談到"由中出者""由外入者"或者"自外入者",顯然是襲用戰國早期儒學的話語。郭店簡文《尊德義》云:"古(故)爲正(政)者,或侖(論)之,或羕(養)之,或繇(由)忠(中)出,或埶(設)之外,侖(倫)隶(列)亓(其)穎(類)。"而《語叢一》則說:"〔夫〕〔天〕生百勿(物),人爲貴。人之道也,或䎽(由)中出,或䎽外內(入)。䎽中出者,㥯(仁)、忠、信。䎽 外內(入)者, 宜(義)、□、□。"又說:"㥯(仁)生於人,我(義)生於道。或生於內,或生於外。"《莊子》與早期儒典的這種話語上的關聯,不太可能是偶然相合。

(三)《莊子·外篇·在宥》:一個傳世文本中的思想史層累

《莊子·外篇·在宥》有一段文字十分耐人尋味:

> 而且說(悅)明邪,是淫於色也。說聰邪,是淫於聲也。說仁邪,是亂於德也。說義邪,是悖於理也。說禮邪,是相於技也。說樂(也)〔邪〕,是相於淫也。說聖邪,是相於藝也。說知(智)邪,是相於疵(挑剔)也。天下將安其性命之情,之八者存可也,亡可也;天下將不安其性命之情,之八者乃始臠卷獊囊而亂天下也(成疏:臠卷,不舒放之容也。獊囊,恩遽之貌也),而天下乃始尊之惜之。甚矣,天下之惑也!豈直過也而去之邪(成疏:八條之義,事同芻狗,過去之後,不合更收),乃齊(齋)戒以言之,跪坐以進之,鼓歌以儛(舞)之,吾若是何哉(郭注:非直由寄而過去也,乃珍貴之如此)!……吾未知聖知(智)之不爲桁楊椄槢也,仁義之不爲桎梏鑿枘也,焉知曾、史之不爲桀、跖嚆矢也!

從新出早期儒典所呈現的歷史語境看,《在宥》篇這段文字乃針對孔門弟子及再傳弟子的學說。他們的學說,由新出土《五行》《尊德義》《六德》等儒典可見一斑。

《在宥》篇所擯斥的,是悅"明""聰""仁""義""禮""樂""聖""知(智)"八者,認爲悅明乃"淫於色",悅聰乃"淫於聲",悅仁乃"亂於德",悅義乃"悖於理",悅禮乃助長機巧,悅樂乃助長淫亂,悅聖乃助長技藝,悅智乃助長吹毛求疵。那麼《在宥》篇爲什麼把這八者放到一起來批呢?難道僅僅是偶然和隨意的嗎?不太可能。《在宥》這樣做,本身就傳達着一些極爲重要的歷史信息。簡單說來,是因爲它是針對孔門七十子至子思的學說體系立論的,這八

---

① 《春秋公羊傳》魯宣公三年(前606)云:"自內出者,無匹不行。自外至者,無主不止。"亦可參考。

個靶標就存在於它面對的"對象體系"中。

《在宥》瞄準的這八個靶標,實際上是子思《五行》體系的基本支點。《五行》篇所論五種德行,就是"仁""知(智)""義""禮""聖"。比如,《五行》經文第一章云:"仁荆(形)於內胃(謂)之德之行,不荆於內胃之行。知(智)荆於內胃之德之行,不荆於內胃之行。義荆於內胃之德之行,不荆於內胃之行。禮荆於內謂之德之行,不荆於內胃之行。聖荆於內胃之德之行,不荆於內胃之行。德之行五,和胃之德;四行和,胃之善。善,人道也;德,天道也。"《五行》全篇之核心內容,即論述"仁""知(智)""義""禮""聖"五種德之行以及更高的"善"與"德"的生成;善意味着仁智義禮四種德之行實現超越性的和合,德意味着仁智義禮聖五種德之行實現超越性的和合。而"仁""知(智)""義""禮""聖"竟然齊刷刷地出現於《在宥》篇中,被當作批判的對象。其間特別值得注意的是,"聖"與"仁""知(智)""義""禮"並列是《五行》的核心安排,很少齊齊整整地見於其他儒典(尤其是傳世儒典)。《在宥》針對"仁""知(智)""義""禮""聖"五者立論,且其中"聖"同樣與"仁""知(智)""義""禮"並列,偶合的可能性幾乎是零。這是令人感到驚訝的事實。

孔門七十子及其後學討論相關範疇的文獻,非止《五行》一篇。與竹書《五行》同見於郭店楚墓的儒典還有一篇《六惪》,該篇推尊"聖""智""息(仁)""宜(義)"等價值,並且給出了相當細緻的討論。其言有云:

可(何)胃(謂)六惪(德)?聖、智也,息(仁)、宜(義)也,忠、信也……唯(雖)才(在)中(草)茆(茅)之中,句(苟)㱃(賢),必貢(任)者(諸)父兄,貢(任)者(諸)子弟,大材埶(設)者(諸)大官,少(小)材埶者少官,因而它(施)录(祿)安(焉),貞(使)之足以生,足以死,胃之君,以宜(義)貞(使)人多。宜者,君惪也。非我血䏿(氣)之新(親),畜我女(如)丌(其)子弟,古(故)曰:句(苟)淒(濟)夫人之善旡(也),慫(勞)丌(其)𦚢(股)(肱)之力弗敢單(憚)也,庐(危)丌死弗敢惢(愛)也,胃之臣,以忠貞(事)人多。忠者,臣惪也。智(知)可爲者,智不可爲者,智行者,智不行者,胃之夫,以智衙(率)人多。智也者,夫惪也。能䵈(壹)牙(與)之齊,終身弗改之𡚶(矣)。是古夫死又(有)宔(主),終身不㪅(嫁),胃之婦,以信從人多也。信也者,婦惪也。既生畜之,或從而教𢘓(誨)之,胃之聖。聖也者,父惪也。子也者,會埠(聚)長材以事上,胃之宜,上共下之宜,以奉社稷,胃之孝,古(故)人則爲□□□息(仁)。息者,子惪也。

這裏"聖"與"智""悥(仁)""宜(義)""忠""信"並列爲六德,也是相當獨特的安排。而其中的"聖""智""悥(仁)""宜(義)"都是《在宥》批判的靶子。《五行》加上《六悳》,再加上下文所將揭舉、同見於郭店竹書、與《莊子·在宥》等篇章同樣有實證性關聯的《睿悥義》,相當清晰地呈現了《莊子·外篇·在宥》的歷史語境。而明白《在宥》與《五行》《六悳》《睿悥義》諸儒典的關聯,便可以知道前人對《在宥》的解釋多有不當。比如,成玄英疏將"説(悦)聖邪?是相於藝也",解釋爲"説聖迹,助世間之藝術"云云,① 顯然是不正確的。根據"聖"這一範疇在儒典中的本源,《在宥》批判的"聖"應該是耳之"聰"的更進一層或者更高的一級(其詳參見下文所論)。

《在宥》在嚴厲拒斥"仁""知(智)""義""禮""聖"五種德行之同時,又強力摒棄"聰""明",進一步凸顯了它針對子思《五行》學説立論的意圖。在《五行》中,"聰""明"與"仁""知(智)""義""禮""聖"五種德行一起構成體系的核心部分,這又是中國早期典籍中極爲獨特和少見的現象。在《五行》中,"聰"與"明"直接跟五行中的"聖"與"知(智)"貫通,然而它們的意義和功能卻不限於此,它們還充當其他德行和道德境界(即仁、義、禮、善、德)的基源。比如,《五行》經文第十三章云:"不㯺(聰)不明 不聖不知(智),不聖不知不仁,不仁不安,不安不樂,不樂无(無)德。"《五行》説文第十三章解釋道:

> "不㯺(聰)不明":㯺也者聖之臧(藏)於耳者也, 明也 者知(智)之臧於目者也。㯺,聖之始也;明,知之始也。故曰不㯺明則不聖知,聖知必䌛(由)㯺明。聖始天,知始人;聖爲崇,知爲廣。不知不仁;不知所愛,則何愛?言仁之乘知而行之。"不仁不安":仁而能安,天道也。"不安不樂":安也者,言與亓(其)臛(體)偕安也者也;安而笱(後)能樂。"不樂无(無)德":樂也者,流臛機然忘(寒)〔塞〕。忘(寒)〔塞〕,德之至也。樂而笱有惪(德)。

據此,基於"悥(聰)""明"的德行不僅僅是"聖"和"知(智)",還有"仁"和"德"。其間邏輯關係可概括爲如下圖式(圖10-12):

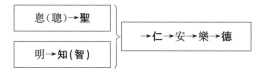

圖10-12 《五行》基於聰明、聖智的"德"的生成圖式

---

① 承襲成説而釋"聖"爲聖迹者,有陳鼓應(見氏著《莊子今注今譯》,頁322)等。

《五行》經文第十八章云：

　　　　聞君子道，恩（聰）也。聞而知之，聖也。聖人知（而）〔天〕道〔也〕。知而行之，（聖）〔義〕也。行之而時，德也。見賢人，明也。見而知之，知（智）也。知而安之，仁也。安而敬之，禮也。仁義，禮樂所繇（由）生也。五行之所和，和則樂，樂則有德。有德則國家（奧）〔興〕。

由此可見，在《五行》體系中，"恩（聰）""明"作爲基源，尚與五行中的另外二行"禮"和"義"貫通，所謂"聞君子道，恩（聰）也。聞而知之，聖也。……知而行之，（聖）〔義〕也"，"見而知之，知（智）也。知而安之，仁也。安而敬之，禮也"。而《五行》中的"善"意味着仁、義、禮、智四種德之行達成超越性的和一，則"恩（聰）""明"作爲基源不僅關聯着五種德之行以及最高境界"德"，而且也必然地關聯着僅次於"德"的境界"善"。作爲基源，"恩（聰）""明"在《五行》發揮的作用是全局性的。《莊子·在宥》篇批評子思五行體系對"仁""知（智）""義""禮""聖"的追逐，同時批評它對"聰""明"的追逐，具有高度的必然性。而除此之外，《五行》中"明"與"色""聰"與"聲"各有關聯。《五行》説文第二十二章云："耳目也者，説（悦）聲色者也。鼻口者，説犨（臭）味者也。"與《五行》頗有關聯的郭店簡文《語叢一》則説："容絕（色），目毁（司）也。聖（聲），耳毁也。臭，㚔（鼻）毁也。未（味），口毁也。"《在宥》排擯《五行》，謂其悦"明"是"淫於色"，悦"聰"是"淫於聲"，也是必然的。

鑒於《五行》體系建構的上述特色，可以斷定以下幾種情況清晰凸顯了莊派學人針對子思五行學説立論的意圖：

第一種情況是斥"聰""明"與斥"仁""義"諸價值有明確的關聯。這一方面，最典型的就是前引《在宥》篇相關文字。此外，《莊子·内篇·大宗師》説顏回忘禮樂、忘仁義，進而"坐忘"，亦即"墮肢體，黜聰明，離形去知，同於大通"。它暗含的關於對象體系的信息，是張揚以聰明爲基，生成仁義禮樂。《莊子·外篇·駢拇》云："駢於足者，連无（無）用之肉也；枝於手者，樹无用之指也；多方駢枝於五藏之情者，淫僻於仁義之行，而多方於聰明之用也。"這一批評，同樣説明對象體系把"聰""明"建構爲"仁""義"諸價值之根基。《莊子·外篇·駢拇》云：

　　　　且夫屬其性乎仁義者，雖通如曾、史，非吾所謂臧也；屬其性於五味，雖通如俞兒（案爲古之善識味者），非吾所謂臧也；屬其性乎五聲，雖通如師曠，非吾所謂聰也；屬其性乎五色，雖通如離朱（案即離婁），非吾所謂明也。吾所謂臧者,非仁義之謂也,臧於其德而已矣;吾所謂臧者,非所謂仁義之謂也,任其性命之情而已矣;吾所謂聰者,非謂其聞彼也,自聞而已矣;吾所謂明者,非謂其見彼也,自見而已矣。夫不自見而見彼,不自得而得彼者,是得人之得而不自得其得者也,適人之適而不自適其適者也。夫適人之適而不自適其適,雖盜跖與伯夷,是同爲淫僻也。余愧乎道德,是以上不敢爲仁義之操,而下不敢爲淫僻之行也。

對莊派學人來説,戰國儒學之"聰""明""仁義",不過是"不自見而見彼,不自得而得彼者",是"得人之得而不自得其得者也,適人之適而不自適其適者也"。其以"任其性命之情""臧於其德"爲"臧",是從"自聞""自見""自得""自適"的層面上來定義善。這種批評,對《五行》經文第十八章所謂"聞君子道,恩(聰)也。聞而知之,聖也。……知而行之,(聖)〔義〕也",以及"見賢人,明也。見而知之,知(智)也。知而安之,仁也"等等,有十分强烈的針對性。《五行》"恩(聰)""明""聖""知(智)"的基本面恰恰是向外的。子思再傳、亞聖孟子謂,"仁義禮智非由外鑠我也,我固有之也,弗思耳矣"(《孟子·公孫丑上》),《駢拇》的自聞、自見、自得、自適,倒是有點接近孟子這種自省。不過有一點,子思五行學説將人體分爲大體與小體,以大體指心,以小體指耳目鼻口手足(乃至音聲貌色),並且認定心之性好仁義,耳目之性好聲色,鼻口之性好臭味,手足之性好佚豫,於中則張揚大體之性,道家反對人對聲色滋味的沉溺(約束耳目鼻口諸小體,其間耳目關聯聰明、聖智),兩者還是有一致之處的。但是更值得關注的應該是,莊子及其後學同樣堅決反對基於聰明聖智諸基源而建立仁義諸德行或價值的體系。

第二種情況是斥"聰""明"與斥"聖""知(智)"混雜,這種情況或亦關聯對"仁""義"等價值的排斥。比如《莊子·外篇·胠篋》寫道:

……絶聖棄知(智),大盜乃止;擿玉毀珠,小盜不起;焚符破璽,而民朴(樸)鄙;掊斗折衡,而民不爭;殫殘天下之聖法,而民始可與論議。擢亂六律,鑠絶竽瑟,塞瞽曠之耳,而天下始人含其聰矣;滅文章,散五采,膠離朱之目,而天下始人含其明矣;毁絶鉤繩而棄規矩,攦工倕之指,而天下始人有其巧矣。故曰"大巧若拙"。削曾、史之行,鉗楊、墨之口,攘棄仁義,而天下之德始玄同矣。彼人含其明,則天下不鑠(銷壞)矣;人含其聰,則天下不累矣;人含其知(智),則天下不惑矣;人含其德,則天下不僻矣。彼曾、史、楊、墨、師曠、工倕、離朱,皆外立其德而以爚亂(炫惑擾亂)天下者也,法之所无(無)用也。

"聰""明""聖""智"以及與此密切相關的"君子道""賢人德"在儒學中的位置

越凸顯,其受莊子後學之排摒也越有力。莊子後學力圖破棄政教人倫乃至形體感官方面的一切權威,力圖破棄強加的普遍一致性或者埋沒主體多元性的硬性規定,極力張揚個體感覺、認知、智慧、技藝、價值判斷以及內德的自主性(倡言"人含其明","人含其聰","人含其知""人含其德"),同時又追求普遍的人性的淳樸及其跟道的冥默同一。《莊子·外篇·天地》云:

> 黄帝遊乎赤水之北,登乎崑崙之丘而南望,還歸,遺其玄珠。使知(智)索之而不得,使離朱索之而不得,使喫詬索之而不得也。乃使象罔,象罔得之。黄帝曰:"異哉!象罔乃可以得之乎?"

毫無疑問,寓言形象"知(智)"是"智"的擬人化。而"離朱"則是"明"的表徵。離朱又稱"離婁",爲古之目明者,據説百步之外可見秋毫之末。《莊子·外篇·駢拇》嘗云:"駢於明者,亂五色,淫文章,青黄黼黻之煌煌非乎?而離朱是已。"孟子也提及"離婁之明"(見《孟子·離婁上》)。根據《五行》體系,"知(智)"乃目之"明"的晉升;具體言之,見賢人爲"明",見賢人而知其有君子道、賢人德爲"知(智)"。故《五行》説文第十三章謂,"明也者知之臧(藏)於目者也。……明,知(智)之始也"。"象罔"即"罔象",成玄英疏釋爲"無心之謂"。"喫詬",郭嵩燾(1818~1891)《莊子評注》謂指"力静者"。郭嵩燾同時指出:"知者以神索之,離朱索之形影矣,喫詬索之聲聞矣,是以愈索而愈遠也。象罔者,若有形,若無形,故曰眸而得之。即形求之不得,去形求之亦不得也。"此説今見郭慶藩(1844~1896)《莊子集釋》,不盡然而頗可參。"喫詬"既然"索之聲聞",則當是與"明"相並列的"聰"的表徵。郭象注謂"聰明喫詬,失真愈遠",顯然也是採用這一義項。在《五行》體系中,"聰"是"聖"之基源;具體言之,聞君子道爲"聰",聞君子道而知其爲君子道則爲"聖"。故《五行》説文第十三章謂,"噽(聰)也者聖之臧(藏)於耳者也。……噽,聖之始也"。由此可見,象罔得玄珠之寓言,實乃對子思等儒者基於"聰—聖""明—智"建構道德學説的一種否定。郭象注謂此寓言"寄明得真之所由",莊派學人之意,殆謂子思子等儒者並未獲得真道。總之,這則寓言同樣暗含着極深刻的學術思想的"對流"。

第三種情況是斥責"聖""知(智)",這種情況往往亦關聯對"仁""義"等價值的排斥。比方説,《莊子·外篇·胠篋》謂:"故嘗試論之,世俗之所謂知(智)者,有不爲大盜積者乎?所謂聖者,有不爲大盜守者乎?……嘗試論之,世俗之所謂至知(智)者,有不爲大盜積者乎?所謂至聖者,有不爲大盜守者乎?……故絶聖棄知,大盜乃止……"而《莊子·外篇·在宥》云:"吾未知聖知(智)之不爲桁楊椄槢也,仁義之不爲桎梏鑿枘也,焉知曾、史之不爲桀、跖嚆矢也!故曰'絶聖棄知(智),而天下大治'。"上文曾經指出,"聖""知(智)"

是子思五行學説中的兩種行或德之行，其基源是聽、視之官能以及各自的聰和明；而"聰—聖""明—智"往往又充當其他德行的體系化的基源。所以，較之於對仁、義、禮、樂的批判，對"聖"與"知(智)"的批判跟對"聰—聖""明—智"的批判一樣，更有釜底抽薪的意味。

第四種情況是斥責"聰""明"。比如《在宥》有云："汝徒處无(無)爲，而物自化。墮爾形體，吐爾聰明，倫與物忘；大同乎涬溟，解心釋神，莫然无魂。萬物云云，各復其根，各復其根而不知；渾渾沌沌，終身不離；若彼知之，乃是離之。无問其名，无闚其情，物固自生。""聰""明"爲耳目之力，當時已是各家共識，因此孤立地看《莊子》斥"聰""明"，其針對戰國儒學特別是子思氏之儒的取向算不上很明晰，然而將其置於莊派學人批評子思氏之儒的大背景上來觀照，説它們有針對子思氏之儒立言的意圖，還不至於偏離當時學術思想的大勢。

《莊子·在宥》所批八者，尚有"樂"。《五行》並未十分凸顯"禮樂"之"樂"，作爲其核心價值的五種德之行不包括樂。《五行》經文第十八章云："仁義，禮樂所繇(由)生也。"其説文第十八章詮釋道："'仁義，禮樂所繇生也'；言禮樂之生於仁義也。"類似論斷在《五行》中也不算多見。然而樂既然與禮相並而均本於仁義，則其地位便不可輕忽。更爲重要的是，與《五行》密切關聯的一批新出土早期儒典高度重視樂以及樂的規範性經典《樂》，似可使人意識到，《五行》和這些儒典祇不過是基於自身體系，有所分工和側重而已。郭店簡文《湯吴之道》云：

> 㙑(禹)紉(治)水，脜(益)紉火，后稷(稷)紉土，足民羖(養)□□□□豊(禮)，愳(夔)守樂，孫(遜)民教也。

這讓人想起見於《尚書·堯典》的傳統。而郭店《眷惠義》云：

> 惠(德)者虞(且)莫大唐(乎)豊(禮)樂安(焉)。

《眚自命出》上篇則説：

> 《時(詩)》《箸(書)》《豊(禮)》《樂》，亓(其)訇(始)出皆生於人。《時》，又(有)爲爲之也。《箸》，又爲言之也。《豊》《樂》，又爲昰(舉)之也。聖人比亓頪(類)而侖(論)會之，藿(觀)亓(之)迭〔先後〕而逆訓(順)之，體亓宜(義)而即(節)曼(文)之，里(理)亓青(情)而出內(入)之，肰(然)句(後)復以教。教，所以生惠(德)於中者也。

《六惠》篇云：

乍(作)豊(禮)樂,折(制)型(刑)濾(法),教此民爾(爾/也)史(使)之
又(有)向也,非聖智者莫之能也。

《六悳》又云:

夫夫,婦婦,父父,子子,君君,臣臣,六者客(各)行亓(其)戠(職),而
岙(獄)誇(犴)亡(無)繇(由)迮(作)也。葟(觀)者諸《時(詩)》《箸(書)》
則亦才(在)叴(矣),葟者《豊(禮)》《樂》則亦才叴,葟者《易》《春秋》則亦
才叴。新(親)此多也,會(密)此多〔也〕,頎(美)此多也。人術(道)亓
(無)止。

《六悳》復云:

悬(仁),内也;宜(義),外也;豊(禮)、樂,共也。内立父、子、夫也,外
立君、臣、婦也。

這些論說,已純然爲孔門儒者的觀念和腔調。樂在政治或道德方面的重要功能與價值,被定義得十分明確,"禮""樂"並提已然是主流。既然如此,《在宥》篇在批評悦明、悦聰、悦仁、悦義、悦禮、悦聖、悦知(智)時,一道批評悦樂,便在情理之中了,一點都不意外。

綜合上揭數事,可以推知孔子後學特別是子思氏之儒的論域和影響力當時十分宏闊和強大,所以莊子後學做出了很多回應,並且往往十分激烈。相較於莊子本人,《老子》學說的地位在莊子後學這裏獲得了顯著的躍升。他們對於《老子》,不是"消極"傳承,而是"積極"利用。以儒學對立面身分顯露風行之勢的《老子》學說,爲莊子後學提供了發展的土壤和戰鬥的武庫。他們的"積極"操作甚至可能影響了《老子》文本的定型。郭店竹書《老子》甲乙丙三組與馬王堆帛書《老子》甲乙本的很多指向性差異,或許可以從這一背景上解釋。郭店《老子》甲組有:"㠯(絕)智棄攴(辨),民利百伓(倍)。㠯(絕)攷(巧)棄利,覜(盜)惻(賊)亡(無)又(有)。㠯(絕)憍(僞/人爲)棄慮(慮),民复(復)(季)〔孝〕子(慈)。"這幾句話,帛書《老子》甲本作:"絕聲(聖)棄知(智),民利百負(倍)。絕仁棄義,民復畜(孝)兹(慈)。絕巧棄利,盜賊无(無)有。"帛書《老子》乙本、河上公本、傅奕本、王弼本等,大抵跟帛書甲本相同。在基本定型以前,《老子》文本在流傳中經歷了極爲複雜的變化。就上面的例子而言,郭店《老子》甲組殆爲其原本,帛書甲、乙本以及傳世各本的源頭,則可能是針對子思《五行》學說的改作,改作者有意強化對"聖""智""仁""義"的反撥。而這一改作,應該就發生在莊派學人(尤其是莊子後學)排擯子思學說的大背景上。在集中火力批判子思五行學說的《胠篋》《在宥》諸篇中,幾次出現了改作後的"絕聖棄知(智)"字眼,並且以引文方式出現,肯定不是偶然的。裘錫圭

曾經指出："《老子》第十九章有'絕聖棄智'、'絕仁棄義'這兩句話，……在郭店簡裏，……分別作'絕智（或讀爲知）棄弁（辨）''絕僞（爲）棄慮'，完全合乎老子的思想。在帛書本裏，這兩句話就已同於今本。這顯然是戰國晚期激烈反對儒家的那一派道家進行竄改的產物。"①這是十分合理的判斷。需要指出的是，改作《老子》這兩句話的學者很可能就是莊子後學。《老子》對《莊子》外雜篇的影響顯著加強（參見下文所論），跟莊子後學藉助傳統權威之力來反擊子思等儒家學者密切相關。我們看《老子》，不能僅僅注目於《老子》文本。至少戰國中、晚期，即從郭店竹書所見《老子》文本之後，到長沙馬王堆帛書所見《老子》文本之前，還有一個《老子》學說與《老子》文本同行，其論域比《老子》文本宏大，其論說比《老子》文本豐富，其存在從一定程度上影響了《老子》文本的定型。認定祇有莊子後學這一股影響《老子》文本定型的力量有失簡單化，但可以肯定，莊子後學是發揮這種影響的最重要力量之一。他們之所以這樣做，主要是爲了回應孔子後學，特別是子思氏之儒。

郭店竹書所見儒典《眘悥義》等文集中論述治民之方，其核心是孔子所謂"道（導）之以德，齊之以禮"（《論語·爲政》），——這裏的"禮"可以視爲儒學價值諸定名的代表；與此同時，這些儒典也重視刑法。

《眘悥義》說，"爲正（政）者眘（教）道之取先"；此語提挈了全文核心內容——如何教民。《眘悥義》強調："爲古（故）衒（率）民向方者，唯悥（德）可。悥之濇（流），速虘（乎）楮（置）蚤（郵）而逨（傳）命，亓（其）載也亡（無）至（重）安（焉）。交（絞）矣而弗智（知）也，亡。悥者虞（且）莫大虘豊（禮）樂安（焉）。"孟子曾引孔子之言曰："德之流行，速於置郵而傳命。"（《孟子·公孫丑上》）看來這些都不是偶然的。《眘悥義》又說："先之以悥（德），則民進善安（焉）。"還說："君民者，訋（治）民復豊（禮），民余（除）悥（害），智（知）悥（罹）裝（勞）之旬（究）也。爲邦而不以豊（禮），猷（猶）戻（所）之亡（無）𨓆（適）也。"《禮記·仲尼燕居》記孔子曰："禮者何也？即事之治也。君子有其事，必有其治。治國而無禮，譬猶瞽之無相與！倀倀其何之？譬如終夜有求於幽室之中，非燭何見？若無禮，則手足無所錯，耳目無所加，進退揖讓無所制。"兩者意指也有根本一致之處。總之治國理民，關鍵在禮、樂、德。

但《眘悥義》也指出，刑賞對治民十分重要："賞與垩（刑），柒（禍）福之羿（基）也，或前（踐）之者矣。"與人們的常識性想象不同，早期儒家並不排斥刑賞法度。孔子嘗謂："名不正，則言不順；言不順，則事不成；事不成，則禮樂不

---

① 裘錫圭：《出土文獻與古典學重建》，李學勤主編：《出土文獻》第四輯，上海：中西書局，2013年，第1版，頁16。

興；禮樂不興，則刑罰不中；刑罰不中，則民無所措手足。"（《論語·子路》）其大意是，禮樂乃刑罰正當性的根源，刑罰乃禮樂價值的落實。《眷惪義》說賞刑乃禍福之基，顯然是承襲孔子。郭店儒典《六惪》篇也說："聖與智臺（就）壴（矣），悥（仁）與宜（義）臺壴，忠與信臺壴。乍（作）豊（禮）樂，折（制）型（刑）瀘（法），教此民尔（爾/也）史（使）之又（有）向也，非聖智者莫之能也。新（親）父子，和大臣，帰（寑）四叟（鄰）之央（殃）虐（禍），非悥宜者莫之能也。聚人民，貢（任）土埊（地），足此民尔生死之甬（用），非忠信者莫之能也。君子不卞（偏），女（如）術（道）。"仁義、禮樂、聖智、忠信與刑法，在政教方面實不可偏廢。《五行》經文第十五章云："（而）〔不〕以小道害大道，簡也。有大罪而大誅之，行也。"《五行》說文第十五章闡釋道："'不以小道害大道，間（簡）也'：間也者，不以小愛害大愛，不以小義害大義也。見亓（其）生也，不食亓死也，祭親執株，間也。'有大罪而大誅之，行也'：无（無）罪而殺人，有死弗爲之矣，然而大誅之者，知所以誅人之道而行焉，故胃之行。"以仁、智、義、禮、聖、善、德爲核心價值的《五行》篇也高度重視誅罰的重要性。當然，它也強調誅罰的合理性根基在於踐行"所以誅人之道"。

綜上所論，早期儒家認爲，經營天下，必須以德率民向方，然而德爲虛位，故而必須以聖智、仁義、禮樂、忠信等爲具體規範和價值，亦即諸範疇爲定名；另一方面，則必須以刑賞保證諸價值和規範的落實，刑誅之道根於禮樂、仁義，所以孔子說"禮樂不興，則刑罰不中"，《五行》則強調"知所以誅人之道而行焉"，——其所謂"所以誅人之道"，即"（而）〔不〕以小道害大道"，"不以小愛害大愛，不以小義害大義"。認定早期儒家排斥看似與德治相對立的刑法之治是罔顧事實，陷入了個人師心虛設的理想主義。

祇有弄清楚早期儒家設計的治天下的"兩條腿"，纔可以更好地理解《莊子·在宥》篇立論的緣由和宗旨。《在宥》篇劈頭便說："聞在宥（自在寬宥）天下，不聞治天下也。在之也者，恐天下之淫（紊亂）其性也；宥之也者，恐天下之遷其德也。天下不淫其性，不遷其德，有治天下者哉！昔堯之治天下也，使天下欣欣焉人樂其性，是不恬也；桀之治天下也，使天下瘁瘁焉人苦其性，是不愉也。夫不恬不愉，非德也。非德也而可長久者，天下无（無）之。"成疏有云："聞諸賢聖任物，自在寬宥，即天下清謐；若立教以馭蒼生，物失其性，如伯樂治馬也。"如上文所剖釋，《在宥》篇張揚"在宥天下"，而排摒"治天下"，將"安其性命之情"置於悅明、悅聰、悅仁、悅義、悅禮、悅樂、悅聖、悅知（智）之上。這些都應該是針對見於《眷惪義》《六惪》《五行》等早期儒典的政教學說。

儒家倡言"率性"(《中庸》謂"率性之謂道"),莊子後學張揚"安其性命之情",乍看兩者頗爲一致,可他們對"性"或"性命之情"的認知其實完全不同,因此"率性"與"安其性命之情"的距離亦不啻天壤。早期儒家所謂"率性",是指循順性所含之價值或價值之端,它推揚性的某些層面,抑制或摒棄性的另外一些層面,後者甚而至於更爲重要。以子思孟子的論斷來説,所謂"率性"所循順的性乃是好仁義、好理義的心(大體)之性,至於耳目之性好聲色、鼻口之性好臭味、手足之性好佚豫,則必須有所規範,不能循之順之。莊派學人所謂"安其性命之情",則並非主張性命中有合乎道德價值的質素,而且要安於這種質素。儒家倡言以"德"導民,莊子後學以"不淫(紊亂)其性,不遷其德"爲"在宥天下"之宗旨,看起來也相似,可因爲兩家對"德"的認知完全不同(莊派學人所謂德歸根結底是對終極存在道的承受),兩種設計間的距離同樣十分遙遠,甚而至於互爲悖謬。至於《眷惪義》《六惪》《五行》等早期儒典從根本上爲刑賞法度留下了巨大空間,《在宥》篇批評道:"自三代以下者,匈匈焉終以賞罰爲事,彼何暇安其性命之情哉!"它認爲"以賞罰爲事",與以明、聰、仁、義、禮、樂、聖、知(智)治天下一樣,使人們不能安於性命的實情。

　　研究文本間的關聯,對於考察學術思想史之演進、文本之生成有重要意義。從呈現形式上看,這種關聯可以分爲兩類,即語詞關聯與意指關聯。引用是語詞關聯的常見形式,比較容易窺破。意指關聯則往往較爲隱蔽,《在宥》篇駁斥《五行》等儒典張揚明、聰、仁、義、禮、樂、聖、知(智),是典型例子。從內在取向上看,這種關聯也可以分爲兩類,即肯定性關聯和否定性關聯。肯定性關聯是以肯定對象文本爲前提的,比如《莊子·胠篋》《在宥》等引用或化用《老子》的"絕聖棄智"。否定性關聯是以反對對象文本爲前提的,比如《在宥》等文針對《五行》《眷惪義》等儒典的觀點來設言立論。《莊子·在宥》等文跟《眷惪義》等新出儒典在旨意上的關聯,可參見下面的一覽表(《在宥》等文與《五行》的關聯幾乎涉及《五行》全篇,凡論述五種德之行以及"聰""明""德"諸範疇者皆是,且其部分內容已見於上文之論析,故此表不再舉列。新出儒典對樂的推重,上文已有集中論列,此表也不再重複):

表 10-12　《眷惪義》等新見儒典與《莊子·在宥》諸文關聯一覽

《眷惪義》《六惪》《忠信之術》	《在宥》《天運》《刻意》《漁父》
息(仁)爲可新(親)也,義爲可眷(尊)也,忠爲可信也,學爲可嗌(益)也,眚(教)爲可穎(類)也。(《眷惪義》)	説仁邪,是亂於德也。説義邪,是悖於理也。説禮邪,是相於技也。(《莊子·外篇·在宥》)

續表

《眷惪義》《六惪》《忠信之衜》	《在宥》《天運》《刻意》《漁父》
眷（尊）惪（仁）、新（親）忠、敬壯（莊）、逗（歸）豊（禮），行矣而亡嚨（惟），羕（養）心於子俍（諒），忠信日嗌（益）而不自智（知）也。（《眷惪義》） 可（何）胃（謂）六惪（德）？聖、智也，惪（仁）、宜（義）也，忠、信也。聖與智臺（就）壴（矣），惪與宜臺壴，忠與信臺壴。乍（作）豊（禮）樂，折（制）型（刑）瀘（法），教此民尔（爾/也）史（使）之又（有）向也，非聖智者莫之能也。新（親）父子，和大臣，帰（寢）四殴（鄰）之央（殃）唐（禍），非惪宜者莫之能也。聚人民，貢（任）土陞（地），足此民尔生死之甬（用），非忠信者莫之能也。君子不卞（偏），女（如）衜（道）。（《六惪》） 不譌（詭）不宭（謟），忠之至也。不堪（欺）弗智（知），信之至也。忠廙（積）則可罼（親）也，信廙則可信也。忠信廙而民弗罼信者，未之又（有）也。至忠女（如）土，蝎（化）勿（物）而不肇（伐）；至信女（如）時，扗（必）至而不結。忠人亡譌，信人不怀（背），君子女（如）此。古（故）不㞢（皇/誑）生，不怀（背）死也。大舊（久）而不俞（渝），忠之至也。甸（蹈）〔而〕〔天〕者（之）尚（常），信之至也。至忠亡譌，至信不怀，夫此之胃（謂）此。大忠不兌（説），大信不昇（期）。不兌而足羖（養）者，陞（地）也；不昇而可鏗（要）者，天也。仉（範）天陞也者，忠信之胃（此）〔也〕。口**重**（惪）而實弗从，君子弗言尔（爾）。心疋（疏）而貌翠，君子弗申（施、用）尔。古（故）行而鯖（爭）兌（悦）民，君子弗采（由）也。三者，忠人弗乍（作），信人弗爲也。忠之爲術（道）也，百工不古（楛），而人羖膚（皆）足。信之爲術（道）也，羣物皆成，而百善膚立。君子兀（其）它（施）也忠，古（故）繼（蠻）翠（親）專（附）也；兀言尔	夫孝悌仁義，忠信貞廉，此皆自勉以役其德者也，不足多也。（《莊子·外篇·天運》） 語仁義忠信，恭儉推讓，爲修而已矣：此平世之士、教誨之人、遊居學者之所好也。語大功，立大名，禮君臣，正上下，爲治而已矣：此朝廷之士，尊主強國之人，致功并兼者之所好也。（《莊子·外篇·刻意》） 孔氏（案指孔子）者，性服忠信，身行仁義，飾禮樂，選人倫，上以忠於世主，下以化於齊民，將以利天下。此孔氏之所治也。（《莊子·雜篇·漁父》）

第十章　學術思想傳播授受的交光互影　833

續表

《春秋義》《六惪》《忠信之衟》	《在宥》《天運》《刻意》《漁父》
信,古𠄨(遵)而可受也。忠,息(仁)之實也。信,碁(義)之㫳(基)也。氏(是)古(故)古之所以行虔(乎)閔(蠻)嘍(貉)者,女(如)此也。《忠信之衟》	
凡遷(動)民必訓(順)民心,民心又(有)恒,求亓(其)兼(養),童(踵)義蓕(集)釐(理)……《春秋義》	説義邪？是悖於理也。（《莊子·外篇·在宥》）
君民者,訇(治)民復豊(禮),民余(除)悥(害),智(知)忞(罹)裝(勞)之旬(究)也。爲邦而不以豊,獻(猶)厌(所)之亡(無)𨦢(適)也。非豊而民兌(悅)怘(戴),此少(小)人矣。非侖(倫)而民備(服),殊(世)此亂矣。《春秋義》 敎(教)以豊,則民果以翌(輕)。《春秋義》 敎(教)以只(技),則民少(小/狹隘)以叜(吝)。《春秋義》	説禮邪？是相於技也。（《莊子·外篇·在宥》）能有所藝者,技也……（《莊子·外篇·天地》）
敎(教)以樂,則民㚇(淑)悥(德)清牅(將)。《春秋義》	説樂（也）〔邪〕？是相於淫也。（《莊子·外篇·在宥》）
敎(教)以埶(藝),則民埜(野)以静(争)。《春秋義》	説聖邪？是相於藝也。（《莊子·外篇·在宥》）
賞與埅(刑),柒(禍)福之羿(基)也,或前(踐)之者矣。《春秋義》 乍(作)豊(禮)樂,折(制)型(刑)灋(法),教此民尔(爾/也)史(使)之又(有)向也,非聖智者莫之能也。《六惪》	自三代以下者,匈匈焉終以賞罰爲事,彼何暇安其性命之情哉！（《莊子·外篇·在宥》）

　　表中所列兩方面的語料,有一些關聯具有鮮明的實證性(這需要仔細地橫向比對)。比如,《春秋義》有"童(踵)義蓕(集)釐(理)"之説,凸顯的是"義"與"理"在取向上的一致性,《在宥》則説"説(悦)義"即"悖於理",強調的是"義"與"理"背反。《春秋義》張揚爲邦以禮,認爲不如此則不知所從,又謂教以技,"則民少(小/狹隘)以叜(吝)",《在宥》則説"説(悦)禮"不過就是"相於技",禮不過就是技能操作。《春秋義》謂教民以藝,"則民埜(野)以静(争)",《在宥》則説"説(悦)聖"也不過就是"相於藝"。凡此之類,均表明

《莊子·在宥》諸文是針對《耆夜義》等儒典所見之儒家學說立言的。其間有些話簡直就像面對面的駁辯,亦或以子之矛攻子之盾,說它們没有關係,而僅僅是偶合,實在不合情理。

以上考察了《莊子·在宥》篇與《五行》《耆夜義》等新出土儒典的關聯,考察了《在宥》篇針對《五行》《耆夜義》設言立論的主旨,接下來我們要聚焦於一個特別耐人尋味的事實。《在宥》結尾有一段與全篇乃至整個莊學主旨不甚契合,而平添了混亂的文字,起句是"賤而不可不任(用)者,物也"。宣穎(生卒年不詳)在《南華經解》中説:"此一段,意膚文雜,與本篇之意不甚切,且其粗淺全不似莊子之筆。蓋本篇正文在上段已完,此段或係後人續貂,未可知也。"劉鳳苞(1821～1905)《南華雪心編》亦斥之"幾於畫蛇添足",又謂"若以'覩有'、'覩无(無)'二句作結,屹然而止,真可存爲後勁"。總之,《在宥》原文至"覩有者,昔之君子;覩无(無)者,天地之友",已然完結,"賤而不可不任者"以下文字,誠如馮友蘭所説,是後來加上去的。① 這種看法很有建設性,可問題仍然非常複雜。簡言之,舊説總是把"賤而不可不任(用)者,物也"以下,至文章結尾,打總兒處理,筆者卻認爲結尾論天道、人道的部分必須另當別論。也就是説,"賤而不可不任(用)者,物也"以下,並非屬於同一學派的一個學者一次綴加完成,它其實疊加了儒家與道家的一番思想史交鋒。

傳世《在宥》這一文本的生成歷史隱藏着很多秘密,其結尾有兩個綴加部分,第一個是:

> 賤而不可不任(用)者,物也;卑而不可不因者,民也;匿(微)而不可不爲者,事也;麤而不可不陳者,法也;遠而不可不居者,義也;親而不可不廣者,仁也;節而不可不積者,禮也;中而不可不高者,德也;一而不可不易者,道也;神而不可不爲者,天也。故聖人觀於天而不助,成於德而不累,出於道而不謀,會於仁而不恃,薄於義而不積,應於禮而不諱,接於事而不辭,齊於法而不亂,恃於民而不輕,因於物而不去,——物者莫足爲也,而不可不爲。

如上文所論析,《在宥》原文乃基於莊學立場,批評《五行》《耆夜義》《六惪》等新見儒典所見之儒家學説。剛剛引録的這段綴加文字,則應該是儒家學者對《在宥》原文的反批評,也是他對本學派立場和觀點的辯護。毫無疑問,這些反批評不僅僅是針對《在宥》,嚴格説來,它針對的是《在宥》所代表、所關聯的道家學説。

---

① 馮友蘭:《中國哲學史新編試稿》,《三松堂全集》第七卷,頁 694。

其一，綴加之文説，"賤而不可不任（用）者，物也；卑而不可不因者，民也"，應當是針對《在宥》如下文字：

夫有土者，有大物也（郭注：九五尊高，四海弘巨，是稱大物也）。有大物者，不可以物；物而不物，故能物物。明乎物物者之非物也，豈獨治天下百姓而已哉！出入六合，遊乎九州，獨往獨來，是謂獨有。獨有之人，是謂至貴。

我們需要細細斟酌綴加文字的意思。

首先，綴加文字不贊同《在宥》原文這種"物物者"超然在上的"物物"觀，以爲"物物"之説終有一偏，物雖賤，然而所有人，即便他有九五之尊，都必須用物。"任"之意爲用。《周禮·地官·牛人》云："凡會同、軍旅、行役，共（供）其兵車之牛與其牽傍（轅外輓牛），以載公任器。"鄭玄注曰："任，猶用也。"而更進一步説，由於人須"任（用）"物，所以必須"爲物"，——人是目的，而人必須用物，所以必須在某種程度上把物視爲目的。因此，綴加之文在後面重複"賤而不可不任（用）者，物也"一意，説是"物者莫足爲也，而不可不爲"；"莫足爲"照應"賤"字，"不可不爲"則照應物"不可不任（用）"。儒家主張，在人、物之間，必須以人爲本。《論語·鄉黨》記載："廄焚。子退朝，曰：'傷人乎？'不問馬。"朱子集注曰："蓋貴人賤畜，理當如此。"孟子曾明確地説："君子之於物也，愛之而弗仁；於民也，仁之而弗親。親親而仁民，仁民而愛物。"《孟子·盡心上》）朱熹集注曰："物，謂禽獸草木。愛，謂取之有時、用之有節。"三種對待，"親親"最爲上，"仁民"次之，"愛物"最爲下。荀子説："水火有氣而無生，草木有生而無知，禽獸有知而無義，人有氣、有生、有知，亦且有義，故最爲天下貴也。"《荀子·王制》）凡此均可證成綴加之文所説的"物者莫足爲"、物"賤"，亦均可證成綴加之文所説的人既須"任物"，便不能不"爲物"，"爲物"實由於"爲人"。《禮記·祭義》篇載曾子曰："樹木以時伐焉，禽獸以時殺焉。夫子曰：'斷一樹，殺一獸，不以其時，非孝也。'孝有三：小孝用力，中孝用勞（鄭注：勞，猶功也），大孝不匱。思慈愛忘勞（鄭注：思父母之慈愛己而自忘己之勞苦），可謂用力矣。尊仁安義，可謂用勞矣。博施備物，可謂不匱矣。父母愛之，嘉而弗忘。父母惡之，懼而無怨。父母有過，諫而不逆。父母既没，必求仁者之粟以祀之（鄭注：喻貧困猶不取惡人物以事亡親）。此之謂禮終。"孟子則説："不違農時，穀不可勝食也；數（密）罟不入洿池，魚鱉不可勝食也；斧斤以時入山林，材木不可勝用也。"《孟子·梁惠王上》）所謂"博施備物"，以仁者之粟祀親，或凡常食五穀魚鱉、用材木等，均即"任物"；而"樹木以時伐焉，禽獸以時殺焉""不違農時""數（密）罟不入洿池""斧斤以時入山林"等，均即"爲物"。《禮記·王制》篇説得更加具體："獺祭魚，然後虞人入澤梁。豺祭獸,然後田獵。鳩化爲鷹,然後設罻羅。草木零落,然後入山林。昆蟲未蟄,不以火田(鄭注:取物必順時候也)。不麛,不卵,不殺胎,不殀夭,不覆巢。"凡此之類,亦皆有"愛物""爲物"之意。早期儒家甚至從孝親高度上解釋相關做法的合理性,可見他們對物的重視。

其次,綴加之文不贊同《在宥》原文片面推尊"治天下百姓"的所謂"獨有之人"或"至貴",原文又推尊他們"出入六合,遊乎九州,獨往獨來",頗有輕忽百姓之意。故綴加之文強調,民雖卑賤,但即便九五之尊也必須因依憑藉之。亞聖孟子説:"得天下有道:得其民,斯得天下矣。得其民有道,得其心,斯得民矣。得其心有道:所欲與之聚之,所惡勿施,爾也。"(《孟子·離婁上》)又説:"得乎丘民而爲天子,得乎天子爲諸侯,得乎諸侯爲大夫。"(《孟子·盡心下》)荀子也指出:"庶人安政,然後君子安位。傳曰:'君者舟也,庶人者水也;水則載舟,水則覆舟。'此之謂也。"(《荀子·王制》)這些均顯示了君上因民的道理,所謂"卑而不可不因者,民也"。君上既須因民,則豈能輕忽之?

總之,綴加之文強調聖人恃於民而不輕民、因於物而不離物,故後面又回應總結説,"恃於民而不輕,因於物而不去,——物者莫足爲也,而不可不爲"。

其二,綴加之文説"匪(微)而不可不爲者,事也",又強調"聖人……接於事而不辭",殆反擊《在宥》篇看似超然萬物,實則輕視治民、養民具體事務的觀念。其所謂"匪"即微小瑣碎之意。《五行》經文第二十章有"匪之爲言也猶匪匪,小而軫者",堪爲明證。其所謂"事"即治民之務,《在宥》原文謂"自三代以下者,匈匈焉終以賞罰爲事",《莊子·内篇·逍遙遊》則説,姑射神人"將旁礡萬物以爲一世蘄乎亂(治),孰弊弊焉(辛苦疲惫貌)以天下爲事",兩"事"字均屬這種意義上;《莊子·外篇·天地》稱"上治人者,事也",説得更簡潔明白。① 與道家的一般立場符同,《在宥》原文頗爲輕視治世之實務。比如它説:

> 黄帝立爲天子十九年,令行天下,聞廣成子在於空同之(上)[山],故往見之,曰:"我聞吾子達於至道,敢問至道之精。吾欲取天地之精,以佐五穀,以養民人,吾又欲官陰陽,以遂羣生(成玄英疏:欲象陰陽設官分職,順羣生之性),爲之奈何?"

廣成子不以爲然,單單肯定了黄帝叩問"至道之精",説是,"而(汝)所欲問者,物之質也;而所欲官者,物之殘也。……而佞人(案指用花言巧語諂媚人)之

---

① 《魯惠義》有云:"晋(教)以事,則民力疲(當)以面(洒)利。"此處所説之"事"乃爲政者所教民者,與《在宥》第一段綴加文字所説的聖人親自處置之"事",顯然不同,故而這兩種"事"在戰國儒學中得到的認知和評價也明顯有異。

心翦翦者(成玄英疏:翦翦,狹陋之貌也),又奚足以語至道"。文章接下來寫道:

　　黃帝退,捐天下,築特室(案特室指獨立不接世俗譁囂之室),席白茅,閒居三月,復往邀(求)之。
　　廣成子南首而卧,黃帝順下風(從下方)膝行而進,再拜稽首而問曰:"聞吾子達於至道,敢問,治身奈何而可以長久?"廣成子蹶然(疾起貌)而起,曰:"善哉問乎！來！吾語女(汝)至道……"

《在宥》原文輕視"佐五穀,以養民人""官陰陽,以遂羣生",是一目瞭然的。而該篇還寫道,雲將問鴻蒙(雲將、鴻蒙是雲之主將與元氣的擬人化)曰:"天氣不和,地氣鬱結,六氣不調,四時不節。今我願合六氣之精以育羣生,爲之奈何?"鴻蒙拊脾(髀/大腿)雀躍掉頭曰:"吾弗知！吾弗知!"雲將不得問。又三年,東遊,過有宋之野,而適遭鴻蒙,雲將大喜,再拜稽首而問於鴻蒙。鴻蒙有曰:"亂天之經,逆物之情,玄天弗成(成玄英疏:自然之化不成也);解獸之羣,而鳥皆夜鳴;災及草木,禍及(止)〔昆〕蟲。意(噫),治人之過也!"《在宥》原文在這裏再一次表現了對"育羣生"和"治人"的漠視,説好聽一點便是超越。《莊子》外、雜篇之基本傾向大抵如此。比如《外篇·天地》云:"夫王德之人,素逝而恥通於事,立之本原而知通於神。"郭注有云:"任素而往耳,非好通於事也。"成疏説:"素,真也。逝,往也。王德不驕不(務)〔矜〕,任真而往,既抱朴(樸)以清高,故羞通於物務。"而究其實際,《莊子·内篇·逍遥遊》論姑射山神人,《齊物論》論聖人等,已經表達過這種理念。前者前文已引,後者指出:"聖人不從事於務,不就利,不違害,不喜求,不緣道;无(無)謂有謂,有謂无謂,而遊乎塵垢之外。"成玄英疏曰:"務,猶事也。……夫體道聖人,忘懷冥物,雖涉事而不以爲務。混迹塵俗,泊爾無心,豈措意存情,從於事物!"針對《在宥》原文乃至莊派學人對世事的普遍的超然和冷漠,《在宥》篇第一段綴加之文强調,世務具體,而每每瑣細,可聖人都費心處置,"接於事而不辭"。

　　上揭諸例,主要是《在宥》第一段綴加文字直接批評《在宥》原文。需要注意的是,第一段綴加文字還爲《在宥》原文拒斥的儒學價值作了辯護,這同樣凸顯了兩家迥不相同的立場,具體請參閲表10-13第二、第三豎欄所示。爲便於參稽儒家觀點,該表適當保留了《眷慧義》的相關論説(參以《六慧》);爲了更完整更直觀地呈現傳世《在宥》篇的層累,該表又保留了《在宥》原文對《眷慧義》所見儒家學説的其他批評(參以《莊子·外篇·天地》),同時還引録了莊子後學對《在宥》第一段綴加文字的回應,也就是第二段綴加文字。

表 10-13　《莊子·在宥》及其兩段綴加文字所含儒、道二家之内在衝突表覽

《眷慐義》《六慐》	《莊子·外篇·在宥》以及《天地》		
	《在宥》《天地》	《在宥》綴加之文	《在宥》綴加之文
悳（仁）爲可新（親）也，義爲可眷（尊）也，忠爲可信也，學爲可嗌（益）也，𦔳（教）爲可頪（類）也。《眷慐義》） 眷（尊）悳（仁）、新（親）忠、敬壯（莊）、遑（歸）豊（禮），行矣而亡噡（惟），兼（養）心於子俍（諒）也，忠信日嗌（益）而不自智（知）也。《眷慐義》） 凡道（動）民必訓（順）民心，民心又（有）恒，求亓（其）羕（養），童（踵）義葉（集）釐（理）……《眷慐義》） 君民者，訋（治）民復豊（禮），民余（除）宪（害），智（知）㤄（罷）蔉（勞）之旬（究）也。爲邦而不以豊，獣（猶）屍（所）之亡（無）𥎦（適）也。非豊而民兌（悦）忎（戴），此少（小）人矣。非侖（倫）而民備（服），殜（世）此亂矣。《眷慐義》） 𦔳（教）以豊（禮），則民果以翌（輕）。《眷慐義》） 𦔳以只（技），則民少（小/狹隘）以斈（吝）。《眷慐義》）	説（悦）仁邪，是亂於德也。説義邪，是悖於理也。説禮邪，是相於技也。《在宥》）	遠而不可不居者，義也；親而不可不廣者，仁也；節而不可不積者，禮也…… 故聖人……會於仁而不恃，薄於義而不積，應於禮而不諱（違）……	不明於天者，不純於德；不通於道者，無自而可；不明於道者，悲夫！何謂道？有天道，有人道。無爲而尊者，天道也；有爲而累者，人道也。主者，天道也；臣者，人道也。天道之與人道也，相去遠矣，不可不察也。
𦔳（教）以樂，則民㠯（淑）慐（德）清湎（將）。《眷慐義》）	説樂（也）〔邪〕，是相於淫也。《在宥》）		

續表

《眘悥義》《六悥》	《莊子·外篇·在宥》以及《天地》		
	《在宥》《天地》	《在宥》綴加之文	《在宥》綴加之文
眘(教)以支(辯)兌(說),則民執(褻)陵㥯(長)貴以忘(妄)。(《眘悥義》)			
眘(教)以執(藝),則民埜(野)以静(争)。(《眘悥義》)	說聖邪,是相於藝也。(《在宥》)		
眘(教)以言,則民話(訏)以募(寡)信。(《眘悥義》)			
眘(教)以事,則民力㔷(嗇)以面(湎)利。(《眘悥義》)			
眘以懂(權)㥯(謀),則民淫惽(昏)遠豊(禮)亡新(親)㤎(仁)。(《眘悥義》)			
爲古(故)衒(率)民向方者,唯悥(德)可。(《眘悥義》) 先之以悥(德),則民進善安(焉)。(《眘悥義》) 莫不又(有)道安(焉),人道爲近。是以君子人道之取先。(《眘悥義》)	泰初有无(無),无有无名;一之所起,有一而未形。物得以生,謂之德;未形者有分,且然無閒,謂之命;留(流)動而生物,物成生理,謂之形;形體保神,各有儀則,謂之性。性脩反德,德至同於初。同乃虛,虛乃大。(《天地》) 故通於天地者,德也;行於萬物者,道也;上治人者,事也;能有所藝者,技也。技兼於事,事兼於義,義兼於德,德兼於道,道兼於天。(《天地》)	中而不可不高者,德也;一而不可不易者,道也;神而不可不爲者,天也。故聖人觀於天而不助,成於德而不累,出於道而不謀……	

續表

《眘慈義》《六惪》	《莊子·外篇·在宥》以及《天地》		
	《在宥》《天地》	《在宥》綴加之文	《在宥》綴加之文
賞與㲻(刑),柰(禍)福之丌(基)也,或前(踐)之者矣。(《眘慈義》) 聖與智嘼(就)壴(矣),息(仁)與宜(義)嘼壴,忠與信嘼壴。乍(作)豊(禮)樂,折(制)型(刑)瀘(法),教此民尔(爾/也)史(使)之又(有)向也,非聖智者莫之能也。(《六惪》)	自三代以下者,匈匈焉終以賞罰爲事,彼何暇安其性命之情哉!(《在宥》) 昔堯治天下,不賞而民勸,不罰而民畏。今子(案指禹)賞罰而民且不仁,德自此衰,刑自此立,後世之亂自此始矣。(《天地》)	蠹而不可不陳者,法也…… 故聖人……齊於法而不亂……	

當中最值得注意的是以下幾個方面:

其一,重申仁、義、禮等儒學核心價值。

《在宥》原文稱悦仁亂於德、悦義背於理、悦禮徒然助長機巧,《在宥》第一段綴加文字分別予以駁斥。

(1)"遠而不可不居者,義也;親而不可不廣者,仁也",是説義這種德行常常是施於疏遠者,卻不可不守持之,仁這種德行基於愛親(愛父母),卻不可不由此推廣。郭店簡文《湯吴之道》云:"悉(愛)罕(親)亢(忘)㲻(賢),忩(仁)而未義也。算㲻遺罕,我(義)而未忩也。"這裏義體現於尊賢,仁則基於愛親(愛父母),前者重在强調施與疏遠者,而後者重在强調基於親親(亦即親愛父母)。郭店《六惪》篇云:"唯(雖)才(在)屮(草)茆(茅)之中,句(苟)㲻(賢),必賁(任)者(諸)父兄,賁(任)者(諸)子弟,大材埶(設)者(諸)大官,少(小)材埶者少官,因而它(施)彔(禄)安(焉),叀(使)之足以生,足以死,胃(謂)之君,以宜(義)叀(使)人多。宜者,君惪(德)也。"這段話雖然是論君德,卻足以見出義往往施於遠者,而不可不守持。《五行》經文第十四章云:"愛父,亓(其)繼愛人,仁也。"《五行》説文第十四章解釋道:"'愛父,亓殺(即其繼)愛人,仁也':言愛父而笱(後)及人也。愛父而殺亓鄰之子,未可胃(謂)仁也。"要之,仁必由愛親之基點推及愛他人,正體現了其"親而不可不廣"之特質。

(2)"節而不可不積者,禮也",意思是說,禮雖然是對自我的約束,卻不可不積而成習。"積"者習也。《荀子·解蔽》篇謂"私其所積,唯恐聞其惡也",楊倞注云:"積,習。"戰國儒家論禮,觀點並不統一。大抵說來,子思、孟子等人依循的是禮由内出的思路,孔子、荀子等人則傾向於認定禮由外入。根據後一種取向,禮對主體的約束性更爲凸顯。郭店簡文《語叢一》云:"智(知)忌(己)而句(後)智人,智人而句智豊(禮),智豊而句智行。"作爲行爲規範,禮落實到主體實踐中往往是爲了他人,也就是説,禮往往意味著爲了他人約束自己。《語叢一》又云:"豊(禮),因人之情而爲之即(節)曼(文)者也。"而《禮記·坊記》記孔子言,也説:"禮者,因人之情而爲之節文,以爲民坊者也。"禮固然有因緣人情的層面,卻以規範主體性情爲主導取向,否則就無須經由"克己"而"復禮",①而民也就無須"坊"了。禮是正身之術,是法的根本原則,其合理性的現世解釋者是師。所以《荀子·修身》篇云:"禮者,所以正身也;師者,所以正禮也。無禮,何以正身?無師,吾安知禮之爲是也?禮然而然,則是情安禮也;師云而云,則是知(智)若師也。情安禮,知若師,則是聖人也。故非禮,是無法也;非師,是無師也。不是師法而好自用,譬之是猶以盲辨色、以聾辨聲也,舍亂妄無爲也。故學也者,禮法也。夫師,以身爲正儀而貴自安者也。"然而一個基本事實,是人往往以脱棄禮法之制約爲快。故《荀子·大略》云:"國將興,必貴師而重傅,貴師而重傅則法度存。國將衰,必賤師而輕傅,賤師而輕傅則人有快,人有快則法度壞。"也正因爲世人有脱棄禮法的快意,所以往往是"法制張設,未必奉行。"(《論衡·齊世》)《禮記·坊記》又記孔子曰:"夫禮,坊民所淫,章民之別,使民無嫌,以爲民紀者也。故男女無媒不交,無幣不相見,恐男女之無別也。以此坊民,民猶有自獻其身。"所以早期儒家更推揚禮的重要性,視禮爲"節而不可不積者"。

(3)"故聖人……會於仁而不恃,薄於義而不積,應於禮而不諱(違)",此數語是回應和收束其上文對仁、義、禮三種核心價值的辯護。"會"之意爲和合。"薄"之意爲停止或依附。《大學》嘗云:"爲人君止於仁,爲人臣止於敬,爲人子止於孝,爲人父止於慈,與國人交止於信。""薄於義"猶言"止於義"。此處之"積"當爲《莊子·外篇·天道》所説"天道運而無所積"之"積",指的是滯塞。"薄於義而不積"一句,是説持守、踐行義而無滯塞。"應"之意爲響應,意思跟"會""薄"基本相同。總之這幾句,是肯定聖人和合於仁而不自恃其和合於仁,踐行義而不滯塞,響應禮而不違避。孔子嘗評價衆弟子説:"回也,其

---

① 《論語·顏淵》記顏淵問仁,子曰:"克己復禮爲仁。"

心三月不違仁；其餘則日月至焉而已矣。"(《論語・雍也》)"不違仁"即與仁和合。荀子曰："修百王之法若辨白黑，應當時之變若數一二，行禮要節而安之若生(殆讀爲申、伸)四枝(肢)，要時立功之巧若詔(告)四時，平正和民之善，億萬之衆而(博)〔搏〕若一人，如是則可謂聖人矣。"(《荀子・儒效》)這一行禮要節而安之的境界，也就是"應於禮而不諱(違)"的聖人境界。

其二，重申儒家不忽視賞刑的立場。

先秦儒家雖然以德治、禮治爲本位，卻一向肯定刑罰對治民的作用。孔子曰："道(導)之以政，齊之以刑，民免而無恥；道之以德，齊之以禮，有恥且格。"(《論語・爲政》)朱熹注"免而無恥"，云："謂苟免刑罰，而無所羞愧；蓋雖不敢爲惡，而爲惡之心未嘗忘也。"又解"道之以德"數語，云："言躬行以率之，則民固有所觀感而興起矣，而其淺深厚薄之不一者，又有禮以一之，則民恥於不善，而又有以至於善也。"朱熹還演繹説："政者，爲治之具。刑者，輔治之法。德、禮則所以出治之本，而德又禮之本也。此其相爲終始，雖不可以偏廢，然政、刑能使民遠罪而已，德、禮之效則有以使民日遷善而不自知。故治民者不可徒恃其末，又當深探其本也。"其説大抵得孔子之本旨。然而孔子又曰："禮樂不興，則刑罰不中；刑罰不中，則民無所措手足。"(《論語・子路》)如果刑罰具備了禮樂的前提和根基，其實施就不是"道(導)之以政，齊之以刑"了，差不多就變成了"道之以德，齊之以禮"、保障之以刑。上文曾經提到，孔子後學在倡導德治時，也旗幟鮮明地以刑罰法度爲輔治之具。比如《眷惪義》一方面説，"爲古(故)衡(率)民向方者，唯惪(德)可"，"先之以惪，則民進善安(焉)"，"爲邦而不以豊，獻(猶)戻(所)之亡(無)㙴(適)也"，一方面又説，"賞與堑(刑)，柴(禍)福之羿(基)也"；《六惪》則以"乍(作)豊(禮)樂"與"折(制)型(刑)灋(法)"相提並論，視爲經營天下之要著。《荀子・富國》篇説："必將修禮以齊朝，正法以齊官，平政以齊民，然後節奏齊於朝，百事齊於官，衆庶齊於下。"雖然各自意指並不完全相同，但儒家之説總之是以德禮爲本、禮法並行之意。① 《莊子・在宥》篇批評説："自三代以下者，匈匈焉終以賞罰爲事，彼何暇安其性命之情哉！"《天地》篇又説："昔堯治天下，不賞而民勸，不罰而民畏。今子(案指禹)賞罰而民且不仁，德自此衰，刑自此立，後世之亂自此始矣。"從整體上看，《在宥》《天地》的追求是超越"以賞罰爲事"，它們針對的應該是《眷惪義》《六惪》諸儒典宣揚的以賞刑輔治的觀念，因此這一方面的批

---

① 關於儒家對德治、禮治、法治的論説，更詳細的內容，請參見本書第九章第五節："'尊賢''遂直''仁有里'等等"。

評,與對仁義、禮樂、聖智等儒家核心價值的批評渾然一體。①《在宥》篇第一段綴加文字説"麤而不可不陳者,法也",强調"聖人……齊於法而不亂",其意在於重申經營天下、爲政治國時以法輔治的必要性,即便它粗疏(其所謂"齊於法",與孔子所謂"齊之以刑"大概是同一個意思)。所以這仍然是爲儒學辯護。

其三,申明儒家對"德""道""天"等核心理念的認識。

《在宥》第一段綴加文字説:"中而不可不高者,德也;一而不可不易者,道也;神而不可不爲者,天也。故聖人觀於天而不助,成於德而不累,出於道而不謀……"這應該也是對儒家學説的重申或辯護。

儒家之"德"與道家之"德"迥然不同。從某種發生學的意義上説,道家之"德"大抵是指物對道的普遍持有。《莊子·外篇·天地》云:"泰初有无(無),无有无名;一之所起,有一而未形。物得以生,謂之德。"又云:"通於天地者,德也;行於萬物者,道也;上治人者,事也;能有所藝者,技也。技兼於事,事兼於義,義兼於德,德兼於道,道兼於天。"②《在宥》篇原文"不淫其性,不遷其德"之"德",即偏重於此意。不過,道家體系中還有一種修爲層面上的德,它意味着在修爲層面上對道的持受。而且,這種德不僅需要修持,其境界又往往爲一般人所不能及。《莊子·外篇·天地》説:"執道者德全,德全者形全,形全者神全。"《莊子·内篇·大宗師》云:"古之真人,……登高不慄,入水不濡,入火不熱。是知之能登假於道者也若此。"《在宥》篇原文所説的"大人"是指大德之人,其描寫大人之境界,云:"挈汝適復(往返)之撓撓,以遊无(無)端;出入无旁(無憑依),與日无始;頌(容)論形軀,合乎大同,大同而无己。"顯

---

① 《中庸》第三十三章:"《詩》曰:'奏假無言,時靡有争。'是故君子不賞而民勸,不怒而民威(畏)於鈇鉞。"《莊子·外篇·天地》謂"不賞而民勸,不罰而民畏",明顯有《中庸》的影子。然《中庸》意在凸顯君子之德行在勸、畏百姓方面的感化作用,並非否定賞罰的輔治功能。莊子後學對"仁義""賞罰"也有一定程度的接受,但卻視之爲退而求其次的安排,視之爲下之事上者之所事。比如《莊子·外篇·天道》云:"古之明大道者,先明天而道德次之,道德已明而仁義次之,仁義已明而分守次之,分守已明而形名次之(案形名指事物的實在和名稱),形名已明而因任次之,因任已明而原省次之,原省已明而是非次之,是非已明而賞罰次之。賞罰已明而愚知(智)處宜,貴賤履位;仁賢不肖襲情,必分其能,必由其名。以此事上,以此畜下,以此治物,以此修身,知(智)謀不用,必歸其天,此之謂大平,治之至也。故書曰:'有形有名。'形名者古人有之,而非所以先也。古之語大道者,五變而形名可舉,九變而賞罰可言也。驟而語形名,不知其本也;驟而語賞罰,不知其始也。倒道而言,迕道而説者,人之所治也,安能治人! 驟而語形名賞罰,此有知治之具,非知治之道;可用於天下,不足以用天下,此之謂辯士,一曲之人也。禮法數度,形名比詳,古人有之,此下之所以事上,非上之所以畜下也。"

② 這是《莊子》文章將"道"之層級置於"天"之下的一個例子,但這種安排不體現道家普遍的核心邏輯。

然,這種修爲層面上的德往往被定義得過於玄妙,斷非一般世人所能及。審察《莊子》書中作爲最高人格的"至人""神人""聖人""真人"等,這種偏弊一目瞭然。早期儒家之"德"雖同樣與超越性的天有極深刻的關聯,卻需要積極修爲纔可養成,因此主要是修爲層面上的"德"。① 《在宥》篇第一段綴加文字說"中而不可不高者,德也",大意是指修爲層面上的德乃多數人可達之境界("中"),卻又必須高於多數人的境界,亦即必須付出足夠的努力纔可達成。《詩經·大雅·烝民》云:"人亦有言:德輶如毛,民鮮克舉之。"其引語就是說德容易達成,可真正達成德的人卻很鮮見,即是指德爲多數人所能及,卻又高於多數人。儒家設計的德畢竟是要輔世導民的。孔子說"道之以德,齊之以禮,有恥且格"。《蓉惠義》強調以德率民、以德先民。孟子稱:"天下有達尊三:爵一,齒一,德一。朝廷莫如爵,鄉黨莫如齒,輔世長民莫如德。"(《孟子·公孫丑下》)"德"需要爲大多數人可及,同時一定要高於大多數人,否則它無法實現導民長民的實際價值。《在宥》篇綴加文字一方面強調德之"中",強調聖人"成於德而不累"(德之達成不會覺得煩勞),另一方面又強調德"不可不高",顯然是基於儒家的頂層設計來發言的。

在儒家體系中,"德"的上述特質,跟他們設計的"道"的特質是密切相關的。《在宥》第一段綴加文字謂"一而不可不易者,道也",是說道雖然無敵無偶、至關重要,卻不能不易簡。《論語·里仁》記載孔子曰,"朝聞道,夕死可矣",足見儒家對道的推重。而在道家體系中,"一"是道向下生成萬物時經歷的第一個層級,道家又往往用"一"來指示道,《在宥》第一段綴加文字稱道爲"一",顯示了對道家學說的了解與部分的接受。儒家設計道,既使之有一定高度,又避免讓多數人高不可攀,以至於喪失有效性。子思嘗謂:"先王之制禮也,過之者俯而就之,不至焉者跂而及之。"(《禮記·檀弓上》)天地之間過之者少,而不至焉者多,禮的設計不僅要使"過之者俯而就之",更要使"不至焉者跂而及之",兩方面總體呈現道的簡易。孟子曰:"大匠不爲拙工改廢繩墨,羿不爲拙射變其彀率。君子引而不發,躍如也。中道而立,能者從之。"(《孟子·盡心上》)朱熹集注謂:"言教人者,皆有不可易之法,不容自貶以殉學者之不能也。"又謂:"中者,無過不及之謂。中道而立,言其非難非易。能者從之,言學者當自勉也。"孟子一方面說道的高度不可隨意拉低,一方面又說道不能高不可及。孟子說:"仲尼不爲已甚者。"(《孟子·離婁下》)仲尼之所以"不爲已甚者",就是因爲儒家之道原本就不取法乎"已甚"。孔子固曰:"道不遠人。人之爲道而遠人,不可以爲道。"(《中庸》第十三章)《周易·繫辭

---

① 參閱本書第四章第一節:"《詩論》'害''心''命'等範疇"。

上傳》稱:"乾道成男,坤道成女。乾知大始,坤作成物。乾以易知(孔疏云:易謂易略,无所造爲,以此爲知,故曰乾以易知也),坤以簡能(孔疏云:簡謂簡省凝静,不須繁勞,以此爲能,故曰坤以簡能也)。易則易知,簡則易從。易知則有親,易從則有功。有親則可久,有功則可大。可久則賢人之德,可大則賢人之業。易簡而天下之理得矣。天下之理得,而成位乎其中矣。"大衆永遠是社會的主體,面向全社會設計道,簡易性尤其需要,所以《繫辭上傳》予以特別强調。《老子》也强調道的簡易性,曾説:"使我介然有知,行於大道,唯施是畏。大道甚夷,而人好徑。"(傳世《老子》第五十三章)可是在道家論説中,道總體上是高高在上的,甚或缺乏煙火氣息。由《莊子·在宥》篇黄帝問廣成子、雲將問鴻蒙諸寓言,較然可知,其他例子無須一一擧列。惟其如此,《在宥》第一段綴加文字纔强調"一而不可不易者,道也"。其下文謂聖人"出於道而不謀",依然是説大道至簡,一如郭注所説,"不謀而一,所以爲易",個中頗有孔子"從心所欲不踰矩"(《論語·爲政》)的意味。

《在宥》第一段綴加文字説,"神而不可不爲者,天也",意思是,天之功用神妙不測(成疏解《莊子·天地》篇"立之本原而知通於神",曰:"神者,不測之用也"),可以追慕效法,然而人終竟不可不有爲。人們耳熟能詳的,是《荀子·解蔽》篇批評莊子"蔽於天而不知人"。道家自《老子》至《莊子》,在推尊天這種範式時,都傾向於反對人積極的世俗作爲。比如《莊子·外篇·知北遊》稱:"天地有大美而不言,四時有明法而不議,萬物有成理而不説。聖人者,原天地之美而達萬物之理。是故至人無爲,大聖不作,觀於天地之謂也。"《在宥》篇也不例外,故而推尊不肯弊弊焉以天下爲事的廣成子爲"天",説是:"黄帝再拜稽首曰:'廣成子之謂天矣!'"成疏解釋云:"歎聖道之清高,可與玄天合德也。"雲將亦稱不肯弊弊焉以天下爲事的鴻蒙爲"天"。《在宥》第一段綴加文字殆欲反撥這種漠視有爲的傾向,所以强調"神而不可不爲者,天也"。至於其下文稱"聖人觀於天而不助",看起來頗接近道家立場。《莊子·内篇·大宗師》推重真人"不以心捐道,不以人助天"。需要注意的是,其所謂真人有很多表現都不能算是積極有爲,如"不謨士(事)","過而弗悔,當而不自得也","不知説(悦)生,不知惡死;其出不訢,其入不距;翛然而往,翛然而來而已矣。不忘其所始,不求其所終",等等。早期儒家主張"觀於天而不助","觀於天"意味着審視並順從天的垂範,"不助"意味着任天道運行,而不存意助成之。這些與道家大抵無異。不同的是,早期儒家這種觀念是跟人自身的積極有爲合一的。《論語·陽貨》篇記載:"子曰:'予欲無言。'子貢曰:'子如不言,則小子何述焉?'子曰:'天何言哉? 四時行焉,百物生焉,天何言哉?'"《論語·泰伯》篇記孔子曰:"大哉堯之爲君也! 巍巍乎! 唯天爲大,唯堯則之。蕩蕩乎！民無能名焉。巍巍乎其有成功也；煥乎，其有文章！"郭店簡文《窮達以時》倡言："又(有)天又人，天人又分。叡(察)天人之分，而智(知)所行矣。……窮達以時，嚳(幽)明不再，古(故)君子憞(惇)於佤(反)昃(己)。"《荀子·天論》說得更清楚："君子(敬)〔苟(自急敕)〕其在己者，而不慕其在天者；小人錯(措)其在己者，而慕其在天者。……無用之辯，不急之察，棄而不治。若夫君臣之義，父子之親，夫婦之別，則日切瑳(磋)而不舍也。"總之，早期儒家認爲，天可以爲世人垂範，但是人需要在自己應該和能够積極作爲的方面付出努力。

早期儒家取則於天，又落實於有爲，在《易傳》中有集中而獨特的表現。《周易·觀·象傳》曰："觀天之神道，而四時不忒。聖人以神道設教，而天下服矣。"《周易·繫辭下傳》指出：

> 古者包犧氏之王天下也，仰則觀象于天，俯則觀法于地，觀鳥獸之文與地之宜，近取諸身，遠取諸物，于是始作八卦，以通神明之德，以類萬物之情。作結繩而爲罔(網)罟，以佃以漁，蓋取諸離。包犧氏没，神農氏作，斲木爲耜，揉木爲耒，耒耨之利，以教天下，蓋取諸益。日中爲市，致天下之民，聚天下之貨，交易而退，各得其所，蓋取諸噬嗑。神農氏没，……黄帝、堯、舜垂衣裳而天下治，蓋取諸乾、坤。刳木爲舟，剡木爲楫，舟楫之利，以濟不通，致遠以利天下，蓋取諸涣。服牛乘馬，引重致遠，以利天下，蓋取諸隨。重門擊柝，以待暴客，蓋取諸豫。斷木爲杵，掘地爲臼，臼杵之利，萬民以濟，蓋取諸小過。弦木爲弧，剡木爲矢，弧矢之利，以威天下，蓋取諸睽。上古穴居而野處，後世聖人易之以宫室，上棟下宇，以待風雨，蓋取諸大壯。古之葬者，厚衣之以薪，葬之中野，不封不樹，喪期无數，後世聖人易之以棺椁，蓋取諸大過。上古結繩而治，後世聖人易之以書契，百官以治，萬民以察，蓋取諸夬。

這些解釋是否符合事實，姑且不論，重要的是其中的觀念。《易》之卦均取法於"天之神道"，而取法各卦的發明製作，包括器物、制度等等，顯然都出於人的積極作爲。胡適分析《易傳》中這類孔子認定象或意象爲"我們的器物、制度的創造發明所依賴"的觀念，提出："他(案指孔子)設想，正是從變化的種種自然現象生出了種種'意象'，那種種'意象'又成爲人類種種發明和制度的形相因。在這裹，孔子似乎是同當時的普遍傾向一致的，這種傾向是非難人爲的東西而讚揚自然的東西。老子主張廢棄天下的一切文明制度，因爲它們是人爲的、非自然的。孔子，也是一個'自然之道'和'無爲而治'的讚美者，但他又是一個實際的改革家和政治家。因此，他企圖調和同時代的人們的'自然主義'與他對於種種制度的歷史觀點。他把所有人類器物、制度歸因於自然的起源,並把現時一切道德上、政治上的混亂歸咎於它們與自然的、原來的意義和目的逐漸偏離,來達到上述目的。自然的就是理想。改革家、政治家的任務就是要再發現這種理想作爲標準以糾正現時已經衰敗了的種種形式。"①《周易》中的取法對象並非簡單普通的"自然",即便是,將這些取法"自然"的發明創造,視爲傾向於"非難人爲的東西而讚揚自然的東西",也並不確切,因爲這些發明創造終歸產生與落實於"人爲"。

綜上所論,今《莊子・外篇・在宥》的第一段綴加文字全面回應了《在宥》篇原文對儒學的抨擊,它一方面指斥《在宥》篇原文所代表的道家學說的弊端和偏失,一方面爲它打壓的儒學核心價值與理念作了辯護。

歷史的複雜性在於事情並未就此結束。《在宥》第一段綴加文字之後還有一段話,作爲傳世《在宥》全篇的收束:

> 不明於天者,不純於德。不通於道者,無自而可。不明於道者,悲夫!何謂道?有天道,有人道。无(無)爲而尊者,天道也;有爲而累者,人道也。主者,天道也;臣者,人道也。天道之與人道也,相去遠矣,不可不察也。

以前,學者們傾向於將這段文字與前面的綴加部分混同處理,頗值得商榷。這一段應該是傳世《在宥》篇的第二段綴加文字。其前面第一段綴加文字,爲"物""民""事""法""義""仁""禮""德""道""天"正名,先依"物－民－事－法－義－仁－禮－德－道－天"之順序説一遍,再基本上逆推,依"天－德－道－仁－義－禮－事－法－民－物"之順序回應(也是收束),這已經相當完整了。從形式上看,第二段綴加文字再單説"天""德""道"的必要性不大,而且跟第一段綴加文字游離。筆者認爲第二段綴加文字應該是對第一段綴加文字的回應。

具體説來,第二段綴加文字"不明於天者,不純於德"一語,乃針對第一段

---

① 參閲胡適:《先秦名學史》,姜義華主編:《胡適學術文集・中國哲學史》,頁 803~804。案:通常將構成《易傳》的《彖傳上》《彖傳下》《象傳上》《象傳下》《繫辭上傳》《繫辭下傳》《文言》《説卦傳》《序卦傳》《雜卦傳》等稱爲"十翼",且視之爲孔子所作。胡適認爲:"'十翼'不可能全部歸於孔子所作。但認定第一、二、三、四篇是孔子自己所寫,則較爲可靠。第五和第六篇,雖然常有添改,但就整體來説,搜集了很多有價值的無疑地屬於孔子的真正觀點的東西,有些可能也是他自己寫的。其他一些,很可能是他的弟子的記録。第七篇,可能包含少數真正的孔子語録,也有一些拙劣的添改(原注:例如它的第一段顯然是從《左傳》來的,是在孔子生前十五年的穆姜所提過的)。第九篇是後來附加的,但顯然出自精明者之手;第八和第十篇,則無疑是拙劣竄改者之作(原注:在這裏,我接受宋代歐陽修的校勘觀點。他的《易通指問》也許是關於《易經》的最好和最有見識的校勘,這種校勘爲傳統學派所未有)。"(同上書,頁 797)録此作爲參考。

綴加文字所說的"神而不可不爲者,天也"。大抵是說,一方面有順"天"之意,一方面張揚人之有爲,實是降低天的地位,是不明曉天。這是莊子後學的基本立場。《莊子・外篇・天道》云:"夫帝王之德,以天地爲宗,……以无(無)爲爲常。"對莊派學人來說,真正順天,應該落實爲人的無爲。第二段綴加文字的核心意旨,是將"道"區分爲"天道"和"人道",以分別關聯"主"(即君上)與"臣";這也意味着它所說的"德"被區隔爲君德與臣德。莊子後學這一提法,是原始道家學說進一步世俗化的結果。由是在莊子後學的體系中,一方面有依據超越性存在而言的天道,一方面則有依據君上帝王而言的天道;一方面有依據跟草木禽獸有區隔的人而言的人道,一方面又有依據臣下而言的人道;一方面有依據終極存在而言的普遍的德,一方面又有依據君王、臣下而言的帝王之德與臣德。《莊子・天道》篇云:

> 本在於上,末在於下;要在於主,詳在於臣。三軍五兵之運,德之末也;賞罰利害,五刑之辟,教之末也;禮法度數,形名比詳,治之末也;鐘鼓之音,羽旄之容,樂之末也;哭泣衰絰,隆殺之服,哀之末也。此五末者,須精神之運,心術之動,然後從之者也。
>
> 末學者,古人有之,而非所以先也。君先而臣從,父先而子從,兄先而弟從,長先而少從,男先而女從,夫先而婦從。夫尊卑先後,天地之行也,故聖人取象焉。天尊,地卑,神明之位也;春夏先,秋冬後,四時之序也。萬物化作,萌區有狀;盛衰之殺,變化之流也。夫天地至神,而有尊卑先後之序,而況人道乎!宗廟尚親,朝廷尚尊,鄉黨尚齒,行事尚賢,大道之序也。語道而非其序者,非其道也;語道而非其道者,安取道!

與其說這種言論接受了太多儒家的東西,毋寧說莊子後學更多地回應了現實,——因爲要回應現實,所以纔大量吸取其他學派的東西。莊子本人強調的,主要還是子之愛親、臣之事君兩"大戒"(《莊子・內篇・人間世》),現在類似於三綱的東西也都來了。而對照這段文字,可知《在宥》篇第二段綴加文字,意在指斥第一段綴加文字所張揚的"事""法""義""仁""禮"等不過是末學、臣德、人道(即臣道),斥言它不懂得道,所以將"天道(君道)""人道(臣道)"混爲一談。《在宥》第一段綴加文字從最高人格"聖人"這一層面上,肯定"事""法""義""仁""禮"等等,是要申明它們的普遍價值和根本意義,反對莊子後學將它們拘囿於臣民一面並視之爲膚淺無本之學。兩者的對立十分清楚。《莊子・外篇・天道》還說:

> 夫帝王之德,以天地爲宗,以道德爲主,以无(無)爲爲常。无爲也,則用天下而有餘,有爲也,則爲天下用而不足,故古之人貴夫无爲也。上

无爲也,下亦无爲也,是下與上同德;下與上同德,則不臣。下有爲也,上亦有爲也,是上與下同道;上與下同道,則不主。上必无爲而用天下,下必有爲爲天下用,此不易之道也。故古之王天下者,知(智)雖落(絡)天地,不自慮也;辯雖彫萬物,不自説也;能雖窮海内,不自爲也。天不産而萬物化,地不長而萬物育,帝王无爲而天下功。故曰莫神於天,莫富於地,莫大於帝王。故曰帝王之德配天地。此乘天地,馳萬物,而用人羣之道也。

《在宥》篇第二段綴加文字稱"無爲而尊者,天道也;有爲而累者,人道也",强調天道與人道即主道(或曰君道)與臣道有本質差異——相當於同時强調帝王君上之德與臣德有本質差異,正是從這一層面上説的。這段綴加文字可以得到《天道》諸篇的有力支持,它們顯然是用同一個鼻孔出氣。儒家也有天道、人道之説。如《中庸》第二十章云:"誠身有道:不明乎善,不誠乎身矣。誠者,天之道也。誠之者,人之道也。誠者不勉而中,不思而得,從容中道,聖人也。誠之者,擇善而固執之者也。"然而這並不是説道有天、人之分,而是説達成那具有普遍性的道的境界有聖人和普通人的差異。聖人之"不勉而中,不思而得,從容中道",類似於孟子説的"由仁義行",普通人之"擇善而固執之",則類似於孟子説的"行仁義"(《孟子·離婁下》謂:"舜明於庶物,察於人倫,由仁義行,非行仁義也");在前一種境界,價值獲得高度的主體性,或説跟主體合一,在後一種境界,價值仍然是主體的對象化存在,所以有"天之道"與"人之道"、"聖人"與非聖人的區隔。儒家核心理論及價值,比如"道""德""仁""義""禮""智""聖"等,都具有適用於每一個人的普遍意義,儘管各自的價值踐履可能有所側重,如《六惪》所説,君"以宜(義)叀(使)人多",臣"以忠叀(事)人多"等等,但"仁""義""禮"等儒家核心價值絶非祇是臣民之道、臣民之德,這跟莊子後學的基本認知迥異。

總之,傳世《莊子·外篇·在宥》是一個十分有意思的文獻,它很可能是這樣形成的:其原文是莊子後學對子思五行理論等早期儒家學説的批判(在莊子及其後學面前,有一個强大的思孟五行學説存在,但圍繞思孟五行學説的,是一個更加壯闊的儒學大潮),然後綴加了一段基於儒家立場的反擊和回應,最後又綴加了一段基於道家學説的反批評。它對我們認知戰國學術思想的現實狀況有重要意義,對反思早期文本的形成也頗有啓發(不能迴避的是,通常的文本都是平面、靜態的文本,有一些文本原初卻是立體的和動態的)。然而,何以這三個東西如此層累和凝固爲一個整體,以及這種文本形成方式具有多大程度的普遍意義,尚有待於進一步研討。

(四)《語叢四》"竊鉤者戟"與《莊子·胠篋》《盜跖》《秋水》《外物》等

與《五行》同出於郭店楚墓的其他簡書,也有一些材料值得注意。《語叢四》云:"戟(竊)鉤者戟(誅),戟邦者爲者(諸)侯。者侯之門,義士之所廌(存)。"人們更熟知的無疑是《莊子·外篇·胠篋》所説:"彼竊鉤者誅,竊國者爲諸侯,諸侯之門而仁義存焉……"其實,《莊子·雜篇·盜跖》也引用了一句看起來很像的話,類似的話後來又見於《史記·游俠列傳》。爲便於分析,筆者先將這四個文獻可能有關聯的部分呈現於表10-14,然後再分析其間的源流關係。

表10-14 《莊子·胠篋》《盜跖》以及《史記·游俠列傳》"竊鉤者誅"一説跟《語叢》的關聯

《語叢四》	《莊子·外篇·胠篋》	《史記·游俠列傳》
戟(竊)鉤者戟(誅),戟邦者爲者(諸)侯。者侯之門,義士之所廌(存)。	聖人不死,大盜不止。雖重聖人而治天下,則是重利盜跖也。爲之斗斛以量之,則並與斗斛而竊之;爲之權衡以稱之,則並與權衡而竊之;爲之符璽以信之,則並與符璽而竊之;爲之仁義以矯之,則並與仁義而竊之。何以知其然邪?彼竊鉤者誅,竊國者爲諸侯,諸侯之門而仁義存焉,則是非竊仁義聖知(智)邪?故逐於(爭爲)大盜,揭(舉、擁立)諸侯,竊仁義並斗斛權衡符璽之利者,雖有軒冕之賞弗能勸,斧鉞之威弗能禁。此重利盜跖而使不可禁者,是乃聖人之過也。	鄙人有言曰:"何知仁義,已饗其利者爲有德。"故伯夷醜周,餓死首陽山,而文武不以其故貶王;跖、蹻暴戾,其徒誦義無窮。由此觀之,"竊鉤者誅,竊國者侯,侯之門仁義存",非虛言也。
	《莊子·雜篇·盜跖》	
	滿苟得曰:"小盜者拘,大盜者爲諸侯,諸侯之門,義士存焉。昔者桓公小白殺兄入嫂而管仲爲臣,田成子常殺君竊國而孔子受幣。論則賤之,行則下之,則是言行之情悖戰於胸中也,不亦拂乎!故書曰:'孰惡孰美?成者爲首,不成者爲尾。'"	

《胠篋》篇所言,與《語叢四》幾乎相同,差異唯在一作"義士",一作"仁義"。李學勤認爲:"'義士之所存'語意欠通,疑本作'仁義','仁'字譌爲'仕',又誤倒轉寫成'士'";他還判斷,"《語叢四》的這段話,……應該是録引《胠篋》"。[①] 李學勤爲此提出了幾個相關的判斷:其一,"出《語叢四》簡的郭

---

① 參閲李學勤:《從郭店簡〈語叢四〉看〈莊子·胠篋〉》,武漢大學簡帛研究中心主辦:《簡帛》第一輯,上海古籍出版社,2006年,第1版,頁73。

店一號墓,相當江陵雨臺山楚墓分期的五期,屬於戰國中期後段,即不晚於公元前 300 年";其二,依錢穆《先秦諸子繫年》之估計,莊子生卒年代爲公元前 365 至公元前 290 年。①

斷定《語叢四》抄録了《莊子·胠篋》篇,會面對很多困難。郭店一號楚墓所出文獻殆均自中原傳入。設若《語叢四》寫録並流傳至楚經歷了三四十年時間(事實上這一過程恐怕遠遠不止三四十年),而《胠篋》確實爲《語叢四》抄録的對象,那麽,即便從郭店一號墓最晚的時間下限即公元前 300 年算起,《胠篋》也當在莊子二十多歲時就已產生,這看起來不甚穩妥。《胠篋》被認爲乃莊子後學所作,莊子二十多歲時學術上恐怕還未自立,焉能立人呢? 而且,《胠篋》篇論證世俗之所謂"知(智)"者皆爲大盜積、所謂"聖"者皆爲大盜守,嘗舉證說:

> 昔者齊國鄰邑相望,雞狗之音相聞,罔罟之所布,耒耨之所刺,方二千餘里。闔四竟(境)之內,所以立宗廟社稷,治邑屋州閭鄉曲者,曷嘗不法聖人哉! 然而田成子一旦殺齊君而盜其國,所盜者豈獨其國邪,並與其聖知(智)之法而盜之。故田成子有乎盜賊之名,而身處堯舜之安;小國不敢非,大國不敢誅,十二世有齊國。則是不乃竊齊國,並與其聖知之法,以守其盜賊之身乎?

李學勤認爲:"'十二世有齊國'這句話可以有不一樣的理解:一種理解是田氏十二世,世世享有齊國;另一種理解是田氏自入齊以後,十二世始有齊國。由陳完起算,第十二世正是始立爲諸侯的太公和。田和列于諸侯,是公元前 386 年,所以《胠篋》這句話與其寫成年代並沒有什麽矛盾。"②李學勤依後一種理解得出了這樣一種結論。然而,這種理解很可能不符合《胠篋》篇本意。我們可以瀏覽一下下面的田齊世系表(圖 10-13)。③ 假如"十二世有齊國"是由陳完起算,中間跳過《胠篋》篇引以爲證、殺害齊簡公(前 484～前 481 在位)的田成子,而算到列於諸侯的田太公和(姑且不論其間是否確爲十二世),這種計算方法不合情理,因爲田成子以上的一多半人事都跟他沒有關係。錢穆曾質疑說:"敬仲奔齊,豈得遽謂有齊國?"他認爲所謂"十二世"當從田成子算起(案:田成子於公元前 481 年弒齊簡公,立其弟,爲齊平公,而自爲相,公元前 456 年卒),至齊王建(前 264～前 221 在位)爲止,適得十二世(錢穆指出,

---

① 參閱李學勤:《從郭店簡〈語叢四〉看〈莊子·胠篋〉》,武漢大學簡帛研究中心主辦:《簡帛》第一輯,頁 73、頁 74。案所據錢說,請參閱錢穆:《諸子生卒年世約數》,《先秦諸子繫年》,頁 696。

② 李學勤:《從郭店簡〈語叢四〉看〈莊子·胠篋〉》,武漢大學簡帛研究中心主辦:《簡帛》第一輯,頁 75。

③ 引自李玉潔:《齊國史》,北京:新華出版社,2007 年,第 1 版,頁 442。

《史記·田敬仲完世家》自成子至齊王建祇有十世,然該篇"莊子卒,子太公和立""齊侯太公和立二年,和卒,子桓公午立"二語之索隱嘗引《竹書紀年》,謂太公田和之上尚有田悼子立,桓公田午之上尚有田侯剡立,則恰好爲十二世,與《胠篋》所説符同)。① 錢穆的理解顯然更符合《胠篋》篇的意指。《胠篋》大意是:齊乃姜太公之後,取法乎聖人,"逮桓公九合諸侯,一匡天下,百姓殷實,無出三齊。是以雞犬鳴吠相聞,鄰邑棟宇相望,罔罟布以事畋漁,耒耨刺以修農業。境土寬大,二千餘里,論其盛美,實冠諸侯"(成玄英疏)。然田成子一旦弑齊簡公,至於齊王建,十有二世,據有齊國,安然無憂,而所謂聖法,適成田氏自保自安之具。如此理解,方得《胠篋》篇"智"爲大盜積、"聖"爲大盜守之本意。然則《胠篋》篇之作最早當在齊王建(前 264～前 221 在位)時期,毫無疑問要晚於郭店竹書。

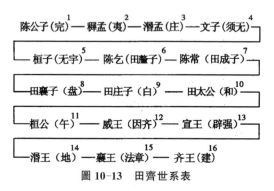

圖 10-13 田齊世系表

李學勤又分析《胠篋》篇開頭至上表所録段落(案:表中所録,遠承前文所引"田成子一旦殺齊君而盜其國"一事),謂《胠篋》全篇邏輯結構十分緊密,而"'竊鉤者誅'這一段乃是對前半篇的綜括小結",開篇至此,"前後一氣貫通,足證'竊鉤者誅'一段是《胠篋》不可分割的部分,不是從他處引來。《語叢四》所録引的,正是《胠篋》"。② 其實我們可以做出完全不同的分析。"竊國者爲諸侯"一語的確是承接上文田氏篡齊之事而言的,"竊鉤者誅"一語卻憑空而來,與前後文指陳"斗斛""權衡""符璽"並"仁義"兩面幾乎完全不搭,祇是作爲"竊國者爲諸侯"的對比。而且,"彼竊鉤者誅,竊國者爲諸侯,諸侯之門而仁義存焉"云云,顯然不是"對前半篇的綜括小結",而是爲它所承接的觀點提供證據,文本以"何以知其然邪"一語引出這段文字,之後又以"則是非竊仁義聖知(智)邪"收束,十分清楚地顯示了其行文的邏輯。可以這樣理解,這段文

---

① 錢穆:《先秦諸子繫年》"田齊爲十二世非十世辨",頁 188~189。
② 李學勤:《從郭店簡〈語叢四〉看〈莊子·胠篋〉》,武漢大學簡帛研究中心主辦:《簡帛》第一輯,頁 73、頁 74。

字以及這段文字所指涉的典型事例(田成子弑君篡齊),都是《胠篋》作者與其假設讀者的"共同知識",也就是說,此數語別有來源。

合理的斷定是,《胠篋》篇這句備受關注的話乃引自《語叢四》所見的語料(至少跟《語叢四》所見語料有共同的本源),大而言之,它應該是來源於以子思《五行》爲代表的一批儒家文獻,包括《語叢》在內。

《莊子·雜篇·盜跖》引作"小盜者拘,大盜者爲諸侯,諸侯之門,義士存焉"。在這個語境中,"大盜"就是"竊國者"。然則其與《語叢四》之差異,唯在將"敓(竊)鉤者"逕稱爲"小盜"。這一點無足輕重,因爲"大盜""小盜"之意原本就包含在《語叢四》"敓(竊)邦者""敓(竊)鉤者"的對比中,可以説《盜跖》所引,與《語叢四》原文在語意上並無差別。這證明《語叢四》這段話,至少它的源頭語料,已成爲社會上的共同知識。此外值得注意的是:其一,《盜跖》篇所引,證明《語叢》原文之"義士"並非"仁義"之訛誤。其二,《盜跖》篇的引文顯示了《胠篋》將"義士"改爲"仁義"的可能。其三,《盜跖》在使用這一語料時,提供了田成子殺君竊國的例子,説明這一語料關聯田成子具有一定的固定性和普遍性。

《史記·游俠列傳》的引用不需要太多的分析,它明顯是從《語叢》《胠篋》的傳統來的,當然,史公未必直達本源,而祇是接受了《胠篋》篇的轉載。

激進一點説,《語叢四》"敓(竊)鉤者戜(誅)"一句,是《胠篋》《盜跖》《游俠列傳》共同的本源;而保守一點説,《語叢四》《胠篋》《盜跖》《游俠列傳》這句很接近的話應該有共同的源頭。前一種可能性很大,因爲《語叢四》還有另外一些言説影響了《莊子》。《語叢四》云:"車敳(轍)之䣝(鮒)酶(鮪),不見江沽(湖)之水。伓(匹)婦禺(愚)夫,不智(知)亓(其)向(鄉)之小人君子。"這一段話很可能從兩個面向上幾次影響了莊子後學。《莊子·外篇·秋水》云:"井(黽)〔魚〕不可以語於海者,拘於虛(墟/處所)也;夏蟲不可以語於冰者,篤於時也;曲士不可以語於道者,束於教也。"①一開始以魚設喻,二者幾乎完全相

---

① 王引之曰:"'黽'本作'魚',後人改之也。《太平御覽》時序部七、鱗介部七、蟲豸部一引此,並云'井魚不可以語於海',則舊本作'魚'可知。且《釋文》於此句不出'黽'字,直至下文'埳井之黽',始云:'黽,本又作蛙,户媧反。'引司馬注云:'黽,水蟲,形似蝦蟆。'則此句作'魚'不作'黽',明矣。若作'黽',則户媧之音,水蟲之注,當先見於此,不應至下文始見也。再以二證明之:《鴻烈·原道篇》'夫井魚不可與語大,拘於隘也',梁張緬文'井魚之不識巨海,夏蟲之不見冬冰'(《水經·贛水注》云:'聊記奇聞,以廣井魚之聽'),皆用《莊子》之文,則《莊子》之作'井魚'益明矣。《井》九三'井谷射鮒',鄭注曰:'所生魚無大魚,但多鮒魚耳。'(見劉逵《吴都賦》注)《困學紀聞》(卷一〇)引《御覽》所載莊子曰'用意如井魚者,吾爲鉤繳以投之',《吕氏春秋·諭大》篇曰'井中之無大魚也',此皆'井魚'之證。後人以此篇有埳井黽之語,而《荀子》亦云'坎井之黽,不可與語東海之樂'(見《正論》篇),遂改'井魚'爲'井黽',不知井自有魚,無煩改作'黽'也。自有此改,世遂動稱'井黽'、'夏蟲',不復知有'井魚'之喻矣。"(王念孫《讀書雜志·餘編》,《莊子》"井黽"條)

同,唯一作車轍之魚,一作井魚爲異(《秋水》挑明了原因,但這本是《語叢四》的題中應有之意)。最後一事也幾乎完全相同,唯一指涉鄉中"仫(匹)婦禺(愚)夫",一指涉鄉曲之事(《秋水》"束於教"又是挑明原因,爲《語叢四》的題中應有之意;將"不智亓向之小人君子"改爲不知"道"、不足與語"道",也祇是稍微有一點抽象化)。幾乎可以肯定,《秋水》對後世影響巨大的井魚、曲士之論承襲了《語叢四》的事象和語意。《語叢四》的譬喻車轍之魚可能對莊子後學另有影響。《莊子·雜篇·外物》云:

> 莊周家貧,故往貸粟於監河侯(魏文侯)。監河侯曰:"諾。我將得邑金,將貸子三百金,可乎?"莊周忿然作色曰:"周昨來,有中道而呼者。周顧視車轍中,有鮒魚焉。周問之曰:'鮒魚來!子何爲者邪?'對曰:'我,東海之波臣也。君豈有斗升之水而活我哉?'周曰:'諾。我且南遊吴越之王,激西江之水而迎子,可乎?'鮒魚忿然作色曰:'吾失我常與,我無所處。吾得斗升之水然活耳,君乃言此,曾不如早索我於枯魚之肆!'"

涸轍之魚是《莊子》中的又一個著名寓言,可它明顯攜帶着《語叢四》"車敀(轍)之䇶(鮒)酭(鮪)"譬喻的影子。綜合地看,説《語叢四》所見言説影響了莊子後學,毫無可疑,因爲思想學術史上不大可能如此高密度地聚集一批偶然。

《語叢一》至《語叢四》均似語録之匯集,但《語叢一》至《語叢三》與儒家對核心價值和理念的論説密切相關,《語叢四》則似乎是解釋傳統經典、演繹師説的一系列語録與社會格言的匯集。比如,"非言不購(讎),非惪(德)亡(無)復",似是解釋《詩經·大雅·抑》"無言不讎,無德不報";"言而狗(苟),墥(墻)又(有)耳",似是解釋《詩經·小雅·小弁》"君子無易由言,耳屬於垣";"利木佥(陰)者,不折亓(其)梜(枝)。利亓渚者,不賽(塞)亓溪(溪)",似是詮釋《詩經·召南·甘棠》"蔽芾甘棠,勿翦勿伐,召伯所茇"諸事(《韓詩外傳》卷二第二十三章引"食其食者,不毁其器。陰其樹者,不折其枝",則出現於演繹《詩經·魏風·碩鼠》"逝將去汝,適彼樂國。適彼樂國,爰得我直"的語境中,也還是與解經有關);"山亡(無)陸(隓)則坨(阤),城無蓑(衰)則坨(陀),士亡双(友)不可"數語殆亦解經有關,此數語接近於《韓詩外傳》卷一第二十三章"傳曰:水濁則魚喁,令苛見民亂,城峭則崩,岸峭則陂",《外傳》用於詮釋《詩經·邶風·旄丘》"何其處也,必有與也。何其久也,必有以也",早期古籍引録的"傳"往往都是解釋經典的舊説。而"口不㥷(慎)而床(户)之閟(閉),亞(惡)言復己而死無日"一句,則似乎是演繹《周易·繫辭上傳》所見子曰:"君子居其室,出其言善,則千里之外應之,況其邇者乎?居其室,出其言不善則千里之外違之,況其邇者乎?言出乎身,加乎民;行發乎邇,見乎遠。言行,君子之樞機,樞機之發,榮辱之主也。言行,君子之所以動天地也,可不慎乎?"

當然，這歸根結底是孔子詮釋《周易・中孚》九二爻辭"鳴鶴在陰，其子和之；我有好爵，吾與爾靡之"，還是孔門經學活動的延伸。上文曾引錄《語叢四》云："車敮（轍）之䇲（鮒）酺（鮪），不見江沽（湖）之水。必（匹）婦禺（愚）夫，不智（知）亓（其）向（鄉）之小人君子。"此數語似乎與孔子批評鄉原（愿）有關。孔子曰："鄉原，德之賊者也。"（《論語・陽貨》）朱子集注云："鄉者，鄙俗之意。原，與'愿'同。……鄉原，鄉人之愿者也。蓋其同流合污，以媚于世，故在鄉人之中獨以愿稱。"普通人不能準確辨別道德與非道德，故同流合污的偽善者被鄉中視爲慤謹良善之人，正所謂"必（匹）婦禺（愚）夫，不智（知）亓（其）向（鄉）之小人君子"。鑒於《語叢四》鮮明的儒家經學的背景，不能過於強調它匯集的是格言。《語叢四》與其他戰國儒典的關聯很鮮明。比如《語叢四》說："往言剔（傷）人，來言剔呂（己）。"《大學》云："言悖而出者，亦悖而入，貨悖而入者，亦悖而出。"前語意旨，跟《語叢四》高度一致。《語叢四》所匯集語錄，對嗣後諸子產生了極爲深遠的影響。比如《語叢四》說："言之善，足以終瘵（世）。參（三）瘵之福（富），不足以出芒（亡）。"《荀子・榮辱》云："與人善言，煖於布帛；傷人之言，深於矛戟。故薄薄之地，不得履之，非地不安也，危足無所履者，凡在言也。"《語叢四》云："言而狥（苟），墇（牆）又耳。"《管子・君臣下》："古者有二言：'牆有耳。''伏寇在側。'牆有耳者，微謀外泄之謂也。"《語叢四》說："善叓（使）亓（其）下，若䗥（蚿）䗪（蛩）之足，衆而不割（害），割而不䟆（仆）。善事亓上者，若齒之事胝（舌），而終弗齧（噬）。"《淮南子・說林》篇云："善用人者，若蚿之足，衆而不相害；若脣之與齒，堅柔相摩而不相敗。"兩兩之間的關聯十分清楚。而《語叢四》"數（竊）鉤者彧（誅）"一句對於莊子後學的影響，亦爲一典型例證。《語叢四》所匯集的類似語錄殆往往可以口耳相傳、不脛而走，故亦往往會產生更爲廣泛的社會影響。

毫無疑問，後世學者出言談、爲文學，在襲用前代流傳的經典言說時，往往會呈示鮮明的主體性。《語叢四》謂"數（竊）鉤者彧（誅），數邦者爲者（諸）侯。者侯之門，義士之所鳶（存）"，其本意大概有兩個層面：一是批評社會道德評價標準在現世強權身上達不到實效。對於那些失範的強權，即便予以適當的政教倫理評判，也無助於改變現世。二是批評世人往往將利益置於優先地位，而不是優先遵循是非判斷，①因此那些日常恪守大義、篤行不苟的人也

---

① 《韓非子・說林上》有一則故事，云："子圉見孔子於商太宰。孔子出，子圉入，請問客。太宰曰：'吾已見孔子，則視子猶蚤蝨之細者也。吾今見之於君。'子圉恐孔子貴於君也，因謂太宰曰：'君已見孔子，亦將視子猶蚤蝨也。'太宰因弗復見也。"商太宰和子圉都很清楚向國君推舉孔子的合理性，但因爲意識到此舉可能影響自己的利益，於是轉而杯葛或放棄。這一故事，清楚地顯示了人們面對利益和是非時的抉擇。

往往歸附那些睽異政教倫理價値的強權。這顯然已含蘊了享受其利的"義士"爲他們重建道德光環的可能。所以，從"者（諸）侯之門，義士之所廌（存）"，到"諸侯之門而仁義存焉"，是自然而然的發展，是緊挨着的兩步。《胠篋》篇將"者（諸）侯之門，義士之所廌（存）"，改爲"諸侯之門而仁義存焉"，一方面是基於兩者之間的實際邏輯關聯，一方面是爲了更好地服務於自己的立論，因爲它掊擊的核心對象恰恰就是作爲儒家核心價値的仁義聖智。《盜跖》篇的引錄，意旨方面幾乎完全沒有作出改變。它引用《語叢四》的經典論說，證明世人"論則賤之，行則下之"的言與行的睽異，凸顯其"成者王侯敗者寇"的行爲邏輯，基本上是演繹該言說原初的社會及政教批判意義。有意思的是，《盜跖》篇使用的兩個例證是管子和孔子："昔者桓公小白殺兄入嫂而管仲爲臣，田成子常殺君竊國而孔子受幣。"取證於孔子，尤其顯示了它立言的主體性。孔子與田成子弑君一事的歷史關聯，見載於《論語·憲問》：

> 陳成子弑簡公。孔子沐浴而朝，告於哀公曰："陳恒弑其君，請討之。"公曰："告夫三子！"孔子曰："以吾從大夫之後，不敢不告也。君曰'告夫三子'者。"之三子告，不可。孔子曰："以吾從大夫之後，不敢不告也。"

朱熹集注解釋說："是時孔子致仕居魯，沐浴齋戒以告君，重其事而不敢忽也。臣弑其君，人倫之大變，天理所不容，人人得而誅之，況鄰國乎？故夫子雖已告老，而猶請哀公討之。"又說："三子，三家也。時政在三家，哀公不得自專，故使孔子告之。"又說："孔子……意謂弑君之賊，法所必討。大夫謀國，義所當告。君乃不能自命三子，而使我告之邪？"又說："以君命往告，而三子魯之強臣，素有無君之心，實與陳氏聲勢相倚，故沮其謀。而夫子……所以警之者深矣。"《左氏春秋》魯哀公十四年（前 481）記載："甲午，齊陳恒弑其君壬于舒州。孔丘三日齊，而請伐齊三。公曰：'魯爲齊弱久矣，子之伐之，將若之何？'對曰：'陳恒弑其君，民之不與者半。以魯之衆加齊之半，可克也。'公曰：'子告季孫。'孔子辭，退而告人曰：'吾以從大夫之後也，故不敢不言。'"孔子對陳恒弑君的態度十分清楚。田成子於公元前 481 年弑齊簡公，孔子於公元前 479 年去世，所以在孔子晚年、七十子時代，說到竊國，很難不想到田成子。《盜跖》篇說孔子接受田成子的禮物，此事不見於其他典籍，完全是莫須有。這種爲了張揚自我捏造事實的例子，先秦諸子並不鮮見。衆所周知的孔子厄於陳蔡之間一事，《墨子·非儒》篇是這麼寫的："孔某窮於蔡陳之閒，藜羹不糂，十日，子路爲享豚，孔某不問肉之所由來而食；（號）〔褫〕人衣以酤酒，孔某不問酒之所由來而飲。"這些都顯示了出言談、爲文學的主體性。史公《游俠列傳》引用"竊鉤者誅"一句話，目的又有所不同。他是痛感道德評價被利益綁架的文化及現實生態,世人的道德評判是以自己是否從評判對象那裏享受利益爲根據的,享受其利,就說他道德品行高尚。伯夷恥食周粟,餓死首陽山下,但無損於文王武王的聲名,因爲享受其利、爲之歌功頌德的人多之又多。盜跖莊蹻殘暴酷虐,然享受其利的徒衆没完没了地稱頌他們的仁義道德,由此造成"竊鈎者誅,竊國者侯,侯之門仁義存"的現實。其間有意思的是,莊子後學襲用孔門七十子及其後學的經典言説,抨擊儒家仁義聖智等核心價值以及聖人孔子,真可稱爲入儒家之室,操儒家之戈,以伐儒家。

最後需要補充的是,如果認定《語叢四》"數(竊)鈎者或(誅),數邦者爲者(諸)侯"一説的影響僅此而已,就太簡單化了。它所指涉的强權扭曲道德評判的事實,在春秋戰國乃至整個戰國古代史上都廣泛存在,亦曾反反復復進入有識之士的思考。《墨子·魯問》篇云:"今有人於此,竊一犬一彘則謂之不仁,竊一國一都則以爲義。"《非攻上》篇云:"今有一人,入人園圃,竊其桃李,衆聞則非之,上爲政者得則罰之。此何也?以虧人自利也。……今至大爲攻國,則弗知非,從而譽之,謂之義。此可謂知義與不義之别乎?"所有這些關乎現世政教倫理生態的思考,以及作爲其核心架構的二元對比模式,都含藴和創發自見於《語叢四》的言説;《非攻上》更層層疊疊,從本體和喻體方面鋪衍《語叢四》的模式,成爲一篇具有强大現實批判性、强大論證力量以及嚴整邏輯架構的論説文,又顯示了它對文章寫作不可忽視的滋育能力(今僅以《語叢四》《墨子·魯問》以及《非攻上》爲例,列爲表 10-15,以便於觀察)。所有這些,若不具備新出文獻的視域,也終將處於蒙昧之中。

表 10-15　《語叢四》"數(竊)鈎者或(誅)"一説觀念及言説方式的影響舉隅

篇名	對比之事項		
《語叢四》	數(竊)鈎者或(誅)		數邦者爲者(諸)侯。者侯之門,義士之所廌(存)
《魯問》	今有人於此,竊一犬一彘則謂之不仁		竊一國一都則以爲義
	小視白謂之白		大視白則謂之黑
《非攻上》	今有一人,入人園圃,竊其桃李,衆聞則非之,上爲政者得則罰之		
	至攘人犬豕雞豚者,其不義又甚入人園圃竊桃李		
	至入人欄廄,取人馬牛者,其不仁義又甚攘人犬豕雞豚		

續表

篇名	對比之事項		
	至殺不辜人也,扡其衣裘,取戈劍者,其不義又甚入人欄廄取人馬牛	當此,天下之君子皆知而非之,謂之不義	今至大爲攻國,則弗知非,從而譽之,謂之義
	殺一人謂之不義,必有一死罪矣 殺十人十重不義,必有十死罪矣 殺百人百重不義,必有百死罪矣	當此,天下之君子皆知而非之,謂之不義	今至大爲不義攻國,則弗知非,從而譽之,謂之義
	今有人於此,少見黑曰黑		多見黑曰白
	少嘗苦曰苦		多嘗苦曰甘
	今小爲非,則知而非之		大爲非攻國,則不知非,從而譽之,謂之義

(五)《孟子·梁惠王下》與《莊子·雜篇·讓王》之太王去邠遷岐

以上四個小節,揭示了《莊子》一系列觀念乃至言說形式跟早期儒典的關聯。在這一學界以前缺乏具體認知的背景上,筆者還想剖析一個個案,以便觀察孟子如何影響了莊子的後學。

《孟子·梁惠王下》記載:

> 滕文公問曰:"滕,小國也,竭力以事大國,則不得免焉。如之何則可?"孟子對曰:"昔者大王居邠(齒/古國名,在今陝西彬縣、旬邑一帶),狄人侵之,事之以皮幣,不得免焉;事之以犬馬,不得免焉;事之以珠玉,不得免焉。乃屬其耆老而告之曰:'狄人之所欲者,吾土地也。吾聞之也,君子不以其所以養人者害人。二三子何患乎無君?我將去之。'去邠,踰梁山,邑于岐山之下居焉。邠人曰:'仁人也,不可失也。'從之者如歸市。或曰:'世守也,非身之所能爲也。效死勿去。'君請擇於斯二者。"

這原本是不太引人注意的一章。有意思的是,《莊子·雜篇·讓王》也説到了周文王祖父、太王古公亶父去邠、遷岐山的事情。《孟》《莊》兩個文本都使用了古公亶父遷至岐山的故事,《孟子》將此事歸結到"仁"上,《莊子·讓王》則將此事歸結到"尊生"上,看起來頗不相同,但二者申論的基礎,一是"君子不以其所以養人者(土地)害人(百姓)",一是"不以所用養(土地)害所養(民)",則顯然是完全一致的;最終指歸的差異來自各自的體系,——在不同的體系中,同樣的素材得到不同的安排,是很常見的事情。這兩個文本的關聯顯然是不可忽視的。那麼,兩者究竟有什麼影響關係呢?

《莊子·讓王》匯集了以下故事:"堯以天下讓許由","舜讓天下於子州支伯","舜以天下讓善卷","舜以天下讓其友石戶之農","大王亶父居邠……而去也",越王子搜"逃乎丹穴","子華子見昭僖侯","魯君(哀公)聞顏闔得道之人也","子列子窮","楚昭王失國","原憲居魯","曾子居衛","孔子謂顏回","中山公子牟謂瞻子","孔子窮於陳蔡之間","舜以天下讓其友北人無擇","湯將伐桀,因卞隨而謀","有士二人處於孤竹,曰伯夷叔齊"等等。我們先關注一下"中山公子牟謂瞻子"一事:

> 中山公子牟謂瞻子(成疏:瞻子,魏之賢人也)曰:"身在江海之上,心居乎魏闕之下(魏闕,象魏觀闕,君門之建築),奈(奈)何?"
> 瞻子曰:"重生。重生則利輕。"
> 中山公子牟曰:"雖知之,未能自勝也。"
> 瞻子曰:"不能自勝則從,神無惡乎?不能自勝而強不從者,此之謂重傷(雙重損傷)。重傷之人,无(無)壽類矣。"
> 魏牟,萬乘之公子也,其隱巖穴也,難爲於布衣之士;雖未至乎道,可謂有其意矣。

錢穆指出:"竊疑子牟身在江海之上,心在魏闕,其殆爲中山既亡之後事。故曰隱巖穴難爲於布衣。"① 這是很合理的判斷。楊寬定中山滅於趙是在公元前296年。② 然則《莊子·讓王》篇之作成,應當是在這一年之後。

接下來看看孟子對滕文公的時間。楊寬斷定,"宋滅滕大體上和趙滅中山同時";③ 錢穆推定滕滅於宋,在趙惠文王元年(前298),而上推二十一年(前318)值滕文公卒。④ 則上揭孟子對滕文公事,必在此年以前。清人狄子奇(生卒年不詳)《孟子編年》卷三將"孟子爲卿於齊,出吊於滕(吊文公)"事,繫於周慎靚王三年(前318);卷二將孟子對滕文公以"大王居邠"事,繫於周顯王四十六年(前323)。⑤ 周廣業(1790~1798)論《孟子》書之撰錄纂輯時,指出:

> 此書敘次數十年之行事,綜述數十人之問答,斷非輯自一時、出自一

---

① 錢穆:《先秦諸子繫年》"魏牟考"附"論詹何環淵年世",頁518。
② 楊寬:《戰國史》(增訂本),上海:上海人民出版社,1998年,第3版,頁373。
③ 同上書,頁374。
④ 錢穆:《先秦諸子繫年》"宋康王滅滕考",頁489~490。
⑤ 該書收入《北京圖書館藏珍本年譜叢刊》第五冊,北京:北京圖書館出版社,1999年,第1版,頁139、頁124~125。

手。其始章、丑之徒追隨左右，無役不從，於孟子之言動無不熟察而詳記之，每章冠以"孟子曰"者，重師訓，謹授受，兼法《論語》也。……當日師弟情事畢見矣。迫還自青齊，既難必於行道，而孟子亦欲垂教後世，取向所進説時王傳授弟子者，潤飾而删定之，以爲有王者起，必來取法，託諸空言，不若載諸實事之深切著明也。老游梁魯，其例亦同。豈竟孟子自著哉？至其後編次遺文，又疑樂正子及公都子、屋廬子、孟仲子之門人與爲之。何也？諸子皆孟門高第，七篇中無斥其名者，而樂正子則公孫丑、浩生不害皆稱爲"子"，即孟子亦然，與滕更呼名之例不同（本書作者案：滕更爲滕文公之弟），當是其徒所追改。①

而錢穆考證，孟子之生最早當在周安王十三年（前389），最晚在周安王二十年（前382）。孟子自梁返齊，在齊威王已死、齊宣王初立之時（案：齊宣元年爲公元前320年）。孟子去齊，當在周赧王三年（前312）、齊宣王八年（案：周赧王三年當對應於齊宣王九年）。此時孟子已老，居於休（殆在滕縣以北，距孟子家約百里），從此歸隱不復出矣，約在周赧王十年（前305）去世。②《史記》孟子本傳曰：

> 孟軻，騶人也。受業子思之門人。道既通，游事齊宣王，宣王不能用。適梁，梁惠王不果所言，則見以爲迂遠而闊於事情。當是之時，秦用商君，富國彊兵；楚、魏用吴起，戰勝弱敵；齊威王、宣王用孫子田忌之徒，而諸侯東面朝齊。天下方務於合從連衡，以攻伐爲賢，而孟軻乃述唐、虞、三代之德，是以所如者不合。退而與萬章之徒序《詩》《書》，述仲尼之意，作《孟子》七篇。

可以斷定，孟子對滕文公以"大王居邠"事，殆在周顯王四十六年（前323）便被弟子錄記，且可能以某種形式在社會上傳播；《孟子》的基本內容，應該是在周赧王三年（前312）後、周赧王十年（前305）孟子去世前完成的，後來弟子或又編次遺文，有所追改。

《莊子‧雜篇‧讓王》作於公元前296年之後，其時孟子對滕文公以"大王居邠"事，殆已傳播十數年乃至數十年之久，《讓王》篇"大王亶父居邠"一事

---

① 周廣業：《孟子四考》"論七篇非盡自著"，《皇清經解續編》卷二三〇，阮元、王先謙編：《清經解 清經解續編》合刊《清經解續編》第一册，頁1078上、中。

② 參閱錢穆：《先秦諸子繫年》"孟子生年考"條，頁216；"孟子自梁返齊考"條，頁415；"孟子去齊考"條，頁431~434；以及"諸子生卒年時約數"，頁693。案：關於孟子生卒年，張培瑜認爲應當是公元前372年至公元前289年（參見氏著《孟子的生辰卒日及其公曆日期》，《孔子研究》2011年第1期，頁63~71）。

應該是來源於孟子。從文本構成上看,"大王居邠"事在《孟子》中有具體的語境,即出現在滕文公與孟子問答的事件中,相對而言更具備信息的完整性;《讓王》篇"大王亶父居邠"事則缺乏類似條件,這顯示了它截取自其他文獻的迹象(《讓王》篇看似"類書",殆有不少故事截取自其他文獻或者口傳)。

論說至此,如何認知《讓王》篇"大王亶父居邠"寓言的理念,仍然是一個問題。學者們常常將《讓王》從莊學系統中抽取出來,另做處理。馮友蘭曾經提出:"楊朱之傳統的學說,《呂氏春秋》中尚多記述",見於《本生》《重己》《貴生》《情欲》《審爲》諸篇。① 著名漢學家葛瑞漢完全繼承了他的說法,並且稱:"自從儒家學說勝利以來,楊朱在人們的記憶中便是一位純粹的利己主義者(egoist),這依據的是孟子的攻擊。但是,在 20 世紀的中國和西方學術界,人們寧願相信《淮南子》的證據,它不是別有用意,而是客觀地提供了有關儒家學說、墨家學說、無疑也包括楊朱學派的學說的歷史資料。"② 葛瑞漢所謂"《淮南子》的證據",是指《淮南子·氾論》篇所說:"夫弦歌鼓舞以爲樂,盤旋揖讓以修禮,厚葬久喪以送死,孔子之所立也,而墨子非之。兼愛、尚賢,右鬼、非命,墨子之所立也,而楊子非之。全性保真,不以物累形,楊子之所立也,而孟子非之。"據此,葛瑞漢將《呂氏春秋》中的《本生》《重己》《貴生》《情欲》《審爲》諸篇,視爲"楊朱學派的基本文獻"。③ 關鋒(1919~2005)提出,《莊子》雜篇之《盜跖》《讓王》《漁父》三文爲楊朱後學的作品;④葛瑞漢另外又加上了一篇《說劍》。⑤ 二者都是根據古人對楊朱學說的評述,輾轉得出這一判斷的,不過關鋒考慮得較爲宏闊,葛瑞漢主要是繞着《淮南子·氾論》篇轉。葛瑞漢還指出,"寧肯把這想成一種思想運動,方便地稱之爲楊朱學派(楊朱主義,Yangism),而非想成一個叫做'楊朱'(Yang Chu)的單個的思想家"。⑥ 然而即便如此,這種判定楊朱學派基本文獻的方法,也並不可靠。僅由孟子所說"楊子取'爲我',拔一毛而利天下,不爲也"(《孟子·盡心上》),來認知楊朱學說,固爲一偏,可僅由《淮南子·氾論》篇或其他篇章的評述來認知楊朱學說,同樣不合理。《氾論》篇提及的楊朱所立"全性""保真""不以物累形"三者,被葛瑞漢視爲楊朱"三條學說"或者"教義",⑦然後根據這幾個字來確認

---

① 馮友蘭:《中國哲學史》,《三松堂全集》第二卷,頁 353~375。
② 〔英〕葛瑞漢:《論道者:中國古代哲學論辯》,頁 68。
③ 同上書,頁 68~69。
④ 關鋒:《〈莊子〉外雜篇初探》,《〈莊子〉內篇譯解和批判》附編,北京:中華書局,1961 年,第 1 版,頁 350~357。
⑤ 〔英〕葛瑞漢:《論道者:中國古代哲學論辯》,頁 68~69。
⑥ 同上書,頁 67。
⑦ 同上書,頁 70~74。

"楊朱學派的基本文獻"。這實在太危險了。比方說,"仁""義"是儒家的核心價值,可墨家也講仁義,墨家十義中的"兼愛""非攻"主張就貫穿着仁義的核心價值。顯然,將張揚仁義的文獻簡單歸於儒家,或者簡單歸於墨家,都是低級錯誤。葛瑞漢引用見於《吕氏春秋·審爲》篇以及《莊子·讓王》篇的"大王亶父居邠"一章,分析説:"楊朱學派也許認爲接受王位是安全的(當然,實際上它是個官職),但也許寧願擯棄它而不使之危害自己的生命或他人的生命。他關於生命重於任何財產的原則,致使他把人民的生命置於佔有國家以圖私利之上。史書中的一個事例講到,周先人亶父離邠而不與進犯的狄人戰鬥以免危害人民……"①這種説法包含着對《讓王》《審爲》以及楊朱學説的多重誤讀,連帶着也扭曲了《莊子》和楊朱學説的關係。

爲便於觀察,我們先將《孟子》《莊子》《吕氏春秋》中的三個相關材料録入表 10-16,之後再加以分析。

表 10-16 《孟子·梁惠王下》《莊子·讓王》《吕氏春秋·審爲》
所見大王居邠故事及其關係

《孟子·梁惠王下》	《莊子·雜篇·讓王》	《吕氏春秋·審爲》
		身者所爲也,天下者所以爲也,審所以爲而輕重得矣。今有人於此,斷首以易冠,殺身以易衣,世必惑之。是何也?冠所以飾首也,衣所以飾身也,殺所飾要所以飾,則不知所爲矣。世之走利,有似於此。危身傷生、刈頸斷頭以徇利,則亦不知所爲也。
昔者大王居邠,狄人侵之。事之以皮幣,不得免焉;事之以犬馬,不得免焉;事之以珠玉,不得免焉。乃屬其耆老而告之曰:"狄人之所欲者,吾土	大王亶父居邠,狄人攻之;事之以皮帛而不受,事之以犬馬而不受,事之以珠玉而不受,狄人之所求者土地也。大王亶父曰:"與人之兄居而殺	太王亶父居邠,狄人攻之;事以皮帛而不受,事以珠玉而不肯,狄人之所求者地也。太王亶父曰:"與人之兄居而殺其弟,與人之父處而殺其子,吾不忍爲也。

---

① 〔英〕葛瑞漢:《論道者:中國古代哲學論辯》,頁 72。

續表

《孟子·梁惠王下》	《莊子·雜篇·讓王》	《吕氏春秋·審爲》
地也。吾聞之也,君子不以其所以養人者害人。二三子何患乎無君?我將去之。"去邠,踰梁山,邑于岐山之下居焉。邠人曰:"仁人也,不可失也。"從之者如歸市。	其弟,與人之父居而殺其子,吾不忍也。子皆勉居矣!爲吾臣與爲狄人臣奚以異!且吾聞之,不以所用養害所養。"因杖筴而去之。民相連而從之,遂成國於岐山之下。	皆勉處矣,爲吾臣與狄人臣奚以異?且吾聞之,不以所以養害所養。"杖策而去。民相連而從之,遂成國於岐山之下。
	夫大王亶父,可謂能尊生矣。能尊生者,雖貴富不以養傷身,雖貧賤不以利累形。今世之人居高官尊爵者,皆重(不輕易、難)失之,見利輕亡其身,豈不惑哉!	太王亶父可謂能尊生矣。能尊生,雖貴富不以養傷身,雖貧賤不以利累形。今受其先人之爵禄,則必重失之,生之所自來者久矣,而輕失之,豈不惑哉?

《吕氏春秋》成書於秦王政五年至七年(前 242~前 240)之間,①上距孟子、莊子去世大約有半個世紀。《莊子》成書之時間,學術界衆説紛紜,然其成書早於《吕氏春秋》,則殆無可疑。② 之所以這樣説,有一個十分重要的依據:《吕氏春秋》引用《莊子》約五十條,所引文字,分别出自傳世《莊子》内篇的《逍遥遊》《齊物論》《養生主》《人間世》《大宗師》,外篇的《胠篋》《天地》《達生》《山木》《田子方》《知北遊》,以及雜篇的《庚桑楚》《徐无鬼》《則陽》《外物》《讓王》《盜跖》《漁父》諸篇;在《吕氏春秋》一書則分見於八覽、六論、十二紀,其各篇引用《莊子》,尤以《貴生》《必己》《精諭》《離俗》《適威》《審爲》《貴公》諸篇爲甚。③ 在這種情況下,《吕氏春秋》引用《莊子》的可能性要遠遠大於《莊子》引用《吕氏春秋》。《吕氏春秋》立論多本源於《莊子》,由此亦可得到一十分直觀的説明。上文曾提及,《吕氏春秋》之中的《本生》《重己》《貴生》《情欲》《審爲》諸篇,被論者視爲楊朱學派的"基本文獻",現在這一判斷的合理性也大大降低。先把《吕氏春秋》中《本生》《重己》《貴生》《情欲》《審爲》諸篇,以及《莊子》雜篇之《盜跖》《讓王》《漁父》《説劍》,判定爲楊朱學派的基本文獻,進而斷言,"(楊朱學派)忠實於自我的'性'與'真',不爲外物所牽累,所有這些論題都傳

---

① 參閲倪晉波:《出土文獻與秦國文學》,北京:文物出版社,2015 年,第 1 版,頁 111~114。
② 參閲王葆炫:《老莊學新探》,上海:上海文化出版社,2002 年,第 1 版,頁 187~189。
③ 參閲王叔岷:《吕氏春秋引用莊子舉證》,陳鼓應主編:《道家文化研究》第十輯,上海:上海古籍出版社,1996 年,第 1 版,頁 250~266。

遞給道家",①這一結論顯然不可取,因爲它依據的前提是錯誤的。

可以確定無疑地説,《吕氏春秋·審爲》篇中太王去邠遷岐的故事,乃是從《莊子·雜篇·讓王》抄録來的。所以其故事本身與《讓王》篇同;其由故事發揮的核心觀念即太王"能尊生",與《讓王》篇同;其所謂"能尊生"是就"不以養傷身""不以利累形"而言的,與《讓王》篇同;其所謂養身、利形都是就自身而言的,仍與《讓王》篇同。至其出於修辭考慮作出的幾處改變,筆者將在下文提及。

《莊子·讓王》篇的太王亶父去邠遷岐,則應該是襲用了《孟子》。就故事本身而言,有以下幾點值得注意:首先,《讓王》篇多出來的,主要是太王的兩句話:"與人之兄居而殺其弟,與人之父居而殺其子,吾不忍也。子皆勉居矣。"然而《孟子》"君子不以其所以養人者害人"一語,實際上就是這一意思,《讓王》篇不過是將它挑明罷了。回到具體語境中看,孟子謂太王説"君子不以其所以養人者害人",意智君子不因爲用來養活百姓的土地使百姓(人之子、人之弟等)喪命。孟子斥責當世諸侯"爭地以戰,殺人盈野;爭城以戰,殺人盈城",稱這是"率土地而食人肉,罪不容於死"(《孟子·離婁上》);諸侯們爲了土地葬送百姓的生命——"以其所以養人者害人",跟太王放棄土地以成全百姓的生命——"不以其所以養人者害人",正好相反。《莊子·讓王》篇所增"與人之兄居而殺其弟,與人之父居而殺其子,吾不忍也",演繹太王以及孟子之意,十分準確。《吕氏春秋·審爲》篇所寫太王語,與《讓王》差不多完全相同,可明顯是出於修辭需要,將《讓王》"與人之父居而殺其子",改成了"與人之父處而殺其子",以跟"與人之兄居而殺其弟"對舉。這是《審爲》篇少有的改動之一(另外一處相似的改變,是將《讓王》"事之以皮帛而不受,事之以犬馬而不受,事之以珠玉而不受",改爲"事以皮帛而不受,事以珠玉而不肯",減省的一句無關大局,將"不受"改爲"不肯",顯然也是出於修辭考慮)。從《讓王》篇相對不甚措意於修飾詞句,到《審爲》篇的措意修飾,亦正可見出其間的先後本末。其次,《讓王》篇中,太王所説"子皆勉居矣!爲吾臣與爲狄人臣奚以異",與孟子所説"二三子何患乎無君",意思也是相同的。而從義理方面看,值得注意的是:《讓王》據以發揮的基礎是太王所説"且吾聞之,不以所用養害所養",完全來自於《孟子》。可兩者對這一句話和整個太王故事的理解,以及它們由此導出的理念,則存重大差異。在《孟子》那裏,由"君子不以其所以養人者害人"引申出"仁人",邏輯嚴密順當,自然合理。儒家"仁"之本質就是愛人。孟子説,"愛人不親反其仁"(《孟子·離婁上》)、"仁者愛人,

---

① 〔英〕葛瑞漢:《論道者:中國古代哲學論辯》,頁72。

有禮者敬人"(《孟子·離婁下》);孟子定義爲人之端的"惻隱之心"又被稱爲"不忍人之心",如稱,"所以謂人皆有不忍人之心者,今人乍見孺子將入於井,皆有怵惕惻隱之心"(《孟子·公孫丑上》)。凡此均可爲證。《莊子·讓王》則將此語以及太王故事,理解爲太王將身置於貴富勢利之上,不使貴富勢利成爲身家性命之累,由此張揚所謂的"尊生"。這種意旨亦即《讓王》所説的:"夫天下至重也,而不以害其生,又況他物乎!"用《吕氏春秋·貴生》篇的話説就是:"道之真,以持身;其緒餘,以爲國家;其土苴,以治天下。由此觀之,帝王之功,聖人之餘事也,非所以完身養生之道也。"所謂"不害其生",所謂"完身養生",都是就自身身家性命而言的,跟太王所説"與人之兄居而殺其弟,與人之父居而殺其子,吾不忍也",以及"且吾聞之,不以所用養害所養",在取向上恰恰相反。換句話説,《讓王》所使用的太王故事確實含有"尊生"之意,但不是尊自己之生,而是尊人之"弟"、人之"子"之生,泛言之即尊他人之生。《讓王》在高度功利主義地使用現成的太王故事時,並未細細咀嚼原意,率爾拿來,逕直跟自己的立場、觀念"對接",於是造成這種嚴重"不搭"的現狀。這正是它移花接木、襲用成文的表現。葛瑞漢就《讓王》篇基於太王遷岐山故事的論説,斷言楊朱學派"把人民的生命置於佔有國家以圖私利之上",不僅未把握《讓王》篇本旨,而且還將楊朱學派當成了儒家版本的太王。①

四、《五行》等儒典與屈原辭

以子思五行學説爲代表的孔門七十子及其後學的學説,究竟如何汲取《老子》,暈染《墨》《莊》,很多環節已經難以復原了。其影響於南國詩人屈原(約前353～約前278)卻頗有軌轍可尋,這是非常有意思的話題。這樣説,不止因爲楚國相對偏遠,而且因爲儒家以外,屈原幾乎是探究儒學傳播、授受最重要的個案。

---

① 案:孟子所説古公去邠遷岐的故事,可能有傳統《詩經》學的背景。《詩經·大雅·緜》云:"古公亶父,陶復陶穴,未有家室。"毛傳云:"古公,豳公也。古,言久也。亶父,字;或殷以名言,質也。古公處豳,狄人侵之。事之以皮幣,不得免焉。事之以犬馬,不得免焉。事之以珠玉,不得免焉。乃屬其耆老而告之曰:'狄人之所欲者,吾土地也。吾聞之,君子不以其所養人者害人。二三子何患乎無君?'去之。踰梁山,邑于岐山之下。豳人曰:'仁人之君,不可失也。'從之如歸市。陶其土而復之,陶其壤而穴之。室内自家。未有寢廟,亦未敢有家室。"《緜》詩又云:"古公亶父,來朝走馬。率西水滸,至于岐下。爰及姜女,聿來胥宇。"鄭箋曰:"'來朝走馬',言其辟惡早且疾也。循西水厓,沮、漆水側也。爰,於。及,與。聿,自也。於是與其妃大姜自來相可居者,著大姜之賢知也。"毛傳、鄭箋均後起,但其所揭古公去邠遷岐一事跟《緜》詩文本的關聯,殆亦無可疑焉。

古今學者往往以"在楚言楚"作觀照屈子屈作的標尺,導致很多根本方面都與事實暌異,筆者多次批評過這一偏失。① 屈原有深厚的儒學底蘊,這一點已經越來越明晰了。歷史上,傳統儒典或者作爲儒學源頭的周朝典籍向楚地的流播,有很多可以考見的事實,姑不一一舉列,②僅特別提示考古學的一個重大發現。1993年,湖北荆門郭店村一號楚墓出土了《五行》《窮達以時》《湯吴之道》《忠信之術》《城之聞之》《眷惠義》《眚自命出》《魯穆公昏子思》《茲衣》,以及《語叢一》至《語叢四》等一批重要儒家文獻,是儒學在楚地傳播的有力物證。發掘者斷定該墓年代屬於戰國中期偏晚。郭店村屬於荆門市沙洋縣與荆州市荆州區毗鄰處的紀山鎮,那裏有規模最大的楚墓羣,南距楚國故都紀郢則不足十公里。曾經有學者指出,郭店一號楚墓之墓主爲楚懷王太子横的老師(横即後來的楚頃襄王),墓中所葬當爲太子所誦讀的教材。③ 這一點或許還可以討論。但《五行》等早期儒家文獻在楚國的存在,從時間和空間上都跟屈子高度疊合。作爲久被埋没的子思五行學説的核心經典,《五行》存在于屈子的現實語境中,尤其值得高度重視。早在1973年,長沙馬王堆漢墓就出土過帛書《五行》更完整的文本,有經、説兩部分構成,唯説文缺失了前面的五章半。郭店簡文《五行》雖然衹有經,而《五行》説文對屈子發揮了巨大影響,表明它也以某種形式存在于屈子的語境中。毫無疑問,這些衹是冰山一角。《五行》等著述是一個表徵,它們提示的信息,是有更豐富的儒典構成了屈子的現實語境。

　　近年來頗有學者注重利用出土文獻來研讀楚辭,可往往衹是將相關文獻作爲語料,跟傳統研究並無大異。認識到儒典實爲屈子思想、學術的語境,認識到屈子在這一語境中生存、思考和創作,跟這一語境有貫通和回應,纔算是抓住了根本。以往人們對屈子接受儒家思想學説的途徑有種種設想,可對儒典傳播至楚而且構成屈子的現實語境,則同樣未給予應有重視。種種偏失,決定了屈作跟儒典的具體關聯一直未得到深入挖掘。本節將不限於屈原對《五行》學説的接受,毋寧多選擇幾個個案,即聯繫他對《尚書》學、《詩經》學的承繼,來展開較爲充分的論析。

---

① 參閲拙文《〈離騷〉三論》,《國學研究》第二十四卷,北京:北京大學出版社,2009年,第1版,頁1~29;又收入《北大中文學刊》(2010),北京:北京大學出版社,2010年,第1版,頁307~327。又可參閲拙著《屈原及其詩歌研究》第一章第四節:"屈原所揚棄之原始神話不限於楚"。
② 其詳請參閲拙著《屈原及楚辭學論考》,頁358~363。
③ 參閲李學勤:《荆門郭店楚簡中的〈子思子〉》,《中國哲學》編輯部、國際儒聯學術委員會編:《郭店楚簡研究》,《中國哲學》第二十輯,頁79;以及廖名春:《新出楚簡試論》,頁43。

(一)《詩》《書》與屈原辭作

從傳世文獻看,屈原接受了《書》《詩》《左氏春秋》《論》《孟》等儒典的深刻影響。這裏舉其中關涉《書》和《詩》的例子,試作申說。

屈作尤其是《離騷》和《天問》含有許多反思歷史的模式。比如,《離騷》主人公向重華陳詞時,就反思了夏太康、澆、桀以及殷紂無道而亡的歷史,其間一系列以"用"及其近義詞(比如"固""焉"等)構成的語句,強烈凸顯了歷史發展的因果必然性(案"用"者"因此"之義,"固"乃推本,"焉"猶"因"),十分引人注目。如曰:

> 啓《九辯》與《九歌》兮,夏康娛以自縱。
> 不顧難以圖後兮,五子**用**失乎家巷。
> 羿淫遊以佚畋兮,又好射夫封(狐)〔豬〕。
> **固**亂流其鮮終兮,浞又貪夫厥家。
> 澆身被服強圉兮,縱欲而不忍。
> 日康娛而自忘兮,厥首**用**夫顛隕。
> 夏桀之常違兮,乃遂**焉**而逢殃。
> 后辛之菹醢兮,殷宗**用**而不長。①

"……用……""固……""……焉……"等語句,強烈凸顯了貫通歷史發展的規則,屈子拿來警示國君當如何立身、如何爲政。而這一系列關涉歷史因果律的思考,便有很強烈的《尚書》學的背景。《尚書·皋陶謨》載舜帝戒禹曰:"無若丹朱傲,惟慢遊是好,傲虐是作,罔晝夜頟頟,罔水行舟,朋淫于家,**用**殄厥世。"《甘誓》載夏啓(或謂禹)誓師之辭云:"有扈氏威侮五行,怠棄三正,天**用**勦絕其命。"《西伯戡黎》載祖伊奔告於紂曰:"天子,天既訖我殷命,格人元龜,罔敢知吉。非先王不相我後人,惟王淫戲**用**自絕,**故**天棄我,不有康食……"《微子》篇載微子曰:"殷其弗或亂(治)正四方。我祖厎遂(致成道)陳于上,我

---

① 聞一多《楚辭校補》以爲"狐"字誤:"夷考古籍,不聞羿射封狐之説。'狐'疑當爲'豬',字之誤也。篆書'者'作𣥺,缺其上半,與瓜相仿,而豕旁與犬旁亦易混,故'豬'誤爲'狐'。《天問》説羿事曰'馮珧利決,封(狶)是射',《淮南子·本經》篇曰'堯乃使羿……禽封豨於桑林',封豨即封豬也。其在《左傳》,則神話變爲史實,昭二十八年稱樂正后夔之子伯封'謂之封豕,有窮后羿滅之',封豕亦即封豬也。《古文苑》揚雄《上林苑箴》曰:'昔在帝羿,失(原作共,當爲失之訛。失與佚通)田淫(原誤窒)遊,弧矢是尚,而射夫封豬,不顧於愆,卒遇後憂。'字正作'豬'。揚文語意全襲《離騷》,'封豬'之詞或即依本篇原文。若然,則漢世所傳《離騷》猶有作'豬'之本。"(參見氏著《古典新義》,古籍出版社,1956年,第1版,頁364)

用沈酗于酒,用亂敗厥德于下。"屈子反思夏殷之衰亡,十分明顯地襲用了《尚書》的話語及其思維模式。在《尚書》中,丹朱之"慢游""朋淫",殷紂之"淫戲""沈酗于酒",均被視爲導致絶滅之由,與《離騷》謂太康"康娱以自縱"故而失國,羿"淫遊以佚畋"故而"鮮終",澆"被服强圉""縱欲而不忍""日康娱而自忘"故滅於少康,幾乎完全一致。《尚書》謂有扈氏"威侮五行,怠棄三正",故爲天所滅,與《離騷》謂夏桀"常違"(案指屢背正道)故"逢殃",后辛(殷紂王)濫殺賢臣故亡其宗,也幾乎完全一致。① 這些難道是偶爾相合嗎? 不太可能。屈子高度關注歷史的浮沉與興亡,這緒合着他對楚國現實的高度擔憂,可無論是反思歷史,還是因應現實,其基本思想都源自儒家確立的經典;屈子的宏大歷史觀就是基於這些經典建立的,而這種歷史觀對他生存與創作的意義,幾乎怎麽評價都不爲過分。

並且《天問》有云:"彼王紂之躬,孰使亂惑?"王逸(生卒年不詳)《章句》謂:"言紂憎輔弼,不用忠直之言,而事用諂諛之人也。"此説頗不合詩意。因爲《天問》又説:"殷有惑婦,何所譏?"兩相參照,可知"孰使亂惑"之問主要是指妲己惑亂殷紂,此後纔兼及其他宵小。朱熹《集注》謂"惑紂者,内則妲己,外則飛廉、惡來之徒也",較爲允當。《史記·殷本紀》載,帝紂"愛妲己,妲己之言是從";而屈子同世之策士張儀(? ~前 310)謂懷王於袖所言"無不從者"(見《史記·楚世家》)。楚懷、殷紂之過,正所謂如出一轍。這是屈子歷史視野和楚國現實的一個重要綰結點,復可證明《天問》"孰使亂惑""何所譏"之問當是指斥妲己。而這一指斥,同樣有深厚的《尚書》學背景。《泰誓》篇載武王數落殷紂,曰:"今殷王紂乃用其婦人之言,自絶于天,毁壞其三正,離逷(遠離)其王父母弟,四方之多罪逋逃,是宗是長,是信是使。乃斷棄其先祖之樂,乃爲淫聲,用變亂正聲,怡説婦人。"《牧誓》篇載武王牧野決戰前的誓師之辭,則説:"古人有言曰:'牝雞無晨;牝雞之晨,惟家之索。'今商王受惟婦言是用,昏棄厥肆祀弗答(案即蔑棄其先祖之祭而不問),昏棄厥遺(案即蔑棄其家國道),王父母弟不迪(用),乃惟四方之多罪逋逃,是崇是長,是信是使,是以爲大夫卿士,俾暴虐于百姓,以姦宄于商邑。"《天問》"殷有惑婦,何所譏"一語,明顯跟武王斥殷紂"惟婦言是用"有關,有特定的指向。王夫之(1619~1692)《通釋》謂,"譏,爲人所指摘也。紂貴爲天子,寵一妲己,而天下萬世賤之"。

---

① 案:《甘誓》所謂之"五行"爲民所用(《洪範》云:"五行:一曰水,二曰火,三曰木,四曰金,五曰土。水曰潤下,火曰炎上,木曰曲直,金曰從革,土爰稼穡。潤下作鹹,炎上作苦,曲直作酸,從革作辛,稼穡作甘"),廢一不可。"三正"即"三事",亦即"正德,利用,厚生"(參閲本書第五章第五節:"'五行'與'和'")。"五行""三正"爲養民善政之要務。故有扈氏之"威侮五行,怠棄三正",跟夏桀之屢背正道無異。

此解殊未切屈子本誼。對屈子來説，紂惑於妲己的後果並非祇是爲天下萬世所賤所譏，而尤在於被武王譏刺，且被武王奪取了天下。換句話説，屈子提示的是武王譏諷和取代殷紂，以强調君王"惟婦言是用"導致的重大歷史變局。要之，《天問》"彼王紂之躬，孰使亂惑""殷有惑婦，何所譏"二問，與《尚書》所敍亦有極深刻的互文關係。屈子之承繼儒家確立的經典，愈無疑義。

《天問》復云："皇天集命，維何戒之？"王逸注謂："言皇天集禄命而與王者，王者何不常畏慎而戒懼也？"即認爲"集命"一事從皇天方面説，"戒之"一事從王者方面説。後世學者翕然從之。實際上王逸的解釋祇對了前半。

皇天降命於人君之觀念，儒典中屢見不鮮。《詩經·大雅·大明》云："天監在下，有命既集。……有命自天，命此文王，于周于京。"《大雅·文王有聲》云："文王受命，有此武功。既伐于崇，作邑于豐。文王烝哉！"而《尚書·康誥》篇載周公誡康公，説："惟乃丕顯考文王，克明德慎罰，不敢侮鰥寡，庸庸，祇祇，威威，顯民。用肇造我區夏，越我一二邦（於我一二友邦），以修我西土。惟時怙冒（惟是大懋勉），聞於上帝，帝休。天乃大命文王，殪戎殷，誕受天命，越厥邦厥民，惟時敍。"《文侯之命》載周平王曰："丕顯文、武，克慎明德，昭升于上，敷聞在下。惟時上帝，集厥命于文王……"《君奭》載周公謂召公，曰："君奭！在昔上帝割申勸（觀）（寧）〔文〕王之德，其集大命于厥躬。"[①]而不能不提及的是，在出土自楚國遷都至陳（今河南淮陽）以前貴族墓葬中的竹書有一篇《詩論》（今藏上海博物館），其第九章有云："'又（有）命自天，命此文王'，〔害（何）〕？誠（誠）命之也，信矣。孔子曰：此命也夫！文王佳（雖）谷（欲）已，旻（得）虐（乎）？此命也。□□□□□□□□□□□□□寺（時）也，文王受命矣。"這意味着在屈原的現實語境中，孔子對上天集命文王的關注和討論是一個鮮活的存在。以上所列，足見《天問》"皇天集命"説之所本，無論話語還是觀念，莫不如此。

而《天問》"維何戒之"一語，實是承上句從皇天方面而言的，意指皇天對人君有何告戒云云。上天告戒受命之君，於儒典中也早已有之。《詩經·大雅·皇矣》云："帝謂文王：'無然畔援，無然歆羨，誕先登于岸。'……帝謂文王：'予懷明德，不大聲以色，不長夏以革。不識不知，順帝之則。'"這就是説皇天從"要"和"不要"兩方面告戒文王（鄭箋釋爲"天之言"云云），以終極關懷的形式，强力傳達了踐行道德的要求。《尚書·胤征》篇（今文無，晚《書》有）

---

① 案：此語郭店簡文《緇衣》引《君奭》作："昔才（在）上帝，觳（割）紳觀文王惪，其集大命於氒（厥）身。"上博館藏《紆衣》殆同，而"集大命"前文字殘缺。

記夏帝仲康時胤侯征討羲和之辭,則説:"先王克謹天戒,臣人克有常憲,百官修輔,厥后惟明明。"亦有一定的參考價值。① 上博《詩論》第九章云:"…'帝胃(謂)文王,予褢(懷)尔(爾)㮵(明)悳(德)',害(何)？ 城(誠)胃(謂)之也。"這應該也是孔子對上天告戒文王一說的觀念上的確認,它就存在於屈原的現實語境中。

總之,《天問》"皇天集命,維何戒之"一問,面對的是三代興亡的歷史,追問的是歷史興亡的終極緣由,其思想及話語資源仍是來自屈子《詩》《書》之學(包括見於《詩論》的孔子的相關論説)的背景。《離騷》嘗謂:"皇天無私阿兮,覽民德焉錯輔。夫維聖哲以茂行兮,苟得用此下土。"這顯然是承襲自儒家的聖王受命觀念的集中體現。屈原接受皇天集命説影響,可能不祇是遠承儒家故典,殆亦有孔子以來儒學傳播之現實語境的影響。屈原與儒家故典其他方面的關聯,殆亦如是。

(二)《五行》與屈原辭作

傳世儒家故典之外,《五行》出現在屈子的現實語境中,是值得高度關注的重要歷史元素。《離騷》敘主人公陳詞重華,嘗云:"湯禹儼而祇敬兮,周論道而莫差。"又敘主人公使巫咸降神,皇神降而告之以吉故,謂:"湯禹儼而求合兮,摯咎繇而能調。"兩"儼"字均有本子作"嚴",但作"嚴"者更優;黄靈庚謂"儼"爲"'嚴'字後起分別文","古本但作'嚴'",②其説是。然王逸所見本分別作"儼""嚴",他分釋二者爲畏、敬,雖然近之,卻不貼切。從總體上説,學術界可能太小看這個"嚴"字了。由凸顯屈子核心關注的"湯禹嚴而祇敬""湯禹嚴而求合"二語,斷然可知他對"嚴"的高度重視。"嚴"在體系中佔據如此重要的位置,殆僅有《五行》篇堪與之比較。屈子很可能就襲用了《五行》"取常語而損益其意義"而成的術語"嚴",就是説,它原本就是用字之"守經"而"尤達權"者(無論是在新見儒典中,還是在屈子《離騷》中,"敬"跟"嚴"都有高度的内在一致和貫通性,但"嚴"被凸顯尤有特色,所以我們重點分析這一個案;事實上,這一個案分析清楚了,"敬"與《五行》德行生成圖式的關聯亦可迎刃而解,因爲這兩個問題其實是一體化的)。

---

① 案:仲康爲太康子、啓孫,少康爲仲康孫,屈原對這一時期的夏代歷史十分關注和熟稔。《離騷》有謂:"啓《九辯》與《九歌》兮,夏康娱以自縱。……澆身被服强圉兮,縱欲而不忍。日康娱而自忘兮,厥首用夫顛隕",就是對一段夏史的集中反思。而《天問》也有不少内容跟這一段歷史有關。在屈原的知識中,"天戒"之説很可能確實跟儒典對一段歷史的記述有關。

② 黄靈庚:《楚辭異文辯證》,鄭州:中州古籍出版社,2000年,第1版,頁74。

《五行》經文第十二章云："不袁（遠）不敬，不敬不嚴，不嚴不尊，不尊不 共（恭） ， 不共 不 禮 。"其説文第十二章解釋"不敬不嚴"以下文字，曰："'不敬不嚴'：嚴猶厰厰（嚴嚴），敬之責（積）者也。'不嚴不尊'：嚴而笱（後）忌（己）尊。'不尊不共（恭）'：共也者， 用上 敬下也。共而笱禮也，有以（體）〔禮〕氣也。"《五行》經文第十六章云："以亓（其）外心與人交，袁（遠）也。袁而裝（莊）之，敬也。敬而不解（懈），嚴〔也〕。嚴而威之，尊也。 尊 而不驕（驕），共（恭）也。共而博交，禮也。"其説文第十六章解釋"敬而不解，嚴〔也〕"以下文字曰："' 敬而不解（懈） ，嚴 也 '：嚴者，敬之不解者， 敬 之責者也。是厭□□□□。' 嚴而威之 ， 尊也 '： 既嚴 之，有從而畏忌之，則夫閒何繇（由）至乎才？是必尊矣。'尊 而不驕（驕） ， 共 也'：言尊而不有□□。己事君與師長者，弗胃（謂）共矣。故斯役人之道， 而笱（後） 共焉。共生於尊者。' 共而伯（博）交 ，禮也'：伯者辯也，言亓（其）能柏，然笱（後）禮也。"《五行》篇"嚴猶厰厰（嚴嚴），敬之責（積）者也""敬而不解（懈），嚴〔也〕"，堪稱《離騷》"嚴而祗敬""嚴而求合"之"嚴"字的注脚。① 屈子此處連用了"嚴""祗""敬"三個同義或近義詞，跟他連用"覽""相""觀"三個同義或進義動詞（見"覽相觀於四極兮"），或者連用"相""觀"兩個同義動詞（見"相觀民之計極"），結構和思維頗相一致，不足爲怪。事實上，在《五行》"袁（遠/遠心）→敬→嚴→尊→ 共（恭/尊而不驕） → 禮 "這一德行生成圖式中，"敬""嚴""尊""共（恭）"（被定義爲"尊而不驕"）、"禮"等環節，在屈子《離騷》等作品中得到了有組織性的呈現。《離騷》"湯禹嚴而祗敬"一語，"祗"與"敬"大抵同意，"敬"則與"嚴"相貫，這一點與《五行》無異。屈子《離騷》《九章·抽思》屢次批評君上之"驕傲"或"憍（驕）"，間接顯示了《五行》圖式"尊""共（恭）""禮"在屈子作品中的落實，三者在《五行》中明顯被定義爲"驕（驕）"的對立面（參見下文所論），毋寧從實質上説，"驕（驕）"與德之行"禮"生成的整個系譜，以及系譜中"敬""嚴"

---

① 《語叢二》有一段文字説："情生於眚（性），豊（禮）生於情，厰（嚴）生於豊，敬生於厰，䇂（競？）生於敬，恥生於䇂（競？），悡（烈？）生於恥，䜌（廉）生於悡。"這一條材料的重要性在於，它進一步説明在屈子的生存語境中，"嚴"這個獨特的範疇是一個極活躍、極受關注的元素，屈子受其影響的必然性因此大大增加。根據《五行》，"敬"是"厰（嚴）"生成的前提，"厰（嚴）"是"尊"生成的前提，"尊"是"共（恭）"生成的前提，"共（恭）"是"禮"生成的前提；根據《語叢二》，"厰（嚴）"是基於"豊（禮）"生成的，"敬"則是基於"厰（嚴）"生成的。但對於屈原來説，這種差異可能不是根本。屈原無論承襲《五行》一源，還是受到一種綜合的影響，都可以確認他承襲儒典的基本事實。

"尊""共(恭)""禮"等所有環節,都是背道而馳的。屈子對君上"驕傲"或"憍(驕)"的批判,可以説呈現了《五行》德之行禮生成的整個系譜。

其次值得注意的是,《離騷》兩次使用"嚴"字,都是從君王對於臣下這一層面上説的,跟《五行》基於"用上敬下"來界定"嚴"的義涵,也完全一致。——案《五行》圖式,由"敬"而"嚴",由"嚴"而"尊",由"尊"而"共(恭)"……,以"責(積)"爲本而逐級提升,"共(恭)"爲"用上敬下",則"敬""嚴""尊"亦必如此。其所謂"己事君與師長者,弗胃(謂)共(恭)矣。故斯役人之道,而笱(後)共焉",大抵是説,事奉君上師長之恭非此處所謂的恭,君上對所驅使之臣下恭,纔是此處所謂的恭。這一取向,無論對《五行》還是對屈子都十分重要而獨特,兩者特地給出了這種非同一般的界定。

不僅如此,屈子歆慕的包括伊尹、商湯遇合的"吉故"被樹爲君臣遇合的法式(見於《離騷》《天問》《九章·懷沙》《九章·惜往日》等),很可能也跟《五行》有關。《五行》經文第二十一章云:"君子,知而舉之,胃(謂)之尊賢;君子,從而事之,胃之尊賢。前,王公之尊賢者也。后(後),士之尊賢者也。"説文第二十一章解釋道:"'君子,知而舉之,胃(謂)之尊賢':'君子,知而舉之'也者,猶堯之舉舜也,湯之舉伊尹也。舉之也者,成(誠)舉之也。知而弗舉,未可胃尊賢。'君子,從而士(事)之'也者,猶顔子、子路之士孔子也。士之者,成士之也。知而弗士,未可胃尊賢也。'前,王公之尊賢者也,後,士之尊賢者也':直之也。"《五行》關注的湯舉伊尹,正是屈子《離騷》諸詩最歆慕的歷史往事之一。而《五行》經文第二十七章云:"天(生)〔施〕諸亓(其)人,天也。其人施諸人,儢(佮/合)也。其人施諸人,不得亓(其)人,不爲法。"説文第二十七章詮釋道:"'天(生)〔它(施)〕諸(无)〔亓(其)〕人,天也':天(生)〔它(施)〕諸亓(其)人也者,如文王者也。'亓(其)人它(施)者(諸)人'也者,如文王之它(施)者(諸)弘夭、散宜生也。'亓(其)人它(施)者(諸)人,不得亓(其)人不爲法':言所它(施)之者不得如散宜生、弘夭者也,則弗爲法矣。"屈子《離騷》云:"勉陞降以上下兮,求榘矱之所同。湯禹嚴而求合兮,摯咎繇而能調。苟中情其好脩兮,又何必用夫行媒。説操築於傅巖兮,武丁用而不疑。吕望之鼓刀兮,遭周文而得舉。甯戚之謳歌兮,齊桓聞以該輔。"這些君臣遇合的歷史往事,一方面有人施諸人之意,一方面又意味着得其人。因此幾乎可以説,屈子是基於《五行》的立場,將它們樹爲"法"的。

還有一點非常重要。《五行》基於"敬""嚴"最終推出了"禮",具體系譜爲："袁（遠）→敬→嚴→尊→ 共（恭） → 禮 "；系譜中各元素的指向不能相對立。則這樣的"禮"，也必然是從"用上敬下"的角度來界定的。具體言之，一方面，"禮"基於"共（恭）"，"共"基於"尊"，"尊"基於"嚴"，"嚴"基於"敬"，另一方面，《五行》説文第十二章强調"共（恭）也者，用上敬下也"，第十六章則强調"已事君與師長者，弗冐（謂）共（恭）矣。故斯役人之道，而笱（後）共焉"，基於此，斷定"禮"被定位在上對下的維度上，毫無問題。屈子作品中，"禮"出現的次數不多。《九歌·國殤》有一個類似亂辭的部分稱"禮魂"，①謂"成禮兮會皷（鼓），傳芭兮代舞"，"禮"指的是敬事國殤（爲國犧牲者）或敬事國殤之禮儀。《天問》有云："皇天集命，惟何戒之？受禮天下，又使至代之？"大意是説王者膺受天命以及上天之告戒，受天下之禮敬，其後失德而被其他受命者取代，天所戒爲何説，其被代爲何由乎？這一"禮"字，意指也清晰可見。屈作中最耐人尋味的"禮"字見於《離騷》。該詩主人公上天欲求見天帝，爲閽者遏阻，遂下求美女。首先是求宓妃，主人公派雲神豐隆尋覓其蹤，又命蹇脩爲媒，極盡張皇，最終卻棄之改求，原因是宓妃"雖信美而無禮"。《離騷》"求女"實寓託求合於國君之義（具體來説，求宓妃乃指求合於楚懷），②謂宓妃"信美而無禮"，"禮"字所指正是上對下之禮。進而言之，《離騷》這一層面上的"禮"跟《五行》的建構一致，即同樣跟上對下之"敬""嚴"貫通。《離騷》主人公先批評宓妃"保厥美以驕傲（一作敖）兮，日康娱以淫遊"，接着就説她"雖信美而無禮"，已明確顯示背離"敬""嚴""尊""共（恭）"的"驕傲"即爲"無禮"的表現，或者説即爲無以達成"禮"的根源（《五行》中，"驕"之背離"敬""嚴""尊""共""禮"，由" 尊 而不驕，共也"一語即可了然）。《九章·抽思》曾嚴厲批評楚懷王説："憍（驕）吾以其美好兮（洪補：此言懷王自矜伐也），覽余以其修姱。"又説："憍（一作驕）吾以其美好兮，敖（傲）朕辭而不聽。"由這些批評，亦正可見懷王之所作所爲，跟湯禹"嚴而祗敬"、湯禹"嚴"而求合於摯和咎繇截然相反，其"無禮"在於背離"敬""嚴""尊""共"的驕傲，亦更加明了。

《五行》圖式"袁（遠）→敬→嚴→尊→ 共（恭） → 禮 "，是關乎君對待臣下的重要倫理建構；其中重要環節，如"敬""嚴""尊""共（恭）""禮"等，均包含在《離騷》中，而且也同樣是關乎君對待臣下的重要倫理建構。在一般語境中，"敬""恭""尊"等往往側重於指下對上。《論語·爲政》篇記載："子游問孝。子曰：'今之孝者，是謂能養。至於犬馬，皆能有養；不敬，何以別乎？'"《里仁》

---

① 相關考釋，參見拙著《屈原及其詩歌研究》，頁215〜218。
② 具體考證，參見上書第二章第二節："屈作'男女關係'模式"，頁152〜176。

篇記載子曰:"事父母幾諫。見志不從,又敬不違,勞而不怨。"《公冶長》篇記載:"子謂子產,'有君子之道四焉:其行己也恭,其事上也敬,其養民也惠,其使民也義'。"《雍也》篇記載:"樊遲問知。子曰:'務民之義,敬鬼神而遠之,可謂知矣。'"此處諸"敬"字皆定位於下對上,乃傳統的常見義。《五行》《離騷》卻强有力地將這一系列範疇定位到上對下層面上,彰顯了它們在體系構建上的共同特色,及其在政教倫理方面的獨特訴求,兩者之間的關聯由是又得到了加强。以承繼自《五行》的這一圖式爲基礎,湯、禹與懷王相對,與天子遇合的摯和咎繇則與屈子相對,一種關乎政教倫理和個人遭際的情結貫穿了屈子的後半生,也貫穿了他絶大多數的作品;可以説,屈子之理想、現實追求和際遇,都浸潤着《五行》學説的影響。

《五行》之影響於屈子尚且不止此。屈子忠而被謗,信而見疑,嘗於《離騷》中表白雖死不悔之志,曰:"伏清白以死直兮,固前聖之所厚。"王逸《章句》釋"直"爲"忠直之節",朱熹《集注》釋之爲"直道"(汪瑗《集解》同),王夫之《通釋》釋之爲"抗直"(又釋"死直"云云爲"抗直以爲死,前聖之所難言","厚,謂難言之也")。今人姜亮夫(1902~1995)則以"直"爲"德"之本字。① 以"德"釋"直",全然未認識到"直"在屈子思想中的特殊位置。屈作提及"直"者雖然不多,但屈子視爲同命運者,甚或視爲楷模的鯀,正以"婞直"爲特性(見《九章·惜誦》和《離騷》)。而《離騷》前之《九章·抽思》有謂:"何靈魂之信直兮,人之心不與吾心同。"《離騷》後,屈子最後一個時期的詩作《涉江》則説:"苟余心其端直兮,雖僻遠之何傷。"凡此均有内在的相通性,亦均可見出"直"乃屈子極重要的持守。毫無疑問,僅僅釋"死直"之"直"爲忠貞正直之類,亦不能準確到位地揭示它在體系中的位置。筆者認爲,屈子這一範疇與《五行》學説,亦有深刻聯繫。

《五行》經文第十一章云:"不直不迣(泄),不迣不果,不果不簡(柬),不簡不行,不行不義。"其説文第十一章云:

"不直不迣(泄)":直也者直亓(其)中心也,義氣也。直而笱(後)能迣。迣也者終之者也;弗受於衆人,受之孟賁,未迣也。"不迣不果":果也者言亓弗畏也。无介於心,果也。"不果不閒(簡/柬)":閒也者不以小害大,不以輕害重。"不閒不行":行也者言亓所行之□□□。"不行不義":行而笱義也。

---

① 參見姜亮夫:《楚辭學論文集·簡論屈子文學》,《姜亮夫全集》(八),頁241。案:姜亮夫先生在之前的《屈原賦校注》中釋"直"爲"忠貞之節",見《姜亮夫全集》(六),頁35。

《五行》經文第十五章云："中心辯焉而正行之,直也。直而遂之,迣也。迣而不畏強圉,果也。(而)〔不〕以小道害大道,簡也。有大罪而大誅之,行也。"其説文第十五章詮釋説：

"中心辯焉而正行之,直也"：有天下美飲食於此,許(吁)眡(嗟)而予之,中心弗悆(怵)也。惡許眡而不受許眡,正行之,直也。"直而遂之,迣也"：迣者,遂直者也;直者□貴□□□□□□□□□,迣也。"迣而弗畏強禦,果也"：強禦者,勇力者,冐(謂)□□□□□□□□之以□□□,无介於心,果也。"不以小道害大道,閒(簡)也"：閒也者,不以小愛害大愛,不以小義害大義也。見亓(其)生也,不食亓死也,祭親執朱(誅),閒也。"有大罪而大誅之,行也"：无(無)罪而殺人,有死弗爲之矣,然而大誅之者,知所以誅人之道而行焉,故冐之行。

"強圉""強禦"二詞,意思相同,故同一句話,《五行》經文作"強圉",説文則作"強禦"。兩者在先秦典籍中不算多見,作"強圉"者似更鮮少。《詩經·大雅·烝民》云："維仲山甫,柔亦不茹,剛亦不吐。不侮矜寡,不畏強禦。"此數語屢見於《左氏春秋》之引《詩》,如昭公元年(前541)晉叔向引"不侮鰥寡,不畏彊禦",定公四年(前506)鄅公辛引"柔亦不茹,剛亦不吐。不侮矜寡,不畏彊禦"等。《詩經·大雅·蕩》篇又有"文王曰咨,咨汝殷商！曾是彊禦"云云。《五行》經、説之"不畏強圉"或者"弗畏強禦",當發源於此。而屈子《離騷》云："澆身被服強圉兮,縱欲而不忍。日康娛而自忘兮,厥首用夫顛隕。"其"強圉"一詞則當來自《詩經》《左氏春秋》和《五行》篇(帛書《五行》經文與《離騷》同作"強圉",似非偶然,但郭店簡文作"雺語")。而在《五行》篇中,"強圉"(或"強禦")正好出現在探討"直"的語境中。"直→迣→果→簡→行→義",是《五行》體系中德行義生成的一個較爲完整的系譜,其中"直"乃是"義"的基源。就"直"在整個體系中的地位而言,其他典籍顯然是難以跟《五行》篇匹敵的,——儒家學者往往對直加以限制,孔子謂"直而無禮則絞"(《論語·泰伯》),又謂"好直不好學,其蔽也絞"(《論語·陽貨》),就是典型例子。屈子表示"伏清白以死直",顯然是將"直"樹立爲一生持守的極高的價值,很可能有一個原因就是《五行》學説的影響。而且對於直,《五行》和屈子都沒有儒典常見的限制意識,至少這種意識不鮮明、不強烈。諸如此類,難道是偶然的嗎？

屈子有《五行》學説的背景,又進一步暗示他所謂的"直",跟"義"有深刻的聯繫。而"義"在屈子政教倫理體系中的地位,也是其他範疇難以比並的。

《離騷》論終極關懷，嘗謂："皇天無私阿兮，覽民德焉錯輔。夫維聖哲以茂行兮，苟得用此下土。瞻前而顧後兮，相觀民之計極。夫孰非義而可用兮，孰非善而可服？"其中"德""善"爲虛位，"義"則爲定名，就是説，"德"與"善"有種種定名，屈子卻唯獨彰示了"義"。屈子在《招魂》開篇云："朕幼清以廉潔兮，身服義而未沫。"德與善有種種定名，此處屈子總括自己一生行迹，又唯獨凸顯對"義"的實行。筆者認爲，《離騷》謂"伏清白以死直兮，固前聖之所厚"，其中凸顯一生持守的"死直"，與《招魂》總括一生行迹的"身服義而未沫"是可以貫通的，也就是説，屈子所説的"直"與"義"有内在關聯。這種關聯很可能也來自《五行》建構的圖式。

總之，在《五行》"直→迣→果→簡→行→義"這一德之行生成的圖式中，"直"和"義"兩個環節在屈子《離騷》中同樣得到了組織性的呈現。而與此同時，屈子以"直"爲終身尊奉之價值，並尖鋭批判權力集團成員仗勢"强圉"、縱欲而不忍，則間接顯示了該圖式"迣""果"這兩個環節的落實，在《五行》中，二者分别被界定爲"直而⃞遂之⃞"以及"⃞迣而⃞不畏强圉"。説屈子《離騷》，乃至其所有作品，乃至其整個一生，實際上呈現了德之行義生成的完整圖式，也不爲過分。該圖式中"簡"意味着"不以小⃞愛害大⃞愛，不以小義害大義""不以小道害大道"的抉擇，"行"意味着行而合道，這些不都呈現在屈子的精神和詩篇中嗎？屈子《九章·涉江》固云"余將董（正）道而不豫兮，固將重昏而終身"。《離騷》以女嬃之"詈予"呈現了人生另一種苟且偷生的選擇，又以向重華陳詞確定自己對"德""善""義"的持守。《招魂》用招魂的形式，展示了兩種人生抉擇及其截然相反的結果，但所招之魂最終還是歸依了意味着"重昏而終身"的江南，最終仍是對"服義而未沫"的抉擇和持守。① 可以説，屈子將《五行》涵養義這種德之行的圖式，轉化成了一種實行中的精神。

餘 論

本章各節以《老子》《大一生水》《墨子》《莊子》、屈原辭爲個案，從儒家論域外，展示了《五行》等新見儒典與學術思想界的複雜關係。這一批新見儒典大抵爲孔門七十子及其後學比如子思氏之儒的著述，爲節省篇幅，筆者有時以"早期儒典""新見儒典"等簡單稱謂來指代。毫無疑問，這種考察僅僅是管中窺豹，此外很多問題仍然值得深入開掘。各節未盡之意，這裏略作説明。

---

① 參閱拙作《〈招魂〉：屈原而非宋玉營構的奇詭世界》，《北京大學學報（哲學社會科學版）》2014年第六期，頁44～56。

論析早期儒典與《墨子》關係的六個小節，僅僅舉列了一部分例證和分析。《墨子》跟早期儒家在學術思想以及出言談、爲文學之道方面的關聯，這裏還可以舉一個具體而微的例子。《五行》經文第七章云：" '嬰(燕)嬰(燕)于蜚(飛)，虺(差)池其羽。之子于歸，袁(遠)送于野。瞻望弗及，汲(沸)〔涕〕如雨。'能蚔池其羽，然后(後)能至哀……"其説文第七章解釋道：

" '之子于歸，袁(遠)送于野。詹(瞻)忘(望)弗及，汲(泣)涕如雨。'能蚔(差)虵(池)亓(其)羽然苟(後)能至哀"：言至也。蚔虵者，言不在唯(衰)絰也；不在唯絰，然苟能至哀。夫喪，正經脩領而哀殺矣。言至內者之不在外也。

《墨子·公孟》篇曾記子墨子謂程子(程繁)曰："儒之道足以喪天下者，四政焉。……厚葬久喪，重爲棺槨，多爲衣衾，送死若徙，三年哭泣，扶後起，杖後行，耳無聞，目無見，此足以喪天下。"墨子很可能將世間禮俗的某些弊病轉嫁給了儒家，他所説的那些至少未必是儒家本意。早期儒家頗強調喪禮之本質在於盡哀。孔子説："禮，與其奢也，寧儉；喪，與其易也，寧戚。"(《論語·八佾》)朱熹集注稱"易"指"節文習熟，而無哀痛慘怛之實"，"戚"與之相反。子路説："吾聞諸夫子：'喪禮，與其哀不足而禮有餘也，不若禮不足而哀有餘也。祭禮，與其敬不足而禮有餘也，不若禮不足而敬有餘也。'"(《禮記·檀弓上》)《五行》"正經脩領而哀殺"一説與此一致，倒頗接近薄葬理念。《墨子·脩身》篇説，"喪雖有禮，而哀爲本焉"，幾乎可視爲上揭孔子、子思言論的要旨。① 不過這四個小節的例證和分析足以説明，斷言《五行》《湯吳之道》等新見儒典呈現了《墨子》各篇的思想學術語境，並且在思想觀念、思維言説方式諸方面發揮了導夫先路的作用，不存在任何問題。

---

① 戰國時期，學界對喪禮的討論相當廣泛，不限於儒家，也不限於墨家。《莊子·外篇·天道》論"五末"云："本在於上，末在於下；要在於主，詳在於臣。三軍五兵之運，德之末也；賞罰利害，五刑之辟，教之末也；禮法度數，形名比詳(比較詳審)，治之末也；鐘鼓之音，羽旄之容，樂之末也；哭泣衰絰，隆殺之服，哀之末也。此五末者，須精神之運，心術之動，然後從之者也。"其間亦多有與儒家一致之處。孔子曰"禮云禮云，玉帛云乎哉？樂云樂云，鐘鼓云乎哉"(《論語·陽貨》)，正是説"鐘鼓之音"爲樂之末。朱熹集注云："敬而將之以玉帛，則爲禮；和而發之以鐘鼓，則爲樂。遺其本而專事其末，則豈禮樂之謂哉？"《天道》篇所謂"鐘鼓之音，羽旄之容，樂之末也"，與此同意。而《天道》謂，"哭泣衰絰，隆殺之服，哀之末也"，《五行》謂，"……蚔(差)虵(池)者，言不在唯(衰)絰也；不在唯(衰)絰，然苟(後)能至哀。夫喪，正經脩領而哀殺(衰減)矣。言至內者之不在外也"，前者亦似乎承受了後者的影響。總之，《莊子》一書亦有早期儒學的深厚背景，其詳請參閱本章第三節："《五行》《眷憙義》《六悳》等儒典對《莊子》的影響"。

子思《五行》提出了目(侔)、辟(譬)、諭(喻)等思維、認知和論説方式,開創了經説體的言説架構,而且對"興"和直言即所謂"直之"者頗爲關注(參見《五行》説文第七、第二十、第二十一章等)。從《詩經》學方面説,這些要素呼應了子夏《詩大序》的部分要點,促成了傳統《詩》學核心"六義"的建構。跳出《詩經》學畛域,可以説這些要素彰顯了對文學表達方法的經心,無論就儒家言,還是就諸子百家言,都具有重要開創意義,引發了孔子以後熱衷於思考、創發和實踐言辯方法的那場影響廣泛和深遠的思潮。師承儒家又脱離儒家、開創墨家學派的墨子創立了"爲文學出言談"的義法——"三表",也稱"三法"。《墨子·非命上》云:"言必有三表。何謂三表?子墨子言曰:有本之者,有原之者,有用之者。於何本之?上本之於古者聖王之事。於何原之?下原察百姓耳目之實。於何用之?廢(發)以爲刑政,觀其中國家百姓人民之利。此所謂言有三表也。"《非命中》明確將這三種"義法"稱爲"出言談、由文學"之道,《非命下》則稱之爲"出言談"之"儀",亦即出言談之法度或準則。墨子爲文學出言談,時常將這三法付諸實踐,這裏毋庸舉例。① 而《墨子》中的《經》和《經説》,堪稱經説體結出的異樣果實。從當時的文學觀念來説,這些都體現了墨家對文學表達方法的關切。孟子作爲子思再傳,"長於譬喻,辭不迫切而意以獨至"(趙岐《孟子題辭》)。莊派學人明確提出三言,即重言、寓言、卮言,並予以廣泛實踐,其作品號稱"寓言十九,重言十七,卮言日出"(參見《莊子·雜篇·寓言》《天下》篇),② 從觀念到實踐都凸顯了文學表達的自覺意識。戰國末期,荀子、韓非等人對論説言談的方式持續給予高度關注。《荀子·非相》篇云:"談説之術:矜莊以涖之,端誠以處之,堅彊以持之,(分別)〔譬稱〕以喻之,(譬稱)〔分別〕以明之,欣驩芬薌以送之,寶之珍之,貴之神之,如是則説常無不受。雖不説人,人莫不貴,夫是之謂能貴其所貴。"荀子在理論和實踐上將自《五行》《墨經》以來一直備受重視的"辟(譬)""目(侔)"等方法發揚光大,使成蔚然大觀。比如,衆所周知的《荀子·勸學》,起首即云:"君子曰:學不可以已。青,取之於藍而青於藍。冰,水爲之而寒於水。木直中繩,輮以爲輪,其曲中規,雖有槁暴,不復挺者,輮使之然也。故木受繩則直,金就礪則利,君子博學而日參省乎己,則知明而行無過矣。"作者以青之譬、冰之譬、輮木之譬、磨金之譬,推出博學自省之要義,堪稱繁花似錦,令人目不暇給。荀子還基於"象道"即表達對道的認知的宗旨,對麗名辯説的理念做了總結,稱:"名聞而實喻,名之用也。累而成文,名之麗也。用、麗俱得,謂之知

---

① 參閱拙著《先秦諸子研究》,頁185~188。
② 案:"十九""十七""日出"皆指出現之頻度,參閱拙著《先秦諸子研究》,頁352~355。

名。名也者,所以期(累)〔異〕實也。辭也者,兼異實之名以論一意也。辯説也者,不異實名以喻動静之道也。期命也者,辨説之用也。辨説也者,心之象道也。心也者,道之工宰也。道也者,治之經理也。心合於道,説合於心,辭合於説,正名而期,質請而喻。"(《荀子·正名》)作爲普遍的語言表達的普遍基礎——涉及"爲文學""出言談"兩面,辨析名實受到各家重視乃是歷史的必然,各家互相影響與啓發也在情理之中。韓非實現了對經説體的充分自覺,且予以光大。故《韓非子·内儲説上》有七經七説,《内儲説下》有六經六説,《外儲説左上》《外儲説左下》亦各有六經六説,《外儲説右上》有三經三説,《外儲説右下》有五經五説,等等。韓非經説體文大力融匯寓言藝術,實現了寓言和經説體兩個層面上的模式轉换。凡此,既顯示了戰國時候的大勢所趨,又各具特色,異彩紛呈。而子思《五行》實以清醒的理論和踐行開其端,這是他在中國文學史以及文章寫作史上的巨大貢獻。遺憾的是迄今爲止,文學史及文章史著述中尚没有他的清晰位置。

上世紀初,胡適著《先秦名學史》一書,目的是"要研究中國哲學的最初期,特别是關於哲學方法的發展"。胡適指出:"這一研究的主題構成了中國古代邏輯産生和發展的歷史。哲學的其他方面,如道德、政治及教育等理論,祇在它們用以説明邏輯理論的實際含意,從而有助於我們了解它們的歷史意義和價值的範圍内纔加以討論。"①這些設想無疑是十分合理的。然而胡適在呈現哲學方法或邏輯的歷史時,在注重同歐美思想體系對接時,力主拉低儒學的地位。他説:"我們當前較爲特殊的問題是:我們在哪裏能找到可以有機地聯繫現代歐美思想體系的合適的基礎,使我們能在新舊文化内在調和的新的基礎上建立我們自己的科學和哲學? ……中國哲學的未來,似乎大有賴於那些偉大的哲學學派的恢復,這些學派在中國古代一度與儒家學派同時盛行。……就我自己來説,我認爲非儒學派的恢復是絶對需要的,因爲在這些學派中可望找到移植西方哲學和科學最佳成果的合適土壤。關於方法論問題,尤其是如此。"②胡適評價孔子死後至大約公元前 375 年期間的哲學文獻,説:

> 從孔子死(公元前 478 年)至公元前四世紀最後二十五年期間,在哲學文獻方面給我們留存下來的可靠原始資料是很少的。固然,按傳統的看法,大量的文獻出於孔子的幾個大弟子及其徒衆之手。但是,恐怕没有一個受過嚴格校勘和"較高"考證訓練的研究者敢於承認這種材料確

---

① 參閱胡適:《先秦名學史》,姜義華主編:《胡適學術文集·中國哲學史》,頁 775。
② 同上書,頁 772~773。

屬一般人所認定的那個時期。這個問題和我們在這裏所要討論的問題關係不大,因爲不管這種資料是否確實,它對於理解這一時代的哲學方法的發展是幫助很少或者沒有。如有例外的話,那就是子夏的弟子公羊和穀梁所治的《春秋》,以及孔子的弟子曾子的《大學》與《中庸》的評論。但連這些著作也是對中國古代邏輯史的貢獻很少的。公羊和穀梁的評注只能用以闡明……孔子正名學說。《大學》與《中庸》是重要的,這並非因爲它們本身有價值,而是因爲它們於許多世紀後在爲宋明理學提供一種或多種方法方面所起的作用。①

胡適強調有一個例外,這便是《墨子》。他說,"真正有價值的唯一著作是名爲《墨子》的五十三篇論文集,即墨翟所講授的學說","墨翟也許是在中國出現過的最偉大人物"。② 他尤其重視"別墨",指出《墨子·經上》《經下》《經說上》《經說下》《大取》《小取》六篇屬於"這個新學派";又說,"別墨是偉大的科學家、邏輯學家和哲學家","別墨作爲科學研究和邏輯探討的學派,大約活躍於公元前325～前250年期間。這是發展歸納和演繹方法的科學邏輯的唯一的中國思想學派"。③

胡適沒有等到新出戰國儒典。見於馬王堆漢墓、郭店楚墓及上博藏品中的一大批儒典,恰恰就集中在"從孔子死至公元前四世紀最後二十五年期間",就是說,它們是孔門七十子及其後學比如子思氏之儒的思想和學術建構,其思想觀念和思維、認知、表達上的創造性與豐富性,以及它們所達到的深度,都是僅僅依據《大學》《中庸》以及公羊、穀梁的《春秋》學說所無法想象的。而涉及到《墨子》,需要強調的是,無論是一般思想還是某些邏輯觀念,無論是思想觀念還是思維、認知和表達的方式,《墨子》都深受《五行》《湯吳之道》等新見儒典的影響。這一歷史視野,隨着早期儒典不斷被發現,正日漸凸顯和展開。

我們習慣於因循非黑即白、二元對立的思維模式,習慣於以這種模式看待儒家與道家、儒家與墨家、儒家與法家的關係,乃至以這種模式看待儒家內部的孟子與荀子,諸如此類。這使我們極度忽視各家犬牙差互的交叉重疊地帶。關於道家,司馬談(?～前110)早就說過:"其爲術也,因陰陽之大順,采儒墨之善,撮名法之要……"(《論六家要指》)關於莊子及其後學,清儒林雲銘早就指出:"莊子另是一種學問,與老子同而異,與孔子異而同。今人把莊子

---

① 胡適:《先秦名學史》,姜義華主編:《胡適學術文集·中國哲學史》,頁814。案:一般認爲孔子去世於公元前479年。
② 同上書,頁814、頁815。
③ 參閱上書,頁820～821。

與老子看做一樣,與孔子看做二樣,此大過也。"①遺憾的是,世人看待莊子的這種"大過"迄今並未改變。本章第三節梳理了郭店、上博新見儒典以及傳世儒家著述對《莊子》一書或者說對莊子及其後學的影響,挖掘了一批具有實證意義的文本關聯,予以細緻剖釋和呈現,力圖復現彼時風雲激蕩、波譎雲詭的現實語境,呈現那段被歷史埋沒千百年的思想學術史軌跡。實際上,新出儒典跟《莊子》的關聯尚有可言者。比如郭店簡文《窮達以時》有云:"又(有)天又人,天人又分。訧(察)天人之分,而智(知)所行矣。又亓(其)人,亡(無)亓殜(世),唯(雖)臤(賢)弗行矣。句(苟)又亓殜,可(何)〔懂〕〔慬(難)〕之又才(哉)。……善怀(否),呂(己)也。穿(窮)達以時,悳(德)行弌(一)也。……古君子憧(惇)於叛(反)呂(己)。"而《莊子·内篇·大宗師》云:"知天之所爲,知人之所爲者,至矣。知天之所爲者,天而生也;知人之所爲者,以其知(智)之所知以養其知(智)之所不知,終其天年而不中道夭者,是知(智)之盛也。雖然,有患。夫知有所待而後當,其所待者特未定也。庸詎知吾所謂天之非人乎?所謂人之非天乎?"這明顯有對《窮達以時》的承襲和回應。總之我們必須重視和重新思考《莊子》跟儒學的體系性關聯,並且深入思考它們爲什麽具有這種關聯。這些思考無疑不能迴避莊子思想學術的淵源所在,至今,這仍然是一個需要破解的謎。

思考這一問題,需要對《莊子》内篇與外、雜篇作出區隔。《漢書·藝文志》著録《莊子》五十二篇,然原本久佚,傳世《莊子》僅三十三篇,包括内篇七、外篇十五、雜篇十一。一般認爲,内篇七,亦即《逍遥遊》《齊物論》《養生主》《人間世》《德充符》《大宗師》《應帝王》,基本上出自莊子本人之手;外、雜篇則大抵出自莊子後學之手。劉笑敢調查並統計了"道德""性命""精神"等關鍵複合詞的使用情況,發現這幾個詞不見於《莊子》内篇,在外、雜篇各出現 16 次、12 次、8 次;同時,不見於早於《莊子》或者跟《莊子》大致同時的《左氏春秋》《論語》《墨子》《老子》《孟子》等典籍,在《莊子》以後的《荀子》中各出現 11 次、1 次、2 次,《韓非子》中各出現 2 次、1 次、10 次,《吕氏春秋》中各出現 2 次、8 次、2 次。劉笑敢根據這一結果,結合漢語詞彙發展的規律,確認了《莊子》内篇寫作在前,而外、雜篇寫作在後。② 這一事實應該能夠確證内篇乃莊子本人的撰述。

《史記·老子韓非列傳》斷言,"(莊子)其學無所不窺,然其要本歸於老子之言";嗣後絶大多學者都認爲莊子之學術,淵源於老子開創的道家。不過這

---

① 林雲銘:《讀莊子法·雜説》,《叢書集成續編》第三十八册,臺北:新文豐出版公司,1989年,第 1 版,頁 542 頁下。
② 參閲劉笑敢:《莊子哲學及其演變》,頁 5~13。

一"常識"有商榷的必要。韓愈(768~824)在《送王秀才序》一文中説:"蓋子夏之學,其後有田子方,子方之後,流而爲莊周。故周之書,喜稱子方之爲人。"韓愈推斷莊子之學源自孔子再傳弟子田子方,而進一步上推,則可溯源於孔門著名弟子子夏。韓愈的思路是極爲重要的,卻僅僅被一部分學者重視,其具體論斷則逐漸被拋棄。有清章學誠(1738~1801)謂"荀、莊皆出子夏門人"(《文史通義·內篇·經解上》)。姚鼐(1731~1815)則説:

> 昔孔子以《詩》《書》六藝教弟子,而性與天道不可得聞。其得聞者,必弟子之尤賢也。然而道術之分,蓋自是始。夫子游之徒述夫子語子游,謂人爲天地之心,五行之端,聖人制禮,以達天道,順人情,其意善矣。然而遂以三代之治,爲大道既隱之事也。子夏之徒述夫子語子夏者,以君子必達於禮樂之原,禮樂原於中之不容已,而志氣塞乎天地,其言禮樂之本亦至矣。然林放問禮之本,夫子告以"寧儉"、"寧戚"而已。聖人非不欲以禮之出於自然者示人,而懼其知和而不以禮節也。由是言之,子游、子夏之徒所述者,未嘗無聖人之道存焉,而附益之不勝其弊也。夫言之弊,其始固存乎七十子,而其末遂極乎莊周之倫也。莊子之書,言明於本數及知禮意者,固即所謂達禮樂之原,而配神明、醇天地、與造化爲人,亦志氣塞乎天地之旨。韓退之謂莊周之學出於子夏,殆其然與。(《惜抱軒文集·莊子章義序》)①

姚鼐試圖發明莊周之學出於子夏的理據。而近代以降,章太炎、郭沫若、錢穆、李澤厚等學者都認爲莊子之學源於儒家八派中的顏氏之儒。我們有必要仔細咂摸他們的論説。章太炎云:

> 儒家之學,在《韓非子·顯學》篇説是"儒分爲八",有所謂顏氏之儒。顏回是孔子極得意門生,曾承孔子許多贊美,當然有特別造就。但《孟子》和《荀子》是儒家,記載顏子的話跟少,並且很淺薄。《莊子》載孔子和顏回底談論卻很多。可見顏氏底學問,儒家沒曾傳,反傳於道家了。《莊子》有極讚孔子處,也有極誹謗孔子處,對於顏回,衹有讚無議,可見《莊子》對於顏回是極佩服的。《莊子》所以連孔子要加抨擊,也因戰國時學者托於孔子的很多,不如把孔子也駁斥,免得他們借孔子作護符。照這樣看來,道家傳於孔子爲儒家,孔子傳顏回,再傳至莊子,又入道家了。至韓退之以莊子爲子夏門人,因此説莊子也是儒家,這是"率爾之論,未

---

① 案:姚鼐述子游之徒述夫子語子游之意,參見《禮記·禮運》篇;姚鼐述子夏之徒述夫子語子夏者之意,參見《禮記·孔子閒居》,並可參閱上博館藏《民之父母》。

嘗訂入實録"。他因爲《莊子》曾稱田子方,遂謂子方是莊子底先生。那麼,《讓王》篇也曾舉曾(子)、原(憲),則陽、无鬼、庚桑子諸子也都列名在篇目,都可算做莊子底先生嗎?①

郭沫若説:

　　韓愈疑莊子本是儒家,出於田子方之門,則僅據外篇有《田子方》篇以爲説,這是武斷。我懷疑他本是"顔氏之儒"(章太炎曾有此説,曾於坊間所傳《章太炎先生白話文》一書中見之)。書中徵引顔回與孔子的對話很多,而且差不多都是很關緊要的話。以前的人大抵把它們當成"寓言"便忽略過去了,那是根據後來所完成了的正統派的儒家觀念所下的判斷。事實上在孔門初一二代,儒家並不是那麽純正的,而儒家八派之中,過半數以上是已經完全消滅了。②

錢穆説:

　　莊子思想,實仍沿續孔門儒家,縱多改變,然有不掩其爲大體承續之痕迹者。……若謂莊子思想,誠有所襲於孔門,則殆與顔氏一宗爲尤近。……要之莊子關於人生哲學之理想,必有與孔子、顔淵一脈相通之處,故莊子關於人生哲學方面之種種寓言,亦多喜託之於孔、顔也。③

李澤厚説:

　　孔子而後,儒分爲八。以後有更多的發展和變遷。……曾子也許更著重血緣關係和等級制度,使他在《論語》中的形象極端保守而愚魯。顔淵則似乎更重視追求個體人格的完善,"一簞食,一瓢飲,在陋巷,人不堪其憂,回也不改其樂",終於發展出道家莊周學派。④

章、郭、錢、李的看法比人們的常識合理得多,儘管他們或者缺乏區隔内篇與

---

① 章太炎:《國學十講》,上海人民出版社編:《章太炎全集·演講集》(上),頁 333。案:章太炎對莊學與儒家的關係尚有其他具體論述,可參閱楊海文:《"莊生傳顔氏之儒":章太炎與"莊生即儒家"議題》,《文史哲》2017 年第二期,頁 123~133。又,《莊子》有《田子方》《則陽》《徐无鬼》《庚桑楚》等篇。田子方爲子夏弟子。《史記·儒林列傳》云:"自孔子卒後,七十子之徒散游諸侯,大者爲師傅卿相,小者友教士大夫,或隱而不見。故子路居衛,子張居陳,澹臺子羽居楚,子夏居西河,子貢終於齊。如田子方、段干木、吴起、禽滑釐之屬,皆受業於子夏之倫,爲王者師。"則陽,魯人,游事諸侯。徐无鬼,姓徐名无鬼,魏之隱者。庚桑楚,姓庚桑名楚,爲老子弟子。《莊子·讓王》篇寫的曾參和原憲都是孔子弟子。
② 郭沫若:《十批判書·莊子的批判》,《郭沫若全集》歷史編第二卷,頁 190。
③ 錢穆:《莊老通辨·莊老的宇宙論》,《錢賓四先生全集》(七),頁 170、頁 174。
④ 李澤厚:《孔子再評價》,《中國古代思想史論》,頁 29~30。

外、雜篇的嚴謹。衹要仔細閱讀《莊子》内、外、雜篇,便可以發現,在内篇中,老子的地位遠不及孔子和顏淵,莊子有很多至關重要的觀點,比如説"心齋""坐忘"等,都是以孔子和顏回對話的形式表達出來的,老子的影響看不出有太大;其中顏淵的地位尤其重要和醒目,因爲孔子曾受到過批評,顏淵卻没有,而且孔子還説顏淵是賢人,自己要追隨他。

我們不妨瀏覽一下這方面的材料。《莊子》内篇由孔子或顏回宣講莊子基本觀點的例子,主要有以下數端:

《人間世》中,孔子和顏回的對話頗長,是文章主體部分。其關鍵内容是孔子向顏回講述心齋:"若一志,无(無)聽之以耳而聽之以心,无聽之以心而聽之以氣!(聽)〔耳〕止於(耳)〔聽〕,心止於符。氣也者,虛而待物者也。唯道集虛。虛者,心齋也。"① 另外,孔子又教給顏回因應暴君的辦法,重點是:"入遊其樊而無感其名,入則鳴,不入則止。無門無毒(竇),一宅而寓於不得已"。

又,孔子向葉公子高傳授事親、事君以及自事其心的方法,篇幅亦長,爲文章主體部分。其大要是説:"夫事其親者,不擇地而安之,孝之至也;夫事其君者,不擇事而安之,忠之盛也;自事其心者,哀樂不易施乎前,知其不可奈何而安之若命,德之至也。……且夫乘物以遊心,託不得已以養中(大意是指心因應外物而優遊,寄託於不得已來頤養内心),至矣。"

《德充符》中,孔子贊美魯國兀者王駘,爲主體内容之一。其要點是:"死生亦大矣,而不得與之變;雖天地覆墜,亦將不與之遺。審乎无(無)假而不與物遷,命物之化而守其宗也。"

又,孔子向魯哀公贊美衛國惡(醜)人哀駘它(音義:"它,徒何反"),説他"才全而德不形",並加以解釋,爲文章主體内容之一。其要旨是:"死生存亡、窮達貧富、賢與不肖、毀譽、飢渴寒暑,是事之變、命之行也;日夜相代乎前,而知(智)不能規(窺)乎其始者也。故不足以滑和,不可入於靈府。使之和豫通而不失於兑(悦),使日夜无(無)郤而與物爲春,是接而生時於心者也。是之謂才全。……平者,水停之盛也。其可以爲法也,内保之而外不蕩也。德者,成和之脩也。德不形者,物不能離也。"魯哀公稱贊孔子爲"至人"。

《大宗師》中,孔子向子貢説自己是"遊方之内",即遊於世俗禮法之内,朋友子桑户死了,卻臨屍而歌的孟子反和子琴張則是"遊方之外",並進一步闡發"遊方之外"的道理,爲文章主體内容之一。其要點是:"彼方且與造物者爲

---

① "耳止於聽"原作"聽止於耳",據上下文意改正,並參閱俞樾《諸子平議‧莊子一》。"耳止於聽",意謂耳的作用衹不過是聽到聲響。"心止於符",意謂心之作用衹不過是給聽聞以迴應。《墨子‧經上》云:"循所聞而得其意,心之察也。"

人（案即爲偶），而遊乎天地之一氣。……夫若然者，又惡知死生先後之所在！假於異物，託於同體；忘其肝膽，遺其耳目；反覆終始，不知端倪；芒然彷徨乎塵垢之外，逍遥乎无（無）爲之業。彼又惡能憒憒然爲世俗之禮，以觀衆人之耳目哉！"孔子還表示自己是天之戮民，應該追求方外之道。

又，孔子向顔回稱贊母死，而"哭泣无（無）涕，中心不戚，居喪不哀"的孟孫才，爲文章主體内容之一。其中說孟孫才："不知所以生，不知所以死。不知就先，不知就後。若化爲物，以待其所不知之化已乎！"大意是指，孟孫才不知生死之異，故能安於變化而不以哀樂概懷，故無去無就而順應自然變化。

又，顔回向孔子講解坐忘，亦爲文章主體内容之一。其大要是，由"忘禮樂"到"忘仁義"，再到"坐忘"——亦即"墮肢體，黜聰明，離形去知，同於大通"；①孔子感慨："而果其賢乎！丘也請從而後也。"

以上内容都涉及莊子學說的根本，又都借孔子或顔回之口說出。更耐人尋味的是，這些章節往往都有表徵莊子理念的核心人物，諸如王駘、哀駘它、孟子反、子琴張、孟孫才等，他們紛紛亮相表演，可莊子並未讓他們來陳述相關理念，仍然把宣講的任務交給孔子。從寫作藝術上說，此即所謂寓言。《莊子·雜篇·寓言》說："寓言十九，藉外論之。親父不爲其子媒。親父譽之，不若非其父者也；非吾罪也，人之罪也。與己同則應，不與己同則反；同於己爲是之，異於己爲非之……"孔子、顔回擔當的就是"媒人"的角色。

《莊子》内篇批評孔子的内容主要有三處：首先一處是，瞿鵲子跟長梧子說，孔子認爲"聖人不從事於務，不就利，不違害，不喜求，不緣道，无（無）謂有謂，有謂无謂，而遊乎塵垢之外"，是"孟浪之言"；長梧子回應說："是（皇）〔黄〕帝之所聽熒（疑惑不明）也，而丘也何足以知之！"（《莊子·内篇·齊物論》）其次一處是，孔子適楚，楚狂人接輿以歌諷之，曰："鳳兮鳳兮，何如德之衰也！來世不可待，往世不可追也。天下有道，聖人成焉；天下無道，聖人生焉。方今之時，僅免刑焉！福輕乎羽，莫之知載；禍重乎地，莫之知避。已乎已乎，臨人以德！殆乎殆乎，畫地而趨！迷陽迷陽（荆棘、有刺的小灌木），无（無）傷吾行！吾行郤曲（屈曲），无（無）傷吾足！"（《莊子·内篇·人間世》）再次一處是，魯國兀者叔山无（無）趾在老聃面前批評孔子追求名聲，謂其受好名之累，爲天加刑焉，達到最高境界的至人視名聲爲桎梏（《莊子·内篇·德充符》）。毋庸贅言，這些批評的分量，跟上揭孔子充當宣講人的部分無法相提並論。

---

① 傳世《莊子》"忘仁義"在先，"忘禮樂"次之。據《淮南子·道應》篇用顔回坐忘事以及劉文典《莊子補正》改正。

《莊子》内篇提及老聃者有數處。① 《養生主》寫道,老聃死,秦失(音義:"音逸")弔之,三號而出,並且説,"安時而處順,哀樂不能入也,古者謂是帝之縣解"。《德充符》寫道,叔山无(無)趾在老聃面前批評孔子追求名聲,謂至人以名聲爲桎梏。老聃問:"胡不直使彼以死生爲一條,以可不可爲一貫者,解其桎梏,其可乎?"无(無)趾曰:"天刑之,安可解!"在這兩個片斷中,老聃僅僅是一個簡單的配角,要麽充當引發核心事件的由頭,要麽出面提一個簡單的問題,如是而已。《應帝王》寫老聃向陽子居講解明王之治,全部内容是:"功蓋天下而似不自己,化貸萬物而民弗恃;有莫舉名,使物自喜;立乎不測,而遊於无(無)有者也。"這裏老聃總算是做了主角,可分量遠遠不及孔子和顔回。

也許有人説這些都是寓言,不足爲證。然而爲何一定要用孔子、顔回做寓言的主角(尤其是用顔回),卻絶對不是僅用"寓言"的口實就可以解釋的。若莊子學術真地來自老子,莊子在寓言中借重於孔子和顔回,卻不借重於老子,便是極不可思議的事情。更重要的是,到了外、雜篇,老子的地位越來越重要,很多核心思想轉而都借老子之口來傳達,相比之下,孔子和顔回地位日益走低,甚者變成了被戲弄、被辱駡的對象,具體例子這裏就不必舉列。這些也都是寓言,可其中一定有一些歷史的碎片或投影。要不,《莊子》内篇喜歡請孔子和顔回來做宣講人,外雜篇則喜歡請老子來做宣講人,若僅僅是借重前人,那麽莊子與其後學爲何如此不同調呢?故莊子及其後學如何選擇以及選擇誰,都藴含一種必然性。也許有人會説,《莊子》内篇多借重於孔子顔回,是因爲莊子之時儒家在世上影響最大;《莊子》外、雜篇中老子地位高揚,是因爲莊子後學時,老子在世上影響最大。這種看似合乎邏輯的判斷其實並不符合實際,因爲戰國時期,老子的影響即便有時僅次於儒家,也一直没有超過儒家的各位大師,甚至很多時候没有超過墨家諸子。

基於上述事實,可以斷定孔子和顔回深刻影響了莊子其人其作,莊子本人之學説確當源於孔門八派的顔氏之儒;《老子》對莊學產生重大影響,是從莊子後學開始的。前一方面具體表現於《莊子》内篇,後一方面具體表現於《莊子》外雜篇。② 不過需要强調,即便莊子後學,也不可能完全超然於作爲時代顯學的儒學之上,他們仍然對儒學有承襲和接受,——更多的是在思想上與之碰撞。换句話説,莊子及其後學跟孔子、顔回和老子的學術思想關係極爲複雜,莊子本人淵源於孔門八派中的顔氏之儒,其後學一方面熱情面對

---

① 莊子筆下的"老聃"毫無疑問即通常所説的"老子"。《莊子·雜篇·天下》記載老聃曰:"知其雄,守其雌,爲天下豀。……知其白,守其辱,爲天下谷……"這是直接引用,見於傳世《老子》第二十八章。《天下》篇對老聃意指的其他提挈,也都符同《老子》。

② 參閲拙著《先秦諸子研究》,頁268~273。

影響學界大局的儒學,一方面則更加熱烈地擁抱老子。莊子及其後學對儒學有不少承繼。如上文所說,莊子對把君臣父子之倫常(儒家政教倫理之核心)作爲思考社會人生問題的前提,是相當認同的;他以無所可用爲大用,主張你我均爲物、彼此不要"相物",與孔子"己所不欲,勿施於人"(《論語·顔淵》)的仁學觀念有深刻一致性;①莊子及其後學還汲取了孔門七十子及子思氏之儒的思想和知識營養,而且對儒家學説做出了自己的回應。一切都很正常。莊子之學淵源於孔門顔氏之儒,並不意味着它一定會跟顔子或孔子之學相同。即便在儒學内部,孔子、子思、孟子、荀子等人的學説亦各不相同,莊子學説怎麽就可能跟顔子之學相同呢? 準確地講,他祇是從儒學内部產生的叛逆力量。

  本章第四節據傳世及出土文獻,揭示了我國古代最偉大的詩人屈原跟儒學多方面關聯的事實。屈子對儒典的承襲是明確而深刻的,他不僅用其人物、事件或文詞,而且用其基本價值取向和立場。這一點十分重要。舉例言之,屈子從《五行》《詩經》等儒典中拿來了"强圉"一詞,可更重要的則是,他同時也承繼了儒典對"强圉"所指涉事實的價值判斷。關於后羿,屈子從《左氏春秋》中獲取了大量的信息,但更重要的是,他同時也承繼了儒典針對后羿行事、作爲給出的政教倫理評騭。屈子從《尚書》中瞭解了周武王對殷紂王的數落,同時也用這些數落以及周武王滅商的史實,來警示楚君。屈子從《尚書》《詩經》中瞭解了三代升降浮沉改天換地的一系列事變,同時也接受了它們對相關事變的評判——以德受命,或者不敬厥德而墜厥命等等。屈子之歷史視野、人生追求模式、天命觀之所以充滿"儒家的精神",實基於他對儒典、儒學的深刻接受。誰謂屈子"在楚"便必然"言楚"呢? 誰謂北國之亞聖孟子孤獨而無迴響乎? 汪瑗(生卒年不詳)《楚辭集解》論《離騷》"夫孰非義而可用兮,孰非善而可服"二語,云:"'義''善'二言,深得吾儒性理之學。由此觀之,則戰國之時而惓惓乎仁義之談性善之説者,不獨孟子也,屈子之所學所養可知矣。其書真可繼三百篇(《詩經》)而無愧色,與七篇(《孟子》)並傳而不多讓也。孰謂自從删後更無詩,而續仲尼之統者,軻氏可獨專其美哉? 故後世哀屈子之窮,吾獨喜屈子之高;後世愛屈子之詞,吾獨尊屈子之道也。安得起靈均於九京,而親與之論《離騷》也哉?"

  屈原堪稱探究儒學傳播和接受的最重要的個案。從儒學傳播、接受的角度來展開探討,無論對屈原研究,還是對儒學研究,都是一個極爲重要的視角。以子思《五行》爲代表的孔門七十子及其後學的學説構成了屈子置身於

---

① 參閲拙著《先秦諸子研究》,頁 306~308、頁 302。

其中的現實語境,①屈子接受着它的滋養生存、成長並且發憤抒情,屈子跟它息息相通。比如,《五行》德之行禮生成的圖式爲"袁(遠/遠心)→敬→嚴→尊→共(恭)→禮",這一圖式中的"敬""嚴""尊""共(恭)"(被定義爲尊而不驕)、"禮"等環節,在屈子《離騷》等作品中得到了有組織性的呈現。《五行》德之行義生成的圖式爲"直(直其中心)→迣(貫徹始終)→果(迣而不畏强圉)→簡(抉擇)→行→義",其中 "直""果""義"等環節,在屈子《離騷》等作品中也得到了有組織性的呈現。而且,這些元素在屈原的觀念體系、詩歌創作、人生持守中有極爲重要的地位。此前屈原研究和儒學研究兩大領域都忽視了這一面向。從儒學傳播和接受層面來觀照屈原有重大學術意義:在與屈子關係的發掘中,《尚書》《詩經》等傳世儒典以及新出《五行》篇都彰宣了新的價值;在與儒典關係的發掘中,屈子精神和創作也呈現出新的景象,獲得了新的詮釋。從總體上説,屈子既没有重複楚國傳統,又没有重複儒家觀念。在匯通兩方面元素的基礎上,屈子實現了精神和藝術的超越。以"在楚言楚"來限定對屈子及其作品的解讀,具有嚴重偏失。屈子這一個案再一次説明,出土文獻的光照可以讓我們看到嶄新的絢麗燦爛的歷史圖景,傳統文、史、哲各領域的視野都會因此發生巨大改觀。

---

① 郭店簡文《五行》雖然有"經"無"説",但其"説"顯然也是屈子語境中不可分割的一部分;就是説,在當時的楚國,《五行》之説必有某種形式的傳播,有寫定的文本,至少是有口傳。池田知久認爲,郭店簡本《五行》被抄寫之際,説文部分已經形成,不過是偶然未能一起出土而已,"假設當時只有經文形成,説文尚未形成,那麽在經文中就有許多不能理解之處"(參閲〔日〕池田知久:《郭店楚簡〈五行〉研究》,《池田知久簡帛研究論集》,頁 53~55),其説是。

結語：中國傳統之古典學特質以及中國古典學的重新開始

這一部分要解決的主要是以下三方面的問題：什麽是"中國古典學"，如何認識我國傳統的"古典學"特質，以及新出簡帛古書究竟對中國古典學意味着什麽。

一、中國古典學

説起來或許叫人難以接受，當我國學者蜂起而且羣情激昂地討論什麽是"古典學"，或者什麽是"中國古典學"時，"古典學"這一範疇大概已經被定義兩百年了。客觀上説，我們的討論不能不從這一事實開始。不過這裏衹能採擷數例來作説明。110年前，英國著名人類學家馬雷特（Robert Ranulph Marett，1866～1943）編輯出版了《牛津六講：人類學與古典學》一書。他在前言中指出，"荷馬，赫西俄德，希羅多德——把這些歸於古典學不會遭到任何質疑"；緊接着，他基於羅馬文化"習得"的特性，解釋了將關於羅馬的課題（比如巫術、浄化等）歸於古典學的合理性。① 牛津大學古典學教授休·勞埃德-瓊斯（Hugh Lloyd-Jones，1922～2009）認爲，關於古典學這一主題的簡明歷史，是由"最偉大的希臘研究專家"、德國學者尤里奇·馮·維拉莫威兹-莫侖道夫（Ulrich von Wilamowitz-Moellendorff，1848～1931）撰寫的《語言學史》，初版於1921年，1927年再度發行；"讓人驚奇的是，這本出版於60年前的書

---

① 〔英〕R. R. 馬雷特編：《牛津六講：人類學與古典學》，何源遠譯，北京：北京大學出版社，2013年，第1版，前言頁10～11。案：古典學中羅馬與希臘之關係，誠如後來英國學者瑪麗·比爾德（Mary Beard）與約翰·漢德森（John Henderson）所説，"羅馬文化固然可能依賴希臘，但同時，我們許多關於希臘的認識都是通過羅馬和通過希臘文化的羅馬化表現而獲得的。希臘常常是通過羅馬的眼睛呈現在我們面前的"（〔英〕瑪麗·比爾德、〔英〕約翰·漢德森：《當代學術入門：古典學》，董樂山譯，瀋陽：遼寧教育出版社，1998年，第1版，頁40）。

仍然是該領域最好的書"。① 而在這部英譯本被稱為"*History of Classical Scholarship*"(即"古典學的歷史")的著作中,維拉莫威茲指出:"古典學術的本質……可以根據古典學的主旨來定義;從本質上看,從存在的每一個方面看都是希臘－羅馬文明的研究。"他強調,"該文明是一個統一體,——儘管我們並不能確切地描述這種文明的起始與終結";"把古典學劃分爲語言學和文學、考古學、古代史、銘文學、錢幣學以及稍後出現的紙草學等等各自獨立的學科,這衹能證明是人類對自身能力局限性的一種折中辦法,但無論如何要注意不要讓這種獨立的東西窒息了整體意識,即使專家也要注意這一點"。② 維拉莫威茲在定義古典學的任務時,説:"該學科的任務就是利用科學的方法來復活那已逝的世界——把詩人的歌詞、哲學家的思想、立法者的觀念、廟宇的神聖、信仰者和非信仰者的情感、市場與港口熱鬧生活、海洋與陸地的面貌,以及工作與休閒中的人們注入新的活力。"③正如休·勞埃德-瓊斯在回顧古典學的歷史時所説的,"希臘藝術和文學的巨大影響甚至最終必定會彌漫在各個大學和它們所提供的教育之中。……最終古典學在中學和大學成爲一門獨立的學科。到 19 世紀末期,當英國的各個大學爲古典學術設立了學位考試之後,古典學術的地位在課程中的位置凸顯了"。④ 1960 年 4 月,哈佛大學人類學教授克萊德·克拉克洪(Clyde K. M. Kluckhohn)在一次演講中提到,自己"羞於回想起自己當時爲從古典學研究轉向人類學研究而找的藉口,那就是有意思的關於希臘的研究已經都被做完了"。⑤ 1995 年,英國學者瑪麗·比爾德(Mary Beard)與約翰·漢德森(John Henderson)在定義古典學時,指出:"古典學所涉及的不止是古代希臘和羅馬的實際遺迹,建築,雕塑,陶器,繪畫。它還涉及古代世界所寫的,如今作爲我們文化的一部分仍在誦讀和辯論的詩歌,戲劇,哲學,科學和歷史。"⑥由上舉材料足可見出,在西方,古典學是相當古老而且成熟、穩定的學科。這種歷史事實造成的一個結果是,要麽我們自己重立名目以求安全,要麽我們甘冒以下的風險:所有重新定義"古典學"的努力,都可能被斥責爲不懂"古典學"的人別有用心地吆喝"古典學"。現在看來,我國學界尚無拋卻這一名號、改弦更張的明確有力的

---

① 〔英〕休·勞埃德-瓊斯(Hugh Lloyd-Jones):導言,載〔德〕維拉莫威茲(Ulrich von Wilamowitz-Moellendorff)《古典學的歷史》,陳恒譯,北京:生活·讀書·新知三聯書店,2008年,第1版,頁1~2。
② 參閱〔德〕維拉莫威茲:《古典學的歷史》,頁1~2。
③ 〔德〕維拉莫威茲:《古典學的歷史》,頁1。
④ 〔英〕休·勞埃德-瓊斯:導言,載〔德〕維拉莫威茲《古典學的歷史》,頁6。
⑤ 〔美〕克萊德·克拉克洪:《論人類學與古典學的關係》,頁23。
⑥ 〔英〕瑪麗·比爾德、〔英〕約翰·漢德森:《當代學術入門:古典學》,頁6。

動作，筆者還是得冒險談一談"古典學"，特別是要談一談"中國古典學"，——我們完全擁有這種言説的權力。

從事實和邏輯層面上説，我們顯然不能將中國古典學等同於所有關於古代中國的研究；具體言之，就是不能將它等同於對中國古代文學或者文獻或者語言的研究，不能將它等同於對中國古代歷史或者哲學的研究，不能將它等同於對中國古代文學的研究加上對中國古代文獻的研究，再加上對中國古代語言的研究或别的，而且毫無疑問，也不能將它等同於對中國古代文學、語言、文獻的研究加上對中國古代歷史的研究，再加上對中國古代哲學的研究等等。所有這些簡單化的思考和處理，都會使中國古典學喪失獨立或被給予特别重視的理據。

古典學的成立其實有一個極爲重要的考慮，即它的研究對象不僅是古代的，而且是從整個歷史來說最具有本源性質、最具有典範意義的。所以瑪麗·比爾德和約翰·漢德森指出："從某種意義上來説，重新發現希臘就是重新發現作爲一個整體的西方文化的起源。它使我們看到了所有歐洲文明的起源，超越了地方的、民族的紛争。儘管這些紛争總是會再度浮到表面上來，……但關鍵的一點是，希臘給了西方文化共同的根，而這是所有受過教育的人至少是可以共同享有的。"他們又强調："受古典文化啓發的現代西方傳統中，我們可以追溯到的任何啓蒙，都把希臘人看作是（始作俑者）〔創始者〕。"他們具體舉證説："在亞里斯多德之前，柏拉圖用他的超凡脱俗的老師蘇格拉底所領導的戲劇式討論（如今一般稱爲'對話'）的形式，寫了哲學論文。……這些討論無休無止地和深奥地探討了一些基本和終極的問題，希臘哲學使這些問題直至今天仍是西方文化的規範。"①古典學成立而且被世世代代推崇的根本原因，就在於其核心對象具有垂範千古的啓發和本源作用。把握了這一基本點，中國古典學的核心對象就十分清楚了，即中國古典學的要務應該是研究中國先秦兩漢時期的典籍、思想學説或者文明。在漫長的中國古代傳統中，祇有這一時期的典籍、思想學説或文明，纔是最純正、最具有本源性質的東西。吕思勉極深刻冷静地指出："歷代學術，純爲我所自創者，實止先秦之學耳。"他所推舉的"先秦之學"主要是指先秦諸子百家之學。②羅根澤談自己做《中國學術思想史》的計劃，説是"擬先將中國學術思想分爲四個時期"；其中第一個時期是從上古至東漢之末，他稱之爲"純中國學時

---

① 參閲〔英〕瑪麗·比爾德、〔英〕約翰·漢德森：《當代學術入門：古典學》，頁11～12、頁79、頁84。案：該中文譯本依據的英文版中的"originators"不應當翻譯爲"始作俑者"。"始作俑者"本意指用陶製或木製人偶殉葬之人。孟子稱孔夫子曾痛批："始作俑者，其無後乎！"(《孟子·梁惠王上》)用於比喻某種壞事或惡劣風氣的肇始人。

② 參閲吕思勉：《先秦學術概論》，《吕思勉文集·中國文化思想史九種》，頁459。

期"。① 這些判斷都十分精確和直截。後人歸到經、史、子、集各部的先秦兩漢典籍乃是我國古代名副其實的"元典",是我國古代悠久傳統的根和魂。後代的典籍固然浩如煙海,可在古代主流傳統中,其中絕大多數著作都立足於承襲和弘揚元典的核心思想和價值。中國歷史上的主流傳統以及反傳統,——前者如儒學,後者如道家、墨家學説等,都是在這一時期產生和定型的;更嚴格一點講,在這一時期,中國古代的主流傳統已經定型,而作爲一種傳統,中國古代的反主流傳統也已經定型,兩者均貫穿千百年歷史,延續不衰。從另外一些角度考察,也可以得出同樣的認知。先秦兩漢時期的語言文字具有本源意義,是顯而易見的事實,這裏毋庸贅言。至於文學,如果將"唐詩""宋詞""明清小説"等視爲不同的文學形態,先秦兩漢時期看起來尚缺乏這種文學。然而中國文學最本質的東西,比如言志抒情等等,此時已被強有力地奠定了。此時諸多文學形式往往也是最具有本質意義的形式,所以不斷被後世的有識之士取資。每當過度形式化的、非本質的條條框框成爲文學創作的桎梏,他們便回過頭去從這些本源中尋求解放的途徑和力量。在這一方面,我們必須同時強調,先秦兩漢典籍垂範後代文學的價值並不限於《詩》《騷》一類"純文學"作品,逸出現代人文學視野、通常歸於哲學的諸子或經書,以及通常被歸於史學的史傳,也都是不可忽視的,它們甚至真正具有"根本"意義。吕思勉就曾指出:"中國文學,根柢皆在經史子中,近人言文學者,多徒知讀集,實爲捨本而求末;故用力多而成功少……"又説:"讀諸子者,固不爲研習文辭。然諸子之文,各有其面貌性情,彼此不能相假;亦實爲中國文學,立極於前。留心文學者,於此加以鑽研,固勝徒讀集部之書者甚遠。"②

其他方面的例子毋庸再加舉列了,道理已經十分清楚;將中國古典學的核心研究對象限定在先秦兩漢時期不僅不背離古典學成立的基本意旨,而且契合中國文明發展的實際,具有充足的現實和邏輯依據,——後一方面無疑更爲重要。不過,古典學的研究對象具有巨大的延展性。瑪麗·比爾德和約翰·漢德森曾指出,"古典學也應該包括對古典學的研究";"古典學不可能成爲一種萬無一失地鎖在二千年前的過去中的學科。因爲古典學不斷地從它的藝術和文學作品在千年來的大量讀者中間引起的增殖化反應和再創造中發現更豐富的紋理——它的意義有了改變和更新"。③ 同樣的道理,中國漢代以後從各方面闡釋和研探先秦兩漢元典的著述本身就是古典學的,因此成爲中國古典學核心研究對象的自然延伸(這裏可以從更寬泛的意義上使用

----

① 羅根澤編著:自序,《古史辨》第四册,頁 19。
② 參閱吕思勉:《經子解題》,《吕思勉文集·中國文化思想史九種》,頁 170、頁 169~170。
③ 參閱〔英〕瑪麗·比爾德、〔英〕約翰·漢德森:《當代學術入門:古典學》,頁 105、頁 96。

"元典"一詞,不必將它局限於典籍)。瑪麗·比爾德和約翰·漢德森還説:"古典學……是一門存在於我們與希臘人和羅馬人的世界之間的距離中的學問。古典學所提出的問題是就我們與'他們的'世界之間的距離所提出的問題,同時也是我們同'他們的'世界之鄰近以及我們對它之熟悉所提出的問題。它存在於我們的博物館裏,在我們的文學、語言、文化以及思想方式之中。古典學的目的不僅僅是發現或者揭露古代世界……它的目的也是對我們同那個世界的關係進行界定和辯論。"① 中國古典學同樣有這種弘大宗旨,它看似祇注目於過去,實際上有極强烈的現世關懷,不能從根本意義上契合這種現實關懷的故紙堆從來就不是中國古典學的核心對象。

關於中國古典學核心對象的時間斷限仍然可以討論,不過筆者不傾向於將其下限確定在漢以前(亦即將它限定在先秦)。裘錫圭提出:"我們認爲中國的'古典學',應該指對於作爲中華文明源頭的先秦典籍(或許還應加上與先秦典籍關係特別密切的一些漢代的書,如《史記》先秦部分、《淮南子》《説苑》《新序》《黄帝内經》《九章算術》等)的整理和研究,似乎也未嘗不可以把'古典學'的'古典'就按字面理解爲'上古的典籍'。"② 裘錫圭的説法有相當的道理,但他劃定的下限卻值得商討(至於古典學不限於"典籍",上文已經論及,毋庸重複)。中國古典學之源頭固然在先秦,可其一系列核心範式的確立到漢代纔宣告完成,因此從時間上説,將中國古典學的主體對象限定在先秦兩漢時期更加合理。至於有些學者主張將中國古典學的時間下限進一步向後移,比如移到宋,甚至移到新文化運動以前,也都有一些道理,——中國古典學之核心研究對象的自然延伸確實貫穿了漢以後的整個中國歷史。關鍵問題是無論怎麼争,中國古典學的核心對象在什麽地方以及中國古典學是什麽,應該不存在任何疑問。説白了,越具有本源性的元典,就越有資格成爲古典學的核心。

二、中國傳統的古典學特質

也許是因爲在争論"古典學"或者"中國古典學"時過度投入,大多數學者都忽略了一個基本事實,即就本質而言,中國傳統原本就是古典學的傳統。

文獻記載,在孔子生前大約半個世紀,楚莊王(前613～前591在位)使士亹傅太子箴,士亹向賢大夫申叔時請教教學事宜。申叔時列舉了《春秋》《世》《詩》《禮》等教育科目,並且闡發了各科的宗旨:

---

① 〔英〕瑪麗·比爾德、〔英〕約翰·漢德森:《當代學術入門:古典學》,頁5～6。
② 裘錫圭:《出土文獻與古典學重建》,載李學勤主編《出土文獻》第四輯,頁1。

教之《春秋》（韋昭注：以天時紀人事，謂之《春秋》），而爲之聳善而抑惡焉，以戒勸其心；教之《世》（韋注：《世》，謂先王之世繫也），而爲之昭明德而廢幽昏焉，以休懼其動（韋注：休，嘉也）；教之《詩》，而爲之導廣顯德（韋注：顯德，謂若成湯、文、武、周、邵、僖公之屬，諸詩所美者也），以耀明其志；教之《禮》，使知上下之則；教之《樂》，以疏其穢而鎮其浮（韋注：樂者，所以移風易俗，蕩滌人之邪穢也。鎮，重也。浮，輕也）；教之《令》，使訪物官（韋注：《令》，謂先王之官法、時令也。訪，議也。物，事也。使議知百官之事業）；教之《語》（韋注：《語》，治國之善語），使明其德，而知先王之務用明德於民也；教之《故志》（韋注：《故志》，謂所記前世成敗之書），使知廢興者而戒懼焉；教之《訓典》，使知族類，行比義焉（韋注：《訓典》，五帝之書。族類，謂若惇序九族。比義，義之與比也）。《國語·楚語上》"申叔時論傅太子之道"章）

申叔時所舉"春秋""詩""禮""樂"等，殆均爲古代篇什之類名，所以不能將相關書籍直接等同於後人熟知的儒家經典。然而這些科目都有周代禮樂文化的鮮明特徵，它們即便不能等同於後世的儒典，也必定導夫先路，跟儒典有十分密切的關聯，其教育目的則完全是周文化或者儒家式的。以一批典籍爲傳統價值的本源，基於闡釋、發明來授受傳播，最終在現實社會各層面上達成它們的規範作用，這從本質上説就是古典學的。

不過局限於貴族子弟的教育，跟面向社會大衆的教育有天壤之別。孔子推動私學成立和發展，纔具有真正的革命性的意義。在歷史前行的進程中，並非每一個人都有改變歷史的機會，有這種機會者也並非人人都能改變歷史，而孔子既把握了改變歷史的機會，又深刻改變了歷史。他將傳統典籍《易》《詩》《書》《禮》《樂》，以及基於魯國史自作的《春秋》，建構爲核心典籍（六者即通常所謂的六經，亦稱六藝），①奉行"有教無類"（《論語·衛靈公》）之教

---

① 由於《樂經》至戰國秦漢間業已遺失，漢代儒學之核心典籍其實衹有五經；自此以下則有七經、九經、十二經、十三經之演進，又有四書之獨立。大要言之，儒家經典至西漢、東漢時期有七經之演進，即六經加上《論語》，或者五經加上《論語》與《孝經》；唐代科舉之明經科考《周禮》《儀禮》《禮記》，《左傳》《公羊傳》《穀梁傳》，以及《易》《書》《詩》，合稱九經，而明經各科必須兼通《論語》和《孝經》；唐文宗太和七年（833）至開成二年（837）刻十二經，乃在九經與二兼經以外增加《爾雅》；中唐出現"孟子升格"運動，遭五代十國之亂而偃旗息鼓，宋仁宗慶曆（1041~1048）前後重新振作，《孟子》先後作爲科舉取士科目之兼經，刻爲石經，並在目錄學上進入經部，最終於南宋時代完成了由"子"升"經"的全部過程，由是而産生了後人熟知的十三經。同時，有宋一代，《大學》《中庸》《論語》《孟子》被建構爲儒學的核心典籍，通常被稱爲四書。四書歷元、明迄清末備受尊崇，跟五經並列，其實際地位和影響則或駕於五經之上。（其詳請參閱許道勛、徐洪興：《中國經學史》，上海：上海人民出版社，2006年，第1版，頁65~75）

育宗旨,"自行束脩以上……未嘗無誨焉"(《論語·述而》),其"弟子蓋三千焉,身通六藝者七十有二人"(《史記·孔子世家》),由此創立了成爲戰國顯學之一、成爲"中國傳統文化中一主要骨幹"的儒學。① 孔子建構並確立了儒家核心典籍,在闡釋與研究的基礎上,通過有組織的活動形式,自覺向廣大社會授受傳播,在一定範圍內,真正將經典負載的價值落實到普遍的個人行爲、人際關係、社會秩序等方面,久久爲功,形成一個有基底、有方向、有發展空間、有生命活力、穩定而且有序的文明。就這一點而言,柳詒徵(1880~1956)對孔子的如下評價一點都不過分:"孔子者,中國文化之中心也。無孔子則無中國文化。自孔子以前數千年之文化,賴孔子而傳;自孔子以後數千年之文化,賴孔子而開。"②貫穿於孔子教育及其思想學術活動內部、作爲儒家立派根基的恰恰是古典學的本質;孔子固然是中國古代最偉大的思想家、教育家和學者,卻也堪稱中國古代第一位具有劃時代意義的古典學家。

　　單從經學方面看,孔子所建構的儒家經學既是價值的本源,又是規範世俗社會的制高點、依據或者思想庫。湖北荆門郭店戰國楚墓、上博館藏戰國楚竹書所見之儒典,産生於孔門七十子至孔子之孫子思時期,包含着一批總結孔子經學研究和傳播授受的無可置疑的材料,早期傳世文獻(比如《史記·孔子世家》)中的相關記載得到了證實。不過從孔子之時直到漢代以前,儒家經學主要是在民間層面上展開,亦即主要是局限在先後相繼的大約十代儒家學者範圍內。入漢,儒家核心經典相繼被立於學官;武帝時,《易》《書》《詩》《禮》《春秋》五經之學全部完成了從民間學術到官學的本質上的躍升。朝廷在體制最高層面上置五經博士,又爲博士置弟子員,又興太學(參見《漢書·武帝紀》),又"令天下郡國皆立學校官"(《漢書·循吏傳》),經學授受和傳播由此被納入分層佈設、相輔相成的體制層面上。漢代以降,儒家經學固然經歷了種種變化,但至少新文化運動以前其宗本未失,這裏無須細論。③ 總之,在體制各個層面上綿延古代社會兩千餘年的儒家經學非常集中地凸顯了中

---

① 錢穆謂儒學爲"中國傳統文化中一主要骨幹"(參見氏著《朱子學提綱》,頁1)。
② 柳詒徵:《中國文化史》,頁263。
③ 2011年11月23日至25日,臺灣"中研院"主辦"秦漢經學國際研討會"。會上有學者提出,中國至漢武(前140~前87在位)時期纔有經學,經學漢以後纔存在。這是對中國學術思想史的一個重大誤解。中國經學經歷了兩大階段:漢以前,經學處於民間層面,主要學說創立者及傳承授受者是孔子及其數代後學;漢武帝時期,經學完成了由民間學術向官學的轉化,其時教官主要由朝廷"博士"及州郡王國的"文學"充任,經學的核心傳承授受者是研習儒術的士大夫。從學說體系上說,這兩個階段的經學有根本關聯。對漢以前經學的發展,學界原本祇依據《論》《孟》《荀》等儒典建立起若干抽象的認知,新見《詩論》《性自命出》(或《性意論》)等儒典則提供了大量前所未知的信息。

國傳統的古典學特質。

一些植根於經學,又跟體制核心有深刻關聯的重大活動,也都呈現出鮮明的古典學意義。比方説,西漢宣帝甘露三年(前51),朝廷召集現任博士與經學造詣精深的官員,另有一位善習《魯詩》的布衣,共二十二人,成功舉辦了石渠閣會議,"諸儒講五經同異,太子太傅蕭望之等平奏其議,上(案即宣帝)親稱制臨決焉"(《漢書·宣帝紀》)。東漢章帝建初四年(79),太常召集大夫、博士、議郎、郎官及諸生在白虎觀論定五經異同,歷時一個月之久。此次會議由五官中郎將魏應專掌問難,章帝"親稱制臨決"(《後漢書·肅宗孝章帝紀》)。由《後漢書》可以查知,這次會議的參會人員有九位今文經學家、兩位古文經學家,還有一位不詳研習何經。① 諸如此類的活動都包含强有力的政治因素,可其基本性質卻都是古典學的。蔡邕(133～192)曾評價説:"昔孝宣會諸儒於石渠,章帝集學士於白虎,通經釋義,其事優大,文武之道,所宜從之。"(《後漢書·蔡邕傳》)作爲會議的焦點,宗本在"文武之道"的"通經釋義"正是中國古典學的根基。

漢唐經學之後,宋儒推舉四書,以《大學》《中庸》《論語》《孟子》爲最高價值與理念之本源。比如朱熹説:"《大學》《中庸》《語》《孟》四書,道理粲然。人只是不去看。若理會得此四書,何書不可讀!何理不可究!何事不可處!"② 這種觀念歷元、明而迄於清末,對中國古代思想與學術、體制與社會發揮了重大影響。這一時期的四書之學不僅仍然是古典學的,而且與儒家傳統之經學有根本上的同一性。

儒學和儒家經學是中國古典學的主幹,但同樣不可忽視的應該是諸子學説,其成立與發展都有古典學的特質。吕思勉説,先秦諸子百家之學,乃中國歷代學術中"純爲我所自創者"。而依《莊子·雜篇·天下》——"一個時代的學術的結論",③ 老子(道家)、墨子(墨家)、莊子(道家)、惠子(名家)等人的學説無不本源於"古之道術",簡言之即本乎古學。我國現存最早的書目《漢書·藝文志》蓋以劉歆《七略》爲藍本,而《七略》則是依據劉向的《別錄》,故《漢志》所説斷非一己師心之論。《漢志》載錄諸子之儒、道、陰陽、法、名、墨、縱橫、雜、農、小説十家,謂十者各出於古代某種職官,簡言之即源於官守。比如,謂儒家蓋出司徒之官,道家蓋出於史官,陰陽家蓋出於羲和之官,法家蓋出於理官,名家蓋出於禮官,墨家蓋出於清廟之守,縱橫家蓋出於行人之

---

① 參閲許道勛、徐洪興:《中國經學史》,頁98～105;以及吴雁南、秦學頎、李禹階主編:《中國經學史》,頁88～92、頁125～128。
② 黎靖德編:《朱子語類》卷第十四,《大學》一"綱領",頁249。
③ 參見馬敘倫:序言之一,《〈莊子·天下篇〉述義》,頁2。

官,雜家蓋出於議官,農家蓋出於農稷之官,小說家蓋出於稗官等等。這些説法並不完全可靠,卻也有不少依據。① 然則,歷史上真正稱得上是原創、作爲中國歷代學術之源與根的諸子百家之學,其成立全部都有古典學的意義。漢代以下直到今天,人們對先秦諸子各家典籍學説、價值規範的研探與詮釋、追隨與弘揚,更凸顯了古典學的立場和宗旨。

除以上舉舉大者,足以證明中國傳統具有古典學特質的事項還有很多。西漢成帝、哀帝(前6~前1在位)時期,劉向、劉歆父子先後領校羣書,也是中國古典學史上的重大事件。《漢志》總序稱:

> 昔仲尼没而微言絶,七十子喪而大義乖。故《春秋》分爲五,《詩》分爲四,《易》有數家之傳。戰國從衡,真僞分争,諸子之言紛然殽亂。至秦患之,乃燔滅文章,以愚黔首。漢興,改秦之敗,大收篇籍,廣開獻書之路。迄孝武世,書缺簡脱,禮壞樂崩,聖上喟然而稱曰:"朕甚閔焉!"於是建藏書之策,置寫書之官,下及諸子傳説,皆充祕府。至成帝時,以書頗散亡,使謁者陳農求遺書於天下。詔光禄大夫劉向校經傳諸子詩賦,步兵校尉任宏校兵書,太史令尹咸校數術,侍醫李柱國校方技。每一書已,向輒條其篇目,撮其指意,録而奏之。會向卒,哀帝復使向子侍中奉車都尉歆卒父業。歆於是總羣書而奏其《七略》,故有《輯略》,有《六藝略》,有《諸子略》,有《詩賦略》,有《兵書略》,有《術數略》,有《方技略》。

如上文所論,孔子是古典學家,又是古典教育家和思想家。孔子根據思想體系和學説宗旨確立並使用經典文本,所以他在典籍文本方面的貢獻主要限於六經範圍内。劉向、劉歆等人校理羣書,根本目的不在創立並落實自己的思想體系和學説宗旨,因此能够從更完整的文獻學意義上校理五經羣籍,建立關乎典籍的目録學知識、理論以及典籍校讎實踐方法之體系(包括相關的學術史),他們自然也是極重要的古典學家。法國學者皮埃爾·阿多(Pierre Hadot)曾評價柏拉圖哲學云,"柏拉圖哲學最深的意圖","並不是寫來爲了'告知'(informer)人們,而是爲了'塑造'(former)他們";"他的哲學並不在於構造出一個關於實在世界的理論體系,然後通過一系列在方法上顯示這個體

---

① 《漢志》將兵家及其著述歸於兵書略而非諸子略。今人常斥其謬,認爲兵家應該歸到諸子中。比如有學者稱,"先秦的兵家言毫無疑義地屬於諸子學的範圍"(參見沈福林主編:《兵家思想研究》,北京:軍事科學出版社,1988年,第1版,頁1)。不過《漢志》同樣將兵家之源歸繫於古代的官守,稱兵家蓋出於古司馬之職。又,前人論先秦諸子產生、興盛的原因,無外乎本乎古學(《莊子·雜篇·天下》創此説)、因于時世(《淮南子·要略》篇創此説)、原乎官守(《漢志》遵此説)三個根本方面,三説具體主張及得失,請參閱拙著《先秦諸子研究》,頁12~24。

系的對話,'告知'自己的讀者這個體系。相反,他的著作在於'塑造'人——就是說,通過讓讀者效仿對話,例如想象自己的在場、對理性的要求以及善的規範,由此形成經驗而改變每個個人"。① 我們也可以這樣說,孔子作爲古典學家的根本意圖是爲了"塑造"人,而劉向劉歆等人校理羣書的根本意圖,則是"告知"人們關於典籍的知識、理論以及校理方法。當然,前者是以"告知"人爲基礎的,而後者也關聯着"塑造"人,②但他們的核心關注畢竟有所不同。

諸如此類顯示中國傳統具有古典學特質的例子毋庸一一舉列,通敏兼人的讀者自可觸類旁通。

裘錫圭曾提出:"我們使用'古典學'這個名稱,是晚近的事,但是從實質上看,古典學在我國早就存在了。發源於孔子及其弟子的經學,就屬於古典學的範疇。對於先秦諸子和屈原、宋玉等人的《楚辭》等先秦著作的整理和研究,自漢代以來也不斷有學者在進行。西漢晚期成帝、哀帝兩朝,命劉向、劉歆父子等人全面整理先秦以來典籍。他們所做的,大部分是古典學的工作。"③從實質上說,古典學在我國早就存在是無可置疑的,然而裘錫圭的舉證相當有限,且在內容上偏於典籍研究甚或偏於典籍之整理,在時間上局限於先秦兩漢時期。我們應該意識到,中國古典學建立範式的時期是先

---

① 〔法〕皮埃爾・阿多(Pierre Hadot):《古代哲學的智慧》,張憲譯,上海:上海譯文出版社,2012年,第1版,頁93。

② 最典型的例子是《列女傳》《新序》以及《説苑》。《漢書・楚元王傳》云:"向以爲王教由内及外,自近者始。故採取《詩》《書》所載賢妃貞婦,興國顯家可法則,及孽嬖亂亡者,序次爲《列女傳》,凡八篇,以戒天子。及采傳記行事,著《新序》《説苑》凡五十篇奏之。數上疏言得失,陳法戒。書數十上,以助觀覽,補遺闕。上雖不能盡用,然内嘉其言,常嗟歎之。"《列女傳》《新序》以及《説苑》有十分鮮明的"塑造"人的意圖,它們是劉向校理典籍的附屬產品。劉向《説苑敍録》云:"護左都水使者光禄大夫臣向言,所校中書説苑雜事,及臣向書民間書誣(憮/同、兼)校讎。其事類衆多,章句相溷,或上下謬亂,難分别次序。除去與《新序》複重者。其餘者淺薄不中義理,別集目爲百家後,令以類相從,一一條別篇目,更目造新事,十萬言目上,凡二十篇七百八十四章,號曰《新苑》(案即《説苑》),皆可觀。"劉向《别録》則説:"臣向與黄門侍郎歆所校《列女傳》,種類相從爲七篇,目著禍福榮辱之效,是非得失之分,畫之於屏風四堵。"(見嚴可均校輯《全漢文》卷三七、卷三八)徐復觀認爲,《説苑敍録》所謂"中書説苑雜事","乃劉向對許多積聚在一起的一堆零星言論所加的統一稱呼,並非先有'説苑'一書";"劉向先已從這一堆材料中,撰爲《新序》一書。……不中義理的材料,也不輕易拋棄,另外編在一起('別集'),以列於百家之後。……把《新序》裏已經採用過的,及淺薄不合義理的除掉,剩下的材料('餘者'),則以類相從的分配到擬定的篇題中去,再加上新的材料,即漢代的材料,勒爲十萬言以上的《新苑》一書,可供皇帝的觀覽。"(參閱氏著《兩漢思想史》第三卷,頁40~41)。要之,《列女傳》《新序》以及《説苑》三者主旨在於"塑造"人,而都跟劉向、劉歆父子的校書活動直接相關。

③ 裘錫圭:《出土文獻與古典學重建》,載李學勤主編《出土文獻》第四輯,頁3。

秦兩漢時期；這些範式並不限於典籍，雖然典籍居於核心位置；這些範式對整個中國古代具有"元典"意義，圍繞它們形成的主幹傳統一直延續到清代，流衍至當今。中國古典學的核心對象，亦即中國古典學賴以成立的根基，無疑是一系列傳統賴以生成的先秦兩漢時期的"元典"，但後人對這些"元典"的整理以及再整理、闡釋以及再闡釋、研究以及再研究等（這些構成了後代傳統的重要基幹），也都應該納入中國古典學的視野，儘管它們説到底是捧月之衆星。對於中國古典學來説，回歸這一現實，可能比一切空頭計較都更爲重要。

話説回來，又必須強調，雖然中國古典學研究的面向應該是全方位的，然而古典學"元典"中的經典毫無疑問是核心中的核心，——它們自然關聯着歷代學者對這些經典的研究和詮釋。裘錫圭提出："我國學術界使用'古典學'這個詞，是借鑒了西方學術界的'古典研究'的。古典研究指對於作爲西方文明源頭的古希臘、羅馬文明的研究。古典研究以古希臘語、古拉丁語的研究和希臘、羅馬時代典籍的整理、研究爲基礎，涵蓋了對希臘、羅馬時代各個方面，諸如哲學、文學、藝術、科技、歷史等的研究。……我們的古典學的涵蓋面不必如西方的古典研究那樣廣。這是由先秦時代的語言和歷史跟我們的關係所決定的。"①裘錫圭幾乎將中國古典學的研究範域縮小爲古籍整理以及相關的文獻學研究，看上去過於狹小和逼仄。他曾這樣説：

> 雖然先秦時代的漢語、漢字，跟今天使用的漢語、漢字很不一樣，卻沒有必要把先秦時代漢語、漢字的研究，從漢語言文字學裏分割出來，納入古典學的範圍。同樣，也沒有必要把對先秦時代各個方面的研究都從相關學科裏分割出來，納入古典學的範圍。
>
> 對先秦典籍的整理、研究應該包含以下內容：搜集、復原（對在流傳過程中有殘缺的或本身已經亡佚，只在其他古書中有引文的書以及新發現的散亂的書儘量加以復原）、著録、校勘、注釋解讀以及對古書的真僞、年代、作者、編者、産生地域、資料的來源和價值、體例和源流（包括單篇的流傳、演變，成部的書的形成過程和流傳、演變等情況）的研究。爲了做好這些工作，必須對典籍的實質性內容有較透徹的理解。即以校勘而論，對異文的去取就往往不能只停留在語言文字層面上去考慮，更不用説注釋解讀等工作了。所以一位好的古典學者，不但要有文獻學和文字、音韻、訓詁等語言文字學方面的良好基礎，還要對那些跟所整理、研究的典籍的實質性內容有關的學科有較深的瞭解。……中國的古典學

---

① 裘錫圭：《出土文獻與古典學重建》，載李學勤主編《出土文獻》第四輯，頁1。

不必將有關學科中關於先秦的研究全都納入其範圍。①

裘錫圭還從古書真偽與年代、古書體例與源流、古書校勘與解讀三個方面，舉列若干實例，以揭示新出土文獻對重建中國古典學的重要性。② 這些論斷有很多值得高度重視，可關鍵問題是，將中國古典學的研究範域局限於有以上具體規定的先秦典籍的"整理和研究"，大抵還祇是傳統的文獻學研究，這僅僅是中國古典學的基礎或開始，遠遠不是它的全部或結束，甚至不是它的主幹。裘錫圭強調爲了做好古籍整理及其文獻學研究，"必須對典籍的實質性內容有較透徹的理解"，可稱卓見，但對中國古典學來說，更重要、更高一級的追求，乃是基於古籍整理及其文獻學研究，來透徹理解古籍的"實質性內容"，並在此基礎上定位"我們同那個（古典）世界的關係"。就中國古典學所研究的典籍而言，義理的價值纔是重中之重。偏離這一根本點，其他方面弄得再好，也可能僅僅是得到那個盛寶貝的櫃子（買櫝還珠）。

古典學元典的重要性，不僅在於它們具備一般的文獻學價值，而且在於作爲文獻，它們承載着無盡的精神財富，包括對社會人生以及天人關係的洞見、哲思和智慧，對情感及精神世界的挖掘與表現，價值關懷與擔當，文化、歷史認知與經驗，對個人外部行爲及內部思維、情感的規範和協調，對人際關係與社羣秩序的規範和協調，對民族文化身分的塑型和認同，安身立命之道，爲文學出言談之道，等等；簡括地說，古典學元典的核心價值在於那直接關涉人之生存的文化。不會有人否認具備讀懂古典學元典的能力是從事古典學研究的基礎；連古典學元典都讀不懂，中國古典學是不可想象，也無法達成的。但這僅僅是起點，而非目的地。有鑒於此，西方古典學涵蓋哲學、文學、藝術、科技、歷史等範域的研究，作爲一般模式是不可動搖的，中國古典學也必須如此。祇不過無論是中國古典學，還是西方古典學，都必須同時拒斥"讓這種獨立的東西窒息了整體意識"。相對於傳統的文、史、哲等學科，中國古典學的研究方向和方法應該是"全息的"，至少需要在各個層面上實現融通。比如不能從主觀或客觀上將諸子哲理層面拱手讓給哲學研究者，將諸子言說藝術層面拱手讓給文學研究者；不能從主觀或客觀上將《詩經》經學層面拋給哲學研究者，將其言志抒情層面拋給文學研究者。諸如此類毋庸一一舉列。唯有如此，中國古典學纔能跟傳統的文學，或者文獻學，或者史學，或者哲學等學科，清晰地區隔開來，具備獨立的充足理由。

---

① 裘錫圭：《出土文獻與古典學重建》，載李學勤主編《出土文獻》第四輯，頁1～2。
② 同上書，頁8～17。

三、新出簡帛文獻與中國古典學之重新開始:綜論

顯然,正是在古典學意義上,我國新出簡帛的價值得到了有力的凸顯。裘錫圭評價二十世紀五十年代以來古代文字資料、無字遺物或遺迹、戰國及漢代所抄寫古書大量被發現的意義,説:"由於這批資料的出土,很多久已亡佚的先秦古書得以重見天日,不少傳世的先秦古書有了比傳世各本早得多的簡帛古本,古書中很多過去無法糾正的錯誤和無法正確理解的地方得以糾正或正確理解,不少曾被普遍懷疑爲漢以後所僞作的古書得以證明確是先秦作品,不少曾被普遍認爲作於戰國晚期的古書得以證明是戰國中期甚至更早的作品,先秦古書的體例也被認識得更清楚了。出土的古書之外的古代文字資料以及没有文字的古代遺物和遺迹,有些也具有幫助我們糾正古書中的錯誤,理解古書中的難解之處,以至確定古書時代的作用。"[①]這些説法百分之百的正確,所以漸漸成爲學術界的共識。可十分清楚,它們依然過於偏重傳統的文獻學立場,——對中國古典學而言,它們是必須邁過的門檻。

單從典籍方面來説,二十世紀五十年代以來的出土有兩批最值得注意:一是七十年代初湖南長沙馬王堆漢墓出土的帛書和簡牘,一是九十年代初湖北荆門郭店楚墓出土的簡書(而上海博物館所藏戰國楚竹書,如《詩論》《告意論》等,與郭店竹書所見文獻的關聯甚深,應當一併考慮)。美國學者夏含夷在評論 1970 年代以後西方漢學界的簡帛學術成果時,曾説:"在中國古代文化史學術史上,1970 年代是一個重要里程碑。無論是考古發現,諸如秦始皇兵馬俑、馬王堆一號墓墓主的屍體抑或安陽婦好墓,還是簡帛的發現,諸如山東臨沂銀雀山漢簡、馬王堆三號墓的帛書和簡牘、湖北雲夢睡虎地的秦簡與安徽阜陽漢簡,這十年完全改變了中國古代史學,特別是中國出土文獻學的學術領域。"夏含夷在介紹馬王堆三號漢墓的簡帛資料時,又説:"馬王堆 3 號漢墓的發現是中國古代文化史學術史上最富有意義的發現,簡帛文獻包括兩本《老子》《周易》及與《周易》相關的文獻,《戰國縱橫家書》《春秋事語》天文星占、相馬佚書、多種醫書、三種《刑德》佚書、兩種關於陰陽五行的佚書、導引圖、兩種地圖、各種雜占等,都引起學術界的廣泛注意。"[②]就新出簡帛古書而言,西方學者對郭店簡書(及上博簡書)的重大意義似乎估計不足,在馬王堆

---

① 裘錫圭:《中國古典學重建中應該注意的問題》,《裘錫圭學術文集》第二卷:《簡牘帛書卷》,頁 336。
② 參閲〔美〕夏含夷:《西觀漢記:西方漢學出土文獻研究概要》,頁 344、頁 351。

漢墓所出帛書簡書中，西方學者對於子思氏之《五行》也未給予足够的重視，儘管他們承認這些文獻的重要性。① 這種現象可能凸顯了域外漢學家在認知上的慣性和偏頗。②

簡單地說，新出簡帛古書對中國古典學的重要性，在於它們改變了一系列極重要的歷史敘述的起點，並且修正了一系列極重要的歷史敘述。

比如，曾有學者提出："孔子之後，儒家分派發展，但真正在思想史上有影響的，還是孟子、荀子。"③這幾乎是現代所有學者的常識。然而在以子思《五行》篇爲代表的、屬於孔門七十子及其後學的一批儒典重見天日以後，這種常識的偏誤就十分清楚了，——在很大程度上，孟、荀學説僅僅是流而非源。這一批儒典（主要見於湖南長沙馬王堆漢墓帛書、湖北荆門郭店戰國楚墓竹書，以及上海博物館所藏戰國楚竹書等），無論它們説了什麽，也無論它們怎麽説，對於思想學術史的傳統認知和敘述來説都有極重要的開拓意義，有不少甚至是顛覆性的，因爲它們中有不少典籍不僅是現代學者前所未知的，而且幾乎是漢代以來所有古代學者所未知的。

在帛書、簡書《五行》篇相繼出土問世前，基於《荀子·非十二子》篇的批

---

① 夏含夷提到："在簡帛學歷史上，1993年是偉大的年份，至少有三次極其重要的考古發現：江蘇連雲港尹灣漢簡、湖北江陵王家臺秦簡和湖北荆州郭店楚簡。還有一次非常重要的盗墓事件：即將來上海博物館收藏的一批（也許兩批）楚簡。"他還説："《五行》是馬王堆帛書《老子》甲本卷后非常重要的古佚書。無論是由於它的思想史背景、它的經傳形式還是以後出土的郭店楚簡《五行》篇與之對比，這篇文獻都引起了許多學者的注意和討論。"（參閱〔美〕夏含夷：《西觀漢記：西方漢學出土文獻研究概要》，頁394、頁358）案：發現楚簡的郭店在今湖北荆門而非荆州。筆者説西方學者對郭店簡或《五行》篇重視不足（案《五行》先見於馬王堆帛書，又部分地見於郭店竹書），是相對於他們對其他簡帛古書的重視而言的（參見下一條注釋）。

② 西方知識界似乎過於重視《老子》以及某些方術類的典籍。夏含夷在論及郭店楚簡時指出，"時至今日，西方學術界仍然把更多注意力放在《老子》上"（〔美〕夏含夷：《海外夷堅志：古史異觀二集》，張淑一、蔣文、莫福權譯，上海：上海古籍出版社，2016年，第1版，頁98～99）。夏含夷又説，《老子》是世界上翻譯數量排名第二的文獻（《聖經》是第一名），僅以西方語言爲止，已經超過兩百種翻譯"，而"馬王堆醫學文獻中"，"最引起西方學者的興趣的是房中術的文獻，特别是題作《合陰陽》的這一篇"（參閱〔美〕夏含夷：《西觀漢記：西方漢學出土文獻研究概要》，頁352、頁368）。從一般學術史方面關注方術似乎可以理解，但在主流思想層面上最關注《老子》，對於中國思想史特别是先秦學術思想史來説終究是一偏。韓非子稱："世之顯學，儒、墨也。"（《韓非子·顯學》）柳詒徵則指出："即使自今以後，吾國國民同化於世界各國之新文化，然過去時代之與孔子之關係，要爲歷史上不可磨滅之事實。故雖老子與孔子同生於春秋之時，同爲中國之大哲，而其影響於全國國民，則老猶遠遜於孔，其他諸子，更不可以並論。"（參見氏著《中國文化史》，頁263）有鑒於此，新出簡帛古書中的儒家類文獻，特别是其中不曾見於傳世文獻者，纔是最值得注意的。

③ 劉冬穎：《出土文獻與先秦儒家〈詩〉學研究》，頁112。

評,人們僅僅知道子思有五行學説,並且其五行學説對孟子和其他儒者産生了巨大影響(《非十二子》篇斥責那些追隨子思孟子的儒者爲"世俗之溝猶瞀儒")。可人們不知道子思五行學説的具體内容,甚至不知道其所謂五行究竟指哪五行,常見的推斷往往牽附人們熟知的金木水火土五行,或者仁義禮智信五常。簡帛《五行》篇出土,原來祇能靠想象的子思五行學説有了近乎完整的呈現,流傳千百年、將思孟"五行"理解爲仁義禮智信等謬見被徹底修正;《五行》篇中,由種種基源一步步生成仁、智、義、禮、聖五種德之行,進而由仁、智、義、禮四種德之行實現超越性的同一而生成善,由仁、智、義、禮、聖五種德之行實現超越性的同一而生成德等一系列圖式,後人單靠想像不能仿佛其萬一。有了《五行》《告自命出》或者《告意論》《城之聞之》《六悳》《穿達以時》《湯吴之道》《忠信之術》《語叢》等新出土儒典,在孔門七十子至子思時代早期儒家經學背景上展開的,對於天道與人道、人性與物性的探討,對命、性、情、心等核心範疇以及仁、義、禮、智、聖、忠、信等核心價值的言説,對夫婦、父子、君臣等人倫關係與社羣秩序的關懷,一下子就填滿了思想學術史上那一段業已延續兩千多年的認知空白;《大學》格致學説之本意原本自漢代就不得而知(錢穆謂"'格物'一解,漢儒已失其義"),①而今亦豁然開朗。

　　從儒學範圍内向上看,《五行》《告自命出》或《告意論》等新出土儒典承載了早期《尚書》學、《詩經》學的一系列漢以後學者前所未知的重要信息,承載了迄今爲止最早的對孔子建構六經之學並基於此開展教育活動的理論化説明,——也可以説是一個階段性的總結。有了《五行》篇,我們得以窺見戰國中期以前《尚書》學的傳播及其重大影響,這涉及子思建構《五行》體系的重要基礎。不過子思"五行"學説的根基,不是學界普遍認定的《尚書·洪範》九疇中的"五行"説,而是九疇中的"五事"。有了《五行》篇,早期《詩經》學(特别是上博館藏竹書中載録孔子《詩》説的《詩論》)對《五行》學説的影響、《詩經》學在《詩論》後的進展,傳統《詩經》學闡釋之原則、方法以及其中作爲詩歌寫作手法的賦比興觀念的源頭等,也一一顯露端倪。《論語·先進》篇記孔門四科,有德行、政事、言語、文學,並且稱"文學"方面最出色的是"子游,子夏"。子游即言偃(前506～前445),子夏即卜商(前507～前420),二子皆長於典籍和學問。而身後寂寞的子游應該更爲出色,更受孔子推許,故《論語》將子游排在前面,《史記·仲尼弟子列傳》則特别强調"孔子以爲子游習於文學"。《韓非子·顯學》篇云:"世之顯學,儒、墨也。儒之所至,孔丘也。墨之所至,墨翟也。自孔子之死也,有子張之儒,有子思之儒,有顔氏之儒,有孟氏之儒,

―――――――――

　　① 參閲錢穆:《大學中庸釋義·大學古本》,《四書釋義》,頁300。

有漆雕氏之儒,有仲良氏之儒,有孫氏之儒,有樂正氏之儒。"這是關於戰國儒家發展變化的重要論說。看起來人們熟知的儒家八派中並沒有子游、子夏的影子。然而子夏對儒學的貢獻漢人已極力推崇,甚或將他與孔子並論。比如《後漢書·徐防傳》記徐防(約38～108)云:"《詩》《書》《禮》《樂》,定自孔子;發明章句,始於子夏。"更被孔子看重的子游的學術事業反倒一派茫昧。《荀子·非十二子》篇批評子思首唱五行學說而孟子和之,閣昧俗儒嚾嚾然不知其非,受而傳之,"以爲仲尼、子游爲兹厚於後世"。這裏暗含着荀子對那段學術史的一個重要認知,即子思五行學說跟子游有極爲深刻的聯繫。由於歷史的原因,我們可能缺少質疑荀子這一認知的資格。因此《五行》再現,間接使子游的學術建構和地位得到了凸顯。以前,學界對先秦儒學主要是關注兩條綫索:一是從孔子至子弓、子夏,再至荀子,①一是從子思至孟子。現在看來,後一條綫索不僅嚴重殘缺,而且學術界原來對其中子思的具體了解既少又不確切。這一條綫索應該完整地表述爲從孔子至子游再至子思,再至孟子(依宋儒之見,子思之上還需要加上曾子,這是另一個問題,這裏暫且不論)。這裏附帶說明另外一個未受足夠重視的思想發展的綫索。《莊子》內篇跟《五行》等新出儒典也呈現了一些不可忽視的關聯,比如它襲用了《五行》極爲獨特的範疇"時"(《五行》將它定義爲"和")等。這些關聯應該可以加強章太炎、郭沫若、錢穆、李澤厚等學者主張的莊子學術出自孔門顔氏的論斷(他們提出的證明有進一步完整和豐富的空間,這不僅意味着要利用新出簡帛呈現的新視野,而且意味着要對傳世文獻包括《莊子》本身進行更深的挖掘)。② 故而在上揭儒家內部的兩大發展序列外,在新呈現的歷史視野中,很可能還要加上另外一個從儒家內部伸展出去的序列,即從孔子至顔回,最終至莊子(莊子堪稱儒家內部滋生的叛逆力量)。③

將目光從儒學範圍之外向上探尋,把《五行》等新見孔門七十子及其後學的儒典跟早期道家文獻(比如《老子》與《大一生水》)關聯起來,④ 可以發現

---

① 典型論説,如汪中《述學·荀卿子通論》(見李金松校箋《述學校箋》,頁451～454)。"子弓"是否即人們熟知的仲弓需要進一步求證,其爲孔子弟子則是無可置疑的。
② 分別參閲章太炎《國學十講》,上海人民出版社編《章太炎全集·演講集》(上),頁333;郭沫若《十批判書·莊子的批判》,《郭沫若全集》歷史編第二卷,頁190;錢穆《莊老通辨·莊老的宇宙論》,《錢賓四先生全集》(七),頁170、頁174;李澤厚《孔子再評價》,《中國古代思想史論》,頁29～30。
③ 參閲拙著《先秦諸子研究》,頁268～273、頁302～303、頁306～308等。
④ 《五行》等早期儒典跟《老子》等早期道家典籍有兩次是一同出土的。一次見於湖南長沙馬王堆漢墓(此次所見《五行》有經有説,爲經説體,《老子》則有甲、乙兩個本子),一次見於湖北荆門郭店村戰國楚墓(此次所見《五行》有經而無説,《老子》則有甲、乙、丙三組),其間歷史機緣耐人尋味,期待有更多出土發現來提供進一步的信息。

《五行》中仁、智、義、禮、聖五種德之行以及善、德兩種境界的一系列生成圖式,跟早期道家學說之中道生成宇宙萬物的圖式有極鮮明的構造層面的同一性,祇不過早期道家體系中由精至粗、由獨至多遞降的生成圖式,在《五行》中變成了由某種基源生成某種德之行,並進一步由數種德之行生成善或德的遞升的生成圖式(在《五行》體系中,最高的人格或境界是德,其次是善,前者意味着由五生成一,後者則意味着由四生成一,整體的取向是由多至獨)。總之,《五行》對早期道家學說的系譜化思維和表達有深刻的接受。

將目光從儒學範圍内向下探尋,首先可以發現,子思五行體系對儒家"亞聖"孟子的體系發揮了整體塑型的作用。[①]《五行》出土以前,《孟子》圍繞心、性、命、四端等範疇建構的論説,看起來是前無古人、石破天驚的創造。可現在看來,《孟子》體系的這些核心内容無不淵源有自,即源發自子思的五行學説體系。舉例言之,《五行》不僅屢次出現"端"這一範疇,並且明確論及仁之"端"和義之"端";由《五行》基於"仁氣""義氣""禮氣"生成仁、義、禮三種德行的圖式來看,"仁氣""義氣""禮氣"三者均處於圖式發端位置,即實際上被定義爲仁之端、義之端和禮之端。《孟子》四端説等遠紹子思,可謂昭然若揭。[②]其次我們發現,必須重新認識先秦最後一位儒學大師荀子的體系。由於《荀子·非十二子》篇痛詆子思創始、孟子響應的五行學説,而且孟子"道性善"(《孟子·滕文公上》),荀子則道性惡(見《荀子·性惡》等篇),人們自然而然地認定荀子學説跟子思孟子之學背道而馳、水火不容。拿《五行》等新見儒典與《孟子》《荀子》參稽比勘,斷然可知荀子心性學説,唯有對心之性的認知跟子思孟子立異,他展開心性學説的知識架構,包括大體(即心)和小體(即耳目鼻口四肢)的區隔、對小體之性以及心之官能的認知等,全部符同於思、孟。荀子所論仁、義、禮等價值形於内的基本取向,以及在形於内過程中達成的德行境界與其修爲方式"積",也都是從子思五行學説中來的。甚至荀子"爲文學出言談",也接受了《五行》論析並實踐的思維和言説方式,比如"目(侔)"與"辟(譬)"等等。説子思、孟子的心性學説對荀子體系

[①] 這裏稱孟子爲"亞聖",僅僅是沿用人們熟知的傳統稱號。孟子稱"亞聖"起於元代至順二年(1331)敕封,在"孟子升格"、《孟子》升"經"並跟《大學》《中庸》《論語》作爲"四書"被特別推尊之後,子思體系的湮滅是其現實前提。若子思學説未曾這樣"缺席"兩千年,歷史可能不是這個樣子。這也是新出簡帛古書使中國古典學必須重新開始的佐證。

[②] 參閲拙作《從簡帛〈五行〉篇到〈孟子〉:一段重要歷史的追蹤》,載《古典學集刊》第一輯,頁283~320;以及《孟子四端説探源》,載《文史知識》2018年第二期,頁111~115。

發揮了整體塑型作用，並不爲過。① 總之，對於《孟子》學說和子思五行說的具體關係，以前學界祇能信馬由繮地猜測，且即便如此"自由"，也完全未能想象到兩者之間這種影響關聯的全局性和深刻性；子思五行學說對《荀子》的結構性影響此前更被普遍無視，人們想當然地認定二子之學說截然對立，對其內在關聯幾乎全然懵懂。現在有了《五行》，這段隱秘的學術思想的歷史已經清晰地浮現。

將目光從儒學範圍外向下探尋，可以發現，"目(侔)""辟(譬)""喻"等《五行》關於言說及思維的重要理念和方法不僅影響了墨家的邏輯推理方式(比如，"侔"與"辟"同時出現於《墨子·小取》篇論列的言辯方法中)，而且影響了墨家"爲文學出言談"之道，《墨子·非攻》等不少篇章都包含着對"侔"和"辟"的實踐。郭店竹書所見《語叢》等儒典辨名析實的思維與表達模式，更直接爲《墨經》繼承。比如《語叢一》云："悈(求)者，亡(無)又(有)自來也。"《墨子·經上》云："慮，求也。"類似例子在這兩個系列的文獻中大量存在，不可能出於偶然。郭店竹書《湯吴之道》等新見儒典的獨特仁、義觀，也被墨子及其後學認同和襲用。比如《墨子·經説上》用"愛(己)〔民〕者，非爲用(己)〔民〕也"，來詮釋"仁"，用"志以天下爲芬(分)，而能能(善)利之，不必用"，來詮釋"義"，核心是利天下而不自利。其思想史本源明顯就是《湯吴之道》基於"利天下而弗利"來界定的"忎(仁)"和"義"。這顯然是極爲正常的歷史現象。墨子雖然脱離了儒家而另創墨家學派，但思想上的區隔不可能像選邊站隊那樣簡單而又明晰。上文曾經涉及，孔門七十子及其後學的學説對莊子及其後學發生了深刻而複雜的影響。子思《五行》體系中極爲獨特和罕見的"時"觀念(其意指被明確界定爲"和")，被莊子接受，用以闡釋內德圓滿者對其他人產生強大的精神合同之力(見《莊子·内篇·德充符》)。以《五行》等新見儒典參稽儒道兩家傳世文獻，可以極清晰地看到，莊子及其後學爲儒家君臣父子等重要倫理關係及其規範性價值，比如儒家作爲仁之基源的對於親的"愛"以及"忠""孝"等，留下了相當重要的位置和空間，儘管他們基於更高存在——道或者陰陽、造化，作出了某種體系化、適應性的調整(參見《莊子·内篇·人間世》《大宗師》等)。莊子後學直接面對着儒家心性學説的高漲(現在看來，儒家方面的活動主體，是先後相繼的子思氏之儒和孟氏之儒)，他們對大體(即心)、小體(即耳目鼻口手足等)的分疏，以及對小體之性的認知，均接受了子思等

---

① 參閲拙作《〈五行〉學説與〈荀子〉》，載《北京大學學報(哲學社會科學版)》2013年第1期，頁75～87；以及《從〈五行〉學説到〈荀子〉：一段被湮没的重要學術思想史》，載《出土文獻與中國文學研究：第三屆出土文獻與中國文學研究學術研討會(國際)論文集》，頁49～73。

儒者的影響。"養生"與"性命"觀念作爲莊子及其後學的核心理念,其實是被七十子及其後學首先論述的,見於《湯吴之道》《眚自命出》《眚意論》《五行》等篇。當然,莊子後學從根子上張揚自我主體,將"性"與"心"以及"性"與"仁義"剥離,並且做出了截然不同的取捨和持守;他們極力宣揚心不可控,對基於心之官能建構起來的儒家心性學説做出了釜底抽薪式的回應。而同樣耐人尋味的是南國的屈原,他簡直是儒家的一個"方面軍"。汪瑗《楚辭集解》在詮釋《離騷》"夫孰非義而可用兮,孰非善而可服"二語時,提出:"'義'、'善'二言,深得吾儒性理之學。由此觀之,則戰國之時而惓惓乎仁義之談性善之説者,不獨孟子也,屈子之所學所養可知矣。其書真可繼三百篇(案即《詩經》)而無愧色,與七篇(案指《孟子》)並傳而不多讓也。孰謂自從删後更無詩,而續仲尼之統者軻氏可獨專其美哉?故後世哀屈子之窮,吾獨喜屈子之高;後世愛屈子之詞,吾獨尊屈子之道也。"除了缺乏對孔、孟之間的子思等儒者的了解外,這樣説大抵是合理的。對屈原跟儒學的深刻關係,古今大多數學者都十分漠視,特別是在明清時期,"在楚言楚"觀念被當成詮釋屈原及其辭作的準則以後。然而實際上,屈原人生模式乃儒家脩齊治平模式的"縮微版",他以脩身爲德行晉升之基與退守之歸宿,亦跟儒家人格模式相同。屈原的歷史視野及其背後關聯的價值取向,與儒家同趣。在被頃襄王(前298~前263在位)放逐以前,屈原信仰善有善報、惡有惡報的天命觀,跟孔子一致,在被頃襄王放逐以後,他用正反兩面的經驗事實解構了這種天命觀,跟後來的荀子一致;而促使屈原思想發生這一重大變化的外部影響力,是來自跟竹書《五行》同見於郭店戰國楚墓的儒典《穿達以時》。《穿達以時》的核心理念是人之禍福際遇跟德行善惡無關,人能夠自控也應該努力持守的是反己自修。放逐前,屈原《離騷》曾説:"皇天無私阿兮,覽民德焉錯輔。……瞻前而顧後兮,相觀民之計極。夫孰非義而可用兮,孰非善而可服。"這是將皇天視爲世間道德問題的最終解決者,是基於終極存在的關懷與報施來詮釋爲善的必然性。被頃襄王放逐以後,屈原在《天問》中質疑:"天命反側,何罰何佑?"晚期的《涉江》更説:"忠不必用兮,賢不必目(以)。……余將董(正)道而不豫兮,固將重昏而終身。"此時屈子的理念轉而符同《穿達以時》。除此之外,屈原認知歷史沉浮的話語和觀念深受《尚書》影響,他對聖王受命以及君王、后妃關係問題的理論思考,也有極深厚的《詩經》學、《尚書》學背景,無論其核心話語,還是價值理念,均承襲自這些儒家的傳統典籍。屈原對意味着上敬下的"敬""嚴"以及跟它們密切關聯、方向一致的"禮",對"直"以及跟它密切關聯的"義",均十分認同。幾乎可以肯定地説,這受到了當時在楚地傳播的《五行》《語叢》等儒典的影響。郭店、上博儒典的出土強有力地證明,屈原就是在這些儒典所構成的現實語境中生活、思考和創作的。①

總而言之,新見以《五行》爲代表的孔門七十子及其後學的著論重設了中國古典學的一系列重要敘述,展開了很多前所未知的學術思想論域。其意義,尚有很多方面值得進一步開掘。

此外不能不重視的是,載錄孔子《詩經》學體系的《詩論》看來是郭店、上博新見儒典的重要上源。《史記·孔子世家》稱,"孔子以《詩》《書》《禮》《樂》教"。有了《詩論》,我們纔知道孔子以《詩》教育弟子的具體情形,而且,它承載着孔子關於詩與《詩經》的一系列重要觀念,承載着孔子解讀和認知詩與《詩經》的立場、方法以及具體話語。有了《詩論》,我們纔知道孔子的《詩經》學建構比見於《論語》等傳世文獻者,更豐富具體,更宏闊,也更深刻。有了《詩論》,我們纔知道孔門《詩》學原本有一個核心範疇"眚(性)"。孔子基於"民眚"亦即人性,闡釋了《詩經·周南·葛覃》《召南·甘棠》《邶風·木瓜》以及《唐風·有杕之杜》(見《詩論》第五章)。這些論說僅僅是個案化的舉證,它們藴含着極爲普遍的意義。比如,孔子用"后稷之見貴也,則曰(以)文、武之惪(德)也",來推衍他從《葛覃》認知的人性——"見丌(其)兇(美),必谷(欲)反(返)丌本",那麽可以斷定在孔子眼中,《詩經·大雅·生民》《周頌·思文》諸追詠后稷之作都是這種人性的證明。進而言之,《詩經》中一系列因後美而追懷、崇仰其本根的篇什,如《大雅·文王》《大明》《緜》《思齊》《皇矣》《下武》《文王有聲》《公劉》,以及《周頌·清廟》《維天之命》《維清》《我將》《烈文》《天作》《武》《昊天有成命》《執競》等,也必然都是這種人性的證明。孔子用"民眚(性)"論詩的普泛意義,表明他具有"詩言性"的一般觀念。郭店《眚自命出》上、《語叢二》以及上博《眚意論》均謂"青(情)生於眚(性)",所以在早期儒家的觀念體系中,"詩言性"觀念跟"詩言情"觀念是高度合一的。《詩論》所見孔子的論說,實即運用一系列的"情"來定義性。比如,他定義由《甘棠》所見"民眚"(即人性),就使用了"敀(悦)""好""亞(惡)"等情感範疇。更進一步説,從《五行》到《孟子》再到《荀子》,數代儒家宗師定義人性的依據顯然在於心(亦即大體)之性,其定義人之性的差異來源於對心之性的不同認知。所以,詩言性、詩言情的本源必然在心。《詩論》第三章所載孔子"眚(詩)亡(無)隱(隱)志"之説是基於對詩的認知而言的,但它無疑是以詩歌生成層面上的詩言志爲前提的。孔子將《木瓜》所表現的人性定義爲"丌陘(隱)志必又(有)目(以)

---

① 案:本書論屈原跟儒家學説的關係僅僅是從傳世儒典和新出儒典中略舉數例,詳細的論説請參閱拙著《屈原及楚辭學論考》第二、第三、第四、第五章。並參拙作《屈原,作爲儒學傳播與影響的重要個案》,載《文學遺産》2015 年第 5 期,頁 66~75,又見人大複印報刊資料《中國古代、近代文學研究》2016 年第 1 期。

俞（喻）也"（見《詩論》第五章），然則對志的言說實際上被孔子歸結爲人性，詩的生成或者詩言志也具有了人性的基底。朱熹解釋孔子所謂"吾十有五而志于學"（《論語·爲政》），稱"心之所之謂之志"，詩所言之志基底也在於心。上博簡文《民之父母》記載孔子曰："勿（物）之所至者，《志（詩）》亦至安（焉）……"《禮記·孔子閒居》的對應部分作"志之所至，《詩》亦至焉"。簡文可能更接近本真，然二者所記實際上高度同一。"勿（物）"爲目標對象，心對此對象之趨向即爲"志"，"勿（物）"與"志"乃一體之兩端。郭店竹書《眚自命出》上篇云："凡眚（性）爲宔（主），勿（物）取之也。金石之又（有）聖（聲）也，弗鉤（扣）不鳴。人唯（雖）又眚，心弗取不出。"又説："凡歑（動）眚（性）者，勿（物）也。"這兩段話基本上也見於上博竹書《眚意論》，其意大抵是説，性平時處於"休眠"狀態，在存在對象目標亦即"勿（物）"的情況下，或者説在物的發動下，由"心"將它激活；就好比鐘磬有發聲之質，但平時並不發聲，祇有敲擊它它纔發聲，心就是使"性之聲"發出來的那位敲擊者。無論從上揭哪一方面説，詩言志在孔子那裏都有心性學説的根基。孔子詩學理念的根本在於"心""性""物"，他以"心""性""物"爲基底，建構了言性、言情、言志三位一體的詩學觀念。① 後人喪失了早期儒家詩學的根本，所以不斷地陷入"言志"觀和"緣情"觀的糾結。與此同時，有了《詩論》，《詩經》學早期建構和發展的一系列重要環節纔得以重現，孔子對傳統《詩經》學的奠基和塑型作用，漢代《詩經》學對孔子的承繼和變異，乃至《詩經》學從孔子到子夏和漢儒，再到宋儒朱熹之間的基本脈絡等等，纔得以明晰而臻於完整。②

從一般思想學術史層面，更應該強調的是，有了上博《詩論》，我們纔知道，孔子《詩經》學體系不僅有《詩經》學及一般詩學的價值，而且滋育了戰國時代儒家聲勢浩大、影響深遠的心性學説體系。孔子在聖王受命的傳統觀念以外，發明了天命與一般性或普遍性道德的關聯，使七十子及其後學的心性學説往往有超越性的終極存在作支撐；而七十子及其後學將這一關聯進一步細化，輔以創新性的詮釋和轉換，確立了"天—命—眚（性）—人術（道）"相通一貫的心性學説的基本架構。凡此，在《五行》及郭店、上博所見其他儒典中

---

① 參閱拙作《〈詩論〉"眚""心""命"等範疇探析》，載《饒宗頤國學院院刊》第三期（2016 年 5 月），頁 77~108。案：《毛詩序》中留存了詩言性觀念的片斷的材料。如謂"國史明乎得失之迹，傷人倫之廢，哀刑政之苛，吟詠情性，以風其上，達於事變而懷其舊俗也"，又謂"發乎情，民之性也"等等。

② 參閱拙作《"思無邪"作爲〈詩經〉學話語及其意義轉換》，載《文學評論》2018 年第三期，頁 172~181；以及《上博戰國楚竹書〈詩論〉的〈詩經〉學史價值》，載《中國詩歌研究》第三輯，北京：中華書局，2005 年，第 1 版，頁 1~27。

都有清晰的呈現。從《詩論》《五行》等新出早期儒典，來審視儒家心性學說的生成和發展歷程，我們不得不承認，包括《孟子》《荀子》等傳世儒典在內的整個先秦儒家心性學說的歷史，都需要重新書寫。

四、新出簡帛文獻與中國古典學之重新開始：個案分析

由於簡帛古書的發現，中國古典學之本體業已發生重大變化。郭店戰國楚墓所見道家類文獻有《老子》甲、乙、丙三組，此外有《大一生水》。《老子》雖然有傳世本，並且兩個見於長沙馬王堆漢墓的帛書本，但竹書《老子》的異質性是十分明顯的，這種異質性透露出極爲重要的學術思想史信息，使我們在《老子》的本源上不得不保持一種"開放性"。《大一生水》失傳已久，大概秦漢時期就從人們的視野中消失。跟人們熟知的道家生成論比較，其鮮明特色是在萬物生成的序列中，特別思考了該過程不可缺少，而此前未給予應有關注的時間元素，並且特別凸顯了"水"對終極存在道的反輔作用，使得道家生成論更加圓滿（其中的水及相關時間元素也都由太一即道化育）。儒家類文獻有《茲衣》《魯穆公昏子思》《窮達以時》《五行》《湯吳之道》《忠信之衖》《城之聞》《眷惠義》《眚自命出》《六惪》，以及《語叢》一至四。《茲衣》即傳世《禮記》之《緇衣》篇，然而章數、章序以及用字有所不同，除此篇之外，其他篇什久已佚失，甚至未曾留下任何記錄（《五行》篇此前曾見於長沙馬王堆漢墓，《茲衣》篇又見於上海博物館館藏戰國楚竹書）。僅此一例，即可窺知中國古典學之本體發生了返本還源的巨變，一批漢代以降千百年間人所見的典籍或文本重現人間，一批漢代以降千百年間人們熟知的典籍有了更早、與傳世本有各種各樣差異（甚至是重大差異）的本子。① 祇要不把頭埋在思維定勢以及原本殘缺的知識和學術體系的沙子里，就會發現，這種變化就好像浩瀚的夜空中出現了絢麗的極光，你說夜空是變了呢，還是沒變呢？根子既然大變，則中國古典學這株老樹亦必將煥發出新的生命力，生長出前所未有的景觀。

夏含夷說："一針見血而徹底地分析單一的例子，時常比數以百計未消化（或對讀者來說不可能消化）的例子更具有啓發意義。"②這裏就舉一個具體例子，來說明相關思想學術史的敘述如何被出土文獻刷新和改寫，同時以呈現簡帛古書跟傳世文獻的關聯爲基礎，探究早期文本滋生的路徑和複雜性，

---

① 當然，我們不能忘記此外還有上博簡，還有清華簡，還有安徽大學簡，還有馬王堆漢墓帛書等等等等，對古典學本體的改變應該有更高的估計。

② 〔美〕夏含夷：《孔子之前：中國經典誕生的研究》，黃聖松、楊濟襄、周博群等譯，臺北：萬卷樓圖書股份有限公司，2013年，第1版，頁72。

彰顯貫通簡帛古書和傳世文獻對中國古典學的巨大意義。

《荀子‧宥坐》篇寫道：

> 孔子南適楚，戹（厄）於陳、蔡之閒，七日不火食，藜羹不糂（糝），弟子皆有飢色。子路進問之曰："由聞之：爲善者天報之以福，爲不善者天報之以禍。今夫子累德、積義、懷美，行之日久矣，奚居之隱也（楊注：隱，謂窮約）？"

> 孔子曰："由不識，吾語女（汝）。女以知（智）者爲必用邪？王子比干不見剖心乎！女以忠者爲必用邪？關龍逢（逄）不見刑乎！女以諫者爲必用邪？吳子胥不磔姑蘇東門外乎！夫遇不遇者，時也；賢不肖者，材也。君子博學深謀不遇時者多矣。由是觀之，不遇世者衆矣，何獨丘也哉！且夫芷蘭生於深林，非以無人而不芳。君子之學，非爲通也，爲窮而不困，憂而意不衰也，知禍福終始而心不惑也。夫賢不肖者，材也；爲不爲者，人也；遇不遇者，時也；死生者，命也。今有其人，不遇其時，雖賢，其能行乎？苟遇其時，何難之有？故君子博學深謀，脩身端行以俟其時。"

> 孔子曰："由！居！吾語女。昔晉公子重耳霸心生於曹，越王句踐霸心生於會稽，齊桓公小白霸心生於莒。故居不隱者思不遠，身不佚者志不廣（楊注：佚，與逸同，謂奔竄也）。女庸安（何以）知吾不得之桑落之下！"

《宥坐》篇這段文字看起來極爲普通，實則隱含着早期儒家天命觀的重大轉變。它針對的傳統天命觀，是子路轉述和認同的"爲善者天報之以福，爲不善者天報之以禍"。祇要承認"天聰明""天明畏"（《尚書‧皋陶謨》），或者"惟天明畏"（《尚書‧多士》），便可明白，依據這種天命觀，天對於善惡的福禍之報是毫釐不爽的，它必將落實在個人的現世際遇之中。而《宥坐》篇這段文字的主旨，卻是切斷現世福禍際遇跟德行的必然聯繫。簡單言之，孔子持守的乃是傳統天命觀。劉向《諫營昌陵疏》記，孔子論《詩》至《大雅‧文王》之"殷士膚敏，裸將于京"，喟然歎曰："大哉天命！善不可不傳于子孫，是目富貴無常；不如是，則王公其何目戒慎，民萌何目勸勉？"（《全漢文》卷三六）孔子推"畏天命"爲君子"三畏"之一，稱小人不知天命故而不畏天命（《論語‧季氏》），強調"不知命，無以爲君子也"（《論語‧堯曰》），又聲稱"天生德於予，桓魋其如予何"（《論語‧述而》）。凡此皆爲孔子持守傳統天命觀的顯證。在孔子的思想體系中，天命觀是道德的邏輯和現實前提，它意味着人踐履道德、遵循價值規範的必然性和必要性，也意味着膺受天命支持、懿德茂行者對俗世作"神聖批判"的可能性。然而大概自孔子在世時，這種天命觀就不斷遇到經驗事實的挑戰，連孔子本人的遭際都被當作發起挑戰的依據。《宥坐》篇這一段文字的主體內容雖然是假孔子之口，可顯然不是孔子本人的思想。筆者曾斷定它反映的是荀子本人的理念："荀子在先秦時期，是天命意識最淡泊的儒學大師。他試圖通過切斷天命、道德之間的'必然'聯繫，來緩解傳統信仰與經驗事實之間的緊張狀態。……這種言論，包含着荀子本人特有的理智和清醒。孔子深入思索道德問題，並爲之精心構築的根本性前提，即天命，被輕易擱置一旁，道德跟天命聯成的一體被再度分離。"①這一論斷，比較契合荀子"從社會統治整體着眼的理智－歷史理論"，論者或以爲這種理論，"比起孔孟仍依循氏族傳統的情感－心理－道德理論，在當時具有更現實的進步意義"。② 然而問題是，這一段學術思想史的起點已經被簡帛古書徹底改寫了，《荀子·宥坐》篇根本就不是開始。

　　郭店簡文《窮達以時》有云："又(有)天又人，天人又分。（察）天人之分，而智(知)所行矣。又亓(其)人，亡(無)亓殜(世)，唯(雖)臤(賢)弗行矣。句(苟)又亓殜，可(何)(懂)〔慎(難)〕之又才(哉)。……善怀(否)，呂(己)也。窮(窮)達以時，悳(德)行弌(一)也。……堣(遇)不堣，天也。童(動)非爲達也，古(故)穿(窮)而不 困 。 學非 爲名也，古莫之智(知)而不殳(閔/憂)。芑(茝/白芷) 蘭生於深林 ，不爲無人 噢(嗅)而不芳。無(璑)苕(璐)堇(瑾)愈(瑜)墢(包)山石，不爲 無人識而 不蕡(理)。穿達以時，學(幽)明不再(劉釗釋爲：窮困或通達都不會長久)，古君子憚(惇)於伋(反)呂(己)也。"③很明顯，《窮達以時》原有的論說部分幾乎全被《荀子·宥坐》篇襲用，就連茝蘭之喻都被直接拿來。這兩個文本的關聯達到了可以自明的程度，以至於無須費辭來加以證明(爲方便大家參稽比勘，筆者僅用表結語-1 予以呈現)。總之有了郭店戰國楚墓所見的早期儒典，我們方纔知道，《荀子·宥坐》篇關於孔子遭厄的文字完整繼承了《窮達以時》的要義，考鏡源流，作相關學術思想史的追溯，都必須上推到這裏，這纔是真正的歷史。

表結語-1　《荀子·宥坐》篇要旨與《窮達以時》之關聯一覽表

《窮達以時》	《荀子·宥坐》
善怀(否)，呂(己)也。堣(遇)不堣，天也。	夫遇不遇者，時也；賢不肖者，材也。君子博學深謀不遇時者多矣。由是觀之，不遇世者衆矣……

---

①　參閱拙作《孔子天命意識綜論》，載《孔子研究》1999 年第三期，頁 43。
②　參閱李澤厚：《荀易庸記要》，載《中國古代思想史論》，頁 114。
③　隨文所引劉釗之釋語，參見氏著《郭店楚簡校釋》，頁 176。

結語：中國傳統之古典學特質以及中國古典學的重新開始　913

續表

《穹達以時》	《荀子·宥坐》
苣（茝/白 芷） 蘭生於深林，不以無人 嗅（嗅）而不芳。無（璑）苔（璐）董（瑾）愈（瑜）坮（包）山石，不爲 無人識而 不輦（理）。	且夫芷蘭生於深林，非以無人而不芳。
童（動）非爲達也，古（故）穹（窮）而不 困 。 學非 爲名也，古莫之智（知）而不娶（閔/憂）。	君子之學，非爲通也，爲窮而不困、憂而意不衰也，知禍福終始而心不惑也。
善怀（否），呂（己）也。又（有）天又人，天人又分。戠（察）天人之分，而智（知）所行矣。 塓（遇）不塓，天也。	夫賢不肖者，材也；爲不爲者，人也；遇不遇者，時也；死生者，命也。
又（有）亓（其）人，亡（無）亓（其）殜（世），唯（雖）臤（賢）弗行矣。句（苟）又亓（其）殜，可（何）憧（慬/[慬]）之又才（哉）。	今有其人，不遇其時，雖賢，其能行乎？苟遇其時，何難之有？
穹（窮）達以時，惪（德）行弌（一）也。穹（窮）達以時，嚳（幽）明不再，古（故）君子憞（惇）於忟（反）呂（己）。	夫遇不遇者，時也；賢不肖者，材也。夫賢不肖者，材也；爲不爲者，人也；遇不遇者，時也；死生者，命也。故君子博學深謀、脩身端行以俟其時。

《穹達以時》的核心觀念是，"又（有）天又人，天人又分。戠（察）天人之分，而智（知）所行矣"。其大意等同於郭店《語叢一》所説："智（知）天所爲，智人所爲，肰（然）句（後）智道，智道肰句智命。"人的窮達取決於"天"（"天"又被具體表述爲"時""殜"），是即"天所爲"。"天"是人不可把控的，人可以把控的是修德。故君子既不爲達，又不爲名，無論境遇如何，均在反己自修上下工夫，是即"人所爲"。上博簡《敓蔑之戢》（其第二簡簡背有篇題）記敓蔑（曹沫）對魯臧（臧/莊）公（前693～前662在位）説："臣餌（聞）之曰：罌（鄰）邦之君明，勛（則）不可以不攸（修）政而善於民，不肰（然）志（恐）亡女（安/焉）；娶（鄰）邦之君亡（無）道，勛（則）亦不可以不攸（修）政而善於民，不肰亡以取之。"魯莊公引沱䑇（施伯）之言曰："君子旻（得）之遊（失）之，天命。"曹沫則説："臣餌（聞）之曰：君子以臤（臤/賢）曼（禹/稱）而遊（失）之，天命；以亡道曼而旻（没）身邊（就）筎（死），亦天命。不肰（然），君子以臤曼，害（曷）又（有）弗旻（得）？以亡

道曼,害又弗遊?"莊公茅塞頓開。此文也是說,現世遭際或得失不可必,亦即跟賢不賢無關,天命並不能保證賢者無失、無道者不得善終,但以賢稱即爲根本之得,以無道稱即爲根本之失,窮達生死固然是事兒,然而更重要的是反己自修。這跟《窮達以時》倡言"穿(窮)達以時,學(幽)明不再,古(故)君子憚(惇)於攺(反)忌(己)",是一樣的立場和選擇。

《穿達以時》的觀念顯然帶有某種普遍性,它是必然地出現在那個時代的。《穿達以時》對《荀子》的巨大影響表現在兩個互相關聯,又可以互相證明的層面上,遠遠不限於《宥坐》篇。首先一個層面是天人有分。《荀子》全書的主旨之一即是倡言天人有分,主張在人可以把控的那一面成就政教倫理之功德。比如其《天論》篇云:

> 明於天人之分,則可謂至人矣。不爲而成,不求而得,夫是之謂天職。如是者,雖深,其人不加慮焉;雖大,不加能焉;雖精,不加察焉:夫是之謂不與天爭職。天有其時,地有其財,人有其治,夫是之謂能參。舍其所以參而願其所參,則惑矣。……若夫(心)[志]意修,德行厚,知(智)慮明,生於今而志乎古,則是其在我者也。故君子(敬)[苟(自急敕)]其在己者,而不慕其在天者;小人錯(措)其在己者,而慕其在天者。君子(敬)[苟]其在己者而不慕其在天者,是以日進也;小人錯其在己者而慕其在天者,是以日退也。故君子之所以日進與小人之所以日退,一也。君子小人之所以相縣(懸)者,在此耳。

這裏的基本觀念,跟《窮達以時》《語叢一》《敬薆之戟》等早期儒典是高度一致的。祇不過《荀子》所謂"天"主要是指"天時"方面的要素,具體化爲"水旱""寒暑""祅怪"等等,跟《窮達以時》對"天"的界定有所不同。龐樸曾經提出,《窮達以時》之"天人之分","絕非荀子那個'天人之分'","因爲這個'天',不是荀子那個'不爲堯存,不爲桀亡'的自然之天,而是如文中所說的那樣,是或有或無的'世',不可强求的'遇',窮達以之的'時'"。① 此說顯然值得商榷。首先,在《窮達以時》中,"天"主要是指"時""殜(世)"等人不可掌控的條件,"遇"則是有其人又有其"時""世"的結果,三者根本就不在同一個邏輯層面上。其次,儘管荀子對"天"的指向有調整,可他仍然跟《窮達以時》一樣,認爲天所爲不可由人控御,人可以控御的是反己自修,惟其如此人應該在這一方面"加慮""加能""加察",汲汲以爲。唐儒楊倞將"人有其治"解釋爲"人能治天時地財而用之",大錯特錯。荀子所謂人所治,實以政教倫理修爲爲重心。

---

① 參閱龐樸:《孔孟之間:郭店楚簡中的儒家心性説》,載《中國哲學》編輯部、國際儒聯學術委員會編《郭店楚簡研究》,《中國哲學》第二十輯,頁27。

故《天論》云："無用之辯,不急之察,棄而不治。若夫君臣之義,父子之親,夫婦之別,則日切瑳(磋)而不舍也。"這是説"君臣之義,父子之親,夫婦之別"乃人當"治"的首務。荀子將"(心)〔志〕意修,德行厚,知(智)慮明,生於今而志乎古",視爲跟"在天者"相對的"在我者",意指也十分明切。所以在這個問題上,荀子跟《穹達以時》祇是大同小異,他除了對局部加以重新定義外,整體觀念和觀念框架則一仍其舊。而必須注意的是,天人有分觀念乃荀子建構倫理道德學説的基石。對他來説,倫理道德是人能做且該做的"在己者"(亦即《語叢》所謂"人所爲"),而非"在天者"(亦即《語叢》所謂"天所爲")。正是簡帛古書清楚地告訴我們,荀子這一觀念乃淵源於《穹達以時》等早期儒典。若無簡帛古書打開新的視野,這一歷史將永世不爲人知。

《穹達以時》影響《荀子》學説的另一個層面,便是切斷禍福際遇跟道德品行的内在必然聯繫。看起來,《宥坐》篇記孔子厄於陳蔡之間,祇襲用了《穹達以時》的"時""世"範疇,而没有明顯承繼其中的"天",但這説到底祇是對源頭性文獻的微調(在《穹達以時》中,"時""世"二範疇原本就是"天"的具體落實)。要之,這意味着先秦儒家對傳統天命觀的理性反思,一下子被簡帛古書提前到了孔門七十子時代,儒家内部的清醒理智主義傳統那時就已經產生了,儘管這不是儒學的全部,卻是值得注意的重大發展。很可能就因爲孔子在世時,上天佑善懲惡的觀念受到了基於世俗經驗的質疑,所以孔門某些弟子以善惡並不關聯終極性關懷和個人現世遭際爲前提,重新確認人對道德的持守。從邏輯上説,這是儒學的又一次開始。而《荀子・宥坐》篇又承繼了這一面向。這些也都是簡帛古書帶給我們的全新認知。

筆者並不絕然認定從《穹達以時》這一早期儒典,到戰國晚期《荀子・宥坐》篇的"孔子南適楚"一節,祇有單綫傳承的關係。在這一進程中,其他儒典可能同樣發揮了作用。然而總體上觀察,從《穹達以時》到《宥坐》篇"孔子南適楚"一節的歷史主綫是最爲清晰的。

除了思想史的觀照,文本生成方面也頗有一些值得思考的問題。《荀子・宥坐》篇跟《穹達以時》的主要文本差異在於:其一,《宥坐》篇將《穹達以時》的核心旨意嵌入孔子遭厄於陳蔡之間這一標誌性事件中,以孔子之口傳達,其立意在於消解儒家傳統天命觀與經驗現實之矛盾,從文本看是十分明顯的。其二,同樣有意思的是,《宥坐》篇並未採取《穹達以時》所列舉的舜遇合堯、旮繇(咎繇)遇合舜、傅説遇合武丁、邵室(吕望)遇合周文、完寺虐(管夷吾)遇合齊逗(桓)公、孫雪(叔)遇合楚臧(莊)王、白(百)里遇合秦穆公等例證;《穹達以時》謂子疋(胥)"前多玒(功),後翏(戮)死",明顯包含伍子胥遇合闔閭和不遇於夫差兩種天差地别的際遇,《宥坐》篇則除掉了伍子胥遇合闔閭,祇用他勸諫夫差而被磔一事。與此同時,《宥坐》篇又增加了王子比干智而被剖心以及關龍逢(逄)忠而見刑。其三,《宥坐》篇增加了重耳、句踐、小白居隱身逸而生霸心諸事。其"芷蘭生於深林"一段雖本源於《穹達以時》,可位置有明顯調整。

　　以上這些可能都不難解釋。其一,戰國時期,孔子遭厄於陳蔡之間是廣爲流傳的故事。《論語·衛靈公》篇記:"在陳絶糧,從者病,莫能興。子路愠見曰:'君子亦有窮乎?'子曰:'君子固窮,小人窮斯濫矣。'"《墨子·非儒下》說:"孔某窮於蔡陳之間,藜羹不糂(糝),十日。子路爲享(烹)豚,孔某不問肉之所由來而食;(號)〔褫〕人衣以酤酒,孔某不問酒之所由來而飲。"《荀子·宥坐》篇叙孔子厄於陳蔡之間,從很大程度上說是混合了以上兩類叙述。《非儒下》食肉飲酒之事爲墨家抹黑孔子的想象之詞,大可不論。其作"十日",殆以"七""十"形近而譌。《宥坐》篇以及《莊子·外篇·天運》與《山木》《莊子·雜篇·讓王》等多數記述均作"七日";古書"十""七"二字錯亂者甚多,毋庸一一舉列。如此說來,《非儒》《宥坐》所記孔子遭困之事基本上是相同的。《論語·衛靈公》記子路質疑"君子亦有窮乎",顯見子路持守的是傳統天命觀。《宥坐》篇將其意旨演繹爲"爲善者天報之以福,爲不善者天報之以禍",十分準確和合理。在《宥坐》篇中,這兩句被冠以"由聞之",《孔子家語·在厄》篇則記子路徑稱這兩句是孔子之語,這兩篇文獻的意思大概相同,而且確有根據,孔子本人確係持守傳統天命觀,子路持見與乃師同,應該是承襲。這從很大程度上意味着《宥坐》篇接下來破解傳統天命觀,事實上並非出自孔子之口。《宥坐》篇稱子路質疑說,"今夫子累德、積義、懷美,行之日久矣,奚居之隱也",意謂累德、積義、懷美者不當遭遇困厄,這同樣是對《論語·衛靈公》以及儒家傳統天命觀的合理演繹。荀子以《論語》中孔子遭厄的故事和觀念(歷史的孔子),有選擇性地吸收諸子各家對這一故事的講述,嫁接了《穹達以時》天人有分的理性思考,遂營造出屬於他自己的孔子厄於陳蔡之間的故事,完成了對"歷史的孔子"的超越。荀子可能認定《穹達以時》的觀念跟孔子有關,也可能祇是將《穹達以時》的觀念與孔子遭厄一事組織到一起,但無論如何,他顯然是認爲《穹達以時》成立的思想動機,是要消除傳統天命觀對經驗事實的背離,在抽掉天命支持的前提下重新確認儒家的道德哲學。在挑戰傳統天命觀的經驗事實中,爲世人熱議的孔子本人的遭際十分凸顯。這應該是誘導荀子將孔子遭厄跟《穹達以時》"粘貼"在一起的外因。

　　其二,《宥坐》篇記孔子厄於陳蔡之間没有採用《穹達以時》所舉賢臣明君遇合的一系列舊事,是因爲《宥坐》篇從孔子,到佐證孔子遭際的比干、關龍逢(逄)、伍子胥,都是就其不遇世而言的,作者基於文本需要對素材作了增減,並且重新加以組織。伍子胥在《穹達以時》中本有遇和不遇兩面,《宥坐》篇僅取其不遇於夫差,更彰顯了作者的用心。毫無疑問,用賢者不遇來表現遇不遇由時世決定、與德行無關的理念,從邏輯上更爲順當。《穹達以時》援引偌多賢臣遇合明君,客觀上會使人覺得德行還是對他們的遇合發揮了作用,用他們來説明遇不遇跟德行無關,邏輯上多少有一點擰。這是荀子重新組織素材的深層緣由。

其三,"芷蘭"作爲喻體,在《穹達以時》中是放在本體之後,《宥坐》篇置之於本體之前,其間並無本質上的差別,大概僅僅是表達策略的問題。然而,荀子看起來有將喻體放在本體前的習慣。比如《荀子·勸學》篇云:"木受繩則直,金就礪則利,君子博學而日參省乎己,則知(智)明而行無過矣。故不登高山,不知天之高也;不臨深谿,不知地之厚也;不聞先王之遺言,不知學問之大也。"接連兩喻,喻體均出現在前面。這種表達習慣可能影響了作者對素材的組織方式,在考慮次生文本時,應該予以關注。

綜上所論,拿新見《穹達以時》鉤聯《荀子·宥坐》篇"孔子南適楚"一節,可以看出中國早期學術思想傳承與文本滋生的一種路徑,其間清晰的主路與幾條時現時隱的輔路,構成了前所未知的歷史圖景。《穹達以時》等簡帛古書再度"全新亮相",它們自身的所有信息都很鮮活,對孔子乃至儒家天命觀、對《荀子》學術思想乃至其文本生成的認知,都被它們刷新。①

而作爲一個母題,孔子遭厄於陳、蔡之間後來又有大量的次生文本,其中最典型、最值得注意者,分別見於《韓詩外傳》卷七(第六章)、《史記·孔子世家》、《説苑·雜言》以及《孔子家語·在厄》等。② 比較自《穹達以時》以來的這六個文本,可以更清楚地觀察中國早期學術思想傳承與文本滋生的複雜進程,更清楚地觀察被埋埋千百年的古書,如何因爲在源頭上影響了傳世文獻、爲傳世文獻負載而發生恒久的影響(參見下附六個文本關聯之一覽表,即表結語-2)。

---

① 《穹達以時》在思想學術史上的重要性,筆者在下文還要接着説,這裏先插一句,即不必感到意外,西方學者對這篇重要文獻的關注遠遠不夠。夏含夷説,郭店簡《穹達以時》也沒有引起學者多少討論,唯一一篇論文是 2005 年牛津大學麥迪(Dirk Meyer)教授發表的《從郭店一號墓寫本〈窮達以時〉的結構看它的説服方法》("Structure as a Means of Persuasion as Seen in the Mannuscript *Qiong da yi shi* from Tomb One, Guodian");參見〔美〕夏含夷:《西觀漢記:西方漢學出土文獻研究概要》,頁 409。

② 《莊子》《吕氏春秋》等書,尤其是前者,曾多次涉及這一母題。其文本生成方式跟《墨子·非儒下》的相關部分頗爲一致。限於篇幅,這裏不作爲對比分析的對象文本。其他晚出者,亦略去不論。

表結語-2 《穿達以時》與《荀子》《韓詩外傳》《史記》《說苑》《家語》關聯文本一覽

說明：(1)各文本自上而下閱讀爲其原文。《穿達以時》文本中的阿拉伯數字爲簡序，黑色方塊表示章號。(2)表格中的空白行表示相關文本沒有跟鄰近文本對應元素；仿宋字不加括號的部分，表示它將在表格其他行即與鄰近文本相關聯的其他位置出現；仿宋字加括號的部分，表示它原本出現在文本其他位置上。(3)不同欄的細部文字或加下劃線，或者在段落後面加星號（＊），主要是提示要點，便於大家比對。請留意各文本中的相同的標識。大篇幅的關聯則不加標識，因爲一目瞭然。

《穿達以時》	《荀子・宥坐》	《韓詩外傳》卷七第六章	《史記・孔子世家》	《說苑・雜言》	《孔子家語・在厄》
			孔子遷于蔡三歲，吳伐陳。楚救陳，軍于城父。聞孔子在陳蔡之閒，楚使人聘孔子。孔子將往拜禮，陳、蔡大夫謀曰："孔子賢者，所刺譏皆中諸侯之疾。今者久留陳、蔡之閒，諸大夫所設行皆非仲尼之意。今楚，大國也，來聘孔子。孔子用於楚，則陳、蔡用事大夫危矣。"於是乃相與發徒役圍孔子於野。		楚昭王聘孔子，孔子往拜禮焉，路出于陳、蔡。陳、蔡大夫相與謀曰："孔子聖賢，其所刺譏，皆中諸侯之病。若用于楚，則陳、蔡危矣。"遂使徒兵距（拒/堵 截）孔子。

續表

《穿達以時》	《荀子・宥坐》	《韓詩外傳》卷七第六章	《史記・孔子世家》	《說苑・雜言》	《孔子家語・在厄》
	孔子南適楚，厄於陳、蔡之閒，七日不火食，藜羹不糂（糝），弟子皆有飢色。子路進問之曰："由聞之：爲善者天報之以福，爲不善者天報之以禍。今夫子累德、積義、懷美，行之日久矣，奚居之隱也（楊注：隱，謂窮約）？"	孔子困於陳、蔡之間，即三經之席，七日不食，藜羹不糝，弟子有飢色，讀《詩》《書》、習禮樂不休。子路進諫曰："爲善者，天報之以福；爲不善者，天報之以禍。今夫子積德、累仁、爲善久矣，意者尚有遺行乎，奚居之隱也？"	不得行，絕糧。從者病，莫能興。孔子講誦弦歌不衰。子路慍見曰："君子亦有窮乎？"	孔子困於陳、蔡之間，居環堵之內，席三經之席，七日不食，藜羹不糝，弟子皆有飢色，讀《詩》《書》、治禮不休。子路進諫曰："凡人爲善者，天報以福；爲不善者，天報以禍。今先生積德行、爲善久矣，意者尚有遺行乎，奚居之隱也？"	孔子不得行，絕糧七日，外無所通，藜羹不充，從者皆病。孔子愈慷慨講誦，絃歌不衰。（且由也昔者聞諸夫子曰，爲善者天報之以福，爲不善者天報之以禍。今夫子積德懷義，行之久矣，奚居之窮也？）
			孔子曰："君子固窮，小人窮斯濫矣。"……		

續表

《穷達以時》	《荀子·宥坐》	《韓詩外傳》卷七第六章	《史記·孔子世家》	《説苑·雜言》	《孔子家語·在厄》
			孔子知弟子有慍心,乃召子路而問曰:"《詩》云:'匪(非)兕匪虎,率彼曠野。'吾道非邪?吾何爲於此?"子路曰:"意者吾未仁邪,人之不我信也?意者吾未知(智)邪,人之不我行也?"		乃召子路而問焉,曰:"《詩》云:'匪兕匪虎,率彼曠野。'吾道非乎,奚爲至于此?"子路愠,作色而對曰:"君子無所困。意者夫子未仁與,人之弗吾信也?意者夫子未智與,人之弗吾行也?且由也昔者聞諸夫子曰,爲善者天報之以福,爲不善者天報之以禍。今夫子積德懷義,行之久矣,奚居之窮也?"

續表

《窮達以時》	《荀子・宥坐》	《韓詩外傳》卷七第六章	《史記・孔子世家》	《説苑・雜言》	《孔子家語・在厄》
	孔子曰："由不識,吾語女(汝)。女以知(智)者爲必用邪?王子比干不見剖心乎!女以忠者爲必用邪?關龍逢(逢)不見刑乎!女以諫者爲必用邪?吳子胥不磔姑蘇東門外乎!	孔子曰："由來!汝小人也,未講於論也。居,吾語汝。子以知(智)者爲無罪乎?則王子比干何爲剖心而死?子以義者爲聽乎?則伍子胥何爲抉目而懸吳門?子以廉者爲用乎?則伯夷、叔齊何爲餓於首陽之山?子以忠者爲用乎?則鮑叔何爲而不用,葉公子高終身不仕,鮑焦抱木而立,子推登山而燔?	孔子曰："有是乎?由,譬使仁者而必信,安有伯夷、叔齊?使知(智)者而必行,安有王子比干?"	孔子曰："由來,汝不知。坐,吾語汝。子以夫知(智)者爲無不知乎?則王子比干何爲剖心而死?子以諫者爲必聽耶?伍子胥何爲抉目於吳東門?子以廉者爲必用乎?伯夷、叔齊何爲餓死於首陽山之下?子以忠者爲必用乎?則鮑莊何爲而肉枯,荊公子高終身不顯,鮑焦抱木而立枯,介子推登山焚死?	子曰:"由未之識也,吾語汝。汝以仁者爲必信也,則伯夷、叔齊不餓死首陽?汝以智者爲必用也,則王子比干不見剖心?汝以忠者爲必報也,則關龍逢(逢)不見刑?汝以諫者爲必聽也,則伍子胥不見殺?
	"夫遇不遇者,時也;賢不肖者,材也。				"夫遇不遇者,時也;賢不肖者,才也。

續表

《穹達以時》	《荀子・宥坐》	《韓詩外傳》卷七第六章	《史記・孔子世家》	《說苑・雜言》	《孔子家語・在厄》
	"君子博學深謀不遇時者多矣。由是觀之,不遇世者衆矣,何獨丘也哉!	"故君子博學深謀不遇時者衆矣,豈獨丘哉!		"故夫君子博學深謀不遇時者衆矣,豈獨丘哉!	"君子博學深謀而不遇時者衆矣,何獨丘哉!
	"且夫芷蘭生於深林,非以無人而不芳。君子之學,非爲通也,爲窮而不困、憂而意不衰也,知禍福終始而心不惑也。				"且芝蘭生于深林,不以無人而不芳。君子修道立德,不爲窮困而改節。
又(有)天又(有)人,天人又(有)分。戠(察)天人之分,而智(知)所行矣。又亓(其)人,亡(無)亓(其)丗(世),唯(雖)臤(賢)弗行矣。句(苟)又(有)亓(其)丗(世),可(何)〔慬(難)〕之又(有)才(哉)。	"夫賢不肖者,材也;爲不爲者,人也;遇不遇者,時也;死生者,命也。今有其人,不遇其時,雖賢,其能行乎?苟遇其時,何難之有?	"賢不肖者,材也;遇不遇者,時也。今無有時,賢安所用哉?		"賢不肖者,才也;爲不爲者,人也;遇不遇者,時也;死生者,命也。有其才,不遇其時,雖才不用;苟遇其時,何難之有?	"爲之者,人也;生死者,命也。

續表

《穷達以時》	《荀子·宥坐》	《韓詩外傳》卷七第六章	《史記·孔子世家》	《說苑·雜言》	《孔子家語·在厄》
舜耕於鬲（歷）山，匋（陶）（笘）〔埏〕02於河浜（濱），立而爲天子，堣（遇）堯也。		"故虞舜耕於歷山之陽，立爲天子，其遇堯也。		"故舜耕歷山而陶於河畔，立爲天子，則其遇堯也。	
卲（邵）鰯（繇）〔……〕					
〔傅説〕衣胎（枲）蓋，冒（帽）絰（絰）冡（冢）懂（巾）03，戟（釋）板笞（築）而差（佐）天子，堣（遇）武丁也。		"傅説負土而版築，以爲大夫，其遇武丁也。		"傅説負壤土，釋板築而立佐天子，則其遇武丁也。	
		"伊尹，故有莘氏僮也，負鼎操俎、調五味而立爲相，其遇湯也。		"伊尹，有莘氏媵臣也，負鼎俎、調五味而佐天子，則其遇成湯也。	

續表

《穿達以時》	《荀子·宥坐》	《韓詩外傳》卷七第六章	《史記·孔子世家》	《說苑·雜言》	《孔子家語·在厄》
邵(呂)室(望)爲牂(臧)垄(棘)瀘(津),戰(守)監門04垄(棘)阬(地),行年七十而膳(屠)牛於朝訶(歌),舉(舉)而爲天子市(師),堣(遇)周文也。05		"呂望行年五十賣食棘津,年七十屠於朝歌,九十乃爲天子師,則遇文王也。"		"呂望行年五十,賣食於棘津,行年七十,屠牛朝歌,行年九十,爲天子師,則其遇文王也。"	
完(管)寺(夷)虞(吾)苟(拘)繇(囚)荓(梏)縛,斁(釋)杙(械)樺(柙)而爲者(諸)侯相,堣(遇)齊逗(桓)也。06		"管夷吾束縛(自)〔置〕檻車,以爲仲父,則遇齊桓公也。"		"管夷吾束縛膠目,居檻車中,自車中起爲仲父,則其遇齊桓公也。"	

續表

《穹達以時》	《荀子·宥坐》	《韓詩外傳》卷七第六章	《史記·孔子世家》	《說苑·雜言》	《孔子家語·在厄》
白(百)里迡(轉)道(鬻)五羊,爲故(伯)數(牧)牛,靸(釋)板(鞭)栓(棰)而爲昌(朝)卿,垍(遇)秦穆。■07		"百里奚自賣五羊之皮,爲秦伯牧牛,舉爲大夫,則遇秦繆公也。		"百里奚自賣取五羊皮,〔爲〕伯氏牧(羊)〔牛〕以爲卿大夫,則其遇秦穆公也。	
孫昌(叔)三躲(謝)耶(期)思少司馬,出而爲命(令)尹,垍(遇)楚戚(莊)也。08		"虞丘(沈令尹)名聞於天下,以爲令尹,讓於孫叔敖,則遇楚莊王也。*		"沈尹名聞天下,以爲令尹,而讓孫叔敖,則其遇楚莊王也。*	
善怀(否),吕(己)也。穹(窮)達以時,悳(德)行弌(一)也。礜(譽)㫳(毁)才(在)仿(旁),聖(聽)之弋(式),母之白。14初					

續表

《窮達以時》	《荀子·宥坐》	《韓詩外傳》卷七第六章	《史記·孔子世家》	《説苑·雜言》	《孔子家語·在厄》
沽(沉)酭(鬱),後名易(揚),非亓(其)惪(德)加。					
子疋(胥)前多紅(功),後翏(戮)死,非亓(其)智 09 惈(衰)也。	(女以諫者爲必用邪?吴子胥不磔姑蘇東門外乎!)	"伍子胥前功多,後戮死,非知(智)有盛衰也,前遇闔閭,後遇夫差也。		"伍子胥前多功,後戮死,非其智益衰也,前遇闔廬,後遇夫差也。	
驥(驥)駒(厄)張(常)山,驊(騏)空(穴)於卻(鳩)堃(棘),非亡(無)膿(體)壯也。穿(窮)四海(海),至千 10 里,堣(遇)告(造)〔父〕古(故)也。		"夫驥罷鹽車,(此)非無形容也,〔世〕莫知之也。使驥不得伯樂,安得千里之足?造父亦無千里之手矣。		"夫驥厄罷鹽車,非無驥狀也,夫世莫能知也。使驥得王良、造父,驥無千里之足乎?	

續表

《穷達以時》	《荀子·宥坐》	《韓詩外傳》卷七第六章	《史記·孔子世家》	《説苑·雜言》	《孔子家語·在厄》
堣(遇)不堣,天也。	(遇不遇者,時也。)	(遇不遇者,時也)		(遇不遇者,時也)	(夫遇不遇者,時也)
童(動)非爲達也,古(故)穹(窮)而不⑪困。學非爲名也,古莫之智(知)而不斁(閔/憂)。苣(茝/白芷)蘭生於深林,⑫不以無人嗅(嗅)而不芳。無(蕪)苔(璐)葷(堇)愈(瑜)坨(包)山石,不爲無人識而⑬不蕫(理)。	(且夫芷蘭生於深林,非以無人而不芳。君子之學,非爲通也,爲窮而不困、憂而意不衰也,知禍福終始而心不惑也。)	"夫蘭茝生於茂林之中,深山之間,不爲人莫見之故不芬。夫學者非爲通也,爲窮而不困、憂而志不衰,先知禍福之終始而心無惑焉。故聖人隱居深念,獨聞獨見。		"芝蘭生深林,非爲無人而不香。故學者非爲通也,爲窮而不困也,憂而志不衰也,此知禍福之始而心不惑也。聖人之深念獨知獨見。	(且芝蘭生于深林,不以無人而不芳。君子修道立德,不爲窮困而改節。)

續表

《窮達以時》	《荀子·宥坐》	《韓詩外傳》卷七第六章	《史記·孔子世家》	《說苑·雜言》	《孔子家語·在厄》
	（女以忠者爲必用邪？關龍逢不見刑乎！）	"夫舜亦賢聖矣，南面而治天下，惟其遇堯也。使舜居桀、紂之世，能自免於刑戮之中則爲善矣，亦何位之有？桀殺關龍逢（逢），紂殺王子比干，當此之時，豈關龍逢無知，而王子比干不慧乎哉！此皆不遇時也。		"舜亦賢聖矣，南面治天下，唯其遇堯也。使舜居桀、紂之世，能自免刑戮固可也，又何官得治乎？夫桀殺關龍逢，而紂殺王子比干，當是時，豈關龍逢無知，而比干無惠（慧）哉！此桀紂無道之世然也。	
穿（窮）達以時，學（幽）明不再，古（故）君子憚（惇）於反（反）呂（己）。■15	"故君子博學深謀、脩身端行以俟其時。"	"故君子務學，脩身端行而須其時者也。子無惑焉。"		"故君子疾學，脩身端行，以須其時也。"	
		《詩》曰："鶴鳴九皋，聲聞于天。"			

續表

《穿達以時》	《荀子·宥坐》	《韓詩外傳》卷七第六章	《史記·孔子世家》	《說苑·雜言》	《孔子家語·在厄》
	孔子曰："由！居！吾語女（汝）。昔晉公子重耳霸心生於曹，越王句踐霸心生於會稽，齊桓公小白霸心生於莒。故居不隱者思不遠，身不佚者志不廣（楊注：佚，與逸同，謂奔竄也）。女庸安（何以）知吾不得之桑落之下？"				"是以齊小白之有霸心，生于莒；晉重耳之有霸心，生于曹、衛；越王勾踐之有霸心，生于會稽。故居下而無憂者，則思不遠，處身而常逸者，則志不廣，庸知其終始乎？"

　　參稽表中六個文本，可以發現很多重要信息。

　　從總體上看，《荀子·宥坐》篇"孔子南適楚，戹（厄）於陳、蔡之間"在主旨上承襲了早期儒典《穿達以時》，在敘述上則增加了孔子遭厄的人物及事件的框架；《韓詩外傳》卷七第六章"孔子困於陳、蔡之間"一方面承襲了《宥坐》的人物、事件框架，一方面大量吸收了《穿達以時》的理念及其舉證；《史記·孔子世家》所記孔子被圍於陳蔡之間，不僅事跡別有所本，而且完全沒有吸收源自《穿達以時》，可見於《荀子·宥坐》與《韓詩外傳》的理念；《說苑·雜言》"孔子困於陳、蔡之間"主要是糅合《荀子·宥坐》與《韓詩外傳》（大要來自《韓詩外傳》，僅僅幾個局部採自《荀子·宥坐》）；《孔子家語·在厄》篇的相關文本大抵是糅合《荀子·宥坐》和《史記·孔子世家》。總之，《穿達以時》之後，所有五種文本均有人物事件的框架；——《宥坐》篇"孔子南適楚，戹（厄）於陳、蔡之間"的人物事件框架幾乎影響了其後所有的次生文本，見於《韓詩外傳》、

《說苑·雜言》者對它的承襲尤爲明顯。

具體説來，《荀子·宥坐》之後，跟《窮達以時》密切相關的又一個次生文本是《韓詩外傳》卷七第六章。徐復觀曾經指出："我們應該注意到他（案指韓嬰）大量徵引了《荀子》的材料，甚至其著書體裁亦由《荀子》發展而來，即可了解他受荀子影響之深。"①徐復觀指出的事實意味着《韓詩外傳》卷七第六章的人物事件框架一定是來自《宥坐》。但特別值得注意的是，《外傳》這一文本重新吸納了《窮達以時》舉列的以下例證：舜遇合堯、傅説遇合武丁、邵室（吕望）遇合周文、完寺虐（管夷吾）遇合齊逗（桓）、孫罟（叔）遇合楚臧（莊）、白（百）里遇合秦穆，以及子疋（胥）"前多江（功），後翠（戮）死"。《窮達以時》中呂繇（咎繇）遇合舜一事在抄寫時脱漏，祇存留其名，緊連的傅説之事則漏抄了"傅説"之主名。韓嬰面對的源頭性文本可能同樣如此，但他並未意識到其中有脱誤，所以祇根據對傅説生平際遇的了解，直接將"咎繇"改成了"傅説"。《外傳》這一文本在《宥坐》"孔子南適楚，戹（厄）於陳、蔡之間"增加的人物事例中，進一步加入了伯夷、叔齊廉而餓死，鮑叔忠而不用，葉公子高忠而終身不仕，鮑焦忠而抱木立枯，子推忠而登山燔死諸事；《宥坐》文本所舉關龍逢（逄）被殺一事被調整了位置，放到後面的總結部分；重耳、句踐、小白居隱身逸而生霸心諸事，則未被採用。《外傳》這一文本最後引《詩》作結，呈現了作者營造文本的一般規律，從上揭六個文本組成的序列中看，這一特點尤爲鮮明。

徐復觀曾經詳細列舉《新序》《説苑》各卷與《韓詩外傳》相同者，斷言"《新序》《説苑》之作，蓋承《韓傳》之統緒而有所發展"。②《説苑·雜言》"孔子困於陳、蔡之間"基本上襲用《韓詩外傳》，唯局部採納《荀子·宥坐》。故跟《窮達以時》相比，《外傳》增加了伊尹遇合商湯，《説苑·雜言》同；《外傳》删除了呂繇（咎繇）之事，《説苑·雜言》同；《外傳》將孫罟（叔）遇合楚臧（莊）一事改爲虞丘沈令尹遇合楚莊，《説苑·雜言》同。而《外傳》與《窮達以時》同者，諸如舜遇合堯等事項，《説苑·雜言》與《外傳》同，《外傳》與《窮達以時》異者（不計其引用《詩經》之尾巴），諸如未襲用"堣（遇）不堣，天也"等，《説苑·雜言》與《外傳》亦同。跟《荀子·宥坐》相比，《外傳》增加了伯夷叔齊廉而餓死、鮑莊忠而肉枯、葉公子高忠而終身不顯、鮑焦忠而抱木立枯、子推忠而登山被焚等事，《説苑·雜言》與《外傳》同；《外傳》未採用《宥坐》篇重耳、句踐、小白居隱身逸而生霸心諸事，《説苑·雜言》與《外傳》同；"夫蘭茝生於茂林之中"一段文字，《外傳》的安排不依據《荀子·宥坐》，《説苑·雜言》亦與《外傳》同。總

---

① 徐復觀：《兩漢思想史》第三卷，頁14。

② 參閲上書，頁43～47。

之,《說苑》中的這一文本對《外傳》基本上是亦步亦趨。《說苑·雜言》這一文本局部採納《荀子·宥坐》者,主要是吸收了其"爲不爲者,人也""死生者,命也"二語(此二語《外傳》未予採用,《雜言》則用其意)。《韓詩外傳》卷七第六章"孔子困於陳、蔡之間"與《荀子·宥坐》篇"孔子南適楚,厄於陳、蔡之間",是《說苑·雜言》"孔子困於陳、蔡之間"的直接的源頭性文獻,它跟前兩者的差異,僅僅是增加了春秋時的善馭者"王良",跟原有的周穆王時的善馭者"造父"並列。這應該是出於對舉的策略,聯類而及。此外值得注意的是,《說苑·雜言》文本中"舜耕歷山而陶於河畔"一語,《外傳》對應部分作"虞舜耕於歷山之陽",《穿達以時》作"舜耕於鬲(歷)山,匋(陶)(笞)〔笸(埏)〕於河氐(濱)";其傅説"負壞土,釋板築而立佐天子"一語,《外傳》對應部分作傅説"負土而版築,以爲大夫",《穿達以時》作"軓(釋)板管(築)而差(佐)天子"。這兩處細節,《雜言》之文本跟《穿達以時》的同一性更爲明顯,似乎表明前者採摭了《穿達以時》的材料。但實際上,相對於《外傳》"孔子困於陳、蔡之間",《雜言》這一文本增加的部分應該是別有來源。比如舜"陶於河畔"一事可見於《史記·五帝本紀》,所謂"舜耕歷山,漁雷澤,陶河濱,作什器於壽丘"云云。

《穿達以時》、《韓詩外傳》卷七第六章與《説苑·雜言》"孔子困於陳、蔡之間"三個文本均有孫叔敖事。以後二者爲參照,可以考定《穿達以時》第七、第八簡的編排順序。《穿達以時》第八簡中"孫啎(叔)三躾(謝)耶(期)思少司馬"一事,陳偉等學者編連在第七簡"白(百)里迡(轉)遒(鬻)五羊"一事之前,① 看來值得商榷。《韓詩外傳》卷七第六章"孔子困於陳、蔡之間"直接承繼《穿達以時》,《説苑·雜言》"孔子困於陳、蔡之間"則直接承繼《韓詩外傳》,在《外傳》與《説苑》的這兩個文本中,跟孫叔敖相關的片段均在百里奚之後。因此,《穿達以時》第七、第八簡應按順序編聯,李零的排序是正確的。② 不過,《穿達以時》引用此事的重點在於孫叔敖遇合楚莊王,《韓詩外傳》卷七第六章與《説苑·雜言》"孔子困於陳、蔡之間"兩個相關文本,重點則在虞丘沈令尹遇合楚莊王。這一變化耐人尋味。道理卻很簡單,依《韓詩外傳》之意,孫叔敖遇合楚莊,虞丘沈令尹發揮了根本作用,没有他的薦舉,就没有孫叔敖之遇合楚莊,所以《外傳》將焦點轉至虞丘與楚莊的遇合。《外傳》卷二第四章云:

> 楚莊王聽朝罷晏(晚,遲)。樊姬下堂而迎之,曰:"何罷之晏也,得無飢倦乎?"莊王曰:"今日聽忠賢之言,不知飢倦也。"樊姬曰:"王之所謂忠賢者,諸侯之客歟? 國中之士歟?"莊王曰:"則(即)沈令尹也。"樊姬掩口

---

① 參閲陳偉等:《楚地出土戰國簡册[十四種]》,頁 177。
② 參閲李零:《郭店楚簡校讀記》增補本,頁 86。

而笑。王曰："姬之所笑者何等也?"姬曰："妾得侍於王，尚湯沐，執巾櫛，振衽席，十有一年矣。然妾未嘗不遣人之梁鄭之間，求美人而進之於王也。與妾同列者十人，賢於妾者二人。妾豈不欲擅王之愛，專王之寵哉？不敢以私願蔽衆美也，欲王之多見，則知人能也。今沈令尹相楚數年矣，未嘗見進賢而退不肖也，又焉得爲忠賢乎？"莊王旦朝，以樊姬之言告沈令尹。令尹避席而進孫叔敖。叔敖治楚三年，而楚國霸。楚史援筆而書之於策曰："楚之霸，樊姬之力也。"《詩》曰："百爾所思，不如我所之。"樊姬之謂也。

此章主旨是贊樊姬，卻較然可見虞丘之遇合楚莊、薦舉孫叔，對孫叔遇合楚莊王是前提性的。韓嬰改寫此事之原因大概在此。依其意，虞丘"相楚數年"，楚莊謂之"忠賢"，亦可謂"遇"矣。

乍看起來，《史記·孔子世家》關於孔子厄於陳蔡之間的記述不屬於《穿達以時》開創的文本滋生序列。一方面，從該文本中基本上看不到《穿達以時》的影子；另一方面，較之在《穿達以時》基礎上增益了敘事框架，而基本觀念乃至基本事例承襲《穿達以時》的各個文本，諸如《荀子·宥坐》"孔子南適楚，厄於陳、蔡之間"，《韓詩外傳》卷七第六章，《説苑·雜言》"孔子困於陳、蔡之間"等，該文本也大異其趣(史公舉伯夷叔齊爲證，祇是與《韓詩外傳》偶合。他強烈關注伯夷叔齊的德行與遭際，由《史記》以《伯夷列傳》爲七十列傳之首較然可知)。因此，《世家》所記應該是別有傳承。

《世家》記述孔子厄於陳蔡之間，在子路拜見夫子後的問答跟另幾個文本看起來一致，實際是襲用《論語·衛靈公》的如下記述："在陳絕糧，從者病，莫能興。子路慍見曰：'君子亦有窮乎？'子曰：'君子固窮，小人窮斯濫矣。'"其間由孔子呈現的核心理念是君子、小人人格的歧異，不像其他文本那樣直接針對和處理上天報善懲惡的觀念(這一觀念在《穿達以時》中處於隱含狀態)。可見在上揭六個文本中，《世家》記述孔子厄於陳蔡之間是一個特例。該文本接下來圍繞孔子與子貢的問答(上表從略)進一步展開："子貢色作。孔子曰：'賜，爾以予爲多學而識之者與？'曰：'然。非與？'孔子曰：'非也。予一以貫之。'"這是襲用《論語·衛靈公》的如下記載："子曰：'賜也，女(汝)以予爲多學而識之者與？'對曰：'然。非與？'曰：'非也。予一以貫之。'"在《衛靈公》篇，此章與"在陳絕糧"一事前後相連，但應該是各自獨立。史公將它們生硬地組織在一起，尤可説明他依據《衛靈公》組織《世家》這一文本的事實。《世家》記孔子厄於陳蔡之間接下來尚有子貢見夫子之問答、顏淵見夫子之問答，以及子貢使楚、楚昭王興師迎孔子諸事，均被《孔子家語·在厄》篇襲用，但跟上揭其他各種文本迥異(爲節省篇幅，未錄入上表)。

司馬遷至少可以看到《荀子・宥坐》和《韓詩外傳》對孔子遭厄於陳蔡間的記述,《世家》未曾襲用這些前賢舊典張揚的、切斷德行與禍福遭際之内在關聯的清醒理智主義,是最關鍵,也最微妙的問題。司馬遷對傳統天命觀其實有很多追問,《伯夷列傳》是這一方面最典型的例子。它用正面反面兩類人的遭際,比如善人伯夷、叔齊"積仁絜(潔)行如此而餓死",顔淵因"好學"獨受孔子稱讚而"卒早夭",①盗蹠"日殺不辜,肝人之肉,暴戾恣睢,聚黨數千人横行天下,竟以壽終",以及近世數不勝數的"操行不軌,專犯忌諱,而終身逸樂,富厚累世不絶"者,與那數不勝數的"擇地而蹈之,時然後出言,行不由徑,非公正不發憤,而遇禍災"者等,來質疑"天道無親,常與善人""天……報施善人"的傳統觀念,書寫自己無窮的困惑。② 凡此之類,跟上揭《史記》前後的其他五個文本並無差異,然而,司馬遷看起來是有意淡化孔子遭厄這一傳統母題中的清醒理智主義。爲什麽如此呢? 司馬遷有自己的兩難選擇:一方面,因爲存在大量相悖的經驗事實,高度關注事實的司馬遷充分表達了對天道嫉惡向善觀念的困惑;一方面,司馬遷又處處持守天命對道德的眷顧,持守歷史變遷與浮沉背後的天命-道德根源。《史記・樂書》云:"凡音由於人心,天之與人有以相通,如景(影)之象形,響之應聲。故爲善者天報之以福,爲惡者天與之以殃,其自然者也。"③司馬遷打心底盼望那種報善懲惡的天命意志完滿落實在現實人生中。對他來説,假如連天都不關注世間善惡,還有誰眷顧世間衆生呢? 基於司馬遷内心這種糾結,我們似乎可以判斷,他不接受《荀子・宥坐》《韓詩外傳》卷七第六章所敘孔子厄於陳蔡之間的"故事版本"以及它們負載的源於《窮達以時》的基本理念,是由於他的現世關懷跟情感意願的含混。不過打斷骨頭連着筋,《世家》記孔子厄於陳蔡之間跟其他文本有一定的

---

① 孔子及其門弟子所謂"學",根本在修養德行。《論語・學而》篇記孔子曰:"君子食無求飽,居無求安,敏於事而慎於言,就有道而正焉,可謂好學也已。"《論語・雍也》篇記哀公問:"弟子孰爲好學?"孔子對曰:"有顔回者好學,不遷怒,不貳過。不幸短命死矣! 今也則亡,未聞好學者也。"其證成"好學"的行爲,如"就有道而正焉""不貳過"等,都是德行的修養。
② 案:"天道無親,常與善人"一語今見傳世《老子》第七十九章,可司馬遷顯然是從儒家傳統天命觀的立場上理解這句話的。
③ 《漢書・司馬遷傳》謂《太史公書》"十篇缺,有録無書"。顔注引張晏(生卒年不詳)曰:"遷没之後,亡《景紀》《武紀》《禮書》《樂書》《(兵)〔律〕書》《漢興以來將相年表》《日者列傳》《三王世家》《龜策列傳》《傅靳列傳》。元成之間褚先生補缺,作《武帝紀》《三王世家》《龜策》《日者傳》,言辭鄙陋,非遷本意也。"王鳴盛(1722~1797)質疑其説,云:"《禮書》《樂書》雖是取《荀卿・禮記》,其實亦是子長筆,非後人所補,不知張晏何以云亡。"又謂:"《漢書》所謂十篇有録無書者,今惟《武紀》灼然全亡,《三王世家》《日者》《龜策傳》爲未成之筆,但可云'闕',不可云'亡'。其餘皆不見所亡何文。"(參閲氏著《十七史商榷・史記一》"十篇有目無書"條,上海:上海古籍出版社,2013年,第1版,頁8~10)

相關和一致之處。孔子謂子貢："君子能脩其道，綱而紀之，統而理之，而不能爲容。今爾不脩爾道而求爲容。賜，而（爾）志不遠矣！"從根本取向上説，君子脩道而不求爲容，跟《穹達以時》倡言有天有人，遇不遇取決於天或者時世、君子無論如何都敦於反己自修，從根子上説還是一致的。而且，《世家》記孔子厄於陳蔡之間，還涉及顏回所表白的君子之恥在於道之不修，這同樣凸顯了儒家的基本取向。其間顏回還強調："夫道既已大脩而不用，是有國者之醜也。"這種表白，在遇不遇層面上增加了批判體制的意味。凡此之類，在政教倫理層面上的立足點跟上揭其他五個文本完全相同。這進一步説明司馬遷是有意、有選擇地淡化了一些東西，以清醒理智主義爲特質的傳統文本應該不是因爲被史公判斷爲不實而遭到屏蔽。

至於《世家》所敍陳蔡大夫發徒役包圍孔子，無論《荀子·宥坐》《韓詩外傳》等直接承繼《穹達以時》者，還是《説苑·雜言》這一間接承繼《穹達以時》者，都不曾出現，殆源自先秦諸子百家所傳。《莊子·外篇·天運》説孔子"圍於陳蔡之間，七日不火食，死生相與鄰"；《山木》也説"孔子圍於陳蔡之間，七日不火食"，"孔子窮於陳蔡之間，七日不火食"；《莊子·雜篇·讓王》則説，"孔子窮於陳蔡之間，七日不火食，藜羹不糝，顏色甚憊，而弦歌於室"。雖然孔子爲何被"圍"各篇語焉不詳，可大概確有其事。拿《世家》所記來作比較，頗可見出不同文體的不同規定性；諸子文對此可以不明就裏，《史記》的紀傳體文字卻需要原原本本交代。這就是爲什麼史家在不知道很多事實關節時，往往訴諸設身處地的懸想；他們不是追求現代意義上的"虛構"，而是依社會和個人的條件（如知識、經驗等），製造出一種真實。① 另外，《莊子·雜篇·讓王》已有孔子和顏回、子路、子貢對話的框架，這也許可以説明孔子遭厄時，確實發生了《世家》所記孔子先後跟子路、子貢、顏回等弟子談心的事情（不過《宥坐》篇孔子"厄於陳、蔡之間"祇有孔子和子路的對答，承襲其人物故事框架的《外傳》卷七第六章也是如此）。《世家》説孔子先後召子貢、子路、顏回，問道："《詩》云'匪兕匪虎，率彼曠野'。吾道非邪？吾何爲於此？"三弟子各自給出回答，孔子分別予以評騭。孔門師徒間這種互動模式常見於典籍記載。如《論語·先進》篇記子路、曾晳、冉有、公西華侍坐，弟子們受命各言其志，孔子分別作出回應。《荀子·子道》篇記子路、子貢、顏淵先後入見，孔子問"知（智）者若何？仁者若何"，三弟子各自給出回答，孔子分別予以評騭。《韓詩外傳》卷七第二十五章記孔子遊於景山之上，子路、子貢、顏淵從，孔子要弟子

---

① 參閲拙作《先秦史傳、諸子及辭賦中的"小説"敍事和想象》，載《北京大學學報（哲學社會科學版）》2017年第二期，頁134～138。

各言所願,之後分別給予評騭。

一言以蔽之,《世家》所記孔子厄於陳蔡之間應該是以《論語·衛靈公》所記爲核心,吸收諸子百家言的結果。它用十分獨特的方式,定義了自己跟以清醒理智主義爲特徵的前賢舊典的"密切"關係。

《孔子家語·在厄》篇敘陳蔡大夫"使徒兵距(拒)孔子"、孔子遭厄,應該相當晚出,它是基於《孔子世家》的文本,部分吸納《荀子·宥坐》的内容而成的,故其不同於《世家》者與《宥坐》同,不同於《宥坐》者則與《世家》同。此外,它經《荀子·宥坐》的中轉,間接接受了《穹達以時》的影響。

在上揭六個文本中,《穹達以時》,《荀子·宥坐》篇"孔子南適楚,戹(厄)於陳、蔡之間",《韓詩外傳》卷七第六章"孔子困於陳、蔡之間",《説苑·雜言》"孔子困於陳、蔡之間",四者構成了一個文本滋生序列;《孔子家語·在厄》篇的相關部分承襲了由《荀子·宥坐》中轉的《穹達以時》的部分理念,它儘管採用了《孔子世家》的敘述框架,卻仍然可以視爲這一序列的附庸。《穹達以時》是《宥坐》《外傳》中的兩個文本的直接源頭,它們對《穹達以時》有極深刻的承繼,步調卻不完全一致。《説苑·雜言》"孔子困於陳、蔡之間"基於《韓詩外傳》的相關文字,吸納了《荀子·宥坐》篇的部分内容,又差不多承襲了《穹達以時》的全部間接影響(由《宥坐》與《外傳》中的兩個文本中轉)。不過,它並未承受《穹達以時》的直接影響,因此不存在任何異於《宥坐》《外傳》中的兩個文本而同於《穹達以時》的元素。而《史記·孔子世家》的相關文本用一種極爲獨特的方式,定義了它與《穹達以時》以及《宥坐》《外傳》中兩個相關文本的聯繫。在這些文本產生的過程中,思想與表達的強大定勢與主體在思想與表達上的取捨和營構交匯在一起,強大的定勢之下產生的仍然是主體高度自控的文本成果,簡單的單線聯繫幾乎完全不存在。

基於上面的論析,還有一個信息也相當重要:《穹達以時》很可能爲韓嬰所目見,而劉向編撰《説苑》之時,它早已埋没無聞。馬王堆帛書《五行》進入墓葬的年代爲漢文帝前元十二年(前168),這正是韓嬰在世的時代。劉向之時《五行》"缺席",故《别録》《七略》《漢志》均未著録。竹書《穹達以時》與竹書《五行》同見於湖北荆門郭店的戰國楚墓,它們進入墓葬的時間不晚於公元前300年。《穹達以時》和《五行》埋没的時代很可能大致相同,所以它能進入韓嬰的視野。不過對中國古典學來説,下面一點特別值得重視:《穹達以時》雖一度從人們的歷史視野中消失,可它直接塑造了《荀子·宥坐》"孔子南適楚,戹(厄)於陳、蔡之間"以及《韓詩外傳》卷七第六章"孔子困於陳、蔡之間"兩個文本,並且由它們中轉,又塑造了《説苑·雜言》"孔子困於陳、蔡之間"以及《孔子家語·在厄》篇"楚昭王聘孔子"兩個文本。司馬遷記述孔子遭厄時,有意屏蔽《窮達以時》《宥坐》《外傳》相關敘述中的清醒理智傳統,卻也因此彰顯了該傳統的存在。《窮達以時》的影響因爲這些傳世次生文本一直在不同向度上輻射,在歷史的長河中,它其實從來都沒有"缺席"(本文所揭六個文本的影響關係,參見圖結語-1 所示)。追溯這一段文本生成、思想學術發展和傳播的歷史,必須從《窮達以時》重新開始,它纔是那個直接或間接發揮關鍵作用的核心。

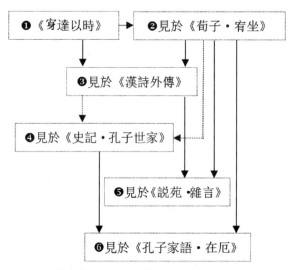

圖結語-1　六個對象文本之關聯圖示

説明:除《窮達以時》以外,其他對象文本僅以數字標示,並在數字之後注明出處。

餘　論

春秋戰國時期是我國一系列重要傳統奠基和確立的時期,是我國思想學術、文化、制度、文明各方面"元典"生成的時期,因此也是我國古典學需要大力研探的核心時期。對於這一時期的學術思想、制度、文化或文明的研究,一切真正意義上的開拓,一切真正意義上的撥亂反正或推陳出新,都具有重要價值。夏含夷論郭店、上博簡的重要性,説:"郭店簡和上博簡的重要性是多方面的。對於中國思想史的研究來説,它們是無價之寶。作爲中國思想史的黃金年代,戰國時期一直是後世思想家的靈感源泉。然而,祇有相對極少的文獻可以確定寫於這一時期,因此每有新文獻出土都戲劇性地爲整個文獻庫錦上添花。與新文獻相比,傳世文獻的新寫本也許同樣重要,比如郭店《老子》和同時出現在郭店與上博簡中的《緇衣》。它們不僅爲這些文獻提供了新的早期寫本,還使我們向其原型邁進了一大步,因爲它們都抄寫於秦漢時期的文字標準化之前。"①夏含夷對秦漢時期"文字標準化"的肯定性意義估計不足,他鼓吹的"重寫中國古代文獻"的口號也幾乎不可能成爲現實,可他高度肯定新出早期文獻的重要性,是合乎實際的。

《詩論》《五行》等新出秦漢以前的文獻(從時間上説,它們大約關聯着從孔子到孔門七十子以及子思子的時代),是照亮先秦學術思想史一系列巨大黑洞的光。很多極爲重要的學術思想關聯和軌迹在失蹤千百年後,因爲它們而重現人間,中國古典學本體及其研究和認知被刷新被改寫,令人既驚且喜。中國古典學不得不重新開始,簡帛古書的價值則仍將得到持續不斷的發掘。然而也應該強調,並非有了出土文獻,就自然而然可以獲得對中國古典學本體和中國學術思想發展的新認知。要達到這一目標,必須進行積極的建構。這意味着既要因應千百年傳統知識、想象和思維定勢的影響,廓清層層累積的歷史障蔽,又要在簡帛古書和傳世文獻之間實現有效的貫通,其困難可想而知。

要使新出早期文獻在各領域得到廣泛有效的利用,高質量的整理是不可或缺的;要真正呈現新出早期文獻在重現中國古典學原發性文本、重現中國古典學原發性學術思想構建等各方面的價值,則必須進行深度研究。裘錫圭曾説:"要進行古典學的重建,必須更快、更好地開展新出文獻的整理和研究。"②這是十分正確的判斷。然而應該承認,相對於新出文獻的整理來説,對新出文獻的深度研究顯然更加缺乏。所以裘錫圭又説:"新出文獻,有些尚未正式發表,有些還未發表完畢。已經發表的新出文獻,有不少還需要重新整理。在研究方面,更有大量工作要做。"③一方面是傳世文獻,一方面是新出古書,這是中國古典學本體及其研究的鮮明特色。研究傳世文獻不能單單就這些傳世文獻下工夫,研究新出古書也不能單單就這些新出古書下工夫。對於這兩方面研究來説,發掘二者間的歷史關聯都是不可偏離的重要基礎。中國古典學必須從這裏再出發,中國古典學的重大突破也必將在這裏出現。視新出早期文獻爲禁臠,將其價值吹得天花亂墜,或者相反,視傳世早期文獻爲圭臬,以新出早期文獻爲草芥,都是不可取的偏執。假如不考慮文獻的書體形態、載質等要素(毫無疑問這些都是十分重要的),而僅僅從思想學術史史料方面立論,出土文獻説到底就是在歷史視野中長期缺席的傳世文獻。嚴耕望(1916~1996)指出:

---

① 〔美〕夏含夷:《重寫中國古代文獻》,頁13。
② 參閲裘錫圭:《出土文獻與古典學重建》,載李學勤主編《出土文獻》第四輯,頁17。
③ 裘錫圭:《出土文獻與古典學重建》,載李學勤主編《出土文獻》第四輯,頁17~18。

> 新的稀有難得的史料當然極可貴，但基本功夫仍在精研普通史料。……一般研究學問的人過分強調新史料的重要性，忽視了舊的史料，尤其忽視普通的舊史料，他們以爲舊史料，舊的普通史料没有什麽價值了。其實不然，我的想法，新史料固然要儘量利用，但基本功夫仍然要放在研究舊的普通史料上。研究歷史要憑史料作判斷的依據，能有機會運用新的史料，自然能得出新的結論，創造新的成績，這是人人所能做得到的，不是本事，不算高明。真正高明的研究者，是要能從人人能看得到、人人已閱讀過的舊的普通史料中研究出新的成果，這就不是人人所能做得到了。①

這是一個極有意義的提醒。事實上，一個不能從舊史料中得出新發現的學者，往往也很難從新史料中得到真正的新發現，往往祇是利用研究新出文獻的"强烈時效性"投機取巧。但反過來説，就嚴格意義上的中國古典學而言，認爲有傳世文獻就夠了，現在看來也是一個極爲嚴重的誤判。

學術界對新出簡帛古書還瀰漫着一股不分青紅皂白的懷疑。説簡帛古書不存在任何作僞的事實，無疑是武斷，可大多數簡帛古書卻是想作僞都做不出來的，——如果把簡帛古書等同於在一批古簡或幾片舊帛上寫一些文字，就完全偏離了事實的根本。對於嚴肅的學者來説，認真研讀這些古書是第一位的。如此可以避免這樣一種可能，即你還在懷疑或游移，歷史卻已經被大幅度改寫了。

跟一般的思想史著作不同，本書是一個努力建構在嚴格考證基礎上的學術思想史。在春秋戰國那一個造就了偌多大師，造就了中國傳統一大批核心經典，奠定了中國古典學基礎、特質、價值和理念的時代，思想學術的交光互影顯得格外迷人。筆者在發掘和重現這絢麗燦爛的光影時，儘量給出富有實證性的論説，力戒故弄玄虚和牽强附會；儘量避免在兩個觀照對象間建立單綫或脆弱的聯繫，堅信祇有對象間多點、多維的綰合纔凸顯必然性，祇有依據這種綰合建構的論説纔具備實證性。從理論上説，歷史往往有多種可能性，然而曾經的歷史卻祇有一種，對研究思想學術史來説，實證性的確立和持守顯得尤其重要。

---

① 嚴耕望：《治史經驗談》，《治史三書》，上海：上海人民出版社，2011年，第2版，頁21。

主要書篇名索引

B

《八索》1,2,334
《白虎通》(包括《白虎通義》)71,106,157,167,172,173,184,191,186,773
《白虎通疏證》172
《白虎通義斠補》172
《白虎議奏》184
《北堂書鈔》112
《編年記》706
《別錄》41,42,43,567,589,896,898,935

C

《曹沫之陳》(《敓蔑之戟》)913,914
《成之聞之》(《城之聞之》)52,55,58,202,244,246,253,271,277,278,284,305,306,331,332,353,458,577,604,634,647,783,819,866,903,910
《初學記》43,99,112,221
《樗齋漫錄》458,459
《楚辭》369,533,898
　　《抽思》(《九章·抽思》)871,873,874
　　《東皇太一》(《九歌·東皇太一》)158
　　《國殤》(《九歌·國殤》)873
　　《懷沙》(《九章·懷沙》)872
　　《九章·悲回風》412
　　《離騷》(包括《騷》)47,404,439,550,729,867,868,870,871,872,873,874,875,876,887,888,892,907
　　《涉江》(包括《九章·涉江》)743,804,874,876,907
　　《天問》369,655,743,867,868,869,870,872,873,907
　　《惜誦》(《九章·惜誦》)874
　　《惜往日》(《九章·惜往日》)872
　　《招蒐》729,876
《楚辭補注》(《補注》)13,

《楚辭集解》(包括《集解》)412,874,887,907
《楚辭集注》(《集注》)868,874
《楚辭通釋》(《通釋》)868,874
《楚辭章句》(《章句》)868,874
《春秋》(包括《春秋經》)6,19,42,44,45,46,90,91,92,93,108,109,115,116,128,131,133,
　　134,142,150,161,164,169,170,184,277,334,335,337,338,429,457,483－486,528,
　　583,585,594,595,685,760,762－765,767－773,775,776,820,828,880,893－895,897
《春秋繁露》(《繁露》)106,110,259,371,773
　　《五行對》(包括《春秋繁露·五行對》)370,371
　　《五行之義》(包括《春秋繁露·五行之義》)370,371
　　《循天之道》(《春秋繁露·循天之道》)259
　　《玉杯》(《春秋繁露·玉杯》)773
《春秋緯·演孔圖》109
《春秋元命包》589
《春秋事語》901
《春秋穀梁傳序》185

D

《答客難》75,
《答林擇之》640
《答陽明》477
《大乘顯識經》98
《大戴禮記》6,168,190,256,257,259,263,381,456,619,629,630,717,727,
　　《曾子大孝》(《大戴禮記·曾子大孝》)717
　　《曾子制言》(包括《大戴禮記·曾子制言》)67,619
　　《保傅》168,456
　　《盛德》(包括《大戴禮記·盛德》)168,629,630
　　《四代》(《大戴禮記·四代》)381,727
　　《文王官人》(包括《大戴禮記·文王官人》)256,257,258,259,263
《大方等頂王經》98
《大武》217,270,808
《大學古本序》466
《大學古記》465
《大學古記約義》302,453,467－469,476,492,499
《大學古義説》477,528
《大學雜言》467,468,469,476,477,487,
《大學證文》453,454,480,526,527,
《大學中庸釋義》454,456,471,475,476,479,903

《到大司馬記室牋》753
《道德真經吳澄註》660
《道藏》223,703,704,706,731
《鄧析書錄》42
《〈帝王世次圖〉後序》742
《帝王世紀》742
《點勘韓非子讀本》17
《東塾讀書記》93,102,104,151,384,419
　　《諸子》419
《讀〈大學〉》469
《讀韓詩外傳》98
《讀書錄》675
《讀書雜志》(包括《讀書雜志・荀子第二》《讀書雜誌・荀子第一》《讀書雜志・荀子二》《讀書雜志・荀子雜志》《讀書雜志・荀子之五》《讀書雜志・荀子七》《讀書雜志・餘編》)30,33,498,595,628,649,694,853
《讀莊子法》748,881

E

《兒笘錄》67
《爾雅》(包括《爾雅・釋詁》)1,98,277
《二程集》353,454,455,513
《二程全書》454

F

《法言・學行》283
《方言》(包括《輶軒使者絕代語釋別國方言》)180,349
　　《方言序》180
《揚雄方言校釋匯證》180
《風俗通》730
　　《姓氏》730
《父無惡》58

G

《格物論》478
《格致彙編》492
《公孫龍子》695,696
　　《跡府》(《公孫龍子・跡府》)695
《公孫尼子》241

《公羊傳》(包括《公羊》《春秋公羊傳》以及"公羊的《春秋》")6,45,46,92,111,178,185,
    397,444,821,880,894
《公羊外傳》92
《公羊雜記》92
《古博經》13
《古今事文類聚後集》112
《古樂志》180
《穀梁傳》(包括《穀梁》《春秋穀梁傳》《穀梁春秋》以及"穀梁的《春秋》")45,46,92,185,
    207,738,894
《穀梁外傳》92
《古論語》(包括《古論》)41
《古文尚書注》380
《掛枝兒・私部一卷・調情》189
《管子》6,7,14,20,21,23,24,42,187,188,206,248,265,269,299,356,384,494,514,550,
    677,723,752,855
    《白心》550
    《八觀》(《管子・八觀》)187,188,628
    《版法》6
    《版法解》6,7
    《法法》(包括《管子・法法》)723
    《君臣下》(《管子・君臣下》)855
    《立政・九敗》6
    《立政九敗解》6,7
    《明法》6,7
    《明法解》6
    《牧民》(包括《管子・牧民》)23,24,206
    《牧民解》(包括《管子・牧民解》)6,7,14
    《內業》(《管子・內業》)299,514,550
    《士經》23,24,206
    《四時》384
    《輕重己》384
    《心術上》(包括《心術》《管子・心術上》)494,514,550
    《形勢》6
    《形勢解》6,7
    《宙合》(包括《管子・宙合》)7,11,12,13,20,265,269,356,752
《管子集校》12
《管子校正》13
《管子校注》12

《管子書錄》42

《管子析疑》13

《廣博物志》673

《鬼神之明》(《䰟神》《䰟神又所明又所不明》)740—743,746

《癸巳存稿》76,193

《郭店楚墓竹簡》(包括《郭店楚簡》)4,21,40,52,63,68,73,116,245,267,277,349,572,575,641,700,710,711,718

《國語》(包括《國語・楚語》《國語・楚語上》《國語・晉語一》《國語・晉語二》《國語・晉語三》《國語・晉語四》《國語・魯語上》《國語・魯語下》《國語・鄭語》《國語・周語上》《國語・周語中》《國語・周語下》《晉語三》)12,84,169,175,178—180,188,190,374,382,385,451,457,577,578,685,725—727,743,746,894

H

《海錄碎事》112

《韓非子》(包括《韓》《韓非》《韓子》)5—7,14,17—21,57,66,96,226,421,786,881

  《備內》(包括《韓非子・備內》)723

  《解老》(《韓非子・解老》)6,7,96,226,303,651,721

  《儲說》7

  《內儲說》(包括《韓非子・內儲說》《韓子・內儲說》)5,14,16,18,21,24

  《內儲說上》(包括《韓非子・內儲說上》)16,879

  《內儲說上七術》(包括《韓非子・內儲說上七術》《韓子・內儲說上七術》)5,14,17,19,23,527

  《內儲說下》879

  《內儲說下六微》(包括《韓非子・內儲說下六微》《韓子・內儲說下六微》)14,16,19,20,23

  《說林》(《說林下》《韓非子・說林下》《韓非子・說林上》)17,515,855

  《說難》(《韓非子・說難》)515

  《外儲說右上》14,17,879

  《外儲說右下》14,879

  《外儲說左上》16,595,879

  《外儲說左下》14,879

  《亡徵》(《韓非子・亡徵》)516

  《五蠹》(《韓非子・五蠹》)66

  《顯學》(《韓非子・顯學》)57,354,421,583,762,882,902,903

  《喻老》(包括《韓子・喻老》)6,17,19

《韓非子集解》(《集解》)516

《韓非子校釋》19

《韓故》90—92,104,111

《韓詩》90－02,98,99,104－108,111－113,167,180,699
《韓詩傳》(包括《韓傳》)98,99,111,108,930
《韓詩故》111
《韓詩內傳》(包括《韓內傳》《內傳》)90－92,93,97,99,104,111,112,118,930,935
《韓詩外傳》(包括《韓外傳》《外傳》《詩外傳》)84,89,90－101,103－108,111,112,115,118,119,132,165,167,188,264,272,367,413,418,743,757,854,917－936
《韓詩外傳校議》97
《韓詩外傳集釋》93
《韓詩外傳箋疏》93
《韓詩外傳校注拾遺》95
《韓詩遺説考》111
  《韓詩遺説考自敘》106
《韓詩章句》106,112
《韓説》(包括《韓詩説》)91,92,104,111
《韓子迂評》19
《漢紀》(《漢紀·孝成皇帝紀》)92,106,110
《漢書》(包括《楚元王傳》《漢書·楚元王傳》《漢書·儒林傳》《漢書·董仲舒傳》《漢書·杜周傳》《漢書·樊噲傳》《漢書·眭兩夏侯京翼李傳》《漢書·武帝紀》《漢書·宣帝本紀》《漢書·宣帝紀》《漢書·循吏傳》《漢書·嚴朱吾丘主父徐嚴終王賈傳下》《漢書·敘傳》《漢書·律曆志》《漢書·五行志》《漢書·食貨志》)9,46,71,90,91,106,108－111,134,157,164,177,193,238,267,302,362,366,420,484,521,554,685,895－897,898,933
  《地理志下》(《漢書·地理志下》)521
  《漢書·藝文志》(包括《漢志》)12,26,41,48,85,92,177,222,241,282,373,429,589,675,747,773,775,880,881,896,897,933,935
  《漢書·藝文志·諸子略》(《漢志·諸子略》《諸子略》)27,762,772,800,897
  《食貨志》(《漢書·食貨志》《漢書·食貨志上》)157,177
  《五行志中之上》(《漢書·五行志中之上》)346
  《敘傳上》(《漢書·敘傳上》)106
  《敘傳下》(《漢書·敘傳下》)106,334
《漢書補注》90
《漢書藝文志通釋》6
《行道吉凶》707
《洪範五行傳》346,373,384
《後漢書》(包括《後漢書·蔡邕傳》《後漢書·肅宗孝章皇帝紀》《後漢書·徐防傳》《後漢書·章帝紀》《後漢書·張衡傳》《徐防傳》)583,589,676,735,896,904
  《淮南子》(包括《淮南子·內篇》《淮南子·俗訓》《淮南子·地形》《淮南子·道應》《淮南子·修務》)213,369,429,655,658,664,665,747,798,861,885,893

《本經》(《包括《淮南子·本經》)665,674,867
《兵略》(《淮南子·兵略》)232,
《俶真》(《包括《淮南子·俶真》)72,652,655,656,659
《氾論》(《包括《淮南子·氾論》)587,861
《精神》(《淮南子·精神》)224,647,798,720
《齊俗》(《淮南子·齊俗》)369,431,671
《詮言》)665,674
《時則》(《淮南子·時則》)383
《說林》(《淮南子·說林》)855
《泰族》(《淮南子·泰族》)429,675
《天文》(《淮南子·天文》)658
《要畧》(《淮南子·要畧》)4,663,682
《主術》)665
《混元聖紀》43

J

《季康子問於孔子》(《季庚子詾於孔子》)674
《建除》706,720
《諫營昌陵疏》224,911
《江賦》112
《教》58
《校刻石經表》458
《荊楚歲時記》112
《經典釋文》(包括《釋文》《經典釋文序錄》)41,583
《經典稽疑》455,459
《經傳考證》200
《經傳釋詞》33
《經義述聞》106
《九丘》1,2,334

K

《孔叢子》149,150,156,176
　《公儀》(《孔叢子·公儀》)47
　《記義》(《孔叢子·記義》)149
《孔子家語》(包括《家語》)430,917
　《在厄》(《孔子家語·在厄》)916—929,932,935
　《執轡》430
《孔子詩論》2,3,23,26,48,77,101,113,114,120,122—124,135,221,263,339,414

L

《老子》(包括《老》)5,6,13,19,43,52,56—58,68,69,72,73,75,76,95—97,182,226,265,
354,376,431,462,463,501,578,586,641,643,650—680,682,684,700,712—714,719,
744,745,751,752,755,757,758,777,778,784,786,788,804,815,816,820,828,829,
831,845,865,876,881,886,901,902,904,910,933,936

《禮》(包括《豊》《豊(禮)》)32,33,54,83,97,115,116,125,142,153,161,167,168,180—
182,184,186,193,194,198,211,277,296,332—338,366,427,456,457,467,483,486,
528,550,583,585,594,595,601,606,627,629,685,725,734,760,762—773,775,776,
812,819,820,827,828,893—895,904,908

《禮記》7,47,84,172,178,181,190,222,318,342,360,361,370,384,406,456,458,459,
478,481,526,528,894,910

    《哀公問》(《禮記·哀公問》)197,253,479

    《表記》(包括《禮記·表記》)47,70,71,175,370—372,523,735

    《曾子問》(《禮記·曾子問》)166,167,193,197,198

    《大學》(包括《禮記·大學》21,53—55,155,229,249,255,256,280,311,312,346,
347,355,394,450,451,453—471,473—483,486—502,506,507,509,512—518,521
—523,525—530,532—536,543,549,561,562,585,617—620,630,638,643,679,
728,729,766,791,793,816,841,855,880,894,896,903,905

    《坊記》(包括《禮記·坊記》)106,184,186,209,370,629,841

    《冠義》7

    《昏義》(《禮記·昏義》)197

    《祭義》(《禮記·祭義》)53,171,456,673,835

    《郊特牲》(《禮記·郊特牲》)166,167,171,193,377

    《經解》(《禮記·經解》)131,142,344,771,773

    《孔子閒居》(包括《禮記·孔子閒居》)54,116,123,153,211,217,551,812,882,909

    《樂記》(包括《禮記·樂記》)53,156,157—160,215,247,254,271,273,280,335—
337,343,350,376,447,464,474,478,494,525,527,641,643,684,770

    《禮器》(《禮記·禮器》)49,207,343,378,482,738,757

    《禮運》(包括《禮記·禮運》)201,229,264,318,352,378,477,583,584,629,767,882

    《內則》(《禮記·內則》)33,189,377—379

    《聘義》(包括《禮記·聘義》)7,360,361

    《曲禮》(包括《禮記·曲禮》)172,193,554

    《曲禮上》(《禮記·曲禮上》)172,186,188,343,439,554

    《曲禮下》(《禮記·曲禮下》)171

    《喪大記》444

    《喪服四制》(包括《禮記·喪服四制》)245,248

    《少儀》(《禮記·少儀》)149

《檀弓》54,55,178,553,554,731

《檀弓上》(包括《禮記・檀弓上》)417,636,844,877

《檀弓下》(《禮記・檀弓下》)53,54,58,416,474,552,584,629,636,731

《王制》(包括《禮記・王制》)142,168,176,333,431,456,457,773,835

《學記》(包括《禮記・學記》)272,452,456,457,478,525

《月令》(《禮記・月令》)110,168,367,369,383,384,431

《雜記》(《禮記・雜記》)48

《中庸》(包括《禮記・中庸》)47,63,67,68,70,71,83,123,155,200,202,221,222,227,234—236,263,285,290—294,314,329,331,343—345,352,364,370—374,390,424,455,458,460,464,468,470,483,490,492,499,500,506,523,525,567,583,585,608,612,633,636—646,651,743,800,831,843,844,849,880,894,896,905

《仲尼燕居》(《禮記・仲尼燕居》)331,478,829

《緇衣》(包括《禮記・緇衣》《茲衣》《紟衣》)47,48,52,58,74,84,113—115,118,125,149,216,242,269,289,290,370,393,406,458,460,461,478,479,527,576,577,866,869,910,936

《禮記集解・曲禮上》173

《禮記正義》222,567,642

《曆譜》706

《兩漢全書》91,111

《列女傳》26,105,108,115,119,898

《列仙傳》112

《列子書錄》43

《六德》(《六惪》)52,58,85,114,115,197,245—249,252—256,276,277,335,344,458,577,730,746,748,755,756,767,768,770,771,774—776,809,820—823,827,828,830—834,837—840,842,849,877,903,910

《六立》58

《六藝論》104,109,110,185

《魯邦大旱》(《魯邦大旱》)2,3,122,123,352,353

《魯故》89—92,104,111

《魯論語》(包括《魯論》)41

《魯穆公問子思》(《魯穆公昏子思》)58,266,267,458,576,577,675,759,866,910

《魯詩》90—92,105—108,110,111,113,164,554,896

《魯詩遺說考自敘》105,106

《魯說》90—92,104,111

《論衡》184,282

　　《本性》(《論衡・本性》)238,239,282,293

　　《福虛》(《論衡・福虛》)742

《感虛》(《論衡・感虛》)352

《齊世》(包括《論衡・齊世》)184,841

《死僞》(《論衡・死僞》)72,227

《物勢》540

《自然》(《論衡・自然》)540

《論六家要指》337,880

《論語》(包括《論》)3,41,47,48,56,67,68,76,97,122,123,125,128,130,145,156,168,178,199,200,202,203,211,231,241,243,263,317,324,326,342,410,453,460,461,482,484,490,528,585,589,631,693,699,764,773,774,786,860,867,881,883,894－896,903,905,908,916

《八佾》(《論語・八佾》)2,129,130,146,226,230,328,354,417,484,485,497,572,877

《公冶長》(包括《論語・公冶長》)122,199,217,328,330,874

《季氏》(《論語・季氏》)48,116,203,216,230,242,310,321,343,365,392,558,642,727,743,911

《里仁》(包括《論語・里仁》)146,218,269,352,425,483,547,844,874

《述而》(《論語・述而》)49,76,205,218,226,227,268,278,290,338,342,343,352,483,484,494,516,642,727,743,767,775,808,895,911

《泰伯》(《論語・泰伯》)116,159,199,203,255,428,653,757,766,845,875

《微子》(《論語・微子》)55,181,218,421,756

《衛靈公》(包括《論語・衛靈公》)48,157,158,270,289,330,338,482,483,485,894,916,932,935

《爲政》(《論語・爲政》)216,230,284,353,484,485,549,638,807,829,842,845,873,909

《先進》(《論語・先進》)144,146,148,202,203,218,224,353,354,420,485,583,903,934

《憲問》(《論語・憲問》)230,291,410,485,597,640,727,856

《鄉黨》(《論語・鄉黨》)699,717,835

《學而》(《論語・學而》)48,129,207,328,330,483,484,542,591,685,686,733,738,766,801,808,933

《顏淵》(包括《論語・顏淵》)55,123,129,146,224,226,276,288,289,354,410,462,482,484,485,547,630,685,693,755,767,841,887

《陽貨》(包括《論語・陽貨》)128,146,148,155,158,182,200,203,210,211,215,273,330,354,410,428,484,490,542,547,641,713,807,809,845,855,875,877

《堯曰》(包括《論語・堯曰》)41,202,229,230,485,724,757,911

《雍也》(包括《論語・雍也》)55,170,201,202,216,224,229,280,291,310,342,352,354,425,482,484,485,495,542,547,571,685,733,801,842,874,933

《子罕》(《論語・子罕》)131,158,229,333,354,410,617,711,757

《子路》(包括《論語・子路》)76,123,203,242,354,481,482,484,485,625,684,719,

729,757,830,842

《子張》(包括《論語·子張》)41,48,123,218,321,420,425,547,642,727

《論語集解》226,230,558

《論語集注》229,417

《論語正義》150,160,226,229,352

《呂氏春秋》21,213,260,324,326,383,384,456,587,589,786,806,861－863,881,917

 《本生》(包括《呂氏春秋·本生》)157,587,861,863

 《必己》747,863

 《貴公》863

 《貴生》(包括《呂氏春秋·貴生》)587,588,717,718,861,863,865

 《精諭》863

 《離俗》863

 《情欲》587,861,863

 《審爲》(包括《呂氏春秋·審爲》)587,861－864,

 《適威》863

 《仲春紀》(《呂氏春秋·仲春紀》)717

 《重己》587,861,863

M

《毛詩》89,92,105,107,111,114,125－127,136,137,141,143,163,204,210,421,422,429,435,583,642,699

《毛詩傳箋》104

《毛詩故訓傳》(包括《傳》《毛傳》《毛詩詁訓傳》《詩詁訓傳》)71,89－93,97,101,103－105,113,118,128,133,147－149,151,156,211,220,403,404,411,412,418,421,425,428,431,449,451,452

《毛詩正義》(包括《孔疏》《正義》)104,109,156,171,403,404,449,452

《孟子》(包括《孟》)4,26,27,29,41,49,56,70,79－82,84,86,132,138,155,161,168,199,200,213,220,224,231,233,235,236,239,243－245,248,256,260,266,268,269,273,283－286,288,292－294,296,300,304,305,307,309－317,319－321,324,326－328,330,339,342,357,362,364,365,394,410,411,420,453,455,460,461,476,499,502－506,509,511－513,537,538,541－545,549,550,552－554,556－560,562,564,567,569,570－572,574,576－582,584－586,589－591,593,600,611,612,631,638,646,675,684,693,699,735,736,738,739,747,750,761,773,781,786,789,811,858,860－862,864,867,881,887,894－896,905－908,910

 《告子上》(包括《孟子·告子上》)55,232,235－238,240,241,245,250－254,260,269,291,292,294,295,299,300,301,303－307,312,316,319－323,356,502－505,508－510,538,541－543,547,549,553,559,563,568,570－572,588,615,697,736,737,761,781,789,793,797

《告子下》(《孟子·告子下》)249,280,417,547,564,576,589
《公孫丑》505
《公孫丑上》(包括《孟子·公孫丑上》)38,55,81,235,252,266,267,294,295,303—305,311,319,321,343,363,364,503,505,538,541,542,549—551,557,558,563,564,571,602,603,605,621,631,737,789,825,829,865
《公孫丑下》(《孟子·公孫丑下》)844
《盡心上》(《孟子·盡心上》)228,236,251,267,282,284,296,304,305,307,308,310,311,343,359,382,479,483,508,509,547,550,558,559,562,603,620,716,729,802,835,844,861
《盡心下》(包括《孟子·盡心下》)231,294,295,298,299,310—313,316,319,321,327,328,343,500,502,503,510,557,568,570,571,578,579,581,619,621,761,802,836
《離婁上》(包括《孟子·離婁上》)81,82,188,249,250,281,295,309,343,466,548,558,562,602,620,631,638,729,826,836,864
《離婁下》(包括《孟子·離婁下》)81,235,269,280,284,294,296,302,311,363,410,510,549,559,572,576,577,590,602,732,735,736,810,844,849,865
《梁惠王上》(《孟子·梁惠王上》)242,296,460,563,573,741,835,891
《梁惠王下》(《孟子·梁惠王下》)102,160,299,717,858,862,863
《滕文公上》(包括《孟子·滕文公上》)182,235,298,299,307,320,456,504,547,577,755,905
《滕文公下》(包括《孟子·滕文公下》)186,235,296,320,412,426,486,587,619,767
《萬章上》(《孟子·萬章上》)160,225,315,481
《萬章下》(《孟子·萬章下》)354,362—364,573—575,582,621,622,631,750
《孟子編年》859
《孟子集注》366,556,578
《孟子題辭》26,878
《孟子注疏》(《疏》)735
《民之父母》54,85,114,116,210,211,217,328,551,552,766,812,882,909
《名數》58
《墨經》557,702,703,720,722,723,725,727,729,730,732—735,738—740,811,878,906
《墨子》(包括《墨》)4,7,17,19,20,21,40,41,86,168,330,369,528,589,671,682—684,686,691,694,697—701,703—705,709,720—723,728,730,740,741,743,745,746,786,811,865,876—878,880,881
  《備城門》40,684
  《辭過》683
  《大取》(包括《墨子·大取》)588,589,684,722,880
  《法儀》683
  《非攻》(包括《墨子·非攻》)40,47,683,699,906

《非攻上》(包括《墨子·非攻上》)697,698,857,

《非攻下》(《墨子·非攻下》)731

《非樂》47,683,684,699

《非樂上》(包括《墨子·非樂上》)721

《非命》47,683,699

《非命上》(包括《墨子·非命上》)224,228,721,878

《非命下》47,691,878

《非命中》(包括《墨子·非命中》)47,72,691,878

《非儒》(包括《墨子·非儒》)47,683,699,856,916

《非儒下》(包括《墨子·非儒下》)916,917

《耕柱》(包括《墨子·耕柱》)563,684

《公孟》(包括《墨子·公孟》)156,684,741,877

《公輸》(包括《墨子·公輸》)683,684,

《貴義》(包括《墨子·貴義》)514,588,589,684,698

《兼愛》40,47,683,699

《兼愛上》(包括《墨子·兼愛上》)721,727,728

《兼愛下》(包括《墨子·兼愛下》)721,722,727

《兼愛中》(包括《墨子·兼愛中》)721,728

《節用》47,683,684

《節葬》47,683,699

《經》(包括《墨子·經》)17,19,20,528,701,702,703,704,878

《經上》(包括《墨子·經上》)480,557,683,701—706,709,711,720,722,723,734,739,880,884,906

《經說》(包括《墨子·經說》《說》)7,17,19,20,21,528,684,701,704,720,722,731,878

《經說上》(包括《墨子·經說上》)271,554,557,684,704,720,722,723,730,732,738,739,741,810,906

《經說下》(包括《墨子·經說下》)684,704,720,731,880

《經下》(包括《墨子·經下》)683,703—706,709,711,720,880

《魯問》(包括《墨子·魯問》)182,684,857

《明鬼》47,683,699

《明鬼上》(《墨子·明鬼上》)740

《明鬼下》(包括《墨子·明鬼下》)72,227,353,369,699,741,744—746

《明鬼中》740

《七患》683

《親士》683,684

《三辯》683

《尚同》47,683,684,699

《尚賢》(包括《墨子·尚賢》)47,683,699
《尚賢上》(包括《墨子·尚賢上》《墨子·尚賢》上)49,699,724,730
《尚賢下》(《墨子·尚賢下》)699,729
《尚賢中》(包括《墨子·尚賢中》)699,722,724,729,730
《所染》683
《天志》47,683,
《天志上》(包括《墨子·天志上》)699,721,741,744
《天志下》(《墨子·天志下》)223,699,721
《天志中》(《墨子·天志中》)47,415,691,699,752
《小取》(包括《墨子·小取》)684,691-698,720,880,906
《脩身》(包括《墨子·脩身》)683,684,877

《墨子校注》(包括《校注》)701,705,730,735
《墨子經説校注》705
《墨子經説解》701,705,731
《墨子閒詁》(包括《閒詁》)369,415,554,589,705,720,722,730,731,735

N

《南都賦》112
《南華經解》834
《南華雪心編》834
《南華真經正義》756

P

《攀古小廬雜著》97
《盤銘》516-518
《評注諸子菁華録》698

Q

《七略》41,43,221,699,896,897,935
《七命》112
《齊故安陸昭王碑文》753
《齊后氏傳》90,92,104
《齊后氏故》90,92,104,
《齊論語》(包括《齊論》)41
　　《問王》41
　　《知道》41
《齊詩》90-92,106,108-111,113,152
《齊詩遺説考自敘》106

《齊孫氏傳》90,92,104
《齊孫氏故》90,92,104
《齊雜記》(包括《雜記》)92
《遣策》707
《窮達以時》(《穿達以時》)52,58,79－82,95,458,577,743,817－820,846,866,881,903,907,910,912－936
《全漢文》42,43,176,177,221,225,898,911
《羣經平議》(包括《羣經平議・論語二》《羣經平議・孟子二》)302,578,270

R

《日書》706
《容成氏》(《頌壓氏》)724

S

《三墳》1,2
《三家詩補遺》106
　　《阮氏三家詩補遺敘》106
《三家詩遺說》119
《三家詩遺說考》119
《三經見聖篇》459
《三禮目錄》(《目錄》)377,378,567
《三月三日曲水詩序》112,753
《山海經》368,760
　　《大荒北經》673
　　《海外北經》(《山海經・海外北經》)673
《商君書》260,775
　　《靳令》765
　　《君臣》765
　　《農戰》(《商君書・農戰》)765,773
　　《去彊》765
　　《修權》(《商君書・修權》)724
《尚書》(包括《書經》)3,40,41,84,85,87,177,224,321,331,332,334,341,346,347,351,359,362,365－367,374,379,382,385,387,389,391－396,401,406,420,463,480,517,559,586,609,635,699,773,816,866,867,868,869,887,888,903,907
　　《大誥》(包括《尚書・大誥》)480,699
　　《大禹謨》(包括《書・大禹謨》)223,331,381,382
　　《帝典》229,498,550,516－518
　　《多方》(包括《尚書・多方》)346,699

《多士》(包括《尚書·多士》)699,911
《甘誓》(包括《尚書·甘誓》)367,368,369,867,868
《皋陶謨》(包括《尚書·皋陶謨》《咎繇(皋陶)謨》)331,366,867,911
《皋陶謨上》(《尚書·皋陶謨上》)349
《顧命》(《尚書·顧命》)222,365
《洪範》(包括《尚書·洪範》《周書·洪範》)83,85,111,203,321,332,341,345—347,
    349,351,355,358,359,365—369,372—375,377—392,395,396,586,868
《酒誥》(包括《尚書·酒誥》)346,401,521,699
《君奭》(包括《尚書·君奭》)390,500,604,869
《康誥》(包括《尚書·康誥》)222,229,390,498,500,516,517,518,519,520,521,522,
    699,869
《洛誥》(包括《雒誥》)366,699
《牧誓》868
《盤庚》(《尚書·盤庚》)604,760
《秦誓》(包括《尚書·秦誓》)346,347,520
《商書》380,760
《召誥》(包括《尚書·召誥》)223,234,352,401,699
《書大序》334,
《太甲》(包括《大甲》)223,498,500,516,517,518,229
《太甲上》(包括《尚書·太甲上》)283,500
《泰誓》(包括《大誓》《尚書·泰誓》)41,385,481,717,868
《微子》867
《微子之命》223
《文侯之命》(包括《尚書·文侯之命》)222,390,869
《無逸》401
《武成》(包括《周書·武成》)223,526,527
《五子之歌》332
《西伯戡黎》(包括《尚書·西伯戡黎》)222,867
《夏書》175,178,,331,332,368,369,381,382,625
《咸有一德》500
《堯典》(包括《尚書·堯典》)463,517,642,724,827
《伊訓》223
《胤征》(《尚書·胤征》)175,177,869
《禹貢》(包括《尚書·禹貢》)272,369,381,382
《説命》(包括《書·説命》)385,386,604
《説命下》(《書·説命下》)383,384
《周書》352,380,517,527
《梓材》521,699

《尚書大傳》93,366
《尚書緯》40,334
《尚書正義》355,369,380,401
《韶》(包括《卲(韶)》)157,158,159,160,270,334,337,423,808,812
《詩》(包括《時》《時(詩)》)3,22,25,32,40,41,45,47,48,74,81,83—85,87,89—102,104—120,123—135,138—140,142—144,146,148—153,155—165,167,168,174,180—186,190,191,193—198,207,208,210,211,214,217,220,221,224,227,277,290,299,306,324,328,332—339,345,351,360,366,367,377,387,392—394,396,404—406,409—413,418,419,422—424,426—429,431,433,437,438,440,447,448,451,452,456,457,467,481,483,484,486—488,500,516,519,520,525,528,535,563,583,585,586,594,595,608,623,633,640,642—644,675,685,699,713,725,726,734,738,757,760,762—776,812,819,820,827,828,843,860,867,870,875,878,882,892,893—895,897,898,903,904,908,909,911,920,928,930,932,934
《詩傳注疏》441
《詩集傳》(包括《集傳》)153,155,156,164,196,396,404,422,438,699
《詩解八篇·周召分聖賢解》449
《詩經》3,4,40,41,48,78,83—87,89—93,95,96,98,99,101,103,104—108,110,112—114,116—129,133,134,138,140,144,148,152,153,155—157,159—162,164—166,168,181,185,187,188,190—192,194—196,198,199,205,208,211,212,215,217,219,220,316,330,332,334,367,380,393—396,402—413,416—421,427—433,435—437,439,441,446,448—452,460,461,533,559—561,586,635,637,773—775,784,816,865,866,875,878,887,888,900,903,907—909,930

　　《白駒》(包括《毛詩·小雅·白駒》)142,210
　　《板》(包括《大雅·板》)141,142,394
　　《北山》143
　　《邶風》(包括《邶》)124,126,159,217
　　《邶風·柏舟》(包括《柏舟》《北·白舟》)124,126,127,128,149,150,211
　　《邶風·谷風》(包括《谷風》《詩經·邶風·谷風》《浴風》)124,126,127,191,192,211,552
　　《閟宮》(《魯頌·閟宮》)205
　　《摽有梅》(包括《召南·摽有梅》)183,437,438,443,445,449
　　《豳》159,217,441,
　　《賓之初筵》141,142,171,185,
　　《采蘩》(包括《召南·采蘩》)141,436,438,441,442,445,449,451
　　《采葛》124
　　《采綠》143,
　　《采蘋》141,437,438,441,444—446
　　《采芑》109,110

《采菽》(包括《小雅·采菽》)143,149,402
《采薇》141
《草蟲》(包括《詩經·召南·草蟲》《召南·草蟲》)97,393,403,405,407—413,436,
   438,441,443,445,449
《裳裳者華》124,143,149
《車舝》(包括《小雅·車舝》)143,167,190—194,
《晨風》(《秦風·晨風》)408
《鳴鴞》159
《崇丘》141
《綢繆》(《唐風·綢繆》)183
《出車》(包括《小雅·出車》)141,408
《楚茨》143,149
《大車》(《王風·大車》)153,445
《大東》(《小雅·大東》)402,
《大明》(包括《大雅·大明》《詩·大雅·大明》《詩經·大雅·大明》)109,110,124,
   136,141,154,205,221,223,224,233,389,390,393,405,424,435,448,451,500,
   869,908
《大田》124,143,148,151,
《大序》(包括《毛詩大序》《詩大序》)83,135,140,143,160,162,220,268,427,428,
   441,442,449,511,878
《大雅》(包括《大頤》)77,78,114,124—126,132—134,139,151,158,159,174,215—
   217,334,423,448,452,486,488,527,768
《蕩》(包括《詩經·大雅·蕩》)141,142,393,394,435,875
《定之方中》(《鄘風·定之方中》)101,103
《東方未明》(包括《齊風·東方未明》)124,136,137,330
《東方之日》137
《東門之墠》153
《東門之楊》(《陳風·東門之楊》)183
《東山》(包括《豳風·東山》《詩經·豳風·東山》)100,149,191
《二子乘舟》(《邶風·二子乘舟》)102
《伐柯》(《豳風·伐柯》)186,291,642
《伐木》124,126,193
《伐檀》149,404
《風雨》(包括《鄭風·風雨》)153,187,402,404,
《芣苢》106,112,436,438,440,441,443,449,451
《甘棠》(包括《詩經·召南·甘棠》《召南·甘棠》)101,114,124,126,131,139,144,
   145,148—151,156,168,176,201,206—208,217,219,263,328,418,421,437,439,
   441—443,445—450,484,487,732,738,766,854,908

《羔羊》(包括《召南·羔羊》)149,437,438,440－443,445,446,449

《葛屨》(《魏風·葛屨》)141

《葛生》(《唐風·葛生》《角枕》《角橘》)127,416

《葛覃》(包括《詩經·周南·葛覃》《周南·葛覃》《蕫䋆》)122,124,126,141,144,148－151,155,201,204,205,207,217－219,263,328,396,436,440,442,445,450,451,484,487,732,738,766,908

《公劉》205,908

《鼓鍾》143

《關雎》(包括《詩經·周南·關雎》《周南·關雎》《閟疋》)1,89,110,114,117,124,126,130,131,139－141,145,150,163－168,193－198,206,217－220,276,332,334,402,405,418,421－429,435,436,440－442,445,446,450,451,699,766

《檜風》128

《國風》(包括《邦風》《風》《詩·風》)3,114,124－126,129,132－134,137,139,141,149,151,152,155,158,159,163,165,174,180,186,187,192,198,214－217,219,334,423,427,436,441,442,450,486－488,521,527

《漢廣》(包括《周南·漢廣》《嫳堂》)101,111,114,124,126,145,150,191,206,219,436－438,443,445,449,451,699,766

《旱麓》(《大雅·旱麓》)403

《昊天有成命》(包括《昊天又城命》)124,144,205,211,417,432,435,448,908

《何彼禯矣》437,439,441,442,445－448

《何草不黃》143

《何人斯》(包括《詩經·小雅·何人斯》)141,142,416

《鴻鴈》109,110

《瓠葉》143

《華黍》141

《桓》699

《皇皇者華》126,141

《黃鳥》(《秦風·黃鳥》)126,154,742

《黃鳥》(包括《小雅·黃鳥》)114,124,126

《皇矣》(包括《大雅·皇矣》《詩經·大雅·皇矣》)107,124,192,205,221,223－225,390,435,441,448,525,644,869,908

《嘒彼小星》(《召南·嘒彼小星》)430

《雞鳴》149,150

《吉日》(《小雅·吉日》)110

《假樂》(《大雅·假樂》)192

《漸漸之石》143

《將大車》(包括《無將大車》《贒大車》)124,126,127

《江有汜》437,438,444－446,449

《將仲子》(包括《詩經·鄭風·將仲子》《鄭風·將仲子》《將仲》《將中》)124,127,
　　153,187,427
《角弓》143
《狡童》153,160
《節南山》(包括《詩經·小雅·節南山》《小雅·節南山》《即南山》)46,124,126,137,
　　141,142,149,150,179
《菁菁者莪》124,126
《靜女》(《邶風·靜女》)153,155,187
《駉》(《詩經·魯頌·駉》)96
《樛木》(包括《梂木》)114,124,126,139,145,150,168,206,217,418,421,436,440,
　　443,445,766
《卷阿》(《詩經·大雅·卷阿》)462
《卷耳》141,436,440,442,445
《君子陽陽》(包括《君子腸腸》《王風·君子陽陽》)124,149,150
《君子于役》(包括《王風·君子于役》)402,411
《凱風》(《邶風·凱風》)395
《考槃》149,150
《頍弁》(包括《詩經·小雅·頍弁》《小雅·頍弁》)99,143,408,749
《賚》(包括《杢(賚)》)270,435,699,808
《狼跋》(《豳風·狼跋》)149,192
《蓼莪》(包括《小雅·蓼莪》)114,124,127—129,143,149,150
《烈文》(包括《商頌·烈文》《剌殳》)124,144,205,448,643,908
《烈祖》(包括《商頌·烈祖》《詩經·商頌·烈祖》《詩·商頌·烈祖》)106,376,
　　377,643
《麟之趾》(包括《周南·麟之趾》《麟趾》)436,441,444—451
《六月》159
《魯頌》174,208
《鹿鳴》(包括《小雅·鹿鳴》《麋鳴》)124,126,141,142,145,148,149,192,334,403,
　　423,429,699
《綠衣》(包括《邶風·綠衣》)124,126,139,145,150,168,206,217,219,418,421,766
《旄丘》(包括《邶風·旄丘》《詩經·邶風·旄丘》)96,97,854
《氓》(《衛風·氓》)153,187,210,699
《緜》(包括《大雅·緜》)101,102,141,205,207,435,448,865,908
《民勞》141,142,159
《木瓜》(包括《邶風·木瓜》《衛風·木瓜》《風·木瓜》《木苽》)114,124,126,132,145,
　　148—150,156,201,208,209,217—220,263,328,330,470,484,487,732,738,
　　766,908
《墓門》(《陳風·墓門》)141

《南》142,155,159,436,437,440,441,445,446,449－452

《南陔》141

《南山》(《齊風·南山》)186

《南山有臺》141,192

《南有嘉魚》110,141

《那》(《詩經·商頌·那》)94

《七月》(《豳風·七月》)111,142,149,159

《淇奧》(《詩經·衛風·淇奧》《衛風·淇奧》《淇澳(奧)》)129,149,402

《祈父》(包括《小雅·祈父》)109,110,124,126,142

《騫裳》(包括《涉秦》)124,127,153

《牆有茨》(包括《鄘風·牆有茨》)114,124,141

《巧言》124,126,137,143

《秦風·無衣》441

《清廟》(包括《毛詩·周頌·清廟》《周頌·清廟》《清窗》)124,141,142,144,148,205,208,334,417,423,432,433,435,448,699,908

《青蠅》124,143

《丘中有麻》(包括《毛詩·王風·丘中有麻》《王風·丘中有麻》)209,210

《鵲巢》(包括《召南·鵲巢》《鵲槂》《鵲櫟》)114,124,126,139,141,145,150,168,191,206,217,418,421,436－438,440－446,449－451,766

《日月》(《邶風·日月》)191,192

《汝墳》(包括《周南·汝墳》)436,438,440,441,443,445,446,449,451

《桑扈》(包括《詩·桑扈》)143,151,267

《桑柔》(包括《大雅·桑柔》《詩經·大雅·桑柔》)97,141,142,395

《桑中》(包括《詩經·鄘風·桑中》《鄘風·桑中》)153,187,446

《山有扶蘇》153,

《商頌》174,208

《苕之華》143

《生民》(包括《大雅·生民》《詩經·大雅·生民》)201,205,207,272,908

《鳲鳩》(包括《尸鳩》《曹風·鳲鳩》《毛詩·曹風·鳲鳩》《詩經·曹風·鳲鳩》)122,124,146－148,332,393,403,405,412－414,417－419,421,429,430,432,510

《詩序》(包括《毛詩序》《序》《詩大序》《大序》《毛詩大序》《小序》)1,4,83－85,87,103－105,109,118,128,129,133－144,146－148,151,152,155,156,160,162,163,165,166,171,176,178,183,185,192,195,205,207,208,211,215,219－221,233,268,380,386,394,395,402－404,411,412,416,418,420,421,427,428,436－442,445－452,511,561,699,816,878,909

《十月之交》(包括《十月》)109,110,124,126,127,136,142,143,176

《黍苗》143

《碩鼠》(《詩經·魏風·碩鼠》)854

《思齊》(包括《大雅·思齊》《詩經·大雅·思齊》)205,207,248,277,435,440,448,
　　451,464,560,563,816,908
《思文》(包括《周頌·思文》)205,908
《四牡》(包括《小雅·四牡》)109,110,141
《四月》143
《崧高》(《大雅·崧高》)179
《頌》(包括《訟》)3,66,77,78,114,124,125,126,132－134,139,151,152,157－159,
　　161,176,185,208,215,217,254,334,337,344,423,441,451,486,488,527
《素冠》(包括《檜風·素冠》《詩經·檜風·素冠》)101,103,183
《唐風》(包括《唐》)126,127,217
《唐風·無衣》154
《唐風·揚之水》(包括《揚之水》)402,403
《桃夭》436,438,440,443,445,449
《天保》109,110,124,126,176
《天作》205,435,448,908
《庭燎》(《小雅·庭燎》)402
《兔罝》(包括《兔䍋》)124,126,145,151,436,440,441,443,446,450,451
《兔爰》(包括《又兔》)124,127,128,151
《蘀兮》153
《菀柳》143
《宛丘》(包括《陳風·宛丘》《备丘》)122,124,144,148,417,432
《王風》(包括《王》)126,127,217
《王風·揚之水》(包括《揚之水》《湯之水》)124,126
《維清》141,205,435,438,908
《維天之命》(包括《周頌·維天之命》《詩經·周頌·維天之命》)141,205,237,435,
　　448,908
《衛風》(包括《毛詩·衛風》《衛》)126,149,217
《文王》(包括《大雅·文王》《詩經·大雅·文王》)114,117,124,141,142,144,148,
　　154,205,225,233,234,334,352,389,390,393,405,417,423,432－435,448,451,
　　644,699,908,911
《文王有聲》(包括《大雅·文王有聲》)205,223,390,435,435,448,869,908
《我將》(包括《周頌·我將》)205,435,448,908
《我行其野》142
《武》(包括《舞(武)》)66,157,158,160,205,270,334,337,423,435,448,808,812,908
《蟋蟀》(包括《唐風·蟋蟀》《七衘》)111,122,124,126,145,149,150
《隰桑》143,192
《隰有萇楚》(包括《檜風·隰有萇楚》《陸又長楚》)114,124,127,128,129
《下泉》149,150

主要書篇名索引　961

《下武》205,435,448,908

《巷伯》(包括《詩經・小雅・巷伯》《小雅・巷伯》)46,101,103,699

《小弁》(包括《詩經・小雅・小弁》《小雅・小弁》)101,103,124,126,137,142,854

《小旻》(包括《詩經・小雅・小旻》《小雅・小旻》)124,126,137,141－143,380,386,
　　395,396

《小明》(包括《小雅・小明》)115,124

《小戎》(《秦風・小戎》《詩經・秦風・小戎》)192,367

《小宛》124,126,137,142,143,151

《小星》(包括《國風・召南・小星》《召南・嘒彼小星》)316,430,437,438,441,443,
　　444,445,449

《小雅》(包括《少頣》《詩經・小雅》)78,114,124,125,126,132,133,134,136,139,
　　141,149,151,158,159,171,174,214,215,216,217,334,423,486,488,527,768

《小雅・杕杜》(《杕杜》)124,126,141,145

《小雅・甫田》(《甫田》)143

《小雅・谷風》(《谷風》《毛诗・谷风》)124,126,127,143

《小雅・鹿鳴之什・白華》(《白華》)141

《小雅・魚藻之什・白華》(《白華》)143

《信南山》143

《行露》(包括《召南・行露》)101,437,438,439,443,445,447,448,449

《行葦》(《大雅・行葦》)101,103,178

《雄雉》(包括《詩經・邶風・雄雉》)96,404

《玄鳥》(《商頌・玄鳥》)205

《雅》3,126,139,152,157,158,161,176,185,192,215,254,334,337,344,423,441,
　　450,451,

《燕燕》(包括《邶風・燕燕》《毛詩・邶風・燕燕》《詩經・邶風・燕燕》)106,124,
　　126,150,206,207,217,219,332,393,405,413,414,416,417,418,419,421,430,
　　431,552

《野有蔓草》(《鄭風・野有蔓草》)183,188

《野有死麕》(包括《詩經・召南・野有死麕》)155,189,437,438,439,443,445,449

《猗嗟》124,148

《抑》(包括《大雅・抑》《詩經・大雅・抑》《詩・大雅・抑》)142,148,402,480,
　　642,854

《殷其靁》437,438,439,441,443,445,446

《鄘風》(《毛詩・鄘風》)47,124

《鄘風・柏舟》126,142,149

《由庚》141

《由儀》141

《有駜》(《魯頌・有駜》)403

《有杕之杜》(包括《唐風·有杕之杜》《杕杜》)124,126,149,150,201,209,210,217,
　　219,263,484,487,908
《有女同車》(《鄭風·有女同車》)192
《魚麗》(包括《小雅·魚麗》)103,107,141
《魚藻》143
《雨無正》124,126,137,142,143,151,699
《鴛鴦》143
《園有桃》(《詩經·魏風·園有桃》)47,178
《雲漢》(《大雅·雲漢》)111
《瞻卬》(《大雅·瞻卬》)103
《瞻彼洛矣》143,
《湛露》124,126
《長發》(包括《毛詩·商頌·長發》《商頌·長發》)117,205,393,395,405
《召南》126,149,150,151,155,217,436,438,440,441,442,443,444,445,446,447,
　　448,449,450,484,561
《溱洧》153
《烝民》(包括《大雅·烝民》《詩經·大雅·烝民》)94,179,201,365,393,481,644,
　　844,875
《正月》(包括《詩經·小雅·正月》《小雅·正月》)142,395,642
《鄭風》(包括《毛詩·鄭風》)126,127,159,160,196
《鄭風·揚之水》(《揚之水》)126,153
《執競》205,448,908
《螽斯》124,436,440,443,445
《周南》126,149,150,151,155,217,436,438,440,441,442,443,444,445,446,447,
　　448,449,450,484,561
《周頌》174,205,208,448,452
《株林》(《陳風·株林》)170,185
《子衿》(包括《鄭風·子衿》)153,187
《騶虞》(包括《召南·騶虞》)437,438,440,442,444,445,446,447,448,449,450,451
《遵大路》153
《詩考》106
《詩論》-10,-9,-4,-3,-2,-1,2,3,4,23,26,31,47,48,54,55,57,58,77,78,83,85,
　　86,87,101,104,113,114,115,118,120-128,130-140,143-151,153,155-163,165,
　　167,168,193,195-204,206-221,223,224,225,230-234,238,241,242,244,245,256,
　　258,259,260,262-275,277,280,281,282,288,293,298,299,301,303,310,314-318,
　　320,321,325,328,329,330,332-335,337,339,356,392,393,403,404,405,413,417-
　　428,432-435,437,438,451,452,458,460,470,473,483,484,487,490,498,506,507,
　　508,510,527,644,732,738,739,751,766,774,775,784,844,869,870,895,901,903,908

—910,937

《詩毛氏傳疏》104

《詩譜》104,140,143

　　　《詩譜序》133,134,152,775

　　　《周南召南譜》178,447,448

　　　《周頌譜》133

《詩三百》(包括《詩三百篇》)47,101,124,135,152,153,157,160,161,163,167,170,174,180,181,182,184,186,188,190—192,195,201,210,216,401,403,422,428,448,699

《石經大學》458,459

《石闕銘》753

《時世論》449

《史記》(包括《伯夷列傳》《滑稽列傳》《孔子世家》《孟子荀卿列傳》《史記·伯夷列傳》《史記·楚世家》《史記·滑稽列傳》《史記·孔子世家》《史記·老子韓非列傳》《史記·魯周公世家》《史記·孟子荀卿列傳》《史記·齊太公世家》《史記·秦始皇本紀》《史記·儒林列傳》《史記·司馬相如列傳》《史記·宋微子世家》《史記·田敬仲完世家》《史記·外戚世家》《史記·外戚世家序》《史記·衛康叔世家》《史記·五帝本紀》《史記·殷本紀》《史記·游俠列傳》《史記·仲尼弟子列傳》《史記·周本紀》《世家》《五帝本紀》《游俠列傳》《史記·袁盎晁錯列傳》《史記·封禪書》《史記·夏本紀》《史記·日者列傳》)2,26,38,40,46,83,84,90,105,110,111,125,131,134,138,143,150,153,154,157,158,161,164,169,170,171,178,182,189,210,211,224,225,229,238,241,242,272,333,334,337,338,344,364,366,369,380,413,420,423,448,480,483,484,521,567,583,585,589,617,652,675,683,685,709,710,742,743,747,764,766,767,768,769,771,773,775,850,852,853,856,860,868,881,883,893,895,903,908,917,918—928,929,931,932,933,934,935

　　　《樂書》(《史記·樂書》)157,176,933

　　　《禮書》(《史記·禮書》)493,933

　　　《十二諸侯年表》(《史記·十二諸侯年表》)44,128,338,484,585,709

　　　《十二諸侯年表序》(《史記·十二諸侯年表序》)163

　　　《太史公自序》(《史記·太史公自序》)337

《史記集解》224,380

《史記索隱》164,589

《史通·雜說上》709

《世》457,893,894

《士不遇賦》502

《世子》241,282

《書》(包括《箸》《箸(書)》)—1,1,32,40,41,47,83—85,97,115,116,125,131,138,142,150,152,153,161,164,165,175,223,277,324,331—338,345,366,369,373,382,385,392,395,396,417,456,457,467,481,483,486,487,500,517,528,583,585,586,594,

595,648,675,685,725,726,734,742,758,760,762—776,819,820,827,828,860,867,869,870,882,894,895,898,904,908,919

《說文》(包括《說文·曾部》《說文·辵部》《說文解字·入部》《說文解字·見部》《說文解字·口部》《說文解字·彌部》《說文解字·木部》《說文解字·青部》《說文解字·人部》《說文解字·示部》《說文解字·思部》《說文解字·心部》《說文解字·一部》《說文·土部》《說文·我部》《說文·音部》《說文·爪部》《說文·禾部》《說文·又部》《說文解字·戈部》《說文·人部》《說文·手部》《說文解字·丌部》《說文解字》《說文·耳部》《說文·一部》《說文·水部》《說文解字·大部》《說文解字·支部》《說文解字·言部》)9,12,66,67,68,71,72,73,74,98,159,177,220,264,269,324,347,349,356,376,377,379,397,480,493,497,644,654,659,662,672,712,731,734,735,760

　　《說文解字敘》64

《說文解字注》176,731,760

《說文解字注箋》644

《說文通訓定聲》(包括《說文通訓定聲·孚部》《說文通訓定聲·豫部》)89,651

《說苑》42,97,105,108,113,115,119,418,893,898,917,930,931,935

　　《反質》(包括《說苑·反質》)418,419

　　《君道》(《說苑·君道》)411

　　《雜言》(包括《說苑·雜言》)917—932,934,935

　　《建本》(包括《說苑·建本》)48

　　《政理》(包括《說苑·政理》)369

《四庫全書總目》(包括《四庫總目》《四庫總目提要》)93,95,134,454,459,460,526

《四書章句集注》(包括《集注》《章句》)55,150,455,517,578,735,868,874,

　　《大學章句》455,462,465,481,

　　《中庸章句》(包括《四書章句集注·中庸章句》《中庸章句序》)79,222,585

《宋書》112

　　《禮志》112

《送王秀才序》882

《隋書》47

　　《音樂志上》47

《孫卿書錄》42

T

《太平御覽》99,111,112,180,221,259,853

《太玄·玄文》718

《太一生水》(包括《大一生水》)—1,52,53,58,75,522,650,663,664,665,666,667,668,669,670,671,672,673,674,676,677,678,679,680,682,713,744,758,876,904,910

《太一下行九宮圖》676

《唐虞之道》(《湯吳之道》)—1,52,58,197,249,256,266,282,335,523,577,621,720,723,

724,725,727,728,729,730,780,781,785,801,803,804,805,806,814,827,840,866,877,880,903,906,907,910

《通典》112,167,384

W

《爲吏之道》706,707,708,709,711

《文史通義·內篇·經解上》882

《文選》9,112,753

　　《辯命論》106,112

《文子·道原》13,652

《武》66,157,158,160,205,270,334,337,423,435,448,812,908

《五典》1,2

《五經異義》106,159

《五行》-10,-9,-4,-3,-2,-1,2-7,14,20-29,33-36,38-40,43,44,46-56,58-64,66,69,79,83-87,97,104,113,114,116-118,121,125,128,147,148,163,165,196,197,199,200,201,204,207,213,214,216,218,220,224,230-237,239,241,242,244,247-250,253,254,256,258,260,263-266,268,269,273,278-289,291-305,307,309-323,325,327-330,332,339,341,342,344-367,369,370,372-376,379,380,386-401,403-421,423-438,448,451,452,458,460,462,471-475,485,488,489,490,494-500,502-510,512,513,524,525,527,528,532-536,538-550,552-582,584,585,586,589,590,592-615,617,619-628,631-638,640,641,643,645-650,661-664,671,679-682,684,686,687,691-701,703,712-715,717,720,726,732,733,735,737-740,744,746-755,757,761,777-781,783,785-789,792,793,794,797,800,807,809,811,816,819,821-828,830,831,834,836,840,850,853,865,866,870,871-880,887,888,902-910,935,937

《五運歷年記》673

《物由望生》58

X

《夏》270,808,812

《小戴禮記》168,453,773

《孝經》71,258,479,629,773,894

　　《廣要道章》(《孝經·廣要道章》)254,729

　　《聖治章》(《孝經·聖治章》)717

　　《三才章》(《孝經·三才章》)258

《孝經注》717

《新論·雜事》(《新論·(離)〔雜〕事》)709

《新書·階級》172

《新序》97,105,108,113,115,119,418,893,898,930
 《雜事五》(《新序·雜事五》)272
《新譯大方廣佛花嚴經》98
《刑德行時》707
《性》58
《性命古訓》324
《性命古訓辨證》76—78,212,240,324—327,329
《性情論》(《眚惪論》)57,113—115,200,204,209—211,216,219,231,232,238,242,244,245,259,262,263,265—267,269—275,277,280—282,293,298,299,303,310,314,315,318,321,328—330,333,334,336,356,473,483,498,506,508,527,567,648,651,712,715,732—735,737—739,744,745,749,765—768,770,771,774,775,783,785,807—812,819,820,866,895,901,903,907—909
《性自命出》(《眚自命出》)—1,31,54,55,57,58,85,113—115,118,125,153,161,200,204,209,210,211,216,219,231,232,234,238,242,244,245,256,258—260,262,263,265—275,277,280—282,288,293,298,299,301,303,310,314—316,318,320,321,328—330,332—335,337,356,458,473,483,498,506—508,527,550,567,577,584,586,604,612,648,651,712,715,716,732—735,737—739,744,745,748,755,765—768,770,771,774,775,783,785,787,807—812,819,827,866,895,903,907—910
《宣德皇后令》753
《學言上》467
《學齋佔畢》(包括《學齋佔畢纂》)458,482
《荀子》(包括《荀》《荀子(附校勘補遺)》《荀卿子》)—3,—3,—3,—2,4,29,30,33,34,41,49,57,80,84,86,98,105,107,111,113,115,130,132,161,168,199,200,213,220,224,233,236,243,256,265,266,268,269,273,275,281,283,285,286,288,312,313,314,317,318,319,320,321,323,326,327,330,339,342,394,418,421,452,460,461,486,489,502,503,506,507,509,511,512,513,564,571,583,586,592,593,594,595,596,597,598,601,605,606,607,609,612,613,614,615,619,620,621,629,631,632,633,634,637,646,647,648,693,702,735,738,739,769,770,771,786,789,853,881,895,905,906,908,910,914,915,917,930
 《哀公》(《荀子·哀公》)132,272,606
 《不苟》(包括《荀子·不苟》)—1,107,224,633,634,635,636,637,638,640,641,644,645,646,647
 《成相》(《荀子·成相》)413,647,707
 《大略》(包括《荀子·大略》)32,94,111,129,174,219,273,319,427,486,494,606,609,620—624,626,630,631,647,769,770,771,841
 《法行》(包括《荀子·法行》)32,360,361
 《非十二子》(包括《荀子·非十二子》)28,29,30,57,79,83,84,224,317,344,392,419,420,421,503,575,582,584,592,596,646,647,684,750,902,903,904,905

《非相》(包括《荀子·非相》)29,30,33,272,420,421,512,584,606,631,632,647,
738,878
《富國》(《荀子·富國》)172,318,647,684,716,842
《解蔽》(包括《荀子·解蔽》)117,127,272,283,290,312,319,322,343,511—515,
613,614,616—619,647,684,713,738,739,793,795,797,841,845
《君道》(包括《荀子·君道》)466,601,647,729
《樂論》(包括《荀子·樂論》)157,158,318,606,647,684
《禮論》(包括《荀子·禮論》)31,55,254,273,275,318,326,494,647,648,738
《強國》(包括《荀子·強國》)607,608,647
《勸學》(包括《荀子·勸學》)29,31,32,33,160,284,343,383,413,418,486,507,550,
594,595,596,601,606,608,609,619,627,640,647,648,764,768,769,770,771,
878,917
《榮辱》(包括《荀子·榮辱》)30,55,173,202,238,254,273,274,318,319,343,494,
593,596,598,605,647,738,855
《儒效》(包括《荀子·儒效》)32,253,420,421,481,486,489,497,584,596,601,602,
605,606,607,608,609,647,768—771,773,842
《天論》(包括《荀子·天論》)318,323,502,507,613,647,684,786,817,846,914
《王霸》(包括《荀子·王霸》)318,319,321,503,613,647
《王制》(包括《荀子·王制》)33,236,254,273,320,333,597,607,609,632,646—648,
715,716,835,836
《性惡》(包括《荀子·性惡》)130,252,254,290,296,317,319—323,252,254,290,296,
353,502,503,547,570,593,595,596,606,609,612,613,615,628,647,716,735,
738,739,761,778,788,789,905
《修身》(包括《荀子·修身》)107,224,343,354,487,514,595,601,606,647,683,684,
802,841
《議兵》(包括《荀子·議兵》)323,598,607,628,633,647
《宥坐》(包括《荀子·宥坐》)743,916,929,934,930,935
《正論》(包括《荀子·正論》)321,626,627,647,674,853
《正名》(包括《荀子·正名》)33,226,262—265,274,318,316,502,512,614,647,694,
702,713,714,786,879
《致士》(包括《荀子·致士》)622,633,647
《仲尼》(《荀子·仲尼》)335,647
《子道》(《荀子·子道》)934
《荀卿子通論》98
《荀子補注》626,636,719
《訓典》457,894

Y

《揅經室集》68,324

《鹽鐵論·執務》150
《弇州山人四部稿》98
《晏子敘錄》42
《一切經音義》(包括《音義》)98,99
《儀禮》7,110,168,773,894
  《公食大夫禮》377
  《士冠禮》7
  《士昏禮》(包括《儀禮·士昏禮》)100,173,377,444
  《士虞禮》377
  《特牲饋食禮》377
《易林·恒之坤》106,110,430
《易乾鑿度》676
《藝文類聚》99,112,742
《逸周書》
  《官人解》(包括《逸周書·官人解》)257—259
  《時訓》(《逸周書·時訓》)660
《引書》707
《詠懷》112
《語叢》52,58,247,248,252,253,261,507,715
《語叢二》54,56,58,59,204,210,219,258—262,274,318,319,473,474,558,577,691,701,718,722,770,783,871,908
《語叢三》56,58,268,269,517,539,556,576,648,701—703,707,710—715,719,720,739,854
《語叢四》58,75,850—857,866
《語叢一》55,56,58,85,114—116,161,245—247,253,256,265,268,273,277,281,285,319,321,335,336,388,427,473,483,490,507,539,547,550,556,598,601,648,653,701,702,711,712,714,715,717—719,739,744,766,768—771,777,785,819—821,824,841,854,866,906,913,914
《玉函山房輯佚書》91,99,111
《玉燭寶典》112
《元延二年視事日記》707
《樂》33,54,83,115,116,125,134,142,153,161,211,253,277,332—338,366,456,457,483,486,528,583,594,595,685,725,734,760,762—773,775,776,812,819,820,827,828,894,904,908

Z

《曾子全書》455
《戰國策》(《戰國策·齊策六》)42,186
《戰國策書錄》42

《戰國縱橫家書》74,901

《張侯論》41

《鄭箋》(包括《箋》)118,133,147,148,151,156,211,220,403,404,411,412,418,425,428,
　　431,449,452

《鄭氏佚書・孝經注》254,729

《鄭志》171,172,439,447

《直齋書錄解題》98

《忠信之道》(《忠信之術》)58,577,807-809,831-832,866,903,910

《中庸注》68

《周禮》1,33,168,176-178,183,190,342,343,377-379,429,431,459,699,773,835,894

　　《大師》(《周禮・春官宗伯下・大師》)429,431

　　《亨人》(《周禮・天官冢宰・亨人》)377

　　《媒氏》(《周禮・地官司徒・媒氏》)183

　　《牛人》(《周禮・地官・牛人》)835

　　《食醫》(《周禮・天官冢宰下・食醫》)378

《周禮正義》379

《周書》193,194

《周書補正》257

《周易》(包括《易》)46,97,115,116,131,150,161,164,258,277,334,335,337,338,401,
　　420,422,483,486,526,528,585,675,699,760,762-765,767-776,828,847,894,
　　895,901

　　《賁卦・彖傳》(包括《周易・賁卦・彖傳》《周易・賁・彖傳》)452,718

　　《萃卦・彖傳》302

　　《大壯・彖傳》302

　　《觀卦・彖傳》(《周易・觀・彖傳》)279,758,846

　　《恒卦・彖傳》452

　　《家人・彖傳》(《周易・家人・彖傳》)770

　　《坤卦・文言》(《周易・坤・文言》)604

　　《離卦・彖傳》452

　　《乾卦・文言》(包括《文言》《周易・乾・文言》)558,722,726

　　《升・彖》604

　　《說卦傳》(《周易・說卦傳》)770,847

　　《繫辭上傳》(包括《周易・繫辭上傳》)540,641,675,682,758,770,845,854

　　《繫辭下傳》(包括《繫辭下》《周易・繫辭下傳》)34,411,422,481,604,846

　　《咸卦・彖傳》(《周易・咸・彖傳》)302

　　《序卦傳》(包括《周易・序卦》《周易・序卦傳》)276,331,670,847

　　《易傳》342,422,609,758,846,847

　　《中孚》(《周易・中孚》)855

《周易經傳・要》352

《諸子平議·荀子一》267,421,485,584,594,634,719
《朱子語類》155,156,160,231,289,296,304,307,310－312,487,490,501,736,747,896
《竹書紀年》852
《莊子》(包括《莊)4,13,56,72,73,79,86,95－97,369,614,615,617－619,652－656,658,
　659,661,662,665,670,672,673,676,679,712－714,718,736,739,745－748,750,751,
　753－755,757,759,760,762－765,769,771－774,776－778,782－788,802－805,810,
　816,818,821,827,829,837,843－845,853,854,858,862,863,865,876,877,881－887,
　904,917
　《達生》(包括《莊子·達生》《莊子·外篇·達生》)226,661,732,734,735,737,738,
　　744,804,805,810,811,863
　《大宗師》(包括《莊子·內篇·大宗師》)72,226,310,323,383,579,615,652－654,
　　663,664,671,745,751,753,754,756,759,782,789,795,824,843,845,863,881,
　　885,906
　《盜跖》(包括《雜篇·盜跖》《莊子·盜跖》《莊子·雜篇·盜跖》)253,587,776,778,
　　850,853,856,861,863
　《德充符》(包括《莊子·內篇·德充符》)738,748,750,757,795,796,802,881,884,
　　886,906
　《庚桑楚》267,492,751,863,883
　《刻意》(包括《外篇·刻意》《莊子·外篇·刻意》)96,310,326,772,805－807,831
　　－833
　《列禦寇》665,674
　《馬蹄》(包括《莊子·外篇·馬蹄》)787,788,790,811
　《駢拇》(包括《外篇·駢拇》《莊子·外篇·駢拇》)737,782,783,788,791,796,811,
　　824,826,
　《齊物論》(包括《莊子·內篇·齊物論》)202,618,655,658,754,776,803,813,837,
　　863,885
　《秋水》(包括《莊子·外篇·秋水》)615,754,796,803,804,817,850,853,854,
　《胠篋》(包括《莊子·胠篋》《莊子·外篇·胠篋》)815,825,826,828,831,850－853,
　　856,863
　《讓王》(包括《莊子·讓王》《莊子·雜篇·讓王》)102,587,589,717,718,858－865,
　　883,916,934
　《人間世》(包括《莊子·內篇·人間世》)369,485,616,675,722,755,756,763,795,
　　796,809,815,848,863,881,884,906
　《山木》(包括《莊子·外篇·山木》)748,813,818,863,916,934
　《繕性》(包括《外篇·繕性》《莊子·外篇·繕性》)748,799,803,818
　《說劍》587,861,863,
　《天道》(包括《外篇·天道》《莊子·天道》《莊子·外篇·天道》)96,617,758,760,762
　　－765,768,769,774,775,781,783,841,843,848,849,877
　《天地》(包括《外篇·天地》《莊子·天地》《莊子·外篇·天地》)206,226,652,653,

655,663,675,748,751,759,782,784—789,803,806,812—815,826,833,837—840, 842,843,845,863

《天下》(包括《雜篇·天下》《莊子·天下》《莊子·雜篇·天下》)12,116,568,662, 663,665,674,677,683,685,760,762,764,765,768—776,878,886,896,897

《天運》(包括《莊子·天運》《莊子·外篇·天運》)760,762—765,768,769,771—775, 779—781,783,798,816,820,831—833,916,934

《田子方》(包括《莊子·外篇·田子方》)660,751,753,762,763,776,787,788,796, 819,863,883

《外物》(包括《雜篇·外物》《莊子·雜篇·外物》)220,748,776,787,788,850, 854,863

《逍遥遊》(包括《莊子·内篇·逍遥遊》)618,713,754,813,836,837,863

《徐无鬼》(包括《莊子·雜篇·徐无鬼》《莊子·徐无鬼》)665,674,726,814,863,883

《養生主》(包括《莊子·内篇·養生主》)756,782,806,863,886

《應帝王》49,796,881,886

《漁父》(包括《莊子·漁父》《莊子·雜篇·漁父》)587,808,809,810,831,832,833, 861,863

《寓言》(包括《莊子·雜篇·寓言》)19,57,515,878,885

《雜篇》(《莊子·雜篇》)587,665,747,773,782,783,785,786,829,837,861,863,881, 884,886,887

《在宥》(包括《莊子·外篇·在宥》《莊子·在宥》)660,738,751,783,797,812,820— 824,826—828,830—840,842—845,847—849

《則陽》(包括《雜篇·則陽》《莊子·雜篇·則陽》)57,658,791,796,821,863,883

《知北遊》(包括《莊子·外篇·知北遊》)323,492,615,653,658,669,713,751,820, 845,863

《至樂》(包括《莊子·外篇·至樂》)75,540,661,777

《莊子集釋》826

《莊子評注》826

《子羔》2,3,123,724

《子思子》(包括《子思》)47,370,458,576,675

《尊德義》(《眷惠義》)52,54—56,58,174,237,245,247,248,272,280,282,333,336,458, 473,490,523,576,626,746,748,755,819,821,823,827,829—834,836—840,842,844, 866,876,910

《左氏春秋》(包括《左氏》)1,44—47,49,66,84,115,123,130,157,169,170,172,175,177 —179,184,185,190,201,217,229,249,255,257,258,261,265—267,331,332,338,352, 368,369,374,376,377,380—383,385,386,416,459,463,478,481,517,526,585,597, 625,668,675,685,721,725,727,731,742,786,856,867,875,881,887

附　相關簡帛古書及其中書篇名目要覽

書篇名	通常所使用稱名
《耑》（上博簡《詩論》、《𰻞意論》）	《詩》
《時》（郭店簡《𰻞自命出》、《六悳》）	《詩》
《寺》（郭店簡《茲衣》）	《詩》
《詩》（馬王堆帛書《五行》）	—
《詩》（郭店簡《語叢一》）	—
《箸》（郭店簡《𰻞自命出》、《六悳》，上博簡《𰻞意論》）	《書》
《豊》（郭店簡《𰻞自命出》、《六悳》、《語叢一》，上博簡《𰻞意論》）	《禮》
《樂》（郭店簡《𰻞自命出》、《六悳》、《語叢一》）	—
《䘲》（上博簡《𰻞意論》）	《樂》
《易》（郭店簡《六悳》、《語叢一》）	—
《春秋》（郭店簡《六悳》、《語叢一》）	—
《邦風》（上博簡《詩論》）	—（《國風》）
《𨵿疋》（上博簡《詩論》）	《關雎》（《詩經·周南》）
《蓫䋊》（上博簡《詩論》）	《葛覃》（《詩經·周南》）
《巻而》（上博簡《詩論》）	《卷耳》（《詩經·周南》）
《梂木》（上博簡《詩論》）	《樛木》（《詩經·周南》）
《中氏》（上博簡《詩論》）	《螽斯》（《詩經·周南》）
《兔䕅》（上博簡《詩論》）	《兔罝》（《詩經·周南》）
《梂而》（上博簡《詩論》）	《芣苢》（《詩經·周南》）
《𤅩𡈼》（上博簡《詩論》）	《漢廣》（《詩經·周南》）
《鵲樔》（上博簡《詩論》）	《鵲巢》（《詩經·召南》）
《甘棠》（上博簡《詩論》）	—（《詩經·召南》）

續表

書篇名	通常所使用稱名
《北·白舟》(上博簡《詩論》)	《邶·柏舟》(《詩經》)
《緑衣》(上博簡《詩論》)	—(《詩經·邶風》)
《鵙鵙》(上博簡《詩論》)	《燕燕》(《詩經·邶風》)
《浴風》(上博簡《詩論》)	《谷風》(《詩經·邶風》)
《北風》(上博簡《詩論》)	—(《詩經·邶風》)
《白舟》(上博簡《詩論》)	《柏舟》(《詩經·鄘風》)
《牆又薺》(上博簡《詩論》)	《牆有茨》(《詩經·鄘風》)
《相鼠》(上博簡《詩論》)	—(《詩經·鄘風》)
《木苽》(上博簡《詩論》)	《木瓜》(《詩經·衛風》)
《君子腸腸》(上博簡《詩論》)	《君子陽陽》(《詩經·王風》)
《湯之水》(上博簡《詩論》)	《揚之水》(《詩經·王風》)
《又兔》(上博簡《詩論》)	《有兔》(《詩經·王風·兔爰》)
《菜萬》(上博簡《詩論》)	《采葛》(《詩經·王風》)
《𢪊中》(上博簡《詩論》)	《將仲》(《詩經·鄭風·將仲子》)
《涉秦》(上博簡《詩論》)	《涉溱》(《詩經·鄭風·褰裳》)
《東方未明》(上博簡《詩論》)	—(《詩經·齊風》)
《於差》(上博簡《詩論》)	《猗嗟》(《詩經·齊風》)
《七衛》(上博簡《詩論》)	《蟋蟀》(《詩經·唐風》)
《角𩠐》(上博簡《詩論》)	《角枕》(《詩經·唐風·葛生》)
《备丘》(上博簡《詩論》)	《宛丘》(《詩經·陳風》)
《陛又長楚》(上博簡《詩論》)	《隰有萇楚》(《詩經·檜風》)
《尸䱉》(上博簡《詩論》)	《鳲鳩》(《詩經·曹風》)
《少顕》(上博簡《詩論》)	《小雅》(《詩經》)
《少夏》(郭店簡《茲衣》)	《小雅》(《詩經》)
《廩鳴》(上博簡《詩論》)	《鹿鳴》(《詩經·小雅》)
《伐木》(上博簡《詩論》)	—(《詩經·小雅》)
《天保》(上博簡《詩論》)	—(《詩經·小雅》)
《睿𩄓》(上博簡《詩論》)	《湛露》(《詩經·小雅》)

續表

書篇名	通常所使用稱名
《皯皯者莪》（上博簡《詩論》）	《菁菁者莪》（《詩經·小雅》）
《誶父》（上博簡《詩論》）	《祈父》（《詩經·小雅》）
《黃䳫》（上博簡《詩論》）	《黃鳥》（《詩經·小雅》）
《即南山》（上博簡《詩論》）	《節南山》（《詩經·小雅》）
《十月》（上博簡《詩論》）	—（《詩經·小雅·十月之交》）
《雨亡政》（上博簡《詩論》）	《雨無正》（《詩經·小雅》）
《少旻》（上博簡《詩論》）	《小旻》（《詩經·小雅》）
《少䆉》（上博簡《詩論》）	《小宛》（《詩經·小雅》）
《少叀》（上博簡《詩論》）	《小弁》（《詩經·小雅》）
《考言》（上博簡《詩論》）	《巧言》（《詩經·小雅》）
《翏莪》（上博簡《詩論》）	《蓼莪》（《詩經·小雅》）
《臤大車》（上博簡《詩論》）	《將大車》（《詩經·小雅·無將大車》）
《少明》（上博簡《詩論》）	《小明》（《詩經·小雅》）
《大田》（上博簡《詩論》）	—（《詩經·小雅》）
《裳裳者芋》（上博簡《詩論》）	《裳裳者華》（《詩經·小雅》）
《青蠅》（上博簡《詩論》）	《青蠅》（《詩經·小雅》）
《大䫀》（上博簡《詩論》）	《大雅》（《詩經》）
《大夏》（郭店簡《緇衣》）	《大雅》（《詩經》）
《文王》（上博簡《詩論》）	—（《詩經·大雅》）
《訟》（上博簡《詩論》）	《頌》（《詩經》）
《清廟》（上博簡《詩論》）	《清廟》（《詩經·周頌》）
《𦣞殳》（上博簡《詩論》）	《烈文》（《詩經·周頌》）
《昊天又城命》（上博簡《詩論》）	《昊天有成命》（《詩經·周頌》）
《武》（郭店簡《性自命出》，上博簡《性情論》）	—（《詩經·周頌》）
《賚》（郭店簡《性自命出》，上博簡《性情論》）	《賚》（《詩經·周頌》）
《河水》（上博簡《詩論》）	—（逸篇）
《尹誥》（郭店簡《緇衣》）	《尹誥》（《尚書·咸有一德》，佚；"晚書"有）
《康誥》（郭店簡《緇衣》、（郭店簡《成之聞之》））	《康誥》（《尚書》）

續表

書篇名	通常所使用稱名
《君奭》(郭店簡《茲衣》、郭店簡《城之餒之》)	—(《尚書》)
《君迪》(郭店簡《茲衣》)	《君陳》(《尚書》,佚;"晚書"有)
《君牙》(郭店簡《茲衣》)	《君牙》(《尚書》,佚;"晚書"有)
《邵埜》(郭店簡《茲衣》)	《吕刑》(《尚書》)
《吕埜》(郭店簡《茲衣》)	《吕刑》(《尚書》)
《晉公之募命》(郭店簡《茲衣》)	《祭公之顧命》(《逸周書·祭公》)
《吴時》(郭店簡《湯吴之道》)	《虞志》
《大雹》(郭店簡《城之餒之》)	《大禹》
《䚡命》(郭店簡《城之餒之》)	？
《卲》(郭店簡《告自命出》,上博簡《告意論》)	《韶》
《夏》(郭店簡《告自命出》,上博簡《告意論》)	—
《頀》(上博簡《告意論》)	《夏》
《茲衣》(郭店簡)	《緇衣》(《禮記》)
《紂衣》(上博簡)	《緇衣》(《禮記》)
《魯穆公昏子思》(郭店簡)	《魯穆公問子思》
《穿達以時》(郭店簡)	《窮達以時》
《五行》(郭店簡)	—
《湯吴之道》(郭店簡)	《唐虞之道》
《忠信之衍》(郭店簡)	《忠信之道》
《城之餒之》(郭店簡)	《成之聞之》
《眷悳義》(郭店簡)	《尊德義》
《告自命出》(郭店簡)	《性自命出》
《告意論》(上博簡)	《性情論》
《六悳》(郭店簡)	《六德》
《語叢一》(郭店簡)	—
《語叢二》(郭店簡)	—
《語叢三》(郭店簡)	—
《語叢四》(郭店簡)	—

續表

書篇名	通常所使用稱名
《大一生水》(郭店簡)	《太一生水》
《子羔》	—
《民之父母》(上博簡)	—
《魯邦大旱》(上博簡)	《魯邦大旱》
《頌壁氏》(上博簡)	《容成氏》
《敓蔑之戰》(上博簡)	《曹沫之陳》
《季庚子龏於孔子》(上博簡)	《季庚(康)子問於孔子》
《鬼神又所明又所不明》(上博簡)	《鬼神之明》

主要參考文獻

白於藍編著:《簡牘帛書通假字字典》,福州:福建人民出版社,2008年,第1版。
班固編撰、顧實講疏:《漢書藝文志講疏》,上海:上海古籍出版社,1987年,第1版。
班固撰、顏師古注:《漢書》,北京:中華書局,1962年,第1版。
常森著:《先秦諸子研究》,北京:人民教育出版社,2008年,第1版。
常森著:《屈原及其詩歌研究》,北京:北京大學出版社,2012年,第1版。
常森著:《屈原及楚辭學論考》,北京:北京大學出版社,2016年,第1版。
陳癸淼著:《名家與名學:先秦詭辯學派研究》,臺北:臺灣學生書局有限公司,2010年,第1版。
〔澳〕陳慧(Shirley Chan)、廖名春、李銳著:《天、人、性:讀郭店楚簡與上博竹簡》,上海:上海古籍出版社,2014年,第1版。
陳立撰:《白虎通疏證》,北京:中華書局,1994年,第1版。
陳啓天編:《韓非子校釋》,上海:中華書局,1940年,第1版。
陳啓天著:《增訂韓非子校釋》,臺北:臺灣商務印書館股份有限公司,1969年,第1版。
陳仕珂輯:《孔子家語疏證》,上海:上海書店,1987年,第1版。
陳戍國著:《詩經芻議》,長沙:嶽麓書社,1997年,第1版。
陳偉等著:《楚地出土戰國簡册[十四種]》,北京:經濟科學出版社,2009年,第1版。
〔日〕池田知久著:《馬王堆漢墓帛書五行研究》,王啓發譯,北京:綫裝書局、中國社會科學出版社,2005年,第1版。
〔日〕池田知久著:《池田知久簡帛研究論集》,曹峰譯,北京:中華書局,2006年,第1版。
丁四新著:《郭店楚墓竹簡思想研究》,北京:東方出版社,2000年,第1版。
馮浩菲著:《鄭氏詩譜訂考》,上海:上海古籍出版社,2008年,第1版。
〔日〕冨谷至著:《木簡・竹簡の語る中國古代:書記の文化史》(增補新版),東京:岩波書店,2014年。
傅斯年著:《性命古訓辨證》,《傅斯年全集》第二册,臺北:聯經出版事業公司,1980年,第1版。
傅斯年:《性命古訓辨證》,劉夢溪主編《中國現代學術經典・傅斯年卷》,石家莊:河北教育出版社,1996年,第1版。
傅亞庶撰:《孔叢子校釋》,北京:中華書局,2011年,第1版。
高亨纂著,董治安整理:《古字通假會典》,濟南:齊魯書社,1989年,第1版。
高明撰:《帛書老子校注》,北京:中華書局,1996年,第1版。
〔英〕葛瑞漢(A.C.Graham)著:《論道者:中國古代哲學論辯》,張海晏譯,北京:中國社會科學出版社,2003年,第1版。

顧頡剛等編著:《古史辨》一至七册,海口:海南出版社,2005年,第1版。

〔美〕顧史考(Scott Cook)著:《郭店楚簡先秦儒書宏微觀》,上海:上海古籍出版社,2012年,第1版。

郭沫若撰:《管子集校》,郭沫若著作編輯出版委員會編:《郭沫若全集》歷史編第五卷、第六卷、第七卷,北京:人民出版社,1984年,第1版;第八卷,北京:人民出版社,1985年,第1版。

郭齊勇主編:《儒家文化研究》(第一輯),《新出楚簡研究專號》,北京:生活・讀書・新知三聯書店,2007年,第1版。

郭慶藩撰:《莊子集釋》,北京:中華書局,2004年,第2版。

國家文物局古文獻研究室編:《馬王堆漢墓帛書》(一),北京:文物出版社,1980年,第1版。

何晏集解:《論語》,據《影印日本〈論語〉古鈔本三種》,北京:北京大學出版社,2013年,第1版。

何晏注,邢昺疏:《論語注疏》,北京:北京大學出版社,1999年,第1版。

〔日〕横田恭三著:《中国古代簡牘のすべて》,東京:二玄社,2012年。

洪興祖撰:《楚辭補注》,北京:中華書局,1983年,第1版。

華學誠匯證:《揚雄方言校釋匯證》,北京:中華書局,2006年,第1版。

黃德寬、徐在國撰:《〈上海博物館藏戰國楚竹書(一)・孔子詩論〉釋文補正》,《安徽大學學報(哲學社會科學版)》2002年第二期。

黄懷信著:《上海博物館藏戰國楚竹書〈詩論〉解義》,北京:社會科學文獻出版社,2004年,第1版。

黄人二著:《戰國楚簡研究》,上海:上海古籍出版社,2012年,第1版。

〔美〕江文思(James Behuniak Jr.)、〔美〕安樂哲(Roger T. Ames)編:《孟子心性之學》,梁溪譯,北京:社會科學文獻出版社,2005年,第1版。

姜義華主編:《胡適學術文集・中國哲學史》,北京:中華書局,1991年,第1版。

荆門市博物館編:《郭店楚墓竹簡》,北京:文物出版社,1998年,第1版。

〔美〕克萊德・克拉克洪(C. Kluckhohn)著:《論人類學與古典學的關係》,吳銀玲譯,北京:北京大學出版社,2013年,第1版。

孔穎達疏:《尚書正義》,北京:北京大學出版社,1999年,第1版。

黎靖德編:《朱子語類》,北京:中華書局,1994年,第1版。

黎翔鳳撰:《管子校注》,北京:中華書局,2004年,第1版。

Li Feng(李峰)、〔美〕David Prager Branner(林德威)編著:*Writing and Literacy in Early China*, Seattle & London: University of Washington Press, 2013。

李零著:《郭店楚簡校讀記》(增訂本),北京:北京大學出版社,2002年,第1版。

李零著:《上博楚簡三篇校讀記》,北京:中國人民大學出版社,2007年,第1版。

李守奎、曲冰、孫偉龍編著:《上海博物館藏戰國楚竹書(一—五)文字編》,北京:作家出版社,2007年,第1版。

李學勤著:《簡帛佚籍與學術史》,南昌:江西教育出版社,2001年,第1版。
梁濤著:《郭店竹簡與思孟學派》,北京:中國人民大學出版社,2008年,第1版。
廖名春著:《新出楚簡試論》,臺北:臺灣古籍出版有限公司,2001年,第1版。
廖名春撰:《上海博物館藏詩論簡校釋》,《中國哲學史》2002年第一期。
廖名春著:《郭店楚簡老子校釋》,北京:清華大學出版社,2003年,第1版。
劉寶楠撰:《論語正義》,北京:中華書局,1990年,第1版。
劉冬穎著:《出土文獻與先秦儒家〈詩〉學研究》,北京:知識產權出版社,2010年,第1版。
劉鳳苞撰:《南華雪心編》,北京:中華書局,2013年,第1版。
劉文典撰:《莊子補正》,北京:中華書局,2015年,第1版。
劉向、劉歆撰,姚振宗輯錄,鄧駿捷校補:《七略別錄佚文・七略佚文》,上海:上海古籍出版社,2008年,第1版。
劉釗著:《郭店楚簡校釋》,福州:福建人民出版社,2003年,第1版;2005年,第1版。
柳詒徵著:《中國文化史》,上海:上海古籍出版社,2001年,第1版。
陸德明撰,吳承仕疏證:《經典釋文序錄疏證》,北京:中華書局,2008年,第1版。
馬承源主編:《上海博物館藏戰國楚竹書》(一),上海:上海古籍出版社,2001年,第1版。
馬承源主編:《上海博物館藏戰國楚竹書》(二),上海:上海古籍出版社,2002年,第1版。
〔英〕R. R. 馬雷特(R. R. Marett)編:《牛津六講:人類學與古典學》,何源遠譯,北京:北京大學出版社,2013年,第1版。
〔英〕Mary Beard(瑪麗・比爾德)、〔英〕John Henderson(約翰・漢德森)著:*Classics: A Very Short Introduction*, Oxford:Oxford University Press,1995。
〔英〕瑪麗・比爾德、〔英〕約翰・漢德森著,董樂山譯:《當代學術入門:古典學》,瀋陽:遼寧教育出版社,1998年,第1版。
馬瑞辰撰:《毛詩傳箋通釋》,北京:中華書局,1989年,第1版。
毛亨傳、鄭玄箋、孔穎達疏:《毛詩正義》,北京:北京大學出版社,1999年,第1版。
龐樸著:《帛書五行篇研究》(第二版),濟南:齊魯書社,1988年,第2版。
彭浩校編:《郭店楚簡〈老子〉校讀》,武漢:湖北人民出版社,2001年,第1版。
駢宇騫、段書安編著:《二十世紀出土簡帛綜述》,北京:文物出版社,2006年,第1版。
駢宇騫著:《簡帛文獻綱要》,北京:北京大學出版社,2015年,第1版。
〔美〕Tsuen-Hsuin Tsien(錢存訓)著:*Written on Bamboo and Silk*, Chicago & London: the University of Chicago Press,2004。
錢穆撰:《四書釋義》,北京:九州出版社,2011年,第1版。
裘錫圭主編:《長沙馬王堆漢墓簡帛集成》(第一冊、第三冊),北京:中華書局,2014年,第1版。
饒宗頤主編:《上博藏戰國楚竹書字匯》,合肥:安徽大學出版社,2012年,第1版。
上海大學古代文明研究中心、清華大學思想文化研究所編:《上博館藏戰國楚竹書研究》,上海:上海書店出版社,2002年,第1版。
上海大學古代文明研究中心、清華大學思想文化研究所編:《上博館藏戰國楚竹書研究續編》,上海:上海書店出版社,2004年,第1版。

司馬遷撰,裴駰集解,司馬貞索隱,張守節正義:《史記》,北京:中華書局,1959年,第1版。
《宋本玉篇》(據張氏澤存堂本影印),北京:北京市中國書店,1983年,第1版。
孫星衍撰:《尚書今古文注疏》,北京:中華書局,2004年,第2版。
孫詒讓撰:《墨子閒詁》,北京:中華書局,2001年,第1版。
滕壬生著:《楚系簡帛文字編》(增訂本),武漢:湖北教育出版社,2008年,第1版。
王弼注,孔穎達疏:《周易正義》,北京:北京大學出版社,1999年,第1版。
王弼注,樓宇烈校釋:《老子道德經注校釋》,北京:中華書局,2008年,第1版。
王夫之撰:《楚辭通釋》,上海:上海人民出版社,1975年,第1版。
王聘珍撰:《大戴禮記解詁》,北京:中華書局,1983年,第1版。
王先謙撰:《荀子集解》,北京:中華書局,1988年,第1版。
王先慎撰:《韓非子集解》,北京:中華書局,1998年,第1版。
魏啓鵬著:《簡帛文獻〈五行〉箋證》,北京:中華書局,2005年,第1版。
吳光等編校:《王陽明全集》,上海:上海古籍出版社,2014年,第1版。
吳光主編:《劉宗周全集》,杭州:浙江古籍出版社,2007年,第1版。
〔美〕夏含夷(Edward L. Shaughnessy)著:《重寫中國古代文獻》,周博群等譯,上海:上海古籍出版社,2012年,第1版。
〔美〕夏含夷(Edward L. Shaughnessy)著:《海外夷堅志:古史異觀二集》,張淑一、蔣文、莫福權譯,上海:上海古籍出版社,2016年。
〔美〕夏含夷(Edward L. Shaughnessy)著:《西觀漢記:西方漢學出土文獻研究概要》,上海:上海古籍出版社,2018年,第1版。
徐復觀著:《兩漢思想史》,上海:華東師範大學出版社,2001年,第1版。
徐復觀著:《中國人性論史・先秦篇》,北京:九州出版社,2014年,第1版。
許建平著:《敦煌經學文獻論稿》,杭州:浙江大學出版社,2016年,第1版。
許慎撰:《説文解字》,北京:中華書局,1963年,第1版。
許慎撰,段玉裁注:《説文解字注》,上海:上海古籍出版社,1988年,第2版。
許維遹校釋:《韓詩外傳集釋》,北京:中華書局,1980年,第1版。
荀况撰,楊倞注,盧文弨、謝墉校:《荀子》(附校勘補遺),北京:中華書局,1985年,新1版。
嚴可均校輯:《全上古三代秦漢三國六朝文》,北京:中華書局,1958年,第1版。
〔德〕尤里奇・馮・維拉莫威兹-莫侖道夫(Ulrich von Wilamowitz-Moellendorff)著:《古典學的歷史》,陳恒譯,北京:生活・讀書・新知三聯書店,2008年,第1版。
俞樾著:《諸子平議》,北京:中華書局,1954年,第1版。
俞樾著:《諸子平議》,上海:上海書店,1988年,第1版。
趙岐注,孫奭疏:《孟子注疏》,北京:北京大學出版社,1999年,第1版。
鄭玄注,賈公彥疏:《周禮注疏》,北京:北京大學出版社,1999年,第1版。
鄭玄注,孔穎達疏:《禮記正義》,北京:北京大學出版社,1999年,第1版。
《中國哲學》編輯部、國際儒聯學術委員會編:《郭店楚簡研究》,《中國哲學》第二十輯,瀋陽:遼寧教育出版社,1999年,第1版。
《中國哲學》編輯部、國際儒聯學術委員會編:《郭店簡與儒學研究》《中國哲學》第二十一輯),瀋陽:遼寧教育出版社,2000年,第1版。
《中國哲學》編輯部編、姜廣輝主編:《經學今詮三編》,《中國哲學》第二十四輯,瀋陽:遼寧教育出版社,2002年,第1版。
朱謙之撰:《老子校釋》,北京:中華書局,1984年,第1版。
朱熹集傳:《詩集傳》,北京:文學古籍刊行社,1955年,第1版。
朱熹集注:《詩集傳》,上海:上海古籍出版社,1980年,新1版。
朱熹撰:《四書章句集注》,北京:中華書局,1983年,第1版。
朱熹撰:《楚辭集注》,上海:上海古籍出版社,合肥:安徽教育出版社,2001年,第1版。
舊題左丘明撰:《國語》,上海:上海古籍出版社,1998年,第1版。
左丘明傳,杜預注,孔穎達疏:《春秋左傳正義》,北京:北京大學出版社,1999年,第1版。

後　記

　　有些話已經在好幾個地方説過了,但也許還應該再提一下。2009 年 10 月 1 日,我應邀去東京大學文學部(本鄉校區)講學。當時打算在授課之餘完成三個課題,有《詩經》學的,有《楚辭》學的,還有簡帛文獻的。祇是説想完成而已。其實每一個課題在國内都已經做過一些工作,有的研究已斷斷續續進行了十年、二十年甚至更久。簡帛文獻方面,具體説來,是想圍繞《詩論》和《五行》這兩部新出土重要文獻,開展周秦學術思想史的研討,亦即打算基於《詩論》和《五行》所構成的核心學説——孔子《詩經》學與一般詩學,以及子思子之五行體系,重建對先秦學術思想史的認知。這一圍繞孔子、子思展開的新視域,將在我們通常所知以外,揭示春秋戰國時期《尚書》學、《詩經》學、《孟》學、《荀》學的新面相,將在一個納入一系列新元素的歷史語境中,重新審視和詮解那揭櫫儒學理論綱領的《大學》格致學説,將在揭示一系列思想學術史關聯的基礎上,打破横亘在早期儒家與老、墨、莊、屈諸子間固化已久的歷史認知。很明顯,這項工作不屬於一般意義上的思想學術史。它將著力於深度整合新出土早期儒典和傳世早期文獻,發掘這一段學術思想必須重新定義的那些方面。當然,它將藴含自身的體系性和完整性。起初,這一課題追求的目標不算宏大,祇是想使傳統文史哲領域的一些核心認知回歸歷史的真實,推進對《詩論》《五行》與其他早期傳世和出土文獻的深度整合與創造性研究,並力爭爲學界今後使用這兩種文獻,提供保真程度較高、學術含量更大而堪爲依據的校釋成果。

　　然而我在東大任職兩年,大抵祇完成了其中《楚辭》學的課題,而且僅僅是階段性的。這項研究的成果看起來過於龐大,所以出版時被拆解爲兩部書,一部是《屈原及其詩歌研究》(北京大學出版社 2012 年版),另一部是《屈原及楚辭學論考》(北京大學出版社 2016 年出版),合起來接近 85 萬字;在提交出版社以前,兩部書的稿子都做過不少修改。不必説,就跟學界諸多同仁好友一樣,筆者的相關探求不會因爲一兩本小書的出版而停止。

　　2011 年 10 月 1 日,我回到北京。跟妻子彭春凌在東京、北海道、京都、奈良等地生活工作和流連的記憶時時浮現心頭,温暖而又甜美(2009 年 10 月至 2010 年 10 月,妻子曾在東京大學東洋文化研究所做訪問研究)。我常常想起東大——那個寧靜祥和、毫不張揚,卻深邃博大、蘊含巨大創造力的所在。數株櫻,幾叢茶,三兩棵桂,以及遍佈本鄉校區主幹道的一排排銀杏,兩年間悄然綻放,悄然飄香,悄然鮮綠,悄然金黄,很形而下地獨立而不改、周行而不殆,散發勃勃的生機,詮釋生命的律動。不能忘記的還有,深夜經三四郎池回寓所時,那從暗影斑駁的路邊竄出來的貓,倏然失去了蹤影,留下"喵"的一聲輕叫。還有,多少個夜晚偷偷藍的天空,與偷偷白的雲朵。還有,那看得見身影卻聽不到動靜的寵物狗和它們的主人,他們一起很低調地走進並離開你的視界。

回國後,又花了一年多時間,我對簡帛文獻的研討也形成了一個階段性的成果——《簡帛〈五行〉、〈詩論〉與學術思想史的重構》,於是拿去申請國家社科基金的後期資助。承前後各環節同仁、專家的厚愛,該項目獲准立項。可到申請結項時,筆者的研究所得看上去又過於龐大了,於是將其中校注《詩論》和《五行》的內容獨立處理,這就是北大出版社即將出版的《簡帛〈詩論〉〈五行〉疏證》。它的校樣已在手頭擱了一段時間,可至今一個字都沒看。其餘專論部分拿去申請結項,承各環節同仁專家的厚愛,順利通過,現在是準備提交出版社了。

我總是想,做學術研究,應堅持(一)有話纔説,(二)有話就得好好説。特別是做中國古典學研究,有很多話不得不説。百年甚或千百年的思維定勢拒絕被新發現材料和新思考打破;幻象或被視爲真實,殘缺或被視爲完整,信仰或被視爲真知,我執或被視爲公理。因此,要超越自己,就像要薅着自己的頭髮把自己提起來;要打破普遍的思維定勢,就像要挾泰山以超北海。但對歷史的認知終歸是在不斷的重建中前行的,所以還是説吧。

關於本書具體內容,筆者在這裏不想説太多的話,需要展開的是一些相關的事實。拙著撰寫期間,筆者曾就數處考釋,向浙江大學許建平教授、香港中文大學沈培教授討教,受益頗多。2014年2月至6月,筆者爲北大研究生開設"簡帛《五行》與學術思想史",青年才俊王小超(哲學系)、趙培(中文系)、潘靜如(中文系)、高薇(中文系)、尉雯琪(中文系)、羅姝鷗(中文系)、黄楚丹(中文系)等博碩研究生熱心參與。筆者曾拿本書緒論中部分內容和大家交流,並基於《尚書》學、《詩經》學、《孟子》學説、《荀子》學説以及屈原辭等,剖析《詩論》和《五行》的學術史價值,選課諸君也各有發表。2015年9月至2016年1月,筆者爲北大研究生開設"出土文獻與學術史",青年才俊白宗讓(哲學系)、吳蕊寒(哲學系)、石瑊(哲學系)、羅姝鷗(中文系)、李秀男(中文系)、舒鵬(中文系)、劉勤(中文系)、孫玲玲(中文系)等博碩研究生熱心參與。筆者曾拿本書部分內容跟大家交流,並聽取諸君對郭店楚簡儒家類文獻的研習所得。教學相長,記憶猶新。

本書部分內容曾經作爲階段性成果發表:

1.《上博戰國楚竹書〈詩論〉的〈詩經〉學史價值》,刊載於《中國詩歌研究》第 3 輯,中華書局 2005 年 8 月出版。

2.《簡帛〈五行〉篇與孟子之學》,刊載於《中國典籍與文化》2009 年第 3 期,人大書報資料中心《中國哲學》同年第 10 期全文轉載。

3.《論簡帛〈五行〉與〈詩經〉學之關係》,刊載於《文學遺產》2009 年第 6 期,人大書報資料中心《中國古代、近代文學研究》次年第 4 期全文轉載。

4.《簡帛〈五行〉篇與〈尚書〉之學》,發表於香港中文大學"古道照顔色:先秦兩漢古籍國際學術研討會"(2009 年 1 月 16 至 18 日),收入香港中文大學中國語言及文學系、中國文化研究所中國古籍研究中心主編:《先秦兩漢古籍國際學術研討會論文集》,社會科學文獻出版社 2011 年 1 月出版。

5.《論漢代〈詩經〉著述之內外傳體》,發表於臺灣"中央研究院"主辦之"秦漢經學國際研討會"(2011 年 11 月 22 至 28 日),刊載於《國學研究》第三十卷,北京大學出版社 2012 年 12 月出版。

6.《〈五行〉學説與〈荀子〉》,刊載於《北京大學學報(哲學社會科學版)》2013 年第 1 期。

7.《從〈五行〉學説到〈荀子〉:一段被湮没的重要學術思想史》,收入蔡先金、張兵教授主編《出土文獻與中國文學研究:第三届出土文獻與中國文學研究學術研討會(國際)論文集》,齊魯書社 2013 年 12 月出版。

8.《〈五行〉之"和"及其〈尚書〉學基礎》,發表於曲阜師範大學孔子文化學院、臺灣"中研院"、《尚書》學秘書處主辦:"國際《尚書》學第三届學術研討會暨國際《尚書》學會第二届學術年會"(2014 年 4 月 25 日~28 日),刊載於《揚州大學學報(人文社會科學版)》2014 年第 6 期,收入傅永聚、錢宗武教授主編《第三届國際《尚書》學學術研討會論文集》,綫裝書局 2015 年 4 月出版。

9.《從簡帛〈五行〉篇到〈孟子〉:一段重要歷史的追蹤》,刊載於《古典學集刊》第一輯,華東師範大學出版社 2015 年 5 月出版。

10.《屈原,作爲儒學傳播與影響的重要個案》,發表於南京大學"中國文學與東亞文明研究協同創新中心"、南京大學文學院、南京大學古典文獻研究所、清華大學經學研究中心、揚州文化研究會主辦:"經學與中國文獻文化國際學術研討會"(2013 年 8 月 19 日至 23 日),刊載於《文學遺產》2015年第5期。人大書報資料中心《中國古代、近代文學研究》次年第1期全文轉載；上海社會科學院主辦《社會科學文摘》次年第1期全文轉摘，題爲《屈原與傳世儒典之關聯》。

11.《上博〈詩論〉"告""心""命"等範疇論析》，刊載於《饒宗頤國學院院刊》第3期(2016年)。

12.《論以禮解〈詩〉之限定：從〈詩論〉評〈關雎〉説開去》，刊載於《國學研究》第三十九卷，北京大學出版社2017年12月出版。

13.《文王化天下：早期〈詩經〉闡釋的一種重要理念》，刊載於《新亞論叢》第十八期(2017年)。

14.《孟子四端説探源》，刊載於《文史知識》2018年第2期。

15.《儒墨道心性學説中的"故"以及相關論説：從一句話進入的思想史》，刊載於《中國典籍與文化》2018年第2期。

16.《"思無邪"作爲〈詩經〉學話語及其意義轉換》，刊載於《文學評論》2018年第3期。人大書報資料中心《中國古代、近代文學研究》同年第8期全文轉載；上海社會科學院主辦《社會科學文摘》同年第8期全文轉摘。

17.《論〈莊子〉"卮言"乃"危言"之訛：兼談莊派學人"言無言"的理論設計和實踐》，刊載於《安徽大學學報(哲學社會科學版)》2018年第5期。人大書報資料中心《中國古代、近代文學研究》2019年第2期全文轉載。

18.《〈語叢三〉簡六十四至七十二的書寫體式與〈墨子·經上〉、〈經下〉》，刊載於《斯文》第三輯，社會科學文獻出版社2018年8月出版。

19.《論〈湯吳之道〉等儒典對〈墨子〉思想的影響》，刊載於《山東大學中文學報》2019年第1期。山東人民出版社2019年2月出版。

20.《文本解讀與歷史語境：〈大學〉格致學説本義探析》，收入高華平、張永春教授編《先秦諸子研究論文集》，鳳凰出版社2018年11月出版。

謹此向相關書刊及各環節給予獎掖的專家同仁，致以誠摯的謝意！

本成果第四章曾發表於中國古代散文學會、首都師範大學文學院主辦"中國古代散文國際學術研討會暨中國古代散文學會第十屆年會"(2014年10月12日～15日)、北京大學中文系主辦北大—臺大"中國古典文學與文獻學術研討會"(2014年11月21日～22日)，以及北京師範大學文學院中國古代文學研究所、臺灣輔仁大學中國文學系主辦"第十一屆先秦兩漢學術國際研討會"(2014年12月13日～14日)；第七章曾發表於臺灣大學文學院主辦"第二屆'先秦兩漢出土文獻與學術新視野'國際學術研討會"(2015年10月17日～18日)，以及北京師範大學文學院主辦"文學本位與文化視野：中國古代散文研究文獻國際學術研討會"(2015年12月11日～13日)；第十章關於

《莊子·外篇·在宥》的個案討論,曾發表於北京語言大學漢學與中國學研究所主辦"早期中國的書寫:在文本内外"國際學術論壇(2018年10月20日~21日)。凡此之類不能一一舉列。謹此向主辦會議的學界同仁以及論文討論人致以誠摯的謝意!特别是在臺大會議期間,臺大中國文學系徐富昌教授、李隆獻教授、葉國良教授、李偉泰教授熱情款待,銘感在心,復幸會臺灣政治大學中國文學系林啓屏教授、臺大哲學系李賢中教授、"中研院"文哲所蔣秋華教授等,相與切磋琢磨,增我智識,開我茅塞,又承惠賜大著,敬謝敬謝!

本成果先是以"簡帛《五行》、《詩論》與學術思想史的重構"爲題,獲批爲北大中文系自主科研項目(2013)。嗣後申請國家社科基金,清華大學歷史系及思想文化研究所廖名春教授、北京大學哲學系王博教授、北京大學中文系劉玉才教授明於教示,大力推薦(2014)。接着又獲得北大中文系自主科研基金追加資助(2015)。屢承獎掖,特此致謝!北京大學出版社張弘泓女士爲拙著之出版辛苦勞動,銘記在心!

這部書的稿子跟我去過不少地方。2014年8月至2015年7月,妻子彭春凌在哈佛燕京學社作訪問學者,其間我跟她一起,在劍橋及美國其他一些地方流連了近半年。馬薩諸塞州劍橋市的Peabody Terrace公寓令人難忘。我腦海中時常浮現下面的記憶。公寓室内,我穿着短袖衫和短褲,欣賞着窗外漫天大雪。窗外樹上,幾隻松鼠爬來跳去。草坪那邊的馬路上,清理積雪的工人似乎通宵都在作業。走出公寓,人行道上到處都是一兩米高的積雪堆成的"战壕"。那就是波士頓,2014年冬天以來存留在海港區雪場的雪堆直到2015年7月中旬纔徹底融化。關於在美國的那些日子,忘不了傅剛教授暨夫人王老師驅車數小時,接我們去羅德島遊玩,並到他們在紐黑文附近的府上小住。王老師親手做的"麻辣波士頓大龍蝦"的美味,美國人可能一輩子都想象不到。2017年冬春之際,我和妻子一起回東京大學調研,並修改書稿,承大西克也教授、大木康教授、藤井省三教授、尾崎文昭教授及夫人西川老師盛情接待,不勝感激!東京文京區役所那家簡單樸實、有時極安静有時又極吵鬧的咖啡館,真的特别方便,有很多個週末,我們就在那裏敲鍵盤。深夜回寓所時,常常碰見在人行道上晃來晃去,甚或跪着、躺着的醉客……

這一篇後記,原本就想寫到這裏,卻還有一些事情涌現在腦海中。2015年10月17、18日,在臺灣大學開了兩天會,我向大會提交並報告的是本項目階段性成果:"基於出土文獻省察《大學》格致學説"。據説這是那次大會第二長的論文,大約六萬字。19日早晨,霧濛濛的天飄着小雨,我用過早餐,開始收拾行李,準備趕往機場。突然接到哥哥從老家打來的電話,心裏咯噔一下,——不用聽我就預感到發生了什麽:老母親永遠永遠離開了我。至京,天色已晚,没買到當晚回老家的車票。次日一大早便偕妻子趕回老家,給老人家守靈,發喪,披麻戴孝……。說來也怪,在母親去世前的那一兩年,我一直在回憶兒時母親教我的幾首童謠,就是不能準確回想起來。也一直想向母親求證,有幾次話到嘴邊了卻沒有說。而今母親走了。可恨的當然不是沒能向老人家求證。故鄉難道真的就那麼遠嗎?工作難道真的就那麼忙嗎?爲什麼母親在時就不能多回幾趟家呢?母親住院時,我回老家,去醫院陪護了幾天。母親出院回家,臥病在床,不能起身下地,我回去陪伴了幾天。現而今,她滿頭白髮下蒼老容顏上展開的笑容漸漸模糊成了虛無。身爲人子,平日裏難得陪伴老人家,她辭世時又不在旁側,還說什麼呢!

母親去世後,我差不多準確地憶起了兒時她教我的幾首童謠。有一首這樣說:

東西大街南北走,
出門看見人咬狗。
拿起狗來打磚頭,
磚頭咬了狗一口。

另一首說:

拉呱拉呱,
窗户臺上種了二畝甜瓜,
光腚猴子去偷甜瓜。
瞎子看見了,
啞巴就喊,
瘸巴就攆,
嚇得孩子瞪大眼。

小時候,母親告訴我這叫"倒打語"——差不多通篇都是故意背反的話。裏面說到的"光腚猴子"是指光屁股的孩童。兒時的我很爲這樣的歌謠着迷。月光透過茅屋窗櫺灑到炕上,我依偎在母親懷裏,聽母親吟這樣的歌謠,是我最深刻、最久遠的記憶之一。

母親確實走了。

《大學》說:"《詩》云:'緡蠻黃鳥,止于丘隅。'子曰:'於止,知其所止,可以人而不如鳥乎?'"《大學》又說:"爲人子止於孝……"一慟。

2012 年 10 月 28 日初稿
2019 年 1 月 28 日定稿